DICTIONNAIRE
de thérapeutique pédiatrique

Sous la direction de
Michel L. Weber

Préface de Claude C. Roy et Daniel Alagille

DICTIONNAIRE

de thérapeutique pédiatrique

gaëtan morin éditeur

CHENELIÈRE ÉDUCATION

Dictionnaire de thérapeutique pédiatrique

Sous la direction de Michel L. Weber

© Les Presses de l'Université de Montréal, 1994
© gaëtan morin éditeur ltée, 2004

**Catalogage avant publication
de la Bibliothèque nationale du Canada**

Vedette principale au titre :

Dictionnaire de thérapeutique pédiatrique

Comprend des réf. bibliogr. et un index.

ISBN 2-89105-823-2

1. Enfants – Maladies – Traitement – Dictionnaires français.
2. Pédiatrie – Dictionnaires français.   I. Weber, Michel, 1942-   .

RJ26.D52 2003   618.92'0003   C2003-942190-2

**gaëtan morin
éditeur**

CHENELIÈRE ÉDUCATION

7001, boul. Saint-Laurent
Montréal (Québec)
Canada H2S 3E3
Téléphone : (514) 273-1066
Télécopieur : (514) 276-0324
info@cheneliere-education.ca

ISBN 2-89105-823-2 (GM)
ISBN 2-7040-0734-9 (Doin)

Dépôt légal : 2e trimestre 2004
Bibliothèque nationale du Québec
Bibliothèque nationale du Canada

Imprimé au Canada

  8 9 10 11 ITG 08 07 06 05

Nous reconnaissons l'aide financière du gouvernement du Canada
par l'entremise du Programme d'aide au développement de l'industrie de l'édition (PADIÉ) pour nos activités d'édition.

Gouvernement du Québec — Programme de crédit d'impôt pour
l'édition de livres — Gestion SODEC

Une subvention du Bureau d'affaires du Québec de GLAXO
CANADA Inc. a permis la rédaction de cet ouvrage.

Cet ouvrage a été réalisé grâce au soutien financier du ministère
de la Culture et des Communications du Québec.

Tableau de la couverture :
Dessin d'enfant
Œuvre de **Gabrielle
Bourdeau-Defontenay**

Gabrielle Bourdeau-Defontenay
a réalisé cette peinture dans
le cadre de son cours d'arts
plastiques. Cette jeune artiste
de 9 ans fréquentait, à ce
moment-là, la 3e année de
l'École Buissonière, une école
privée à vocation artistique. Si
vous désirez connaître cette
école, vous pouvez consulter
le site :

www.ecolebuisonniere.ca

DANGER

LE
PHOTOCOPILLAGE
TUE LE LIVRE

Aux enfants du monde

À Marie, Valentine et Florence

À Isabelle

Comité de rédaction

Michel L Weber md (président)
Professeur titulaire, département de pédiatrie
Université de Montréal et Hôpital Sainte-Justine

Anne-Claude Bernard-Bonnin md
Professeur agrégé de clinique, département de pédiatrie
Université de Montréal et Hôpital Sainte-Justine

Pierre Blanchard md
Pédiatre
Centre hospitalier départemental
La Roche-sur-Yon (France)

Catherine Farrell md
Professeur adjoint de clinique, département de pédiatrie
Université de Montréal et Hôpital Sainte-Justine

Pierre Gaudreault md
Professeur agrégé de clinique, département de pédiatrie
Université de Montréal et Hôpital Sainte-Justine

Jean-Bernard Girodias md
Professeur adjoint de clinique, département de pédiatrie
Université de Montréal et Hôpital Sainte-Justine

Marc Lebel md
Professeur adjoint de clinique, département de pédiatrie
Université de Montréal et Hôpital Sainte-Justine

Pierre Masson md
Professeur agrégé, département de pédiatrie
Université de Montréal et Hôpital Sainte-Justine

Phuong Nguyen md
Chargée d'enseignement clinique, département de pédiatrie
Université de Montréal et Hôpital Sainte-Justine

Élisabeth Rousseau md
Professeur agrégé, département de pédiatrie
Université de Montréal et Hôpital Sainte-Justine

Robert Thivierge md
Professeur agrégé de clinique, département de pédiatrie
Université de Montréal et Hôpital Sainte-Justine

Collaboration spéciale

Néonatologie : Philippe Chessex md
Professeur agrégé, département de pédiatrie
Université de Montréal et Hôpital Sainte-Justine

Médecine de l'adolescence : Jean-Yves Frappier md
Professeur agrégé, département de pédiatrie
Université de Montréal et Hôpital Sainte-Justine

Collaborateurs

Anthony Abela md, oto-rhino-laryngologiste pédiatre (1)

Gérald Albert, pédodontiste (1)

Claire Allard-Dansereau md, pédiatre, médecine socio-juridique (1)

Danielle Beauchamp, pharmacienne (1)

Diane Beaudin, secrétaire (1)

Marie Béland md, pédiatre urgentiste (1)

Sylvie Bélanger md, résidente en néonatologie (1)

Arié Bensoussan md, chirurgien pédiatre (1)

Claude Bergeron md, pédopsychiatre (1)

Anne-Claude Bernard-Bonnin md, pédiatre, pédiatrie ambulatoire ; clinique du SIDA (1)

Jean-Luc Bigras md, résident en cardiologie pédiatrique (1)

Victor Blanc md, anesthésiste (1)

Pierre Blanchard md, pédiatre (2)

Bernard Boileau md, pédopsychiatre (1)

Jacques Boisvert md, radiologue pédiatre (1)

Stéphane Boivin, B.Sc., physiologiste de l'exercice (3)

Maria Buithieu md, pédiatre diabétologue (1)

Louise Caouette-Laberge md, chirurgien plastique (1)

Gilles Chabot md, pédiatre, clinique du métabolisme phospho-calcique (1)

Zave Chad md, pédiatre allergiste-immunologue (1)

Alain Chantepie md, pédiatre cardiologue (4)

Philippe Chessex md, pédiatre néonatologue (1)

Luc Chicoine md, pédiatre, maladies infectieuses (1)

François Chrétien md, résident en pédiatrie (1)

Marie-José Clermont md, pédiatre néphrologue (1)

Dominique Cousineau md, résidente en pédiatrie (1)

Josée d'Astous md, médecin généraliste (9)

Louis Dallaire md, généticien (1)

Michèle David md, interniste hématologue-oncologue (1)

Cheri Deal md, PhD, pédiatre endocrinologue (1)

Gilles Delage md, microbiologiste-immunologue (1)

Edgard Delvin PhD, biochimiste (1)

Anne-Marie de Remont, orthophoniste, clinique de fissure palatine (1)

Catherine Déry md, résidente en pédiatrie (1)

Robert Dubé md, pédiatre, clinique du développement (1)

Josée Dubois md, radiologue pédiatre (1)
Catherine Farrell md, pédiatre intensiviste (1)
François Fassier md, orthopédiste (1)
Denis Filiatrault md, radiologue pédiatre (1)
Sylviane Forget md, résidente en pédiatrie (1)
Anne Fournier md, cardiologue pédiatre (1)
Jean-Claude Fouron, md, cardiologue pédiatre (1)
Jean-Yves Frappier md, pédiatre, médecine de l'adolescence (1)
Reine Gagné il, infirmière, médecine de l'adolescence (1)
Pierre Gaudreault md, pédiatre urgentiste, pharmacologue et toxicologue (1)
Marie Gauthier md, pédiatre intensiviste (1)
Yvon Gauthier md, pédopsychiatre (1)
Louis Geoffroy md, pédiatre urgentiste et diabétologue (1)
Marc Girard md, interniste, médecine de l'adolescence (1)
Jean-Bernard Girodias md, pédiatre urgentiste (1)
Monique Gonthier md, pédiatre diabétologue (1)
Andrée Grignon md, radiologue pédiatre (1)
Nancy Haley md, pédiatre, médecine socio-juridique (1)
Heather Hume md, pédiatre hématologue-oncologue (1)
Céline Huot md, pédiatre endocrinologue (1)
Jean-Louis Jacob md, ophtalmologue pédiatre (1)
Gloria Jeliu md, pédiatre, clinique du développement (1)
Robin Kugelmass, résidente en pédiatrie (1)
Jacques Lacroix md, pédiatre intensiviste (1)
Lucette Lafleur md, microbiologiste (1)
Céline Lamarre md, physiatre (rééducatrice) (7)
Marie Lambert md, pédiatre généticienne (1)
Guy Lapierre md, pneumologue pédiatre (1)
Odile Lapierre md, clinique du sommeil (6)
Albert Larbrisseau md, neurologue pédiatre (1)
Marc Lebel md, pédiatre infectiologue (1)
Françoise Le Douarin, pharmacien (2)
Louis Legault md, pédopsychiatre (1)
Mireille LeMay md, pédiatre infectiologue (1)
Josiane Létourneau il, infirmière en prévention des infections (1)
Patrick Le Touzé md, biologiste (2)
Catherine McCuaig md, dermatologue (1)
John Dick MacLean, interniste, médecine tropicale (5)
Danielle Marcoux md, dermatologue (1)
Dominique Marton md, radiologue pédiatre (1)
Paul Massicotte md, pédiatre, pédiatrie ambulatoire (1)
Pierre Masson md, pédiatre, pédiatrie ambulatoire (1)
Chantal Maurage md, pédiatre gastro-entérologue (4)
Serge-Bernard Melançon md, pédiatre généticien (1)
Claude Mercier md, neurochirurgien (1)
Joaquim Miró md, pédiatre cardiologue et intensiviste (1)
Grant Mitchell md, pédiatre généticien (1)
Jean-Guy Mongeau, pédiatre néphrologue (1)

X Collaborateurs

Mariette Morin-Gonthier md, gynécologue-obstétricienne (1)
Phuong Nguyen md, pédiatre, médecine du nourrisson et de l'enfant d'âge préscolaire (1)
Sean O'Regan md, pédiatre néphrologue (1)
Nicole Ottavy md, dermatologue (2)
Alain Ouimet md, chirurgien pédiatre (1)
Khazal Paradis md, pédiatre gastro-entérologue (1)
Elaine Pelletier, pharmacienne, clinique de la douleur (1)
Jean-Pierre Pépin md, pédopsychiatre (1)
César Pison md, médecine nucléaire (1)
Roger Poirier md, pédiatre diabétologue (1)
Julie Powell md, pédiatre et dermatologue (1)
Lise Primeau, diététiste (1)
Sélim Rashed md, pédiatre, médecine tropicale (5)
Georges-Étienne Rivard md, pédiatre hématologue-oncologue (1)
Monique Robert md, pédiatre urgentiste (1)
Élisabeth Rousseau md, pédiatre, nutrition et médecine de l'enfant d'âge scolaire (1)
Serge Rousseau md, gynécologue-obstétricien (1)
Claire Saint-Cyr md, pédiatre rhumatologue (1)
Thérèse Saint-Laurent-Gagnon md, pédiatre, clinique de la douleur (1)
Jacques Saintonge md, pédiatre néonatologue (8)
Gabriel Saint-Rome md, pédiatre, clinique de fissure palatine (1)
Mirelle Simoneau-Larose, orthophoniste, clinique de fissure palatine (1)
Bruce Tapiero md, résident en pédiatrie (1)
Robert Thivierge md, pédiatre urgentiste, clinique d'asthme (1)
Jean Turgeon md, pédiatre, médecine du nourrisson et de l'enfant d'âge préscolaire (1)
Guy Van Vliet md, pédiatre endocrinologue (1)
Michèle Vartian md, résidente en pédiatrie (1)
Annie Veilleux md, pédiatre néonatologue (1)
Daniel Vischoff md, anesthésiste (1)
Suzanne Vobecky, chirurgien cardiaque (1)
Michel Weber md, pédiatre, médecine du nourrisson et de l'enfant d'âge préscolaire (1)
Jean Wilkins md, pédiatre, médecine de l'adolescence (1)
Pierre Williot md, urologue pédiatre (1)
Maria-Helena Znojkiewicz md, pédiatre générale et urgentiste (1)

(1) Hôpital Sainte-Justine et Université de Montréal, Montréal, Québec, Canada
(2) Centre Hospitalier Départemental, La Roche-sur-Yon, Vendée, France
(3) Club Sportif Le Sanctuaire, Montréal, Québec, Canada
(4) Centre de pédiatrie Gatien de Clocheville, Tours, Indre-et-Loire, France
(5) Centre des maladies tropicales de l'Hôpital Général de Montréal et de l'Université McGill, Montréal, Québec, Canada
(6) Centre d'étude du sommeil, Hôpital Sacré-Cœur de Montréal et Université de Montréal, Montréal, Québec, Canada
(7) Institut de Réadaptation de Montréal, Montréal, Québec, Canada
(8) Hôpital Maisonneuve-Rosemont et Université de Montréal, Montréal, Québec, Canada

Préface

Le titre même de ce livre pourrait à lui seul rebuter un certain nombre de pédiatres pourtant désireux d'être aidés dans leurs décisions thérapeutiques en utilisant les progrès permanents faits ces dernières années dans ce domaine évolutif. Mais il ne s'agit pas ici, à proprement parler, d'un «dictionnaire», sauf à considérer le format dans lequel il est édité, celui-ci étant exclusivement destiné à en faciliter l'utilisation multi-quotidienne, tant par le pédiatre que par le praticien qui travaille en milieu hospitalier et en cabinet de consultation. De même, l'artifice que représente un sommaire alphabétique constitué non seulement par des maladies ou des syndromes, mais aussi par des signes ou des symptômes cliniques, ne saurait davantage égarer le lecteur vers l'utilisation de ce livre comme un réel «dictionnaire». Chacun des chapitres est présenté comme un résumé de la démarche clinique à partir d'une maladie, d'un signe ou d'un symptôme, et ce cheminement logique, loin d'être une énumération (que l'on retrouve seulement dans les tableaux accompagnant certains chapitres), conduit le lecteur à un processus d'analyse et de synthèse indispensable à toute décision thérapeutique. Ce livre n'est donc certainement pas un traité de pédiatrie, mais plutôt un guide pratique qui vient compléter d'excellents ouvrages actuellement disponibles.

Ce livre est l'œuvre d'une vaste équipe de professionnels de la pédiatrie dont le maillage interdisciplinaire et pluri-méthodologique s'est fait au sein d'un comité de rédaction, et surtout grâce à son auteur principal, Michel Weber. Ainsi, malgré cet obstacle de principe, l'unité de cet ouvrage est-elle maintenue, laissant à chacun des rédacteurs, même lorsqu'ils sont plusieurs à avoir participé à la rédaction des chapitres les plus courts, la responsabilité de la qualité de l'information donnée ici, liée à la compétence de chacun d'eux dans des domaines si différents et si nombreux qu'il est souvent difficile de les rassembler, en pratique, au moment de la décision thérapeutique.

Comme l'auteur principal a participé à la rédaction de la majorité des chapitres, on reconnaît l'esprit de synthèse et la compétence proverbiale de ce clinicien, ainsi que sa passion pour l'enseignement et sa clarté d'exposition. Ainsi, l'information transmise au lecteur synthétise les connaissances nécessaires pour aborder de façon *rationnelle* le diagnostic différentiel et l'exploration des signes et symptômes qui nous sont présentés. Mais ce livre ne saurait en aucun cas être utilisé comme un «livre de recettes». La conduite à tenir constitue davantage un guide éminemment pratique, basé sur l'expérience pédiatrique considérable accumulée au cours des dernières années à l'Hôpital Sainte-Justine. Les stratégies d'intervention préventive et thérapeutique qui nous sont ici proposées sont véritablement le reflet de l'expérience de toute une institution qui, depuis sa fondation, a toujours gardé à l'avant-plan, comme personnage clé, l'enfant dans sa dimension biologique, psychologique et sociale. Aussi croyons-nous que ce livre est une grande réussite, bien que sa réalisation ait été délicate et son approche tout à fait originale.

Daniel Alagille
Professeur émérite de pédiatrie
Hôpital d'enfants de Bicêtre et
Université Paris-Sud

Claude C. Roy
Directeur du département de pédiatrie
Hôpital Sainte-Justine et
Université de Montréal

Avant-propos

Cet ouvrage s'adresse aux médecins généralistes, aux pédiatres, aux médecins qui se spécialisent dans ces deux disciplines, aux étudiants en médecine, aux infirmiers et aux infirmières, ainsi qu'à tous ceux qui s'intéressent à la santé de l'enfant. Les surspécialistes y trouveront un intérêt dans la mesure où ils ont à faire face à des problèmes qui débordent le cadre de leur surspécialité.

Cette entreprise a vu le jour à l'Hôpital Sainte-Justine il y a près de 20 ans, à l'initiative du docteur Joëlle Lescop, sous la forme de fiches polycopiées à usage interne. Depuis lors, quatre éditions de moins en moins artisanales se sont succédé. La dernière a été publiée en 1986 par les Presses de l'Université de Montréal sous le titre *Guide thérapeutique pédiatrique*. L'accueil favorable réservé à ce livre par le corps médical québécois a stimulé la mise en œuvre du présent ouvrage, qui s'adresse cette fois à l'ensemble de la francophonie.

Ce *Dictionnaire de thérapeutique pédiatrique* s'intéresse à tous les âges, du prématuré à l'adolescent. Il vise à proposer des solutions pratiques aux problèmes que rencontre le clinicien dans son activité quotidienne. La première partie est constituée de chapitres portant sur les concepts de base en pédiatrie et sur la prévention (exemples : Vaccinations, Nutrition, Sport et exercice). La seconde offre, classés par ordre alphabétique, des chapitres traitant de problèmes pédiatriques sélectionnés. Il s'agit soit de maladies (exemples : Acné, Rougeole, Gastro-entérite), soit de problèmes à élucider (exemples : Hépatomégalie, Retard pondéral du nourrisson, Toux chronique). Les schémas thérapeutiques proposés ont été éprouvés à l'Hôpital Sainte-Justine pour les enfants. Je suis bien conscient du fait que d'autres modes de traitement sont possibles et peuvent donner également des résultats satisfaisants ; ceci est particulièrement évident dans le domaine de l'antibiothérapie.

Les lectures suggérées sont, pour la plupart, des articles de revue offrant l'intégration d'un sujet précis par un expert.

Cet ouvrage est le fruit d'un travail d'équipe considérable : plus de 100 personnes y ont participé ; elles sont énumérées dans la liste des collaborateurs. Chacune doit être remerciée pour sa patience, son enthousiasme et sa disponibilité.

Je désire remercier de façon particulièrement vive les personnes suivantes, qui ont joué un rôle majeur dans cette entreprise :

- Le docteur Claude C. Roy, directeur du département de pédiatrie de l'Université de Montréal et de l'Hôpital Sainte-Justine, qui m'a encouragé pendant les années de rédaction et m'a donné la liberté nécessaire à l'accomplissement de ce projet ;

– Les membres du comité de rédaction, dont la patience a été mise à rude épreuve : certains d'entre eux ont rédigé eux-mêmes plusieurs chapitres ou projets de chapitres et tous ont lu, relu, critiqué et corrigé l'ensemble. Ce livre leur doit beaucoup. Il s'agit des docteurs Anne-Claude Bernard-Bonnin, Pierre Blanchard, Catherine Farrell, Pierre Gaudreault, Jean-Bernard Girodias, Marc Lebel, Pierre Masson, Phuong Nguyen, Élisabeth Rousseau et Robert Thivierge. Le docteur Pierre Blanchard n'était pas physiquement présent aux réunions, mais grâce au télécopieur, il a pu, d'abord de Tours, puis de La Roche-sur-Yon, en Vendée, nous aider à rendre cet ouvrage utilisable par nos collègues français ;

– Le docteur Jean-Yves Frappier, qui a joué un rôle majeur dans la rédaction des chapitres portant sur la médecine de l'adolescence ;

– Le docteur Philippe Chessex, qui a supervisé l'élaboration du contenu néonatologique ;

– Plusieurs pédiatres généraux, qui ont participé de façon substantielle à la rédaction : les docteurs Claire Allard-Dansereau, Gilles Chabot, Luc Chicoine, Robert Dubé, Nancy Haley, Monique Robert, Thérèse Saint-Laurent-Gagnon et Maria-Helena Znojkiewicz ;

– Plusieurs collègues, médecins et chirurgiens, qui ont profondément influencé ce livre par leur collaboration soutenue tout au long de la rédaction. Il s'agit des docteurs :

Anthony Abela (oto-rhino-laryngologie) ;

Arié Bensoussan (chirurgie générale et néonatale) ;

Jean-Luc Bigras (cardiologie) ;

Jacques Boisvert (radiologie) ;

Louise Caouette-Laberge (chirurgie plastique) ;

Zave Chad (allergie) ;

Marie-José Clermont (néphrologie) ;

Michèle David (hématologie et oncologie) ;

François Fassier (orthopédie) ;

Jean-Louis Jacob (ophtalmologie) ;

Guy Lapierre (pneumologie) ;

Albert Larbrisseau (neurologie) ;

Claude Mercier (neurochirurgie) ;

Grant Mitchell (génétique) ;

Jean-Guy Mongeau (néphrologie) ;

Mariette Morin-Gonthier (gynécologie-obstétrique) ;

Khazal Paradis (gastro-entérologie et nutrition) ;

Julie Powell (dermatologie) ;

Guy Van Vliet (endocrinologie) ;

Pierre Williot (urologie) ;

- Florence Weber et Valentine Weber, qui ont vérifié les lectures suggérées ;
- Mme Diane Beaudin, secrétaire ;
- La compagnie Glaxo Canada Inc., Bureau d'affaires du Québec, qui m'a accordé une subvention généreuse en pleine période de difficultés économiques. Sans ce geste désintéressé, nous n'aurions pas pu réaliser cet ouvrage. Je remercie tout spécialement Mme Andrée Gravel, qui a bien voulu convaincre, avec tout son talent, la direction de l'entreprise, ainsi que Mme Maryvonne Hamel, qui s'est chargée des premiers contacts. Glaxo Canada m'a laissé la plus totale liberté scientifique, donnant ainsi un exemple de collaboration créatrice entre l'industrie pharmaceutique et le milieu universitaire ;
- Mes éditeurs, qui m'ont fait confiance malgré la longueur inattendue du processus de rédaction et qui m'ont accordé tout le soutien nécessaire.

Michel Weber
Professeur titulaire de pédiatrie
Université de Montréal et Hôpital Sainte-Justine
Montréal (Canada)

Abréviations

ALT	alanine aminotransférase (SGOT)
ARJ	arthrite rhumatoïde juvénile
AST	aspartique aminotransférase (SGPT)
AZT	zidovudine
BCG	bacille de Calmette et Guérin : vaccin contre la tuberculose
BE	besoins d'entretien
BK	bacille de Koch (*Mycobacterium tuberculosis*)
°C	degré Celsius
CCMH	concentration corpusculaire moyenne en hémoglobine
CIA	communication interauriculaire
CIV	communication interventriculaire
cm	centimètre
CMB	concentration moyenne bactéricide
CMI	concentration moyenne inhibitrice
CMV	cytomégalovirus
CT	*Chlamydia trachomatis*
DBP	dysplasie bronchopulmonaire
DE	déficit estimé en eau
EB	excès de base
ECG	électrocardiogramme
ECN	entérocolite nécrosante
EEG	électroencéphalogramme
FK	fibrose kystique
FOI	fièvre d'origine inconnue (fièvre prolongée)
g	gramme
HIC	hypertension intracrânienne
IM	par voie intramusculaire
IMC	indice de masse corporelle
INR	*International Normalized Ratio* (temps de prothrombine : temps du patient/temps du témoin)
IV	par voie intraveineuse
J	joule
kcal	kilocalorie
kg	kilogramme
kJ	kilojoule
L	litre

LCR	liquide céphalorachidien
LDH	déshydrogénase lactique
m	mètre
m^2	mètre carré
μg	microgramme
mg	milligramme
mL	millilitre
mm	millimètre
mm^3	millimètre cube
mmol	millimole
μmol	micromole
MMR	vaccin contre la rougeole, les oreillons et la rubéole (Canada)
mol	mole
MST	maladies sexuellement transmissibles
NG	*Neisseria gonorrhϙ*
OMS	Organisation mondiale de la santé
PO	par voie orale
PPD	*Purified Protein Derivative*: épreuve tuberculinique cutanée (Canada)
PTH	parathormone
PTI	purpura thrombopénique idiopathique
QI	quotient intellectuel
RAA	rhumatisme articulaire aigu
RGO	reflux gastro-œsophagien
SC	par voie sous-cutanée
SHU	syndrome hémolytique et urémique
SIDA	syndrome d'immunodéficience acquise
SMZ	sulfaméthoxazole
TCA	temps de céphaline activé («aPTT» des Anglo-Saxons)
TMP	triméthoprime
TP	taux de prothrombine («PT» des Anglo-Saxons)
TT	temps de thrombine
U	unité
UI	unité internationale
VDRL	(*Venereal Disease Research Laboratory*) épreuve sérologique de diagnostic de la syphilis
VEMS	volume expiratoire maximum par seconde
VGM	volume globulaire moyen
VHA	virus de l'hépatite A
VHB	virus de l'hépatite B
VHC	virus de l'hépatite C
VHD	virus de l'hépatite delta
VHE	virus de l'hépatite E
VIH	virus de l'immunodéficience humaine (SIDA)

Table des matières

PREMIÈRE PARTIE

L'ENFANT NORMAL
ET
LES ÉLÉMENTS DE PÉDIATRIE PRÉVENTIVE

Soins du nouveau-né normal 1

Anne-Claude Bernard-Bonnin, Philippe Chessex

Le soin du nouveau-né normal comporte les démarches suivantes :

1) Aspirer délicatement les sécrétions présentes dans le nez et la bouche avant l'accouchement des épaules et si possible avant la première respiration. Il n'est pas nécessaire d'aspirer le contenu de l'estomac ;

2) Couper le cordon ombilical entre deux pinces ;

3) Montrer le nouveau-né à ses parents ;

4) Placer l'enfant en position de Trendelenburg, la tête en position déclive (15 à 30 degrés) ;

5) Déterminer le score d'Apgar à 1, 5 et 10 minutes (tableau 1) ;

6) Assécher délicatement le nouveau-né et le réchauffer ;

7) Peser l'enfant ;

8) Effectuer un examen sommaire ;

9) Envelopper le nouveau-né dans une couverture, le placer dans les bras de sa mère et encourager une première tétée. Continuer ensuite à favoriser activement le contact parents - nouveau-né pendant tout le séjour à l'hôpital. L'enfant ne doit pas être séparé de sa mère ;

10) Examiner le placenta et le cordon (nombre d'artères) ;

11) Mettre dans les yeux soit des gouttes de nitrate d'argent à 1 %, soit une pommade ophtalmique à l'érythromycine (0,5 %) ou à la tétracycline (1 %) pour prévenir la conjonctivite gonococcique ; en France, la rifamycine en collyre est aussi utilisée à cette fin. Le nitrate d'argent peut causer une légère conjonctivite chimique. On ne connaît pas avec certitude l'efficacité de ces mesures pour la prévention de la conjonctivite à *Chlamydia trachomatis* ;

12) Au Canada, on administre 1 mg de vitamine K par voie intramusculaire pour prévenir la maladie hémorragique du nouveau-né. En France, on préconise de donner plutôt 2 mg par voie orale ;

13) Identifier le nouveau-né au moyen d'un bracelet ;

Tableau 1   Score d'Apgar

Score :	0	1	2
Fréquence cardiaque :	absence de pouls	< 100/minute	> 100/minute
Respiration :	absente	lente, irrégulière	cri vigoureux
Tonus musculaire :	flaccidité	flexion des extrémités	bonne activité
Réponse à la douleur :	absente	grimace	réaction vigoureuse
Coloration :	pâleur ou cyanose	cyanose des extrémités	entièrement rose

Le score maximal est de 10.

14) Mis à part un examen méticuleux, réalisé au cours des premières 24 heures de vie, le nouveau-né normal nécessite peu d'explorations : on se contente d'un hémogramme et des épreuves de dépistage de certaines maladies métaboliques et endocriniennes. Ce dépistage varie d'un pays à l'autre ; il devrait inclure au minimum la phénylcétonurie et l'hypothyroïdie congénitale.

Lectures suggérées

Buist NRM, Tuerck JM : The practitioner's role in newborn screening. Pediatr Clin North Am 1992 ; 39 : 199-211.
Kendig JW : Care of the normal newborn. Pediatr Rev 1992 ; 13 : 262-268.

Visites périodiques   2

Michel Weber, Anne-Claude Bernard-Bonnin, Pierre Masson, Élisabeth Rousseau, Marc Girard

Généralités

Selon l'Organisation mondiale de la santé, la santé ne se définit plus seulement comme une absence de maladie, mais bien comme un état de bien-être physique, psychologique et social. Les interventions préventives auprès des enfants et des adolescents peuvent avoir un impact important et durable. Le maintien à long terme de la santé nécessite des visites médicales régulières. Selon l'organisation locale du système de santé, l'« accompagnateur » médical de l'enfant peut être un médecin généraliste ou un pédiatre ; une partie plus ou moins importante de cette tâche peut être déléguée à d'autres professionnels qui ont la compétence requise. Ces visites médicales régulières ont plusieurs buts : surveiller la croissance, le développement et l'intégration sociale, administrer les vaccins, conseiller quant à l'alimentation et dépister certaines maladies. Des visites périodiques trop fréquentes sont inutiles et tendent à médicaliser la normalité ; des visites trop clairsemées exposent au faible risque de découvrir tardivement une maladie ou une anomalie traitables.

Lorsqu'un problème de santé survient, il est rarement détecté au cours d'une visite de routine : ce sont le plus souvent les parents, l'enfant ou l'adolescent lui-même qui s'en aperçoivent. Le médecin personnel devrait alors avoir suffisamment de disponibilité pour voir le patient rapidement en dehors du cadre des visites périodiques ; c'est en effet à l'occasion d'une crise de ce genre que la connaissance de l'enfant et de sa famille est la plus précieuse.

Au cours des 20 dernières années, les problèmes des adolescents ont été mieux identifiés. Malheureusement, certains pédiatres sont réticents à s'en occuper et certains médecins pour adultes ne désirent pas encore les prendre en charge. Cette situation n'est pas étonnante puisque le pédiatre et le médecin généraliste n'ont pas toujours reçu la formation nécessaire pour faire face aux problèmes physiques, psychologiques et sociaux propres à cette tranche d'âge. L'adolescent devrait être suivi jusqu'au seuil de l'âge adulte par le pédiatre ou par le médecin généraliste qui l'a accompagné au cours de l'enfance. Ces deux catégories de médecins devraient maintenant acquérir la compétence nécessaire pour assumer cette fonction.

Le programme et le contenu des visites périodiques proposés ci-dessous ne représentent qu'un exemple parmi d'autres et il se prête à toutes les adaptations possibles. La durée des visites ne devrait pas être inférieure à 20 à 30 minutes; la majeure partie de ce temps est consacrée aux conseils préventifs : nutrition, vaccination, prévention de la carie et des accidents, activité physique, place de la télévision, etc.

Programme des visites médicales périodiques

À la naissance, à 2 semaines, à 1, 2, 4, 6, 9, 12, 15, 18 et 24 mois, puis tous les ans jusqu'à la fin de l'adolescence.

Contenu des visites médicales périodiques

Lors de chaque visite, l'observation non structurée du comportement de l'enfant et de ses interactions avec ses parents fournit des informations importantes. S'il s'agit d'un adolescent, il doit être rencontré seul, au moins pendant une partie de la visite. Les éléments systématiques de ces visites sont :

1) L'écoute de l'enfant et de ses parents qui doivent pouvoir décrire dans leurs propres termes la nature des problèmes médicaux ou autres qui ont pu se poser depuis la dernière visite;

2) L'évaluation du développement psychomoteur ou, chez l'enfant plus âgé, de sa performance scolaire (voir Développement psychomoteur normal). On profite de cette évaluation pour souligner les progrès réalisés et expliquer aux parents ceux qui vont survenir au cours des semaines qui suivent;

3) L'exploration sommaire de la dynamique familiale et sociale, des habitudes de sommeil, des loisirs et de l'activité physique;

4) L'évaluation de l'alimentation et les conseils quant aux ajustements nécessaires (voir Nutrition). Il est particulièrement important de s'assurer que l'enfant reçoit :

   a) Une quantité suffisante de vitamine D jusqu'aux environs de deux ans;

   b) Un supplément adéquat de fer pendant toute la première année;

   c) Un supplément de fluor de la naissance à 12 ans;

5) La vérification du programme de vaccination et le rattrapage du retard qui pourrait être constaté (voir Vaccinations);

6) La vérification de la bonne connaissance et de l'application des mesures de prévention des accidents (voir Prévention des accidents);

7) La recherche systématique de symptômes anormaux au moyen d'une brève revue des différents systèmes;

8) Le dépistage des déficits sensoriels :
   - Vers trois ans pour l'audition;
   - Vers cinq ans pour la vision;

9) S'il s'agit d'un adolescent ou d'une adolescente, le bilan des habitudes de vie (intégration sociale, sexualité, tabac, alcool, drogues, etc.). Chez l'adolescente, il est particulièrement important de détecter un besoin de contraception ou une possibilité de grossesse. Même si l'adolescente ou l'adolescent n'est pas sexuellement actif, il faut profiter des visites de routine pour lui donner de l'information au sujet de la prévention de la grossesse (contraceptifs oraux, préservatifs, pilule du lendemain) et des maladies sexuellement transmissibles;

10) La mesure de la taille et la pesée : de la naissance à deux ans, la mesure de la taille se fait en position couchée et, après deux ans, en position debout. Dans les deux cas, il est important d'utiliser une toise précise. Ces paramètres sont reportés sur la courbe de croissance de l'enfant, ce qui permet non seulement d'évaluer son poids et sa taille de façon statique, mais surtout de vérifier la vélocité de sa croissance. Chez l'enfant normal, le périmètre crânien est mesuré et reporté sur une courbe lors de chaque visite jusqu'à l'âge de deux ans; après cet âge, la détermination du périmètre crânien conserve un intérêt dans certaines situations spéciales comme un retard mental ou lorsqu'il existe une microcéphalie ou une macrocéphalie évidente;

11) L'examen complet, auquel on ajoute, selon l'âge de l'enfant, quelques éléments spécifiques :

    a) Chez le nourrisson, on recherche le signe d'Ortolani lors de chacune des premières visites pour s'assurer qu'il n'y a pas de luxation congénitale de la hanche et on palpe les artères fémorales afin de vérifier l'absence de coarctation de l'aorte;

    b) Chez l'enfant normal, la tension artérielle est mesurée une fois par an à partir de l'âge de trois ans;

    c) Chez l'adolescent, on détermine le stade de développement pubertaire selon l'échelle de Tanner. Tout en l'examinant, on rappelle à l'adolescente la technique de l'auto-examen périodique des seins. L'utilité de la palpation régulière des testicules par l'adolescent demeure contestée. Un examen gynécologique est pratiqué si l'adolescente le demande, si elle est sexuellement active ou si elle présente des symptômes génitaux anormaux (douleurs pelviennes, leucorrhée, etc.). Au cours de l'examen gynécologique, on procède à un prélèvement pour la cytologie du col ainsi qu'à des cultures des sécrétions cervicales pour le *Chlamydia trachomatis*. Le dépistage de la scoliose fait aussi partie de la visite de routine des adolescents, surtout des filles (voir Scoliose);

12) L'interprétation à l'enfant ou à l'adolescent et, s'il y a lieu, à leurs parents, des conclusions de la visite médicale : les problèmes identi-

fiés ainsi que les explorations et traitements proposés sont expliqués en termes simples;

13) La visite se termine par une période de questions au cours de laquelle l'enfant, l'adolescent et ses parents sont invités à demander les explications et les éclaircissements complémentaires dont ils ressentent le besoin. Selon les questions explorées, des brochures d'information devraient être offertes.

Développement psychomoteur normal   3

Dominique Cousineau, Michel Weber

Généralités

Ce chapitre a pour but de fournir au médecin généraliste ou au pédiatre quelques balises lui permettant d'évaluer le développement psychomoteur de ses patients. Les bases théoriques permettant une compréhension approfondie du développement se retrouvent notamment dans les travaux de Piaget (développement cognitif) et d'Erikson (développement psychosocial).

De la naissance à l'âge de cinq à six ans, l'enfant franchit une multitude d'étapes du développement appartenant aux sphères de la motricité grossière, de la motricité fine, du langage et de l'adaptation sociale. Le contrôle sphinctérien, atteint en moyenne entre deux ans et demi et trois ans et demi, constitue une acquisition d'un autre ordre, à laquelle les parents attachent une grande importance. À l'âge scolaire, le développement se poursuit, tandis que l'enfant puis l'adolescent acquiert simultanément un grand nombre de connaissances et d'aptitudes de plus en plus complexes. Sa personnalité va, elle aussi, se développer, le conduisant vers l'autonomie et la création de sa propre famille. Une évolution harmonieuse nécessite une intelligence normale, des fonctions sensorielles efficaces, des systèmes nerveux et locomoteur intacts, un état de santé suffisant, un niveau de stimulation adéquat et une famille ou un substitut familial capable d'affection. Les influences du potentiel inné et de l'environnement sont souvent indissociables.

Ce long cheminement de l'état de nouveau-né entièrement dépendant à celui d'adulte autonome procure aux parents un plaisir d'une qualité unique ainsi qu'une grande fierté.

Par comparaison, la plupart des parents sont capables d'estimer eux-mêmes la normalité du développement psychomoteur de leur enfant. Le médecin généraliste et le pédiatre occupent une position privilégiée pour contribuer, à l'occasion des visites de routine, à la surveillance du développement, confirmant ainsi l'intuition des parents. Au cours des visites, il est utile de préparer les parents aux étapes qui seront franchies au cours des prochaines semaines et des prochains mois. Parfois, il est indiqué de dissiper des attentes parentales irréalistes. Ce rôle exige une bonne connaissance du développement normal, de sa diversité et de ses variantes. Il peut être utile de se familiariser avec la chronologie de quelques acquisitions clés, en se basant par exemple sur le test de dépistage des anomalies de développement de Denver (tableau 2). Plus tard, les progrès de la scolarité constitueront des critères objectifs d'une évolution normale.

Il est important de se souvenir du fait que des enfants normaux franchissent les mêmes étapes à des âges fort différents. Par exemple, les nourrissons arrivent à s'asseoir sans aide en moyenne à l'âge de 7 mois et demi, mais des enfants parfaitement normaux peuvent franchir cette étape importante du développement moteur grossier au plus tôt à l'âge de 6 mois et au plus tard à l'âge de 11 mois.

Lorsqu'un retard de développement psychomoteur est identifié, une évaluation multidisciplinaire peut être indiquée (voir Retard psychomoteur, retard mental, autisme, dysphasies), afin d'en préciser la nature et de planifier les interventions requises.

Chronologie du développement normal

À la naissance
Les aptitudes innées du nouveau-né lui permettent, dès la naissance, d'entrer en contact avec le monde extérieur : il voit, il entend, il sent, il est vigilant, il bouge, il pleure et est consolable.

À l'âge d'un mois
1) Maîtrise corporelle :
   - Tiré par les membres supérieurs de la position couchée sur le dos à la position assise, la tête est encore ballante ;
   - En décubitus ventral, les membres supérieurs et inférieurs sont généralement fléchis. La tête peut se dégager du lit par rotation latérale ;
   - Les mains sont fermées ;
   - Le réflexe d'agrippement et le réflexe de Moro sont encore présents.
2) Communication et langage :
   - L'enfant observe les objets ou les visages situés sur la ligne médiane, à environ 35 cm. Il peut les suivre à 90 degrés ;
   - Il réagit aux bruits forts ;
   - Il émet des petits sons gutturaux.
3) Autonomie et interactions sociales :
   - Il fixe le visage de l'observateur en abandonnant ses autres activités ;
   - Il est devenu plus réceptif à la lumière, à la voix et aux chansons.

À l'âge de deux mois
1) Maîtrise corporelle :
   - Tiré par les membres supérieurs de la position couchée sur le dos à la position assise, la tête est maintenue dans l'axe du corps ;

Tableau 2   Développement psychomoteur : quelques points de repère importants
(selon le test de dépistage de Denver)

	Âge le plus précoce d'acquisition (25ᵉ percentile)	Âge moyen d'acquisition (50ᵉ percentile)	Âge le plus tardif d'acquisition (90ᵉ percentile)
Sourire spontanément	1 mois 1/2	1 mois 3/4	5 mois
En décubitus ventral, soulever la tête à 90 degrés	1 mois 1/4	2 mois 1/4	3 mois 1/4
Suivre du regard à 180 degrés	1 mois 1/2	2 mois 1/2	3 mois 1/2
Se retourner dans son lit	2 mois 1/4	2 mois 3/4	4 mois 3/4
Rester assis sans aide	4 mois 1/2	5 mois 1/2	7 mois 1/2
Transférer un objet d'une main à l'autre	4 mois 1/2	5 mois 1/2	7 mois
Imiter les sons de la voix	4 mois 1/2	7 mois	11 mois
S'asseoir sans aide	6 mois	7 mois 1/2	11 mois
Dire «maman» et «papa» de façon spécifique	9 mois	10 mois	13 mois
Saisir un petit objet avec une pince pouce-index précise	9 mois	10 mois 1/2	14 mois
Marcher sans aide	11 mois 1/4	12 mois	14 mois 1/2
Connaître trois mots de plus que «maman» et «papa»	11 mois 1/2	12 mois 1/2	20 mois
Imiter les travaux du ménage	12 mois 1/2	13 mois 3/4	19 mois 1/2
Se déshabiller en partie seul	13 mois 1/2	15 mois 1/2	21 mois
Pointer les parties du corps	14 mois	16 mois	23 mois
Monter l'escalier	14 mois	17 mois	22 mois
Combiner deux mots	13 mois 3/4	19 mois	25 mois
Connaître son prénom et son nom	23 mois	2 ans 1/2	3 ans 1/2
Reconnaître les couleurs	2 ans 3/4	3 ans	4 ans 3/4
Copier une croix	2 ans 3/4	3 ans 1/4	4 ans 1/4
S'habiller sans supervision	2 ans 1/2	3 ans 1/2	5 ans

- En décubitus ventral, la tête se soulève à 45 degrés par rapport au plan du lit ;
- Les mains sont ouvertes ;
- Le réflexe d'agrippement et le réflexe de Moro s'atténuent.

2) Communication et langage :
- L'enfant peut suivre un objet de grande taille ou une personne qui se déplace autour de lui ;
- En décubitus dorsal, il peut suivre un objet à 180 degrés ;

- Il localise le bruit en se tournant vers sa source;
- Il émet des «a», des «e» et des «eu».

3) Autonomie et interactions sociales :
- L'enfant sourit en réponse à l'adulte;
- Il reconnaît les visages familiers.

À l'âge de quatre mois

1) Maîtrise corporelle :
- Tiré par les membres supérieurs de la position couchée sur le dos à la position assise, sa tête suit le mouvement;
- Maintenu en position assise, sa tête est droite, mais son dos demeure arrondi;
- En décubitus ventral, il prend appui sur ses avant-bras et soulève son tronc et sa tête jusqu'à 90 degrés;
- Il tente de rouler du ventre au dos;
- En décubitus dorsal, il fléchit et étend les jambes;
- Les réflexes archaïques (agrippement, Moro) ont le plus souvent disparu;
- Il saisit un objet placé dans sa main et le porte à sa bouche;
- Il découvre ses mains.

2) Communication et langage :
- Il rit aux éclats;
- Il gazouille avec une variété d'intonations et pendant des périodes prolongées;
- Il reconnaît les bruits familiers et les localise parfaitement en tournant la tête vers leur source;
- Il s'excite à la vue d'un objet ou d'une personne familière.

3) Autonomie et interactions sociales :
- Il prend l'initiative du contact social en souriant;
- Il est devenu très sociable et accepte volontiers la présence d'étrangers;
- Il anticipe certaines situations particulières comme les repas.

À l'âge de six mois

1) Maîtrise corporelle :
- Tiré par les membres supérieurs de la position couchée sur le dos à la position assise, l'enfant participe activement au mouvement;
- Il se tient assis brièvement avec appui;
- En décubitus ventral, il se redresse en prenant appui sur les membres supérieurs et rejette la tête en arrière;
- Il se tourne du ventre au dos et du dos au ventre;
- En décubitus dorsal, il saisit ses pieds et les porte à sa bouche;
- Lorsqu'il est tenu en position debout, il sautille en mettant du poids sur ses membres inférieurs;

- Il saisit les objets, les agite ou les porte à sa bouche;
- Il transfère un objet d'une main à l'autre et cogne deux cubes l'un contre l'autre.

2) Communication et langage:
- Il joue avec des chaînes de syllabes et varie le débit ainsi que le volume de sa voix. Il aime crier;
- Il commence à répondre à la voix par la sienne (réciprocité).

3) Autonomie et interactions sociales:
- Il mange un biscuit seul et tient lui-même son biberon;
- Il apprécie le fait de côtoyer et d'imiter les adultes;
- Il suit des yeux la chute d'un objet; c'est le début de l'apprentissage de la permanence de l'objet (celui-ci est encore présent dans la mémoire, même s'il a quitté le champ de vision).

À l'âge de neuf mois

1) Maîtrise corporelle:
- L'enfant reste assis sans soutien pendant de longues périodes et s'assied seul;
- En position assise, il s'étire pour attraper un objet placé devant ou à côté de lui;
- Il commence à ramper (souvent à reculons);
- Il s'accroche aux meubles pour se mettre debout;
- Il saisit les petits objets avec la pince pouce-index;
- Il jette les objets de façon répétée, puis les cherche des yeux lorsqu'ils sont sortis de son champ de vision.

2) Communication et langage:
- L'enfant émet maintenant une grande variété de sons;
- Il babille, utilise un jargon et dit «maman» de façon non spécifique;
- Il réagit à son nom et au «non»;
- Selon l'intonation de la voix, il distingue la dispute, l'accord, l'avertissement;
- Il communique par gestes et fait «au revoir» de la main.

3) Autonomie et interactions sociales:
- Il joue à faire «coucou»;
- Il réagit négativement, par exemple par des pleurs, à la présence d'un étranger;
- Il fait «bravo»;
- Il commence à manger avec les doigts et à boire au verre à bec.

À l'âge de 12 mois

1) Maîtrise corporelle:
- L'enfant marche avec aide;
- Il se met debout sans aide et se tient dans cette position pendant une brève période;

- Il introduit des objets dans un récipient et les en retire. Il aime vider et remplir;
- La préhension pouce-index est fine et précise. Il ramasse de petits objets.

2) Communication et langage:
- Il dit «papa» et «maman» de façon spécifique;
- Il utilise beaucoup le jargon et prononce un à quatre mots facilement reconnaissables;
- Il comprend des consignes verbales simples comme «fais au revoir» ou «donne-moi la balle».

3) Autonomie et interactions sociales:
- Il vient quand on l'appelle;
- Il coopère lorsqu'on l'habille;
- Il imite les personnes qui l'entourent;
- Il mange avec les mains et boit au verre;
- Il manifeste de l'anxiété lorsqu'il est séparé de sa mère.

À l'âge de 15 mois

1) Maîtrise corporelle:
- Il marche facilement sans aide et pousse les objets en marchant. Il est capable de reculer;
- Il monte l'escalier à quatre pattes et le descend à reculons;
- Il grimpe sur une chaise;
- Il lance les objets et renvoie la balle;
- Il commence à réaliser des activités constructives comme empiler, vider et remplir;
- Il manipule des objets de façon appropriée (exemples: faire rouler une auto, tourner les pages d'un livre);
- Il met deux blocs l'un sur l'autre.

2) Communication et langage:
- Il maîtrise 4 à 10 mots;
- Il répète les mots qu'il entend (écholalie d'apprentissage);
- Il utilise le langage gestuel et pointe du doigt pour exprimer ses besoins.

3) Autonomie et interactions sociales:
- Il collabore lorsqu'on l'habille et le déshabille et peut enlever lui-même certains vêtements;
- Il commence à manger avec une cuiller;
- Il boit facilement au verre;
- Il imite certaines tâches domestiques.

À l'âge de 18 mois

1) Maîtrise corporelle:
- L'enfant court;

- Il tire un objet derrière lui en marchant;
- Il frappe le ballon du pied;
- Il s'accroupit puis se relève lorsqu'il ramasse un objet;
- Il monte l'escalier debout;
- Il gribouille avec un crayon.

2) Communication et langage:
- Il maîtrise environ 10 mots;
- Il pointe sur demande une ou deux images d'un livre (exemples: chien, chat, oiseau);
- Il désigne sur demande deux ou trois parties de son corps comme le nez, les yeux ou les mains.

3) Aptitudes perceptivo-motrices et cognitives:
- Il construit une tour de trois ou quatre blocs;
- Il encastre les pièces d'un puzzle très simple.

4) Autonomie et interactions sociales:
- Il mange avec une cuiller ou une fourchette;
- Il participe activement à son habillage et à son déshabillage;
- Il se concentre sur une activité pendant une courte période;
- Il demande de l'aide aux adultes lorsqu'il est en difficulté;
- Il manifeste son affection par des caresses ou des baisers.

À l'âge de deux ans

1) Maîtrise corporelle:
- L'enfant saute sur place;
- Il court en évitant les obstacles, tourne, danse, grimpe;
- Il monte et descend l'escalier en se tenant à la rampe et sans alterner (il pose les deux pieds sur chaque marche);
- Il lance la balle sans tomber et avec un mouvement global du corps;
- Il marche à reculons en tirant un objet;
- Il ouvre et ferme les portes en tournant la poignée;
- Il tient le crayon comme un adulte avec trois doigts.

2) Communication et langage:
- Il fait des phrases de deux ou trois mots;
- Le vocabulaire explose (il connaît environ 100 mots à 2 ans et 200 mots à 2 ans et demi). Il s'agit surtout de noms et de verbes;
- Il utilise le langage de façon diversifiée pour exprimer ses besoins, ses désirs et ses idées;
- Il comprend et exécute des consignes déjà assez complexes comme: «Va dans ta chambre chercher ton livre»;
- Il pointe sur demande quatre images d'un livre;
- Il désigne huit parties de son corps.

3) Aptitudes perceptivo-motrices et cognitives :
   - Il construit une tour de six ou sept blocs ;
   - Il aligne des blocs en forme de train ;
   - Il dessine des cercles concentriques ;
   - Il encastre des formes simples ;
   - Il s'intéresse aux images et pointe les détails.
4) Autonomie et interactions sociales :
   - Il se déshabille en partie et aide à son habillage ;
   - Il commence à contrôler ses sphincters ;
   - Il commence à manifester un comportement d'opposition : répond «non» et fait des crises de colère ;
   - Il amorce un comportement social : il s'approche des autres enfants, mais joue encore en parallèle, sans partager ;
   - Il peut rester seul quelques moments dans une pièce, mais continue à rechercher l'adulte lorsqu'il a besoin d'être rassuré.

À l'âge de trois ans

1) Maîtrise corporelle :
   - L'enfant monte et descend l'escalier en alternant les pieds ;
   - Il saute de la dernière marche de l'escalier ;
   - Il est capable de sauter sur place à pieds joints ;
   - Il peut rester quelques instants en équilibre sur un pied ;
   - Il court sans tomber, même sur une surface irrégulière ;
   - Il pédale (tricycle) ;
   - Il lance une balle vers l'avant et est capable de rattraper un gros ballon avec les bras tendus ;
   - Il commence à utiliser les ciseaux avec une seule main ;
   - Il peut enfiler et visser (activités bilatérales).
2) Communication et langage :
   - L'enfant dit son nom, son sexe et parfois son âge ;
   - Il fait des phrases complètes ;
   - Il possède un vocabulaire d'environ 300 mots ;
   - Il comprend et utilise des prépositions (exemples : «dans», «sur») et des adjectifs (exemples : «gros», «petit») ;
   - Il commence à poser des questions (exemples : «Pourquoi?», «Qui?») ;
   - Il écoute, commente et raconte des histoires ;
   - Il éprouve encore des difficultés de prononciation (exemple : *l* au lieu de *r*).
3) Aptitudes perceptivo-motrices et cognitives :
   - Il construit une tour de huit à neuf blocs ;
   - Il imite un pont au moyen de trois blocs ;
   - Il imite une ligne verticale ;

- Il rassemble des objets de couleurs semblables;
- Il nomme les couleurs, mais peut encore confondre le vert et le bleu;
- Il connaît quelques chansons enfantines;
- Il compte jusqu'à 6 ou 8, parfois jusqu'à 10;
- Il se livre à de nombreux jeux symboliques (exemples: nourrit, habille, couche sa poupée).

4) Autonomie et interactions sociales:
- Il s'habille seul (sans boutonner ni lacer);
- Il se lave et s'essuie les mains avec supervision;
- Il a acquis la continence sphinctérienne diurne;
- Il devient plus sociable: il joue avec d'autres enfants, partage, attend son tour, etc.;
- Il se rapproche davantage du parent du sexe opposé.

À l'âge de quatre ans

1) Maîtrise corporelle:
- L'enfant peut sauter à cloche-pied (un à trois sauts sur chaque pied);
- Il grimpe aux arbres et monte sur une échelle;
- Il attrape facilement le ballon;
- Sa latéralisation est nettement établie;
- Il manipule avec habileté de petits objets (exemple: enfiler des perles);
- Il découpe avec les ciseaux en suivant une ligne droite.

2) Communication et langage:
- Il fait des phrases grammaticalement correctes et prononce claire- ment. Tout le monde le comprend;
- Il raconte des histoires et commente ses dessins et les livres;
- Il pose des questions de type: «Quand?», «Comment?», «Où?».

3) Aptitudes sensitivo-motrices et cognitives:
- Il aime les jeux de construction et le bricolage;
- Il construit une tour de 10 blocs, un pont, un escalier;
- Il copie facilement une croix ou un carré;
- Il dessine un homme-têtard, composé de trois parties;
- Il connaît son nom et son adresse;
- Il connaît des comptines;
- Il connaît bien les trois couleurs primaires;
- Il compte jusqu'à cinq objets en les pointant;
- Il compte au moins jusqu'à 20;
- Il comprend «hier», «aujourd'hui», «demain», «pareil», «diffé- rent», «grand» «petit», «gros».

4) Autonomie et interactions sociales:
- Il mange proprement avec les couverts;

- Il se lave et s'essuie les mains, se brosse les dents;
- Il s'habille et se déshabille seul et peut boutonner;
- Il a acquis la continence sphinctérienne diurne (95 % des enfants) et nocturne (75 %);
- Il recherche la présence d'autres enfants pour jouer;
- Il attend son tour et partage;
- Il s'occupe des plus jeunes que lui.

À l'âge de cinq ans

1) Maîtrise corporelle:
   - L'enfant saute à la corde, sur les deux pieds et en alternance;
   - Il saute à cloche-pied facilement;
   - Il tient en équilibre sur un pied pendant au moins cinq secondes;
   - Il attrape le ballon avec les mains après un rebondissement;
   - Il lance la balle avec précision;
   - Il roule sur une bicyclette avec des petites roues d'entraînement.

2) Communication et langage:
   - Il utilise des phrases structurées et complètes;
   - Il connaît des chansons;
   - Il définit des mots et interroge au sujet de la signification d'autres mots;
   - Il connaît son nom, son adresse et son numéro de téléphone;
   - Il utilise «en avant», «en arrière», «au milieu», «entre», «dessus», «sur», «dessous», «avant», «après», «peu», «plusieurs»;
   - Il connaît les contraires.

3) Aptitudes sensitivo-motrices et cognitives:
   - Il fait des puzzles de 10 à 12 pièces;
   - Il copie une croix, un carré et un triangle;
   - Il dessine un bonhomme constitué de six parties;
   - Il connaît les couleurs primaires et secondaires;
   - Il reconnaît les pièces de monnaie.

4) Autonomie et interactions sociales:
   - Il a des amis privilégiés;
   - Il adopte un comportement plus indépendant et raisonnable;
   - Il participe à des jeux imaginaires complexes;
   - Il s'acquitte de commissions simples.

À l'âge de six ans

1) Maîtrise corporelle:
   - L'enfant lance, attrape et fait rebondir la balle;
   - Il conduit une bicyclette à deux roues et patine s'il en a l'occasion;
   - Il noue ses lacets.

2) Communication et langage :
   - Il utilise un langage de type adulte ;
   - Il peut raconter un événement ou décrire une situation d'une façon bien structurée, en respectant la séquence des faits et l'ordre des idées ;
   - Il a accédé à une plus grande capacité d'abstraction ;
   - Il continue à enrichir son vocabulaire.

3) Aptitudes sensitivo-motrices et cognitives :
   - Il compte au moins jusqu'à 30 et écrit les chiffres au moins jusqu'à 10 ;
   - Il répète quatre chiffres dans le bon ordre ;
   - Il dessine un bonhomme avec un cou, des mains et des vêtements ;
   - Il distingue la gauche et la droite ;
   - Il copie un losange.

4) Autonomie et interactions sociales :
   - Il s'intègre au milieu scolaire.

Lectures suggérées

Greenspan SI : Clinical assessment of emotional milestones in infancy and early childhood. Pediatr Clin North Am 1991 ; 38 : 1371-1385.
Vaughan VC : Assessment of growth and development during infancy and childhood. Pediatr Rev 1992 ; 13 : 88-96.

Développement pubertaire normal   4

Jean-Yves Frappier, Marc Girard, Guy Van Vliet

Généralités

L'adolescence représente une transition de l'enfance à l'âge adulte. La puberté, c'est-à-dire la maturation du système reproducteur, survient pendant cette période qui se caractérise par des modifications endocriniennes, morphologiques, physiologiques et psychologiques. Sur le plan du comportement, on note l'importance croissante du groupe d'amis, une tendance à explorer et, surtout chez le garçon, à prendre des risques, ainsi qu'une plus grande recherche d'autonomie et de liberté, souvent associée à une certaine opposition vis-à-vis des diverses formes d'autorité. Au niveau physique, on observe notamment le développement des caractères sexuels secondaires, une accélération transitoire de la croissance, la ménarche chez la fille et la première éjaculation chez le garçon, ainsi que le développement de la masse musculaire, surtout chez le garçon. Sur le plan biologique, on note un accroissement de l'hématocrite, lui aussi plus accentué chez le garçon, ainsi qu'une élévation marquée des phosphatases alcalines.

Le développement pubertaire normal nécessite l'intégrité anatomique et fonctionnelle de l'hypothalamus, de l'hypophyse et des gonades. Entre l'âge d'un an et l'approche de la puberté, les niveaux plasmatiques de FSH, de LH, de testostérone et d'œstradiol sont très bas. Un an ou deux avant la puberté apparaît une sécrétion pulsatile de LH pendant le sommeil. Elle reflète une décharge pulsatile du facteur de relâche de la LH (LHRH). La fréquence et l'importance de ce phénomène vont ensuite s'accroître progressivement et, plus tard au cours de la puberté, cette sécrétion va se produire aussi pendant le jour. Le développement mammaire dépend des œstrogènes, tandis que la pubarche résulte de l'action d'androgènes d'origine surrénalienne comme la déhydro-épiandrostérone (DHEA).

Les caractères sexuels secondaires commencent à se développer en moyenne 6 à 12 mois plus tôt chez la fille que chez le garçon et la poussée de croissance pubertaire survient en moyenne 2 ans plus tôt chez la fille.

Le développement pubertaire suit une séquence prévisible dont le début et la durée varient d'un adolescent à l'autre. Le médecin généraliste ou le pédiatre s'assure, à l'occasion des visites de routine, que ce processus s'amorce à un âge normal et se déroule de façon harmonieuse. Il note l'évolution du développement pubertaire selon les stades de Tanner.

Développement pubertaire normal chez la fille

Séquence pubertaire habituelle (les âges indiqués correspondent à ceux des pays industrialisés; ailleurs, les différentes étapes peuvent survenir plus tôt ou plus tard):

1) Début du développement mammaire (thélarche): en moyenne à 11 ans (8 à 13 ans);

2) Apparition de la pilosité pubienne (pubarche ou adrénarche), en moyenne à 11 ans et demi (9 à 13 ans);

3) Poussée de croissance pubertaire: en moyenne, la vitesse de croissance maximale est de l'ordre de 9 cm par an et elle est atteinte en moyenne à 12 ans (10 à 14 ans). Elle diminue ensuite rapidement;

4) Apparition de la pilosité axillaire;

5) Première menstruation (ménarche), qui survient en moyenne à 13 ans (10 à 16 ans), environ 2 ans après le début du développement mammaire. Après la ménarche, la vitesse de croissance diminue rapidement. L'établissement de cycles ovulatoires nécessaires à la fertilité peut prendre jusqu'à cinq ans.

Chez la fille, on note lors de chaque visite le stade de Tanner respectivement pour la pilosité pubienne (figure 1) et pour le développement mammaire (figure 2):

1) Pilosité pubienne:

   – Stade 1: c'est le stade prépubertaire: il n'y a aucune pilosité;

   – Stade 2: poils clairsemés, légèrement pigmentés, droits ou légèrement bouclés, le long des grandes lèvres;

Figure 1   Développement pubertaire chez la fille: stades de Tanner pour la pilosité pubienne. Le stade 1 correspond à l'état prépubertaire.

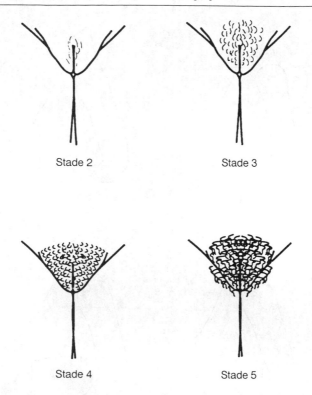

Stade 2   Stade 3

Stade 4   Stade 5

Source: Grunt JA, Schwartz ID: Growth, short stature, and the use of growth hormone: considerations for the practicing pediatrician. Curr Probl Pediatr 1992; 22: 390-412. Reproduit avec autorisation.

- Stade 3: les poils sont plus pigmentés, plus nombreux et plus bouclés; il commencent à s'étendre en direction du pubis;
- Stade 4: les poils ont la même apparence, mais occupent une plus petite surface que chez l'adulte. Ils ne s'étendent pas à la face interne des cuisses;
- Stade 5: la pilosité est de type adulte et s'étend à la face interne des cuisses.

2) Développement mammaire:
- Stade 1: c'est le stade infantile: il n'y a aucun développement mammaire;
- Stade 2: il y a un bourgeon mammaire;

Figure 2   Développement pubertaire chez la fille: stades de Tanner pour le développement mammaire. Le stade 1 correspond à l'état prépubertaire.

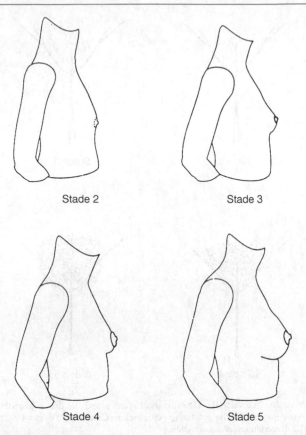

Stade 2   Stade 3

Stade 4   Stade 5

Source: Grunt JA, Schwartz ID: Growth, short stature, and the use of growth hormone: considerations for the practicing pediatrician. Curr Probl Pediatr 1992; 22: 390-412. Reproduit avec autorisation.

- Stade 3: le sein a augmenté de volume et l'aréole s'est agrandie. Le sein et l'aréole partagent le même contour;
- Stade 4: le sein a encore augmenté de volume et l'aréole se projette, ayant un contour distinct de celui du sein;
- Stade 5: le sein a une apparence adulte et l'aréole partage à nouveau le même contour que le sein.

Un développement mammaire isolé survenant avant l'âge de huit ans constitue une thélarche prématurée. Il s'agit d'une puberté précoce si le développement mammaire prématuré est accompagné ou suivi des autres étapes du développement pubertaire. Si la puberté n'a pas commencé à 13 ans, il y a un retard pubertaire (voir Puberté précoce et retard pubertaire).

Développement pubertaire normal chez le garçon

Séquence pubertaire habituelle :

1) Augmentation de volume des testicules, qui commence en moyenne vers 12 ans. Avant la puberté, le volume testiculaire est de 1 à 3 mL et, à l'âge adulte, il peut atteindre 15 à 25 mL. Idéalement, il est évalué au moyen d'un orchidomètre. Si cet instrument n'est pas disponible, on peut considérer que la puberté est amorcée si le plus grand diamètre du testicule dépasse 25 mm ;
2) Augmentation des dimensions du pénis, débutant en moyenne aux alentours de 13 ans ;
3) Apparition de la pilosité pubienne (pubarche ou adrénarche), en moyenne entre 12 et 13 ans ;
4) Accélération de la croissance, qui peut atteindre 11 cm par an et atteint son maximum en moyenne vers 14 ans (11 à 15 ans) ;
5) Apparition de la pilosité axillaire puis faciale.

On note, lors de chaque visite, le stade de Tanner respectivement pour la pilosité pubienne et pour le développement des organes génitaux externes (figure 3) :

1) Pilosité pubienne :
   - Stade 1 : il n'y a aucune pilosité pubienne ;
   - Stade 2 : il y a des poils longs, clairsemés, faiblement pigmentés, droits ou légèrement bouclés, surtout à la base du pénis ;
   - Stade 3 : les poils sont plus abondants, davantage pigmentés et bouclés ; ils s'étendent plus, tout en demeurant localisés à la région pubienne ;
   - Stade 4 : les poils ont maintenant une apparence adulte, mais ils recouvrent une zone plus limitée, sans s'étendre à la face interne des cuisses ;
   - Stade 5 : les poils ont une distribution adulte, s'étendant à la face interne des cuisses.
2) Organes génitaux externes :
   - Stade 1 : c'est le stade infantile ;
   - Stade 2 : les testicules ont commencé à augmenter de volume (> 4 mL), mais le pénis garde son apparence infantile. Le scrotum prend un aspect ridé ;
   - Stade 3 : les testicules ont continué à augmenter de volume et le pénis s'allonge ;
   - Stade 4 : les testicules et le pénis ont continué à croître, ce dernier particulièrement en largeur. La pigmentation du scrotum progresse ;
   - Stade 5 : les organes génitaux ont une forme et des dimensions adultes.

Figure 3 Développement pubertaire chez le garçon: stades de Tanner pour le développement des organes génitaux externes et la pilosité pubienne. Le stade 1 correspond à l'état prépubertaire.

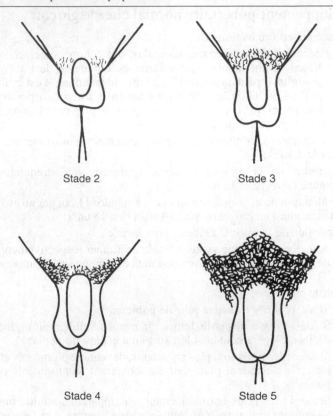

Stade 2   Stade 3

Stade 4   Stade 5

Source: Grunt JA, Schwartz ID: Growth, short stature, and the use of growth hormone: considerations for the practicing pediatrician. Curr Probl Pediatr 1992; 22: 390-412. Reproduit avec autorisation.

On parle de puberté précoce si le développement pubertaire commence avant l'âge de 9 ans et de retard pubertaire si celui-ci n'est pas amorcé à l'âge de 14 ans (voir Puberté précoce et retard pubertaire).

Nutrition   5

Michel Weber, Élisabeth Rousseau, Lise Primeau

Voir aussi Anorexie mentale, Malnutrition, marasme, kwashiorkor, Obésité, Rachitisme, Retard pondéral du nourrisson, Sport et exercice.

Généralités

Les habitudes alimentaires acquises au cours de l'enfance et de l'adolescence vont exercer une influence déterminante sur l'état de santé, non seulement pendant cette période, mais aussi durant toute la vie. Par leurs conseils lors de chaque visite de routine, le médecin généraliste et le pédiatre jouent un rôle clé quant à cet aspect de la pédiatrie préventive.

Une alimentation quantitativement inadéquate peut être responsable de certaines maladies. Dans les pays favorisés, le problème de l'obésité prédomine (voir Obésité), alors que la malnutrition demeure endémique dans les pays en développement, où elle constitue une cause prédominante de morbidité et de mortalité (voir Malnutrition, marasme, kwashiorkor).

Des carences alimentaires qualitatives causent des maladies comme l'anémie ferriprive, la xérophtalmie, le rachitisme, le scorbut, etc. À l'exception de la déficience en fer, ces maladies ont pratiquement disparu dans les pays industrialisés, alors que leur prévalence demeure très élevée dans les pays en développement.

Plusieurs maladies comme l'athérosclérose, le diabète de type II, la constipation, la diverticulose colique et certains cancers peuvent être prévenues dans une certaine mesure par une alimentation saine.

Certaines maladies comme l'allergie aux protéines bovines ou la maladie cœliaque sont traitées par une alimentation spéciale.

Les habitudes alimentaires varient selon des influences culturelles, familiales et socio-économiques. Pour autant que certains principes simples soient respectés, des modes d'alimentation très différents peuvent aboutir à une nutrition saine. Il faut éviter de donner des directives trop précises, complexes ou rigides, qui n'ont aucune base scientifique et constituent un carcan inutile pour la famille. Les exigences d'une alimentation équilibrée s'accommodent très bien de la plupart des traditions ethniques ou familiales, ainsi que d'une certaine fantaisie. Le repas ne doit pas seulement être préparé en fonction de l'apport énergétique, vitaminique ou autre ; il doit aussi être une source de plaisir, grâce à la diversification des goûts, des couleurs, des odeurs et des textures. Le repas familial constitue un moment privilégié de communication ; la télévision doit en être bannie.

Depuis le début de l'ère industrielle, le lait de vache a progressivement supplanté le lait humain dans les pays développés ; la même tendance s'observe dans plusieurs pays défavorisés. Cette aberration, inspirée notamment par la poursuite d'intérêts financiers, s'est répandue sous le regard indifférent ou avec la participation active du corps médical. Dans les populations favorisées, cette mutation n'a heureusement que des effets mineurs sur la santé infantile. Par contre, elle est responsable d'une morbidité et d'une mortalité très importantes dans les pays en développement.

Une autre erreur fréquente consiste à obliger l'enfant à manger plus que ses besoins; elle aboutit au syndrome du biberon ou de l'assiette vides.

Nutrition pendant les deux premières années de vie

Aliment complet par excellence, le lait constitue la source exclusive de nutriments pendant les quatre à cinq premiers mois de vie; même si les solides viennent s'y rajouter progressivement pendant les mois qui suivent, il demeure une partie importante de l'alimentation pendant toute la première année.

Pendant la première année, les besoins énergétiques moyens se situent entre 340 et 500 kJ/kg/24 heures (80 à 120 kcal/kg/24 heures). Ces besoins varient d'un nourrisson à l'autre et le seul critère permettant de juger si l'apport énergétique est suffisant est un gain de poids normal; pendant les premiers mois de vie, celui-ci doit être de 20 à 30 g par jour. En général, le poids de naissance double vers quatre à cinq mois. Le gain de poids du nourrisson allaité est légèrement inférieur à celui de l'enfant nourri artificiellement. La meilleure façon d'alimenter le nourrisson est de lui offrir du lait à la demande et à volonté; les horaires rigides n'ont pas de justification scientifique.

I. Le lait

1) Le lait humain est le seul qui soit parfaitement adapté aux besoins du nourrisson. Dans les pays développés, l'allaitement est plus répandu dans les familles favorisées, alors que les nourrissons défavorisés en bénéficieraient tout autant, sinon davantage. Une meilleure éducation du public et des professionnels de la santé ainsi qu'une amélioration des lois sociales (exemple: congé d'allaitement) pourraient accroître le pourcentage des enfants allaités. L'information nécessaire à un choix éclairé devrait être fournie au cours de la grossesse. La mère qui décide d'allaiter reçoit souvent des avis contradictoires; elle a besoin de soutien et d'informations exactes de la part du médecin généraliste, du pédiatre, du gynécologue-obstétricien et du personnel de la maternité.

   a) Aspects qualitatifs: le lait humain a la même valeur énergétique que le lait de vache, modifié ou non (2,8 kJ/mL, soit 0,67 kcal/mL), mais il contient moins de protéines et de sodium, de sorte que sa charge osmotique est moindre. Il contient des protéines humaines, du lactose et des triglycérides à chaînes longues. Il renferme tous les nutriments nécessaires en quantités suffisantes pour les quatre premiers mois de vie, à l'exception de la vitamine D et du fluor.

   b) Avantages: ils sont nombreux. Les uns sont prouvés, d'autres demeurent plus hypothétiques:
   - L'allaitement exerce de multiples façons une influence favorable sur l'établissement du lien mère-enfant;
   - Le lait humain est toujours stérile et à la bonne température. De surcroît, il est gratuit. Sa composition varie avec le temps, s'adaptant aux besoins de l'enfant;

- Le nourrisson allaité est relativement protégé contre diverses infections bactériennes ou virales comme la gastro-entérite, l'otite moyenne et les infections des voies respiratoires. Cet effet protecteur est moins évident vis-à-vis d'autres types d'infections. Cet avantage immunologique peut être noté dans les populations favorisées, mais il est surtout important dans les pays défavorisés, où la nutrition artificielle augmente considérablement le risque de maladie infectieuse et de décès. Ce problème résulte non seulement du fait que les nourrissons alimentés artificiellement sont privés des avantages immunologiques du lait humain, mais aussi de la contamination des autres laits lors de leur reconstitution et de leur conservation;

- Pendant la période d'allaitement exclusif, le nourrisson est protégé de façon partielle et temporaire contre certaines maladies allergiques comme la dermite atopique. Cependant, certaines manifestations d'allergie aux protéines bovines s'observent parfois lorsque la mère allaitante boit du lait de vache;

- Certaines publications ont suggéré que les enfants allaités sont plus intelligents que les autres; cet effet semble plus net chez les prématurés. Compte tenu des multiples biais possibles, cette affirmation doit être considérée avec réserve;

- Des études ont suggéré que l'allaitement exerce un effet protecteur à long terme contre certaines maladies comme l'athérosclérose, le diabète de type I, les lymphomes et la maladie cœliaque. Cet effet reste à prouver.

c) Technique: l'allaitement est un geste facile qui n'exige aucun apprentissage ni connaissance particulière:

- La première tétée a lieu dès la naissance, dans la salle d'accouchement;

- Le sein est offert à la demande, habituellement toutes les deux à trois heures au début. Lors de chaque tétée, les deux seins sont vidés successivement. La durée de chaque tétée varie de 5 à 20 minutes. Il faut cependant savoir que la plus grande partie du lait (environ 80 %) est ingérée pendant les cinq premières minutes;

- La position d'allaitement est importante: la mère doit être installée confortablement sur un siège muni d'accoudoirs, les pieds surélevés pour éviter les douleurs au dos. Le sein est présenté à l'enfant en le saisissant entre l'index et le médius;

- La tétée peut être interrompue pour permettre à l'enfant d'éructer. Il est tenu verticalement, sa poitrine contre l'épaule de sa mère. On peut faciliter l'éructation en caressant ou en tapotant le dos du bébé. La même manœuvre est répétée à la fin du repas;

- Le lait humain est plus facile à digérer; la vidange gastrique étant plus rapide, l'enfant allaité boit plus souvent que s'il était nourri artificiellement. Le sommeil des parents est donc plus souvent interrompu. Pendant les premières semaines, le nombre de repas peut atteindre 8 à 12 par jour;

- Dans certaines populations, l'allaitement est poursuivi jusqu'à l'âge de deux ans, mais ceci n'est pas toujours possible dans le contexte de la vie moderne. Un minimum de six mois devrait être suggéré;

- L'allaitement devrait être exclusif pendant les quatre à cinq premiers mois de vie. Il ne faut donner à l'enfant aucun supplément (eau, lait pour nourrissons, etc.), surtout pendant les premiers jours de vie; ceci peut en effet compromettre l'allaitement puisque la production du lait est surtout stimulée par la succion de l'enfant;

- Les seules façons de s'assurer que l'enfant reçoit une quantité adéquate de liquide et d'énergie sont de vérifier qu'il urine assez fréquemment et qu'il gagne en moyenne 20 à 30 g/24 heures. Il devrait être pesé une fois par semaine au début, puis de façon plus espacée si le gain de poids est normal;

- La croyance selon laquelle la production de lait augmente si la mère boit davantage n'est pas fondée; il en est de même de l'effet lactogène de la bière, de la levure, etc.;

- Le lait maternel peut être extrait manuellement ou au moyen d'une pompe mécanique ou électrique. Il peut être réfrigéré ou congelé et donné au biberon, par exemple lorsque la mère a besoin de repos ou doit s'absenter;

- L'alimentation de la mère doit être équilibrée. Ses besoins énergétiques augmentent en proportion de la quantité de lait produite (environ 700 à 1 000 mL par jour). Cet ajustement se fait spontanément; il correspond à environ 500 kcal additionnelles par jour, comme chez la femme enceinte;

- Chez l'enfant allaité, la fréquence des selles peut varier d'une dizaine par jour à une par semaine. Ces variations sont normales.

d) Problèmes:

- Certains aliments peuvent donner un goût particulier au lait (exemples: oignon, chou, certaines épices, etc.);

- Ictère au lait maternel: voir Ictère;

- Prématurité: voir Prématurité;

- Jumeaux: voir Jumeaux;

- Mastite: elle est traitée au moyen d'antibiotiques et de chaleur locale; l'allaitement peut être poursuivi en offrant des tétées plus fréquentes;

- Retard pondéral: ce problème est rare. La plupart du temps, un gain de poids insuffisant résulte d'une insuffisance de production de lait plutôt que de difficultés techniques. Le stress semble souvent être en cause. Épuisé par une succion inefficace, l'enfant semble satisfait et s'endort comme s'il était repu. On ne peut pas laisser s'installer un état de malnutrition. Le traitement consiste à donner régulièrement des suppléments d'un lait pour nourrissons, tout en encourageant la mère à poursuivre l'allaitement. L'enfant doit être revu et pesé une fois par semaine (voir aussi Retard pondéral du nourrisson);

– Médicaments : un petit nombre de médicaments pris par la mère qui allaite peuvent causer des problèmes chez son enfant (voir Médicaments pendant la grossesse et l'allaitement);

– Transmission de certaines infections : les virus de l'hépatite B (VHB) et de l'immunodéficience humaine (VIH) ainsi que le cytomégalovirus peuvent notamment être transmis à l'enfant par le lait maternel. Dans les pays développés, une mère séropositive pour le VIH doit éviter d'allaiter son enfant. Dans les pays en développement, les risques de l'alimentation artificielle semblent supérieurs à celui de l'allaitement ; l'enfant doit donc être allaité. Une mère porteuse de l'hépatite B peut allaiter son enfant si celui-ci a reçu la gammaglobuline et le vaccin (voir Hépatites virales);

– Drogues : la mère qui allaite doit être encouragée à s'abstenir de marijuana, de tabac et d'alcool ; si elle n'en est pas capable, des quantités modérées ne semblent pas nuire à l'enfant;

– Isotopes radioactifs utilisés à des fins diagnostiques ou thérapeutiques : ces substances sont excrétées pendant plusieurs jours dans le lait maternel et représentent un danger pour l'enfant. Un spécialiste en médecine nucléaire doit être consulté afin de déterminer pendant combien de temps l'allaitement doit être interrompu;

– Végétarisme maternel strict : il y a pour l'enfant un risque de déficience en vitamines B_{12} et B_6, en vitamine D, en acide folique et en acides aminés essentiels. Pendant la grossesse et l'allaitement, il est donc nécessaire de recourir aux conseils d'une diététicienne et de donner à la mère des suppléments de vitamine B_{12} (2,5 µg par jour) et de vitamine B_6 (2,2 mg par jour);

– Sevrage : le moment dépend surtout de facteurs sociaux comme la reprise du travail. La technique est simple : on commence par remplacer une tétée par jour par un biberon ; quelques jours plus tard, on remplace une deuxième tétée et ainsi de suite jusqu'au sevrage complet.

2) Les laits non humains : lorsqu'une mère a décidé de nourrir artificiellement ou de sevrer prématurément son enfant, il faut éviter de la culpabiliser.

a) Laits de vache modifiés (Voir Index pharmacologique sous la rubrique Laits) : leur composition est ajustée de façon à se rapprocher le plus possible de celle du lait humain. Ils offrent les mêmes garanties de qualité et sont à peu près semblables. Aucun d'entre eux n'est préférable aux autres. Ils fournissent à l'enfant tous les nutriments nécessaires, mais, contrairement au lait humain, ils ne le protègent pas contre les infections. Leur teneur énergétique est la même que celle du lait humain (2,8 kJ/mL, soit 0,67 kcal/mL). Ils contiennent des protéines bovines, du lactose et des triglycérides à chaînes longues. Ces laits existent sous forme de poudre à diluer avec de l'eau et sous forme liquide prête à l'emploi ou à diluer. Il faut accorder une attention spéciale à la technique de dilution : si elle est excessive, la croissance pondérale de l'enfant peut être compromise ; si elle est insuffisante, il y a un risque de déshydratation hypernatrémique.

b) Laits à base de soja : ils ne devraient normalement pas être offerts aux nourrissons. La croyance selon laquelle ces laits causent moins de problèmes allergiques que le lait de vache n'a aucun fondement ; 30 à 40 % des enfants allergiques aux protéines bovines deviennent allergiques aux protéines de soja.

c) Lait de chèvre : il est très utilisé dans certaines populations. Contrairement à une croyance largement répandue, il n'a pas d'avantage majeur par rapport au lait de vache, si ce n'est sa plus grande richesse en triglycérides à chaînes courtes, moyennes et longues et en acides gras essentiels. Il ne cause pas moins de phénomènes allergiques que le lait de vache. L'enfant nourri au lait de chèvre doit recevoir quotidiennement un supplément d'au moins 1 mg d'acide folique, ainsi qu'un supplément de vitamine D (400 UI/jour).

La technique de la nutrition artificielle est simple :

– Le lait est offert à la demande et à volonté. Au début, l'enfant boit six à huit fois par jour ;

– Il faut s'assurer que l'orifice de la tétine n'est ni trop étroit ni trop large : lorsque le biberon est renversé, le lait doit s'écouler facilement goutte à goutte ;

– La durée de chaque repas varie de 5 à 30 minutes ;

– La technique d'éructation est la même que chez l'enfant allaité (voir plus haut) ;

– Il faut éviter d'obliger l'enfant à vider son biberon ;

– Le lait ne doit pas nécessairement être réchauffé ; il peut être servi à la température de la pièce ;

– Le bébé doit toujours être pris dans les bras lors du repas. Il est à proscrire de faire boire l'enfant couché, le biberon soutenu par un coussin ; cette approche nuit à la relation parent-enfant et augmente le risque d'otites moyennes et de fausses routes ;

– Il ne faut jamais laisser le biberon dans le lit de l'enfant : cette habitude peut être responsable de caries dentaires importantes ;

– Il y a un risque de brûlure buccale lorsque le biberon est réchauffé dans le four à micro-ondes : le lait peut être très chaud, alors que le biberon lui-même semble froid ou tiède. Il faut donc faire couler quelques gouttes de lait sur le dos de la main ou sur la face antérieure de l'avant-bras pour s'assurer qu'il n'est pas trop chaud;

- Les biberons préparés pour la journée sont gardés au réfrigérateur;
- Les biberons, les tétines et le matériel servant à la préparation du lait doivent être lavés soigneusement à l'eau chaude et au détergent à vaisselle, rincés et, si possible, stérilisés pendant les trois premiers mois de vie.

II. Les aliments solides

Les rituels stéréotypés d'introduction des aliments solides, préconisés par de nombreux professionnels de la santé, n'ont guère de base scientifique. Qu'il soit allaité ou nourri artificiellement, on offre les solides à l'enfant à partir de quatre à cinq mois, au début en petites quantités, deux à trois fois par jour. On commence un nouvel aliment à la fois, à deux ou trois jours d'intervalle. L'ordre d'introduction de ces aliments n'a guère d'importance; les enfants ont cependant une préférence innée pour les aliments sucrés. La plupart des cliniciens suggèrent la séquence suivante: céréales, légumes, fruits, viande. L'enfant devrait déjà recevoir des aliments appartenant à chacune de ces catégories lorsqu'il a environ six mois. Il est préférable de donner les nouveaux aliments avant la tétée ou le biberon. Il faut s'assurer que l'enfant prend des quantités croissantes d'aliments solides. Le jaune d'œuf ne devrait pas être offert avant l'âge de 6 mois et le blanc avant 12 mois; en cas d'allergie familiale aux œufs, ceux-ci devraient être évités avant l'âge d'un an. L'addition de sel et de sucre aux aliments est à éviter pendant la première année de vie.

III. Les suppléments vitaminiques

1) Vitamine K: qu'il soit allaité ou nourri artificiellement, le nouveau-né doit recevoir une dose unique de vitamine K dès la naissance, par voie orale ou intramusculaire, pour prévenir la maladie hémorragique du nouveau-né (voir Soins du nouveau-né normal).

2) Vitamine D:
   a) Chez l'enfant allaité, il y a un risque de rachitisme, c'est pourquoi un supplément quotidien d'au moins 400 UI devrait être administré pendant la première année de vie:
      - Au Canada, on donne habituellement une préparation multivitaminique comme le Tri-Vi-Sol avec fluor dans les régions où l'eau n'est pas fluorée, ou le Tri-Vi-Sol lorsque l'eau est fluorée. La dose quotidienne est de 0,6 mL; elle correspond à 1 500 UI de vitamine A, 30 mg de vitamine C, 400 UI de vitamine D et, dans le cas de la préparation fluorée, 0,25 mg de fluor;
      - En France, les principaux choix sont les suivants:
        - Stérogyl (1 goutte = 400 UI): 3 gouttes, soit 1 200 UI par jour;
        - Uvesterol: dose N 1, soit 1 000 UI par jour;

- Zyma-D 2 (1 goutte = 300 UI) : 4 gouttes, soit 1 200 UI par jour.

b) Chez l'enfant nourri artificiellement :
- Au Canada, aucun supplément vitaminique n'est nécessaire, car tous les laits sont enrichis, notamment en vitamine D (laits pour nourrissons : 400 UI/L ; lait homogénéisé : 360 UI/L) ;
- En France, les laits pour nourrissons sont également enrichis en vitamine D (400 à 500 UI/L). Cependant, le lait de vache normal que boivent les enfants de plus d'un an ne l'est pas. C'est pourquoi il est préférable de continuer à donner un supplément de vitamine D (voir plus haut) jusqu'à l'âge de 18 mois au moins, puis, pendant l'hiver, jusqu'à 5 ans.

IV. Le supplément de fer

La déficience en fer est la carence nutritionnelle la plus répandue. Des mesures préventives systématiques sont donc nécessaires. L'enfant né à terme dispose de stocks de fer suffisants jusqu'à l'âge de six mois environ, ce qui n'est pas le cas chez le prématuré. La concentration en fer est à peu près identique dans le lait humain et dans le lait de vache, mais son absorption est meilleure dans le cas du lait humain (50 % de biodisponibilité, pour 5 à 10 % pour le lait de vache). Un abus de lait de vache entre 6 et 24 mois peut causer une déficience en fer ; en effet, l'enfant étant rassasié, il n'a pas assez faim pour consommer des quantités suffisantes d'aliments solides riches en fer ; de plus, le lait de vache est souvent responsable d'hémorragies digestives chroniques et occultes.

1) L'enfant allaité :
- S'il est prématuré, il doit recevoir chaque jour un supplément de fer à partir de l'âge de deux mois (1 à 2 mg/kg/24 heures PO de fer élément, par exemple sous forme de sulfate ferreux), et ce jusqu'à l'âge d'un an (voir Index pharmacologique, sous la rubrique Fer) ;
- S'il est né à terme, il semble qu'un supplément identique soit souhaitable pendant la seconde partie de la première année de vie. Au Canada, toutes les céréales pour nourrissons sont enrichies en fer ; cependant, une faible proportion (< 10 %) de ce fer est absorbée et la quantité de céréales ingérées peut être insuffisante. En France, les céréales ne sont habituellement pas enrichies en fer.

2) L'enfant nourri artificiellement :
- Tant au Canada qu'en France, tous les laits pour nourrissons existent sous une forme enrichie en fer. Tous les nourrissons, qu'ils soient nés à terme ou prématurés, doivent recevoir un tel lait de la naissance à l'âge d'un an.

N.B. :   Au Canada, les laits contiennent 7 à 12 mg/L de fer. En France, la teneur en fer est au moins égale à 0,75 mg pour 4 200 kJ (100 kcal), soit 5 mg/L de lait reconstitué. Les laits 1er âge maternisés ont une teneur moyenne de 5 mg/L de lait reconstitué et les laits 2e âge de 13 mg/L.

V. Le supplément de fluor

Partout où la concentration de l'eau en fluor est insuffisante (< 0,7 ppm), chaque enfant devrait recevoir un supplément quotidien, de la naissance à l'âge de 12 ans (voir Prévention de la carie dentaire). Plusieurs présentations sont disponibles (voir Index pharmacologique sous la rubrique Fluor).

VI. Les difficultés alimentaires de la deuxième année de vie

Au cours de cette période de transition, les parents s'inquiètent souvent de deux phénomènes :

1) L'appétit de leur enfant diminue de façon parfois importante. Il s'agit d'un phénomène tout à fait normal résultant du ralentissement de la croissance et de la fin d'une période d'accumulation rapide de tissu adipeux, dont la synthèse requiert beaucoup d'énergie. Les parents doivent en être avertis d'avance; on peut les rassurer en leur expliquant, courbe de croissance à l'appui, qu'un gain de poids adéquat prouve que l'apport énergétique est suffisant pour les besoins de leur enfant. L'enfant ne doit pas être forcé à manger plus qu'il ne le veut;

2) C'est à ce moment que beaucoup d'enfants deviennent capricieux, refusant certains types d'aliments pendant des périodes prolongées. Les parents doivent être informés d'avance de la survenue possible de ce problème. Les tentatives pour forcer l'enfant à manger ce qu'il n'aime pas créent des tensions inutiles et n'aboutissent qu'à des résultats minimes. Il faut faire preuve d'imagination et essayer successivement tout le spectre des aliments disponibles. Lorsqu'on considère une période suffisamment longue, on s'aperçoit que la diversité des aliments finit par être suffisante. Aucune carence qualitative n'a été rapportée à la suite de ce problème.

À l'inverse, la suralimentation peut causer diverses difficultés comme l'obésité, des vomissements et de la diarrhée.

Nutrition après la deuxième année de vie

Il se peut que les habitudes alimentaires des parents influencent pour la vie celles de leurs enfants.

Il est important d'insister sur la nécessité de prendre régulièrement trois repas par jour, dont un petit déjeuner copieux correspondant à environ 25 % des besoins énergétiques quotidiens, si l'on veut que la performance scolaire et la croissance soient optimales.

Les adolescents, lorsqu'ils ne prennent plus leurs repas en famille, sautent des repas et s'exposent souvent à des déséquilibres alimentaires en compensant par des excès, par exemple de produits laitiers pauvres en fer.

I. Aspects quantitatifs

La plupart des enfants, des adolescents et des adultes n'ont pas besoin de prendre des précautions particulières pour maintenir un poids normal. Dans les pays en développement, la malnutrition est largement répandue (voir Malnutrition, marasme, kwashiorkor). Dans les pays riches, c'est l'obésité qui est endémique; elle résulte d'influences génétiques, de la disponibilité de la nourriture en quantité pratiquement illimitée et d'un déséquilibre chronique entre les apports et les dépenses énergétiques (voir Obésité); à long terme, elle peut favoriser l'apparition de plusieurs maladies chroniques et réduire la qualité de vie ainsi que la longévité. Les besoins énergétiques quotidiens varient d'un individu à l'autre selon sa vitesse de croissance, sa proportion de tissu maigre et son niveau d'activité. En moyenne, ils sont de 4 200 kJ plus 420 kJ par année d'âge (1 000 kcal plus 100 kcal par année d'âge), avec un maximum de 9 240 kJ (2 220 kcal) pour l'adolescente et 13 500 kJ (3 200 kcal) pour le garçon de 16 à 18 ans.

II. Quelques aspects qualitatifs

Dans les pays riches, la consommation excessive de graisses animales explique en partie la prévalence élevée des maladies cardiovasculaires d'origine athérosclérotique; elle semble aussi jouer un rôle dans l'étiologie de certains cancers. Les aliments d'origine végétale devraient constituer une part plus grande de l'alimentation et la viande rouge devrait être remplacée partiellement par la volaille et le poisson. Une alimentation équilibrée consiste donc à consommer moins de graisses animales, de cholestérol et de sel, mais davantage de végétaux, de fibres et de céréales entières.

Les trois groupes de macronutriments sont les suivants:

1) Les glucides: ils constituent 45 à 55 % de l'apport énergétique. Chaque gramme de sucre fournit 17 kJ (4 kcal). La plus grande partie devrait être fournie sous forme de glucides complexes, tels que ceux qu'on retrouve dans le pain, les pâtes alimentaires, les céréales, etc. Il est préférable de ne pas ajouter de sucre aux aliments. Même s'ils reçoivent un apport adéquat de fluor, les enfants qui consomment des quantités excessives de sucres concentrés ou raffinés, notamment sous forme de bonbons ou de boissons sucrées, ont plus de caries dentaires que les autres; de plus, il s'agit de calories «vides»;

2) Les lipides: ils constituent 30 à 45 % de l'apport énergétique. Chaque gramme de lipides (triglycérides à chaînes longues) fournit 38 kJ (9 kcal). Avec le tabagisme, la sédentarité, l'hypertension artérielle, le diabète et l'obésité, la consommation excessive de lipides d'origine animale, constitués d'acides gras saturés, explique en partie l'apparition précoce de lésions athérosclérotiques et la prévalence excessive de la maladie coronarienne dans les pays industrialisés. L'ingestion de graisses animales et de cholestérol (lait, beurre, viande, œufs) devrait être réduite au profit de lipides d'origine végétale constitués d'acides gras désaturés. Les recommandations suivantes ont été émises par l'Académie américaine de pédiatrie:

– Les lipides devraient constituer environ 30 % de l'apport énergétique;

– Les graisses d'origine animale devraient constituer moins de 10 % de l'apport énergétique;

– La consommation de cholestérol ne devrait pas dépasser 300 mg par jour.

Voici quelques exemples de conseils pratiques à cet égard :

- Réduire la consommation de viande rouge au profit, par exemple, de la volaille. Servir le poulet sans sa peau, où se trouve la plus grande partie de la graisse ;
- Compte tenu de l'effet protecteur des lipides du poisson vis-à-vis de l'athérosclérose, mettre le poisson au menu une à deux fois par semaine ;
- Éviter de servir plus de deux à trois œufs par semaine ;
- Utiliser des graisses végétales plutôt qu'animales pour la cuisson ;
- Consommer, après l'âge de deux ans, du lait partiellement écrémé (2 %) plutôt que du lait entier.

3) Les protéines : elles constituent 9 à 15 % de l'apport énergétique. Chaque gramme de protéines fournit 17 kJ (4 kcal). Les aliments d'origine animale en sont une source privilégiée.

Parmi les autres nutriments, ceux qui suivent doivent faire l'objet d'une attention particulière :

1) Les fibres végétales non absorbables : leur consommation quotidienne en quantité suffisante réduit, à long terme, le risque de constipation, de diverticulose, de diverticulite et de cancer du côlon, de diabète et d'athérosclérose. Par leur volume, elles satisfont l'appétit et réduisent la prise exagérée d'aliments à haute teneur énergétique, ce qui diminue le risque d'obésité. Elles appartiennent à deux catégories :

a) Les fibres insolubles comme la cellulose ou la lignine, qu'on retrouve par exemple dans le son, la pelure de certains fruits et les légumes verts ; elles contribuent à prévenir la constipation et le cancer du côlon ;

b) Les fibres solubles comme la pectine, qu'on retrouve dans de nombreux fruits comme les pommes ; elles peuvent contribuer au contrôle de la glycémie et à la réduction de la cholestérolémie.

Par ailleurs, les aliments riches en fibres contiennent souvent des quantités importantes de substances antioxydantes qui semblent avoir un effet protecteur contre certaines formes de cancer. Il faudrait consommer au minimum 200 mg/kg de fibres par 24 heures. Pour atteindre cet objectif, il est recommandé d'augmenter la ration quotidienne de fruits et de légumes, de manger les fruits comme les pommes et les poires avec leur pelure et d'abandonner le pain blanc au profit du pain de blé entier. À titre d'exemples, une carotte moyenne contient environ 1,6 g de fibres, une pomme moyenne avec sa pelure 3 g et une tranche de pain de blé entier 1,4 g.

2) Les vitamines : dans les circonstances normales, lorsque l'alimentation est équilibrée, l'enfant de plus d'un an, l'adolescent et l'adulte n'ont besoin d'aucun supplément vitaminique. Même lorsqu'elle n'est pas équilibrée, les carences vitaminiques sont exceptionnelles ; il vaut mieux tenter d'améliorer les habitudes alimentaires que de prescrire des suppléments vitaminiques.

3) Le calcium : une consommation chroniquement insuffisante pendant toute la vie, et particulièrement pendant les 18 premières années, semble incriminée dans l'étiologie de l'ostéoporose, particulièrement chez la femme âgée. Il faut veiller à un apport calcique suffisant à tous les âges. Les besoins quotidiens minimaux en calcium élément sont les suivants :

   – < 1 an :   400 mg ;
   – 1 à 10 ans : 500 à 900 mg ;
   – > 10 ans :   900 mg.

   Les produits laitiers (lait, yogourt, fromage) constituent la source la plus accessible de calcium ; celui-ci se retrouve aussi en concentrations élevées dans certains aliments d'origine végétale comme les amandes ou d'origine animale comme les sardines consommées avec leurs arêtes. À titre d'exemples, une portion de 250 mL de lait contient 300 mg de calcium, et une portion de 175 mL de yogourt 210 mg. Le contenu en calcium des fromages varie ; il est en moyenne de 250 mg par portion de 45 g.

4) Le fluor : lorsque l'eau n'est pas suffisamment fluorée, l'administration de fluor est poursuivie jusqu'à l'âge de 12 ans si l'on veut obtenir un effet protecteur maximal contre la carie dentaire (voir Prévention de la carie dentaire).

Situation particulière : le végétarisme

Dans plusieurs pays industrialisés, la consommation de viande est excessive, ce qui explique en partie la prévalence élevée de l'athérosclérose. Des études épidémiologiques indiquent qu'un végétarisme relatif et bien équilibré est plus favorable à une meilleure santé. Par contre, un végétarisme trop strict, surtout pendant la grossesse, l'allaitement et les deux premières années de vie, peut être responsable de problèmes de santé importants. D'une façon générale, le végétarisme ne convient pas avant l'âge de deux ans et, chez l'enfant plus âgé, une supervision par une diététicienne est recommandée, afin d'éviter des carences quantitatives ou qualitatives. On distingue plusieurs types de végétarisme :

– Alimentation semi-végétarienne : ses adeptes consomment des œufs, des produits laitiers, des produits d'origine végétale, ainsi que de la volaille ou du poisson. Leur consommation de viande est réduite et ils évitent souvent la viande rouge. Ce type d'alimentation ne cause aucun problème et semble même plus favorable à la santé que l'alimentation habituelle des Occidentaux ;

– Alimentation lacto-ovo-végétarienne : elle comporte du lait et des produits laitiers (yogourt, fromage, etc.), des œufs et des produits d'origine végétale. Elle exclut la viande, y compris la volaille et le poisson. Le seul problème possible est un apport insuffisant de minéraux (fer, calcium, zinc, etc.) : ceux-ci se lient avec les phytates des légumes et ne peuvent donc plus être absorbés ;

– Alimentation lacto-végétarienne: elle ne comporte que des produits laitiers (lait, yogourt, fromage, etc.) et des produits d'origine végétale. Elle exclut les œufs et la viande, y compris la volaille et le poisson. Comme c'est le cas pour l'alimentation lacto-ovo-végétarienne, il y a un risque de déficience en minéraux. De plus, l'apport protéique peut être insuffisant;

– Alimentation végétarienne stricte ou végétalisme: elle exclut tous les produits d'origine animale (œufs, laits et produits laitiers, viande). Ses adeptes consomment seulement des produits d'origine végétale. Ce type d'alimentation ne convient pas à l'enfant, particulièrement avant l'âge de deux ans. Une supervision par une diététicienne est essentielle si l'on veut réduire le risque de déficiences qualitatives. Il y a un danger d'apport insuffisant en protéines, en minéraux, ainsi qu'en riboflavine et en vitamines B_{12} et D. Des suppléments sont nécessaires;

– Alimentation macrobiotique ou zen: ses adeptes consomment divers produits d'origine végétale et des quantités limitées d'aliments d'origine animale. Le risque de carences nutritionnelles peut être important, surtout si la diète est très restrictive.

Lectures suggérées

American Academy of Pediatrics: The use of whole cow's milk in infancy. Pediatrics 1992; 89: 1105-1109.

American Academy of Pediatrics: Statement on cholesterol. Pediatrics 1992; 90: 469-473.

Barness LA: Bases of weaning recommendations. J Pediatr 1990; 117: S84-S85.

Cunningham AS, Jelliffe DB, Jelliffe EF: Breast-feeding and health in the 1980s: a global epidemiologic review. J Pediatrics 1991; 118: 659-666.

Curtis DM: Infant nutrient supplementation. J Pediatr 1990; 117: S110-S118.

Finberg L: Modified fat diets: do they apply to infancy? J Pediatr 1990; 117: S132-S133.

Fomon SJ, Sanders KD, Ziegler EE: Formulas for older infants. J Pediatr 1990; 116: 690-696.

Freed GL, Landers S, Schanler RJ: A practical guide to successful breast-feeding management. Am J Dis Child 1991; 145: 917-921.

Goldman AS: The immune system of human milk: antimicrobial, antiinflammatory and immunomodulating properties. Pediatr Infect Dis J 1993; 12: 664-671.

Greer FR, Apple RD: Physicians, formula companies, and advertising. A historical perspective. Am J Dis Child 1991; 145: 282-286.

Hervada AR, Newman DR: Weaning: historical perspectives, practical recommendations, and current controversies. Curr Probl Pediatr 1992; 22: 215-240.

Kien CL: Current controversies in nutrition. Curr Probl Pediatr 1990; 20: 349-408.

Klish WJ: Special infant formulas. Pediatr Rev 1990; 12: 55-62.

Kramer MS, Fraser DW: Does breast feeding help protect against atopic disease? Biology, methodology, and a golden jubilee of controversy. J Pediatr 1988; 112: 181-190.

Lawrence RA: Breast-feeding. Pediatr Rev 1989; 11: 163-171.

Lawrence RA: The pediatrician's role in infant feeding decision-making. Pediatr Rev 1993; 265-272.

Mathew OP: Science of bottle feeding. J Pediatr 1991; 119: 511-519.

Oski FA: Whole cow milk feeding between 6 and 12 months of age? Go back to 1976. Pediatr Rev 1990; 12: 187-189.

Udall JN, Greene HL : Vitamin update. Pediatr Rev 1992 ; 13 : 185-194.
Ziegler EE : Milks and formulas for older infants. J Pediatr 1990 ; 117 : S76-S79.

Vaccinations   6

Michel Weber, Luc Chicoine, Marc Lebel, Pierre Blanchard

Voir aussi Voyages.

Généralités

Tous les enfants normaux doivent être systématiquement vaccinés contre une série de maladies. Un des rôles importants du médecin généraliste et du pédiatre consiste à administrer ces vaccins lors des visites de routine et de s'assurer, chaque fois qu'un enfant ou un adolescent le consulte, qu'il est adéquatement vacciné.

En plus du calendrier habituel, certains enfants atteints de maladies chroniques doivent recevoir d'autres vaccins.

Les calendriers de vaccinations subissent des changements périodiques et peuvent différer légèrement d'un pays à l'autre ; deux exemples de tels programmes sont proposés ci-dessous.

La posologie des vaccins peut varier selon le fabricant.

Il faut accorder une attention particulière aux conditions de conservation des vaccins.

Avant toute vaccination, les parents doivent être informés des principaux effets secondaires possibles.

Les vaccins contre la diphtérie, la coqueluche et le tétanos et contre l'*Hæmophilus influenzæ* sont administrés par voie intramusculaire, et le vaccin contre la rougeole, les oreillons et la rubéole, par voie sous-cutanée.

Chaque administration de vaccin doit être notée dans le carnet de santé de l'enfant.

Par prudence, l'équipement de base de réanimation (adrénaline, oxygène, ballon et masque, etc.) devrait être disponible lors des vaccinations.

L'efficacité des vaccins n'est pas parfaite ; par exemple, au moins 15 % des enfants vaccinés contre la coqueluche demeurent susceptibles.

Le tableau 3 indique la calendrier normal de vaccination au Canada (Québec).

Le tableau 4 indique comment procéder, au Québec, lorsqu'un enfant n'a pas reçu ses vaccins à l'âge normal.

Le tableau 5 indique le calendrier de vaccination en France.

Il n'y a pas de calendrier de vaccination officiel pour les enfants français retardataires. On peut s'inspirer du calendrier destiné aux retardataires québécois (voir plus haut).

Effets secondaires et complications des vaccins habituels

Les effets secondaires minimes sont fréquents. Il s'agit d'habitude de fièvre ainsi que d'une douleur et d'une inflammation au site de l'injection. Ces problèmes s'observent surtout après la vaccination contre la diphtérie, la

Tableau 3 Calendrier normal de vaccination au Québec

– 2 mois :	– première dose du vaccin contre la diphtérie, la coqueluche et le tétanos (1) ; – première dose du vaccin oral atténué contre la poliomyélite (2) ; – première dose du vaccin conjugué contre l'*Hæmophilus influenzæ* (3).
– 4 mois :	– deuxième dose du vaccin contre la diphtérie, la coqueluche et le tétanos (1) ; – deuxième dose du vaccin oral atténué contre la poliomyélite (2) ; – deuxième dose du vaccin conjugué contre l'*Hæmophilus influenzæ* (3).
– 6 mois :	– troisième dose du vaccin contre la diphtérie, la coqueluche et le tétanos (1) ; – troisième dose du vaccin conjugué contre l'*Hæmophilus influenzæ* (3).
– 12 mois :	– vaccin atténué contre la rougeole, les oreillons et la rubéole (4).
– 18 mois :	– quatrième dose du vaccin contre la diphtérie, la coqueluche et le tétanos (1) ; – troisième dose du vaccin oral atténué contre la poliomyélite (2) ; – quatrième dose du vaccin conjugué contre l'*Hæmophilus influenzæ* (3).
– 4 à 6 ans :	– cinquième dose du vaccin contre la diphtérie, la coqueluche et le tétanos (1) ; – quatrième dose du vaccin oral atténué contre la poliomyélite (2).
– 15 à 16 ans, puis tous les dix ans : rappel du vaccin contre la diphtérie et le tétanos (5).	

(1) DCT (2) Sabin (3) Act-HIB (peut être mélangé avec le DCT) (4) MMR (5) dT

coqueluche et le tétanos. Ces réactions mineures surviennent habituellement dans les heures qui suivent la vaccination et sont de courte durée. L'enfant est soulagé par l'administration d'acétaminophène ou paracétamol. Le vaccin contre la rougeole peut causer une poussée fébrile 5 à 14 jours après l'injection et, plus rarement, une éruption minime. Un abcès stérile se forme parfois, surtout au site d'injection d'un vaccin tué ; sa résorption spontanée peut prendre plusieurs semaines. Les réactions mineures ou majeures au vaccin contre la diphtérie, la coqueluche et le tétanos sont surtout dues à la composante coqueluche. Les réactions graves décrites ci-dessous sont extrêmement rares :

1) Une réaction anaphylactique a été rapportée à la suite des vaccinations contre la diphtérie, la coqueluche et le tétanos, contre l'*Hæmophilus influenzæ*, contre la rougeole, les oreillons et la rubéole et, lorsqu'il s'agit du vaccin inactivé, contre la poliomyélite (Salk). Cette réaction est attribuable au vaccin si elle survient moins de 24 heures après la vaccination ;

2) Convulsions : pour qu'elles soient attribuables à un vaccin avec un certain degré de probabilité, il faut que les critères suivants soient réalisés :

    a) L'enfant n'a pas présenté de convulsions afébriles antérieurement ;

    b) La première convulsion survient dans les 15 jours qui suivent le vaccin contre la rougeole, les oreillons et la rubéole, ou dans les 3 jours qui suivent un autre vaccin ;

Tableau 4   Calendrier de vaccinations pour les enfants québécois retardataires

- T_0 (première visite) :
  - < 6 ans :
    - première dose du vaccin contre la diphtérie, la coqueluche et le tétanos (1);
    - première dose du vaccin oral atténué contre la poliomyélite (2);
    - vaccin conjugué contre l'*Hæmophilus influenzæ* (3);
  - > 6 ans :
    - première dose du vaccin contre la diphtérie et le tétanos (5);
    - première dose du vaccin oral atténué contre la poliomyélite (2);
- T_0 + 1 mois :
  - vaccin contre la rougeole, les oreillons et la rubéole (4);
- T_0 + 2 mois :
  - < 6 ans* :
    - deuxième dose du vaccin contre la diphtérie, la coqueluche et le tétanos (1);
    - deuxième dose du vaccin oral atténué contre la poliomyélite (2);
    - si la vaccination a été entreprise en retard, mais avant l'âge de 11 mois, on ajoute une deuxième dose de vaccin contre l'*Hæmophilus influenzæ* (3);
  - > 6 ans* :
    - deuxième dose du vaccin contre la diphtérie et le tétanos (5);
    - deuxième dose du vaccin oral atténué contre la poliomyélite (2);
- T_0 + 4 mois :
  - < 6 ans* :
    - troisième dose du vaccin contre la diphtérie, la coqueluche et le tétanos (1);
  - > 6 ans* :
    - troisième dose du vaccin contre la diphtérie et le tétanos (5);
- T_0 + 6 à 12 mois :
  - < 6 ans* :
    - quatrième dose du vaccin contre la diphtérie, la coqueluche et le tétanos (1);
    - troisième dose du vaccin oral atténué contre la poliomyélite (2);
  - > 6 ans* :
    - quatrième dose du vaccin contre la diphtérie et le tétanos (5);
    - troisième dose du vaccin oral atténué contre la poliomyélite (2);
- À l'âge de 18 mois :
  - rappel de vaccin contre l'*Hæmophilus influenzæ* (3) si la vaccination a été entreprise en retard, mais avant l'âge de 17 mois;
- À l'âge de 4 à 6 ans (si l'enfant n'avait pas encore atteint cet âge lors du début de la vaccination) :
  - cinquième dose du vaccin contre la diphtérie, la coqueluche et le tétanos (1);
  - quatrième dose du vaccin oral atténué contre la poliomyélite (2);
- À l'âge de 15 à 16 ans, puis tous les 10 ans : rappel de vaccin contre la diphtérie et le tétanos (5)

---

* Lors du début de la vaccination

(1) DCT (2) Sabin (3) Act-HIB (peut être mélangé avec le DCT) (4) MMR (5) dT

Tableau 5   Calendrier normal de vaccination en France

– 2 mois :	– première dose du vaccin contre la diphtérie, le tétanos et la coqueluche, associé au vaccin inactivé injectable contre la poliomyélite (1) et au vaccin contre l'*Hæmophilus influenzæ* (5). On peut aussi vacciner contre ces cinq maladies au moyen d'un vaccin pentavalent (7);
– 3 mois :	– deuxième dose du vaccin contre la diphtérie, le tétanos et la coqueluche, associé au vaccin inactivé injectable contre la poliomyélite (1) et au vaccin contre l'*Hæmophilus influenzæ* (5). On peut aussi vacciner contre ces cinq maladies au moyen d'un vaccin pentavalent (7);
– 4 mois :	– troisième dose du vaccin contre la diphtérie, le tétanos et la coqueluche, associé au vaccin inactivé injectable contre la poliomyélite (1) et au vaccin contre l'*Hæmophilus influenzæ* (5). On peut aussi vacciner contre ces cinq maladies au moyen d'un vaccin pentavalent (7);
– 12 à 15 mois :	– vaccin contre la rougeole, la rubéole et les oreillons (2);
– 16 à 18 mois :	– premier rappel du vaccin contre la diphtérie, le tétanos et la coqueluche et du vaccin inactivé injectable contre la poliomyélite (1); – rappel du vaccin contre l'*Hæmophilus influenzæ* (5). On peut aussi vacciner contre ces cinq maladies au moyen d'un vaccin pentavalent (7);
– 6 ans :	– deuxième rappel du vaccin contre la diphtérie et le tétanos, associé au vaccin inactivé injectable contre la poliomyélite (3);
– Avant 6 ans :	– vaccin contre la tuberculose (4); ce vaccin est administré pour l'entrée en collectivité (peut être donné dès le premier mois de vie);
– 11 à 13 ans :	– troisième rappel du vaccin contre la diphtérie et le tétanos, associé au vaccin inactivé injectable contre la poliomyélite (3); – rappel du vaccin contre la rubéole (chez les filles seulement) (6); – vaccin contre la tuberculose (4), seulement chez les enfants dont le test tuberculinique cutané est négatif;
– 16 à 21 ans :	– quatrième rappel du vaccin contre la diphtérie et le tétanos, associé au vaccin inactivé injectable contre la poliomyélite (3); – vaccin contre la tuberculose (4), seulement chez les adolescents dont le test tuberculinique cutané est négatif;

(1) Tétracoq 05 ou DTCP   (2) ROR ou Trimovax   (3) DT Polio ou DTP   (4) BCG   (5) Act-HIB ou HIBest   (6) Rudivax   (7) PENT-HIBest, Pentacoq

   c) L'enfant présente au moins deux convulsions afébriles au cours de l'année qui suit la vaccination.

3) Encéphalopathie ou encéphalite : une atteinte de ce type est suspectée lorsqu'une dysfonction cérébrale focale ou diffuse persiste pendant plusieurs heures : altération de l'état de conscience, pleurs anormaux, convulsions, hypertension intracrânienne, ralentissement de l'activité cérébrale à l'EEG, etc. Si elle existe, cette complication est très rare.

Une relation causale est possible si ce type de complication survient moins de 7 jours après l'administration du vaccin contre la diphtérie, la coqueluche et le tétanos, ou moins de 15 jours après la vaccination contre la rougeole, les oreillons et la rubéole;

4) Hypotonie, hyporéactivité ou collapsus : ce type de réaction englobe une série de manifestations cliniques : léthargie ou autre forme d'altération de l'état de conscience, diminution des réactions aux stimuli sensoriels, pâleur ou cyanose, état de choc ou collapsus, diminution ou perte du tonus musculaire, hémiplégie, hémiparésie ou autre paralysie, arrêt cardiorespiratoire. Ces problèmes ont surtout été reliés au vaccin contre la diphtérie, la coqueluche et le tétanos. Une relation causale ne peut être envisagée que si l'événement survient dans les sept jours qui suivent la vaccination;

5) Paralysie (poliomyélite vaccinale) : ce problème grave a été rapporté à la suite de l'administration du vaccin vivant atténué (Sabin), particulièrement chez des patients immunodéficients; ceux-ci peuvent aussi présenter cette complication à la suite d'un contact avec une personne qui a reçu ce vaccin. Ce problème peut aussi affecter un membre de la famille non vacciné ou immunodéficient. La paralysie est attribuable au vaccin si elle survient dans les 30 jours qui suivent la vaccination d'une personne immunocompétente et dans les 6 mois s'il s'agit d'une personne immunodéficiente;

6) Pleurs incoercibles : l'existence de cette complication est contestée par certains. Elle serait causée par le vaccin contre la diphtérie, la coqueluche et le tétanos. Quelques heures après l'injection, l'enfant commence à pleurer de façon intense et ininterrompue pendant 24 à 48 heures. Ce tableau clinique pourrait aussi constituer une manifestation d'encéphalopathie.

Contre-indications aux vaccins habituels

I. Allergie aux œufs

Les vaccins contre la grippe (virus influenza) et contre la rougeole, la rubéole et les oreillons peuvent causer des problèmes chez l'enfant allergique aux œufs. Si l'enfant a présenté une réaction de nature anaphylactique, ces vaccins sont contre-indiqués. Lorsque la réaction a été d'un autre type, il faut faire un test cutané d'allergie aux œufs. Si ce test est négatif, le vaccin peut être administré. S'il est positif, le vaccin peut être donné à doses fractionnées et croissantes (1/1 000, 1/100, etc.) avec l'équipement de réanimation à portée de main.

II. Convulsions et autres problèmes neurologiques

Une maladie neurologique stable comme une épilepsie bien contrôlée ou une encéphalopathie statique n'est pas une contre-indication aux vaccins. En cas de problème instable comme des spasmes en flexion d'apparition récente, il est préférable de retarder l'immunisation, surtout celle contre la coqueluche.

III. Déficits immunitaires

Les vaccins vivants sont contre-indiqués chez les patients qui présentent une déficience immunitaire congénitale ou acquise, un cancer généralisé comme une leucémie ou un lymphome, et chez ceux qui reçoivent des immunosuppresseurs, incluant les corticostéroïdes. Il s'agit des vaccins contre la rougeole, les oreillons, la rubéole, la grippe et le vaccin oral contre la poliomyélite (Sabin). Le vaccin antipoliomyélitique tué (Salk) peut être administré. Lorsqu'un membre de sa famille présente une déficience immunitaire, il faut également vacciner l'enfant contre la poliomyélite avec le vaccin tué et non avec le vaccin vivant. Les enfants séropositifs pour le VIH ou sidéens peuvent recevoir le vaccin contre la rougeole, la rubéole et les oreillons ; par contre, il faut leur donner la forme tuée du vaccin contre la poliomyélite (Salk) et non la forme vivante (Sabin).

IV. Infections

Une infection des voies respiratoires supérieures sans fièvre ne constitue pas une contre-indication aux vaccins. En cas de maladie fébrile, la vaccination doit être remise à plus tard. La prise d'antibiotiques n'est pas une contre-indication.

V. Réaction vaccinale grave antérieure

Les réactions graves sont rares. Elles peuvent être de type neurologique (convulsions, pleurs incoercibles). Le vaccin contre la coqueluche serait responsable de la plupart de ces réactions. Dans ce cas, la vaccination contre cette maladie doit être interrompue, mais la vaccination contre la diphtérie et le tétanos est poursuivie. L'habitude de donner de multiples doses réduites doit être abandonnée.

Vaccins spéciaux

I. Vaccin contre le *Neisseria meningitidis* (méningocoque)

Il existe un vaccin contre les méningocoques des groupes A, C, Y et W au Canada et des groupes A et C en France, mais pas contre le méningocoque du groupe B. La composante du vaccin dirigée vers le groupe A est efficace avant l'âge de 18 mois, ce qui n'est pas le cas pour les autres composantes. La durée de l'immunité serait limitée à quelques années. L'administration universelle de ce vaccin n'est actuellement pas recommandée. Il est indiqué en cas d'épidémie. Il devrait être donné à l'âge de deux ans à certains enfants plus vulnérables (exemples : déficience en complément, splénectomie, asplénie congénitale, anémie falciforme). Des réactions graves sont possibles mais rares.

II. Vaccin contre le virus de l'hépatite B

L'administration universelle du vaccin contre l'hépatite B est amorcée dans plusieurs pays. Par exemple, il est donné en milieu scolaire en France (Engerix B, GenHévac B) à l'âge de 11 ans et dans la province de Québec (Engerix-B, Heptavax-B, Recombivax-HB) à l'âge de 9 ans. Chez les personnes qui ne sont pas touchées par cette mesure, les principales indications de ce vaccin sont les suivantes :

1) Hémophilie ;
2) Usage de drogues par voie intraveineuse ;
3) Hétérosexuels ayant des partenaires multiples ou ayant présenté récemment une maladie sexuellement transmissible ;
4) Personnes se livrant à la prostitution ;
5) Homosexuels de sexe masculin ;
6) Membres de la famille et partenaires sexuels d'une personne porteuse chronique ;
7) Membres de la famille d'un enfant adopté provenant d'une région à forte endémie (exemple : Asie du Sud-Est) et séropositif ;
8) Patients hémodialysés ;
9) Personnel ou pensionnaires d'une institution pour déficients mentaux ;
10) Prisonniers d'une institution de détention à long terme ;
11) Personnes prévoyant de séjourner plus de six mois dans une région endémique ;
12) Professionnels de la santé œuvrant dans un secteur à risque (exemple : service d'hémodialyse) ;
13) Nouveau-né d'une mère porteuse de l'AgHBs ;
14) Personnes ayant eu une relation sexuelle ou une exposition accidentelle au sang d'une personne infectée.

Voir aussi Hépatites virales, Piqûres accidentelles par aiguilles.

III. Vaccin contre le *Streptococcus pneumoniæ* (pneumocoque)

Le vaccin contre le pneumocoque (Canada : Pneumovax ; France : Pneumo 23) est un vaccin tué qui est administré à l'âge de deux ans à certains enfants porteurs d'une maladie chronique (exemples : anémie falciforme, diabète, asthme persistant grave, fibrose kystique, cardiopathie congénitale grave, etc.). Il doit aussi être administré 10 à 14 jours avant une splénectomie, ainsi qu'aux enfants séropositifs pour le VIH ou sidéens.

IV. Vaccin contre la varicelle

Ce vaccin vivant atténué est disponible en France, et on s'attend à ce qu'il le soit au Canada dans un avenir rapproché. Pour l'instant, son administration universelle ne semble pas devoir être recommandée. Il devrait probablement être réservé à certains enfants à risque (exemples : leucémie, syndrome néphrotique) ; dans ce cas, son administration se fera pendant une rémission, alors que la maladie et son traitement ne réduisent pas les défenses immunitaires.

V. Vaccin contre la grippe (virus influenza)

Ce vaccin tué (Canada : vaccin anti-influenza ; France : vaccin grippal Ronchèse, Vaxigrip, Prévigrip, Mutagrip, Immugrip) est administré chaque automne à certains enfants porteurs d'une maladie chronique (exemples : anémie falciforme, diabète, asthme persistant grave, dysplasie broncho-pulmonaire, fibrose kystique, cardiopathie congénitale grave, etc.).

VI. Vaccin contre la rage

Voir Morsures animales et humaines, rage.

Vaccinations avant les voyages

Voir Voyages.

Problèmes particuliers

I. Administration de gammaglobulines

Lorsqu'un enfant a reçu des gammaglobulines, le vaccin contre la rougeole, les oreillons et la rubéole risque d'être inactivé. Il faut donc attendre trois mois après l'injection de gammaglobulines pour administrer ce vaccin.

II. Mère enceinte

L'enfant dont la mère est enceinte peut être vacciné selon le calendrier normal, mais il faut utiliser le vaccin tué contre la poliomyélite (Salk) et non le vaccin vivant (Sabin). Sauf dans certaines circonstances exceptionnelles, la plupart des vaccins vivants doivent être évités chez la femme enceinte elle-même.

III. Prématurité

Le prématuré doit être vacciné selon le programme habituel en tenant compte de l'âge chronologique réel et non de l'âge corrigé. Il doit recevoir les mêmes doses de vaccins que l'enfant né à terme.

IV. Programme de vaccinations incomplet ou inconnu

Lorsque le programme de vaccinations a été interrompu, il n'est pas nécessaire de le recommencer complètement; il suffit de le poursuivre à partir de l'étape où il a été interrompu. Lorsqu'on ne sait pas si l'enfant a été vacciné ou qu'il n'y a pas de preuve écrite (exemple: certains cas d'adoption internationale), il est préférable de recommencer l'ensemble des vaccinations.

Lectures suggérées

Ajjan N: La vaccination. Institut Mérieux, 5ᵉ éd., 1989.

American Academy of Pediatrics: Report of the Committee on Infectious Diseases. American Academy of Pediatrics, Elk Grove Village, Illinois, 22nd ed., 1991.

Bart KJ, Lin KFYC: Vaccine-preventable disease and immunization in the developing world. Pediatr Clin North Am 1990; 37: 735-756.

Bellanti JA: Basic immunologic principles underlying vaccination procedures. Pediatr Clin North Am 1990; 37: 513-530.

Edwards KM: Pediatric immunizations. Curr Probl Pediatr 1993; 23: 186-209.

Edwards KM, Karzon DT: Pertussis vaccine. Pediatr Clin North Am 1990; 37: 549-566.

Frenkel LD: Routine immunizations for American children in the 1990s. Pediatr Clin North Am 1990; 37: 531-548.

Garber RM, Mortimer EA: Immunizations: beyond the basics. Pediatr Rev 1992; 3: 98-106.

Gershon AA: Viral vaccines of the future. Pediatr Clin North Am 1990; 37: 689-707.

Hayden GF, Sato PA, Wright PF, Henderson RH: Progress in worldwide control and elimination of disease through immunization. J Pediatr 1989; 114: 520-527.

Ladwirth J: Medical-legal aspects of immunization. Policy and practices. Pediatr Clin North Am 1990; 37: 771-784.

Perrin J, Bouvet E : Le calendrier des vaccinations chez l'enfant en France et en Europe. Médecine et maladies infectieuses 1987 ; 9 : 488-492.

Peter G : Childhood immunizations. N Engl J Med 1992 ; 327 : 1794-1880.

Reuman PD, Rathore MH, Ayoub EM : Childhood immunization update. Adv Pediatr 1993 ; 40 : 33-64.

Weinberg GA : Polysaccharide-protein conjugate vaccines for the prevention of *Hæmophilus influenzæ* type b disease. J Pediatr 1988 ; 113 : 621-631.

Wentz KR, Marcuse EK : Diphteria-tetanus-pertussis vaccine and serious neurologic illness : an updated review of the epidemiologic evidence. Pediatrics 1991 ; 87 : 287-297.

Prévention des accidents   7

Monique Robert, Pierre Gaudreault, Paul Massicotte, Michel Weber

Généralités

Dans tous les pays industrialisés, les accidents constituent la principale cause de mortalité chez l'enfant de plus d'un an et chez l'adolescent. Même lorsqu'ils ne sont pas mortels, ils causent une morbidité importante et entraînent des souffrances et des dépenses considérables, ainsi que des handicaps permanents. Ils ne doivent pas être considérés comme le résultat d'une fatalité, mais bien comme des événements qui auraient du être prévenus. Les garçons sont plus vulnérables que les filles. Les enfants souffrant de déficience mentale et ceux qui présentent des troubles du comportement sont plus exposés. Les principales causes de décès accidentels sont, par ordre décroissant de fréquence :

1) Les accidents de la circulation routière ;
2) Les noyades ;
3) Les brûlures ;
4) Les suffocations ;
5) Les chutes ;
6) Les intoxications.

La plupart des accidents peuvent être prévenus. Les médecins généralistes et les pédiatres devraient donc jouer un rôle de premier plan dans la prévention des accidents, tant au niveau individuel qu'au niveau de la communauté.

Prévention individuelle

Lors de chaque visite médicale, il faut rappeler aux parents du jeune enfant ou à l'adolescent que le principal risque qui menace leur vie et leur santé n'est pas la maladie, mais bien les accidents. Il faut leur expliquer quelles en sont les principales causes et quelles mesures préventives peuvent être appliquées. Il peut être utile de préparer et de distribuer une brochure ou un dépliant ou de présenter un enregistrement magnétoscopique dans les salles d'attente. Tout l'entourage de l'enfant doit être sensibilisé : les parents, les grands-parents, les gardiennes, etc. Il faut aussi attirer l'attention sur les circonstances et situations favorisantes comme les moments de fatigue ou d'inattention, les périodes de stress comme le départ pour le travail, la fin de la journée, un deuil, une maladie, un déménagement, etc. Les techniques de premiers soins comme la respiration bouche à bouche devraient être connues par tous ceux qui ont la responsabilité d'enfants. Chaque famille devrait savoir comment accéder rapidement aux systèmes de secours et garder bien en évidence les numéros de téléphone d'urgence (centre antipoison, hôpital, pompiers et police). Les principaux conseils individuels sont les suivants :

1) Dans l'auto, les jeunes enfants doivent être attachés sur un siège approprié :

   – 0 à 9 kg : l'enfant est attachée dans un siège qui fait face à l'arrière du véhicule ;

   – De 9 kg jusqu'aux environs de 4 ans, l'enfant est attaché à un siège, lui même fixé à la structure du véhicule, et faisant face vers l'avant ;

   – À partir de l'âge de quatre ans, l'enfant est assis sur un siège d'appoint et y est maintenu au moyen de la ceinture de sécurité normale du véhicule ;

   – L'enfant peut être assis sur le siège normal et être maintenu par la ceinture de sécurité dès que la moitié de sa tête dépasse le dossier du siège.

   Il faut obliger les grands enfants à boucler leur ceinture de sécurité.

   Les dangers des véhicules et les principes de la sécurité routière devraient être enseignés dès le jeune âge. Le jeune enfant ne devrait pas jouer dans la rue et il doit toujours être accompagné pour traverser.

   Les enfants et les adolescents devraient porter un casque protecteur lorsqu'ils circulent à bicyclette ;

2) Le jeune enfant ne doit pas être laissé seul dans la baignoire, même pendant une courte période. Lorsque des enfants se baignent dans une piscine, un lac, une rivière ou la mer, ils doivent toujours être surveillés étroitement par un adulte. Toutes les piscines privées devraient être entourées d'une clôture infranchissable par les jeunes enfants. Il faut dissuader les adolescents de nager seuls ou dans l'obscurité. Les enfants et les adolescents doivent porter en permanence un gilet de sauvetage efficace lorsqu'ils se livrent à des sports nautiques comme la voile, la planche à voile, l'aviron, le canot, le ski nautique, etc. Même s'il porte son gilet de sauvetage, l'enfant doit être surveillé par un adulte ;

3) Il faut garder les allumettes hors de portée des jeunes enfants et apprendre aux plus âgés comment s'en servir intelligemment. La cuisson des aliments doit se faire sur les éléments chauffants situés à l'arrière de la cuisinière et il faut orienter les poignées des casseroles et de poêles vers l'arrière. Si possible, le biberon ne doit pas être chauffé au four à micro-ondes, car le contenu peut être beaucoup plus chaud que le biberon ; si celui-ci est réchauffé aux micro-ondes, il doit ensuite être agité avant l'usage, afin de répartir uniformément la chaleur. Chaque

maison devrait être équipée de détecteurs de fumée et d'extincteurs efficaces et vérifiés périodiquement. Les prises de courant devraient être équipées de protecteurs spéciaux, et il ne faut jamais laisser un câble de rallonge branché à une prise de courant : lorsque l'extrémité d'un tel câble est mise à la bouche, elle peut causer des brûlures graves. Le thermostat du chauffe-eau doit être réglé à une température inférieure à 50 °C ;

4) Les arachides (cacahuètes), les carottes crues et les petits objets susceptibles d'être inhalés dans les voies respiratoires ne devraient jamais être laissés à la portée des enfants de moins de cinq à six ans. Les sacs de plastique et les ballons de caoutchouc constituent également un risque majeur de suffocation. Les cordons des rideaux ou des stores devraient être hors de portée des jeunes enfants, et ceux-ci ne devraient jamais porter un cordon autour du cou, notamment pour maintenir la sucette à leur portée ;

5) Les fenêtres devraient être munies de dispositifs de protection et des barrières protectrices devraient être installées en haut des escaliers dans les maisons où évoluent de jeunes enfants ; ceux qui utilisent un trotteur («marchette») doivent être surveillés de façon particulièrement attentive. Les bébés ne devraient pas être laissés sans surveillance, même pendant une brève période, dans un lieu élevé comme un lit d'adulte, une table à langer, etc. ;

6) Tous les produits d'entretien et les médicaments devraient être conservés dans des endroits inaccessibles et sous clé, de préférence dans des récipients équipés d'un système de fermeture de sécurité. Certains experts suggèrent que chaque famille comprenant des jeunes enfants soit en possession d'une dose de sirop d'ipéca ;

7) La présence d'une arme à feu à la maison constitue un élément important de danger. L'arme doit être déchargée et conservée sous clé ; les munitions doivent être entreposées séparément, également sous clé.

Prévention communautaire

Les parents ne sont pas les seuls responsables de la sécurité des enfants : les autorités gouvernementales jouent un rôle important dans de nombreux domaines comme l'éducation du public, la répression des conducteurs ivres, la sécurité aux abords des écoles, la supervision des piscines et des plages publiques, l'enseignement des manœuvres de base de réanimation, l'organisation des services de secours, la vente et l'emballage des produits dangereux, etc. Les écoles ont leur part de responsabilité dans l'enseignement des règles de sécurité aux enfants de tous les âges. Les associations de parents et de médecins devraient jouer un rôle plus actif et exercer davantage de pression sur les divers niveaux de gouvernement pour que ceux-ci s'acquittent de leurs responsabilités de façon plus efficace. La télévision pourrait jouer un rôle plus actif dans l'éducation des enfants, des adolescents et des adultes à propos des règles de sécurité individuelle et collective. La législation devrait jouer un rôle de premier plan dans la protection des enfants contre les accidents.

Lectures suggérées

Agran P, Castillo D, Winn D : Childhood motor vehicle occupant injuries. Am J Dis Child 1990; 144 : 653-662.

Bass JL, Kaufer-Christoffel K, Widome M, *et al.* : Childhood injury prevention counseling in primary care settings : a critical review of the literature. Pediatrics 1993 ; 92 : 544-550.

Division of Injury Control, Center for Environmental Health and Injury Control, Center for Disease Control : Childhood injuries in the United States. Am J Dis Child 1990 ; 144 : 627-646.

Greensher J : Recent advances in injury prevention. Pediatr Rev 1988 ; 10 : 171-177.

Grossman DC, Rivara FP : Injury control in childhood. Pediatr Clin North Am 1992 ; 39 : 471-485.

Guyer B, Ellers B : Childhood injuries in the United States. Mortality, morbidity, and cost. Am J Dis Child 1990 ; 144 : 649-652.

Rivara FP : Child pedestrian injuries in the United States. Current status of the problem, potential interventions, and future research needs. Am J Dis Child 1990 ; 144 : 692-696.

Stylianos S, Eichelberger MR : Pediatric trauma. Prevention strategies. Pediatr Clin North Am 1993 ; 40 : 1359-1368.

Widome MD : Pediatric injury prevention for the pediatrician. Curr Probl Pediatr 1991 ; 21 : 428-468.

Prévention de la carie dentaire   8

Michel Weber, Gérald Albert

De toutes les maladies, la carie dentaire est la plus fréquente. Elle entraîne des souffrances inutiles, des problèmes esthétiques, des coûts de réparation élevés et la perte prématurée des dents. Chez l'enfant, celle-ci peut povoquer une malocclusion et, à un âge plus avancé, elle cause souvent des difficultés alimentaires importantes. La carie dentaire peut aussi servir de point de départ à des infections locales (exemple : abcès dentaire), régionales (exemple : adénite cervicale) ou même généralisées (septicémie). L'enfant porteur d'une cardiopathie congénitale est particulièrement exposé puisque les caries dentaires peuvent être le point de départ d'une endocardite bactérienne.

Environ 85 % des caries dentaires peuvent être prévenues par l'utilisation simultanée des mesures préventives suivantes :

1) Du point de vue diététique, il faut éviter de laisser dans le lit d'un jeune enfant un biberon contenant un liquide sucré, y compris le lait. Le biberon devrait être abandonné vers l'âge de 15 mois. La famille doit prendre l'habitude de ne pas ajouter de sucre aux aliments et de limiter la consommation de sucres simples (bonbons, boissons gazeuses, etc.);

2) Un brossage adéquat des dents doit être effectué dès l'éruption dentaire, puis enseigné à l'enfant dès l'âge de deux à trois ans. L'enfant doit se brosser les dents deux à trois fois par jour, au minimum au lever et au coucher. La soie dentaire doit être utilisée régulièrement;

3) Les visites semestrielles chez le dentiste doivent commencer dès l'âge de deux à trois ans. Leurs objectifs sont de nettoyer les dents, de détecter et de réparer les caries, d'appliquer un gel fluoré sur les dents et de

mettre une substance acrylique protectrice au niveau des sites les plus vulnérables aux caries (puits et sillons);

4) L'administration de fluor constitue une mesure préventive très efficace et peu coûteuse. La fluoration de l'eau est le meilleur moyen. La concentration qui permet d'éviter au maximum la carie dentaire sans causer de fluorose est de 0,7 à 1,2 ppm. Dans certaines villes, la fluoration est en cours depuis plus de 40 ans et aucun effet secondaire n'a été noté. Les adversaires de la fluoration l'ont accusée de causer des allergies, des cancers, la trisomie 21 et bien d'autres problèmes; toutes ces accusations se sont avérées fausses. Si l'eau de la ville n'est pas fluorée (< 0,3 ppm), il faut donner un supplément de fluor par la bouche une fois par jour de l'âge de 6 mois à l'âge de 16 ans. La posologie est la suivante:

- De 6 mois à 3 ans: 0,25 mg par jour;
- De 3 à 6 ans: 0,50 mg par jour;
- De 6 à 16 ans: 1 mg par jour.

Le fluor est amené dans la dent en formation par la circulation et est incorporé à l'émail pour le rendre plus résistant à la carie. L'application locale de fluor sur les dents exerce un effet préventif synergique avec la prise de fluor par voie générale; il s'agit de l'application régulière d'un gel fluoré par le dentiste et de l'utilisation d'un dentifrice fluoré. Le médecin généraliste et le pédiatre jouent un rôle important en surveillant, lors de chaque visite de routine, l'application de ces diverses mesures préventives.

Lectures suggérées

Committee on nutrition, American Academy of Pediatrics: Fluoride supplementation. Pediatrics 1986; 77: 758-761.

Crall JJ: Promotion of oral health and prevention of common pediatric dental problems. Pediatr Clin North Am 1986; 33: 887-898.

Herrmann HJ, Roberts MW: Preventive dental care: the role of the pediatrician. Pediatrics 1987; 80: 107-110.

Kula K, Tinanoff, N: Fluoride therapy for the pediatric patient. Pediatr Clin North Am 1982; 29: 669-680.

Miller RE, Rosenstein DI: Children's dental health: overview for the physician. Pediatr Clin North Am 1982; 29: 429-438.

Shaw JH: Causes and control of dental caries. N Engl J Med 1987; 317: 996-1004.

Sport et exercice   9

Michel Weber, Robert Thivierge, Stéphane Boivin, Jean-Luc Bigras, Jean-Claude Fouron, François Fassier, Élisabeth Rousseau, Jean Wilkins

Généralités

Ce chapitre a pour but d'aider le médecin généraliste et le pédiatre à encourager l'activité physique lors des visites de routine et de répondre aux questions que lui posent à ce sujet les enfants, les adolescents et leurs parents.

Plusieurs facteurs comme la mécanisation des transports et de certaines autres tâches ont contribué à rendre l'homme moderne anormalement sédentaire. À la longue, l'inactivité physique compromet la santé. On ne sait pas si la tendance à faire de l'exercice est innée; elle peut en tout cas être stimulée par l'environnement et particulièrement par la famille, l'école et les amis. Une bonne information est aussi essentielle.

L'enfant et l'adolescent adéquatement stimulés à faire régulièrement de l'exercice garderont-ils cette habitude à l'âge adulte? On peut l'espérer, mais cela reste à démontrer.

Dans les sociétés industrialisées, on remarque une détérioration progressive de la forme physique et un accroissement de la prévalence de l'obésité. La stimulation de l'activité physique devrait donc devenir une priorité importante à l'échelle des communautés. La pratique régulière d'activités physiques pendant toute la vie contribue à maintenir en bon état les systèmes cardiovasculaire, circulatoire et musculo-squelettique, ralentit le processus de vieillissement et préserve pendant longtemps un bon degré de flexibilité, de force musculaire, d'équilibre, de coordination et d'endurance. Globalement, l'activité réduit la mortalité. L'exercice a un effet protecteur relatif contre de nombreuses maladies, parmi lesquelles la dépression, l'obésité, l'ostéoporose, la maladie coronarienne, l'hypertension artérielle, la constipation, le cancer du côlon, le diabète, etc. Il permet de prévenir ou d'atténuer l'obésité, non seulement en augmentant les dépenses énergétiques, mais aussi en exerçant un effet régulateur sur l'appétit. Enfin, l'activité physique constitue aussi une source importante de plaisir.

La pratique du sport entraîne des risques de traumatismes, mais la prudence, une supervision compétente et certaines précautions comme un réchauffement adéquat permettent de réduire le danger. De toute façon, l'ensemble des avantages de l'exercice dépasse largement l'ensemble de ses risques. L'adolescent et l'adulte devraient idéalement pratiquer des activités qui améliorent toutes les composantes du geste sportif, mais surtout l'endurance cardiorespiratoire. L'entraînement sportif systématique ne convient pas au jeune enfant. Il faut plutôt encourager ses activités spontanées, qui varient d'un enfant à l'autre et qui s'expriment le mieux dans un contexte ludique.

Les programmes d'exercices parfois proposés pour les nourrissons et les jeunes enfants ne reposent sur aucune base connue et n'ont aucun avantage démontré. Il en est de même pour les cours de natation destinés aux nourrissons. Par contre, la natation est un excellent sport pour les enfants plus âgés, qui ont tout intérêt à apprendre à nager tôt.

À l'âge scolaire, la famille et l'école se partagent la responsabilité de faire participer l'enfant à des activités physiques adaptées à sa morphologie. Outre la forme physique et le plaisir, la participation à des activités physiques et le sport d'équipe peuvent apporter à l'enfant et à l'adolescent toute une série d'expériences positives: camaraderie, esprit d'équipe, acceptation du succès et de l'échec, résistance à la douleur physique, etc. Le sport canalise dans une direction utile et constructive des énergies qui pourraient autrement se diriger vers des activités moins souhaitables. Le clinicien est familier avec les étapes du développement psychomoteur de l'enfant (voir Développement psychomoteur normal) ; il constitue la base sur laquelle va se développer le mouvement sportif. L'activité physique doit être encouragée lors de chaque visite de routine, mais le sport de compétition élitiste ne doit pas être encouragé avant que l'adolescence soit bien installée.

Composantes du geste sportif

Chacune des cinq composantes de l'activité sportive s'améliore avec l'entraînement :

I. La force musculaire

Chez le nouveau-né, les muscles constituent environ 20 % de la masse corporelle ; cette proportion atteint approximativement 40 % à la fin de l'adolescence. Jusqu'au début de la puberté, les filles et les garçons ont une force musculaire égale ; sous l'effet des androgènes, le garçon est ensuite favorisé. Le jeu spontané à l'âge préscolaire puis la gymnastique à l'âge scolaire constituent les meilleures formes d'activité musculaire durant l'enfance ; ils doivent être encouragés.

La force et l'endurance musculaires peuvent être améliorées par des exercices systématiques et réguliers de musculation. Ce type d'entraînement ne peut être entrepris qu'à partir du stade 4 de développement pubertaire selon Tanner (voir Développement pubertaire normal) ; avant cela, le support osseux est trop fragile. Un programme de musculation doit entraîner tous les groupes musculaires et exercer de façon symétrique les muscles antagonistes. Il faut respecter une période de repos de 48 heures entre deux séances d'entraînement musculaire. On peut utiliser soit les poids libres (haltères), soit des machines de musculation. Le programme est conçu selon les objectifs de l'individu.

L'objectif le plus souhaitable est l'accroissement de la force et de l'endurance musculaires. Il peut être atteint au moyen d'un programme consistant à exécuter, lors de chaque séance, deux séries de 20 répétitions séparées par une minute de repos, en utilisant des poids modérés correspondant à 55 à 75 % du poids maximum qui peut être soulevé. L'objectif visant à augmenter le volume des muscles (*bodybuilding*) est moins souhaitable ; il fait appel à des programmes individuels entièrement différents qui appartiennent au champ de compétence des experts. En raison notamment de leur moindre production d'androgènes, 20 % des filles seulement peuvent augmenter de façon notable le volume de leurs muscles si elles se soumettent à un tel entraînement spécialisé. Elles ne doivent donc pas craindre d'acquérir de gros bras ou de grosses jambes en faisant des exercices normaux de musculation. Il faut dissuader les adolescents de soulever des poids trop lourds avec un entraînement insuffisant, et leur apprendre à respecter une progression lente et régulière. Lorsqu'on cesse de la pratiquer, les bénéfices de la musculation s'estompent progressivement en quelques semaines à quelques mois.

II. La capacité aérobie maximale ou puissance aérobie maximale (endurance cardiorespiratoire)

Elle permet de soutenir un effort musculaire d'une certaine durée et se mesure à l'aide du débit maximal d'oxygène fourni par les systèmes respiratoire et cardiovasculaire au tissu musculaire. La capacité aérobie maximale (VO_2 Max.) qu'un individu parfaitement entraîné peut atteindre est probablement déterminée génétiquement, mais le principe de base de tout entraînement aérobique est qu'il améliore progressivement le VO_2 Max. d'un individu donné, quel que soit son âge. Idéalement, l'entraînement devrait commencer dès l'enfance. La fréquence, la durée et l'intensité des séances d'entraînement doivent être contrôlées. L'endurance cardiorespiratoire augmente progressivement avec la taille de l'individu ; elle est initialement égale chez les filles et les garçons, mais la puberté amène un écart favorable aux garçons.

À l'âge préscolaire, il suffit d'encourager, et parfois d'encadrer, les jeux spontanés. À l'âge scolaire, l'entraînement de l'endurance cardiorespiratoire doit se limiter à deux séances de 20 à 45 minutes par semaine d'exercice aérobie modéré, exécuté à un rythme régulier.

Chez l'adolescent, les recommandations concernant l'entraînement aérobie sont les mêmes que chez l'adulte : la fréquence minimale des séances est de deux par semaine et elle devrait idéalement être augmentée à quatre à cinq par semaine. Leur durée est d'au moins 20 minutes. L'intensité de l'effort doit être adaptée à l'état cardiorespiratoire de l'individu et doit être augmentée lentement et progressivement, au fur et à mesure que celui-ci s'améliore. Cet entraînement aérobie représente la composante la plus importante de l'activité physique ; elle consiste à mettre en action de façon répétitive des masses musculaires importantes. Plusieurs types d'exercice comme la marche, la course, l'aviron, la bicyclette, la natation, les escaliers et le ski de fond, ou de préférence une combinaison de plusieurs de ces sports, conviennent parfaitement ; certains d'entre eux peuvent se faire en salle au moyen de machines. De façon approximative, l'intensité peut être considérée comme adéquate si l'exercice fait transpirer. Si l'on veut être plus précis, l'exercice doit, pour être efficace, accélérer la fréquence cardiaque à un niveau de fréquence cible d'entraînement (FCE) qui se situe entre 60 et 85 % de la fréquence cardiaque maximale (FCM) pour l'âge. Celle-ci peut se calculer de deux façons :

1) En fonction de l'âge seulement :

FCM = 220 − l'âge en années ;

Exemple : la FCM d'une personne de 20 ans est de 200 par minute et sa fréquence cible d'entraînement ou FCE sera donc de 120 à 160 par minute.

2) En fonction de l'âge et de la fréquence cardiaque au repos (FCR) ; en pratique, on mesure celle-ci en position assise et au repos depuis 10 minutes.

La FCE se situe entre $0,6 \times (FCM - FCR) + FCR$ et

$0,85 \times (FCM - FCR) + FCR$;

Exemple: la FCE d'un individu âgé de 16 ans, dont la fréquence cardiaque au repos est de 60 par minute, sera située, selon cette formule, entre 146 et 182 par minute.

Les résultats de l'entraînement aérobie ne se maintiennent pas indéfiniment lorsqu'il est interrompu: le processus de «désentraînement» est rapide surtout pendant les trois premières semaines après l'interruption; le déclin se poursuit ensuite plus lentement et, après plusieurs mois, il persiste encore une différence entre l'individu entraîné et celui qui ne l'était pas.

Chez l'adolescente, l'entraînement intense à certains sports aérobies comme le ballet, la gymnastique artistique et le marathon peuvent causer un ralentissement de la croissance staturale ainsi qu'un retard pubertaire ou, si la puberté est déjà installée, une aménorrhée secondaire. Ces phénomènes ne se produisent pas chez d'autres athlètes comme les nageuses et ils sont réversibles lorsque l'entraînement est interrompu.

Lorsque l'objectif de l'entraînement est de traiter l'obésité, la prescription doit comporter au minimum 3 à 4 séances hebdomadaires d'au moins 45 minutes d'exercice aérobie ininterrompu et d'intensité modérée.

III. La vitesse ou puissance

Le potentiel permettant de réaliser une action en un minimum de temps est déterminé génétiquement. Chaque individu naît avec une proportion fixe de fibres musculaires lentes et rapides. L'entraînement permet d'améliorer la vitesse. Il commencera lui aussi par l'encouragement aux jeux spontanés à l'âge préscolaire. Plus tard, selon le degré de motivation de l'enfant pour la course, ces activités peuvent être multipliées. Comme c'est le cas pour les autres composantes de l'activité sportive, le ralentissement ou l'interruption de l'entraînement cause une baisse progressive des performances.

IV. La souplesse ou flexibilité

La souplesse ou flexibilité permet d'exécuter un mouvement avec la plus grande amplitude articulaire possible. Cette caractéristique est déjà présente chez le nourrisson. Elle atteint son maximum au début de la puberté, les filles étant alors favorisées par rapport aux garçons. La flexibilité a un cycle circadien normal: la raideur matinale s'améliore progressivement au cours de la journée. À l'âge adulte, la souplesse se perd rapidement si elle n'est pas entretenue par des exercices systématiques d'étirement (*stretching*). Il faut se méfier de l'entraînement à la souplesse chez les enfants d'âge préscolaire dont le système de soutien osseux est encore fragile. À partir de l'âge scolaire, il devient important de veiller au maintien de la souplesse au niveaux des ceintures scapulaire et pelvienne, car c'est à ce niveau que la souplesse disparaîtra d'abord à l'âge adulte. Les exercices d'étirement doivent être effectués à la fin de toute séance d'entraînement.

V. La coordination

Elle consiste à faire face avec adresse à des changements de situations prévisibles ou imprévisibles; elle requiert l'intégrité du système nerveux central, puisque le cerveau se comporte comme un ordinateur complexe qui contrôle l'exécution des mouvements et les corrige en fonction des erreurs qu'il constate. Une coordination parfaite permet un geste précis, adapté et économique; elle constitue une protection contre les accidents et les blessures. Chez l'enfant d'âge préscolaire, les jeux de ballon constituent la meilleure forme de stimulation et de développement de la coordination. À l'âge scolaire, il faut répéter sans relâche les gestes techniques spécifiques de la discipline pratiquée; la satisfaction d'exceller peut compenser l'ennui qui résulte de cet apprentissage fastidieux et répétitif. C'est après la puberté que celui-ci peut être poursuivi le plus utilement et le plus efficacement.

Âges chronologique et biologique : concordance ou discordance

La puberté ne commence pas et ne se termine pas au même âge chez tous les adolescents. Deux individus de même âge chronologique peuvent donc se retrouver à des niveaux de développement physique et psychologique très différents. La constitution des groupes et des équipes n'étant habituellement pas fondée sur le stade de développement pubertaire, mais bien sur l'âge chronologique, l'adolescent qui présente une croissance et une puberté tardives peut se trouver dans une situation difficile et frustrante, et être exposé à certains risques lors d'activités athlétiques. Il est défavorisé lors des compétitions. Il ne satisfait pas les attentes de ses coéquipiers et de ses entraîneurs. Il risque d'être blessé, particulièrement s'il pratique un sport de collision, et de devenir le bouc émissaire lorsque l'équipe est en difficulté. Par contraste, l'adolescent dont la croissance et le développement pubertaire sont avancés fait preuve de talent, surpasse les attentes et devient l'étoile de l'équipe. Ces deux adolescents vivent chacun des problèmes particuliers et le médecin doit poser à l'adolescent, à ses parents et à ses entraîneurs des questions directes quant au choix d'une discipline qui ne correspond pas nécessairement au rythme de croissance et de développement pubertaire de l'individu :

– Qui est réellement responsable de ce choix? L'adolescent lui-même? Ses parents? L'entraîneur?

– Quels avantages et quels inconvénients vont découler de ce choix? Du plaisir ou de la frustration? Une amélioration de la santé ou des traumatismes?

– Quelle sera l'influence de ce sport sur la vie familiale?

– Quelle est la qualité de l'encadrement et de la supervision?

– Les mesures nécessaires de sécurité sont-elles respectées?

– L'adolescent est-il capable de faire face à la victoire comme à la défaite? Peut-il abandonner facilement ce sport s'il le désire?

Parmi les mythes entourant l'activité sportive, le principal est la croyance selon laquelle l'enfant ou l'adolescent a de bonnes chances, si on le pousse suffisamment, de devenir un athlète professionnel d'élite, voué à la gloire et à la fortune. La plupart du temps, ce rêve ne peut se réaliser en raison des caractéristiques génétiquement déterminées de l'individu : à peine un enfant sur 1 000 peut espérer accéder au plus haut niveau. Ce mythe, qui peut s'exprimer par des attentes irréalistes de la part de l'enfant, de ses parents et de ses entraîneurs, peut avoir une influence négative : l'enfant peut se décourager au point d'abandonner toute participation aux activités sportives. Des attentes réalistes constituent un préalable pour éveiller et maintenir chez l'enfant, dans un contexte de plaisir, l'intérêt pour les activités physiques et peut-être pour augmenter ses chances de devenir un adulte porté à fuir le plus possible la sédentarité.

L'examen médical de l'enfant sportif

Idéalement, le médecin s'intègre à une équipe multidisciplinaire dont font aussi partie les professeurs d'éducation physique, les entraîneurs spécialisés et le physiologiste de l'exercice. Le médecin joue plusieurs rôles vis-à-vis de l'enfant sportif : visites périodiques normales, examens avant le début de la participation ou de la compétition, traitement des lésions traumatiques, etc. L'examen médical préalable à l'entraînement a notamment pour objectif de s'assurer qu'il n'existe aucune contre-indication à la pratique du sport choisi. Cet examen doit se dérouler dans un endroit calme.

L'anamnèse s'intéresse surtout aux éléments suivants :
1) Une histoire familiale d'hyperlipidémie ou de maladie coronarienne précoce (avant l'âge de 50 ans);
2) Une histoire personnelle de syncope pendant l'exercice (un incident de ce genre peut suggérer par exemple l'existence d'une cardiomyopathie);
3) L'existence d'une maladie chronique comme l'asthme, le diabète ou l'épilepsie;
4) La prise de médicaments ou de drogues;
5) Des antécédents de traumatismes sportifs ou autres et les séquelles de ceux-ci.

L'examen complet se déroule de la façon habituelle, et on prête une attention particulière aux éléments suivants : taille, poids et stade de développement pubertaire, rythme et fréquence cardiaques, tension artérielle, auscultation du cœur (il est à noter qu'une fréquence cardiaque matinale supérieure à 80 par minute avant le lever peut être un indice d'entraînement excessif). On recherche aussi la présence d'une splénomégalie, d'une hépatomégalie et de hernies. L'examen neurologique et celui des organes des sens est particulièrement important. L'examen orthopédique explore systématiquement l'appareil musculo-squelettique : il vérifie l'amplitude des mouvements articulaires et recherche les malformations, les déformations et la scoliose.

Aucune exploration paraclinique particulière n'est nécessaire si l'anamnèse et l'examen ne décèlent pas de problème de santé. Chez l'adolescente qui présente des menstruations trop abondantes, il est important de s'assurer par un hémogramme qu'il n'y a pas de déficience en fer.

Sport et nutrition

Les principes qui suivent sont de rigueur :

1) D'une façon générale, il n'y a aucune nécessité de donner aux athlètes des suppléments de protéines, de vitamines ou d'oligo-éléments ;

2) Un supplément quotidien de 30 à 60 mg de fer élément est suggéré, tant chez la fille que chez le garçon ;

3) L'athlète de haut niveau qui s'entraîne de façon intensive plusieurs heures par jour doit bénéficier des conseils d'une diététicienne, afin d'augmenter son apport énergétique de 2 520 à 7 140 kJ/24 heures (600 à 1 700 kcal/24 heures), selon son âge, son sexe, sa taille et son poids. Cet apport énergétique accru est réparti sur quatre à six repas par jour ;

4) Les macronutriments sont répartis de la façon suivante :

   – Protéines : 12 à 15 % ;

   – Lipides : 30 % ;

   – Glucides : 55 à 58 % ;

5) Pendant les quelques jours qui précèdent une compétition, l'athlète doit veiller à bien s'hydrater ;

6) Dans certaines conditions d'entraînement (exemple : chaleur intense), les jeunes sportifs doivent augmenter leur consommation d'eau (2 à 3 L/24 heures), ainsi que leur apport de sodium et de potassium ;

7) Toute manipulation diététique visant à maigrir rapidement ou à grossir doit être proscrite ;

8) La question de la «charge en glucides» peut se poser à l'approche d'une compétition importante. On sait que les réserves de glycogène sont utilisées de façon préférentielle lors des activités sportives intenses et de courte durée. Lorsqu'il s'agit d'une compétition d'endurance comme le marathon, de bonnes réserves musculaires en glycogène peuvent améliorer la performance. Ceci doit se faire sous contrôle médical et dans des situations sélectionnées. Le tableau 6 détaille un exemple de programme de charge en glucides.

Tableau 6   Exemple de programme de charge en glucides :

Jours précédant la compétition	Activité	Régime alimentaire
7	exercices intensifs quotidiens	normal
6 à 4	programme habituel	glucides à volonté
3 à 1	exercice modéré	un minimum de 10 500 kJ (2 500 kcal) sous forme de glucides

La prévention et le traitement des traumatismes sportifs

Selon les sports, des mesures spécifiques de sécurité doivent être respectées ; une supervision par des entraîneurs qualifiés est toujours essentielle. Voici quelques exemples de mesures de protection spécifiques :

1) La boxe doit être interdite : c'est un sport dont l'objectif est d'infliger une commotion cérébrale à son adversaire ; celle-ci peut être mortelle et peut aussi causer des séquelles neurologiques irréversibles ;

2) On doit enseigner tôt aux enfants qu'il ne faut jamais nager seul ni dans l'obscurité, et qu'il ne faut jamais plonger dans une eau dont on ne connaît pas la profondeur ;

3) Des lunettes protectrices devraient être portées lorsqu'on pratique certains sports de raquette ou de balle comme le squash ; cette recommandation doit être rigoureusement appliquée, surtout par les enfants borgnes ou amblyopes ;

4) Un casque protecteur devrait toujours être porté, même par les plus jeunes, à bicyclette ou en rouli-roulant ;

5) Une surveillance étroite doit être exercée lorsqu'on pratique le trampoline : de nombreux cas de quadriplégie ont été rapportés et plusieurs experts se sont prononcés en faveur de l'abandon total de cette activité ;

6) Le casque protecteur et la visière doivent être portés en permanence au cours de la pratique du hockey sur glace.

La multitude des traumatismes sportifs possibles sort du cadre de cet ouvrage. Pour leur traitement, le recours à un spécialiste en médecine sportive est souvent avantageux. Les traumatismes des tissus mous répondent habituellement à la compression, à l'application immédiate de glace, au repos et à l'administration d'anti-inflammatoires ; les fractures nécessitent l'immobilisation par un plâtre.

Le syndrome de surutilisation

Il s'agit de phénomènes inflammatoires chroniques ou traumatiques qui affectent le système musculo-squelettique à la suite de microtraumatismes répétés, survenant surtout au cours d'un entraînement intensif. Les facteurs favorisants appartiennent à plusieurs catégories :

1) Des entraîneurs bénévoles souvent inexpérimentés et des parents aux attentes excessives qui espèrent que leur enfant réalisera leur propre rêve déçu de devenir un grand athlète ;

2) L'entraînement excessif à une activité physique inappropriée, compte tenu du stade de développement de l'enfant ;

3) Des problèmes préexistants comme une maladie de Legg-Perthes, un spondylolisthésis, une torsion tibiale ou un glissement épiphysaire ; ils peuvent restreindre les mouvements de certaines articulations et risquer de surcharger les autres ;

4) Les conditions de réalisation de l'exercice comme la nature du terrain où se pratique l'activité, ainsi que les caractéristiques de l'équipement, par exemple les chaussures.

Les lésions de surutilisation les plus fréquentes chez l'enfant sont les suivantes :

1) Les apophysites, qui se rencontrent surtout chez l'adolescent ; elles peuvent affecter le talon (maladie de Sever) ou le genou (maladie d'Osgood-Schlatter) ;

2) Les lésions du cartilage articulaire : il s'agit par exemple des ostéo-chondrites disséquantes qui surviennent surtout entre 9 et 16 ans ;

3) Les élongations et ruptures musculaires ou tendineuses ;

4) Les fractures de stress : bien qu'elles soient moins fréquentes que chez l'adulte, toute douleur persistante au niveau des membres inférieurs doit faire suspecter ce type de problème ; si les radiographies sont négatives, une cartographie osseuse au technétium est utile ;

5) Les tendinites, qui se rencontrent surtout chez les adolescents et qui se reconnaissent surtout à la douleur localisée et au crépitement lors de la palpation.

Certains de ces problèmes sont spécifiquement rattachés à la pratique d'un sport en particulier. C'est le cas par exemple de l'épicondylite du joueur de tennis (*tennis elbow*), ou de l'ostéochondrite du condyle huméral externe du lanceur de baseball (*little league elbow*).

Précautions à prendre au cours de la participation aux sports

Il faut éviter les restrictions excessives et s'abstenir de distribuer des dispenses de complaisance vis-à-vis des cours d'éducation physique. On doit distinguer les précautions qui résultent :

1) De l'intensité de l'effort :
   - Effort intense (exemples : aviron, bicyclette, course à pied, natation, poids et haltères, ski de fond, tennis, etc.). Un contexte de compétition augmente l'effort ;
   - Effort modéré (exemples : badminton, ping-pong, etc.) ;
   - Effort léger (exemples : golf, marche lente, tir à l'arc, etc.) ;

2) Du risque d'impact ou de collision :
   - Risque important (exemples : arts martiaux, boxe, football, hockey sur glace, rugby, etc.) ;
   - Risque modéré (exemples : athlétisme, base-ball, basket-ball, bicyclette, équitation, gymnastique, patinage, plongeon, ski, volleyball, etc.) ;
   - Risque faible (exemples : course à pied, marche, natation, tennis, etc.).

I. Absence d'un œil ou perte fonctionnelle d'un œil

Il est préférable d'éviter les sports qui exposent à des traumatismes oculaires comme le squash ou le hockey sur glace. Lorsqu'il y a un risque, il faut insister encore plus que d'habitude sur l'importance du port de lunettes protectrices ou d'une visière.

II. Cardiopathies congénitales et autres problèmes cardiaques

Les recommandations doivent être individualisées en fonction du type de maladie cardiaque et du type d'exercice :

1) Problème cardiaque mineur :
   a) Sténose pulmonaire légère, shunt gauche-droit sans hypertension pulmonaire importante (communication interauriculaire ou inter-ventriculaire, canal artériel), extrasystoles auriculaires ou ventriculaires régressant à l'effort : la compétition n'est pas interdite ;
   b) Coarctation de l'aorte opérée avec succès, insuffisance mitrale ou aortique légère : la compétition est déconseillée. L'enfant devrait toujours pouvoir prendre du repos s'il se sent fatigué ;

2) Problème cardiaque d'importance moyenne : bloc auriculoventriculaire, sténose ou insuffisance aortique modérée, coarctation de l'aorte non opérée ou opérée sans succès complet, insuffisance mitrale modérée, cardiopathie cyanogène corrigée, valve artificielle, syndrome de Marfan sans dilatation aortique, prolongation de l'intervalle Q-T, maladie coronarienne, extrasystoles multifocales, tachycardies par réentrée. Les activités physiques avec effort intense sont déconseillées, de même que toute forme de compétition ; les autres formes d'exercice sont permises si l'épreuve d'effort annuelle ne montre pas de problèmes hémodynamiques. Les patients atteints de syndrome de Marfan doivent éviter les sports comportant un risque de collision ou d'impact ;

3) Problème cardiaque grave : sténose aortique avec signes d'ischémie, cardiomyopathie obstructive ou non, maladie obstructive vasculaire pulmonaire, cardiopathie cyanogène non corrigée, extrasystoles ventriculaires s'aggravant à l'effort, syndrome de Marfan avec dilatation de l'aorte thoracique, artère coronaire gauche aberrante, myocardite ou défaillance cardiaque. Toute activité physique intense peut entraîner une mort subite. Les patients qui souffrent de myocardite ou de défaillance cardiaque ne devraient pas faire d'exercice, les autres peuvent faire des activités d'intensité légère à modérée si leur épreuve d'effort annuelle est satisfaisante, mais ne peuvent se livrer à aucune compétition.

III. Commotions cérébrales antérieures multiples

Il est préférable de s'abstenir des sports qui comportent un risque de collision.

IV. Déficience mentale

L'enfant ou adolescent déficient mental doit être encouragé à pratiquer des activités physiques dans le contexte d'un encadrement approprié.

V. Diabète

Le diabétique bien contrôlé peut pratiquer tous les sports. En période d'activité physique inaccoutumée, la dose d'insuline doit parfois être diminuée ; une forme de sucre à absorption rapide doit toujours être disponible. L'exercice régulier doit être encouragé ; il facilite le contrôle de la maladie. Il est préférable d'éviter d'injecter l'insuline au niveau d'un membre qui sera très utilisé au cours de l'exercice, car celui-ci risque d'accélérer l'absorption.

VI. Diathèse hémorragique (thrombopénie, hémophilie)

La pratique des sports comportant un risque de collision comme le hockey ou le football est interdite aussi longtemps que la diathèse est présente.

VII. Épilepsie

L'épileptique bien contrôlé peut pratiquer tous les sports. L'escalade devrait cependant être évitée, et il doit s'abstenir de nager seul.

VIII. Hernie inguinale

Tous les sports sont permis.

IX. Hypertension artérielle

En cas d'hypertension artérielle légère, tous les sports sont permis, Si l'hypertension est modérée, la décision doit être individualisée ; par exemple, les poids et haltères sont à déconseiller, mais les exercices aérobiques peuvent avoir une influence favorable. Si l'hypertension est grave (diastolique supérieure au 95e percentile), les activités sportives devraient être interrompues jusqu'à un meilleur contrôle de la maladie.

X. Infection aiguë des voies digestives, respiratoires ou urinaires

Toute activité sportive est déconseillée en raison de la fatigue et de la contagiosité.

XI. Infections cutanées (furoncles, gale, herpès, impétigo, etc.)

En raison de la contagiosité, il faut éviter les sports qui exposent à des contacts directs avec des partenaires ou des contacts indirects par l'intermédiaire de l'équipement.

XII. Instabilité de l'articulation atloïdo-axoïdienne

Environ 10 à 20 % des enfants porteurs d'une trisomie 21 présentent ce problème, qui peut être diagnostiqué radiologiquement. Des précautions particulières doivent être prises, notamment au cours de la pratique de la natation : le papillon et la brasse doivent être évités et les départs ne doivent pas se faire en plongeant. Les sports comportant un risque de collision doivent également être évités.

XIII. Paraplégie

Les paraplégiques doivent être encouragés à pratiquer les sports adaptés à leur handicap.

XIV. Pneumopathies chroniques (asthme, fibrose kystique)

Le patient en insuffisance respiratoire chronique (exemple : fibrose kystique) peut se livrer à des activités physiques légères dans la mesure où elles ne provoquent pas d'hypoxémie. La plupart des asthmatiques bien traités peuvent pratiquer toutes les formes de sport selon leur tolérance ; l'asthme d'effort peut être prévenu par l'inhalation de salbutamol ou de cromoglycate avant l'activité sportive (voir Asthme). La natation est un sport particulièrement adapté à l'enfant asthmatique.

XV. Rein unique, reins polykystiques

Les sports qui comportent un risque de collision devraient être évités.

XVI. Splénomégalie ou hépatomégalie (exemple : mononucléose infectieuse)

La pratique des sports comportant un risque de collision comme le hockey ou le football est interdite lorsqu'il y a une splénomégalie ou une hépatomégalie ; il en est de même des sports à effort intense. Dans le cas d'une splénomégalie résultant d'une mononucléose infectieuse, les risques de collison doivent être évités pendant les trois à quatre semaines qui suivent le diagnostic.

XVII. Testicule unique

Tous les sports peuvent être pratiqués, mais le port d'une coquille protectrice peut être indiqué s'il y a un risque de collision.

Lectures suggérées

Committee on Sports Medicine and Fitness, American Academy of Pediatrics : Fitness, activity, and sports participation in the preschool child. Pediatrics 1992 ; 90 : 1002-1004.

Dyment PG, Goldberg B, Haefele SB : Recommendations for participation in competitive sports. Pediatrics 1988 ; 81 : 737-739.

Risser WL : Exercise for children. Pediatr Rev 1988 ; 10 : 131-139.

Risser WL : Sport medicine. Pediatr Rev 1993 ; 14 : 424-431.

Deuxième partie

Problèmes pédiatriques sélectionnés

Abcès dentaire   10

Michel Weber, Marc Lebel, Gérald Albert

Généralités

L'abcès dentaire résulte le plus souvent de lacunes dans la prévention et le traitement des caries; il peut aussi être la conséquence d'un traumatisme dentaire. Des anaérobies peuvent jouer un rôle important; les bactéries le plus souvent en cause appartiennent aux groupes suivants: *Bacteroides, Peptostreptococcus, Actinomyces* et *Streptococcus.*

Manifestations cliniques

Fièvre (inconstante), tuméfaction douloureuse, avec ou sans rougeur cutanée, en regard d'une ou plusieurs dents cariées, au niveau du maxillaire inférieur ou supérieur.

Explorations

L'hémogramme peut démontrer une hyperleucocytose avec prédominance des neutrophiles.

Une ou plusieurs hémocultures sont effectuées si la fièvre est élevée ou si le patient est porteur d'une cardiopathie congénitale; elles sont rarement positives.

Les radiographies du maxillaire aident à préciser le site exact et l'étendue de la lésion.

Traitement

I. Traitement de soutien

La collaboration d'un chirurgien dentiste est essentielle. La nécessité d'une hospitalisation et d'une antibiothérapie parentérale est évaluée selon l'extension de la lésion et l'importance des signes généraux. Le plus souvent, l'acétaminophène ou paracétamol est suffisant comme analgésique (15 mg/kg/dose PO toutes les 4 heures; maximum chez le grand enfant: 650 mg/dose); si ce n'est pas le cas: voir Douleur.

II. Antibiothérapie

La pénicilline demeure le meilleur choix.

On choisit la voie orale ou intraveineuse selon l'extension de la lésion et l'importance des signes généraux:

- Voie orale: phénoxyméthylpénicilline ou pénicilline V (25 à 100 mg/kg/24 heures, soit 40 000 à 160 000 UI/kg/24 heures PO en 3 ou 4 fois; maximum chez le grand enfant: 4 g ou 6 400 000 UI/24 heures);

- Voie intraveineuse: pénicilline G sodique (100 000 à 200 000 UI/kg/24 heures IV en 4 fois; maximum chez le grand enfant: 24 000 000 UI/24 heures).

Lorsque la voie parentérale a été choisie, la transition vers la voie orale peut être réalisée lorsque la fièvre a disparu et que la tuméfaction a commencé à régresser.

La durée totale du traitement est d'une dizaine de jours. S'il n'y a pas de réponse au traitement, la pénicilline peut être remplacée par la clindamycine (posologie : voir ci-dessous).

En cas d'allergie à la pénicilline, un bon choix est la clindamycine par voie orale (20 à 30 mg/kg/24 heures en 3 ou 4 fois ; maximum chez le grand enfant : 1,8 g/24 heures) ou intraveineuse (30 à 40 mg/kg/24 heures en 4 fois ; maximum chez le grand enfant : 2,4 g/24 heures).

III. Approche chirurgicale

Le plus souvent, le traitement chirurgical consiste en un drainage par la dent ; la restauration est effectuée plus tard. Un drainage chirurgical de l'abcès est rarement nécessaire.

Complications

Bactériémie ou septicémie, endocardite, extension locale ou à distance, ostéomyélite du maxillaire, sinusite, thrombophlébite de la veine jugulaire, thrombose du sinus caverneux.

Pronostic

Il est excellent si le patient est traité adéquatement.

Prévention

Voir Prévention de la carie dentaire.

Abcès et cellulite péri-amygdaliens et rétro-amygdaliens   11

Michel Weber, Jacques Lacroix, Marc Lebel, Anthony Abela, Jacques Boisvert

Généralités

Ce problème, plutôt rare chez le jeune enfant, survient surtout chez l'adolescent, pendant ou quelques jours après une amygdalite bactérienne. L'agent étiologique le plus fréquent est le *Streptococcus pyogenes* (streptocoque bêta-hémolytique du groupe A), mais des bactéries anaérobies peuvent aussi être en cause. Le risque est plus élevé chez les déficients immunitaires.

Manifestations cliniques

La douleur pharyngée est particulièrement intense ; elle s'accompagne de dysphagie et parfois même de trismus. Il peut y avoir une otalgie ou du méningisme. La fièvre peut être élevée. La région amygdalienne est hyper-hémiée; l'amygdale et la luette sont déplacées; la voix peut être affectée.

Explorations

Habituellement, l'anamnèse et l'examen sont suffisants pour poser le diagnostic.

L'hémogramme montre le plus souvent une hyperleucocytose avec prédominance des neutrophiles.

Il est utile de faire une culture des sécrétions pharyngées, ainsi qu'une hémoculture.

Les radiographies de face et de profil des tissus mous du cou et l'échographie de la région cervicale peuvent aider à préciser le diagnostic et confirmer la présence d'une collection purulente. Dans certains cas, la radioscopie ou l'opacification du pharynx par une gorgée barytée peuvent avoir leur place.

La tomodensitométrie est utile pour préciser l'extension de l'abcès.

Traitement

Il s'agit d'une urgence médicale et chirurgicale. L'oto-rhino-laryngologiste doit être consulté de façon précoce.

Une antibiothérapie intraveineuse est entreprise immédiatement (pénicilline G : 100 000 à 200 000 UI/kg/24 heures en 4 fois; maximum chez le grand enfant : 24 000 000 UI/24 heures).

Un analgésique est administré au besoin (voir Douleur).

S'il s'agit d'une cellulite sans abcès, l'antibiothérapie peut suffire. S'il y a une collection purulente, on effectue une ponction ou un drainage chirurgical sous anesthésie locale, si le patient est suffisamment collaborant. Si une anesthésie générale est nécessaire, on effectue une amygdalectomie à chaud plutôt qu'une ponction ou un drainage.

Lorsque les signes généraux ont disparu depuis au moins 24 heures, l'antibiothérapie peut être poursuivie par voie orale (phénoxyméthyl-pénicilline ou pénicilline V : 25 à 100 mg/kg/24 heures, soit 40 000 à 160 000 UI/kg/24 heures PO en 3 ou 4 fois; maximum chez le grand enfant : 4 g ou 6 400 000 UI/24 heures).

Si l'enfant est allergique à la pénicilline, un bon choix est la clindamycine par voie intraveineuse (30 à 40 mg/kg/24 heures en 4 fois; maximum chez le grand enfant : 2,4 g/24 heures), puis par voie orale (20 à 30 mg/kg/24 heures en 3 ou 4 fois; maximum chez le grand enfant : 1,8 g/24 heures).

La durée totale du traitement est d'au moins 10 jours.

Si elle n'a pas été effectuée pendant la phase aiguë, une amygdalectomie devrait probablement être faite quelques semaines plus tard pour éliminer le risque de récidive.

Complications

Septicémie, thrombose ou perforation des gros vaisseaux du voisinage, méningite, abcès cérébral, extension régionale de l'infection.

Pronostic

Il est excellent lorsque l'enfant est promptement et correctement traité.

Prévention

Elle consiste à traiter adéquatement les amygdalites à *Streptococcus pyogenes* (voir Amygdalite).

Abcès rétropharyngien   12

Michel Weber, Jacques Lacroix, Marc Lebel, Anthony Abela, Jacques Boisvert

Généralités

L'abcès rétropharyngien est une cause rare d'obstruction aiguë des voies respiratoires supérieures. Il s'agit d'une infection des ganglions lymphatiques situés entre la face antérieure de la colonne cervicale et la paroi postérieure du pharynx. Ces ganglions n'existent que chez l'enfant de moins de trois ans; cette affection ne se rencontre donc que dans ce groupe d'âge. Les agents étiologiques habituels sont le *Staphylococcus aureus* et, moins souvent, le *Streptococcus pyogenes* (streptocoque bêta-hémolytique du groupe A).

Manifestations cliniques

L'enfant est habituellement fébrile. La déglutition est difficile ou impossible. Il peut présenter du méningisme ou même prendre une position en opisthotonos. Les signes habituels d'obstruction des voies respiratoires supérieures sont plus ou moins marqués: respiration bruyante, tirage suprasternal et xiphoïdien, accélération des fréquences cardiaque et respiratoire. L'examen de la gorge révèle un bombement de la paroi postérieure du pharynx. En phase avancée, on peut voir apparaître de l'épuisement, de la cyanose, des apnées, ainsi qu'une altération de l'état de conscience.

Explorations

L'hémogramme montre habituellement une hyperleucocytose avec prédominance des neutrophiles.

L'hémoculture est rarement positive.

La radiographie de profil des tissus mous du cou permet de confirmer le diagnostic: on observe un bombement vers l'avant de la paroi postérieure du pharynx et un élargissement de l'espace prévertébral cervical, qui doit normalement avoir une largeur inférieure à la moitié de celle d'un corps vertébral cervical. Chez le jeune enfant, la largeur de cet espace peut varier selon la position de la tête; les faux positifs sont donc fréquents.

La tomodensitométrie du cou permet de préciser l'étendue de l'abcès.

Traitement

Il s'agit d'une urgence médicale et chirurgicale. L'oto-rhino-laryngologiste doit être consulté de façon précoce.

Un soluté est mis en place et une antibiothérapie intraveineuse est entreprise (cloxacilline ou oxacilline : 100 à 200 mg/kg/24 heures IV en 4 fois (maximum chez le grand enfant : 12 g/24 heures).

L'abcès est drainé sous anesthésie générale. Il est prudent de laisser le tube endotrachéal en place pendant 24 à 48 heures pour éviter une inhalation de pus dans les bronches.

Lorsque les signes généraux ont disparu depuis au moins 48 heures, le traitement peut être poursuivi par voie orale. On choisit la cloxacilline (Canada, France) ou l'oxacilline (France) : 50 à 100 mg/kg/24 heures PO en 3 à 4 fois ; maximum chez le grand enfant : 4 g/24 heures). En France, on utilise aussi la pristinamycine et la virginiamycine (voir Index pharmacologique).

Si l'enfant est allergique à la pénicilline, un bon choix est la clindamycine par voie intraveineuse (30 à 40 mg/kg/24 heures en 4 fois ; maximum chez le grand enfant : 2,4 g/24 heures), puis par voie orale (20 à 30 mg/kg/24 heures en 3 ou 4 fois ; maximum chez le grand enfant : 1,8 g/ 24 heures).

La durée totale de l'antibiothérapie est d'au moins de 10 jours.

Complications

Septicémie, thrombose ou perforation des gros vaisseaux du voisinage, extension régionale de l'infection.

Pronostic

Il est excellent lorsque l'enfant est promptement et correctement traité.

Acné   13

Maria-Helena Znojkiewicz, Julie Powell

Généralités

L'acné est un problème fréquent : plus de 90 % des adolescents en sont atteints à des degrés divers. Le processus siège au niveau du follicule pilosébacé. Plusieurs facteurs contribuent au développement de la maladie : obstruction de l'infundibulum folliculaire par une hyperkératose de rétention, augmentation de la production de sébum, présence de bactéries (*Propionibacterium acnes*) à l'intérieur du follicule et influences hormonales. Les répercussions de l'acné sur l'image de soi peuvent être importantes. La maladie doit être traitée en tenant compte de l'arsenal thérapeutique efficace qui est devenu disponible.

Manifestations cliniques

Les lésions d'acné sont polymorphes; la lésion primaire est le comédon fermé. On peut retrouver, à des degrés divers, des comédons ouverts, des papules, des pustules, des nodules, des kystes et des cicatrices. On classifie généralement l'acné en quatre stades:

- Stade 1: acné comédonienne;
- Stade 2: acné papulo-pustuleuse légère à modérée;
- Stade 3: acné papulo-comédonienne grave;
- Stade 4: acné nodulo-kystique.

Le passage d'un stade à un autre est possible.

Traitement

I. Le traitement par voie locale

Le traitement par voie locale est utilisé seul pour l'acné de stades 1 et 2. Il est utilisé en combinaison avec le traitement par voie générale des acnés plus graves.

1) Le peroxyde de benzoyle:

Seul ou en combinaison, c'est le traitement de choix d'une acné légère à modérée. Il est disponible sous formes de lotions ou de gels alcoolisés ou aqueux à des concentrations variant entre 2,5 et 10 % (voir Index pharmacologique). Il a une action antibactérienne, kératolytique et sébostatique. Il peut être irritant et cause des réactions allergiques dans 1 à 2 % des cas. Il doit être appliqué une fois par jour, le soir, après le lavage de la peau. On commence par la plus faible concentration (2,5 %). Selon la réponse clinique et la tolérance du patient, la concentration peut être augmentée graduellement jusqu'à 10 % et la fréquence des applications jusqu'à deux fois par jour.

2) La trétinoïne:

C'est l'agent kératolytique par excellence. Seule ou en combinaison, elle constitue le traitement de choix de l'acné comédonienne. Elle est disponible sous diverses formes, à des concentrations variant de 0,01 % à 0,1 % (voir Index pharmacologique). La trétinoïne est appliquée une fois par jour, le soir après le lavage de la peau. On commence par une concentration faible, et on augmente celle-ci graduellement selon la réponse clinique et la tolérance du patient. Elle peut être irritante pour la peau et peut causer de la photosensibilité.

3) Les antibiotiques:

On y a recours s'il y a une mauvaise réponse ou une intolérance au peroxyde de benzoyle et à la trétinoïne. Ils ont peu d'effet anticomédonien et sont surtout indiqués pour le traitement de l'acné inflammatoire (papules et pustules). On peut utiliser la clindamycine à 1 ou à 2 % ou l'érythromycine à 2 ou à 4 % dans une base alcoolisée. On les applique une fois par jour, seuls ou en association avec la trétinoïne. Leur efficacité est semblable à celle de la tétracycline administrée par voie générale à la dose de 250 mg deux fois par jour.

II. Le traitement par voie générale

1) Les antibiotiques :

Cette forme de traitement est réservée aux acnés plus graves (stade 3 et 4), et est toujours associée à un traitement par voie locale. Comme traitement d'attaque, on utilise de préférence la tétracycline (250 mg PO 4 fois par jour). Les autres choix possibles sont l'érythromycine (250 mg PO 4 fois par jour) et la minocycline (50 à 100 mg PO 2 fois par jour). Après un à six mois, selon la gravité de la maladie et la réponse au traitement, on peut diminuer graduellement la posologie jusqu'à environ 50 % du traitement d'attaque. Les principaux effets secondaires sont l'intolérance digestive et la vaginite à *Candida albicans*. La tétracycline et la minocycline peuvent causer de la photosensibilité ainsi qu'une réduction de l'effet des contraceptifs oraux.

2) L'isotrétinoïne :

Ce traitement est réservé aux cas particulièrement graves et réfractaires aux traitements décrits plus haut, incluant les antibiotiques administrés par voie générale. Un dermatologue devrait participer à la décision d'utiliser cette forme de traitement et à sa supervision. La posologie habituelle est de 1 mg/kg/24 heures PO en 2 fois pendant 12 à 16 semaines. L'isotrétinoïne a plusieurs effets secondaires : chéilite, dermatite faciale, sécheresse nasale, desquamation, prurit, sécheresse de la peau, conjonctivite, etc. Ce médicament est tératogène, et, avant de le prescrire à une adolescente, il est obligatoire de s'assurer qu'elle n'est pas enceinte et ne le deviendra pas pendant le traitement.

Lectures suggérées

Hurwitz S : Acne vulgaris : pathogenesis and management. Pediatr Rev 1994 ; 15 : 47-53,

Winston MH, Shalita AR : Acne vulgaris. Pathogenesis and treatment. Pediatr Clin North Am 1991 ; 38 : 889-903.

Adénite cervicale aiguë   14

Marc Lebel, Jean-Bernard Girodias

Voir aussi Adénopathies.

Généralités

La plupart des adénites cervicales aiguës sont d'origine bactérienne. L'agent étiologique le plus fréquent est le *Staphylococcus aureus* ; il est suivi du *Streptococcus pyogenes* (streptocoque bêta-hémolytique du groupe A). Des bactéries anaérobies se rencontrent rarement. L'*Hæmophilus influenzæ* ne doit pas être considéré comme un agent étiologique possible. Le *Streptococcus agalactiæ* (streptocoque bêta-hémolytique du groupe B) est occasionnellement en cause chez le nourrisson.

Manifestations cliniques

Il peut y avoir de la fièvre. Un ou plusieurs ganglions sont augmentés de volume de façon évidente, parfois bilatéralement. Ils sont douloureux. On note parfois une hyperhémie et une chaleur locales. Dans un certain nombre de cas, une fluctuation apparaît en cours d'évolution.

Explorations

L'hémogramme peut révéler une hyperleucocytose avec prédominance des neutrophiles. La présence d'une lymphocytose et de lymphocytes atypiques réoriente parfois le diagnostic vers une mononucléose infectieuse.

L'hémoculture est habituellement négative.

Un diagnostic bactériologique précis est établi par ponction du ganglion. On utilise une aiguille de calibre 20 ou 21. Au besoin, on injecte puis on réaspire 1 mL de sérum physiologique. On fait un examen direct du liquide obtenu après coloration au Gram et on le met en culture.

Dans la plupart des cas, la palpation est suffisante pour démontrer la formation d'une collection purulente (fluctuation); l'intérêt de l'échographie est donc faible.

Dans le doute quant à l'étiologie bactérienne, d'autres explorations peuvent être indiquées (voir Adénopathies).

Traitement

Des compresses humides tièdes sont appliquées localement.

L'antibiothérapie initiale doit être dirigée vers le *Staphylococcus aureus* et le *Streptococcus pyogenes*.

La voie orale est utilisée si la masse n'est pas très grosse et s'il n'y a pas de signes généraux importants. Les principaux choix sont les suivants :

– Pénicilline antistaphylococcique comme la cloxacilline (Canada, France), ou l'oxacilline (France) : 50 à 100 mg/kg/24 heures PO en 3 à 4 fois (maximum chez le grand enfant : 4 g/24 heures);

– Céphalexine (Canada) ou céfalexine (France) : 25 à 50 mg/kg/ 24 heures PO en 3 à 4 fois (maximum chez le grand enfant : 4 g/ 24 heures);

– En France, on utilise aussi la pristinamycine ou la virginiamycine (voir Index pharmacologique).

La voie intraveineuse est réservée aux cas graves et aux échecs du traitement par voie orale. On utilise alors la cloxacilline (Canada, France), la nafcilline (Canada) ou l'oxacilline (France) : 100 à 200 mg/kg/24 heures IV en 4 fois; maximum chez le grand enfant : 12 g/24 heures. Après quelques jours, le relais peut être pris par voie orale (voir ci-dessus), lorsque les signes généraux ont disparu depuis plus de 24 heures et lorsque les signes locaux ont commencé à régresser.

Chez le patient allergique aux pénicillines, un bon choix est la clindamycine par voie orale (20 à 30 mg/kg/24 heures en 3 à 4 fois; maximum chez le grand enfant de 1,8 g/24 heures) ou par voie intraveineuse (30 à 40 mg/kg/24 heures en 4 fois; maximum chez le grand enfant: 2,4 g/24 heures).

La durée totale du traitement est de 10 jours.

La réponse au traitement peut être lente; il ne faut donc pas conclure trop tôt à un échec.

Dans un certain nombre de cas, une fluctuation apparaît en cours de traitement; une incision et un drainage sont alors nécessaires.

Complications

Les complications suivantes sont rares: abcédation, bactériémie ou septicémie, infections à distance.

Pronostic

Il est excellent lorsque le traitement est adéquat.

Lectures suggérées

Marcy SM: Cervical adenitis. Pediatr Infect Dis J 1985; 4: S23-S26.
Margileth AM: Cervical adenitis. Pediatr Rev 1985; 7: 13-24.

Adénopathies 15

Michel Weber, Jean-Bernard Girodias, Marc Lebel, Michèle David

Voir aussi Adénite cervicale aiguë.

Généralités

Les ganglions normaux ont un diamètre inférieur à 2 cm; ils sont indolores, lisses, mobiles et de consistance élastique. Le terme «adénopathie» est réservé à un ganglion dont le plus grand diamètre est supérieur à 2 cm. Le tableau 7 énumère les principales causes possibles.

Les adénopathies sont fréquentes chez l'enfant. Elles peuvent être localisées ou généralisées.

La plupart sont localisées à la région cervicale et ont une origine infectieuse. Plus rarement, les adénopathies sont d'origine inflammatoire ou néoplasique.

Plusieurs éléments cliniques importants doivent être pris en considération lorsqu'on veut établir un plan d'exploration et de traitement:

1) L'âge de l'enfant;
2) Le caractère unique ou multiple, localisé ou généralisé des adénopathies;
3) Les caractéristiques cliniques du ganglion: localisation, douleur, rougeur de la peau qui le recouvre, consistance, surface et mobilité;

Tableau 7   Principales causes d'adénopathies

- Localisées
  - cervicales
    - aiguës
      - infections virales banales des voies respiratoires supérieures
      - infections bactériennes banales des voies respiratoires supérieures (exemple : pharyngite à *Streptococcus pyogenes*)
      - adénite cervicale aiguë à *Streptococcus pyogenes* ou à *Staphylococcus aureus*
      - mononucléose infectieuse, toxoplasmose acquise et infection acquise à cytomégalovirus
      - maladie de Kawasaki
    - persistantes
      - adénite à mycobactérie non tuberculeuse
      - adénite tuberculeuse
      - cancers : maladie de Hodgkin, lymphome non hodgkinien, métastase, etc.
      - histiocytose
  - non cervicales
    - infections bactériennes banales (exemple : cellulite)
    - maladie des griffes de chat
    - cancers : maladie de Hodgkin, lymphome non hodgkinien, métastase, etc.
    - histiocytose
- Généralisées
  - maladies infectieuses (exemples : mononucléose infectieuse, infection à VIH, toxoplasmose acquise, infection acquise à cytomégalovirus, tularémie, etc.)
  - cancers (exemple : leucémie aiguë)
  - histiocytose
  - maladies inflammatoires (exemple : arthrite rhumatoïde juvénile de forme systémique ou maladie de Still)
  - maladies granulomateuses chroniques (exemple : sarcoïdose)

4) L'apparition soudaine ou lentement progressive ;
5) Les signes et symptômes associés.

Toutes les masses cervicales ne sont pas des adénopathies (voir Masses cervicales). Une lésion située sur la ligne médiane antérieure doit faire penser à la possibilité d'un kyste thyréoglosse.

La démarche clinique doit toujours débuter par une anamnèse et un examen complets.

Adénopathies localisées cervicales

I. Considérations topographiques

1) Région pré-auriculaire : l'adénopathie située dans cette région résulte le plus souvent d'une conjonctivite virale ou bactérienne.
2) Régions occipitale et rétro-auriculaire : les adénopathies résultent le plus souvent d'une maladie infectieuse banale comme la roséole ou la

rubéole. Au Canada, les enfants présentent fréquemment des adénopathies dans cette région au cours des mois d'été; elles sont d'habitude causées par des piqûres ou des morsures d'insectes au niveau du cuir chevelu.

3) Triangle cervical postérieur: les adénopathies de la base de ce triangle (creux susclaviculaire) sont rares. Elles ont une origine cancéreuse dans près de 50 % des cas; il peut s'agir d'une métastase (exemple: neuroblastome) ou d'une tumeur primaire du système lymphatique (maladie de Hodgkin ou lymphome non hodgkinien). Une exérèse-biopsie précoce est souvent indiquée. Les adénopathies de la partie supérieure de ce triangle sont habituellement d'origine infectieuse et sont moins alarmantes.

4) Triangle cervical antérieur: les adénopathies de la partie supérieure de cette région, située sous l'angle mandibulaire, sont très fréquentes car elles drainent les voies respiratoires supérieures, souvent infectées chez l'enfant. Le plus souvent, il s'agit d'une infection virale comme la mononucléose infectieuse (voir Mononucléose infectieuse) ou d'une infection bactérienne comme une pharyngite à *Streptococcus pyogenes*. C'est la localisation la plus fréquente de l'adénite cervicale aiguë à *Streptococcus pyogenes* ou à *Staphylococcus aureus* (voir Adénite cervicale aiguë). Plus rarement, il s'agit d'une infection à mycobactérie non tuberculeuse ou à *Mycobacterium tuberculosis*, d'une toxoplasmose acquise ou d'une infection acquise à cytomégalovirus. C'est la localisation habituelle des adénopathies associées à la maladie de Kawasaki. Lorsque l'étiologie n'est pas évidente, on recourt souvent à une antibiothérapie empirique (voir Adénite cervicale aiguë). Les cancers sont rares dans cette région; l'exérèse-biopsie est donc réservée aux adénopathies qui persistent pendant plusieurs semaines ou augmentent de volume malgré l'antibiothérapie. Les adénopathies des tiers moyen et inférieur de ce triangle peuvent être d'origine infectieuse ou néoplasique.

5) Régions sous-mentonnière et sous-maxillaires: les adénopathies situées à cet endroit résultent habituellement d'une infection buccale ou labiale. Le diagnostic différentiel doit inclure l'augmentation de volume d'une glande salivaire.

II. Principales étiologies

1) Adénopathies aiguës (présentes depuis quelques heures à quelques jours):

a) Adénite bactérienne aiguë: jusqu'à preuve du contraire, toute adénite cervicale d'apparition rapide, particulièrement lorsqu'elle est située au niveau du triangle antérieur, sous l'angle mandibulaire, est d'origine bactérienne et mérite un traitement antibiotique d'essai (voir Adénite bactérienne aiguë). Les éléments cliniques suivants, lorsqu'ils sont présents, ajoutent du poids à cette hypothèse: fièvre, hyperhémie cutanée, douleur. Les adénites bactériennes peuvent être bilatérales. Lorsqu'une fluctuation apparaît, une origine infectieuse est certaine. Des adénopathies cervicales douloureuses, souvent bilatérales, accompagnent fréquemment les pharyngites à *Streptococcus pyogenes*;

b) Adénopathie satellite d'une conjonctivite aiguë: cette adénopathie a une localisation pré-auriculaire. La conjonctivite, située du même côté, est évidente. Il peut s'agir d'une infection bactérienne ou virale;

c) Maladie de Kawasaki: l'adénopathie, souvent bilatérale, est située sous l'angle mandibulaire. Compte tenu du contexte clinique habituel (voir Maladie de Kawasaki), le diagnostic est habituellement assez facile;

d) Mononucléose infectieuse: chez le grand enfant et l'adolescent, les adénopathies associées à cette maladie sont souvent situées au niveau de la partie supérieure du triangle cervical antérieur. Dans la plupart des cas, les autres signes et symptômes de la maladie sont évidents (voir Mononucléose infectieuse); plus rarement, les adénopathies sont situées ailleurs ou sont isolées, c'est pourquoi une épreuve de diagnostic sérologique rapide est indiquée la plupart du temps. Chez le jeune enfant, le diagnostic peut être plus difficile, car la maladie tend à être moins typique et l'épreuve de diagnostic sérologique rapide est très souvent négative avant l'âge de trois ou quatre ans;

e) Toxoplasmose acquise: cette maladie rare doit être suspectée lorsqu'un tableau clinique suggère une mononucléose infectieuse, mais que les épreuves diagnostiques pour l'infection à virus Epstein-Barr sont négatives. Elle peut aussi être responsable d'une adénite isolée de la partie supérieure du triangle cervical antérieur. L'anamnèse doit rechercher le contact avec des chats et l'ingestion de viande crue ou insuffisamment cuite. Le diagnostic est sérologique. Le traitement est décrit dans le chapitre Parasitoses;

f) Infection acquise à cytomégalovirus: cette infection doit également être suspectée devant un tableau clinique de mononucléose infectieuse lorsque les épreuves diagnostiques pour l'infection à virus Epstein-Barr sont négatives. Le diagnostic repose sur les épreuves sérologiques et sur l'identification du virus dans les sécrétions nasopharyngées et l'urine. Il n'y a pas de traitement spécifique, du moins chez l'enfant immunocompétent. Chez les patients immunodéficients, on peut utiliser le ganciclovir et les gammaglobulines anticytomégalovirus.

2) Adénopathies subaiguës ou chroniques (persistant plusieurs semaines):
La localisation a une importance diagnostique cruciale; en effet, une adénopathie persistante située au niveau de la base du triangle postérieur (creux susclaviculaire) a environ 50 % de chances d'être néoplasique et une exérèse-biopsie précoce est souvent indiquée. Par contre, les adénopathies situées à la partie supérieure du triangle cervical antérieur, sous l'angle mandibulaire, sont le plus souvent d'origine infectieuse.

Principales entités :

a) Adénites infectieuses banales : les adénites virales, ainsi que les adénites bactériennes, même lorsque ces dernières sont adéquatement traitées, peuvent prendre plusieurs semaines à régresser complètement (voir Adénite cervicale aiguë). La fluctuation constitue une indication de drainage chirurgical. Pour autant qu'elles aient tendance à diminuer de volume et qu'elles soient localisées au niveau de la partie supérieure du triangle cervical antérieur, sous l'angle mandibulaire, une période d'observation prolongée se justifie avant d'envisager une exérèse-biopsie ;

b) Adénite à mycobactérie non tuberculeuse (anciennement : « mycobactéries atypiques ») : cette forme fréquente d'adénite persistante peut être bilatérale. Les principaux agents responsables sont les *Mycobacterium avium, scrofulaceum* et *kansasii*. Indolore, elle est d'habitude située au niveau du triangle antérieur, sous l'angle mandibulaire. La peau qui la recouvre est parfois hyperhémiée. Après quelques semaines, elle peut devenir fluctuante ou même fistuliser. Le diagnostic repose sur les intradermoréactions spécifiques pour chacune des mycobactéries ; la réaction est considérée comme positive lorsque le diamètre de l'induration est supérieur à 10 mm. Les épreuves cutanées pour la tuberculose peuvent être faussement positives, mais, le plus souvent, la réaction est dans la zone douteuse (< 10 mm d'induration). L'exérèse chirurgicale constitue le traitement de choix ;

c) Adénite tuberculeuse : cliniquement, elle est identique à une adénite à mycobactérie non tuberculeuse. Le diagnostic repose sur l'épreuve tuberculinique cutanée (voir Tuberculose) ;

d) Maladie des griffes de chat : la localisation cervicale est plutôt rare (voir Maladie des griffes de chat) ;

e) Cancers : on pense particulièrement à la maladie de Hodgkin, au lymphome non hodgkinien, ainsi qu'aux métastases (exemple : neuroblastome). Ces adénopathies sont indolores et augmentent progressivement de volume. En cas de doute, une exérèse-biopsie est indiquée.

Adénopathies localisées non cervicales

1) Infections banales : toute infection (exemple : cellulite) peut être responsable d'une adénopathie aiguë localisée au niveau de la zone correspondante de drainage lymphatique.

2) Maladie des griffes de chat : l'adénopathie persistante est le plus souvent localisée dans la région épitrochléenne ou axillaire. Elle peut fluctuer. L'anamnèse recherche les contacts avec de jeunes chats. Cette affection est décrite dans le chapitre Maladie des griffes de chat.

3) Cancers : toute adénopathie qui persiste plusieurs semaines et augmente progressivement de volume, quelle que soit sa localisation, doit

faire penser à une maladie de Hodgkin, à un lymphome non hodgkinien ou à une métastase (exemple : neuroblastome), lorsqu'une étiologie infectieuse ne peut être démontrée. Le diagnostic repose sur
l'exérèse-biopsie.

Adénopathies généralisées

Un grand nombre de maladies infectieuses peuvent causer des adénopathies généralisées; on pense notamment aux dermatoses chroniques surinfectées (exemple : dermite atopique), à la mononucléose infectieuse, à
l'infection à VIH ou à cytomégalovirus, à la toxoplasmose acquise et à la
tularémie. Dans la plupart des cas, un diagnostic précis peut être fait à
partir des données cliniques ct de quelques examens paracliniques sélectionnés.

Parmi les maladies néoplasiques qui peuvent causer des adénopathies
généralisées, il faut particulièrement penser à la leucémie aiguë; la plupart
du temps, le tableau clinique attire l'attention sur cette possibilité (voir
Leucémie aiguë). Parmi les autres possibilités, il faut mentionner les lymphomes non hodgkiniens et l'histiocytose.

Parmi les causes inflammatoires d'adénopathies généralisées, il faut
surtout citer l'arthrite rhumatoïde juvénile de forme systémique ou maladie de Still (voir Arthrite rhumatoïde juvénile).

Certaines maladies granulomateuses chroniques comme la sarcoïdose
représentent des causes rares d'adénopathies chez l'enfant.

Lectures suggérées

Bamji M, Stone RK, Kaul A, *et al.* : Palpable lymph nodes in healthy newborns and in-
    fants. Pediatrics 1986; 78 : 573-575.
Bedros AA, Mann JP : Lymphadenopathy in children. Adv Pediatr 1981; 28 : 341-376.
Girodias JB : Les adénopathies cervicales de l'enfant. Pédiatrie 1991; 46 : 455-463.
Herzog LW : Prevalence of lymphadenopathy of the head and neck in infants and chil-
    dren. Clin Pediatr 1983; 22 : 485-487.
Knight PJ, Mulne AF, Vassy LE : When is lymph node biopsy indicated in children
    with enlarged peripheral nodes? Pediatrics 1982; 69 : 391-396.
Margileth AM : Cervical adenitis. Pediatr Rev 1985; 7 : 13-24.
Zitelli BJ : Neck masses in children : adenopathy and malignant disease. Pediatr Clin
    North Am 1981; 28 : 813-821.

Adoption internationale   16

Monique Robert, Marc Lebel, Élisabeth Rousseau, Anne-Claude Bernard-Bonnin,
Luc Chicoine

Généralités

Les phénomènes d'immigration et d'adoption internationale ont pris de
l'ampleur au cours des dernières années. Le médecin généraliste et le
pédiatre sont donc de plus en plus souvent amenés à participer au bilan de
santé d'enfants, souvent très jeunes, qui proviennent d'autres pays et

d'autres continents, particulièrement d'Asie et d'Amérique centrale ou du Sud. Les composantes de ce bilan varient selon le pays d'origine. Il doit tenir compte du fait que les antécédents familiaux et personnels ainsi que l'état vaccinal sont souvent inconnus. Cette évaluation médicale initiale revêt une grande importance aux yeux des parents adoptifs. Parfois, l'enfant présente une maladie ou un handicap évident que les parents ont décidé d'assumer. Des problèmes médicaux occultes peuvent aussi être découverts après l'arrivée, la plupart du temps au cours des six premiers mois. Plus de la moitié de ces problèmes sont de nature infectieuse.

L'évaluation initiale se base sur l'anamnèse et sur l'examen, ainsi que sur quelques explorations paracliniques sélectionnées (tableau 8). Malheureusement, l'anamnèse est souvent limitée aux observations faites depuis quelques jours ou quelques semaines par les parents adoptifs. Les éléments connus de l'histoire médicale familiale et personnelle peuvent être imprécis ou erronés.

La plupart des éléments de ce chapitre sont applicables aux immigrants récents.

Problèmes

I. Développement psychomoteur

Au fil des visites, on attache une importance particulière à la progression du développement psychomoteur. Un retard de développement peut résulter de plusieurs facteurs comme une déficience mentale, une malnutrition précoce, une maladie organique, ou encore une carence affective ou une insuffisance de stimulation telles qu'elles peuvent exister dans les orphelinats. Un rattrapage suggère la prédominance de facteurs liés à l'environnement. Des troubles du comportement ou de l'apprentissage peuvent se manifester tardivement. La révélation parfois tardive de ces problèmes peut être particulièrement traumatisante pour la famille adoptive ; certaines mesures de soutien et de réadaptation peuvent alors s'avérer nécessaires.

II. Croissance physique

Les mensurations de l'enfant sont reportées sur des courbes qui correspondent à un autre groupe ethnique que le sien, ce qui limite son utilité quant à l'évaluation de la croissance. L'évolution dynamique du périmètre crânien, du poids et de la taille sera surveillée au cours du temps, et on sera

Tableau 8 Examens paracliniques de dépistage lors de l'adoption internationale

- Hémogramme
- Épreuve tuberculinique cutanée
- Deux cultures de selles (coprocultures) si l'enfant a de la diarrhée
- Trois recherches de parasites dans les selles
- Sérologie pour l'hépatite B
- Sérologie pour la syphilis
- Sérologie pour le SIDA (selon le pays d'origine et les facteurs de risque)

attentif à une discordance poids-taille suggestive d'une malnutrition antérieure. En cas de malnutrition, le poids est plus touché que la taille, elle-même plus touchée que le périmètre crânien. Un rattrapage confirme que la maigreur était liée à une insuffisance d'apport énergétique. Le potentiel génétique de croissance de l'enfant est le plus souvent inconnu; occasionnellement, il en est de même de son âge chronologique exact.

III. État vaccinal

Il est souvent inconnu ou sujet à caution et les conditions de conservation des vaccins peuvent avoir été défavorables. Dans le doute, il peut être préférable de recommencer au complet le calendrier de vaccinations (voir Vaccinations).

IV. Déficiences sensorielles

Chez le jeune enfant, des déficiences auditives ou visuelles peuvent initialement passer inaperçues. Bien que leur incidence soit plutôt faible, elles devraient être dépistées de la façon habituelle.

V. Infections

Les problèmes infectieux sont les plus fréquents. Ils varient selon le pays d'origine. Ils peuvent être évidents ou occultes et constituer un risque pour la famille adoptive.

1) Les infections et parasitoses cutanées sont traitées de la façon habituelle (voir Gale, Impétigo, Mycoses cutanées superficielles, Pédiculose).

2) Infections gastro-intestinales : à son arrivée, l'enfant peut présenter une gastro-entérite évidente qui peut être d'origine virale, bactérienne ou parasitaire. Dans ce cas, on applique les méthodes de diagnostic et de traitement habituelles (voir Gastro-entérite). Parfois aussi, l'enfant est un porteur sain de certains agents pathogènes qui peuvent contaminer la famille adoptive comme le *Salmonella* ou le *Giardia lamblia*. Les parasitoses intestinales et particulièrement la giardiase sont très répandues dans les pays en développement. Il est donc prudent de rechercher à quelques reprises les parasites et leurs œufs dans les selles et de faire une ou deux cultures de selles (coprocultures) si l'enfant a de la diarrhée.

3) Hépatite B : elle est endémique dans de nombreux pays en développement, particulièrement en Asie du Sud-Est. Le risque que l'enfant adopté soit porteur d'une hépatite chronique varie selon les études et selon le pays d'origine; dans certains cas, il peut atteindre 5 à 30 %. La recherche de l'antigène de surface (AgHBs) doit donc être effectuée de façon systématique. Si ce marqueur est absent, il est nécessaire de répéter cet examen six mois plus tard. S'il est présent, il faut mesurer les transaminases et vacciner tous les membres de la famille adoptive. Certains recommandent même que les parents en attente d'une adoption internationale se fassent vacciner de façon préventive. Il n'est pas nécessaire de rechercher les marqueurs sérologiques de l'hépatite A.

4) Tuberculose : elle est endémique dans la plupart des pays en développement, c'est pourquoi une épreuve tuberculinique cutanée est indiquée lors de l'évaluation initiale (voir Tuberculose). Si l'enfant n'a pas de symptômes et si son épreuve tuberculinique cutanée est négative, une radiographie des poumons n'est pas nécessaire. Si l'enfant est tuberculeux, il faut se souvenir du fait que, dans les pays en développement, le BK est souvent multirésistant.

5) Syndrome d'immunodéficience acquise (SIDA) : la prévalence de cette maladie varie d'un pays à l'autre et évolue d'une année à l'autre. Certains pays sont relativement épargnés. À cet égard il est utile de consulter la documentation de l'Organisation mondiale de la santé. Compte tenu des changements rapides de l'épidémiologie de cette maladie, il pourrait être préférable d'effectuer un test de dépistage chez tout enfant adopté, particulièrement s'il est originaire d'une région à forte endémie. Il faut se souvenir du fait qu'avant l'âge de 15 mois, la séropositivité peut être causée par des anticorps maternels transmis par voie transplacentaire et ne signifie pas nécessairement que l'enfant est infecté (voir SIDA).

6) Infection à cytomégalovirus (CMV) : environ 25 % des enfants adoptés excrètent le CMV dans leur urine. Dans les pays développés, environ la moitié des femmes sont séronégatives. La mère adoptive risque donc fort d'être contaminée par son enfant adoptif. Ceci ne constitue un danger réel que si la mère adoptive est enceinte au moment où elle est contaminée, ce qui est assez rare dans le contexte de l'adoption. Des opinions contradictoires ont été émises au sujet de la recherche systématique du CMV chez les enfants adoptés. Par contre, il est prudent de conseiller aux parents adoptifs de se laver les mains après un contact avec l'urine, les selles ou les sécrétions de leur enfant adoptif. Il est à noter que ce risque n'est pas limité aux contacts avec un enfant provenant d'un pays en développement, puisque beaucoup d'enfants fréquentant une garderie (crèche) excrètent le CMV.

7) La syphilis congénitale passe parfois inaperçue ou peut être traitée de façon inadéquate ; il est donc prudent de faire une épreuve sérologique de dépistage de cette maladie.

8) Malaria : le dépistage systématique n'est pas nécessaire. Il faut y penser chaque fois qu'un enfant provenant d'un pays endémique et adopté récemment présente de la fièvre (voir Malaria).

VI. Problèmes hématologiques

La déficience en fer est très répandue dans les pays en développement. Selon son origine, l'enfant peut être porteur d'une autre anomalie hématologique comme l'anémie falciforme, la thalassémie, la déficience en glucose-6-phosphate déshydrogénase ou l'hémoglobinopathie E. Un hémogramme fait donc partie intégrante de l'évaluation initiale et une électrophorèse de l'hémoglobine devrait être faite chez tout enfant noir.

VII. Problèmes dentaires

L'examen dentaire, la réparation des caries et les soins orthodontiques font partie intégrante de la prise en charge initiale.

VIII. Problèmes métaboliques

On attache une attention particulière aux signes de rachitisme. En cas de doute, on fait une radiographie du poignet et un dosage des phosphatases alcalines. L'enfant adopté devrait subir les mêmes épreuves de dépistage que les autres enfants (hypothyroïdie, phénylcétonurie, etc.).

Lectures suggérées

Jenista JA, Chapman D : Medical problems of foreign-born adopted children. Am J Dis Child 1987; 141 : 298-302.

Hostetter M, Johnson DE : International adoption. An introduction for physicians. Am J Dis Child 1989; 143 : 325-332.

Hostetter MK, Iverson S, Dole K, Johnson D : Unsuspected infectious diseases and other medical diagnoses in the evaluation of internationally adopted children. Pediatrics 1989; 83 : 559-564.

Hostetter MK, Iverson S, Thomas W, *et al.* : Medical evaluation of internationally adopted children. N Engl J Med 1991; 325 : 479-485.

Lange WR, Warnock-Eckhart E : Selected infectious disease risks in international adoptees. Pediatr Infect Dis J 1987; 6 : 447-450.

Allergies alimentaires 17

Michel Weber, Zave Chad, Khazal Paradis

Généralités

Ce chapitre s'attarde surtout à l'allergie aux protéines bovines, la plus commune en pédiatrie.

Beaucoup de nourrissons sont étiquetés à tort comme allergiques au lait, alors qu'ils ne présentent en réalité que des troubles alimentaires minimes d'une autre origine. Il en résulte souvent des manipulations diététiques irrationnelles et inutiles. Une plus grande rigueur diagnostique est nécessaire. D'autre part, il faut se rappeler que toutes les intolérances alimentaires ne sont pas d'origine allergique (exemple : intolérance au lactose).

La prévalence de l'allergie aux protéines du lait de vache varie selon les études, mais pourrait être de l'ordre de 2 %.

Outre les protéines du lait de vache, qui sont les allergènes alimentaires les plus fréquents, un grand nombre d'aliments peuvent être en cause, et particulièrement le soja, les œufs, le poisson, les noix, le blé, etc.

En raison de la possibilité d'absorption d'allergènes alimentaires macromoléculaires par leur intestin immature, le nouveau-né et le nourrisson sont plus exposés que les enfants plus âgés.

Chez les enfants de plus de deux à trois ans et chez les adolescents, des réactions aux aliments peuvent être d'origine psychologique; les épreuves de provocation devraient donc idéalement être réalisées au moyen d'aliments non reconnaissables, par exemple en capsules. Ce type d'épreuve ne doit pas être tenté lorsqu'il s'agit de réactions anaphylactiques.

Manifestations cliniques

Les allergies alimentaires peuvent causer une grande variété de symptômes. Par exemple, dans le cas de l'allergie au lait de vache, on a décrit les manifestations suivantes :

1) Des manifestations générales : œdème angioneurotique, anaphylaxie, fièvre, et, peut-être, mort subite du nourrisson ;

2) Des troubles du comportement : refus de boire, pleurs excessifs ou «coliques», troubles du sommeil de la jeune enfance ;

3) Des problèmes cutanés : dermite atopique, dermite de contact au niveau des lèvres, urticaire ;

4) Une migraine ;

5) Des problèmes respiratoires : éternuements, rhinorrhée, asthme, wheezing, hémosidérose pulmonaire (très rare) ;

6) Des troubles digestifs : régurgitations ou vomissements, diarrhée chronique avec ou sans malabsorption et retard pondéral, entéropathie exsudative avec œdème hypoprotéinémique, pertes chroniques occultes de sang dans les selles avec déficience en fer et anémie ferriprive, gastroentéropathie éosinophilique (très rare), maladie cœliaque, ainsi que la colite au lait de vache du nouveau-né ou du nourrisson, très similaire à la colite ulcéreuse.

La nature allergique de certains de ces phénomènes n'est toutefois pas certaine.

Explorations

L'histoire allergique familiale mérite d'être détaillée.

L'anamnèse demeure le meilleur outil de diagnostic et les examens de laboratoire n'ont qu'un intérêt accessoire.

Les trois critères de Goldman demeurent d'actualité :

1) Les symptômes doivent disparaître après l'élimination de l'antigène ;

2) Ils doivent réapparaître dans les 48 heures après sa réintroduction (ou plus tard s'il s'agit de manifestations gastro-intestinales) ;

3) Trois provocations successives doivent produire des rechutes similaires.

Depuis quelques années, la provocation en double aveugle est considérée comme le meilleur moyen de prouver le diagnostic.

Les provocations ne devraient pas être tentées lorsque les manifestations de l'allergie ont été graves (exemple : anaphylaxie). Toute épreuve de provocation doit être réalisée sous surveillance médicale stricte, avec l'équipement de réanimation à portée de main. Dans le cas de l'allergie au lait de vache, la provocation ne devrait être tentée qu'après au moins six mois d'un régime d'élimination et si l'épreuve cutanée d'allergie est négative. On commence par une très petite dose (exemple : une goutte de lait de vache) et on administre ensuite des quantités progressivement croissantes toutes les 20 à 30 minutes.

Une éosinophilie est parfois présente.

Le test au d-xylose peut démontrer une malabsorption de ce monosaccharide, mais seulement lorsque l'allergie au lait se manifeste par une diarrhée chronique ; ce test n'est pas spécifique.

Les épreuves cutanées d'allergie sont utiles pour évaluer le risque de réaction grave (type I), médiée par le IgE, telle que l'anaphylaxie. Leur sensibilité et leur spécificité sont également excellentes dans le cas de l'urticaire et de l'œdème angioneurotique. En cas de dermite atopique, une épreuve cutanée négative exclut à peu près à coup sûr qu'un aliment est en cause. Par contre, ces tests ne sont pas très utiles dans le cas de réactions digestives, celles-ci n'étant pas médiées par les IgE.

Des IgG contre des protéines du lait de vache se retrouvent fréquemment chez des enfants qui n'y sont pas allergiques ; leur présence indique seulement que l'enfant a été en contact avec les protéines bovines. Leur recherche n'a donc pas d'intérêt pour le diagnostic de l'allergie au lait.

Les IgE sériques peuvent être élevées chez les enfants qui ont des réactions immédiates aux aliments. Ce test est moins utile que la recherche des IgE spécifiques.

Le RAST peut être utile dans certaines situations particulières, mais ne devrait pas être utilisé de façon routinière ; il est moins sensible que les épreuves cutanées. Son coût est élevé.

La biopsie jéjunale peut mettre en évidence, lorsque l'allergie se manifeste par de la diarrhée, diverses anomalies, incluant une atrophie villositaire similaire à celle de la maladie cœliaque (on comprend donc qu'une intolérance secondaire au lactose peut être associée). Ces anomalies histologiques ne sont pas spécifiques et les biopsies digestives devraient donc être réservées à certaines situations spéciales, par exemple une suspicion de gastro-entéropathie éosinophilique, de maladie cœliaque ou de colite allergique.

Traitement

Le traitement de l'allergie alimentaire consiste à éliminer l'aliment responsable. C'est simple lorsqu'un seul aliment est en cause, mais cette démarche peut devenir particulièrement délicate dans le cas d'allergies multiples : des carences nutritionnelles qualitatives doivent être évitées.

En cas d'allergie aux protéines du lait de vache, une alimentation à base de protéines de soja est souvent prescrite ; ce traitement n'est pas toujours efficace et son effet peut n'être que transitoire, car environ 30 % des patients allergiques au lait de vache deviennent ensuite allergiques aux protéines de soja. Il est donc souvent préférable de prescrire un lait à base d'hydrolysat de caséine comme le Nutramigen (Canada, France) ou l'Alimentum (Canada). Le régime d'élimination est poursuivi pendant au moins six mois. La désensibilisation entérale ou parentérale est inefficace. En cas d'allergies alimentaires multiples, l'administration orale de cromoglycate a donné des résultats décevants. Le rôle du kétotifène reste à préciser.

Pronostic

Beaucoup d'allergies alimentaires semblent s'atténuer ou disparaître avec le temps; c'est le cas par exemple de l'allergie au lait de vache qui devient souvent inactive aux alentours de 18 mois. Plus rarement, l'allergie alimentaire peut persister ou s'aggraver, en particulier lorsqu'il s'agit d'une allergie aux noix, au poisson ou aux crustacés.

Prévention

Il est logique de recommander, surtout dans les familles allergiques, l'allaitement maternel exclusif et prolongé (au moins jusqu'à quatre à six mois), pour éviter le passage d'allergènes macromoléculaires à travers une barrière intestinale immature. Il faut cependant se souvenir du fait que plusieurs macromolécules antigéniques peuvent passer dans le lait maternel. L'introduction tardive et progressive, un à la fois, des aliments solides pourrait avoir une certaine importance. Les grands enfants et les adolescents qui présentent des réactions allergiques graves à certains aliments doivent être en possession d'une trousse contenant de l'adrénaline et devraient porter un bracelet indiquant leur allergie.

Lectures suggérées

Bock SA : Natural history of severe reactions to food in young children. J Pediatr 1985; 107 : 676-680.

Bock SA : Prospective appraisal of complaints of adverse reactions to foods in children during the first 3 years of life. Pediatrics 1987; 79 : 683-688.

Broadben JB, Sampson HA : Food hypersensitivity and atopic dermatitis. Pediatr Clin North Am 1988; 35 : 1115-1130.

Burks AW, Sampson H : Food allergies in children. Curr Probl Pediatr 1993; 23 : 230-252.

Hill DJ, Firer MA, Shelton MJ, Hosking CS : Manifestations of milk allergy in infancy : clinical and immunologic findings. J Pediatr 1986; 109 : 270-276.

Lee EJ, Heiner DC : Allergy to cow milk-1985. Pediatr Rev 1986; 7 : 195-203.

Lemanske RF Jr, Sampson HA : Adverse reactions to foods and their relationship to skin diseases in children. Adv Pediatr 1988; 35 : 189-218.

Patrick MK, Gall DG : Protein intolerance and immunocyte and enterocyte interaction. Pediatr Clin North Am 1988; 35 : 17-34.

Proujansky R, Winter HS, Walker WA : Gastrointestinal syndromes associated with food sensitivity. Adv Pediatr 1988; 35 : 219-237.

Stern M, Walker WA : Food allergy and intolerance. Pediatr Clin North Am 1985; 32 : 471-492.

Allergies médicamenteuses   18

Michel Weber, Zave Chad, Pierre Gaudreault

Généralités

Beaucoup d'enfants sont considérés à tort comme allergiques à certains médicaments, particulièrement à des antibiotiques. L'histoire classique est celle de l'enfant fébrile à qui on prescrit des antibiotiques et chez qui se développe une éruption cutanée ; celle-ci peut être attribuée à tort à une allergie médicamenteuse alors qu'elle est d'origine virale.

Les réactions aux médicaments peuvent être :

1) Prévisibles : il s'agit d'effets toxiques, d'effets secondaires ou d'interactions médicamenteuses ; la majorité des réactions sont de ce type ;

2) Imprévisibles : il peut s'agir d'intolérance, d'idiosyncrasie, d'effets psychologiques ou de réactions allergiques (hypersensibilité).

Lors de la prise d'un médicament, on estime que le risque de réaction indésirable peut atteindre 15 % ; au maximum 10 % de ces réactions sont de nature allergique.

La plupart des réactions aux médicaments sont bénignes ; un petit nombre (1 % ou moins) sont fatales.

Les réactions allergiques sont induites par antigènes macromoléculaires protéiques. La plupart des médicaments ont un poids moléculaire trop faible pour jouer le rôle d'antigène ; par contre, ils peuvent eux-mêmes, ou certains de leurs métabolites, se lier à une protéine (haptène) et le complexe médicament-haptène peut alors déclencher un processus immunitaire conduisant à une hypersensibilité.

Le prototype de l'allergie médicamenteuse est l'hypersensibilité aux pénicillines.

Le risque de réaction allergique à un médicament dépend de sa nature, de la durée du traitement et de la voie d'administration (le risque est plus élevé avec la voie parentérale qu'avec la voie orale).

Les patients qui ont présenté un certain type d'allergie médicamenteuse tendent à réagir de façon identique lors de l'exposition suivante. Par exemple, le patient qui a eu une réaction de type anaphylactique à la pénicilline risque une réaction similaire s'il y est exposé à nouveau.

L'éruption cutanée caractéristique qui peut survenir chez un patient atteint de mononucléose infectieuse et qu'on traite au moyen d'une pénicilline n'est pas de type allergique. Comme l'enfant souffrant de cette maladie peut, lui aussi, présenter une éruption allergique, il est important de prendre en considération le type d'éruption (exemple : une éruption urticarienne est d'origine allergique).

Plusieurs critères doivent être satisfaits pour qu'on puisse parler d'une réaction allergique :

1) Elle peut se manifester lors de l'administration d'une petite dose du médicament ;

2) Elle se manifeste après plusieurs jours de traitement; s'il y a eu un contact antérieur, elle peut cependant être immédiate;

3) Elle ne survient que chez un petit nombre d'individus exposés;

4) Elle n'a pas de lien avec les effets pharmacologiques connus du médicament, mais est similaire à des réactions reconnues comme allergiques (exemples: urticaire, anaphylaxie);

5) Elle disparaît quelques heures ou quelques jours après l'arrêt du traitement (dans le cas de la maladie sérique, les symptômes peuvent cependant persister plusieurs semaines).

Manifestations cliniques

La nature allergique de toutes les manifestations qui suivent n'est pas certaine.

I. Manifestations généralisées

1) L'anaphylaxie est la forme d'allergie médicamenteuse la plus redoutable; elle est rare mais peut être mortelle (voir Choc anaphylactique).

2) La fièvre médicamenteuse est un problème plus fréquent.

3) La maladie sérique, caractérisée par une éruption cutanée urticarienne ou parfois purpurique, de la fièvre, des adénopathies généralisées et des arthralgies.

4) Un syndrome ressemblant au lupus érythémateux peut être induit par certains médicaments comme la phénytoïne.

II. Manifestations cutanées

Les éruptions cutanées représentent les manifestations les plus fréquentes d'allergie médicamenteuse. Les mieux connues sont:

1) La dermite de contact (voir Dermite de contact aiguë);

2) L'éruption urticarienne (voir Urticaire);

3) Les autres types d'éruption (érythémateuses, maculopapuleuses, etc.);

4) L'érythème polymorphe et le syndrome de Stevens-Johnson (voir Érythème polymorphe et syndrome de Stevens-Johnson);

5) La nécrolyse épidermique toxique;

6) La maladie sérique (voir plus haut).

III. Manifestations digestives

Certains médicaments peuvent induire une atteinte hépatique (exemples: estolate ou éthylsuccinate d'érythromycine, acide acétylsalicylique); ce type de réaction serait plutôt de nature toxique qu'allergique.

IV. Manifestations hématologiques

Une anémie hémolytique, une neutropénie et une thrombopénie peuvent être induites par des médicaments.

V. Manifestations respiratoires

Il s'agit essentiellement de la pneumonie à éosinophiles, causée par exemple par la nitrofurantoïne.

VI. Manifestations urinaires

Certains médicaments peuvent causer une atteinte rénale (exemples : méthicilline, céphalosporines).

Explorations

Dans la vaste majorité des cas, l'anamnèse et le tableau clinique suffisent pour poser le diagnostic.

Une éosinophilie peut accompagner diverses formes d'allergie médicamenteuse.

Les épreuves cutanées d'allergie ne sont utilisées que pour un petit nombre de médicaments, surtout pour la pénicilline ; dans ce cas, les déterminants mineurs utilisés pour des épreuves cutanées pourraient le mieux prédire le risque de réaction grave.

Les épreuves d'allergie *in vitro* (RAST, ELISA, etc.) ne sont utiles que dans des circonstances exceptionnelles.

Le diagnostic de dermite de contact peut être confirmé par un *patch-test*.

Lorsqu'une allergie médicamenteuse induit une anémie hémolytique, le test de Coombs indirect peut être positif.

Dans le cas d'une réaction à complexes immuns solubles, comme la maladie sérique, le complément (C_3 et CH_{50}) peut être abaissé dans le sang.

Dans certains cas rares, une épreuve de provocation peut être indiquée ; une très petite dose doit alors être utilisée, et l'équipement de réanimation doit être à portée de main ; il ne faut jamais entreprendre une telle épreuve lorsque le tableau clinique a été grave (exemple : anaphylaxie).

Traitement

Pour l'anaphylaxie, voir Choc anaphylactique.

Dans la plupart des cas, l'arrêt du traitement est la seule mesure nécessaire. Les antihistaminiques et les corticostéroïdes administrés par voie générale peuvent être utiles lorsque les réactions générales sont importantes et persistantes (voir Choc anaphylactique).

Un corticostéroïde administré localement peut accélérer la résolution d'une dermite de contact (voir Dermite de contact aiguë).

Prévention

Elle consiste d'abord à s'abstenir de prescrire des médicaments inutiles (exemple : antibiotique lors d'une infection virale) et de prescrire les médicaments nécessaires de préférence par voie orale. Avant toute prescription de médicament, il faut s'assurer qu'il n'y a pas d'histoire de réaction à ce médicament.

Lorsqu'une réaction allergique vraie (anaphylaxie, urticaire) s'est produite, la seule mesure préventive nécessaire est d'éviter le médicament en cause ainsi que ceux qui lui sont chimiquement apparentés ; la gamme des antibiotiques disponibles est assez large pour que ceci ne cause pas de problème dans la majorité des circonstances. Une simple histoire d'exanthème non urticarien ne justifie habituellement pas l'abstention du médicament.

Dans les cas graves (exemple : anaphylaxie), le port d'un bracelet indiquant l'hypersensibilité est conseillé.

La désensibilisation peut être utilisée chez les rares patients qui ont des réactions médicamenteuses graves, lorsque la maladie dont ils souffrent est dangereuse et lorsqu'il n'y a pas d'autres choix. Elle consiste à administrer, sous surveillance étroite, des doses croissantes à intervalles réguliers. Par exemple, dans le cas de la pénicilline, on donne initialement 100 unités par voie orale et on double la dose toutes les 15 minutes jusqu'à atteindre une dose thérapeutique. Les dernières doses sont données par voie parentérale.

Lectures suggérées

Blaiss MS, deShazo RD : Drug allergy. Pediatr Clin North Am 1988 ; 35 : 1131-1145.
Evans R, Kim K, Mahr TA : Current concepts in allergy : drug reactions. Curr Probl Pediatr 1991 ; 21 : 185-191.

Alopécie et pelade 19

Monique Robert, Julie Powell

Généralités

Le cycle pilaire normal comporte trois phases :

1) Phase anagène : il s'agit d'une période de pousse active des cheveux, qui peut durer plusieurs années. Normalement, 80 à 90 % des cheveux sont dans cette phase ;

2) Phase catagène : cette phase d'arrêt de la croissance du cheveu est une période de transition qui ne dure que quelques jours ;

3) Phase télogène : cette phase de repos dure deux à trois mois. Normalement, 10 à 20 % des cheveux sont dans cette phase.

Normalement, un individu peut perdre jusqu'à 100 cheveux par jour. On parle d'alopécie lorsque la perte, localisée ou généralisée, devient apparente, c'est-à-dire lorsque 20 à 50 % des cheveux sont perdus. Pendant les premiers mois de vie, une certaine alopécie occipitale est physiologique ; elle résulte de l'établissement d'un cycle pilaire désynchronisé, de type adulte, ainsi que de la friction. Ce phénomène est accentué chez les enfants qui souffrent d'un retard de développement moteur ou qu'on laisse toujours au lit. Chez l'enfant, 90 à 95 % des alopécies résultent de l'un des quatre premiers problèmes énumérés ci-dessous.

Trichophytie du cuir chevelu («*tinea capitis*»)

Voir Mycoses cutanées superficielles.

Pelade

La pelade survient plus fréquemment chez l'adolescent que chez l'enfant. L'évolution peut être insidieuse. Le cuir chevelu est lisse et il n'y a pas de squames ni de signes inflammatoires. La perte des cheveux est complète dans les zones atteintes; en bordure de celles-ci, les cheveux ont une forme de point d'exclamation et s'épilent facilement.

Il y a plusieurs formes:

1) La forme ordinaire ou discoïde, caractérisée par une ou plusieurs zones d'alopécie arrondies ou ovalaires;

2) La forme ophiasique, qui atteint la région occipitale ou temporo-pariétale;

3) La forme totale qui englobe tout le cuir chevelu;

4) La forme universelle qui atteint tous les poils du corps («pelade décalvante»).

Une atteinte des ongles est parfois notée.

La cause de la pelade est inconnue; un problème d'immunité a été évoqué parce que le follicule pileux est entouré d'un infiltrat lymphocytaire et parce que la pelade peut être associée à diverses maladies auto-immunes comme le diabète, la thyroïdite lymphocytaire de Hashimoto, le vitiligo, la maladie d'Addison, l'anémie pernicieuse et les maladies inflammatoires chroniques de l'intestin. L'association de la pelade avec l'atopie et avec le syndrome de Down a aussi été rapportée.

Aucune forme de traitement n'est universellement reconnue; les principales modalités thérapeutiques utilisées sont l'application locale ou l'injection locale de corticostéroïdes, la photothérapie, l'application locale de minoxidil, etc. La collaboration d'un dermatologue est nécessaire.

Chez l'enfant atteint de pelade discoïde, les cheveux repoussent après six mois dans environ un tiers des cas et après cinq ans dans un autre tiers; chez les autres, le pronostic est réservé. La forme discoïde évolue rarement vers les formes totale ou universelle. Les formes ophiasique, totale et universelle ont un mauvais pronostic.

Trichotillomanie

Elle est caractérisée par l'habitude compulsive de s'arracher les cheveux et même, dans 25 % des cas, les sourcils et les cils ou, dans 5 % des cas, les poils pubiens. Cette affection se retrouve surtout chez l'adolescente. Elle est souvent associée à d'autres gestes compulsifs comme sucer son pouce ou ronger ses ongles. Le cuir chevelu est sain. Dans la zone atteinte, la perte des cheveux n'est pas complète et ils ont différentes longueurs. Les régions fronto-temporales et pariéto-temporales sont les plus souvent atteintes, à droite chez le droitier et à gauche chez le gaucher. Si la personne atteinte avale les cheveux arrachés, ceux-ci peuvent former un trichobézoard. Le traitement consiste à expliquer le problème à l'enfant et à ses parents. Une psychothérapie peut être nécessaire.

Alopécie diffuse aiguë (*telogen effluvium, defluvium capillorum*)

Cette forme d'alopécie résulte d'un arrêt soudain et prématuré de la croissance des cheveux; un plus grand nombre d'entre eux sont en phase télogène. Le cuir chevelu est clairsemé de façon diffuse, et il n'y a ni squames ni signes inflammatoires. Plusieurs facteurs précipitants possibles ont été évoqués: la naissance, des convulsions, une anesthésie générale, une fièvre élevée, un stress, une intervention chirurgicale, une hypothyroïdie ou une hyperthyroïdie, une perte de poids rapide, la prise de certains médicaments comme l'acide valproïque, un excès de vitamine A, l'héparine, la warfarine, le propranolol ainsi que les contraceptifs oraux. La perte des cheveux survient deux à quatre mois après le facteur déclenchant. Il n'y a pas de traitement. La repousse des cheveux, habituellement complète, survient d'habitude en moins de six mois.

Autres causes

1) Alopécie androgénique ou calvitie, souvent héréditaire, qui peut commencer à se manifester au cours de l'adolescence. Le seul traitement connu est l'application locale de minoxidil, qu'on peut proposer lorsque la progression est rapide; une réponse est observée dans 30 % des cas environ.

2) Alopécie médicamenteuse: la chimiothérapie du cancer est la plus répandue.

3) Alopécie secondaire à une aplasie cutanée au niveau du cuir chevelu.

4) Alopécie secondaire à une lésion cutanée comme un nævus sébacé, épidermique ou mélanocytaire.

5) Alopécie cicatricielle secondaire à:
   - Une brûlure ou une plaie;
   - Une maladie cutanée comme la dermite atopique, le lupus érythémateux, le lichen plan, la sclérodermie, une folliculite épilante, la pseudo-pelade de Brocq, la dermite séborrhéique, l'acné nécrotique, le psoriasis;
   - Une infection cutanée bactérienne, virale ou mycotique.

6) Alopécie secondaire à une malnutrition grave.

7) Alopécie traumatique: tractions lors d'une mise en plis ou de la confection d'une queue de cheval ou de tresses.

Lectures suggérées

Atton AV, Tunnessen WW Jr: Alopecia in children: the most common causes. Pediatr Rev 1990; 12: 25-30.
Levy ML: Disorders of the hair and scalp in children. Pediatr Clin North Am 1991; 38: 905-919.

Ambiguïtés sexuelles   20

Sylviane Forget, Guy Van Vliet, Grant Mitchell

Généralités

Le terme ambiguïté sexuelle est utilisé lorsque l'aspect des organes génitaux externes ne permet pas de savoir si un nouveau-né est de sexe masculin ou féminin. Ce problème doit être détecté dès la naissance par le médecin généraliste ou le pédiatre. Il peut constituer une crise émotionnelle majeure pour la famille. Il s'agit d'une urgence médicale et psychologique et l'enfant est orienté sans délai vers une équipe spécialisée. Les informations données aux parents doivent être immédiates et simples. L'attribution du sexe ainsi que le choix du prénom (sauf si celui-ci convient aussi bien à une fille qu'à un garçon) sont retardés en attendant les résultats des explorations et la conclusion d'un expert.

Ce chapitre s'attarde seulement aux ambiguïtés sexuelles isolées. Il faut cependant garder en mémoire le fait que plusieurs syndromes génétiques peuvent inclure des anomalies de développement des organes génitaux; en voici quelques exemples:

- Syndrome de Drash: pseudohermaphrodisme masculin, aniridie, glomérulopathie, tumeur de Wilms;
- Syndrome de Smith-Lemli-Opitz (autosomique récessif): hypospadias grave, cryptorchidie, retard de croissance modéré, retard psychomoteur, narines retroussées, syndactylie des 2e et 3e orteils;
- Syndrome de Meckel (autosomique récessif à expressivité variable): développement incomplet des organes génitaux externes, encéphalocèle occipital, reins multikystiques;
- Dysplasie camptomélique (autosomique récessive): hypodéveloppement génital important chez l'enfant de sexe chromosomique masculin, anomalies osseuses caractéristiques visibles à la radiographie;
- Plusieurs anomalies chromosomiques peuvent aussi s'accompagner d'un hypodéveloppement génital.

Démarche clinique

L'anamnèse s'intéresse notamment à l'existence d'une consanguinité, à la prise d'androgènes pendant la grossesse et à un problème semblable chez d'autres membres de la famille.

L'examen détermine si le problème s'inscrit dans le cadre de malformations multiples ou se limite aux organes génitaux. Le clinicien doit attacher une attention particulière au degré d'hydratation et à la stabilité hémodynamique, car certaines formes d'hyperplasie congénitale des surrénales peuvent évoluer vers un tableau d'insuffisance surrénalienne aiguë, en général au cours de la deuxième ou troisième semaine de vie.

Il faut se poser successivement les trois questions suivantes :

1) Quel est le sexe génétique? Des anomalies autosomiques sont rarement associées à des ambiguïtés sexuelles. Il peut s'agir, par exemple, d'une chimère 46 XX/46 XY ou d'une mosaïque 45 X/46 XY;

2) Quel est le sexe gonadique? Si les deux gonades sont des ovaires, on parle de pseudohermaphrodisme féminin. Si toutes deux sont des testicules, il s'agit d'un pseudohermaphrodisme masculin. Si le même individu présente du tissu ovarien et du tissu testiculaire, on parle d'hermaphrodisme vrai (rare). Enfin s'il y a un testicule d'un côté et une bandelette fibreuse de l'autre, on parle de dysgénésie gonadique mixte;

3) Quel est le sexe phénotypique? Les anomalies phénotypiques appartiennent à deux catégories :

a) Virilisation d'un fœtus féminin, soit d'origine exogène (prise d'androgènes pendant la grossesse ou présence d'une tumeur virilisante chez la mère), soit d'origine endogène (le plus souvent, il s'agit d'une hyperplasie congénitale des surrénales, transmise selon le mode autosomique récessif, dont la forme la plus fréquente est la déficience en 21-hydroxylase);

b) Masculinisation insuffisante d'un fœtus masculin, qui se retrouve dans trois situations :

   – Défaut de synthèse de la testostérone par déficience enzymatique;

   – Défaut de conversion de la testostérone en dihydrotestostérone (DHT) par déficience en 5-réductase, ce qui permet le développement d'organes génitaux internes masculins tout en causant un défaut de masculinisation des organes génitaux externes;

   – Résistance aux androgènes, dont la forme partielle cause une ambiguïté sexuelle et dont la forme complète conduit à un phénotype féminin (syndrome du testicule féminisant).

Les examens complémentaires suivants ont un rôle important dans l'identification de la cause :

a) Un caryotype est effectué d'urgence afin de déterminer le sexe génétique de l'enfant et de détecter une chimère, une mosaïque ou des anomalies de structure des chromosomes sexuels;

b) L'échographie pelvienne permet de s'assurer de la présence d'un utérus, qui signe l'absence de tissu testiculaire fonctionnel;

c) En l'absence de gonades palpables, l'hypothèse la plus probable est qu'il s'agit d'une fille virilisée en raison d'une déficience en 21-hydroxylase; le dosage de la 17-OH progestérone plasmatique doit alors être obtenu rapidement;

d) Le diagnostic différentiel des pseudohermaphrodismes masculin et féminin est du domaine de la surspécialité;

e) Une biopsie des gonades par laparotomie est parfois nécessaire pour déterminer le sexe gonadique;

f) Un ionogramme: certaines formes d'hyperplasie congénitale des surrénales peuvent s'accompagner d'hyponatrémie et d'hyperkaliémie (déficience en 21-hydroxylase) ou d'hypokaliémie (déficience en 17-hydroxylase). Ces anomalies électrolytiques surviennent surtout au cours de la deuxième ou de la troisième semaine de vie.

Le médecin généraliste et le pédiatre peuvent être amenés à stabiliser l'état d'un nouveau-né ou d'un nourrisson présentant, pendant le premier mois de vie, une insuffisance surrénalienne aiguë secondaire à une hyperplasie congénitale (voir Hyperplasie congénitale des surrénales). Pour le reste, le traitement et la prise en charge à long terme des enfants porteurs d'une ambiguïté sexuelle sont individualisés selon l'étiologie de celle-ci et sont réalisés par des équipes multidisciplinaires surspécialisées.

Lectures suggérées

Donahoe PK: The diagnosis and treatment of infants with intersex abnormalities. Pediatr Clin North Am 1987; 34: 1333-1348.
McCauley E: Disorders of sexual differentiation and development. Psychological aspects. Pediatr Clin North Am 1990; 37: 1405-1420.
McGillivray BC: Genetic aspects of ambiguous genitalia. Pediatr Clin North Am 1992; 39: 307-317.
Pagon RA: Diagnostic approach to the newborn with ambiguous genitalia. Pediatr Clin North Am 1987; 34: 1019-1031.

Amygdalite («angine», pharyngite)   21

Michel Weber, Marc Lebel, Jean-Bernard Girodias

Généralités

Les infections pharyngées sont très fréquentes chez l'enfant. Ce chapitre porte sur l'infection isolée du pharynx et des amygdales et non sur l'inflammation diffuse qui est associée à la plupart des infections virales des voies respiratoires supérieures (voir Infections aiguës des voies respiratoires supérieures).

La majorité des amygdalites sont causées par des virus (exemples: adénovirus, virus Epstein-Barr, etc.) et une minorité (10 à 20 %) par le *Streptococcus pyogenes* (streptocoque bêta-hémolytique du groupe A). L'infection streptococcique est rare avant l'âge de deux ans. L'infection à *Corynebacterium diphteriæ* (diphtérie) est devenue exceptionnelle. Le *Neisseria gonorrhœæ* cause rarement une pharyngite chez l'adolescent.

Manifestations cliniques

On peut observer les signes et symptômes suivants: fièvre, atteinte de l'état général, dysphagie, hyperhémie du pharynx, augmentation de volume des amygdales, exsudat amygdalien purulent, pétéchies au niveau du palais mou ou des piliers amygdaliens, adénopathies cervicales douloureuses. Une scarlatine associée signe une origine streptococcique.

Explorations

Sauf s'il y a une scarlatine associée, les éléments cliniques ne permettent pas de différencier de façon certaine une amygdalite virale d'une amygdalite bactérienne, c'est pourquoi il est préférable, avant de prescrire une antibiothérapie, de prouver que le streptocoque est en cause par une épreuve rapide d'identification de l'antigène streptococcique dans les sécrétions pharyngées, un examen simple et rapide qui devrait devenir disponible dans la plupart des milieux. Sa spécificité semble meilleure que sa sensibilité; celles-ci varient selon le fabricant. Il est donc préférable de confirmer le résultat d'une telle épreuve par une culture des sécrétions pharyngées, un examen qui garde tout son intérêt lorsque le test rapide n'est pas disponible.

Sauf si l'enfant fréquente une garderie (crèche) ou s'il appartient à une famille nombreuse, il n'est pas utile de rechercher le streptocoque avant l'âge de deux ans.

L'hémogramme n'a qu'une faible valeur diagnostique car une hyperleucocytose peut se retrouver lors d'une amygdalite virale. Dans certains cas, il peut mettre sur la piste d'une mononucléose infectieuse.

Des épreuves sérologiques telles que le dosage des antistreptolysines peuvent permettre un diagnostic rétrospectif, par exemple en cas de glomérulonéphrite aiguë ou de rhumatisme articulaire aigu.

Traitement

I. Amygdalite virale

Il faut éviter de prescrire une antibiothérapie et se contenter d'un traitement symptomatique : hydratation abondante, analgésique et antipyrétique au besoin (acétaminophène ou paracétamol : 15 mg/kg/dose PO toutes les 4 heures; maximum chez le grand enfant : 650 mg/dose).

II. Amygdalite à *Streptococcus pyogenes*

Lorsque l'origine streptococcique est prouvée, une antibiothérapie se justifie, selon la majorité des experts, par trois types d'arguments :

1) Une diminution probable de l'intensité et de la durée des symptômes;
2) Un effet préventif vis-à-vis du rhumatisme articulaire aigu; celui-ci est devenu très rare dans les pays développés, mais une recrudescence a été observée dans plusieurs régions. Par ailleurs, l'antibiothérapie ne permettrait pas de prévenir la glomérulonéphrite aiguë poststreptococcique;
3) Un effet préventif vis-à-vis de certaines complications infectieuses comme l'adénite cervicale.

Le traitement symptomatique est le même que dans le cas d'une amygdalite virale (voir plus haut).

L'antibiotique de premier choix demeure la pénicilline V ou phénoxyméthylpénicilline (25 à 100 mg/kg/24 heures, soit 40 000 à 160 000 UI/kg/ 24 heures PO en 2 à 3 fois; maximum chez le grand enfant : 4 g ou 6 400 000 UI/24 heures) pendant 10 jours.

Si l'enfant vomit ou si la fidélité au traitement semble improbable, la pénicilline peut être administrée par voie intramusculaire (voir Index pharmacologique).

Si l'enfant est allergique à la pénicilline, l'érythromycine et la clindamycine sont de bons choix :

- Éthylsuccinate ou stéarate d'érythromycine : 30 à 50 mg/kg/24 heures PO en 3 fois (maximum chez le grand enfant : 2 g/24 heures) pendant 10 jours ;
- Estolate d'érythromycine : 20 à 40 mg/kg/24 heures PO en 3 fois (maximum chez le grand enfant : 2 g/24 heures) pendant 10 jours ;
- Clindamycine : 20 à 30 mg/kg/24 heures PO en 3 à 4 fois (maximum chez le grand enfant : 1,8 g/24 heures).

En raison du risque d'éruption cutanée importante, l'érythromycine est préférable à la pénicilline s'il y a une mononucléose infectieuse associée.

Il est inutile de faire une culture de gorge de contrôle après le traitement.

Si les symptômes persistent ou que la maladie récidive et que le streptocoque est encore présent, on peut prescrire un traitement à l'érythromycine, à l'amoxicilline-acide clavulanique ou à la céphalexine (céfalexine).

Complications

Les complications immunologiques de l'infection à streptocoque sont la glomérulonéphrite aiguë post-streptococcique (voir Glomérulonéphrite aiguë) et le rhumatisme articulaire aigu (voir Rhumatisme articulaire aigu).

Plusieurs complications infectieuses peuvent survenir à la suite d'une pharyngite : adénite ou adénophlegmon du cou (voir Adénite cervicale aiguë), abcès péri-amygdalien ou rétro-amygdalien (voir Abcès et cellulite péri-amygdaliens et rétro-amygdaliens) ou rétropharyngien (voir Abcès rétropharyngien), septicémie (voir Bactériémies et septicémies), etc.

L'éruption de la scarlatine est causée par une toxine streptococcique (voir Scarlatine).

Contagiosité, mesures d'isolement et soin des contacts

Voir Problèmes épidémiologiques courants à la garderie (crèche).

Lectures suggérées

Bass JW : Antibiotic management of group A streptococcal pharyngotonsillitis. Pediatr Infect Dis J 1991 ; 10 : S43-S49.

Denny FW : Current problems in managing streptococcal pharyngitis. J Pediatr 1987 ; 111 : 797-806.

Denny FW : Group A streptococcal infection 1993. Curr Probl Pediatr 1993 ; 23 : 179-185.

Gerber MA : Comparison of throat cultures and rapid strep tests for diagnosis of streptococcal pharyngitis. Pediatr Infect Dis J 1989 ; 8 : 820-824.

Gerber MA : Effect of early antibiotic therapy on recurrence rates of streptococcal pharyngitis. Pediatr Infect Dis J 1991; 10: S56-S60.

Klein JO : Diagnosis of streptococcal pharyngitis : an introduction. Pediatr Infect Dis J 1989; 8 : 813-815.

Markowitz M, Gerber MA, Kaplan EL : Treatment of streptococcal pharyngotonsillitis : reports of penicillin's demise are premature. J Pediatr 1993; 123 : 679-685.

Pichichero ME : The rising incidence of penicillin treatment failures in group A streptococcal tonsillopharyngitis : an emerging role for the cephalosporins? Pediatr Infect Dis J 1991; 10: S50-S55.

Putto A : Febrile exudative tonsillitis : viral or streptococcal? Pediatrics 1987; 80: 6-12.

Shulman ST : Streptococcal pharyngitis : clinical and epidemiologic factors. Pediatr Infect Dis J 1989; 8 : 816-819.

Van Cauwenberge PB, Vander Mijnsbrugge AM : Pharyngitis : a survey of the microbiologic etiology. Pediatr Infect Dis J 1991; 10: S39-S42.

Anémies 22

Michel Weber, Michèle David, Philippe Chessex

Généralités

Le nouveau-né normal présente une polycythémie physiologique : son hémoglobine est en moyenne de 168 g/L. Cette polyglobulie résulte du fait que la PaO$_2$ du fœtus est basse. Par la suite, l'hémoglobine diminue rapidement pour atteindre son niveau le plus bas vers trois mois ; c'est l'anémie « physiologique » du nouveau-né, qui est plus marquée chez l'ancien prématuré. L'hémoglobine commence ensuite une ascension qui l'amènera, à l'adolescence, au niveau que l'on retrouve chez l'adulte ; celui-ci est plus bas chez la fille que chez le garçon. Ce chapitre détaille surtout les anémies que rencontrent le médecin généraliste et le pédiatre. L'anamnèse, l'examen ainsi qu'un petit nombre d'examens de laboratoire simples comme l'hémogramme et l'examen du frottis sanguin permettent le plus souvent de poser un diagnostic précis.

Démarche clinique

I. Y a-t-il une anémie ?

On parle d'anémie lorsque le niveau d'hémoglobine est inférieur à deux déviations standard par rapport à la moyenne pour l'âge. Voici quelques points de repère approximatifs pour cette limite inférieure de la normale :

- À la naissance :   137 g/L ;
- À 2 semaines :   130 g/L ;
- À 3 mois :   95 g/L ;
- À 6 mois :   105 g/L ;
- De 1 à 12 ans :   110 g/L ;
- À l'adolescence (fille) :   120 g/L ;
- À l'adolescence (garçon) : 140 g/L.

II. De quel type est l'anémie?

L'examen du frottis sanguin permet de répondre à cette question, et la réponse est confirmée par le volume globulaire moyen (VGM). Les limites de la normale du VGM sont:

- À la naissance :   98 à 118 fL ;
- De 1 an à 6 ans :   70 à 86 fL ;
- De 6 à 12 ans :   77 à 95 fL ;
- Chez l'adolescent : 80 à 96 fL.

- L'anémie est **normocytaire** si les globules rouges ont un diamètre normal au frottis et si le VGM est normal pour l'âge. Ce type d'anémie doit faire penser aux causes suivantes :

1) Anémie hémolytique : dans ce cas, à moins de crise aplastique surajoutée, le nombre de réticulocytes est élevé ;

2) Insuffisance de production des globules rouges par la moelle (aplasie médullaire) : dans ce cas, le nombre de réticulocytes est bas ;

3) Spoliation aiguë ;

4) Légère anémie normochrome normocytaire d'origine multifactorielle accompagnant souvent une infection aiguë.

- L'anémie est **microcytaire** si les globules rouges ont un diamètre plus petit que la normale au frottis et si le VGM est inférieur à la normale pour l'âge. Dans ce cas, il faut surtout penser aux causes suivantes :

1) Déficience en fer d'origine alimentaire ;

2) Déficience en fer par spoliation chronique, surtout par voie digestive ;

3) Thalassémie mineure ;

4) Processus infectieux ou inflammatoire chronique ;

5) Causes plus rares comme l'intoxication par le plomb.

En cas d'anémie microcytaire, il est important de déterminer si l'anémie est normochrome ou hypochrome. Le frottis permet de répondre à cette question, et la réponse est confirmée par la concentration corpusculaire moyenne en hémoglobine (CCMH). La majorité des anémies microcytaires sont hypochromes. Il s'agit la plupart du temps d'anémies ferriprives ou de thalassémies mineures. La limite inférieure de la normale pour la CCMH est la suivante :

- De la naissance à 6 ans : 300 g/L ;
- De 6 à 12 ans :   310 g/L ;
- Chez l'adolescent :   330 g/L.

- L'anémie est **macrocytaire** si les globules rouges ont un diamètre plus grand que la normale au frottis et si le VGM est supérieur à la normale pour l'âge. Si les réticulocytes sont augmentés, il faut penser à une macrocytose de régénération; si ce n'est pas le cas, il faut s'orienter vers une déficience en acide folique ou en vitamine B_{12}, situations assez rares chez l'enfant.

III. Les autres lignées sont-elles atteintes?

Une anémie normocytaire normochrome associée à une neutropénie ou à une thrombopénie doit faire penser à une anémie aplastique ou à un processus néoplasique comme une leucémie aiguë. La leucémie peut aussi se manifester par une association d'anémie et d'hyperleucocytose, et les anomalies morphologiques des globules blancs constituent également un critère diagnostique important. Une thrombocytose peut être associée à une anémie ferriprive ou à une anémie résultant d'un phénomène infectieux ou inflammatoire chronique (voir Thrombocytose). Une anémie normocytaire normochrome associée à une thrombopénie doit faire penser à une anémie hémolytique micro-angiopathique; dans ce cas, on retrouve toujours des schizocytes à l'examen du frottis.

IV. Apport de l'anamnèse

L'anamnèse familiale et personnelle est importante pour clarifier la cause d'une anémie. Selon l'âge, l'histoire peut révéler différents symptômes comme des apnées, de la fatigue, de la dyspnée, des palpitations, etc.

S'il s'agit d'une anémie néonatale non hémolytique, on s'intéresse à l'âge gestationnel, à une histoire de grossesse gémellaire (transfusion fœto-fœtale) ou de prélèvements sanguins multiples, etc. S'il s'agit d'une anémie néonatale de type hémolytique, on recherche les éléments suivants: antécédents d'avortement, d'accouchement antérieur ou de vaccination anti-D, histoire d'ictère néonatal dans la fratrie, groupe sanguin des parents.

En présence d'une anémie hémolytique, outre la prise de médicaments, l'origine ethnique est importante à préciser: une anémie falciforme sera suspectée chez un patient de race noire, une thalassémie chez un enfant d'origine méditerranéenne et une déficience en glucose-6-phosphate déshydrogénase chez l'enfant noir, méditerranéen ou asiatique. On recherche aussi une histoire familiale de splénectomie ou de cholécystectomie; ce sont des indices d'anémie hémolytique héréditaire comme la sphérocytose.

Lorsqu'on suspecte une anémie ferriprive, on s'intéresse à l'histoire nutritionnelle et on s'assure qu'il n'y a pas d'antécédents d'hémorragies digestives. Selon l'âge, on recherche aussi des manifestations telles qu'une hypoactivité, un retard des acquisitions, une anorexie, de la fatigue, des difficultés scolaires, du pica, une pagophagie (habitude de manger de la glace). Chez l'adolescente, on précise l'histoire menstruelle.

Une histoire de pica suggère soit une déficience en fer, soit une intoxication par le plomb.

En cas d'anémie microcytaire ou macrocytaire, on s'intéresse à une histoire de diarrhée chronique.

Si l'anémie est de type aplastique, on recherche la prise de médicaments, l'exposition à des substances toxiques ou une infection.

V. Apport de l'examen

L'examen permet de diagnostiquer facilement une anémie profonde: la pâleur de la peau et des muqueuses est alors évidente. Par contre, une anémie modérée peut passer inaperçue. Lorsque l'anémie est importante, une tachycardie et des souffles cardiaques fonctionnels sont habituellement présents. Plusieurs autres signes peuvent orienter vers le diagnostic :

1) Un ictère oriente vers une anémie hémolytique ;

2) Une discordance entre la taille et le poids oriente vers une malabsorption intestinale ;

3) Une petite splénomégalie se retrouve fréquemment en cas d'anémie ferriprive ;

4) Une altération de l'état général, une hépatosplénomégalie, des adénopathies et des ecchymoses orientent vers une leucémie ou une autre maladie néoplasique ;

5) Une hépatosplénomégalie associée à un ictère évoque un diagnostic d'anémie hémolytique ;

6) Une fièvre suggère une anémie causée par un phénomène infectieux ou inflammatoire ;

7) Une koïlonychie (ongles concaves), une glossite ou une chéilite orientent vers une déficience en fer ;

8) Un œdème hypoprotéinémique associé à une anémie hypochrome microcytaire suggère une fibrose kystique ou une entéropathie exsudative causée par le lait de vache.

Diagnostic différentiel et mécanismes physiopathologiques

I. Anémies par insuffisance de production des globules rouges

1) Anémie « physiologique » du nouveau-né : voir plus loin.

2) Aplasie congénitale de la lignée érythrocytaire (anémie de Blackfan-Diamond) : c'est une anémie normochrome normocytaire rare et permanente qui est présente dès les premières semaines de vie. L'examen de la moelle démontre la pauvreté des précurseurs des érythrocytes. Les autres lignées sont intactes. Diverses malformations congénitales, affectant notamment le pouce, peuvent lui être associées. Le traitement consiste à administrer des transfusions et des corticostéroïdes. Des rémissions s'observent occasionnellement.

3) Érythroblastopénie transitoire : cette anémie normochrome normocytaire de cause inconnue survient plus tard que l'anémie de Blackfan-Diamond, en moyenne vers l'âge de deux ans. Elle ne s'associe à aucune malformation congénitale. L'examen de la moelle démontre la pauvreté des précurseurs des érythrocytes ; les autres lignées sont intactes. L'approche consiste essentiellement en une expectative ; des transfusions sont administrées seulement si l'hémoglobine tombe trop bas et si le patient présente des symptômes. La maladie guérit spontanément, en général après quelques mois d'évolution.

4) Anémie de Fanconi : c'est une anémie aplastique congénitale transmise selon le mode autosomique récessif. Cette anémie macrocytaire peut s'accompagner de neutropénie et de thrombopénie. Diverses anomalies congénitales peuvent y être associées ; les plus fréquentes sont la microcéphalie, la microphtalmie et l'hypoplasie ou l'absence des radius et des pouces.

5) Crises d'aplasie médullaire survenant chez les patients porteurs d'hémoglobinopathies, particulièrement lorsqu'ils sont infectés par le parvovirus B19. Cette anémie est normochrome normocytaire et les autres lignées sont atteintes.

6) Anémie hypochrome microcytaire résultant d'une déficience en fer : voir plus loin. C'est la forme d'anémie la plus fréquente chez le jeune enfant.

7) Anémie macrocytaire par déficience en vitamine B_{12} ou en acide folique. Rare en pédiatrie, elle se rencontre par exemple dans les situations suivantes :

   a) Malabsorption intestinale (vitamine B_{12} et acide folique) ;

   b) Alimentation végétarienne stricte ou allaitement par une mère végétarienne stricte (vitamine B_{12}) ;

   c) Alimentation au lait de chèvre (acide folique) ;

   d) Anémie hémolytique chronique comme l'anémie falciforme (acide folique).

   Le frottis sanguin montre la présence de macrocytes et le VGM est supérieur à 100 fL. Le diagnostic est confirmé par un taux sérique bas d'acide folique ou de vitamine B_{12}. Les enfants exposés à une déficience en acide folique doivent recevoir de façon préventive un supplément de 1 mg/24 heures PO ; la dose curative est de 2 à 5 mg/24 heures PO en 1 fois. Pour la vitamine B_{12}, la dose préventive est de 50 à 1 000 µg IM une fois par mois et la dose curative de 25 à 100 µg IM une fois par jour, selon l'âge et le poids de l'enfant. Le traitement est dirigé par ailleurs vers la cause de la maladie : correction des erreurs nutritionnelles, de la malabsorption, etc.

8) Anémie hypochrome microcytaire résultant d'une intoxication chronique par le plomb. Il y a des ponctuations basophiles dans les globules rouges. La plombémie est élevée, de même que la protoporphyrine érythrocytaire. Les autres lignées sont intactes. Le traitement consiste à supprimer l'exposition au plomb et à administrer des agents chélateurs de ce métal (pénicillamine, EDTA, BAL).

9) Anémie normochrome normocytaire résultant d'une maladie néoplasique comme la leucémie lymphoïde aiguë. Habituellement, les autres lignées sont touchées. L'examen de la moelle permet de confirmer le diagnostic.

10) Anémie normochrome normocytaire ou hypochrome microcytaire associée à un phénomène infectieux ou inflammatoire aigu ou chronique : voir plus loin.

11) Anémie aplastique acquise : c'est une anémie normochrome normocytaire qui peut être idiopathique ou résulter de l'exposition à certains agents physiques (exemple : radiations ionisantes) ou chimiques (exemples : chloramphénicol, chimiothérapie anticancéreuse). Il peut aussi s'agir d'un état prénéoplasique ou de la conséquence d'une infection (exemple : infections à virus Epstein-Barr, hépatite non A non B non C). Les trois lignées sont habituellement touchées. L'examen de la moelle est nécessaire au diagnostic. Le traitement peut nécessiter l'administration de transfusions, de corticostéroïdes et d'androgènes, ainsi qu'une transplantation de moelle.

12) Anémie normochrome normocytaire associée à l'insuffisance rénale chronique. Elle peut nécessiter des transfusions ou l'administration d'érythropoïétine.

II. Anémies résultant d'une destruction exagérée des globules rouges (hémolyse)

Les anémies hémolytiques sont normochromes normocytaires, à l'exception de l'anémie liée au trait thalassémique, qui est hypochrome microcytaire. Lorsque l'hémolyse est active, le nombre de réticulocytes est élevé (> 1 %) et un ictère peut apparaître.

1) Anémies hémolytiques acquises :

   a) Résultant d'un processus d'allo-immunisation ou d'auto-immunisation (le test de Coombs est positif) :

   - Chez le nouveau-né, il s'agit surtout d'une allo-immunisation Rh ou ABO (voir Ictère) ;

   - Chez l'enfant plus âgé, une auto-immunisation peut être causée par différents problèmes comme une infection (exemple : infection à virus Epstein-Barr) ou, rarement, par la prise de certains médicaments comme les céphalosporines ou les pénicillines ; le traitement peut notamment comporter l'élimination de l'agent causal et l'administration de corticostéroïdes.

   b) Résultant d'une fragmentation des érythrocytes qui traversent des microvaisseaux endommagés. C'est le cas par exemple du syndrome hémolytique et urémique ou de la coagulation intravasculaire disséminée. Dans ce cas, le frottis sanguin montre la présence de globules rouges déformés, les schizocytes ;

   c) Résultant d'une déficience en vitamine E, un agent antioxydant ; ce problème se rencontre chez l'ancien prématuré.

2) Anémies hémolytiques congénitales :

   a) Résultant d'un problème membranaire : la sphérocytose héréditaire, transmise selon le mode autosomique dominant est le type le plus fréquent. Le diagnostic repose sur la mise en évidence de sphérocytes au frottis sanguin ainsi que sur le test de fragilité globulaire. Dans les cas graves, une splénectomie peut être indiquée ; elle doit si possible être faite après l'âge de quatre ans, en raison du risque d'infection fulminante auquel est exposé le jeune enfant splénectomisé. L'ovalocytose et la stomatocytose héréditaires sont plus rares;

b) Résultant d'une déficience en un enzyme érythrocytaire comme la glucose-6-phosphate déshydrogénase. Cette maladie est liée au sexe; elle survient chez les garçons hétérozygotes et chez les filles homozygotes. Elle peut se manifester par des crises d'hémolyse fulminante lors de l'ingestion de certaines fèves ou de substances oxydantes. Le traitement consiste à éviter les agents qui peuvent causer l'hémolyse. La forme de la maladie qui atteint les Noirs est d'habitude moins grave que celle qui touche les personnes originaires de la région méditerranéenne et du Moyen-Orient. Le diagnostic repose sur le dosage de la glucose-6-phosphate déshydrogénase dans les érythrocytes. D'autres enzymes érythrocytaires comme la pyruvate-kinase peuvent faire défaut;

c) Résultant d'une hémoglobinopathie comme l'anémie falciforme ou la thalassémie (voir plus loin).

III. Anémies résultant d'une spoliation sanguine

Voir plus loin.

IV. Anémies secondaires à une dilution

Ce type d'anémie se rencontre en cas d'hyperhydratation importante. Il contribue aussi à l'anémie du prématuré : la croissance rapide de celui-ci a pour résultat une expansion disproportionnée de l'espace vasculaire qui, associée à une aplasie médullaire physiologique, conduit à une anémie dilutionnelle.

Quelques entités fréquentes, leur diagnostic et leur traitement

I. L'anémie du nouveau-né

Le nouveau-né est anémique si son taux d'hémoglobine est inférieur à 137 g/L. Si l'anémie s'accompagne d'ictère, il s'agit généralement d'un processus hémolytique, le plus souvent d'une allo-immunisation Rh ou ABO (voir Ictère). Plus rarement, il s'agit d'une première manifestation d'une anémie hémolytique congénitale comme une sphérocytose. Une anémie néonatale non hémolytique peut résulter par exemple :

1) D'une transfusion fœto-fœtale; dans ce cas, il y a une discordance importante des taux d'hémoglobine chez les deux jumeaux;

2) D'une transfusion fœto-maternelle; dans ce cas, on retrouve de l'hémoglobine fœtale chez la mère (test de Kleihauer).

Des transfusions sont parfois nécessaires.

II. L'anémie physiologique

Vers l'âge de deux à trois mois, tous les nourrissons passent par une phase d'anémie aplastique «physiologique». Chez l'enfant né à terme, la limite inférieure de l'hémoglobine est alors de 95 g/L. Il n'y a pas de traitement.

III. L'anémie du prématuré

Avant l'âge de trois à quatre mois, le prématuré présente une anémie physiologique plus profonde que le nourrisson né à terme. Celle-ci peut être aggravée par plusieurs facteurs :

1) Augmentation rapide du volume circulant ;
2) Prélèvements sanguins multiples ;
3) Insuffisance transitoire de production de globules rouges.

Il s'agit d'une anémie normochrome normocytaire. Le traitement consiste à transfuser du culot globulaire (voir Transfusions et réactions transfusionnelles). La décision de transfuser un ancien prématuré doit être prisc d'une façon individuelle et tenir compte de son état général ainsi que de la présence ou de l'absence d'une infection surajoutée ou de symptômes tels que des apnées ou une tachycardie. Cette décision dépend donc de son adaptation hémodynamique ; en moyenne elle est prise lorsque l'hémoglobine s'abaisse sous le seuil de 70 g/L. Des études sont en cours pour déterminer si l'administration d'érythropoïétine permet de réduire le besoin de transfusion et les risques qui y sont associés. Après l'âge de trois à quatre mois, la déficience en fer s'installe si l'ancien prématuré ne reçoit pas de suppléments (voir ci-dessous).

IV. L'anémie ferriprive

L'anémie ferriprive est hypochrome microcytaire. Elle résulte le plus souvent d'une insuffisance d'apport de fer, plus rarement d'une malabsorption intestinale (exemple : maladie cœliaque) ou d'une spoliation chronique par voie digestive ou vaginale. Dans les pays industrialisés, c'est la carence nutritionnelle qualitative la plus fréquente. Dans certains milieux défavorisés, sa prévalence peut dépasser 50 %. Les anciens prématurés sont plus exposés. Presque inexistante avant l'âge de six mois, c'est une maladie qu'on retrouve surtout entre six mois et deux ans ; après cet âge, il faut toujours suspecter une spoliation chronique par voie digestive. La surconsommation de lait de vache pendant les deux premières années de vie joue un rôle étiologique majeur. Le lait de vache contient peu de fer, et celui-ci est moins bien absorbé que le fer contenu dans le lait humain. L'enfant qui prend trop de lait de vache est rassasié et n'a plus faim pour les aliments solides qui constituent sa principale source de fer. Enfin, chez beaucoup d'enfants, le lait de vache cause des pertes occultes et chroniques de sang dans les selles. La thalassémie mineure peut ressembler ou être associée à l'anémie ferriprive. Une foule de manifestations extrahématologiques peuvent être causées par la déficience en fer : retard de développement psychomoteur, anorexie, pica, irritabilité, léthargie, troubles d'apprentissage scolaire, etc.

Le frottis sanguin montre une hypochromie ainsi que diverses anomalies morphologiques (microcytose, anisocytose, poïkilocytose, etc.). En général, cet examen suffit à établir le diagnostic. Le rapport VGM en fL/nombre de globules rouges en millions par mm^3 est supérieur à 15, ce qui peut aider à différencier l'anémie ferriprive de l'anémie du trait thalassémique. La meilleure épreuve diagnostique est la réponse de l'hémoglobine et du VGM à un traitement d'un mois au fer. Une absence de réponse au fer peut être due à une non-fidélité au traitement, mais elle peut aussi indiquer que le patient est atteint de thalassémie mineure; il faut alors faire une électrophorèse de l'hémoglobine. Les examens complémentaires suivants ne sont nécessaires que dans des situations exceptionnelles:

1) Fer sérique: il est abaissé (< 10 μmol/L) et la capacité de liaison est augmentée; en pratique, une saturation de la transferrine inférieure à 10 ou 15 % est un bon indice de déficience en fer;

2) Ferritine sérique: elle est abaissée (< 25 μg/L);

3) Examen de la moelle: les stocks de fer sont absents.

La prévention consiste à favoriser l'allaitement plutôt que l'alimentation artificielle et à administrer des suppléments de fer à tous les enfants nourris artificiellement, de préférence au moyen d'un lait enrichi en fer, pendant toute la première année de vie (voir Nutrition).

Le traitement vise tout d'abord à corriger les erreurs diététiques. Les ajustements les plus importants consistent à réduire la prise de lait de vache à un maximum de 600 mL/24 heures et à encourager la prise régulière d'aliments solides. Du fer est prescrit à raison de 3 à 6 mg/kg/24 heures de fer élément PO en une fois. Le fer ne doit pas être pris avec du lait, ce qui réduit son absorption, mais est offert avec du jus de fruits. Ce traitement doit être poursuivi pendant trois mois afin de reconstituer les stocks de fer. La normalisation des indices hématologiques doit être surveillée; s'ils ne se normalisent pas complètement, cela suggère la non-fidélité au traitement ou l'existence d'une thalassémie mineure: une électrophorèse de l'hémoglobine est alors indiquée. En cas d'anémie grave et si l'enfant est en bon état, il faut s'abstenir de transfuser, sauf si l'hémoglobine est inférieure à 30 à 40 g/L. S'il y a une défaillance cardiaque ou une infection surajoutée, une transfusion d'une petite quantité de culot globulaire est indiquée pour augmenter le niveau d'hémoglobine de 20 à 40 g/L (voir Transfusions et réactions transfusionnelles).

V. L'anémie falciforme (drépanocytose)

Cette forme d'anémie hémolytique congénitale, caractérisée par la production d'hémoglobine S, est transmise selon le mode autosomique récessif. Elle est fréquente dans la race noire: de 8 à 10 % des individus sont hétérozygotes. Certains centres offrent le diagnostic prénatal ou le dépistage systématique par chromatographie à la naissance. Tout enfant noir qui n'a pas bénéficié du dépistage à la naissance devrait avoir une électrophorèse de l'hémoglobine. Le test de falciformation ne suffit pas car il ne détecte pas les porteurs de l'hémoglobine C; d'autre part, il peut être faussement négatif jusqu'à l'âge de six mois. Les hétérozygotes peuvent avoir une légère anémie normochrome normocytaire; ils ont de 35 à 45 % d'hémoglobine S et, dans les circonstances normales, n'ont aucune complication. Les homozygotes ont une anémie normochrome normocytaire de l'ordre de 50 à 90 g/L, et leur taux d'hémoglobine S est de 80 à 95 %. Il est important d'identifier les porteurs pour deux raisons :

1) Leurs parents doivent avoir une électrophorèse de l'hémoglobine et, si tous deux sont porteurs, ils doivent être informés que le risque d'avoir un enfant homozygote est de 25 % à chaque grossesse ;

2) L'enfant lui-même doit être au courant du fait qu'il est porteur, et son futur conjoint devra, s'il est de race noire, avoir lui aussi une électrophorèse de l'hémoglobine pour s'assurer qu'il n'y a pas de risque d'avoir un enfant homozygote ou porteur d'une double hétérozygotie SC ou S-bêta-thalassémie.

Les homozygotes SS et les porteurs d'une double hétérozygotie SC ou S-bêta-thalassémie sont exposés à diverses complications graves. Leur qualité de vie et leur longévité sont réduites. Les principaux problèmes auxquels ils sont exposés sont les suivants :

1) Hypersusceptibilité aux infections à bactéries encapsulées, comme les septicémies et les méningites à *Streptococcus pneumoniæ* et les ostéomyélites, notamment à *Salmonella ;*

2) Anémie hémolytique chronique qui nécessite une surveillance régulière du taux d'hémoglobine ;

3) Crises aplasiques surajoutées, notamment lors d'une infection à parvovirus ;

4) Anémie macrocytaire par déficience en acide folique ;

5) Épisodes vaso-occlusifs douloureux qui se manifestent notamment chez le jeune enfant par le syndrome «pied-main» et chez l'enfant plus âgé par des douleurs abdominales ;

6) Épisodes de séquestration splénique caractérisés par l'apparition soudaine d'une splénomégalie importante et d'une anémie fulminante ;

7) Atteinte rénale caractérisée par une hématurie microscopique et une isosthénurie ;

8) Infarctus pulmonaires ;

9) Accidents vasculaires cérébraux, moins fréquentes chez l'enfant que chez l'adulte, mais pouvant avoir des conséquences catastrophiques ;

10) Retard de croissance ;

11) Lithiase vésiculaire. Un tableau abdominal aigu peut résulter non seulement d'une cholécystite, mais aussi d'une appendicite ou d'une crise vaso-occlusive.

Ces enfants doivent être suivis étroitement, de préférence dans une consultation spécialisée. Voici les mesures préventives et thérapeutiques à prendre :

1) Prévention des infections : pendant les six premières années de vie au moins, ils doivent recevoir un traitement préventif continu à la pénicilline V :

   – < 3 mois :   150 mg (240 000 UI)/24 heures PO en 2 fois ;
   – 3 mois à 6 ans :   250 mg (480 000 UI)/24 heures PO en 2 fois ;
   – > 6 ans :   500 mg (960 000 UI)/24 heures PO en 2 fois.

2) Vaccins : en plus des vaccins habituels, ils reçoivent les vaccins contre le *Streptococcus pneumoniæ* et le *Neisseria meningitidis* lorsqu'ils atteignent l'âge de deux ans ;

3) De l'acide folique leur est administré pour prévenir l'anémie macrocytaire (1 mg PO 1 fois par jour) ;

4) Lorsqu'une isosthénurie s'est installée, il faut encourager ces enfants à boire beaucoup d'eau, surtout en été ;

5) Les épisodes fébriles posent un problème particulier car il peut être difficile de différencier un état infectieux comme une ostéomyélite d'un épisode vaso-occlusif. L'enfant doit être examiné chaque fois qu'il a de la fièvre, subir un bilan septique et être traité aux antibiotiques de façon empirique jusqu'à ce que les résultats des cultures soient disponibles. Si l'état de l'enfant le justifie, il doit être hospitalisé et traité au céfuroxime par voie intraveineuse (150 mg/kg/24 heures IV en 3 fois ; maximum chez le grand enfant : 6 g/24 heures). Si l'état général est bon et qu'aucun foyer d'infection majeure n'est identifié, on peut éviter l'hospitalisation et donner une dose de ceftriaxone par voie intramusculaire (100 mg/kg IM ; maximum chez le grand enfant : 4 g) ; un suivi téléphonique doit alors être effectué ;

6) Lors des épisodes vaso-occlusifs et des infections intercurrentes, il faut veiller à une bonne hydratation en administrant un soluté (1,5 fois les besoins d'entretien normaux en eau), prévenir ou corriger l'acidose et administrer au besoin un analgésique comme l'acétaminophène ou paracétamol (15 mg/kg/dose PO toutes les 4 heures ; maximum chez le grand enfant : 650 mg/dose), ou, au besoin, un analgésique morphinique (voir Douleur) ;

7) Des transfusions sont indiquées en cas de crise hémolytique, de crise aplasique ou de séquestration splénique ;

8) Un programme de transfusions répétées toutes les trois à quatre semaines est indiqué après un épisode de séquestration splénique, un infarctus pulmonaire ou un accident vasculaire cérébral. Un tel programme vise à maintenir l'hémoglobine entre 10 et 12 g/L et le taux d'hémoglobine S inférieur à 35 % ;

9) Une exsanguinotransfusion partielle (15 à 20 mL/kg) est nécessaire lorsqu'une crise vaso-occlusive grave se prolonge plus de 24 à 48 heures, lors d'un accident cérébrovasculaire ou en préparation d'une intervention chirurgicale (l'hémoglobine doit alors être supérieure à 100 g/L et le taux d'hémoglobine S inférieur à 30 %).

L'anémie falciforme peut être guérie par une transplantation de moelle, mais la mortalité liée à celle-ci est élevée. Ce mode de traitement est donc réservé pour l'instant à des circonstances exceptionnelles.

VI. Les thalassémies

Ces formes d'anémies hémolytiques congénitales, transmises selon le mode autosomique récessif, sont fort répandues dans les pays qui entourent la Méditerranée, au Moyen-Orient, en Afrique et en Asie du Sud-Est. On les rencontre occasionnellement dans les autres groupes ethniques. Seules les principales formes sont mentionnées ici.

1) Bêta-thalassémie :

a) Les hétérozygotes (bêta-thalassémie mineure) ont une anémie hypochrome microcytaire modérée. Le frottis sanguin montre une anisocytose, une poïkilocytose, des cellules en cible et des ponctuations basophiles. Le rapport VGM en fL/nombre de globules rouges en millions/mm³ est inférieur à 11,5, ce qui permet souvent de différencier la maladie de l'anémie ferriprive. L'électrophorèse de l'hémoglobine montre une hémoglobine A_2 supérieure à 4 % (sauf s'il y a une déficience en fer associée), ou une élévation de l'hémoglobine F. Ces patients mènent une vie normale et ne présentent aucune complication. Il faut notamment suspecter ce problème :

  – Chez un enfant qui présente une anémie hypochrome microcytaire et dont les parents ou l'un d'eux est d'origine méditerranéenne ;

  – Chez un enfant porteur d'une anémie hypochrome microcytaire qui ne répond pas au fer ;

  Il est important de faire le diagnostic afin d'éviter à l'enfant d'être inutilement traité au fer pendant des mois ou des années, et pour pouvoir offrir le conseil génétique qui s'impose. Lorsqu'un enfant est identifié comme hétérozygote, il faut faire une électrophorèse de l'hémoglobine à ses parents : s'ils sont tous deux hétérozygotes, le risque d'avoir un enfant homozygote est de 25 %. Les hétérozygotes doivent savoir que s'ils épousent un autre hétérozygote, ils ont 25 % de chances d'avoir un enfant homozygote lors de chaque grossesse ;

b) Les homozygotes (bêta-thalassémie majeure ou anémie de Cooley) présentent dès les premiers mois de vie une anémie grave qui requiert des transfusions répétées et un programme de chélation du fer pour prévenir l'hémosidérose et particulièrement ses manifestations cardiaques et hépatiques. Cette anémie est hypochrome microcytaire ; le taux d'hémoglobine A_2 est habituellement inférieur à 3 % mais la proportion d'hémoglobine fœtale est très élevée. S'ils ne sont pas adéquatement traités, ces enfants peuvent aussi présenter une hépatosplénomégalie, un hypersplénisme, une ostéoporose, un épaississement des os du crâne et une déformation cranio-faciale ainsi qu'un retard de croissance et un retard pubertaire. Ils doivent être pris en charge de façon précoce par une équipe spécialisée. La thalassémie majeure peut être guérie par la transplantation de moelle, mais, sa mortalité étant élevée, ce mode de traitement est réservé à des situations exceptionnelles.

2) Alpha-thalassémie :

Elle se rencontre surtout chez les Asiatiques et les Africains. Le spectre de gravité des alpha-thalassémies va de la microcytose sans anémie à l'anémie hypochrome microcytaire grave, en passant par la mort *in utero* et l'anasarque fœto-placentaire. La gravité de la maladie est conditionnée par le fait qu'il y a une délétion d'un, deux, trois ou quatre gènes déterminant la synthèse des chaînes alpha de l'hémoglobine. Les niveaux d'hémoglobine A_2 et fœtale sont normaux.

VII. L'anémie par spoliation

En cas de spoliation aiguë, l'anémie est normochrome normocytaire et, en cas de spoliation chronique, elle est hypochrome microcytaire. Les causes les plus fréquentes d'hémorragies aiguës sont les traumatismes et les interventions chirurgicales ainsi que les hémorragies digestives hautes ou basses. Le diagnostic est évident et les modalités de traitement varient selon l'abondance de l'hémorragie (voir Choc hypovolémique). Les pertes chroniques de sang surviennent surtout par voie fécale; elles peuvent notamment résulter de l'ingestion de lait de vache par le nourrisson, d'un ulcère peptique, d'une duplication intestinale, d'un diverticule de Meckel, d'une maladie de Crohn ou d'une colite ulcéreuse, de polypes de l'intestin, de télangiectasies ou d'angiomes du tube digestif, etc. Il faut toujours suspecter ce mécanisme chez les enfants qui ont une anémie hypochrome microcytaire alors que leur alimentation est normale et chez ceux qui ont dépassé l'âge de deux ans. Le diagnostic se fait par l'anamnèse et par la recherche de sang dans les selles, par exemple au moyen de l'Hématest. Chez l'adolescente, une anémie peut résulter de menstruations anormales (exemple : saignements dysfonctionnels). Le fer sérique est bas, la transferrine est élevée et la saturation de la transferrine est inférieure à 10 ou 15 %. Le traitement consiste à faire cesser le saignement et à administrer du fer comme en cas d'anémie ferriprive nutritionnelle.

VIII. L'anémie associée aux infections et aux inflammations

Une légère anémie normochrome se retrouve souvent chez les patients qui souffrent d'une infection ou d'une inflammation aiguë (exemples : méningite, maladie de Kawasaki). En général, aucun traitement n'est nécessaire et la guérison spontanée est de règle. Les enfants qui souffrent d'une maladie infectieuse ou inflammatoire chronique (exemples : maladie de Crohn, arthrite rhumatoïde juvénile) présentent souvent une anémie hypochrome microcytaire ou normochrome. Le fer sérique est bas, mais l'anémie ne répond pas au fer. Contrairement à ce qu'on observe en cas de déficience en fer, la capacité de saturation est basse. La saturation de la transferrine est également abaissée. La ferritine est élevée et les stocks de fer dans la moelle sont abondants. Aucun traitement n'est nécessaire, si ce n'est celui de la maladie causale.

Lectures suggérées

Buchanan GR : Sickle cell disease : recent advances. Curr Probl Pediatr 1993; 23 : 219-229.

Charache S : Fetal hemoglobin, sickling, and sickle cell disease. Adv Pediatr 1990; 37 : 1-31.

Giardina PJ, Hilgartner MW : Update on thalassemia. Pediatr Rev 1992; 13 : 55-62.

Molteni RA : Perinatal blood loss. Pediatr Rev 1990; 12 : 47-54.
Koch WC, Massey GV : Aplastic crisis. Pediatr Rev 1990; 12 : 142-148.
Oski F : Iron deficiency in infancy and childhood. N Engl J Med 1993; 329 : 190-193.
Segel GB : Anemia. Pediatr Rev 1988; 10 : 77-88.

Angiomes et malformations vasculaires   23

Josée Dubois, Monique Robert, Catherine McCuaig, Louise Caouette-Laberge

Les angiomes

Les angiomes ou hémangiomes sont des néoplasies vasculaires bénignes qui se retrouvent chez environ 10 % des enfants. Ils sont plus fréquents chez les filles et les prématurés. Environ 30 % d'entre eux sont présents à la naissance et 80 % apparaissent avant l'âge d'un mois. À la naissance, on peut noter une macule, une zone de pâleur, une petite papule rouge cerise ou un groupe de papules rouges ou bleuâtres. En quelques semaines, l'angiome prend son allure caractéristique. La plupart des angiomes sont uniques ; 20 % des enfants affectés en ont deux et 5 % trois ou plus.

On distingue trois formes cliniques d'angiomes cutanés : immatures tubéreux, sous-cutanés purs ou mixtes. L'angiome sous-glottique ainsi que les angiomes hépatiques, pulmonaires ou intestinaux sont parfois associés à des angiomes cutanés.

L'évolution des angiomes est caractérisée par trois phases :

– Prolifération (durée : 6 à 8 mois) ;
– Stabilisation (durée variable) ;
– Régression (durée : 18 mois à 8 ans).

Le diagnostic est clinique. L'indication d'une biopsie est exceptionnelle. Les explorations radiologiques ne sont nécessaires que dans les cas d'angiomes comportant un risque vital. Elles ont pour but de préciser l'extension de la lésion, ainsi que ses rapports anatomiques. À l'échographie Doppler, les lésions en phase proliférative ont un débit vasculaire élevé. La tomodensitométrie met en évidence une lésion tissulaire fortement rehaussée par la substance de contraste. L'angiographie n'est plus utilisée, sauf dans les cas réfractaires aux corticostéroïdes ; les artères qui irriguent l'angiome sont dilatées et on observe une opacification du réseau angiomateux en phase capillaire, sans shunt artério-veineux. Un angiome de la région sacrée nécessite une tomodensitométrie ou une résonance magnétique nucléaire pour exclure une anomalie osseuse ou nerveuse sous-jacente.

Quelles que soient leur localisation et leur taille, tous les angiomes régressent. Ils disparaissent avant l'âge de 5 ans chez 50 % des enfants atteints, et avant l'âge de 10 ans chez 90 %. Dans 25 à 50 % des cas, on peut noter des anomalies cutanées résiduelles comme une peau plissée, une atrophie, des télangiectasies, etc. Ni la petite taille de l'angiome ni son involution rapide ne constituent une garantie de normalisation totale.

Les principales complications sont la nécrose, l'ulcération, l'infection, l'hémorragie, le syndrome de Kasabach-Merritt (thrombopénie résultant d'une séquestration des plaquettes dans un angiome volumineux), l'occlusion d'un œil ou d'un orifice, la compression des voies respiratoires ou d'une autre structure vitale et l'insuffisance cardiaque à haut débit. L'angiome sous-glottique peut causer une obstruction des voies respiratoires supérieures (voir Stridor).

Comme 90 % des angiomes cutanés régressent spontanément, aucun traitement n'est habituellement nécessaire. Le laser jaune au colorant pulsé peut aider à faire régresser les ulcères; il est également utile pour le traitement des angiomes superficiels mal situés et de l'angiomatose disséminée. Le laser à l'argon sans hexascan ou le laser au CO_2 peut favoriser la cicatrisation. Lorsque la lésion cause des problèmes graves comme l'occlusion d'un œil ou une compression des voies respiratoires, l'approche thérapeutique doit être multidisciplinaire. Les principales formes de traitement, souvent utilisées en combinaison, sont la corticothérapie intralésionnelle ou par voie générale, l'acide aminocaproïque, l'interféron, la chirurgie, le laser et l'embolisation. Dans le cas de l'angiome sous-glottique provoquant une dyspnée importante, le traitement au laser peut donner de bons résultats; une trachéotomie est parfois nécessaire.

Les malformations vasculaires

I. Malformations capillaires

L'angiome plan est une malformation capillaire de coloration rouge, présente depuis la naissance. On l'appelle «tache de vin» ou *nævus flammeus*. Il peut se retrouver n'importe où sur la surface du corps. Il ne progresse pas avec la croissance de l'enfant. Le nævus de Unna est un angiome plan présent chez 30 à 40 % des nouveau-nés, au niveau de la nuque ou de la région médiane du front. Le diagnostic est clinique et aucune exploration complémentaire n'est indiquée. Sauf dans le cas du nævus de Unna, qui régresse spontanément et ne nécessite donc aucun traitement, le mode de traitement principal des angiomes plans est le laser. Dans certains cas, les angiomes plans font partie de l'un des syndromes suivants :

1) Syndrome de Sturge-Weber, caractérisé par un angiome plan frontopalpébral, occupant le territoire innervé par la branche ophtalmique du trijumeau. Il est associé à un angiome leptoméningé ipsilatéral qui peut causer des symptômes neurologiques (épilepsie, hémiparésie ou hémiplégie, détérioration intellectuelle). Dans 75 % des cas, la radiographie du crâne révèle des calcifications «en rails de chemin de fer». La tomodensitométrie peut démontrer diverses anomalies :

   a) Asymétrie cérébrale avec augmentation de la densité du côté atteint par rapport au côté normal; les circonvolutions sont marquées, mais non calcifiées;

   b) Angiome leptoméningé visible après injection de substance de contraste, avec atrophie et calcifications;

c) Larges calcifications.

Diverses anomalies ou complications oculaires peuvent se rencontrer : glaucome, décollement de la rétine, cécité, buphtalmie, anomalies vasculaires choroïdiennes ou rétiniennes.

2) Syndromes de Klippel-Trenaunay et de Parkes-Weber :

a) Le syndrome de Klippel-Trenaunay est constitué de la triade suivante : angiome plan, hypertrophie du membre atteint et malformations veineuses de type variqueux ;

b) Le syndrome de Parkes-Weber est similaire au syndrome de Klippel-Trenaunay, mais s'en distingue par la présence de fistules artério-veineuses.

Ces deux syndromes peuvent affecter un membre supérieur ou inférieur. Il peut y avoir une composante lymphatique.

Parmi les autres malformations capillaires, il faut citer les angiokératomes et les télangiectasies nævoïdes, marqueurs occasionnels d'une enzymopathie héréditaire, ainsi que la *cutis marmorata telangiectica congenita*.

II. Malformations veineuses

Bien qu'elles ne soient pas toujours visibles initialement, ces malformations sont présentes dès la naissance. Elles se présentent comme une masse de tissu mou d'aspect bleuté ; la peau qui la recouvre est normale. Le volume de la lésion augmente en position déclive et lors des pleurs. Il n'y a ni augmentation de la chaleur locale ni *thrill*. Les localisations les plus fréquentes sont la tête et le cou, suivies par les membres et le tronc. Ces malformations progressent avec la croissance et la puberté accélère parfois cette progression.

Le diagnostic est clinique. Les explorations radiologiques sont effectuées dans le but de préciser l'extension de la lésion. La radiographie simple met parfois en évidence des phlébolithes assez caractéristiques. L'échographie Doppler montre des lésions hypo-échogènes, soit avec un flux continu à faible débit, soit encore sans aucun signal perceptible. La tomodensitométrie permet de préciser les rapports anatomiques de la lésion ; les malformations veineuses se présentent comme des lésions hypodenses qui rehaussent en périphérie après injection de substance de contraste. L'artériographie n'est pas utile, car elle est normale dans la majorité des cas.

Ce type de lésion peut avoir un impact esthétique et psychologique important, et causer des problèmes fonctionnels.

Avant l'introduction de l'embolisation, le traitement chirurgical était difficile en raison des problèmes hémorragiques peropératoires qui rendaient la résection impossible ou incomplète. Le traitement actuel est la sclérothérapie de la malformation, associée ou non au traitement chirurgical.

III. Malformations artérielles

Il s'agit de malformations artério-veineuses ou fistules artério-veineuses. Ces lésions sont caractérisées par une communication anormale entre les artères et les veines, avec absence du réseau capillaire normal. Elles se présentent comme une masse chaude et pulsatile. La peau qui les recouvre est souvent normale. Le diagnostic est clinique. Ces malformations peuvent être quiescentes ou évolutives. La puberté, la grossesse, l'utilisation de contraceptifs oraux ou des traumatismes peuvent causer une augmentation de leur volume. L'évolution est imprévisible. Des complications graves peuvent survenir (troubles trophiques importants, hémorragies, insuffisance cardiaque). Une prise en charge par une équipe multidisciplinaire est nécessaire. Seules les malformations évolutives sont traitées. Le traitement consiste en une embolisation, associée ou non à une exérèse chirurgicale complète, qui vise à prévenir la récidive.

IV. Malformations lymphatiques

Les lymphangiomes kystiques sont présents dès la naissance dans 65 % des cas et dans 90 % des cas avant l'âge de deux ans. Ils se présentent comme une masse molle, souvent située dans la région de la tête et du cou. Ils peuvent être évolutifs, particulièrement après un épisode infectieux ou une intervention chirurgicale. Des régressions spontanées ont été rapportées. Le traitement consiste en une exérèse chirurgicale, dont l'indication demeure controversée, principalement dans le cas des formes microkystiques, qui récidivent fréquemment.

Lectures suggérées

Enjolras O, Riché MC: Hémangiomes et malformations vasculaires superficielles. Medsi – McGraw-Hill, 1990.

Fishman SJ, Mulliken JB: Hemangiomas and vascular malformations in infancy and childhood. Pediatr Clin North Am 1993; 40: 1177-1200.

Hartley AH, Rasmussen E: Hemangiomas and spitz nevi. Pediatr Rev 1990; 11: 262-267.

Mulliken JB: Diagnosis and natural history of hemangiomas. In Mulliken JN, Young AE: Vascular birthmarks. WB Saunders, Philadelphia, 1988.

Mulliken JB, Glowacki J: Hemangioma and vascular malformations in infants and children: a classification based on endothelial characteristics. Plast Reconstr Surg 1983; 69: 412-420.

Silverman RA: Hemangiomas and vascular malformations. Pediatr Clin North Am 1991; 38: 811-834.

Young AE: Clinical assessment and investigation of vascular malformations. In Mulliken JN, Young AE: Vascular birthmarks. WB Saunders, Philadelphia, 1988.

Anorexie mentale 24

Michel Weber, Jean Wilkins, Jean-Yves Frappier

Généralités

L'anorexie mentale se manifeste le plus souvent au cours de l'adolescence. Son étiologie est probablement psychogène et plusieurs hypothèses étiologiques ont été proposées; une origine multifactorielle est la plus probable. Les facteurs précipitants peuvent varier d'une patiente à l'autre. Elle atteint surtout les filles et son incidence a augmenté récemment dans les pays développés. La maladie commence ordinairement par un banal désir de maigrir ou une crainte de grossir.

Manifestations cliniques

Les manifestations cliniques servent aussi de critères de diagnostic. On peut par exemple utiliser les critères proposés par le DSM III R, ou encore ceux de Feighner, qui sont les suivants :

1) Âge d'apparition inférieur à 25 ans ;

2) Perte de poids qui atteint ou dépasse 10 à 15 % du poids initial ;

3) Attitude particulière vis-à-vis de la nourriture et distorsion de l'image corporelle : négation de la maigreur, plaisir dérivant de la perte de poids et du refus de la nourriture, désir d'atteindre et de maintenir un état de maigreur extrême, comptabilisation et coupure radicale de l'apport calorique, etc. ;

4) Absence de maladie organique ou mentale permettant d'expliquer la perte de poids ;

5) Au moins deux des problèmes suivants : aménorrhée secondaire (celle-ci précède parfois la perte de poids), lanugo, bradycardie, périodes d'hyperactivité, épisodes boulimiques, vomissements auto-induits, abus de laxatifs.

De plus, on retrouve fréquemment une caroténodermie, un excès d'activité physique, un zèle académique notable et une préoccupation exagérée pour le contrôle de l'alimentation des autres membres de la famille. Il peut y avoir des troubles du sommeil.

Explorations

Une anamnèse et un examen physique complets sont suffisants pour établir le diagnostic et exclure une autre cause de perte de poids.

Des explorations multiples sont inutiles : on peut se contenter d'un hémogramme, d'un examen du sédiment urinaire et d'une recherche de glycosurie et de protéinurie. On ajoute un ionogramme s'il y a des vomissements ou un abus de laxatifs ; cet examen est répété à une fréquence déterminée par l'évolution clinique et par les anomalies qu'il aura détecté.

Traitement

Une prise en charge par une équipe habituée à traiter l'anorexie est souhaitable. Cette équipe est constituée idéalement d'un médecin, d'un diététicien, d'un travailleur (assistant) social et d'un psychothérapeute (psychologue ou psychiatre).

Compte tenu de la négation habituelle de la maladie, la première visite revêt une grande importance, car l'établissement d'un lien de confiance est essentiel. La plupart du temps, cette prise en charge initiale se fait dans un contexte ambulatoire. Lorsqu'elles existent, on se sert des anomalies des signes généraux pour souligner la réalité de la maladie.

Un suivi personnalisé à long terme est offert. Les parents sont informés de la nature de la maladie et de son impact sur la dynamique familiale.

La thérapie vise à faire prendre conscience à la patiente de la réalité du problème et de ses répercussions, à clarifier les causes de sa maladie, à l'aider à surmonter les difficultés qu'elle rencontre et à encourager une augmentation des apports caloriques et une reprise pondérale. Un objectif pondéral de l'ordre de 80 à 90 % du poids idéal est fixé.

Lors de chacune des visites régulières, on surveille le poids et les signes généraux. La tenue d'un journal alimentaire est parfois proposée.

Une hospitalisation est décidée s'il y a une détérioration clinique ou métabolique rapide, si la fréquence cardiaque est inférieure à 50 par minute, s'il y a des épisodes répétés d'hypotension orthostatique, si la patiente abuse de laxatifs ou se fait vomir au point d'avoir des troubles électrolytiques, si la perte de poids dépasse 25 %, si la détérioration de la situation psychologique, familiale et sociale justifie une psychothérapie plus intense ou un réajustement de celle-ci. Au cours de cette hospitalisation, qui dure souvent plusieurs semaines, un repos plus ou moins strict est prescrit et la récupération de certaines libertés (fin du repos au lit, visites, départ de l'hôpital) peut être reliée à une reprise de poids prédéterminée. Dans certaines situations extrêmes, une supplémentation calorique peut devenir nécessaire, sous forme de suppléments liquides, de gavages ou d'alimentation parentérale périphérique. Dans ces cas, la réalimentation doit toujours être lente et progressive.

Le suivi se poursuit jusqu'au moment où des cycles menstruels normaux réapparaissent et où l'état psychologique est satisfaisant.

Complications

En phase avancée, on peut voir apparaître une bradycardie, une bradypnée, une hypotension artérielle d'abord orthostatique puis constante, une hypothermie, de la constipation, un œdème hypoprotéinémique, une augmentation de volume des parotides, une élévation de l'urée sanguine et des perturbations électrolytiques. Il peut aussi y avoir une anémie normochrome, une leucopénie et, plus rarement, une thrombopénie. Des arythmies et une insuffisance cardiaques peuvent survenir. À la longue, une ostéoporose peut s'installer; des fractures peuvent en résulter.

Pronostic

La mortalité, jadis élevée, est maintenant pratiquement nulle chez l'adolescente. L'évolution est variable et s'étend souvent sur une période de plusieurs années. Environ 30 % des patientes guérissent complètement; 30 % ont une résolution partielle et 30 % passent à la chronicité.

Lectures suggérées

Comerci GD: Eating disorders in adolescents. Pediatr Rev 1988; 10: 37-47.

Harper G: Eating disorders in adolescence. Pediatr Rev 1994; 15: 72-77.

Mansfield MJ, Emans SJ: Anorexia nervosa, athletics, and amenorrhea. Pediatr Clin North Am 1989; 36: 533-549.

Apnées (malaises graves) du nourrisson   25

Michel Weber, Robert Thivierge, Guy Lapierre

Pour les apnées du prématuré, voir Prématurité.

Voir aussi Syndrome de la mort subite du nourrisson.

Généralités

Des pauses respiratoires courtes (moins de 15 secondes) peuvent survenir à tout âge et représentent souvent des phénomènes normaux.

Dans la littérature anglo-saxonne, les apnées ou malaises graves du nourrisson sont habituellement désignés par l'acronyme ALTE (*Apparent Life Threatening Episode*).

Par définition, une apnée pathologique est un arrêt respiratoire qui dure plus de 20 secondes ou qui s'accompagne de cyanose, de pâleur, de bradycardie ou d'hypotonie. De tels épisodes peuvent causer beaucoup d'anxiété et les parents ont parfois l'impression que leur enfant est en train de mourir. Cependant, les apnées du nourrisson ne constituent habituellement pas un événement précurseur d'un syndrome de la mort subite du nourrisson : la plupart des enfants qui meurent de ce syndrome n'ont présenté aucun symptôme notable avant leur décès.

Les apnées peuvent être d'origine centrale ou de nature obstructive. Elles peuvent résulter d'une multitude de causes et des explorations multiples ne permettent pas toujours d'identifier leur étiologie ; on parle alors d'apnées idiopathiques.

Démarche clinique

L'anamnèse et l'examen demeurent les principaux instruments de diagnostic.

I. Anamnèse

On s'intéresse aux antécédents familiaux de l'enfant ; à cet égard, les questions suivantes ont une pertinence particulière :

- Y a-t-il eu un ou plusieurs cas de mort subite du nourrisson dans la famille ou parmi les proches (un tel événement peut accroître l'anxiété des parents lorsque leur enfant a présenté une ou plusieurs apnées) ?

- Un ou plusieurs membres de la famille ont-ils présenté des convulsions fébriles ou de l'épilepsie ?

- Un ou plusieurs membres de l'entourage souffrent-ils d'une infection virale des voies respiratoires supérieures ?

- Y a-t-il eu un contact avec une personne atteinte de coqueluche ou avec une personne qui tousse ?

On évalue ensuite les antécédents de l'enfant lui-même, et notamment ses antécédents périnatals.

L'histoire de la maladie est recueillie de façon méticuleuse. Les questions suivantes sont parmi les plus pertinentes:
- Combien d'épisodes y a-t-il eu?
- Sont-ils survenus pendant le sommeil ou à l'éveil?
- Quelle était la position de l'enfant au moment de l'incident?
- Sont-ils survenus tôt ou longtemps après un repas?
- Quelle a été leur durée?
- Étaient-ils accompagnés de cyanose, d'efforts respiratoires, de bradycardie, d'inconscience, de mouvements anormaux, de bruits respiratoires anormaux, de régurgitations, de vomissements, d'hypotonie, d'hypertonie ou de pâleur? La description des épisodes est souvent approximative ou incomplète, sauf si l'un d'entre eux a été observé par un médecin ou une infirmière.
- L'enfant a-t-il repris immédiatement son état normal après l'épisode ou y a-t-il eu une phase de somnolence postcritique?
- L'enfant a-t-il subi un traumatisme?
- Avait-il de la fièvre?
- A-t-il pris des médicaments?
- Présentait-il de la rhinorrhée, de l'obstruction nasale ou de la toux?
- Les malaises sont-ils précédés de pleurs vigoureux ou de frustration?
- Quel a été le degré d'anxiété de l'entourage?
- Y a-t-il eu des manœuvres de réanimation (respiration bouche-à-bouche, etc.)?

II. Examen

L'examen vise surtout à s'assurer que les apnées ne sont pas causées par une maladie aiguë comme une méningite ou une septicémie; il est la plupart du temps normal. La présence ou l'absence d'une infection des voies respiratoires revêt une importance majeure.

III. Une hospitalisation et des explorations sont-elles nécessaires?

La tâche du clinicien est d'attribuer à ces incidents, selon l'ensemble des données de l'anamnèse et de l'examen, une importance mineure ou majeure. Dans le premier cas, et notamment lorsqu'il s'agit d'étouffements minimes survenant pendant la déglutition normale ou de difficultés respiratoires mineures résultant d'une rhinite, les parents peuvent être rassurés et le bébé peut être revu au besoin. L'hospitalisation est décidée de façon individuelle selon la gravité des épisodes, leur nombre, l'anxiété de la famille et les hypothèses diagnostiques. Quelques jours d'hospitalisation et de monitorage respiratoire permettent au personnel infirmier et médical de mieux observer les épisodes lorsqu'ils se reproduisent et aux parents de réduire leur degré d'anxiété.

IV. Explorations

Les explorations sont individualisées selon les données de l'anamnèse et de l'examen. Un épisode unique, mineur et de courte durée ne nécessite aucun examen. Si les malaises ont été significatifs, les examens para-cliniques de base se limitent à l'hémogramme, la glycémie, la calcémie et l'ionogramme. Ces examens sont habituellement normaux. Si l'épisode est à la fois récent et majeur, il est utile de mesurer les gaz sanguins. L'indication d'autres explorations est déterminée selon les causes suspectées, à partir de l'anamnèse et de l'examen (voir ci-dessous).

Principales causes d'apnées ou de malaises graves

I. Les infections

Des infections majeures comme une méningite ou une septicémie peuvent se manifester par des apnées; le plus souvent, ceci est évident dès le premier contact. Il est cependant bon de rappeler que, pendant les trois premiers mois de vie, une méningite peut se manifester par une atteinte de l'état général, de l'état de conscience et de l'appétit, alors que les signes habituels comme la fièvre, le bombement de la fontanelle antérieure et la raideur de la nuque peuvent être absents. Si des apnées surviennent chez un bébé de moins de trois mois et s'il y a une altération importante de l'état général, il est donc prudent de faire une ponction lombaire et une hémoculture.

Des infections mineures comme une rhinite virale banale peuvent causer des apnées obstructives pendant les premiers mois de vie : pour le jeune bébé, la bouche n'est qu'un organe digestif, et il n'a pas le réflexe de respirer par la bouche lorsque son nez est obstrué. Habituellement, il y a des indices cliniques de rhinite. Le traitement consiste à mettre l'enfant dans une atmosphère humide, à aspirer régulièrement ses sécrétions et à instiller quatre à six fois par jour du sérum physiologique dans ses narines.

Pendant les premières semaines de vie, les rhinites peuvent être causées par les virus habituels, mais aussi par le *Chlamydia trachomatis*; dans ces circonstances, il peut être utile de cultiver les sécrétions naso-pharyngées pour cet agent.

Une infection à virus respiratoire syncytial peut causer des apnées, même en l'absence de bronchiolite ou de rhinite évidente. Dans certains cas, la recherche de cet agent par un test rapide (ELISA) peut être indiquée.

Pendant les premières semaines de vie, la coqueluche peut se manifester de façon atypique sans quintes de toux, les seules manifestations de la maladie pouvant être des épisodes répétitifs de cyanose avec ou sans bradycardie (voir Coqueluche).

Le botulisme du nourrisson est une cause rare d'épisodes apnéiques.

II. Les convulsions

Chez le nouveau-né et le jeune nourrisson, les convulsions peuvent être atypiques, ne s'accompagner d'aucun mouvement convulsif et se manifester seulement par des épisodes d'altération de l'état de conscience, de pâleur, d'hypotonie ou de cyanose. Lorsque les apnées ont été significatives, un électro-encéphalogramme est donc indiqué.

III. Les spasmes du sanglot

Les spasmes du sanglot peuvent survenir très tôt dans la vie et s'accompagner de perte de connaissance, de cyanose et même parfois de convulsions.

L'histoire est pathognomonique : les épisodes surviennent exclusivement à l'état d'éveil, en réponse à la frustration ou à la douleur, ou lors de pleurs vigoureux. Aucune exploration n'est nécessaire, et il n'y a pas de traitement. Les parents doivent être informés du fait que ce n'est pas dangereux et que le problème va se résoudre spontanément avec le temps (voir Spasmes du sanglot).

IV. Le reflux gastro-œsophagien

Le reflux gastro-œsophagien cause rarement des apnées (voir Reflux gastro-œsophagien). Il sera surtout suspecté lorsque les apnées surviennent à l'état d'éveil, peu de temps après un repas, et lorsqu'elles s'accompagnent de régurgitations ou de vomissements. Lorsque les épisodes sont significatifs et qu'il y a une forte suspicion de reflux, il peut être indiqué de faire une pH-métrie œsophagienne pour confirmer le diagnostic. Une autre option consiste à offrir empiriquement le traitement médical du reflux. Si les épisodes mettent en danger la vie de l'enfant, un traitement chirurgical peut être indiqué d'emblée.

V. Les apnées d'origine centrale

Les apnées peuvent être causées par un traumatisme ou une infection du système nerveux central (encéphalite ou méningite) ; le plus souvent, il y a dans ce cas des indices anamnestiques ou cliniques évidents. L'hypertension intracrânienne est une autre cause possible. La présence d'hémorragies rétiniennes ou d'ecchymoses suggère fortement que l'enfant a été maltraité et qu'il peut avoir un hématome sous-dural ou d'autres formes d'hémorragies intracrâniennes. Les apnées peuvent aussi résulter de la prise de médicaments qui dépriment le système nerveux central comme des antitussifs ou des médicaments contre le rhume.

VI. Les problèmes métaboliques

En dehors de la période néonatale, les problèmes métaboliques ne sont qu'exceptionnellement la cause d'apnées. Il est cependant prudent de vérifier la glycémie, la calcémie et l'ionogramme. Dans certaines circonstances, des malaises graves peuvent résulter d'une maladie du métabolisme intermédiaire ; il faut notamment y penser lorsque les malaises sont récidivants et inexpliqués, mais aussi lorsqu'il y a une hépatomégalie. La détermination de l'ammoniémie constituerait alors l'examen de dépistage le plus utile.

VII. Les obstructions des voies respiratoires supérieures

L'obstruction nasale est une cause fréquente d'apnées (voir plus haut) ; le problème peut aussi se situer plus distalement.

Il peut s'agir d'un problème aigu (voir Laryngite aiguë, Épiglottite aiguë, Abcès rétro-pharyngien) ou chronique. Le stridor constitue un indice important (voir Stridor).

Dans le cas d'un problème chronique, on pensera, entre autres, à la laryngomalacie, à la trachéomalacie et à la bronchomalacie. Chez les bébés qui ont été intubés pendant la période néonatale, on pensera à une sténose sous-glottique acquise. Il peut aussi s'agir d'un corps étranger ou d'une compression trachéale par un vaisseau aberrant. Des anomalies des voies respiratoires supérieures causent souvent des apnées obstructives chez les enfants atteints d'une atrésie des choanes, d'un syndrome de Down ou d'un syndrome de Pierre Robin; dans ces cas, le diagnostic est évident.

VIII. Les arythmies cardiaques

Tout phénomène paroxystique peut résulter d'arythmies cardiaques. Un électrocardiogramme est donc indiqué lorsque les épisodes sont importants et demeurent inexpliqués.

IX. Les apnées idiopathiques

Fréquemment, aucune cause n'est mise en évidence. Cette incertitude diagnostique est pénible pour les parents et les médecins. Cette situation ne constitue que très rarement le terrain sur lequel va survenir un syndrome de la mort subite du nourrisson. Lorsque les épisodes sont importants et multiples et qu'aucune cause ne peut être identifiée, le monitorage à domicile de la respiration pendant le sommeil peut être indiqué. Cette approche doit obligatoirement être associée à l'enseignement aux parents du fonctionnement du moniteur et des mesures de réanimation. Le monitorage est habituellement poursuivi pendant deux mois après le dernier épisode. L'intérêt diagnostique des enregistrements nocturnes de la respiration et de l'activité cardiaque est contesté: ce mode d'exploration modifie rarement l'approche thérapeutique.

Lectures suggérées

Arens R, Gozal D, Williams JC, *et al.*: Recurrent apparent life-threatening events during infancy: a manifestation of inborn errors of metabolism. J Pediatr 1993; 123: 415-418.

Carroll JL, Marcus CL, Loughlin GM: Disordered control of breathing in infants and children. Pediatr Rev 1993; 14: 51-65.

Keens TG, Davidson Ward SL: Apnea spells, sudden death, and the role of the apnea monitor. Pediatr Clin North Am 1993; 40: 897-911.

Loughlin GM: Obstructive sleep apnea in children. Adv Pediatr 1992; 39: 283-306.

National Institute of Health: National Institutes of Health consensus development conference on infantile apnea and home monitoring. Sept 29 to Oct 1, 1986. Pediatrics 1987; 79: 292-299.

Potsic WP: Obstructive sleep apnea. Pediatr Clin North Am 1989; 36: 1435-1442.

Spitzer AR, Fox WW: Infant apnea. Pediatr Clin North Am 1986; 33; 561-581.

Arrêt cardiorespiratoire   26

Catherine Farrell, Marie Gauthier, Jacques Lacroix

Généralités

L'arrêt cardiorespiratoire est un événement rare chez l'enfant. Chez l'adulte, la majorité des cas résultent de problèmes cardiaques (infarctus du myocarde, arythmies); chez l'enfant par contre, la majorité des arrêts sont secondaires à des problèmes respiratoires selon la séquence suivante : insuffisance respiratoire-hypoxémie-arrêt respiratoire-bradycardie-arrêt cardiaque en asystolie. La reconnaissance et le traitement précoces de l'hypoxémie sont des éléments d'importance majeure si l'on veut prévenir les arrêts cardiorespiratoires chez l'enfant. La plupart des enfants qui arrivent à l'hôpital en arrêt cardiorespiratoire sont âgés de moins d'un an. Les étiologies les plus fréquentes sont la mort subite du nourrisson, la noyade, le polytraumatisme, les obstructions respiratoires et les cardiopathies. À l'hôpital, les arrêts surviennent chez les patients les plus instables : ceux qui souffrent de cardiopathies, surtout pendant la période postopératoire, ceux qui sont en insuffisance respiratoire aiguë ou chronique, les patients intoxiqués, ceux qui sont atteints de cancer ou d'une maladie nerveuse ou musculaire chronique. Les arrêts cardiorespiratoires qui surviennent en dehors d'un hôpital ont un moins bon pronostic.

Tout enfant en arrêt cardiorespiratoire doit faire l'objet d'une tentative de réanimation, sauf s'il n'y a pas d'espoir de récupération neurologique ou lorsqu'une décision de ne pas réanimer a été prise au préalable, par exemple en cas de cancer terminal. Le temps écoulé entre l'arrêt et l'arrivée d'un réanimateur constitue un facteur crucial de décision, mais il n'est pas toujours connu de façon précise. La baisse de la température corporelle, la présence de lividités cadavériques et d'une rigidité musculaire sont des constatations qui doivent dissuader d'entreprendre une réanimation. Si les circonstances suggèrent une hypothermie primaire, une réanimation doit être entreprise, même si le patient est en état de mort apparente. Il faut éviter de réanimer les patients en arrêt cardiorespiratoire lorsque l'équipe traitante et les parents ont décidé de s'abstenir de telles manœuvres ; cette décision doit être inscrite dans le dossier.

Manifestations cliniques

Par définition, l'enfant en arrêt cardiorespiratoire est apnéique et on ne peut détecter aucune activité cardiaque. Il peut être pâle, grisâtre, marbré ou cyanosé.

Explorations

Pendant la réanimation, les explorations suivantes sont utiles : gaz sanguins, de préférence artériels (une acidose métabolique se développe rapidement après l'arrêt), ionogramme, glycémie, calcémie et hémogramme. À la fin de la réanimation, une radiographie pulmonaire et un électrocardiogramme doivent être faits.

Traitement

Une fois que l'arrêt cardiorespiratoire s'est produit, l'intervention très rapide d'une équipe de réanimation adéquatement entraînée et équipée constitue le seul espoir de survie sans séquelles. Un chef d'équipe doit être désigné : c'est lui qui coordonne les manœuvres, tente de déterminer la cause de l'arrêt, surveille le passage du temps et l'évolution de la situation et décide du moment où la réanimation doit être arrêtée. Les manœuvres de réanimation se font en suivant une séquence stéréotypée selon le moyen mnémotechnique en langue anglaise A-B-C-D-E-F :

A : *Airway* : dégagement des voies aériennes

– Vérifier que le patient ne respire pas.

– Mettre le patient dans la position qui permet le mieux de le ventiler :
   – Le nouveau-né ou le nourrisson est placé en position neutre ou «position de reniflement» : à cet âge, l'hyperextension du cou peut obstruer les voies respiratoires supérieures ;
   – Chez l'enfant plus âgé ou l'adolescent, on pratique l'hyperextension du cou et on soulève le menton.

– Aspirer les sécrétions et les vomissements avec une sonde rigide et, si un corps étranger est présent, l'enlever sous vision directe ;

– Intuber le patient par voie orale le plus tôt possible. Dimension du tube endotrachéal :
   – Nouveau-né   3,0 à 3,5 ;
   – Nourrisson (< 1 an)   3,5 à 4,0 ;
   – > 1 an   (âge en années/4) + 4
                                            (exemples : 8 ans = 6 ; 12 ans = 7).

B : *Breathing* : ventilation

– Si l'équipement de ventilation n'est pas disponible, on pratique immédiatement la ventilation bouche à bouche (chez le nouveau-né et le nourrisson, la bouche du réanimateur recouvre la bouche et le nez de l'enfant) ;

– Si cet équipement est disponible, on ventile immédiatement l'enfant au moyen d'un masque et d'un insufflateur, puis via le tube endotrachéal avec de l'oxygène à 100 %. La fréquence de ventilation varie selon l'âge :
   – < 1 an : 20 à 24 par minute ;
   – 1 à 8 ans : 16 à 20 par minute ;
   – > 8 ans : 16 par minute.

C : *Circulation* : circulation

– Vérifier l'absence de pouls (chez l'enfant de moins d'un an, on recherche le pouls brachial et chez l'enfant plus âgé ou l'adolescent, le pouls carotidien) ;

– Si le pouls est absent, commencer le massage cardiaque externe ; la ventilation ne doit pas être interrompue lors des compressions, mais ces deux manœuvres doivent se faire de façon asynchrone : il faut ventiler entre deux compressions. La technique du massage cardiaque varie selon l'âge :
   – Chez le nouveau-né et le nourrisson, les deux mains encerclent le thorax et on masse avec les deux pouces, un travers de doigt sous la ligne qui rejoint les mamelons, au niveau du tiers médian du sternum (figure 4-B). La fréquence du massage doit être de 100 à 120 par minute et la profondeur de la compression de 1,25 à

2,5 cm. On ventile une fois toutes les cinq compressions. Cette technique n'est pas utilisable si l'opérateur est seul; les compressions se font alors avec deux doigts (figure 4-A).

Figure 4   Massage cardiaque externe chez le nouveau-né et le nourrisson.
       A : Compression au moyen de deux doigts, utilisable lorsque le réanimateur est seul. B : Compression selon la technique de l'encerclement, utilisable lorsque le réanimateur dispose de ses deux mains.

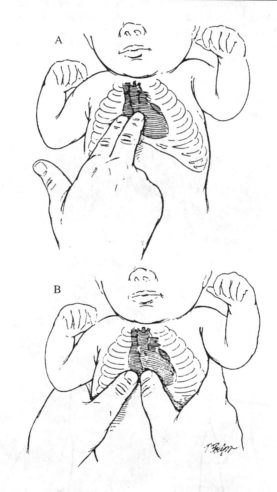

Source : Nichols DG, Yaster M, Lappe DG, Buck JR : Golden hour. The Handbook of Advanced Pediatric Life Support. Mosby-Year Book, St-Louis, 1991 (reproduit avec autorisation).

– Chez l'enfant de un à huit ans, on masse avec la paume d'une seule main appliquée deux travers de doigt au-dessus de l'appendice xiphoïde, au niveau du tiers inférieur du sternum (figure 5). La fréquence du massage doit être de 80 à 100 par minute et la profondeur de compression de 2,5 à 3,75 cm ; on ventile une fois toutes les cinq compressions.

– Chez l'enfant de plus de huit ans et l'adolescent, on masse avec les deux mains, la paume de l'une étant appliquée sur la partie inférieure du sternum, deux travers de doigt au-dessus de l'appendice xiphoïde et la paume de l'autre appliquée sur le dos de la première (figure 6). La fréquence du massage doit être de 80 à 100 par minute et la profondeur de compression de 3,75 à 5 cm ; on ventile une fois toutes les cinq compressions.

Figure 5   Massage cardiaque externe chez l'enfant de 1 à 8 ans : la compression se fait au moyen d'une seule main.

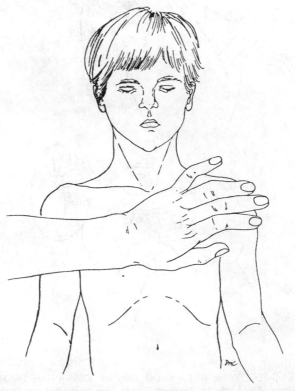

Source :   Rogers MC : Textbook of Pediatric Intensive Care. Williams & Wilkins Baltimore, 1987 (reproduit avec autorisation).

Figure 6   Massage cardiaque externe chez l'enfant de plus de 8 ans : la compression se fait au moyen des deux mains.

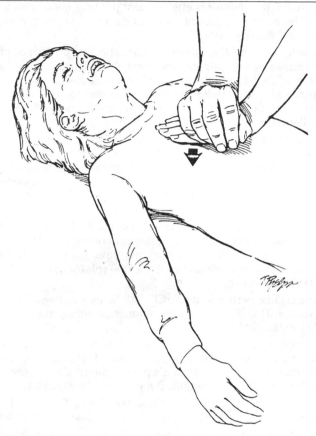

Source :   Nichols DG, Yaster M, Lappe DG, Buck JR : Golden hour. The Handbook of Advanced Pediatric Life Support. Mosby-Year Book, St-Louis, 1991 (reproduit avec autorisation).

D : *Drugs* : médicaments

Une voie veineuse doit être établie le plus rapidement possible ; on utilise de préférence une voie veineuse centrale ou périphérique proximale (exemple : veine du pli du coude). La veine fémorale peut aussi être utilisée. Une dénudation de la crosse de la saphène constitue une bonne voie d'accès, mais elle demande du temps et de l'expérience. La voie intra-osseuse est recommandée lorsqu'une voie veineuse n'a pu être établie après deux essais rapides. On utilise un trocart pour ponction de moelle et on l'introduit à la face antérieure du tibia, 2 cm sous la tubérosité tibiale antérieure. On choisit un trocart de calibre 20 ou 18 chez l'enfant de moins d'un an et de calibre 18 ou 16 chez l'enfant plus âgé. Certains médicaments peuvent être administrés efficacement par voie intratrachéale ; cette voie est utilisée chez les patients intubés en attendant qu'une voie veineuse soit établie.

1) On administre immédiatement de l'adrénaline, de préférence par voie intraveineuse (la voie intracardiaque est abandonnée) en cas d'asystolie, de bradycardie sinusale avec faible débit cardiaque, de dissociation électromécanique (activité électrique présente sans débit cardiaque détectable) ou en cas de fibrillation ventriculaire qui ne répond pas à la défibrillation.

   Par voie intravcineuse ou intra-osseuse, la posologie initiale est de 0,1 mL/kg/dose, soit 0,01 mg/kg/dose (maximum : 5 à 10 mL) d'adrénaline à 1/10 000*. Au besoin, on administre ensuite toutes les 5 minutes des doses 10 fois plus élevées, soit 0,1 mL/kg/dose (maximum : 5 à 10 mL) d'adrénaline à 1/1 000 (et non plus à 1/10 000), soit 0,1 mg/kg/dose.

   Par voie intratrachéale, l'absorption est moins bonne que par voie intraveineuse ou intra-osseuse ; c'est pourquoi une dose initiale 10 fois plus élevée est recommandée par cette voie. La posologie est donc de 0,1 mL/kg/dose d'adrénaline à 1/1 000 (plutôt que d'adrénaline à 1/10 000), soit 0,1 mg/kg/dose.

2) On installe une perfusion de NaCl à 0,9 % ou de Ringer lactate dans tous les cas. Il vaut mieux ne pas donner un soluté glucosé, à moins que le patient soit hypoglycémique.

3) De l'atropine est donnée par voie intraveineuse, intra-osseuse ou intratrachéale en cas de bradycardie importante. L'efficacité de l'atropine pour le traitement de l'asystolie n'a pas été confirmée. La posologie est de 0,02 mg/kg/dose (maximum : 2 mg). Ceci correspond à :
   - Canada : 0,05 mL/kg/dose d'une solution à 0,4 mg/mL (maximum : 0,5 mL/dose chez l'enfant et 1 mL/dose chez l'adolescent) ;
   - France : 0,04 mL/kg/dose d'une solution à 0,5 mg/mL (maximum : 0,4 mL/dose chez l'enfant et 0,8 mL/dose chez l'adolescent).

   Cette dose est répétée au besoin toutes les cinq minutes. Lorsque la voie intratrachéale est utilisée, on donne la même dose que par voie intraveineuse.

4) Le bicarbonate de sodium est utilisé sous forme de solution à 4,2 % (0,5 mmol/mL). Si on utilise une solution à 8,4 % (Canada), elle doit donc être diluée en parties égales avec de l'eau pour obtenir une solution à 4,2 % (0,5 mmol/L). Le bicarbonate n'est plus utilisé de façon empirique de peur, entre autres, d'une augmentation de production du CO_2 : celle-ci peut créer une acidose intracellulaire qui peut nuire à la fonction myocardique. On ne donne donc du bicarbonate que pour

---

* N.B. : Cette solution n'existe pas en France ; la préparer en diluant 10 fois la solution à 1/1 000.

corriger une acidémie grave démontrée de préférence dans le sang artériel; la posologie est de 1 mmol/kg pour la dose initiale, ou, par dose totale:

$$\frac{0,3 \times \text{poids en kg} \times \text{déficit de bases}}{2}$$

(exemple: si un enfant de 10 kg a un excès de base à moins 20 mmol/L, on lui donne 30 mmol). En raison de l'osmolarité élevée, on utilise la voie intraveineuse de préférence à la voie intra-osseuse. La voie intra-trachéale est à proscrire.

5) L'utilisation du calcium est limitée aux situations suivantes: hypo-calcémie, hyperkaliémie, hypermagnésémie, intoxication par les blo-queurs des canaux calciques. Dans les autres situations, le calcium peut avoir des effets néfastes sur l'intégrité et la fonction des neurones et des cellules myocardiques, une fois la circulation rétablie. On utilise soit le chlorure de calcium à 10 % (100 mg/mL), soit le gluconate de calcium à 10 % (100 mg/mL). Posologie: chlorure de calcium à 10 %: 0,2 mL/kg/dose, soit 20 mg/kg/dose (maximum: 5 mL); gluconate de calcium à 10 %: 0,5 mL/kg/dose, soit 50 mg/kg/dose (maximum: 10 mL). On utilise la voie intraveineuse ou intra-osseuse. L'injection se fait lentement; elle peut être répétée au besoin toutes les 10 minutes.

6) La lidocaïne (solution à 20 mg/mL) est indiquée en cas de tachycardie ventriculaire ou de fibrillation ventriculaire réfractaire à la défibrilla-tion. La posologie est de 1 mg/kg/dose toutes les 8 à 10 minutes (dose maximale cumulative: 5 mg/kg) par voie intraveineuse, intra-osseuse ou intratrachéale. On commence ensuite une perfusion intraveineuse continue en utilisant une solution de 120 mg dans 100 mL de solution glucosée à 5 %; la vitesse de perfusion est de 0,02 à 0,05 mg/kg/minute (1 mL/kg/heure = 0,02 mg/kg/minute).

7) Le brétylium (solution à 50 mg/mL) s'utilise par voie intraveineuse, intra-osseuse ou intratrachéale pour le traitement des arythmies ventri-culaires qui ne répondent pas à la lidocaïne. L'absorption par voie intratrachéale est faible. La posologie est de 5 mg/kg/dose; cette dose peut être répétée toutes les 15 à 30 minutes et la dose maximale cumu-lative est de 30 mg/kg/24 heures. Lorsqu'il est utilisé à la suite d'une défibrillation inefficace, donner 10 mg/kg/dose.

E: *EKG*: électrocardiogramme (ECG)

Un moniteur de l'ECG doit être installé le plus tôt possible.

F: *(de)Fibrillation*: défibrillation

Elle est utilisée en cas de fibrillation ventriculaire. Une électrode est pla-cée au niveau de la base du cœur, l'autre à la pointe. Les électrodes pédia-triques sont utilisées chez l'enfant de moins de 10 kg (< 1 an) et les électrodes pour adultes chez l'enfant plus âgé. On commence par 2 J/kg et on augmente à 4 ou 5 J/kg si la défibrillation n'est pas efficace.

Séquence des manœuvres de réanimation :
– Asystolie :
  – Ventilation et massage cardiaque externe.
  – Mise en place d'une voie de perfusion intraveineuse ou intra-osseuse.
  – Adrénaline à 1/10 000 : 0,1 mL/kg/dose comme dose initiale, puis 0,1 mL/kg/dose d'adrénaline à 1/1 000 (et non plus à 1/10 000), à répéter au besoin toutes les 3 à 5 minutes.
  – Bicarbonate de sodium si la réanimation dure plus de 10 à 15 minutes : 1 mmol/kg/dose.
– Fibrillation ventriculaire :
  – Ventilation et massage cardiaque externe ; pas de coup précordial.
  – Mise en place d'une voie de perfusion intraveineuse ou intra-osseuse.
  – Défibrillation à 2 J/kg.
  – Défibrillation à 4 J/kg.
  – Défibrillation à 4 J/kg.
  – Adrénaline (première dose) :
    – Voie intraveineuse ou intra-osseuse : dilution à 1/10 000 : 0,1 mL/kg/dose.
    – Voie intratrachéale : dilution à 1/1 000 : 0,1 mL/kg/dose.
  – Lidocaïne : 1 mg/kg par voie intraveineuse ou intra-osseuse.
  – Défibrillation à 4 J/kg, 30 à 60 secondes après les médicaments.
  – Adrénaline (deuxième dose et doses suivantes) : dilution à 1/1 000 : 0,1 mL/kg/dose par voie intraveineuse ou intra-osseuse, à répéter au besoin toutes les 3 à 5 minutes.
  – Lidocaïne : 1 mg/kg par voie intraveineuse ou intra-osseuse.
  – Envisager de donner du brétylium, à raison de 5 mg/kg/dose pour la première dose, par voie intraveineuse, intra-osseuse ou intra-trachéale.
  – Défibrillation à 4 J/kg, 30 à 60 secondes après les médicaments.
  – Brétylium, à raison de 10 mg/kg/dose, par voie intraveineuse, intra-osseuse ou intratrachéale.
  – Bicarbonate de sodium (si la réanimation dure plus de 10 à 15 minutes) : 1 mmol/kg/dose par voie intraveineuse.
– Dissociation électromécanique :
  – Ventilation et massage cardiaque externe.
  – Mise en place d'une voie de perfusion intraveineuse ou intra-osseuse.
  – Recherche et traitement de la cause (hypovolémie, hypoxémie ou acidose grave, pneumothorax sous tension, tamponnade cardiaque, hypothermie profonde).

- Adrénaline :
  - Première dose :
    - Voie intraveineuse ou intra-osseuse : dilution à 1/10 000 : 0,1 mL/kg/dose ;
    - Voie intratrachéale : dilution à 1/1 000 : 0,1 mL/kg/dose.
  - Deuxième dose : dilution à 1/1 000 : 0,1 mL/kg/dose par voie intraveineuse, intra-osseuse ou intratrachéale, à répéter toutes les 3 à 5 minutes.
- Bicarbonate de sodium (si la réanimation dure plus de 10 à 15 minutes) : 1 mmol/kg/dose par voie intraveineuse.

Arrêt de la réanimation

Plusieurs facteurs peuvent avoir une influence sur les chances de succès : temps écoulé entre l'arrêt cardiorespiratoire et le début de la réanimation, température corporelle, durée de la réanimation, nombre de doses de médicaments données, rythme cardiaque obtenu. Si le patient est en hypothermie profonde, la réanimation doit se poursuivre jusqu'à ce que sa température dépasse 32°C (voir Hypothermie). Si le patient est normothermique, les chances de succès après deux doses d'adrénaline et après 30 minutes de réanimation sont faibles et il faut envisager d'abandonner les efforts de réanimation.

Après la réanimation

Le patient qui survit à un arrêt cardiorespiratoire doit être surveillé de près et il faut identifier et traiter les problèmes qui ont conduit à l'arrêt ; la stabilisation de la fonction circulatoire peut nécessiter l'administration d'amines vaso-actives (voir chapitres sur le choc).

Pronostic

Le pronostic dépend de la cause de l'arrêt, du lieu où il survient et de la promptitude et de la qualité de la réanimation ; même si celle-ci réussit initialement, une faible minorité des patients s'en tirent sans séquelles neurologiques majeures. C'est en raison de ce pronostic sombre qu'il faut faire beaucoup d'efforts pour identifier et traiter de façon précoce l'hypoxémie et les autres facteurs qui peuvent conduire à un arrêt cardiorespiratoire.

Lectures suggérées

Eisenberg M, Bergner L, Hallstrem A : Epidemiology of cardiac arrest and resuscitation in children, Ann Emerg Med 1983 ; 12 : 672-674.
Emergency Cardiac Care Committee and Subcommittees, American Heart Association : Guidelines for cardiopulmonary resuscitation and emergency cardiac care. Part VI : pediatric advanced life support. JAMA 1992 ; 268 : 2262-2275.
Gillis J, Dickson D, Rieder M, Steward D, Edmonds J : Results of inpatient pediatric resuscitation. Crit Care Med 1986 ; 14 : 469-471.
Niemann JT : Cardiopulmonary resuscitation. N Engl J Med 1992 ; 327 : 1075-1080.

Arthrite rhumatoïde juvénile   27

Michel Weber, Claire Saint-Cyr, Céline Lamarre

Généralités

L'arthrite rhumatoïde juvénile (ARJ) est une maladie inflammatoire chronique qui touche surtout les articulations. Des facteurs immunologiques, génétiques et infectieux ont été incriminés, mais son étiologie exacte demeure inconnue. Certaines formes peuvent conduire à une destruction et à une déformation des articulations, ce qui cause une incapacité motrice importante.

Formes cliniques

Dans toutes les formes, l'atteinte articulaire peut se manifester par une raideur matinale, un gonflement, une chaleur locale et une limitation de la mobilité de l'articulation. Il y a parfois de la douleur. L'érythème est rare. Bien souvent, le jeune enfant ne se plaint pas spontanément de douleur, mais les articulations peuvent être sensibles à l'examen. L'atteinte des mains peut donner aux doigts un aspect fusiforme caractéristique. Une composante cervicale, temporo-mandibulaire ou sacro-iliaque doit être recherchée. Selon le site atteint, il peut y avoir une accélération ou un ralentissement de la croissance du membre atteint.

I. Forme à début systémique ou maladie de Still (environ 20 % des cas)

Cette forme est aussi fréquente chez les garçons que chez les filles. Elle peut commencer n'importe quand pendant l'enfance. Les principales manifestations sont la fièvre, une éruption finement maculaire, saumonée et évanescente, une hépatosplénomégalie, des adénopathies, des douleurs abdominales, ainsi que des arthralgies, des myalgies ou une arthrite. Il peut y avoir une atteinte pleurale ou péricardique. Le facteur rhumatoïde et les anticorps antinucléaires sont négatifs. L'évolution tardive vers une arthrite grave s'observe dans 20 % des cas environ.

II. Forme à début oligo-articulaire (environ 50 % des cas)

Cette forme touche surtout les grosses articulations, habituellement de façon asymétrique. Elle se limite à quatre articulations ou moins.

La majorité (environ 80 %) des patients atteints sont des filles. Ce type commence le plus souvent avant l'âge de trois à quatre ans. Le genou et la cheville sont les articulations les plus souvent atteintes. Une uvéite chronique survient dans environ 25 % des cas. Les anticorps antinucléaires sont positifs dans environ 75 % des cas et dans plus de 90 % des cas lorsqu'il y a une uvéite associée. Le facteur rhumatoïde est négatif. Ce type est associé aux anticorps d'histocompatibilité HLA DR5, DRW6 et DRW8. Une évolution vers une atteinte poly-articulaire grave s'observe dans 20 % des cas environ. L'uvéite peut conduire à des séquelles oculaires permanentes, incluant la perte de vision.

N.B. : On distingue une autre forme d'arthrite oligo-articulaire, qui fait partie de la famille des spondylo-arthropathies. 90 % des enfants atteints sont des garçons. Ce type apparaît surtout à la fin de l'enfance. Une atteinte de la hanche ou de l'articulation sacro-iliaque s'observe fréquemment. On note souvent une douleur au point d'insertion des tendons (enthésite). Le risque d'uvéite aiguë est d'environ 15 %. Le facteur rhumatoïde et les anticorps antinucléaires sont négatifs. Il y a une association avec l'anticorps d'histocompatibilité HLA B27. Il peut y avoir une évolution tardive vers la spondylite ankylosante.

III. Forme à début poly-articulaire (environ 30 % des cas)

Cette forme touche plus de quatre articulations. Elle peut atteindre toutes les articulations, incluant celles de la main.

1) Avec facteur rhumatoïde négatif (deux tiers des cas) : 90 % des enfants atteints sont des filles. Ce type peut apparaître n'importe quand pendant l'enfance. L'uvéite est rare. Les nodules sous-cutanés (nodules rhumatoïdes) sont rares. Les anticorps antinucléaires sont positifs dans 25 % des cas environ. Cette forme cause rarement une atteinte articulaire grave et des séquelles permanentes.

2) Avec facteur rhumatoïde positif (un tiers des cas) : 80 % des enfants atteints sont des filles. Ce type commence à la fin de l'enfance. Il est associé à l'antigène d'histocompatibilité HLA DR4. Il ne cause pas d'uvéite. Des nodules rhumatoïdes apparaissent fréquemment. Les anticorps antinucléaires sont positifs dans 75 % des cas environ. Ce type évolue vers une arthrite grave dans plus de la moitié des cas.

Explorations

L'hémogramme montre souvent une anémie légère ou modérée. Dans la forme à début systémique, cette anémie peut être importante et on note souvent une hyperleucocytose à prédominance neutrophile ainsi qu'une thrombocytose.

La vitesse de sédimentation est élevée, de même que la protéine C-réactive. Il peut y avoir une hypo-albuminémie et une élévation des alpha-2 et des gammaglobulines.

La recherche du facteur rhumatoïde et des anticorps antinucléaires contribue à préciser le type d'ARJ (voir plus haut).

Des examens ophtalmologiques réguliers sont essentiels, particulièrement dans la forme à début oligo-articulaire.

Au début, les radiographies montrent seulement l'œdème des tissus mous. S'il y a une évolution vers une arthrite chronique, on peut noter diverses anomalies comme une ostéoporose, une accélération ou un ralentissement de la croissance osseuse, un pincement articulaire, une destruction ou une déformation de l'articulation, etc.

Traitement

Il doit être individualisé et être supervisé de préférence par une équipe multidisciplinaire spécialisée. L'objectif est de supprimer la douleur et de normaliser la fonction articulaire.

I. Anti-inflammatoires

L'acide acétylsalicylique demeure l'un des agents préférés. La posologie habituelle est d'environ 100 mg/kg/24 heures PO en 4 fois (maximum chez le grand enfant : 3,6 g/24 heures). Le taux sérique doit être maintenu entre 0,7 et 1,8 mmol/L. Chez le grand enfant, on a intérêt à utiliser une forme enrobée afin de minimiser les effets secondaires digestifs. Il faut surveiller les transaminases de façon régulière : une augmentation importante de celles-ci impose un changement de traitement. Il y a un risque de syndrome de Reye, particulièrement à l'occasion d'une infection virale comme une varicelle ou une grippe. Les signes précoces d'intoxication sont l'accélération de la fréquence respiratoire chez le jeune enfant et les bourdonnements d'oreille chez le patient plus âgé. D'autres médicaments anti-inflammatoires comme l'indométacine, le naproxène et la tolmétine donnent des résultats similaires. L'amélioration peut prendre des semaines à se manifester.

Les corticostéroïdes sont réservés à des situations exceptionnelles.

La décision d'utiliser d'autres médicaments comme les sels d'or, le méthotrexate, la pénicillamine ou l'hydroxychloroquine devrait être prise en collaboration avec un rhumatologue.

II. Physiothérapie (kinésithérapie) et réadaptation

Il s'agit d'un aspect particulièrement important du traitement lorsqu'il y a une atteinte articulaire persistante. Elles visent à maintenir une fonction motrice la plus normale possible, compte tenu de l'âge de l'enfant, à réduire le risque de séquelles articulaires (contractures, subluxations) et à compenser certaines incapacités.

Dès la phase aiguë, il faut éviter les positions de confort qui entraînent fréquemment des contractures en flexion. Des orthèses permettent de mettre au repos certaines articulations (poignets, doigts, genoux, chevilles), tout en les soutenant dans une position optimale. Pour les articulations qui ne peuvent recevoir d'orthèse, il faut sensibiliser l'enfant et sa famille à la nécessité de bonnes postures qui favorisent l'étirement des articulations et des tissus mous avoisinants.

Comme l'ankylose s'installe rapidement, une mobilisation passive et surtout active s'impose. Pour qu'il soit bien suivi, le programme de mobilisation doit être intégré aux activités de la vie quotidienne et particulièrement aux jeux. Cette approche permet d'améliorer l'amplitude des articulations, ainsi qu'une bonne rééducation proprioceptive. Le programme d'exercices doit tenir compte du principe de l'économie d'énergie afin d'éviter la surutilisation d'une articulation touchée, qui peut accentuer l'inflammation.

Mis à part le bain chaud facilitant le déverrouillage matinal et les activités en piscine, les différentes techniques de médecine physique sont peu utilisées.

Afin de suivre adéquatement l'évolution de l'enfant et de mieux orienter les objectifs de l'équipe traitante, il est important d'effectuer des mesures régulières, en utilisant une échelle qui tienne compte de tous les types d'activités, y compris les fonctions d'hygiène, d'habillement, d'alimentation, et de locomotion, sans oublier l'apprentissage cognitif et la vie émotionnelle. Lorsque les habitudes de vie sont perturbées, il ne faut pas hésiter à fournir l'aide technique nécessaire pour que l'enfant puisse améliorer son autonomie, qu'il s'agisse de la mobilité, des activités de la vie quotidienne ou de l'apprentissage scolaire.

Grâce à cette approche multidisciplinaire, peu d'enfants atteignent le stade du handicap.

III. Soutien psychosocial

Comme dans les autres maladies chroniques, le soutien psychosocial est essentiel à l'enfant et à sa famille.

IV. Traitement de l'uvéite

Il relève de l'ophtalmologue. Les principales modalités thérapeutiques sont la corticothérapie par voie locale ou parfois générale et les mydriatiques.

Complications

Atteinte chronique avec déformation articulaire et incapacité motrice, atteinte oculaire, pleurésie, péricardite.

Pronostic

Il dépend de la forme de la maladie et varie d'un enfant à l'autre. L'ARJ ne met pas la vie en danger. Globalement, environ 75 % des patients ne gardent pas de handicap permanent. Une atteinte articulaire chronique est surtout à craindre dans les formes à début systémique ou poly-articulaire, surtout lorsque le facteur rhumatoïde est positif. Lorsqu'il s'agit d'une forme à début oligo-articulaire, le risque d'atteinte oculaire est élevé.

Lectures suggérées

Harris ED Jr: Rheumatoid arthritis. Pathophysiology and implications for therapy. N Engl J Med 1990; 322: 1277-1289.

Lovell DJ, Walco GA: Pain associated with juvenile rheumatoid arthritis. Pediat Clin North Am 1989; 36: 1015-1027.

Rosenberg AM: Advanced drug therapy for juvenile rheumatoid arthritis. J Pediatr 1989; 114: 171-178.

Arthrite septique   28

Marc Lebel, Michel Weber, François Fassier

Généralités

Les infections articulaires bactériennes touchent surtout l'épaule, le coude, la hanche, le genou et la cheville.

Chez le nouveau-né (moins d'un mois), les principales bactéries responsables sont le *Staphylococcus aureus*, le *Streptococcus agalactiæ* (streptocoque bêta-hémolytique du groupe B) et des bactéries à Gram négatif, principalement l'*Escherichia coli*. Des arthrites mycotiques ont été rapportées dans des unités de soins intensifs néonatals.

Chez l'enfant âgé de un mois à cinq ans, il faut surtout suspecter l'*Hæmophilus influenzæ* de type b, le *Staphylococcus aureus*, le *Streptococcus pyogenes* (streptocoque bêta-hémolytique du groupe A), et le *Streptococcus pneumoniæ* (pneumocoque).

Chez l'enfant âgé de 5 à 15 ans, les principaux responsables sont le *Staphylococcus aureus*, le *Streptococcus pyogenes* et le *Streptococcus pneumoniæ*.

Chez l'adolescent, on retrouve surtout le *Staphylococcus aureus*, le *Streptococcus pyogenes*, le *Streptococcus pneumoniæ* et, plus rarement, le *Neisseria gonorrhœæ*.

L'infection peut être d'origine hématogène ou résulter de la propagation d'une infection du voisinage telle qu'une ostéomyélite.

Il s'agit d'une urgence, car tout retard de traitement peut être responsable de séquelles articulaires permanentes.

Manifestations cliniques

Chez le nouveau-né et le nourrisson, la fièvre peut être absente et la seule manifestation clinique peut être une pseudo-paralysie.

Chez l'enfant plus âgé, on retrouve souvent une fièvre élevée. L'articulation est enflée, chaude et douloureuse (la mobilisation passive est difficile ou impossible). La peau peut être normale ou hyperhémiée. Ces signes peuvent ne pas être évidents et le diagnostic peut être plus difficile lorsque c'est la hanche ou l'épaule qui est atteinte.

Explorations

L'hémogramme démontre souvent une hyperleucocytose avec prédominance neutrophile.

La vitesse de sédimentation est habituellement augmentée.

L'hémoculture est positive dans environ 50 % des cas.

Les radiographies de l'articulation malade peuvent confirmer l'œdème des tissus mous et montrer un élargissement de l'espace articulaire. Un foyer voisin d'ostéomyélite a peu de chances d'être visible moins d'une dizaine de jours après le début des symptômes; il peut être démontré par la scintigraphie osseuse au technétium.

La cartographie au gallium peut confirmer la présence de pus dans l'articulation.

L'échographie permet de confirmer la présence de liquide dans l'articulation, sans cependant pouvoir préciser la nature de ce liquide; cet examen est surtout utile en cas d'arthrite de la hanche.

Dans certains cas, la résonance magnétique nucléaire peut donner des informations utiles quant à la nature du liquide intra-articulaire et à l'extension du processus infectieux.

Seule la ponction articulaire permet de confirmer le diagnostic. Elle doit être effectuée avant le début de l'antibiothérapie; elle permet de démontrer la présence de pus dans l'articulation; habituellement, on retrouve entre 50×10^9 et 200×10^9 leucocytes/L, et plus de 90 % sont des neutrophiles; la concentration de glucose dans le liquide articulaire est basse dans environ 50 % des cas. L'examen direct du liquide articulaire coloré au Gram ou à l'acridine orange permet de confirmer l'origine bactérienne de l'infection. La culture du liquide articulaire est positive dans 50 à 85 % des cas. La contre-immuno-électrophorèse sur le liquide articulaire offre des chances d'identifier la bactérie responsable lorsque la culture est négative.

Traitement

Lorsqu'une articulation superficielle est atteinte (coude, poignet, genou, cheville), des ponctions répétées avec lavage articulaire peuvent être faites. Lorsqu'il s'agit d'une articulation profonde (épaule, hanche), dont la surveillance clinique est difficile, une arthrotomie avec drainage est préférable.

L'antibiothérapie est de longue durée (au moins trois semaines) et sera toujours administrée par voie intraveineuse, du moins au début. En attendant l'identification de la bactérie et l'antibiogramme, l'antibiothérapie initiale dépend de l'âge:

1) Chez le nouveau-né (< 1 mois): utiliser l'association de céfotaxime et d'une pénicilline antistaphylococcique comme l'oxacilline; pour la posologie dans ce goupe d'âge, voir Index pharmacologique;

2) Chez l'enfant âgé d'un mois à cinq ans: utiliser soit le céfuroxime seul (150 mg/kg/24 heures IV en 3 à 4 fois; maximum chez le grand enfant: 6 g/24 heures), soit une association de céfotaxime (200 mg/kg/24 heures IV en 4 fois; maximum chez le grand enfant: 10 g/24 heures) et d'une pénicilline antistaphylococcique comme la cloxacilline (Canada, France), la nafcilline (Canada) ou l'oxacilline (France) (100 à 200 mg/kg/24 heures IV en 4 fois; maximum chez le grand enfant: 12 g/24 heures);

3) Chez l'enfant de plus de cinq ans et chez l'adolescent, utiliser soit une pénicilline antistaphylococcique seule, comme la cloxacilline (Canada, France), la nafcilline (Canada) ou l'oxacilline (France) (posologie: voir ci-dessus), soit une céphalosporine de la première génération comme la céfazoline (50 à 100 mg/kg/24 heures IV en 4 fois; maximum chez le grand enfant: 6 g/24 heures), ou de la deuxième génération comme le céfamandole (100 à 150 mg/kg/24 heures IV en 4 fois; maximum chez le grand enfant: 12 g/24 heures). Chez l'adolescent sexuellement actif, si la coloration au Gram suggère une infection à *Neisseria gonorrhœæ*, utiliser soit le céfotaxime (posologie: voir ci-dessus), soit la ceftriaxone (50 à 100 mg/kg/24 heures IV en 1 à 2 fois; maximum: 4 g/24 heures).

Si la culture est négative, le traitement initial doit être poursuivi par voie parentérale pendant au moins trois semaines. Si la culture est positive, l'antibiothérapie est ajustée en fonction de l'antibiogramme :

1) Pénicilline G s'il s'agit d'un *Streptococcus pyogenes*, d'un *Staphylococcus aureus* sensible à la pénicilline, d'un *Streptococcus pneumoniæ* sensible, ou d'un *Neisseria gonorrhœæ* sensible ;

2) Cloxacilline (Canada, France), nafcilline (Canada) ou oxacilline (France) s'il s'agit d'un *Staphylococcus aureus* résistant à la pénicilline ;

3) Ampicilline s'il s'agit d'un *Hæmophilus influenzæ* sensible à l'ampicilline ; céfuroxime, céfotaxime ou ceftriaxone s'il y est résistant.

En cas d'allergie à la pénicilline, on utilise la clindamycine (30 à 40 mg/kg/24 heures IV en 4 fois ; maximum chez le grand enfant : 2,4 g/24 heures) s'il s'agit d'une bactérie à Gram positif, ou le chloramphénicol (Canada) (75 à 100 mg/kg/24 heures IV en 4 fois ; maximum chez le grand enfant : 4 g/24 heures) s'il s'agit d'un *Hæmophilus influenzæ* (dans cette situation, certains sont d'avis qu'une céphalosporine de la deuxième ou de la troisième génération pourrait être utilisée avec prudence).

Après cinq à sept jours de traitement intraveineux, la voie orale peut être utilisée si toutes les conditions suivantes sont réalisées :

1) La fièvre a disparu et les signes locaux ont régressé ;

2) On est certain de la fidélité au traitement (il est souvent nécessaire de garder l'enfant à l'hôpital) ;

3) La bactérie a été identifiée et l'antibiogramme est connu ;

4) Le pouvoir bactéricide du sérum contre la bactérie en cause peut être surveillé (le titre bactéricide une heure après une dose doit être au minimum de 1/8). Selon la bactérie en cause, on peut utiliser par exemple l'amoxicilline, le céfaclor, la céphalexine (céfalexine), la cloxacilline, l'oxacilline, la dicloxacilline ou la phénoxyméthylpénicilline (pénicilline V), en utilisant le double de la posologie maximale habituelle. En France, on utilise aussi la pristinamycine et la virginiamycine (voir Index pharmacologique).

L'immobilisation prolongée de l'articulation atteinte n'est pas nécessaire ; une traction est souvent mise en place pendant les quelques premiers jours après une arthrotomie.

La durée totale du traitement doit être de trois semaines, ou plus longue si la vitesse de sédimentation ne s'est pas normalisée.

Complications

Ankylose articulaire, nécrose aseptique de la tête fémorale, luxation.

Mesures préventives et soin des contacts

La généralisation de la vaccination contre l'*Hæmophilus influenzæ* pourrait avoir un impact favorable sur l'incidence de la maladie.

Les patients présentant une arthrite septique ne doivent pas être isolés sauf lorsqu'une arthrotomie a été effectuée; dans ce cas, ils sont isolés pendant les 24 premières heures de traitement.
Pour le soin des contacts intimes, voir Problèmes épidémiologiques courants à la garderie (crèche).

Lectures suggérées

Barton LL, Dunkle LM, Habib FH: Septic arthritis in childhood. A 13-year review. Am J Dis Child 1987; 141: 898-900.

Dagan R: Management of acute hematogenous osteomyelitis and septic arthritis in the pediatric patient. Pediatr Infect Dis J 1993; 12: 88-93.

Goldenberg DL, Reed JI: Bacterial arthritis. N Engl J Med 1985; 312: 764-771.

Gutman LT: Acute, subacute, and chronic osteomyelitis and pyogenic arthritis in children. Curr Probl Pediatr 1985; 15: 1-56.

Morrissy RT, Shore SL: Bone and joint sepsis. Pediatr Clin North Am 1986; 33: 1551-1564.

Prober CG: Current antibiotic therapy of community-acquired bacterial infections in hospitalized children: bone and joint infections. Pediatr Infect Dis J 1992; 11: 156-159.

Welkon CJ, Long SS, Fisher MC, Alburger PD: Pyogenic arthritis in infants and children: a review of 95 cases. Pediatr Infect Dis J 1986; 5: 669-676.

Arythmies cardiaques   29

Jean-Luc Bigras, Anne Fournier, Alain Chantepie

N.B.: Le traitement des arythmies résultant d'une hyperkaliémie est détaillé dans le chapitre Insuffisance rénale aiguë.

Généralités

Les arythmies cardiaques sont relativement rares chez l'enfant. Elles peuvent survenir spontanément ou résulter d'un problème infectieux, métabolique, électrolytique ou toxique. Elles sont parfois associées à une malformation cardiaque congénitale ou causées par son traitement chirurgical. Les arythmies constituent maintenant un domaine très spécialisé de la cardiologie infantile. Ce chapitre ne vise qu'à donner au médecin généraliste ou au pédiatre des informations quant au traitement immédiat des arythmies les plus courantes, en attendant l'intervention d'un cardiologue.

La plupart du temps, les arythmies ne causent aucun symptôme. Les principales manifestations cliniques possibles sont de l'agitation, des syncopes, des étourdissements, des épisodes de malaise avec pâleur, une sudation profuse, une cyanose, une détresse respiratoire, des vomissements. On peut parfois noter des signes d'insuffisance cardiaque lorsque l'arythmie est associée à une malformation cardiaque congénitale ou lorsqu'elle est prolongée.

Le diagnostic repose sur l'ECG.

Principales arythmies

I. Arythmie sinusale respiratoire

L'arythmie sinusale respiratoire constitue la forme la plus fréquente de rythme irrégulier chez l'enfant. La fréquence cardiaque ralentit au cours de l'expiration et accélère en inspiration. C'est un phénomène normal.

II. Bradycardie sinusale

Les limites inférieures de la fréquence cardiaque chez l'enfant normal figurent dans le tableau 9.

La bradycardie sinusale constitue un phénomène normal chez l'athlète entraîné, mais elle s'observe aussi en cas d'hypothyroïdie, de maladie systémique grave (exemples : acidémie, hypoxémie, hypertension intracrânienne), d'atteinte postopératoire du nœud sinusal (correction à l'étage auriculaire d'une transposition des gros vaisseaux, anastomose auriculo-pulmonaire de Fontan) ou sous l'effet de certains médicaments comme la digoxine, le propranolol et le vérapamil. Le traitement varie selon l'étiologie.

III. Extrasystoles ventriculaires

Elles sont habituellement unifocales. Classiquement, les complexes QRS sont larges et les segments ST sont anormaux (figure 7). Le plus souvent, les extrasystoles sont de nature bénigne et n'ont pas de signification, pour autant qu'elles soient unifocales et supprimées à l'exercice. Les extrasystoles sont considérées comme significatives lorsqu'elles sont multifocales, lorsqu'elles augmentent à l'exercice, si elles surviennent chez un patient qui a subi une intervention cardiaque, si une onde R survient sur l'onde T, ou si elles surviennent par salves de deux ou trois. Les extrasystoles bénignes ne nécessitent aucun traitement, tandis que les extrasystoles significatives requièrent une investigation approfondie afin d'orienter le traitement vers une approche médicale (bêta-bloquant ou phénytoïne) ou une ablation chirurgicale, soit ouverte, soit par cathétérisme interventionnel.

IV. Fibrillation auriculaire

Elle correspond à une activité auriculaire rapide avec une réponse ventriculaire plus lente en raison d'un bloc auriculoventriculaire variable. C'est l'arythmie la plus rare en pédiatrie. Elle peut survenir en cas de myocardite, d'intoxication par la digitale, d'hyperthyroïdie et lorsque les oreillettes sont dilatées. À l'ECG (figure 8), on ne retrouve aucune onde P, mais la ligne de base peut présenter des vagues irrégulières, rapides et de faible amplitude. L'intervalle RR est irrégulier. Le traitement est identique à celui du flutter auriculaire, mais la fibrillation auriculaire ne répond pas à l'entraînement électrosystolique rapide.

V. Fibrillation ventriculaire

Cette situation (figure 9) constitue l'équivalent hémodynamique d'une asystolie. Pour le traitement, voir Tachycardie ventriculaire – situation urgente.

Tableau 9   Limites inférieures de la normale pour la fréquence cardiaque*

	À l'état d'éveil	Pendant le sommeil
< 1 an :	90	60
1 à 10 ans :	65	50
> 10 ans :	60	40

* Pulsations par minute

Figure 7   Extrasystoles ventriculaires.

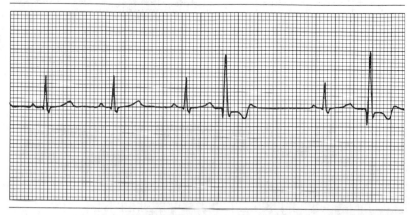

Figure 8   Fibrillation auriculaire.

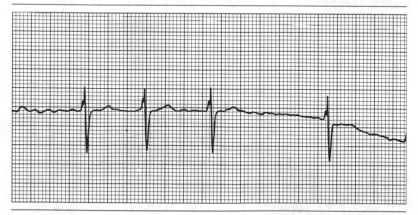

VI. Flutter auriculaire

Le flutter auriculaire consiste en une activité auriculaire très rapide (280 à 300 par minute) qui peut s'associer à un bloc auriculoventriculaire de degré variable ; on note habituellement deux à quatre ondes auriculaires

Figure 9   Fibrillation ventriculaire.

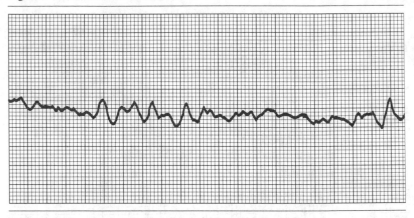

Figure 10   Flutter auriculaire.

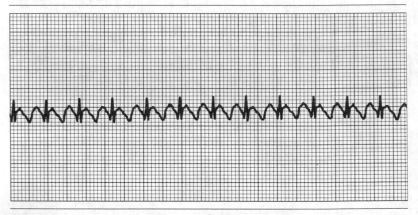

pour une onde ventriculaire. L'ECG montre des ondes en dents de scie qui ondulent le long de la ligne de base (figure 10). Cette arythmie est rare chez l'enfant et la forme idiopathique du nouveau-né est la plus fréquente. Les autres causes sont les pathologies impliquant une dilatation des oreillettes, la myocardite, l'intoxication digitalique et certaines interventions cardiaques (Mustard, Fontan).

Traitement:

1) Effectuer une cardioversion synchrone (0,5 J/kg) ou un entraînement électrosystolique rapide;

2) Si la cardioversion est inefficace, administrer du sotalol, à raison de 200 mg/m^2/24 heures PO en 2 fois (maximum chez le grand enfant: 480 mg/24 heures) ou de la propafénone, à raison de 200 à 600 mg/m^2/24 heures PO en 3 fois (maximum chez le grand enfant: 900 mg/24 heures).

Figure 11 Tachycardie supraventriculaire.

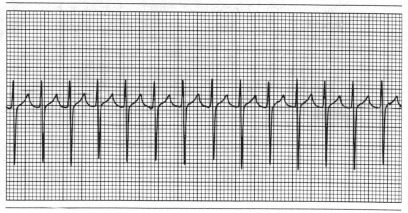

VII. Tachycardie sinusale

La limite supérieure de la normale pour la fréquence cardiaque est la suivante :

– < 1 an :   200/minute ;
– 1 à 10 ans : 150/minute ;
– > 10 ans :   120/minute.

Une tachycardie sinusale s'observe à l'effort, en relation avec la fièvre ou, plus rarement, en cas d'hyperthyroïdie. Le traitement est orienté vers la cause de la tachycardie.

VIII. Tachycardie supraventriculaire

Il s'agit de la tachy-arythmie la plus fréquente chez l'enfant (figure 11). Le plus souvent, elle est idiopathique. Cette arythmie peut aussi résulter d'un syndrome de Wolff-Parkinson-White ou d'une cardiopathie congénitale. Le rythme est habituellement régulier et la fréquence cardiaque est trop rapide pour être comptée. Elle est de l'ordre de 220 à 280 par minute. L'ECG montre un QRS étroit et des intervalles RR réguliers. Le plus souvent, il est impossible de visualiser une onde P distincte. Il faut s'assurer qu'il ne s'agit pas d'une tachycardie ventriculaire, caractérisée par un QRS plus large et des intervalles RR irréguliers.

Traitement :

1) Chez l'enfant de moins d'un an :

   a) Situation urgente : effectuer une cardioversion synchrone (0,25 à 1,0 J/kg), puis digitaliser (voir Insuffisance cardiaque) ;

   b) S'il s'agit d'une situation semi-urgente, suivre la séquence décrite ci-dessous :

   – Effectuer une manœuvre de stimulation vagale comme l'application d'un sac de glace sur le visage. Le sac doit obstruer hermétiquement le nez et la bouche pendant au moins 15 secondes et au maximum 30 secondes. Pendant cette manœuvre, il faut surveiller le rythme cardiaque au moyen d'un moniteur. Digitaliser ensuite (voir Insuffisance cardiaque);

– Si la stimulation vagale est inefficace, administrer de l'adénosine en injection intraveineuse rapide. On commence par une dose de 0,05 mg/kg/dose. Au besoin, on donne des doses croissantes, en augmentant chaque fois de 0,05 mg/kg, jusqu'à un maximum de 0,25 mg/kg (dose cumulative maximale totale : 6 mg). On digitalise ensuite (voir Insuffisance cardiaque);

– Si l'adénosine est inefficace, effectuer une cardioversion synchrone (0,25 à 1,0 J/kg).

N.B. :   À cet âge, le vérapamil est contre-indiqué parce qu'il peut causer une hypotension artérielle ou un état de choc.

2) Chez l'enfant de plus d'un an :

a) Situation urgente : effectuer une cardioversion synchrone (0,25 à 1,0 J/kg), puis digitaliser (voir Insuffisance cardiaque);

b) S'il s'agit d'une situation semi-urgente, suivre la séquence décrite ci-dessous :

– Effectuer une manœuvre de stimulation vagale comme une manœuvre de Valsalva, l'application d'un sac de glace sur le visage ou un massage du sinus carotidien. La compression des globes oculaires est contre-indiquée;

– Si la manœuvre de stimulation vagale est inefficace, administrer de l'adénosine en injection intraveineuse rapide. On commence par une dose de 0,05 mg/kg/dose. Au besoin, on donne des doses croissantes, en augmentant chaque fois de 0,05 mg/kg, jusqu'à un maximum de 0,25 mg/kg (dose cumulative maximale totale : 6 mg). On digitalise ensuite (voir Insuffisance cardiaque);

– Si l'adénosine est inefficace, administrer du vérapamil à raison de 0,1 à 0,3 mg/kg/dose IV en 1 minute (maximum : 10 mg). Cette dose est répétée 5 minutes plus tard. Au besoin, cette séquence peut être répétée 10 minutes plus tard. Si une hypotension artérielle survient ou si une bradycardie apparaît, donner 0,01 à 0,02 mg/kg d'atropine IV;

– Si le vérapamil est inefficace, effectuer une cardioversion (0,25 à 1,0 J/kg).

c) Lorsqu'un traitement à long terme est envisagé, un cardiologue doit être consulté afin d'orienter vers une approche médicale (sotalol, métoprolol ou digoxine) ou chirurgicale (ablation par cathétérisme interventionnel). En cas de syndrome de Wolff-Parkinson-White, la digitalisation est controversée et ne peut être entreprise qu'après une exploration électrophysiologique.

Figure 12 Tachycardie ventriculaire.

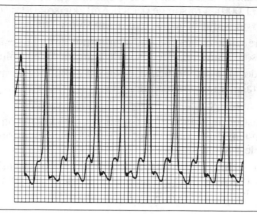

IX. Tachycardie ventriculaire

Elle se définit comme une séquence d'au moins trois extrasystoles ventriculaires. Elle peut être récidivante ou soutenue aux environs de 150 à 180 par minute. L'enfant peut présenter des palpitations, une syncope ou de l'hypotension artérielle. Elle est dangereuse car elle peut progresser vers le flutter ou la fibrillation ventriculaire. Le diagnostic électrocardiographique est basé sur l'aspect des complexes QRS qui sont larges et qui ne sont pas précédés d'une onde P (figure 12). Par ailleurs, les intervalles RR sont irréguliers. L'étiologie est la même que celle des extrasystoles ventriculaires.

Traitement :

1) Situation urgente :

   a) Effectuer une défibrillation au moyen d'intensités croissantes (2 à 4 J/kg) ;

   b) Si la défibrillation est inefficace, administrer de l'adrénaline (solution à 1/10 000*), à raison de 0,1 mL/kg/dose, soit 0,01 mg/kg IV (maximum : 5 à 10 mL). Par voie intratrachéale, la dose est 10 fois plus élevée : on utilise l'adrénaline à 1/1 000 et non à 1/10 000, à raison de 0,1 mL/kg/dose (maximum : 5 à 10 mL), soit 0,1 mg/kg/dose ;

   c) Si l'adrénaline est inefficace, administrer de la lidocaïne (solution à 2 %, soit 20 mg/mL) : 1 mg/kg/dose IV en bolus ;

   d) Si la lidocaïne est inefficace après 30 à 60 secondes, effectuer une défibrillation, à raison de de 4 J/kg ;

---

* N.B. : Cette solution n'existe pas en France ; la préparer en diluant 10 fois la solution à 1/1 000.

e) Si la défibrillation est inefficace, administrer de l'adrénaline (solution à 1/1 000), à raison de 0,1 à 0,2 mL/kg, soit 0,1 à 0,2 mg/kg IV ou par voie intratrachéale (maximum : 5 à 10 mL) ;

f) Si l'adrénaline est inefficace, administrer de la lidocaïne (solution à 2 %, soit 20 mg/mL), à raison de 1 mg/kg IV en bolus ;

g) Si la lidocaïne est inefficace, administrer du brétylium (solution à 50 mg/mL), à raison de 5 mg/kg IV.

2) Situation semi-urgente :

a) Administrer de la lidocaïne (solution à 2 %), à raison de 1 mg/kg IV en bolus, puis commencer au besoin une perfusion continue, à raison de 1 à 3 mg/kg/heure ;

b) Si la lidocaïne est inefficace, donner de la procaïnamide, à raison de 5 à 10 mg/kg en injection intraveineuse lente, puis commencer au besoin une perfusion continue, à raison de 20 à 80 µg/kg/minute ;

c) Si la procaïnamide est inefficace, donner du brétylium, à raison de 5 mg/kg IV, puis en perfusion continue, à raison de 50 à 100 µg/kg/minute ;

d) Si le brétylium est inefficace, effectuer une cardioversion synchrone au moyen d'intensités croissantes (0,5 à 1,5 J/kg).

N.B. : Si la tachycardie ventriculaire résulte d'une intoxication digitalique, donner 15 mg/kg de phénytoïne IV en 1 heure.

X. Troubles de la conduction (blocs auriculoventriculaires)

1) On parle de bloc auriculoventriculaire du premier degré lorsqu'il y a un retard de conduction entre la dépolarisation auriculaire et la dépolarisation ventriculaire. Il se manifeste à l'ECG par une prolongation de l'espace PR (figure 13). Cependant, chaque onde P est suivie par une dépolarisation ventriculaire. La conduction auriculoventriculaire est prolongée si l'intervalle PR dépasse 0,16 seconde chez le jeune enfant, 0,18 seconde chez l'enfant et 0,2 seconde chez l'adolescent. Ce type de bloc peut se retrouver chez l'enfant normal, ou en cas de rhumatisme articulaire aigu, de cardiomyopathie, de cardiopathie congénitale, d'intoxication par la digitale, ou à la suite d'une intervention cardiaque. Le traitement dépend de l'étiologie.

2) On parle de bloc auriculoventriculaire du deuxième degré lorsque certaines ondes auriculaires n'atteignent pas les ventricules. L'étiologie est similaire à celle du bloc du premier degré. Le bloc de type Mobitz I (Wenckebach) se manifeste par un intervalle PR qui s'allonge graduellement jusqu'à ce qu'une onde P n'atteigne pas le ventricule ; elle est dite bloquée (figure 14). Le bloc de type Mobitz II est un bloc soudain sans allongement préalable de l'espace PR.

3) Le bloc auriculoventriculaire du troisième degré est un bloc complet de la conduction. Le rythme auriculaire est plus rapide que le rythme ventriculaire (figure 15). Le bloc auriculoventriculaire congénital complet survient parfois chez l'enfant dont la mère est atteinte de

Figure 13 Bloc auriculoventriculaire du premier degré.

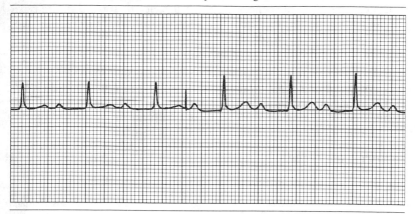

Figure 14 Bloc auriculoventriculaire du deuxième degré, type I (Wenckebach).

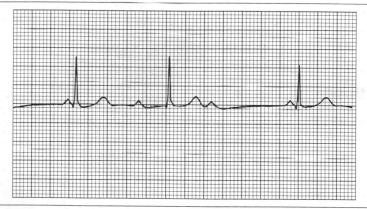

Figure 15 Bloc auriculoventriculaire du troisième degré.

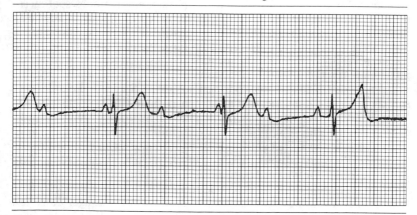

lupus érythémateux. Dans quelques cas, le diagnostic n'a été posé chez la mère que plusieurs années après la naissance de son enfant. Ce type de bloc peut aussi compliquer une intervention chirurgicale cardiaque ou une l-transposition des gros vaisseaux.

Traitement (la collaboration d'un cardiologue est nécessaire):
- Si l'enfant n'a pas de symptôme, aucun traitement n'est requis;
- S'il s'agit d'une situation urgente, mettre en place une perfusion IV d'isoprénaline (isoprotérénol), à raison de 0,05 à 1,0 µg/kg/minute. En cas d'échec, il est nécessaire de mettre en place un cardiostimulateur temporaire par voie veineuse ou transthoracique.

Lectures suggérées

Case CL, Crawford FA, Gillette PC: Surgical treatment of dysrhythmias in infants and children. Pediatr Clin North Am 1990; 37: 79-92.
Case CL, Trippel DL, Gillette PC: New antiarrhythmic agents in pediatrics. Pediatr Clin North Am 1989; 36: 1293-1320.
Erickson LC, Cocalis MW: The acute management of paroxysmal supraventricular tachycardia in children. Pediatr Rev 1993; 14: 273-274.
Perry JC, Garson A Jr: Diagnosis and treatment of arrhythmias. Adv Pediatr 1989; 36: 177-199.
Yabek SM: Ventricular arrhythmias in children with an apparently normal heart. J Pediatr 1991; 119: 1-11.

Asthme   30

Michel Weber, Robert Thivierge, Guy Lapierre, Jean-Bernard Girodias, Pierre Blanchard, Pierre Gaudreault, Zave Chad

N.B.: Pour les différentes présentations des médicaments anti-asthmatiques, voir Index pharmacologique.

Généralités

L'asthme est la maladie pulmonaire chronique la plus fréquente chez l'enfant et l'adolescent. Divers éléments physiopathologiques sont incriminés; les plus importants sont l'inflammation bronchique avec œdème et infiltration éosinophilique, le bronchospasme et l'hypersécrétion. Ces phénomènes occasionnent des épisodes récidivants d'obstruction bronchique réversible, soit spontanément, soit sous l'effet des agents anti-inflammatoires et des bronchodilatateurs.

La prévalence de l'asthme chez l'enfant atteint 5 à 15 %. Pour des raisons inconnues, elle augmente actuellement partout dans le monde; la pollution atmosphérique et le tabagisme parental pourraient jouer un rôle dans ce phénomène. Il se peut aussi qu'un meilleur isolement thermique des maisons favorise l'accumulation de polluants. L'asthme est une cause fréquente d'hospitalisation et d'absentéisme scolaire. Une hérédité atopique est souvent retrouvée.

Chez le jeune enfant, la plupart des crises sont causées par des infections virales des voies respiratoires. Chez l'enfant plus âgé, outre les infections respiratoires, les principaux facteurs étiologiques sont les allergies, les irritants atmosphériques, la fumée du tabac, l'exercice, le froid et des facteurs psychosomatiques. Un reflux gastro-œsophagien, ainsi que des foyers infectieux chroniques de la sphère oto-rhino-laryngologique, comme une sinusite, une adénoïdite ou une amygdalite peuvent aussi jouer un rôle étiologique. Chez le nourrisson, il est difficile de différencier l'asthme de la bronchiolite; il pourrait s'agir d'aspects différents de la même maladie. Il est devenu évident que l'asthme existe chez de jeunes nourrissons: une réponse aux bronchodilatateurs peut en effet commencer à se manifester avant l'âge de six mois.

Manifestations cliniques

I. Lors d'une crise

Il est important de savoir que certains enfants souffrent d'asthme persistant sans jamais présenter de crise typique ni même de sibilances; une dyspnée à l'effort ou au froid, une toux chronique, surtout nocturne ou provoquée par l'exercice, doivent évoquer ce diagnostic.

À l'inspection du patient en crise, on peut noter de la dyspnée, de la toux, du wheezing, de l'anxiété, un battement des ailes du nez ainsi que du tirage.

Les signes généraux peuvent être perturbés: on note une accélération des fréquences cardiaque et respiratoire. Une augmentation du pouls paradoxal survient lorsque la crise est grave. L'auscultation pulmonaire révèle souvent une diminution de l'entrée d'air, une prolongation du temps expiratoire ainsi que des râles sibilants qui peuvent disparaître lorsque la crise évolue vers l'insuffisance respiratoire. L'altération de l'état de conscience et la cyanose sont des signes d'insuffisance respiratoire avancée; il y a un risque imminent d'arrêt respiratoire et de décès. L'ensemble de ces signes est assez caractéristique et le diagnostic ne pose pas de problème, surtout s'il y a déjà eu des épisodes identiques.

Chez l'enfant de moins d'un à deux ans, une bronchiolite peut se présenter de la même façon. Un corps étranger intrabronchique peut se manifester par un tableau similaire, surtout entre un et cinq ans; on retrouve alors souvent une histoire d'étouffement avec un aliment ou un petit objet, et l'auscultation est presque toujours asymétrique.

II. Entre les crises

L'état de santé de l'enfant peut sembler normal et l'examen peut être entièrement négatif. Lorsque c'est le cas, les épreuves de fonction respiratoire, au besoin avec provocation, peuvent, lorsque l'enfant est assez âgé pour les subir, révéler un syndrome obstructif réversible sous l'effet des bronchodilatateurs.

Explorations

I. Lors d'une crise

Le diagnostic est habituellement facile, surtout lorsqu'il y a eu d'autres crises antérieurement; la plupart du temps, aucune exploration paraclinique n'est indiquée.

Les signes cliniques de gravité sont l'agitation, l'atteinte de l'état de conscience, le tirage important et la cyanose.

La surveillance des gaz sanguins et de la saturation de l'hémoglobine en oxygène par oxymétrie de pouls est essentielle lorsque la crise est grave; il faut normalement s'attendre à une hypocapnie; si la PCO_2 atteint ou dépasse 40 mm Hg, une insuffisance respiratoire peut être en train de s'installer; la saturation de l'hémoglobine en oxygène doit au moins être égale à 94 %.

Une radiographie pulmonaire n'est indiquée que s'il y a de la fièvre, une asymétrie auscultatoire ou de l'emphysème sous-cutané.

Chez le patient de plus de six à sept ans, les épreuves de fonction respiratoire peuvent aider à évaluer la gravité de la crise et l'effet du traitement; le volume expiratoire maximum par seconde (VEMS) est inférieur à 40 % de la valeur prédite en cas de crise grave; il se situe entre 40 et 60 % en cas de crise modérée, et entre 60 et 80 % en cas de crise légère. La normale se situe entre 80 et 100 %. Ce paramètre peut être impossible à interpréter si la crise est grave, si le patient est agité, s'il tousse continuellement ou s'il ne collabore pas.

II. En cas d'asthme persistant

Une anamnèse détaillée est essentielle : elle s'intéressera notamment aux antécédents personnels et familiaux, au moment d'apparition des premiers symptômes, à la fréquence et à la gravité des crises, aux facteurs déclenchants, aux visites à la salle d'urgence, aux hospitalisations, aux épisodes d'insuffisance respiratoire, aux modes de traitement déjà utilisés et à leurs effets, à l'état de l'enfant entre les crises, et particulièrement à sa tolérance au froid et à l'effort, ainsi qu'à la qualité de l'environnement. L'enfant atteint d'asthme persistant, surtout s'il est âgé de moins d'un an ou s'il présente aussi un retard pondéral, une diarrhée chronique ou un hippocratisme digital, devrait subir un test de la sueur et une radiographie pulmonaire. Chez les enfants de plus de six à sept ans, surtout lorsque les manifestations sont atypiques, le diagnostic d'asthme peut être confirmé par les épreuves de fonction pulmonaire, et, si nécessaire, par un test de provocation. Les épreuves d'allergie (tests cutanés, recherche d'IgE spécifiques, etc.) peuvent être utiles, particulièrement en cas d'asthme persistant, pour évaluer le rôle possible de certains allergènes. Dans de rares cas particulièrement rebelles, surtout s'il y a des vomissements associés, une pH-métrie œsophagienne peut être utile pour s'assurer qu'un reflux gastro-œsophagien n'est pas en cause.

Traitement

Les dernières années ont vu plusieurs changements importants :

1) Une préférence pour les médicaments en inhalation plutôt que par voie générale;
2) Une préoccupation plus marquée pour la composante inflammatoire;
3) Une diminution de l'emploi de la théophylline.

I. Traitement de la crise

1) Mesures générales :

   a) Oxygène : tout patient en détresse respiratoire modérée ou grave doit recevoir de l'oxygène humidifié. Selon son âge et son état, on peut choisir un masque facial, une sonde sous-nasale, une tente à oxygène ou une cage en plexiglas. Au début, on peut utiliser une concentration élevée, de l'ordre de 50 à 100 % ; ensuite, elle devrait être ajustée pour maintenir une saturation égale ou supérieure à 94 % ou une PaO_2 de l'ordre de 100 mm Hg ;

   b) Soluté : la plupart du temps, une perfusion intraveineuse n'est pas nécessaire ;

   c) Sédation : l'anxiété et l'agitation sont des signes d'hypoxie ; toute sédation pharmacologique est à proscrire ;

   d) Antibiotiques : leur emploi devrait être exceptionnel. Lorsqu'il y a de la fièvre, elle est souvent due à l'infection virale responsable de la crise. Le stress et l'administration de médicaments adrénergiques expliquent le plus souvent l'hyperleucocytose. La plupart des opacités radiologiques sont des atélectasies ou des infiltrats d'origine virale ;

   e) Hospitalisation : elle sera décidée selon la gravité de la crise, la réponse au traitement initial, l'évolution des crises antérieures et certains facteurs de nature psychosociale.

2) Mesures spécifiques :

   a) Salbutamol en inhalation : initialement, on préfère utiliser la solution à 0,5 % (5 mg/mL) administrée au moyen d'un nébuliseur. Posologie : 0,02 à 0,03 mL/kg/dose, soit 100 à 150 µg/kg/dose (minimum : 0,2 mL ou 1 000 µg/dose ; maximum : 1 mL, soit 5 000 µg/dose) à répéter toutes les 30 à 60 minutes selon la gravité de la crise. On ajoute du sérum physiologique pour obtenir un volume total de 3 mL par inhalation. S'il y a un risque d'insuffisance respiratoire, les inhalations peuvent être répétées toutes les 20 minutes. Le débit d'oxygène humidifié doit être de 5 à 8 L/minute et la durée ne doit pas dépasser 12 à 15 minutes.

   Lorsque la crise s'atténue, on peut espacer les inhalations (toutes les 2, 3, puis 4 heures).

   Le salbutamol peut aussi être administré au moyen d'un aérosol-doseur (*spray*) et d'une chambre d'inhalation ; selon l'âge, on vaporise dans cette chambre 1 bouffée de 100 µg/3 kg/dose (maximum : 10 bouffées), 1 bouffée à la fois, avec au moins 10 secondes d'intervalle. Il est important de bien agiter l'aérosol-doseur (*spray*) avant chaque nouvelle bouffée. Ce traitement peut être répété toutes les 30 à 60 minutes ; s'il y a des effets secondaires, on réduit de deux le nombre de bouffées lors du traitement suivant. L'enfant doit continuer à respirer calmement et lentement à travers la chambre d'inhalation quatre à cinq fois après chaque bouffée de salbutamol.

Le traitement au salbutamol doit être continué pendant au moins deux à trois jours après la fin des symptômes. Chez certains patients, il peut être remplacé par un agent adrénergique administré par voie orale comme le salbutamol (0,2 mg/kg/24 h PO en 4 à 6 fois; maximum chez le grand enfant: 16 mg/24 heures); au Canada, on utilise aussi l'orciprénaline (2 mg/kg/24 heures PO en 4 à 6 fois; maximum chez le grand enfant: 80 mg/24 heures);

b) Ipratropium: son addition au salbutamol semble améliorer l'effet bronchodilatateur de celui-ci. Posologie: 250 μg/dose à tous les âges. Cette dose est administrée en même temps que la première inhalation de salbutamol, une heure plus tard, puis toutes les 4 heures. Ce traitement ne doit pas être poursuivi plus de 48 heures;

c) Corticostéroïdes: si les inhalations de salbutamol n'entraînent pas une amélioration rapide et persistante, donner immédiatement un corticostéroïde par voie générale. On utilise de préférence la prednisone par voie orale. La dose initiale est de 1 à 2 mg/kg PO en 1 fois (maximum chez le grand enfant: 50 mg) et la dose d'entretien est de 1 à 2 mg/kg/24 heures PO en 2 fois (maximum chez le grand enfant: 50 mg/24 heures). Si la crise est grave ou si l'enfant vomit, un corticostéroïde est administré par voie intramusculaire ou intraveineuse. Le choix du médicament et sa posologie sont empiriques; on donnera par exemple un des deux corticostéroïdes suivants:

– Hydrocortisone: 5 mg/kg IM ou IV comme dose initiale (maximum chez le grand enfant: 500 mg), puis 20 mg/kg/24 heures IM ou IV en 4 fois (maximum chez le grand enfant: 1 000 mg/24 heures);

– Méthylprednisolone: 1 mg/kg IM ou IV comme dose initiale (maximum chez le grand enfant: 100 mg), puis 4 mg/kg/24 heures IM ou IV en 4 fois (maximum chez le grand enfant: 200 mg/24 heures).

La durée du traitement aux corticostéroïdes par voie générale devrait être de deux à six jours; un sevrage graduel n'est pas nécessaire. Un contact de varicelle remontant à moins de 21 jours constitue une contre-indication absolue aux corticostéroïdes par voie générale chez l'enfant qui n'a pas encore eu cette maladie.

Il est important de noter que les corticostéroïdes en inhalation prennent du temps pour agir et qu'il ne sont donc pas utiles pour le traitement de la crise d'asthme aiguë;

d) Cromoglycate ou nédocromil: si l'enfant recevait un de ces médicaments avant la crise, ce traitement est poursuivi pendant celle-ci;

e) Aminophylline: plusieurs publications récentes mettent en doute l'utilité de ce médicament, qui ne devrait plus être utilisé que dans des circonstances exceptionnelles et selon les modalités décrites ci-dessous. Si, au lieu de l'aminophylline, on utilise la théophylline, la posologie qui suit doit être modifiée : 1 mg d'aminophylline correspond à 0,8 mg de théophylline. Le facteur de correction est donc de 0,8 (exemple : une dose de 6 mg/kg d'aminophylline correspond à 6 × 0,8 = 4,8 mg/kg de théophylline).

– Dose de charge de l'aminophylline :
  – Si l'enfant n'a pas reçu de théophylline pendant les heures qui précèdent : 6 à 7 mg/kg de poids idéal IV en 20 minutes ;
  – Si l'enfant a reçu une théophylline à absorption rapide pendant les 3 heures précédentes, pas de dose de charge ;
  – Si la dernière dose de théophylline à absorption rapide remonte à 3 à 6 heures : 3 mg/kg de poids idéal IV en 20 minutes ;
  – Si la dernière dose de théophylline à absorption rapide remonte à plus de 6 heures : 6 à 7 mg/kg de poids idéal IV en 20 minutes ;
  – Si l'enfant a reçu une théophylline à absorption lente pendant les 6 dernières heures : pas de dose de charge ;
  – Si la dernière dose de théophylline à absorption lente remonte à 6 à 12 heures : 3 mg/kg de poids idéal IV en 20 minutes ;
  – Si la dernière dose de théophylline à absorption lente remonte à plus de 12 heures : 6 à 7 mg/kg de poids idéal IV en 20 minutes.
– Vitesse de perfusion de l'aminophylline : elle sera déterminée selon l'une des trois techniques suivantes, citées par ordre décroissant de préférence :
  – Selon les données pharmacocynétiques recueillies chez ce patient au cours d'une crise antérieure ;
  – Selon la posologie quotidienne habituelle si l'enfant est traité à la théophylline de façon continue. La vitesse initiale de perfusion continue d'aminophylline sera, en mg/kg/heure, égale à la dose quotidienne habituelle de théophylline en mg divisée par 20 fois le poids idéal en kg ;
  – Selon l'âge :
    – De 1 à 9 ans :   1 mg/kg/heure ;
    – De 9 à 12 ans :   0,8 mg/kg/heure ;
    – De 12 à 18 ans : 0,6 mg/kg/heure.
– Surveillance et ajustements de la perfusion : l'objectif de celle-ci est de maintenir la théophyllinémie entre 55 et 111 µmol/L (10 et 20 µg/mL). Mesurer la théophyllinémie une heure et six heures après le début de la perfusion.

Si la théophyllinémie mesurée une heure après le début de la perfusion est inférieure à 55 µmol/L (10 µg/mL), c'est que la dose de charge a été insuffisante. Donner alors, si l'état du patient l'exige, une dose additionnelle de 1 mg/kg IV en 20 minutes pour chaque augmentation désirée de 11 µmol/L (1,98 µg/mL), augmenter la vitesse de perfusion de 20 % et vérifier la théophyllinémie deux heures plus tard.

Si la théophyllinémie mesurée six heures après le début de la perfusion est inférieure à 55 µmol/L (10 µg/mL), augmenter la vitesse de perfusion de 10 à 20 % si l'état du patient l'exige et vérifier la théophyllinémie deux heures plus tard.

Lorsque la théophyllinémie s'est stabilisée deux fois consécutives entre 55 et 111 µmol/L (10 et 20 µg/mL), il ne faut plus la mesurer qu'une fois par 24 heures, à moins que l'état du patient ne se détériore ou que des signes d'intoxication apparaissent.

Si la théophyllinémie dépasse 111 µmol/L (20 µg/mL), interrompre la perfusion et vérifier la théophyllinémie toutes les deux à quatre heures. Lorsqu'elle s'abaisse sous le seuil de 111 µmol/L (20 µg/mL), reprendre la perfusion à une vitesse égale à 75 % de la vitesse antérieure.

Les principaux signes d'intoxication sont l'agitation, les vomissements, les hématémèses et les convulsions (voir Intoxications).

– Arrêt de la perfusion et relais par voie orale : la perfusion peut être arrêtée dès que l'état du patient s'est amélioré de façon marquée. Commencer le traitement par voie orale au moyen d'une théophylline à absorption lente dès l'arrêt de la perfusion continue.

N.B. : L'érythromycine et certaines infections virales ralentissent le métabolisme de la théophylline ; dans ces circonstances, la posologie de cette dernière doit être réduite d'au moins 25 % pour éviter une intoxication.

3) Mesures exceptionnelles :

Si la crise évolue vers l'insuffisance respiratoire, il peut être nécessaire de recourir à l'aérosolisation continue ou à la perfusion intraveineuse continue de salbutamol et à la ventilation mécanique. Les modalités de ces formes de traitement dépassent le cadre de cet ouvrage.

II. Traitement de fond

L'objectif du traitement de fond est de permettre à l'enfant de mener une vie aussi normale que possible. On visera donc à réduire l'absentéisme scolaire, à diminuer la fréquence des crises, des réveils nocturnes, des visites à la salle d'urgence et des hospitalisations, à améliorer la tolérance au froid et à l'effort, à réduire la gravité des crises et à prévenir les épisodes d'insuffisance respiratoire. Chez l'enfant de plus de six à sept ans, on vise aussi à normaliser le plus possible les épreuves de fonction respiratoire.

Le traitement de fond devra être individualisé en tenant compte de l'âge, de la gravité de la maladie et des particularités psychosociales de l'enfant. La clé du succès repose dans la continuité des soins et dans l'adaptation continuelle de la stratégie à long terme à l'occasion de visites régulières. Le médecin traitant doit offrir une disponibilité suffisante ; il peut être médecin généraliste, pédiatre, allergiste ou pneumologue. Il devra s'attaquer non seulement au bronchospasme, mais aussi à l'inflammation qui accompagne l'asthme chronique. Dans certaines situations, la collaboration d'autres professionnels (assistante ou travailleuse sociale, psychologue, pédopsychiatre, etc.) peut être nécessaire. Chez l'enfant de plus de six à sept ans, les épreuves de fonction respiratoire, et en particulier le débit expiratoire de pointe (*peak flow*), peuvent guider le traitement et devraient être faites lors de chaque visite. La tenue d'un calendrier des symptômes et des traitements est importante. Les parents doivent savoir exactement ce qu'ils doivent faire en cas d'aggravation. Un plan d'action écrit devrait leur être remis.

1) Contrôle de l'environnement :

Surtout chez l'enfant qui présente un asthme persistant, l'assainissement de l'environnement devrait constituer une préoccupation essentielle préalable à la prescription de médicaments. Une certaine flexibilité est permise et le zèle dans l'application des mesures qui suivent devrait être adapté au degré de chronicité de la maladie. Lorsqu'on donne des conseils à l'enfant et à sa famille, il faut se préoccuper des irritants comme la fumée du tabac, ainsi que des allergènes (acariens, poussière, animaux à poils ou à plumes, moisissures, pollens, etc.).

Chez le jeune enfant, la majorité des crises sont déclenchées par des infections virales des voies respiratoires. La fréquentation d'une garderie (crèche) peut donc poser un problème. Il est souvent difficile ou même impossible d'éliminer complètement les contacts entre l'enfant asthmatique et des personnes souffrant d'infection respiratoire. L'enfant qui présente un asthme persistant grave et mal contrôlé par un traitement optimal devrait être vacciné chaque automne contre la grippe.

L'usage du tabac doit être évité complètement dans la maison d'un enfant asthmatique. Les adolescents asthmatiques ne devraient jamais commencer à fumer. La présence dans la maison d'animaux à poils ou à plumes ne devrait pas être acceptée. Le chauffage au bois et la cuisson au gaz semblent constituer des facteurs aggravants.

La chambre de l'enfant devrait faire l'objet d'une attention particulière. Il faut prêter une attention spéciale aux objets sur lesquels la poussière peut s'accumuler. Les jouets en peluche, les tapis, les oreillers de plume, les duvets, les fleurs, les plantes et les tableaux devraient être éliminés. La moquette devrait être remplacée par un revêtement de plastique ; l'oreiller et le matelas peuvent être recouverts d'une housse anti-allergènes et leur fermeture-éclair peut être recouverte d'une bande adhésive pour assurer une meilleure étanchéité. On utilise de préférence des couvertures, un couvre-lit et des rideaux lavables en coton ou en tissu synthétique et on les lave régulièrement. L'aspirateur est passé fréquemment. La température de la chambre devrait être maintenue entre 18 et 20°C et le niveau d'humidité relative devrait se situer entre 30 et 40 % en hiver. Un système de chauffage électrique individuel ou des radiateurs à eau sont préférables à un système à air pulsé. Un déshumidificateur permet un certain contrôle des moisissures.

L'enfant devrait si possible éviter les situations qui provoquent les crises (exemple: jouer avec un chat) et il ne devrait pas être exposé à des odeurs irritantes comme celle de la peinture.

2) Prévention pharmacologique

a) Indications:

– L'enfant qui présente seulement un asthme d'effort occasionnel devrait prendre du salbutamol ou du cromoglycate en inhalation 15 à 20 minutes avant de commencer un exercice qui cause habituellement de la dyspnée;

– L'enfant qui souffre d'un asthme persistant doit bénéficier d'un traitement préventif anti-inflammatoire continu pendant une période de plusieurs mois ou de plusieurs années. Il peut s'agir d'un enfant qui présente continuellement ou fréquemment, par exemple plus de 30 à 50 % du temps, des symptômes comme de la dyspnée au repos ou à l'effort, des réveils nocturnes ou de la toux. Une limitation significative des activités physiques et scolaires impose cette décision. Il peut aussi s'agir d'un enfant dont les épreuves de fonction respiratoire sont constamment anormales ou qui a présenté une crise grave avec insuffisance respiratoire ou qui est fréquemment hospitalisé. Pendant la période d'utilisation continue d'un anti-inflammatoire, un bronchodilatateur doit être ajouté au besoin lors des exacerbations.

b) Mode d'administration: lorsque ces médicaments sont administrés par inhalation, trois différentes techniques sont possibles (tableau 10):

– L'administration d'une solution au moyen d'un nébuliseur et d'un masque. Cette approche est utilisable à tout âge; elle est particulièrement adaptée au jeune enfant (moins de quatre ans);

– L'administration au moyen d'un aérosol-doseur (*spray*), le médicament étant propulsé par un gaz inerte. Sans chambre d'inhalation, cette technique ne peut être utilisée par l'enfant de moins de sept à huit ans, car elle exige une coordination main-respiration que même certains adultes ne possèdent pas. Avec une chambre d'inhalation, ce mode d'administration est possible à tous les âges; celle-ci peut être équipée d'un embout buccal ou de masques de différentes grandeurs. Les gaz inertes utilisés endommagent la couche d'ozone de la terre;

Tableau 10 Modalités de traitement par inhalation selon l'âge

– 0 à 3 ans :	– solution administrée au moyen d'un nébuliseur et d'un masque
	– aérosol-doseur (*spray*) avec chambre d'inhalation
– 3 à 7 ans :	– solution administrée au moyen d'un nébuliseur et d'un masque
	– aérosol-doseur (*spray*) avec chambre d'inhalation
	– poudre administrée au moyen d'un dispositif activé par l'inspiration
– plus de 7 ans :	– solution administrée au moyen d'un nébuliseur et d'un masque
	– aérosol-doseur (*spray*) avec ou sans chambre d'inhalation
	– poudre administrée au moyen d'un dispositif activé par l'inspiration

- L'administration sous forme de poudre, au moyen d'un dispositif permettant au flux inspiratoire de propulser la poudre dans les bronches. En général, cette technique n'est utilisable qu'à partir de six à sept ans;

  Les divers produits et dispositifs d'administration sont décrits dans l'Index pharmacologique.

c) Choix du médicament et modalités d'utilisation du traitement anti-inflammatoire préventif continu: on choisit soit le cromoglycate (ou le nédocromil), soit les corticostéroïdes en inhalation. En raison de l'absence d'effets secondaires, le cromoglycate ou le nédocromil sont utilisés de préférence aux corticostéroïdes. Cependant, s'il y a des symptômes importants, il est justifié d'administrer initialement un corticostéroïde en inhalation, car celui-ci agit plus rapidement. Après quatre à six semaines, le relais peut être pris avec le cromoglycate ou le nédocromil.

- Cromoglycate ou nédocromil: ces anti-inflammatoires bronchiques constituent en général le premier choix à tous les âges. Ils n'ont qu'un effet préventif et doivent être pris continuellement. Pratiquement dépourvus d'effets secondaires, ils sont efficaces chez au moins 50 % des enfants asthmatiques. Seule une épreuve thérapeutique de deux mois peut déterminer si l'enfant répond. L'effet thérapeutique peut prendre plusieurs semaines avant de s'installer. Il se manifeste par une atténuation de la symptomatologie et par une réduction de l'utilisation du salbutamol. Ils se prennent exclusivement en inhalation. Le nédocromil a un mauvais goût et cause parfois des céphalées. Posologie (traitement d'attaque):

  - Cromoglycate: 4 à 20 mg en inhalation 4 fois par jour (voir Index pharmacologique);

  - Nédocromil (recommandé seulement à partir de 12 ans): attaque: 4 mg en inhalation 4 fois par jour (voir Index pharmacologique).

  Si le traitement est efficace, la fréquence d'administration peut être réduite par paliers de quelques mois à trois fois, puis deux fois par jour. Le traitement ne doit pas être interrompu brusquement. Au cours des exacerbations, l'enfant traité au cromoglycate ou au nédocromil doit recevoir du salbutamol en inhalation et, si nécessaire, une corticothérapie orale de courte durée. Si le traitement n'est pas efficace après deux mois, le cromoglycate ou le nédocromil est remplacé par un corticostéroïde en inhalation.

- Corticostéroïdes : l'enfant souffrant d'asthme persistant qui ne répond pas au cromoglycate ou au nédocromil devrait recevoir de façon continue un corticostéroïde en inhalation. On utilise soit la béclométhasone (Canada) ou béclométasone (France), soit le budésonide (Canada). Posologie :
  - Dose d'attaque habituelle : 20 à 40 µg/kg/24 heures (maximum : 1 000 µg/24 heures) en 3 à 4 fois (voir Index pharmacologique) ;
  - Après quelques semaines ou quelques mois, la dose d'attaque peut être réduite de façon lente et graduelle. La posologie d'entretien est habituellement de 10 à 20 µg/kg/24 heures (maximum : 400 µg/24 heures) en 2 fois.

  N.B. : Au Canada, lorsqu'on utilise la solution de budésonide au moyen d'un nébuliseur, la dose recommandée est plus élevée, en raison de la perte d'une partie du médicament dans le système : entre 3 mois et 12 ans, la dose recommandée est de 500 à 1 000 µg 2 fois par jour.

Il est recommandé de se rincer la bouche après usage et de s'essuyer le pourtour de la bouche et du nez si un masque est utilisé. Le traitement ne doit pas être interrompu brusquement. Lors des exacerbations, l'enfant traité aux corticostéroïdes en inhalation doit recevoir du salbutamol en inhalation et, si nécessaire, une corticothérapie orale de courte durée.

Le principal effet secondaire est la colonisation des voies respiratoires supérieures par le *Candida albicans*, surtout rapportée chez l'adulte. Les patients qui prennent des doses élevées (plus de 20 à 40 µg/kg/24 heures ou plus de 1 000 µg/24 heures) pendant de longues périodes peuvent présenter une dépression subclinique de l'axe hypothalamo-hypophysaire et parfois une décélération de la croissance. Des corticostéroïdes devraient donc leur être administrés par voie parentérale en cas de stress majeur (exemple : intervention chirurgicale). Des cataractes postérieures ont été rapportées chez quelques adultes qui prenaient des corticostéroïdes en inhalation, mais en avaient aussi pris par voie générale. À très long terme, la possibilité d'effets secondaires importants ne peut actuellement être exclue.

Les corticostéroïdes ne devraient plus être utilisés par voie générale pour le traitement préventif continu, sauf, en désespoir de cause, chez de rares patients qui ne répondent à aucune autre forme de traitement ; il faut alors rechercher la plus petite dose efficace et la donner de préférence un jour sur deux.

– Kétotifène: ce médicament antiallergique et antihistaminique doit être pris de façon préventive et continue par voie orale. Les patients qui souffrent aussi d'allergies alimentaires ou de rhinite allergique pourraient être de bons candidats à ce mode de traitement.

– Posologie:
  – 6 mois à 3 ans: 0,5 mg matin et soir;
  – Plus de 3 ans: 1 mg matin et soir.

Les effets secondaires possibles sont une somnolence au début du traitement, une augmentation de l'appétit et un gain de poids rapide; les autres effets secondaires (éruption cutanée, céphalées, troubles du sommeil, douleurs abdominales, nausées, vomissements, vertiges, sécheresse de la bouche) sont très rares.

d) Sevrage: une fois que le traitement de fond aux corticostéroïdes en inhalation, au cromoglycate, au kétotifène ou au nédocromil est satisfaisant, il est poursuivi pendant une période prolongée, de l'ordre de quatre à six mois. Après une telle période de bon contrôle, sans symptômes notables, on peut commencer un sevrage du traitement de fond. Ce sevrage doit être lentement progressif et s'étaler au moins sur une période de 4 à 12 mois; si, en cours de sevrage, les symptômes réapparaissent, on retourne au traitement antérieur.

3) Utilisation des bronchodilatateurs lors des exacerbations

a) Agents adrénergiques: orciprénaline, fénotérol, salbutamol, terbutaline et autres (voir Index pharmacologique): ces médicaments bronchodilatateurs ne devraient normalement pas être utilisés pour le traitement préventif continu, mais plutôt servir de traitement adjuvant et intermittent lors des exacerbations, chez les enfants qui sont traités de façon continue au cromoglycate, au nédocromil ou aux corticostéroïdes en inhalation. Il est préférable d'utiliser ces médicaments en inhalation car, par voie orale, ils ont une courte durée d'action, sont moins efficaces et causent plus d'effets secondaires. Leur utilisation excessive semble entraîner un risque accru d'insuffisance respiratoire grave ou mortelle. Les parents et l'enfant risquent d'accorder une confiance exagérée aux médicaments adrénergiques et de consulter trop tardivement; ils doivent donc être informés du fait qu'ils doivent consulter leur médecin si, par exemple, plus de trois doses sont nécessaires au cours d'une période de huit heures. Le salbutamol est le plus souvent utilisé:

– Posologie:
  – Nébulisation: 0,02 à 0,03 mL/kg/dose (maximum chez l'adolescent: 1 mL/dose), soit 100 à 150 µg/kg/dose (maximum: 5 000 µg/dose), maximum 6 fois par 24 heures;
  – Aérosol-doseur (*spray*) avec chambre d'inhalation: 1 bouffée de 100 µg/3 kg/dose (maximum: 10 bouffées), maximum 6 fois par 24 heures;

- Aérosol-doseur (*spray*) sans chambre d'inhalation : 1 à 2 bouffées de 100 µg, maximum 6 fois par 24 heures ;
- Poudre : 200 µg à 400 µg en inhalation, maximum : 6 fois par 24 heures ;
- Par voie orale : 0,2 mg/kg/24 heures PO en 4 à 6 fois (maximum chez le grand enfant : 16 mg/24 heures). N.B. : Au Canada, on peut aussi utiliser par cette voie l'orciprénaline, à raison de 2 mg/kg/24 h PO en 4 à 6 fois (maximum chez l'adolescent : 80 mg/24 heures).

b) Théophylline : ce médicament bronchodilatateur a longtemps été utilisé par voie orale et de façon continue pour le traitement préventif de l'asthme chronique. En raison de ses effets secondaires (troubles digestifs, irritabilité, insomnies, etc.) et de ses effets toxiques, il faut lui préférer le cromoglycate ou les corticostéroïdes administrés en inhalation, et le réserver à des situations exceptionnelles. Dans ce cas, on utilise une forme à absorption lente (voir Index pharmacologique, sous la rubrique Théophylline) :

- Posologie moyenne :
  - 1 à 9 ans :   20 à 24 mg/kg/24 heures PO en 2 à 3 fois (maximum : 900 mg/24 heures) ;
  - 9 à 12 ans :   18 à 20 mg/kg/24 heures PO en 2 à 3 fois (maximum : 900 mg/24 heures) ;
  - Plus de 12 ans : 16 à 18 mg/kg/24 heures PO en 2 fois (maximum : 900 mg/24 heures).

Si l'état du patient l'exige, la théophyllinémie doit être maintenue entre 55 et 110 µmol/L (10 et 20 µg/mL).

c) Ipratropium : la place de ce bronchodilatateur dans le traitement préventif continu de l'asthme persistant n'est actuellement pas connue.

4) Épreuves d'allergie et immunothérapie : chez l'enfant de moins de quatre à cinq ans, la plupart des crises d'asthme sont provoquées par des infections virales des voies respiratoires et, à tort, les phénomènes allergiques ne sont souvent pas à l'avant-plan des préoccupations. Cependant, les efforts d'assainissement de l'environnement sont très importants et les tests d'allergie peuvent aider à préciser le rôle des acariens, des moisissures et des poils d'animaux. Chez l'enfant plus âgé qui présente un asthme persistant ou réfractaire, les épreuves d'allergie peuvent aider à identifier certains allergènes. L'utilité de la désensibilisation orientée vers certains allergènes est controversée. Elle peut être tentée lorsque l'asthme est associé à une rhinite allergique ou lorsqu'il est réfractaire aux autres formes de traitement.

5) Approche psychologique : l'intervention d'un psychologue ou d'un psychiatre est parfois nécessaire chez certains asthmatiques chroniques, notamment lorsque le milieu familial est perturbé ou lorsqu'il existe une discordance entre les symptômes rapportés par les parents et les résultats des épreuves de fonction respiratoire.

6) Traitement chirurgical : un traitement chirurgical est parfois utile aux asthmatiques qui ont une infection chronique des amygdales et des végétations adénoïdes ; l'effet de l'opération est cependant imprévisible. Le traitement chirurgical d'un reflux gastro-œsophagien majeur entraîne parfois une amélioration de l'asthme chronique réfractaire aux autres modes de traitement ; cependant, le reflux peut être la conséquence et non la cause de l'asthme et de son traitement, et aucune garantie de succès ne peut être donnée d'avance, car les échecs sont fréquents.

Complications

Les crises d'asthme peuvent se compliquer de pneumothorax, de pneumomédiastin et d'emphysème sous-cutané, d'atélectasies, de surinfection et d'insuffisance respiratoire.

Pronostic

Chez un certain nombre de jeunes enfants, l'asthme a tendance à s'améliorer avec le temps ; cette amélioration est vraisemblablement due à la diminution de la fréquence des infections respiratoires et à l'augmentation du calibre bronchique. Les études portant sur le pronostic à long terme indiquent qu'environ 50 % des enfants semblent entrer en rémission ; 40 % évoluent vers une amélioration de leurs symptômes, et 10 % voient leur maladie persister ou s'aggraver. Les décès sont exceptionnels lorsque le traitement est adéquat ; ils résultent plus souvent d'une sous-estimation de la gravité de la crise que d'une surutilisation des agents adrénergiques.

Lectures suggérées

Bloomberg GR, Strunk RC : Crisis in asthma care. Pediatr Clin North Am 1992 ; 39 : 1225-1241.

Conboy K : Self-management skills for cooperative care in asthma. J Pediatr 1989 ; 115 : 863-866.

Creer TL, Gustafson KE : Psychological problems associated with drug therapy in childhood asthma. J Pediatr 1989 ; 115 : 850-855.

Cypcar D, Stark J, Lemanske RF : The impact of respiratory infections in asthma. Pediatr Clin North Am 1992 ; 39 : 1259-1276.

Dolovich J, Ruhno J, O'Byrne P, Hargreave FE : Early/late response model : implications for control of asthma and chronic cough in children. Pediatr Clin North Am 1988 ; 35 : 969-979.

Duff AL : Allergens and asthma. Pediatr Clin North Am 1992 ; 39 : 1277-1291.

Ellis EF : Asthma : current therapeutic approach. Pediatr Clin North Am 1988 ; 35 : 1041-1052.

Friday GA, Fireman P : Morbidity and mortality of asthma. Pediatr Clin North Am 1988 ; 35 : 1149-1162.

Goldenhersh MJ, Rachelefsky GS : Childhood asthma : overview. Pediatr Rev 1989 ; 10 : 227-234.

Goldenhersh MJ, Rachelefsky GS : Childhood asthma : management. Pediatr Rev 1989 ; 10 : 259-267.

Hendeles L, Weinberger M, Szefler S, Ellis E : Safety and efficacy of theophylline in children with asthma. J Pediatr 1992 ; 120 : 177-183.

Hill M, Szefler SJ, Larsen GL: Asthma pathogenesis and the implications for therapy in children. Pediatr Clin North Am 1992; 39: 1205-1224.

Howell JH, Flaim T, Lung CL: Patient education. Pediatr Clin North Am 1992; 39: 1343-1361.

International Paediatric Asthma Consensus Group: Asthma: a follow-up statement from an international paediatric asthma consensus group. Arch Dis Child 1992; 67: 240-248.

Lanier B: Who is dying of asthma and why? J Pediatr 1989; 115: 838-840.

Larsen GL: Asthma in children. N Engl J Med 1992; 326: 1540-1545.

McFadden ER, Gilbert IA: Asthma. N Engl J Med 1992; 327: 1929-1937.

Majer LS: Managing patients who have asthma: the pediatrician and the school. Pediatr Rev 1993; 14: 391-394.

Morgan WJ, Martinez FD: Risk factors for developing wheezing and asthma in childhood. Pediatr Clin North Am 1992; 39: 1185-1203.

Mueller GA, Eigen H: Pediatric pulmonary function testing in asthma. Pediatr Clin North Am 1992; 39: 1243-1258.

Neddenriep D, Schumacher MJ, Lemen RJ: Asthma in childhood. Curr Probl Pediatr 1989; 19: 330-385.

Newhouse MT, Dolovic MR: Control of asthma by aerosols. N Engl J Med 1986; 315: 870-874.

Pierson WE: Exercise-induced bronchospasm in children and adolescents. Pediatr Clin North Am 1988; 35: 1031-1040.

Reed CE: Aerosols in chronic airway obstruction. N Engl J Med 1986; 315: 888-889.

Reid MJ: Complicating features of asthma. Pediatr Clin North Am 1992; 39: 1327-1341.

Richards W: Hospitalization of children with status asthmaticus: a review. Pediatrics 1989; 84: 111-118.

Rooklin A: Theophylline: is it obsolete for asthma? J Pediatr 1989; 115: 841-845.

Shapiro GG: Childhood asthma: update. Pediatr Rev 1992; 13: 403-412.

Smith L: Childhood asthma: diagnosis and treatment. Curr Probl Pediatr 1993; 23: 271-305.

Stempel DA, Redding GJ: Management of acute asthma. Pediatr Clin North Am 1992; 39: 1311-1325.

Stempel DA, Szefler SJ: Management of chronic asthma. Pediatr Clin North Am 1992; 39: 1293-1310.

Sullivan TJ: Is asthma curable? Pediatr Clin North Am 1992; 39: 1363-1382.

Warner JO, Neijens HJ, Landau LI, et al.: Asthma: a follow-up statement from an international paediatric consensus group. Arch Dis Child 1992; 67: 240-248.

Weinberger M: Antiasthmatic therapy in children. Pediatr Clin North Am 1989; 36: 1251-1284.

Wynn SR: Alternative approaches to asthma. J Pediatr 1989; 115: 846-849.

Ataxie aiguë   31

Jean-Bernard Girodias, Albert Larbrisseau, Serge-Bernard Melançon

Généralités

L'ataxie exprime soit un défaut de coordination des mouvements volontaires (ataxie cinétique), soit un trouble de l'équilibre en position debout ou assise (ataxie statique ou tronculaire) ou encore à la marche (ataxie locomotrice). Ce chapitre ne porte que sur les ataxies aiguës, qui résultent habituellement d'une atteinte cérébelleuse, d'un trouble labyrinthique ou d'un problème affectant les voies de la sensibilité profonde. Les nombreuses formes d'ataxies héréditaires, chroniques ou récidivantes sont rares et dépassent le cadre de cet ouvrage.

Démarche clinique

Elle s'appuie sur l'anamnèse et l'examen ainsi que sur la connaissance des principales causes d'ataxie chez l'enfant et l'adolescent :

1) Intoxications : de nombreuses substances comme l'alcool, les antihistaminiques, les benzodiazépines, les barbituriques, les phénothiazines, la phénytoïne et d'autres anticonvulsivants peuvent être responsables d'ataxie. Cette cause doit surtout être suspectée chez les enfants de un à trois ans qui sont le plus souvent victimes d'intoxications accidentelles, ainsi que chez les adolescents. Le risque est accru chez les enfants qui souffrent de déficience mentale ou de troubles du comportement et lorsqu'un membre de la famille prend régulièrement des médicaments pour une maladie du système nerveux central. La plupart du temps, les parents ont remarqué l'incident. Lorsque ce n'est pas le cas, il faut rechercher des agents toxiques par chromatographie dans l'urine ou le sang. Le traitement est détaillé dans le chapitre Intoxications ;

2) Ataxie cérébelleuse aiguë : ce type d'ataxie survient de façon abrupte, surtout chez des enfants de moins de cinq ans, souvent à la suite d'une maladie virale (infection des voies respiratoires supérieures, varicelle, etc.). L'ataxie est souvent importante. Elle peut s'accompagner de nystagmus. Il y a rarement de la fièvre. En général, il n'est pas nécessaire de pratiquer une ponction lombaire ; lorsque celle-ci est faite, on peut noter une pléocytose minime (> 5 à 10×10^6/L ou > 5 à 10 globules blancs/mm^3), ainsi qu'une hyperprotéinorachie ($> 0,45$ g/L). L'impression clinique est confirmée par la disparition spontanée de l'ataxie en quelques jours à quelques semaines. Dans les cas persistants ou atypiques, il est parfois opportun d'exclure une tumeur cérébelleuse par une tomodensitométrie de la fosse postérieure ou une résonance magnétique nucléaire. Il n'y a pas de traitement ;

3) Labyrinthite aiguë : elle est associée à des vertiges et à des vomissements qui cessent en position couchée. L'examen met en évidence des signes vestibulaires. Une otite moyenne aiguë peut être présente ;

4) Causes plus rares :

   – Abcès ou tumeur du cervelet ;

   – Hypoglycémie ;

   – Traumatisme crânien ;

   – Hémorragie ou thrombose cérébelleuse (traumatisme, vasculite, diathèse hémorragique, anémie falciforme, malformation vasculaire) ;

- Neuroblastome;
- Certaines maladies du métabolisme intermédiaire (exemple: leucinose).

Lecture suggérée

Stumpf DA: Acute ataxia. Pediatr Rev 1987; 8: 303-306.

Atélectasie   32

Michel Weber, Guy Lapierre

Généralités

L'atélectasie se définit comme le collapsus d'un segment, d'un lobe ou de tout un poumon. Le territoire atélectasié cesse d'être ventilé mais continue à être perfusé, ce qui constitue l'équivalent d'un shunt droit-gauche. L'hypoxémie qui en résulte est plus ou moins importante selon l'étendue du collapsus et l'importance de la vasoconstriction réflexe régionale.

Les principales causes d'atélectasie sont énumérées dans le tableau 11. En pratique, la plupart des atélectasies sont minimes et résultent d'une crise d'asthme ou d'une infection respiratoire comme une bronchiolite ou une bronchite. En cas de pneumonie, il n'est pas exceptionnel d'observer une composante de perte de volume. Dans ces situations, un bouchon muqueux est responsable de l'obstruction bronchique. Ces atélectasies sont souvent confondues à tort avec des infiltrats infectieux.

Toute atélectasie persistante ou récidivante mérite qu'on en recherche la cause. Un corps étranger intrabronchique doit être suspecté, surtout chez l'enfant de un à cinq ans; la plupart du temps, les parents ont noté l'épisode d'étouffement initial. Il peut aussi s'agir d'une anomalie congénitale d'une bronche, par exemple une implantation trachéale de la bronche lobaire supérieure droite. Des atélectasies peuvent venir compliquer une maladie pulmonaire chronique comme une dysplasie bronchopulmonaire ou une fibrose kystique. Le «syndrome du lobe moyen» constitue une entité particulière qu'on observe surtout chez les jeunes enfants asthmatiques ou souffrant d'infections respiratoires hivernales: le lobe moyen demeure collabé pendant quelques jours à quelques mois, puis reprend spontanément son aspect normal. Les tumeurs intrabronchiques sont extrêmement rares chez l'enfant et l'adolescent; par contre, une atélectasie résulte parfois de la compression extrinsèque d'une bronche, soit par une adénopathie ou une tumeur médiastinale, soit par un vaisseau aberrant ou une cavité cardiaque dilatée. Une atélectasie s'observe chez les patients intubés lorsque l'extrémité distale du tube est introduite dans une bronche souche. Elle peut aussi survenir pendant la période postopératoire, ce qui est assez rare chez l'enfant.

Chez le nouveau-né, des atélectasies se rencontrent en cas d'inhalation de méconium, de maladie des membranes hyalines et de dysplasie bronchopulmonaire.

Tableau 11 Principales causes d'atélectasie

- Anomalie bronchique congénitale (exemple : implantation trachéale de la bronche lobaire supérieure droite)
- Asthme
- Bronchiolite
- Bronchite
- Compression bronchique extrinsèque (tumeur, adénopathie, cavité cardiaque distendue ou vaisseau aberrant)
- Corps étranger intrabronchique
- Dysplasie bronchopulmonaire (chez le nouveau-né)
- Fibrose kystique
- Fistule trachéo-œsophagienne
- Inhalation de méconium (chez le nouveau-né)
- Intervention chirurgicale avec anesthésie générale
- Intubation trachéale (extrémité placée dans une bronche souche)
- Maladie des membranes hyalines (chez le nouveau-né)
- Pneumonie
- Reflux gastro-œsophagien
- Sinusite (« syndrome sino-bronchique »)
- Syndrome du lobe moyen
- Tumeur intrabronchique

Enfin, des atélectasies peuvent résulter d'une fistule trachéo-œsophagienne, d'un reflux gastro-œsophagien ou d'un « syndrome sino-bronchique ».

Manifestations cliniques

Une atélectasie minime ne cause par elle-même aucun symptôme et ne peut être détectée à l'examen. Lorsque le territoire collabé est étendu, on peut noter de la dyspnée, de la cyanose, une diminution localisée du murmure vésiculaire, ainsi qu'un déplacement de la trachée et du cœur du côté de l'atélectasie. Une matité est parfois notée à la percussion. À moins de surinfection, la fièvre est inhabituelle.

Explorations

La radiographie pulmonaire est diagnostique. Elle met en évidence l'atélectasie sous la forme d'une opacité lamellaire ou triangulaire à sommet proximal. Ses bords sont concaves, contrairement à ce qu'on observe en cas de pneumonie. Une distension compensatoire est notée au niveau du territoire pulmonaire sain et même, en cas d'atélectasie importante, au niveau de l'autre poumon. Les structures médiastinales sont attirées du côté du collapsus. La radiographie peut aussi révéler la cause de l'atélectasie (exemples : adénopathie ou tumeur médiastinale).

En cas d'atélectasies inexpliquées, persistantes ou récidivantes, un test de la sueur devrait être effectué.

Une bronchoscopie est parfois nécessaire pour établir le diagnostic d'obstruction bronchique par un corps étranger, un bouchon muqueux ou une anomalie d'implantation bronchique; dans cette dernière situation, une bronchographie est parfois nécessaire.

Dans le cas du syndrome du lobe moyen, il n'est habituellement pas nécessaire de procéder à des explorations, car on sait d'avance que ce problème va se résoudre spontanément en quelques jours à quelques mois.

Dans certains cas sélectionnés, une recherche de fistule trachéo-œsophagienne, une pH-métrie de l'œsophage ou des radiographies des sinus peuvent être indiquées.

Plus rarement, certains examens spéciaux sont indiqués : radiographies pulmonaires en inspiration et en expiration (voir Corps étrangers des voies respiratoires), transit œsophagien, tomodensitométrie du médiastin, scintigraphie pulmonaire.

Traitement

Si l'asthme est en cause, celui-ci doit être traité vigoureusement (voir Asthme).

Les atélectasies minimes et le syndrome du lobe moyen ne nécessitent habituellement pas de traitement spécifique.

Lorsqu'elles sont plus importantes, le traitement consiste à administrer de la physiothérapie (kinésithérapie) respiratoire; la réexpansion peut prendre un certain temps. En cas d'échec prolongé, une bronchoscopie peut être indiquée pour enlever un bouchon muqueux rebelle ou un corps étranger.

Lorsqu'il y a une surinfection, une antibiothérapie est nécessaire (voir Pneumonies). Le syndrome du lobe moyen ne doit pas être traité de façon trop intense, compte tenu de son bon pronostic.

Lorsque l'atélectasie résulte d'une compression bronchique par une adénopathie médiastinale d'origine tuberculeuse, un traitement aux corticostéroïdes est ajouté aux médicaments antituberculeux (voir Tuberculose).

Un traitement chirurgical est parfois nécessaire, par exemple pour enlever une tumeur responsable du problème ou, exceptionnellement, pour réséquer une zone atélectasiée qui persiste malgré le traitement médical et qui finit par être détruite par un processus infectieux.

Complications

Une atélectasie persistante peut s'infecter et s'abcéder.

Lecture suggérée

Redding GJ : Atelectasis in childhood. Pediatr Clin North Am 1984; 31 : 891-905.

Atrésie de l'œsophage   33

Sylviane Forget, Arié Bensoussan, Grant Mitchell, Philippe Chessex, Jacques Boisvert

Généralités

L'incidence de l'atrésie de l'œsophage est d'environ un cas sur 4 000 naissances. Elle est aussi fréquente chez les filles que chez les garçons.

Dans la forme la plus fréquente (87 %), le segment supérieur de l'œsophage est borgne et il y a une fistule entre le segment œsophagien inférieur et la trachée ; ce chapitre porte essentiellement sur cette forme. Les formes plus rares sont les suivantes :

1) Interruption de l'œsophage sans fistule trachéo-œsophagienne (8 %) ;
2) Fistule trachéo-œsophagienne en « H » sans atrésie de l'œsophage (4 %) ;
3) Atrésie œsophagienne avec fistule de la trachée dans le segment supérieur de l'œsophage (moins de 1 %) ;
4) Atrésie de l'œsophage avec fistules trachéales s'abouchant dans les segments supérieur et inférieur de l'œsophage.

D'autres anomalies congénitales se retrouvent chez plus de 50 % des enfants atteints, en particulier des cardiopathies congénitales (40 %), d'autres malformations digestives (20 %) comme une atrésie duodénale, une malrotation intestinale ou une imperforation anale, ainsi que des malformations du système urinaire. L'association de VATER ou de VACTERL rassemble au moins trois des malformations suivantes : anomalies vertébrales, imperforation anale, fistule trachéo-œsophagienne (*tracheo-esophageal*) avec atrésie de l'œsophage, anomalies rénales, dysgénésie radiale. Le « C » de VACTERL souligne la possibilité de cardiopathie congénitale et le « L » celle d'anomalies des extrémités (*limbs*).

L'atrésie de l'œsophage peut aussi être associée à diverses aberrations chromosomiques comme la trisomie 21.

Les conseils génétiques varient selon l'étiologie de l'atrésie. Dans les formes isolées et dans l'association de VATER, les risques de récurrence dans la fratrie sont minimes.

Manifestations cliniques

L'atrésie de l'œsophage peut déjà se manifester au cours de la grossesse par un hydramnios. En France, la perméabilité de l'œsophage est vérifiée de façon systématique à la naissance. Peu de temps après la naissance, le nouveau-né atteint s'étouffe avec sa salive ou en buvant. Il peut présenter une détresse respiratoire avec cyanose et toux, ainsi qu'une distension abdominale.

Explorations

Le tableau clinique décrit ci-dessus doit faire penser au diagnostic. Celui-ci est confirmé radiologiquement. On introduit dans l'œsophage une sonde gastrique de calibre 10 ; celle-ci bute au niveau de l'extrémité borgne du segment œsophagien supérieur. On injecte de l'air par la sonde gastrique, ce qui permet souvent de mettre en évidence par un cliché l'interruption de la lumière œsophagienne. L'instillation de substance de contraste est moins souhaitable en raison du risque d'inhalation; si on utilise cette technique, il faut se limiter à une faible quantité, de l'ordre de 0,5 mL, qu'on réaspire immédiatement après l'examen.

La radiographie pulmonaire permet de voir s'il y a une pneumonie par inhalation, une cardiopathie ou des anomalies vertébrales ou costales associées.

La radiographie de l'abdomen apporte des informations complémentaires : la présence d'air dans l'estomac prouve qu'il y a une fistule entre la trachée et le segment œsophagien inférieur; la distribution de l'air dans l'abdomen renseigne quant à la présence d'une atrésie duodénale associée.

D'autres malformations associées peuvent être mises en évidence par l'examen, les radiographies de la colonne vertébrale et une échographie rénale. Une cardiopathie associée est la plupart du temps évidente à l'examen.

Traitement

Il s'agit d'une urgence médico-chirurgicale.

En attendant l'opération, les sécrétions qui s'accumulent dans le pharynx et le segment œsophagien borgne doivent être aspirées de façon continue au moyen d'un cathéter de Replogle. Pour diminuer le risque d'inhalation, l'enfant est mis en décubitus latéral avec la tête légèrement surélevée. En cas de pneumonie par inhalation, le bébé sera couché sur le côté et on lui administre des antibiotiques (voir Pneumonies) et une physiothérapie (kinésithérapie) respiratoire légère. Lorsque la détresse respiratoire est importante, une intubation et une ventilation mécanique sont parfois nécessaires; celle-ci peut être difficile à cause de la fuite d'air par la fistule. Certains recommandent l'administration de cimétidine ou de ranitidine pour réduire le risque d'inhalation de liquide gastrique acide dans les poumons.

Les étapes du traitement chirurgical sont les suivantes : thoracotomie droite dans le 4e espace intercostal, dissection rétropleurale de l'œsophage, ligature de la fistule trachéo-œsophagienne et anastomose bout à bout des deux segments œsophagiens. Dans certains cas, l'anastomose n'est pas réalisable, les deux segments étant trop éloignés.

Pendant la période postopératoire, l'enfant est nourri par voie parentérale.

Une semaine après l'opération, un transit œsophagien est effectué pour s'assurer qu'il n'y a ni sténose ni fuite au niveau de l'anastomose. L'alimentation orale peut alors être entreprise.

Complications

Pendant la phase postopératoire, les principales complications sont les suivantes :

1) La fuite au site de l'anastomose; celle-ci va tarir spontanément si l'enfant est nourri par voie parentérale;

2) La récidive de la fistule; dans ce cas, il est nécessaire de faire une gastrostomie et de réintervenir;

3) Certains de ces patients présentent une trachéomalacie ainsi qu'un reflux gastro-œsophagien qui doit souvent être opéré (voir Reflux gastro-œsophagien);

4) On note aussi une augmentation du risque d'hyper-réactivité bronchique et de pneumonie;

5) Une dysmotilité œsophagienne a été décrite;

6) Si une dysphagie apparaît, il faut soupçonner une sténose œsophagienne qui est habituellement localisée au site de l'anastomose et qui peut être entretenue par un reflux gastro-œsophagien.

Pronostic

Selon les facteurs de risque associés comme un petit poids de naissance, la présence d'autres anomalies congénitales et une pneumonie importante, la mortalité varie de 10 à 30 %.

Lecture suggérée

Dillon PW, Cilley RE: Newborn surgical emergencies. Gastrointestinal anomalies, abdominal wall defects. Pediatr Clin North Am 1993; 40: 1289-1314.

Bactériémies et septicémies 34

Michel Weber, Marc Lebel, Philippe Chessex

Voir aussi Fièvre, hyperthermie, fièvre d'origine inexpliquée, hyperthermie maligne.

Généralités

Pour certains, la simple présence de bactéries dans le sang, avec ou sans fièvre, constitue une bactériémie et, lorsqu'il y a d'autres signes ou symptômes que la fièvre, on parle de septicémie. Pour d'autres, ces deux termes sont synonymes.

Les manifestations cliniques des septicémies peuvent résulter de l'effet d'endotoxines ou de médiateurs de l'inflammation. La gravité de la maladie est reliée à la concentration des bactéries dans le sang et à la virulence de la bactérie. Une bactériémie ou une septicémie peut être la conséquence ou la cause d'une infection localisée. Elle peut être isolée ou associée à une telle infection.

Ce chapitre ne s'intéresse qu'aux bactériémies et aux septicémies isolées, car le traitement des infections localisées est le même, qu'il y ait ou non une bactériémie associée (voir Endocardite, Épiglottite aiguë, Gastro-entérite, Infections urinaires, Méningite bactérienne, Ostéomyélite aiguë, etc.).

Le nouveau-né et l'enfant immunodéficient sont plus vulnérables (exemples: cancer, neutropénie, SIDA, syndrome néphrotique, splénectomie, anémie falciforme, etc.). L'hospitalisation et la présence d'un corps étranger comme un cathéter intravasculaire ou une prothèse interne constituent d'autres facteurs de risque, particulièrement vis-à-vis des bactériémies et des septicémies à *Staphylococcus aureus* et à *Staphylococcus epidermidis*.

Chez le nouveau-né (de la naissance à un mois), les bactéries les plus souvent retrouvées sont le *Streptococcus agalactiæ* (streptocoque bêta-hémolytique du groupe B) et l'*Escherichia coli*. Le *Streptococcus agalactiæ* peut causer une septicémie précoce, survenant pendant les premières heures ou les premiers jours de vie et souvent associée à une pneumonie qui peut ressembler à une maladie des membranes hyalines. Il peut aussi être responsable d'une septicémie tardive, survenant au cours du premier mois de vie, qui peut être associée à une méningite. Divers autres agents peuvent être responsables de bactériémies ou de septicémies néonatales : le *Klebsiella pneumoniæ*, le *Listeria monocytogenes*, l'*Hæmophilus influenzæ*, les entérocoques, le *Streptococcus pneumoniæ*, le *Pseudomonas*, le *Staphylococcus aureus*, etc. Des septicémies à *Candida albicans* ont été rapportées chez le nouveau-né gravement malade. Les infections urinaires sont fréquemment accompagnées de bactériémie ou de septicémie. La présence de cathéters intravasculaires et la ventilation mécanique augmentent le risque. Celui-ci est inversement proportionnel à l'âge gestationnel. La colonisation des voies génitales de la mère par le *Streptococcus agalactiæ,* la rupture prématurée et prolongée (plus de 18 heures) de la poche des eaux, un état fébrile chez la mère pendant le travail et la chorio-amniotite constituent des facteurs de risque, de même qu'un cerclage du col, même lorsque la mère ne présente aucun symptôme. Des septicémies ont été rapportées fréquemment chez les nouveau-nés atteints de galactosémie congénitale.

Chez l'enfant âgé de deux mois à cinq ans, les bactéries les plus souvent rencontrées sont le *Streptococcus pneumoniæ*, l'*Hæmophilus influenzæ* et le *Neisseria meningitidis*.

Après l'âge de cinq ans, le *Neisseria meningitidis* est la cause la plus fréquente.

Manifestations cliniques

Chez le nouveau-né, les signes et symptômes peuvent être absents ou discrets. À cet âge, les septicémies peuvent se manifester par une symptomatologie très variée : fièvre ou hypothermie, altération de l'état général ou de l'état de conscience, apnées, détresse respiratoire, cyanose, anorexie, convulsions, vomissements, ictère mixte, choc septique, tendances hémorragiques, etc.

Chez l'enfant âgé de 6 à 24 mois, on a décrit une bactériémie «occulte» à *Streptococcus pneumoniæ* ou, plus rarement, à *Hæmophilus influenzæ*. Les facteurs de risque constituent une triade classique : âge compris entre six mois et deux ans, température supérieure à 39°C et hyperleucocytose supérieure à 15×10^9/L. Même lorsque ces trois facteurs sont présents, le risque de bactériémie ne dépasse pas 5 à 10 %.

Chez l'enfant plus âgé, le principal symptôme est la fièvre. Il peut y avoir une altération de l'état général. La présence de purpura (pétéchies ou ecchymoses) est suggestive de méningococcémie.

Explorations

À tout âge, le diagnostic repose sur les hémocultures. Il est préférable de prélever au moins deux échantillons de sang avant d'entreprendre le traitement, surtout si l'enfant est porteur d'une cardiopathie congénitale. D'autres explorations peuvent être nécessaires lorsqu'il y a des signes d'atteinte multisystémique (voir Choc septique). Chez le nouveau-né et le jeune nourrisson, il faut aussi cultiver le liquide céphalorachidien et l'urine.

Traitement

Pour l'état de choc associé à une septicémie, voir Choc septique.

I. Chez le nouveau-né (< 1 mois)

Chez le nouveau-né, l'antibiothérapie initiale habituelle est une association d'ampicilline et de gentamicine (pour la posologie, voir Index pharmacologique). Ce traitement est commencé empiriquement lorsque les signes et symptômes suggèrent la possibilité d'une septicémie. S'il y a un facteur de risque vis-à-vis de la bactériémie ou de la septicémie à *Staphylococcus aureus* (exemples : hospitalisation prolongée, présence d'un cathéter intravasculaire), il est prudent d'ajouter initialement une pénicilline antistaphylococcique comme la cloxacilline, la nafcilline ou l'oxacilline. Si les hémocultures sont négatives après 48 à 72 heures, ce qui est fréquent, le traitement est habituellement cessé si les manifestations cliniques étaient mineures ; lorsqu'elles étaient majeures, les cliniciens sont souvent portés à poursuivre l'antibiothérapie. Si les hémocultures sont positives, l'antibiothérapie est ajustée selon l'antibiogramme. La durée du traitement parentéral est de 7 à 14 jours. L'utilité des transfusions de granulocytes et de l'administration de gammaglobulines demeure sujette à controverse.

II. Après la période néonatale (> 1 mois)

Lorsqu'on suspecte une bactériémie ou une septicémie, le traitement initial doit être efficace contre le *Streptococcus pneumoniæ*, l'*Hæmophilus influenzæ* sensible ou résistant à l'ampicilline et le *Neisseria meningitidis* :

- 1 à 3 mois : association d'ampicilline (200 à 300 mg/kg/24 heures IV en 4 fois) et de céfotaxime (100 à 200 mg/kg/24 heures IV en 4 fois) ;
- > 3 mois : céfuroxime seul (100 à 150 mg/kg/24 heures IV en 3 fois ; maximum chez le grand enfant : 6 g/24 heures).

En cas d'allergie vraie aux céphalosporines et aux pénicillines, le chloramphénicol est un bon choix : 75 à 100 mg/kg/24 heures IV en 4 fois (maximum chez le grand enfant : 4 g/24 heures). Si les hémocultures sont négatives après 48 à 72 heures, le traitement est cessé. Si elles sont positives, l'antibiothérapie est ajustée selon l'antibiogramme.

Traditionnellement, la durée du traitement est de 7 à 10 jours. Dans le cas de la méningococcémie, cinq à sept jours suffisent. S'il s'agit d'une bactériémie occulte à *Streptococcus pneumoniæ*, on peut prendre le relais par voie orale avec la pénicilline V lorsque la fièvre a disparu depuis 24 à 48 heures.

Complications

Choc septique, coagulation intravasculaire disséminée, syndrome de détresse respiratoire de l'adulte, localisation secondaire (ostéomyélite, méningite, etc.).

Pronostic

Il est excellent lorsque le traitement est précoce et adéquat. Pour la méningococcémie, plusieurs critères de mauvais pronostic ont été rapportés : choc septique, éruption ecchymotique, absence de méningite associée, neutropénie et acidose métabolique. Lorsque plusieurs de ces signes sont présents, la mortalité peut atteindre 50 %.

Mesures préventives

Voir Anémies (pour l'anémie falciforme), Vaccinations, Problèmes épidémiologiques courants à la garderie (crèche).

Lectures suggérées

Gladstone IM, Ehrenkranz RA, Edberg SC, Baltimore RS : A ten-year review of neonatal sepsis and comparison with the previous fifty-year experience. Pediatr Infect Dis J 1990 ; 9 : 819-825.

Jaffe DM, Tanz RR, Davis AT, *et al.* : Antibiotic administration to treat possible occult bacteremia in febrile children. N Engl J Med 1987 ; 317 : 1175-1180.

Word BM, Klein JO : Current therapy of bacterial sepsis and meningitis in infants and children : a poll of directors of programs in pediatric infectious diseases. Pediatr Infect Dis J 1988 ; 7 : 267-270.

Balanite et posthite   35

Jean-Bernard Girodias, Pierre Williot

Généralités

L'inflammation du prépuce (posthite) s'accompagne souvent d'une inflammation du gland (balanite). La balano-posthite s'observe surtout chez le garçon non circoncis d'âge préscolaire. Elle est souvent d'origine inflammatoire, parfois d'origine infectieuse ; ces deux formes peuvent être difficiles à distinguer l'une de l'autre. Elle serait favorisée par le manque d'hygiène, les adhérences du prépuce ainsi que les manœuvres intempestives de dilatation.

La forme inflammatoire résulte de la rétention, puis de l'expulsion de smegma. La forme infectieuse est surtout causée par le *Staphylococcus aureus* ou le *Streptococcus pyogenes*.

Manifestations cliniques

Le prépuce et le gland sont œdémateux et hyperhémiés. Des sécrétions purulentes peuvent être présentes; elles sont inodores en cas de balano-posthite inflammatoire. L'enfant se plaint parfois de brûlures miction-nelles, qui témoignent de l'inflammation des tissus et non d'une infection urinaire associée. Habituellement, il n'y a pas de fièvre.

Explorations

La seule qui soit utile est la culture des sécrétions purulentes. Elle est négative en cas de balano-posthite inflammatoire.

Traitement

Dans la forme inflammatoire, les soins d'hygiène locale suffisent habituel-lement. Lorsqu'il s'agit d'une forme infectieuse, on peut y adjoindre une antibiothérapie locale (exemples: bacitracine, mupirocine, acide fusi-dique, gentamicine). La plupart du temps, une antibiothérapie par voie générale n'est pas nécessaire.

Complications

L'évolution vers une cellulite ou une septicémie est exceptionnelle chez l'enfant immunocompétent.

Prévention

Elle se résume en une bonne hygiène locale. Il faut aussi éviter les manœuvres de dilatation forcée. En cas de balano-posthite récidivante, une circoncision est parfois nécessaire.

Blépharite   36

Jean-Bernard Girodias, Jean-Louis Jacob

Généralités

La blépharite est une inflammation du bord libre de la paupière. La forme aiguë est le plus souvent d'origine bactérienne, l'agent étiologique habi-tuel étant le *Staphylococcus aureus*. Elle peut aussi se manifester sous la forme d'un phénomène inflammatoire chronique, surtout chez les enfants souffrant de dermite atopique ou séborrhéique.

Manifestations cliniques

Qu'il s'agisse d'une blépharite aiguë ou chronique, on note un érythème du bord libre de la paupière. Il y a du prurit ainsi qu'une sensation de brûlure ou de corps étranger. Le matin, des débris squameux et des sécrétions purulentes peuvent coller les paupières. Lorsque l'inflammation persiste, les cils peuvent se décolorer, changer d'orientation et même tomber. Des chalazions récidivants constituent un indice de blépharite chronique. Une dermite séborrhéique du cuir chevelu est parfois associée.

Explorations

Une culture des sécrétions confirme l'étiologie staphylococcique de la maladie. L'examen microscopique des squames et des sécrétions aide à différencier une blépharite séborrhéique d'une gale.

Traitement

En général, l'application locale d'une pommade antibiotique est suffisante. On utilise par exemple la bacitracine ou la gentamicine. La mupirocine et l'acide fusidique ne doivent pas être appliqués au niveau des yeux. La pommade est appliquée quatre fois par jour pendant une à deux semaines puis, lorsqu'une amélioration clinique est notée, deux fois par jour jusqu'à la disparition complète des lésions, ce qui peut prendre jusqu'à quatre à six semaines. On poursuit ensuite le traitement une fois par jour pendant un mois.

Une dermite atopique ou séborrhéique associée est traitée de la façon habituelle (voir Dermite atopique, Dermite séborrhéique).

En cas d'échec du traitement local, une antibiothérapie par voie orale peut être nécessaire. Les principaux choix possibles sont les suivants :
- Pénicilline antistaphylococcique comme la cloxacilline (Canada, France) ou l'oxacilline (France), à raison de 50 à 100 mg/kg/24 heures PO en 3 à 4 fois (maximum chez le grand enfant : 4 g/24 heures) ;
- Céphalexine (céfalexine), à raison de 25 à 50 mg/kg/24 heures PO en 3 fois (maximum chez le grand enfant : 4 g/24 heures) ;
- En France, on peut aussi utiliser la pristinamycine ou la virginiamycine (voir Index pharmacologique).

La durée du traitement est de 10 jours.

Complications

L'évolution vers une cellulite péri-orbitaire est exceptionnelle.

Prévention

La blépharite séborrhéique chronique nécessite pendant une longue période de temps un nettoyage biquotidien des rebords palpébraux au moyen d'un coton-tige imbibé d'une solution diluée d'un shampoing pour bébés.

Bronchiolite   37

Michel Weber, Marie Gauthier, Jacques Lacroix, Guy Lapierre, Marc Lebel, Jacques Boisvert

Généralités

Il s'agit d'une maladie très fréquente chez l'enfant de moins de deux ans. Elle est d'origine virale, et le principal agent étiologique est le virus respiratoire syncytial. Elle peut aussi être causée par d'autres virus comme l'adénovirus ou un virus para-influenza. La bronchiolite est surtout fréquente en hiver. Elle est caractérisée par une obstruction des voies aériennes distales; celle-ci résulte d'un œdème de la paroi bronchique, d'une hypersécrétion muqueuse et de la présence de débris cellulaires. L'existence d'un bronchospasme est sujette à controverse. Classiquement, elle ne répond pas ou peu aux bronchodilatateurs; plusieurs études récentes semblent cependant suggérer le contraire. La bronchiolite et l'asthme semblent appartenir à un même continuum: la bronchiolite pourrait représenter une forme particulière de réponse des futurs asthmatiques aux agressions virales. Les anciens prématurés sont hospitalisés pour bronchiolite plus souvent que les autres enfants au cours de la première année de vie. La maladie est souvent plus grave chez l'enfant de moins d'un mois.

Manifestations cliniques

On note des signes d'infection virale des voies respiratoires supérieures, de la toux, de la dyspnée, du wheezing, une température normale ou peu élevée, des difficultés alimentaires, une polypnée, une tachycardie, un battement des ailes du nez, ainsi qu'un tirage sous-costal et intercostal. L'auscultation pulmonaire révèle un allongement du temps expiratoire, une diminution de l'entrée d'air et des râles divers, sibilants, ronflants et fins. Dans les cas graves, on peut observer de l'anxiété, de la cyanose, de l'épuisement et des apnées, signes d'insuffisance respiratoire aiguë.

Explorations

L'anamnèse et l'examen sont d'habitude suffisants pour poser le diagnostic.

L'hémogramme n'apporte en général aucune information utile.

Dans les cas graves, le pH et la PCO_2 sont mesurés dans le sang artériel, et la saturation de l'hémoglobine en oxygène par oxymétrie de pouls.

La radiographie des poumons n'est pas essentielle au diagnostic dans tous les cas. Elle montre une distension pulmonaire et une accentuation de la trame bronchique. Elle permet de mettre en évidence certaines complications comme une surinfection pulmonaire, un pneumomédiastin, un pneumothorax ou une atélectasie.

L'immunofluorescence ou le test ELISA pour l'identification rapide du virus respiratoire syncytial dans les sécrétions nasopharyngées n'est indiqué que lorsqu'il y a un doute quant au diagnostic, ou si on envisage d'administrer de la ribavirine.

Les cultures virales n'ont pas d'intérêt pratique.

Lorsqu'une bronchiolite persiste au-delà de la durée habituelle (plus d'une semaine à 10 jours) ou récidive plusieurs fois, il faut se demander s'il ne s'agit pas d'asthme et il est prudent de faire un test de la sueur et de s'assurer qu'il ne s'agit pas d'une infection à *Chlamydia trachomatis* ou à *Ureaplasma urealyticum*; ces infections peuvent en effet donner un tableau clinique et radiologique similaire (voir Pneumonies).

Lorsque les symptômes récidivent ou persistent pendant plusieurs semaines, surtout si l'enfant régurgite ou vomit fréquemment, la recherche d'un reflux gastro-œsophagien par pH-métrie de l'œsophage est parfois indiquée (voir Wheezing).

Surveillance et traitement

La majorité des enfants souffrant de bronchiolite n'ont pas besoin d'être hospitalisés et ne nécessitent aucune autre forme de traitement que l'instillation de sérum physiologique dans les narines si elles sont obstruées, l'aspiration régulière des sécrétions nasales et de petits repas fréquents. La décision d'hospitaliser est influencée par la présence de certains critères cliniques comme les difficultés alimentaires, la polypnée, la tachycardie, la cyanose, l'agitation, l'épuisement, le battement des ailes du nez, la diminution de l'entrée d'air à l'auscultation pulmonaire, le tirage et les apnées. La surveillance clinique s'attache aux signes généraux, à la coloration, à l'état de conscience, au tirage et à l'entrée d'air. Dans les cas graves, le pH et la PCO_2 sont surveillés dans le sang artériel ou capillaire artérialisé. Quant à l'oxygénation, on se base soit sur la PaO_2, soit sur la mesure répétée de la saturation de l'hémoglobine en oxygène par oxymétrie de pouls. Les principales modalités de traitement sont les suivantes (la plupart du temps, les trois premières suffisent):

1) Aspiration des sécrétions naso-pharyngées, faite au besoin;

2) Position en décubitus ventral avec la tête du lit légèrement surélevée;

3) Administration d'oxygène humidifié au moyen d'une tente ou d'une sonde sous-nasale. On recherche la plus faible concentration qui permet d'obtenir une saturation d'oxygène voisine de 94 %;

4) Hydratation et nutrition: on donne des petits repas fréquents. Lorsque la dyspnée est importante, il est souvent nécessaire d'interrompre temporairement l'alimentation orale et de prescrire un soluté à une vitesse qui correspond aux besoins d'entretien (voir Déséquilibres hydriques, électrolytiques et acidobasiques). Si l'enfant n'est pas capable de s'alimenter normalement pendant plus de trois à quatre jours, il est nécessaire de recourir aux gavages, en tenant compte de l'augmentation des besoins énergétiques qui résulte d'un travail respiratoire accru;

5) Médicaments anti-asthmatiques (salbutamol et ipratropium en inhalation, corticostéroïdes par voie orale ou intraveineuse): ils sont probablement inutiles ou peu utiles dans la majorité des cas, mais ceci demeure un sujet de controverse. Un âge supérieur à quatre à six mois, une bronchiolite grave ou qui évolue de façon défavorable, une histoire de problèmes respiratoires persistants ou récidivants et une hérédité

atopique sont autant d'éléments qui plaident en faveur de l'essai occasionnel d'un tel traitement. Les modalités thérapeutiques sont alors identiques à celles d'une crise d'asthme (voir Asthme); en raison du risque d'intoxication, il faut s'abstenir de prescrire de la théophylline;

6) Physiothérapie (kinésithérapie) respiratoire : elle semble utile lorsqu'il y a des atélectasies importantes ou une hypersécrétion abondante de l'arbre trachéobronchique;

7) Antibiothérapie : elle n'est indiquée que si on suspecte une infection pulmonaire à *Chlamydia* ou à *Ureaplasma*, et dans les rares cas de surinfection bactérienne (voir Pneumonies). La plupart des opacités radiologiques représentent soit des atélectasies, soit des infiltrats d'origine virale. Une surinfection bactérienne est plausible lorsque l'état respiratoire du patient se détériore après quelques jours d'évolution, ou lorsqu'une fièvre associée à un nouvel infiltrat pulmonaire apparaît;

8) Ribavirine : l'utilité de cet agent antiviral pour le traitement de la bronchiolite à virus respiratoire syncytial est maintenant établie. Chez l'enfant normal, le rapport coût-bénéfice est trop peu convaincant pour qu'on puisse recommander la généralisation de son usage; en effet, la mortalité de la bronchiolite bien traitée est à peu près nulle, et les inconvénients de la ribavirine sont importants : coût très élevé, effet irritant sur les muqueuses du personnel et dysfonction des respirateurs. Elle pourrait être réservée aux enfants qui présentent une bronchiolite évoluant vers l'insuffisance respiratoire et à ceux qui présentent une cardiopathie majeure, une fibrose kystique ou une dysplasie bronchopulmonaire qui se complique d'une bronchiolite grave dont l'étiologie prouvée est le virus respiratoire syncytial. La ribavirine, qui est présentée sous forme d'une solution à 20 mg/mL, est administrée en aérosolisation continue au moyen d'une cage faciale en plexiglas; ce traitement est administré 12 à 20 heures par jour pendant 3 à 5 jours;

9) Intubation trachéale et ventilation mécanique : elles ne sont nécessaires que dans une faible minorité des cas; les critères sont les apnées, l'épuisement, une hypercapnie importante (> 60 à 80 mm Hg) ou une élévation rapide de la PCO_2, et une hypoxémie marquée (saturation < 90 % ou PaO_2 < 60 mm Hg avec une concentration d'oxygène de 70 à 80 %). Cette décision doit être individualisée.

Complications

Les otites et les atélectasies sont fréquentes. L'insuffisance respiratoire aiguë, le pneumomédiastin, le pneumothorax et la surinfection bactérienne sont rares.

Pronostic

Chez l'enfant normal, le pronostic de la bronchiolite bien traitée est excellent, mais le risque d'asthme ultérieur est plus élevé que dans la population en général; même les enfants qui ont présenté un seul épisode de bronchiolite banale gardent, plusieurs années plus tard, des anomalies des épreuves de fonction pulmonaire. Chez l'enfant normal, la mortalité est extrêmement faible, mais elle est plus élevée chez l'enfant atteint de cardiopathie congénitale grave, de fibrose kystique ou de dysplasie bronchopulmonaire.

Prévention

L'allaitement maternel exclusif et prolongé constitue un élément de prévention relative. Les enfants ne doivent pas être exposés à la fumée du tabac. Les contacts des jeunes nourrissons avec des personnes souffrant d'infection des voies respiratoires doivent si possible être évités; la fréquentation d'une garderie ou crèche joue à cet égard un rôle étiologique indiscutable. Les infections respiratoires nosocomiales sont fréquentes en milieu hospitalier; elles peuvent être évitées dans une certaine mesure par l'application des mesures de précaution respiratoires habituelles, qui sont détaillées dans le chapitre Prévention des infections en milieu hospitalier.

Lectures suggérées

Alario AJ, Lewander WJ, Dennehy P, *et al.*: The efficacy of nebulized metaproterenol in wheezing infants and young children. Am J Dis Child 1992; 146: 412-418.

Committee on Infectious Diseases, American Academy of Pediatrics: Use of ribavirin in the treatment of respiratory syncytial virus infection. Pediatrics 1993; 92: 501-504.

Edelson PJ: Clinical studies with ribavirin. Pediatr Infect Dis J 1990; 9: S71-S72.

Ruuskanen O, Ogra PL: Respiratory syncytial virus. Curr Probl Pediatr 1993; 23: 50-79.

Schuh S, Canny G, Reisman JJ, *et al.*: Nebulized albuterol in acute bronchiolitis. J Pediatr 1990; 117: 633-637.

Smith DW, Frankel LR, Mathers LH, *et al.*: A controlled trial of aerosolized ribavirin in infants receiving mechanical ventilation for severe respiratory syncytial virus infection. N Engl J Med 1991; 325: 24-29.

Stutman HR, Rub B, Janaim HK: New data on clinical efficacy of ribavirin. Pediatr Infect Dis J 1990; 9: S79-S82.

Welliver JR, Welliver RC: Bronchiolitis. Pediatr Rev 1993; 14: 134-139.

Bronchite aiguë   38

Michel Weber, Marc Lebel, Guy Lapierre

Voir aussi Bronchiolite.

Généralités

Chez le jeune enfant, la bronchite aiguë est presque toujours d'origine virale; les principaux responsables sont les virus respiratoire syncytial, para-influenza et influenza, l'adénovirus, les rhinovirus et le virus de la rougeole.

Manifestations cliniques

Chez l'enfant de moins d'un à deux ans, les bronchites virales causent fréquemment un tableau clinique d'obstruction des bronchioles (voir Bronchiolite). Chez l'enfant plus âgé et l'adolescent, la maladie ressemble à celle qu'on trouve chez l'adulte. La fièvre peut être absente, légère ou élevée. La toux est sèche au début puis devient productrice. L'auscultation révèle des râles ronflants mobiles lors de la toux et, parfois, des râles fins. On note fréquemment des signes d'infection virale plus diffuse : hyperhémie conjonctivale, rhinite, pharyngite, laryngite, trachéite. Le grand enfant et l'adolescent expectorent des sécrétions qui peuvent être purulentes. Il peut y avoir des douleurs thoraciques.

Explorations

Le diagnostic est clinique et aucune exploration complémentaire n'est habituellement nécessaire. Il n'y a aucun moyen fiable, rapide et pratique de différencier une bronchite virale d'une infection à *Mycoplasma pneumoniæ*. Lorsqu'une radiographie est faite, par exemple lorsque la fièvre est élevée et qu'il y a des râles fins, ont peut noter une accentuation de la trame bronchique.

Traitement

Il n'y a pas de traitement spécifique pour la bronchite virale aiguë.

Si la fièvre est incommodante, on donne de l'acétaminophène ou paracétamol (15 mg/kg/dose PO toutes les 4 heures ; maximum chez le grand enfant : 650 mg/dose).

Comme la toux constitue un facteur de défense permettant d'évacuer l'excès de sécrétions bronchiques, il est préférable de s'abstenir de prescrire un antitussif. Lorsque le sommeil est exagérément perturbé, une dose de codéine (0,15 à 0,25 mg/kg/dose ; maximum chez le grand enfant : 30 mg/dose) peut être administrée au coucher ; en France, on utilise aussi le clobutinol (posologie : voir Index pharmacologique).

On veille à une bonne hydratation et à une bonne humidification de l'air ambiant.

Le traitement des rares surinfections bactériennes est identique à celui des pneumonies (voir Pneumonies).

Complications

L'atélectasie est rare, de même que la surinfection bactérienne (*Streptococcus pneumoniæ*, *Hæmophilus influenzæ*, *Streptococcus pyogenes*, *Staphylococcus aureus*). On soupçonne cette dernière lorsque l'évolution dépasse la durée habituelle (une à deux semaines) ou lorsqu'une fièvre apparaît secondairement. Chez l'enfant asthmatique, la bronchite aiguë déclenche souvent une crise d'asthme ; même chez l'enfant non asthmatique, elle est occasionnellement responsable d'un syndrome asthmatiforme.

Pronostic

Les bronchites virales guérissent spontanément en une à deux semaines.

Mesures de prévention

Le patient hospitalisé doit être soumis aux mesures d'isolement respiratoire : voir Prévention des infections en milieu hospitalier.

Lectures suggérées

Cohen GJ : Management of infections of the lower respiratory tract in children. Pediatr Infect Dis J 1987; 6 : 317-323.
Gooch WM : Bronchitis and pneumonia in ambulatory patients. Pediatr Infect Dis J 1987; 6 : 137-140.

Brûlures 39

Michel Weber, Arié Bensoussan, Louise Caouette-Laberge

Généralités

Les brûlures demeurent une cause importante de morbidité et de mortalité chez l'enfant; elles sont plus fréquentes chez les garçons que chez les filles, ainsi que dans les milieux défavorisés. Elles constituent parfois une manifestation du syndrome de l'enfant maltraité. Les brûlures étendues devraient être traitées dans un centre spécialisé. Ce chapitre s'attarde surtout aux premiers soins, ainsi qu'à la réanimation liquidienne initiale.

Évaluation initiale

I. Évaluation de la respiration

La première préoccupation est de s'assurer que les échanges respiratoires sont adéquats. Ceux-ci peuvent être compromis par une brûlure des voies aériennes et une inhalation de fumée.

II. Évaluation de la circulation

La seconde préoccupation est d'assurer la stabilité hémodynamique. En effet, peu après une brûlure étendue, deux phénomènes se produisent :

1) Formation rapide d'un œdème important dans les tissus, qu'ils soient brûlés ou non;

2) Transsudation de quantités importantes d'eau, d'électrolytes et de protéines plasmatiques au niveau de la surface brûlée.

Ces phénomènes expliquent le développement rapide d'une hypovolémie pouvant aller jusqu'au choc hypovolémique.

III. Évaluation de l'étendue des brûlures

Cette évaluation ne tient compte que des brûlures du deuxième et du troisième degré. Les lésions sont dessinées sur un schéma correspondant à

l'âge du patient. On utilise la «règle des 9», qui attribue à chaque région du corps un certain pourcentage de la surface corporelle:
- Tête: 9 %;
- Cou: 2 %;
- Chaque face du tronc: 18 %;
- Chaque membre supérieur: 9 %;
- Chaque membre inférieur: 9 %;
- Organes génitaux: 1 %.

Pour chaque année au-dessous de six ans, on soustrait 0,8 % de chaque membre et on l'ajoute au pourcentage correspondant à la tête.

Pour le calcul des besoins en eau et en électrolytes, toute brûlure de plus de 30 % de la surface corporelle est considérée comme une brûlure de 30 %.

IV. Évaluation de la profondeur des brûlures

- Premier degré: érythème seulement;
- Deuxième degré: phlyctènes, douleur, blanchissement à la pression et saignement à la piqûre, conservation des annexes de la peau. Cliniquement, il est impossible de distinguer d'emblée le deuxième degré superficiel, qui guérit spontanément, du deuxième degré profond, qui requiert des greffes de peau;
- Troisième degré: anesthésie, coloration blanche ou noirâtre, induration donnant la consistance du cuir, absence de saignement à la piqûre, thromboses visibles.

Traitement et surveillance

I. Brûlures mineures

1) Plonger la région brûlée dans l'eau froide;
2) Laver avec de l'eau et du savon;
3) Panser avec du Sofra-Tulle (en France: Tulle gras); changer le pansement tous les deux à trois jours.

II. Brûlures majeures

1) Hospitaliser l'enfant selon les critères suivants:
   - Brûlure de plus de 10 % de la surface corporelle;
   - Brûlure du visage, des mains, des pieds ou des organes génitaux;
   - Brûlure infectée.
2) Identifier les problèmes associés:
   - Intoxication au monoxyde de carbone; il faut particulièrement y penser lorsque les brûlures sont survenues dans un espace clos, ou s'il y a une altération de l'état de conscience (voir Intoxications);
   - Brûlures des voies respiratoires (voir Insuffisance respiratoire aiguë). Les indices suivants suggèrent cette possibilité:
     - Brûlure survenue dans un espace clos;
     - Brûlures faciales;

- Cils ou poils du nez roussis;
- Inflammation ou présence de particules de carbone au niveau de l'oropharynx;
- Hypersécrétion bronchique;
- Lésions traumatiques (voir Traumatismes).

3) En cas de brûlure étendue, mettre en place une sonde gastrique et une sonde vésicale.

4) Surveiller fréquemment les paramètres suivants:
- État de conscience;
- Fréquence et rythme cardiaques;
- Fréquence respiratoire;
- Tension artérielle et, dans les cas graves, tension veineuse centrale;
- Diurèse horaire (celle-ci doit être maintenue à environ 1 mL/kg/heure).

5) Entreprendre précocement la réanimation liquidienne:
- S'il y a un choc hypovolémique: voir Choc hypovolémique;
- S'il n'y a pas de choc hypovolémique ou après le traitement de ce choc:

   a) Première période de 24 heures (cette période commence au moment de la brûlure et non au moment du début de la perfusion): donner du Ringer lactate, à raison de 6 mL/kg/% de surface brûlée. La moitié de cette quantité est administrée au cours des 8 premières heures et l'autre moitié pendant les 16 heures suivantes.

   On vise une diurèse horaire d'environ 1 mL/kg/heure au minimum.

   Lorsque la surface brûlée est supérieure à 40 %, ajouter au soluté 50 mmol/L de bicarbonate de sodium.

   Lors du calcul de la quantité de liquide nécessaire, une brûlure de plus de 30 % est considérée comme une brûlure de 30 %.

   Ce calcul sert de point de départ; des modifications peuvent être nécessaires en cours de route, selon l'évolution clinique et la diurèse horaire.

   Exemple: un enfant pesant 14 kg présente des brûlures au deuxième et au troisième degré couvrant 50 % de la surface corporelle. La quantité de Ringer lactate à administrer pendant la première période de 24 heures est calculée comme s'il s'agissait d'une brûlure de 30 %. Elle est de $6 \times 14 \times 30 = 2\,520$ mL. Comme la surface brûlée dépasse 40 %, on ajoute du bicarbonate de sodium à raison de 50 mmol/L. Pendant les 8 premières heures, on donne la moitié de cette quantité, soit 1 260 mL, soit 160 mL/heure. Pendant les 16 heures suivantes, on administre également 1 260 mL, soit 80 mL/heure. On veille à maintenir la diurèse aux environs de 14 mL/heure, soit 340 mL/24 heures;

b) Deuxième période de 24 heures : selon l'évolution clinique et la diurèse horaire, on continue à administrer le même soluté à la même vitesse ou en réduisant celle-ci progressivement;

c) Après 48 heures, la vitesse du soluté est réduite aux besoins d'entretien normaux en eau (voir Déséquilibres hydriques, électrolytiques et acidobasiques) et on administre pendant quelques jours de l'albumine humaine à 4 % (France) ou à 5 % (Canada), à raison de 0,5 mL/kg/% de surface brûlée/24 heures; on diminue en proportion la perfusion de cristalloïdes.

6) Appliquer au moins toutes les 24 heures une couche de 3 à 5 mm de sulfadiazine d'argent à 1 %, un antiseptique (Canada : Flamazine; France : Flammazine), sur la surface brûlée. Les changements de pansements sont favorisés par la baignoire à remous.

7) Traiter la douleur : on utilise la morphine, qui doit être administrée par voie intraveineuse et non intramusculaire ou sous-cutanée (risque d'accumulation et d'intoxication secondaire); pour la posologie, voir Douleur.

8) Veiller à un apport énergétique suffisant dès que les 48 à 72 premières heures sont écoulées. Les besoins sont très augmentés et il faut parfois recourir à une alimentation entérale élémentaire ou, en cas d'iléus paralytique, à une alimentation parentérale.

9) Administrer des antibiotiques lorsqu'il y a une surinfection, en se basant sur les cultures de la surface brûlée, effectuées deux fois par semaine. Une antibiothérapie préventive n'est habituellement pas indiquée, sauf si l'enfant est porteur du *Streptococcus pyogenes* (une culture des sécrétions pharyngées est effectuée dès l'admission).

10) Prévenir le tétanos : voir Tétanos.

11) Pratiquer des escharrotomies si la perfusion des membres est compromise à la suite de brûlures circulaires. Elles doivent être effectuées avec une technique d'asepsie rigoureuse, mais ne nécessitent habituellement pas d'anesthésie générale, car la peau brûlée au 3e degré est anesthésiée.

12) Faire appel à un chirurgien plastique en cas de brûlures du deuxième degré profond ou du troisième degré. Ces lésions nécessitent un débridement et des greffes de peau.

13) Tout au long du traitement et de la période de rééducation, dont les modalités dépassent le cadre de cet ouvrage, demeurer attentif aux besoins psychologiques de l'enfant et de sa famille.

Complications

Les principales sont la déshydratation et le choc hypovolémique, les déséquilibres électrolytiques, l'iléus paralytique, l'acidose métabolique, l'hypoprotéinémie, la surinfection bactérienne, le choc septique, le syndrome de détresse respiratoire de l'adulte, l'insuffisance rénale aiguë, la malnutrition et l'ulcère de stress.

Prévention

Voir Prévention des accidents.

Lectures suggérées

Deitch EA : The management of burns. N Engl J Med 1990; 323 : 1249-1253.
Finkelstein JL, Schwartz SB, Madden MR, *et al*. : Pediatric burns. An overview. Pediatr Clin North Am 1992; 39 : 1145-1163.
McLoughlin E, McGuire A : The causes, cost, and prevention of childhood burn injuries. Am J Dis Child 1990; 144 : 677-683.
Osgood PF, Szyfelbein SK : Management of burn pain in children. Pediatr Clin North Am 1989; 36 : 1001-1013.

Brûlures chimiques de l'œil   40

Monique Robert, Jean-Louis Jacob

Généralités

Les brûlures chimiques de l'œil constituent l'une des rares urgences ophtalmologiques véritables. Les substances acides ou alcalines peuvent endommager gravement les tissus oculaires ; une perte de l'œil peut même en résulter. Les lésions sont souvent bilatérales. Il peut s'agir de substances utilisées lors d'expériences de chimie ou de produits d'entretien domestiques (exemples : ammoniaque, hydroxyde de sodium, de potassium ou de calcium). Les alcalins sont plus dangereux que les acides car leur effet est plus prolongé. Quand la nature du produit n'est pas connue, on peut, à condition de ne pas perdre de temps, mesurer le pH des larmes avant l'irrigation pour savoir s'il s'agit d'un acide ou d'une base. Un ophtalmologue doit être appelé immédiatement et doit assurer la poursuite du traitement.

Traitement

Conseils téléphoniques

Conseiller aux parents d'irriguer l'œil abondamment avec de l'eau, puis de venir immédiatement à l'hôpital en poursuivant l'irrigation pendant le trajet.

À l'arrivée à l'hôpital

Mettre des gouttes mydriatiques (atropine à 1 %) dans l'œil, puis recommencer à irriguer pendant 20 à 30 minutes avec 2 000 mL de sérum physiologique, au moyen d'une tubulure pour soluté ; l'irrigation ne peut être cessée que si le pH est devenu neutre. Pendant l'irrigation, maintenir manuellement les paupières bien ouvertes ou utiliser un écarteur pour les paupières. Parfois, une sédation ou un anesthésique local peut être nécessaire. Après l'irrigation, bien examiner l'œil et enlever tout débris qui pourrait encore s'y trouver, particulièrement dans le cul-de-sac conjonctival.

Mettre à nouveau des gouttes mydriatiques dans l'œil, ce qui réduit le risque de synéchies (adhérences entre l'iris et le cristallin); habituellement, c'est l'ophtalmologue qui mettra en place un verre de contact relié à une tubulure de soluté, ce qui permettra de continuer le lavage; celui-ci peut se poursuivre pendant une période maximale de 24 heures.

Prévention

Lors de chaque examen de routine d'un jeune enfant, il faut rappeler aux parents de mettre sous clé tous les produits d'entretien dangereux.

Candidoses 41

Michel Weber, Marc Lebel, Julie Powell

L'agent étiologique habituel des ces infections est le *Candida albicans*; d'autres types de *Candida* peuvent se retrouver, particulièrement en cas d'infections invasives.

Candidose buccale

La candidose (candidiase, moniliase) buccale, parfois appelée «muguet», est fréquente chez le nourrisson normal. Son caractère persistant ou répétitif peut suggérer l'existence d'une déficience immunitaire (exemple: syndrome d'immunodéficience acquise). Elle se caractérise par de multiples placards blancs sur une muqueuse buccale hyperhémiée. Lorsque les lésions sont étendues, elles peuvent causer des douleurs et des difficultés alimentaires. Une œsophagite et une dermite périnéale peuvent lui être associées. Le diagnostic est clinique et aucune exploration complémentaire n'est indiquée. Le traitement consiste à badigeonner la bouche quatre fois par jour, de préférence après le biberon ou la tétée, au moyen d'une solution de nystatine pendant une dizaine de jours. En cas d'échec, on peut essayer une crème au clotrimazole. Un traitement au kétoconazole, au fluconazole ou à l'amphotéricine B par voie générale peut être indiqué chez les déficients immunitaires lorsque l'infection est grave et réfractaire ou lorsqu'elle s'accompagne d'une œsophagite importante.

Candidose cutanée

Elle est très fréquente chez le nourrisson normal, particulièrement au niveau de la région périnéale (voir Dermite du siège).

Candidose mucocutanée chronique

Cette affection peut résulter d'une déficience immunitaire ou être associée à un problème endocrinien comme une maladie d'Addison, un diabète, une hypoparathyroïdie ou une hypothyroïdie. Le diagnostic d'infection à *Candida* peut être confirmé par l'examen direct après traitement au

KOH à 10 % ou par culture du produit de grattage des lésions sur un milieu spécial pour les mycoses. Un traitement associant la nystatine ou le clotrimazole par voie topique et le kétoconazole, le fluconazole ou l'amphotéricine B par voie générale est souvent indiqué (voir Index pharmacologique).

Vaginite

Elle est exceptionnelle chez la fille prépubère et plus fréquente chez l'adolescente. Les principaux facteurs favorisants sont les contraceptifs oraux, les antibiotiques et le diabète. Pour le traitement, voir Maladies sexuellement transmissibles et autres infections génitales.

Septicémie

Une septicémie à *Candida*, avec ou sans localisation secondaire (exemples : méningite, ostéomyélite), s'observe particulièrement chez les prématurés malades, chez les patients traités aux antibiotiques, chez les déficients immunitaires et chez les patients porteurs de cathéters intravasculaires à demeure. Des hémocultures sont faites sur un milieu de culture spécial pour les mycoses. Un traitement à l'amphotéricine B par voie générale est indiqué (voir Index pharmacologique).

Infection urinaire

Elle a été rapportée chez les déficients immunitaires.

Péritonite

Elle peut survenir chez les patients traités par dialyse péritonéale.

Cardiopathies congénitales 42

Jean-Luc Bigras, Anne Fournier, Jean-Claude Fouron, Suzanne Vobecky, Alain Chantepie, Grant Mitchell

Généralités

L'incidence des cardiopathies congénitales est d'environ 8/1 000 naissances vivantes. Le plus souvent, l'étiologie est inconnue. Dans environ 80 % des cas, la malformation est isolée. Environ 12 % des cas sont associés à une anomalie chromosomique et 8 % à des malformations congénitales multiples.

Le médecin généraliste et le pédiatre ont pour rôle d'identifier de façon précoce les cardiopathies chez les nouveau-nés et les jeunes enfants, de les orienter vers une équipe spécialisée, puis de collaborer avec celle-ci pour le suivi à long terme. Ce chapitre se contente de rappeler, à propos des principales cardiopathies, quelques éléments importants qui peuvent être utiles au médecin généraliste ou au pédiatre.

Aspects génétiques

L'examen complet de l'enfant porteur d'une cardiopathie congénitale a pour but de détecter d'autres malformations associées.

Dans la majorité des cas, aucune cause ne peut être mise en évidence. Parmi les causes connues, il faut citer les suivantes :

1) De 6 à 12 % des enfants porteurs d'une cardiopathie congénitale ont des anomalies chromosomiques. Les associations fréquentes incluent le canal atrioventriculaire et la trisomie 21, ainsi que la coarctation de l'aorte et le syndrome de Turner ;

2) Un groupe plus restreint de cardiopathies représentent des affections à transmission mendélienne simple comme le syndrome de Holt-Oram (autosomique dominant), qui associe souvent une communication interauriculaire et une hypoplasie ou une position anormalement proximale du pouce ;

3) Un petit nombre de cardiopathies résultent d'effets tératogènes ; les plus connus sont :

   a) L'infection précoce du fœtus par le virus de la rubéole (voir Infections congénitales) ;

   b) La consommation d'alcool par la mère au cours de la grossesse ;

   c) La prise de certains médicaments comme l'isotrétinoïne, le lithium et la thalidomide (voir Médicaments pendant la grossesse et l'allaitement) ;

   d) Certaines maladies auto-immunes maternelles comme le lupus érythémateux et l'arthrite rhumatoïde (bloc atrioventriculaire chez l'enfant) ;

   e) Le diabète maternel (2 à 3 % des enfants ont une malformation cardiaque) ;

   f) La phénylcétonurie maternelle (malformation cardiaque et microcéphalie).

Une cardiopathie congénitale peut aussi faire partie d'un ensemble malformatif évident tel que l'association de VATER ou de VACTERL (voir Atrésie de l'œsophage).

Lorsqu'un enfant est porteur d'une malformation congénitale isolée, le risque de récidive dans la fratrie est de l'ordre de 2 à 4 % ; ce risque varie selon la nature de la malformation.

Manifestations cliniques

Les cardiopathies congénitales peuvent se manifester de façon variable. Beaucoup de patients ont peu ou pas de symptômes et le problème est découvert lors d'un examen de routine qui décèle un souffle cardiaque. Chez le nouveau-né et le nourrisson, les principaux indices possibles de malformation cardiaque congénitale sont la présence d'un souffle, la cyanose, la détresse respiratoire, l'insuffisance cardiaque, les infections respiratoires récidivantes, les difficultés alimentaires et le retard pondéral.

Chez l'enfant plus âgé, on peut noter, selon la malformation dont l'enfant est porteur, un souffle, une dyspnée d'effort, de la cyanose, du *squatting* (accroupissement), de l'hippocratisme digital ou un retard staturo-pondéral.

Explorations

L'anamnèse et l'examen ont une importance majeure, mais certains examens paracliniques sont essentiels pour préciser le diagnostic et établir le plan de traitement.

La radiographie pulmonaire permet d'évaluer le volume du cœur et la vascularisation pulmonaire. Normalement, la silhouette cardiaque occupe 50 % du diamètre transversal de la cavité thoracique. Les vaisseaux pulmonaires diminuent progressivement de calibre en s'éloignant du hile et ne sont plus visibles dans le dernier tiers de leur trajet.

L'électrocardiogramme (ECG) permet d'évaluer le rythme cardiaque et la masse myocardique ; il est important de se souvenir qu'une prédominance ventriculaire droite est physiologique chez le nouveau-né et qu'elle se transforme progressivement en prédominance ventriculaire gauche au cours des premiers mois de vie.

L'échocardiogramme permet de déterminer avec une grande précision la nature de la cardiopathie et ses répercussions fonctionnelles.

Le cathétérisme cardiaque demeure nécessaire dans certains cas.

Caractéristiques et traitement des principales cardiopathies (ordre alphabétique)

I. Artère coronaire gauche aberrante

L'artère coronaire gauche provient de l'artère pulmonaire.

1) Manifestations cliniques : en raison de la diminution de la pression artérielle pulmonaire pendant les deux premiers mois de vie, le débit coronaire gauche diminue de façon marquée et finit par s'inverser (vol de la circulation coronarienne). L'ischémie myocardique peut entraîner des épisodes intermittents de pâleur et de sudation profuse, particulièrement lorsque le nourrisson boit. L'examen peut révéler un souffle d'insuffisance mitrale.

2) Examens paracliniques : la radiographie peut montrer une cardiomégalie et l'ECG des signes d'infarctus du myocarde. L'échocardiogramme et le cathétérisme cardiaque permettent de détecter la malformation.

3) Traitement : il consiste à anastomoser l'artère coronaire gauche à l'aorte, plus rarement à la ligaturer.

Le pronostic est réservé s'il y a un infarctus massif.

II.   Anomalie totale du retour veineux pulmonaire
(1 % des cardiopathies congénitales)

Cette malformation est plus fréquente chez les garçons. Les quatre veines pulmonaires s'unissent pour former une veine pulmonaire commune qui va se jeter dans la veine cave supérieure (50 %), le sinus coronaire ou l'oreillette droite (20 %) ou une veine sous-diaphragmatique (20 %). Cette dernière situation peut constituer un obstacle au retour veineux pulmonaire. Les cavités gauches sont habituellement petites et une CIA de calibre variable y est associée.

1) Manifestations cliniques: les enfants atteints peuvent présenter un retard de croissance, une légère cyanose et divers troubles pulmonaires. L'examen révèle une polypnée, une dyspnée, une tachycardie et une hépatomégalie. Le deuxième bruit est largement dédoublé et peut être fixe. Un souffle d'éjection systolique est habituellement présent au niveau de la partie supérieure du bord gauche du sternum. S'il y a un obstacle au retour veineux pulmonaire, l'enfant peut présenter une insuffisance cardiaque avec œdème pulmonaire et cyanose.

2) Examens paracliniques: l'ECG montre une hypertrophie ventriculaire droite. La radiographie pulmonaire met en évidence une accentuation de la vascularisation. Le signe classique du «bonhomme de neige», associé au type supracardiaque, est rarement présent avant l'âge de quatre mois. L'échocardiogramme permet de préciser l'abouchement des veines pulmonaires.

3) Traitement: s'il y a de l'œdème pulmonaire, l'enfant est traité au moyen d'oxygène et de diurétiques. Une intubation trachéale avec pression positive en fin d'expiration et une perfusion de prostaglandine peuvent être nécessaires. Une septostomie par cathéter à ballonnet (manœuvre de Rashkind) est indiquée dans certains cas. La correction chirurgicale doit être effectuée dès que des symptômes apparaissent ou, de façon élective, à partir de l'âge de 3 mois.

III. Atrésie tricuspidienne (1 à 2 % des cardiopathies congénitales)

La valvule tricuspide est absente et le ventricule droit est d'ordinaire hypoplasique. Une sténose pulmonaire complique souvent cette malformation. La présence d'une CIA et d'une CIV ou d'un canal artériel est nécessaire à la survie. Les gros vaisseaux sont transposés dans 30 % des cas.

1) Manifestations cliniques: la cyanose est habituellement présente dès la naissance. S'il y a une transposition des gros vaisseaux associée, une polypnée et des troubles alimentaires peuvent survenir. Un souffle d'éjection systolique est audible au niveau du bord gauche du sternum. Le deuxième bruit est unique.

2) Examens paracliniques: l'ECG montre un axe frontal supérieur (déviation axiale gauche) caractéristique de cette malformation. Une hypertrophie ventriculaire gauche est presque toujours présente. La radiographie pulmonaire révèle le plus souvent une diminution des images vasculaires, un volume cardiaque normal ou augmenté et un rebord cardiaque droit rectiligne. L'échocardiogramme permet d'identifier la cardiopathie et de détecter des malformations associées. Le cathétérisme cardiaque s'avère essentiel pour préciser l'anatomie et quantifier les pressions intracardiaques.

3) Traitement : une septostomie de type Rashkind peut être indiquée pendant la période néonatale afin d'améliorer le shunt droit-gauche au niveau des oreillettes. Certains patients vont nécessiter une intervention palliative de type Blalock-Taussig modifiée (interposition d'une prothèse tubulaire de type Goretex entre l'artère sous-clavière et l'artère pulmonaire) afin d'augmenter la perfusion pulmonaire. Chez le nourrisson plus âgé, on peut envisager, selon les malformations associées, soit une intervention de Glenn bidirectionnelle (anastomose termino-latérale entre la veine cave supérieure et l'artère pulmonaire). L'intervention de Fontan (anastomose auriculo-pulmonaire) se veut le traitement chirurgical de cette malformation. À long terme, ces interventions peuvent entraîner des complications telles que des arythmies, habituellement supraventriculaires, une entéropathie exsudative et des embolies systémiques.

IV. Canal artériel (5 à 10 % des cardiopathies congénitales)

Le canal artériel est particulièrement fréquent chez le prématuré. Il est caractérisé par un shunt gauche-droit.

1) Manifestations cliniques : souvent, un petit canal artériel ne cause pas de symptômes ; dans les cas graves, il peut y avoir une insuffisance cardiaque, des infections respiratoires récidivantes, des atélectasies et de la dyspnée. L'examen révèle un souffle continu à renforcement systolique (souffle systolodiastolique) au niveau du deuxième espace intercostal gauche et des pouls bondissants.

2) Examens paracliniques : l'ECG est normal ou montre une hypertrophie ventriculaire gauche. Une hypertrophie biventriculaire peut être notée si le canal est gros. La radiographie pulmonaire peut montrer une dilatation de l'oreillette et du ventricule gauches ainsi qu'une accentuation de la vascularisation pulmonaire et un bouton aortique saillant. L'échocardiogramme permet de mettre le canal artériel en évidence et de quantifier ses répercussions hémodynamiques.

3) Évolution : si le canal artériel est de petit calibre, il peut se fermer de façon spontanée. S'il est de gros calibre, il cause une insuffisance cardiaque et, à la longue, une maladie artérielle pulmonaire irréversible.

4) Traitement : l'indométhacine est indiquée chez le prématuré qui présente des symptômes importants. La fermeture par cathétérisme interventionnel (parapluie ou « coil ») ou par intervention chirurgicale doit être réalisée lorsque le patient présente des symptômes ou si le canal artériel persiste après l'âge de six mois.

V. Canal atrioventriculaire (2 % des cardiopathies congénitales)

Cette malformation peut notamment se rencontrer chez l'enfant porteur d'une trisomie 21. Elle est caractérisée par un shunt gauche-droit aux niveaux auriculaire et ventriculaire. Elle implique un défaut de développement des coussins endocardiques. Si le canal atrioventriculaire est complet, les structures touchées sont la partie basse du septum interauriculaire, la partie haute du septum interventriculaire ainsi que les valvules mitrale et tricuspide. Un canal atrioventriculaire partiel associe une CIA basse et une fente mitrale.

1) Manifestations cliniques : insuffisance cardiaque, infections respiratoires récidivantes, retard de croissance. À l'examen, on note un souffle d'éjection pulmonaire et un souffle pansystolique apical d'insuffisance mitrale, ainsi qu'un roulement diastolique apical résultant d'un accroissement du flot mitral. La composante pulmonaire du deuxième bruit peut être augmentée.

2) Examens paracliniques : l'ECG montre une déviation axiale gauche et une hypertrophie biventriculaire à prédominance droite. La radiographie pulmonaire révèle une cardiomégalie, une accentuation de la vascularisation pulmonaire et une saillie de l'arc moyen. L'échocardiogramme et le cathétérisme cardiaque permettent de visualiser toutes les composantes du canal atrioventriculaire ainsi que les malformations associées et d'évaluer leurs répercussions hémodynamiques.

3) Évolution : en l'absence de correction chirurgicale, une proportion importante des enfants atteints meurent avant l'âge de deux à trois ans. Une maladie artérielle pulmonaire (complexe d'Eisenmenger) peut survenir précocement, particulièrement chez les patients porteurs d'une trisomie 21.

4) Traitement : on traite l'insuffisance cardiaque de la façon habituelle (voir Insuffisance cardiaque) et on envisage une correction chirurgicale précoce. Dans les formes partielles, le traitement chirurgical doit être effectué dès que des symptômes apparaissent ou, de façon élective, à partir de l'âge d'un an. L'insuffisance des valvules mitrale et/ou tricuspidienne demeure la complication postopératoire la plus fréquente.

VI. Coarctation de l'aorte (8 % des cardiopathies congénitales)

La coarctation de l'aorte consiste en un rétrécissement localisé situé entre la crosse et l'aorte descendante, au voisinage du point d'attache du ligament artériel. Elle peut être isolée ou compliquée ; dans ce cas, elle est associée à d'autres malformations comme une sténose valvulaire aortique ou une communication interventriculaire.

1) Manifestations cliniques : la coarctation de l'aorte doit être recherchée systématiquement lors de l'examen initial de tout nouveau-né : elle est suspectée en cas d'absence ou de faiblesse des pouls fémoraux. La coarctation compliquée peut se manifester de façon précoce par de la dyspnée, de l'oligurie ou de l'anurie, une acidose et un état de choc, tableau clinique ressemblant à un tableau septicémique. Parfois, on note une cyanose différentielle ; dans ce cas, la moitié inférieure du corps est cyanosée, car celle-ci est irriguée par un canal artériel systémique. L'examen révèle un deuxième bruit unique et fort ainsi qu'un troisième bruit et un souffle d'éjection systolique également audible dans le dos. Il y a une hypertension artérielle au niveau des membres supérieurs et une hypotension relative au niveau des membres inférieurs. Lorsqu'il s'agit d'une forme isolée, les manifestations cliniques sont habituellement plus tardives : l'enfant peut se plaindre d'engourdissement des jambes, de céphalées et d'épistaxis.

2) Examens paracliniques : selon la gravité de la coarctation, l'ECG révèle soit un tracé normal pour l'âge, soit une hypertrophie ventriculaire gauche. Si elle est associée à d'autres malformations, on peut noter une hypertrophie ventriculaire droite ou biventriculaire. Chez le jeune enfant, la radiographie pulmonaire peut montrer une cardiomégalie marquée, de l'œdème pulmonaire ou une congestion veineuse pulmonaire. Chez l'enfant plus âgé, le volume cardiaque peut être normal ou légèrement augmenté ; on recherche également une dilatation de l'aorte ascendante et des encoches costales qui apparaissent vers l'âge de quatre à cinq ans. L'échocardiogramme précise le diagnostic et l'étendue des malformations associées.

3) Traitement :

   a) Dans la forme accompagnée d'insuffisance cardiaque, un traitement intensif au moyen d'une perfusion de prostaglandine visant à rouvrir le canal artériel pour irriguer l'aorte descendante, d'oxygène, d'agents inotropes (digoxine ou dopamine) et de diurétiques peut se révéler nécessaire en préparation du traitement chirurgical définitif. L'acidose métabolique doit aussi être corrigée ;

   b) Dans la forme simple, le traitement chirurgical doit être effectué si un gradient supérieur à 20 mm Hg apparaît ou si l'enfant présente une hypertension artérielle importante, une absence de pouls fémoraux ou d'autres symptômes. Les patients opérés doivent être suivis à long terme pour surveiller l'apparition éventuelle d'une recoarctation ou d'une hypertension artérielle.

VII. Communication interauriculaire ou CIA
(5 à 10 % des cardiopathies congénitales)

La CIA est caractérisée par un shunt gauche-droit au niveau auriculaire. Il en existe trois types :

– CIA de type II : elle est localisée au niveau de la partie moyenne du septum ;

– CIA de type I : elle est située au niveau de la partie basse du septum, ce qui implique souvent une malformation de la valvule mitrale ou tricuspide et une persistance du canal atrioventriculaire ;

– CIA de type *sinus venosus* : il s'agit d'une communication haute et postérieure souvent associée à un retour veineux pulmonaire anormal partiel.

1) Manifestations cliniques : habituellement, il n'y a pas de symptômes. Cependant, dans les cas graves, on note une insuffisance cardiaque, une dyspnée d'effort ou un retard de croissance. L'examen révèle un dédoublement fixe du second bruit ainsi qu'un souffle systolique d'éjection au foyer pulmonaire. Un roulement diastolique tricuspidien peut être audible si le shunt est important.

2) Examens paracliniques : l'ECG démontre une déviation axiale droite et un bloc de branche droit incomplet ou une hypertrophie ventriculaire droite. La radiographie pulmonaire révèle habituellement une

cardiomégalie avec une saillie de l'arc moyen ainsi qu'une accentuation de la vascularisation pulmonaire. L'échocardiogramme localise la communication. De plus, en mode M, on note une dilatation du ventricule droit et un mouvement septal plat ou paradoxal.

3) Évolution: d'ordinaire, une CIA de type II ne cause pas de problèmes initialement, mais une hypertension pulmonaire peut apparaître à l'âge adulte. Les petites CIA de ce type se ferment spontanément.

4) Traitement: la correction chirurgicale doit être effectuée dès que des symptômes apparaissent ou, de façon élective, à partir de l'âge de 3 ans. La correction par cathétérisme interventionnel (parapluie) est à l'étude.

VIII. Communication interventriculaire ou CIV (20 à 25 % des cardiopathies congénitales)

C'est la malformation la plus fréquente. La CIV est caractérisée par un shunt gauche-droit au niveau ventriculaire. Selon la localisation, on distingue quatre types: la CIV musculaire, la CIV membraneuse, qui est la plus fréquente, la CIV conale ou supracristale et la CIV du canal atrioventriculaire. La CIV peut être simple ou s'associer à d'autres malformations.

1) Manifestations cliniques: l'enfant porteur d'une petite CIV peut n'avoir aucun symptôme. Si elle est modérément large ou large, il peut y avoir une insuffisance cardiaque, de la dyspnée d'effort et un retard de croissance. L'examen révèle un souffle holosystolique au niveau du quatrième espace intercostal gauche. Il irradie en rayons de roue. Ce souffle peut être absent ou discret à la naissance et apparaître ou augmenter au cours des premières semaines de vie, au moment ou le shunt augmente en raison de la diminution progressive de la pression dans l'artère pulmonaire. Un roulement diastolique apical peut être présent lorsque la communication est large. La composante pulmonaire du deuxième bruit peut être augmentée en présence d'hypertension pulmonaire.

2) Examens paracliniques: l'ECG montre habituellement une hypertrophie ventriculaire gauche ou biventriculaire ainsi qu'une dilatation auriculaire gauche. La radiographie pulmonaire révèle une accentuation de la vascularisation et une cardiomégalie affectant l'oreillette et le ventricule gauches. L'échocardiogramme permet de préciser la localisation de la CIV et d'évaluer l'impact hémodynamique de la malformation. Le cathétérisme peut s'avérer très utile pour quantifier le shunt gauche-droit, évaluer les pressions pulmonaires et s'assurer du caractère isolé de la CIV.

3) Évolution: les petites CIV se ferment souvent de façon spontanée. Les CIV modérément larges ou larges peuvent entraîner une insuffisance cardiaque en bas âge et, à la longue, une maladie artérielle pulmonaire irréversible. Elles peuvent aussi se fermer spontanément.

4) Traitement: l'enfant qui présente des symptômes est traité à la digoxine et aux diurétiques, avec ou sans vasodilatateur périphérique (voir Insuffisance cardiaque). En cas d'échec du traitement médical, la

fermeture chirurgicale peut être effectuée dès l'âge de six semaines. Les autres indications chirurgicales sont la persistance d'un shunt significatif (débit pulmonaire dépassant le double du débit systémique après l'âge d'un an), l'apparition de signes d'hypertension pulmonaire ou d'une insuffisance aortique, ou des antécédents d'endocardite. La complication postopératoire la plus fréquente est un trouble de conduction auriculoventriculaire. La correction par cathétérisme interventionnel est à l'étude.

IX. Dextrocardie

La dextrocardie est caractérisée par un cœur dont la pointe se dirige vers la droite. Elle peut être isolée ou associée à un *situs inversus* affectant les autres viscères. Dans la forme isolée, il y a habituellement d'autres malformations cardiaques associées. Lorsque la position des autres viscères est aussi inversée, le cœur est normal dans la plupart des cas. Une dextrocardie associée à une maladie des cils immobiles, avec sinusites et infections bronchiques récidivantes constitue le syndrome de Kartagener, transmis selon le mode autosomique récessif.

X. Hypoplasie du cœur gauche
(1 à 2 % des cardiopathies congénitales)

Le syndrome d'hypoplasie du cœur gauche est la cause la plus fréquente de décès par maladie cardiaque pendant le premier mois de vie. Il inclut un groupe d'anomalies apparentées qui sont caractérisées par les éléments suivants :

1) Hypoplasie du ventricule gauche ;

2) Atrésie ou sténose grave de l'aorte, de la valvule mitrale ou des deux ;

3) Hypoplasie de l'arc aortique.

Il peut aussi être associé à une fibro-élastose du ventricule gauche.

1) Manifestations cliniques : le patient commence à présenter des symptômes lorsque le canal artériel se referme. On peut alors noter une légère cyanose, de la pâleur, une tachycardie, une polypnée, une dyspnée et des râles ronflants à l'auscultation pulmonaire. Habituellement, les pouls sont diminués et on note une hépatomégalie. Le second bruit est ordinairement unique et augmenté.

2) Examens paracliniques : l'ECG montre une hypertrophie ventriculaire droite et une absence de potentiels ventriculaires gauches. Les gaz du sang révèlent une légère hypoxémie ainsi qu'une acidose métabolique. L'échocardiogramme démontre de façon caractéristique une diminution de volume des cavités gauches et des cavités droites très dilatées.

3) Traitement : en raison du pronostic très sombre de cette cardiopathie et de la mortalité chirurgicale élevée, le traitement demeure controversé. Il consiste tout d'abord à stabiliser la situation par des moyens médicaux : correction de l'acidose métabolique et perfusion de prostaglandine. L'administration d'oxygène pourrait causer une détérioration de l'état clinique en réduisant la résistance pulmonaire et en

diminuant ainsi le shunt droit-gauche dans le canal artériel. Une intervention palliative de type Norwood peut ensuite être tentée. Il s'agit d'une reconstruction de l'arc aortique, de la création d'une fenêtre aortopulmonaire, d'une CIA chirurgicale et d'une dérivation systémicopulmonaire (Blalock modifié). Cette palliation pourrait mener à une opération de type Fontan ou à une transplantation cardiaque.

XI. Sténose aortique (5 % des cardiopathies congénitales)

Elle peut être localisée au niveau valvulaire, supravalvulaire ou sous-valvulaire. Cette dernière catégorie est subdivisée en trois groupes : sténose sous-valvulaire fibromusculaire reliée ou non à un diaphragme simple et cardiomyopathie hypertrophique asymétrique.

1) Manifestations cliniques : la plupart du temps, il n'y a aucun symptôme lorsque la sténose est légère à modérée. Une dyspnée d'effort peut survenir. Si l'obstruction est plus grave, les manifestations possibles sont l'insuffisance cardiaque et les syncopes. À l'examen, on note un souffle systolique d'éjection au niveau du foyer aortique, irradiant vers les carotides et associé ou non à un clic d'éjection. Les pouls périphériques, habituellement normaux, peuvent être diminués en cas de sténose extrême. S'il s'agit d'une sténose aortique supravalvulaire, la tension artérielle systolique peut être plus élevée au niveau du membre supérieur droit. La forme critique du nouveau-né se manifeste par une insuffisance cardiaque grave et une absence de pouls.

2) Examens paracliniques : l'ECG peut montrer une hypertrophie ventriculaire gauche avec des signes de surcharge dans les cas graves. Cependant, il y a peu de corrélation entre la sévérité de la sténose et les anomalies électrocardiographiques. La radiographie pulmonaire est d'habitude normale. L'échocardiogramme identifie le type de sténose et l'examen au Doppler permet d'évaluer le gradient de pression au niveau de la sténose.

3) Traitement : il faut éviter les efforts soutenus et s'abstenir de toute forme de compétition. Chez le nouveau-né qui présente des symptômes, une perfusion de prostaglandine peut se révéler utile. Une valvuloplastie au moyen d'un cathéter à ballonnet ou une correction chirurgicale est indiquée chez l'enfant présentant des symptômes, si le gradient est supérieur à 50 à 80 mm Hg ou s'il y a une modification de l'onde T à l'ECG. En cas de cardiomyopathie hypertrophique asymétrique, un traitement au moyen d'un bêta-bloqueur peut être indiqué chez certains patients sélectionnés afin de diminuer le gradient de pression.

XII. Sténose pulmonaire (5 à 8 % des cardiopathies congénitales)

Elle peut être valvulaire, sous-valvulaire (infundibulaire) ou supravalvulaire.

1) Manifestations cliniques : habituellement, elle ne cause pas de symptômes. Dans les cas graves, il peut y avoir une dyspnée d'effort ou une insuffisance cardiaque. On note un souffle systolique d'éjection au

niveau du foyer pulmonaire, associé à un clic d'éjection. Le deuxième bruit peut être largement dédoublé et d'intensité diminuée.

2) Examens paracliniques: dans les cas modérés, l'ECG montre une déviation axiale et une hypertrophie ventriculaire droites. Il y a habituellement une bonne corrélation entre le degré d'hypertrophie ventriculaire droite et la gravité de la sténose. À la radiographie pulmonaire, le volume cardiaque est habituellement normal, mais la convexité de l'artère pulmonaire peut être proéminente; il s'agit d'une dilatation post-sténotique. Dans les cas extrêmes, on note une cardiomégalie globale avec dilatation ventriculaire et auriculaire droites. L'échocardiogramme précise le type de sténose et permet de mesurer le gradient de pression à son niveau. Le cathétérisme cardiaque permet de dépister les anomalies associées et de quantifier les pressions intracardiaques.

3) Traitement de la sténose pulmonaire valvulaire: la valvuloplastie par cathéter à ballonnet constitue l'approche de choix; elle est indiquée lorsque le gradient de pression est supérieur à 50 à 60 mm Hg. Dans les cas graves, une perfusion de prostaglandine peut être indiquée au cours de la période néonatale. La correction chirurgicale est réservée aux échecs de la valvuloplastie par cathéter à ballonnet.

XIII. Tétralogie de Fallot (10 % des cardiopathies congénitales)

C'est la cardiopathie cyanogène la plus fréquente. Il y a un shunt droit-gauche. Elle associe essentiellement une CIV large, une sténose pulmonaire infundibulaire, une hypertrophie ventriculaire droite secondaire et une dextroposition de l'aorte. Certaines formes plus graves comportent une hypoplasie diffuse des artères pulmonaires.

1) Manifestations cliniques: la cyanose apparaît de façon précoce (avant l'âge de six mois). Des crises hypoxiques peuvent survenir chez le jeune enfant. Elles sont caractérisées par une exacerbation de la cyanose, une dyspnée et une perte de connaissance. L'enfant plus âgé peut présenter du *squatting* (accroupissement) ou se coucher. L'examen révèle un hippocratisme digital, un souffle d'éjection systolique rugueux au niveau du bord gauche du sternum et, habituellement, un deuxième bruit unique.

2) Examens paracliniques: l'hémogramme dénote une polyglobulie. L'ECG montre une prédominance ventriculaire droite et une élévation de l'onde P. La radiographie pulmonaire révèle un cœur «en sabot»; l'arc moyen est effacé et on note une réduction de la vascularisation pulmonaire. Dans 25 % des cas, l'arc aortique est à droite. L'échocardiogramme permet de visualiser les composantes de la malformation et de déterminer la gravité de la sténose pulmonaire infundibulaire. Le cathétérisme permet de préciser l'anatomie et de quantifier les pressions intracardiaques.

3) Traitement des crises hypoxiques:
   - Mettre l'enfant en position genu-pectorale: ceci augmente la résistance périphérique, ce qui diminue le shunt droit-gauche et améliore la perfusion cérébrale;

– Administrer de l'oxygène;

– Si les manœuvres précédentes ne suffisent pas, donner de la morphine (0,1 mg/kg/dose SC, IM ou IV) ou du propranolol (0,05 à 0,1 mg/kg/dose IV en 10 minutes);

– Donner de la phényléphrine (0,1 mg/kg/dose IM), qui augmente la résistance périphérique et diminue donc le shunt droit-gauche si les démarches précédentes sont inefficaces;

– Corriger l'acidose métabolique en donnant 1 à 2 mmol/kg/dose de bicarbonate de sodium IV;

– Transfuser si l'hémoglobine est inférieure à 150 g/L.

4) Traitement de la tétralogie: cette malformation peut nécessiter dans certains cas une intervention palliative au cours des six premiers mois de vie si les symptômes sont très marqués: cyanose, crises hypoxiques, hématocrite supérieur à 60 %. On pratique une intervention de Blalock-Taussig modifiée, qui consiste à établir une anastomose entre l'artère sous-clavière et l'artère pulmonaire à l'aide d'un pont synthétique (Gore-Tex). La correction chirurgicale définitive peut être effectuée à partir de l'âge de trois mois. Les enfants porteurs de cette malformation doivent bénéficier des mesures préventives habituelles vis-à-vis de la déficience en fer (voir Nutrition). L'apparition d'une microcytose doit être surveillée; elle témoigne d'une anémie relative, d'origine ferriprive, qui doit être traitée afin de diminuer le risque de thrombose.

XIV. Transposition des gros vaisseaux
(5 % des cardiopathies congénitales)

Elle est plus fréquente chez les garçons. L'aorte prend naissance au niveau du ventricule droit et l'artère pulmonaire au niveau du ventricule gauche. Il en résulte une séparation complète des deux circulations: le sang désaturé demeure dans la circulation systémique et le sang oxygéné dans la circulation pulmonaire. La présence d'une CIA et d'une CIV ou d'un canal artériel est nécessaire à la survie.

1) Manifestations cliniques: la cyanose est présente dès la naissance. On note un deuxième bruit unique et fort. Selon les malformations associées, un souffle est présent ou absent.

2) Examens paracliniques: les gaz sanguins révèlent une hypoxémie et parfois une acidose. L'ECG révèle une persistance de l'hypertrophie ventriculaire droite après les premiers jours de vie. La radiographie pulmonaire démontre une cardiomégalie et un rétrécissement du médiastin, ce qui donne au cœur l'apparence d'un œuf. L'arc aortique n'est à droite que dans 3 % des cas. L'échocardiogramme permet de visualiser l'inversion et le parallélisme des gros vaisseaux. Il permet aussi d'évaluer la CIA en vue de la septostomie de Rashkind.

3) Traitement: dans un premier temps, on corrige l'acidose métabolique et on administre une perfusion de prostaglandine. Il faut ensuite pratiquer d'urgence une septostomie interauriculaire par cathétérisme

(manœuvre de Rashkind). Par la suite, l'enfant devra subir une intervention de type Jatène («switch artériel» ou correction anatomique) au cours des premiers jours de vie. S'il y a une contre-indication à cette intervention, une opération de Mustard ou de Senning peut être effectuée vers l'âge d'un an. Elle consiste à rediriger le sang veineux pulmonaire vers le ventricule droit et le sang veineux systémique vers le ventricule gauche. Les complications à long terme des interventions de type Mustard ou Senning sont la maladie du nœud sinusal et les sténoses des veines systémiques. L'intervention de type Jatène n'est habituellement associée qu'à des complications à court terme.

Soin global des enfants porteurs de cardiopathies congénitales

I. Aspects psychosociaux

Comme dans toute maladie chronique, un soutien psychosocial doit être offert dans les cas graves.

II. Aspects nutritionnels

Lorsque les répercussions hémodynamiques sont graves, le nourrisson peut présenter des difficultés alimentaires importantes. Un gain pondéral insuffisant ne doit pas être toléré parce qu'il peut affecter la croissance cérébrale et être responsable de séquelles neurologiques permanentes. Dans ces cas, la collaboration d'un spécialiste en nutrition est essentielle. Il s'agira par exemple d'augmenter la concentration énergétique du lait sans accroître exagérément son osmolarité et d'offrir des aliments solides de façon précoce. Le recours aux gavages ou à l'alimentation parentérale est exceptionnellement indiqué. Chez l'enfant qui présente une cardiopathie cyanogène, il est important de prévenir la déficience en fer (voir Nutrition), qui se manifeste d'abord par une microcytose.

III. Sport et exercice

L'enfant porteur d'une cardiopathie congénitale doit bénéficier comme les autres des avantages de l'exercice physique. Selon le type de cardiopathie et la gravité de celle-ci, certaines restrictions doivent parfois être imposées, particulièrement lorsqu'il s'agit de sports de compétition. Les contre-indications au sport et à l'exercice, ainsi que les restrictions nécessaires sont détaillées dans le chapitre Sport et exercice.

Il faut se garder d'imposer des restrictions trop sévères.

IV. Prévention de la carie dentaire

En raison du risque plus élevé d'endocardite bactérienne lors des interventions dentaires, les enfants porteurs de cardiopathies congénitales doivent bénéficier des mesures habituelles de prévention (voir Prévention de la carie dentaire) et de restauration.

V. Prévention de l'endocardite bactérienne

La plupart des enfants porteurs de cardiopathies congénitales courent un risque d'endocardite bactérienne, particulièrement lorsqu'ils sont soumis à des interventions dentaires ou autres. Dans ces circonstances, ils doivent souvent recevoir une antibiothérapie préventive, dont les indications et les modalités sont détaillées dans le chapitre Endocardite.

VI. Vaccinations

Les enfants porteurs de cardiopathies congénitales doivent recevoir les mêmes vaccins que les autres (voir Vaccinations). Lorsque les répercussions hémodynamiques sont importantes, il faut y ajouter le vaccin contre le pneumocoque à l'âge de deux ans et, chaque automne à partir de six mois, le vaccin contre la grippe.

VII. Prévention des infections

Les enfants porteurs d'une cardiopathie congénitale, surtout lorsqu'il y a un shunt gauche-droit, sont particulièrement vulnérables aux infections des voies respiratoires inférieures. Chez eux, les bronchiolites peuvent être très graves et même parfois mortelles. Il faut donc protéger au maximum ces enfants des contacts avec des personnes atteintes d'infection virale des voies respiratoires, surtout à l'hôpital, ou des mesures rigoureuses d'isolement doivent être prises. Lorsqu'une bronchiolite à virus respiratoire syncytial survient, un traitement à la ribavirine peut être indiqué.

Lectures suggérées

Engle MA, O'Loughlin JE: Complications of cardiac surgery in children. Pediatr Rev 1987; 9: 147-154.

Hoffman JI: Congenital heart disease: incidence and inheritance. Pediatr Clin North Am 1990; 37: 25-43.

Kirklin JW, Colvin EV, McConnel ME, Bergeron LM Jr: Complete transposition of the great arteries: treatment in the current era. Pediatr Clin North Am 1990; 31: 171-177.

Landzberg MJ, Lock JE: Transcatheter closure of cardiac defects. Adv Pediatr 1993; 40: 247-272.

Lin AE, Garver KL: Genetic counseling for congenital heart defects. J Pediatr 1988; 113: 1105-1009.

McNamara DG: Value and limitations of auscultation in the management of congenital heart disease. Pediatr Clin North Am 1990; 37: 93-113.

Pinsky WW, Arciniegas E: Tetralogy of Fallot. Pediatr Clin North Am 1990; 37: 179-192.

Radtke W, Lock J: Balloon dilation. Pediatr Clin North Am 1990; 37: 193-213.

Rao PS: Balloon valvuloplasty and angioplasty in infants and children. J Pediatr 1989; 114: 907-914.

Rao PS: Balloon valvuloplasty and angioplasty of stenotic lesions of the heart and great vessels in children. Adv Pediatr 1990; 37: 33-76.

Sade RM, Fyfe DA: Tricuspid atresia: current concepts in diagnosis and treatment. Pediatr Clin North Am 1990; 37: 151-169.

Wiles HB: Imaging congenital heart disease. Pediatr Clin North Am 1990; 37: 115-136.

Cataractes   43

Michel Weber, Jean-Louis Jacob, Grant Mitchell

Généralités

Les cataractes sont des opacités du cristallin. Elles peuvent être congénitales ou acquises, unilatérales ou bilatérales. Selon leur étendue, elles peuvent ou non interférer avec la vision. Les cataractes font partie des anomalies que le pédiatre et le médecin généraliste doivent détecter précocement lors de l'examen du nouveau-né et à l'occasion des visites de routine ultérieures. Le nouveau-né ou le nourrisson qui présente une cataracte doir être envoyé sans tarder à un ophtalmologiste ; en effet, si elle n'est pas traitée précocement, elle peut faire obstacle au développement de la vision.

Selon leur localisation et leur aspect, on distingue plusieurs types de cataractes :

1) Les cataractes polaires antérieures : elles n'interfèrent habituellement pas avec la vision ;

2) Les cataractes lenticulaires nucléaires centrales : chez le nouveau-né ou le nourrisson, elles suggèrent une infection intra-utérine et particulièrement une rubéole congénitale, qu'elles soient bilatérales ou unilatérales. Elles peuvent aussi être transmises selon le mode autosomique dominant ;

3) Les cataractes lamellaires, le plus souvent bilatérales, peuvent soit résulter d'une hypoglycémie ou d'une hypocalcémie, soit être isolées et héréditaires ; dans ce cas, elles sont souvent transmises selon le mode autosomique dominant ;

4) Les cataractes postérieures sont plus difficiles à déceler et elles interfèrent plus avec la vision que les cataractes antérieures. Elles se subdivisent en plusieurs catégories :

   a) La persistance du vitré primaire est notable dès la naissance. Elle est habituellement unilatérale. L'œil est plus petit que l'autre. Ce type de cataracte est progressif et peut se compliquer de glaucome ;

   b) Le lenticône ou lentiglobe postérieur résulte d'une faiblesse de la capsule postérieure au point d'attache de l'artère hyaloïdienne chez le fœtus. Il est unilatéral et peut également conduire à l'opacification de tout le cristallin. Sa cause est inconnue et il n'est pas héréditaire ;

   c) Les cataractes sous-capsulaires postérieures sont rares chez l'enfant ; elles peuvent résulter d'une uvéite chronique ou de la prise de corticostéroïdes ;

5) Les cataractes complètes ou totales peuvent représenter le point d'aboutissement final de toutes les formes de cataractes mentionnées ci-dessus, à l'exception des cataractes polaires antérieures, ou résulter d'un traumatisme oculaire.

Manifestations cliniques

De petites cataractes peuvent passer inaperçues, sauf lors d'un examen ophtalmologique. Des cataractes étendues produisent une leucocorie (pupille blanche). Le dépistage des cataractes par le clinicien repose sur deux manœuvres :

1) Observation au moyen de l'ophtalmoscope en position 0 du reflet rétinien rouge, absent en cas de cataracte étendue ;
2) Examen du cristallin lui-même avec l'ophtalmoscope en position + 10 dioptries (chiffre noir).

Il ne faut pas hésiter à dilater la pupille pour que cet examen soit satisfaisant.

L'ophtalmologiste utilise la lampe à fente pour examiner le cristallin de façon directe.

Chez le nouveau-né et le nourrisson, des cataractes bilatérales interférant de façon importante avec la vision se traduisent par un nystagmus si elles ne sont pas traitées avant l'âge de trois mois. Lorsque des cataractes bilatérales importantes apparaissent après l'âge de six mois, elles se manifestent par une perte progressive de la vision. Une cataracte unilatérale peut causer un strabisme et une amblyopie si elle n'est pas détectée et traitée de façon précoce.

Démarche clinique

Elle est orientée par la connaissance des principales causes de cataractes (tableau 12).

I. Anamnèse

La démarche commence par l'anamnèse personnelle et familiale. En cas de cataractes congénitales, il est important de préciser les circonstances de

Tableau 12 Principales étiologies des cataractes

- Cataractes héréditaires isolées, souvent transmises selon le mode autosomique dominant (toutes les formes de transmission mendélienne ont été rapportées)
- Cataractes secondaires à d'autres problèmes oculaires (décollement de la rétine, persistance du vitré primaire, rétinite du prématuré, rétinite pigmentaire, uvéite)
- Infections congénitales (rubéole, syphilis, toxoplasmose, infection à cytomégalovirus ou à virus herpès)
- Maladies dermatologiques : dermite atopique, ichtyose congénitale, dysplasie ectodermique, *incontinentia pigmenti*
- Maladies métaboliques ou endocriniennes (hypoglycémie cétogène ou autre, hypocalcémie, hypoparathyroïdie, galactosémie, diabète, déficience en galactokinase, maladies de surcharge, syndrome de Zellweger, etc.)
- Médicaments (exemple : corticostéroïdes)
- Prématurité
- Anomalies chromosomiques (exemples : trisomie 13 et, occasionnellement, 21)
- Syndromes malformatifs divers (syndrome oculo-cérébro-rénal de Lowe, etc.)
- Traumatismes oculaires accidentels, syndrome de l'enfant maltraité

la grossesse, de l'accouchement et de la période néonatale. On s'intéresse à la santé de la mère au cours de la grossesse : une maladie fébrile ou éruptive peut mettre sur la piste d'une infection congénitale. On s'informe au sujet de la prise de corticostéroïdes, d'irradiation ou de traumatisme oculaire. Une histoire de cataractes chez d'autres membres de la famille et même un examen ophtalmologique de ceux-ci peuvent constituer un élément important en raison de l'existence de cataractes héréditaires, surtout transmises selon le mode autosomique dominant, mais aussi selon les modes autosomique récessif ou lié au sexe.

II. Examen

Il recherche des anomalies associées suggérant :

1) Une infection congénitale : on recherche un retard de croissance intra-utérine, une microcéphalie, une surdité, une rétinite pigmentaire, une hépatosplénomégalie, une cardiopathie congénitale, etc.;

2) Une maladie métabolique comme la galactosémie. La plupart du temps, la maladie s'exprime précocement par d'autres signes évidents (altération de l'état général, ictère, hépatosplénomégalie, hypoglycémie, etc.) et les cataractes sont découvertes secondairement. Par contre, en cas de déficience en galactokinase, les cataractes peuvent constituer le premier ou le seul indice. Le diabète, l'hypoglycémie et l'hypocalcémie de l'hypoparathyroïdie se classent parmi les autres causes;

3) Un syndrome dysmorphique : souvent, d'autres structures oculaires que le cristallin sont également touchées. Dans certaines maladies de surcharge, on retrouve une opacité cornéenne, une rétinopathie ou une atrophie optique. La microphtalmie et d'autres malformations oculaires peuvent dans certains cas s'associer à des cataractes. Dans la dystrophie myotonique de Steinert, une histoire de cataractes familiales, apparaissant souvent au début de l'âge adulte, constitue un repère diagnostique important. Le syndrome de Lowe (syndrome oculo-cérébro-rénal) associe une atteinte oculaire, un retard psycho-moteur important, une hypotonie, ainsi qu'une dysfonction tubulaire rénale avec amino-acidurie généralisée;

4) Une maladie oculaire associée comme une rétinite du prématuré ou un rétinoblastome;

5) Une maladie dermatologique pouvant être associée à des cataractes, comme une ichtyose congénitale, une dysplasie ectodermique, une dermite atopique ou une *incontinentia pigmenti*.

III. Explorations

On effectue une anamnèse et un examen complets. Dans la plupart des syndromes et maladies métaboliques associés à des cataractes, celles-ci servent de repère diagnostique, mais le tableau clinique est dominé par d'autres signes et symptômes qui orientent la démarche clinique.

En cas de cataracte isolée chez un enfant dont le développement psychomoteur est normal et qui ne présente aucune dysmorphie, on peut suggérer les examens suivants :

- Recherche des sucres réducteurs dans l'urine, afin d'exclure une déficience en galactokinase ;
- Détermination de la glycémie à jeun ;
- Détermination de la calcémie.

S'il y a une suspicion d'infection congénitale (rubéole, infection à cytomégalovirus, toxoplasmose, etc.), les épreuves diagnostiques habituelles sont effectuées (voir Infections congénitales).

Il est important de se souvenir du fait que la plupart des syndromes dysmorphiques ou maladies métaboliques en cause s'associent à des cataractes centrales ou lamellaires. Les formes suivantes de cataractes sont rarement liées à une pathologie sous-jacente et ne nécessitent donc pas d'explorations approfondies chez l'enfant qui est par ailleurs normal : cataracte polaire antérieure, lenticône postérieur unilatéral, persistance du vitré primaire et cataracte sous-capsulaire postérieure.

Malgré des explorations approfondies, aucune cause précise ne peut être identifiée dans la majorité des cas.

Traitement

En cas de cataractes congénitales qui interfèrent avec la vision, un traitement précoce est essentiel si l'on veut préserver l'acuité visuelle et la vision binoculaire. On procède à l'enlèvement du cristallin, habituellement par aspiration. L'aphakie qui résulte de l'ablation du cristallin est corrigée le plus souvent par des verres de contact ou par des lunettes ou, exceptionnellement chez l'enfant, par un implant cristallinien.

Pronostic

Les « cataractes » du prématuré disparaissent spontanément. Les cataractes associées à la galactosémie ou à la prise de corticostéroïdes peuvent être réversibles. Lorsque le traitement des cataractes congénitales bilatérales est précoce et adéquat, la vision peut être préservée au prix d'une aphakie ; il doit être effectué pendant les premiers jours ou les premières semaines de vie. Le pronostic fonctionnel des cataractes congénitales unilatérales est moins favorable pour l'œil atteint. Qu'elles soient unilatérales ou bilatérales, le pronostic des cataractes acquises après la période critique de développement de la vision est meilleur.

Lectures suggérées

Calhoun JH : Cataracts in infancy. Pediatr Rev 1988 ; 9 : 227-233.
Potter WS : Pediatric cataracts. Pediatr Clin North Am 1993 ; 40 : 841-853.

Cellulite   44

Luc Chicoine, Marc Lebel

Voir aussi Cellulites péri-orbitaire et orbitaire.

Généralités

On désigne par cellulite une infection de la peau avec ou sans atteinte du tissu sous-cutané. Il est important de distinguer les cellulites avec ou sans porte d'entrée cutanée.

I. Avec porte d'entrée cutanée

Il peut s'agir par exemple d'une plaie chirurgicale ou accidentelle ou d'une lésion cutanée (varicelle, dermite atopique, morsure d'animal, piqûre d'insecte, etc.). Les principaux agents étiologiques sont le *Staphylococcus aureus* et le *Streptococcus pyogenes*. Dans certaines circonstances, il faut suspecter d'autres bactéries comme le *Pasteurella multocida* en cas de morsure de chat ou de chien, l'*Eikenella corrodens* en cas de morsure humaine, ou le *Pseudomonas aeruginosa* chez l'utilisateur de drogues par voie intraveineuse.

II. Sans porte d'entrée

Il s'agit alors d'une cellulite d'origine hématogène. À tous les âges, on peut retrouver le *Staphylococcus aureus* et le *Streptococcus pyogenes*, mais, chez l'enfant de moins de cinq ans, il faut penser aussi à l'*Hæmophilus influenzæ*.

Manifestations cliniques

La peau est hyperhémiée, œdémateuse, douloureuse et chaude. La progression de la cellulite peut être plus ou moins rapide. Un bord nettement délimité suggère une origine streptococcique (érysipèle). De la fièvre est souvent présente.

Explorations

L'hémogramme peut révéler une hyperleucocytose avec prédominance des neutrophiles. Une hémoculture devrait être faite; elle est souvent négative. La culture de la cellulite se fait en injectant au moyen d'une aiguille de calibre 25 0,1 à 0,2 mL de sérum physiologique au centre de la lésion; ce liquide est ensuite réaspiré et cultivé.

Traitement

1) Compresses humides tièdes.
2) Antibiothérapie (pour les cellulites résultant d'une morsure, voir aussi Morsures animales ou humaines, rage):
   a) Voie d'administration: on choisit la voie orale ou intraveineuse en tenant compte des facteurs suivants: âge de l'enfant, degré d'atteinte de l'état général, extension de la lésion, rapidité d'évolution et localisation;

b) Choix de l'antibiotique:

- Cellulite avec porte d'entrée cutanée:

  - Voie orale: cloxacilline (Canada, France), oxacilline (France): 50 à 100 mg/kg/24 heures en 3 à 4 fois (maximum chez le grand enfant: 4 g/24 heures), ou céphalexine (céfalexine): 25 à 50 mg/kg/24 heures en 3 fois (maximum chez le grand enfant: 4 g/24 heures). En cas d'allergie vraie à la pénicilline: clindamycine (20 à 30 mg/kg/24 heures en 3 à 4 fois; maximum chez le grand enfant: 1,8 g/24 heures);

  - Voie intraveineuse: cloxacilline (Canada, France), nafcilline (Canada) ou oxacilline (France): 100 à 200 mg/kg/ 24 heures en 4 fois (maximum chez le grand enfant: 12 g/ kg/24 heures). En cas d'allergie vraie à la pénicilline: clindamycine: 30 à 40 mg/kg/24 heures en 4 fois (maximum chez le grand enfant: 2,4 g/24 heures). Si on choisit cette voie d'administration, le relais peut être pris par voie orale lorsque la fièvre a disparu depuis 24 à 48 heures et lorsque les signes locaux ont régressé de façon importante;

- Cellulite sans porte d'entrée cutanée:

  - < 5 ans:

    - Voie orale: céfaclor (40 à 60 mg/kg/24 heures en 3 fois; maximum chez le grand enfant: 3 g/24 heures) ou amoxicilline – acide clavulanique (30 à 50 mg/kg/24 heures d'amoxicilline en 3 fois; maximum chez le grand enfant: 2 g/24 heures). En cas d'allergie vraie aux céphalosporines et aux pénicillines, les autres choix sont soit l'érythromycine-sulfizoxazole au Canada, ou l'érythromycine-sulfafurazole en France (30 à 50 mg/kg/ 24 heures d'érythromycine en 3 fois; maximum chez le grand enfant: 2 g/24 heures), soit le chloramphénicol (75 à 100 mg/kg/24 heures en 4 fois; maximum chez le grand enfant: 4 g/24 heures);

    - Voie intraveineuse: céfuroxime seul (100 à 150 mg/kg/ 24 heures en 3 fois; maximum chez le grand enfant: 6 g/ 24 heures), ou association de céfotaxime (100 à 200 mg/ kg/24 heures en 3 à 4 fois; maximum chez le grand enfant: 10 g/24 heures) et d'une pénicilline antistaphylococcique comme la cloxacilline (Canada, France), la nafcilline (Canada) ou l'oxacilline (France): 100 à 200 mg/kg/24 heures en 4 fois (maximum chez le grand enfant: 12 g/kg/24 heures). En cas d'allergie vraie aux pénicillines et aux céphalosporines, un autre choix est le chloramphénicol: 75 à 100 mg/kg/24 heures en 4 fois (maximum chez le grand enfant: 4 g/24 heures). Si on choisit cette voie d'administration, le relais peut être pris par voie orale lorsque la fièvre a disparu depuis 24 à 48 heures et que les signes locaux ont régressé de façon importante ;

- > 5 ans : le traitement est le même que s'il y a une porte d'entrée cutanée (voir plus haut) ;

c) Durée de l'antibiothérapie : la durée totale du traitement par voie intraveineuse ou orale est de 7 à 10 jours.

Complications

Bactériémie ou septicémie, extension régionale de l'infection.

Pronostic

Il est excellent lorsque le traitement est adéquat.

Mesures de prévention

Idéalement, le patient hospitalisé devrait être soumis aux mesures d'isolement respiratoire et, s'il y a un écoulement purulent, de contact, pendant les 24 premières heures de traitement. Si l'*Hæmophilus influenzæ* a été identifié, on donne un traitement préventif à la rifampicine (voir Problèmes épidémiologiques courants à la garderie (crèche)). On peut espérer que la vaccination contre l'*Hæmophilus influenzæ* va réduire l'incidence des cellulites du jeune enfant.

Lectures suggérées

Blumer JL, Lemon E, O'Horo J, Snodgrass DJ : Changing therapy for skin and soft tissue infections in children : have we come full circle ? Pediatr Infect Dis J 1987 ; 6 :117-122.
Blumer JL, O'Brian CA, Lemon E, Capretta TM : Skin and soft tissues infections : pharmacologic approach. Pediatr Infect Dis J 1985 ; 4 : 336-341.

Cellulites péri-orbitaire et orbitaire   45

Luc Chicoine, Marc Lebel, Jean-Louis Jacob

Généralités

La cellulite péri-orbitaire ou préseptale est une infection des paupières et des tissus voisins ; elle survient surtout chez l'enfant de moins de cinq à six ans. Dans la majorité des cas, il n'y a pas de porte d'entrée cutanée. Le point de départ peut être une lésion cutanée traumatique, une conjonctivite ou une sinusite ethmoïdienne. Les principaux agents étiologiques sont l'*Hæmophilus influenzæ*, le *Streptococcus pneumoniæ*, le *Staphylococcus aureus* et le *Streptococcus pyogenes*.

La cellulite orbitaire ou rétroseptale est plus rare et plus grave. Elle peut également être associée à une sinusite ethmoïdienne. Elle est caractérisée par la formation d'une collection purulente derrière le globe oculaire et le déplacement de celui-ci vers l'avant. Les agents étiologiques sont les mêmes que dans le cas d'une cellulite péri-orbitaire, mais il faut penser aussi à d'autres bactéries comme le *Pseudomonas aeruginosa*.

Manifestations cliniques

Les paupières sont hyperhémiées, œdémateuses, douloureuses et chaudes. L'œil atteint est partiellement ou entièrement fermé. La progression de la cellulite peut être plus ou moins rapide. De la fièvre est souvent présente. L'association avec une méningite est rare, mais cette possibilité doit demeurer présente à l'esprit.

Les entités suivantes sont prises en considération dans le diagnostic différentiel d'une cellulite péri-orbitaire :

1) Œdème palpébral associé à une conjonctivite virale ou bactérienne : dans ce cas, on note une hyperhémie conjonctivale, un écoulement conjonctival purulent, du prurit et, parfois, une adénopathie pré-auriculaire. L'hyperhémie palpébrale proprement dite est moins marquée que dans le cas d'une cellulite péri-orbitaire, la peau n'est pas douloureuse et la fièvre est habituellement absente ;

2) Piqûre d'insecte de la paupière : il y a habituellement une histoire d'exposition à des insectes piqueurs et le site de la piqûre est parfois visible. L'hyperhémie palpébrale est moins marquée que dans le cas d'une cellulite péri-orbitaire, la peau n'est pas douloureuse et la fièvre est habituellement absente ;

3) Œdème palpébral allergique : il y a souvent une histoire personnelle d'allergie et un contact connu avec un allergène. On note du prurit. L'hyperhémie palpébrale est moins marquée que dans le cas d'une cellulite péri-orbitaire, la peau n'est pas douloureuse et la fièvre est habituellement absente ;

4) Chalazion : qu'il soit unique ou multiple, il peut causer une inflammation au niveau de la paupière ; une masse est palpable au niveau des glandes de Meibomius.

Il est important de faire la distinction entre une cellulite péri-orbitaire et une cellulite orbitaire (tableau 13).

Explorations

L'hémogramme peut révéler une hyperleucocytose avec prédominance des neutrophiles.

L'hémoculture doit être faite, mais elle est souvent négative.

S'il y a une conjonctivite associée, on cultive les sécrétions conjonctivales.

Lorsqu'on suspecte une cellulite orbitaire, la tomodensitométrie constitue le meilleur instrument de diagnostic.

Tableau 13 Diagnostic différentiel entre les cellulites péri-orbitaire et orbitaire

	Cellulite péri-orbitaire	Cellulite orbitaire
– Incidence	plus élevée	plus faible
– Exophtalmie	absente	présente
– Mobilité oculaire	normale et indolore	atteinte et douloureuse
– Acuité visuelle	normale	altérée
– Réflexe pupillaire à la lumière	normal	peut être anormal
– Fond d'œil	normal	peut être anormal (œdème papillaire)

Traitement

Chaque fois qu'on suspecte une cellulite orbitaire, un ophtalmologiste doit participer à l'évaluation et au traitement.

1) Compresses humides tièdes.
2) Antibiothérapie :
   - Cellulite péri-orbitaire :
     - En cas de cellulite minime, on peut tenter un traitement par voie orale lorsque l'état général est bon et la fièvre peu élevée. On utilise par exemple le céfaclor : 40 à 60 mg/kg/24 heures en 3 fois pendant 7 à 10 jours (maximum chez le grand enfant : 3 g/24 heures). Le patient doit être revu précocement et il faut passer à la voie intraveineuse si l'évolution n'est pas satisfaisante ;
     - La plupart du temps, on utilise la voie parentérale. Les principaux choix sont les suivants :
       - Céfuroxime seul : 100 à 200 mg/kg/24 heures IV en 3 fois (maximum chez le grand enfant : 6 g/24 heures) ;
       - Association de :
         - Céfotaxime : 100 à 200 mg/kg/24 heures IV en 3 à 4 fois (maximum chez le grand enfant : 10 g/24 heures) ;

         et

         - D'une pénicilline antistaphylococcique comme la cloxacilline (Canada, France), la nafcilline (Canada) ou l'oxacilline (France) : 100 à 200 mg/kg/24 heures IV en 4 fois (maximum chez le grand enfant : 12 g/kg/24 heures).
     - En cas d'allergie vraie aux pénicillines et aux céphalosporines, un autre choix est le chloramphénicol : 75 à 100 mg/kg/24 heures en 4 fois (maximum chez le grand enfant : 4 g/24 heures).
   - Le relais peut être pris par voie orale lorsque la fièvre a disparu depuis 24 à 48 heures et que les signes locaux ont régressé de façon importante.
   - La durée totale de l'antibiothérapie est de 7 à 10 jours.

- Cellulite orbitaire : association de :
  - Céfotaxime : 100 à 200 mg/kg/24 heures IV en 3 à 4 fois (maximum chez le grand enfant : 10 g/24 heures),

  et

  - D'une pénicilline antistaphylococcique comme la cloxacilline (Canada, France), la nafcilline (Canada) ou l'oxacilline (France) : 100 à 200 mg/kg/24 heures IV en 4 fois (maximum chez le grand enfant : 12 g/24 heures).

  N.B. : La ceftazidime (75 à 150 mg/kg/24 heures IV en 3 fois ; maximum chez le grand enfant : 6 g/24 heures) peut être utilisée au lieu du céfotaxime.
  - En cas d'allergie vraie aux pénicillines et aux céphalosporines, un autre choix est le chloramphénicol (75 à 100 mg/kg/ 24 heures en 4 fois ; maximum chez le grand enfant : 4 g/ 24 heures).
  - Le traitement parentéral est poursuivi pendant 10 à 14 jours.
3) Traitement d'une conjonctivite associée : voir Conjonctivites.
4) Traitement chirurgical : en cas de cellulite orbitaire, un drainage peut être nécessaire, surtout s'il y a des signes de souffrance du nerf optique comme une altération du réflexe pupillaire à la lumière ou un œdème papillaire.

Complications

Bactériémie ou septicémie, extension régionale de l'infection, méningite, thrombose du sinus caverneux. S'il s'agit d'une cellulite orbitaire, une atteinte oculaire permanente est à redouter.

Pronostic

Il est excellent lorsque le traitement est adéquat.

Mesures de prévention

Idéalement, le patient hospitalisé devrait être soumis aux mesures d'isolement respiratoire et, s'il y a un écoulement purulent, de contact, pendant les 24 premières heures de traitement. Si l'*Hæmophilus influenzæ* a été identifié, on donne un traitement préventif à la rifampicine ; voir aussi Problèmes épidémiologiques courants à la garderie (crèche). On peut espérer que la vaccination contre l'*Hæmophilus influenzæ* va réduire l'incidence de ces cellulites.

Lectures suggérées

Israele V, Nelson JP : Periorbital and orbital cellulitis. Pediatr Infect Dis J 1987 ; 6 : 404-410.
Powell KR, Kaplan SB, Hall CB, *et al.* : Periorbital cellulitis. Clinical and laboratory findings in 146 episodes, including tear countercurrent immunoelectrophoresis in 89 episodes. Am J Dis Child 1988 ; 142 : 853-857.

Shapiro ED, Wald ER, Brozanski BA: Periorbital cellulitis and paranasal sinusitis: a reappraisal. Pediatr Infect Dis J 1982; 1: 91-94.

Siegel JD: Eye infections encountered by the pediatrician. Pediatr Infect Dis J 1986; 5: 741-748.

Céphalées et migraine   46

Pierre Masson, Michel Weber, Albert Larbrisseau

Généralités

Les enfants et les adolescents consultent souvent pour des céphalées (20 à 50 % s'en plaignent au moins occasionnellement).

Beaucoup de maladies infectieuses banales s'accompagnant de fièvre causent des céphalées aiguës; c'est le cas par exemple des infections des voies respiratoires supérieures, des otites et des sinusites.

Les causes les plus fréquentes de maux de tête chroniques ou récidivants sont la migraine et les céphalées de type tensionnel. La céphalée de Horton n'existe pratiquement pas chez l'enfant et l'adolescent.

Faute de pouvoir l'exprimer verbalement, le jeune enfant manifeste sa douleur par des pleurs inhabituels. Il est parfois difficile de savoir si un enfant ou un adolescent éprouve réellement des céphalées; s'en plaindre peut être une façon d'exprimer autre chose. C'est le cas par exemple de l'enfant qui souffre de «phobie scolaire» et qui présente des céphalées matinales les jours d'école. Il exprime ainsi son angoisse de se séparer de sa mère.

Rarement, ce symptôme peut être l'indice d'une maladie grave comme une méningite, une tumeur cérébrale, une hémorragie sous-arachnoïdienne ou une hypertension artérielle.

En abordant le diagnostic différentiel, il est utile d'avoir à l'esprit les principales causes de céphalées (tableau 14).

Tableau 14 Principales causes de céphalées selon leur étiologie

- Système nerveux central
  - origine vasculaire
    - migraine
    - hypertension artérielle
    - anomalie artério-veineuse
    - anévrisme
    - hémangiome
    - hémorragies intracrâniennes: hématome intracérébral, épidural ou sous-dural, hémorragie sous-arachnoïdienne
  - origine infectieuse
    - fièvre
    - abcès cérébral
    - méningite virale ou bactérienne

Tableau 14 Principales causes de céphalées selon leur étiologie *(suite)*

- encéphalite
  - thrombose du sinus caverneux
- origine comitiale
  - équivalent épileptique
  - état post-critique
- hypertension intracrânienne (voir aussi causes hémorragiques et infectieuses)
  - tumeur ou métastase cérébrale, méningite leucémique ou carcinomateuse
  - hydrocéphalie
  - hypertension intracrânienne idiopathique («pseudotumeur cérébrale»)
- origine traumatique (voir aussi causes hémorragiques)
  - commotion cérébrale
- Face, sphères ORL et ophtalmologique
  - otite moyenne aiguë
  - sinusite aiguë ou chronique
  - abcès dentaire
  - céphalées oculaires
  - syndrome de l'articulation temporo-mandibulaire
  - névralgie du trijumeau
- Région cervicale
  - anomalies congénitales (exemple: malformation d'Arnold-Chiari)
  - traumatismes
  - infections et inflammations de la colonne cervicale
  - torticolis paroxystique
  - névralgie occipitale
  - adénite cervicale
  - tumeur cervicale
- Système immunitaire
  - allergie alimentaire (migraine)
- Système psychique
  - céphalées de type tensionnel
  - phobie scolaire
  - dépression
  - conversion
- Intoxications
  - plomb
  - oxyde de carbone
  - théophylline
  - vitamines A et D
  - autres médicaments
- Trouble métabolique
  - hypoglycémie

Démarche diagnostique

En règle générale, l'anamnèse et l'examen permettent le plus souvent de poser un diagnostic. Des examens complémentaires sont parfois nécessaires.

I. Anamnèse

Elle s'intéressera notamment aux éléments suivants :

1) Depuis quand les céphalées sont-elles présentes? Si elles existent depuis des mois ou des années, le risque de maladie grave est plus faible;

2) Quelle est leur fréquence?

3) Quelle est leur intensité?

4) Quelle est leur localisation?

5) Sont-elles continues ou intermittentes? Des épisodes de céphalées séparés par des périodes de bien-être sont moins souvent associés à une maladie grave;

6) Quel est leur horaire? Des céphalées qui réveillent la nuit ou qui sont présentes le matin au réveil sont inquiétantes;

7) Sont-elles accompagnées de vomissements? Ceci suggère une hypertension intracrânienne ou une migraine;

8) Sont-elles précédées d'une aura visuelle ou autre? Celle-ci est caractéristique de la migraine;

9) Les épisodes sont-ils suivis de somnolence? Ceci suggère une migraine;

10) Sont-elles accompagnées de fièvre, d'obstruction nasale ou de rhinorrhée? Ces symptômes suggèrent un diagnostic de sinusite;

11) Y a-t-il des antécédents de mal des transports? Celui-ci peut précéder ou être associé à la migraine;

12) Y a-t-il des antécédents familiaux de migraine? Celle-ci a une forte tendance familiale;

13) Y a-t-il des antécédents familiaux allergiques? Le rôle de l'allergie alimentaire dans la genèse de la migraine est maintenant reconnu;

14) Les céphalées ont-elles un impact sur les activités et la scolarité?

15) Quels médicaments sont utilisés pour le traitement des céphalées? Selon quelle posologie? Quel est leur effet? La prise quotidienne d'analgésiques peut être responsable du problème (céphalées «de rebond»);

16) Y a-t-il des troubles visuels associés?

17) Y a-t-il des éléments de stress familial, scolaire ou autre?

18) Des facteurs déclenchants ont-ils été identifiés?

19) L'enfant a-t-il subi un traumatisme crânien?

20) L'enfant a-t-il pris des médicaments? Certains d'entre eux, comme les corticostéroïdes, la vitamine A et l'acide nalidixique peuvent causer une hypertension intracrânienne idiopathique («pseudotumeur cérébrale»).

21) Les céphalées sont-elles stables, progressives ou en voie d'amélioration?

II. Examen

Ses principaux éléments sont les suivants:

1) L'apparence générale: une altération de l'état général et un air souffrant chez un patient qui présente des céphalées aiguës suggèrent une maladie grave, de même que le maintien du rachis cervical en rectitude;

2) La présence de fièvre évoque la possibilité d'un problème infectieux comme une otite, une sinusite ou une méningite;

3) La tension artérielle doit être mesurée, que les céphalées soient aiguës ou chroniques;

4) La taille, le poids ainsi que leur évolution dynamique doivent être déterminés. Un craniopharyngiome peut se manifester par des céphalées chroniques associées à une décélération de la croissance. Des céphalées persistantes chez une adolescente obèse doivent faire suspecter une hypertension intracrânienne idiopathique («pseudotumeur cérébrale»);

5) Le périmètre crânien doit être mesuré chez le jeune enfant qui semble souffrir de céphalées; il doit être comparé avec les données antérieures: une augmentation trop rapide peut suggérer la présence d'une hydrocéphalie, d'un hématome sous-dural chronique ou d'une tumeur cérébrale;

6) Les signes méningés (raideur de nuque, signes de Brudzinski et de Kernig) doivent être recherchés en cas de céphalées aiguës. Chez l'enfant fébrile, ils suggèrent le diagnostic de méningite et, chez un enfant afébrile, une hémorragie sous-arachnoïdienne ou une tumeur de la fosse postérieure;

7) L'examen des yeux et du fond d'œil est très important, que les céphalées soient aiguës ou chroniques. Un œdème papillaire ou des hémorragies rétiniennes indiquent la présence d'une hypertension intracrânienne ou d'une hypertension artérielle;

8) L'inspection complète de la peau peut donner certains indices: la présence de taches café-au-lait suggère par exemple une tumeur intracrânienne associée à la neurofibromatose;

9) L'examen de la sphère ORL comporte l'otoscopie, la rhinoscopie ainsi que la percussion et la transillumination des sinus frontaux et maxillaires. Cette partie de l'examen est surtout importante s'il s'agit de céphalées aiguës. Elle peut mettre en évidence une otite ou une sinusite;

10) L'auscultation de la tête permet parfois de mettre en évidence un souffle intracrânien suggestif d'une malformation artérioveineuse ;

11) L'examen neurologique complet, lorsqu'il révèle des anomalies, met sur la voie d'une étiologie organique. Par exemple, la présence d'une ataxie suggère la présence d'une tumeur cérébelleuse, et une paralysie acquise du nerf VI se manifestant par un strabisme convergent constitue un signe d'hypertension intracrânienne ;

12) On termine par la palpation des muscles du cou et l'examen de la mobilité de l'articulation temporo-maxillaire et de la colonne cervicale.

III. Examens paracliniques

Dans les rares cas où l'anamnèse et l'examen ne permettent pas d'arriver à un diagnostic, quelques examens paracliniques seront sélectionnés en fonction du tableau clinique :

1) Les radiographies des sinus peuvent confirmer un diagnostic clinique de sinusite ;

2) Les radiographies du crâne sont rarement utiles ; en cas de craniopharyngiome, elles peuvent mettre en évidence des calcifications suprasellaires ou des anomalies de la selle turcique et, en cas d'hypertension intracrânienne chronique, elles peuvent révéler un écartement des sutures ;

3) Une ponction lombaire est indiquée lorsqu'on suspecte une méningite, une encéphalite ou une hémorragie sous-arachnoïdienne. Elle doit être faite avec prudence, de préférence après la tomodensitométrie cérébrale s'il y a des signes d'hypertension intracrânienne ;

4) L'électro-encéphalogramme peut révéler une dysfonction lente et focalisée de l'activité cérébrale, en relation avec une lésion expansive ;

5) Les radiographies de la colonne cervicale sont utiles lorsqu'on suspecte une arthrite ou une autre anomalie des vertèbres ;

6) La tomodensitométrie cérébrale, suivie au besoin d'une résonance magnétique nucléaire, est indiquée lorsque les données de l'anamnèse et de l'examen sont compatibles avec une lésion du cerveau ou une hypertension intracrânienne (tumeur, abcès, hydrocéphalie, anomalie vasculaire, etc.).

Entités spécifiques principales et approche diagnostique

I. Les céphalées de type tensionnel

L'*International Headache Society* a proposé une classification et des critères de diagnostic pour cette entité fréquente :

1) Les céphalées de type tensionnel épisodiques :

   a) Le patient a présenté au moins 10 épisodes antérieurs correspondant aux critères b) et d) qui suivent. Le nombre de jours avec céphalées est inférieur à 180 par an.

b) La durée des céphalées est de 30 minutes à 7 jours.

c) Au moins deux des caractéristiques suivantes sont présentes :
- La douleur est décrite comme un serrement ou une pression, mais n'est pas pulsatile ;
- Son intensité est légère ou modérée ;
- Elle est bilatérale ;
- Elle n'est pas aggravée lorsque le patient monte des escaliers ou se livre à des activités physiques similaires.

d) Les deux caractéristiques suivantes sont présentes :
- Absence de nausées et de vomissements ; il peut y avoir une anorexie ;
- Il n'y a pas d'association de photophobie et de phonophobie, mais l'une ou l'autre peut être présente.

Ces céphalées de type tensionnel épisodiques se subdivisent elles-mêmes en deux catégories :
- Les céphalées de type tensionnel épisodiques associées à des problèmes musculaires péricrâniens :
  - Elles réalisent tous les critères de diagnostic des céphalées de type tensionnel épisodiques mentionnées plus haut ;
  - Au moins un des critères de diagnostic suivants est présent :
    - Les muscles péricrâniens sont douloureux à la palpation ;
    - L'activité électromyographique de ces muscles est augmentée.
- Les céphalées de type tensionnel épisodiques non associées à des problèmes musculaires péricrâniens :
  - Elles réalisent tous les critères de diagnostic des céphalées de type tensionnel épisodiques mentionnées plus haut ;
  - Il n'y a pas de douleur à la palpation des muscles péricrâniens et l'activité électromyographique de ces muscles est normale.

2) Les céphalées de type tensionnel chroniques :

a) La fréquence moyenne des céphalées est supérieure à 15 jours par mois (180 jours par an) pendant 6 mois ou plus. Ces céphalées correspondent aux critères qui suivent (b et c).

b) La douleur a au moins deux des caractéristiques suivantes :
- Elle est comparable à une pression ou à une constriction ;
- Son intensité est légère à modérée ;
- Elle est bilatérale ;
- Elle n'est pas aggravée lorsque le patient monte les escaliers ou se livre à un autre exercice comparable.

c) Les deux caractéristiques suivantes sont présentes :
  - Absence de vomissements ;
  - Au maximum un des symptômes suivants est présent :
    - Nausées ;
    - Photophobie ;
    - Phonophobie.

Ces céphalées de type tensionnel chroniques se subdivisent elles-mêmes en deux catégories :
  - Les céphalées de type tensionnel chroniques associées à des problèmes musculaires péricrâniens :
    - Elles réalisent tous les critères de diagnostic des céphalées de type tensionnel chroniques mentionnées plus haut ;
    - Au moins un des critères de diagnostic suivants est présent :
      - Les muscles péricrâniens sont douloureux à la palpation ;
      - L'activité électromyographique de ces muscles est augmentée.
  - Les céphalées de type tensionnel chroniques non associées à des problèmes musculaires péricrâniens :
    - Elles réalisent tous les critères de diagnostic des céphalées de type tensionnel chroniques mentionnées plus haut ;
    - Il n'y a pas de douleur à la palpation des muscles péricrâniens et l'activité électromyographique de ces muscles est normale.

3) Les céphalées de type tensionnel chroniques ne correspondant pas aux critères mentionnés ci-dessus :
  a) Tous les critères de diagnostic de l'une ou l'autre forme de céphalée de type tensionnel sont présents sauf un ;
  b) Ces céphalées ne correspondent pas aux critères de diagnostic de la migraine sans aura.

Le **traitement** des céphalées de type tensionnel consiste à :
1) Rassurer l'enfant et sa famille ;
2) Lui permettre de verbaliser au sujet de ses céphalées ;
3) Rechercher et, si possible, à atténuer les sources de tension ou de stress ;
4) Promouvoir une bonne hygiène de vie ;
5) Prescrire au besoin un analgésique mineur comme l'acétaminophène ou paracétamol (15 mg/kg PO toutes les 4 heures ; maximum chez le grand enfant : 650 mg/dose) ou l'acide acétylsalicylique (15 mg/kg/dose PO toutes les 4 heures ; maximum chez le grand enfant : 650 mg/dose) ;
6) Enseigner à l'enfant une technique de relaxation ou d'autohypnose.

II. La migraine

La physiopathologie de cette entité fréquente n'est que partiellement connue. Le rôle de la sérotonine et l'existence de phénomènes vasculaires ne font pas de doute. La migraine a une forte tendance familiale et est plus fréquente chez les filles. Elle peut être associée ou faire suite au mal des transports. Chez le jeune enfant, elle peut se manifester par des épisodes cycliques de pleurs accompagnés ou non de vomissements, ou par des vertiges paroxystiques. L'*International Headache Society* a développé la classification des migraines et les critères de diagnostic suivants :

1) Migraine sans aura :

   a) Le patient a présenté au moins cinq épisodes répondant aux critères mentionnés plus bas ;

   b) Les crises de céphalée, non traitées ou traitées de façon inefficace, durent 24 à 72 heures ;

   c) Les céphalées ont au moins deux des caractéristiques suivantes :

   – Localisation unilatérale ;

   – Caractère pulsatile ;

   – Intensité modérée à importante ;

   – Aggravation lorsque le patient monte des escaliers ou fait un exercice routinier similaire ;

   d) Au moins un des problèmes suivants survient au cours des épisodes de céphalées :

   – Nausées ou vomissements ;

   – Photophobie et phonophobie.

2) Migraine avec aura :

   Le patient doit avoir présenté au moins deux épisodes répondant aux critères mentionnés plus bas.

   Il faut que soient présentes au moins trois des caractéristiques suivantes :

   – Aura se manifestant par un ou plusieurs symptômes complètement réversibles, compatibles avec une dysfonction corticale ou une dysfonction du tronc cérébral ;

   – Au moins un de ces symptômes d'aura apparaît graduellement en plus de quatre minutes, ou deux symptômes ou plus surviennent successivement ;

   – Aucun symptôme d'aura ne dure plus de 60 minutes. Si plus d'un symptôme d'aura survient, cette limite de temps est augmentée en proportion ;

   – Les céphalées suivent l'aura avec un intervalle libre de moins de 60 minutes (elles peuvent aussi commencer avant ou en même temps que l'aura).

a) Migraine avec aura typique :

Les épisodes satisfont aux critères de migraine avec aura mentionnés plus haut, y compris les quatre caractéristiques qui précèdent. De plus, un ou plusieurs des symptômes suivants surviennent :

- Troubles visuels homolatéraux ;
- Paresthésies ou engourdissements unilatéraux ;
- Faiblesse unilatérale ;
- Aphasie ou autre trouble non classifiable du langage.

b) Migraine avec aura prolongée :

Elle correspond aux critères de diagnostic de migraine avec aura, mais au moins un symptôme d'aura dure plus de 60 minutes et moins de 7 jours. Si les explorations neuroradiologiques démontrent une lésion ischémique, l'épisode est reclassifié dans la catégorie de la migraine avec infarctus (voir plus bas).

c) Migraine hémiplégique familiale :

Elle correspond aux critères de diagnostic de migraine avec aura, mais celle-ci s'accompagne d'hémiparésie et peut être prolongée. Au moins un proche parent présente des épisodes identiques.

d) Migraine basilaire :

Elle correspond aux critères de diagnostic de migraine avec aura, mais celle-ci inclut au moins deux des symptômes suivants : symptômes visuels dans les champs temporal et nasal des deux yeux, dysarthrie, vertiges, bourdonnements d'oreilles, diminution de l'acuité auditive, diplopie, ataxie, paresthésies bilatérales, parésie bilatérale, altération de l'état de conscience. Chez l'enfant, la manifestation la plus fréquente est un état confusionnel aigu qui peut se prolonger pendant plusieurs heures.

e) Aura migraineuse sans céphalées :

Elle correspond aux critères de diagnostic de migraine avec aura, mais il n'y a pas de céphalées.

f) Migraine avec aura à début aigu :

- Elle correspond aux critères de diagnostic de migraine avec aura ;
- Les symptômes neurologiques apparaissent en moins de quatre minutes ;
- Non traitées ou traitées de façon inefficace, les céphalées durent 4 à 72 heures ;
- Les céphalées ont au moins deux des caractéristiques suivantes :
  - Localisation unilatérale ;
  - Caractère pulsatile ;
  - Intensité modérée à importante ;
  - Les céphalées s'aggravent lorsque le patient monte des escaliers ou se livre à une activité physique routinière similaire.

- Pendant les céphalées, au moins un des deux symptômes suivants est présent :
  - Nausées ou vomissements ;
  - Photophobie et phonophobie.
- Des phénomènes thrombo-emboliques ont été exclus par les explorations neuroradiologiques habituelles.

3) Migraine ophtalmoplégique :

Le patient a présenté au moins deux épisodes associés aux caractéristiques qui suivent :

- Les épisodes de céphalées chevauchent avec une parésie d'au moins un des nerfs crâniens suivants : III, IV et VI. La forme la plus fréquente associe une mydriase fixe et une paralysie du III ;
- Une lésion parasellaire a été exclue par les explorations neuroradiologiques habituelles.

4) Migraine rétinienne :

Le patient a présenté au moins deux épisodes associés aux caractéristiques qui suivent :

- Un scotome ou une cécité monoculaire entièrement réversible durant moins de 60 minutes et confirmé par un examen effectué au cours d'une crise ou par un dessin par le patient d'une amputation monoculaire du champ visuel au cours d'une crise ;
- Les céphalées suivent les symptômes visuels après un intervalle libre de moins de 60 minutes, mais elles peuvent aussi les précéder ;
- L'examen ophtalmologique est normal entre les crises et un processus embolique a été exclu par les explorations habituelles.

5) Syndromes périodiques pédiatriques pouvant être des précurseurs de la migraine ou être associés à la migraine :

a) Vertiges paroxystiques bénins de l'enfance :
  - Épisodes multiples, brefs et sporadiques de troubles de l'équilibre, d'anxiété et, souvent, de nystagmus et de vomissements ;
  - Examen neurologique normal ;
  - EEG normal.

b) Hémiplégie alternante de l'enfance :
  - Début avant l'âge de 18 mois ;
  - Épisodes répétés d'hémiplégie atteignant les deux hémicorps ;
  - Survenue, en même temps ou non que les épisodes d'hémiplégie, d'autres phénomènes paroxystiques comme des crises d'hypertonie, des postures dystoniques, des mouvements choréoathétosiques, du nystagmus ou d'autres anomalies de la motricité oculaire ;
  - Déficits neurologiques ou mentaux.

Complications de la migraine :

a) État de mal migraineux :
- Les épisodes correspondent aux critères de diagnostic de migraine sans aura ou avec aura ;
- L'épisode satisfait aux critères de diagnostic d'une forme de migraine, mais les céphalées, traitées ou non, durent plus de 72 heures ;
- Pendant l'épisode, les céphalées sont continues ou sont entrecoupées de périodes sans céphalées qui durent moins de quatre heures.

b) Migraine avec infarctus.

Les principaux **facteurs favorisants** possibles sont les suivants :

a) Prédisposition génétique ;

b) Sexe féminin ;

c) Certaines influences hormonales ;

d) Stress et anxiété ;

e) Exercice intense ;

f) Contraceptifs oraux ;

g) Certains aliments riches en tyramine comme les ananas, les avocats, les bananes, la bière, le chocolat, les fèves, les figues, le foie de poulet, certains fromages comme le roquefort ou le cheddar, le hareng fumé, le raisin, la sauce soja et le vin ;

h) Certains allergènes alimentaires.

Le **diagnostic** est clinique : aucune exploration n'est nécessaire dans les cas typiques.

Le **traitement** doit être individualisé :

1) Traitement non pharmacologique ; il consiste à :

a) Rassurer l'enfant et sa famille : cette maladie n'est pas imaginaire ; elle est fréquente ; bien que pénible, elle n'est pas dangereuse et il n'y a aucune maladie neurologique sous-jacente ;

b) Éviter les facteurs déclenchants comme le stress et les aliments riches en tyramine ;

c) Conseiller la relaxation, l'autohypnose et le «biofeedback», qui semblent donner des résultats au moins aussi bons que les traitements pharmacologiques ;

d) Envisager dans certains cas réfractaires, un régime d'élimination : des améliorations ou des guérisons ont été rapportées.

2) Traitement pharmacologique (de multiples tâtonnements peuvent être nécessaires) :

a) Crises peu fréquentes (moins de quatre par mois) :

On essaie d'abord des analgésiques mineurs administrés lors des crises seulement. Quel que soit le médicament prescrit, il doit être pris le plus tôt possible après le début de la crise. Les principaux sont :

- L'acétaminophène ou paracétamol (15 mg/kg/dose PO toutes les 4 heures ; maximum chez le grand enfant : 650 mg/dose) ;
- L'acide acétylsalicylique (15 mg/kg/dose PO toutes les 4 heures ; maximum chez le grand enfant : 650 mg/dose) ;
- Le naproxène (chez l'adolescent : 275 mg PO toutes les 6 à 8 heures).

Si l'un de ces médicaments ne suffit pas, on a le choix entre deux options :

- Les dérivés de l'ergot (ergotamine et dihydroergotamine), qui peuvent être administrés PO, IM, IV, SC, en inhalation, par voie nasale ou sublinguale (voir Index pharmacologique sous la rubrique Ergotamine). L'expérience clinique chez l'enfant est insuffisante ; ils sont donc réservés aux adolescents. Ils sont contre-indiqués en cas de migraine compliquée ;
- Le sumatriptan (100 mg PO ou 6 mg SC en une dose unique). Ce médicament semble prometteur. Faute d'une expérience suffisante chez l'enfant, il doit pour l'instant être réservé à l'adolescent.

b) Crises fréquentes (quatre par mois ou plus) :

Les patients qui consomment des analgésiques plusieurs fois par semaine doivent tout d'abord abandonner cette habitude car elle peut causer des céphalées de rebond.

En cas de migraine grave et réfractaire, l'adolescente doit parfois abandonner les contraceptifs oraux. De plus, toute adolescente migraineuse doit être avertie du fait que le risque d'accident cérébrovasculaire est accru si elle prend des contraceptifs oraux.

Un traitement préventif continu doit être prescrit. Le nombre important de médicaments proposés indique qu'il n'y a pas de panacée. Pour la plupart des médicaments, les études pharmacologiques menées chez le jeune enfant sont peu nombreuses ou méthodologiquement déficientes. On peut essayer successivement :

- Un agent bloqueur des récepteurs bêta-adrénergiques comme le propranolol, qui constitue le premier choix. Chez l'adolescent, la dose initiale est de 20 mg matin et soir. Si nécessaire, on peut augmenter progressivement cette dose jusqu'à un maximum de 40 mg trois fois par jour. Chez l'enfant, l'utilité de ce médicament n'est pas établie ; sa posologie est de 2 à 4 mg/kg/ 24 heures PO en 2 fois (maximum : 120 mg/24 heures). Ce médicament est contre-indiqué chez les asthmatiques ;
- Un inhibiteur calcique comme la flunarizine, dont la posologie chez l'enfant de plus de cinq ans est de 5 mg PO le soir au coucher. Chez l'adolescent, cette dose peut être augmentée au

besoin à 10 mg. L'efficacité de ce médicament chez l'enfant est démontrée par plusieurs études cliniques. On ne peut juger de l'efficacité du traitement avant six à huit semaines;

- Un antidépresseur tricyclique comme l'amitryptyline; la posologie initiale chez l'adolescent est de 10 mg PO 3 fois par jour; on peut augmenter au besoin cette dose jusqu'à 25 mg 3 fois par jour. Il n'y a pas d'études cliniques permettant de recommander ce médicament pour la prévention des crises chez l'enfant;

- Un agent antiprostaglandine comme le naproxène; la posologie chez l'adolescent est de 275 mg PO 3 à 4 fois par jour. Son utilité chez l'enfant n'a pas été étudiée;

- Un antagoniste de la sérotonine et de l'histamine comme la pizotyline ou le pizotifène:

  - Pizotyline (Canada): la posologie initiale chez l'adolescent est de 0,5 mg PO au coucher. Au besoin, on augmente la dose par paliers d'une semaine à 0,5 mg 2 fois, puis 3 fois par jour;

  - Pizotifène (France): la posologie initiale chez l'adolescent est de 0,73 mg PO au coucher. Au besoin, on augmente la dose par paliers d'une semaine à 0,73 mg 2 fois, puis 3 fois par jour;

- La phénytoïne: la posologie est de 3 à 5 mg/kg/24 heures PO en 2 fois; la posologie est ajustée pour obtenir un taux sérique de 40 à 80 μmol/L. L'efficacité de ce médicament n'a pas été démontrée par des essais cliniques rigoureux; il en est de même pour d'autres anticonvulsivants comme l'acide valproïque, la carbamazépine et le phénobarbital;

- La cyproheptadine: la posologie est de 0,2 à 0,4 mg/kg/24 heures PO en 2 à 3 fois (maximum chez le grand enfant: 12 mg/24 heures). L'utilité de ce médicament n'est pas démontrée par un nombre suffisant d'études cliniques méthodologiquement acceptables.

N.B.: Le méthysergide doit être évité en raison de ses effets secondaires graves comme la fibrose rétropéritonéale.

Lorsqu'un traitement préventif est satisfaisant, il doit être poursuivi pendant une période prolongée, de l'ordre de quatre à six mois, avant de tenter un sevrage progressif. Un certain nombre de patients guérissent ou entrent en rémission après quelques mois ou quelques années.

III. Les céphalées résultant de causes organiques

Pour leur traitement, voir le chapitre correspondant (exemple: Méningite bactérienne).

Lectures suggérées

Igarashi M, May WN, Golden GS: Pharmacologic treatment of childhood migraine. J Pediatr 1992; 120: 653-657.

Olness KN, MacDonald JT: Recurrent headaches in children: diagnosis and treatment. Pediatr Rev 1987; 8: 307-311.

Welch KMA: Drug therapy of migraine. N Engl J Med 1993; 329: 1476-1483.

Zuckerman B, Stevenson J, Bailey V: Stomachaches and headaches in a community sample of preschool children. Pediatrics 1987; 79: 677-682.

Chalazion 47

Jean-Bernard Girodias, Jean-Louis Jacob

Généralités

Le chalazion est une lésion kystique bénigne de la paupière qui résulte d'une inflammation lipogranulomateuse d'une glande de Meibomius obstruée. Il est habituellement localisé au niveau de la portion médiane de la paupière, entre le rebord orbitaire et la ligne des cils. Parfois, l'inflammation peut s'étendre jusqu'au bord libre de la paupière, au niveau du canal excréteur de la glande.

Manifestations cliniques

Lorsqu'il est volumineux (il peut atteindre plusieurs glandes voisines), le chalazion se manifeste par un renflement circonscrit de la face externe de la paupière. Parfois peu apparent, il peut être palpé facilement, sous forme d'un nodule ferme, à travers la paupière. Lorsque celle-ci est éversée, il est bien visible au niveau de sa face interne. Le chalazion est le plus souvent indolore mais il peut occasionner une gêne fonctionnelle et constituer un désagrément esthétique. Un rhabdomyosarcome de la paupière peut se présenter initialement de façon similaire.

Explorations

Aucune n'est nécessaire.

Traitement

La guérison s'obtient par l'application fréquente (4 à 6 fois par jour) de compresses humides chaudes puis d'une pommade antibiotique (exemples: bacitracine, framycétine ou gentamicine). Des massages doux peuvent aider à l'évacuation du chalazion et accélérer la guérison. La mupirocine et l'acide fusidique ne doivent pas être appliqués au niveau de l'œil. S'il y a des récidives fréquentes ou si une lésion kystique persiste après plusieurs mois de traitement, une exérèse chirurgicale peut être nécessaire.

Complications

Un chalazion volumineux occasionne exceptionnellement un astigmatisme, en raison de la pression prolongée sur le globe oculaire. Une propagation de l'infection conduit rarement à une cellulite péri-orbitaire.

Choc anaphylactique   48

Catherine Farrell, Zave Chad

Généralités

Une réaction grave pouvant mener au choc anaphylactique survient moins de deux heures après l'exposition à l'allergène contre lequel l'hôte a été sensibilisé. Il s'agit habituellement d'une réaction allergique de type I, médiée par les IgE.

Lors du contact entre l'allergène et les IgE spécifiques situées à la surface des mastocytes, diverses substances vaso-actives comme l'histamine et des médiateurs de l'inflammation sont libérés. L'histamine provoque une vasodilatation ainsi qu'une augmentation de la perméabilité capillaire; il en résulte un œdème tissulaire et une réduction du volume circulant efficace.

Dans le choc anaphylactique, comme dans les autres formes de choc, l'organisme est incapable de fournir suffisamment d'oxygène aux cellules pour satisfaire à leurs besoins métaboliques.

Le choc anaphylactique est rare chez l'enfant.

Les substances le plus souvent en cause appartiennent à plusieurs catégories:

1) Médicaments; exemples: pénicilline et autres antibiotiques, acide acétylsalicylique, agents anesthésiques. Il faut se souvenir du fait que toutes les réactions médicamenteuses rapides ne sont pas de nature anaphylactique; par exemple, la vancomycine et l'amphotéricine B peuvent causer des réactions similaires;

2) Produits biologiques; exemples: gammaglobulines, produits dérivés du sang, suspensions dont on se sert pour les désensibilisations;

3) Aliments; exemples: arachides (cacahuètes), noix, crustacés, œufs, lait;

4) Venin de certains hyménoptères comme les abeilles et les guêpes;

5) Produits de contraste utilisés en radiologie.

La plupart des réactions graves surviennent après une injection sous-cutanée, intraveineuse ou intramusculaire, mais elles peuvent aussi arriver à la suite d'une ingestion, d'une inhalation ou d'un contact cutané.

Manifestations cliniques

Les symptômes apparaissent rapidement. Les principales manifestations possibles sont les suivantes :

1) Œdème des tissus mous, surtout évident au niveau des paupières et des lèvres, urticaire, érythème, prurit ;

2) Bronchospasme qui peut se manifester par une dyspnée, une polypnée, du tirage, des sibilances, ainsi qu'une réduction du murmure vésiculaire ;

3) Obstruction des voies respiratoires supérieures résultant d'un œdème de la langue, de l'épiglotte ou de la région sous-glottique et qui se manifeste par une dyspnée, du tirage, un stridor et une aphonie ;

4) État de choc se manifestant de la façon habituelle par une tachycardie, une hypotension artérielle, un teint pâle ou grisâtre, une froideur des extrémités, de la soif, une altération de l'état de conscience, un pouls filant et un allongement du temps de remplissage capillaire (> 3 secondes) ;

5) Douleurs abdominales et nausées.

La gravité de l'épisode est proportionnelle à la rapidité d'installation des symptômes.

Explorations

Une anamnèse rapide s'intéresse particulièrement à la nature de la substance en cause, aux circonstances du contact, ainsi qu'à une histoire d'épisode antérieur semblable.

Un examen sommaire évalue les fonctions vitales dans l'ordre habituel (voir Arrêt cardiorespiratoire).

La présence d'un bracelet indiquant l'allergie fournit une information importante, surtout si le patient est inconscient ou incapable de parler.

Les examens paracliniques suivants sont nécessaires si l'enfant présente des symptômes respiratoires : hémogramme, gaz du sang, mesure de la saturation de l'hémoglobine par oxymétrie de pouls et radiographie pulmonaire.

Traitement

1) Administrer immédiatement de l'adrénaline sous l'une des formes suivantes :

   – Solution à 1/10 000 : 0,1 mL/kg/dose (0,01 mg/kg/dose) IV de préférence, ou SC (maximum : 10 mL/dose). Non disponible en France (peut être obtenue en diluant 1 partie de la solution à 1/1 000 (0,1 %) dans 9 parties de sérum physiologique) ;

   – Solution à 1/1 000 (0,1 %) : 0,01 mL/kg/dose (0,01 mg/kg/dose) IV ou SC (maximum : 1 mL/dose).

   Au besoin, on peut répéter cette dose 2 fois, à des intervalles de 10 à 30 minutes.

2) Donner de l'oxygène et ventiler au besoin.

3) Installer un soluté.

4) Cesser l'exposition à l'agent causal. En cas d'injection, on met un garrot autour du membre à un niveau proximal par rapport au site d'injection; on le desserre pendant 5 minutes toutes les 30 minutes. En cas d'ingestion, on peut faire un lavage gastrique (voir Intoxications).

5) S'il y a une obstruction des voies respiratoires supérieures, donner de l'adrénaline ou de l'adrénaline racémique en inhalation (voir Laryngite aiguë). Une intubation trachéale est parfois nécessaire. Comme il y a un risque d'arrêt cardiaque, il est préférable d'intuber d'emblée tout patient en détresse respiratoire grave plutôt que d'attendre et d'observer.

6) S'il y a un bronchospasme, on le traite comme une crise d'asthme au moyen de salbutamol, d'ipratropium, de corticostéroïdes et de théophylline (voir Asthme).

7) L'hypotension artérielle est traitée de la façon suivante:

   a) Mettre le patient en position de Trendelenburg;

   b) Procéder au remplissage vasculaire: on commence avec 20 mL/kg de Ringer lactate ou d'une solution de NaCl à 0,9 % IV en 10 à 20 minutes. On répète au besoin cette dose de liquide jusqu'à ce que l'état hémodynamique redevienne satisfaisant. La mesure de la pression veineuse centrale est utile pour suivre l'efficacité du remplissage vasculaire (voir Choc hypovolémique);

   c) Si l'état de choc persiste malgré un remplissage vasculaire adéquat, il faut utiliser un vasoconsctricteur du type alpha-stimulant en perfusion intraveineuse; la vitesse de perfusion est augmentée au besoin de façon progressive tout en restant à l'intérieur des limites mentionnées ci-dessous. On a plusieurs options:

      – Adrénaline: 0,2 à 0,6 µg/kg/minute;

      – Noradrénaline: 0,1 à 0,5 µg/kg/minute;

      – Dopamine: 5 à 20 µg/kg/minute;

      – Métaraminol: 1 à 5 µg/kg/minute.

   Les modalités d'administration des médicaments vaso-actifs sont décrites de façon plus détaillée dans les chapitres Choc cardiogénique et Choc septique.

8) La réaction allergique elle-même est traitée au moyen d'un antihistaminique.

      – Au Canada, on utilise par exemple la diphenhydramine. La dose d'attaque est de 2 mg/kg/dose (maximum chez le grand enfant: 80 mg/dose) IV ou PO. La dose d'entretien est de 5 mg/kg/ 24 heures IV ou PO en 4 à 6 fois (maximum chez l'adolescent: 200 mg/24 heures);

– En France, on administre par exemple la dexchlorphéniramine, à raison de 0,2 mg/kg/24 heures IV en 2 à 4 fois (maximum chez le grand enfant : 8 mg/24 heures).

L'addition de cimétidine semble utile pour le traitement des réactions allergiques de type vasomoteur ; la posologie est de 20 à 25 mg/kg/24 heures IV ou PO en 4 à 6 fois (maximum chez le grand enfant : 1 200 mg/24 heures).

Les corticostéroïdes permettent d'atténuer la phase inflammatoire tardive de la réaction anaphylactique. On peut utiliser par exemple l'hydrocortisone (10 à 20 mg/kg/24 heures IV en 4 fois ; maximum chez le grand enfant : 1 000 mg/24 heures).

Complications

Arrêt cardiorespiratoire, arythmies cardiaques.

Pronostic

Il est excellent lorsque l'intervention, en particulier l'administration d'adrénaline, est précoce.

Prévention

La stratégie vise à éviter tout contact avec la substance responsable de la réaction. Surtout dans le cas d'une allergie alimentaire, ceci exige une information adéquate du patient, de sa famille, des voisins et du personnel de l'école. Les ingrédients cachés de certains aliments et de médicaments vendus sans prescription constituent un problème particulièrement complexe.

Chaque fois qu'on prescrit un médicament, il faut vérifier au préalable l'histoire allergique du patient.

Le patient qui a présenté une réaction grave devrait porter un bracelet indiquant la nature du problème et avoir en tout temps à sa disposition une trousse contenant de l'adrénaline injectable. Il est important de prévoir un suivi par un allergiste.

Une désensibilisation est possible dans certains cas, par exemple chez les personnes allergiques aux venins d'hyménoptères (voir Piqûres d'insectes).

Lectures suggérées

Bochner BS, Lightenstein LM : Anaphylaxis. N Engl J Med 1991 ; 324 : 1785-1790.
Rosen FS : Urticaria, angioedema, and anaphylaxis. Pediatr Rev 1992 ; 13 : 387-390.
Sheffer AL : Unraveling the mystery of idiopathic anaphylaxis. N Engl J Med 1984 ; 311 : 1248-1249.
Yunginger JW : Anaphylaxis. Curr Probl Pediatr 1992 ; 22 : 130-146.

Choc cardiogénique   49

Catherine Farrell, Joaquim Miró

Généralités

L'état de choc est caractérisé par un apport d'oxygène insuffisant par rapport aux besoins des tissus. Dans le cas du choc cardiogénique, c'est une dysfonction cardiaque congénitale ou acquise qui est responsable de cette déficience. L'élément commun à toutes les formes de choc cardiogénique est la diminution du débit cardiaque ; celui-ci est égal au produit du volume de sang éjecté par le ventricule lors de chaque systole par la fréquence cardiaque. Les facteurs qui déterminent le débit cardiaque sont les suivants :

1) La précharge, c'est-à-dire le volume de sang présent dans le ventricule à la fin de la diastole ;

2) La postcharge ou la résistance contre laquelle le ventricule doit éjecter son volume ;

3) La fonction cardiaque elle-même, qui dépend de la contractilité myocardique, de la fréquence et du rythme cardiaques, ainsi que de la livraison d'oxygène au myocarde.

Le choc cardiogénique est beaucoup plus rare chez l'enfant que chez l'adulte ; ses causes varient selon l'âge (tableau 15).

Manifestations cliniques

I. Anamnèse

Elle peut révéler une histoire de cardiopathie connue, d'infection virale récente ou de traumatisme thoracique. Les principaux symptômes à rechercher sont la dyspnée, souvent augmentée en position couchée, l'intolérance à l'effort, l'anorexie, les nausées, les étourdissements, les palpitations, les syncopes, ainsi que la confusion ou l'irritabilité.

II. Examen

On note une altération des signes généraux : tachypnée, tachycardie et hypotension artérielle. Le temps de remplissage capillaire, évalué par compression puis relâchement d'un ongle ou de la peau de la région sternale ou frontale, est prolongé (> 3 secondes). La perfusion cutanée est mauvaise : la peau est froide et moite, pâle ou marbrée. Le choc cardiogénique peut ressembler au choc septique, par exemple en cas de coarctation de l'aorte chez le nouveau-né. L'auscultation pulmonaire peut révéler la présence de râles sous-crépitants dans les zones déclives. Les trouvailles de l'auscultation cardiaque varient selon la pathologie sous-jacente : il peut y avoir un assourdissement des bruits cardiaques, particulièrement en cas de tamponnade, un galop, divers souffles, ou un frottement péricardique. La distension des veines jugulaires est moins évidente chez l'enfant que chez l'adulte ; l'inverse est vrai pour l'hépatomégalie. On note aussi des indices de perfusion viscérale insuffisante comme une altération de l'état de conscience ou une oligurie.

Tableau 15 Principales causes de choc cardiogénique chez l'enfant

- Chez le nouveau-né
  - asphyxie néonatale
  - anémie grave
  - certaines malformations cardiovasculaires congénitales; exemples:
    - hypoplasie du cœur gauche
    - coarctation de l'aorte
    - sténose aortique critique
    - malformation d'Ebstein
- Chez l'enfant plus âgé
  - cardiopathies congénitales, principalement les cardiopathies complexes avec insuffisance cardiaque grave
  - période postopératoire lors de la correction des cardiopathies complexes
  - états anoxiques ou ischémiques
  - cardiopathies acquises
    - myocardite virale
    - endocardite bactérienne avec insuffisance valvulaire
    - cardiomyopathies primaires, de forme dilatée ou hypertrophique
    - cardiomyopathies secondaires aux collagénoses, aux mucopolysaccharidoses, au syndrome de Marfan, à une maladie neuromusculaire ou à un rhumatisme articulaire aigu
  - certaines arythmies cardiaques, particulièrement les arythmies ventriculaires et le bloc auriculoventriculaire complet
  - obstruction au retour veineux: tamponnade cardiaque, pneumothorax sous tension, pneumopéricarde
  - traumatisme thoracique avec contusion ou déchirure myocardique
  - certaines intoxications (exemples: cocaïne, antidépresseurs tricycliques, agents bêta-bloquants)
  - acidémie, hypoglycémie, hyperkaliémie, hypocalcémie, hypomagnésémie graves
  - anémie profonde
  - hypothermie
  - les autres formes de choc peuvent également causer secondairement une dysfonction myocardique (exemples: choc septique, choc hémorragique)

Explorations

1) La radiographie des poumons révèle en général une cardiomégalie, ainsi qu'une congestion pulmonaire pouvant aller jusqu'à l'œdème pulmonaire. On retrouve occasionnellement des atélectasies secondaires à la dilatation des cavités cardiaques ou de l'artère pulmonaire. Certaines cardiopathies se manifestent par une silhouette cardiaque particulière.

2) De multiples anomalies de l'ECG sont possibles: aplatissement ou inversion de l'onde T, sous-dénivellation du segment ST, arythmies, bas voltage.

3) L'échocardiographie montre une réduction de la contractilité cardiaque (quantifiée le plus souvent par la fraction de raccourcissement), une dilatation des oreillettes et des ventricules, ainsi que les anomalies morphologiques liées aux différentes malformations cardiaques congénitales ou acquises (péricardite, myocardite).

4) Le débit cardiaque peut être mesuré de différentes façons : échocardiographie Doppler, thermodilution (cette technique exige la présence d'un cathéter de Swan-Ganz), méthode Fick, ou bio-impédance. Ces diverses techniques exigent un personnel et un équipement spécialisés.

5) Les analyses de laboratoire nécessaires sont l'ionogramme, les gaz sanguins, le dosage sérié de l'acide lactique plasmatique (un bon reflet de la perfusion tissulaire), l'urée sanguine et la créatinine sérique, les transaminases, les cultures bactériennes et virales, les épreuves sérologiques pour le diagnostic des infections virales, particulièrement à Coxsackie B1 à B6. Le dosage des iso-enzymes cardiaques (LDH, créatine kinase mb) est rarement indiqué chez l'enfant.

6) Dans certains cas rares, lorsque l'étiologie du choc cardiogénique demeure imprécise, certains autres examens complémentaires peuvent être indiqués, comme le dosage sérique ou urinaire des acides aminés et des acides organiques, de la carnitine sérique et des auto-anticorps contre les muscles lisses et les mitochondries.

Traitement

Outre le traitement de la maladie causale, le traitement du choc cardiogénique se conforme aux principes habituels de la réanimation (ABC), décrits dans le chapitre consacré à l'arrêt cardiorespiratoire.

1) Il faut d'abord veiller à une oxygénation tissulaire optimale en administrant de l'oxygène au masque. Si l'état de l'enfant est instable, il doit être intubé et ventilé mécaniquement pour assurer une bonne ventilation, diminuer le travail respiratoire et réduire la consommation d'oxygène par le myocarde, permettant ainsi de consacrer une plus grande partie du débit cardiaque à la perfusion des organes vitaux.

2) Sur le plan hémodynamique, le but du traitement est d'augmenter le débit cardiaque et donc l'oxygénation tissulaire. Les différentes modalités permettant d'atteindre ce but visent la précharge, la fonction myocardique, la postcharge et le contenu artériel en oxygène :

   a) Optimiser la précharge (celle-ci peut être évaluée par des mesures de la pression veineuse centrale ou de la pression capillaire pulmonaire bloquée). Chez l'enfant en choc cardiogénique, la taille du foie constitue un excellent indice d'évolution de l'état volémique.

   – Restreindre les apports liquidiens à 60 à 70 % des besoins d'entretien (voir Déséquilibres hydriques, électrolytiques et acidobasiques), ainsi que l'apport de sodium ;

   – Administrer du furosémide (1 à 2 mg/kg/24 heures IV en 3 à 4 fois) si les signes de surcharge persistent malgré la restriction hydrosodée ;

- Parfois, un choc cardiogénique est associé à une hypovolémie réelle ou relative. Dans ce cas, un remplissage liquidien judicieux (5 à 10 mL/kg de NaCl à 0,9 % IV) est nécessaire pour arriver à une précharge optimale;
- Lorsque la précharge est diminuée par une tamponnade cardiaque, un remplissage liquidien énergique et une ponction péricardique d'urgence sont indiqués.

b) Améliorer la fonction cardiaque:
- La fréquence cardiaque est habituellement élevée en cas de choc cardiogénique, en raison de la stimulation par les catécholamines endogènes. Si la fréquence cardiaque est trop élevée (exemple: tachycardie supraventriculaire), ou trop basse (exemple: bloc auriculoventriculaire complet), le débit cardiaque peut être compromis. Le traitement des troubles du rythme constitue donc une priorité importante (voir Arythmies cardiaques);
- Certains troubles métaboliques qui réduisent la contractilité myocardique doivent être corrigés. Il s'agit essentiellement de l'hypoxémie, de l'acidémie, de l'hyperkaliémie, de l'hypocalcémie, de l'hypoglycémie et de l'hypomagnésémie. Par exemple, une acidémie importante doit être corrigée au moyen de bicarbonate de telle façon que le pH atteigne au moins 7,2 (voir Déséquilibres hydriques, électrolytiques et acidobasiques);
- Un patient dont l'état est stable peut être traité au moyen d'un agent à action inotrope positive à longue durée d'action comme la digitale (voir Insuffisance cardiaque); cet agent doit être évité chez le patient qui est franchement en choc. Dans ce cas, on administre en perfusion un ou plusieurs agents pouvant améliorer la contractilité myocardique et agir sur les résistances vasculaires périphérique et pulmonaire. Les effets de ces agents à actions inotrope positive et vasopressive sont comparés dans le tableau 16. L'utilisation de ces agents requiert une approche par étapes et celle-ci est ajustée selon la réponse clinique du patient et son profil hémodynamique:
  - Première étape: double association de dobutamine (5 à 20 µg/kg/minute IV) et de dopamine (2,5 à 5 µg/kg/minute IV) pour augmenter la contractilité myocardique et maintenir une bonne perfusion rénale. Cette combinaison est utile si le débit cardiaque est bas et si la tension artérielle est maintenue. Si la tension artérielle est basse, on passe à la deuxième étape;
  - Deuxième étape: double association de dobutamine (5 à 20 µg/kg/minute IV) et de dopamine (5 à 20 µg/kg/minute IV). Cette combinaison permet d'augmenter la contractilité myocardique et de maintenir la tension artérielle. Si l'état de choc ne s'améliore pas et si la tension artérielle demeure basse, il faut passer à la troisième étape;

Tableau 16 Principaux agents à actions inotrope positive et vasopressive

Agent et posologie	Effet diurétique	Effet inotrope positif	Effet vasopresseur	Effets secondaires
Dopamine (posologie maximale habituelle : 25 µg/kg/min.)				
0,5 à 2 µg/kg/min.	+	0	0	ischémie des membres (rare)
2 à 15 µg/kg/min.	0	+	+	ischémie des membres
> 15 µg/kg/min.	0	+	+	tachycardie, ischémie des membres
Dobutamine (posologie maximale habituelle : 40 µg/kg/min.)				
2,5 à 20 µg/kg/min.	0	+	0	vasodilatation, tachycardie (> 7,5 µg/kg/min.)
Adrénaline (posologie maximale habituelle : 3 µg/kg/min.)				
0,05 à 0,5 µg/kg/min.	0	+	0	augmentation de la consommation d'oxygène par le myocarde
– 0,1 à 1 µg/kg/min.	0	+	+	arythmies, ischémie rénale, excitation du système nerveux central
Amrinone (posologie maximale habituelle : 15 µg/kg/min.)				
5 à 10 µg/kg/min.	0	+	0	hypotension, thrombopénie

- Troisième étape : triple association de dobutamine (5 à 20 µg/kg/minute IV), de dopamine (5 à 20 µg/kg/minute IV) et d'adrénaline (0,05 à 1,0 µg/kg/minute IV). L'adrénaline augmente la contractilité myocardique grâce à son effet inotrope positif, ainsi qu'à l'augmentation de la perfusion coronarienne qui résulte de l'augmentation de la tension artérielle. Cette augmentation de la tension artérielle est due à son effet vasoconstricteur. Une vasoconstriction intense peut nuire au débit cardiaque en augmentant le travail cardiaque. La vasoconstriction des vaisseaux périphériques peut avoir des conséquences néfastes sur la perfusion rénale et intestinale.

Après la première étape (dobutamine et dopamine à faibles doses), si la tension artérielle est stable et si la résistance périphérique est élevée, on devrait ajouter un agent vasodilatateur comme le nitroprussiate de sodium (0,5 à 5 µg/kg/minute) ou l'amrinone (0,75 mg/kg en bolus IV, puis 5 à 10 µg/kg/minute). Le recours à ces médicaments doit cependant se faire sous monitorage étroit, car ils peuvent induire une hypotension artérielle et donc une hypoperfusion coronarienne.

Les doses maximales recommandées s'appliquent à la majorité des cas ; dans des circonstances exceptionnelles, il peut s'avérer nécessaire d'utiliser des doses plus importantes de ces agents ; cette approche ne peut se faire que dans un centre spécialisé offrant notamment la possibilité d'un monitorage invasif.

Dans de rares cas de choc cardiogénique réfractaire, certains centres ultraspécialisés font appel à des techniques comme un ballon intra-aortique de contre-pulsation ou une assistance circulatoire extracorporelle (ECMO, LVAD, Hémopompe, etc.).

Surveillance

Tout patient en choc cardiogénique nécessite une surveillance étroite dans un milieu équipé pour une intervention rapide. Le rythme cardiaque est surveillé de façon continue au moyen d'un moniteur et l'oxygénation par oxymétrie de pouls. Un monitorage invasif (cathéter artériel, surveillance de la pression veineuse centrale, cathéter de Swan-Ganz) est habituellement indiqué chez les patients qui nécessitent plusieurs agents inotropes, vasopresseurs ou vasodilatateurs, ou un seul de ces agents à forte dose.

Suivi et pronostic

Il dépend de la maladie causale. Les cardiomyopathies compliquées par un choc cardiogénique ont un mauvais pronostic. Une fois le patient stabilisé, une intervention palliative ou curative est indiquée en cas de cardiopathie congénitale. Une transplantation cardiaque est indiquée dans certains cas de cardiomyopathie.

Lectures suggérées

Chernow B, Rainey TG, Lake CR : Endogenous and exogenous catecholamines in critical care medicine. Crit Care Med 1982; 10 : 409-416.

Lees MH, King DH : Cardiogenic shock in the neonate. Pediatr Rev 1988; 9 : 258-266.

Notterman D : Inotropic agents : catecholamines, digoxin, amrinone. Crit Care Clin 1991; 7 : 583-613.

Witte MK, Hill JH, Blumer JL : Shock in the pediatric patient. Adv Pediatr 1987; 34 : 139-173.

Zaritsky A, Chernow B : Use of catecholamines in pediatrics. J Pediatr 1984; 105 : 341-350.

Choc hypovolémique   50

Catherine Farrell

Généralités

L'état de choc est caractérisé par un apport d'oxygène insuffisant par rapport aux besoins des tissus. Dans le cas du choc hypovolémique, cet état résulte d'une réduction du volume circulant efficace. Chez l'enfant, les mécanismes de compensation sont très efficaces, et, même lorsque la réduction du volume circulant est importante, la vasoconstriction permet de maintenir la tension artérielle à un niveau normal. Lorsqu'une hypotension apparaît, on assiste à une décompensation rapide. Le choc hypovolémique peut être hémorragique ou non hémorragique :

I. Choc hypovolémique hémorragique

Chez l'enfant et l'adolescent, les principales causes de choc hypovolémique hémorragique sont les suivantes :

1) Traumatisme; il peut s'agir par exemple d'une fracture du fémur, d'une rupture de la rate, du foie ou du rein ou d'une plaie ouverte. Une hémorragie intracrânienne ne peut causer un état de choc que chez le jeune nourrisson;

2) Hémorragie digestive haute ou basse;

3) Hémorragies diffuses secondaires à un trouble de la coagulation;

4) Hémorragies vaginales;

5) Complication hémorragique d'une intervention chirurgicale.

II. Choc hypovolémique non hémorragique

Le choc hypovolémique non hémorragique survient d'habitude dans le contexte d'une gastro-entérite et résulte alors d'un apport insuffisant et de pertes excessives d'eau. Parmi les causes plus rares, il faut citer les suivantes :

1) Diurèse excessive en cas de diabète ou de diabète insipide;

2) Accumulation d'eau dans un «troisième espace», par exemple en cas de brûlure ou d'occlusion intestinale.

Manifestations cliniques

On note des anomalies des signes généraux : la fréquence cardiaque est élevée, la fréquence respiratoire est accélérée et la tension artérielle est normale ou abaissée, surtout en position assise ou debout. La coloration du patient peut être normale ou pâle, surtout en cas de choc hémorragique. La perfusion des extrémités est altérée et le temps de remplissage capillaire au niveau du lit unguéal est allongé (> 3 secondes). Lorsque le choc est établi, le pouls peut être filant ou absent. La peau peut être moite ou sèche. Le patient se plaint de soif, d'étourdissements ou de faiblesse musculaire. Il est anxieux et son état de conscience peut être perturbé. On note une oligurie ou une anurie. La cause du problème est évidente ou occulte. Les signes de déshydratation sont détaillés dans le chapitre Déséquilibres hydriques, électrolytiques et acidobasiques. Chez l'enfant traumatisé, il faut rechercher en priorité une hémorragie abdominale, une fracture du fémur ou une fracture du bassin (voir Traumatismes).

La gravité du choc hémorragique peut être estimée selon le système suivant :

Stade I (perte de 15 % ou moins du volume sanguin*) :
– Tension artérielle normale ;
– Fréquence cardiaque augmentée de 10 à 20 % ;
– Remplissage capillaire normal.

Stade II (perte de 15 à 30 % du volume sanguin*) :
– Tachycardie ;
– Tachypnée ;
– Ralentissement du remplissage capillaire ;
– Légère diminution de la tension artérielle (elle peut rester normale chez l'enfant en vasoconstriction) et surtout de la différence entre les tensions systolique et diastolique ;
– Hypotension orthostatique ;
– Diurèse supérieure à 1 mL/kg/heure ;
– Anxiété.

Stade III (perte de 30 à 35 % du volume sanguin*) :
– Présence de tous les phénomènes précédents ;
– Hypotension artérielle ;
– Diurèse inférieure à 1 mL/kg/heure ;
– Léthargie, confusion, moiteur de la peau.

Stade IV (perte de 35 à 50 % du volume sanguin*) :
– Présence de tous les phénomènes précédents ;
– Absence de pouls ;
– Coma.

*   Chez l'enfant, le volume sanguin est d'environ 80 mL/kg.

Explorations

1) Hémogramme (le taux d'hémoglobine ne reflète pas immédiatement la gravité de l'hémorragie);

2) Ionogramme, glycémie, urée sanguine et créatinine sérique, gaz sanguins;

3) S'il s'agit d'un choc hémorragique, détermination du groupe sanguin, épreuves de compatibilité et mise en réserve d'au moins 20 mL/kg de culot globulaire et de plasma frais congelé.

Selon les circonstances, d'autres explorations peuvent être nécessaires, comme des radiographies si on suspecte des fractures et une échographie abdominale s'il y a des indices de rupture de la rate ou du foie.

Traitement

1) Vérifier comme d'habitude la perméabilité des voies respiratoires, la respiration et la circulation (voir Arrêt cardiorespiratoire). Tout patient en choc doit recevoir de l'oxygène au moyen d'un masque, d'une sonde nasale ou d'un tube endotrachéal.

2) S'il s'agit d'un choc hémorragique, essayer de trouver le site du saignement et d'arrêter celui-ci, selon le cas, par compression directe, par fermeture de plaie, par stabilisation de fracture ou par laparotomie, après stabilisation hémodynamique.

3) Mettre en place deux perfusions intraveineuses en se servant de cathéters du plus gros calibre possible; utiliser de préférence les veines basilique, céphalique, saphène interne et fémorale.

4) En cas de choc hypovolémique non hémorragique, procéder rapidement au remplissage vasculaire: donner initialement 20 mL/kg de solution de NaCl à 0,9 % ou de Ringer lactate IV aussi rapidement que possible, en moins de 20 minutes. Cette dose peut être répétée au besoin plusieurs fois. Une réponse favorable se caractérise par une diminution de la fréquence cardiaque, une augmentation de la tension artérielle, une amélioration de la perfusion des extrémités et de l'état de conscience. La non-réponse à plusieurs bolus liquidiens successifs constitue une indication de mesurer la pression veineuse centrale. Celle-ci devrait être basse (< 4 mm Hg) si le patient est encore en hypovolémie. Après cette réanimation, on poursuit la réhydratation de la façon habituelle (voir Déséquilibres hydriques, électrolytiques et acidobasiques).

5) En cas de choc hypovolémique hémorragique, la réanimation liquidienne se fait initialement de la façon décrite ci-dessus. Si les signes généraux ne sont pas normalisés après la perfusion de 50 mL/kg de solution de NaCl à 0,9 % ou de Ringer lactate, il faut procéder à une transfusion. On donne soit 20 mL/kg de sang complet frais (rarement disponible), soit 10 mL/kg de culot globulaire du même groupe que celui du patient. En cas d'hémorragie massive, si le groupe sanguin du

patient ne peut être déterminé à temps, on peut se servir de culot globulaire du groupe O Rhésus négatif. Lorsque des transfusions massives sont nécessaires (plus d'une fois le volume sanguin), il faut aussi remplacer les facteurs de coagulation en donnant au moins 10 à 20 mL/kg de plasma frais congelé et 6 unités de plaquettes/m². Si le volume transfusé est élevé, il faut utiliser un système de réchauffement du sang. Lorsqu'un patient polytraumatisé ne peut être stabilisé par remplissage vasculaire, une laparotomie exploratrice est indiquée.

6) L'utilisation du pantalon antichoc n'est pas conseillée, sauf pour stabiliser des fractures du bassin ou des membres inférieurs lorsque d'autres moyens ne sont pas disponibles. L'augmentation de la tension artérielle obtenue avec le pantalon est transitoire et ne réduit pas le besoin du remplissage vasculaire.

Suivi

Après la phase initiale de réanimation, il faut poursuivre les efforts pour réhydrater le patient et continuer à surveiller de près les signes généraux, la diurèse horaire et l'état de conscience. La surveillance de la pression veineuse centrale permet de vérifier l'efficacité du remplissage vasculaire.

Complications

1) Troubles électrolytiques secondaires soit à la maladie causale, soit au traitement. Par exemple, une administration excessive d'eau avec un apport insuffisant de sodium peut être responsable de convulsions hyponatrémiques.

2) Acidose lactique qui se corrige avec la restauration de la perfusion tissulaire.

3) Nécrose tubulaire aiguë avec insuffisance rénale.

4) Thrombose du sinus sagittal lorsque le choc est dû à une déshydratation.

5) Complications des transfusions massives : hypothermie, intoxication par le citrate avec hypocalcémie, hyperkaliémie, troubles de la coagulation, hémolyse.

Pronostic

Il est excellent lorsque l'état de choc est reconnu et traité de façon précoce.

Lectures suggérées

Kallen RJ, Lonergan M : Fluid resuscitation of acute hypovolemic hypoperfusion states in pediatrics. Pediatr Clin North Am 1990 ; 37 : 287-294.
Witte MK, Hill JH, Blumer JL : Shock in the pediatric patient. Adv Pediatr 1987 ; 34 : 139-173.

Choc septique   51

Catherine Farrell, Jacques Lacroix

Généralités

L'état de choc est caractérisé par un transport insuffisant d'oxygène vers les tissus, par rapport à leurs besoins. Dans le cas du choc septique, des agents infectieux, surtout bactériens, induisent des phénomènes circulatoires qui compromettent la perfusion tissulaire. Ces agents ne sont pas toujours identifiés.

Parmi les enfants qui présentent une bactériémie, définie comme la présence de bactéries dans le sang, environ 25 % ont un état septique qui se manifeste par des signes cliniques et paracliniques de réponse systémique à l'infection, comme de la fièvre, de la tachycardie, de la polypnée, une leucocytose ou une leucopénie :

– On parle d'état septique grave lorsque ces signes s'associent à des indices d'altération de la perfusion des organes et des tissus, incluant une certaine diminution de la tension artérielle ;

– On parle de choc septique lorsque la perfusion tissulaire est suffisamment réduite pour causer une hypotension artérielle soutenue et réfractaire au remplissage vasculaire (voir Choc hypovolémique).

Les hémocultures sont négatives chez environ 40 % des patients en choc septique. Les manifestations systémiques résultent de l'action d'endotoxines ; parmi les nombreux effets de celles-ci, on note l'activation du complément, l'agrégation plaquettaire, la consommation des facteurs de coagulation, la production de prostaglandines, de thromboxanes et de leucotriènes, ainsi que l'activation des macrophages, des lymphocytes et des granulocytes, ce qui se traduit par la libération de lymphokines, d'hydrolases et de protéases. Certaines toxines ont des effets directs sur le tonus vasculaire. Les conséquences de l'activation des divers médiateurs sont multiples : réduction de la résistance vasculaire périphérique, fuite de liquide au niveau capillaire avec diminution du volume circulant efficace, dépression de la contractilité myocardique, etc. Les principaux médiateurs du choc septique sont le TNF (*tumor necrosis factor*), l'interleukine-1 et le monoxyde d'azote.

Parmi les agents infectieux qui peuvent être responsables d'un choc septique, on retrouve des bactéries à Gram négatif (exemples : *Neisseria meningitidis, Pseudomonas aeruginosa, Klebsiella pneumoniæ, Hæmophilus influenzæ, Escherichia coli, Enterobacter*), des bactéries à Gram positif (exemple : *Staphylococcus aureus, Streptococcus pyogenes, Streptococcus pneumoniæ*), des virus, des champignons et des rickettsies.

Un choc septique peut survenir à tout âge, mais son incidence est plus faible chez l'enfant que chez l'adulte.

Manifestations cliniques

On décrit deux phases dans l'évolution hémodynamique de l'état septique grave et du choc septique.

1) La première phase ou phase hyperdynamique («choc chaud») est évidente ou non. Elle peut être particulièrement difficile à reconnaître chez le très jeune enfant. Elle est caractérisée par une tachycardie, une polypnée, une température élevée ou abaissée, une peau sèche et chaude avec une excellente perfusion des extrémités, un remplissage capillaire normal (< 3 secondes) et des pouls bondissants. On peut cependant remarquer des indices d'hypoperfusion tissulaire comme une altération de l'état de conscience ou des étourdissements, une sensation de faiblesse, des crampes abdominales ou une légère oligurie. Si un monitorage invasif est entrepris, on peut noter et quantifier une diminution de la pression veineuse centrale, une augmentation du débit cardiaque, ainsi qu'une réduction marquée de la résistance vasculaire périphérique.

2) La seconde phase, qui ne s'observe pas nécessairement chez tous les patients, est caractérisée par des manifestations plus franches de perfusion insuffisante : tachycardie, polypnée, pouls filant, peau froide et moite, cyanose. Il peut y avoir une coagulation intravasculaire disséminée pouvant se compliquer d'hémorragies digestives. Le *purpura fulminans*, qui survient surtout lors d'une méningococcémie, se reconnaît aux éléments suivants : lésions purpuriques surélevées et violacées au niveau du tronc et des membres, thromboses des petits vaisseaux, coagulation intravasculaire disséminée, thrombopénie et diminution du taux de la protéine C. Il peut y avoir une gangrène des extrémités. Le tableau de «choc froid» qui caractérise cette seconde phase ressemble beaucoup au choc cardiogénique ; il y a d'ailleurs, au cours de la phase terminale, une diminution de la contractilité myocardique ainsi que du débit cardiaque.

Explorations

I. Anamnèse et examen

L'anamnèse peut donner des indices quant à la localisation du foyer infectieux. Il est important de rechercher l'existence d'une déficience immunitaire ou d'une maladie sous-jacente qui prédispose à certains types d'infection. L'examen recherche de la façon habituelle une infection localisée.

II. Recherche de l'infection causale

Un bilan septique complet est le plus souvent indiqué ; il peut inclure une ou deux hémocultures, ainsi que des cultures de l'urine, du liquide céphalorachidien et des sécrétions pharyngées. S'il y a un foyer d'infection localisée (exemples : cellulite, lésion purpurique, plaie ouverte), on le cultive aussi. Il ne faut pas que ces divers prélèvements retardent le traitement : un état général précaire constitue parfois une limitation quant à ces explorations initiales. Une radiographie pulmonaire complète le bilan; elle ne révèle pratiquement jamais l'origine du choc septique.

S'il y a eu une antibiothérapie préalable, on recherche les différents antigènes bactériens courants dans l'urine et, si une ponction lombaire est indiquée, dans le liquide céphalorachidien.

Dans la plupart des hôpitaux, la recherche des toxines et des médiateurs du choc septique n'est pas disponible.

Parfois, il est nécessaire de recourir à une échographie abdominale ou à une tomodensitométrie abdominale, lorsqu'on suspecte un abcès intra-abdominal, une pyélonéphrite ou une hydronéphrose infectée. Lorsque tout le bilan se révèle négatif, une scintigraphie au gallium est occasionnellement indiquée, lorsque l'état du patient est stabilisé, pour rechercher un foyer infectieux occulte.

III. Autres explorations

Plusieurs autres examens paracliniques sont nécessaires pour compléter l'évaluation globale de la situation:

- Hémogramme et numération plaquettaire, étude de la coagulation et recherche des marqueurs de la coagulation intravasculaire disséminée: présence de dimères D ou de produits de dégradation de la fibrine (PDF), diminution du fibrinogène.

- Glycémie, urée sanguine, ionogramme, créatinine sérique, gaz sanguins, acide lactique sérique, sédiment urinaire.

IV. Évaluation hémodynamique

L'échocardiogramme avec Doppler permet de mesurer de façon non invasive le débit cardiaque et la résistance vasculaire périphérique. Un cathéter veineux placé dans la veine cave supérieure, à proximité de son embouchure dans l'oreillette droite, permet la mesure de la pression veineuse centrale. Un cathéter à ballonnet (cathéter de Swan-Ganz) placé dans l'artère pulmonaire permet de mesurer le débit cardiaque et les résistances vasculaires pulmonaire et systémique. Ces techniques invasives sont utilisées seulement chez les patients les plus gravement atteints, dans le contexte d'une unité de réanimation.

Traitement

Il faut toujours suivre de façon prioritaire les principes « A-B-C » de la réanimation (voir Arrêt cardiorespiratoire):

1) A: dégager les voies respiratoires.

2) B: donner de l'oxygène au moyen d'un masque, à une concentration de 40 à 100 %; cette concentration est modulée selon la saturation de l'hémoglobine qui doit être maintenue au-dessus de 97 %, ou selon les gaz artériels.

3) C: rétablir une circulation adéquate. Il faut installer de préférence deux voies d'accès veineux de gros calibre dans les plus grosses veines possibles. Dans les cas graves, surtout chez le nourrisson, il est parfois

nécessaire d'utiliser la voie intra-osseuse, au niveau de la partie antéro-supérieure du tibia.

a) Perfuser le plus rapidement possible 20 mL/kg de NaCl à 0,9 % ou de Ringer lactate. S'il n'y a pas d'amélioration des signes généraux et de la perfusion périphérique, donner un deuxième bolus de 20 mL/kg. Si cela ne suffit pas, on perfuse 5 à 10 mL/kg d'albumine humaine à 5 % ou de dextran. Le plasma frais congelé ne doit être utilisé que si le patient présente une coagulation intravasculaire disséminée et s'il saigne de façon active. Pendant les premières heures de réanimation, il est parfois nécessaire de perfuser jusqu'à 60 à 70 mL/kg/heure de solutions colloïdes et cristalloïdes.

  – Si le patient répond favorablement à ce remplissage vasculaire, on poursuit le traitement en perfusant 20 à 30 mL/kg/heure du même liquide pendant quelques heures, puis on diminue progressivement le débit de perfusion si la situation hémodynamique demeure stable.

  – L'absence de réponse à ce remplissage vasculaire indique qu'il faut recourir à des médicaments vaso-actifs.

b) Substances vaso-actives :

  – On commence par une perfusion continue de dopamine, à raison de 10 à 20 µg/kg/minute, dose supérieure à celle qui produit seulement des effets dopaminergiques.

  – Si la perfusion de dopamine ne suffit pas, on y ajoute une perfusion de dobutamine, à raison de 5 à 20 µg/kg/minute.

  – Si l'hypotension artérielle persiste, il peut être nécessaire d'accélérer la perfusion de ces deux agents jusqu'à 25 à 30 µg/kg/minute.

  – Pendant ce temps, et avant d'administrer d'autres agents, on continue le remplissage vasculaire maximal avec une pression veineuse centrale minimale de l'ordre de 10 à 15 mm Hg. Dans cette situation, un monitorage invasif permettant la mesure du débit cardiaque et des résistances vasculaires est fortement recommandé.

  – Si l'hypotension artérielle persiste malgré tout, si la résistance systémique est basse et si la fonction myocardique est normale, utiliser l'un des agents suivants :

    – Noradrénaline en perfusion continue, à raison de 0,05 à 1 µg/kg/minute ;

    – Phényléphrine en perfusion continue, à raison de 0,3 à 5 µg/kg/minute.

  – Par contre, si la résistance systémique est élevée ou si la fonction myocardique est altérée, donner de l'adrénaline en perfusion continue, à raison de 0,05 à 1 µg/kg/minute.

Les effets thérapeutiques et les effets secondaires de ces substances sont décrits dans le chapitre portant sur le choc cardiogénique.

La dobutamine a l'avantage d'avoir un effet inotrope positif ainsi qu'un certain effet vasodilatateur; par contre, elle peut aggraver l'hypotension artérielle si elle est administrée avant que le remplissage vasculaire ne soit suffisant.

La noradrénaline est un agent alpha-adrénergique puissant qui augmente la résistance vasculaire périphérique et dont l'usage chez l'enfant en choc septique est maintenant mieux accepté. En théorie, son effet alpha peut nuire à la fonction rénale; cependant, l'amélioration de l'état hémodynamique qu'elle entraîne permet d'améliorer la perfusion rénale. Si on utilise simultanément la noradrénaline et la dopamine, la vitesse de perfusion de cette dernière est, si possible, réduite à une dose dopaminergique (0,5 à 4 µg/kg/minute) afin de maintenir une diurèse satisfaisante.

La phényléphrine est un agent alpha-1-adrénergique de synthèse qui augmente la résistance vasculaire périphérique et la tension artérielle de façon très efficace, mais qui, à forte dose, peut nuire au débit cardiaque.

L'administration d'adrénaline est recommandée dans le contexte d'un «choc froid», qui indique une dysfonction myocardique. Grâce à ses effets inotrope et chronotrope positifs, elle permet d'augmenter le débit cardiaque et la tension artérielle.

Une méthode pratique pour administrer les agents vaso-actifs en perfusion est la suivante:

a) Dopamine et dobutamine:

- Mettre 6 mg/kg de dopamine ou de dobutamine dans 100 mL de soluté glucosé à 5 %;
- Chaque mL/heure correspond alors à 1 µg/kg/minute;
- *Exemple:* un enfant pèse 10 kg. On veut lui donner de la dopamine à raison de 10 µg/kg/minute. On met 6 × 10 = 60 mg de dopamine dans 100 mL de soluté glucosé à 5 % et on ajuste le débit de la perfusion à 10 mL/heure.

b) Adrénaline et noradrénaline:

- Mettre 0,6 mg/kg d'adrénaline ou de noradrénaline dans 100 mL de soluté glucosé à 5 %;
- Chaque mL/heure correspond alors à 0,1 µg/kg/minute;
- *Exemple:* un enfant pèse 5 kg. On veut lui donner de l'adrénaline à raison de 0,7 µg/kg/minute. On met 0,6 × 5 = 3 mg d'adrénaline dans 100 mL de soluté glucosé à 5 % et on ajuste le débit de la perfusion à 7 mL/heure.

4) Antibiothérapie: idéalement, elle est entreprise après les prélèvements pour cultures. Cependant, lorsque l'état de l'enfant est très précaire, il faut la commencer immédiatement, sans attendre que la situation soit plus stable et que le bilan septique puisse être fait dans de meilleures conditions. Le choix des antibiotiques est déterminé par l'âge de

l'enfant et son état immunitaire; pour leur posologie, voir Index pharmacologique:

- < 1 mois: Double association:
  - Ampicilline;
  - Aminoside (exemple: gentamicine) ou céfotaxime.
- 1 à 3 mois: Double association:
  - Ampicilline;
  - Céfotaxime.

  On y ajoute la vancomycine si l'enfant est porteur d'un cathéter central.
- > 3 mois:
  - En l'absence de foyer infectieux évident, triple association:
    - Céfotaxime ou ceftriaxone;
    - Pénicilline antistaphylococcique comme la cloxacilline (Canada, France), la nafcilline (Canada) ou l'oxacilline (France), ou vancomycine;
    - Aminoside (gentamicine, tobramycine ou amikacine);
  - S'il y a un foyer infectieux pulmonaire, double association:
    - Céfotaxime ou ceftriaxone;
    - Pénicilline antistaphylococcique comme la cloxacilline (Canada, France), la nafcilline (Canada) ou l'oxacilline (France), ou clindamycine.
  - S'il y a un foyer infectieux intra-abdominal, double association:
    - Céfotaxime ou ceftriaxone;
    - Métronidazole.
  - S'il y a une infection urinaire, double association:
    - Ampicilline;
    - Aminoside (gentamicine, tobramycine ou amikacine).
  - Chez le patient atteint d'une déficience immunitaire ou le grand brûlé, triple association:
    - Tobramycine;
    - Ceftazidime ou pipéracilline;
    - Pénicilline antistaphylococcique comme la cloxacilline (Canada, France), la nafcilline (Canada) ou l'oxacilline (France), ou vancomycine.

Cette antibiothérapie initiale est modifiée au besoin, selon le résultat des cultures et de l'antibiogramme.

5) Corticostéroïdes : on administre de l'hydrocortisone à raison de 25 mg/m^2/24 heures IV en 4 fois s'il s'agit d'un *purpura fulminans*. En effet, cette situation s'accompagne d'hémorragies surrénaliennes massives (syndrome de Waterhouse-Friderichsen) pouvant mener à une insuffisance surrénalienne aiguë. L'administration systématique de corticostéroïdes à haute dose a été abandonnée.

6) Divers : des travaux de recherche se poursuivent actuellement à propos de modes de traitement permettant de réduire l'effet des endotoxines et des médiateurs responsables du choc septique ; il s'agit notamment des anticorps monoclonaux anti-endotoxines et anti-TNF, des gammaglobulines à hautes doses, de la fibronectine, de nouveaux vasodilatateurs comme la pentoxifylline, de la protéine C en cas de *purpura fulminans* et de l'hémofiltration. Dans la majorité des cas, ces modes de traitement ne sont pour l'instant ni disponibles ni recommandés. La naloxone n'est pas utile.

Surveillance

Une surveillance étroite est essentielle. Les principaux paramètres dont il faut suivre l'évolution sont l'oxygénation, les signes généraux, le remplissage capillaire, le débit urinaire (normale : 1 mL/kg/ heure) et surtout l'état général du patient. Des mesures répétées de l'acide lactique dans le plasma peuvent donner un aperçu de la perfusion tissulaire. Dans les cas graves, le patient est admis dans une unité de réanimation et la surveillance des paramètres hémodynamiques permet de moduler l'utilisation des médicaments vaso-actifs. En cas d'insuffisance rénale, il est important de surveiller les taux sériques des aminosides et de la vancomycine afin de guider les ajustements posologiques requis.

Complications

1) Coagulation intravasculaire disséminée.
2) Syndrome de détresse respiratoire de l'adulte.
3) Iléus fonctionnel, dysfonction hépatique, atteinte pancréatique.
4) Défaillance multiviscérale.
5) Nécrose tubulaire aiguë avec insuffisance rénale aiguë.
6) Gangrène avec amputation d'extrémités en cas de *purpura fulminans*.
7) Décès par choc incontrôlable.

Pronostic

Il dépend de l'agent étiologique, de la gravité et de la rapidité d'évolution du choc septique, ainsi que de la promptitude et de la qualité du traitement. Le choc septique associé au *purpura fulminans* peut être mortel en quelques heures ; sa mortalité peut atteindre 20 à 45 %. Lorsqu'une bactérie à Gram négatif est en cause, la mortalité peut atteindre 60 % ; l'*Hæmophilus influenzæ* semble faire exception, puisque la mortalité qui en résulte voisine 15 %.

Lectures suggérées

American College of Chest Physicians/Society of Critical Care Medicine Consensus Conference Committee : Definitions for sepsis and organ failure and guidelines for the use of innovative therapies in sepsis. Crit Care Med 1992 ; 20 : 864-874.

Carcillo JA, Davis AL, Zaritsky A : Role of early fluid resuscitation in pediatric septic shock. JAMA 1991 ; 266 : 1242-1252.

Jacobs RF, Sowell MK, Moss MM, Fiser DH : Septic shock in children : bacterial etiologies and temporal relationships. Pediatr Infect Dis J 1990 ; 9 : 196-200.

Jafari HS, McCracken GH : Sepsis and septic shock : a review for clinicians. Pediatr Infect Dis J 1992 ; 11 : 739-749.

Parrillo JE : Pathogenetic mechanisms of septic shock. N Engl J Med 1993 ; 328 : 1471-1477.

Sáez-Llorens X, McCracken GH : Sepsis syndrome and septic shock in pediatrics : current concepts of terminology, pathophysiology, and management. J Pediatr 1993 ; 123 : 497-508.

Witte MK, Hill JH, Blumer JL : Shock in the pediatric patient. Adv Pediatr 1987 ; 34 : 139-173.

Zimmerman JJ, Dietrich KA : Current perspectives on septic shock. Pediatr Clin North Am 1987 ; 34 : 131-163.

Choc toxique   52

Catherine Farrell, Marie Gauthier

Généralités

Lors d'une infection aiguë à *Staphylococcus aureus*, cette bactérie peut libérer des toxines capables de produire un ensemble de signes et symptômes appelé «choc toxique». Ce syndrome affecte surtout des femmes âgées de 16 à 30 ans, mais il a aussi été décrit chez l'enfant.

La majorité des cas est associée à l'utilisation de tampons vaginaux hautement absorbants qui favorisent la colonisation du vagin par le *Staphylococcus aureus*. Cependant, environ 25 % des cas n'apparaissent pas à l'occasion des règles et 5 % des cas surviennent chez des individus de sexe masculin. Lorsque la maladie ne se déclenche pas lors des règles, le foyer infectieux peut être une cellulite ou une autre infection cutanée, un accouchement ou un avortement septique, une infection de plaie chirurgicale ou une infection vaginale non reliée aux règles ; dans 20 % des cas environ, aucun foyer d'infection ne peut être identifié.

Il est de plus en plus évident qu'un tableau similaire peut être causé par le *Streptococcus pyogenes* (streptocoque bêta-hémolytique du groupe A). Le diagnostic différentiel doit inclure la maladie de Kawasaki, la scarlatine, la leptospirose, la rougeole, une septicémie, le syndrome de Lyell, l'érythrodermie bulleuse avec épidermolyse, le syndrome de Stevens-Johnson et, dans certaines régions, la fièvre pourprée des montagnes Rocheuses.

Manifestations cliniques

La phase prodromale dure un à deux jours; elle se caractérise par de la fièvre, une irritation pharyngée, des myalgies, des vomissements et de la diarrhée. Par la suite, on voit apparaître un exanthème généralisé, une hyperhémie des muqueuses, une altération de l'état de conscience, ainsi qu'une instabilité hémodynamique qui résulte d'une vasodilatation massive avec extravasation d'eau et de protéines dans l'espace extracellulaire. Le Centre de contrôle des maladies d'Atlanta (CDC) a défini les critères de diagnostic suivants:

1) Fièvre supérieure à 38,9°C;

2) Érythème cutané diffus qui ressemble à un coup de soleil; suivi d'une desquamation palmo-plantaire;

3) Hypotension artérielle: tension artérielle systolique inférieure au 5e percentile pour l'âge, ou chute orthostatique de tension de plus de 15 mm Hg;

4) Atteinte multisystémique touchant au moins trois des systèmes suivants:

   – Système digestif: vomissements ou diarrhée au début de la maladie;

   – Système musculaire: myalgies importantes ou élévation de la créatine kinase à plus de deux fois la limite supérieure de la normale;

   – Muqueuses: hyperhémie vaginale, pharyngée ou conjonctivale;

   – Système urinaire: élévation de l'urée sanguine ou de la créatinine sérique à plus de deux fois la limite supérieure de la normale, ou leucocyturie (plus de cinq globules blancs par champ) en l'absence d'infection urinaire;

   – Foie: élévation de la bilirubine totale ou des transaminases à plus de deux fois la limite supérieure de la normale;

   – Système hématopoïétique: thrombopénie (moins de 100×10^9 plaquettes/L);

   – Système nerveux central: désorientation ou altération de l'état de conscience sans signes de focalisation, à un moment où la fièvre et l'hypotension sont absentes.

Il faut en outre avoir éliminé:

1) Selon des critères cliniques, une érythrodermie bulleuse avec épidermolyse;

2) Par des cultures négatives des sécrétions pharyngées, du sang et, au besoin, du liquide céphalorachidien, une infection causée par une autre bactérie;

3) Par des épreuves sérologiques, selon l'épidémiologie régionale, une fièvre pourprée des montagnes Rocheuses, une leptospirose et une rougeole.

Explorations

Les explorations peuvent révéler diverses anomalies : hyperleucocytose avec prédominance neutrophile, thrombopénie, hyponatrémie, hypocalcémie, augmentation de la créatine kinase, des transaminases, de l'urée sanguine, de la créatinine ainsi que de la bilirubine sériques.

Une myoglobinurie peut être présente.

L'analyse du liquide céphalorachidien peut montrer une légère pléocytose sans hyperprotéinorachie ni hypoglycorachie.

L'hémoculture est négative dans environ 95 % des cas.

Il faut effectuer des cultures bactériennes de tous les foyers d'infection possibles (pharynx, vagin, rectum, conjonctive, anus, lésions cutanées, et trachée si le patient est intubé).

L'identification des toxines responsables du syndrome ne peut être réalisée que dans certains laboratoires spécialisés.

L'évaluation globale du patient devrait en outre comporter des gaz sanguins, une radiographie pulmonaire, et, s'il y a une dysfonction cardiaque, une échocardiographie.

Surveillance et traitement

Pendant les trois à quatre premiers jours, il est nécessaire de surveiller étroitement les fréquences cardiaque et respiratoire, la tension artérielle, la diurèse horaire, la densité urinaire et l'équilibre acidobasique.

La mise en place d'un cathéter de Swan-Ganz peut être nécessaire pour suivre le débit cardiaque et la pression capillaire pulmonaire bloquée.

L'aspect le plus important du traitement est le remplissage vasculaire. On administre la quantité de liquide nécessaire pour maintenir des signes généraux stables, une bonne perfusion viscérale et une diurèse acceptable (1 à 2 mL/kg/heure); au début, il est souvent nécessaire de donner plusieurs bolus successifs de 20 mL/kg de Ringer lactate ou de NaCl à 0,9 %; les besoins en liquide peuvent ensuite se maintenir aux environs de 200 à 300 % des besoins normaux pendant 24 à 48 heures. Dans la majorité des cas, la surveillance de la pression veineuse centrale est nécessaire pour moduler l'administration de liquide et détecter de façon précoce une surcharge liquidienne.

L'emploi de substances vaso-actives est souvent nécessaire (voir Choc septique).

Le traitement de l'infection consiste d'abord à retirer le tampon vaginal ou à drainer un abcès; s'il s'agit d'une infection à *Staphylococcus aureus*, on administre :

– Soit une pénicilline antistaphylococcique comme la cloxacilline (Canada, France), l'oxacilline (France) ou la nafcilline (Canada) : 150 à 200 mg/kg/24 heures IV en 4 fois; maximum chez le grand enfant : 12 g/24 heures;

– Soit la vancomycine : 40 mg/kg/24 heures IV en 4 fois; maximum chez le grand enfant : 2 g/24 heures.

Si le *Streptococcus pyogenes* est en cause, on donne :
- Soit de la pénicilline G : 250 000 U/kg/24 heures IV en 4 fois (maximum chez le grand enfant : 24 000 000 U/24 heures) ;
- Soit de la clindamycine : 40 mg/kg/24 heures IV en 4 fois (maximum chez le grand enfant : 2,4 g/24 heures) ;
- Soit de l'érythromycine : 50 mg/kg/24 heures IV en 4 fois (maximum chez le grand enfant : 2 g/24 heures).

La durée de l'antibiothérapie est de 7 à 10 jours.

Complications

Syndrome de détresse respiratoire de l'adulte, œdème pulmonaire, insuffisance respiratoire, insuffisance rénale aiguë, cardiomyopathie, perte de cheveux ou d'ongles, neuropathie périphérique, nécroses tissulaires.

Pronostic

La mortalité se situe entre 3 et 8 %. Lorsque la maladie est associée aux menstruations, l'incidence des récidives est d'environ 30 % ; elles sont moins graves et surviennent habituellement au cours des trois mois qui suivent l'épisode initial.

Prévention

Les tampons devraient être changés toutes les quatre à six heures ; ceux qui ont un haut pouvoir d'absorption devraient être utilisés seulement dans des circonstances spéciales (exemple : compétition sportive). Les femmes qui ont présenté un épisode de choc toxique ne devraient plus se servir de tampons hygiéniques.

Lectures suggérées

Hansen RC : Staphylococcal scalded skin syndrome, toxic shock syndrome, and Kawasaki disease. Pediatr Clin North Am 1983 ; 30 : 533-544.

Resnick SD : Toxic shock syndrome : recent developments in pathogenesis. J Pediatrics 1990 ; 116 : 321-328.

Wiesenthal AM, Todd JK : Toxic shock syndrome in children aged 10 years or less. Pediatrics 1984 ; 74 : 112-117.

Cinquième maladie (mégalérythème épidémique)   53

Jean-Bernard Girodias, Marc Lebel

Généralités

La cinquième maladie (mégalérythème épidémique ou érythème infectieux) est une maladie éruptive contagieuse à caractère souvent épidémique, causée par le parvovirus B19. Elle survient plus souvent à la fin de l'hiver et au printemps. On l'observe surtout chez les enfants d'âge scolaire, entre 5 et 10 ans. Il s'agit de la forme la plus anodine et bénigne d'infection à parvovirus; celle-ci peut aussi passer inaperçue.

Manifestations cliniques

La période d'incubation n'est souvent marquée par aucun symptôme. Elle peut aussi se manifester par un syndrome fébrile avec malaise général, céphalées, myalgies, etc. L'éruption apparaît d'abord sur le visage, puis sur les membres. Au niveau du visage, elle est circonscrite aux joues; elle ressemble à un érythème solaire ou donne l'impression que l'enfant a été giflé. Au niveau des membres, l'éruption se situe surtout à la face antérieure des avant-bras et des cuisses, où elle prend un aspect réticulé caractéristique, «en dentelle». L'atteinte tronculaire est inhabituelle, plus discrète et moins typique. Les muqueuses sont épargnées. Le prurit est inconstant. L'état général n'est pas altéré et la fièvre est d'ordinaire absente pendant la phase éruptive. L'éruption persiste pendant six à huit jours. Au cours des trois à quatre semaines qui suivent, elle peut réapparaître de façon transitoire sans cause apparente ou sous l'effet d'irritants cutanés comme un bain chaud, des frictions, une exposition au soleil, de l'exercice, etc.

Explorations

Le diagnostic est essentiellement clinique et aucun examen paraclinique n'est habituellement nécessaire.

Dans certaines circonstances particulières, le diagnostic clinique peut être confirmé par des épreuves sérologiques. La présence d'IgM spécifiques témoigne d'une infection en cours ou récente. En l'absence d'IgM, la présence d'IgG constitue un indice d'infection ancienne.

Traitement

Il n'y a pas de traitement spécifique.

En cas de prurit marqué, l'administration d'un antihistaminique peut être utile (voir Urticaire).

Les patients immunodéficients peuvent être traités au moyen de plasma riche en anticorps antiparvovirus ou de gammaglobulines spécifiques.

Complications

1) Chez l'adolescent et l'adulte: arthrites ou arthralgies.

2) Au cours de la grossesse: mort fœtale ou anasarque fœtoplacentaire.

3) Chez les patients immunodéficients ou porteurs d'une anémie hémolytique chronique: épisodes d'aplasie médullaire.

Durée d'incubation

Elle dure une à deux semaines.

Période de contagiosité

Elle correspond au syndrome fébrile non spécifique qui précède parfois l'éruption. La contagiosité persiste au moment du diagnostic d'un épisode érythroblastopénique, mais elle est terminée au moment où l'éruption apparaît. Chez les patients immunodéficients incapables d'une réponse immunitaire et présentant une infection chronique à parvovirus, la contagiosité persiste pendant toute la durée de l'infection.

Pronostic

Il est excellent chez l'enfant normal.

Mesures préventives

Il n'existe pas de vaccin. L'enfant atteint peut continuer à fréquenter la garderie (crèche) ou l'école. Lorsqu'ils sont hospitalisés, les patients immunodéficients doivent être isolés et il est préférable que les femmes enceintes s'abstiennent de leur donner des soins.

Situations particulières

I. Femme enceinte

Lorsqu'une femme enceinte a été en contact avec un patient atteint, il est opportun de vérifier son état d'immunité par les épreuves sérologiques. L'élévation de l'alphafœtoprotéine dans le sang peut être considérée comme un signe d'atteinte fœtale. La croissance du fœtus est surveillée par des échographies hebdomadaires pour juger de la nécessité de procéder à des transfusions *in utero* ou de provoquer un accouchement prématuré pour transfuser le nouveau-né. L'infection à parvovirus ne semble pas constituer une indication d'interruption thérapeutique de la grossesse, car, si ce virus peut causer une mort fœtale, il ne semble pas tératogène. En outre, l'atteinte fœtale peut être modérée et l'anasarque, parfois présent à la naissance, peut régresser spontanément sans laisser de séquelles.

II. Anémies hémolytiques chroniques

Dans un contexte épidémique, les patients souffrant de sphérocytose congénitale, d'anémie falciforme ou d'une autre hémoglobinopathie doivent bénéficier d'une surveillance hématologique plus étroite. Une infection à parvovirus ne cause cependant pas nécessairement un épisode aplasique. Lorsqu'un tel épisode survient, l'immunité conférée par l'infection écarte le risque d'un autre épisode d'érythroblastopénie chez le même patient.

Lectures suggérées

Goldfarb J : Parvovirus infections in children. Adv Pediatr Infect Dis 1989 ; 4 : 211-222.
Rotbart HA : Human parvovirus infections. Ann Rev Med 1990 ; 41 : 25-34.

Colite pseudomembraneuse   54

Michel Weber, Khazal Paradis

Généralités

Il faut suspecter une colite ou entérocolite pseudomembraneuse lorsqu'un enfant présente une diarrhée importante pendant qu'il prend des antibiotiques ou au cours des semaines qui suivent une antibiothérapie. Elle a été rapportée initialement en relation avec la prise de clindamycine, mais la plupart des antibiotiques courants ont maintenant été incriminés. Elle est causée par la toxine du *Clostridium difficile*.

Manifestations cliniques

La diarrhée peut être profuse et conduire rapidement à la déshydratation et à des troubles électrolytiques; elle est souvent accompagnée de rectorragies.

Explorations

Le diagnostic repose sur la rectoscopie qui met en évidence les pseudomembranes jaunâtres caractéristiques ainsi que sur la culture du *Clostridium difficile* et la recherche de sa toxine dans un échantillon de selles fraîches.

Traitement

Il consiste à prévenir ou à traiter la déshydratation et les troubles électrolytiques (voir Déséquilibres hydriques, électrolytiques et acidobasiques) et à administrer de la vancomycine (20 mg/kg/24 heures PO en 4 fois pendant 7 à 10 jours; maximum chez le grand enfant: 1 g/24 heures). Des études récentes ont montré que l'association de cholestyramine et de métronidazole peut être efficace. En raison du coût plus élevé de la vancomycine, le métronidazole constitue le premier choix de certains cliniciens.

Pronostic

Il est excellent si le diagnostic est posé précocement, si le traitement de soutien est bien mené et si le traitement spécifique est commencé tôt; si ce n'est pas le cas, la mortalité est élevée.

Prévention

Il s'agit d'éviter de prescrire des antibiotiques lorsqu'une infection bactérienne n'est pas clairement identifiée. Lorsqu'une antibiothérapie est nécessaire, il n'y a aucun moyen connu de prévention.

Colite ulcéreuse (rectocolite hémorragique)   55

Michel Weber, Khazal Paradis, Arié Bensoussan, Jacques Boisvert

Généralités

La colite ulcéreuse ou rectocolite hémorragique est une maladie inflammatoire chronique du côlon, dont l'étiologie demeure inconnue. Il existe une prédisposition génétique et la maladie est plus fréquente chez les personnes d'origine juive. Rare chez l'enfant, elle survient surtout chez le pré-adolescent, l'adolescent et l'adulte.

Le rectum est presque toujours touché et les lésions peuvent s'étendre en direction proximale, pouvant atteindre tout le côlon; elles sont continues et ne sont pas entrecoupées par des zones saines comme c'est le cas dans la maladie de Crohn. Par ailleurs, l'atteinte inflammatoire est superficielle (limitée à la muqueuse), alors que, dans la maladie de Crohn, elle peut s'étendre à toute l'épaisseur de la paroi, jusqu'à la séreuse.

Manifestations cliniques

Les diarrhées sanglantes persistantes ou récidivantes constituent le mode de présentation habituel. Elles peuvent s'accompagner de ténesme, de douleurs abdominales et de fièvre.

Il peut y avoir une altération de l'état général, avec anorexie et perte de poids.

Plusieurs autres manifestations extradigestives sont possibles et peuvent précéder les symptômes digestifs:

1) Arthralgies ou arthrites touchant surtout les grosses articulations;
2) Ulcères buccaux;
3) Érythème noueux ou *pyoderma gangrenosum*;
4) Conjonctivite non infectieuse ou uvéite;
5) Lithiase urinaire;
6) Atteinte hépatique.

La croissance staturopondérale et le développement pubertaire peuvent être ralentis. La présence de fissures, de fistules ou d'abcès de la région anale devrait réorienter le diagnostic vers la maladie de Crohn. Un hippocratisme digital est présent chez quelques patients. Un œdème, des phlébites et une anémie hémolytique font partie des complications rares.

Explorations

En présence d'une diarrhée sanglante, il faut, dans un premier temps, exclure une origine infectieuse (voir Gastro-entérite).

Les examens paracliniques peuvent révéler une anémie microcytaire, une hyperleucocytose avec prédominance des neutrophiles, une thrombocytose, une hypo-albuminémie ainsi qu'une élévation de la vitesse de sédimentation et une augmentation de la protéine C réactive.

Le diagnostic repose sur la coloscopie qui met en évidence une muqueuse hyperhémiée, ulcérée et friable, qui saigne facilement au contact. Cet aspect n'est pas pathognomonique : il peut se retrouver par exemple en cas de colite au lait de vache chez le nouveau-né et, chez l'enfant plus âgé, en cas d'amibiase colique ou de syndrome hémolytique et urémique. Les biopsies effectuées au cours de cet examen montrent notamment des abcès cryptiques caractéristiques, ainsi qu'une infiltration inflammatoire à polynucléaires.

Le lavement opaque en double contraste révèle des anomalies qui affectent le plus souvent le côlon gauche ; il peut s'agir d'irrégularités ou d'ulcérations de la muqueuse, d'un aspect granuleux, d'une perte des haustrations normales (aspect en « tuyau de plomb ») ; cet examen peut être initialement normal. Dans environ 10 % des cas, le lavement peut révéler une iléite de reflux.

Le lavement opaque et la coloscopie sont contre-indiqués lorsqu'on suspecte un mégacôlon toxique.

Traitement

Comme dans le cas de toute maladie chronique, la collaboration d'une équipe multidisciplinaire spécialisée est essentielle.

I. Traitement médical

L'intensité du traitement médical doit être adaptée à l'importance des symptômes. Il ne guérit pas la maladie, mais permet d'en réduire l'activité.

1) La sulfasalazine, un anti-inflammatoire intestinal, constituait habituellement le traitement de base. La posologie habituelle est de 50 à 75 mg/kg/24 heures PO en 3 ou 4 fois (maximum chez le grand enfant : 4 g/24 heures). Il est prudent de commencer par une petite dose et d'augmenter celle-ci de façon graduelle. Les principaux effets secondaires possibles sont des malaises digestifs, une hépatite toxique, des céphalées, une anémie hémolytique, une neutropénie, ainsi qu'une éruption prurigineuse de nature allergique. À long terme, on rapporte une oligospermie et une stérilité transitoires. Il est conseillé d'administrer simultanément un supplément d'acide folique. Depuis quelques années, on utilise plus volontiers des anti-inflammatoires intestinaux apparentés comme l'acide amino-5-salicylique, l'olsalazine (Canada) ou la mésalazine (France), dont les effets secondaires sont moins importants. Il est préférable d'utiliser des préparations à enrobage entérique. Le but du traitement anti-inflammatoire est d'induire une rémission et de prévenir les récidives.

2) Lorsque la maladie est localisée au rectum ou s'il y a du ténesme, on donne des corticostéroïdes par voie rectale, de préférence sous forme de mousse, ou des lavements à l'acide amino-5-salicylique.

3) Lorsque les symptômes sont importants, on ajoute des corticostéroïdes par voie générale pendant au moins six semaines (exemple : prednisone à raison de 1 à 2 mg/kg/24 heures PO en 2 fois ; maximum chez

le grand enfant : 50 mg/24 heures). Lorsque l'état du patient est amélioré, la posologie est réduite graduellement et, si possible, la prednisone est donnée un jour sur deux.

4) Le traitement diététique consiste à réduire la consommation de fibres végétales. L'alimentation parentérale totale pourrait favoriser, dans certains cas graves, l'induction d'une rémission, mais de façon moins évidente que dans la maladie de Crohn. Elle permet d'améliorer l'état nutritionnel lorsqu'il est très altéré.

5) Dans certains cas graves, une hospitalisation peut être nécessaire. On surveille alors l'abdomen de façon étroite, cliniquement et par des radiographies sériées de l'abdomen sans préparation. Cette surveillance clinique et radiologique vise à détecter l'apparition d'un mégacôlon toxique et d'une perforation du côlon. L'alimentation orale est interrompue, l'estomac est drainé et une perfusion est installée. Des corticostéroïdes sont administrés par voie intraveineuse, par exemple de l'hydrocortisone à raison de 10 mg/kg/24 heures IV en 4 fois (maximum chez le grand enfant : 1 g/24 heures). Dans ces circonstances, des transfusions ou une alimentation parentérale périphérique ou centrale sont parfois nécessaires. Diverses formes de traitement immunosuppresseur (cyclosporine, azathioprine, 6-mercaptopurine) sont à l'étude pour le traitement des formes réfractaires.

II. Traitement chirurgical

La maladie peut être guérie complètement par une colectomie totale. Cette intervention est indiquée dans les cas graves réfractaires au traitement médical ou lorsque surviennent des complications majeures comme un mégacôlon toxique, une perforation colique ou un cancer. Lorsque la maladie évolue depuis plus de 10 ans, elle est aussi pratiquée de façon préventive en raison du risque de cancer du côlon, qui s'accroît au fur et à mesure que le temps s'écoule. La surveillance coloscopique régulière permet de plus en plus de retarder cette échéance.

La plupart des chirurgiens font une anastomose iléo-anale directe ; ils y associent parfois la confection d'une poche-réservoir. Cette approche permet d'éviter les inconvénients de l'iléostomie définitive.

Complications

Mégacôlon toxique pouvant causer un état de choc, perforation, septicémie, hémorragie massive. Les manifestations extradigestives mentionnées plus haut peuvent aussi être considérées comme des complications. À long terme, il faut craindre l'apparition d'un cancer du côlon.

Pronostic

La plupart des patients présentent des symptômes chroniques qui altèrent la qualité de leur vie. L'incidence du cancer du côlon commence à augmenter de façon marquée 10 à 20 ans après le diagnostic et elle est plus

importante lorsque la maladie s'étend à l'ensemble du côlon. La colectomie totale est curative mais, quelle que soit la technique chirurgicale utilisée, des inconvénients en résultent; la continence fécale est la plupart du
temps adéquate.

Lectures suggérées

Motil KJ: Ulcerative colitis and Crohn disease in children. Pediatr Rev 1987; 9:
109-120.
Kirschner BS: Inflammatory bowel disease in children. Pediatr Clin North Am 1988;
31: 189-208.
Lake, AM: Recognition and management of inflammatory bowel disease in children
and adolescents. Curr Probl Pediatr 1988; 18: 379-437.
O'Gorman M, Lake AM: Chronic inflammatory bowel disease in children. Pediatr Rev
1993; 14: 475-480.
Podolsky DK: Inflammatory bowel disease. Part I: N Engl J Med 1991; 325:
1008-1016. Part II: N Engl J Med 1991; 335: 928-937.
Statter MB, Hirschl RB, Coran AC: Inflammatory bowel disease. Pediatr Clin North
Am 1993; 40: 1213-1231.

Coma 56

Catherine Farrell, Marie Gauthier, Albert Larbrisseau

Généralités

On parle de coma lorsque l'état d'éveil est altéré de façon telle que le
patient n'est plus capable de réagir de façon adéquate aux stimuli verbaux.
Les causes sont multiples (tableau 17).

Démarche clinique

Les causes les plus fréquentes de coma varient avec l'âge; par exemple,
les intoxications accidentelles surviennent surtout entre un et cinq ans et
les intoxications volontaires au cours de l'adolescence.

I. Anamnèse

Elle aide à identifier la cause du coma. On s'intéresse particulièrement aux
éléments suivants:

1) Rapidité d'installation du coma;
2) Symptômes au cours des jours et des heures qui ont précédé;
3) Histoire de traumatisme;
4) Possibilité d'intoxication (vérifier quels médicaments se trouvent dans
   la maison);
5) Possibilité d'hypoxie (épisode d'étouffement ou de strangulation);
6) Antécédents d'épilepsie, d'insuffisance hépatique ou rénale, de diabète
   ou de problèmes psychiatriques.

Tableau 17 Principales causes de coma chez l'enfant et l'adolescent

- Anoxie cérébrale
  - arrêt cardiorespiratoire
  - noyade
  - strangulation
  - suffocation (corps étranger, etc.)
- Causes infectieuses
  - abcès cérébral
  - cérébrite
  - choc
  - empyème
  - encéphalite
  - méningite bactérienne, virale, parasitaire, tuberculeuse
- Causes métaboliques
  - coma diabétique, coma hyperosmolaire
  - décompensation aiguë d'une maladie métabolique
  - encéphalopathie hépatique
  - hypernatrémie
  - hypoglycémie
  - hyponatrémie
  - urémie
  - syndrome de Reye
- Causes neurologiques
  - état de mal épileptique
  - état postcritique
  - hémorragie extradurale (épidurale), sous-durale, intracérébrale, secondaire à un traumatisme, une malformation vasculaire ou une diathèse hémorragique
  - hydrocéphalie aiguë
  - maladies dégénératives aiguës du système nerveux central
  - tumeur cérébrale, métastases
- Causes toxiques
  - un grand nombre d'intoxications (acide acétylsalicylique, alcool et autres drogues, antidépresseurs cycliques, barbituriques, benzodiazépines, monoxyde de carbone, phénothiazines, plomb, théophylline, etc.)
- Causes traumatiques
  - traumatisme cranio-cérébral : commotion, contusion, hémorragie intracérébrale, extradurale (épidurale) ou sous-durale
- Causes vasculaires
  - embolie ou thrombose cérébrale
  - encéphalopathie hypertensive
  - état de choc grave
  - migraine
  - vasculite
- Causes diverses
  - coup de chaleur
  - électrisation
  - hypothermie

II. Examen

Le but est de déterminer la gravité du coma et, si celui-ci résulte d'une lésion du système nerveux central, de localiser celle-ci.

La gravité du coma est exprimée selon l'échelle de Glasgow (tableau 18).

L'essentiel de l'examen comprend les éléments suivants:

1) Signes généraux: rythme et fréquence respiratoire et cardiaque, tension artérielle, température. Une hypertension artérielle s'observe à la suite d'un état de mal épileptique ou en cas d'hypertension intracrânienne, mais elle peut aussi être la cause du coma. Une bradycardie sinusale peut survenir en cas d'hypertension intracrânienne importante. Diverses situations comme un processus infectieux, certaines intoxications ou un état de choc peuvent causer une tachycardie. Certaines intoxications et certains déséquilibres métaboliques peuvent causer des arythmies cardiaques. Le type de respiration fournit des informations quant à la gravité et à la cause du coma:

   – Apnée: elle peut résulter notamment d'une atteinte de l'ensemble du tronc cérébral;

   – Respiration de Kussmaul: il s'agit d'une respiration rapide et profonde. Elle suggère la présence d'une acidose métabolique (exemple: acidose diabétique);

Tableau 18 Échelle de coma de Glasgow

– Yeux	– s'ouvrent	– spontanément	4
		– sur ordre verbal	3
		– à la douleur	2
	– pas de réponse		1
– Meilleure réponse motrice obtenue	– sur ordre verbal	– obéit	6
	– à un stimulus douloureux	– localise la douleur	5
		– flexion et retrait	4
		– flexion anormale (décortication)	3
		– extension (rigidité de décérébration)	2
		– pas de réponse	1
– Meilleure réponse verbale obtenue (1)	– orientée		5
	– confuse		4
	– inadéquate		3
	– incompréhensible		2
	– pas de réponse		1
Total			3-15

(1) Chez les enfants de moins de deux à trois ans, l'acquisition du langage n'est pas complète et la meilleure réponse verbale peut être difficile à juger de façon précise. On attribue 5 points à l'enfant qui émet des sons reconnaissables, 2 points s'il gémit ou pleure, 1 point s'il n'émet aucun son.

- Respiration de Cheyne-Stokes : elle est caractérisée par une respiration périodique avec alternance de périodes d'hyperpnée et de périodes d'apnée. Elle indique une atteinte hémisphérique profonde bilatérale ;
- Les quatre types suivants de respiration indiquent une atteinte du tronc cérébral :
  - Hyperventilation neurogène d'origine centrale : la fréquence respiratoire est rapide, et cette anomalie ne peut être expliquée par aucune autre cause ;
  - Respiration de type apneustique : la phase inspiratoire est très allongée et elle est suivie d'une expiration raccourcie ;
  - Respiration en salves : de petites salves de respirations sont entrecoupées d'intervalles apnéiques de durée variable ;
  - Respiration « ataxique » : il s'agit de respirations irrégulières et inefficaces.

2) Posture habituellement observée à la suite d'une stimulation douloureuse :
   - Une attitude de décortication consiste en une flexion tonique des membres supérieurs, associée à une extension des membres inférieurs. Elle est notée en général en cas de lésion hémisphérique supratentorielle ; le tronc cérébral est intact ;
   - La rigidité de décérébration consiste en une attitude d'opisthotonos avec extension soutenue des quatre extrémités. Elle est notée en cas d'atteinte bilatérale du tronc cérébral supérieur ou bihémisphérique profonde.

3) Signes d'irritation méningée (voir Méningite bactérienne).

4) Pupilles : un myosis serré suggère une intoxication par un analgésique morphinique ou un barbiturique. Une mydriase fixe peut résulter d'une intoxication médicamenteuse et ne constitue donc pas toujours un signe de mort cérébrale. Une anisocorie se retrouve en cas de herniation du lobe temporal ou des amygdales cérébelleuses dans le trou occipital ; elle peut aussi résulter d'un traumatisme oculaire ou, si elle est minime, ne pas avoir de signification.

5) Fond d'œil : un œdème papillaire indique qu'il y a une hypertension intracrânienne. Chez l'enfant de moins de deux ans, la présence d'hémorragies rétiniennes est très suggestive d'un syndrome de l'enfant maltraité. Chez l'enfant plus âgé, ce signe peut être associé à une encéphalopathie hypertensive.

6) Réflexes du tronc cérébral :
   - Réflexe oculocéphalique : on ne peut l'évaluer que si l'on est certain qu'il n'y a pas de lésion traumatique de la colonne cervicale. On imprime à la tête un mouvement de rotation à gauche et à droite, tout en maintenant les yeux ouverts. La réponse normale chez le sujet comateux consiste en une déviation des yeux dans le sens opposé au mouvement, de telle façon que le regard puisse continuer à fixer le même point. Si, au contraire, les yeux suivent le

mouvement de la tête («yeux de poupée»), ceci suggère la présence d'une atteinte du tronc cérébral;

- Réflexe oculovestibulaire : on instille au moyen d'une seringue de l'eau glacée dans le conduit auditif, après avoir vérifié l'intégrité du tympan. Cette manœuvre inhibe l'activité du système vestibulaire du même côté. Une réponse normale consiste en une déviation des yeux vers le côté où l'eau a été instillée, ce qui implique que le système vestibulaire de l'autre côté est intact. L'absence de cette réponse indique qu'il y a une lésion au niveau du tronc cérébral inférieur;

- Réflexe de toux : normalement, ce réflexe s'observe lorsqu'on aspire les sécrétions dans le tube trachéal. L'absence de ce réflexe indique que le patient est incapable de protéger ses voies respiratoires;

- Réflexe pharyngien : on recherche l'élévation réflexe du palais mou en réponse à la stimulation du pharynx postérieur, par exemple au moyen d'un abaisse-langue. L'absence de réflexe indique que le patient est incapable de se protéger contre une inhalation de liquide dans ses voies respiratoires;

- Réflexe cornéen : lorsqu'on stimule délicatement la cornée au moyen d'un petit objet doux comme l'extrémité d'un coton-tige, on observe normalement une fermeture réflexe des deux yeux, ainsi qu'une déviation du regard vers le haut. L'absence de ce réflexe suggère la présence d'une lésion située au niveau de la protubérance inférieure ou du bulbe rachidien;

- Réflexe pupillaire à la lumière : lors de l'illumination de la pupille avec une lumière forte (exemples : lampe de poche, ophtalmoscope), la réponse normale consiste en une constriction bilatérale des pupilles. Ce réflexe peut être difficile à mettre en évidence s'il y a un myosis serré. Un coma d'origine métabolique ne devrait pas altérer ce réflexe. Une lésion mésencéphalique peut causer une abolition de ce réflexe, de façon unilatérale ou bilatérale selon le type de lésion. En cas d'atteinte protubérantielle, le myosis peut être tellement serré que la réaction pupillaire n'est plus décelable.

7) Examen neurologique détaillé : état de conscience, orientation dans le temps, le lieu et l'espace, reconnaissance des personnes familières, tonus, force musculaire, réponse à la douleur, réflexes ostéo-tendineux, réflexes cutanés plantaires (signe de Babinski). Il est important de noter toute asymétrie ou focalisation des signes neurologiques.

8) Rechercher des signes de traumatisme : plaies, contusions, ecchymoses, fractures, écoulement de LCR par le nez ou l'oreille, hémotympan, etc.

9) Examen général habituel : celui-ci peut révéler des indices permettant de préciser la cause du coma (exemples : haleine acétonémique en cas de coma diabétique, odeur d'alcool en cas d'intoxication par l'éthanol, arythmies cardiaques en cas d'intoxication par un antidépresseur cyclique, etc.).

Explorations

Elles sont sélectionnées selon les hypothèses résultant de l'anamnèse et de l'examen.

Lorsque la cause du coma est inconnue, le bilan paraclinique initial comprend un hémogramme, un ionogramme, une évaluation de l'équilibre acidobasique, une urée et une créatinine, une glycémie, une recherche de glucose et de corps cétoniques dans l'urine, ainsi qu'un dépistage toxicologique dans le liquide gastrique, dans l'urine et, pour certaines substances mesurables, dans le sang.

Lorsqu'on suspecte une intoxication, l'administration de certains antidotes peut servir de test diagnostique ; c'est le cas de la naloxone pour les analgésiques morphiniques et du flumazénil pour les benzodiazépines (voir Intoxications). Un test à la physostigmine n'est plus recommandé, en raison de sa faible spécificité et de ses effets toxiques possibles.

La tomodensitométrie cérébrale est surtout indiquée lorsqu'il y a une histoire de traumatisme, lorsqu'on met en évidence des signes neurologiques de focalisation ou des signes d'hypertension intracrânienne, ou lorsque l'étiologie du coma n'est pas évidente.

La ponction lombaire est utile lorsqu'il y a une possibilité de méningite ou d'hémorragie sous-arachnoïdienne. Elle doit cependant être remise à plus tard chez le patient qui présente une instabilité respiratoire ou hémodynamique, ou lorsqu'il y a des signes d'hypertension intracrânienne.

L'EEG est utile chez les patients qui ont une histoire de convulsions ou lorsqu'on suspecte un état de mal épileptique ou un état postcritique.

Parfois, les potentiels évoqués auditifs ou somesthésiques peuvent aider à localiser une atteinte neurologique et à préciser sa gravité.

Le dosage des transaminases et de l'ammoniac sérique est parfois indiqué, par exemple lorsqu'on suspecte un syndrome de Reye.

Traitement

Comme dans toute situation critique, l'attention se porte successivement sur les voies respiratoires, sur la ventilation, sur la circulation, puis sur les autres problèmes (voir Arrêt cardiorespiratoire).

1) Le patient est intubé afin de protéger ses voies respiratoires si le réflexe pharyngien et le réflexe de toux sont absents, ce qui correspond habituellement à un score de Glasgow égal ou inférieur à 7. Une sonde gastrique est mise en place. La ventilation mécanique est nécessaire en cas d'apnée ou d'hypoventilation.

2) On installe une perfusion IV (soluté glucosé à 5 % – NaCl à 0,45 %) à une vitesse correspondant aux besoins d'entretien en eau (voir Déséquilibres hydriques, électrolytiques et acidobasiques). On évite cependant de donner du glucose s'il y a une hyperglycémie ou si le coma résulte d'une anoxie.

3) La tension artérielle est maintenue à un niveau acceptable. S'il y a une hypertension, voir Hypertension artérielle. S'il y a un état de choc, on

procède à un remplissage vasculaire et, lorsque l'état hémodynamique n'est pas amélioré par le remplissage vasculaire, à l'administration d'amines vaso-actives (voir Choc hypovolémique, Choc septique).

4) Les convulsions et l'hypertension intracrânienne sont traitées de la façon habituelle (voir Convulsions et état de mal convulsif, Hypertension intracrânienne). Il en est de même des perturbations métaboliques (voir Hypoglycémie, Déséquilibres hydriques, électrolytiques et acidobasiques).

5) La température corporelle est maintenue à un niveau normal (voir Fièvre, hyperthermie, fièvre d'origine inconnue, hyperthermie maligne).

6) Surtout s'il y a une hypertension intracrânienne, l'agitation peut être contrôlée par des moyens non pharmacologiques (chambre calme, lumière tamisée, etc.) ou par des médicaments (analgésiques morphiniques, benzodiazépines à courte durée d'action).

7) La protection des yeux est assurée en limitant le nombre d'examens du réflexe cornéen, en maintenant les yeux fermés et par l'utilisation de larmes artificielles ou d'une pommade protectrice. Il faut s'assurer que le patient ne porte pas de verres de contact.

8) On traite de la façon habituelle la cause du coma (exemples : méningite, intoxication, etc.).

Surveillance

Pendant la période de coma, on surveille étroitement les signes généraux et le score de Glasgow.

Pronostic

Il dépend de la cause du coma, de sa durée et de son degré maximal de gravité. Selon les séquelles qu'ils présentent, le suivi à long terme des survivants peut inclure diverses modalités : surveillance psychologique, orthophonie, physiothérapie (kinésithérapie), ergothérapie (éducation spécialisée), etc.

Lecture suggérée

Plum F, Posner JB : The diagnosis and management of stupor and coma. FA Davis, Philadelphia, 3rd ed., 1980.

Conjonctivites 57

Luc Chicoine, Jean-Louis Jacob, Marc Lebel

Il s'agit d'une infection ou d'une inflammation des conjonctives palpébrale et bulbaire.

Conjonctivites néonatales

1) Conjonctivite chimique : elle est causée par le nitrate d'argent utilisé pour la prophylaxie de la conjonctivite gonococcique. Elle survient environ 24 heures après l'instillation. Elle est habituellement minime et de courte durée. Il n'y a pas de traitement spécifique.

2) Conjonctivite à *Chlamydia trachomatis* : elle est transmise par voie verticale au moment de l'accouchement. Assez fréquente, elle apparaît avant l'âge de deux mois, habituellement entre le cinquième et le dixième jour de vie. L'œdème palpébral et l'écoulement purulent peuvent être importants. Elle est parfois associée à une pneumonie (voir Pneumonies). On peut utiliser le test d'identification rapide de l'antigène, mais celui-ci peut donner un résultat faussement positif ou négatif. Le diagnostic de certitude repose sur la culture, qui peut prendre jusqu'à une semaine. L'ophtalmologiste peut aussi procéder à un grattage conjonctival ; l'examen microscopique, après coloration au Giemsa, met en évidence des inclusions intracellulaires. Le traitement consiste en l'administration d'érythromycine par voies topique et générale (voir Infections sexuellement transmissibles et autres infections génitales). Il faut faire une culture du col utérin chez la mère et de l'urètre chez le père ; qu'elles soient positives ou négatives, les deux parents doivent être traités. Il faut aussi rechercher les autres maladies sexuellement transmissibles chez les parents.

3) Conjonctivite à *Neisseria gonorrhϾ* : devenue plutôt rare, elle se manifeste d'habitude entre le deuxième et le cinquième jour de vie. L'écoulement purulent et l'œdème palpébral sont importants. Le diagnostic est confirmé par la culture. Le traitement consiste à nettoyer fréquemment l'œil au moyen de sérum physiologique et à administrer une antibiothérapie par voie générale (voir Infections sexuellement transmissibles et autres infections génitales). Il faut faire une culture du col utérin chez la mère et de l'urètre chez le père ; qu'elles soient positives ou négatives, les deux parents doivent être traités.

4) Autres conjonctivites : différents virus et bactéries provenant des voies génitales de la mère, notamment le *Staphylococcus aureus* et le virus herpès (voir Infections herpétiques), peuvent aussi être responsables d'une conjonctivite néonatale. Les modalités de diagnostic et de traitement sont les mêmes que chez l'enfant plus âgé (voir plus loin).

Pour la prévention de la conjonctivite néonatale, voir Soins du nouveau-né normal.

Conjonctivite allergique

Comme la rhinite allergique, à laquelle elle est fréquemment associée, elle a souvent un caractère saisonnier. Elle est habituellement bilatérale. On note du prurit, une photophobie, une hyperhémie conjonctivale ainsi qu'un écoulement non purulent. Lorsqu'elle survient en l'absence d'antécédents allergiques et ne s'accompagne pas d'autres manifestations d'atopie, il faut penser à une allergie à un produit cosmétique, à un médicament instillé dans les yeux ou à un agent de conservation présent dans une solution pour verres de contact. Le diagnostic repose sur l'anamnèse et l'examen. Lorsqu'il y a une rhinite allergique associée, le traitement peut inclure l'administration d'antihistaminiques et, dans certains cas réfractaires, une désensibilisation (voir Rhinite allergique). Le cromoglycate, administré par voie topique, a souvent une action préventive et thérapeutique importante. Parfois, il est nécessaire de recourir pendant quelques jours à un collyre aux corticostéroïdes.

Conjonctivite bactérienne

Elle est fréquente. Elle est souvent unilatérale, du moins au début, et s'accompagne d'un écoulement purulent et d'un œdème palpébral. Les principales bactéries en cause sont le *Streptococcus pneumoniæ*, l'*Hæmophilus influenzæ* (surtout non typable), le *Staphylococcus aureus* et le *Streptococcus pyogenes*. L'association d'une conjonctivite purulente et d'une otite moyenne aiguë suggère que l'*Hæmophilus influenzæ* de type b est l'agent responsable. Chez l'adolescent actif sexuellement, une conjonctivite à *Neisseria gonorrhœæ* ou à *Chlamydia trachomatis* est possible.

Le diagnostic étiologique repose sur la culture.

Le traitement consiste à administrer trois ou quatre fois par jour un antibiotique par voie topique, sous forme de gouttes ou, le soir, sous forme de pommade. Ce traitement est poursuivi jusqu'à la guérison. Au Canada, on utilise par exemple le sulfacétamide sodique, la framycétine ou la gentamicine. En France, on donne par exemple de la rifamycine, de la néomycine, de la gentamicine ou de l'ofloxacine. La conjonctivite à *Neisseria gonorrhœæ* doit être traitée par voie générale (voir Maladies sexuellement transmissibles et autres infections génitales). L'emploi de verres de contact est interrompu.

Une kératite doit être suspectée s'il y a une douleur importante ou une atteinte de la vision.

L'évolution vers une cellulite péri-orbitaire est possible.

Conjonctivite virale

Une conjonctivite bilatérale sans exsudat purulent est fréquemment associée aux infections virales des voies respiratoires supérieures ainsi qu'à plusieurs maladies exanthémateuses comme la rougeole. L'adénovirus et les entérovirus occupent une place privilégiée parmi les virus pouvant causer une conjonctivite, parfois hémorragique. Il peut y avoir une adénopathie pré-auriculaire homolatérale. On note un écoulement aqueux et un œdème palpébral. Il n'y a pas de traitement spécifique. Beaucoup de cliniciens prescrivent des antibiotiques par voie topique pour prévenir une surinfection bactérienne, mais l'efficacité de cette mesure n'est pas établie. Il faut éviter l'emploi de corticostéroïdes en cas d'infection herpétique de l'œil. Une kératite doit être suspectée s'il y a une douleur importante ou une atteinte de la vision. Le traitement de la conjonctivite herpétique est détaillé dans le chapitre Infections herpétiques.

Conjonctivite inflammatoire

Une conjonctivite peut être associée à une maladie inflammatoire. Dans le cas de la maladie de Crohn, elle peut précéder l'apparition des symptômes digestifs. La conjonctivite constitue par ailleurs un des critères de diagnostic de la maladie de Kawasaki ; cette conjonctivite est bilatérale, il n'y a pas d'écoulement purulent et on note la présence de nombreux néovaisseaux dilatés à la surface de la conjonctive bulbaire. Il n'y a pas de traitement spécifique.

Lectures suggérées

Fisher MC : Conjunctivitis in children. Pediatr Clin North Am 1987 ; 34 : 1447-1456.
O'Hara MA : Ophtalmia neonatorum. Pediatr Clin North Am 1993 ; 40 : 715-725.
Weiss A, Brinser JH, Nazar-Stewart V : Acute conjunctivitis in childhood. J Pediatr 1993 ; 122 : 10-14.

Constipation   58

Michel Weber, Arié Bensoussan, Nancy Haley, Khazal Paradis, Chantal Maurage

Généralités

La constipation est caractérisée par l'émission peu fréquente de selles dures (scybales) dont le contenu en eau est insuffisant.

Les habitudes de défécation varient d'un enfant à l'autre. À cet égard, les parents n'ont pas toujours des attentes réalistes. Chez le nouveau-né, on s'attend à ce que le méconium soit émis au cours des 48 premières heures de vie ; un retard doit faire penser à une maladie de Hirschsprung. La fréquence normale des selles chez le nourrisson peut aller de 5 à 6 par jour, après chaque tétée (réflexe gastrocolique), à une selle tous les 10 jours chez certains enfants allaités. Chez le grand enfant et l'adolescent, cette fréquence normale va d'une selle tous les trois jours à trois selles par jour.

La plupart du temps, la constipation n'est pas inquiétante si l'enfant grossit bien, s'il n'éprouve pas de douleurs abdominales et si son abdomen n'est pas distendu.

La majorité des constipations résultent d'une habitude de rétention fécale, d'une insuffisance de consommation de fibres végétales et d'un excès de produits lactés, erreurs nutritionnelles fréquentes dans les pays industrialisés. Lorsqu'on ne peut identifier aucune cause organique, la constipation est qualifiée d'idiopathique ou «fonctionnelle». Il est probable que les modalités d'apprentissage à la propreté jouent un rôle dans la genèse de ce type de constipation (exemple : approche exagérément coercitive).

Une maladie organique n'est en cause que dans une faible minorité de cas ; il peut alors s'agir de l'un des problèmes suivants :

1) Maladie de Hirschsprung (voir Maladie de Hirschsprung) : dans ce cas, la constipation est habituellement présente depuis la naissance, et on

peut noter différents autres problèmes comme un retard pondéral, une distension abdominale et des épisodes d'entérocolite. La maladie de Hirschsprung à segment ultracourt peut se manifester comme une constipation opiniâtre banale ;

2) Anus antérieur : ce problème s'observe surtout chez les filles, chez qui le rapport de la distance extrémité postérieure de la vulve-anus sur la distance anus-coccyx est normalement de 0,38. La relation entre l'anus antérieur et la constipation est contestée par certains ;

3) Sténose anale congénitale ou acquise ;

4) Douleur au niveau de l'anus, résultant par exemple d'une fissure anale (celle-ci peut être la cause ou la conséquence de la constipation) ou de sévices sexuels ;

5) Insuffisance d'apport alimentaire, par exemple en cas de sténose du pylore ou d'anorexie mentale ;

6) Déshydratation chronique, par exemple en cas de diabète insipide, de syndrome de Fanconi ou d'hypodipsie ;

7) Hypothyroïdie ;

8) Maladie neurologique : déficience mentale, paralysie cérébrale ou lésion médullaire (exemple : myéloméningocèle) ;

9) Prise de certains médicaments (exemples : analgésiques morphiniques, dérivés de l'atropine, vincristine).

Manifestations cliniques

Elles sont évidentes à l'anamnèse. Une constipation « fonctionnelle » peut causer des douleurs abdominales, conduire à l'encoprésie et favoriser les infections urinaires.

Explorations

L'anamnèse est importante : elle doit notamment préciser les éléments suivants :

1) La chronologie d'apparition de la constipation ;

2) La fréquence et la consistance des selles ;

3) La routine de défécation ;

4) Les habitudes alimentaires (ingestion de liquides, prise de quantités excessives de lait, consommation de fibres végétales) ;

5) Les méthodes utilisées pour l'apprentissage de la propreté ;

6) Les symptômes associés comme les douleurs abdominales ;

7) Les explorations déjà effectuées ;

8) Les traitements déjà essayés et leur effet.

L'examen recherche notamment ce qui suit :

1) Un retard de croissance staturopondérale ;

2) Des indices d'une des maladies organiques mentionnées plus haut ;

3) Une distension abdominale ;

4) Des fécalomes palpables à travers la paroi abdominale, surtout au niveau de la fosse iliaque gauche;

5) Une anomalie de l'anus comme une fissure ou une fistule;

6) Une sténose anale ou des fécalomes accessibles au toucher rectal. Dans la plupart des cas de maladie de Hirschsprung, l'ampoule rectale est vide.

La plupart du temps, l'anamnèse et l'examen suffisent pour exclure une cause organique. Des explorations complémentaires ne sont utiles que pour confirmer une présomption clinique (exemple : hypothyroïdie). Les radiographies simples de l'abdomen n'ont pas d'intérêt : la présence d'une quantité excessive de selles dans l'intestin est évidente à l'examen. Une culture d'urine est indiquée en raison de l'association possible entre la constipation et les infections urinaires. Lorsqu'on suspecte une maladie de Hirschsprung, la manométrie rectale constitue la meilleure épreuve de dépistage.

Traitement

Avant l'âge de six mois, le recours aux laxatifs est réservé aux constipations importantes et persistantes, et la durée de ce type de traitement devrait être limitée à quelques jours ou quelques semaines. Au Canada, on utilise surtout le docusate sodique et, en France, le lactulose (voir plus loin pour la posologie).

Après l'âge de six mois, le traitement est essentiellement diététique. Les principaux conseils à donner sont les suivants :

1) Réduire l'ingestion de produits lactés;

2) Encourager l'enfant à boire beaucoup d'eau et de jus de fruits;

3) Augmenter de façon importante la consommation de fibres végétales, sous forme de fruits, de légumes, de pain de blé entier et de céréales de son; la quantité souhaitable est de 20 à 30 g/24 heures (voir Nutrition). Toute la famille doit participer à cet effort de modification diététique permanente.

Les principales modalités du traitement pharmacologique, réservé aux constipations importantes et persistantes, ne répondant pas à l'approche diététique, sont les suivantes :

1) Approche initiale préférée :
   – Au Canada, on utilise surtout un émollient fécal comme le docusate sodique (5 à 10 mg/kg/24 heures PO en 2 à 3 fois; maximum chez le grand enfant : 200 mg/24 heures) pendant quelques jours à quelques semaines;
   – En France, on prescrit surtout le lactulose, un agent osmotique, présenté habituellement sous forme de solution buvable à 50 %. La posologie est la suivante :
     – < 1 an :   5 à 10 mL PO 1 fois par jour;
     – 1 à 6 ans :   10 à 20 mL PO 1 fois par jour;

- 7 à 14 ans : 20 à 50 mL PO 1 fois par jour comme traitement d'attaque, puis 20 mL par jour ;
- Adolescents : 50 mL PO 1 fois par jour comme traitement d'attaque, puis 20 mL par jour.

2) Autres laxatifs :

a) Huile minérale (huile de paraffine) :
- Sous forme liquide (à éviter avant l'âge d'un an) : la posologie initiale est de 3 mL/kg/24 heures PO en 2 fois. Au besoin, cette dose peut être augmentée progressivement et par paliers jusqu'à un maximum de 12 mL/kg/24 heures. Il y a intérêt à conserver l'huile au réfrigérateur et à la mélanger avec du jus d'orange ;
- Sous forme de gelée (Lansoÿl) : la posologie initiale est de 5 mL PO matin et soir. Au besoin, cette dose peut être augmentée progressivement et par paliers ;

b) PEG ou Fortrans (non disponible au Canada) : chez le grand enfant : 50 à 100 mL 2 à 4 fois par jour ;

c) Fibres végétales :
- Au Canada : muciloïde hydrophile de psyllium (Métamucil). Posologie :
  - Enfants de plus de 6 ans : 2,5 mL de poudre dans 120 mL d'eau PO 1 à 3 fois par jour ;
  - Adolescents : 5 mL de poudre dans 240 mL d'eau PO 1 à 3 fois par jour ;
- En France : son de blé (Infibran) : granulés à 50 g de son/100 g et comprimés à croquer contenant 1,25 g de son. Posologie : elle doit être individualisée selon l'âge et la réponse clinique. Elle va de 4 cuillers à café à 4 cuillers à soupe par jour ou de 4 à 12 comprimés par jour ;

d) Bisacodyl : ce laxatif ne devrait être utilisé qu'exceptionnellement et pendant une courte période, en évitant, si possible, la voie rectale. Posologie :
- Enfants de moins de 6 ans : 1 suppositoire à 5 mg 1 fois par jour ;
- Enfants de plus de 6 ans : 1 suppositoire à 10 mg 1 fois par jour ou 5 à 10 mg/24 heures PO en 1 à 2 fois ;
- Adolescents : 10 à 15 mg PO 1 fois par jour.

Le traitement de la constipation chronique doit le plus souvent se poursuivre pendant plusieurs mois. L'enfant doit être encouragé à aller à la selle une fois par jour, à heure fixe, de préférence après un repas ; il doit être installé confortablement, les pieds bien appuyées. Les méthodes coercitives doivent être évitées.

Si la constipation résulte d'une maladie organique, celle-ci est traitée de la façon habituelle (voir Goitre, hypothyroïdie et hyperthyroïdie, Maladie de Hirschsprung, etc.). Un anus ectopique antérieur doit être traité chirurgicalement lorsque la constipation ne répond pas au traitement médical. S'il y a une constipation chronique avec encoprésie : voir Encoprésie.

Lectures suggérées

Fitzgerald JF : Constipation in children. Pediatr Rev 1987; 8 : 299-302.
Hatch TF : Encopresis and constipation in children. Pediatr Clin North Am 1988; 35 : 257-280.
Rappaport LA, Levine MD : The prevention of constipation and encopresis : a developmental model and approach. Pediatr Clin North Am 1986; 33 : 859-869.

Contraception chez l'adolescente   59

Jean-Yves Frappier, Marc Girard, Reine Gagné, Mariette Morin-Gonthier, Jean Wilkins

Généralités

Les sociétés développées ont connu au cours de ce siècle diverses modifications de la morale et du comportement sexuel. D'autre part, la puberté survient maintenant de façon plus précoce. Ces changements expliquent en partie pourquoi les adolescents ont des relations sexuelles plus tôt que jadis et pourquoi le risque de grossesses prématurées et non désirées s'est accru.

Plusieurs facteurs rendent les adolescentes plus vulnérables à la grossesse : conviction que «ça n'arrive qu'aux autres», manque d'information, utilisation inconstante des méthodes contraceptives, activités sexuelles non planifiées, résistance vis-à-vis des moyens mécaniques, coût des contraceptifs, désir inconscient de grossesse, désir d'être aimée par un enfant, clandestinité liée aux interdits parentaux, etc.

Au cours de l'adolescence, la morbidité et la mortalité reliées à la grossesse sont plus grandes que celles qui résultent de la contraception.

Chaque fois qu'une adolescente consulte un pédiatre ou un médecin généraliste, celui-ci devrait l'interroger au sujet de son activité sexuelle et lui offrir au besoin une contraception efficace.

Les garçons devraient aussi êtres interrogés au sujet de leur vie sexuelle et recevoir de l'information (exemples : utilisation du préservatif, partage des coûts des contraceptifs oraux, etc.).

La confidentialité est essentielle au développement d'un lien de confiance entre l'adolescent et le médecin.

Au cours de l'adolescence, la contraception a des particularités distinctes : l'approche générale, les modalités du suivi, le choix de la méthode, les complications et les effets secondaires peuvent être différents par rapport à l'adulte. La demande de contraception de la part de l'adolescente peut être hésitante et occulte et la démarche médicale doit tenir compte de sa maturité, de sa motivation, de ses capacités intellectuelles, de ses valeurs, de sa stabilité affective, de son environnement familial et social et de son mode de vie.

Évaluation initiale

Le premier contact est très important: il influence la fidélité future à la contraception et aux rendez-vous.

Lors de cette première visite, on effectue une anamnèse et un examen complets incluant la mesure de la tension artérielle et du poids ainsi que l'examen gynécologique si l'adolescente a déjà eu des relations sexuelles. Cet examen peut être remis à une visite ultérieure si l'adolescente est trop réticente ou craintive et s'il risque de compromettre la fidélité à la contraception et au suivi. S'il s'agit d'un premier examen gynécologique, il faut veiller tout spécialement à ne pas en faire une expérience désagréable qui compromettrait le suivi ou nuirait à la qualité de la relation entre l'adolescente et son médecin. Au cours de l'examen gynécologique, on effectue une cytologie du col ainsi que des cultures des sécrétions vaginales et cervicales pour dépister les maladies sexuellement transmissibles.

Choix de la méthode

Ce choix dépend de l'âge, de la fréquence des relations sexuelles, de la stabilité et de la qualité du lien entre les partenaires, de la maturité, de l'état de santé, des moyens financiers, du mode de vie et de la préférence personnelle. Ce choix n'est pas définitif: la méthode doit parfois s'adapter à des circonstances changeantes. L'emploi simultané des contraceptifs oraux et du préservatif est conseillé lorsqu'une protection optimale contre la grossesse et les maladies sexuellement transmissibles est recherchée.

I. Les contraceptifs oraux

C'est la méthode contraceptive préférée par la majorité des adolescentes; cependant il faut s'attendre à un certain nombre d'échecs résultant de l'inconstance. Parmi les pilules disponibles, les plus utilisées sont constituées d'une association d'un œstrogène et d'un progestatif; dans les circonstances normales, il faut prescrire exclusivement des pilules à faible teneur en œstrogène (35 µg ou moins). Elles peuvent être utilisées dès la ménarche ou dès l'âge de 12 à 13 ans si les circonstances l'exigent. Afin d'éviter les erreurs, il est préférable de prescrire les présentations de 28 jours plutôt que celles de 21 jours. De nombreuses marques sont disponibles (voir Index pharmacologique sous la rubrique Contraceptifs oraux). Les contraceptifs oraux peuvent être pris sans interruption et sans limite de durée jusqu'au moment où une grossesse est désirée.

Les contre-indications absolues sont la grossesse, une maladie hépatique active ou chronique, des hémorragies vaginales dont la cause n'est pas connue et des antécédents de thrombophlébite ou d'embolie. Les problèmes suivants constituent plutôt des contre-indications relatives qui imposent un suivi plus étroit: diabète non compliqué, hypertension artérielle, épilepsie, migraine classique non compliquée et hyperlipidémie.

Plusieurs difficultés peuvent survenir au cours de l'utilisation des contraceptifs oraux: métrorragies, oublis, erreurs d'utilisation, arrêt résultant de problèmes financiers ou d'un manque de soutien ou d'une hostilité de la part de l'entourage. Les effets secondaires œstrogéniques les plus fréquents sont les nausées, la rétention hydrosodée avec gain de poids cyclique, la congestion mammaire et l'augmentation de la leucorrhée physiologique. Les effets secondaires reliés aux progestatifs sont l'oligoménorrhée, l'aménorrhée, l'acné, l'augmentation de l'appétit et la dépression. Ces effets indésirables nécessitent rarement l'arrêt des contraceptifs. Les métrorragies sont souvent transitoires, aussi est-il préférable d'attendre trois à quatre mois avant d'accroître la posologie de la composante progestative. Après l'arrêt de la pilule, une aménorrhée peut survenir ; elle ne dure habituellement que quelques mois et ne compromet pas la fertilité future.

Lors de la prescription de contraceptifs oraux, il faut donner des explications précises à l'adolescente :

1) Suggérer de commencer à prendre les contraceptifs par exemple le dimanche qui suit le début des prochaines menstruations ;

2) Conseiller de s'abstenir de relations sexuelles ou utiliser le préservatif pendant le premier cycle ;

3) Dans le cas d'une présentation de 28 jours, expliquer qu'il ne faut jamais interrompre un seul jour la prise des comprimés ;

4) En cas d'oubli d'un comprimé, expliquer qu'il faut prendre celui-ci dès que l'erreur est découverte ;

5) Indiquer qu'il faut communiquer avec son médecin et prendre la pilule du lendemain si les contraceptifs sont oubliés pendant deux à trois jours consécutifs ou plus ;

6) Préciser les modalités de réapprovisionnement et de suivi ;

7) Informer au sujet des principaux effets secondaires possibles tels que les métrorragies, etc. L'usage simultané du tabac peut accroître le risque de maladie cardiovasculaire et de thrombophlébite ; il doit donc être déconseillé. Si l'adolescente continue à fumer, il ne faut cependant pas la dissuader de prendre ses contraceptifs oraux. Certains antibiotiques (exemples : tétracyclines, amoxicilline) et certains anticonvulsivants (exemples : carbamazépine, phénobarbital) réduisent l'efficacité de la pilule. Lorsqu'un de ces médicaments est utilisé pendant une courte période, il faut ajouter l'emploi du préservatif. Si le traitement est de longue durée, on modifie la posologie du contraceptif (50 µg d'œstrogène).

II. Le stérilet

Dans les circonstances normales, il ne devrait pas être utilisé chez l'adolescente parce qu'il peut favoriser la progression d'une infection vers les voies génitales supérieures, entraînant ainsi un risque accru de salpingite et de stérilité.

Les principales contre-indications sont l'hypoplasie utérine, une infection utérine actuelle ou antérieure, une cardiopathie à potentiel embolique, une dysménorrhée grave, une anémie, un trouble de la coagulation, ainsi que des relations sexuelles avec des partenaires multiples.

Plusieurs difficultés peuvent survenir, parmi lesquelles l'aggravation de la dysménorrhée, l'augmentation du flux menstruel, l'expulsion spontanée ainsi que des problèmes de vérification de la présence du stérilet.

III. Les moyens mécaniques

1) Le préservatif bien utilisé, avec ou sans mousse spermicide, est très efficace et offre aussi un effet protecteur contre les maladies sexuellement transmissibles; il faut choisir un préservatif de latex, lubrifié et de bonne qualité, fabriqué par une compagnie reconnue. Aucune contre-indication n'existe et, à part de rares allergies au latex, il n'y a aucun effet secondaire. C'est le moyen contraceptif idéal pour les partenaires qui possèdent la maturité et la motivation nécessaires et lorsque les relations sexuelles sont sporadiques.

La technique d'utilisation doit être expliquée en détail. Plusieurs difficultés peuvent se poser: coût, manque de régularité de son emploi, erreurs de technique, problème d'approvisionnement, décroissance de la motivation, rupture en cours d'utilisation, diminution de la sensibilité perçue par certains adolescents, etc. La rupture du préservatif doit inciter à une révision de la technique d'utilisation et l'adolescente doit prendre la pilule du lendemain.

2) Le diaphragme est un autre moyen efficace de contraception, mais son utilisation par les adolescentes exige une maturité et une motivation assez grandes. Il doit être utilisé avec une mousse ou un gel spermicide.

3) Les ovules au chlorure de benzalkonium (Pharmatex) ou les éponges spermicides peuvent être utilisés comme adjuvants au préservatif au lieu de la mousse spermicide; ils ne doivent pas être employés seuls, car leur efficacité n'est pas suffisante.

IV. La pilule du lendemain

C'est un moyen très efficace qui doit être utilisé pour dépanner lors d'une rupture de préservatif ou d'une relation sexuelle sans protection au cours de la phase fertile du cycle menstruel ou lorsque l'adolescente oublie de prendre ses contraceptifs oraux pendant deux ou trois jours consécutifs. En raison de l'imprécision qui entoure souvent le déroulement du cycle menstruel, la pilule du lendemain doit être prescrite au moindre doute quant à la possibilité d'une grossesse.

Au Canada, on utilise un contraceptif oral associant 250 µg de norgestrel et 50 µg d'éthinylœstradiol (Ovral) et en France 500 µg de norgestrel et 50 µg d'éthinylœstradiol (Stédiril). La pilule du lendemain doit être prise le plus tôt possible après la relation sexuelle sans protection, soit dans un délai maximal de 2 à 5 jours. On donne 2 comprimés immédiatement puis 2 autres 12 heures plus tard. Pour prévenir les vomissements, on administre 25 mg de dimenhydrinate 30 minutes avant la seconde dose. Si l'adolescente vomit moins d'une heure après une dose, elle doit prendre 2 comprimés supplémentaires.

Les contre-indications absolues sont les mêmes que celles des contraceptifs oraux (voir plus haut).

Certaines difficultés peuvent survenir: erreur de posologie, nausées et vomissements, désorganisation du cycle menstruel.

Après une utilisation de la pilule du lendemain, une contraception à long terme doit être entreprise. Si l'adolescente choisit les contraceptifs oraux, il faut commencer à les prendre par exemple le premier dimanche après le début des menstruations suivantes, qui surviennent normalement dans les trois semaines. Si elles ne surviennent pas dans ce délai, un test de grossesse doit être fait.

V. L'acétate de médroxyprogestérone

Il s'agit d'une méthode contraceptive très efficace qui doit être réservée à certaines adolescentes atteintes de déficience mentale ou lorsque des difficultés majeures d'ordre psychosocial rendent impossible ou improbable l'utilisation adéquate d'une autre méthode. La posologie est de 150 à 200 mg par voie intramusculaire tous les trois mois. Les difficultés suivantes peuvent survenir: aménorrhée, métrorragies, gain pondéral, acné, hirsutisme.

Suivi

Quand une adolescente ou un adolescent choisit d'utiliser une méthode contraceptive, sa fidélité à cette méthode risque d'être variable. Divers événements peuvent modifier cette fidélité comme la survenue d'effets secondaires, une exposition à des avis contradictoires, des oublis, des erreurs d'utilisation, l'instabilité du lien affectif ou des problèmes financiers; les adolescents peuvent avoir tendance à abandonner progressivement l'usage de la méthode choisie. Il faut donc prévoir un calendrier précis de rendez-vous même pour ceux qui optent pour un moyen mécanique: la première visite devrait se situer 2 à 3 mois après l'évaluation initiale, puis tous les 6 à 12 mois selon le degré de fidélité à la méthode choisie.

La fidélité aux rendez-vous peut être faible, particulièrement chez les adolescentes de moins de 16 ans et chez celles qui éprouvent des difficultés sociales ou familiales; un système efficace de relance lors des rendez-vous manqués est donc nécessaire.

Ces visites ont pour objectif de surveiller l'état de santé en général et l'apparition éventuelle d'effets secondaires, mais elles visent surtout à parfaire les connaissances de l'adolescente au sujet de la contraception, à l'encourager à maintenir ses habitudes contraceptives et à lui faire assumer progressivement ses responsabilités. Lors de ces visites, on attache une attention particulière aux moyens financiers, à la collaboration du partenaire, à la crainte d'effets secondaires, à la régularité et au mode d'utilisation. Dans certains cas, différentes approches peuvent contribuer au succès de la contraception: rendez-vous plus fréquents, échantillons gratuits de contraceptifs oraux, rencontre avec le partenaire et changement de méthode.

Aspects éthiques et légaux

Les lois concernant la prescription des contraceptifs oraux ou d'une autre méthode contraceptive à une mineure sans l'accord de ses parents varient d'un pays à l'autre. Elles peuvent être imprécises ou ambiguës; elles peuvent accuser un retard par rapport à la réalité ou refléter les contradictions qui se retrouvent dans la société.

Le médecin généraliste, le pédiatre ou le gynécologue doit agir selon sa conscience sans perdre de vue les risques énormes qui peuvent résulter d'une grossesse non planifiée survenant au cours de l'adolescence. En pratique, tout en encourageant l'adolescente à en parler à ses parents à un moment qu'elle jugera opportun, il devrait prescrire de façon confidentielle des contraceptifs oraux ou une autre méthode contraceptive efficace à toute adolescente fertile qui lui en fait la demande ou qui, selon son jugement, court le risque de devenir enceinte; les discours moralisateurs et les exhortations à la continence sont inutiles.

Lorsque des parents découvrent que leur fille prend des contraceptifs oraux, il n'en résulte habituellement qu'une réaction passagère de surprise ou de colère. S'ils contactent le médecin, celui-ci doit les inciter à dialoguer avec leur fille et se mettre à leur disposition pour les rencontrer. Les risques d'une grossesse doivent leur être soulignés.

Lectures suggérées

Baird DT, Glasier AF: Hormonal contraception. N Engl J Med 1993; 328: 1543-1549.

Jay MS, DuRant RH, Litt IF: Female adolescents' compliance with contraceptive regimens. Pediatr Clin North Am 1989; 36: 731-746.

Kulig JW: Adolescent contraception: nonhormonal methods. Pediatr Clin North Am 1989; 36: 717-730.

Mishell DR: Contraception. N Engl J Med 1989; 320: 777-787.

Shearin RB, Boehlke JR: Hormonal contraception. Pediatr Clin North Am 1989; 36: 697-715.

Convulsions et état de mal convulsif   60

Phuong Nguyen, Albert Larbrisseau, Elisabeth Rousseau, Philippe Chessex

Voir aussi Convulsions fébriles, Épilepsie.

Généralités

Ce chapitre s'attache à l'approche immédiate de l'enfant qui convulse. Cette approche sera influencée par l'hypothèse diagnostique la plus probable; celle-ci résultera des données d'une anamnèse et d'un examen initiaux rapides. Les possibilités suivantes seront surtout envisagées, en fonction de l'âge, des antécédents, de la présence ou de l'absence de fièvre et des circonstances entourant la convulsion:

1) S'il s'agit d'un nouveau-né: perturbation métabolique (hypoglycémie, hypocalcémie, hyponatrémie; plus rarement hypomagnésémie, dépendance en pyridoxine, anomalie du métabolisme des acides aminés, etc.),

infection du système nerveux central (encéphalite, méningite), anoxie néonatale, hémorragie intracrânienne, syndrome de sevrage, anomalie de développement cérébral;

2) S'il s'agit d'un enfant fébrile de trois mois à six ans : convulsion fébrile (surtout s'il y a déjà eu un ou plusieurs épisodes antérieurs), infection du système nerveux central (encéphalite, méningite, abcès cérébral);

3) S'il s'agit d'un enfant fébrile de plus de cinq ans : infection du système nerveux (encéphalite, méningite, abcès cérébral);

4) S'il s'agit d'un enfant afébrile : épilepsie (surtout s'il est déjà connu comme épileptique), traumatisme crânien, intoxication (exemples : camphre, théophylline), encéphalopathie hypertensive, hypoglycémie (diabète, hypoglycémie cétogène), hyponatrémie ou hypernatrémie (surtout dans le contexte d'une gastro-entérite avec déshydratation), hypocalcémie, anomalie de développement cérébral, hémorragie intra-crânienne; plus rarement : tumeur cérébrale, syndrome de Reye, hypo-magnésémie.

Traitement immédiat :

1) Placer l'enfant en décubitus latéral.

2) Dégager les voies respiratoires supérieures.

3) Administrer de l'oxygène et ventiler au masque si nécessaire.

4) S'il s'agit d'une convulsion afébrile, mesurer immédiatement la glycé-mie au moyen d'un réflectomètre et faire les prélèvements de sang nécessaires (glycémie, calcémie, ionogramme), puis installer un soluté. S'il s'agit d'un épileptique connu, il est utile de procéder à un dosage de son ou ses anticonvulsivants. Si on suspecte une intoxication, faire un dépistage toxicologique dans l'urine.

5) Pendant qu'on effectue ces démarches, faire une anamnèse et un exa-men rapides.

6) Si la convulsion résulte d'une encéphalopathie hypertensive : voir Hypertension artérielle.

7) Si la convulsion n'est pas d'origine métabolique, l'approche thérapeu-tique s'inspire des étapes qui suivent. Chez le nouveau-né, on com-mence par la deuxième étape.

   – 1re étape : injecter lentement du diazépam (0,2 à 0,6 mg/kg/dose IV; maximum : 10 mg). Si l'accès veineux est difficile ou impossible, on peut donner la même dose au moyen d'une sonde rectale. Il faut alors diluer la dose dans 10 mL d'eau. Cette dose ini-tiale peut être répétée au besoin 10 à 15 minutes plus tard (dose maximale totale : 1 mg/kg). Au lieu du diazépam, du lorazépam peut être donné à raison de 0,05 à 0,1 mg/kg/dose en injection IV lente (maximum : 4 mg);

- **2ᵉ étape** : si la convulsion persiste ou récidive malgré le traitement au diazépam ou au lorazépam, administrer soit du phénobarbital, soit de la phénytoïne, qui a l'avantage de peu altérer l'état de conscience. Chez le nouveau-né, le premier choix est le phénobarbital.

  - Phénytoïne : 20 mg/kg/dose (maximum : 1 250 mg) en injection IV lente (1 à 2 mg/kg/minute ; maximum : 50 mg/minute), en surveillant le rythme cardiaque, car il y a un risque d'arythmie ou d'asystolie. Chez le nouveau-né, on peut aller jusqu'à 30 mg/kg/dose. Si la convulsion persiste plus de 20 minutes, une autre dose de 5 à 10 mg/kg/dose peut être donnée ;

  - Phénobarbital : 10 à 15 mg/kg/dose en injection IV lente (maximum : 300 mg), en surveillant la respiration car il y a un risque de dépression respiratoire. Si la convulsion persiste plus de 20 minutes, une autre dose de 5 à 10 mg/kg/dose peut être donnée. Chez le nouveau-né, une dose de charge plus élevée, de l'ordre de 15 à 30 mg/kg/dose, peut être administrée ;

- **3ᵉ étape** : si le phénobarbital ou la phénytoïne est inefficace, adjoindre l'autre médicament. Vérifier les taux sériques ;

- **4ᵉ étape** : induction par l'anesthésiste d'un coma barbiturique (thiopental ou pentobarbital).

Après l'arrêt de la convulsion, faire un électro-encéphalogramme si on soupçonne une épilepsie, et commencer le traitement d'entretien s'il y a lieu (voir Convulsions fébriles, Épilepsie) ; doser les transaminases si on suspecte un syndrome de Reye. Commencer le traitement spécifique si une cause a été identifiée (exemple : méningite).

8) Si la convulsion est d'origine métabolique :

a) Hypocalcémie (voir aussi Hypocalcémie et hypercalcémie) : injecter lentement (en 10 à 15 minutes) par voie intraveineuse et en surveillant le rythme cardiaque 1 à 2 mL/kg/dose de gluconate de calcium à 10 %. Installer ensuite une perfusion contenant 10 mL de gluconate de calcium à 10 % par 500 mL et ajuster la concentration et le débit selon l'évolution de la calcémie et l'effet thérapeutique (N.B. : le gluconate de calcium est incompatible avec le bicarbonate et le phosphate) ;

b) Hypoglycémie (voir aussi Hypoglycémie) : administrer rapidement par voie intraveineuse 2 à 4 mL/kg/dose de solution glucosée à 25 % ; installer ensuite une perfusion glucosée (5 à 15 %) et ajuster la concentration et le débit selon l'évolution de la glycémie et l'effet thérapeutique ;

c) Hyponatrémie (voir aussi Déséquilibres hydriques, électrolytiques et acidobasiques) :

  - Si l'hyponatrémie résulte d'une expansion de l'espace extracellulaire (intoxication par l'eau), le traitement consiste à cesser l'administration de liquide et à donner un diurétique (furosémide : 1 à 2 mg/kg/dose IV ou IM) ;

– Si l'hyponatrémie est associée à une déshydratation, le but est de donner rapidement (en 15 à 20 minutes) du sodium par voie intraveineuse pour augmenter la natrémie de 10 mmol/L, ce qui suffit habituellement. La quantité de sodium permettant d'atteindre cet objectif, exprimée en mmol, est d'environ $10 \times 0,6 \times$ le poids en kg. Cette quantité correspond habituellement à 12 mL/kg/dose d'une solution à 3 % (513 mmol/L). L'injection doit être cessée lorsque la convulsion s'arrête; on poursuit ensuite le traitement avec la perfusion d'une solution de NaCl à 0,9 % jusqu'à ce que la natrémie atteigne 130 mmol/L;

d) Hypomagnésémie (très rare): diluer avec une solution glucosée à 5 % une solution de sulfate de magnésium à 10 % ou à 50 % de façon à obtenir une solution de sulfate de magnésium à 2 %. La dose d'attaque de cette solution de sulfate de magnésium à 2 % est de 1,2 à 2,5 mL/kg IV en 10 à 20 minutes (maximum chez le grand enfant: 100 mL); la dose d'entretien est de 1,2 à 2,5 mL/kg/24 heures IV (maximum chez le grand enfant: 100 mL/24 heures);

e) Dépendance en pyridoxine (très rare): à suspecter surtout chez le nouveau-né ou le nourrisson qui présente des convulsions prolongées et réfractaires. Traitement: pyridoxine: 100 mg IV, à répéter au besoin.

Lectures suggérées

Painter MJ, Bergman I, Crumrine P: Neonatal seizures. Pediatr Clin North Am 1986; 33: 91-109.

Scher MS: Seizures in children less than 2 years of age. Curr Probl Pediatr 1988; 18: 501-560.

Scher MS, Painter MJ: Controversies concerning neonatal seizures. Pediatr Clin North Am 1989; 36: 281-310.

Tunik MG, Young GM: Status epilepticus in children. The acute management. Pediatr Clin North Am 1992; 39: 1007-1030.

Convulsions fébriles 61

Phuong Nguyen, Albert Larbrisseau

Voir aussi Convulsions et état de mal convulsif.

Généralités

Environ 5 % des enfants présentent des convulsions fébriles entre trois mois et six ans. Il existe une nette tendance familiale. Il s'agit souvent d'un événement traumatisant pour les parents.

Manifestations cliniques

La distinction entre des convulsions fébriles simples ou complexes influence les décisions thérapeutiques et détermine le pronostic. Les critères suivants sont utilisés pour définir une convulsion fébrile simple:

1) Elle survient chez un enfant âgé de trois mois à six ans, dont le développement psychomoteur et l'état neurologique sont normaux ;
3) Elle dure moins de 15 minutes ;
4) Elle est généralisée et tonico-clonique ;
5) Elle ne survient qu'une fois au cours d'un épisode fébrile donné ;
6) Elle ne se complique pas d'un déficit neurologique (exemple : paralysie de Todd) ;
7) Elle ne résulte pas d'une infection du système nerveux central.

Explorations

L'anamnèse précise les circonstances et les caractéristiques de la convulsion. On s'intéresse à une histoire de convulsions fébriles chez d'autres membres de la famille.

L'examen recherche un foyer infectieux.

Aucune autre exploration n'est indiquée s'il s'agit d'une convulsion fébrile simple. Une ponction lombaire est indiquée s'il y a une suspicion clinique de méningite. Un électro-encéphalogramme est indiqué lorsqu'il s'agit de convulsions fébriles complexes (focalisation, longue durée, épisodes multiples, problème neurologique pré-existant, etc.) ; cet examen est fait au moins 10 jours après la convulsion. En cas de convulsion focalisée, une tomodensitométrie cérébrale est souvent indiquée.

Traitement

1) Placer l'enfant en décubitus latéral.
2) Dégager les voies respiratoires supérieures.
3) Administrer de l'oxygène et ventiler au masque si nécessaire.
4) Faire cesser la convulsion : injecter lentement du diazépam : 0,2 à 0,6 mg/kg/dose IV (maximum : 10 mg). Arrêter l'injection si la convulsion cesse. Si l'accès veineux est difficile ou impossible, on peut donner la même dose par une sonde rectale ; la solution de diazépam est alors diluée dans 10 mL d'eau. Cette dose initiale peut être répétée au besoin 10 à 15 minutes plus tard (dose maximale totale : 1 mg/kg). En cas d'échec, voir Convulsions et état de mal convulsif.
5) Réduire la fièvre au moyen d'acétaminophène ou paracétamol : 15 mg/kg/dose PO ou par voie rectale toutes les 4 heures (maximum chez le grand enfant : 650 mg/dose).
6) En cas de convulsion fébrile typique, l'hospitalisation est indiquée si le traitement de l'infection sous-jacente l'exige, si l'état général du patient est inquiétant ou si le niveau d'anxiété des parents est élevé.

Prévention

Les enfants qui ont des convulsions fébriles devraient reçevoir un antipyrétique à dose adéquate lorsqu'ils ont de la fièvre (acétaminophène ou paracétamol : 15 mg/kg/dose PO toutes les 4 heures ; maximum chez le grand enfant : 650 mg/dose). L'administration préventive d'un anticonvulsivant n'est habituellement pas indiquée chez les enfants qui ont eu un petit nombre de convulsions fébriles simples. Lorsque les convulsions sont fréquentes ou complexes, on a le choix entre un mode de traitement préventif intermittent ou continu :

1) Prévention intermittente (premier choix) : nitrazépam (0,25 à 0,5 mg/ kg/24 heures PO en 3 fois), à donner seulement lors des épisodes fébriles, jusqu'au moment où la température est normalisée depuis environ 24 heures. Le diazépam serait également efficace (1 mg/kg/ 24 heures PO en 3 fois). Ce traitement préventif devrait être poursuivi pendant 12 à 18 mois après la dernière convulsion ;

2) Prévention continue (indiquée seulement en cas d'échec de la prévention intermittente) : on utilise le phénobarbital, à raison de 4 à 6 mg/kg/ 24 heures PO en 2 fois. Les principaux effets secondaires sont l'hyperactivité, ainsi qu'une légère altération des fonctions cognitives, réversible après l'arrêt du traitement. La durée suggérée de ce traitement préventif est de 12 à 18 mois après la dernière convulsion. Il est nécessaire de surveiller le taux sérique. La prophylaxie continue à l'acide valproïque (posologie initiale : 20 mg/kg/24 heures PO en 2 à 3 fois, à ajuster selon la réponse clinique et le taux sérique) est également efficace ; cet anticonvulsivant devrait être réservé à des situations exceptionnelles ; en effet, il y a un faible risque d'atteinte hépatique grave chez le jeune enfant. Le traitement préventif à la carbamazépine ou à la phénytoïne est inefficace.

Pronostic

Il est excellent : les convulsions fébriles ne sont presque jamais mortelles et les séquelles neurologiques sont exceptionnelles. Des récidives surviennent dans 30 à 50 % des cas, mais rarement après l'âge de cinq ans. Le risque de récidive est plus élevé si la première convulsion survient avant l'âge d'un an. Le risque d'épilepsie ultérieure chez les enfants qui ont eu des convulsions fébriles simples est de 1 à 2 %, alors qu'il est de 0,5 % dans la population générale. Lorsqu'il s'agit de convulsions fébriles complexes, ce risque varie de 2 à 13 %.

Lectures suggérées

Berg AT, Shinnar S, Hauser WA, Leventhal JM : Predictors of recurrent febrile seizures : a metaanalytic review. J Pediatrics 1990 ; 116 : 329-337.

Freedman JM, Vining EPG : Decision making and the child with febrile seizures. Pediatr Rev 1992 ; 13 : 298-304.

Hirtz DG : Generalized tonic-clonic and febrile seizures. Pediatr Clin North Am 1989 ; 36 : 365-382.

Rosman NP, Colton T, Labazzo J : A controlled trial of diazepam administered during febrile illnesses to prevent recurrence of febrile seizures. N Engl J Med 1993 ; 329 : 79-84.

Coqueluche   62

Luc Chicoine, Marc Lebel

Généralités

La coqueluche est causée par le *Bordetella pertussis*. D'autres types de *Bordetella* et d'autres agents infectieux comme l'adénovirus peuvent causer une toux coqueluchoïde. La persistance de la maladie, surtout chez les très jeunes enfants, s'explique par le fait que certains enfants ne sont pas vaccinés, par l'efficacité imparfaite du vaccin et par l'absence d'immunité passive d'origine maternelle.

Manifestations cliniques

Au début, la maladie se manifeste comme une infection banale des voies respiratoires supérieures qui dure environ deux semaines; c'est alors qu'apparaissent les quintes de toux caractéristiques, accompagnées du «chant du coq» et souvent émétisantes; elles durent deux à quatre semaines, puis disparaissent progressivement. Entre les quintes, les enfants atteints sont habituellement en excellent état et l'auscultation pulmonaire ne révèle d'habitude aucune anomalie. Les quintes s'accompagnent souvent de cyanose et de bradycardie et peuvent provoquer des vomissements; ces derniers peuvent entraîner un état de malnutrition. Dans les cas graves, des apnées et des arrêts cardiorespiratoires peuvent survenir. Les nourrissons de moins de deux mois présentent souvent des épisodes de cyanose sans toux, et les enfants plus âgés et les adultes peuvent présenter de la toux non quinteuse. L'ensemble de la maladie dure 6 à 10 semaines.

Explorations

Le diagnostic repose surtout sur l'histoire de contact et le tableau clinique.

L'hémogramme montre une leucocytose (20 à 50 × 10^9 globules blancs/L) avec une prédominance lymphocytaire (plus de 9 à 10 × 10^9 lymphocytes/L).

La diagnostic est prouvé lorsque la culture sur milieu de Bordet-Gengou est positive. Le prélèvement doit être effectué par aspiration des sécrétions nasopharyngiennes. La pousse du *Bordetella pertussis* est lente et peut prendre jusqu'à une semaine. Les cultures se négativent habituellement vers le milieu de la maladie.

La radiographie pulmonaire est souvent normale, mais diverses anomalies sont parfois présentes (hyperinflation, atélectasies, etc.).

Traitement

Il est préférable d'hospitaliser les nourrissons de moins de trois à six mois qui sont atteints, ainsi que ceux qui nécessitent des aspirations régulières des voies respiratoires, un soluté ou de l'oxygène. Les enfants hospitalisés méritent un monitorage de la respiration.

Lorsqu'il y a des apnées importantes, des épisodes graves de bradycardie ou des arrêts cardiorespiratoires, une intubation trachéale est parfois requise.

Si l'enfant vomit, lui donner des petits repas fréquents. Lorsque les difficultés alimentaires sont importantes, des gavages ou une alimentation parentérale peuvent devenir nécessaires.

Le traitement à l'érythromycine (30 à 50 mg/kg/24 heures PO en 3 à 4 fois pendant 14 jours; maximum chez le grand enfant: 2 g/24 heures) pourrait avorter ou atténuer la maladie lorsqu'il est administré dès la phase catarrhale; il réduit aussi la durée de contagiosité. Le second choix est le triméthoprime-sulfaméthoxazole (5 à 8 mg/kg/24 heures de triméthoprime et 25 à 40 mg/kg/24 heures de sulfaméthoxazole PO en 2 fois; maximum chez le grand enfant: 320 et 1 600 mg/24 heures); son efficacité n'est pas prouvée.

Dans les cas les plus graves (apnées majeures, arrêts cardiorespiratoires), il semble que les corticostéroïdes (exemple: prednisone: 1 à 2 mg/kg/24 heures PO en 2 fois; maximum chez le grand enfant: 50 mg) et le salbutamol (0,2 mg/kg/24 heures PO en 4 fois; maximum chez le grand enfant: 16 mg/24 heures) sont efficaces. Avant de prescrire des corticostéroïdes, il faut s'assurer que l'enfant a eu la varicelle, ou, si ce n'est pas le cas, qu'il n'a pas été en contact avec une personne atteinte de varicelle pendant les quatre semaines précédentes.

Complications

Apnées, arrêts cardiorespiratoires, atélectasies, coma, convulsions, emphysème interstitiel et sous-cutané, hémorragies conjonctivales, hémorragies intracrâniennes, malnutrition, otite moyenne, pneumonie, pneumothorax, vomissements, etc.

Incubation

La période d'incubation est de une à deux semaines.

Contagiosité

Sans traitement à l'érythromycine, la période de contagiosité dure jusqu'à trois semaines après le début des quintes; si l'enfant est traité, elle est réduite à quatre à sept jours.

Mesures préventives

Voir aussi Vaccinations.

Après trois doses, l'efficacité du vaccin n'atteint qu'environ 80 %; une vaccination incomplète est encore moins efficace.

L'enfant hospitalisé doit être isolé (voir Prévention des infections en milieu hospitalier).

Les membres de la famille, vaccinés ou non, devraient être traités à l'érythromycine. Voir aussi Problèmes épidémiologiques courants à la garderie (crèche).

Lectures suggérées

Bass JW: Pertussis: current status of prevention and treatment. Pediatr Infect Dis J 1985; 4: 614-619.

Brunell PA, Bass JW, Daum RS, *et al.*: Pertussis vaccine. Pediatrics 1984; 74: 303-305.

Cherry JD: The epidemiology of pertussis and pertussis immunization in the United Kingdom and the United States: a comparative study. Curr Prob Pediatr 1984; 14:1-78.

Edwards KM, Karzon DT: Pertussis vaccines. Pediatr Clin North Am 1990; 37: 549-566.

Gan VN, Murphy TV: Pertussis in hospitalized children. Am J Dis Child 1990; 144: 1130-1134.

Geller RJ: The pertussis syndrome: a persistent problem. Pediatr Infect Dis J 1984; 3: 182-186.

Golden GS: Pertussis vaccine and injury to the brain. J Pediatrics 1990; 116: 854-861.

Stetler HC, Orenstein WA, Bart KJ, *et al.*: History of convulsions and use of pertussis vaccine. J Pediatr 1985; 107: 175-179.

Corps étrangers des voies digestives   63

Pierre Gaudreault, Michel Weber, Arié Bensoussan

Généralités

Les corps étrangers des voies digestives sont souvent radio-opaques (exemple: pièces de monnaie). L'immense majorité de ces corps étrangers traversent le tube digestif sans causer aucun problème. Une pièce de monnaie d'un diamètre inférieur à 27 mm a très peu de chances de s'arrêter dans l'œsophage si celui-ci est normal; des corps étrangers plus petits peuvent rester bloqués dans l'œsophage lorsque celui-ci est sténosé (exemple: enfant opéré d'une atrésie de l'œsophage).

Manifestations cliniques et traitement

I. Corps étranger de l'œsophage

Un corps étranger de l'œsophage peut se manifester par de la dysphagie, de la douleur et de l'hypersalivation, mais aussi par des signes d'obstruction des voies aériennes supérieures (stridor, tirage). Si le corps étranger reste en place trop longtemps, et surtout s'il s'agit d'une pile, des complications majeures et potentiellement fatales peuvent survenir: perforation, médiastinite, hémorragie fulminante. Tout corps étranger de l'œsophage doit être enlevé le plus rapidement possible. La technique la plus sûre est l'exérèse par voie endoscopique sous anesthésie générale, les voies aériennes étant protégées par un tube endotrachéal. Certains auteurs ont utilisé avec succès une sonde à ballonnet (sonde de Foley) qui est introduite sous contrôle radioscopique au-delà du corps étranger; le ballonnet est alors gonflé, puis la sonde et le corps étranger sont retirés ensemble.

II. Corps étranger de l'estomac et de l'intestin

En général, les corps étrangers de l'estomac et de l'intestin ne causent pas de problèmes significatifs. Si l'enfant ne présente pas de symptômes, il n'est pas nécessaire de l'hospitaliser ni de suivre la progression du corps étranger par des radiographies répétées. On conseillera aux parents de surveiller les selles, et on fera une radiographie si le corps étranger n'a pas été éliminé après une semaine. Certains auteurs emploient des laxatifs pour accélérer l'évacuation; leur efficacité n'est pas prouvée. Une exérèse chirurgicale est rarement nécessaire; elle est indiquée lorsque la nonprogression du corps étranger s'accompagne de manifestations cliniques (obstruction, perforation, hémorragie digestive), ou lorsqu'il est bloqué dans l'appendice ou dans un diverticule de Meckel. L'exérèse endoscopique des corps étrangers de l'estomac réussit rarement.

Lectures suggérées

Friedman EM: Caustic ingestions and foreign bodies in the aerodigestive tract of children. Pediatr Clin North Am 1989; 36: 1403-1410.

Kenna MA, Bluestone CD: Foreign bodies in the air and food passages. Pediatr Rev 1988; 10: 25-31.

Corps étranger des voies respiratoires 64

Pierre Gaudreault, Michel Weber, Guy Lapierre, Jacques Boisvert

Généralités

Chez l'enfant de un à quatre ans, l'inhalation d'un corps étranger dans les voies respiratoires est un problème fréquent. C'est une urgence pédiatrique. Il peut s'agir de n'importe quel petit objet ou d'aliments, comme une arachide (cacahuète), un morceau de carotte crue, etc. Le plus souvent, ces corps étrangers sont radiotransparents. Lorsqu'il est situé dans le pharynx, le larynx ou la trachée, le corps étranger peut être responsable d'une mort subite. Lorsqu'il est situé dans une bronche, il peut causer une morbidité importante s'il n'est pas enlevé rapidement.

Manifestations cliniques et traitement

I. Corps étranger des voies respiratoires supérieures (pharynx, larynx, trachée)

Habituellement, il y a une histoire de suffocation sur un corps étranger alimentaire ou autre. On peut noter de l'anxiété ou une perte de connaissance, de la toux, de l'aphonie, du stridor et de la cyanose. L'approche recommandée est la suivante:

1) Si l'enfant est incapable de respirer, éviter de tenter d'extraire à l'aveugle le corps étranger avec le doigt: ceci risque de le repousser plus loin dans les voies respiratoires. Selon l'âge, utiliser une des manœuvres suivantes:

   – < 1 an: combinaison de tapes dans le dos et de compressions thoraciques. Pour les tapes dans le dos, on place l'enfant en décubitus ventral, la tête en bas (angle d'environ 60 degrés), sur l'avant-bras du réanimateur, qui peut prendre appui sur son genou pour plus de stabilité (figure 16). On administre rapidement avec le talon de la main quatre tapes dans le dos de l'enfant, au niveau de la région interscapulaire. Si l'obstruction n'est pas levée, on couche l'enfant en décubitus dorsal sur une surface dure et on administre rapidement quatre compressions thoraciques similaires aux compressions utilisées pour le massage cardiaque externe (voir Arrêt cardiorespiratoire); ces compressions sont exécutées sur le sternum au moyen de l'index et du médius. Si la respiration ne reprend pas, on regarde si le corps étranger ne se trouve pas dans la bouche, d'où il pourrait être extrait. Si la respiration n'a toujours pas repris, on ventile au masque ou avec la technique du bouche-à-bouche. Si on ne peut pas ventiler l'enfant, on répète les manœuvres décrites plus haut. Si la ventilation n'est toujours pas possible, on essaie d'intuber l'enfant ou de faire une ponction crico-thyroïdienne (aiguille de calibre 14), ou une crycothyrotomie.

- > 1 an : on effectue la manœuvre de Heimlich ;
  a) 1 à 7 ans : l'enfant est placé en décubitus dorsal sur une surface dure. Le réanimateur se met à califourchon au-dessus de lui et pose sa main au niveau de la ligne médiane de l'abdomen, à égale distance entre l'ombilic et l'appendice xiphoïde, puis il exerce une poussée forte et rapide, dirigée obliquement vers la colonne vertébrale de l'enfant et vers sa tête (figure 17);

Figure 16   Tapes dans le dos.

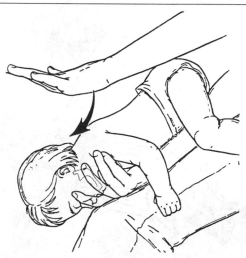

Source : Emergency Cardiac Care Committee and Subcommittees, American Heart Association. Part V: Pediatric basic life support. JAMA 1992 ; 268: 2258 (reproduit avec autorisation).

b) > 7 ans : la manœuvre peut être effectuée en position debout,
assise ou couchée :
-   En position debout ou assise, le réanimateur se place der-
    rière la victime, et il entoure la taille de celle-ci avec ses
    deux bras, puis il place l'un des ses poings, le pouce tourné
    vers l'abdomen de la victime, sur la ligne médiane, légère-
    ment plus haut que l'ombilic ; il recouvre ensuite son poing
    de sa main libre et exerce rapidement une forte poussée
    orientée obliquement vers la colonne vertébrale et vers le
    haut (figure 18) ;
-   En position couchée (décubitus dorsal), le réanimateur
    s'agenouille à côté de la victime, puis il exerce une poussée
    abdominale avec son poing et sa main libre, de la même
    façon qu'en position debout ou assise.

La manœuvre de Heimlich est répétée jusqu'à ce que le corps
étranger soit expulsé, ou jusqu'à un maximum de huit fois. Si la
respiration ne se rétablit pas, inspecter la bouche et vérifier si le
corps étranger s'y trouve et s'il peut être extrait manuellement. Si
le corps étranger n'est pas visible, ventiler au masque et au ballon
ou en faisant du bouche-à-bouche. Si la respiration ne reprend toujours pas, essayer d'intuber ou faire une ponction crico-thyroïdienne (aiguille de calibre 14) ou une cricothyrotomie.

Figure 17   Manœuvre de Heimlich en position couchée.

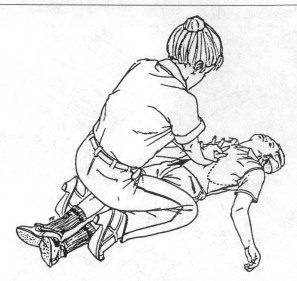

Source :   Emergency Cardiac Care Committee and Subcommittees, American Heart Association. Part V: Pediatric basic life support. JAMA 1992 ; 268 : 2259 (reproduit
avec autorisation).

2) Si l'enfant est capable de respirer, l'amener immédiatement à la salle d'opération pour procéder à l'exérèse endoscopique du corps étranger.

II. Corps étranger intrabronchique

Les corps étrangers se logent plus souvent dans la bronche souche droite que dans la gauche. La plupart du temps, les parents ont observé l'épisode d'étouffement.

L'enfant peut présenter de la toux, de la dyspnée, un wheezing localisé, des sibilances et une asymétrie auscultatoire.

Figure 18   Manœuvre de Heimlich en position debout.

Source :   Emergency Cardiac Care Committee and Subcommittees, American Heart Association. Part V: Pediatric basic life support. JAMA 1992; 268: 2258 (reproduit avec autorisation).

La radiographie des poumons peut être normale; si elle est anormale, on observe initialement une hypertransparence du territoire pulmonaire aéré par la bronche obstruée, avec un déplacement du médiastin du côté opposé. Si le corps étranger n'est pas enlevé rapidement, le territoire pulmonaire aéré par la bronche obstruée va s'atélectasier et le médiastin va être attiré du côté malade. Lorsque la radiographie pulmonaire est normale, le diagnostic peut être confirmé en observant un balancement du médiastin, soit en radioscopie, soit au moyen de deux radiographies, l'une en inspiration et l'autre en expiration. Lorsque l'enfant ne collabore pas, on peut arriver au même résultat en faisant des radiographies en décubitus latéral gauche et droit.

Le traitement de choix est l'exérèse endoscopique, après laquelle certains patients peuvent nécessiter une antibiothérapie (lorsqu'il y a une surinfection bactérienne), des bronchodilatateurs (lorsqu'il y a un bronchospasme) ou de la physiothérapie (kinésithérapie). L'exérèse chirurgicale est rarement indiquée. Lorsqu'un corps étranger séjourne longtemps dans une bronche, des complications graves peuvent survenir (pneumonie, abcès pulmonaire, syndrome asthmatiforme, hémoptysies).

Prévention

Compte tenu de l'incidence élevée de l'inhalation de corps étrangers dans les bronches, il est opportun que le médecin de famille ou le pédiatre donne des conseils préventifs lors de chaque visite de routine: il ne faut jamais laisser les jeunes enfants jouer avec de petits objets et ne jamais leur donner ou laisser à leur disposition des arachides (cacahuètes), des noix, des fragments de carottes crues, ni d'autres aliments pouvant obstruer les bronches.

Lectures suggérées

Widome M, Greensher, J, Bass JL, *et al.*: First aid for the choking child. Pediatrics 1988; 81: 740-742.

Cotton E, Yasuda K: Foreign body aspiration. Pediatr Clin North Am 1984; 31: 937-941.

Friedman EM: Caustic ingestions and foreign bodies in the aerodigestive tract of children. Pediatr Clin North Am 1989; 36: 1403-1410.

Holroyd HJ: Foreign body aspiration: potential cause of coughing and wheezing. Pediatr Rev 1988; 10: 59-63.

Kenna MA, Bluestone CD: Foreign bodies in the air and food passages. Pediatr Rev 1988; 10: 25-31.

Craniosténoses (craniosynostoses)   65

Pierre Masson, Louise Caouette-Laberge, Albert Larbrisseau, Claude Mercier, Grant Mitchell

Généralités

La craniosténose ou craniosynostose consiste en une fermeture prématurée d'une ou plusieurs sutures du crâne. Elle peut être primaire ou secondaire à une insuffisance de la croissance cérébrale. Une craniosténose primaire est isolée ou, dans environ 15 % des cas, fait partie d'un syndrome malformatif. Son étiologie est inconnue. Le type de déformation de la tête et les complications qui en résultent dépendent des sutures atteintes et de l'association ou non avec un syndrome génétique. L'incidence est de 1 sur 2 000 naissances vivantes. La suture sagittale est touchée dans 55 % des cas et la coronale dans 25 %. Les sutures métopique et lambdoïde sont plus rarement impliquées. Dans 15 % des cas, plus d'une suture est atteinte. Les médecins généralistes et les pédiatres jouent un rôle déterminant dans l'identification précoce de ce problème et l'orientation vers un centre spécialisé. Un retard de diagnostic et de traitement peut avoir des conséquences esthétiques, mais aussi être responsable de séquelles neurologiques, mentales ou visuelles, surtout si plus d'une suture est touchée.

Manifestations cliniques

Selon les sutures atteintes, des déformations caractéristiques surviennent; elles peuvent déjà être évidentes à la naissance:

– Acrocéphalie (oxycéphalie, turricéphalie): le crâne est allongé vers le haut, en «pain de sucre» ou en «tour». Cette anomalie est le résultat de craniosténoses multiples;

– Brachycéphalie: la tête s'élargit selon son axe latéro-latéral en raison de la fermeture prématurée des sutures coronales; elle s'accompagne souvent d'un hypertélorisme;

– Plagiocéphalie; cette anomalie consiste en une asymétrie de la tête:

  – La plagiocéphalie frontale résulte d'une craniosténose coronale ipsilatérale; on note un aplatissement frontal et une orbite fuyante du côté atteint, ainsi qu'une saillie compensatrice de la bosse frontale de l'autre côté;

  – La plagiocéphalie occipitale est la conséquence d'une craniosténose lambdoïde unilatérale; on note un aplatissement occipital du côté atteint et, souvent, une saillie compensatrice de la bosse frontale ipsilatérale;

– Scaphocéphalie: c'est la forme la plus fréquente. Elle résulte de la fermeture prématurée de la suture sagittale. La tête s'allonge dans son axe antéro-postérieur. Il peut y avoir une saillie des bosses frontales ainsi qu'une protubérance occipitale;

– Trigonocéphalie: il y a une fusion précoce de la suture métopique et on peut noter une crête frontale médiane, avec une déformation en «coque de bateau», ainsi qu'un hypotélorisme.

Explorations

La déformation de la tête qui peut se produire en cas de craniosténose doit être recherchée lors de l'examen systématique de tout nouveau-né ou nourrisson. La palpation de la suture peut révéler soit un bourrelet osseux dans le cas d'une craniosténose métopique ou sagittale, soit une dépression osseuse dans le cas d'une atteinte de la suture coronale ou lambdoïde. Il faut distinguer la craniosténose d'une plagiocéphalie par vice de position (exemple : torticolis congénital) ou par moulage intra-utérin de la tête. Les radiographies simples du crâne confirment la disparition partielle ou complète de la suture en cas de craniosténose. Elles révèlent une suture normale dans le cas d'une plagiocéphalie par vice de position ou par moulage, ou encore en cas de « suture collante » (sclérose périsuturale avec suture ouverte).

Principaux syndromes malformatifs associés aux craniosténoses

I. Syndrome d'Apert

Syndrome survenant de façon sporadique ou transmis selon le mode autosomique dominant. Ses principales caractéristiques sont notamment des craniosténoses multiples et des syndactylies. Il peut y avoir une déficience mentale.

II. Syndrome de Carpenter

Syndrome transmis selon le mode autosomique récessif. Il consiste en des craniosténoses multiples associées à des syndactylies et des polydactylies. Une déficience mentale a été fréquemment rapportée.

III. Syndrome de Crouzon

Ce syndrome est transmis selon le mode autosomique dominant. L'histoire familiale est fréquemment négative ; il s'agit alors de mutations nouvelles. Le syndrome est caractérisé notamment par des craniosténoses multiples, et on note souvent une brachycéphalie, une exophtalmie, un strabisme, un hypertélorisme et une hypoplasie du maxillaire. La déficience mentale est occasionnelle.

IV. Syndrome de Pfeiffer

Syndrome transmis selon le mode autosomique dominant. Il associe entre autres une craniosténose surtout coronale avec brachycéphalie, un hypertélorisme et un élargissement des pouces et des gros orteils. La déficience mentale est occasionnelle.

V. Syndrome de Saethre-Chotzen

Syndrome transmis selon le mode autosomique dominant. Il associe notamment une craniosténose coronale avec brachycéphalie, une asymétrie faciale, une hypoplasie du maxillaire, un hypertélorisme, des anomalies des oreilles et, souvent, une syndactylie. La déficience mentale est inhabituelle.

Traitement

Il doit être réalisé précocement, idéalement entre 2 et 6 mois ; après l'âge de 10 à 12 mois, les résultats sont plus ou moins satisfaisants. En cas de craniosténose simple, le traitement chirurgical consiste à recréer une suture, ce qui permet au crâne de reprendre une croissance harmonieuse. Dans les cas complexes, des interventions majeures de reconstruction cranio-faciale permettent d'obtenir de bons résultats cosmétiques et fonctionnels; ces interventions nécessitent la collaboration de neurochirurgiens, de chirurgiens plasticiens, d'ophtalmologues et d'orthodontistes.

Complications

La fusion prématurée d'une seule suture cause rarement d'autres problèmes que la déformation du crâne. Par contre, l'atteinte de plusieurs sutures (exemple : syndrome de Crouzon) peut interférer avec le développement du cerveau et causer une hypertension intracrânienne, une atrophie optique avec cécité ainsi qu'un retard psychomoteur.

Lectures suggérées

David JD, Poswillo D, Simpson D : The craniosynostoses. Springer-Verlag, Berlin, 1982.
Galli G : Craniosynostosis. CRC Press Inc, Boca Raton, 1984.

Cryptorchidie 66

Pierre Masson, Arié Bensoussan, Pierre Williot, Guy Van Vliet

Généralités

On parle de cryptorchidie lorsque la migration du testicule s'est arrêtée à un endroit quelconque entre son point de départ dans la région rénale et sa place normale dans le scrotum.

Il faut faire la distinction entre la cryptorchidie et le testicule rétractile qui, tout en étant situé dans le canal inguinal sous l'action du muscle crémastérien (surtout marquée entre un à deux ans et la puberté), peut être amené manuellement dans le scrotum.

La cryptorchidie peut être unilatérale ou bilatérale. Elle est plus fréquente chez le prématuré : la descente du testicule ne se termine normalement pas avant le 7e ou le 8e mois de grossesse. L'incidence chez le nouveau-né à terme est d'environ 0,8 %, mais elle peut atteindre 15 % chez le prématuré. L'anomalie se situe du côté droit chez 70 % des patients atteints. Dans environ 10 % des cas, le testicule se trouve dans l'abdomen. La descente bilatérale des testicules est notée au cours des premiers mois de vie et les parents en sont informés. Ceci évite beaucoup d'anxiété, ainsi que des explorations inutiles lorsque les testicules deviennent ultérieurement rétractiles.

Explorations

À l'inspection, la présence au niveau du scrotum de replis cutanés rugueux suggère qu'il y a eu une descente testiculaire normale; leur absence suggère que celle-ci n'a jamais eu lieu.

La palpation des testicules fait partie de tout examen de routine; elle doit se faire dans une pièce bien chauffée. La position accroupie facilite la manœuvre. Si l'on ne peut palper le testicule dans la bourse, il faut le rechercher plus haut dans le canal inguinal; s'il est repéré à cet endroit, on tente de le faire descendre manuellement pour savoir s'il s'agit d'un testicule rétractile ou d'une cryptorchidie vraie. Un testicule rétractile, une fois amené dans le scrotum, devrait y rester quelques secondes sans traction. Par la même occasion, on recherche une hydrocèle, un kyste du cordon ou une hernie inguinale. Un micropénis associé à une cryptorchidie fait penser à un hypogonadisme primaire ou secondaire.

En cas de cryptorchidie unilatérale, on tente de localiser le testicule avant l'exploration chirurgicale au moyen de l'échographie. La tomodensitométrie, la phlébographie de la veine spermatique et la scintigraphie au thallium sont rarement pratiquées. La laparoscopie permet de localiser les testicules intra-abdominaux. S'il y a une agénésie rénale ipsilatérale, une agénésie testiculaire est probable et une exploration chirurgicale n'est pas indiquée.

Dans le cas d'un nouveau-né présentant une cryptorchidie bilatérale, il faut s'assurer, notamment par un caryotype, qu'il ne s'agit pas d'une fille masculinisée de façon complète; dans ce cas, l'enfant doit être envoyé d'urgence à un endocrinologue. L'élévation de la FSH et de la LH établit le diagnostic d'agonadisme, ce qui épargne une exploration chirurgicale.

Traitement

Aucun traitement n'est indiqué pendant la première année de vie car une migration spontanée est encore possible. Le traitement chirurgical doit être fait de façon assez précoce parce qu'une diminution du nombre de spermatogonies peut déjà être observée à partir de l'âge de deux ans. Le meilleur moment pour procéder à l'orchidopexie se situe entre un et deux ans; cela permet d'éviter l'anxiété de castration possible chez l'enfant plus âgé. Le traitement médical au moyen de gonadotrophine chorionique humaine ou de LH-RH ne semble pas donner de résultats supérieurs à ceux d'un placebo; il n'est donc pas recommandé.

Complications

Les principales sont les suivantes:

1) Vulnérabilité accrue vis-à-vis des traumatismes, sauf si le testicule se trouve dans l'abdomen;

2) Infertilité (surtout en cas de cryptorchidie bilatérale): le risque augmente si le traitement est tardif;

3) Cancer du testicule (survient après la puberté). Il n'est pas certain que l'orchidopexie réduise le risque, mais la détection d'une tumeur est plus aisée si le testicule a été ramené en position normale;

4) Torsion: en cas de cryptorchidie, le diagnostic est très difficile et souvent manqué.

Lectures suggérées

Berkowitz GS, Lapinski RH, Dolgin SE : Prevalence and natural history of cryptorchidism. Pediatrics 1993 ; 92 : 44-49.

Cilento BG, Najjar SS, Atala A : Cryptorchidism and testicular torsion. Pediatr Clin North Am 1993 ; 40 : 1133-1149.

Elder JS : Cryptorchidism : isolated and associated with other genitourinary defects. Pediatr Clin North Am 1987 ; 34 : 1033-1053.

Fonkalsrud EW : Testicular undescent and torsion. Pediatr Clin North Am 1987 ; 34 : 1305-1317.

Hawtrey CE : Undescended testis and orchiopexy : recent observations. Pediatr Rev 1990 ; 11 : 305-308.

Rezvani I : Cryptorchidism : a pediatrician's view. Pediatr Clin North Am 1987 ; 34 : 735-745.

Déformations et malformations des membres inférieurs 67

François Fassier, Michel Weber, Pierre Masson

Généralités

Ce chapitre s'attarde seulement aux problèmes les plus fréquents. Le rôle du médecin généraliste ou du pédiatre est de détecter ces anomalies et d'envoyer l'enfant chez un orthopédiste lorsque la déformation ou la malformation nécessite un traitement spécialisé.

Anomalies des membres inférieurs situées dans le plan frontal

I. *Genu varum*

– Les jambes sont arquées avec une concavité interne (figure 19-A).

– Cette anomalie peu fréquente est habituellement notée vers l'âge de 18 mois. Elle est plus fréquente chez les enfants noirs. Le plus souvent idiopathique, elle peut aussi résulter d'un rachitisme ; dans ce cas, elle se développe souvent rapidement. Parfois, la déformation est secondaire à une lésion traumatique asymétrique de la plaque de croissance, qui cause un arrêt de la croissance du côté atteint ; le *genu varum* est alors unilatéral. Le *genu varum* peut ressembler ou être associé à une torsion tibiale interne.

– On mesure le *genu varum* de la façon suivante : l'enfant étant en décubitus dorsal, les chevilles au contact l'une de l'autre, on mesure l'écart entre les condyles fémoraux ou entre les métaphyses tibiales supérieures.

– Les radiographies permettent de s'assurer qu'il ne s'agit pas d'une maladie de Blount (voir Ostéochondrites).

Figure 19   Déformations des membres inférieurs dans le plan frontal. A : *Genu varum*. B : *Genu valgum*.

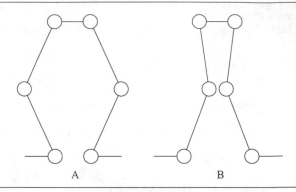

A   B

– Dans la plupart des cas, le *genu varum* se corrige spontanément et ne nécessite aucun traitement. Le traitement chirurgical est occasionnellement indiqué chez l'adolescent en cas de douleurs par surcharge mécanique de la partie interne de l'articulation du genou.

II. *Genu valgum*

– Les jambes sont arquées avec une concavité externe (figure 19-B).

– Cette anomalie est fréquente, particulièrement entre 4 et 10 ans. Sa principale étiologie est l'hyperlaxité ligamentaire, mais elle peut aussi résulter d'un rachitisme ; dans ce cas, elle peut se développer rapidement. Parfois, la déformation est secondaire à une lésion traumatique asymétrique de la plaque de croissance, qui cause un arrêt de la croissance du côté atteint ; le *genu valgum* est alors unilatéral.

– On mesure le *genu valgum* en déterminant la distance entre les malléoles internes, les genoux étant en contact l'un avec l'autre ; cette mesure, qui doit être répétée une fois par an, peut être effectuée soit en position debout, soit en position couchée, mais elle doit toujours être faite de la même façon chez le même patient.

– La plupart du temps, cette déformation se corrige de façon spontanée et ne nécessite aucun traitement. Les supports plantaires n'ont aucun effet sur la déformation. Dans les rares cas graves (distance intermalléolaire > 10 cm), une correction chirurgicale peut être envisagée. Pendant la période de croissance, elle consiste à arrêter la croissance du côté interne de chaque genou. Après la période de croissance, elle consiste en une ostéotomie.

Anomalies des membres inférieurs situées dans le plan sagittal

I. *Genu recurvatum*

– Le genou est en hyperextension (figure 20-A).

Figure 20 Déformations des membres inférieurs dans le plan sagittal. A : *Genu recurvatum*. B : *Genu flexum*.

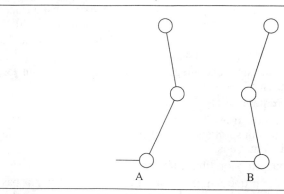

A   B

- Cette déformation est rare. Chez le nouveau-né, il s'agit d'une luxation du genou, pour laquelle un traitement orthopédique s'impose ultérieurement. Chez l'enfant plus âgé, le *genu recurvatum* est habituellement bilatéral ; il résulte le plus souvent d'une hyperlaxité ligamentaire ou, beaucoup plus rarement, d'une maladie neuromusculaire. Un *genu recurvatum* unilatéral peut être la conséquence d'un traumatisme de la plaque de croissance.

- Dans les formes bilatérales habituelles, aucun traitement n'est nécessaire. Une correction chirurgicale est parfois indiquée lorsque le *genu recurvatum* est la conséquence d'un traumatisme.

II. *Genu flexum (genu flessum)*

- Le genou ne peut être étendu ni activement ni passivement (figure 20-B).

- Cette déformation fréquente est le plus souvent due à un épanchement post-traumatique. Elle peut aussi résulter d'une malformation d'un ménisque, d'une arthrite septique (apparition aiguë) ou d'une arthrite rhumatoïde juvénile (apparition progressive).

- Les explorations et le traitement dépendent de la cause (exemple : résection d'un ménisque malformé).

Anomalies des membres inférieurs situées dans le plan axial

Pieds en rotation interne (endogyrisme)

Ce problème peut être la conséquence d'une anomalie de la hanche, du genou ou du pied, le pied n'étant qu'un indicateur de direction. Il s'agit rarement de malrotations osseuses, mais plutôt de problèmes résultant d'un étirement des structures capsulo-ligamentaires des articulations.

1) Anomalie de la hanche : antéversion fémorale.

- L'antéversion fémorale est fréquente après l'âge de 4 à 5 ans.

- À l'examen, on évalue la rotation externe et la rotation interne de la hanche, l'enfant étant couché sur le ventre. On note une rotation interne exagérée (70 à 80°, pour une normale de 40°), ainsi qu'une réduction de la rotation externe (10 à 15° pour une normale de 40°).

- Cette anomalie peut être idiopathique, ou résulter de l'habitude de s'asseoir en « W », les pieds en dehors.

- La prévention consiste à encourager les enfants à s'asseoir sur les fesses plutôt qu'en « W ».

- Il n'y a pas de traitement.

- Le pronostic est bon si les bonnes positions sont prises assez tôt. L'amélioration se fait spontanément au cours de la croissance ; elle peut prendre six à huit ans.

2) Anomalie du genou : « torsion tibiale interne ».

- Contrairement à ce que suggère ce terme consacré, il n'y a pas d'anomalie osseuse, mais plutôt un étirement des structures capsulo-ligamentaires du genou.

- Cette anomalie est d'habitude présente dès la naissance, car elle résulte de la position fœtale. Elle est surtout notée entre 18 mois et 4 ans.

- L'examen consiste à évaluer la rotation interne et la rotation externe, l'enfant étant en décubitus dorsal, la hanche et le genou étant fléchis à 90°. L'examinateur, placé face à la plante du pied, détermine l'angle que fait le pied avec la cuisse. Au repos, cet angle est normalement de 10 à 15° en rotation externe du pied. En cas de torsion tibiale interne, cet angle est diminué ou même inversé. De plus, la rotation de la jambe en dedans est exagérée (60 à 80° au lieu de 30 à 40°). Inversement, la rotation externe est réduite à 10 à 15°.

- L'enfant est encouragé à s'asseoir sur les fesses plutôt qu'en « W », afin de ne pas accentuer la déformation. La torsion tibiale externe spontanée due à la croissance améliore la situation en quelques années.

- Le traitement est rarement nécessaire. Il n'est indiqué que si la « torsion tibiale » persiste malgré la correction de la position. Il consiste à utiliser une barre de dérotation (Denis-Browne) pendant la nuit. La correction est effectuée de façon progressive ; à partir du moment où la correction maximale souhaitée est atteinte, la barre est portée pendant deux mois.

3) Anomalie du pied : *metatarsus adductus* (ou *metatarsus varus*).

- Cette déformation fréquente de l'avant-pied (figure 21) résulte de la position fœtale. Elle est notée facilement lorsqu'on regarde la plante du pied. Elle peut être unilatérale ou bilatérale.

- Il y a deux types de *metatarsus adductus* :

  a) Le *metatarsus adductus* souple : il se reconnaît au fait qu'on obtient facilement une correction en manipulant le pied. Le

Figure 21 *Metatarsus adductus.*

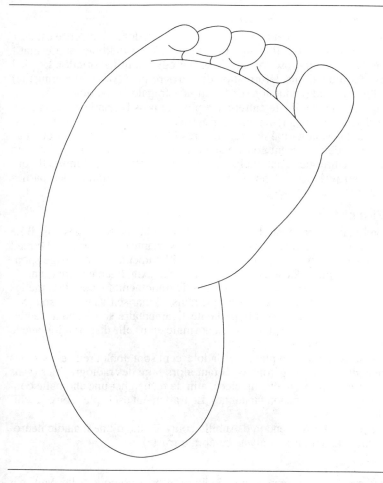

traitement consiste à enseigner aux parents des exercices à effectuer une dizaine de fois par jour, lors de chaque changement de couche. De plus, il faut éviter de laisser l'enfant dormir à genoux, les fesses en l'air car, dans cette position, les pieds sont inversés et le poids de l'enfant contribue à maintenir la déformation.

b) Le *metatarsus adductus* rigide : il est reconnu dès la naissance, car la déformation ne peut pas être corrigée en manipulant le pied. De plus, il y a souvent un pli cutané vertical au niveau du bord interne du pied. Cette déformation doit être traitée dès l'âge de trois mois par un ou des plâtres correcteurs, suivis de l'utilisation de souliers spéciaux ou d'une orthèse.

Diverses anomalies du pied

I. Pied bot (pied *varus* équin)

Il s'agit d'une malformation congénitale du pied, dont l'incidence est de 1 à 3/1 000 naissances. Il peut faire partie d'un syndrome malformatif (exemple : arthrogrypose) ou être isolé (hérédité multifactorielle). Le pied bot est constitué d'une déformation de l'arrière-pied (*varus* et équinisme) et de l'avant-pied (adduction par luxation astragalo-scaphoïdienne).

Le traitement doit être entrepris le plus tôt possible après la naissance. Il consiste en des manipulations correctrices successives, maintenues par un plâtre. Dans la moitié des cas, des résultats satisfaisants sont obtenus par ce type de traitement conservateur. Les autres enfants nécessitent un traitement chirurgical, habituellement effectué entre 6 et 12 mois. Il consiste en un relâchement postérieur et médian par libération des parties molles.

II. Pied plat

Le pied plat est fréquent chez l'enfant. Dans plus de 80 % des cas, il ne s'agit pas d'une anomalie, mais bien d'une variante de la normale. Le pied plat transitoire, qui est dû à une hyperlaxité ligamentaire, se corrige spontanément. Le pied plat non associé à une hyperlaxité ligamentaire est héréditaire ; il ne se corrige pas et il n'y a pas de traitement. Le port de semelles spéciales n'a aucun effet thérapeutique mais régularise l'usure des souliers.

Le pied plat causé par l'hyperlaxité ligamentaire se reconnaît facilement : au repos, l'arche plantaire est normale, mais elle disparaît lorsque le pied est mis en charge.

Certains cas de pied plat chez l'adolescent sont douloureux et associés à une contracture des péroniers. Il faut alors faire des radiographies (sans oublier l'incidence oblique du pied), afin de rechercher une anomalie congénitale (exemple : fusion tarsienne). Le traitement est le plus souvent chirurgical.

Le pied plat avec tendon d'Achille court résulte d'une maladie neuro-musculaire (exemple : paralysie cérébrale fruste).

III. Pied creux

Cette anomalie rare impose une évaluation neurologique. Elle peut, par exemple, constituer une manifestation de l'ataxie de Friedreich. Cette anomalie est étonnamment bien supportée. Des douleurs peuvent apparaître sous les têtes des métatarsiens ; elles sont traitées au moyen d'un support plantaire spécial. Des cors peuvent se développer lorsque les orteils sont déformés « en griffe ».

IV. Pied équin

On distingue trois formes :

1) Pied équin « occasionnel », noté vers l'âge de 18 mois : l'enfant marche sur la pointe des pieds, mais est capable de descendre sur demande les talons sur le sol. Occasionnellement, le tendon d'Achille est court. Cette anomalie est causée par l'habitude de se mettre à genoux, assis

sur les talons, les pieds étant droits. Le traitement consiste à modifier la position assise;

2) La forme détectée habituellent chez le garçon vers l'âge de trois ans. L'enfant atteint marche constamment sur la pointe des pieds. Un examen neurologique, incluant la manœuvre de Gowers, est nécessaire pour détecter une dystrophie musculaire;

3) Lorsque la malformation est progressive et asymétrique, un examen de la colonne est indiqué, car elle peut résulter, par exemple, d'une diastématomyélie.

V. Pieds en rotation externe (exogyrisme)

Ce problème peut être causé par une rétroversion fémorale, une torsion tibiale externe ou, plus rarement, un *metatarsus abductus*. Lorsque l'enfant commence à marcher, on note une démarche «en canard». Le plus souvent, l'exogyrisme est secondaire à un étirement des structures capsulo-ligamentaires des hanches et des genoux chez l'enfant qui dort couché sur le ventre et les jambes écartées. Le traitement consiste à adopter pendant le sommeil une position en décubitus dorsal ou latéral. Les enfants présentant un exogyrisme à l'âge de la marche vont avoir tendance à s'asseoir en «W» et présenteront par la suite une antéversion fémorale. Ainsi, la rotation externe va s'améliorer, puis le pied va passer en rotation interne vers l'âge de cinq ans.

Lectures suggérées

Craig CL, Goldberg MJ : Foot and leg problems. Pediatr Rev 1993; 14 : 395-400.
Wenger DR, Leach J : Foot deformities in infants and children. Pediatr Clin North Am 1986; 33 : 1411-1427.
Wilkins KE : Bowlegs. Pediatr Clin North Am 1986; 33 : 1429-1483.

Dermite atopique («eczéma atopique»)　　68

Maria-Helena Znojkiewicz, Julie Powell, Nicole Ottavy

Généralités

La dermite atopique ou dermatite atopique est une forme d'eczéma chronique ou récidivant qui affecte environ 5 % de la population. Ses causes demeurent imprécises, mais plusieurs éléments étiologiques interviennent, parmi lesquels l'hérédité, des facteurs immunologiques (les IgE sériques sont fréquemment élevées) et des facteurs liés à l'environnement. Une proportion élevée des enfants atteints présenteront ultérieurement de l'asthme ou une rhinite allergique.

Manifestations cliniques

Les lésions cutanées peuvent prendre plusieurs formes. Il peut s'agir de vésicules ou de placards érythémato-squameux plus ou moins excoriés.

Des pustules et des croûtes s'observent en cas de surinfection. Une lichénification peut apparaître dans les cas chroniques. Une des caractéristiques cliniques importantes de la dermite atopique est le prurit, qui permet souvent de la différencier de la dermite séborrhéique. Des lésions de grattage peuvent en résulter. Surtout chez le jeune enfant, on observe souvent une sécheresse de la peau. La localisation des lésions a une importance diagnostique considérable et varie selon l'âge:

1) Chez le nourrisson et le jeune enfant (< 2 ans): les régions les plus souvent affectées sont le visage, le cuir chevelu, le tronc et les faces d'extension des membres;

2) Chez l'enfant plus âgé (2 à 10 ans): ce sont les zones de flexion des membres (pli du coude et creux poplité). Les lésions sont fréquemment chroniques et lichénifiées;

3) Chez l'adolescent, les lésions peuvent affecter les zones de flexion des membres, la région péri-orbitaire, ainsi que les mains et les pieds. Au niveau de ces derniers, il est important de remarquer que la dermite atopique affecte de façon prédominante le premier orteil, alors que le «pied d'athlète» a une prédilection pour les espaces interdigitaux situés entre les troisième et quatrième et entre les quatrième et cinquième orteils.

Explorations

Le diagnostic est essentiellement clinique et, la plupart du temps, aucun examen paraclinique n'est nécessaire. Lorsque les lésions sont surinfectées, il peut être utile d'en faire une culture. Habituellement, les tests d'allergie n'ont que peu d'intérêt.

Traitement

1) Une bonne hydratation de la peau est essentielle au succès du traitement. Paradoxalement, elle exige qu'on minimise le contact de la peau avec l'eau en diminuant la durée des bains. On utilise, particulièrement après le bain, divers émollients: au Canada, on se sert par exemple de la Base Glaxal, de la Dermabase ou d'un mélange de 10 % de glycérine, de 40 % d'eucérine et de 50 % d'eau. En France, on utilise par exemple un des Cold-Creams disponibles. Les préparations à base d'urée ou d'acide lactique ont un excellent effet hydratant, mais elles causent souvent une sensation de brûlure locale chez l'enfant.

2) La pierre angulaire du traitement de la dermite atopique est l'application locale de corticostéroïdes. De multiples préparations existent; elles sont classées selon leur puissance (voir Index pharmacologique sous la rubrique Corticostéroïdes). Le plan de traitement doit tenir compte des principes suivants:

a) L'application prolongée d'un corticostéroïde puissant sur la peau du visage, les plis et les organes génitaux, peut causer des lésions permanentes (atrophie et télangiectasies);

b) Lors d'un traitement de longue durée, les corticostéroïdes peuvent être suffisamment absorbés par la peau pour causer un syndrome de Cushing et une dépression de l'axe hypothalamo-hypophysaire. Ce risque augmente si l'enfant est jeune, si les phénomènes inflammatoires sont marqués, si la surface d'application est étendue, si le traitement est prolongé et si la préparation choisie est puissante.

En pratique, on utilise initialement une préparation de faible puissance qu'on applique une à trois fois par jour. En cas d'insuccès, on peut utiliser une préparation plus puissante pendant une période limitée. Les plus puissantes devraient être réservées au traitement des lésions peu étendues. On utilise habituellement une crème, mais une pommade (onguent) est préférable s'il s'agit de lésions chroniques lichénifiées.

3) Parmi les mesures adjuvantes, on conseille d'éviter les situations qui augmentent la transpiration, de porter de préférence des vêtements de coton et de laver le linge au moyen d'un savon doux en évitant l'eau de Javel et les assouplisseurs.

4) Lorsqu'il y a un prurit important, l'administration d'un antihistaminique de la première génération comme l'hydroxyzine, la chlorphéniramine ou la diphenhydramine peut être utile (voir Urticaire).

5) En cas de surinfection bactérienne, une antibiothérapie par voie locale ou générale est indiquée (voir Impétigo).

6) Chez le jeune enfant, une dermite atopique étendue et réfractaire au traitement peut justifier un régime d'élimination, particulièrement des protéines bovines. Les principaux autres allergènes à prendre en considération sont les noix, le soja et les œufs. Dans cette situation, la collaboration d'un allergiste et d'un diététicien peut être utile.

Complications

1) Surinfection bactérienne, souvent causée par le *Staphylococcus aureus*, mais aussi par le *Streptococcus pyogenes* ou le virus herpès.

2) Lichénification.

Pronostic

La dermite atopique du jeune enfant tend à disparaître avant l'âge de cinq ans; chez l'enfant plus âgé et l'adolescent, on observe souvent une alternance de rémissions et d'exacerbations.

Lecture suggérée

Hanifin JM: Atopic dermatitis in infants and children. Pediatr Clin North Am 1991; 38: 763-789.

Dermite de contact aiguë   69

Maria-Helena Znojkiewicz, Julie Powell, Nicole Ottavy

Généralités

La dermite de contact aiguë peut être causée par une multitude d'agents qui peuvent entrer en contact avec la peau : parfums, produits cosmétiques, antibiotiques et autres médicaments appliquées localement, anesthésiques locaux, antihistaminiques, métaux (exemple : bouton en nickel des jeans), plantes vénéneuses (exemple : sumac vénéneux ou « herbe à puce » au Canada), etc.

Manifestations cliniques

On observe des placards érythémateux, des vésicules ou des bulles sur les sites de contact. Ces lésions ont un contour bien délimité ou une distribution linéaire. Un œdème peut être associé, particulièrement au niveau du visage ou des organes génitaux. L'apparence inhabituelle d'une éruption doit faire penser à ce diagnostic.

Explorations

Habituellement, l'anamnèse et l'examen sont suffisants. Dans certains cas, un test épicutané de provocation (*patch test*) est utile.

Traitement

1) Appliquer des compresses humides pendant 30 minutes, 3 à 4 fois par jour.
2) On applique ensuite une préparation à base de corticostéroïdes. Comme il s'agit d'un traitement de courte durée, on peut utiliser un corticostéroïde fluoré, plus rapidement efficace (voir Index pharmacologique sous la rubrique Corticostéroïdes).
3) S'il y a un prurit important, un antihistaminique de la première génération peut apporter un certain soulagement, particulièrement le soir (voir Urticaire).
4) S'il y a une surinfection bactérienne, voir Impétigo.
5) Dans les cas graves (lésions étendues, symptômes persistants), un traitement de courte durée aux corticostéroïdes par voie générale peut être indiqué. On donne par exemple de la prednisone à raison de 2 mg/kg/24 heures PO en 2 fois (maximum chez le grand enfant : 50 mg/24 heures).
6) Une hospitalisation peut être indiquée lorsque les lésions sont étendues ou lorsqu'il y a une surinfection importante.

Prévention

Elle consiste à éviter le contact avec la substance en cause.

Lecture suggérée

Hogan PA, Weston WL: Allergic contact dermatitis in children. Pediatr Rev 1993; 14: 240-243.

Dermite du siège («dermite de couches»)   70

Maria-Helena Znojkiewicz, Julie Powell, Nicole Ottavy

Généralités

La dermite du siège ou «dermite de couches» constitue l'un des problèmes dermatologiques les plus fréquents chez l'enfant de moins de deux ans. Cette entité n'est pas homogène et peut résulter de plusieurs facteurs étiologiques, parmi lesquels l'humidité locale plus ou moins constante, la friction, l'action irritante des enzymes fécales, l'infection à *Candida albicans* ou à *Staphylococcus aureus*, ainsi que certains irritants chimiques (détergents, assouplisseurs de tissus, parfums, etc.). L'ammoniaque urinaire agirait comme un facteur irritant secondaire qui viendrait aggraver une dermite préexistante.

Manifestations cliniques

Il faut tenter de distinguer entre plusieurs entités, ce qui n'est pas toujours facile car certaines d'entre elles peuvent coexister:

1) Dermite irritative simple (dermite en «W»): il s'agit de la forme la plus fréquente. Elle atteint les surfaces convexes et épargne les plis de flexion.

2) Surinfection à *Candida albicans*: ce problème fréquent se caractérise par un érythème intense qui s'étend jusqu'au fond des plis de flexion, contrairement à ce qu'on observe en cas de dermite irritative simple. En périphérie, on note la présence des lésions satellites arrondies. Il existe parfois une candidose buccale associée. Voir Candidoses.

3) Intertrigo: il s'agit d'une atteinte préférentielle des plis inguinaux et interfessier, avec macération plus ou moins importante de la peau.

4) Dermite séborrhéique: elle peut également s'observer au niveau de la région périnéale. Ce diagnostic est envisagé si on observe aussi des croûtes squameuses et jaunâtres sur le cuir chevelu ou des lésions érythématosquameuses au niveau des régions rétro-auriculaire, ombilicale ou axillaire, ou dans les plis du cou. Voir Dermite séborrhéique.

5) Histiocytose: c'est une cause rare de dermite pouvant impliquer le périnée. Elle ressemble à une dermite séborrhéique réfractaire au traitement et est souvent accompagnée de purpura. Il faut rechercher des

signes d'atteinte d'autres systèmes comme des otites persistantes ou une hépatosplénomégalie. Une biopsie cutanée est nécessaire au diagnostic.

6) Psoriasis de la région périnéale : il s'agit d'un problème rare, qui se manifeste par des plaques érythématosquameuses rouge vif, très bien délimitées. On retrouve souvent une histoire familiale de psoriasis.

Prévention et traitement

Garder la région périnéale sèche et propre et limiter l'irritation et la macération. On conseille un lavage au moyen d'un savon doux et d'eau après chaque changement de couche. Une crème à base d'oxyde de zinc (exemples : Canada : Zincofax ; France : émulsion cuivre-zinc Uriage, Éryplast) constitue une bonne protection et peut également être appliquée après chaque changement de couche. Il est préférable d'éviter les culottes de plastique. Les couches de coton ne protègent pas nécessairement mieux que les couches jetables, mais certains enfants peuvent être sensibles à des parfums que certaines de ces dernières contiennent.

L'application locale de corticostéroïdes deux ou trois fois par jour pendant une courte période est réservée aux cas graves et rebelles de dermite irritative, d'intertrigo ou de dermite séborrhéique. On choisit de préférence une préparation de puissance faible (voir Index pharmacologique sous la rubrique Corticostéroïdes). Un antifongique y est associé si le traitement se prolonge pendant plus de 72 heures. Les corticostéroïdes fluorés sont à proscrire car ils peuvent induire une atrophie cutanée ou des granulomes.

La candidose est traitée par application locale d'un antifongique comme la nystatine et, si une atteinte buccale est aussi présente, on prescrit le traitement habituel (voir Candidoses).

Les surinfections bactériennes sont traitées, selon leur gravité, au moyen d'une antibiothérapie administrée par voie locale ou générale (voir Impétigo).

Lecture suggérée

Rasmussen JE : Diaper dermatitis. Pediatr Rev 1984 ; 6 : 77-82.

Dermite séborrhéique   71

Maria-Helena Znojkiewicz, Julie Powell, Nicole Ottavy

Généralités

La dermite séborrhéique ou dermatite séborrhéique, fréquente chez le nourrisson, se rencontre aussi chez l'adolescent. Un saprophyte de la peau, le *Pityrosporum ovale* a été incriminé récemment dans son étiologie.

Manifestations cliniques

Des croûtes jaunâtres et graisseuses sur un fond érythémateux sont caractéristiques de cette maladie. Chez le nourrisson, l'atteinte peut être localisée au cuir chevelu et aux sourcils ou s'étendre au visage, aux régions rétro-auriculaires, aux plis de flexion, au périnée ou même se généraliser. En France, la forme généralisée est appelée maladie de Leiner-Moussous. Il peut y avoir une blépharite associée. Chez l'adolescent, le cuir chevelu constitue le site préférentiel. Contrairement à la dermite atopique, qui peut lui ressembler, la dermite séborrhéique ne cause habituellement pas de prurit. Une histiocytose se manifeste parfois par des lésions similaires, associées à un purpura et réfractaires au traitement.

Explorations

Aucun examen paraclinique n'est nécessaire, sauf si on suspecte une histiocytose. Une biopsie cutanée est alors nécessaire.

Traitement

1) Canada:
   a) Lésions du cuir chevelu:
      – Atteinte minime du cuir chevelu: appliquer un lubrifiant topique comme de l'huile d'olive, de l'huile d'amandes douces ou de l'huile minérale. Faire un shampooing ordinaire quelques heures plus tard. Enlever ensuite délicatement les croûtes au moyen d'un peigne fin ou d'une brosse douce;
      – Atteinte importante: on suit les mêmes étapes, mais on utilise un shampooing médicamenteux à base d'acide salicylique (Sebcur), de polypeptide concentré de cocoate de triéthanolamine (Soropon) ou de goudron (Polytar doux). Si le shampooing médicamenteux ne suffit pas, on peut appliquer deux fois par jour de l'hydrocortisone (exemple: lotion à 1 %).
   b) Lésions de la peau: on utilise un traitement identique à celui de la dermite atopique (voir Dermite atopique). On met au besoin de l'huile de goudron (Doak-oil) dans l'eau du bain;
2) France:
   a) Lésions du cuir chevelu: différentes préparations sont utilisées, parmi lesquelles les suivantes:
      – Kélual en lotion ou en émulsion;
      – Préparations magistrales sans acide salicylique (exemple: vaseline: 20 g; huile d'amandes douces: 5 g; lanoline: 10 g; eau de chaux: 5 mL);
      – Préparations magistrales d'acide salicylique (0,5 à 1 %);
      – Shampooing doux de type Item à l'huile pour bébés.
   b) Lésions de la peau: on peut appliquer une crème de type Dalibour Faible ou topique imidazolée (exemples: Daktarin, Mycoster). En cas d'échec, un corticostéroïde peut être administré par voie topique (voir Dermite atopique).

Pronostic

La guérison complète au cours de la première année de vie est habituelle.

Lecture suggérée

Williams ML: Differential diagnosis of seborrheic dermatitis. Pediatr Rev 1986; 7: 204-211.

Déséquilibres hydriques, électrolytiques et acidobasiques　72

Michel Weber, Luc Chicoine

N.B.: Les techniques de maintien de l'hydratation et de réhydratation par voie orale sont détaillées dans le chapitre Gastro-entérite.

Généralités

Le jeune enfant est plus vulnérable que l'adulte à la déshydratation, en raison notamment de son immaturité rénale, de sa dépendance vis-à-vis d'autres personnes pour obtenir de l'eau, de son plus grand rapport surface corporelle/masse, et de l'incidence, élevée à cet âge, de la fièvre, de la diarrhée et des vomissements. Le début du XXe siècle a vu le développement de la réhydratation intraveineuse et sa fin l'avènement de la réhydratation orale.

L'eau

I. Besoins d'entretien

Plusieurs techniques permettent d'estimer les besoins d'entretien en eau (voie intraveineuse); en voici quelques exemples:

1) Technique A: selon l'âge et le poids (utiliser le poids idéal, c'est-à-dire le poids qu'aurait le patient si son poids était au même percentile que sa taille; ceci est surtout important chez les obèses):
   - 2 premiers jours de vie: besoins d'entretien = 60 mL/kg/24 heures;
   - 2 jours à 1 an:　　　besoins d'entretien = 90 mL/kg/24 heures;
   - 1 à 15 ans:　　　　besoins d'entretien (mL/kg/24 heures)
     = 85 − (3 × l'âge en années).

2) Technique B (la plus simple): selon le poids (utiliser le poids idéal):
   Besoins d'entretien = 100 mL/kg/24 heures pour les 10 premiers kilos de poids + 50 mL/kg/24 heures pour les 10 kilos suivants (10 à 20 kg) + 20 mL/kg/24 heures pour tous les kilos suivants (au-delà de 20 kg).

3) Technique C: selon la surface corporelle:
   Besoins d'entretien = 1 500 mL/m^2/24 heures.

La surface corporelle peut être déterminée de façon précise à l'aide d'un nomogramme à partir de la taille et du poids (voir annexe 7); elle peut aussi être estimée grâce au moyen mnémotechnique suivant:

– Nouveau-né: 0,3 m²;

– Enfant normalement proportionné de 10 kg: 0,5 m²;

– Enfant normalement proportionné de 30 kg: 1 m²;

– Adulte normalement proportionné: 1,73 m².

4) Technique D: selon la consommation d'énergie:

Besoins d'entretien = 100 mL par 420 kJ (100 kcal) utilisés.

La consommation d'énergie peut être évaluée de plusieurs façons. Par exemple:

a) Selon le poids:

– 0 à 10 kg: 420 kJ/kg (100 kcal/kg) par 24 heures;

– 10 à 20 kg: 4 200 kJ (1 000 kcal) + 210 kJ (50 kcal) par kilo de poids au-delà de 10 kg par 24 heures;

– Plus de 20 kg: 6 300 kJ (1 500 kcal) + 84 kJ (20 kcal) par kilo de poids au-delà de 20 kg par 24 heures.

b) Selon l'âge:

– De 0 à 1 an: 420 kJ/kg (100 kcal/kg) par 24 heures;

– Au-delà d'un an: 4 200 kJ/kg (1 000 kcal/kg) + 420 kJ (100 kcal) par année d'âge par 24 heures, avec un maximum de 9 240 kJ (2 200 kcal) par 24 heures pour la fille et 1 050 kJ (2 500 kcal) par 24 heures pour le garçon.

c) Selon la surface corporelle:

– À tout âge: 6 300 kJ (1 500 kcal)/m²/24 heures avec un maximum de 9 240 kJ (2 200 kcal) par 24 heures pour la fille et 10 500 kJ (2 500 kcal) par 24 heures pour le garçon.

Les besoins d'entretien en eau doivent être augmentés de 12 % pour chaque degré de température corporelle au-dessus de 38.

Exemple: Calculez, selon chacune des formules mentionnées ci-dessus, les besoins d'entretien en eau d'une fille de 26 mois qui mesure 88 cm, pèse 12,2 kg et a une surface corporelle de 0,55 m².

Solution:

– Technique A: besoins d'entretien
= 85 – (3 × 2) mL/kg/24 heures = 79 × 12,2
= 963 mL/24 heures.

– Technique B: besoins d'entretien
= (100 × 10) + (50 × 2,2) = 1 110 mL/24 heures.

– Technique C: besoins d'entretien
= 1 500 × 0,55 = 825 mL/24 heures.

– Technique D: besoins d'entretien (si on se base sur une consommation énergétique moyenne de 5 040 kJ, soit 1 200 kcal/24 heures) = 1 200 mL/24 heures

II. Déshydratation

Une déshydratation peut résulter soit d'une insuffisance d'apport en eau, soit d'un excès de pertes d'eau par voie digestive, rénale, cutanée ou pulmonaire, soit encore d'une association de ces deux facteurs. Elle peut aussi être la conséquence d'une accumulation d'eau dans des anses intestinales dilatées («troisième espace»). La cause la plus fréquente de déshydratation est la gastro-entérite. La déshydratation peut être associée ou non à des perturbations qualitatives du milieu intérieur (acidose, hypernatrémie, hypokaliémie, etc.).

1) **Prévention de la déshydratation par voie orale ou intraveineuse («soluté de base»):**

   Chez les enfants qui souffrent de gastro-entérite, on peut presque toujours prévenir la déshydratation et les troubles électrolytiques par voie orale (voir Gastro-entérite).

   Lorsque l'enfant doit être gardé à jeun ou est incapable de boire, par exemple à la suite d'une intervention chirurgicale abdominale, la déshydratation peut être prévenue au moyen d'un soluté contenant environ 277 mmol/L de glucose (5 %), 30 à 40 mmol/L de sodium et 20 mmol/L de potassium; c'est le «soluté de base» qui est administré à une vitesse correspondant aux besoins d'entretien (voir plus haut), en y ajoutant les pertes anormales par voie digestive ou autre (exemple: drainage gastrique).

2) **Évaluation quantitative de la déshydratation:**

   Seule la perte de poids renseigne de façon précise quant au degré de déshydratation. Par exemple, si un enfant souffrant de gastro-entérite pesait hier 10 kg et pèse aujourd'hui 9 kg, il a perdu, à peu près exclusivement sous forme d'eau, 10 % de son poids corporel et on dit qu'il est déshydraté à 10 %. À l'inverse, si un enfant pèse 9 kg lorsqu'il est déshydraté et 10 kg lorsqu'il est réhydraté, on peut conclure rétrospectivement qu'il était déshydraté à 10 %. Malheureusement, le poids exact avant la gastro-entérite est rarement connu; on est donc réduit à utiliser un ensemble d'indices cliniques plus ou moins précis pour évaluer le degré de déshydratation.

   Une déshydratation légère (0 à 5 %) ne se manifeste par aucun indice clinique particulier. Il faut donc considérer comme déshydraté à 5 % tout enfant qui a une histoire d'apport d'eau insuffisant et de perte d'eau excessive, même s'il ne présente aucun signe de déshydratation. Ces signes apparaissent en cas de déshydratation modérée (5 à 10 %) ou grave (plus de 10 %).

   Puisque les signes de déshydratation renseignent surtout sur la déshydratation extracellulaire, ils apparaissent précocement en cas de déshydratation hypotonique (le compartiment extracellulaire est très contracté) et tardivement en cas de déshydratation hypertonique (le compartiment extracellulaire est relativement préservé). Lorsqu'on planifie le traitement d'un enfant présentant une déshydratation hypertonique, il faut donc surestimer volontairement le degré de déshydratation (exemple : si un enfant semble déshydraté à 10 % et a une natrémie à 174 mmol/L, il faut considérer qu'il est déshydraté à 15 %).

Les signes de déshydratation grave sont : l'altération de l'état de conscience, la dépression excessive de la fontanelle antérieure, l'aspect cerné des yeux, l'absence de larmes, le pli cutané persistant (il faut prendre un large pli au niveau de l'abdomen), la sécheresse de la muqueuse buccale (le stade extrême est celui de la langue «rôtie»), le caractère «filant» de la salive, l'oligurie ou l'anurie, la froideur, la pâleur ou la cyanose de la peau ainsi que son aspect marbré, l'allongement au-delà de trois secondes du temps de remplissage capillaire estimé par compression puis relâchement d'un ongle, la tachycardie, l'hypotension artérielle et enfin le préchoc ou le choc hypovolémique.

3) **Évaluation qualitative de la déshydratation :**

La déshydratation est isotonique, isonatrémique ou iso-osmolaire si la natrémie est normale (130 à 150 mmol/L) ; elle est hypertonique, hypernatrémique ou hyperosmolaire si elle est élevée (> 150 mmol/L) et elle est hypotonique, hyponatrémique ou hypo-osmolaire si elle est abaissée (< 130 mmol/L).

Lorsque la déshydratation est importante, il est utile de mesurer la kaliémie, de préciser si l'équilibre acidobasique est perturbé et de doser l'urée sanguine et la créatinine sérique.

4) **Particularités et traitement des différents types de déshydratation :**

a) Déshydratation isotonique

La natrémie est normale (130 à 150 mmol/L).

Dans les circonstances normales, c'est la forme de déshydratation la plus fréquente en cas de gastro-entérite. Elle résulte d'une perte équivalente d'eau et de sodium.

Le compartiment extracellulaire est contracté et le compartiment intracellulaire est préservé ; les signes de déshydratation et le choc hypovolémique apparaissent de façon relativement précoce.

Comme il n'y a pas de différence entre l'osmolarité extracellulaire et l'osmolarité intracellulaire, la distribution de l'eau entre les deux secteurs n'est pas modifiée.

Traitement :

– S'il y a un état de préchoc ou de choc hypovolémique, donner rapidement (en 15 à 30 minutes) 20 à 30 mL/kg de Ringer lactate ou de NaCl à 0,9 % par voie intraveineuse ou, si c'est impossible, par voie intra-osseuse (voir Choc hypovolémique). Lorsque l'état de préchoc ou de choc est corrigé, on poursuit la réhydratation par voie orale ou par voie intraveineuse (voir ci-dessous) ;

– S'il n'y a pas d'état de préchoc ou de choc, la réhydratation orale est possible dans la plupart des cas (voir Gastro-entérite).

La réhydratation orale est contre-indiquée en cas de préchoc ou de choc hypovolémique et, dans les pays développés, en cas de déshydratation majeure. Elle est impossible chez l'enfant qui vomit si personne ne peut rester en permanence à son chevet. Dans ces situations, ainsi que dans les rares cas d'échec de la réhydratation orale, on procède à la réhydratation intraveineuse. On vise une correction rapide (24 heures) de la déshydratation; le soluté doit avoir une concentration en sodium de l'ordre de 77 mmol/L (solution glucosée à 5 % – NaCl à 0,45 %). La présence de glucose dans le soluté a pour but de réduire le catabolisme et donc de prévenir ou de corriger une cétose de jeûne. La quantité de soluté à perfuser au cours des 24 premières heures sera égale aux besoins d'entretien (voir plus haut) plus le déficit estimé (DE) qui peut être estimé de la façon suivante :

DE = 10 × le pourcentage de déshydratation × le poids en kg.

Afin de rétablir la situation hémodynamique rapidement, il est avantageux d'administrer le soluté plus rapidement au début de la réhydratation: on peut par exemple donner le 1/4 de la quantité totale calculée pendant les 2 à 4 premières heures et les 3/4 restants pendant les 20 à 22 heures suivantes.

Si la kaliémie est normale, on ajoute au soluté 10 à 20 mmol/ L de potassium sous forme de KCl dès que l'enfant commence à uriner. S'il y a une hyperkaliémie, on attend qu'elle se soit normalisée. S'il y a une hypokaliémie, on prescrit une concentration plus élevée de potassium, de l'ordre de 30 à 40 mmol/L selon sa gravité.

Ce programme de réhydratation n'est pas adéquat si des pertes importantes de liquide se poursuivent: il faut alors augmenter la vitesse d'administration du soluté en se basant sur la pesée des couches.

Pendant la réhydratation, il est important de vérifier régulièrement la régression des signes de déshydratation et l'augmentation du poids. Dès que l'état de l'enfant est amélioré, il est préférable de passer à la voie orale.

Exemple : Un garçon âgé de 11 mois présente depuis 24 heures des vomissements fréquents ainsi qu'une diarrhée profuse. Son poids quelques jours avant sa maladie était de 10 kg et il est maintenant de 8,5 kg. Ses yeux sont cernés et il y a un pli cutané persistant. Il n'y a pas de signe de préchoc ni de choc. Sa natrémie est à 144 mmol/L et sa kaliémie à 5,4 mmol/L. Quel est votre plan de réhydratation intraveineuse?

Solution : Le soluté doit contenir 5 % de glucose et environ 77 mmol/L de sodium. La réhydratation devrait se faire en 24 heures. La quantité totale de soluté à donner pendant cette période sera égale à la somme des besoins d'entretien de 24 heures, soit 1 000 mL (100 mL/kg), et du déficit estimé qui est de 1 500 mL (10 × 15 % de déshydratation × 10 kg), soit 2 500 mL.

Le débit du soluté devrait être plus rapide au début (exemple : 1/4 de la quantité totale calculée au cours des 4 premières heures et les 3/4 restants au cours des 20 heures suivantes). La prescription sera donc : soluté glucosé à 5 % – NaCl à 0,45 % : 156 mL/heure pendant 4 heures puis 94 mL/heure pendant les 20 heures suivantes. Ajouter 10 mmol/L de potassium (KCl) après la première miction ; ceci apporte au patient 2,5 mmol/kg/24 heures de potassium, une dose d'entretien adéquate. Si l'enfant est initialement en acidémie, une augmentation de l'apport de potassium peut devenir nécessaire en cours de route parce que l'acidémie a pu masquer une hypokaliémie.

b) Déshydratation hypertonique

La natrémie est élevée (> 150 mmol/L).

Dans les circonstances normales, la déshydratation hypertonique est plutôt rare en cas de gastro-entérite. Elle résulte d'une perte disproportionnée d'eau par rapport aux pertes de sodium. Tous les facteurs qui augmentent les pertes insensibles d'eau sans sodium favorisent donc la déshydratation hypernatrémique : jeune âge, fièvre, hyperventilation, environnement chaud et sec. Ce type de déshydratation peut aussi être la conséquence d'erreurs iatrogéniques, notamment du traitement d'une gastro-entérite avec des liquides hyperosmolaires. Une diarrhée pauvre en sodium comme celle qui résulte d'une infection à rotavirus constitue aussi une cause favorisante.

La mortalité et la morbidité de cette forme de déshydratation sont plus élevées, en raison surtout des hémorragies intracrâniennes qu'elle peut provoquer.

Le compartiment intracellulaire est fortement contracté, mais le compartiment extracellulaire est également touché dans une certaine mesure.

Les signes habituels de déshydratation (yeux cernés, pli cutané persistant) ainsi que le choc hypovolémique sont absents ou tardifs puisque le secteur extracellulaire est relativement préservé. Il faut donc surestimer volontairement le degré de déshydratation si on veut planifier adéquatement la réhydratation.

Le cerveau semble plus ou moins protégé contre la déshydratation cellulaire, grâce à l'apparition dans les cellules cérébrales d'« osmols idiogéniques » comme la taurine.

La déshydratation hypertonique peut causer différents problèmes cliniques et paracliniques plus ou moins explicables : léthargie alternant avec de l'irritabilité, convulsions, coma, hyperglycémie et, surtout en cours de traitement, hypocalcémie. La peau a une consistance caoutchouteuse particulière.

Traitement :

– S'il y a un état de préchoc ou de choc hypovolémique (cette situation est rare puisque le compartiment extracellulaire est relativement préservé), procéder comme dans le cas de la déshydratation isotonique (voir Choc hypovolémique). Il peut être indiqué de donner une solution colloïdale (plasma ou albumine humaine), parce que les solutions cristalloïdes administrées se dirigent plutôt vers le compartiment intracellulaire, ce qui empêche la normalisation du volume circulant;

– Si la déshydratation n'est pas majeure et s'il n'y a pas de préchoc ni de choc hypovolémique, on procède à la réhydratation, de préférence par voie orale, de la même façon que pour la déshydratation isotonique (voir Gastro-entérite);

– Lorsque la réhydratation orale n'est pas possible ou souhaitable, on la réalise par voie intraveineuse.

Si on réhydrate trop lentement ou avec une solution de perfusion trop concentrée en sodium, l'état d'hyperosmolarité va persister ou s'aggraver et le risque d'hémorragies intracrâniennes va demeurer. À l'inverse, si la réhydratation est trop rapide ou si la solution de perfusion est trop pauvre en sodium, la natrémie va diminuer trop vite et le patient va convulser. Il faut donc choisir un compromis permettant à la natrémie de diminuer d'environ 0,5 mmol/L/heure. Ce compromis est réalisé en corrigeant la déshydratation de façon relativement lente (48 heures) avec un soluté dont la concentration en sodium est de 25 à 40 mmol/L (un soluté glucosé à 5 % – NaCl à 0,2 % est donc adéquat).

La quantité totale de liquide à perfuser pendant les 48 premières heures est égale à 2 fois les besoins d'entretien (puisqu'on fait un plan de traitement pour 48 et non 24 heures) plus le déficit estimé (10 × le pourcentage de déshydratation × le poids de l'enfant en kg). Comme les signes de déshydratation sont tardifs dans le cas d'une hypernatrémie, il faut toujours surestimer volontairement le degré de déshydratation avant d'entreprendre ces calculs. On répartit cette quantité en 48 fractions égales, chacune étant perfusée en une heure. Évidemment, il ne faut rien donner à boire à l'enfant pendant la période de réhydratation intraveineuse, sinon la réhydratation devient trop rapide et l'enfant risque de présenter des convulsions.

Si des pertes digestives importantes se poursuivent, il faut augmenter la perfusion en se guidant sur la pesée des couches.

L'adjonction de potassium à la solution de la perfusion suit les mêmes principes que dans le cas d'une déshydratation isotonique.

S'il y a une hypocalcémie, ajouter 20 mL de gluconate de calcium à 10 % par litre de soluté.

Pendant la phase de réhydratation, il est prudent de surveiller régulièrement, par exemple toutes les quatre heures, la natrémie, la kaliémie et la calcémie, et de surveiller la régression des signes de déshydratation ainsi que l'augmentation du poids.

Même si la période initiale de 48 heures n'est pas terminée, on peut passer à la réhydratation orale dès que l'état de l'enfant est amélioré.

Exemple : Un garçon âgé de 11 mois présente une gastro-entérite depuis 3 jours. Il vomit beaucoup et sa diarrhée est profuse. Il se présente avec un état de conscience légèrement altéré et un pli cutané persistant. Le reste de l'examen est normal. Il n'y a pas de signe de préchoc ni de choc. Il pèse 8,5 kg mais son poids antérieur est inconnu. Sa natrémie est à 164 mmol/L et sa kaliémie à 4,4 mmol/L. Quel est votre plan de réhydratation intraveineuse ?

Solution: Le plan de réhydratation sera de 48 heures. La quantité totale de liquide à administrer pendant cette période sera égale à la somme de 2 fois les besoins d'entretien de 24 heures plus le déficit estimé. Les besoins d'entretien de 24 heures sont de 100 mL/kg soit 1 000 mL. L'enfant semble déshydraté à 10 % mais, comme il s'agit d'une déshydratation hypertonique, la déshydratation doit être plus importante qu'elle ne le semble et on l'estime à 15 %. Le poids avant déshydratation doit donc être de 10 kg. Les besoins d'entretien de 48 heures sont de 2 000 mL. Le déficit estimé se calcule de la même façon que dans le cas d'une déshydratation isotonique : 10 × 10 (le poids avant déshydratation) × 15 (le pourcentage estimé de déshydratation) = 1 500 mL. La quantité totale de liquide à donner au cours des 48 premières heures sera donc de 2 000 mL + 1 500 mL = 3 500 mL. Le débit du soluté sera donc de 3 500 mL / 48 = 73 mL/heure. On choisit une solution de NaCl à 0,2 % (la concentration en sodium est de 35 mmol/L) avec 5 % de glucose. Le patient ne devrait pas boire pendant la période de réhydratation intraveineuse. Dès qu'il urine, on ajoute 30 mmol/L de potassium sous forme de KCl, ce qui lui donne un apport de potassium de 5,5 mmol/kg/24 heures, une dose de correction adéquate (même si la kaliémie est normale, il doit exister une déplétion intracellulaire en potassium, d'autant plus que la gastro-entérite dure depuis trois jours). Ne pas oublier de surveiller la natrémie, par exemple toutes les quatre heures.

c) Déshydratation hypotonique

La natrémie est abaissée (< 130 mmol/L).

Cette forme de déshydratation résulte d'une perte démesurée de sodium par rapport à l'eau, par exemple lors d'une diarrhée sécrétoire. L'hyponatrémie peut aussi être favorisée par des erreurs iatrogéniques, comme le traitement oral d'une gastro-entérite avec une solution pauvre en sodium.

L'espace extracellulaire est fortement contracté et l'espace intracellulaire est paradoxalement en état d'expansion.

Les signes cliniques de déshydratation et le choc hypovolémique apparaissent tôt.

Lorsque la natrémie est très basse (< 120 mmol/L), des convulsions peuvent survenir.

Chez tout jeune enfant qui présente une déshydratation hyponatrémique, il faut suspecter un problème sous-jacent comme une fibrose kystique, une hyperplasie congénitale des surrénales ou une uropathie obstructive.

Traitement :

– Si l'enfant convulse par hyponatrémie, il faut lui donner une solution concentrée (3 %) de NaCl par voie intraveineuse pour augmenter la natrémie de 10 mmol/L (voir Convulsions et état de mal convulsif) ;

– S'il y a un état de préchoc ou de choc, on procède comme en cas de déshydratation isotonique (voir Choc hypovolémique) ;

– Si la déshydratation n'est pas majeure et s'il n'y a pas de préchoc ni de choc, on réhydrate de préférence par voie orale (voir Gastro-entérite) ;

– Si la réhydratation orale n'est pas possible, on réhydrate par voie intraveineuse exactement comme en cas de déshydratation isotonique, c'est-à-dire en 24 heures, mais on utilise initialement une solution physiologique (0,9 % NaCl, soit 154 mmol/L) avec 5 % de glucose. On surveille la natrémie et, lorsqu'elle atteint 130 mmol, on poursuit la réhydratation avec un soluté à 0,45 % de NaCl (77 mmol/L de Na).

L'adjonction de potassium à la solution suit les mêmes règles que dans le cas d'une déshydratation isotonique. Dès que l'état de l'enfant s'est amélioré, on poursuit avec une réhydratation orale, même si la période initiale de 24 heures n'est pas terminée.

Exemple : Un garçon âgé de 2 ans qui pèse 10,8 kg se présente parce qu'il a des vomissements incoercibles et une diarrhée profuse depuis 24 heures. Son état de conscience et son état hémodynamique sont satisfaisants. Ses yeux sont cernés et il y a un pli cutané persistant. Sa natrémie est à 120 mmol/L et sa kaliémie à 3,2 mmol/L. Une brève tentative de réhydratation orale échoue à cause de vomissements incoercibles. Quel sera votre plan de réhydratation intraveineuse ?

Solution : Le plan de réhydratation s'étale sur 24 heures. L'enfant est déshydraté à environ 12 %. Son poids avant déshydratation doit donc être voisin de 12 kg. Ses besoins d'entretien en eau sont de 1 100 mL/24 heures (100 mL/kg/24 heures pour les 10 premiers kilos plus 50 mL/kg/24 heures pour les 2 kilos suivants). Le déficit estimé est de 10 × 12 (le poids du patient) × 12 (le pourcentage de déshydratation) = 1 440 mL. La somme des besoins d'entretien et du déficit estimé est de 2 540 mL. On va perfuser cette quantité plus rapidement au début (exemple : le 1/4 en 4 heures et les 3/4 pendant les 20 heures suivantes). La vitesse de perfusion sera donc de 160 mL/heure pendant les 4 premières heures et de 95 mL/heure pendant les 20 heures suivantes. Au début, on choisira une solution de NaCl à 0,9 % (154 mmol/L de sodium) avec 5 % de glucose et, lorsque la natrémie atteindra 130 mmol/L, on la remplacera par une solution de NaCl à 0,45 % (77 mmol/L de sodium) avec 5 % de glucose. Dès que le patient urine, on ajoutera 20 mmol/L de potassium sous forme de KCl dans la solution. L'apport en potassium sera donc de 4,2 mmol/kg/24 heures, ce qui constitue une dose adéquate pour la correction d'une hypokaliémie modérée.

III. Hyperhydratation

Voir Œdème.

Le sodium

La natrémie normale est de 130 à 150 mmol/L.

I. Besoins d'entretien

Dans les circonstances normales, les besoins d'entretien en sodium sont de 2 à 3 mmol/kg/24 heures. Que l'enfant soit hydraté par voie orale ou par voie intraveineuse, une solution contenant 40 mmol/L satisfait à ces besoins.

II. Hyponatrémie (Na < 130 mmol/L)

Une pseudohyponatrémie s'observe lorsqu'une quantité excessive de lipides est présente dans le plasma (la natrémie réelle devrait être mesurée dans la phase aqueuse du plasma). C'est ce qu'on observe en cas d'acidose diabétique, de syndrome néphrotique ou d'hyperlipidémie congénitale. La natrémie peut aussi être abaissée de façon artificielle en cas d'acidose diabétique, puisque du liquide intracellulaire pauvre en sodium vient diluer le liquide extracellulaire (pour chaque élévation de 5,5 mmol/L de glucose, la natrémie baisse de 1,6 mmol/L).

La principale conséquence de l'hyponatrémie est un œdème cérébral qui se manifeste, selon sa gravité, par de la léthargie, des céphalées, des vomissements, des convulsions et un coma.

Une hyponatrémie vraie s'observe dans trois types de situations cliniques :

1) Hyponatrémie chez l'enfant en apparence normohydraté (le degré d'hyperhydratation peut être insuffisant pour qu'un œdème soit apparent). Cette situation se rencontre surtout en cas de surdosage de vasopressine ou de sécrétion inappropriée d'hormone antidiurétique ; celle-ci peut résulter de différents problèmes neurologiques (exemple : méningite) ou pulmonaires. Le diagnostic de cette situation repose sur la coexistence d'une osmolarité urinaire élevée qui contraste avec une hypo-osmolarité plasmatique ; la natriurèse est supérieure à 60 mmol/L. Le diabète insipide chez un enfant capable de se procurer de l'eau par lui-même peut également se manifester ainsi. Enfin, une intoxication légère par l'eau peut causer une hyponatrémie sans œdème apparent ;

2) Hyponatrémie chez l'enfant œdémateux (voir aussi Œdème) : une intoxication par l'eau est à peu près impossible à créer par un apport excessif d'eau par voie orale ou intraveineuse, sauf s'il existe un problème sous-jacent tel qu'une insuffisance cardiaque, rénale ou hépatique ou une hypoprotéinémie. Le nouveau-né et le jeune nourrisson font exception parce que leur capacité de diluer leur urine est faible : on peut créer chez eux un œdème avec hyponatrémie avec une surcharge liquidienne relativement modeste ;

3) Hyponatrémie chez l'enfant déshydraté (déshydratation hypotonique) : la cause la plus fréquente de cette situation est une gastro-entérite, surtout s'il s'agit d'une diarrhée sécrétoire causée par exemple par la toxine du choléra ou de certains *Escherichia coli*. On peut aussi observer cette association lorsqu'il existe un troisième secteur (exemple : occlusion intestinale) ; le remplacement des pertes digestives par des solutions trop pauvres en sodium la favorise. On la retrouve plus rarement en cas de fibrose kystique (c'est un des modes de présentation de la maladie ou une de ses complications lorsqu'elle est connue), d'insuffisance surrénalienne (chez le jeune enfant, il faut toujours suspecter une hyperplasie congénitale des surrénales), de traitement par des diurétiques ou de plusieurs types de problèmes rénaux (exemple : uropathie obstructive).

S'il y a des symptômes graves comme des convulsions, il est nécessaire de faire augmenter rapidement la natrémie de 10 mmol/L en donnant par voie intraveineuse une solution concentrée (3 % ou 514 mmol/L) de NaCl. Le nombre de millimoles à donner = (natrémie souhaitée – natrémie actuelle) × 0,6 × le poids en kg. Comme la différence entre la natrémie souhaitée et la natrémie actuelle est toujours égale à 10, on peut simplifier la formule de la façon suivante :

$$10 \times 0,6 \times \text{poids en kg.}$$

Exemple : Un enfant qui pèse 12 kg convulse avec une natrémie à 112 mmol/L. Le nombre de mmol de sodium à lui donner sera théoriquement de (122 – 112) × 0,6 × 12 = 72 mmol, soit 140 mL de la solution à 3 %.

Cette solution de NaCl à 3 % est perfusée rapidement jusqu'au moment où la convulsion cesse. Ensuite, la correction est poursuivie avec une solution de NaCl à 0,9 % (154 mmol/L) jusqu'à ce que la natrémie atteigne 130 mmol/L, puis enfin avec une solution de NaCl à 0,45 % (77 mmol/L). Si cet état d'hyponatrémie grave est associé à une hyperhydratation (intoxication par l'eau), il faut donner du furosémide (1 à 2 mg/kg IV) en même temps que la solution concentrée de NaCl.

S'il n'y a pas de symptômes graves comme des convulsions, le traitement de l'hyponatrémie dépend de sa cause :

a) Si elle résulte d'une gastro-entérite, voir plus haut (Déshydratation hypotonique) ;

b) Si elle résulte d'une perte excessive de sodium par voie cutanée (fibrose kystique) ou rénale (hyperplasie congénitale des surrénales ou uropathie obstructive), le traitement sera similaire à celui de la déshydratation hypotonique (voir aussi Hyperplasie congénitale des surrénales);

c) Le traitement de la sécrétion inappropriée d'hormone antidiurétique et de l'intoxication par l'eau consiste en une restriction des apports liquidiens; s'il y a des symptômes importants, il faut y associer du furosémide (1 à 2 mg/kg IV).

III. Hypernatrémie (Na > 150 mmol/L)

Une hypernatrémie ne veut pas dire que le sodium total du patient est trop élevé. Au contraire, elle signifie habituellement qu'il y a un déficit en eau; le contenu total du corps en sodium peut être normal, augmenté ou diminué.

La cause la plus fréquente d'hypernatrémie est la déshydratation hypertonique résultant d'une gastro-entérite. L'hypernatrémie peut aussi être causée ou favorisée par un apport d'eau insuffisant (exemple: altération de l'état de conscience, absence ou insuffisance de sensation de soif, négligence des parents, etc.), par des pertes urinaires excessives (exemple: diabète insipide chez un bébé incapable d'avoir accès à de l'eau par ses propres moyens), par une alimentation hyperosmolaire (exemple: lait en poudre ou lait concentré insuffisamment dilué, lait de vache non modifié administré à un enfant qui souffre de gastro-entérite) ou par un apport accidentel d'une quantité excessive de sel.

Tous les facteurs qui augmentent les pertes insensibles d'eau sans sodium par voie cutanée et pulmonaire peuvent favoriser une hypernatrémie, notamment le très jeune âge (rapport surface corporelle/masse élevé), la fièvre, l'hyperventilation ainsi que la sécheresse ou la chaleur excessive de l'environnement.

Les manifestations cliniques et les complications de l'hypernatrémie sont décrites plus haut à propos de la déshydratation hypertonique.

Le traitement dépend de la cause: s'il s'agit d'une gastro-entérite, c'est celui de la déshydratation hypertonique. S'il s'agit d'une hypodipsie, il faut augmenter les apports d'eau. S'il s'agit d'un diabète insipide d'origine centrale, il faut donner de l'hormone antidiurétique, etc.

Le potassium

La kaliémie normale est de 3,5 à 5,5 mmol/L. S'il s'agit de sang capillaire, la valeur obtenue est fréquemment supérieure à 5,5 mmol/L en raison de l'hémolyse inhérente à ce mode de prélèvement. Le potassium plasmatique ne reflète pas nécessairement le contenu en potassium du milieu intracellulaire: par exemple, si un enfant est en acidémie, la kaliémie peut être normale alors qu'il existe un profond déficit en potassium intracellulaire.

I. Besoins d'entretien

Dans les circonstances normales, les besoins d'entretien en potassium sont de 2 à 3 mmol/kg/24 heures. Que l'enfant soit hydraté par voie orale ou par voie intraveineuse, une solution contenant 20 mmol/L de potassium couvre habituellement ces besoins.

II. Hypokaliémie (K < 3,5 mmol/L)

Une cause fréquente d'hypokaliémie est la perte excessive de potassium par voie digestive (diarrhée ou vomissements). Cette situation se rencontre surtout en cas de gastro-entérite; la sténose du pylore est un autre exemple.

Un apport insuffisant de potassium est une autre cause possible, c'est pourquoi il est important de satisfaire aux besoins d'entretien en potassium (2 à 3 mmol/kg/24 heures) de tout patient qui est sous perfusion pendant plus de 24 heures.

Une hypokaliémie peut aussi résulter de pertes excessives de potassium par voie urinaire, en cas de polyurie (exemple: diabète non traité), lors de l'administration de diurétiques, de corticostéroïdes ou de certains antibiotiques (exemples: amphotéricine B, ampicilline, carbénicilline, clindamycine, gentamicine, pénicilline, rifampicine), et chez les patients qui souffrent d'une dysfonction tubulaire (exemples: acidose tubulaire, syndrome de Fanconi associé à une cystinose).

Une hypokaliémie particulièrement aiguë et profonde peut survenir pendant les premières heures de traitement d'une acidose diabétique: initialement, ces patients sont déjà déficients en potassium en raison de leur polyurie antérieure. Au moment où l'acidose métabolique se corrige, le potassium est transféré massivement du milieu extracellulaire au milieu intracellulaire et la kaliémie s'effondre si on ne prend pas soin d'administrer une quantité suffisante de potassium (voir Diabète).

Plus rarement, des pertes excessives de potassium par voie cutanée sont responsables d'une hypokaliémie; ceci peut survenir, surtout en été, chez les patients atteints de fibrose kystique ou à la suite d'un exercice intense par temps chaud.

Parmi les causes plus rares d'hypokaliémie, il faut citer l'alcalémie, l'hypocalcémie, l'hypomagnésémie, le syndrome de Bartter, la maladie de Cushing, la paralysie périodique familiale, une dialyse avec un dialysat pauvre en potassium, un abus de laxatifs tel qu'on peut le rencontrer en cas d'anorexie mentale, etc.

L'hypokaliémie cause surtout une faiblesse musculaire, un iléus paralytique et des problèmes cardiaques: l'ECG montre une dépression du segment ST, un aplatissement de l'onde T et une élévation de l'onde U; diverses arythmies peuvent survenir; elles peuvent être mortelles.

Chez le patient normokaliémique hydraté par voie parentérale, l'hypokaliémie peut être prévenue par l'administration de quantités suffisantes de potassium (2 à 3 mmol/kg/24 heures).

Lorsqu'une hypokaliémie légère ou modérée est établie, elle doit être corrigée de préférence par voie orale au moyen d'aliments riches en potassium (jus d'orange, bananes, etc.) ou, au besoin, d'une des préparations commerciales disponibles (voir Index pharmacologique). Par cette voie, la concentration maximale est de 70 à 80 mmol/L. Des concentrations plus élevées causent de l'intolérance digestive.

Une hypokaliémie grave doit être corrigée par voie intraveineuse; c'est une urgence médicale. La correction doit être lente parce qu'un apport massif de potassium est dangereux. Elle s'étale sur plusieurs jours.

On utilise le chlorure de potassium; la concentration maximale utilisable en perfusion intraveineuse périphérique est de 40 à 50 mmol/L. Que ce soit par voie orale ou par voie intraveineuse, la correction nécessite un apport de 4 à 6 mmol/kg/24 heures, parfois plus. La correction d'une hypokaliémie grave doit se faire sous surveillance continue de l'ECG. On évite habituellement un apport de potassium supérieur à 0,5 mmol/kg/heure.

Exemple: Un garçon âgé de 18 mois présente une gastro-entérite depuis 3 jours. Cliniquement, il est déshydraté à 10 %; son poids est de 10,8 kg. Sa natrémie est à 132 mmol/L et sa kaliémie à 2,1 mmol/L. Comment allez-vous traiter cette hypokaliémie grave?

Solution: Le poids de cet enfant avant déshydratation est de 12 kg. Ses besoins d'entretien en eau sont de 1 100 mL/24 heures. Son déficit estimé en eau est de 1 200 mL. La quantité totale de liquide à lui perfuser pendant les 24 premières heures sera donc de 2 300 mL. En raison de la gravité de l'hypokaliémie, on va choisir un soluté contenant la concentration maximale de potassium que peut tolérer une veine périphérique, soit 40 mmol/L. Ce patient reçoit donc 92 mmol de potassium par 24 heures, soit 7,6 mmol/kg/24 heures, ce qui est adéquat.

III. Hyperkaliémie (K > 5,5 mmol/L)

Une pseudohyperkaliémie est souvent observée lorsque le sang est prélevé par microméthode; elle résulte d'une hémolyse.

La principale cause d'hyperkaliémie vraie est l'insuffisance rénale aiguë.

Parmi les causes plus rares, il faut citer l'administration de quantités excessives de potassium, l'acidémie, le traitement à la spironolactone, l'insuffisance surrénalienne et particulièrement l'hyperplasie congénitale des surrénales, l'hémolyse aiguë, la lyse massive de globules blancs en cas de leucémie, les traumatismes importants (*crush syndrome*) et la rhabdomyolyse. Les uropathies obstructives (exemple: hydronéphrose congénitale), surtout lorsqu'elles sont associées à une infection urinaire, peuvent aussi causer une hyperkaliémie. Celle-ci peut être associée à une hyponatrémie; le tableau électrolytique ressemble alors à celui d'une hyperplasie congénitale des surrénales.

Une hyperkaliémie marquée cause une faiblesse musculaire et peut conduire à des arythmies cardiaques mortelles incluant l'asystolie. Les signes électrocardiographiques sont une onde T pointue et un élargissement du QRS.

Traitement: voir Insuffisance rénale aiguë.

L'équilibre acidobasique

Pour interpréter l'équilibre acidobasique, il faut se poser successivement trois questions:

– Quelle est la résultante finale des troubles de l'équilibre acidobasique? C'est le pH sanguin qui donne la réponse: s'il est inférieur à 7,35, il y a une acidémie. S'il est supérieur à 7,55, il y a une alcalémie;

– Comment se présente le numérateur de l'équation de Henderson-Hasselbalch (composante métabolique)? Celui-ci peut être exprimé de trois façons: si le bicarbonate est inférieur à 22 mmol/L, si le CO_2 total est inférieur à 20 mmol/L ou si l'excès de base est inférieur à -3 mmol/L, il y a une acidose métabolique. Si le bicarbonate est supérieur à 29 mmol/L, si le CO_2 total est supérieur à 28 mmol/L ou si l'excès de base est supérieur à $+3$ mmol/L, il y a une alcalose métabolique;

– Comment se présente le dénominateur de l'équation de Henderson-Hasselbalch (composante respiratoire)? Si la PCO_2 est supérieure à 40 mm Hg, il y a une acidose respiratoire et, si elle est inférieure à 40 mm Hg, il y a une alcalose respiratoire.

I. Acidose métabolique

Une acidose métabolique peut résulter de trois types de mécanismes:

1) Une perte anormale de bicarbonate, soit par voie rénale (exemple: acidose tubulaire rénale), soit par voie digestive (diarrhée); dans ce cas, le trou anionique (*anion gap*) sera normal;

2) Une production excessive d'acides organiques (exemples: cétose de jeûne, acidose diabétique) ou un ralentissement de l'excrétion de ces acides (exemple: insuffisance rénale aiguë); dans ce cas, le trou anionique sera augmenté;

3) Une dilution rapide de l'espace extracellulaire et donc du bicarbonate (acidose de dilution); le trou anionique est alors normal.

Les deux premiers mécanismes sont les plus fréquents et ils peuvent survenir simultanément; ce sera par exemple le cas lors d'une gastroentérite.

Le trou anionique se calcule de la façon suivante:

$$\text{Trou anionique} = [Na - (Cl + HCO_3)].$$

La valeur normale du trou anionique est de 8 à 16 mmol/L.

Exemple: Si la concentration plasmatique du sodium est de 139 mmol/L, celle du chlorure de 103 mmol/L et celle du bicarbonate de 24 mmol/L, le trou anionique sera de $[139 - (103 + 24)] = 12$ mmol/L.

Une acidose métabolique est compensée de façon rapide et prévisible par une alcalose respiratoire. Cette compensation ne sera complète que si l'acidose métabolique est modérée; le pH se maintient alors dans les limites de la normale. Si l'acidose métabolique est grave, la compensation respiratoire n'est que partielle, et une acidémie s'installe. Cliniquement, l'acidose métabolique se manifeste par une respiration rapide et profonde (respiration de Kussmaul).

La cause la plus fréquente d'acidose métabolique chez l'enfant est la cétose de jeûne. Celle-ci est présente chez beaucoup d'enfants atteints d'une maladie aiguë. Voici quelques causes possibles d'acidose métabolique:

a) Avec trou anionique normal: diarrhée, acidose tubulaire rénale (un pH urinaire égal ou supérieur à 6,0 en présence d'une acidose métabolique suggère ce diagnostic); acidose de dilution (expansion rapide de l'espace extracellulaire par un liquide ne contenant pas de bicarbonate), perte par drainage ou fistule de bile, de liquide intestinal ou pancréatique, urétéro-sigmoïdostomie;

b) Avec trou anionique élevé: acidose de jeûne, acidose diabétique, acidose lactique (arrêt cardiaque, choc, hypoxémie, acidose lactique congénitale), insuffisance rénale aiguë ou chronique, intoxications (exemples: intoxication par le méthanol, l'éthylène-glycol, et, chez les jeunes enfants, par l'acide acétylsalicylique), glycogénose de type I, maladies métaboliques congénitales (voir Maladies métaboliques du nouveau-né).

Dans la plupart des cas d'acidose métabolique aiguë, le traitement sera orienté vers la cause de l'acidose, et l'emploi d'agents alcalinisants sera évité. Par exemple, la cétose de jeûne sera corrigée par l'administration de glucose, l'acidose diabétique par l'administration de glucose et d'insuline, l'acidose lactique résultant d'une hypoxémie par l'administration d'oxygène, etc.

Lorsqu'une acidémie importante est présente (pH inférieur à 7,0), on administre du bicarbonate de sodium par voie intraveineuse en 5 à 10 minutes. La posologie est impossible à prévoir de façon précise, parce qu'elle dépend de plusieurs facteurs difficiles à estimer, comme le rythme de production d'acides organiques ou de pertes de bases. D'une façon générale, il faut viser une correction initiale partielle; la correction sera poursuivie de façon continue ou intermittente selon l'évolution de l'équilibre acidobasique. La dose de bicarbonate nécessaire, en mmol, est calculée de la façon suivante:

(bicarbonate désiré – bicarbonate du patient) × 0,6 × poids en kg.

La moitié de cette dose est donnée IV en 1 heure et l'autre moitié en 3 heures si l'évolution de l'équilibre acidobasique l'exige.

Exemple: Un patient pesant 12 kg a une acidémie causée par un arrêt cardiaque. Son bicarbonate est à 8 mmol/L et on souhaite l'augmenter à 20 mmol/L. La dose de bicarbonate nécessaire est de $(20 - 8) \times 0,6 \times 12$ = 86 mmol. On donne initialement la moitié de cette dose, soit 43 mmol. Une dose additionnelle pourra être administrée toutes les 15 à 60 minutes selon l'évolution de l'équilibre acidobasique, en prenant soin de ne pas sur-corriger l'acidose.

II. Alcalose métabolique

Une alcalose métabolique sera présente chez les patients en hypercapnie chronique (exemples: dysplasie bronchopulmonaire, fibrose kystique); elle compense complètement ou partiellement l'acidose respiratoire selon la gravité de celle-ci; cette alcalose peut persister un certain temps après la correction de l'hypercapnie.

Une alcalose métabolique isolée s'observe en cas de sténose du pylore, de drainage gastrique prolongé, d'utilisation de diurétiques ou d'agents alcalinisants comme le bicarbonate de sodium, et de fibrose kystique.

Des causes plus rares sont le syndrome de Bartter, l'alcalose de contraction (réduction rapide du volume extracellulaire), la chloridorrhée familiale, le syndrome de Cushing, certaines formes d'hyperplasie congénitale des surrénales, l'hyperaldostéronisme et l'administration de corticostéroïdes.

Une déplétion en potassium favorise l'alcalose métabolique et celle-ci aggrave l'hypokaliémie.

La compensation respiratoire de l'alcalose métabolique est tardive et partielle. Des arrêts respiratoires ont été rapportés dans des cas de sténose du pylore qui ont évolué trop longtemps, avec alcalose métabolique profonde.

Le traitement dépend de la cause : s'il s'agit d'une sténose du pylore, le drainage gastrique et l'administration de NaCl sont les principales mesures thérapeutiques en attendant l'opération (voir Sténose du pylore). Si l'alcalose est secondaire à une hypercapnie, c'est le traitement de la maladie respiratoire qui sera la préoccupation principale. L'administration d'agents acidifiants n'est presque jamais nécessaire.

III. Acidose respiratoire

Toute acidose respiratoire ($PCO_2 > 40$ mm Hg) résulte d'une hypoventilation alvéolaire, qu'elle soit d'origine centrale (exemple : intoxication) ou qu'elle soit causée par une maladie du système respiratoire (exemples : asthme, bronchiolite, dysplasie bronchopulmonaire, maladie des membranes hyalines).

Selon sa gravité, l'acidose respiratoire persistante est compensée complètement ou partiellement par une alcalose métabolique (augmentation de la réabsorption du bicarbonate par le rein) ; cette compensation prend quelques heures à quelques jours pour s'installer ; le bicarbonate dépasse rarement 32 mmol/L après 24 heures d'hypercapnie et 45 mmol/L après 72 heures.

La préoccupation thérapeutique unique est d'améliorer la ventilation.

IV. Alcalose respiratoire

Un léger degré d'alcalose respiratoire ($PCO_2 < 40$ mm Hg) s'observe souvent chez l'enfant normal : il hyperventile en pleurant lors du prélèvement. Une alcalose respiratoire de compensation s'observe chaque fois qu'il existe une acidose métabolique ; elle peut se manifester par une respiration de Kussmaul, rapide et profonde. L'alcalose respiratoire peut aussi résulter de la fièvre, de l'anxiété (exemple : crises d'hyperventilation chez l'adolescent), d'une pneumonie, d'une crise d'asthme légère, d'une insuffisance hépatique, ainsi que d'une intoxication par un agent qui stimule directement le centre respiratoire (exemple : acide acétylsalicylique). Elle s'observe aussi chez le patient ventilé mécaniquement, lorsque la ventilation-minute est excessive.

Si cette situation persiste, une compensation métabolique s'installe en 24 à 48 heures.

Le traitement dépend de la cause. Exemples : traitement de l'acidose métabolique, de l'anxiété, réduction de la ventilation-minute chez l'enfant ventilé, etc.

Lectures suggérées

Boineau FG, Lewy JE: Estimation of parenteral fluid requirements. Pediatr Clin North Am 1990; 37: 257-264.

Brem AS: Disorders of potassium homeostasis. Pediatr Clin North Am 1990; 37: 419-427.

Brewer ED: Disorders of acid-base balance. Pediatr Clin North Am 1990; 37: 429-447.

Chesney RW, Zelikovic IJ: Pre- and postoperative fluid management in infancy. Pediatr Rev 1989; 11: 153-158.

El-Dahr SS, Chevalier RL: Special needs of the newborn infant in fluid therapy. Pediatr Clin North Am 1990; 37: 323-336.

Feld LG, Cachero S, Springate JE: Fluid needs in acute renal failure. Pediatr Clin North Am 1990; 37: 337-350.

Feld LG, Kaskel FJ, Shoeneman MJ: The approach to fluid and electrolyte therapy in pediatrics. Adv Pediatr 1988; 35: 497-535.

Hellerstein S: Fluid and electrolytes: physiology. Pediatr Rev 1993; 14: 70-79.

Hellerstein S: Fluid and electrolytes: clinical aspects. Pediatr Rev 1993; 14: 103-115.

Hill LL: Body composition, normal electrolyte concentrations, and the maintenance of normal volume, tonicity, and acid-base metabolism. Pediatr Clin North Am 1990; 37: 241-256.

Lattanzi WE, Siegel NJ: A practical guide to fluid and electrolyte therapy. Curr Probl Pediatr 1986; 16: 1-43.

Linshaw MA: Potassium homeostasis and hypokalemia. Pediatr Clin North Am 1987; 34: 649-681.

Détresse respiratoire du nouveau-né 73

Jacques Saintonge, Sylvie Bélanger, Jean-Claude Fouron, Michel Weber

Voir aussi Anémies, Atrésie de l'œsophage, Cardiopathies congénitales, Dysplasie broncho-pulmonaire, Hernie diaphragmatique, Maladies métaboliques du nouveau-né, Pneumonies, Réanimation du nouveau-né.

Généralités

La détresse respiratoire du nouveau-né peut résulter de multiples causes (tableau 19). L'objectif de ce chapitre est d'aider le médecin généraliste ou le pédiatre à préciser l'origine du problème et à stabiliser l'état de l'enfant.

Les principaux éléments utiles de l'anamnèse sont les suivants:

1) Durée de la grossesse;

2) Histoire de la grossesse et de l'accouchement (anoxie, césarienne ou accouchement par voie vaginale, date de la rupture de la poche des eaux et quantité de liquide amniotique, présence de méconium dans le liquide amniotique, etc.);

3) Score d'Apgar;

4) Poids de naissance;

5) Infection maternelle;

6) Chronologie d'apparition et évolution de la détresse;

7) Relation des difficultés respiratoires avec les tétées.

Tableau 19 Principales causes de détresse respiratoire chez le nouveau-né

- Anomalies intrinsèques des voies respiratoires supérieures
  - sécrétions abondantes*
  - atrésie des choanes
  - macroglossie, glossoptose (exemple : syndrome de Beckwith-Wiedemann)
  - micro-rétrognathie importante (exemple : syndrome de Pierre Robin)
  - membrane laryngée
  - sténose sous-glottique congénitale
  - paralysie des cordes vocales
  - laryngotrachéomalacie
  - papillomes
- Compression extrinsèque des voies respiratoires
  - goitre, kyste thyréoglosse
  - anneau vasculaire
  - hémangiome, lymphangiome, hygroma kystique ou autre tumeur
- Anomalies pulmonaires
  - maladie des membranes hyalines*
  - inhalation de méconium*
  - tachypnée transitoire du nouveau-né*
  - pneumonie virale ou bactérienne*
  - dysplasie bronchopulmonaire*
  - persistance de la circulation fœtale (hypertension pulmonaire persistante)
  - œdème pulmonaire
  - hémorragie pulmonaire
  - anomalies congénitales (exemples : emphysème lobaire congénital, malformation adénomatoïde, hypoplasie pulmonaire)
- Atteinte pleurale
  - pneumothorax*
  - épanchement pleural (chylothorax, anasarque fœtoplacentaire, etc.)
- Troubles métaboliques
  - hypothermie*
  - acidose*
  - hypoglycémie*
- Atrésie de l'œsophage
- Hernie diaphragmatique
- Anomalies diverses de la cage thoracique ou du diaphragme (exemples : dystrophie thoracique asphyxiante ou syndrome de Jeune, éventration ou paralysie diaphragmatique)
- Maladies cardiaques
  - malformations cardiaques congénitales*
  - arythmies (exemple : tachycardie supraventriculaire)
- Problèmes hématologiques
  - anémie*
  - polycythémie*
- Septicémie*
- Problèmes neurologiques et neuromusculaires
  - apnées du prématuré*
  - équivalents convulsifs*
  - asphyxie*
  - dépression respiratoire d'origine médicamenteuse*
  - hémorragie intracrânienne*
  - malformations cérébrales
  - hydrocéphalie
  - anomalies chromosomiques
  - myopathie congénitale, myasthénie

* Causes fréquentes.

Les principales manifestations cliniques de la détresse respiratoire sont la cyanose, la polypnée (fréquence respiratoire > 60/minute), la tachycardie (fréquence cardiaque > 160/minute), la plainte expiratoire (*grunting*), le battement des ailes du nez et le tirage. Lorsque la détresse respiratoire est due à une obstruction des voies respiratoires supérieures, un stridor peut être présent. L'absence d'efforts respiratoires suggère une origine centrale. Il est opportun de rappeler ici qu'une polypnée peut aussi être causée par une acidose métabolique et qu'une cyanose peut aussi résulter d'une méthémoglobinémie.

Sur le plan paraclinique, les gaz du sang peuvent démontrer une hypoxémie, une hypercapnie, une acidose métabolique et une acidémie. L'oxymétrie de pouls peut révéler une désaturation. L'hémogramme peut mettre en évidence une anémie ou une polycythémie. La radiographie des poumons constitue un examen essentiel dans tous les cas.

Principales entités

I. Origine centrale

La détresse respiratoire peut résulter de l'administration à la mère d'un analgésique morphinique au cours du travail. Le traitement consiste à donner de la naloxone à l'enfant (voir Réanimation du nouveau-né). Elle peut aussi être la conséquence d'une anoxie périnatale, d'une hémorragie intra-crânienne, d'une malformation cérébrale congénitale, d'une anomalie chromosomique, d'un état de mal convulsif ou d'une anomalie métabolique telle qu'une hypoglycémie ou une anomalie héréditaire du métabolisme intermédiaire (voir Maladies métaboliques du nouveau-né).

II. Anomalies des voies respiratoires supérieures

Il est important de se souvenir du fait que le nouveau-né dont le nez est obstrué n'a pas le réflexe de respirer par la bouche et qu'il peut présenter une détresse respiratoire.

1) Encombrement par des sécrétions ou du sang: la détresse est rapidement améliorée par l'aspiration.

2) Atrésie des choanes (rare): la sonde d'aspiration nasopharyngée bute sur l'obstacle. Le traitement initial consiste à mettre en place une canule oropharyngée. Le traitement définitif est chirurgical.

3) Syndrome de Pierre Robin (rare), dont les principales caractéristiques sont la micrognathie, la ptose de la langue et la fissure palatine. Diverses modalités thérapeutiques ont été utilisées, parmi lesquelles la position en décubitus ventral ou la mise en place d'une canule oropharyngée. Occasionnellement, une trachéotomie peut être nécessaire.

4) Laryngomalacie (fréquente): elle se manifeste par du stridor et du tirage. Elle est le plus souvent bénigne.

Parmi les causes plus rares, il faut citer notamment la macroglossie, la membrane laryngée, la paralysie des cordes vocales, la sténose sous-glottique congénitale et le goitre.

III. Origine pulmonaire, pleurale ou thoracique

1) Maladie des membranes hyalines : cette maladie, qui résulte d'une insuffisance de surfactant, doit surtout être suspectée lorsqu'une détresse respiratoire survient au cours des premières heures de vie chez un prématuré, particulièrement lorsque son âge gestationnel est inférieur à 34 semaines. Il s'agit d'une affection particulièrement fréquente et d'une cause majeure de mortalité et de morbidité néonatales. Le risque est d'autant plus élevé que l'âge gestationnel est bas. La maladie s'aggrave habituellement pendant les quatre à cinq premiers jours de vie, pour s'atténuer ensuite. La radiographie des poumons montre une image réticulonodulaire caractéristique (en « verre dépoli ») et un bronchogramme aérien. Outre le traitement de soutien, les principales modalités thérapeutiques sont l'administration intratrachéale de surfactant, l'oxygénothérapie et la ventilation mécanique. Les détails du traitement appartiennent au domaine surspécialisé et dépassent le cadre de cet ouvrage. Parmi les mesures préventives, il faut mentionner la prévention de la prématurité et l'administration de corticostéroïdes à la mère lorsqu'il y a un risque de travail prématuré.

2) Dysplasie bronchopulmonaire : elle peut faire suite à une maladie des membranes hyalines. Le besoin d'oxygène persiste au-delà du 28ᵉ jour de vie (Voir Dysplasie bronchopulmonaire).

3) Pneumonies infectieuses : elles peuvent être d'origine virale ou bactérienne ; le *Streptococcus agalactiæ* (streptocoque bêta-hémolytique du groupe B) est particulièrement fréquent. Elles se manifestent habituellement après quelques heures ou quelques jours de vie. L'auscultation peut révéler la présence de râles pulmonaires. Le diagnostic est le plus souvent confirmé par la radiographie pulmonaire. Initialement, l'image radiologique peut cependant être pratiquement normale, par exemple en cas de pneumonie à *Streptococcus agalactiæ*, ou même ressembler à celle d'une maladie des membranes hyalines. Le traitement est détaillé dans le chapitre Pneumonies.

4) Inhalation de méconium : un liquide amniotique méconial (« purée de pois ») constitue un signe d'anoxie fœtale. Le nouveau-né risque de présenter une pneumonie chimique par inhalation, avec ou sans surinfection bactérienne secondaire. Elle peut à son tour se compliquer d'un pneumothorax, d'un pneumomédiastin ou d'une persistance anormale de l'hypertension pulmonaire. La radiographie pulmonaire montre des infiltrats disséminés. L'approche préventive et thérapeutique suggérée est la suivante :

   a) Si le liquide amniotique est teinté de méconium mais demeure fluide et si l'enfant est vigoureux et respire bien, aucune manœuvre thérapeutique particulière n'est indiquée ;

   b) Si le liquide amniotique mêlé de méconium est épais, deux situations distinctes peuvent se présenter :

   – L'enfant n'est pas déprimé et respire vigoureusement : on aspire le contenu de l'oropharynx ; la nécessité de procéder à une intubation trachéale et à une aspiration du contenu de la trachée demeure controversée ;

- Si l'enfant est déprimé et respire mal, on aspire le contenu de l'oropharynx, on intube l'enfant et on aspire le contenu de sa trachée. La source de vide est connectée au tube endotrachéal au moment où on retire celui-ci. On peut réintuber, de préférence au moyen d'un autre tube, car celui-ci a tendance à s'obstruer, et répéter ces manœuvres au besoin. L'oxygénation ne doit pas être retardée par les manœuvres d'aspiration.

Une antibiothérapie préventive est habituellement considérée comme nécessaire en cas de pneumonie méconiale ; elle est identique à celle qu'on recommande pour le traitement d'une pneumonie d'allure bactérienne (voir Pneumonies). La physiothérapie (kinésithérapie) respiratoire pourrait être utile. Elle doit être pratiquée sous surveillance de la saturation en oxygène ; elle peut accroître le risque de pneumothorax ou de pneumomédiastin. La ventilation mécanique est parfois nécessaire.

5) Tachypnée transitoire du nouveau-né : cette entité est caractérisée par une résorption tardive du liquide contenu dans les poumons. Le plus souvent, il s'agit d'un nouveau-né à terme et la détresse respiratoire est légère à modérée. Elle est plus fréquente chez l'enfant né par césarienne lorsqu'il n'y a pas eu de travail préalable. Les difficultés respiratoires apparaissent habituellement dès la première heure de vie et se résolvent la plupart du temps en moins de 24 heures. La radiographie pulmonaire montre une accentuation de la trame bronchovasculaire ; il peut y avoir du liquide dans les scissures. Le traitement de soutien consiste à administrer de l'oxygène au besoin. Il s'agit souvent d'un diagnostic d'élimination.

6) Persistance anormale de l'hypertension pulmonaire (persistance de la circulation fœtale) : celle-ci cause un shunt droit-gauche au niveau du canal artériel ou du *foramen ovale* ; la réduction de la perfusion pulmonaire qui en résulte cause une hypoxémie qui aggrave elle-même la vasoconstriction pulmonaire. Elle peut être idiopathique ou être favorisée par certaines complications périnatales comme l'asphyxie, la maladie des membranes hyalines, la hernie diaphragmatique, l'inhalation de méconium, la septicémie, etc. La détresse respiratoire se manifeste dès la première journée de vie. Le tableau clinique ressemble à celui d'une cardiopathie congénitale cyanogène. La saturation d'oxygène est plus élevée au niveau du membre supérieur droit qu'au niveau des membres inférieurs. La radiographie démontre fréquemment une accentuation de la trame bronchovasculaire. Le traitement consiste à administrer de l'oxygène. La ventilation mécanique est le plus souvent nécessaire. Des essais cliniques avec des vasodilatateurs sont en cours. Certains préconisent une approche médicamenteuse ou ventilatoire précoce et intensive afin de maintenir un pH élevé.

7) Pneumothorax : lorsqu'il est spontané, il est nécessaire de faire une échographie rénale parce qu'il peut être associé à des anomalies congénitales du rein. Le plus souvent, le pneumothorax survient dans le contexte d'une maladie des membranes hyalines, d'une inhalation de méconium ou d'une réanimation. La ventilation à pression positive augmente le risque. Un pneumothorax doit toujours être suspecté en cas d'aggravation subite d'une détresse respiratoire. Les principales manifestations cliniques sont l'asymétrie de la respiration et de l'auscultation pulmonaire, le murmure vésiculaire étant diminué ou absent du côté atteint. Les bruits du cœur sont déplacés vers le côté sain. La radiographie est diagnostique. Certains utilisent la transillumination thoracique comme moyen de diagnostic. En cas d'urgence, on évacue l'air au moyen d'une seringue de 20 mL, d'un robinet à 3 voies et d'une aiguille de calibre 22 insérée au-dessus de la 3e ou de la 4e côte (à hauteur du mamelon), sur la ligne axillaire moyenne. Le traitement habituel consiste à mettre en place un drain thoracique. Un pneumomédiastin ou un pneumopéricarde associé peut aussi contribuer à l'étiologie de la détresse respiratoire.

8) Hémorragie pulmonaire : son étiologie est mal connue et sa mortalité est élevée.

9) Épanchement pleural : il peut s'agir d'un chylothorax ou d'un épanchement séreux lié à un anasarque fœtoplacentaire (*hydrops fetalis*). Le traitement d'urgence consiste à faire une ponction pleurale évacuatrice.

10) Malformations pulmonaires : il peut notamment s'agir d'une agénésie, d'une hypoplasie, d'un emphysème lobaire congénital ou d'une malformation adénomatoïde du poumon.

11) Atrésie de l'œsophage : le mode de présentation habituel est l'encombrement des voies respiratoires par la salive et un étouffement lors de la première tétée. Voir Atrésie de l'œsophage.

12) Hernie diaphragmatique : la principale manifestation clinique est l'asymétrie de la respiration et de l'auscultation pulmonaire, le murmure vésiculaire étant faiblement audible ou absent du côté atteint. La dépression de l'abdomen (abdomen « scaphoïde ») est inconstante. En raison de la distension gastrique qu'elle provoque, la ventilation au masque peut aggraver la détresse respiratoire ; celle-ci s'atténue lorsque l'enfant est intubé (Voir Hernie diaphragmatique).

13) Certaines anomalies rares de la cage thoracique ou du diaphragme peuvent aussi être responsables d'une détresse respiratoire (exemples : dystrophie thoracique asphyxiante ou syndrome de Jeune, éventration ou paralysie diaphragmatique).

IV. Origine cardiaque

Il n'est pas toujours facile de déterminer si une détresse respiratoire est d'origine pulmonaire ou cardiaque ; la détresse respiratoire est habituellement plus importante en cas de pathologie pulmonaire. La détresse respiratoire d'origine cardiaque résulte le plus souvent d'une cardiopathie congénitale; il s'agit surtout de la coarctation de l'aorte, de l'hypoplasie du cœur gauche, du retour veineux pulmonaire anormal total, de la sténose aortique et de la transposition des gros vaisseaux. L'atrésie pulmonaire et l'atrésie tricuspidienne causent de la cyanose, mais la détresse respiratoire est absente ou légère. Chez le prématuré, la persistance du canal artériel est particulièrement fréquente. La tachycardie supraventriculaire peut aussi causer une détresse respiratoire légère à modérée. Les principaux éléments devant faire penser à une origine cardiaque sont les suivants:

1) Cyanose et désaturation qui ne sont pas améliorées ou sont peu améliorées par l'administration d'oxygène ou qui sont disproportionnées par rapport à une détresse respiratoire peu importante;

2) PaO_2 basse avec une $PaCO_2$ normale ou abaissée;

3) Absence d'anomalies à l'auscultation pulmonaire, exception faite de râles sous-crépitants aux bases qui peuvent être notés en cas d'insuffisance cardiaque;

4) Présence d'un souffle cardiaque ou d'un galop;

5) Présence d'une hépatomégalie;

6) Anomalies des pouls:
   - Pouls faibles ou absents (hypoplasie du cœur gauche);
   - Pouls faibles ou absents au niveau des membres inférieurs (coarctation de l'aorte);
   - Pouls bondissants (persistance du canal artériel);

7) Absence de pathologie pulmonaire à la radiographie, cardiomégalie, cœur de forme anormale ou surcharge vasculaire.

L'échocardiographie permet de confirmer ou d'infirmer rapidement l'origine cardiaque de la détresse respiratoire. Le traitement des malformations cardiaques congénitales est détaillé dans le chapitre Cardiopathies congénitales.

V. Origine hématologique

1) Anémie: voir Anémie.

2) Polycythémie: voir Polycythémie.

3) Hémoglobinopathies.

VI. Origine infectieuse extrapulmonaire

La septicémie constitue une cause connue de détresse respiratoire (voir Bactériémies et septicémies).

VII. Origine neuromusculaire

Certaines myopathies congénitales peuvent causer une détresse respiratoire pendant la période néonatale. Le même problème peut survenir chez l'enfant d'une mère qui souffre de myasthénie grave.

Lectures suggérées

Saintonge J : La détresse respiratoire du nouveau-né : approche diagnostique. Pédiatrie 1991 ; 46 : 411-416.
Schreiner RL, Bradburn NC : Newborns with acute respiratory distress : diagnosis and management. Pediatr Rev 1988 ; 9 : 279-285.
Wiswell TE, Bent RC : Meconium staining and the meconium aspiration syndrome. Pediatr Clin North Am 1993 ; 40 : 955-981.

Diabète 74

Monique Gonthier, Maria Buithieu, Louis Geoffroy, Céline Huot, Michel Weber

Généralités

Chez l'enfant, le diabète est presque toujours de type I (diabète insulino-dépendant). Son incidence varie selon les pays entre 0,8/100 000 (Japon) et 40/100 000 (Finlande) ; à quelques exceptions près, elle est plus élevée dans les pays nordiques. Elle est de 7,3/100 000 en France et de 9/100 000 au Canada. Les pics d'incidence se situent à 8 ans et 13 ans.

On parle de diabète dans les situations suivantes :

1) Association des symptômes classiques (voir manifestations cliniques) et d'une glycémie supérieure à 11 mmol/L (2 g/L) ;

2) En l'absence de symptômes, glycémie à jeun supérieure à 7,8 mmol/L (1,4 g/L) et glycémie supérieure à 11 mmol/L (2 g/L) à 2 reprises au cours des 2 premières heures d'une épreuve d'hyperglycémie provoquée par voie orale.

L'intolérance aux glucides est définie par une glycémie à jeun inférieure à 7,8 mmol/L (1,4 g/L) et une glycémie supérieure à 7,8 mmol/L (1,4 g/L) 120 minutes après le début d'une épreuve d'hyperglycémie provoquée par voie orale.

L'étiologie du diabète de type I est multifactorielle. Elle inclut les éléments suivants :

1) Une prédisposition génétique (il y a une association avec certains antigènes d'histocompatibilité (HLA DR3 ou DR4) ;

2) Des facteurs liés à l'environnement comme certains virus.

Sous l'effet de certains de ces facteurs, un processus auto-immun se déclenche et se poursuit lentement. Celui-ci se manifeste notamment par l'apparition d'anticorps anticellules bêta et anti-insuline. Les symptômes apparaissent lorsque 90 % environ de la masse des cellules bêta est détruite par ce processus.

Manifestations cliniques

On observe les symptômes classiques : polydipsie, polyurie et perte de poids. Le diabète de type I se déclare souvent de façon aiguë par un épisode de déshydratation, avec hyperglycémie, acétonémie et acétonurie. Il peut aussi y avoir une haleine acétonémique, une respiration de Kussmaul et une altération de l'état de conscience. Le syndrome d'hyperosmolarité avec hyperglycémie («coma hyperosmolaire») est une variante rare de crise diabétique, caractérisée par une hyperglycémie, une hypernatrémie, une hyperosmolarité plasmatique (> 350 mosm/L) et une absence de cétose.

Explorations

Au cours de la phase initiale de la maladie, diverses perturbations métaboliques doivent être recherchées et quantifiées :

1) Hyperglycémie ;
2) Cétonurie ;
3) Acidose métabolique surtout causée par les corps cétoniques ; selon l'importance de cette acidose et l'efficacité de la compensation respiratoire, il y a ou non une acidémie ;
4) Pseudohyponatrémie résultant de l'hyperglycémie, de l'hyperlipidémie et de la dilution du liquide extracellulaire par du liquide intracellulaire pauvre en sodium ; la natrémie diminue de 1,6 mmol/L pour chaque tranche de 5,5 mmol/L (1 g/L) de glycémie qui dépasse la normale ;
5) Élévation de l'urée sanguine par insuffisance rénale prérénale ;
6) Hyperleucocytose avec prédominance des neutrophiles ;
7) Déficit en potassium intracellulaire qui existe même si la kaliémie est normale ou augmentée ;
8) Hyperosmolarité extracellulaire ; l'osmolarité plasmatique en mosm/L peut être estimée selon la formule suivante, dans laquelle tous les paramètres sont exprimés en mmol/L :

Osmolarité = 2 (natrémie + kaliémie) + glycémie + urée sanguine.
L'osmolarité plasmatique normale est de 280 ± 5 mosm/L.

Traitement

I. Traitement de l'acidocétose

Les principales complications à éviter pendant le traitement sont l'hypoglycémie, l'hypokaliémie, l'œdème cérébral et l'inhalation de liquide gastrique dans les voies respiratoires.

1) Évaluation initiale et soins d'urgence :
   – Estimer rapidement l'état de conscience en utilisant le score de Glasgow (voir Coma), les signes généraux, l'état hémodynamique, le degré de déshydratation et l'importance de l'acidose ;
   – Rechercher un facteur favorisant tel qu'une infection ;
   – Si l'enfant est en préchoc ou en choc, voir Choc hypovolémique ;
   – Si l'enfant est comateux, voir Coma ;

- Estimer la glycémie toutes les heures au moyen d'un réflectomètre ;
- Surveiller de façon sériée (toutes les deux heures) la glycémie et la kaliémie, et, à une fréquence moindre, la natrémie, l'équilibre acidobasique, l'osmolarité plasmatique, la calcémie, l'urée sanguine et la cétonurie. Le magnésium sérique devrait être dosé au moins une fois ;
- Donner de l'oxygène si une hypoxémie est suspectée ou démontrée ;
- Drainer les sécrétions gastriques s'il y a des nausées ou des vomissements ;
- Administrer l'antibiothérapie adéquate s'il y a une infection bactérienne associée ;
- Surveiller la diurèse et peser l'enfant une fois par jour.

2) Apports liquidiens (aspects quantitatifs) :
- Si l'enfant est en préchoc ou en choc, voir Choc hypovolémique ;
- S'il n'est pas en choc, on ne donne pas de bolus liquidien, mais on commence d'emblée le programme de réhydratation des 24 premières heures. Il faut se souvenir qu'il s'agit d'une déshydratation à prédominance intracellulaire. Elle est donc plus marquée que les signes cliniques ne le laissent suspecter et est au moins égale à 10 % ;
- Programme de réhydratation des premières heures :
  a) Composition du soluté :
     - Pendant les 2 premières heures : NaCl à 0,9 % (154 mmol/L) sans glucose ni potassium, à moins d'hypokaliémie ;
     - Pendant les 22 heures suivantes : NaCl à 0,45 % (77 mmol/L) ; pour le glucose et le potassium : voir plus loin ;
     - Par la suite, la concentration en sodium du soluté est ajustée pour fournir au moins les besoins d'entretien, qui sont de 2 à 3 mmol/kg/24 heures.
  b) Quantité de soluté à perfuser pendant les 24 premières heures : elle est égale aux besoins d'entretien en eau plus le déficit hydrique estimé (voir Déséquilibres hydriques, électrolytiques et acidobasiques). On y ajoute 30 % des besoins d'entretien en eau tant que la diurèse demeure anormalement élevée. Si l'osmolarité plasmatique est supérieure à 320 mosm/L, il faut faire un plan de réhydratation s'étalant sur 48 plutôt que sur 24 heures. Lorsque la déshydratation est corrigée, on réduit le débit du soluté pour ne plus donner que les besoins d'entretien en eau.

3) Apports liquidiens (aspects qualitatifs) :
- Sodium : voir paragraphe précédent ;
- Glucose :
  a) Glycémie > 16,5 mmol/L (3 g/L) : le soluté ne doit pas contenir de glucose ;

b) Glycémie se situant entre 11 et 16,5 mmol/L (2 à 3 g/L): le soluté doit contenir 5 % de glucose;

c) Glycémie < 11 mmol/L (2 g/L): le soluté doit contenir 10 % de glucose;

– Bicarbonate de sodium: la correction de l'acidose dépend surtout d'un apport adéquat d'eau et d'insuline. Il faut éviter si possible l'emploi du bicarbonate, en raison notamment du risque d'hyperosmolarité et d'acidose centrale paradoxale. Il ne faut administrer du bicarbonate que s'il y a une acidémie profonde (pH < 7,00) associée à une altération de l'état de conscience. Dans ce cas, donner 1 mmol/kg de bicarbonate IV en 1 heure et répéter cette dose au besoin toutes les heures, tant que le pH demeure inférieur à 7,00. Le bicarbonate est incompatible avec le Ringer lactate, qui contient du calcium;

– Potassium: sauf s'il y a une hypokaliémie, le soluté administré pendant les deux premières heures ne doit pas contenir de potassium. Après cette période, ajouter au soluté 3 à 5 mmol/kg/24 heures de potassium, la moitié sous forme de chlorure et l'autre moitié sous forme de phosphate (ces deux sels de potassium sont compatibles). Éviter d'administrer plus de 0,5 mmol/kg/heure de potassium. Même si la kaliémie est normale ou élevée, il y a une importante déplétion en potassium intracellulaire et le risque d'hypokaliémie pendant le traitement est élevé.

4) Insuline:

– L'insuline est administrée en perfusion intraveineuse parallèlement au soluté de base, dans la même veine;

– Préparer une solution de 10 unités d'insuline humaine à action rapide dans 100 mL de soluté NaCl à 0,9 % (soluté physiologique). Cette solution doit être renouvelée toutes les 24 heures. Une pompe à perfusion continue doit être utilisée;

– La vitesse initiale de perfusion est de 0,1 U/kg/heure;

– On vise une chute de la glycémie de 2,8 à 5,5 mmol/L (0,5 à 1 g/L) par heure. Une correction trop rapide pourrait causer de l'œdème cérébral;

– Si le pH ne se corrige pas après trois à quatre heures, vérifier d'abord s'il n'y a pas de problème technique de perfusion. Si ce n'est pas le cas, augmenter la vitesse de perfusion par paliers de 20 %. Lorsque le pH est normalisé, diminuer la vitesse de perfusion à 0,075 U/kg/heure. Poursuivre la perfusion jusqu'à la disparition complète de la cétonurie. Trente minutes avant l'arrêt de la perfusion continue d'insuline, commencer l'administration de l'insuline par voie sous-cutanée, selon les modalités décrites plus loin.

5) Hydratation orale et alimentation:

Pendant les premières heures de traitement, surtout s'il y a une altération de l'état de conscience, des vomissements ou un iléus paralytique, ne rien donner par la bouche et drainer au besoin les sécrétions gastriques. On peut ensuite donner des liquides en quantités contrôlées et commencer une alimentation normale lorsque l'acidémie est corrigée.

6) Poursuite du traitement après un épisode d'acidocétose:

- Chez un diabétique déjà connu: reprendre directement les doses d'insuline habituelles si elles étaient adéquates. Identifier et, si possible, corriger les facteurs ayant contribué à l'épisode d'acidocétose;

- Chez un nouveau diabétique, commencer d'emblée l'insuline humaine par voie sous-cutanée, à raison d'une dose totale de 0,6 à 0,8 U/kg/24 heures distribuée selon le schéma suivant:

  - Avant le repas du matin: 2/3 de la dose totale (le tiers de cette dose matinale sous forme d'insuline à action rapide et les deux tiers sous forme d'insuline à action intermédiaire);

  - Avant le repas du soir: 1/3 de la dose totale (la moitié de cette dose vespérale sous forme d'insuline à action rapide et l'autre moitié sous forme d'insuline à action intermédiaire);

  - Cette posologie sera ensuite ajustée si une tendance vers l'hypoglycémie ou vers l'hyperglycémie se maintient. Les ajustements se font par tranches de 10 % en tenant compte de la durée d'action de chacun des deux types d'insuline. Il faut prêter une attention particulière au risque d'hypoglycémie nocturne. Après la phase initiale, on observe fréquemment une période de rémission partielle («lune de miel») d'une durée de quelques mois, qui nécessite des réductions de la posologie de l'insuline;

- Chez un patient hospitalisé et dans certaines circonstances particulières, il est parfois avantageux d'utiliser seulement de l'insuline à action rapide par voie sous-cutanée. Dans ce cas, la posologie sera d'environ 0,2 U/kg/dose toutes les quatre à six heures pendant le jour et de 0,1 U/kg/dose toutes les quatre à six heures le soir et la nuit;

- On profite de cette étape d'ajustement en milieu hospitalier pour faire l'enseignement aux parents et, s'il est assez âgé, à l'enfant. Cette phase d'enseignement revêt une importance majeure et elle devrait de préférence être réalisée par une équipe spécialisée. Les éléments suivants doivent être abordés: physiopathologie de base de la maladie, régime alimentaire, technique d'injection, technique de mesure de la glycémie, modalités de surveillance de la cétonurie, tenue du cahier, complications possibles et ressources communautaires (exemple: associations de parents).

II. Traitement ambulatoire

1) Objectifs :

   a) Permettre à l'enfant de n'éprouver aucun symptôme et de mener une vie entièrement normale, incluant l'activité physique ;

   b) Éviter les épisodes d'hypoglycémie et d'acidocétose ainsi que les hospitalisations ;

   c) Prévenir dans la mesure du possible les complications à long terme. Il faut se souvenir du fait que près de 40 % des diabétiques traités antérieurement au moyen de protocoles moins stricts présentent des complications graves (rétinopathie, néphropathie, etc.). Actuellement, la seule façon connue permettant peut-être de réduire l'incidence et la gravité de ces complications est de normaliser le plus possible la glycémie, qui devrait se maintenir entre 4,4 et 6,6 mmol/L (0,8 à 1,2 g/L) avant les repas ; en pratique, on considère que le contrôle est adéquat si 75 % des glycémies se situent entre ces limites. La mesure à domicile se fait au moyen de bandelettes réactives et d'un réflectomètre ;

   d) Maintenir l'hémoglobine glycosylée à moins de une fois et demie la valeur moyenne normale.

   Chez le jeune enfant, ces objectifs doivent être plus réalistes et tenir compte du risque plus élevé d'hypoglycémie.

2) Modalités de surveillance :

   L'enfant diabétique est revu périodiquement, à une fréquence individualisée selon son évolution, au minimum tous les trois mois. Lors de ces visites, on surveille les éléments suivants :

   a) L'impact psychosocial de la maladie ;

   b) La régularité des habitudes de vie (exercice, sommeil) ;

   c) La stabilité nutritionnelle ;

   d) La présence ou l'absence de symptômes d'hypoglycémie ou d'hyperglycémie ;

   e) L'évolution de la glycémie mesurée au moins deux fois par jour de façon à obtenir un profil glycémique avant les repas et au coucher ;

   f) La présence ou l'absence de cétonurie ; en temps normal, celle-ci sera recherchée une fois par jour, ou plus souvent en cas de mauvais contrôle ou de maladie intercurrente ;

   g) Le cahier où sont consignés les glycémies, l'acétonurie, les doses d'insuline ainsi que tous les incidents de parcours. Il faut se se souvenir du fait que les glycémies rapportées par les adolescents sont souvent inventées ; une discordance entre les glycémies rapportées et l'hémoglobine glycosylée permet souvent d'identifier ce type de problème ;

   h) La croissance physique ;

   i) La tension artérielle ;

j) Le fond d'œil pour détecter la rétinite diabétique;

k) Les signes ou symptômes de neuropathie périphérique;

l) Les indices de dysfonction thyroïdienne;

m) Les sites d'injection (cuisses, bras, fesses, abdomen) pour détecter l'apparition d'une lipodystrophie;

n) La limitation de l'extension des articulations de la main;

o) Les infections intercurrentes.

Les examens suivants sont effectués:

a) L'hémoglobine glycosylée: dosée tous les trois mois, elle reflète la glycémie moyenne des deux à trois derniers mois;

b) La fructosamine, qui reflète la glycémie moyenne des deux à trois dernières semaines et qui pourrait être utile dans certaines situations (diabète d'apparition récente, changement de la dose d'insuline, amélioration ou aggravation récente, etc.);

c) Les examens ophtalmologique et dentaire annuels;

d) Les épreuves de fonction thyroïdienne, incluant la recherche des anticorps antithyroïdiens; cet examen sera répété une fois par an s'il y a un goitre ou des anticorps antithyroïdiens;

e) Le bilan lipidique qui sera effectué au moins une fois en dehors d'un épisode d'acidocétose.

3) Insulinothérapie:

Les modalités de l'insulinothérapie sont décrites plus haut. Certains patients difficiles à équilibrer pourraient bénéficier d'une insulinothérapie intensive (injections multiples ou perfusion sous-cutanée). Ce type de traitement est réservé à des circonstances particulières et à des équipes expérimentées. On utilise maintenant de préférence l'insuline humaine. En Amérique du Nord, toutes les préparations d'insuline ont une concentration de 100 U/mL. En France, les insulines présentées en cartouches pour administration au moyen d'un stylo injecteur ont une concentration de 100 U/mL; celles qui sont administrées avec une seringue ordinaire ont une concentration de 40 U/mL (voir Index pharmacologique). Chez l'enfant, on utilise surtout l'insuline à action rapide et l'insuline à action intermédiaire en se souvenant qu'il peut y avoir d'importantes variations individuelles dans la durée d'action des différentes insulines.

– Action rapide:
  – Début d'action: 1/2 heure après l'injection
  – Pic d'action: 2 à 4 heures après l'injection
  – Durée d'action: 6 à 8 heures après l'injection

– Action intermédiaire:
  – Début d'action: 2 heures après l'injection
  – Pic d'action: 6 à 12 heures après l'injection
  – Durée d'action: 18 à 22 heures après l'injection

En principe, la dose totale devrait être de 0,5 à 1,0 U/kg/24 heures. Cette dose doit souvent être augmentée en période d'infection ou de stress, ou lors de la puberté. Elle doit être diminuée en période de rémission. Une surinsulinisation chronique doit être suspectée si la dose dépasse 1,6 U/kg/24 heures, mais elle peut exister à partir de 1,0 U/kg/24 heures.

4) Alimentation:

Les besoins énergétiques sont les mêmes que chez l'enfant normal; ils sont évalués de la façon habituelle, en tenant compte du poids, de la taille et de l'activité physique. Les apports énergétiques doivent se distribuer de la façon suivante:

1) Glucides: au moins 55 % de l'apport énergétique total (70 % des glucides doivent être des sucres complexes);

2) Lipides: maximum 30 %;

3) Protides: maximum 15 %.

Il faut éviter le sucrose et les autres sucres concentrés. L'apport énergétique doit être réparti en trois repas et trois collations par jour, et devrait être aussi constant que possible d'un jour à l'autre. L'enfant diabétique doit toujours avoir un supplément de sucre concentré à portée de main.

5) Considérations psychosociales:

Le diabète est une maladie chronique qui impose des changements difficiles à accepter des habitudes de vie de l'enfant et de sa famille. Ces difficultés peuvent se manifester par des troubles du comportement ou un manque de fidélité au traitement. Par exemple, des épisodes répétitifs d'acidocétose sont presque toujours révélateurs de perturbations psychosociales plutôt que d'une résistance à l'insuline. Ces difficultés d'adaptation peuvent être plus marquées dans un milieu familial fragile au départ.

6) Problèmes divers:

a) **Hypoglycémie:** elle peut survenir brusquement et résulter d'un surdosage volontaire ou accidentel d'insuline, d'une augmentation de l'activité physique, d'un apport énergétique insuffisant (anorexie ou vomissements) ou de la diminution des besoins en insuline qu'on observe pendant la phase de rémission. Les manifestations cliniques d'hypoglycémie appartiennent soit au type adrénergique (transpiration abondante, faim, pâleur, tremblements), soit au type neuroglycopénique (céphalées, troubles du comportement, convulsions, altération de l'état de conscience). Ces symptômes apparaissent, selon les individus, à des niveaux variables de glycémie, en général sous le seuil de 3,2 mmol/L (0,57 g/L).

À domicile, donner du jus de fruits à l'enfant s'il est conscient; s'il est inconscient, lui administrer 1 mg de glucagon par voie sous-cutanée, puis du jus de fruits sucré aussitôt qu'il reprend conscience.

En milieu hospitalier, donner du jus de fruits sucré si l'enfant est conscient, sinon lui administrer rapidement du glucagon, puis 2 mL/kg de glucosé à 25 % (Canada) ou à 30 % (France) IV, puis installer un soluté glucosé à 10 % à une vitesse correspondant aux besoins d'entretien en eau.

L'état de conscience devrait se normaliser en quelques minutes, sauf lorsque l'hypoglycémie a été prolongée ou lorsque l'enfant est en période postcritique.

Il faut identifier la cause de l'hypoglycémie et y remédier.

Beaucoup d'hypoglycémies sont bénignes et peuvent être traitées par la simple ingestion de glucides. Par contre, une hypoglycémie profonde et prolongée peut causer des séquelles neurologiques permanentes.

b) **Déséquilibres transitoires** (stress ou infection): une infection intercurrente peut occasionner soit une hypoglycémie par réduction des apports énergétiques, soit, le plus souvent, une hyperglycémie par augmentation des besoins en insuline.

En cas d'hyperglycémie, il faut ajuster les doses d'insuline en tenant compte de l'état clinique, des glycémies, de la cétonurie et de la capacité de s'alimenter de l'enfant. S'il peut s'alimenter, lui donner ses doses d'insuline habituelles et y ajouter 10 % de la dose totale quotidienne habituelle avant chaque repas, sous forme d'insuline à action rapide administrée par voie sous-cutanée. Réévaluer cette approche en fonction de l'évolution des glycémies. Si une cétonurie modérée ou forte (> 4 mmol/L) est associée à l'hyperglycémie, ces suppléments d'insuline seront de 20 % de la dose totale quotidienne habituelle. On remplace l'alimentation normale par des liquides sucrés (jus de fruits) administrés fréquemment en petites quantités. Si la glycémie ne peut être maintenue à un niveau satisfaisant ou si l'enfant ne tolère pas son alimentation, il devrait être hospitalisé. Si l'hydratation par voie orale est impossible, installer un soluté glucosé à 10 % à un débit correspondant aux besoins d'entretien en eau et, pendant le jour, donner de l'insuline à action rapide par voie sous-cutanée toutes les 4 à 6 heures selon le schéma suivant:

– Si la glycémie est inférieure à 4 mmol/L (0,7 g/L), ne pas donner d'insuline et corriger la situation. Vérifier à nouveau la glycémie une heure plus tard, puis donner au besoin de l'insuline selon l'échelle ci-dessous;

– Si la glycémie se situe entre 4 et 6 mmol/L (0,7 à 1 g/L), donner 1/10 de la dose quotidienne totale habituelle;

– Si la glycémie se situe entre 6 et 10 mmol/L (1 à 1,8 g/L), donner 1/8 de la dose quotidienne totale habituelle;

– Si la glycémie se situe entre 10 et 15 mmol/L (1,8 à 2,7 g/L), donner 1/6 de la dose quotidienne totale habituelle;

– Si la glycémie est supérieure à 15 mmol/L (2,7 g/L), donner 1/4 de la dose quotidienne totale habituelle.

Le soir et la nuit, administrer la moitié des doses suggérées ci-dessus; s'assurer que la glycémie au coucher est supérieure à 6,6 mmol/L (1,2 g/L).

c) **Oubli des injections:**

En cas d'oubli de l'injection du matin:

– Si l'oubli est signalé à midi, donner à ce moment de l'insuline à action rapide selon le schéma figurant au paragraphe précédent et donner les doses habituelles le soir;

– Si l'oubli est signalé le soir, donner les doses habituelles d'insuline à action rapide et à action intermédiaire du soir et y ajouter 10 % de la dose totale quotidienne sous forme d'insuline à action rapide si la glycémie est élevée ou s'il y a une cétonurie.

En cas d'oubli de l'injection du soir:

– Si l'oubli est signalé au coucher, donner à ce moment les 2/3 de la dose habituelle d'insuline à action intermédiaire du soir;

– Si l'oubli est signalé le lendemain matin, donner les doses habituelles d'insuline à action rapide et à action intermédiaire du matin et y ajouter 10 % de la dose totale quotidienne sous forme d'insuline à action rapide si la glycémie est élevée ou s'il y a une cétonurie.

d) **Activité physique intense:** augmenter l'apport énergétique en donnant un fruit et une portion de féculent immédiatement avant l'activité, puis du jus sucré pendant celle-ci. Si l'activité se prolonge, donner environ 60 mL de jus de fruits toutes les 30 minutes, ou selon les expériences antérieures. Si une hypoglycémie survient, réduire de 10 % la dose totale d'insuline lorsqu'une activité similaire est prévue.

e) **Médicaments:** aucun n'est contre-indiqué. Donner de préférence les médicaments en comprimés plutôt que sous forme de préparations liquides contenant du sucre. Les corticostéroïdes et le diazoxide sont hyperglycémiants. Les bêta-bloqueurs masquent les signes et symptômes d'hypoglycémie.

f) **Interventions chirurgicales:** avant, pendant et après l'opération, administrer un soluté glucosé à 10 % contenant environ 75 mmol/L de Na et 20 mmol/L de K, à une vitesse correspondant aux besoins d'entretien en eau. S'abstenir de la dose habituelle d'insuline le matin de l'intervention et utiliser une des deux approches suivantes:

– Perfusion continue d'insuline à action rapide (10 U dans 100 mL de NaCl à 0,9 %); débit suggéré: 0,05 U/kg/heure, à ajuster selon l'évolution de la glycémie. Commencer cette perfusion le matin avant l'intervention;

- S'il est impossible d'installer une perfusion intraveineuse, utiliser le schéma d'injections sous-cutanées d'insuline à action rapide administrées toutes les quatre à six heures selon la technique décrite plus haut dans le paragraphe intitulé Déséquilibres transitoires.

Surveiller la glycémie toutes les heures et la maintenir entre 5,5 et 11 mmol/L (1 à 2 g/L) pendant l'intervention, en modulant les apports de glucose et d'insuline. Après l'intervention, continuer la perfusion continue ou donner de l'insuline à action rapide par voie sous-cutanée toutes les quatre à six heures jusqu'à ce que l'enfant recommence à s'alimenter normalement.

Le diabète néonatal

Il s'agit d'une forme rare de diabète, habituellement transitoire et causée par une insuffisance d'insuline. Il pourrait s'agir d'un retard de maturation des cellules bêta. Les nouveau-nés atteints ont habituellement un retard de croissance intra-utérine. Ils se déshydratent rapidement (déshydratation hypertonique) et présentent souvent une hyperglycémie très élevée, pouvant atteindre 50 mmol/L (9 g/L). Ils ne présentent ni acidose ni cétose. Il faut exclure une infection congénitale comme la rubéole et, par l'échographie abdominale, une agénésie du pancréas. Le traitement consiste à corriger le déficit hydro-électrolytique et à administrer de l'insuline, d'abord en perfusion intraveineuse (commencer par 0,05 U/kg/heure), puis par voie sous-cutanée. Il y a un risque élevé d'hypoglycémie au cours du traitement.

Lectures suggérées

Brink SJ: Pediatric, adolescent and young adult nutrition issues in IDDM. Diabetes Care 1988; 11: 192-200.

Chase HP, Garg SK, Jelley DH: Diabetic ketoacidosis in children and the role of outpatient management. Pediatr Rev 1990; 11: 297-304.

Drash AL: Diabetes mellitus in the child and adolescent. Curr Probl Pediatr 1986; Part 1: 16: 414-466. Part 11: 16: 469-542.

Drash AL, Arslanian SA: Can insulin-dependent diabetes mellitus be cured or prevented? A status report on immunomodulatory strategies and pancreas transplantation. Pediatr Clin North Am 1991; 37: 1467-1487.

Ellis EN: Concepts of fluid therapy in diabetic ketoacidosis and hyperosmolar nonketotic coma. Pediatr Clin North Am 1990; 37: 313-321.

Ginsberg-Fellner F: Insulin-dependent diabetes mellitus. Pediatr Rev 1990; 11: 239-247.

Green A: Incidence of childhood-onset insulin-dependent diabetes mellitus: the Eurodiab Ace Study. Lancet 1992; 339: 905-909.

Harris GD, Fiordalisi I, Finberg L, et al.: Safe management of diabetic ketoacidemia. J Pediatr 1988; 113: 65-68.

Kecskes SA: Diabetic ketoacidosis. Pediatr Clin North Am 1993; 40: 355-363.

Krane EJ: Diabetic ketoacidosis. Biochemistry, physiology, treatment and prevention. Pediatr Clin North Am 1987; 34: 935-960.

Krolewski AS, Warram JH, Rand LI, Kahn CR: Epidemiologic approach to the etiology of type I diabetes mellitus and its complications. N Engl J Med 1987; 317: 1390-1398.

Lelièvre M: Le diabète néonatal transitoire. Le Clinicien 1992; mars: 79-92.

MacLaren N, Schatz D, Drash A, Grave G: Initial pathogenic events in IDDM. Diabetes 1988; 38: 534-538.

Nathan DM: Long-term complications of diabetes mellitus. N Engl J Med 1993; 328: 1676-1685.

National Diabetes Data Group: Classification and diagnosis of diabetes mellitus and other categories of glucose intolerance. Diabetes 1979; 28: 1039-1057.

Rile WJ, MacLaren NK, Silverstein, JH: The predictability of insulin-dependent diabetes mellitus. Adv Pediatr 1988; 35: 167-187.

Rosenbloom AL, Schatz DA: Minimizing risk of brain herniation during treatment of diabetic ketoacidemia. J Pediatr 1990; 117: 1009-1010.

Sperling MA: Outpatient management of diabetes mellitus. Pediatr Clin North Am 1987; 34: 919-934.

Zinman B: The physiologic replacement of insulin. An elusive goal. N Engl J Med 1989; 321: 363-370.

Diarrhée chronique et malabsorption   75

Michel Weber, Khazal Paradis

Généralités

On parle de diarrhée lorsque les selles sont plus fréquentes et plus liquides que la normale.

Chez le nourrisson, surtout s'il est allaité, la fréquence normale des selles peut atteindre 12 par jour et leur consistance est variable. Il faut donc éviter de faire un diagnostic de diarrhée chronique face à une situation normale.

La diarrhée est dite chronique lorsqu'elle persiste plus longtemps qu'une gastro-entérite banale, c'est-à-dire plus de deux à trois semaines. Elle peut être osmotique (exemple: déficience en lactase), sécrétoire (exemple: effet de l'entérotoxine de certains *Escherichia coli*) ou résulter des deux mécanismes.

Les causes étant multiples, la démarche du clinicien doit tenir compte de l'âge de l'enfant et de la fréquence relative des diverses entités (tableau 20).

Le clinicien doit veiller à distinguer une diarrhée chronique sans malabsorption, qui représente souvent une variante de la normale, d'une diarrhée chronique avec malabsorption, toujours pathologique. La malabsorption peut être généralisée (exemple: maladie cœliaque) ou limitée à un type de nutriment (exemple: malabsorption du lactose en cas de déficience en lactase).

Tableau 20 Principales causes de diarrhée chronique

- Causes fréquentes
  - allergie aux protéines bovines ou aux protéines de soja (peut s'accompagner de malabsorption généralisée) (1)
  - déficience acquise et permanente en lactase (malabsorption du lactose) (2)
  - déficience transitoire en lactase (malabsorption du lactose) (1)
  - diarrhée chronique non spécifique de l'enfant (1)
  - diarrhée d'origine médicamenteuse (exemples : antibiotiques, chimiothérapie, cisapride, dompéridone, laxatifs, métoclopramide, etc.)
  - diarrhée postinfectieuse (à la suite d'une gastro-entérite) (1)
  - encoprésie (pseudo-diarrhée) (2)
  - fibrose kystique (s'accompagne de malabsorption généralisée) (1)
  - gastro-entérite bactérienne prolongée (exemples : *Aeromonas, Campylobacter, Clostridium difficile, Escherichia coli, Salmonella, Shigella, Yersinia enterocolitica*, etc.)
  - gastro-entérite parasitaire prolongée (exemples : *Entamœba histolytica, Giardia lamblia, Cryptosporidium*). N.B. : La giardiase peut s'accompagner d'une malabsorption généralisée.
  - gastro-entérite virale prolongée (exemples : rotavirus, agent de Norwalk, etc.)
  - infection urinaire (1)
  - maladie cœliaque (s'accompagne de malabsorption généralisée) (1)
  - malnutrition (peut s'accompagner de malabsorption généralisée) (1)
  - suralimentation (1)
  - syndrome du côlon irritable de l'adulte (2)
  - syndrome du côlon irritable de l'enfant (1)
- Causes rares
  - abêtalipoprotéinémie (1)
  - acrodermatite entéropathique (1)
  - atrésie des voies biliaires (peut s'accompagner de malabsorption généralisée) (1)
  - chloridorrhée familiale (1)
  - cirrhose (peut s'accompagner de malabsorption généralisée)
  - colite associée au syndrome hémolytique et urémique (1)
  - colite pseudomembraneuse associée à une antibiothérapie
  - colite ulcéreuse (2)
  - déficience congénitale en lactase (malabsorption du lactose) (1)
  - déficience congénitale en sucrase et en isomaltase (malabsorption du sucrose et de l'isomaltose) (1)
  - déficience en entérokinase (1)
  - diarrhée intraitable du nourrisson (peut s'accompagner de malabsorption généralisée) (1)
  - déficiences immunitaires (exemples : déficience en IgA, SIDA, etc.)
  - diarrhée d'origine endocrinienne (exemples : hyperthyroïdie, neuroblastome)
  - entérocolite associée à la maladie de Hirschsprung (1)
  - entérocolite nécrosante (chez le nouveau-né)
  - gastro-entéropathie éosinophilique (1)
  - lymphangiectasies intestinales (1)
  - malabsorption du glucose et du galactose (1)
  - maladie de Crohn (peut s'accompagner de malabsorption généralisée) (2)
  - maladie de Schwachman (s'accompagne de malabsorption généralisée) (1)
  - maladie de Wolman (1)
  - maladie des chylomicrons (1)
  - malformations intestinales (exemple : malrotation) (1)
  - pancréatite chronique (s'accompagne de malabsorption généralisée)
  - syndrome de l'anse borgne ou contaminée (peut s'accompagner de malabsorption généralisée)
  - syndrome de l'intestin court (s'accompagne de malbasorption généralisée) (1)

---

(1) Surtout chez le nourrisson et le jeune enfant.
(2) Surtout chez l'enfant plus âgé et l'adolescent.

Démarche clinique

I. Anamnèse

La première étape consiste à faire une anamnèse méticuleuse, de façon à préciser les caractéristiques de la diarrhée :

1) Depuis quand est-elle présente ?

2) Quelle est la fréquence, l'abondance, la couleur, l'apparence (huileuse ou non) et la consistance des selles ?

3) Y a-t-il des rectorragies ou du méléna ?

4) Quelle est l'histoire nutritionnelle qualitative et quantitative de l'enfant ? Que lui donne-t-on à manger et à boire et en quelles quantités ? Boit-il du jus de pommes ?

5) Quels traitements ont déjà été essayés ?

6) Y a-t-il des symptômes associés comme de la fièvre, une toux chronique ou des vomissements ?

7) L'enfant a-t-il effectué un voyage ?

8) Quel est son appétit ?

9) Est-il enjoué et actif, ou, au contraire, triste et déprimé ?

10) Fréquente-t-il une garderie (crèche) ?

11) A-t-il déjà présenté des problèmes allergiques comme une dermite atopique ou de l'asthme ?

12) Prend-il des médicaments ?

13) Certains types d'aliments causent-ils une exacerbation de la diarrhée ?

14) Quelle est par ailleurs l'histoire médicale et chirurgicale de l'enfant ?

L'anamnèse familiale recherche une consanguinité, des problèmes allergiques et un problème similaire chez un autre membre de la famille.

II. Examen

La première chose à faire est d'observer l'enfant. On note s'il est actif, souriant ou plutôt maussade et anormalement calme.

On s'intéresse à son développement psychomoteur car il n'est pas rare qu'un syndrome de malabsorption accompagné d'une fonte musculaire importante se manifeste par un retard de développement moteur.

On évalue les masses musculaires et le tissu adipeux sous-cutané. Ensuite, on pèse et on mesure l'enfant, puis on reconstruit sa courbe de croissance staturale et pondérale à partir des données actuelles et antérieures. Une discordance entre la taille et le poids, ainsi qu'un aplatissement de la courbe de poids ou un amaigrissement, sont suggestifs d'un syndrome de malabsorption. L'infléchissement de la courbe de croissance staturale est plus tardif et moins marqué. Le ralentissement de la croissance céphalique est encore plus tardif et plus discret.

On recherche ensuite certains signes évocateurs de malabsorption : longs cils, hippocratisme digital, distension abdominale, œdème, etc. On s'assure aussi qu'il n'y a pas de signes de rachitisme.

Chez l'adolescent, un syndrome de malabsorption peut être responsable d'un retard de développement pubertaire. À cet âge, on recherche aussi la présence d'indices indirects de maladie inflammatoire chronique de l'intestin, comme des anomalies anales, une conjonctivite, une arthrite ou des arthralgies, des ulcères buccaux ou un érythème noueux.

III. Examens paracliniques

1) L'hémogramme peut être une source d'informations importantes : une anémie microcytaire peut indiquer qu'il y a une hémorragie digestive occulte ou chronique, une malabsorption du fer ou les deux. Une anémie macrocytaire indique qu'il y a une malabsorption de l'acide folique ou de la vitamine B_{12}. Une éosinophilie ($> 0,6 \times 10^9$/L) constitue un indice d'allergie aux protéines bovines ou au soja. La présence d'acanthocytes est caractéristique de l'abêtalipoprotéinémie.

2) On fait de routine deux cultures de selles (coprocultures) et on répète à trois reprises la recherche de parasites dans les selles. Le *Giardia* peut être difficile à mettre en évidence de cette façon ; parfois, l'examen microscopique du liquide duodénal ou même une biopsie duodénale peut être nécessaire. La recherche de la toxine du *Clostridium difficile* est indiquée chaque fois qu'on suspecte une colite pseudomembraneuse. Il est utile de faire une culture d'urine.

3) Un test de la sueur est fait chez tout enfant qui présente une diarrhée prolongée.

4) Lorsqu'il y a un syndrome de malabsorption, le test au d-xylose constitue un bon examen de dépistage de la maladie cœliaque, mais la recherche d'anticorps antigliadine est nettement plus spécifique. Le test au d-xylose peut être perturbé chaque fois que la muqueuse jéjunale est endommagée (exemples : diarrhée chronique par allergie aux protéines bovines, diarrhée infectieuse prolongée, etc.).

5) Lorsque l'état nutritionnel de l'enfant est fortement altéré, il peut être utile de rechercher de façon systématique la présence de certaines déficiences qualitatives. Ce bilan nutritionnel biochimique comporte les éléments suivants :

   – Fer sérique et capacité de liaison s'il y a une microcytose ;

   – Acide folique et vitamine B_{12} sériques s'il y a une macrocytose ;

   – Électrophorèse des protéines sériques : une hypoprotéinémie est fréquente en cas de malabsorption généralisée et lorsque la malabsorption est causée par une maladie hépatique chronique ;

   – Immunoglobulines sériques : la déficience en IgA est un exemple de déficience immunitaire capable de causer un syndrome de malabsorption ;

   – Carotène et vitamine A sériques : des niveaux bas sont suggestifs d'une malabsorption des graisses ;

   – Cholestérol sérique : un niveau très bas se retrouve en cas d'abêtalipoprotéinémie ;

- Étude de l'hémostase : elle peut être perturbée par une déficience en vitamine K en cas de malabsorption des lipides ou lorsqu'une malabsorption est due à une maladie hépatique chronique ;

- Calcémie, phosphorémie et phosphatases alcalines : un rachitisme peut résulter d'une malabsorption des lipides et de la vitamine D ;

- Vitamine E sérique : un taux bas est compatible avec une malabsorption des lipides ; cette déficience peut être responsable de problèmes neurologiques graves.

6) Si l'enfant présente une diarrhée liquide, il est important de mesurer le pH des selles et d'y rechercher du sang occulte (Hématest) et des substances réductrices (Clinitest). Des selles acides (pH < 5,5) et la présence de substances réductrices suggèrent une malabsorption des glucides. L'examen microscopique des selles permet aussi de mettre en évidence la présence de gouttelettes de graisse. La présence de sang occulte est fréquente en cas de diarrhée chronique causée par une allergie aux protéines bovines ou aux protéines de soja.

7) Le dosage des graisses dans les selles de 72 heures permet de quantifier la stéatorrhée résultant d'une malabsorption des lipides. La proportion des graisses non absorbées ne devrait pas dépasser 10 à 15 %. En pratique, une élimination fécale supérieure à 5 g/24 heures est anormale.

8) Sur le plan radiologique, le transit du grêle peut révéler des indices non spécifiques de malabsorption comme une dilatation des anses et une fragmentation de la colonne de substance de contraste ; cette information n'a pas un intérêt majeur. L'étude du tube digestif peut être diagnostique lorsqu'une malabsorption est causée par une sténose intestinale ou une anse borgne. Elle est essentielle lorsqu'on suspecte, chez le préadolescent ou l'adolescent, une maladie de Crohn ou une colite ulcéreuse. Lorsqu'on suspecte un rachitisme secondaire, les radiographies du poignet ou du genou peuvent donner des informations importantes. En cas de maladie de Wolman (rare), les radiographies de l'abdomen sans préparation montrent des calcifications surrénaliennes caractéristiques. Lorsqu'on suspecte une maladie de Schwachman, les radiographies du thorax osseux et des hanches peuvent révéler des anomalies squelettiques suggestives. Une échographie abdominale peut parfois montrer des anomalies hépatiques ou pancréatiques significatives.

9) Le dosage de l'hydrogène dans l'air expiré est très utile pour objectiver une malabsorption des sucres, par exemple lorsqu'on suspecte une déficience en lactase.

10) Une biopsie jéjunale est essentielle chaque fois qu'on suspecte une maladie cœliaque.

11) Une endoscopie digestive haute ou basse avec biopsie est parfois nécessaire (exemples : gastro-entéropathie éosinophilique, colite pseudo-membraneuse).

12) Chez le jeune enfant appartenant à un groupe à risque, le SIDA est une cause possible d'une diarrhée chronique et les examens sérologiques permettant le diagnostic de cette maladie sont indiqués.

Causes fréquentes de diarrhée chronique

1) Allergie aux protéines bovines ou aux protéines de soja : il s'agit d'une cause particulièrement fréquente de diarrhée chronique pouvant se compliquer de malabsorption (voir Allergies alimentaires). Ce diagnostic doit toujours être envisagé, mais surtout chez le nouveau-né ou le jeune nourrisson qui présente des rectorragies et chez les enfants qui ont des antécédents allergiques chargés ou qui présentent eux-mêmes d'autres problèmes de nature allergique comme une dermite atopique ou du wheezing persistant. Une hyperéosinophilie peut être présente.

2) Déficience en lactase : la forme primaire est extrêmement rare. La forme transitoire, qui fait suite à une gastro-entérite, s'observe occasionnellement. L'incidence de la forme acquise et permanente augmente avec l'âge, particulièrement chez les Noirs et les Asiatiques. Le diagnostic repose sur la disparition des symptômes avec une alimentation sans lactose, ou par la mise en évidence d'une augmentation de la concentration d'hydrogène dans l'air expiré lors d'une surcharge en lactose.

3) Diarrhée chronique non spécifique de l'enfant : il s'agit d'une cause fréquente de diarrhée chronique sans malabsorption chez le nourrisson et le jeune enfant. C'est souvent un diagnostic d'exclusion. La courbe de poids est normale. Une étude a montré que ce problème pouvait résulter d'une alimentation trop pauvre en lipides. D'autres suggèrent que cette forme de diarrhée peut être causée par une ingestion de quantités excessives de liquides, particulièrement de jus de fruits riches en sorbitol, un sucre laxatif; le jus de pommes est particulièrement incriminé.

4) Diarrhée d'origine médicamenteuse : beaucoup de médicaments peuvent causer une diarrhée chronique. C'est le cas par exemple de la quasi-totalité des antibiotiques, de la cholestyramine, des laxatifs, des médicaments utilisés en chimiothérapie ou pour le traitement du reflux gastro-œsophagien (exemple : cisapride).

5) Diarrhée infectieuse : la plupart durent moins d'une semaine, mais il y a des exceptions. En particulier, l'infection à *Giardia lamblia* peut causer une diarrhée persistante pouvant se compliquer d'un syndrome de malabsorption. Cette étiologie doit être particulièrement envisagée chez l'enfant qui fréquente une garderie (crèche). Beaucoup d'agents infectieux peuvent causer une diarrhée chronique chez des patients qui souffrent d'une déficience immunitaire (exemple : SIDA).

6) Diarrhée postinfectieuse : la plupart des agents responsables de gastro-entérites peuvent causer des lésions de la muqueuse intestinale

suffisamment graves pour entraîner une diarrhée chronique avec malabsorption. L'infection à *Giardia lamblia* est un exemple caractéristique. La déficience transitoire en lactase constitue un des éléments possibles de ce problème.

7) Encoprésie : il s'agit en réalité d'une pseudo-diarrhée résultant d'une constipation chronique. Ce problème se rencontre surtout chez l'enfant d'âge scolaire et chez l'adolescent (voir Encoprésie).

8) Fibrose kystique ou mucoviscidose : ce diagnostic doit être envisagé chez tout enfant qui présente une diarrhée chronique, surtout si elle est associée à un retard pondéral et à des problèmes respiratoires persistants. Contrairement à ceux qui souffrent de maladie cœliaque, les enfants atteints de fibrose kystique peuvent avoir un appétit vorace (voir Fibrose kystique).

9) Infection urinaire : pour des raisons mal comprises, ce problème peut être associé à une diarrhée chronique.

10) Maladie cœliaque : ce diagnostic est envisagé chez tout enfant qui présente une diarrhée chronique avec malabsorption, pour autant qu'il consomme des céréales contenant du gluten depuis plusieurs semaines ou plusieurs mois. Les enfants atteints présentent souvent de l'anorexie, de la dépression, de la pâleur, des longs cils, de l'hippocratisme digital et une distension abdominale (voir Maladie cœliaque).

11) Malnutrition : si la diarrhée chronique avec malabsorption peut causer un état de malnutrition, celle-ci constitue elle-même une cause fréquente de diarrhée chronique. Ce cercle vicieux se rencontre souvent dans les pays en développement. C'est une des raisons pour lesquelles les enfants présentant une gastro-entérite ne doivent pas être soumis à un jeûne prolongé.

12) Suralimentation : l'histoire nutritionnelle permet de faire le diagnostic. Il n'y a pas de retard pondéral.

13) Syndrome du côlon irritable de l'adulte : il se rencontre surtout chez l'adolescent et est caractérisé par une alternance de diarrhée et de constipation ainsi que par des douleurs abdominales. L'étiologie de ce problème est mal comprise, et il n'y a pas de traitement spécifique.

14) Syndrome du côlon irritable de l'enfant : ce problème fréquent se rencontre avant l'âge de trois ans. Les épisodes de diarrhée peuvent alterner avec des périodes de constipation. Les selles contiennent souvent des aliments non digérés. La courbe de poids est normale, ce qui constitue un critère essentiel de diagnostic. Il n'y a pas de traitement spécifique. La guérison spontanée est de règle.

Lectures suggérées

Andres JM : Advances in understanding the pathogenesis of persistent diarrhea in young children. Adv Pediatr 1988 ; 35 : 483-495.

Baldassano RN, Liacouras CA : Chronic diarrhea. A practical approach for the pediatrician. Pediatr Clin North Am 1991 ; 38 : 667-686.

Cohen SA, Hendricks KM, Mathis RK, *et al.* : Chronic nonspecific diarrhea : dietary relationships. Pediatrics 1979; 64 : 402-407.

Davidson M, Wasserman R : The irritable colon of childhood (chronic nonspecific diarrhea syndrome). J Pediatr 1966; 69 : 1027-1038.

Fitzgerald JF : Management of the infant with persistent diarrhea. Pediatr Infect Dis J 1985; 4 : 6-9.

Fitzgerald JF, Clark JH : Chronic diarrhea. Pediatr Clin North Am 1982; 29 : 221-231.

Greene HL, Ghishan FK : Excessive fluid intake as a cause of chronic diarrhea in young children. J Pediatr 1983; 102 : 836-840.

Hyams JS, Etienne NL, Leichtner AM, Theuer RC : Carbohydrate malabsorption following fruit juice ingestion in young children. Pediatrics 1988; 82 : 64-68.

Hyams JS, Leichtner AM : Apple juice : an unappreciated cause of chronic diarrhea. Am J Dis Child 1985; 139 : 503-505.

Kleinman RE, Klish W, Lebenthal E : Role of juice carbohydrate malabsorption in chronic nonspecific diarrhea in children. J Pediatr 1992; 120 : 825-830.

Rossi TM, Lebenthal E : Pathogenic mechanisms of protracted diarrhea. Adv Pediatr 1984; 30 : 595-633.

Discite (spondylodiscite)   76

Michel Weber, François Fassier

Généralités

La discite ou spondylodiscite est une inflammation ou une infection d'un disque intervertébral, habituellement lombaire. Elle survient avant l'âge de six ans dans la majorité des cas. Son étiologie exacte demeure incertaine : les auteurs qui ont pratiqué une ponction du disque ont parfois mis en évidence une bactérie pathogène comme un staphylocoque, mais, paradoxalement, la maladie guérit presque toujours sans traitement.

Manifestations cliniques

La plupart du temps, la discite se manifeste par une douleur lombaire. Parfois, le mode de présentation est atypique : il peut s'agir d'une douleur abdominale, d'une boiterie, d'un refus de marcher ou d'une douleur au niveau de l'un des membres inférieurs. La fièvre est souvent absente. Il peut être difficile de différencier cliniquement une discite d'une ostéomyélite vertébrale ; cette dernière est très rare chez le jeune enfant. La palpation ou la percussion de la région du disque atteint révèle une douleur localisée.

Explorations

L'hémogramme peut montrer une hyperleucocytose avec une prédominance des neutrophiles.

La vitesse de sédimentation est élevée.

Les hémocultures sont habituellement négatives.

Les radiographies de la colonne lombaire montrent un pincement caractéristique de l'espace intervertébral correspondant au disque atteint.

La cartographie osseuse au technétium démontre un foyer d'hyperfixation au niveau du disque malade.

Traitement

Il n'y a pas de traitement spécifique.

L'enfant doit être encouragé à se reposer s'il en ressent le besoin.

Selon l'intensité et le caractère continu ou intermittent de la douleur, on peut prescrire soit un analgésique et anti-inflammatoire comme l'acide acétylsalicylique (50 à 100 mg/kg/24 heures PO en 4 fois; maximum chez le grand enfant: 3,6 g/24 heures), soit un analgésique comme l'acétaminophène ou paracétamol (15 mg/kg/dose PO toutes les 4 heures; maximum chez le grand enfant: 650 mg/dose).

Lorsque le corps vertébral est atteint, une antibiothérapie est indiquée (voir Ostéomyélite aiguë).

Pronostic

La maladie guérit spontanément, en général en moins de deux à trois semaines. Il n'y a pas de séquelles. On peut cependant observer la fusion des deux corps vertébraux à la radiographie.

Douleur   77

Thérèse Saint-Laurent-Gagnon, Élaine Pelletier

Voir aussi Céphalées et migraine, Douleurs abdominales aiguës, Douleurs abdominales chroniques ou récidivantes, Douleurs aux membres et boiterie, Douleurs dorsales et lombaires, Douleurs thoraciques.

Généralités

La douleur est une sensation subjective désagréable qui provient d'une lésion tissulaire.

Même chez l'adulte et malgré l'existence de moyens efficaces de lutte contre la douleur comme les analgésiques morphiniques, la douleur n'est pas toujours soulagée de façon efficace. Cette lacune importante s'explique par différents facteurs:

1) L'ignorance des professionnels de la santé;

2) La crainte injustifiée de rendre toxicomane le patient qui souffre;

3) Certaines idéologies, largement répandues, qui attribuent une valeur positive à la douleur physique.

Si la douleur n'a pas toujours été traitée de façon adéquate chez l'adulte, elle a été encore moins bien combattue chez l'enfant, qui, dans ce domaine plus que dans tout autre, est souvent demeuré un « orphelin thérapeutique ». On attache rarement de l'importance au traitement analgésique des affections douloureuses comme l'otite moyenne. Des manœuvres diagnostiques douloureuses comme les prélèvements de sang ou les ponctions lombaires sont encore fréquemment pratiquées sans souci d'analgésie. Certaines interventions chirurgicales comme la circoncision sont encore effectuées sans aucune forme d'anesthésie, ce que tout adulte considérerait comme un acte inacceptable. Ces coutumes sont basées sur la notion erronée selon laquelle l'enfant ressent la douleur de façon moins intense que l'adulte. Il est maintenant bien démontré que même le nouveau-né ou le prématuré éprouve de la douleur, même s'il n'est pas capable de l'exprimer par des mots.

Plusieurs facteurs peuvent modifier la perception et l'expression de la douleur par l'enfant:

1) L'expérience antérieure de la douleur peut influencer dans les deux sens cette perception. Par exemple, les enfants qui n'ont jamais souffert peuvent ressentir la douleur de façon plus intense que les autres, même à l'occasion d'un traumatisme mineur. Par ailleurs, l'enfant qui a déjà subi des manœuvres diagnostiques ou thérapeutiques pénibles peut éprouver une douleur d'anticipation;

2) L'information de l'enfant joue aussi un certain rôle: la douleur peut être ressentie de façon moins intense si on lui a expliqué les justifications d'une manœuvre douloureuse et s'il sait d'avance qu'un mode de contrôle sera mis à sa disposition (analgésie contrôlée);

3) Certaines influences culturelles et attentes parentales peuvent modifier les réactions perceptibles de l'enfant à la douleur. Par exemple, on attend davantage de bravoure de la part d'un garçon, aîné de la famille, que d'une fille.

Il faut maintenant reconnaître que le traitement insuffisant de la douleur est nocif. Par exemple, les douleurs postopératoires mal soulagées entraînent une réaction de stress importante, qui se manifeste notamment par une hyperglycémie et une élévation du taux sérique de l'adrénaline. On a notamment montré de façon convaincante que les nouveau-nés qui ont subi une ligature du canal artériel récupèrent moins bien s'ils n'ont pas bénéficié d'un traitement analgésique efficace.

Types de douleur (adapté selon McGrath)

I. La douleur aiguë

Ce type de douleur est le plus fréquent chez l'enfant et l'adolescent. Elle est provoquée par un stimulus précis et simple comme une vaccination, une ponction lombaire, une éraflure, une fracture, une brûlure ou une opération. Elle disparaît progressivement au fur et à mesure que la guérison progresse. En général, elle ne cause pas de détresse physique ou psychologique prolongée.

II. La douleur chronique

Ce type de douleur résulte d'un stimulus moins bien défini. Cette douleur prolongée persiste parfois après la guérison de la lésion tissulaire initiale. Elle peut résulter d'une maladie chronique comme l'arthrite rhumatoïde juvénile ou l'hémophilie, d'une amputation (douleurs fantômes) ou d'une algodystrophie sympathique. Elle peut entraîner une détresse physique prolongée, qui se manifeste par de la fatigue, des insomnies ou d'autres symptômes. Elle peut aussi être responsable d'une détresse psychologique importante qui résulte notamment de l'inquiétude, de la dépression et de la limitation des activités; elle se manifeste par de l'irritabilité, de la dépression et de l'hypochondrie.

L'algodystrophie sympathique constitue une forme particulière et typique de douleur chronique, qui se rencontre surtout à partir de l'adolescence. Une sensation de brûlure, parfois très intense, aggravée par le toucher et la friction, survient à la suite d'un traumatisme mineur d'une extrémité. Il peut y avoir une dysfonction vasomotrice, ainsi que de l'atrophie.

III. La douleur récidivante

Environ 30 % des enfants normaux présentent ce genre de douleur. Elle résulte de stimuli mal définis. Les épisodes sont brefs et surviennent de façon répétitive au cours d'une période prolongée. Il peut s'agir de céphalées de type tensionnel ou de migraine, de douleurs abdominales ou de douleurs au niveau des membres inférieurs («douleurs de croissance»). La plupart du temps, les diverses explorations ne permettent pas de déceler une cause organique (voir Céphalées et migraine, Douleurs abdominales chroniques ou récidivantes, Douleurs aux membres et boiterie). Lorsqu'elles entraînent de l'absentéisme scolaire, ces douleurs peuvent représenter une manifestation de «phobie scolaire». Ces douleurs causent parfois une détresse physique et psychologique.

IV. La douleur de l'enfant cancéreux

Cette douleur survient invariablement à un moment ou à un autre de la maladie cancéreuse. Elle provient de stimuli uniques ou multiples, bien ou mal définis. Elle peut être aiguë ou chronique. Elle est provoquée par l'envahissement, la compression, les métastases, ainsi que par les manœuvres diagnostiques et thérapeutiques. Elle peut être responsable d'une détresse physique importante, causée non seulement par la douleur elle-même, mais aussi par la maladie et son traitement. La détresse psychologique est aggravée par le fait qu'il s'agit d'une maladie potentiellement fatale; ce type de détresse affecte aussi la famille.

Mesure de la douleur

Il y a trois méthodes principales de mesure de la douleur:

I. Les mesures physiologiques

Ces mesures s'intéressent aux réactions physiologiques à la douleur comme l'accélération des fréquences cardiaque et respiratoire, l'élévation de la tension artérielle, la sudation palmaire, ou encore l'augmentation du cortisol plasmatique ou l'élévation du taux des endorphines dans le sérum ou le liquide céphalorachidien. Ces mesures sont utiles chez le nouveau-né, le nourrisson et l'enfant de moins de trois ans. Elles ne sont pas spécifiques, car les paramètres utilisés peuvent se modifier en réponse à d'autres stimuli que la douleur, comme le stress et l'anxiété. De plus, l'hyperactivité du système nerveux autonome diminue si la douleur se prolonge et peut même disparaître complètement si elle devient chronique. On a observé une élévation du cortisol plasmatique lors de stimuli non douloureux comme la pesée ou l'examen physique. D'une façon générale, ces mesures physiologiques ne permettent pas de quantifier la douleur de façon précise. Quant aux prélèvements de sang ou de liquide céphalorachidien, ils sont difficiles à justifier.

II. L'observation du comportement

Ce type de mesure se base sur l'observation des mimiques faciales (yeux, sourcils, bouche), des pleurs, des cris et des mouvements du thorax et des extrémités. Plusieurs scores ont été proposés. Ces échelles ont été conçues pour le personnel infirmier; leur utilisation par les parents est plus difficile. Il a été démontré à plusieurs reprises que le personnel médical et, dans une moindre mesure, les parents sous-estiment la douleur de l'enfant. Plus l'enfant est jeune, plus les signes visibles de la douleur sont subtils. De plus, l'enfant qui a déjà fait plusieurs fois l'expérience de la douleur manifeste souvent celle-ci par des signes extérieurs moins évidents. Les échelles comprenant plusieurs éléments moteurs ne peuvent pas être utilisées chez les patients atteints de paralysie. Ce type de mesure peut être utilisé à tout âge, mais surtout chez le nourrisson et le jeune enfant.

III. Les mesures subjectives

Ce type de mesure se base sur l'expression verbale ou non verbale par l'enfant du type de douleur, de sa localisation et de son intensité. Des questionnaires ont été conçus pour les enfants. Ceux-ci peuvent expliquer comment ils perçoivent leur douleur, tant sur le plan physique que psychologique, en utilisant des qualificatifs et des schémas corporels. Malheureusement, même les questionnaires les plus simples sont difficiles à utiliser avant l'âge de 12 ans. Par contre, l'enfant de plus de quatre ans peut habituellement localiser sa douleur sur un schéma corporel et se servir de différentes couleurs pour en exprimer l'intensité.

Les principales échelles de mesure subjective de la douleur sont les suivantes :

1) L'échelle visuelle analogue : il s'agit d'un segment de droite de 10 cm de longueur. Le patient indique d'un trait sur cette droite l'intensité de la douleur, l'extrémité gauche représentant l'absence de douleur et la droite la douleur la plus extrême. On mesure ensuite la distance entre l'extrémité gauche de la droite et le trait. Ce type de mesure est utilisable dès l'âge de six ans;

2) Les échelles numériques : le patient indique l'intensité de sa douleur sous forme d'un nombre, sur une échelle allant par exemple de 0 (absence de douleur) à 10 (douleur la plus extrême). Ce type d'échelle est utilisable à partir de six ans;

3) Les échelles verbales descriptives : le patient choisit, sur une échelle de qualificatifs décrivant des douleurs d'intensité croissante, celui qui

Figure 22   Exemple d'échelle associative pour la mesure de la douleur. Expliquer à l'enfant que chaque visage appartient à une personne qui se sent heureuse parce qu'elle n'a pas mal, ou triste parce qu'elle a mal :
  – Le visage 0 est très heureux parce qu'il n'a pas mal du tout;
  – Le visage 1 a un tout petit peu mal;
  – Le visage 2 a un peu plus mal;
  – Le visage 3 a encore plus mal;
  – Le visage 4 a très mal;
  – Le visage 5 a le plus mal qu'on puisse imaginer.

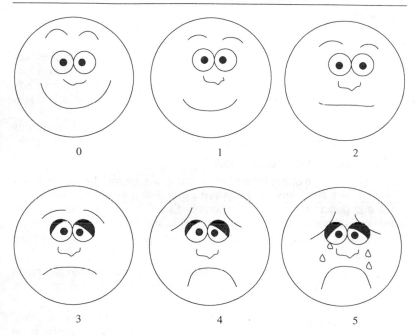

Source :   Whaley L, Wong D: Nursing care of infants and children. CV Mosby, St-Louis, 3rd edition, 1987 (reproduit avec autorisation).

correspond le mieux à ce qu'il ressent. Ce type d'échelle est peu utile avant l'âge de six ans;

4) Les échelles associatives : la mieux connue est constituée d'une série de visages exprimant des douleurs d'intensité croissante (figure 22). Le patient désigne le visage qui exprime le mieux ce qu'il ressent. Ce type d'échelle peut être utilisé dès l'âge de trois ans.

Traitement de la douleur

I. Principes généraux

Le traitement de la douleur ne doit pas se limiter à la prescription d'analgésiques. Dans les cas complexes ou chroniques, une approche multidisciplinaire, par exemple dans le cadre d'une consultation de la douleur, est la plus souhaitable, étant donné la multiplicité des facteurs qui influencent la perception et l'expression de la douleur.

II. Approches non pharmacologiques

L'hypnose et l'auto-hypnose réussissent souvent très bien chez l'enfant. Elles consistent à détourner son attention de sa douleur.

Certains cas de migraine répondent bien à la relaxation.

Plusieurs techniques de distraction ont été utilisées avec succès chez le nourrisson : succion, caresses, bercement.

L'administration orale d'une solution de sucrose soulage la douleur chez le nouveau-né.

Parmi les traitements physiques, il faut mentionner les plâtres, les orthèses, l'application locale de chaleur, les massages et la physiothérapie (kinésithérapie). La stimulation électrique transcutanée de certains nerfs périphériques permet de soulager les douleurs musculo-squelettiques localisées.

Le rôle de l'acupuncture reste à préciser ; elle est probablement plus utile pour le traitement des douleurs chroniques.

III. Anesthésies locale et régionale

L'anesthésie locale ou régionale peut être utilisée, même chez le nouveau-né et le nourrisson, lors de manœuvres diagnostiques ou thérapeutiques comme la ponction lombaire, l'insertion d'un drain thoracique ou la circoncision. La posologie de la lidocaïne est la suivante :

- En injection locale (chez l'enfant, on utilise de préférence la solution à 1 %, soit à 10 mg/mL) :
  - Avec adrénaline : 5 à 7 mg/kg/dose (maximum chez le grand enfant : 500 mg/dose). Cette dose ne doit pas être répétée avant deux heures ;
  - Sans adrénaline : 3 à 4 mg/kg/dose (maximum chez le grand enfant : 300 mg/dose). Cette dose ne doit pas être répétée avant deux heures ;
- En application locale sur une muqueuse, par exemple sous forme de gelée à 2 % ; la dose maximale est de 3 mg/kg/dose au besoin toutes les 2 heures (maximum chez le grand enfant : 200 mg/dose).

Chez l'enfant de moins de deux mois, il faut être prudent lorsqu'on utilise des agents anesthésiques locaux qui sont éliminés par le foie comme la bupivacaïne ou la lidocaïne, car leur action peut être prolongée.

Une crème anesthésique à base de lidocaïne et de prilocaïne (EMLA) est maintenant disponible ; après son application, la région doit être recouverte d'un pansement occlusif, puis il faut attendre au moins une heure pour que l'efficacité soit maximale. Cette crème a été utilisée avec succès pour des biopsies de peau, des prélèvements sanguins, etc.

L'anesthésie régionale, épidurale ou intrathécale de même que des blocs sympathiques permettent de soulager certaines douleurs cancéreuses, ainsi que les douleurs fantômes qui suivent une amputation.

IV. Les analgésiques

1) Choix : de nombreux analgésiques non morphinique ou morphiniques sont disponibles. Ils ne peuvent pas être cités tous dans ce chapitre. Ceux qui ne sont pas mentionnés n'ont pas d'avantages réels par rapport à ceux qui figurent dans ce texte. On préconise une approche par paliers :

   a) Un analgésique non morphinique comme l'acétaminophène (para-cétamol), le naproxène ou l'ibuprofène est utilisé de préférence pour le traitement des douleurs aiguës légères ;

   b) Un analgésique morphinique faible comme la codéine est utilisé en association avec l'acétaminophène (paracétamol) pour le traite-ment de douleurs plus importantes ;

   c) Les analgésiques morphiniques plus puissants comme la morphine ou l'hydromorphone appartiennent au dernier palier et sont réser-vés aux douleurs qui ne peuvent être soulagées par d'autres moyens, en particulier les douleurs cancéreuses et postopératoires.

   La mépéridine (péthidine) ne peut pas être utilisée pendant une période prolongée, en raison de l'accumulation de métabolites qui provoquent des réactions psychomimétiques.

   Le midazolam, une benzodiazépine, entraîne une amnésie de l'événe-ment douloureux, mais ne peut être utilisé comme analgésique, car toutes les réponses physiologiques à la douleur sont maintenues.

   Les analgésiques morphiniques sont moins efficaces pour le traitement de certains types de douleurs comme celles qui sont liées aux neuropa-thies périphériques et les douleurs fantômes qui suivent une amputation. Dans ce cas, on y associe un anticonvulsivant (exemples : carbama-zépine, clonazépam, phénytoïne) ou un antidépresseur tricyclique (exemples : imipramine, amitryptiline), qui agit comme agent co-analgésique.

2) Voie d'administration : lorsqu'on opte pour la voie générale, il faut uti-liser de préférence la voie orale.

   La voie intramusculaire doit être évitée si possible, car l'enfant va nier sa douleur plutôt que de recevoir des injections qui lui font mal.

   La voie rectale doit être évitée chez les enfants qui présentent une neu-tropénie ou une déficience immunitaire, en raison du risque d'abcès périrectal.

   La voie intraveineuse est utilisée selon deux modes : les injections lentes (15 à 20 minutes) et la perfusion continue ; ces deux modes peuvent aussi être combinés. Les perfusions intraveineuse ou sous-cutanée sont indiquées chez les enfants qui ne sont pas capables de prendre les analgésiques par voie orale et chez qui la voie rectale est contre-indiquée.

   L'auto-administration intraveineuse ou sous-cutanée (analgésie contrô-lée) permet un meilleur contrôle de la douleur ; les patients s'auto-administrent souvent une quantité moindre que lorsque c'est le médecin qui décide de la posologie.

3) Posologie :

Lorsqu'il s'agit d'une douleur aiguë d'intensité légère à modérée, l'analgésique peut être administré au besoin ; dans les autres cas (douleur aiguë intense, douleur chronique, douleur cancéreuse), il est important de le donner de façon régulière.

a) Non morphiniques :
- Acétaminophène (paracétamol) :
  - Par voie orale : 10 à 15 mg/kg/dose toutes les 4 à 6 heures ; maximum chez le grand enfant : 650 à 1 000 mg/dose ;
  - Par voie rectale : 10 à 20 mg/kg/dose toutes les 4 à 6 heures ; maximum chez le grand enfant : 650 à 1 000 mg/dose ;

  N.B. :   En France, on utilise aussi le propacétamol, une préparation injectable de paracétamol (voir Index pharmacologique) ;
- Ibuprofène :
  - Par voie orale : 3 à 10 mg/kg/dose, 3 à 4 fois par jour ; maximum chez le grand enfant : 2 400 mg/24 heures ;
- Naproxène :
  - Par voie orale : 5 à 7 mg/kg/dose, 2 à 3 fois par jour ; maximum chez le grand enfant : 1 250 mg/24 heures ;
- Autres choix (France) :
  - Acide niflumique : peut être administré par voie orale ou rectale (voir Index pharmacologique) ;
  - Diclofénac (voir Index pharmacologique).

b) Morphiniques : en cas de douleur chronique, on commence par la plus petite dose indiquée et on l'augmente au besoin par paliers de 20 %.
- Codéine (non utilisée par voie parentérale en France) :
  - Par voie orale (à utiliser de préférence aux injections) : 0,5 à 1 mg/kg/dose toutes les 4 à 6 heures ; maximum chez le grand enfant : 60 à 120 mg/dose ;
  - Par voie sous-cutanée : 0,5 à 1 mg/kg/dose toutes les 4 à 6 heures ; maximum chez le grand enfant : 60 mg/dose ;
  - Par voie intramusculaire : 0,5 à 1 mg/kg/dose toutes les 4 à 6 heures ; maximum chez le grand enfant : 60 mg/dose ;
- Hydromorphone (non disponible en France) :
  - Par voie orale (à utiliser de préférence aux injections) : 0,04 à 0,1 mg/kg/dose toutes les 4 heures ; maximum : varie selon les besoins du patient ;
  - Par voie rectale : 0,04 à 0,1 mg/kg/dose toutes les 4 heures ; maximum : varie selon les besoins du patient ;
  - Par voie sous-cutanée : 0,02 à 0,03 mg/kg/dose toutes les 3 à 4 heures ; maximum : varie selon les besoins du patient ;

- Par voie intramusculaire : 0,02 à 0,03 mg/kg/dose toutes les 3 à 4 heures ; maximum : varie selon les besoins du patient ;
- Par voie intraveineuse :
    - En injections intermittentes : 0,005 à 0,015 mg/kg/dose toutes les 2 heures ; maximum : varie selon les besoins du patient ;
    - En perfusion continue : 0,0025 à 0,008 mg/kg/heure ; maximum : varie selon les besoins du patient ;
- Morphine :
    - Par voie orale (à utiliser de préférence aux injections) : 0,2 à 0,4 mg/kg/dose toutes les 4 heures ; maximum : varie selon les besoins du patient ;
    - Par voie rectale : 0,2 à 0,4 mg/kg/dose toutes les 4 heures ; maximum : varie selon les besoins du patient ;
    - Par voie sous-cutanée : 0,1 à 0,15 mg/kg/dose toutes les 3 à 4 heures ; maximum : varie selon les besoins du patient ;
    - Par voie intramusculaire : 0,1 à 0,15 mg/kg/dose toutes les 3 à 4 heures ; maximum : varie selon les besoins du patient ;
    - Par voie intraveineuse :
        - En injections intermittentes : 0,02 à 0,1 mg/kg/dose toutes les 2 heures ; maximum : varie selon les besoins du patient ;
        - En perfusion continue : 0,01 à 0,06 mg/kg/heure ; maximum : varie selon les besoins du patient ;
- Nalbuphine (peu utilisée au Canada) :
    - Par voie sous-cutanée : 0,2 mg/kg/dose toutes les 6 heures ; maximum chez le grand enfant : 20 mg/dose et 160 mg/24 heures ;
    - Par voie intramusculaire : 0,2 mg/kg/dose toutes les 6 heures ; maximum chez le grand enfant : 20 mg/dose et 160 mg/24 heures ;
    - Par voie intraveineuse : 0,2 mg/kg/dose toutes les 6 heures ; maximum chez le grand enfant : 20 mg/dose et 160 mg/24 heures.

4) Effets secondaires et contre-indications :

Les analgésiques appartenant au groupe des anti-inflammatoires non stéroïdiens, comme l'ibuprofène et le naproxène, sont contre-indiqués chez les patients qui sont traités aux corticostéroïdes et chez ceux qui présentent des hémorragies digestives ou une thrombopénie.

L'utilisation prolongée des analgésiques morphiniques cause presque toujours des effets secondaires. Une constipation survient pratiquement toujours ; elle est traitée de la façon habituelle (voir Constipation). L'incidence des nausées et des vomissements atteint 50 à 60 % ; ils sont traités au moyen de métoclopramide.

Lectures suggérées

Anand KJS, Hichey PR : Pain and its effects in the human neonate and fetus. N Engl J Med 1987; 317 : 1321-1329.

Berde CB : Pediatric postoperative pain management. Pediatr Clin North Am 1989; 36 : 921-940.

Berde CB : Toxicity of local anesthetics in infants and children. J Pediatr 1993; 122 : S14-S20.

Berde CB, Ablin A, Glazer J, et al. : Report of the subcommittee on disease-related pain in childhood cancer. Pediatrics 1990; 86 : 818-825.

Beyer JE, Wells N : The assessment of pain in children. Pediatr Clin North Am 1989; 36 : 837-854.

Joyce TH : Topical anesthesia and pain management before venipuncture. J Pediatr 1993; 122 : S24-S29.

Koren G, Maurice L : Pediatric uses of opioids. Pediatr Clin North Am 1989; 36 : 1141-1156.

Koren G : Use of the eutectic mixture of local anesthetics in young children for procedure-related pain. J Pediatr 1993; 122 : S30-S35.

Lovell DJ, Walco GA : Pain associated with juvenile rheumatoid arthritis. Pediatr Clin North Am 1989; 36 : 1015-1027.

McGrath PJ, Beyer J, Cleeland C, et al. : Report of the subcommittee on assessment and methodologic issues in the management of pain in childhood cancer. Pediatrics 1990; 86 : 814-817.

McGrath PJ, Craig KD : Developmental and physiological factors in children's pain. Pediatr Clin North Am 1989; 36 : 823-836.

McGrath PJ, McAlpine L : Psychologic perspectives on pediatric pain. J Pediatr 1993; 122 : S2-S8.

Marsall RE : Neonatal pain associated with caregiving procedures. Pediatr Clin North Am 1989; 36 : 885-903.

Miser AW, Miser JS : The treatment of cancer pain in children. Pediatr Clin North Am 1989; 36 : 979-999.

Olness K : Hypnotherapy : a cyberphysiologic strategy in pain management. Pediatr Clin North Am 1989; 36 : 873-884.

Osgood PF, Szyfelbein SK : Management of burn pain in children. Pediatr Clin North Am 1989; 36 : 1001-1013.

Pichard-Léandri E, Gauvain-Piquard A : La douleur chez l'enfant. Medsi; McGraw-Hill, Paris, 1989.

Ready B, Edwards WT : Management of acute pain. IASH Publications, Seattle, 1992.

Rics LJ : Needle phobia : an anesthesiologist's perspective. J Pediatr 1993; 122 : S9-S13.

Scanlon JW : Appreciating neonatal pain. Adv Pediatr 1991; 38 : 317-333.

Schechter NL, Berde CB, Yaster M : Pain in infants, children, and adolescents. Williams & Wilkins, Baltimore, 1993.

Selbst SM, Henretig FM : The treatment of pain in the emergency department. Pediatr Clin North Am 1989; 36 : 965-978.

Shannon M, Berde CB : Pharmacologic management of pain in children and adolescents. Pediatr Clin North Am 1989; 36 : 855-871.

Shapiro BS : Management of pain in sickle cell disease. Pediatr Clin North Am 1989; 36 : 1029-1045.

Steward DJ : Eutectic mixture of local anesthetics (EMLA) : what is it? What does it? J Pediatr 1993; 122 : S21-S23.

Tyler DC : Pharmacology of pain management. Pediatr Clin North Am 1994; 41 : 59-71.

Weisman SJ, Schechter NL : The management of pain in children. Pediatr Rev 1991; 12 : 237-243.

Yaster M, Deshpande JK: Management of pediatric pain with opioid analgesics. J Pediatr 1988; 113: 421-429.

Yaster M, Tobin JR, Fisher QA, *et al.*: Local anesthetics in the management of acute pain in children. J Pediatr 1994; 124: 165-176.

Zeltzer LK, Aderson CTM, Schechter NL: Pediatric pain: current status and new directions. Curr Probl Pediatr 1990; 20: 411-486.

Zeltzer LK, Altman A, Cohen D, *et al.*: Report of the subcommittee on the management of pain associated with procedures in children with cancer. Pediatrics 1990; 86: 826-831.

Zeltzer LK, Jay SM, Fisher DM: The management of pain associated with pediatric procedures. Pediatr Clin North Am 1989; 36: 941-964.

Douleurs abdominales aiguës   78

Jean-Bernard Girodias, Arié Bensoussan, Khazal Paradis, Mariette Morin-Gonthier, Jacques Boisvert

Généralités

Les causes médicales et chirurgicales des douleurs abdominales aiguës sont nombreuses (tableau 21). Tous les viscères intra-abdominaux et même certains organes extra-abdominaux peuvent être à l'origine de douleurs abdominales. Ces douleurs accompagnent souvent des maladies bénignes de l'enfance, qu'il s'agisse d'une infection des voies respiratoires supérieures, d'une otite, d'une gastro-entérite ou d'une crise d'asthme; il ne sera pas question de ce type de douleurs dans ce chapitre. L'une des tâches du médecin généraliste et du pédiatre est de reconnaître l'abdomen aigu chirurgical pour qu'un traitement adéquat puisse être entrepris sans délai.

Démarche clinique

Avant l'apparition du langage, l'enfant exprime sa douleur par de l'irritabilité ou des pleurs anormaux. Plus tard, la description verbale des symptômes devient de plus en plus raffinée. Une douleur qui persiste pendant plusieurs heures ou qui est latéralisée suggère une origine organique. Deux entités chirurgicales doivent dominer les préoccupations lorsqu'un enfant se présente pour une douleur abdominale: l'invagination intestinale chez le jeune enfant et l'appendicite aiguë chez l'enfant plus âgé.

I. Anamnèse

1) L'histoire médico-chirurgicale personnelle permet parfois d'orienter le diagnostic. Des douleurs abdominales diffuses avec des signes d'occlusion intestinale chez un enfant qui a déjà subi une laparotomie suggèrent une occlusion par bride. Chez l'enfant atteint de fibrose kystique, on suspectera un équivalent d'iléus méconial ou une lithiase biliaire. Chez l'enfant souffrant d'anémie falciforme, il peut s'agir d'une crise vaso-occlusive, d'une séquestration splénique, d'une lithiase biliaire ou d'une cholécystite.

Tableau 21 Principales causes de douleurs abdominales aiguës

- Estomac et duodénum
  - ulcère peptique, gastrique ou duodénal
- Foie et voies biliaires
  - hépatite
  - rupture du foie
  - périhépatite (syndrome de Fitz-Hugh-Curtis)
  - cholécystite
  - hydrops de la vésicule biliaire (maladie de Kawasaki, scarlatine)
  - lithiase biliaire
- Grossesse
  - grossesse extra-utérine
- Intervention chirurgicale récente
  - abcès
  - occlusion
  - perforation et péritonite
- Intestin
  - adénite mésentérique
  - appendicite aiguë
  - colite ulcéreuse (perforation, mégacôlon toxique)
  - constipation
  - gastro-entérite
  - hernie étranglée
  - invagination intestinale
  - maladie de Crohn (abcès, occlusion)
  - maladie de Hirschsprung (entérocolite, occlusion)
  - occlusion intestinale
- Maladies systémiques
  - acidose diabétique
  - anémie falciforme (crise vaso-occlusive, séquestration splénique)
  - anémie hémolytique chronique (cholécystite, lithiase biliaire)
  - certaines intoxications (exemple : fer)
  - fibrose kystique (équivalent d'iléus méconial, lithiase biliaire)
  - mononucléose infectieuse
  - purpura rhumatoïde de Schönlein-Henoch, avec ou sans invagination intestinale
- Organes génitaux
  - grossesse ectopique
  - salpingite
  - torsion ou rupture d'un kyste ovarien
  - torsion d'un testicule
- Pancréas
  - pancréatite
- Poumons
  - pneumonie de la base
- Rate
  - infarctus splénique (anémie falciforme)
  - rupture de rate
  - séquestration splénique (anémie falciforme)
- Reins et uretères
  - infection urinaire
  - lithiase urinaire
- Squelette
  - discite
  - ostéomyélite
- Syndrome néphrotique
  - péritonite primaire
- Traumatismes abdominaux
  - pancréatite
  - perforation d'un organe creux (intestin)
  - rupture d'un viscère plein (foie, rate, rein)
- Vessie et urètre
  - infection urinaire
  - lithiase
  - urétrite

2) L'anamnèse familiale recherche des problèmes de lithiase urinaire ou biliaire, d'ulcère peptique et de maladie inflammatoire de l'intestin.

3) L'histoire s'intéresse au moment d'apparition de la douleur, à son type, à son caractère intermittent ou continu, à sa localisation, à son irradiation et aux symptômes associés : fièvre, nausées, constipation, vomissements, diarrhée, méléna, rectorragies, toux, leucorrhée, symptômes urinaires.

La présence de vomissements et de diarrhée est évocatrice d'une gastro-entérite.

Une histoire de douleurs abdominales paroxystiques et intenses chez un enfant de 6 à 18 mois, accompagnées ou non de rectorragies, suggère fortement une invagination intestinale.

Une douleur épigastrique qui s'est localisée secondairement à la fosse iliaque droite évoque une appendicite aiguë. La douleur peut être atypique en cas d'appendice rétrocæcal.

Une douleur épigastrique intense peut correspondre à un ulcère peptique ou à une pancréatite, alors qu'une douleur située au niveau de l'hypochondre droit est suggestive de cholécystite, de lithiase biliaire ou de périhépatite. Une irradiation dorsale fait penser à une pancréatite.

Une douleur vive localisée au flanc gauche ou droit qui irradie vers les organes génitaux et s'accompagne ou non d'hématurie fait penser à une lithiase urinaire.

Chez l'adolescente, une douleur abdominale basse, accompagnée ou non de fièvre, de leucorrhée ou de saignements anormaux, oriente vers une origine gynécologique (exemples : torsion ou rupture d'un kyste de l'ovaire, salpingite).

Une douleur suspubienne, surtout si elle est accompagnée de symptômes urinaires, suggère une cystite.

Des douleurs diffuses associées à des vomissements, surtout si elles s'accompagnent de distension abdominale, évoquent la possibilité d'une occlusion intestinale.

Une histoire de fièvre ou de toux peut être compatible avec une pneumonie, une infection urinaire, une cholécystite ou, chez l'adolescente, avec une salpingite.

Il est important de préciser si l'intensité de la douleur demeure égale, s'accroît ou va en diminuant.

II. Examen

1) Observation du patient : elle permet d'évaluer l'intensité de la douleur et de recueillir d'autres informations précieuses. Par exemple, la flexion antalgique du tronc ou du genou droit (signe du psoas) suggère la possibilité d'une appendicite.

2) Évaluation de l'état général : on mesure les signes généraux (température, fréquences cardiaque et respiratoire, tension artérielle). En cas

d'appendicite aiguë, la fièvre est rarement élevée. On vérifie l'état hémodynamique ainsi que le niveau d'hydratation. Une déshydratation, un préchoc ou un choc hypovolémique suggèrent une gastro-entérite ou un troisième espace résultant d'une occlusion intestinale mécanique ou fonctionnelle.

3) Examen général: il doit être complet et réalisé avec douceur et patience. L'enfant doit être déshabillé entièrement. La nécessité d'un examen complet est illustrée par les trois exemples suivants:

a) Une douleur abdominale haute peut résulter d'une pneumonie homolatérale de la base, qui passe facilement inaperçue si on n'ausculte pas les poumons;

b) Si on néglige d'examiner les jambes, un purpura qui orienterait d'emblée vers un diagnostic de purpura rhumatoïde de Schönlein-Henoch peut être manqué;

c) Une tuméfaction parotidienne associée à une douleur abdominale haute suggère une pancréatite ourlienne.

4) Inspection de l'abdomen: on recherche notamment une hernie inguinale non réductible ou une distension abdominale suggestive d'occlusion mécanique ou fonctionnelle.

5) Palpation de l'abdomen: elle explore systématiquement les quatre quadrants. La présence d'une contracture pariétale est un signe d'irritation péritonéale; elle doit être distinguée de la vigilance pariétale qui, chez l'enfant anxieux, peut être vaincue par la douceur et la patience. Une douleur localisée à la fosse iliaque droite, surtout si elle s'accompagne de contracture, doit faire penser à une appendicite aiguë. Si c'est la palpation de l'hypochondre droit qui est douloureuse, il y a une possibilité de cholécystite. Une douleur profonde dans le flanc peut exister en cas de pyélonéphrite; cette possibilité peut être confirmée par l'apparition d'une douleur lors de l'ébranlement lombaire. Une douleur avivée par le relâchement brusque de la pression de la main (signe du ressaut) est un signe d'irritation péritonéale. On recherche aussi une splénomégalie, une hépatomégalie ou une autre masse comme des fécalomes ou un boudin d'invagination intestinale.

6) Percussion de l'abdomen: en cas de ballonnement intestinal, elle permet de faire la distinction entre une ascite (matité) et une distension gazeuse (sonorité).

7) Auscultation de l'abdomen: un péristaltisme augmenté plaide en faveur d'une occlusion mécanique ou d'une gastro-entérite. Un silence auscultatoire est compatible avec une irritation péritonéale, une péritonite, une occlusion fonctionnelle ou une occlusion mécanique avancée.

8) Toucher rectal: effectué à la fin de l'examen, le plus souvent en décubitus dorsal, il peut fournir des informations importantes. Par exemple, la présence de sang rouge sur le doigtier est un signe d'invagination. La présence d'une masse fécale dans le rectum oriente vers un problème de constipation. En cas d'appendicite aiguë, une vive douleur peut être provoquée du côté droit.

9) Examen génital: il est indiqué chez l'adolescente qui présente une douleur abdominale basse. Que celle-ci soit ou non accompagnée de fièvre, il faut penser à une salpingite. L'examen peut alors mettre en évidence une leucorrhée ainsi qu'une masse annexielle douloureuse. La torsion annexielle et la grossesse ectopique constituent d'autres causes de douleurs d'origine gynécologique. Chez le garçon, on peut découvrir une torsion du testicule, une hernie étranglée, une orchite ou une épididymite.

III. Explorations paracliniques

Elles servent à confirmer une impression clinique. On peut habituellement se contenter d'un hémogramme et d'un sédiment urinaire. Un ionogramme est indiqué si l'enfant est déshydraté ou si son état général est altéré. Le dosage des amylases sériques est demandé lorsqu'on suspecte une pancréatite. Le recours à l'imagerie est souvent utile:

1) La radiographie pulmonaire permet, surtout chez l'enfant fébrile, d'éliminer une pneumonie de la base;

2) La radiographie de l'abdomen sans préparation permet de déceler les anomalies suivantes:

   a) Niveaux hydro-aériques (gastro-entérite, occlusion mécanique ou fonctionnelle);

   b) Croissant d'air sous-diaphragmatique en cas de perforation d'un viscère creux;

   c) Calcul, corps étranger, fécalithe;

   d) Liquide intrapéritonéal (ascite, sang, pus);

   e) Zone «déshabitée» (tumeur, invagination);

   f) Anses intestinales dilatées;

   g) Effacement de la ligne du psoas droit en cas d'appendicite;

   h) Rétention fécale;

3) L'échographie abdominale donne fréquemment des informations précieuses. Par exemple, elle permet d'orienter vers un diagnostic d'appendicite aiguë, d'invagination, de salpingite et de torsion ou de rupture d'un kyste de l'ovaire. Elle met facilement en évidence un calcul biliaire ou urinaire, une hydronéphrose, un œdème pancréatique ou du liquide dans la cavité péritonéale (ascite, sang, pus).

Dans de rares cas, certains autres examens comme un lavement opaque, un transit gastro-intestinal, une urographie intraveineuse, une tomodensitométrie abdominale ou une scintigraphie peuvent être indiqués.

Traitement

Il dépend de la cause. Un analgésique morphinique ne doit être administré qu'après l'examen par le chirurgien. S'il s'agit d'un abdomen chirurgical, le traitement de soutien préopératoire comporte l'interruption de l'alimentation orale, la mise en place d'une perfusion, le drainage gastrique et la prévention ou la correction de l'hypovolémie ainsi que des perturbations électrolytiques et acidobasiques.

Lectures suggérées

Barr RG : Abdominal pain in the female adolescent. Pediatr Rev 1983 ; 4 : 281-289.
Buchert GS : Abdominal pain in children : an emergency practitioner's guide. Emerg Med Clin North Am 1989 ; 7 : 497-517.
Farrell MK : Abdominal pain. Pediatrics 1984 ; 74 : 955-957.
Goldstein DP : Acute and chronic pelvic pain. Pediatr Clin North Am 1989 ; 36 : 573-580.
Reynolds SL, Jaffe DM : Diagnosing abdominal pain in a pediatric emergency department. Pediatr Emerg Care 1992 ; 8 : 126-128.
Silen ML, Tracy TF : The right lower quadrant «revisited». Pediatr Clin North Am 1993 ; 40 : 1201-1211.
Stevenson RJ, Ziegler MM : Abdominal pain unrelated to trauma. Pediatr Rev 1993 ; 14 : 302-311.

Douleurs abdominales chroniques ou récidivantes 79

Michel Weber, Khazal Paradis, Arié Bensoussan, Marc Girard, Mariette Morin-Gonthier, Jacques Boisvert

Voir aussi Pleurs excessifs («coliques»).

Généralités

Au moins 10 % des enfants d'âge scolaire et des adolescents présentent des douleurs abdominales chroniques ou récidivantes. Dans environ 90 % des cas, aucune étiologie organique ne peut être découverte et on parle alors de douleurs «fonctionnelles». L'anamnèse et l'examen constituent les outils de diagnostic les plus utiles ; les hypothèses qui en résultent permettent de sélectionner les examens paracliniques ; il ne faut pas recourir à ces derniers de façon aveugle. Quelques-unes des principales causes possibles de douleurs abdominales chroniques ou récidivantes sont mentionnées dans le tableau 22.

Démarche clinique

I. Anamnèse

On commence par préciser de façon méticuleuse les caractéristiques de la douleur :

1) Quand a-t-elle commencé ?

2) Quelle est sa fréquence ?

3) Quelle est sa localisation ?

4) Quelle est son intensité ?

5) Réveille-t-elle l'enfant pendant la nuit ?

Tableau 22 Principales causes de douleurs abdominales chroniques ou récidivantes

- Anémie falciforme (crises vaso-occlusives)
- Colite ulcéreuse*
- Côlon irritable
- Constipation
- Diverticule de Meckel
- Douleurs fonctionnelles (les plus fréquentes)
- Douleurs pariétales
- Dysménorrhée
- Gastro-entérite persistante (exemple : giardiase)
- Grossesse ectopique*
- Endométriose*
- Fièvre méditerranéenne
- Hépatites
- Hernies
- Hydronéphrose
- Infection urinaire
- Intolérance au lactose
- Kyste du cholédoque
- Lithiase biliaire
- Lithiase urinaire
- Maladie de Crohn*
- Malrotation intestinale
- Pancréatite chronique
- Phobie scolaire
- Prostatite*
- Salpingite*
- Torsion subaiguë ou chronique des annexes
- Ulcère gastrique ou duodénal

* Chez l'adolescent(e).

6) Irradie-t-elle ?

7) Quel est son horaire ?

8) Quelles sont ses relations avec les repas et avec la défécation ?

9) A-t-elle tendance à s'améliorer ou à s'aggraver avec le temps ?

10) Quel est son impact sur les activités de l'enfant ou de l'adolescent et en particulier sur sa scolarité ?

Il est parfois utile de demander aux parents ou à l'enfant de tenir un journal détaillant les symptômes, afin de pouvoir s'en faire une idée plus objective.

On recherche ensuite des indices de maladie organique : douleur localisée et latéralisée plutôt que vague et péri-ombilicale, diminution de l'appétit, amaigrissement, nausées, vomissements, fièvre, constipation, diarrhée, rectorragies, méléna, symptômes urinaires. Dans la majorité des cas, on ne retrouve aucun de ces indices. Lorsqu'une adolescente présente des douleurs situées au niveau de l'étage inférieur de l'abdomen, on l'interroge à propos des liens entre sa douleur et ses menstruations, de ses activités sexuelles et de la présence de leucorrhée.

Du point de vue de l'alimentation, il est utile d'évaluer la consommation de lait et de fibres végétales.

Il est important de rechercher des facteurs de stress à l'intérieur de la famille, dans le milieu scolaire, dans la sphère des amis et dans le contexte des activités sportives, artistiques ou autres.

De longues périodes sans symptômes ou une tendance à l'amélioration spontanée plaident également en faveur de douleurs fonctionnelles.

II. Examen

On attache une grande importance à l'expression de l'enfant ou de l'adolescent lorsqu'il parle de ses douleurs, ainsi qu'à son état général. On mesure sa température, ainsi que les autres signes généraux. La taille et le poids sont reportés sur une courbe de croissance, de même que les paramètres antérieurs s'ils sont connus. Une discordance entre le poids et la taille de même qu'un aplatissement de la courbe de croissance constituent des signes importants de maladie organique.

On recherche ensuite des indices de maladie organique : pâleur, ictère, conjonctivite, ulcères buccaux, arthrite, érythème noueux, hippocratisme digital, hépatomégalie, splénomégalie, douleur abdominale localisée à la palpation, masse abdominale, fécalomes, etc. Au niveau de la région anale, on recherche la présence de marisques, de fistules, de fissures ou d'abcès : toute forme d'atteinte de la région anale suggère une maladie de Crohn. Le toucher rectal renseigne notamment à propos de la présence ou de l'absence de fécalomes dans l'ampoule rectale. On examine les organes génitaux ; selon les circonstances, un examen gynécologique peut être indiqué chez l'adolescente. Dans la majorité des cas, aucun indice de maladie organique n'est retrouvé.

III. Explorations paracliniques

Un hémogramme est utile dans tous les cas : la présence d'une anémie ou d'une microcytose oriente d'emblée vers une maladie organique de l'intestin ; dans ce cas, on recherche à quelques reprises la présence de sang occulte dans les selles.

Une vitesse de sédimentation augmentée peut mettre sur la piste d'une maladie inflammatoire chronique de l'intestin.

L'examen du sédiment urinaire complète l'investigation de base : une bactériurie ou une leucocyturie oriente vers une infection urinaire qui doit alors être confirmée par culture. Une hématurie microscopique peut être présente en cas de lithiase.

Les autres explorations sont sélectionnées en fonction des hypothèses résultant de l'intégration des données de l'anamnèse et de l'examen. Lorsque ceux-ci ne révèlent aucun des indices de maladie organique mentionnés plus haut, et surtout si la douleur est périombilicale et n'interfère pas avec le sommeil et les activités, il s'agit fort probablement de douleurs fonctionnelles et des examens complémentaires ne sont habituellement pas nécessaires.

Des analyses biochimiques du sang n'apportent habituellement pas d'éléments utiles au diagnostic, sauf dans de rares cas. Par exemple, si les douleurs sont localisées au niveau de l'hypochondre droit ou si une hépatomégalie est présente, il est indiqué de doser les transaminases, la bilirubine et les phosphatases alcalines.

Des cultures de selles (coprocultures) et la recherche de parasites comme le *Giardia lamblia* s'imposent s'il y a une diarrhée.

La mesure de la concentration de l'hydrogène dans l'air expiré après une surcharge orale en lactose permet de confirmer une hypothèse de déficience acquise en lactase. Si cet examen n'est pas disponible, on peut aussi recommander d'éliminer complètement les produits laitiers de l'alimentation pendant une à deux semaines et observer l'effet de cette démarche sur les douleurs. Ce diagnostic doit toujours être présent à l'esprit, particulièrement si l'enfant ou l'adolescent appartient à un groupe ethnique dans lequel la prévalence de cette déficience est élevée (Asiatiques, Noirs, etc.), et s'il présente, en plus de la douleur, des flatulences et de la diarrhée.

Lorsqu'on soupçonne une maladie organique, l'échographie permet de mettre facilement en évidence une lithiase biliaire ou urinaire. Elle peut aussi donner des informations précieuses à propos du foie, du pancréas, des reins et, chez la fille, de l'utérus et des annexes. L'échographie révèle parfois une anomalie imprévue comme une hydronéphrose ou un kyste mésentérique.

Si les douleurs sont épigastriques et suggèrent la présence d'un ulcère, un transit gastroduodénal s'impose ; s'il ne confirme pas le diagnostic, une endoscopie haute peut être nécessaire.

Un transit de l'intestin grêle est indiqué lorsque des douleurs crampiformes persistantes font penser à une maladie de Crohn ou lorsqu'on trouve d'autres indices de cette affection, comme un retard de croissance, un amaigrissement, une diarrhée persistante, une atteinte de la région anale, des manifestations extradigestives de maladie inflammatoire chronique de l'intestin (voir Maladie de Crohn) ou une anémie microcytaire.

Occasionnellement, lorsque la douleur est associée à une constipation persistante, le lavement opaque est utile pour confirmer une suspicion clinique de maladie de Hirschsprung.

La scintigraphie au pertechnétate est utile lorsqu'on soupçonne un diverticule de Meckel.

Des douleurs de l'étage inférieur de l'abdomen chez une adolescente constituent une indication d'échographie pelvienne ; on recherche en particulier une endométriose ou une pathologie annexielle.

Dans quelques cas, une laparoscopie diagnostique peut être indiquée ; elle permet notamment de visualiser les annexes, l'appendice et des brides congénitales.

Une évaluation psychiatrique ou psychologique peut être nécessaire lorsqu'on soupçonne une «phobie scolaire». Cette entité résulterait plutôt d'une angoisse de séparation vis-à-vis de la mère ou d'autres problèmes psychologiques que d'une crainte de l'école. Cette possibilité doit être présente lorsque les douleurs sont plus marquées le matin et pendant la semaine, lorsqu'elles causent un absentéisme important et lorsqu'on ne trouve aucun signe de maladie organique.

Traitement

Lorsque les douleurs résultent d'une maladie organique, voir le chapitre correspondant (Constipation, Infections urinaires, Lithiase biliaire, Lithiase urinaire, Maladie de Crohn, Ulcère peptique, etc.). Pour la dysménorrhée, voir Troubles menstruels.

Aucun traitement ne permet de soulager les douleurs «fonctionnelles». Certains conseils simples peuvent parfois aider à atténuer une situation de stress qui semble jouer un rôle étiologique. Le simple fait de procéder à une anamnèse et à un examen complets, puis de rassurer l'enfant ou l'adolescent et sa famille quant à l'absence de maladie organique, constitue un élément important de l'intervention médicale. Un suivi régulier s'impose; l'apparition ultérieure des signes ou symptômes physiques peut dans quelques cas réorienter le diagnostic.

Lectures suggérées

Barbero GJ : Recurrent abdominal pain in childhood. Pediatr Rev 1982; 4: 29-34.
Barr RG : Abdominal pain in the female adolescent. Pediatr Rev 1983; 4: 281-289.
Coleman WL, Levine MD : Recurrent abdominal pain: the cost of the aches and the aches of the cost. Pediatr Rev 1986; 8: 143-151.
Farrell MK : Abdominal pain. Pediatrics 1984; 74: 955-957.
Goldstein DP : Acute and chronic pelvic pain. Pediatr Clin North Am 1989; 36: 573-580.
Oberlander TF, Rappaport LA : Recurrent abdominal pain during childhood. Pediatr Rev 1993; 14: 313-319.
Zuckerman B, Stevenson J, Bailey V : Stomachaches and headaches in a community sample of preschool children. Pediatrics 1987; 79: 677-682.

Douleurs aux membres et boiterie   80

Michel Weber, Jean-Bernard Girodias, François Fassier, Michèle David, Claire Saint-Cyr, Dominique Marton

Généralités

Les douleurs aux membres sont fréquentes chez l'enfant; elles affectent le plus souvent les membres inférieurs. La majorité d'entre elles sont bénignes et régressent spontanément; plus rarement, elles peuvent constituer le signe d'appel d'une maladie grave. La démarche clinique doit tenir compte des principales causes possibles (tableau 23) et de leurs fréquences respectives.

Démarche clinique

L'anamnèse et l'examen complets sont les outils diagnostiques les plus importants. Quelques examens paracliniques sélectionnés permettent de

Tableau 23 Principales causes de douleurs aux membres

- Douleurs aiguës
  - ostéomyélite aiguë
  - arthrite septique
  - traumatisme (contusion, entorse, luxation, subluxation, fracture)*
  - synovite transitoire de la hanche*
  - myosite
  - discite
  - hémarthrose
  - maladie de Kawasaki
  - purpura rhumatoïde de Schönlein-Henoch
  - maladie sérique
  - urticaire
  - rhumatisme articulaire aigu
  - anémie falciforme (drépanocytose)
  - arthrite réactive
  - arthrite virale
  - syndrome de Guillain-Barré
- Douleurs chroniques ou récidivantes
  - douleurs «de croissance» ou «idiopathiques»*
  - hyperlaxité ligamentaire
  - arthrite rhumatoïde juvénile
  - traumatismes (surutilisation)
  - ostéochondrites (Legg-Perthes-Calvé, Osgood-Schlatter, etc.)
  - syndrome fémoro-patellaire*
  - épiphysiolyse
  - lupus érythémateux
  - maladie de Crohn et colite ulcéreuse
  - tumeurs bénignes de l'os (ostéome ostéoïde, granulome éosinophile, kystes osseux, etc.)
  - tumeurs malignes de l'os (ostéosarcome, tumeur d'Ewing, etc.)
  - métastases osseuses (exemple : tumeur de Wilms)
  - cancers diffus (leucémie aiguë, neuroblastome)
  - algodystrophie sympathique
  - maladie de Lyme
  - ostéo-arthropatie hypertrophiante pneumique
  - fibromyalgie
  - douleurs d'origine psychosomatique

* Causes fréquentes.

confirmer ou d'infirmer une hypothèse clinique. Le plus souvent, le bilan paraclinique se limite à un hémogramme et à une vitesse de sédimentation. Les radiographies sont faites de façon à peu près systématique, mais elles sont le plus souvent négatives. La collaboration d'un orthopédiste est utile, notamment lorsqu'on soupçonne une arthrite septique. Il est important de se souvenir du fait que certaines douleurs résultant de pathologies abdominales ou de lésions de la colonne vertébrale peuvent être ressenties au niveau des membres inférieurs; la discite en est un exemple typique. De plus, certaines douleurs sont référées: par exemple, une pathologie de la hanche peut se manifester par une douleur localisée au niveau du genou ou de la cuisse.

I. Douleurs aiguës

1) Douleur aiguë unifocale avec fièvre et sans autre signe de maladie systémique:

   Jusqu'à preuve du contraire, tout nouveau-né ou nourrisson qui présente une pseudo-paralysie d'un membre associée à de la fièvre est atteint d'ostéomyélite aiguë ou d'arthrite septique. Dans ce groupe d'âge, l'absence de fièvre n'exclut cependant pas ce diagnostic. Chez l'enfant plus âgé, l'association de fièvre et de boiterie est assez caractéristique d'une ostéomyélite aiguë ou d'une arthrite septique, affections qui sont presque toujours unifocales. Dans le cas d'une ostéomyélite aiguë, on peut parfois identifier un point douloureux bien précis et la mobilité active et passive des articulations est normale. S'il s'agit d'une arthrite septique, la mobilité de l'articulation est limitée et toute tentative de mobilisation passive entraîne de la douleur. Les autres signes d'arthrite varient selon que l'articulation atteinte est profonde ou superficielle: l'infection d'une hanche ou d'une épaule ne se manifeste pas nécessairement par un gonflement, un érythème et une chaleur locale. À l'inverse, ces signes sont souvent présents lorsqu'il s'agit d'une arthrite du coude, du poignet, du genou ou de la cheville. L'approche diagnostique et thérapeutique est décrite dans les chapitres correspondants (voir Arthrite septique, Ostéomyélite aiguë).

2) Douleur aiguë unifocale sans fièvre et sans signe de maladie systémique:

   a) Traumatisme: la plupart du temps, le patient ou ses parents rapportent l'incident. Ce n'est cependant pas toujours le cas chez le jeune enfant, particulièrement lorsque le traumatisme résulte de sévices. Il peut s'agir d'une contusion, d'une entorse, d'une luxation ou d'une fracture; cette dernière est suspectée lorsque la douleur est très localisée. La radiographie ne permet pas toujours de mettre en évidence une fracture; d'autre part, les lésions cartilagineuses ne sont pas visibles. Dans le doute quant à une fracture, il ne faut pas hésiter à immobiliser temporairement le membre et à refaire une radiographie une dizaine de jours plus tard, ou encore à faire une scintigraphie osseuse, dont la sensibilité est meilleure;

   b) Synovite transitoire («rhume de l'articulation»): c'est la cause la plus fréquente de boiterie. Son début est soudain. Toujours unilatérale, elle est plus fréquente chez les garçons, survient habituellement avant l'âge de 10 ans et atteint le plus souvent la hanche. La douleur peut irradier au niveau du pli inguinal, de la cuisse ou du genou. Son étiologie demeure imprécise; comme elle fait souvent suite à une infection respiratoire, il se peut qu'il s'agisse d'une arthrite virale ou réactive. La mobilisation passive et active de l'articulation est douloureuse. On note une réduction de la rotation interne et de l'abduction. L'état général de l'enfant est excellent. La douleur s'atténue puis disparaît en quelques jours ou quelques semaines. Il n'y a pas d'autre traitement que le repos et l'administration, au besoin, d'un analgésique mineur comme l'acétaminophène (paracétamol). La mise en traction est utile lorsqu'il n'y a pas d'amélioration après une dizaine de jours. Un suivi est nécessaire car la synovite transitoire peut précéder une maladie de Legg-Perthes-Calvé ; il est recommandé d'effectuer un contrôle radiologique trois mois plus tard ;

c) Myosite aiguë : la douleur atteint de façon diffuse et bilatérale des masses musculaires, particulièrement les mollets. Elle peut accompagner ou suivre une infection respiratoire causée par exemple par le virus influenza. Le diagnostic clinique est confirmé par l'élévation de la créatine kinase dans le sérum. La douleur disparaît spontanément après quelques jours. Le traitement consiste à donner au besoin un analgésique mineur comme l'acétaminophène (paracétamol) ;

d) Discite (spondylodiscite) : cette atteinte d'un disque intervertébral survient d'ordinaire avant l'âge de 10 ans et la douleur peut être référée au niveau des membres inférieurs (voir Discite) ;

c) Hémarthrose : l'atteinte articulaire est évidente. Elle peut être d'origine traumatique ou résulter d'une hémophilie, d'un angiome de la synoviale, ou, plus rarement, d'une synovite villonodulaire hémopigmentée.

3) Douleurs aiguës, avec ou sans fièvre, unifocales ou multifocales, avec ou sans maladie systémique antérieure ou active :

a) Maladie de Kawasaki : il peut s'agir d'arthralgies ou d'arthrites. L'ensemble des manifestations cliniques associées permet le plus souvent de suspecter facilement ce diagnostic (voir Maladie de Kawasaki) ;

b) Purpura rhumatoïde de Schönlein-Henoch : les douleurs (arthralgies ou arthrites) touchent le plus souvent les chevilles. Dans la majorité des cas, le diagnostic est facile parce que le purpura caractéristique est déjà présent (voir Purpura rhumatoïde de Schönlein-Henoch) ;

c) Maladie sérique : les douleurs aux extrémités (arthralgies, arthrites) font partie d'un contexte clinique d'habitude facile à reconnaître, associant une éruption cutanée et de la fièvre et survenant une à trois semaines après l'exposition à l'agent causal, le plus souvent un antibiotique ;

d) L'urticaire peut s'accompagner de douleurs articulaires (voir Urticaire) ;

e) Rhumatisme articulaire aigu : l'arthrite est évidente. Le diagnostic repose sur les critères de Jones (voir Rhumatisme articulaire aigu) ;

f) Anémie falciforme (drépanocytose): chez le jeune enfant, elle peut se compliquer du syndrome main-pied, caractérisé par une douleur et un œdème des pieds et des mains qui peuvent durer quelques jours. Chez l'enfant plus âgé, des infarctus osseux douloureux peuvent survenir au niveau d'autres sites. Le plus souvent, la maladie hématologique est déjà connue (voir Anémies);

g) Arthrite réactive: cette arthrite peut faire suite à diverses infections (exemples: infection à *Streptococcus pyogenes*, à *Hæmophilus influenzæ*, à *Neisseria meningitidis*, à *Mycoplasma pneumoniæ*, à *Salmonella*, à *Shigella*, à *Yersinia* ou à *Campylobacter*). Le syndrome de Reiter (arthrite, urétrite, conjonctivite) en est une variante. L'arthrite est évidente, mais l'infection causale ne l'est pas toujours;

h) Arthrite virale: plusieurs infections virales, dont la rubéole et l'infection à parvovirus, peuvent être accompagnées ou suivies d'une arthrite; celle-ci peut persister pendant plusieurs semaines. L'anamnèse permet souvent de clarifier le diagnostic; dans le doute, les épreuves sérologiques sont utiles. Surtout chez les adolescents, des arthralgies ou une arthrite peuvent faire suite à la vaccination contre la rubéole;

i) Syndrome de Guillain-Barré: il peut se manifester initialement par des douleurs aux membres (voir Syndrome de Guillain-Barré).

II. Douleurs chroniques ou récidivantes

1) D'origine infectieuse:

Maladie de Lyme: la douleur est causée par une arthrite évidente et persistante qui peut ressembler à une arthrite rhumatoïde juvénile. Il faut surtout suspecter cette maladie chez les enfants qui habitent ou qui ont séjourné dans une région endémique et qui ont une histoire d'érythème chronique migrant (voir Maladie de Lyme).

2) D'origine inflammatoire:

a) Arthrite rhumatoïde juvénile: l'arthrite est évidente. Elle peut être oligo-articulaire ou poly-articulaire (voir Arthrite rhumatoïde juvénile);

b) Lupus érythémateux: cette maladie doit surtout être suspectée chez l'adolescente qui présente des arthralgies ou une arthrite. Parfois, le diagnostic est déjà fait au moment où les douleurs aux membres surviennent, parce que d'autres critères de diagnostic sont déjà rassemblés; il s'agit particulièrement de l'éruption faciale en «papillon», de la photosensibilité, des ulcères buccaux, d'une pleurésie ou d'une péricardite, d'une atteinte rénale, d'une anémie hémolytique, d'une leucopénie, d'une thrombopénie, etc. Les manifestations articulaires constituent occasionnellement le mode de présentation de la maladie. Les principaux marqueurs biologiques à rechercher sont les cellules lupiques et l'élévation des anticorps antinucléaires;

c) Arthrite associée à une maladie inflammatoire chronique de l'intestin: l'arthrite est évidente. Il s'agit la plupart du temps d'un adolescent et le diagnostic de maladie de Crohn ou de colite ulcéreuse est le plus souvent déjà fait ou, si ce n'est pas le cas, l'anamnèse permet de retrouver des symptômes digestifs évocateurs (voir Colite ulcéreuse, Maladie de Crohn). L'arthrite précède parfois les manifestations digestives;

d) Arthrite psoriasique: elle s'observe surtout chez l'adolescent. L'arthrite ainsi que le psoriasis sont évidents;

e) Ostéo-arthropathie hypertrophiante pneumique: cette affection rare est associée à une maladie pulmonaire comme une fibrose kystique ou un lymphome.

3) Résultant de microtraumatismes (surutilisation) ou de nécrose avasculaire:

Il s'agit essentiellement des ostéochondrites, dont le diagnostic repose sur la localisation de la douleur et sur les signes radiologiques. Il peut s'agir par exemple d'une maladie d'Osgood-Schlatter (tubérosité tibiale antérieure), d'une maladie de Legg-Perthes-Calvé (hanche), d'une ostéochondrite disséquante (genou surtout), etc. (voir Ostéochondrites).

4) D'origine néoplasique:

a) Tumeurs osseuses primaires: cette possibilité doit être présente à l'esprit chaque fois qu'un enfant présente une douleur localisée et persistante. Le diagnostic est radiologique.

– Bénignes:

– Ostéome ostéoïde: cette lésion peut siéger au niveau de la diaphyse d'un os long comme le fémur. La douleur s'accentue souvent pendant la nuit et elle est soulagée par l'acide acétylsalicylique. Les radiographies (ou la tomodensitométrie) sont caractéristiques: elles révèlent une petite zone radiotranslucide entourée d'une zone de sclérose importante. La scintigraphie est également très utile;

– Diverses autres lésions bénignes comme le granulome éosinophile, les kystes osseux et la dysplasie fibreuse peuvent se manifester par des douleurs osseuses persistantes.

– Malignes: il s'agit surtout de l'ostéosarcome et de la tumeur d'Ewing:

– L'ostéosarcome se manifeste radiologiquement par une atteinte osseuse importante. Celle-ci est hétérogène: on note en effet la coexistence de zones de destruction et de condensation. Il y a bris cortical et la réaction périostée est complexe, à la fois spiculée et lamellaire. L'atteinte des tissus mous est plus discrète que dans le cas d'une tumeur d'Ewing; quand elle est présente, il peut y avoir des calcifications dues à une production osseuse;

– La tumeur d'Ewing s'accompagne généralement d'une masse importante des tissus mous. L'atteinte osseuse est parfois minime mais, la plupart du temps, cette tumeur se caractérise par une zone de destruction lytique mal définie, avec bris corti- cal et réaction périostée lamellaire, en « pelure d'oignon ».

b) Métastases : chez l'enfant, leur origine la plus fréquente est un neu- roblastome ou une tumeur d'Ewing.

c) Néoplasies systémiques : la leucémie aiguë et le neuroblastome peuvent causer des douleurs persistantes au niveau des membres, surtout les jambes. Presque tous les enfants atteints ont moins de 10 ans. La plupart du temps, il y a d'autres indices cliniques (voir Leucémie aiguë, Masses abdominales), mais les douleurs osseuses constituent parfois le mode de présentation de ces maladies.

5) D'origine indéterminée ou psychogène :

– Douleurs « de croissance » ou « fonctionnelles » : une proportion élevée d'enfants d'âge scolaire présentent pendant quelques mois ou quelques années des douleurs récidivantes au niveau des jambes. Ces douleurs réveillent parfois l'enfant au cours de la nuit. Le tableau clinique est caractéristique :

– La douleur survient le soir ou la nuit, souvent après une journée physiquement éprouvante, mais jamais le matin ;

– L'enfant est en excellent état général, il ne présente aucun autre symptôme et l'examen est entièrement normal ;

– Les douleurs sont migratrices, d'intensité variable, sans locali- sation précise et le plus souvent bilatérales. Les mollets cons- tituent l'un des sites les plus fréquents de ces douleurs.

Dans les cas typiques, aucune exploration complémentaire n'est nécessaire. Certains enfants sont soulagés par l'application de cha- leur, des massages ou un analgésique mineur.

Occasionnellement, la « phobie scolaire » se manifeste par des dou- leurs de ce type. Ce diagnostic doit être suspecté lorsque les dou- leurs disparaissent pendant les week-ends et les vacances et lorsqu'elles entraînent de l'absentéisme.

– Fibromyalgie : cette affection se retrouve le plus souvent chez l'adolescente. Le diagnostic repose sur la mise en évidence de points douloureux caractéristiques. Le tableau clinique peut aussi comporter des troubles du sommeil, de la fatigue, de l'anxiété et de la dépression.

– Douleurs psychosomatiques et syndrome de conversion : l'enfant manifeste par des douleurs aux extrémités l'existence d'un problème psychologique sous-jacent. Ce diagnostic est suspecté lorsqu'il y a des contradictions ou une discordance entre les plaintes et les trou- vailles objectives.

6) D'origine traumatique :

Il s'agit essentiellement des différentes formes de surutilisation, qu'on retrouve chez les adolescents qui pratiquent intensivement certains sports : fractures de stress, tendinites, bursites, etc. (voir Sport et exer- cice).

7) D'origines diverses :

a) Syndrome fémoropatellaire : plus fréquente chez la fille, cette affection se manifeste par des douleurs au genou qui s'aggravent notamment en montant les escaliers, une crépitation locale ainsi qu'une sensation de dérobement ou de blocage du genou. L'examen révèle une douleur à la palpation périrotulienne, particulièrement au niveau de la pointe. Une rétraction des muscles ischio-jambiers est souvent associée. Les radiographies sont le plus souvent normales ; occasionnellement, elles permettent de dépister une ostéochondrite de la rotule ou une rotule bipartite. Le syndrome fémoropatellaire doit être distingué de la chondromalacie, qui correspond à une pathologie très spécifique du cartilage articulaire, avec ses différents stades de gravité, ainsi que de la luxation récidivante de la rotule, dont les signes cliniques sont particuliers. Le traitement de ce syndrome consiste à prescrire un programme d'étirement des muscles ischio-jambiers et, au besoin, des quadriceps. Les moyens physiques d'analgésie locale comme l'application de glace ou de chaleur, ainsi que les ultrasons, donnent des résultats plus favorables que les anti-inflammatoires. L'interruption des activités sportives n'est pas nécessaire. Une arthroscopie du genou peut être indiquée lorsque la douleur persiste ; cet examen permet d'éliminer une affection méniscale ou un plica synovial ;

b) Épiphysiolyse (glissement de l'épiphyse fémorale supérieure) : cette affection se retrouve surtout chez les adolescents de sexe masculin, souvent obèses. Elle se manifeste par une douleur et une limitation des mouvements au niveau de la hanche. Les radiographies sont caractéristiques. Le traitement est chirurgical ;

c) Hyperlaxité ligamentaire : les enfants atteints peuvent présenter des douleurs articulaires récidivantes, d'intensité légère ou modérée, qui ne sont accompagnées d'aucun signe inflammatoire. Elles surviennent surtout le soir et peuvent être aggravées par les activités physiques. Le creux poplité est une des localisations les plus fréquentes. Les patients atteints ont souvent les pieds plats. Le diagnostic repose sur la mise en évidence de l'hyperlaxité, dont les critères de diagnostic sont les suivants :

– L'enfant est capable de mettre la paume de ses mains à plat sur le sol sans fléchir les genoux ;

– Les coudes et les genoux peuvent atteindre une hyperextension de 10° ;

– En extension forcée, les doigts sont parallèles à l'avant-bras ;

– En abduction forcée, le pouce peut toucher l'avant-bras.

Un programme d'exercices visant à renforcer la musculature des membres inférieurs semble utile ;

d) Algodystrophie sympathique : ce problème survient surtout chez les adolescentes. La douleur peut être particulièrement vive et elle peut persister pendant des mois. Elle est le plus souvent précédée d'un traumatisme mineur. On note fréquemment une hyperesthésie associée ainsi que des signes de dysfonction du système nerveux autonome (cyanose, œdème, faiblesse du pouls, froideur de la peau et hypersudation localisée). L'algodystrophie est fréquemment associée à divers problèmes psychologiques.

Lectures suggérées

Bowyer SL, Hollister JR : Limb pain in childhood. Pediatr Clin North Am 1984; 31 : 1053-1081.
Gross RH : Foot pain in children. Pediatr Clin North Am 1986; 33 : 1395-1409.
Hensinger RN : Limp. Pediatr Clin North Am 1986; 33 : 1355-1364.
MacEwen GD, Dehne R : The limping child. Pediatr Rev 1991; 12 : 268-274.
Passo MH : Aches and limb pains. Pediatr Clin North Am 1982; 29 : 209-219.
Peterson H : Growing pains. Pediatr Clin North Am 1986; 33 : 1365-1372.
Sherry DD : Limb pain in childhood. Pediatr Rev 1990; 12 : 39-46.

Douleurs dorsales et lombaires   81

Michel Weber, François Fassier, Albert Larbrisseau, Dominique Marton, Claire Saint-Cyr

Généralités

Contrairement à l'adulte, l'enfant se plaint rarement de douleurs dorsales ou lombaires. Lorsque c'est le cas, la possibilité d'un problème organique sérieux doit toujours être présente à l'esprit et une exploration radiologique est pratiquement toujours nécessaire. Chez l'adolescent par contre, les douleurs dorsales ou lombaires ne sont pas exceptionnelles et un diagnostic précis ne peut pas toujours être établi; on parle alors, comme chez l'adulte, de «douleurs fonctionnelles».

Démarche clinique

Elle repose sur l'anamnèse, l'examen et quelques examens paracliniques sélectionnés; elle tient compte des principales étiologies possibles (tableau 24) et de leurs fréquences respectives.

I. Anamnèse

En plus de l'anamnèse complète habituelle, on s'intéresse particulièrement aux éléments suivants :

1) Quand la douleur a-t-elle commencé?
2) Quelle est sa localisation exacte? Irradie-t-elle?
3) Quelle est son intensité?
4) Est-elle intermittente ou continue?
5) Si elle est intermittente, quelle est la durée des épisodes?
6) Quels sont les facteurs déclenchants?
7) Réveille-t-elle l'enfant ou l'adolescent pendant la nuit?

Tableau 24 Principales causes de douleurs dorsales

- Douleurs «fonctionnelles»* (fréquentes)
- Douleurs «posturales»* (fréquentes)
- Traumatismes (fréquents)
- Syndrome de surutilisation* (fréquent)
- Spondylolyse et spondylolisthésis* (assez fréquents)
- Spondylo-arthropathies
- Arthrite rhumatoïde
- Calcifications des disques intervertébraux
- Discite (spondylodiscite)
- Hernie discale*
- Infection urinaire
- Maladie de Scheuermann*
- Ostéomyélite vertébrale
- Scoliose* (rarement douloureuse)
- Tumeurs intrarachidiennes
- Tumeurs vertébrales bénignes ou malignes
  - fréquentes
    - ostéome ostéoïde
    - ostéoblastome
    - kyste osseux anévrismal
    - granulome éosinophile
    - ostéochondrome
  - rares :
    - métastases
    - tumeur d'Ewing

* Surtout chez l'adolescent.

8) A-t-elle tendance à s'améliorer ou à s'aggraver avec le temps, ou demeure-t-elle identique à elle-même ?

9) Y a-t-il une raideur matinale ?

10) Y a-t-il une histoire de traumatisme ?

11) Y a-t-il des symptômes associés comme de la fièvre, des difficultés à la marche ou des troubles sphinctériens ?

12) L'enfant prend-il des analgésiques ? Si c'est le cas, quel est leur effet ?

13) Quel est l'effet de la symptomatologie sur les activités scolaires, sportives et autres ?

II. Examen

On effectue un examen général de la façon habituelle ; on note en particulier si l'enfant ou l'adolescent a l'air souffrant et si la douleur affecte sa démarche (boiterie). On mesure les signes généraux. L'examen du dos proprement dit comporte les étapes suivantes :

1) Inspection :

   a) On observe la posture de l'enfant ou de l'adolescent, de face et de profil ;

   b) On recherche une cyphose ou une lordose anormale, ou une disparition de la lordose lombaire physiologique ;

   c) On recherche la présence d'une scoliose en se plaçant derrière l'enfant ou l'adolescent ; on vérifie la rectitude de la colonne et l'absence de gibbosité pendant qu'il se penche en avant puis se redresse lentement (voir Scoliose) ;

   d) On examine la peau et on s'assure de l'absence de pilosité ou de pigmentation anormale ; toute anomalie de ce type évoque la possibilité d'une anomalie des structures osseuses et nerveuses sousjacentes ;

   e) On vérifie l'égalité de longueur des membres inférieurs ;

2) Palpation : elle recherche une contracture musculaire et précise la localisation exacte de la douleur. La compression simultanée des deux crêtes iliaques vers la ligne médiane cherche à mettre en évidence une douleur au niveau d'une articulation sacro-iliaque ;

3) Percussion : elle vise également à mettre en évidence une douleur localisée ;

4) Évaluation de la mobilité de la colonne : on vérifie systématiquement la flexion vers l'avant, l'extension et la flexion latérale des deux côtés ;

5) On effectue un examen neurologique complet ; on vérifie en particulier la mobilité et les diverses formes de sensibilité, y compris la sensibilité profonde, au niveau des membres inférieurs, ainsi que les réflexes ostéotendineux et cutanés plantaires. Si on suspecte une lésion intrarachidienne, on vérifie la présence des réflexes cutanés abdominaux, crémastérien et anal, ainsi que le tonus du sphincter anal par le toucher rectal. On recherche aussi une atrophie musculaire et le signe de Lasègue. Ce dernier est mis en évidence en élevant la jambe tendue du patient, qui est en décubitus dorsal ; le signe est positif si cette manœuvre provoque une douleur au niveau de la face postérieure de la cuisse. Enfin, on évalue la force musculaire ;

6) On observe la démarche : longueur du pas, boiterie, rigidité du tronc, balancement, pied tombant, etc.

III. Explorations

L'hémogramme et la vitesse de sédimentation constituent des explorations de base nécessaires dans la plupart des cas ; ces examens contribuent à la recherche d'un processus infectieux ou inflammatoire.

Une hémoculture est indiquée en cas de douleur aiguë accompagnée de fièvre.

Un examen du sédiment urinaire et une culture d'urine sont nécessaires lorsqu'une douleur lombaire n'a pas d'étiologie évidente.

La recherche de l'antigène HLA B 27 est indiquée lorsqu'on suspecte une spondylo-arthropathie.

Sauf dans les cas bénins et transitoires, des radiographies simples de la colonne de face et de profil sont pratiquement toujours indiquées. La décision de pratiquer des tomographies ou une tomodensitométrie, combinée ou non avec une myélographie, est prise après consultation avec le neurologue ou le neurochirurgien. Lorsqu'on suspecte une lésion intrarachidienne, la résonance magnétique est l'examen de choix.

Toute douleur dorsale ou lombaire qui persiste pendant plusieurs semaines et qui ne peut être expliquée par les radiographies nécessite une scintigraphie osseuse au technétium et, au besoin, au gallium.

L'électromyographie est réservée aux douleurs associées à une atteinte radiculaire.

Principales entités

I. Douleurs aiguës

1) Discite (spondylodiscite) : ce diagnostic doit surtout être suspecté chez l'enfant de moins de six ans qui présente une douleur lombaire aiguë (voir Discite).

2) Douleurs d'origine traumatique : le diagnostic est évident d'après l'anamnèse (voir Traumatismes).

3) Ostéomyélite vertébrale : cette localisation de l'ostéomyélite aiguë est rare. Ce diagnostic doit cependant être envisagé chez tout enfant qui présente une douleur aiguë et persistante, surtout si elle est accompagnée de fièvre (voir Ostéomyélite aiguë).

II. Douleurs persistantes ou récidivantes

1) Arthrite rhumatoïde juvénile : il est rare que la maladie se manifeste par des douleurs dorsales isolées. Le plus souvent, le contexte clinique est bien reconnaissable et le diagnostic est déjà fait (voir Arthrite rhumatoïde juvénile).

2) Calcifications des disques intervertébraux : l'étiologie de cette entité demeure inconnue. Le pic d'incidence se situe aux environs de sept ans. Le traitement consiste à prescrire du repos et à donner un analgésique au besoin (voir Douleur). La douleur et parfois les calcifications disparaissent spontanément après quelques semaines ou quelques mois.

3) Douleurs d'origine « posturale » : cette entité se retrouve surtout chez l'adolescent ; il s'agit d'un diagnostic d'élimination. L'approche thérapeutique consiste à donner des conseils visant à améliorer la posture et à prescrire un programme d'exercice.

4) Douleurs « fonctionnelles » : cette entité mal définie constitue aussi un diagnostic d'élimination et se rencontre surtout chez l'adolescent. Ces

douleurs sont souvent liées à une attitude de compensation d'une bascule postérieure du bassin, elle-même secondaire à des ischio-jambiers courts. La vérification des ischio-jambiers consiste à installer le patient en décubitus dorsal, la hanche fléchie à 90° et à déterminer l'angle poplité. Normalement, on devrait pouvoir étendre complètement le genou; le manque d'extension, dû à la brièveté des ischio-jambiers, définit l'angle poplité. Le traitement consiste à prescrire des exercices d'étirement. L'application de chaleur et les massages locaux sont efficaces lorsque les douleurs ne disparaissent pas en position de repos (le patient est couché sur le sol, la hanche et la jambe, qui repose sur une chaise, étant fléchis à 90°, ce qui relâche les muscles lombaires).

5) Hernie discale : très rare chez l'enfant, cette entité est un peu plus fréquente chez l'adolescent. La recherche du signe de Lasègue constitue une manœuvre diagnostique essentielle. La sciatalgie peut être accompagnée des signes et symptômes suivants : spasme musculaire au niveau lombaire, rectitude et réduction de la flexion de la colonne lombaire, troubles de la démarche, atrophie musculaire et faiblesse musculaire distale, absence du réflexe achilléen. Les radiographies simples de la colonne montrent une rectitude lombaire et le bilan neuroradiologique (tomodensitométrie ou résonance magnétique nucléaire) met souvent en évidence une sténose congénitale du canal lombaire qui explique la gravité des symptômes. Contrairement à ce qu'on observe chez l'adulte, le traitement conservateur (analgésiques, repos, traction, etc.) ne donne pas souvent de bons résultats. Le traitement chirurgical est réservé aux patients chez qui le traitement conservateur échoue; il donne d'excellents résultats.

6) Maladie de Scheuermann (voir aussi Ostéochondrites) : cette affection survient au cours de l'adolescence. Elle est caractérisée par une cyphose dorsale douloureuse. Les radiographies montrent les anomalies suivantes : cyphose, irrégularités des plateaux vertébraux, nodules de Schmorl, déformation vertébrale «en coin» de plus de 5° au niveau de trois vertèbres au moins. Le traitement conservateur peut inclure un programme d'exercice ainsi que le port d'un corset. Le traitement chirurgical (fusion) est exceptionnellement nécessaire.

7) Scoliose : la douleur est plutôt rare, c'est pourquoi il est nécessaire de rechercher une autre cause (voir Scoliose).

8) Spondylo-arthropathies : ce type de maladie est surtout suspecté chez le garçon de plus de cinq ans, particulièrement lorsque la douleur siège au niveau de l'articulation sacro-iliaque (voir Arthrite rhumatoïde juvénile).

9) Spondylolyse et spondylolisthésis : ces entités se retrouvent essentiellement chez l'adolescent; elles affectent 5 % de la population.

   – La spondylolyse consiste en une fracture spontanée ou de stress de l'arc vertébral, le plus souvent située au niveau de L5. Elle peut évoluer vers le spondylolisthésis. Le diagnostic est établi par les radiographies; une incidence oblique peut être nécessaire. La scintigraphie osseuse permet de confirmer le diagnostic lorsque les signes radiologiques ne sont pas encore présents. Lorsqu'il n'y a pas de symptôme, aucun traitement n'est nécessaire. Dans les autres cas, le patient est mis au repos et on lui conseille d'éviter les activités physiques qui accentuent la douleur (exemples : plongeon, poids et haltères). Le port d'un corset est parfois nécessaire.

- Le spondylolisthésis consiste en un glissement antérieur d'une vertèbre sur l'autre (habituellement L5 sur S1). Il peut être secondaire à une fracture de stress (spondylolyse), particulièrement chez certains athlètes comme les gymnastes ou les plongeurs, à une dysplasie osseuse localisée et congénitale ou, plus rarement, à une neurofibromatose ou à une ostéogenèse imparfaite. La forme dysplasique a une tendance familiale. Les manifestations cliniques vont de l'absence de symptôme à une douleur lombosacrée invalidante, accompagnée d'une raideur de la colonne et d'une accentuation de la lordose lombaire, associée à une cyphose sacrée. Les formes extrêmes causent parfois une atteinte radiculaire similaire à celle d'une hernie discale. Le diagnostic est établi par les radiographies ; le degré de déplacement antérieur est établi de la façon suivante : stade I (< 25 %), stade II (25 à 50 %), stade III (50 à 75 %) et stade IV (> 75 %). La spondyloptose correspond à la chute de L5 en avant de S1. Une tomodensitométrie ou une résonance magnétique nucléaire est indiquée lorsqu'il y a une atteinte radiculaire. L'approche thérapeutique dépend de l'importance des symptômes, du degré de déplacement antérieur et de la présence ou de l'absence d'atteinte radiculaire. Dans les cas légers, un traitement conservateur (repos, corset, analgésiques) peut être suffisant. Le traitement chirurgical (fusion L5-S1) est réservé aux situations suivantes : échec du traitement conservateur, déplacement antérieur supérieur à 50 %, progression du déplacement faisant craindre l'apparition de déficits nerveux, atteinte radiculaire établie. La nécessité de réduire ou non le glissement lors de l'intervention est controversée.

10) Syndrome de surutilisation : ces douleurs d'origine musculaire se retrouvent chez l'adolescent dont l'entraînement sportif est trop intense. Le diagnostic repose sur l'anamnèse. Le traitement consiste à conseiller une période de repos et à réajuster le programme d'entraînement. Voir aussi Sport et exercice.

11) Tumeurs intrarachidiennes : en général, ces tumeurs évoluent lentement et se manifestent par une symptomatologie insidieuse. Elles peuvent se manifester par des symptômes variés : douleur (souvent de nature radiculaire), parésie progressive, dysesthésies, scoliose, troubles sphinctériens. L'examen neurologique permet habituellement de préciser si la lésion est intra- ou extramédullaire et de situer son niveau. On recherche les éléments suivants :

- Signes d'irritation radiculaire (rectitude du rachis, torticolis, spasme paravertébral, signe de Lasègue) ;

- Atteinte pyramidale (hyperréflexie et déficit moteur);
- Atteinte du neurone moteur inférieur;
- Déficit de la sensibilité superficielle, profonde ou sphinctérienne.

Les radiographies simples de la colonne sont utiles; le diagnostic est confirmé par la résonance magnétique nucléaire ou par la tomodensitométrie, combinée ou non à une myélographie.

Le traitement est chirurgical.

12) Tumeurs osseuses bénignes ou malignes: il peut s'agir notamment d'un ostéome ostéoïde (voir Douleurs aux membres et boiterie), d'un hémangiome, d'un granulome éosinophile, d'une dysplasie fibreuse, d'un ostéochondrome, de métastases (exemple: neuroblastome), etc. Ces lésions tumorales peuvent causer une scoliose. Le diagnostic est établi par les radiographies et la tomodensitométrie ou la résonance magnétique nucléaire. Le traitement varie selon la nature de la tumeur.

Lectures suggérées

Bunnell WP: Back pain in children. Pediatr Rev 1984; 6: 183-189.
King HA: Evaluating the child with back pain. Pediatr Clin North Am 1986; 33; 1489-1493.

Douleurs thoraciques   82

Pierre Masson, Marc Girard, François Fassier, Jean-Claude Fouron

Généralités

La douleur thoracique peut être une source importante d'anxiété pour l'enfant ou l'adolescent et sa famille; en effet, la crainte peu justifiée d'une maladie cardiaque est très répandue. Plutôt rares chez l'enfant, les douleurs thoraciques viennent au troisième rang, après les céphalées et les douleurs abdominales, chez les préadolescents et les adolescents qui consultent pour une symptomatologie douloureuse.

Démarche clinique

Elle est guidée par la connaissance des principales causes possibles (tableau 25) et de leurs fréquences respectives. Dans la majorité des cas, l'anamnèse et l'examen suffisent.

I. Anamnèse

Elle porte surtout sur les questions suivantes:

1) Depuis quand la douleur est-elle présente?

2) Quelle est sa localisation?

3) Quelle est son intensité?

4) Quelle est sa nature (brûlure, constriction, etc.) ?

5) Est-elle continue ou intermittente ?

6) Quel est son horaire ?

7) Réveille-t-elle la nuit ?

8) Y a-t-il d'autres symptômes associés (exemples : toux, fièvre) ?

9) Quels sont les facteurs aggravants ou déclenchants (repos ou effort, position, toux, éternuements, respiration profonde, repas) ?

10) Y a-t-il eu un traumatisme ?

11) Quelles sont ses répercussions sur les activités scolaires, sportives et sociales ?

12) Est-elle en voie d'amélioration ou d'aggravation, ou est-elle stable ?

13) Y a-t-il des éléments de stress scolaire, familial ou autre ?

14) Quelles sont les activités de loisirs, sportives, artistiques ou autres, de l'enfant ou de l'adolescent ?

II. Examen

Mis à part l'examen complet habituel, on s'intéresse surtout aux éléments suivants :

1) L'enfant ou l'adolescent a-t-il l'air souffrant ? Quelles émotions exprime-t-il lorsqu'il parle de sa douleur ?

2) Inspection :
- Anomalies de la respiration (asymétrie, respiration superficielle, etc.) ;
- Anomalies pariétales (ecchymose, tuméfaction, etc.) ;
- Déformation de la colonne (scoliose, cyphose, lordose, rectitude) ;
- Gynécomastie.

3) Palpation : on recherche une tuméfaction ou une douleur localisée, suggestive d'une origine pariétale.

4) Percussion :
- Reproduit-elle ou cause-t-elle une douleur localisée ?
- Y a-t-il une matité suggestive de pneumonie ou d'épanchement pleural ?
- Y a-t-il une hypersonorité suggestive d'un pneumothorax ?
- L'aire précordiale est-elle élargie ?

5) Auscultation : elle recherche notamment un assourdissement des bruits cardiaques, un frottement pleural ou péricardique, une asymétrie du murmure vésiculaire et des râles pulmonaires.

III. Explorations

Aucun examen paraclinique de routine n'est indiqué dans tous les cas. Un petit nombre d'explorations est parfois nécessaire pour confirmer ou infirmer une hypothèse qui découle de l'anamnèse et de l'examen. Par exemple, une radiographie des poumons est effectuée lorsqu'il y a une suspicion de pathologie cardiaque, pulmonaire ou pleurale.

Tableau 25 Principales causes de douleurs thoraciques

- Origine pariétale
  - douleur musculosquelettique, traumatique, inflammatoire ou autre (fréquente)
  - chondrite costale (rare)
  - syndrome de Tietze (rare)
  - élancements de Texidor (*Texidor's twinge* ou *precordial catch*) (rare)
  - xiphodynie (rare)
  - infection herpétique ou zona (rares)
  - tumeurs primaires et métastases (rares)
- Origine respiratoire
  - toux aiguë ou chronique (fréquente)
  - dyspnée aiguë ou chronique (fréquente)
  - « point de côté » (fréquent)
  - pneumothorax (rare)
  - atteinte pleurale (pneumonie, pleurésie) (fréquente)
  - irritation diaphragmatique (exemple : abcès sous-phrénique) (rare)
  - embolie ou thrombose pulmonaire (extrêmement rare)
- Origine cardiaque
  - douleurs angineuses (très rares)
  - infarctus du myocarde (très rare)
  - arythmies (rares)
  - myocardite (rare)
  - péricardite (assez rare)
- Origine œsophagienne
  - corps étranger (assez rare)
  - œsophagite de reflux (rare après la première année de vie)
  - hernie hiatale (rare)
  - spasme œsophagien (très rare)
  - achalasie du cardia (très rare)
- Origine mammaire
  - douleurs physiologiques (puberté, menstruations, grossesse) (fréquentes)
  - mastite (rare)
  - traumatisme (rare)
  - syndrome prémenstruel (assez fréquent)
  - hyperplasie mammaire importante (rare)
- Origine vertébrale : voir Douleurs dorsales
- Origine psychogénique (assez dréquente)

Principales entités

I. Origine pariétale

1) Douleurs musculosquelettiques : fréquentes chez l'adolescent, ces douleurs aiguës ou persistantes n'ont pas de localisation préférentielle. Elles peuvent souvent être reproduites par la palpation ou la percussion de la zone douloureuse. Dans certains cas, aucune cause précise ne peut être identifiée. Dans les autres cas, elles peuvent être associées aux problèmes suivants :

   - Faux mouvement ou effort physique inhabituel (douleur aiguë et transitoire) ;
   - Macrotraumatisme évident : la douleur aiguë résulte d'une contusion ou d'une fracture (voir Traumatismes) ;
   - Microtraumatismes s'inscrivant dans le cadre d'un syndrome de surutilisation survenant chez l'adolescent sportif (voir Sport et exercice) ou musicien : la douleur est aiguë, persistante ou récidivante. Il peut s'agir d'un problème musculaire (fatigue, spasme, élongation, déchirure), tendineux (élongation, rupture) ou osseux (fracture de stress) ;
   - Maladie infectieuse (exemples : myosite virale, trichinose) ou inflammatoire (exemple : atteinte de la jonction sternoclaviculaire en cas d'arthrite rhumatoïde juvénile) ;
   - Maladie du collagène (exemple : dermatomyosite).

   Le traitement spécifique varie selon la cause ; exemples :

   - Macrotraumatismes (voir Traumatismes) ;
   - Traumatisme musculotendineux chez l'athlète : application précoce de glace ;
   - Microtraumatismes liés à un syndrome de surutilisation : repos, réajustement du programme d'entraînement.

   Le traitement non spécifique comporte des mesures telles que le repos, l'application locale de chaleur et l'administration d'un analgésique (voir Douleur). Occasionnellement, une infiltration locale à la lidocaïne ou aux corticostéroïdes est utile.

2) Chondrite costale : la douleur est soit aiguë, soit persistante ou récidivante. On ne retrouve pas toujours une histoire d'effort physique inhabituel ou de traumatisme. Elle est unilatérale et localisée à la jonction sternocostale ou costochondrale (habituellement la 4e, la 5e ou la 6e). Elle n'est pas accentuée par la respiration profonde. La palpation du cartilage costal permet de reproduire la douleur. Le traitement est identique à celui des douleurs musculosquelettiques non spécifiques (voir plus haut). On parle de « syndrome de la paroi thoracique » lorsqu'une chondrite costale est associée à un pseudo-angor, qui peut survenir au repos ou à l'effort ; l'ECG à l'effort est normal.

3) Syndrome de Tietze : la douleur est persistante ou récidivante. Elle est d'habitude localisée à la jonction sternoclaviculaire ou à la jonction de

la 2e côte et du sternum. Elle peut être exacerbée par la toux, les éternuements, ainsi que le mouvement. À l'inspection et à la palpation, on note une enflure fusiforme au site de la douleur. Une hyperhémie locale est occasionnellement présente. La vitesse de sédimentation est augmentée. Le traitement, non spécifique, est identique à celui des douleurs musculosquelettiques (voir plus haut).

4) Élancements de Texidor ou précordialgies bénignes (en anglais : *Texidor's twinge* ou *precordial catch*) : il s'agit d'une douleur aiguë, soudaine, très localisée, qui survient principalement au repos. Elle ne dure pas plus de 30 secondes à 3 minutes. Elle est habituellement située au niveau de l'apex ou du bord gauche du sternum. Elle peut rendre l'inspiration hésitante ou superficielle. Elle survient de façon sporadique ou plusieurs fois par jour. Le patient peut être rassuré, car il s'agit d'un problème bénin. Il n'y a pas de traitement.

5) Xiphodynie : il s'agit d'une douleur persistante ou récidivante, survenant au repos ou à l'effort, qui siège au niveau de l'appendice xiphoïde. Il n'y a pas de traitement spécifique.

6) Infection herpétique cutanée : la douleur est comparée à une brûlure. Elle est unilatérale et correspond à la distribution d'un dermatome. Le diagnostic est évident lorsque les vésicules caractéristiques sont présentes, mais la douleur peut les précéder (voir Infections herpétiques). Le zona peut causer une douleur similaire.

7) Tumeurs : les lésions tumorales primaires de la paroi thoracique sont rares. Une douleur persistante peut résulter d'une infiltration leucémique ou de métastases (exemple : neuroblastome). Les radiographies sont diagnostiques.

II. Origine respiratoire

1) La toux aiguë ou chronique peut causer des douleurs thoraciques en cas de pneumonie, de trachéite, d'asthme, de corps étranger, de fibrose kystique, etc. (voir Toux chronique).

2) Les efforts respiratoires associés à la dyspnée aiguë ou chronique causent des douleurs musculaires (exemple : asthme, fibrose kystique, etc.).

3) Le «point de côté» est une douleur aiguë et vive qui survient à l'effort. Elle est unilatérale et basse. Elle disparaît rapidement.

4) Le pneumothorax cause une douleur thoracique unilatérale qui irradie vers l'épaule et peut s'accompagner de dyspnée aiguë. Il peut être spontané chez l'adolescent, ou résulter d'une pathologie respiratoire comme une crise d'asthme.

5) Toute atteinte pleurale peut être responsable d'une douleur thoracique, habituellement unilatérale. Il peut s'agir d'une pleurésie ou d'une irritation pleurale associée à une pneumonie. La douleur est accentuée par la respiration profonde.

6) La pleurodynie ou maladie de Bornholm est décrite dans le chapitre Infections à entérovirus.

7) Une irritation diaphragmatique, causée par exemple par un abcès sous-phrénique, peut se manifester par des douleurs thoraciques basses et unilatérales.

8) L'embolie et la thrombose pulmonaire sont des causes rares de douleurs thoraciques aiguës chez l'enfant et l'adolescent. Les principaux facteurs de risque sont détaillés dans le chapitre Troubles de la coagulation.

III. Origine cardiaque

Chez l'enfant et l'adolescent, les douleurs thoraciques sont exceptionnellement d'origine cardiaque ; l'angor coronarien et l'infarctus du myocarde sont extrêmement rares. Les principaux facteurs de risque sont les hyperlipidémies héréditaires, les anomalies congénitales des artères coronaires (voir Cardiopathies congénitales) et la maladie de Kawasaki (voir Maladie de Kawasaki). Les autres causes possibles de douleurs angineuses sont la sténose aortique et la cardiomyopathie obstructive.

Les autres étiologies possibles de malaises ou de douleurs d'origine cardiaque sont les arythmies, les myocardites et les péricardites infectieuses ou inflammatoires.

Une origine cardiaque peut être éliminée facilement par l'anamnèse et l'examen et, au besoin, par l'ECG, la radiographie cardiopulmonaire et l'échocardiographie.

IV. Origine œsophagienne

Il peut s'agir d'un spasme œsophagien, d'un corps étranger, d'une œsophagite de reflux, d'une hernie hiatale ou d'une achalasie du cardia. Ces problèmes sont rares chez l'enfant et l'adolescent. L'œsophagite de reflux est plus fréquente chez le nourrisson, dont la douleur se manifeste par de l'irritabilité et des douleurs lors de la déglutition.

V. Origine mammaire

Au début de la puberté, le bourgeon mammaire peut être légèrement douloureux. Chez le garçon, la gynécomastie physiologique de l'adolescence peut aussi causer des douleurs.

Chez l'adolescente, des douleurs mammaires peuvent être physiologiques (puberté, menstruations, grossesse) ou résulter d'un traumatisme, d'une mastite, d'un syndrome prémenstruel ou d'une hyperplasie mammaire.

VI. Origine vertébrale

Voir Douleurs dorsales et lombaires.

VII. Origine psychogénique

Les douleurs thoraciques peuvent être causées par de l'anxiété, une hyperventilation, un deuil non résolu, une identification à un parent atteint d'une maladie cardiaque, etc.

Lectures suggérées

Coleman WL: Recurrent chest pain in children. Pediatr Clin North Am 1984; 31: 1007-1026.

Selbst SM: Evaluation of chest pain in children. Pediatr Rev 1986; 8 : 56-62.

Selbst SM, Ruddy RM, Clark JB, *et al.*: Pediatric chest pain: a prospective study. Pediatrics 1988; 82: 319-323.

Sharkey AM, Clark JB: Common complaints with cardiac implications in children. Pediatr Clin North Am 1991; 38: 657-666.

Dysplasie bronchopulmonaire   83

Philippe Chessex, Michel Weber

Généralités

La dysplasie bronchopulmonaire (DBP) est une pneumopathie chronique qui survient chez le prématuré ventilé en raison d'une maladie des membranes hyalines. Elle résulte d'un processus de destruction et de réparation du parenchyme pulmonaire qui entraîne des altérations de la mécanique ventilatoire.

On parle de DBP lorsqu'un nouveau-né qui a été ventilé artificiellement est encore dépendant d'un supplément d'oxygène au-delà du 28e jour de vie et lorsque l'image radiologique est caractéristique.

Plusieurs facteurs sont incriminés dans son développement: immaturité pulmonaire, barotraumatisme, toxicité de l'oxygène, infection locale et phénomènes inflammatoires.

Histologiquement, on retrouve de la fibrose alvéolaire, de l'emphysème, une bronchiolite nécrosante et un épaississement de la paroi des artères pulmonaires.

Le principal facteur de risque est un poids de naissance bas. Lorsque celui-ci est inférieur à 1 500 g, l'incidence de la DBP voisine 30 %.

Manifestations cliniques

Le prématuré a dépassé l'âge d'un mois et il nécessite encore de l'oxygène. Il présente de la cyanose à l'air ambiant, de la polypnée, un battement des ailes du nez ainsi que du tirage intercostal et sous-costal.

Explorations

Les antécédents (maladie des membranes hyalines et ventilation mécanique de plus d'une semaine) et l'évolution de l'enfant permettent de poser le diagnostic.

Les gaz du sang montrent une acidose respiratoire partiellement ou complètement compensée par une alcalose métabolique.

Les anomalies radiologiques caractéristiques de la maladie des membranes hyalines (opacité homogène avec bronchogramme aérien) sont progressivement remplacées par des images microkystiques en nid d'abeille alternant avec des zones irrégulières de densité augmentée (fibrose) et des plages d'emphysème.

Traitement

Les enfants hypoxémiques nécessitent l'administration continue d'oxygène au moyen d'une sonde sous-nasale. Cette oxygénothérapie peut être poursuivie à domicile. L'oxymétrie de pouls est utilisée pour moduler le traitement. Le débit d'oxygène administré sera le plus faible permettant d'obtenir une saturation d'oxygène égale.ou supérieure à 90 %.

Les corticostéroïdes diminuent l'importance des phénomènes inflammatoires et améliorent la fonction pulmonaire. Si, après deux à trois semaines d'évolution de la maladie des membranes hyalines, la rétention de CO_2 s'aggrave ou que le sevrage du respirateur tarde, on peut administrer de la dexaméthasone. La posologie d'attaque est de 0,5 mg/kg/24 heures IM ou IV en 2 fois. Après 3 à 5 jours, la dose peut être réduite à 0,3 mg/kg/24 heures. Par la suite, elle peut être réduite de 10 % tous les 3 jours jusqu'à ce qu'on atteigne 0,1 mg/kg/24 heures. Lorsque cette dose est atteinte, elle peut être administrée tous les deux jours pendant une semaine, puis on peut cesser le traitement. Lorsque le sevrage des corticostéroïdes est suivi d'une détérioration de la fonction respiratoire, certains recommandent l'administration de budésonide en inhalation, à raison de 20 à 40 µg/kg/24 heures en 2 à 3 fois. Les corticostéroïdes augmentent le risque de cardiomyopathie hypertrophique, d'hypertension artérielle et d'infection. La possibilité de risques encore inconnus n'est pas exclue, c'est pourquoi une certaine prudence s'impose. Les avantages et inconvénients d'un traitement de longue durée aux corticostéroïdes administrés par voie topique ou générale sont inconnus.

Les diurétiques améliorent la fonction pulmonaire et raccourcissent la durée de l'hospitalisation et de l'oxygénothérapie ; les plus utilisés sont les suivants :

– Furosémide : 1 à 2 mg/kg/24 heures PO en 2 fois ;
– Hydrochlorothiazide : 1 à 2 mg/kg/24 heures PO en 2 fois ;
– Spironolactone : 1 à 3 mg/kg/24 heures PO en 2 fois.

On peut utiliser le furosémide seul, l'hydrochlorothiazide seule, l'association de furosémide et de spironolactone, ou l'association d'hydrochlorothiazide et de spironolactone. L'ionogramme est surveillé pendant le traitement. Le sevrage doit être lentement progressif. L'utilisation prolongée de diurétiques peut causer des pertes excessives d'électrolytes par voie urinaire et une néphrocalcinose.

Les bronchodilatateurs comme le salbutamol et la théophylline améliorent temporairement la fonction pulmonaire, mais il n'est pas démontré que leur administration continue exerce un effet bénéfique. La posologie du salbutamol (solution à 5 % : 5 mg/mL) est de 0,01 à 0,03 mL/kg/dose, soit 0,05 à 0,15 mg/kg/dose, dans 2 à 3 mL de sérum physiologique, en inhalation toutes les 2 à 6 heures. Exprimée en mg/kg/24 heures, la posologie de la théophylline est de 8 + (0,3 × l'âge chronologique en semaines). Cette dose est administrée par voie orale en 3 à 4 fois. Compte tenu du risque élevé d'intoxication, il faut prendre la précaution de commencer le traitement avec environ 66 % de la posologie mentionnée ci-dessus et, si nécessaire, d'augmenter graduellement la dose, par exemple de 10 à 20 % tous les trois jours, tout en surveillant étroitement l'apparition de signes d'intoxication et le taux sérique (voir Asthme).

L'antibiothérapie préventive n'a pas d'efficacité prouvée. Une surinfection à virus respiratoire syncytial pourrait être traitée à la ribavirine (voir Bronchiolite) et une surinfection bactérienne aux antibiotiques (voir Pneumonies).

Les enfants atteints ont des besoins énergétiques augmentés et devraient donc recevoir des suppléments nutritionnels, au besoin par gavage; un gain de poids adéquat représente le meilleur critère d'apport énergétique suffisant. Un apport adéquat de vitamine A (1 500 à 2 000 UI/24 heures) favorise l'intégrité et la différenciation des cellules épithéliales en régénération. La vitamine E n'a pas d'effet protecteur prouvé.

L'administration d'agents anti-oxydants pourrait réduire la gravité de la maladie. Cette approche thérapeutique est encore en phase d'expérimentation et n'est pas encore entrée dans la pratique courante.

Complications

Défaillance cardiaque droite, épisodes asthmatiformes, atélectasies, emphysème interstitiel, insuffisance respiratoire, surinfections. La DBP augmente le risque de reflux gastro-œsophagien, et celui-ci peut aggraver l'état respiratoire.

Pronostic

La mortalité attribuable à la DBP diminue progressivement; actuellement, elle est d'environ 5 %. En cas de décès, il est cependant difficile de préciser les responsabilités respectives de la DBP et des autres problèmes associés. Les survivants sont fréquemment réhospitalisés pendant les deux à trois premières années de vie, notamment pour des épisodes asthmatiformes qui commencent à répondre au traitement en très bas âge (voir Asthme). Les difficultés respiratoires et la dépendance vis-à-vis de l'oxygène s'atténuent progressivement et l'enfant peut apparemment « guérir »; cependant, les épreuves de fonction respiratoire démontrent la persistance d'anomalies ventilatoires jusqu'à l'âge adulte. Le devenir tardif chez les survivants vieillissants demeure inconnu.

Prévention

L'administration de surfactant exogène au début de la maladie des membranes hyalines pourrait réduire l'incidence et la gravité de la dysplasie.

Lecture suggérée

Fiascone JM, Rhodes TT, Grandgeorge SR, Knapp MA: Bronchopulmonary dysplasia: a review for the pediatrician. Curr Probl Pediatr 1989; 19: 177-220.

Électrisation et électrocution   84

Pierre Gaudreault, Louise Caouette-Laberge

Généralités

La tendance naturelle des enfants à explorer leur environnement fait en sorte qu'ils peuvent être victimes d'électrisations (contact avec l'électricité) ou d'électrocutions (décès par contact avec l'électricité). Celles-ci peuvent être causées par la foudre ou par un contact avec une prise de courant, un appareil électrique ou un câble de transmission.

Du point de vue physiopathologique, plusieurs facteurs doivent être considérés :

1) Le voltage : un contact avec un courant de moins de 110 volts est rarement fatal, sauf lorsque la résistance de la peau est diminuée par son humidité (exemple : électrisation dans le bain); par contre, un courant de plus de 220 volts entraîne une morbidité et une mortalité élevées;

2) L'ampérage : c'est un bon élément de prédiction des brûlures tissulaires, qui ne peut toutefois pas être mesuré de façon directe; des ampérages croissants produisent les manifestations cliniques suivantes :

   – De 1 à 10 milliampères : sensation de picotement;

   – De 10 à 20 milliampères : tétanie;

   – De 20 à 50 milliampères : arrêt respiratoire;

   – De 50 à 100 milliampères : fibrillation ventriculaire.

3) La résistance : celle-ci varie selon les tissus : elle est forte au niveau de l'os et faible au niveau des nerfs, du sang, du muscle, des tendons, des muqueuses et de la peau (la résistance de celle-ci s'accroît si elle est épaissie et diminue si elle est humide). La production de chaleur est plus grande si la résistance est élevée;

4) La durée du contact : plus il est long, plus les lésions sont importantes;

5) Le type de courant : à voltage égal, le courant continu est plus dangereux, sauf à voltage faible, comme c'est le cas dans les maisons où le courant alternatif de bas voltage peut causer une fibrillation ventriculaire et une tétanie qui empêche l'enfant de se libérer de la source de courant;

6) Le trajet du courant : il emprunte de façon préférentielle les zones de moindre résistance et le chemin le plus court entre les points d'entrée et de sortie (mise à terre). Ce trajet détermine la localisation des lésions. Les dégâts tissulaires sont non seulement proportionnels à l'importance du courant appliqué, mais aussi inversement proportionnels au diamètre de l'organe traversé; par exemple, le même courant causera plus de dégâts dans un doigt que dans un bras. L'étendue des brûlures cutanées ne permet pas de prédire l'importance des lésions internes. Le risque d'atteinte cardiaque est augmenté lorsque le cœur

est sur le trajet du courant: il est par exemple plus élevé dans le cas d'un trajet main-main ou jambe-bras que s'il s'agit d'un trajet jambe-jambe.

Manifestations cliniques

Différents organes peuvent être atteints:

1) Peau: brûlures du premier, du deuxième ou du troisième degré;

2) Cerveau et moelle épinière: hémorragies, thromboses, œdème. Du point de vue fonctionnel, la victime peut présenter une altération de l'état de conscience ou des convulsions. Normalement, l'état de conscience devrait s'améliorer rapidement; si un patient demeure comateux, il faut se demander s'il n'y a pas une lésion traumatique associée comme un hématome sous-dural;

3) Œil: des cataractes peuvent survenir jusqu'à deux ans après l'accident;

4) Oreille: perforation du tympan, hémotympan;

5) Système cardiovasculaire: arrêt cardiaque par fibrillation ventriculaire ou asystolie, arythmies, anomalies électrocardiographiques (ischémie, modification du segment ST, etc.); élévation des enzymes d'origine cardiaque;

6) Système digestif: ulcère gastroduodénal, thrombose de l'artère mésentérique, nécrose de la vésicule biliaire;

7) Système urinaire: myoglobinurie;

8) Système musculosquelettique: destruction musculaire, myosite à *Clostridium*, fractures, entorses, luxations, etc.;

9) Tout viscère peut être lésé s'il se trouve sur le trajet du courant.

Approche de l'enfant électrisé

1) Couper le courant avant de toucher la victime.

2) Si l'enfant est en arrêt cardiorespiratoire: voir Arrêt cardiorespiratoire.

3) Chercher les lésions cutanées et les signes d'atteinte viscérale; la localisation des points d'entrée et de sortie du courant est importante car elle peut donner une indication quant aux organes se trouvant sur son trajet. Jusqu'à preuve du contraire, tout patient électrisé présente des lésions profondes.

4) Si on suspecte des lésions musculaires ou cardiaques, doser la créatine kinase et les transaminases.

5) Dans les cas graves, vérifier l'équilibre acidobasique et rechercher la myoglobine dans l'urine au moyen d'une bandelette réactive utilisée pour la recherche de l'hémoglobine.

6) Si le patient n'a pas de lésions ni de symptômes et qu'il s'agit d'un accident impliquant un voltage bas (110 à 220 volts), un électrocardiogramme est fait; si celui-ci est normal et si l'enfant ne présente aucun symptôme, il peut être renvoyé à son domicile et bénéficier d'un suivi téléphonique.

7) La victime doit être hospitalisée pendant au moins 24 heures s'il s'agit d'un voltage élevé (plus de 220 volts), même si elle ne présente aucun symptôme ou lésion; pendant cette période, elle doit demeurer sous surveillance électrocardiographique continue.

8) Une hospitalisation et une surveillance étroite sont également indiquées dans les circonstances suivantes: brûlures importantes, trajet pouvant avoir passé par le cœur (exemple: bras-bras), arythmies cardiaques, anomalies électrocardiographiques, élévation des enzymes musculaires, atteinte viscérale, etc.

9) En cas de lésions graves, le remplacement liquidien est très important; le mode de calcul utilisé pour les brûlures cutanées est inapplicable car les lésions internes peuvent être plus importantes que ne le laissent suspecter les lésions de la peau. On utilise une solution de NaCl à 0,9 %; la quantité à perfuser est basée sur l'évolution hémodynamique et la diurèse.

10) Le traitement s'adapte par ailleurs aux systèmes lésés:

a) Peau: traitement habituel des brûlures (voir Brûlures). Celles qui sont localisées à la bouche ou à la commissure labiale posent des problèmes particuliers: elles peuvent laisser des cicatrices très importantes et il y a un risque de rupture de l'artère labiale au cours de la phase de guérison (cinq à neuf jours après l'accident). La collaboration d'un chirurgien plastique est nécessaire;

b) Système digestif: mettre en place une sonde gastrique et drainer l'estomac s'il y a un iléus. Les ulcères gastroduodénaux sont traités de la façon habituelle (voir Ulcère peptique);

c) Système urinaire: augmenter la diurèse en hydratant abondamment s'il y a une myoglobinurie (une et demie à deux fois les besoins d'entretien habituels en eau). L'intérêt de l'alcalinisation urinaire est controversé;

d) Les infections sont traitées selon l'agent causal et les mesures habituelles de prévention du tétanos doivent être prises (voir Tétanos).

Prévention

Mettre des protecteurs sur les prises de courant. Ne jamais laisser traîner un câble électrique dont une extrémité est branchée. Ne jamais utiliser d'appareils électriques dans la salle de bains. Éduquer les parents, les enfants et le public à propos des dangers de la foudre, des lignes et appareils électriques.

Lectures suggérées

Cooper MA: Electrical and lightning injuries. Emerg Med Clin North Am 1984; 2: 489-501.
Robinson M, Seward PN: Electrical and lightning injuries in children. Pediatr Emerg Care 1986; 2: 186-190.

Encéphalites virales   85

Michel Weber, Marc Lebel, Albert Larbrisseau

Généralités

L'encéphalite virale est une infection du tissu cérébral. Elle peut être causée par de nombreux virus, parmi lesquels les virus de la rougeole, des oreillons, de la rubéole et de la varicelle, l'*Herpèsvirus*, le virus Epstein-Barr, des entérovirus, des arbovirus, le cytomégalovirus, le virus de la rage et bien d'autres.

Certains virus causent toujours une encéphalite (exemple : rage), d'autres fréquemment (exemple : oreillons), d'autres rarement (exemple : rubéole).

La plupart des encéphalites virales sont bénignes (exemples : encéphalite ourlienne ou à entérovirus). Certaines sont le plus souvent graves (exemples : encéphalite rougeoleuse ou herpétique), tandis que la rage est toujours mortelle.

Dans les pays tempérés, les encéphalites à entérovirus surviennent plus volontiers en été.

Les lésions cérébrales peuvent résulter de l'infection elle-même; il s'agit alors souvent d'une destruction de neurones. La réaction immunitaire déclenchée par l'infection cause plutôt une démyélinisation (« encéphalite postinfectieuse »).

On parle de méningo-encéphalite lorsqu'une méningite est associée.

Un tableau clinique similaire à celui d'une encéphalite virale peut résulter d'une tuberculose, d'une malaria, d'une infection à *Mycoplasma pneumoniæ*; beaucoup d'autres agents bactériens ou parasitaires peuvent causer une encéphalite.

Manifestations cliniques

La gravité des encéphalites virales est très variable. Certaines passent inaperçues, d'autres conduisent au coma, à une atteinte neurologique irréversible ou même à la mort.

Le symptôme le plus fréquent est l'altération de l'état de conscience, qui peut aller de la somnolence légère au coma profond. Le patient peut aussi présenter des céphalées, des troubles du comportement ainsi que des vomissements. Certains virus causent simultanément d'autres symptômes comme de la fièvre et une éruption (exemples : rougeole, varicelle), ce qui facilite le diagnostic. Selon la localisation des lésions, il peut y avoir des convulsions ainsi que des signes neurologiques latéralisés comme des convulsions focalisées ou une hémiplégie ; ces signes sont hautement suggestifs d'une étiologie herpétique. L'*Herpèsvirus* a une prédilection pour le lobe temporal, tandis que le virus de la varicelle cause souvent une atteinte cérébelleuse avec ataxie. En cas de méningo-encéphalite, une raideur de nuque est parfois présente.

Explorations

L'anamnèse s'intéresse aux caractéristiques de la maladie, aux voyages ainsi qu'aux contacts avec des personnes ou des animaux malades.

L'examen recherche les signes spécifiques reliés à certaines infections virales, ainsi que des déficits neurologiques.

Une ponction lombaire est le plus souvent indiquée, notamment pour exclure une méningite bactérienne. On peut cependant s'en passer dans certains cas, par exemple lorsque des signes encéphalitiques minimes surviennent chez un enfant qui a les oreillons. Dans une minorité de cas (environ 5 %), le liquide céphalorachidien est entièrement normal; la plupart du temps, on retrouve des anomalies similaires à celles de la méningite virale (voir Méningite virale).

L'EEG montre des anomalies qui, sans être spécifiques, sont assez suggestives; des anomalies localisées au lobe temporal suggèrent une étiologie herpétique.

Particulièrement lorsqu'il y a des signes neurologiques latéralisés, la tomodensitométrie ou, mieux, la résonance magnétique nucléaire cérébrale est essentielle pour exclure d'autres problèmes comme un abcès cérébral; elle permet parfois, elle aussi, de mettre en évidence une souffrance localisée au lobe temporal ou à la région fronto-orbitaire, suggestive d'une infection herpétique.

Anciennement, le diagnostic d'encéphalite à l'*Herpèsvirus* était établi par biopsie cérébrale; depuis qu'un traitement antiviral peu toxique est disponible, cette démarche n'est plus nécessaire car on peut traiter sans danger à l'acyclovir (aciclovir) les patients qui présentent une encéphalite grave et chez qui on soupçonne cette étiologie.

Dans tous les cas d'encéphalite sans cause évidente, un test diagnostique rapide de la mononucléose infectieuse peut être utile. Le laboratoire de virologie doit être sensibilisé à l'urgence du diagnostic sérologique d'encéphalite herpétique : le dosage des IgM spécifiques peut être réalisé rapidement. Les cultures virales dans le liquide céphalorachidien, les sécrétions pharyngées, l'urine et les selles ont surtout une utilité rétrospective et ne permettent pas d'orienter le processus décisionnel; il en est de même de la mise en évidence d'une élévation du taux d'anticorps lors de la période de convalescence par rapport à la période aiguë.

Dans beaucoup de cas, l'étiologie ne peut être précisée.

Traitement

Devant toute encéphalite grave, surtout s'il y a une souffrance du lobe temporal ou de la région fronto-orbitaire, il faut suspecter une encéphalite herpétique et entreprendre immédiatement un traitement à l'acyclovir (aciclovir):

- < 1 an: 30 mg/kg/24 heures IV en 3 fois;
- ≥ 1 an: 750 mg/m^2/24 heures IV en 3 fois.

Ce traitement est poursuivi pendant 14 à 21 jours.

Pour les autres encéphalites virales, on ne peut offrir que le traitement de soutien habituel (voir Coma, Convulsions et état de mal convulsif, Hypertension intracrânienne). Dans les cas graves, une surveillance étroite dans une unité de réanimation est essentielle.

Complications

Coma, convulsions, sécrétion inappropriée d'hormone antidiurétique, déficits neurologiques transitoires ou permanents, hypertension intracrânienne, arrêt respiratoire, décès.

Pronostic

Il est très variable selon les individus et selon le virus en cause : la rage est toujours mortelle, les encéphalites rougeoleuse et herpétique peuvent également être mortelles et laissent fréquemment des séquelles neurologiques graves et permanentes chez les survivants. Par contre, les encéphalites ourlienne et varicelleuse guérissent la plupart du temps sans séquelles. Même lorsque le tableau clinique initial est grave, les encéphalites dues au virus Epstein-Barr peuvent guérir complètement. Les séquelles peuvent être de nature comitiale, intellectuelle, psychiatrique, sensorielle ou motrice.

Mesures préventives

Il faut veiller à ce que tous les enfants reçoivent les vaccins habituels et particulièrement le vaccin contre la rougeole. L'administration du vaccin contre la rage s'impose lorsqu'un enfant est mordu par un animal pouvant être atteint de cette maladie (voir Morsures animales et humaines, rage). La lutte contre les insectes vecteurs joue un rôle important dans la prévention des encéphalites à arbovirus. Selon la cause probable ou prouvée de l'encéphalite, le patient hospitalisé doit être soumis aux précautions d'isolement respiratoire (exemple : encéphalite rougeoleuse) ou entérique (exemple : encéphalite à entérovirus) : voir Prévention des infections en milieu hospitalier.

Lectures suggérées

Rantala H, Uhari M : Occurrence of childhood encephalitis : a population-based study. Pediatr Infect Dis J 1989 ; 8 : 426-430.
Whitley RJ : Viral encephalitis. N Engl J Med 1990 ; 323 : 242-250.

Encoprésie 86

Nancy Haley, Arié Bensoussan, Khazal Paradis, Pierre Blanchard, Chantal Maurage

Généralités

On parle d'encoprésie lorsqu'un enfant de quatre ans ou plus présente une incontinence fécale habituelle sans étiologie organique identifiable.

Dans les pays industrialisés, sa prévalence chez les enfants de sept à huit ans est de 1 à 3 %. Ce problème est environ cinq fois plus fréquent chez les garçons.

La plupart du temps, une constipation fonctionnelle chronique mène à cette situation. Plus rarement, une cause organique comme une maladie de Hirschsprung à segment ultracourt en est responsable (voir Constipation).

On retrouve fréquemment des facteurs favorisants comme une habitude de rétention, une alimentation pauvre en fibres végétales, une prise insuffisante de liquides, une consommation excessive de lait, une éducation à la propreté trop précoce ou trop coercitive ou une situation de stress comme un déménagement, l'entrée à l'école ou des problèmes familiaux.

La rétention fécale chronique entraîne une surdistension rectale, une perte de sensibilité du rectum et une incompétence du sphincter. Chez quelques enfants, on note une dyssynergie du sphincter anal externe qui se contracte au lieu de se relâcher lors de la défécation.

L'encoprésie mène souvent à des conflits familiaux, à un rejet social, ainsi qu'à une faible estime de soi et à des sentiments de culpabilité.

Dans la majorité des cas, l'encoprésie constitue à l'origine un problème organique qu'il convient d'aborder comme tel. Les répercussions psychosociales qui en découlent secondairement peuvent être importantes et nécessitent parfois une prise en charge psychologique ou psychiatrique simultanée. L'étiologie purement psychologique est rare ; il s'agit par exemple de quelques patients caractériels qui se souillent volontairement et présentent souvent des symptômes psychologiques évidents. Chez ces patients, l'approche thérapeutique psychiatrique est essentielle.

Manifestations cliniques

Les selles sont peu fréquentes, irrégulières et volumineuses. La défécation peut être douloureuse. L'enfant se souille régulièrement. Il peut présenter des douleurs abdominales récidivantes ou une énurésie diurne ou nocturne. Il peut avoir des sautes d'humeur, de l'agressivité ou une perte d'appétit. La présence d'un fécalome peut être responsable d'une diarrhée paradoxale, qui constitue souvent le motif de consultation.

Explorations

L'anamnèse cherche à identifier les facteurs étiologiques ou précipitants mentionnés plus haut (voir aussi Constipation).

L'examen contribue à l'élimination d'une cause organique ; la position de l'anus, le réflexe anal et le tonus sphinctérien doivent être évalués. On recherche la présence d'anomalies cutanées au niveau de la région lombo-sacrée. Le toucher rectal permet de se faire une idée du volume de l'ampoule rectale, du degré de rétention fécale et du tonus sphinctérien.

Une culture d'urine est indiquée en raison de l'association possible entre la constipation et les infections urinaires.

La radiographie de l'abdomen sans préparation est utile pour confirmer le diagnostic et surtout pour démontrer à l'enfant et à ses parents l'importance de la rétention, la physiopathologie de la maladie et les principes du traitement.

La manométrie rectale n'est indiquée que si la réponse au traitement est insatisfaisante ou si le tonus sphinctérien semble anormal au toucher rectal. Elle peut constituer le premier temps d'une rééducation par « biofeedback ».

Traitement médical

Des informations détaillées sont données à l'enfant et à ses parents à propos de la nature du problème, ce qui permet de démystifier celui-ci et de déculpabiliser l'enfant. Une approche optimiste est adoptée, tout en indiquant d'emblée que le traitement devra être poursuivi pendant 6 à 12 mois; il comporte deux phases:

I. Évacuation initiale

Cette étape consiste à vider complètement le rectum:

– Au Canada, on administre au moyen d'une sonde rectale un lavement Fleet à l'huile minérale lors de la première visite. Il est suivi d'un lavement à l'eau salée (selon l'âge, 500 à 1 000 mL de NaCl à 0,9 %). Un lavement Fleet est ensuite donné une fois par jour pendant 1 à 2 semaines pour compléter l'évacuation. Si l'enfant a moins de cinq ans, on utilise le lavement Fleet pédiatrique et s'il a plus de cinq ans le lavement Fleet pour adultes;

– En France, le traitement initial consiste en l'administration d'un Normacol Lavement de 60 mL chez l'enfant de moins de cinq ans et de 130 mL chez l'enfant de plus de cinq ans. Occasionnellement, ce traitement est répété lorsque l'enfant passe plus de trois jours sans aller à la selle.

L'enfant de plus de sept ans peut apprendre à se donner lui-même les lavements, ce qui permet de l'impliquer activement dans le traitement. Si l'enfant refuse les lavements, on peut utiliser le bisacodyl (5 mg PO matin et soir ou 5 mg en suppositoire une fois par jour) ou, en France, le PEG (posologie: voir Index pharmacologique sous la rubrique Fortrans). Le traitement de fond est entrepris seulement lorsque les fécalomes sont complètement évacués.

II. Traitement de fond

1) Une routine est établie: l'enfant est encouragé à passer 10 à 15 minutes sur la cuvette de la toilette après au moins un repas par jour. Chez le jeune enfant, un bon appui des pieds est nécessaire pour permettre la relaxation du sphincter anal externe.

2) Les aspects diététiques comportent les éléments suivants:
   a) Une alimentation apportant au moins 20 à 30 g/24 heures de fibres végétales (voir Nutrition);
   b) Une consommation abondante d'eau;
   c) Une réduction de la consommation de lait si celle-ci est excessive.

3) La prise quotidienne d'huile minérale (huile de paraffine) en dose suffisante pour obtenir une ou deux selles molles par jour. La posologie initiale est 3 mL/kg/24 heures PO en 2 fois, à prendre une heure après le repas. Au besoin, cette dose est augmentée par paliers jusqu'à un maximum de 12 mL/kg/24 heures. Il est préférable de conserver l'huile au réfrigérateur et de la mélanger avec du jus de fruits. Si l'enfant la refuse, on peut lui donner un émollient fécal comme le docusate de sodium (5 à 10 mg/kg/24 heures PO en 2 à 3 fois; maximum: 200 mg/24 heures). Le traitement doit être poursuivi pendant au moins six mois, en réduisant graduellement la dose d'huile.

4) Les enfants qui présentent une dyssynergie ano-rectale peuvent bénéficier du «biofeedback».

5) Une psychothérapie est entreprise selon l'importance des symptômes psychologiques liés à l'incontinence.

Suivi

Un suivi régulier est nécessaire pour vérifier la fidélité traitement et pour ajuster la posologie de l'huile minérale (huile de paraffine). Un calendrier où sont consignés les symptômes et les modalités de traitement peut être utile.

Rechutes

Elles sont fréquentes et résultent le plus souvent d'un traitement trop court ou d'une fidélité insuffisante. Le traitement doit alors souvent être repris depuis son point de départ. Le médecin garde une attitude optimiste et continue à offrir son soutien à l'enfant ainsi qu'à sa famille.

Pronostic

À long terme, il est assez favorable si le traitement est bien suivi et si la motivation est bonne.

Prévention

Elle comporte les éléments suivants:

1) Des conseils quant à l'éducation à la propreté;

2) L'établissement de bonnes habitudes alimentaires;

3) L'identification et le traitement précoces de la constipation.

Lectures suggérées

Hatch TF: Encopresis and constipation in children. Pediatr Clin North Am 1988; 35: 257-280.

Howe AC, Walker CE: Behavioral management of toilet training, enuresis, and encopresis. Pediatr Clin North Am 1992; 39; 413-432.

Friman PC, Mathews JR, Finney JW, *et al.*: Do encopretic children have clinically significant behavior problems? Pediatrics 1988; 82: 407-409.

Leoning-Baucke V: Modulation of abnormal defecation dynamics by biofeedback
    treatment in chronically constipated children with encopresis. J Pediatr 1990;
    116: 214-222.
Nolan T, Debelle G, Oberklaid F, Coffey C: Randomised trial of laxatives in treatment
    of childhood encopresis. Lancet 1991; 338: 523-527.
Nolan T, Oberklaid F: New concepts in the management of encopresis. Pediatr Rev
    1993; 14: 447-451.
Rappaport LA, Levine MD: The prevention of constipation and encopresis: a develop-
    mental model and approach. Pediatr Clin North Am 1986; 33: 859-869.

Endocardite   87

Michel Weber, Jean-Claude Fouron, Jean-Luc Bigras, Marc Lebel

Généralités

La majorité des endocardites surviennent chez des patients qui présentent
un ou plusieurs des facteurs favorisants suivants:

1) Une malformation cardiaque congénitale;

2) Une valvulopathie rhumatismale;

3) Une prothèse valvulaire;

4) Un cathéter veineux central;

5) Une utilisation de drogues par voie intraveineuse;

6) Des soins dentaires ou une intervention chirurgicale portant sur les
   voies digestives, génitales, respiratoires ou urinaires.

Les principales bactéries responsables sont les streptocoques du
groupe *viridans* (streptocoque alpha-hémolytique) et le *Staphylococcus
aureus*; d'autres agents moins souvent en cause sont le *Staphylococcus
epidermidis*, l'entérocoque, le *Streptococcus pneumoniæ* (pneumocoque),
le *Streptococcus pyogenes* (streptocoque bêta-hémolytique du groupe A),
le *Neisseria gonorrhœæ* (gonocoque) et le *Candida albicans*.

Manifestations cliniques

La symptomatologie est très variable: elle peut se manifester de façon
aiguë ou chronique. Une fièvre prolongée et inexpliquée chez un enfant
porteur d'une cardiopathie doit faire suspecter ce diagnostic. La fièvre
n'est cependant pas toujours présente. Des malaises généraux comme de
la fatigue, des frissons, des arthralgies ou des myalgies, une perte d'appétit
et un amaigrissement peuvent survenir. L'apparition d'un souffle cardiaque ou la modification d'un souffle préexistant sont des indices
importants; une destruction valvulaire peut conduire à une défaillance cardiaque. Il peut y avoir des hémorragies conjonctivales ou unguéales, des
lésions de Janeway (nodules érythémateux indolores au niveau des
paumes des mains et des plantes des pieds) ou des nodules d'Osler
(nodules érythémateux et douloureux au niveau des doigts et des orteils).

On note souvent une splénomégalie. Divers problèmes neurologiques graves sont possibles : embolie, abcès cérébral, rupture d'anévrisme mycotique. Une glomérulonéphrite peut aussi survenir.

Explorations

Avant de commencer le traitement, 3 à 6 hémocultures doivent être faites à 20 minutes ou plus d'intervalle et de préférence au moment d'une poussée fébrile ; elles sont négatives dans 10 à 15 % des cas. Il faut apporter un soin particulier à la désinfection de la peau : plusieurs bactéries responsables d'endocardites colonisent normalement la peau, et des hémocultures faussement positives peuvent être une source d'erreur de diagnostic. L'hémogramme peut révéler une anémie normochrome normocytaire et une hyperleucocytose. La vitesse de sédimentation peut être élevée. Il peut y avoir une hématurie et une protéinurie. L'échocardiographie peut démontrer l'existence de végétations valvulaires, mais il peut y avoir des faux négatifs.

Traitement

I. Endocardite à *Streptococcus viridans*

1) Premier choix : association de pénicilline G (300 000 UI/kg/24 heures IV en 4 à 6 fois pendant 4 semaines ; maximum chez le grand enfant : 24 000 000 UI/24 heures) et de streptomycine (30 mg/kg/24 heures IM en 2 fois pendant les 14 premiers jours ; maximum chez le grand enfant : 2 g/24 heures) ou de gentamicine (6 mg/kg/24 heures IV en 3 fois ; maximum chez le grand enfant : 250 mg/24 heures).

2) Autre choix : vancomycine (40 mg/kg/24 heures IV en 4 fois pendant 4 semaines ; maximum chez le grand enfant : 2 g/24 heures) associée ou non à la gentamicine (6 mg/kg/24 heures IV en 3 fois ; maximum chez le grand enfant : 250 mg/24 heures).

II. Endocardite à *Staphylococcus aureus* ou à *Staphylococcus epidermidis*

1) Sensible à la pénicilline : même traitement que pour le *Streptococcus viridans.*

2) Résistant à la pénicilline :

    a) Premier choix : cloxacilline (Canada, France), nafcilline (Canada) ou oxacilline (Canada, France) : 200 mg/kg/24 heures IV en 4 fois pendant 6 semaines (maximum chez le grand enfant : 12 g/24 heures) ;

    b) Autres choix : vancomycine : 40 mg/kg/24 heures IV en 4 fois pendant 6 semaines (maximum chez le grand enfant : 2 g/24 heures).

    N.B. : L'addition de rifampicine ou d'un aminoside est à envisager en raison de leur synergie avec les antibiotiques recommandés ci-dessus.

III. Endocardite à *Streptococcus pneumoniæ*, à *Streptococcus pyogenes* ou à *Neisseria gonorrhœæ*

Pénicilline G (150 000 UI/kg/24 heures IV en 4 à 6 fois pendant 2 semaines; maximum chez le grand enfant: 24 000 000 UI/24 heures). S'il s'agit d'un pneumocoque résistant à la pénicilline, utiliser la vancomycine (40 mg/kg/24 heures IV en 4 fois pendant 2 semaines; maximum chez le grand enfant: 2 g/24 heures). Si la souche est tolérante à la pénicilline, ajouter la gentamicine (6 mg/kg/24 heures IV en 3 fois; maximum chez le grand enfant: 250 mg/24 heures).

IV. Endocardite à entérocoque

Association d'ampicilline (200 mg/kg/24 heures IV en 4 fois; maximum chez le grand enfant: 12 g/24 heures) et de gentamicine (6 mg/kg/24 heures IV en 3 fois; maximum chez le grand enfant: 250 mg/24 heures); durée du traitement: 4 semaines.

V. Endocardite à *Candida albicans*

Amphotéricine B (1 mg/kg/24 heures IV à perfuser en 6 heures); le traitement est poursuivi jusqu'à ce qu'on atteigne une dose cumulative totale de 20 à 50 mg/kg, ce qui prend 4 à 6 semaines.

VI. Endocardite dont l'agent causal est inconnu

Triple antibiothérapie associant la pénicilline G (300 000 UI/kg/24 heures IV en 4 à 6 fois; maximum chez le grand enfant: 24 000 000 UI/24 heures), une pénicilline antistaphylococcique comme la cloxacilline (Canada, France), la nafcilline (Canada) ou l'oxacilline (Canada, France): 150 mg/kg/24 heures IV en 4 fois (maximum chez le grand enfant: 12 g/24 heures), ainsi que la gentamicine (6 mg/kg/24 heures IV en 3 fois; maximum chez le grand enfant: 250 mg/24 heures); durée du traitement: 4 semaines.

Pendant cette période prolongée d'antibiothérapie, il faut faire des dosages sériques dans le cas de la gentamicine et de la vancomycine, mesurer la concentration moyenne inhibitrice (CMI) et la concentration moyenne bactéricide (CMB) ainsi que le pouvoir bactéricide du sérum prélevé une heure après une dose (il doit au moins atteindre 1/32). L'hémogramme et la créatinine sérique doivent être surveillés une fois par semaine.

S'il y a une défaillance cardiaque: voir Insuffisance cardiaque. Des lésions valvulaires importantes causant une défaillance cardiaque intraitable peuvent nécessiter un traitement chirurgical.

Complications

Défaillance cardiaque par destruction valvulaire, abcès cérébral, embolie cérébrale, rupture d'anévrisme mycotique, glomérulonéphrite.

Pronostic

Il est lié au degré d'atteinte valvulaire et aux complications neurologiques; la mortalité demeure élevée.

Prévention

La prévention consiste à veiller à la santé dentaire des enfants porteurs de cardiopathies et à leur administrer une antibiothérapie préventive lors de manœuvres chirurgicales associées à un risque d'endocardite. Les recommandations qui suivent sont celles de l'American Heart Association.

I. Indications de l'antibioprophylaxie selon le type de cardiopathie

1) Situations dans lesquelles une antibiothérapie préventive est indiquée à l'occasion d'une intervention chirurgicale pouvant causer une endocardite :

   a) Malformation cardiaque congénitale (voir plus loin pour les exceptions);

   b) Épisode antérieur d'endocardite, même en l'absence de cardiopathie;

   c) Présence d'une ou plusieurs valvules artificielles, qu'il s'agisse de prothèses ou d'homogreffes;

   d) Cardiomyopathie hypertrophique;

   e) Prolapsus mitral avec insuffisance;

   f) Valvulopathie d'origine rhumatismale, traitée ou non chirurgicalement.

2) Situations dans lesquelles une antibiothérapie préventive n'est pas indiquée :

   a) Souffle cardiaque fonctionnel;

   b) Communication interauriculaire isolée de type II;

   c) Communication interventriculaire et canal artériel corrigés chirurgicalement sans lésion résiduelle depuis plus de six mois;

   d) Prolapsus mitral sans insuffisance;

   e) Épisode antérieur de maladie de Kawasaki;

   f) Épisode antérieur de rhumatisme articulaire aigu sans atteinte valvulaire;

   g) Présence d'un stimulateur cardiaque ou d'un défibrillateur interne.

II. Indications de l'antibioprophylaxie selon le type d'intervention

1) Interventions qui nécessitent une antibioprophylaxie :

   a) Accouchement s'il y a une infection génitale;

   b) Amygdalectomie et/ou adénoïdectomie;

   c) Bronchoscopie au moyen d'un endoscope rigide;

   d) Cathétérisme vésical s'il y a une infection urinaire;

   e) Cystoscopie;

   f) Dilatation de l'œsophage;

g) Dilatation urétrale ;

h) Incision et drainage d'un tissu infecté ;

i) Intervention dentaire, incluant le nettoyage des dents, lorsqu'il y a un risque de saignement gingival ;

j) Intervention portant sur la muqueuse digestive ou respiratoire ;

k) Intervention portant sur la vésicule biliaire ;

l) Intervention portant sur les voies urinaires s'il y a une infection urinaire ;

m) Sclérothérapie de varices œsophagiennes.

2) Interventions et événements qui ne nécessitent pas d'antibioprophylaxie :

a) Accouchement en l'absence d'infection génitale ;

b) Avortement non septique ;

c) Bronchoscopie avec un endoscope flexible, avec ou sans biopsie ;

d) Cathétérisme cardiaque ;

e) Césarienne ;

f) Dilatation et curetage en l'absence d'infection génitale ;

g) Injection intrabuccale d'un anesthésique local ;

h) Insertion ou retrait d'un stérilet en l'absence d'infection génitale ;

i) Endoscopie digestive haute ou basse avec ou sans biopsie ;

j) Interventions dentaires qui ne risquent pas de faire saigner les gencives (exemples : ajustement d'un appareil orthodontique, obturation à distance de la gencive) ;

k) Intubation trachéale ;

l) Myringotomie avec mise en place de tubes ;

m) Perte des dents primaires ;

n) Cathétérisme vésical en l'absence d'infection urinaire.

III. Modalités de l'antibioprophylaxie

1) Lors des interventions portant sur les dents ou le système respiratoire :

a) Par voie orale (intervention mineure) chez l'enfant non allergique à la pénicilline et ne recevant pas de traitement préventif continu à la pénicilline (RAA) :

– Amoxicilline :

– < 15 kg : 750 mg PO 1 heure avant l'intervention et 375 mg 6 heures plus tard ;

– 15 à 30 kg : 1,5 g PO 1 heure avant l'intervention et 750 mg 6 heures plus tard ;

– > 30 kg : 3 g PO 1 heure avant l'intervention et 1,5 g 6 heures plus tard.

b) Par voie orale (intervention mineure) chez l'enfant allergique à la pénicilline : érythromycine ou clindamycine :
- Érythromycine :
  - < 30 kg : 20 mg/kg (maximum : 1 g) PO 2 heures avant l'intervention et 10 mg/kg (maximum : 500 mg) 6 heures plus tard ;
  - > 30 kg : 1 g PO 2 heures avant l'intervention et 500 mg 6 heures plus tard ;
- Clindamycine :
  - < 30 kg : 10 mg/kg PO (maximum : 300 mg) 1 heure avant l'intervention et 5 mg/kg (maximum : 150 mg) 6 heures plus tard ;
  - > 30 kg : 300 mg PO 1 heure avant l'intervention et 150 mg 6 heures plus tard.

c) Par voie parentérale (intervention majeure) chez l'enfant non allergique à la pénicilline et ne recevant pas de traitement préventif continu à la pénicilline (RAA) : association d'ampicilline et de gentamicine :
- Ampicilline :
  - < 30 kg : 50 mg/kg IV 30 à 60 minutes avant l'intervention, puis 25 mg/kg d'amoxicilline PO 6 heures plus tard, ou 50 mg/kg d'ampicilline IM ou IV 8 heures plus tard ;
  - > 30 kg : 2 g IM ou IV 30 à 60 minutes avant l'intervention, puis 1,5 g d'amoxicilline PO 6 heures plus tard, ou 2 g d'ampicilline IM ou IV 8 heures plus tard ;
- Gentamicine :
  - < 30 kg : 2 mg/kg IM ou IV 30 à 60 minutes avant l'intervention, à répéter 8 heures plus tard ;
  - > 30 kg : 1,5 mg/kg (maximum : 80 mg) IM ou IV 30 à 60 minutes avant l'intervention, à répéter 8 heures plus tard.

d) Par voie parentérale chez l'enfant allergique à la pénicilline ou recevant un traitement préventif continu à la pénicilline (RAA) :
- Vancomycine :
  - < 50 kg : 1 dose unique de 20 mg/kg (maximum : 1 g) IV, à perfuser en 60 minutes en commençant 60 minutes avant l'intervention ;
  - > 50 kg : 1 dose unique de 1 g IV, à perfuser en 60 minutes en commençant 60 minutes avant l'intervention.

2) Lors des interventions portant sur les voies digestives ou uro-génitales :
   a) Par voie orale (intervention mineure) chez l'enfant non allergique à la pénicilline :
   - Amoxicilline :
     - < 15 kg : 750 mg PO 1 heure avant l'intervention, puis 375 mg 6 heures plus tard ;

- 15 à 30 kg : 1,5 g PO 1 heure avant l'intervention, puis 750 mg 6 heures plus tard ;

- > 30 kg : 3 g PO 1 heure avant l'intervention, puis 1,5 g 6 heures plus tard.

b) Par voie parentérale (intervention majeure) : association d'ampicilline et de gentamicine :

- Ampicilline :

- < 30 kg : 50 mg IM ou IV 30 à 60 minutes avant l'intervention, puis 25 mg/kg d'amoxicilline PO 6 heures plus tard, ou 50 mg/kg d'ampicilline IM ou IV 8 heures plus tard ;

- > 30 kg : 2 g IM ou IV 30 à 60 minutes avant l'intervention, puis 1,5 g d'amoxicilline PO 6 heures plus tard, ou 2 g d'ampicilline IM ou IV 8 heures plus tard.

- Gentamicine :

- < 30 kg : 2 mg/kg IM ou IV 30 à 60 minutes avant l'intervention, à répéter 8 heures plus tard ;

- > 30 kg : 1,5 mg/kg (maximum : 80 mg) IM ou IV 30 à 60 minutes avant l'intervention, à répéter 8 heures plus tard.

c) Par voie parentérale chez le patient allergique à la pénicilline : association de vancomycine et de gentamicine :

- Vancomycine :

- < 50 kg : 1 dose unique de 20 mg/kg (maximum : 1 g) IV à perfuser en 60 minutes en commençant 60 minutes avant l'intervention ;

- > 50 kg : 1 dose unique de 1 g IV à perfuser en 60 minutes en commençant 60 minutes avant l'intervention.

- Gentamicine :

- < 30 kg : 2 mg/kg IM ou IV 30 à 60 minutes avant l'intervention, à répéter 8 heures plus tard ;

- > 30 kg : 1,5 mg/kg (maximum : 80 mg) IM ou IV 30 à 60 minutes avant l'intervention, à répéter 8 heures plus tard.

Lectures suggérées

Baltimore RS : Infective endocarditis in children. Pediatr Infect Dis J 1992 ; 11 : 907-913.

Dajani AS, Bisno AL, Chung KJ : Prevention of bacterial endocarditis. Recommendations by the American Heart Association. JAMA 1990 ; 264 : 2919-2922.

Saiman L, Prince A, Gersony WM : Pediatric infective endocarditis in the modern era. J Pediatr 1993 ; 122 : 847-853.

Entérocolite nécrosante   88

Philippe Chessex, Michel Weber, Arié Bensoussan

Généralités

L'entérocolite nécrosante (ECN) est une maladie du nouveau-né. Rare chez l'enfant né à terme, elle est d'autant plus à redouter que l'âge gestationnel est bas. L'incidence est d'environ 1 à 2 % lorsque le poids de naissance est inférieur à 1 500 g; elle atteint 10 % lorsqu'il est inférieur à 1 000 g. L'ECN consiste en une nécrose de la paroi intestinale. Elle survient surtout entre le troisième et le dixième jour de vie, mais elle peut occasionnellement survenir jusqu'à deux mois après la naissance. Son étiologie est inconnue; il semble s'agir d'une réponse de l'intestin immature à une agression multifactorielle. Outre la prématurité, plusieurs facteurs de risque ont été identifiés: alimentation hyperosmolaire, infection, choc, hypoxémie, syndrome d'hyperviscosité, introduction de cathéters dans les vaisseaux ombilicaux et entérite infectieuse. Des épidémies ont été rapportées. Les sites les plus souvent atteints sont l'iléon distal et le côlon proximal.

Manifestations cliniques

Altération de l'état général, distension abdominale, vomissements ou résidu gastrique verdâtre, rectorragies, ralentissement de la vidange gastrique. Il faut être attentif au développement parfois insidieux de certains de ces signes chez le prématuré.

Explorations

Les radiographies de l'abdomen sans préparation recherchent les signes suivants:

1) Accumulation caractéristique de gaz dans la paroi intestinale (pneumatose intestinale);
2) Présence de gaz dans la veine porte (indice de mauvais pronostic);
3) Présence d'air libre dans la cavité péritonéale (signe de perforation intestinale).

Lorsqu'on suspecte une ECN, cet examen doit être répété de façon sériée.

Il faut surveiller l'équilibre électrolytique et acidobasique.

Les hémocultures et les cultures de selles (coprocultures) sont utiles.

Traitement

Le traitement médical consiste à interrompre l'alimentation entérale, à drainer l'estomac, à installer une perfusion intraveineuse et à commencer une antibiothérapie après avoir prélevé les cultures (ampicilline et gentamicine;

pour la posologie, voir Index pharmacologique). Le choc est traité de la façon habituelle (voir Choc hypovolémique et Choc septique). Une laparotomie est indiquée dans environ 20 % des cas, lorsqu'il y a une évolution défavorable, par exemple lorsqu'une perforation intestinale survient. Souvent, une résection intestinale ainsi qu'une mise à la peau des deux bouts est nécessaire; le rétablissement de la continuité intestinale est effectué quelques mois plus tard. Une alimentation parentérale peut être indiquée.

Complications

I. Précoces
Septicémie, choc, perforation intestinale.

II. Tardives
Sténose cicatricielle de l'intestin pouvant causer une occlusion, syndrome de l'intestin court en cas de résection intestinale étendue.

Pronostic

La mortalité varie selon les séries; elle peut atteindre 35 %.

Lectures suggérées

MacKendrick W, Caplan M: Necrotizing enterocolitis. New thoughts about pathogenesis and potential treatments. Pediatr Clin North Am 1993; 40: 1047-1059.
Walsh MC, Kliegman RM, Fanaroff AA: Necrotizing enterocolitis: a practitioner's perspective. Pediatr Rev 1988; 9: 219-226.

Énurésie 89

Pierre Masson, Pierre Williot, Marie-José Clermont

Généralités

On parle d'énurésie lorsqu'un enfant continue à se mouiller plus de deux fois par mois après l'âge de cinq ans pour les filles et de six ans pour les garçons.

Il s'agit d'une énurésie primaire s'il n'y a jamais eu une période de continence de six mois consécutifs. On parle d'énurésie secondaire dans le cas contraire.

L'énurésie est le plus souvent nocturne, parfois diurne.

La plupart du temps, elle est idiopathique. Plus rarement, dans environ 2 % des cas, il s'agit d'un symptôme d'une maladie organique comme une infection urinaire, une uropathie obstructive, une maladie neurologique ou un diabète.

L'énurésie idiopathique primaire constitue une variante du développement normal et non une maladie. Il y a une forte tendance familiale: le risque est de 44 % si l'un des deux parents a été lui-même énurétique et de

77 % si les deux parents l'ont été. Ce problème touche 15 à 20 % des enfants ; le taux annuel de guérison spontanée est d'environ 15 %. À l'âge de 15 ans, il n'y a plus que 1 à 2 % d'énurétiques. La plupart des enfants atteints sont exempts de toute pathologie psychologique ; l'énurésie est néanmoins plus fréquente chez les enfants présentant un retard de développement ou des problèmes émotifs.

Manifestations cliniques

Il n'y a habituellement aucun autre symptôme que l'énurésie.

Explorations

L'anamnèse s'intéresse aux éléments suivants : développement, comportement, dynamique familiale, symptômes accompagnateurs, urinaires ou autres, date du début, fréquence, caractère diurne ou nocturne, présence ou absence de constipation ou d'encoprésie.

L'examen est habituellement normal ; il porte particulièrement sur la tension artérielle, l'abdomen, la région lombaire, l'anus, la sphère génitale et le système nerveux. Il faut s'assurer de l'absence de globe vésical.

Mis à part l'examen du sédiment urinaire, la recherche du glucose et de l'albumine dans l'urine et la culture de celle-ci, aucun examen paraclinique n'est nécessaire. Sauf si l'anamnèse ou l'examen révèle des indices suggestifs d'une anomalie anatomique des voies urinaires, aucun examen radiologique n'est indiqué. Dans certains cas rebelles et persistants, une évaluation urodynamique peut être utile.

Traitement

Une constipation ou une encoprésie associée doit être traitée (voir Constipation, Encoprésie). Le traitement de l'énurésie primaire idiopathique doit être individualisé. Les approches suivantes peuvent être utilisées, en favorisant de préférence les approches non médicamenteuses :

I. La motivation

L'enfant est encouragé à prendre ses responsabilités face à son problème et à prendre une part active dans le traitement. Il est rassuré quant à l'absence de maladie. Il est informé du fait que beaucoup d'autres enfants présentent le même problème. On le renseigne sur le pronostic qui est excellent. On insiste sur le fait qu'il n'est pas fautif et ne doit pas être puni. On suggère aux parents d'adopter une attitude de renforcement positif et d'offrir une récompense après une ou plusieurs nuits sèches. L'enfant est encouragé à tenir un calendrier sur lequel il indique les nuits sans énurésie. Cette approche devrait être utilisée chez tous les patients ; elle semble utile à certains enfants, mais son efficacité est difficile à démontrer, compte tenu de l'effet favorable du passage du temps.

II. Le conditionnement

Il s'agit d'utiliser un appareil d'alarme qui émet un signal sonore lorsque l'enfant urine. Plusieurs types d'appareils sont disponibles ; ils sont efficaces et sans danger. Ce mode de traitement exige de la part de l'enfant de la motivation et de la maturité. La durée du traitement est de l'ordre de deux à trois mois. À long terme, le taux de guérison serait voisin de 70 %. Cette approche est préférable aux traitements médicamenteux.

III. Les médicaments

L'utilisation de médicaments est discutable et il ne faudrait y recourir que lorsque les autres approches ont échoué.

1) L'imipramine est utilisée selon la posologie suivante :

   – 6 à 8 ans : une dose unique de 25 mg PO le soir au coucher ;

   – > 8 ans : une dose unique de 50 à 75 mg PO le soir au coucher.

   Un sevrage graduel peut être tenté après trois à six mois de traitement. L'efficacité à court terme est bonne, mais les rechutes sont fréquentes. À long terme, on obtiendrait environ 25 % de guérisons. La marge entre la dose thérapeutique et la dose toxique est faible. En raison de la grande toxicité de l'imipramine, il faut mettre les parents en garde contre l'ingestion accidentelle de ce médicament par des enfants plus jeunes et leur dire que cette intoxication peut être fatale.

2) L'oxybutynine peut être utilisée chez l'enfant de plus de six ans qui présente une énurésie diurne ou une énurésie associée à des mictions impérieuses. Elle ne doit pas être utilisée pour le traitement de l'énurésie nocturne habituelle. Posologie : 5 mg PO 2 à 3 fois par jour. Ce médicament peut causer une sécheresse de la bouche, des difficultés d'accommodation, ainsi qu'une hyperhémie du visage.

3) La desmopressine est un analogue de l'hormone antidiurétique (vasopressine). Elle est présentée sous forme d'une solution à 100 µg/mL ; elle est administrée par voie nasale. La posologie est de 10 à 40 µg/dose en une dose unique au coucher. Il faut se moucher avant la pulvérisation nasale. Vaporiser alternativement dans chaque narine et, si plusieurs vaporisations sont nécessaires, attendre au moins cinq minutes entre deux vaporisations. L'enfant ne devrait pas boire après l'administration de ce médicament. Peu d'effets secondaires ont été rapportés. Son efficacité est réduite en cas de rhinite aiguë ou allergique. Le coût de ce médicament est élevé et les rechutes après l'arrêt du traitement sont fréquentes. Le taux de succès varie selon les études ; il peut atteindre 70 %. Pour l'instant, ce médicament ne devrait probablement pas être utilisé de façon routinière pour le traitement à long terme de l'énurésie nocturne, mais il peut être utile pendant une période limitée et dans des circonstances spéciales (exemples : voyage, camp).

IV. La psychothérapie

Une psychothérapie n'est indiquée que si des perturbations émotives importantes sont associées à l'énurésie, par exemple en cas d'énurésie secondaire à une séparation, à un divorce, à un deuil ou à des déménagements multiples, ou lorsqu'il y a une pathologie psychiatrique évidente.

V. L'hypnose et les autres approches

Les techniques faisant appel à l'hypnose, à la relaxation et à la suggestion peuvent parfois donner des résultats appréciables lorsqu'elles sont appliquées par un spécialiste.

Suivi

Un suivi régulier et personnalisé est nécessaire.

Pronostic

L'énurésie primaire idiopathique finit toujours par disparaître spontanément.

Lectures suggérées

Doleys DM, Dolce JJ: Toilet training and enuresis. Pediatr Clin North Am 1982; 29: 297-313.

Foxman B, Valdez RB, Brook RH: Childhood enuresis: prevalence, perceived impact, and prescribed treatments. Pediatrics 1986; 77: 482-487.

Friman PC: A preventive context for enuresis. Pediatr Clin North Am 1986; 33: 871-886.

Howe AC, Walker CE: Behavioral management of toilet training, enuresis, and encopresis. Pediatr Clin North Am 1992; 39: 413-432.

Hurley RM: Enuresis: the difference between night and day. Pediatr Rev 1990; 12: 167-170.

Klauber GT: Clinical efficacy and safety of desmopressin in the treatment of nocturnal enuresis. J Pediat 1989; 114: 719-722.

McLorie GA, Husmann DA: Incontinence and enuresis. Pediatr Clin North Am 1987; 34: 1159-1174.

Marshall FF: Urinary incontinence in children. Pediatr Rev 1984; 5: 209-215.

Miller K, Goldberg S, Atkin B: Nocturnal enuresis: experience with long-term use of intranasally administered desmopressin. J Pediatr 1989; 114: 723-726.

Moffatt MEK: Nocturnal enuresis: psychologic implications of treatment and non-treatment. J Pediatr 1989; 114: 697-704.

Moffatt MEK, Harlos S, Kirshen AJ, Burd L: Desmopressin acetate and nocturnal enuresis: how much do we know? Pediatrics 1993; 92: 420-425.

Norgaard JP, Rittig S, Djurhuus JC: Nocturnal enuresis: an approach to treatment based on pathogenesis. J Pediatr 1989; 114: 705-710.

Novello AC, Novello JR: Enuresis. Pediatr Clin North Am 1987; 34: 719-733.

Rushton HG: Nocturnal enuresis: epidemiology, evaluation, and currently available treatment options. J Pediatr 1989; 114: 691-696.

Schmitt BD: Daytime wetting (diurnal enuresis). Pediatr Clin North Am 1982; 29: 9-20.

Schmitt BD: Nocturnal enuresis: an update on treatment. Pediatr Clin North Am 1982; 29: 21-36.

Smith LR: Nocturnal enuresis. Pediatr Rev 1980; 2: 183-186.

Éosinophilie 90

Michel Weber, Georges-Étienne Rivard

Généralités

On parle d'éosinophilie lorsque le nombre d'éosinophiles circulants dépasse 0.6×10^9/L. Lorsqu'elle s'associe à un tableau clinique précis, la cause d'une éosinophilie peut être évidente (exemple : asthme); aucune exploration complémentaire n'est alors indiquée. Parfois au contraire, il peut s'agir d'une découverte fortuite faite chez un enfant en bonne santé apparente; il s'agit alors d'un défi diagnostique important. L'éosinophilie peut aussi survenir de façon transitoire sans cause identifiable.

Démarche diagnostique

Chez l'enfant qui vit dans un pays développé et qui n'a pas effectué un séjour dans un pays en développement, une éosinophilie résulte le plus souvent d'une maladie allergique (allergie médicamenteuse, asthme, dermite atopique, maladie sérique, œdème angioneurotique, rhinite allergique, urticaire). L'anamnèse et l'examen permettent souvent de poser un diagnostic, et d'autres explorations ne sont habituellement pas justifiées. Dans ces circonstances, l'éosinophilie est le plus souvent légère à modérée (0.6 à 2×10^9/L).

Dans les pays en développement et chez les enfants qui ont fait un séjour dans un de ces pays, on suspectera de façon prioritaire une infection parasitaire. D'une façon générale, les protozoaires causent moins d'éosinophilie que les helminthes, et ceux-ci causent moins d'éosinophilie s'ils restent dans la lumière intestinale que s'ils envahissent les viscères. Alors que plusieurs parasitoses non invasives ne causent pas d'éosinophilie (exemples : giardiase, oxyurose et trichocéphalose), les parasitoses invasives peuvent occasionner une éosinophilie modérée ou élevée pouvant atteindre ou même dépasser 100×10^9/L; il s'agit particulièrement de l'ankylostomiase, de l'ascaridiase (une des rares parasitoses assez répandues dans les pays développés), de la cysticercose, de l'échinococcose, de la filariose, de la schistosomiase, de la strongyloïdose, de la toxocarose et de la trichinose (voir Parasitoses).

Une éosinophilie peut être associée à des problèmes respiratoires. Chez le nourrisson de moins de trois mois qui présente une pneumonie interstitielle avec éosinophilie, on soupçonnera notamment une pneumonie à *Chlamydia trachomatis*. Chez les patients qui sont porteurs d'un déficit immunitaire, l'association d'une pneumonie et d'une éosinophilie fera surtout penser à une infection à *Pneumocystis carinii*. L'aspergillose bronchopulmonaire allergique se manifeste par des infiltrats pulmonaires, des symptômes asthmatiformes et une éosinophilie; il s'agit d'une réaction immunologique résultant de la colonisation des voies respiratoires par l'*Aspergillus*. Des «pneumonies éosinophiliques» peuvent s'observer chez des gens qui vivent en contact étroit avec des oiseaux et dans plu-

Tableau 26 Principales causes d'éosinophilie

– Maladies allergiques (exemples : allergies médicamenteuses ou alimentaires, asthme, dermite atopique, rhinite allergique, œdème angioneurotique, urticaire, maladie sérique, etc.)
– Infections parasitaires (exemples : ascaridiase, ankylostomiase, cysticercose, échino-coccose, filariose, schistosomiase, strongyloïdose, toxocarose, trichinose, etc.)
– Hémopathies malignes (très rare)
– Maladies du collagène (arthrite rhumatoïde juvénile, fasciite à éosinophiles, etc.)
– Hyperéosinophilie idiopathique avec défaillance cardiaque
– «Pneumonies éosinophiliques» (voir texte)
– Divers : maladie d'Addison, aspergillose, coccidioïdomycose, etc. (voir texte)

sieurs autres circonstances ; plusieurs de ces «pneumonies éosinophi-liques» peuvent en réalité être le résultat d'infections avec des parasites dont une partie du cycle se déroule dans les poumons ; ce peut être le cas de l'éosinophilie tropicale et du syndrome de Löffler.

Très rarement, une éosinophilie est associée à une hémopathie maligne.

Certaines maladies du collagène peuvent s'accompagner d'éosino-philie ; c'est le cas de l'arthrite rhumatoïde juvénile, de la fasciite à éosino-philes (maladie de Shulman) et de la périartérite noueuse.

Plusieurs syndromes d'hyperéosinophilie idiopathique ont été rappor-tés, notamment en association avec une défaillance cardiaque.

Une éosinophilie a été rapportée dans bien d'autres situations : maladie d'Addison, aspergillose, coccidioïdomycose, chorée, maladie de Crohn, cystite éosinophilique, dermatite herpétiforme, érythème polymorphe, gastro-entéropathie éosinophilique, granulomatose de Wegener, hépatite chronique, histoplasmose, syndrome d'immunodéficience combinée avec réticulo-endothéliose, infection d'une dérivation ventriculopéritonéale, pemphigus, hyperimmunoglobulinémie E, pneumopathie causée par la nitrofurantoïne, scarlatine, tuberculose, syndrome de Wiskott-Aldrich, ainsi que chez les patients irradiés ou splénectomisés, chez ceux qui subissent une dialyse péritonéale chronique, etc.

Épiglottite aiguë   91

Michel Weber, Jacques Lacroix, Marie Gauthier, Catherine Farrell

Généralités

L'épiglottite aiguë est une cause relativement rare d'obstruction des voies respiratoires supérieures ; l'obstruction siège surtout au niveau de la partie supraglottique du larynx : l'épiglotte et les replis ary-épiglottiques sont le siège d'une inflammation importante. L'*Hæmophilus influenzæ* de type b est presque toujours responsable de la maladie, mais quelques cas d'épi-glottite à *Streptococcus pyogenes* ont été rapportés. Les filles et les gar-çons sont également touchés. L'épiglottite ne survient presque jamais avant l'âge d'un an ni après l'âge de huit ou neuf ans; le pic d'incidence se situe à trois ans. C'est une urgence pédiatrique, car cette maladie est potentiellement létale. Depuis le début de la vaccination précoce contre l'*Hæmophilus influenzæ*, l'incidence de l'épiglottite a diminué de façon importante.

Manifestations cliniques

L'épiglottite aiguë commence souvent de façon subite. Elle se manifeste par une fièvre élevée et une importante dysphagie qui empêche l'enfant d'avaler. Classiquement le patient est pâle et anxieux et il a une apparence «toxique». Il demeure assis, la tête projetée en avant et la bouche ouverte; il présente du ptyalisme. Sa voix est éteinte; il n'y a habituellement pas de véritable stridor. Le tirage suprasternal et xiphoïdien peut être absent, léger, modéré ou important selon le degré d'obstruction. Il y a parfois de volumineuses adénopathies cervicales. Un arrêt respiratoire peut survenir à chaque moment.

Diagnostic différentiel

	Épiglottite	Laryngite
– Âge :	en moyenne, enfant plus âgé	en moyenne, enfant plus jeune
– Début :	plus soudain	plus progressif
– Fièvre :	plus élevée	moins élevée
– Dysphagie :	marquée	absente ou minime
– État général :	plus altéré	moins altéré
– Attitude caractéristique :	présente	absente
– Toux aboyante :	absente	présente
– Stridor :	absent ou léger	marqué
– RX tissus mous :	profil : épiglotte augmentée	face : effilement sous-glottique
– Laryngoscopie :	épiglottite	laryngite

Explorations

Il s'agit d'un diagnostic clinique. Lorsqu'une épiglottite est suspectée, on déconseille d'examiner la gorge au moyen d'un abaisse-langue ou d'obliger l'enfant à se coucher. Chez le grand enfant qui peut ouvrir la bouche sur demande, il arrive qu'on puisse visualiser l'épiglotte malade sans abaisse-langue.

La radiographie de profil des tissus mous du cou a une sensibilité et une spécificité très élevées : elle montre une augmentation de volume de l'épiglotte (signe du pouce), une interruption apparente de la colonne d'air pharyngo-laryngo-trachéale par les replis ary-épiglottiques œdémateux, ainsi qu'une distension de l'espace aérien en amont de l'obstruction. Lorsque le tableau clinique est fortement suggestif, il est préférable de recourir d'emblée à la laryngoscopie directe plutôt que de perdre du temps à faire des radiographies; celles-ci sont surtout utiles dans les situations douteuses (exemple: patient qui présente une laryngite avec une fièvre élevée). Si des radiographies sont demandées, un médecin doit accompagner l'enfant en radiologie et disposer en tout temps de l'équipement de réanimation.

La laryngoscopie directe, faite en salle d'opération sous anesthésie générale, montre une épiglotte fortement hyperhémiée et augmentée de volume, presque sphérique; elle a été comparée à une cerise. On note aussi de l'inflammation au niveau des replis ary-épiglottiques.

Il y a fréquemment une hyperleucocytose avec prédominance des neutrophiles.

L'hémoculture et la culture de l'épiglotte sont souvent positives pour l'*Hæmophilus influenzæ*.

Traitement

Si l'enfant est en détresse respiratoire, lui administrer de l'oxygène au moyen d'un masque; au besoin, il peut être aidé temporairement par la ventilation au moyen d'un masque et d'un insufflateur. Une laryngoscopie directe doit être effectuée immédiatement par un médecin expérimenté. Si elle confirme le diagnostic, un tube nasotrachéal doit être mis en place, même si le patient n'est pas ou est peu dyspnéique, car il est impossible de prévoir quel patient risque de présenter un arrêt respiratoire.

Une fois intubé, l'enfant doit faire l'objet d'une surveillance étroite dans une unité de réanimation. On lui administre de l'oxygène humidifié avec une pression positive physiologique en fin d'expiration (PEEP) de 2 à 4 cm H_2O.

Si la fièvre est élevée, donner de l'acétaminophène ou paracétamol (15 mg/kg/dose par sonde gastrique ou par voie rectale toutes les 4 heures; maximum chez le grand enfant: 650 mg/dose).

Administrer initialement du céfuroxime (150 mg/kg/24 heures IV en 3 à 4 fois; maximum chez le grand enfant: 6 g/24 heures) ou du céfotaxime (100 à 200 mg/kg/24 heures IV en 4 fois; maximum chez le grand enfant: 10 g/24 heures). En cas d'allergie aux céphalosporines ou à la pénicilline, le chloramphénicol (75 mg/kg/24 heures IV en 4 fois; maximum chez le grand enfant: 4 g/24 heures) constitue une bonne solution de remplacement.

Au début de la période d'intubation, l'enfant peut être agité et une sédation peut s'avérer nécessaire; on utilise alors de préférence le diazépam (0,1 à 0,2 mg/kg/dose IV au besoin toutes les 2 à 4 heures).

La majorité des patients peuvent être extubés après 24 à 36 heures, lorsque la température s'est normalisée et lorsque l'épiglotte, visualisée au moyen d'un abaisse-langue ou d'un laryngoscope, a repris un volume sensiblement normal. À ce moment, l'antibiothérapie est poursuivie par voie orale: si les cultures sont négatives ou si l'*Hæmophilus influenzæ* est résistant à l'ampicilline, utiliser le céfaclor (40 à 60 mg/kg/24 heures PO en 3 fois; maximum chez le grand enfant: 3 g/24 heures). Si les cultures sont positives et que l'*Hæmophilus influenzæ* est sensible à l'ampicilline, utiliser l'amoxicilline (30 à 50 mg/kg/24 heures PO en 3 fois; maximum chez le grand enfant : 2 g/24 heures). La durée totale de l'antibiothérapie devrait être d'une dizaine de jours. La durée de l'hospitalisation est en moyenne de trois jours.

Complications

Une pneumonie ou une atélectasie peut être associée. Avant l'intubation trachéale, l'enfant peut présenter subitement un arrêt respiratoire qui peut être fatal ou causer une encéphalopathie anoxique. Un œdème pulmonaire peut survenir, de même qu'un choc septique.

Pronostic

Il est excellent lorsque le diagnostic est posé rapidement et que l'enfant est adéquatement pris en charge. La récidive est exceptionnelle.

Prévention et soin de contacts

La généralisation de la vaccination précoce contre l'*Hæmophilus influenzæ* a un impact favorable sur l'incidence de cette maladie. Bien que la contagiosité en milieu hospitalier soit faible, l'isolement est conseillé pendant les 24 premières heures de traitement. Pour la prévention en cas de contact intime avec un patient infecté, voir Problèmes épidémiologiques courants à la garderie (crèche).

Lectures suggérées

Battaglia JD : Severe croup : the child with fever and upper airway obstruction. Pediatr Rev 1986 ; 7 : 227-233.
Custer JR : Croup and related disorders. Pediatr Rev 1993 ; 14 : 19-29.
Kilham H, Gillis J, Benjamin B : Severe upper airway obstruction. Pediatr Clin North Am 1987 ; 34 : 1-14.

Épilepsie   92

Albert Larbrisseau, Phuong Nguyen, Michel Weber

Voir aussi Convulsions et état de mal convulsif, Convulsions fébriles.

Généralités

Les crises d'épilepsie résultent de décharges électriques paroxystiques et répétitives qui émanent du cortex cérébral et interfèrent avec diverses fonctions du système nerveux central. Ces crises se manifestent de façon variable : perte de connaissance avec chute, mouvements convulsifs, absences, comportements stéréotypés, épisodes apnéiques chez le nouveau-né ou le jeune nourrisson, etc. La prévalence globale est d'environ 0,5 %

et la maladie commence souvent au cours de l'enfance. On distingue deux formes d'épilepsie :

1) L'épilepsie idiopathique ou primaire, dont les principales caractéristiques sont :
   - L'absence de cause organique identifiable ;
   - Un caractère souvent familial ;
   - Un début qui se situe surtout à l'âge scolaire ;
   - Une intelligence et un développement normaux ;
   - Un examen neurologique normal ;
   - Des crises généralisées ;
   - Des anomalies électro-encéphalographiques habituellement généralisées ;
   - La possibilité de déclencher les crises par l'hyperventilation ou la stimulation lumineuse intermittente ;
   - Une excellente réponse au traitement ;
   - Un pronostic à long terme favorable.

2) L'épilepsie symptomatique secondaire à diverses formes d'atteinte cérébrale. On note alors :
   - Une cause organique identifiable au moyen de l'anamnèse, de l'examen et des examens neuroradiologiques ;
   - Un début à tout âge, le plus souvent dès les premiers mois ou les premières années de vie ;
   - Des crises généralisées ou partielles ;
   - Une histoire familiale souvent négative ;
   - Un développement qui peut être retardé ou une intelligence qui peut être subnormale ;
   - Une réponse parfois insatisfaisante au traitement ;
   - Un pronostic à long terme plus réservé.

Les différents types d'épilepsie ont été regroupés dans une classification internationale (tableau 27). À l'intérieur de cette classification internationale, on distingue plusieurs syndromes épileptiques spécifiques qui se distinguent par certaines caractéristiques cliniques telles que l'âge d'apparition, le type de crises, l'évolution, le pronostic, etc. (tableau 28). Certains de ces syndromes sont associés à des anomalies électro-encéphalographiques spécifiques.

Principaux syndromes épileptiques

I. Le grand mal (épilepsie généralisée ou partielle avec généralisation secondaire)

Il n'y a pas d'aura. La crise commence brusquement par une perte de connaissance, parfois précédée d'un cri, associée à une hypertonie intense du tronc et des membres d'une durée de 10 à 30 secondes. On observe ensuite des mouvements tonico-cloniques caractérisés par une alternance

Tableau 27 Classification internationale des épilepsies

I. Épilepsie généralisée
- Absences
- Crises toniques
- Crises cloniques
- Crises tonico-cloniques
- Crises akinétiques ou atoniques

II. Épilepsie partielle
- Épilepsie partielle simple
  - avec manifestations motrices ; avec manifestations somatosensorielles ou sensorielles spécifiques ; avec manifestations neurovégétatives ; avec manifestations psychiques
- Épilepsie partielle complexe (crises psychomotrices)
- Épilepsie partielle secondairement généralisée

III. Épilepsies non classifiées

Tableau 28 Syndromes épileptiques

- **Épilepsies généralisées**
  - idiopathiques
    - convulsions néonatales bénignes, familiales ou non ; épilepsie myoclonique bénigne du nourrisson ; épilepsie myoclonique sévère du nourrisson ; petit mal-absence ; épilepsie myoclonique juvénile ; absence juvénile ; crises tonico-cloniques du réveil chez l'adolescent
  - cryptogéniques ou symptomatiques
    - spasmes infantiles ; encéphalopathie myoclonique précoce ; syndrome de Lennox-Gastaut ; épilepsie myoclonique progressive
- **Épilepsies partielles**
  - idiopathiques
    - épilepsie rolandique bénigne ; épilepsie avec paroxysmes occipitaux
  - symptomatique
    - *epilepsia partialis continua* (syndrome de Kojewnikow) ; épilepsie avec sursauts

---

de flexions brusques, synchrones et symétriques des quatre membres et de courtes périodes de relâchement musculaire. Au cours de la crise, on peut noter une tétanie des muscles respiratoires, une accumulation de sécrétions dans les voies respiratoires, des troubles neurovégétatifs, ainsi qu'une incontinence urinaire ou fécale. La crise dure en moyenne cinq minutes et elle est suivie d'une période postcritique (somnolence, état confusionnel, coma) de durée variable. Lors du réveil, le patient se plaint de céphalées, de fatigue extrême et de douleurs musculosquelettiques. L'EEG révèle une activité épileptique généralisée, bilatérale et synchrone. Il peut être normal entre les crises, et différentes méthodes d'activation peuvent alors être nécessaires pour permettre un diagnostic : hyperventilation, stimulation lumineuse intermittente, sommeil naturel ou induit. Il est parfois nécessaire de procéder à des enregistrements prolongés. Si l'épisode est suivi d'une paralysie transitoire (paralysie de Todd), il faut considérer que l'activité épileptique est focalisée. Si la crise dure plus de 30 minutes, on parle d'état de mal épileptique.

II. Le petit mal-absence (épilepsie généralisée)

Cette forme d'épilepsie héréditaire affecte des enfants d'intelligence normale et dont l'examen neurologique est normal. Elle est plus fréquente chez les filles que chez les garçons. Elle commence habituellement à l'âge scolaire, mais peut aussi débuter entre deux et trois ans ou au début de l'adolescence. Elle se manifeste par une suspension soudaine de l'état de conscience, associée à une fixité du regard et à une immobilité complète sans chute. Les crises sont courtes (5 à 10 secondes) et fréquentes (jusqu'à 100 et plus par jour). À l'approche de la puberté, il peut y avoir une diminution de la fréquence des absences, mais des crises motrices généralisées peuvent apparaître. L'EEG révèle des complexes pointe-onde à trois cycles par seconde. Plus de la moitié des patients entrent en rémission complète au moment de l'adolescence.

III. Les épilepsies partielles

1) Avec symptomatologie élémentaire :

   a) Crises adversives : l'enfant présente une rotation extrême de la tête du côté opposé au foyer épileptique, ainsi qu'une déviation du regard dans le même sens. Au cours de ces crises, en général brèves, on peut parfois observer des secousses cloniques affectant l'hémicorps opposé au foyer. L'origine de ces crises est la région frontale (aire motrice supplémentaire) ;

   b) Crises bravais-jacksoniennes : initialement, le foyer est bien circonscrit mais il s'étend ensuite de proche en proche dans les régions adjacentes et peut même se généraliser. Initialement, les clonies affectent presque simultanément l'hémiface et la main du côté opposé au foyer. Graduellement, la crise peut s'étendre à tout l'hémicorps. Elle peut se terminer par une crise motrice généralisée.

2) Avec symptomatologie complexe : la crise psychomotrice débute souvent par une aura suivie d'une absence atypique de plus de 30 secondes associée à divers automatismes. Chez le jeune enfant, on peut noter des mouvements de mâchonnement et de succion, des grimaces et des gestes brusques. Chez l'enfant plus âgé, il peut s'agir de mouvements plus précis mais inappropriés : manipulation des vêtements, gestes stéréotypés, marche aveugle, etc. La crise se termine par une phase postcritique caractérisée par un état confusionnel, et, parfois, par une crise de grand mal.

IV. Les convulsions bénignes héréditaires du nouveau-né (épilepsie généralisée)

Cette forme d'épilepsie héréditaire, à caractère dominant, est caractérisée par des crises toniques, cloniques ou apnéiques de courte durée et de fréquence variable qui commencent entre le deuxième et le cinquième jour de vie et qui peuvent persister pendant quelques semaines ou quelques mois. Les examens neurologique et neuroradiologiques sont uniformément normaux et l'EEG révèle des pointes épileptiques dans la moitié des cas. Le pronostic est excellent, mais le risque d'épilepsie ultérieure est cinq fois plus élevé que dans la population en général.

V. Les spasmes infantiles avec hypsarythmie, ou syndrome de West ou spasmes en flexion (épilepsie généralisée)

Il s'agit d'une forme grave d'épilepsie généralisée. Elle est plus fréquente chez le garçon et débute entre 4 et 16 mois. Les crises sont fréquentes et de courte durée. Il s'agit de contractions brusques qui ont pour résultat une flexion soudaine de la tête, une extension du tronc ou, le plus souvent, des salves de spasmes en flexion survenant surtout au réveil; ces derniers sont caractérisés par de brusques contractions synchrones impliquant la tête, le tronc et les quatre membres, avec une prédominance au niveau des membres supérieurs. Le syndrome de West associe ce type de convulsions, une régression du développement psychomoteur et un EEG démontrant une hypsarythmie (rythme de fond lent et désorganisé, associé à une épilepsie multifocale abondante). Cette forme d'épilepsie est hétérogène:

- Dans 25 % des cas environ, les spasmes en flexion sont idiopathiques: les enfants atteints ont eu, jusqu'au début de la maladie, un développement psychomoteur normal. L'examen neurologique ne révèle aucune anomalie et les examens complémentaires sont normaux. Le pronostic à long terme est plutôt favorable: environ 50 % des enfants atteints n'auront pas de séquelles;

- Dans 75 % des cas environ, cette forme d'épilepsie est secondaire à un problème identifiable comme une encéphalopathie anoxique ou une sclérose tubéreuse de Bourneville. Parmi les autres étiologies possibles, on a notamment rapporté les infections prénatales, par exemple à cytomégalovirus, certaines maladies métaboliques et certaines anomalies du développement embryologique du cerveau. Les vaccins ne sont plus retenus comme des facteurs étiologiques. Le pronostic est défavorable: plus de 95 % des enfants atteints présenteront des séquelles neurologiques permanentes, modérées ou graves. Les spasmes infantiles disparaissent, mais ils sont remplacés par d'autres formes d'épilepsie, associées à une atteinte motrice et mentale de gravité variable.

VI. L'épilepsie myoclonique du nourrisson (épilepsie généralisée)

Il existe plusieurs syndromes épileptiques se manifestant surtout par des myoclonies au cours de la petite enfance. Voici deux exemples de ces syndromes rares:

– L'encéphalopathie myoclonique, caractérisée par des myoclonies massives très précoces, qui apparaissent pendant les premiers jours ou les premières semaines de vie et sont associées à une atteinte neurologique grave. L'étiologie est multifactorielle et le pronostic est sombre;

– L'épilepsie myoclonique sévère du nourrisson, qui se manifeste durant la première année de vie par des crises focales ou généralisées, le plus souvent accompagnées d'hyperthermie. Les crises initiales ressemblent à des convulsions fébriles qui se répètent, se prolongent ou sont parfois focalisées. Entre huit mois et quatre ans apparaissent les crises myocloniques, ainsi que d'autres manifestations épileptiques : absences atypiques, crises akinétiques, crises partielles, etc. Simultanément, on note une régression des acquisitions psychomotrices. L'EEG révèle des polypointes généralisées, souvent associées à une activité épileptique multifocale, ainsi qu'une réponse précoce (avant même un an) à la stimulation lumineuse intermittente. La réponse au traitement est médiocre et le pronostic est défavorable. On ne retrouve pas d'étiologie spécifique. Une histoire familiale d'épilepsie est notée dans un tiers des cas au moins. Un facteur génétique pourrait être en cause.

VII. Le syndrome de Lennox-Gastaut (épilepsie généralisée)

Cette forme d'épilepsie commence entre un et huit ans. Elle se manifeste par des crises variées, parmi lesquelles prédominent les crises toniques et akinétiques ou atoniques. Ces crises s'associent à des absences atypiques et, souvent, à des épisodes d'état de mal épileptique. Occasionnellement, l'enfant atteint peut présenter des myoclonies, des crises focales ou motrices généralisées. L'EEG révèle un rythme de fond lent et désorganisé, des complexes pointe-onde de fréquence inférieure à trois cycles par seconde, souvent accompagnés d'une activité épileptique multifocale. La plupart des enfants atteints présentent des signes d'encéphalopathie, ainsi qu'un retard psychomoteur. Ils ont souvent des antécédents de convulsions répétées et particulièrement de spasmes infantiles. Les crises sont réfractaires au traitement et le pronostic fonctionnel est réservé.

VIII. L'épilepsie rolandique bénigne (épilepsie partielle)

Cette forme d'épilepsie partielle apparaît entre 5 et 10 ans chez des enfants d'intelligence normale et neurologiquement intacts. Elle est transmise selon le mode autosomique dominant. Les crises surviennent surtout pendant le sommeil. L'enfant se réveille dans un état de frayeur; il est conscient et éprouve des dysesthésies d'une hémiface et de la région oropharyngée. On observe des clonies au niveau des mêmes régions ainsi qu'une aphasie expressive et une difficulté à contrôler la salive. Parfois, le sommeil peut induire une généralisation secondaire et provoquer une crise motrice généralisée. L'EEG révèle des pointes épileptiques localisées au niveau de l'une ou des deux régions centro-temporales, et un rythme de fond normal. Les crises disparaissent et l'EEG se normalise à la puberté.

IX. L'épilepsie occipitale bénigne (épilepsie partielle)

Les crises se manifestent par des phénomènes visuels paroxystiques comme des hallucinations, de l'amaurose, des phosphènes ou des «flashes» lumineux, suivis d'hémiconvulsions ou d'automatismes. Dans 25 % des cas environ, les patients se plaignent de céphalées vasculaires au cours de la phase postcritique. L'EEG révèle des décharges épileptiques de haute amplitude au niveau de l'une ou des deux régions occipitales et temporales postérieures, recueillies seulement lors de la fermeture des yeux. Le mode de transmission et le pronostic sont mal connus.

X. L'épilepsie myoclonique juvénile ou syndrome de Janz (épilepsie généralisée)

Cette forme d'épilepsie commence au cours de l'adolescence. Elle se manifeste par des myoclonies des membres supérieurs survenant surtout au réveil et qui s'accompagnent souvent de chutes akinétiques. Des crises motrices généralisées peuvent aussi survenir. Elle a une tendance héréditaire. L'intelligence est normale et l'examen neurologique ne révèle aucune anomalie. L'EEG est caractérisé par des décharges épileptiques généralisées de polypointes et de pointe-ondes, facilement induites par la stimulation lumineuse; le rythme de fond est normal. L'hyperventilation et la carence en sommeil peuvent précipiter les crises. La majorité des patients sont parfaitement contrôlés par l'acide valproïque, mais les crises récidivent lors du sevrage, même après plusieurs années de traitement efficace.

Explorations

Le premier but du médecin est de confirmer le diagnostic, puis de préciser s'il s'agit d'une épilepsie idiopathique ou d'une épilepsie secondaire à une lésion cérébrale. La démarche diagnostique commence par l'anamnèse qui se préoccupe notamment de l'âge lors de l'apparition des crises, des caractéristiques de celles-ci (localisées ou généralisées, toniques, tonico-cloniques ou myocloniques, psychomotrices, absences, etc.), de leur fréquence, de leur durée ainsi que des circonstances qui les provoquent. On s'intéresse aussi aux sensations prémonitoires comme l'aura, ainsi qu'aux phénomènes qui peuvent faire suite aux crises, comme la somnolence postcritique. L'anamnèse familiale s'attarde essentiellement à l'épilepsie, à la consanguinité et aux syndromes neurocutanés. L'anamnèse personnelle doit être complète: elle s'intéresse notamment aux circonstances de la grossesse, de l'accouchement et des premiers jours de vie (poids de naissance, score d'Apgar, etc.). En bref, elle recherche de façon systématique les indices de problèmes prénatals, périnatals ou postnatals qui peuvent être responsables de l'épilepsie:

1) Problèmes prénatals. Il peut notamment s'agir:

    a) D'une infection prénatale comme la rubéole, la toxoplasmose ou l'infection à cytomégalovirus;

    b) D'une anoxie cérébrale prénatale;

    c) D'une malformation cérébrale comme une microgyrie, une pachygyrie, une lissencéphalie, une agénésie du corps calleux, une hémimégalencéphalie, etc.;

d) D'une anomalie chromosomique;

e) D'une malformation vasculaire;

f) D'un syndrome neurocutané comme la sclérose tubéreuse de Bourneville ou le syndrome de Sturge-Weber;

g) D'une maladie métabolique comme la maladie de Menkes;

2) Problèmes périnatals: il s'agit surtout de l'anoxie cérébrale, de l'ictère nucléaire («kernictère») et des méningites et encéphalites néonatales;

3) Problèmes postnatals. Il peut notamment s'agir:

a) D'une anoxie cérébrale (exemple: noyade);

b) D'un processus infectieux comme une méningite ou une encéphalite;

c) D'un traumatisme crânien;

d) D'une maladie dégénérative du système nerveux central comme le syndrome de Rett;

e) D'une tumeur cérébrale;

f) D'une intoxication;

g) D'un trouble métabolique;

h) D'une encéphalopathie hypertensive;

i) D'une hémorragie intracrânienne.

L'examen attache une attention particulière au développement psychomoteur et aux fonctions intellectuelles, au périmètre crânien, aux dysmorphies, aux déficits neurologiques et aux anomalies de la peau.

L'EEG est l'examen le plus important: la présence d'une activité épileptique confirme le diagnostic. Lorsque les caractéristiques cliniques (début à l'âge scolaire, crises généralisées, intelligence normale) et électroencéphalographiques (activité épileptique généralisée) suggèrent une épilepsie idiopathique, des explorations complémentaires ne sont habituellement pas nécessaires. Par contre, lorsqu'on suspecte une épilepsie secondaire, par exemple lorsqu'elle survient en bas âge ou lorsque les crises sont focalisées, des examens neuroradiologiques comme une tomodensitométrie ou une résonance magnétique nucléaire sont souvent indiqués.

Traitement

Traitement de la crise: voir Convulsions et état de mal convulsif.

I. Principes généraux du traitement médical

1) La première crise: la décision de traiter ou de ne pas traiter doit tenir compte du type de crise, du tableau neurologique et de l'électro-encéphalogramme. Le risque de récidive chez un enfant normal qui a présenté une première crise et dont l'EEG est normal est d'environ 30 %. Ce risque est encore plus faible si la crise est déclenchée par un facteur favorisant comme une intoxication, un traumatisme crânien, une infection ou une hypertension artérielle. Par contre, le risque de

récidive est élevé lorsqu'il y a des signes neurologiques anormaux, une tendance héréditaire, des anomalies épileptiques à l'EEG ou lorsque la crise est focale ou prolongée.

2) Monothérapie ou polythérapie ? L'administration d'un seul anticonvulsivant est toujours préférable à une polythérapie parce qu'elle minimise le risque d'effets secondaires et d'interactions médicamenteuses. Il est donc important de diagnostiquer de façon précise le type d'épilepsie par l'histoire et l'EEG pour choisir le médicament le plus efficace.

3) Posologie : la dose doit être sélectionnée en fonction de l'âge et du poids de l'enfant. Pour plusieurs anticonvulsivants, la posologie d'entretien doit être atteinte graduellement afin d'éviter les effets secondaires.

4) Taux sérique : il est mesuré quelques semaines après le début du traitement pour s'assurer qu'il se situe dans les limites thérapeutiques et qu'il garantit ainsi une protection optimale.

5) Stratégie en cas d'échec :
   a) S'assurer de la fidélité au traitement ;
   b) Vérifier le taux sérique : certains enfants ne répondent que lorsque le taux sérique est maximal. D'autre part, le métabolisme du médicament peut varier d'un enfant à l'autre ;
   c) Remettre en question le type d'épilepsie et répéter au besoin l'EEG. S'assurer que le choix de l'anticonvulsivant correspond bien au type d'épilepsie ;
   d) En cas d'épilepsie rebelle, une fois le premier anticonvulsivant administré à la dose maximale ou à la dose qui ne provoque pas d'effet secondaire appréciable, ajouter un second anticonvulsivant comme adjuvant. On peut également tenter une monothérapie avec un autre anticonvulsivant.

6) Effets secondaires : certains sont transitoires et disparaissent spontanément après quelques jours. D'autres dépendent de la dose administrée et s'atténuent avec l'ajustement de la posologie. Les plus graves résultent d'une allergie ou d'une idiosyncrasie ; ils exigent un changement de traitement.

7) Surveillance paraclinique : il est bien démontré que des hémogrammes de routine ou un dosage régulier des transaminases n'ont que peu d'utilité pratique pour la détection d'effets secondaires chez les enfants qui n'ont pas de symptômes. Il est préférable d'expliquer les effets secondaires possibles et de recommander d'informer le médecin traitant dès que certains signes ou symptômes apparaissent.

8) Arrêt du traitement : la décision de sevrer un patient de son traitement anticonvulsivant est prise en fonction des facteurs de risque de récidive. S'il s'agit d'un syndrome épileptique spécifique, il faut tenir compte de son évolution prévisible. Par exemple, la plupart des cas de petit-mal absence et d'épilepsie rolandique bénigne guérissent au moment de la puberté. Par contre, l'épilepsie myoclonique juvénile comporte un risque élevé de récidive et un traitement de durée indé-

finie est justifié. Près de 60 % des cas d'épilepsie partielle complexe récidivent. Les facteurs de risque de récidive identifiés par les études à long terme sont les suivants :

a) Examen neurologique anormal ;

b) Retard mental ;

c) Période prolongée de crises épileptiques avant le contrôle pharmacologique ;

d) Crises partielles ;

e) Crises variées.

Deux autres facteurs de risque sont contestés par certains :

a) Persistance d'une activité épileptique à l'EEG ;

b) Crises qui ont débuté avant l'âge de deux ans.

En règle générale, on tente un sevrage graduel du traitement anticonvulsivant chez un enfant neurologiquement intact qui n'a présenté aucune crise depuis deux ans et dont l'EEG est normal. Le traitement sera prolongé d'une année ou plus lorsqu'un ou plusieurs facteurs de risque sont présents.

Certaines activités comme l'escalade, le parachutisme, la plongée sous-marine et la natation sans supervision doivent être interdites à l'adolescent épileptique. La règlementation concernant la conduite automobile varie d'un pays à l'autre.

II. Choix des anticonvulsivants en fonction du type d'épilepsie (par ordre décroissant de préférence)

1) Crises tonico-cloniques généralisées :

a) acide valproïque ;   c) phénytoïne ;
b) carbamazépine ;   d) phénobarbital.

2) Absences :

a) acide valproïque ;   c) clonazépam ;
b) éthosuximide ;   d) lamotrigine.

3) Crises myocloniques et atoniques :

a) acide valproïque ;   c) clonazépam.
b) nitrazépam ;

4) Crises partielles simples et complexes :

a) carbamazépine ;   e) lamotrigine ;
b) clobazam ;   f) gabapentine ;
c) vigabatrin ;   g) phénytoïne ;
d) acide valproïque ;   h) phénobarbital.

5) Crises réfractaires au traitement (traitement adjuvant) :

a) acide valproïque ;   d) lamotrigine ;
b) clobazam ;   e) gabapentine.
c) vigabatrin ;

III. Indications et pharmacologie des principaux anticonvulsivants

1) Acide valproïque :
   a) Indications : c'est le premier choix pour toutes les formes d'épilepsie généralisée : absences, crises tonico-cloniques et myocloniques. Sert aussi de traitement adjuvant dans les formes graves d'épilepsie partielle ou secondairement généralisée ;
   b) Posologie : 15 à 60 mg/kg/24 heures PO en 2 fois ;
   c) Demi-vie : 6 à 15 heures ;
   d) Taux sérique thérapeutique : 350 à 700 µmol/L (50 à 100 mg/L) ;
   e) Effets secondaires :
      – fréquents : troubles digestifs transitoires ;
      – occasionnels : chez l'adolescent, on observe parfois une augmentation de l'appétit et du poids. Exanthème. Alopécie ;
      – rares : chez l'enfant de moins de deux ans présentant un tableau neurologique anormal et qui reçoit une polythérapie, il y a un faible risque de nécrose hépatique fatale. Anémie, pancréatite, thrombopénie, œdème des extrémités sans hypoprotéinémie ni atteinte hépatique.

2) ACTH :
   a) Indications : est utilisée pour le traitement initial des spasmes infantiles avec hypsarythmie (syndrome de West) ;
   b) Posologie : 40 U IM 1 fois par jour. En France, on utilise aussi le tétracosactide à raison de 0,5 mg IM une fois par jour. Lorsque les crises cessent et que l'EEG montre la disparition de l'hypsarythmie, en général après quelques semaines de traitement, on tente un sevrage progressif. Pour le traitement à plus long terme, on passe habituellement au nitrazépam ou au clonazépam. La prednisone par voie orale (2 mg/kg/24 heures) semble aussi efficace que l'ACTH ;
   c) Effets secondaires : les mêmes que ceux des corticostéroïdes.

3) Carbamazépine :
   a) Indications : il s'agit du premier choix pour le traitement des crises partielles simples et complexes ;
   b) Posologie : 10 à 20 mg/kg/24 heures PO en 2 à 3 fois ;
   c) Demi-vie : 10 à 20 heures ;
   d) Taux sérique thérapeutique : 34 à 51 µmol/L (8 à 12 mg/L) ;
   e) Effets secondaires :
      – fréquents : somnolence, vertiges, ataxie, diplopie, troubles gastro-intestinaux ;
      – occasionnel : éruption cutanée ;
      – rares : anémie, thrombopénie, érythème polymorphe ou syndrome de Stevens-Johnson.

4) Clobazam :
   a) Indications : traitement adjuvant des crises réfractaires ;
   b) Posologie : 0,5 à 5 mg/kg/24 heures PO en 2 à 3 fois ; au besoin, cette dose peut augmentée graduellement jusqu'à un maximum de 0,2 mg/kg/24 heures PO en 2 à 3 fois.
   c) Demi-vie : 24 à 60 heures ;

d) Taux sérique thérapeutique : inconnu ;
e) Effets secondaires :
   - fréquents : somnolence et fatigue transitoires ;
   - occasionnels : ataxie, étourdissements, vision embrouillée, gain de poids, hyperactivité ;
   - rare : exanthème.

5) Clonazépam :
   a) Indications : absences, crises myocloniques, crises atoniques ;
   b) Posologie d'attaque : 0,01 à 0,05 mg/kg/24 heures PO en 2 à 3 fois ; au besoin, cette posologie peut être augmentée graduellement jusqu'à 0,2 mg/kg/24 heures PO en 2 à 3 fois ;
   c) Demi-vie : 20 à 40 heures ;
   d) Taux sérique thérapeutique : 0,1 à 0,3 μmol/L (10 à 30 ng/mL) ;
   e) Effets secondaires :
      - fréquents et transitoires : somnolence, hyperactivité, altération des fonctions cognitives ;
      - occasionnels : hypotonie, hypersécrétion salivaire et bronchique, ataxie.

6) Gabapentine :
   a) Indications : épilepsie partielle réfractaire, épilepsie partielle secondairement généralisée ;
   b) Posologie (chez l'enfant de plus de 12 ans) : 1,2 à 2,4 g/24 heures PO en 3 fois ;
   c) Demi-vie : 5 à 7 heures ;
   d) Taux sérique thérapeutique : non disponible ;
   e) Effets secondaires :
      - fréquents : somnolence, étourdissements ;
      - occasionnels : ataxie, fatigue, céphalées, nystagmus, tremblements, nausées ;
      - rares : diplopie, gain de poids, éruption cutanée.

7) Lamotrigine :
   a) Indications : épilepsie partielle réfractaire, épilepsie généralisée, syndrome de Lennox-Gastaut ;
   b) Posologie :
      - non associé à l'acide valproïque :
        - deux premières semaines : 2 mg/kg/24 heures PO en 2 fois ;
        - deux semaines suivantes : 5 mg/kg/24 heures PO en 2 fois ;
        - dose d'entretien : 5 à 15 mg/kg/24 heures PO en 2 fois ;
      - en association avec l'acide valproïque :
        - deux premières semaines : 0,2 mg/kg/24 heures PO en 2 fois ;
        - deux semaines suivantes : 0,5 mg/kg/24 heures PO en 2 fois ;
        - dose d'entretien : 1 à 5 mg/kg/24 heures PO en 2 fois ;
   c) Demi-vie :
      - utilisée seule : 24 à 29 heures ;
      - utilisée en association avec la carbamazépine, la phénytoïne ou le phénobarbital : 15 heures ;
      - utilisée en association avec l'acide valproïque : 60 à 70 heures ;
   d) Taux sérique thérapeutique : non disponible ;

e) Effets secondaires:
- fréquents: étourdissements, céphalées, nausées, vomissements, diplopie, ataxie;
- occasionnels: vision embrouillée, asthénie, somnolence, hyperkinésie;
- rares: éruption cutanée, syndrome de Stevens-Johnson, tremblements, anémie, leucopénie, thrombopénie.

8) Nitrazépam:
a) Indications: crises myocloniques, crises atoniques, spasmes infantiles;
b) Posologie: 0,5 à 1 mg/kg/24 heures PO en 2 à 3 fois;
c) Demi-vie: 20 à 40 heures;
d) Taux sérique thérapeutique: 0,2 à 0,9 µmol/L;
e) Effets secondaires:
- fréquents et transitoires: somnolence, hyperactivité, altération des fonctions cognitives;
- occasionnels: hypotonie, hypersécrétion salivaire et bronchique, ataxie.

9) Phénobarbital:
a) Indications: chez l'enfant de moins de deux ans, c'est le premier choix pour les crises tant généralisées que partielles, mais non pour les crises myocloniques. Après cet âge, il est rarement indiqué à cause de son effet négatif sur les fonctions cognitives;
b) Posologie:
- < 20 kg: 5 mg/kg/24 heures PO en 2 fois;
- > 20 kg: 2 à 3 mg/kg/24 heures PO en 2 fois;
c) Demi-vie: 50 à 120 heures;
d) Taux sérique thérapeutique: 65 à 175 µmol/L (15 à 40 mg/L);
e) Effets secondaires:
- fréquents: somnolence, hyperactivité, irritabilité, altération des fonctions cognitives;
- occasionnel: exanthème;
- rares: dépression médullaire, hépatite, syndrome ressemblant au lupus, rachitisme.

10) Phénytoïne:
a) Indications: son utilisation continue pour la prévention des crises épileptiques devrait, en raison de la fréquence et de l'importance de ses effets secondaires, être réservée à des situations exceptionnelles. Elle demeure un deuxième ou un troisième choix pour le traitement préventif des convulsions tonico-cloniques généralisées et des convulsions partielles simples ou complexes;
b) Posologie: 5 à 8 mg/kg/24 heures PO en 2 fois;
c) Demi-vie: 18 à 30 heures;
d) Taux sérique thérapeutique: 40 à 80 µmol/L (10 à 20 mg/L);
e) Effets secondaires:
- fréquents: altération des fonctions cognitives, hyperplasie gingivale, hirsutisme;

- occasionnels: exanthème, effets toxiques (nystagmus, signes cérébelleux, encéphalopathie);
- rares: dépression médullaire, érythème polymorphe ou syndrome de Stevens-Johnson, pseudolymphome, syndrome similaire au lupus, mouvements involontaires, neuropathie périphérique, hépatite, néphrite, rachitisme.

11) Vigabatrin:
   a) Indications: épilepsie partielle simple et complexe, syndrome de Lennox-Gastaut, syndrome de West, épilepsie réfractaire;
   b) Posologie: 50 à 100 mg/kg/24 heures PO en 2 fois (maximum chez le grand enfant: 4 g/24 heures). Chez le nourrisson, la posologie peut être augmentée au besoin jusqu'à 150 mg/kg/24 heures;
   c) Demi-vie: 6 à 8 heures;
   d) Taux sérique thérapeutique: non disponible;
   e) Effets secondaires:
      - fréquents: somnolence, hyperactivité;
      - occasionnels: étourdissements, céphalées, fatigue, nausées, vomissements, gain de poids, insomnie, ataxie;
      - rares: dépression, psychose.

IV. Traitement chirurgical

Dans certains cas d'épilepsie demeurant réfractaire au traitement médical optimal après au moins deux ans, l'indication d'un traitement chirurgical doit être évaluée. S'il s'agit d'un foyer épileptique bien localisé, par exemple en cas de dysplasie corticale, une lobectomie sélective peut être envisagée. Dans les formes graves de sclérose tubéreuse ou d'encéphalite chronique de Rasmussen, une hémisphérectomie peut être indiquée. Dans certains cas d'épilepsie localisée ou multifocale avec généralisation secondaire, ainsi que dans les cas de syndrome de Lennox-Gastaut, une callosotomie peut constituer le traitement de choix.

Lectures suggérées

Dodson WE: Medical treatment and pharmacology of antiepileptic drugs. Pediatr Clin North Am 1989; 36: 421-433.

Dreifuss FE: Classification of epileptic seizures and the epilepsies. Pediatr Clin North Am 1989; 36: 265-279.

Duchowny MS: Surgery for intractable epilepsy: issues and outcome. Pediatrics 1989; 84: 886-894.

Emerson R, D'Souza BJ, Vining EP, et al.: Stopping medication in children with epilepsy: predictors of outcome. N Engl J Med 1981; 304: 1125-1129.

Freeman JM, Tibbles J, Camfield C, Camfield P: Benign epilepsy of childhood: a speculation and its ramifications. Pediatrics 1987; 79: 864-868.

Hirtz DG: Generalized tonic-clonic and febrile seizures. Pediatr Clin North Am 1989; 36: 365-382.

Holmes GL: Therapy of Petit Mal (absence) seizures. Pediatr Rev 1982; 4: 150-155.

Holmes GL: Electroencephalographic and neuroradiologic evaluation of children with epilepsy. Pediatr Clin North Am 1989; 36: 395-420.

Larbrisseau A: L'épilepsie chez l'enfant: considérations pratiques. Le Clinicien 1992; avril: 47-69.

Lockman LA: Absence, myoclonic, and atonic seizures. Pediatr Clin North Am 1989; 36: 331-341.

Pellock JM: Efficacy and adverse effects of antiepileptic drugs. Pediatr Clin North Am 1989; 36: 435-448.

Shinnar S, Vining EP, Mellits ED, *et al.*: Discontinuing antiepileptic medication in children with epilepsy after two years without seizures. N Engl J Med 1985; 313: 976-980.

Thurston JH, Thurston DL, Hixon BB, Kelle AJ: Prognosis in childhood epilepsy: additional follow-up of 148 children 15 to 23 years after withdrawal of anticonvulsant therapy. N Engl J Med 1982; 306: 831-836.

Vining EP: Educational, social, and life-long effects of epilepsy. Pediatr Clin North Am 1989; 36: 449-461.

Vining EPG, Freeman JM: Management of nonfebrile seizures. Pediatr Rev 1986; 8: 185-190.

Wright FS: Epilepsy in childhood. Pediatr Clin North Am 1984; 31: 177-188.

Wyllie E: Cortical resection for children with epilepsy. Perspectives in pediatrics. Am J Dis Child 1991; 145: 314-320.

Wyllie E, Rothner AD, Lüders H: Partial seizures in children: clinical features, medical treatment, and surgical considerations. Pediatr Clin North Am 1989; 36: 343-364.

Épistaxis 93

Sylviane Forget, Michel Weber, Anthony Abela

Généralités

Les épistaxis sont fréquentes chez les enfants d'âge scolaire; la plupart du temps, elles sont minimes et s'arrêtent spontanément. Plus rarement, elles peuvent être abondantes et se prolonger, surtout chez les enfants qui ont une diathèse hémorragique comme une thrombopénie. La muqueuse nasale est irriguée par des branches des carotides externe et interne. Au niveau de la partie antérieure du septum nasal se trouve le plexus de Kiesselbach, qui est à l'origine de la majorité des épistaxis. Plusieurs facteurs peuvent favoriser les épistaxis:

1) Microtraumatismes causés par les doigts;
2) Sécheresse de l'air qui favorise la formations de croûtes et les traumatismes;
3) Traumatisme du nez;
4) Intervention portant sur le nez, les végétations adénoïdes ou les voies lacrymales;
5) Processus inflammatoire, infectieux ou allergique local;
6) Présence d'un corps étranger dans la narine;
7) Ulcération de la muqueuse, par exemple secondaire à la prise de cocaïne;
8) Hypertension artérielle;
9) Diathèse hémorragique résultant d'une hémophilie, d'une leucémie, d'un purpura thrombopénique ou d'une maladie de von Willebrand;
10) Prise de certains médicaments comme l'acide acétylsalicylique, qui peut perturber la coagulation pendant une période prolongée;

11) Télangiectasies de la muqueuse, comme dans la maladie de Rendu-Osler-Weber;
12) Tumeur bénigne comme un angiofibrome, un hémangiome ou un polype;
13) Tumeur maligne comme un rhabdomyosarcome;
14) Infection mycotique locale, survenant surtout chez les patients immunodéficients.

Manifestations cliniques

L'hémorragie est évidente; elle est d'habitude unilatérale.

Explorations

L'anamnèse familiale s'intéresse aux problèmes de coagulation et aux maladies allergiques. Outre l'état de santé général, l'histoire personnelle précise les circonstances, le côté, la fréquence et l'abondance des épistaxis, ainsi que le contexte allergique ou infectieux éventuel et la prise d'acide acétylsalicylique. Si l'hémorragie est abondante, on s'intéresse à la coloration des muqueuses et à la stabilité hémodynamique. L'examen général a pour but de s'assurer qu'il n'y a pas de maladie sous-jacente comme une hypertension artérielle, une leucémie ou un purpura thrombopénique. Localement, l'examen permet de préciser si le saignement est à gauche ou à droite, antérieur ou postérieur. Si les épistaxis sont abondantes ou fréquentes, un hémogramme permet de vérifier s'il y a une anémie ou une déficience en fer; si le nombre de plaquettes est normal, on demande une étude de la coagulation. Lorsqu'on suspecte une tumeur comme un angiofibrome, une tomodensitométrie est nécessaire.

Traitement

S'il y a un état de choc, voir Choc hypovolémique. S'il y a une anémie ferriprive, voir Anémies. S'il y a une diathèse hémorragique, voir Leucémie aiguë, Purpura thrombopénique idiopathique, Troubles de la coagulation (hémorragies et thromboses). La plupart des épistaxis sont mineures; l'enfant est rassuré et couché, la tête surélevée, dans une chambre calme, et on comprime son nez entre le pouce et l'index pendant quelques minutes; aucun autre traitement n'est d'habitude nécessaire. Lorsque l'épistaxis ne s'arrête pas ou récidive, on applique tout d'abord localement un agent décongestionnant comme l'adrénaline à 1/1 000 ou la phényléphrine à 0,25 % pour bien identifier le point de saignement; après tamponnement avec un anesthésique local comme la lidocaïne à 4 %, on cautérise le point de saignement avec un bâtonnet de nitrate d'argent. Lorsque la cautérisation n'est pas possible ou qu'elle est inefficace, il faut faire un tamponnement nasal antérieur avec des mèches imbibées d'une pommade antibiotique qu'on laisse en place pendant 48 à 72 heures. Ces manœuvres doivent être faites avec un bon éclairage; l'enfant doit être immobilisé. Un tamponnement postérieur est rarement indiqué; il faut alors faire appel à un oto-rhino-laryngologiste. Des ligatures artérielles sont exceptionnellement nécessaires.

Prévention

Elle consiste à réduire les microtraumatismes par les doigts, à veiller à une bonne humidification de l'air, particulièrement en hiver, à utiliser au besoin des lubrifiants topiques, à éviter l'acide acétylsalicylique, et à traiter les infections ou les allergies sous-jacentes.

Lecture suggérée

Mulbury PE: Recurrent epistaxis. Pediatr Rev 1991; 12: 213-217.

Érythème noueux   94

Michel Weber, Julie Powell

Généralités

L'érythème noueux s'observe rarement chez l'enfant, plus volontiers chez l'adolescent. Il s'agit d'une réaction non spécifique qui peut résulter de différents problèmes infectieux ou inflammatoires, ainsi que de la prise de certains médicaments (tableau 29). Dans les pays développés, la cause la plus fréquente est actuellement l'infection à *Streptococcus pyogenes* (streptocoque bêta-hémolytique du groupe A).

Manifestations cliniques

L'érythème noueux est caractérisé par des lésions nodulaires sous-cutanées pouvant atteindre un diamètre de trois centimètres. Elles sont surtout localisées à la face antérieure des jambes, mais se retrouvent parfois à d'autres sites. Elles sont douloureuses et, à leur niveau, la peau est violacée et luisante.

Explorations

L'anamnèse recherche la prise de médicaments.

Lorsque l'érythème noueux est accompagné de signes ou symptômes évoquant une cause en particulier (exemple: mononucléose infectieuse), les explorations s'orientent dans cette direction. Lorsque ce n'est pas le cas, on peut se contenter d'un hémogramme, d'une vitesse de sédimentation, d'un examen du sédiment urinaire, de la recherche de protéines dans l'urine, d'une culture de gorge, d'une épreuve tuberculinique cutanée, d'un dosage des antistreptolysines et d'une radiographie pulmonaire. Des explorations plus poussées, orientées vers les différentes causes possibles, sont indiquées lorsque l'évolution se prolonge de façon anormale ou lorsqu'il y a des récidives.

Une biopsie de peau n'est utile que dans les cas atypiques, prolongés ou récidivants.

Tableau 29 Principales causes d'érythème noueux

– Coccidioïdomycose	– Maladie des griffes de chat
– Colite ulcéreuse	– Médicaments (exemples : sulfamides,
– Histoplasmose	contraceptifs oraux)
– Infection à *Streptococcus pyogenes*	– Mononucléose infectieuse
(cause la plus fréquente)	– Psittacose
– Infection à *Yersinia enterocolitica*	– Sarcoïdose
– Leptospirose	– Syndrome de Behçet
– Lupus érythémateux	– Tuberculose
– Maladie de Crohn	

Traitement

Lorsque la douleur est importante, un soulagement peut être obtenu au moyen d'acide acétylsalicylique : 50 à 100 mg/kg/24 heures PO en 4 fois (maximum chez le grand enfant : 4 g/24 heures). Un traitement aux corticostéroïdes ne se justifie pas. Lorsque l'érythème noueux résulte de l'utilisation de contraceptifs oraux, il faut utiliser un autre moyen de contraception.

Pronostic

Les lésions disparaissent spontanément après quelques semaines.

Érythème polymorphe et syndrome de Stevens-Johnson   95

Michel Weber, Danielle Marcoux, Jean-Louis Jacob

Généralités

L'érythème polymorphe est une dermatose inflammatoire aiguë dont l'étiologie demeure imprécise. Bien que sa cause demeure souvent obscure, on la considère habituellement comme une réaction d'hypersensibilité déclenchée soit par une agression virale, soit par la prise d'un médicament (exemple : sulfamide), soit encore par une association de ces deux facteurs. Parmi les agents infectieux, le virus *Herpes simplex* semble fréquemment incriminé, particulièrement dans les formes récidivantes ; le *Mycoplasma pneumoniæ* semble aussi pouvoir jouer un rôle déclenchant important. La maladie est plus fréquente chez l'enfant que chez l'adolescent, et les garçons sont plus souvent atteints que les filles.

On appelle syndrome de Stevens-Johnson (ectodermose érosive pluriorificielle) une forme grave d'érythème polymorphe, accompagnée d'une atteinte des muqueuses. La plupart des cas sont d'origine médicamenteuse (anti-inflammatoires non stéroïdiens, sulfamides, anticonvulsivants, etc.).

Manifestations cliniques

Comme son nom l'indique, l'érythème polymorphe est caractérisé par des lésions cutanées, souvent symétriques, qui apparaissent de façon aiguë et dont l'aspect se modifie au cours du temps. Au début, il s'agit de lésions érythémateuses maculopapuleuses dont le centre s'éclaircit pour leur donner un aspect annulaire ; cette partie centrale prend souvent une coloration violacée ou même un aspect hémorragique, ce qui confère aux lésions leur aspect en «cible» ou en «cocarde». Il peut aussi y avoir des lésions urticariennes, vésiculeuses ou bulleuses. Plusieurs types de lésions peuvent coexister au même moment. Ces lésions peuvent être disséminées de façon symétrique sur tout le corps, mais elles ont une prédilection pour les surfaces d'extension des bras et des jambes, pour les paumes et le dos des mains, ainsi que pour le dos et la plante des pieds. La durée de l'éruption varie entre une et quatre semaines. L'état général est peu touché et la fièvre est habituellement absente. S'il y a une atteinte muqueuse, elle se limite à un seul site, la plupart du temps la bouche.

Outre l'éruption mentionnée ci-dessus, le syndrome de Stevens-Johnson est caractérisé par sa gravité, une abondance de lésions bulleuses et une atteinte d'au moins deux muqueuses. Il peut y avoir une atteinte buccale, nasale, génitale et anale, qui se manifeste par un œdème, des bulles, des croûtes, des érosions, des ulcérations et un saignement. L'état général peut être altéré et la fièvre élevée. On observe parfois des zones de nécrose épidermique, avec décollement en lambeaux. L'atteinte oculaire est particulièrement redoutable ; il s'agit d'une conjonctivite catarrhale, purulente ou pseudomembraneuse. Les deux dernières formes sont plus graves et peuvent se compliquer de kératite, d'ulcère cornéen et d'uvéite. Les séquelles possibles sont une perte de vision permanente, une soudure plus ou moins complète des culs-de-sac conjonctivaux (symblépharon) et une kératite sèche.

Explorations

Habituellement, le tableau clinique est suffisamment caractéristique pour permettre le diagnostic ; une biopsie cutanée est rarement nécessaire.

Les autres explorations visent à identifier un agent infectieux causal et elles varient selon le tableau clinique ; il peut s'agir de cultures bactériennes et virales, ainsi que d'épreuves sérologiques.

Une évaluation et un suivi par un ophtalmologiste sont essentielles s'il y a une atteinte oculaire.

Traitement

Il n'y a pas de traitement spécifique.

Si la maladie survient au cours d'un traitement médicamenteux, celui-ci doit être arrêté et est désormais contre-indiqué.

Lorsque les lésions cutanées sont importantes, des compresses humides peuvent être utiles.

Des analgésiques sont souvent nécessaires.

Une antibiothérapie n'est indiquée qu'en cas d'infection bactérienne prouvée. En cas d'érythème polymorphe récidivant secondaire à des infections herpétiques, un traitement prophylactique à l'acyclovir (aciclovir) est parfois indiqué (voir Maladies sexuellement transmissibles et autres infections génitales).

Les patients atteints d'un syndrome de Stevens-Johnson nécessitent une hospitalisation et doivent bénéficier d'un traitement de soutien attentif et méticuleux. Comme chez les grands brûlés, il faut accorder une attention particulière à l'apport d'eau et d'électrolytes (voir Brûlures). Bien que leur utilité demeure controversée, des corticostéroïdes devraient probablement être administrés par voie générale dans les formes graves, selon la posologie habituelle, et pendant quelques jours seulement.

Complications

Dans le cas du syndrome de Stevens-Johnson, on rapporte des lésions oculaires graves, une atteinte pulmonaire, ainsi que des surinfections bactériennes. Des synéchies des muqueuses ainsi que des cicatrices peuvent se produire.

Pronostic

L'érythème polymorphe guérit uniformément de façon spontanée.

Dans le cas du syndrome de Stevens-Johnson, on rapporte une mortalité de l'ordre de 5 %.

Lecture suggérée

Hurwitz S: Erythema multiforme: a review of its characteristics, diagnostic criteria, and management. Pediatr Rev 1990; 11: 217-223.

Érythrodermie bulleuse avec épidermolyse   96

Jean-Bernard Girodias, Julie Powell

Généralités

L'érythrodermie bulleuse avec épidermolyse est aussi connue sous les noms suivants: syndrome d'exfoliation staphylococcique, épidermolyse nécrosante suraiguë, nécro-épidermolyse aiguë, pemphigus épidémique et syndrome de l'enfant ébouillanté. Ces différentes appellations correspondent à trois formes aujourd'hui bien différenciées d'une dermite essentiellement pédiatrique:

1) Forme bulleuse localisée;

2) Forme bulleuse généralisée;

3) Forme diffuse érythémateuse ou scarlatine staphylococcique.

L'érythrodermie et les bulles résultent de l'action à distance d'une toxine exfoliante sécrétée par certains staphylocoques (surtout phage II, lysotype 71). La toxine provoque un décollement cutané très superficiel: le clivage intra-épidermique se fait sous la couche cornée dans la couche granuleuse.

Manifestations cliniques

I. Forme bulleuse localisée

Il s'agit en fait de l'impétigo bulleux (voir Impétigo).

II. Forme bulleuse généralisée ou dermite exfoliante staphylococcique

Cette forme se rencontre surtout chez l'enfant de moins de cinq ans. Le foyer infectieux se situe habituellement au niveau du rhino-pharynx, des yeux, de l'ombilic, de la peau (abcès, impétigo, lésion varicelleuse surinfectée, plaie chirurgicale, etc.). L'éruption apparaît et s'étend rapidement. L'érythrodermie est souvent plus marquée au niveau des plis. Des érosions et des débris croûteux peuvent apparaître autour des orifices, particulièrement autour de la bouche. La peau est très sensible et se déchire sous l'effet du frottement ou de la pression du doigt (signe de Nikolsky). Après quelques heures, les zones érythémateuses se couvrent de phlyctènes à paroi flasque et fragile qui peuvent servir de point de départ à de larges décollements cutanés. La peau se fissure et se plisse, révélant un épiderme dénudé, lisse et suintant, d'abord rouge vif puis croûteux, ressemblant à une brûlure. La peau s'assèche en quelques jours. L'épidermisation s'accompagne d'une desquamation souvent importante. Il n'y a pas de cicatrices. Les muqueuses sont épargnées. Habituellement, l'atteinte peu marquée de l'état général contraste avec les lésions cutanées parfois très impressionnantes. Dans la nécrolyse épidermique d'origine médicamenteuse (syndrome de Lyell), le décollement est plus profond : il se situe sous l'épiderme nécrosé.

III. Forme diffuse érythémateuse ou scarlatine staphylococcique

L'atteinte cutanée se limite à un érythème scarlatiniforme sans vésicules ni bulles, qui disparaît après desquamation. Elle s'observe plus volontiers chez le jeune enfant d'âge scolaire à l'occasion d'une varicelle ou d'une intervention chirurgicale mineure. Elle témoigne d'une contamination par le *Staphylococcus aureus* et ne doit pas être confondue avec une scarlatine streptococcique. L'absence de signes généraux, d'atteinte de l'état général, de nausées, de pharyngite, d'atteinte des muqueuses orificielles, de vomissements et de douleurs abdominales permettent de différencier cette entité de la maladie de Kawasaki, du syndrome de Stevens-Johnson, du syndrome du choc toxique et de la scarlatine streptococcique.

Explorations

Lorsque l'état général n'est pas atteint, on peut se contenter de rechercher le staphylocoque et, si possible, de le typer. Les cultures du liquide contenu dans les bulles et des sécrétions prélevées au niveau des sites d'infection (abcès, conjonctivite, rhinite, plaie chirurgicale) sont plus souvent positives que celles qu'on prélève au niveau des zones érythémateuses. La biopsie montre un décollement au niveau de la couche granuleuse ; il n'y a pas de nécrose ni de réaction inflammatoire. Habituellement, cet examen n'est pas nécessaire.

Traitement

Pour la forme bulleuse localisée : voir Impétigo.

Pour les autres formes, l'antibiothérapie est dirigée contre le *Staphylococcus aureus*. La plupart du temps, un traitement oral suffit. On utilise soit la cloxacilline ou l'oxacilline (50 à 100 mg/kg/24 heures PO en 3 à 4 fois, maximum chez le grand enfant : 4 g/24 heures), soit la céphalexine ou céfalexine (25 à 50 mg/kg/24 heures PO en 3 à 4 fois, maximum chez le grand enfant : 4 g/24 heures). Le nouveau-né et le jeune nourrisson doivent de préférence être hospitalisés et recevoir une antibiothérapie intraveineuse pendant les premiers jours de traitement ; on utilise alors la cloxacilline (Canada, France), la nafcilline (Canada) ou l'oxacilline (France), à raison de 100 à 200 mg/kg/24 heures IV en 4 fois. La durée totale du traitement est de 10 jours. Les soins locaux sont les mêmes que ceux d'une brûlure (voir Brûlures). En cas d'allergie à la pénicilline, on utilise la clindamycine (par voie orale : 20 à 30 mg/kg/24 heures PO en 3 à 4 fois jusqu'à un maximum de 1,8 g/24 heures chez le grand enfant ; par voie intraveineuse : 30 à 40 mg/kg/24 heures PO en 4 fois jusqu'à un maximum de 2,4 g/24 heures chez le grand enfant).

Complications

Lorsque le traitement est adéquat, le risque d'infection secondaire, focalisée ou généralisée, est faible.

Pronostic

Il est excellent.

Mesures épidémiologiques

L'isolement est recommandé pendant les 48 premières heures de traitement.

Lectures suggérées

Beylot C, Coquard F, Doutre MS : Les staphylococcies exfoliantes. Revue du Praticien 1988 ; 38 : 885-893.
Frieden IJ, Resnick SD : Childhood exanthems. Old and new. Pediatr Clin North Am 1991 ; 38 : 859-887.

Fatigue   97

Michel Weber, Marc Girard

Généralités

Les enfants d'âge scolaire et les adolescents consultent souvent pour fatigue. Une fatigue d'apparition récente peut être causée par une maladie infectieuse, le plus souvent virale, comme un syndrome grippal ou une mononucléose infectieuse. Une fatigue persistante résulte rarement d'une maladie organique identifiable, mais plutôt d'un mode de vie fatigant ou d'un contexte psycho-affectif épuisant.

Démarche clinique

L'anamnèse et l'examen constituent les outils privilégiés pour s'assurer que la fatigue n'est pas en relation avec une maladie organique.

I. Anamnèse

L'histoire vise à répondre aux questions suivantes :

1) Depuis quand la fatigue est-elle présente ?
2) Quelle est son intensité ?
3) Quel est son impact sur les activités scolaires, sportives et sociales ?
4) Est-elle continue ou intermittente ?
5) Quelles sont les habitudes de sommeil ?
6) Quelle est la charge de travail scolaire ?
7) Quelles sont les caractéristiques de l'entraînement sportif ?
8) En plus du travail scolaire, l'adolescent effectue-t-il un travail ? Lequel ? Dans quelles conditions ?
9) Y a-t-il un élément de stress scolaire, familial ou social ?
10) Quelles sont les habitudes alimentaires ?
11) Y a-t-il eu une variation récente du poids ?
12) L'enfant ou l'adolescent consomme-t-il des médicaments ou des drogues ?

Chez la fille, il est important d'évaluer la fréquence et l'abondance des menstruations, parce qu'une déficience en fer peut être responsable de la fatigue.

II. Examen

Il doit être complet.

III. Examens paracliniques

Si l'anamnèse et l'examen ne révèlent aucun indice de maladie organique, les seules explorations nécessaires sont l'hémogramme, l'examen du sédiment urinaire et la recherche de glucose et de protéines dans l'urine. D'autres examens ne doivent être réalisés que pour confirmer une suspicion clinique (exemples : sérologie pour la mononucléose infectieuse s'il y a une splénomégalie, tests de fonction thyroïdienne s'il y a des indices cliniques d'hypothyroïdie, radiographie pulmonaire s'il y a une toux chronique).

IV. Traitement et suivi

Dans les rares cas où une maladie est identifiée, celle-ci est traitée de la façon habituelle. Lorsqu'aucune maladie n'est découverte, l'enfant ou l'adolescent et ses parents sont rassurés. Il appartient au patient lui-même de modifier son mode de vie s'il le souhaite ; à cet égard, il est préférable de s'abstenir de pressions excessives.

L'habitude de prescrire des vitamines ou des «toniques» doit être abandonnée.

Le clinicien assurera enfin l'enfant ou l'adolescent de sa disponibilité pour le revoir s'il le juge nécessaire.

Le syndrome de la fatigue chronique

Ce syndrome a été décrit récemment, d'abord chez l'adulte, puis chez l'adolescent. Peu de données sont disponibles à propos du jeune enfant. Le rôle étiologique de certains virus et de divers facteurs psychosomatiques demeure controversé. Les critères de diagnostic sont les suivants :

1) Fatigue profonde qui persiste depuis plus de six mois ;

2) Présence d'au moins trois des éléments suivants :

- Début de la fatigue lors d'une maladie aiguë ;
- Adénopathies douloureuses ;
- Arthralgies ;
- Céphalées ;
- Douleurs abdominales ;
- Éruption cutanée ;
- Faiblesse générale ;
- Fièvre ;
- Lipothymies ou syncopes ;
- Myalgies ;
- Nausées ou vomissements ;
- Perte de poids ;
- Pharyngite.

Cette maladie peut être particulièrement invalidante. Il s'agit d'un diagnostic d'exclusion. Il n'y a pas de traitement spécifique connu ; une psychothérapie peut être proposée si les éléments psychologiques semblent importants. L'adolescent atteint devrait continuer à fréquenter l'école.

Lectures suggérées

Holmes GP, Kaplan JE, Gantz NM, *et al.* : Chronic fatigue syndrome : a working case definition. Ann Int Med 1988 ; 108 : 387-389.

Katz BZ, Andiman WA : Chronic fatigue syndrome. J Pediatr 1988 ; 113 : 944-947.

Fibrose kystique (mucoviscidose)   98

Robert Thivierge, Guy Lapierre, Michel Weber, Pierre Masson

Généralités

La fibrose kystique (FK) ou mucoviscidose est la maladie héréditaire létale la plus fréquente dans les pays occidentaux. Son incidence varie selon la race : elle est d'environ 1 pour 2 000 naissances chez les Blancs, de 1 pour 17 000 naissances chez les Noirs, et plus faible encore chez les Asiatiques. La maladie est transmise selon le mode autosomique récessif. Environ 5 % des personnes de race blanche sont hétérozygotes. Lorsqu'un enfant atteint de FK naît dans une famille, un diagnostic prénatal est maintenant possible lors d'une grossesse ultérieure. Récemment, le gène responsable de la maladie a été localisé sur le bras long du chromosome 7.

La FK touche toutes les glandes exocrines ; on incrimine un défaut du transport transmembranaire du chlore et de l'eau.

Pour bénéficier d'un traitement optimal, l'enfant atteint de fibrose kystique doit si possible être pris en charge par une équipe multidisciplinaire spécialisée. Si la distance ne le permet pas, l'enfant devrait au moins être réévalué périodiquement par une telle équipe. Les rôles du médecin généraliste et du pédiatre sont les suivants :

1) Diagnostiquer la maladie de façon précoce ;

2) Envoyer l'enfant dans un centre spécialisé pour compléter l'évaluation initiale et amorcer la prise en charge à long terme ;

3) Poursuivre le programme habituel de pédiatrie préventive ;

4) Demeurer disponible en cas d'exacerbation ou de complication.

Plusieurs scores cliniques, comme celui de Schwachman ont été élaborés pour objectiver l'évolution de la maladie. Ce score attribue des points à l'enfant en fonction des éléments suivants :

1) Sa capacité de se livrer aux activités normales de la vie quotidienne (maximum : 25 points) ;

2) La discrétion de ses symptômes respiratoires chroniques (maximum : 25 points) ;

3) Son état de nutrition (maximum : 25 points) ;

4) Le degré de normalité de sa radiographie pulmonaire (25 points).

Un enfant qui n'a pas de symptômes et dont l'examen est normal reçoit donc 100 points.

Le score radiologique de Brasfield évalue sur une échelle de 0 à 5 les éléments suivants :

1) La distension pulmonaire ;

2) Les anomalies linéaires ;

3) Les lésions nodulokystiques ;

4) Les grandes lésions (atélectasies ou infiltrations segmentaires ou lobaires);

5) L'impression générale de gravité.

Le score maximum possible est de 25, ce qui indique l'absence d'anomalie radiologique.

Manifestations cliniques

Pendant la période néonatale, la maladie peut se manifester par un iléus méconial ou un ictère cholestatique. Pendant les premiers mois et les premières années de vie, les modes de présentation les plus fréquents sont les suivants:

1) Une maladie pulmonaire chronique (toux persistante, infections pulmonaires récidivantes, tableau de bronchiolite qui ne guérit pas);

2) Une malabsorption intestinale avec diarrhée chronique et retard pondéral. Contrairement à ceux qui souffrent de maladie cœliaque, les jeunes enfants atteints de FK ont souvent un appétit vorace.

Les problèmes respiratoires et digestifs peuvent se manifester séparément ou simultanément. Les principaux modes de présentation inhabituels sont le prolapsus rectal, la polypose nasale et l'association d'hyponatrémie, d'hypokaliémie et d'alcalose métabolique.

Explorations

Le diagnostic est établi lorsque deux tests de la sueur sont positifs chez un patient qui présente des problèmes cliniques suggestifs (exemples: iléus méconial, maladie pulmonaire chronique, insuffisance du pancréas exocrine) ou dont un frère ou une sœur est atteint de FK.

Le test de la sueur sur lequel repose le diagnostic consiste à recueillir de la sueur par la technique de l'iontophrèse à la pilocarpine et d'y doser le chlore. Il est considéré comme positif lorsque la concentration en chlore dépasse 60 mmol/L. Il peut être difficile à réaliser chez le nouveau-né. Ce test doit être fait dans les circonstances suivantes:

1) Lorsqu'un enfant présente des symptômes digestifs ou respiratoires suggestifs de fibrose kystique;

2) Chez tout nouveau-né qui a présenté un iléus méconial;

3) Chez tout enfant qui a présenté un prolapsus rectal;

4) Chez tout enfant présentant un polype nasal;

5) Chez les membres de la fratrie d'un patient atteint.

Si le test est négatif et qu'il persiste une suspicion clinique, il est prudent de le répéter dans un laboratoire qui en fait souvent, où les faux négatifs sont pratiquement inexistants. Les faux positifs sont rares; ils ont été rapportés dans plusieurs situations inhabituelles comme l'hypothyroïdie, la maladie d'Addison, la dysplasie ectodermique, la fucosidose, certaines glycogénoses, ainsi que le diabète insipide.

L'évaluation initiale est complétée par les éléments qui suivent:
1) Culture des sécrétions pharyngées et, si l'âge de l'enfant le permet, des expectorations;
2) Quantification de la stéatorrhée, par une mesure de l'excrétion fécale des graisses au cours d'une période de 72 heures;
3) Radiographie pulmonaire;
4) Évaluation clinique et, s'il y a lieu, biochimique, de l'état nutritionnel;
5) Épreuves de fonction respiratoire si l'âge de l'enfant le permet;
6) Évaluation de base de la fonction hépatique (dosage des transaminases);
7) Évaluation psychosociale de la famille.

Traitement

I. Prévention et traitement des problèmes respiratoires

De la physiothérapie (kinésithérapie) respiratoire doit être faite quotidiennement par les parents, une à trois fois par jour. Pendant la première année de vie, il est prudent de prescrire une antibiothérapie préventive continue; on utilise soit la cloxacilline, soit la céphalexine ou céfalexine, selon la posologie habituelle.

Les exacerbations infectieuses respiratoires se manifestent rarement par de la fièvre et des infiltrats radiologiques nets, mais plutôt par des indices plus subtils tels qu'une aggravation de la toux, une augmentation des expectorations, une asthénie, une anorexie et une perte de poids. Une antibiothérapie agressive est alors indiquée pour atténuer le risque d'accentuation des lésions de l'arbre respiratoire et de la fonction pulmonaire. Cette antibiothérapie requiert une hospitalisation, sauf si un programme d'antibiothérapie parentérale à domicile est disponible. La plupart du temps, on utilise au début une triple antibiothérapie dirigée vers le *Pseudomonas aeruginosa* et le *Staphylococcus aureus*; elle peut ensuite être modifiée selon la flore identifiée dans les sécrétions pharyngées et, si possible, bronchiques, et selon sa sensibilité *in vitro* aux différents antibiotiques. Cette triple antibiothérapie initiale est la suivante:
- Cloxacilline, oxacilline ou nafcilline (200 mg/kg/24 heures IV en 4 fois; maximum chez le grand enfant: 12 g/24 heures);
- Pipéracilline (200 à 300 mg/kg/24 heures IV en 4 fois; maximum chez le grand enfant: 24 g/24 heures) ou ceftazidime (200 mg/kg/24 heures IV en 4 fois, maximum chez le grand enfant: 8 g/24 heures) si la souche est résistante;
- Gentamicine ou tobramycine (10 à 15 mg/kg/24 heures IV en 3 à 4 fois, à perfuser en 20 minutes; maximum: variable). Cette posologie élevée est nécessaire en raison de la clairance élevée des aminosides chez les patients atteints de FK. Elle doit ensuite être ajustée selon les taux sériques; ceux-ci sont déterminés après 24 heures de traitement, immédiatement avant et 30 minutes après une dose. On vise approximativement des taux sériques de 1 à 2 μg/mL avant et de 10 μg/mL après la dose.

La durée de l'antibiothérapie doit être d'environ 10 à 21 jours; elle dépend de l'impression clinique d'amélioration maximale, de la résolution complète des anomalies radiologiques nouvelles, ainsi que d'une amélioration maximale de la capacité vitale et du VEMS, qui sont mesurés de façon régulière au cours de l'hospitalisation. Pendant cette période, la kinésithérapie (physiothérapie) respiratoire est intensifiée.

Une antibiothérapie parentérale est administrée tous les six mois si le score radiologique de Brasfield est inférieur ou égal à 18 sur 25 ou si la capacité vitale est inférieure à 80 % de la valeur prédite.

S'il y a une composante asthmatique, voir Asthme.

II. Approche nutritionnelle et traitement des problèmes digestifs

S'il y a un syndrome de malabsorption, il faut viser un apport alimentaire équivalent à 130 à 200 % des besoins énergétiques normaux. Le régime devrait être hyperprotéique, sans restriction lipidique.

S'il y a une stéatorrhée, l'enfant doit prendre chaque jour des enzymes pancréatiques (voir Index pharmacologique sous la rubrique Enzymes pancréatiques) en même temps que ses repas. La posologie doit être individualisée en fonction de critères cliniques comme le gain pondéral ainsi que la fréquence et les caractéristiques des selles et en fonction de l'excrétion fécale de graisses. Il faut aussi administrer des suppléments de vitamines liposolubles : 5 000 à 10 000 UI de vitamine A, 800 UI de vitamine D et 200 UI de vitamine E par jour.

Surtout pendant l'été, il est prudent d'administrer un supplément de sel pour prévenir les hyponatrémies. Pendant la première année de vie, on donne 1,3 g de NaCl PO par jour; les enfants plus âgés devraient recevoir 4 g de NaCl par jour lors de l'exercice intense et lorsqu'ils sont exposés à de grandes chaleurs; plus simplement, on peut encourager l'enfant à saler librement ses aliments.

Les épisodes de subocclusion intestinale (équivalent d'iléus méconial) seront traités de la façon habituelle comme une occlusion intestinale (voir Occlusions intestinales). On peut aussi administrer des lavements à la N-acétyl-cystéine (500 à 2 000 mL de sérum physiologique, 60 mL de N-acétyl-cystéine à 20 % et 60 mL d'huile de paraffine ou huile minérale). Ces lavements sont donnés matin et soir jusqu'à évacuation totale; la quantité de ce mélange est adaptée selon l'âge. Si l'état de l'enfant lui permet de boire, on peut aussi lui donner deux à trois fois par jour par la bouche 15 à 30 mL de N-acétyl-cystéine à 20 % diluée dans 200 mL de Coca-Cola ou de jus de fruits. L'huile de paraffine (huile minérale) peut être donnée de façon continue en prévention de ces épisodes (voir Encoprésie).

Suivi

Selon l'évolution de sa maladie, l'enfant est suivi à une fréquence variable, idéalement tous les deux mois. Au cours de ces visites, on porte une attention particulière aux éléments suivants :

1) Répercussions psychosociales de la maladie sur l'enfant et sa famille;

2) Évolution des symptômes respiratoires et digestifs;

3) État général (appétit, scolarité, etc.);

4) Croissance staturopondérale;

5) Apparition de complications (hémoptysies, équivalent d'iléus méconial, prolapsus rectal, polypose nasale, cirrhose, hypertension portale, douleurs abdominales, asthme, défaillance cardiaque, diabète, etc.).

Il faut également s'assurer de la fidélité au traitement et procurer au besoin un soutien psychosocial à l'enfant et à sa famille.

À l'occasion de chaque visite, on effectue des cultures des sécrétions pharyngées et, si possible, des expectorations, de même qu'une évaluation de la fonction respiratoire lorsque l'âge de l'enfant le permet.

Une radiographie pulmonaire est faite tous les six mois.

Une fois par an, on effectue un hémogramme, des épreuves de fonction hépatique et rénale, ainsi qu'une glycémie à jeun.

On donne les vaccins habituels et on y ajoute le vaccin contre le virus influenza (grippe), qui doit être répété chaque automne.

Une échographie abdominale est effectuée tous les 4 ans à partir de l'âge de 10 ans.

L'audiogramme doit être surveillé chez les patients qui reçoivent des traitements aux aminosides.

Il est important de déterminer de façon séquentielle l'évolution de la maladie en utilisant un score clinique tel que celui de Schwachman.

Complications

I. Digestives

Les principales sont le reflux gastro-œsophagien, l'invagination intestinale et l'équivalent d'iléus méconial qui se manifeste par des douleurs abdominales et une occlusion intestinale. À long terme, il y a un risque de lithiase vésiculaire et de cirrhose.

II. Respiratoires

Les principales sont la surinfection bronchopulmonaire, l'insuffisance respiratoire chronique avec défaillance cardiaque secondaire, les pneumothorax, les bronchectasies, les hémoptysies et, plus rarement, l'aspergillose bronchopulmonaire allergique.

III. Endocriniennes

Un diabète peut apparaître secondairement. La stérilité est fréquente, surtout chez les garçons.

Pronostic

Malgré l'absence de traitement curatif, la longévité et la qualité de la vie des enfants et adolescents atteints se sont considérablement améliorées au cours des 30 dernières années, grâce aux interventions visant à améliorer l'état nutritionnel et à prévenir ou à traiter les surinfections pulmonaires.

Avec un traitement optimal, les chances d'atteindre l'âge adulte sont actuellement de l'ordre de 80 à 90 %, mais cette estimation repose sur l'observation de cohortes de patients qui ont été traités avant l'avènement des modes de traitement actuels. À long terme, la FK demeure une maladie fatale.

Perspectives d'avenir

Au cours des dernières années, des transplantations pulmonaires et cardio-pulmonaires ont été réalisées avec des résultats encourageants dans plusieurs centres. La localisation du gène permet certains espoirs quant à la détection des hétérozygotes et même à la correction de l'anomalie cellulaire responsable des symptômes.

Lectures suggérées

Beaudet AL: Genetic testing for cystic fibrosis. Pediatr Clin North Am 1992; 39: 213-228.

Farrell PM, Mischler EH: Newborn screening for cystic fibrosis. Adv Pediatr 1992; 39: 35-70.

Fitzsimmons SC: The changing epidemiology of cystic fibrosis. J Pediatr 1993; 122: 1-9.

Orenstein DM: Cystic fibrosis. Curr Probl Pediatr 1993; 23: 4-15.

Stern RC: The primary care physician and the patient with cystic fibrosis. J Pediatr 1989; 114: 31-36.

Tizzano EF, Buchwald M: Cystic fibrosis: beyond the gene to therapy. J Pediatr 1992; 120: 337-349.

Tizzano EF, Buchwald M: Recent advances in cystic fibrosis research. J Pediatr 1993; 122: 985-988.

Wheeler WB, Colten HR: Cystic fibrosis: current approach to diagnosis and management. Pediatr Rev 1988; 9: 241-248.

Fièvre, fièvre d'origine inconnue, hyperthermie maligne   99

Michel Weber, Jean-Bernard Girodias, Marc Lebel, Victor Blanc

Définitions

I. Fièvre

Elle se définit comme une élévation anormale de la température corporelle. Aucune définition précise de la fièvre n'est universellement acceptée: selon les auteurs, on parle de fièvre lorsque la température rectale atteint ou dépasse 37,8°C ou 38,0°C chez le nourrisson et 38,0°C, 38,3°C ou 38,5°C chez l'enfant plus âgé.

II. Fièvre et hyperthermie

Pour certains, ces deux termes sont synonymes. Pour d'autres, la fièvre est une élévation de la température corporelle résultant d'un réajustement du thermostat hypothalamique à un niveau supérieur lors d'une infection et l'hyperthermie est une élévation de la température corporelle qui survient en dépit des efforts de l'organisme pour réduire la température (exemples : exercice, hyperthermie d'origine centrale, «coup de chaleur», hyperthyroïdie, intoxication par l'acide acétylsalicylique, la cocaïne ou l'atropine).

III. Hyperpyrexie

On utilise parfois ce terme pour caractériser une fièvre qui atteint ou dépasse 41,0°C.

IV. Fièvre d'origine inconnue (FOI) ou fièvre prolongée

Cette expression est réservée à une fièvre qui persiste pendant plus de 14 à 21 jours et dont on ne peut déterminer la cause au moyen des explorations de base habituelles : l'examen est normal, de même que le sédiment urinaire et la radiographie pulmonaire (voir plus loin).

V. Hyperthermie maligne

Cette anomalie génétique rare se caractérise par des crises cataboliques graves pouvant être déclenchées soit par certains agents pharmacologiques utilisés en anesthésie comme la succinylcholine et les agents anesthésiques halogénés (exemples : halothane, éthrane, isoflurane), soit par des agressions physiques ou psychiques violentes (voir plus loin).

Généralités

La stabilité remarquable de la température corporelle s'explique par les mécanismes qui modulent la production et la perte de chaleur. Elle varie normalement selon un cycle circadien, atteignant son minimum tôt le matin et son maximum vers 17 heures ; elle peut alors atteindre 38°C chez l'enfant actif. Elle augmente au cours de l'exercice.

Chez le jeune enfant, on mesure habituellement la température corporelle par voie rectale. Chez l'enfant plus âgé, on utilise la voie buccale ou axillaire ; la température mesurée de cette façon est inférieure d'environ 0,6 degré à la température rectale.

La température rectale dépasse très rarement 42°C.

Selon l'hypothèse la plus souvent acceptée, les leucocytes libèrent des substances pyrogènes endogènes (exemples : cachectine) lors d'un processus infectieux ; ces substances provoquent, grâce à l'intervention d'une prostaglandine, un réajustement du thermostat hypothalamique. Celui-ci inactive les mécanismes de perte de chaleur et active les mécanismes de production de chaleur qui consistent surtout en une augmentation de l'activité musculaire, avec ou sans frissons.

Ni le degré de la fièvre, ni son type (rémittente, continue, etc.), ni la réponse aux antipyrétiques n'ont de valeur diagnostique ; ces éléments ne permettent pas de distinguer une infection virale d'une infection bactérienne.

La fièvre n'est pas une maladie, mais un symptôme. C'est le motif le plus fréquent de consultation urgente en pédiatrie. La majorité des infections s'accompagnant de fièvre sont d'origine virale. Dans les régions où la malaria est endémique, cette maladie est une cause très fréquente de fièvre.

Les infections responsables de la fièvre peuvent être circonscrites (exemples: otite moyenne, pharyngite) ou généralisées (exemples: syndrome grippal, rougeole, méningococcémie).

Occasionnellement, la fièvre est d'origine non infectieuse; il peut alors s'agir de l'une des situations suivantes:

1) Maladie inflammatoire (exemples: arthrite rhumatoïde juvénile, maladie de Crohn ou maladie de Kawasaki);

2) Fièvre résultant de l'administration de médicaments (exemples: antibiotiques, amphotéricine B);

3) Intoxication (exemples: acide acétylsalicylique, cocaïne, atropine);

4) Exercice intense;

5) Problème métabolique (exemple: déshydratation hypernatrémique);

6) Exposition excessive à la chaleur («coup de chaleur»);

7) Problème endocrinien (exemple: hyperthyroïdie);

8) Problème central (exemple: traumatisme crânien);

9) Réaction vaccinale;

10) Maladie néoplasique (exemples: leucémie, lymphome);

11) Destruction tissulaire (exemples: intervention chirurgicale, brûlure, traumatisme, infarctus, thrombose);

12) Syndrome de sevrage de certaines drogues (exemple: héroïne);

13) Problèmes plus rares comme la fièvre méditerranéenne ou certaines formes de dysplasie ectodermique.

Une fièvre factice peut résulter de manipulations du thermomètre par l'enfant ou ses parents; dans le doute, on peut mesurer la température de l'urine.

Approche clinique de l'enfant fébrile

À tous les âges, l'anamnèse et l'examen sont les piliers du diagnostic. Un petit nombre d'examens paracliniques, dont les résultats peuvent être obtenus rapidement, facilitent le processus décisionnel. L'approche clinique de l'enfant qui est à la fois fébrile et immunodéficient est détaillée dans le chapitre Neutropénie.

I. L'anamnèse

Chez le nouveau-né et le nourrisson fébrile, une diminution de l'appétit, une irritabilité, des pleurs anormaux ou une réduction de l'activité constituent des indices importants, communs aux infections virales ou bactériennes. À tous les âges, on recherche les symptômes suivants: rhinorrhée, toux, douleur pharyngée, otalgie, otorrhée, douleurs abdominales, diarrhée, vomissements, douleur aux membres, pollakiurie, brûlure mictionnelle, douleur lombaire, céphalées, convulsions. On s'intéresse aux voyages récents ainsi qu'aux contacts infectieux dans la famille, à la garderie (crèche) ou à l'école.

II. L'examen

On commence par évaluer le niveau de conscience et l'état général. Une altération marquée de l'état général peut suggérer la présence d'une infection grave. On parle d'un état «toxique» lorsqu'on observe certains des signes suivants: pâleur, irritabilité, perte d'intérêt pour l'environnement, hypo-activité, diminution de la perfusion cutanée, etc. Différents scores ont été élaborés pour quantifier de façon plus précise le degré d'atteinte de l'état général. En pratique, ils sont peu utiles. Un bon appétit, le sourire, le rire et l'envie de jouer ou de circuler constituent ordinairement des indices de maladie mineure.

On mesure les signes généraux (fréquences cardiaque et respiratoire) et on recherche un ictère, une cyanose et des indices de déshydratation.

La présence d'une hyperhémie conjonctivale et de signes d'atteinte diffuse des voies respiratoires supérieures est suggestive d'une infection virale.

L'examen de la peau constitue une étape importante de l'évaluation de l'enfant fébrile: la présence d'un purpura pétéchial ou ecchymotique suggère la possibilité d'une infection bactérienne grave et particulièrement une méningococcémie. Diverses éruptions sont relativement caractéristiques de certaines infections bactériennes (exemple: scarlatine) ou virales (exemples: roséole, rubéole, rougeole).

Lorsque la fontanelle antérieure est encore ouverte, on s'assure qu'elle n'est pas bombée et, à tous les âges, on recherche d'autres indices de méningite: raideur de nuque, signes de Brudzinski et de Kernig.

Compte tenu de l'incidence élevée des infections des voies respiratoires supérieures, on examine soigneusement la sphère oto-rhino-laryngologique, par exemple à la recherche d'une otite, d'une rhinite ou d'une pharyngite. On palpe ensuite de façon systématique les différentes aires ganglionnaires.

La majorité des pneumonies se manifestent par des indices cliniques comme une toux, une polypnée, un tirage intercostal, une asymétrie auscultatoire, des râles fins ou un souffle tubaire.

À la palpation de l'abdomen, on recherche notamment une splénomégalie, une hépatomégalie, une douleur localisée (exemples: appendicite, salpingite) ou une défense musculaire qui témoigne d'une irritation péritonéale. La percussion de la région lombaire peut révéler une douleur témoignant de l'existence d'une pyélonéphrite.

À tous les âges, l'infection d'une articulation profonde (épaule ou hanche) peut se manifester seulement par une douleur à la mobilisation. Lorsqu'une articulation superficielle comme le coude, le poignet, le genou ou la cheville est atteinte, on peut souvent noter, en plus de la douleur, un gonflement, une hyperhémie et une chaleur locale. Lorsqu'un enfant fébrile boite, il faut considérer jusqu'à preuve du contraire qu'il souffre d'une ostéomyélite aiguë ou d'une arthrite septique. Chez le nouveau-né et le nourrisson, une infection articulaire ou osseuse se manifeste fréquemment par une pseudoparalysie.

En résumé, les données de l'examen, s'ajoutant à celles de l'anamnèse, permettent dans la plupart des cas d'identifier la cause probable de la fièvre. Les infections suivantes sont d'habitude cliniquement évidentes : adénite, appendicite, arthrite septique, bronchite, cellulite, épiglottite, exanthème viral, gastro-entérite, infection urinaire, infection virale des voies respiratoires supérieures, laryngite, méningite, méningococcémie, omphalite, ostéomyélite, otite, pharyngite, pneumonie, rhinite, salpingite, sinusite, etc.

Lorsque l'anamnèse et l'examen ne donnent pas d'indice quant à l'origine de la fièvre, plusieurs hypothèses doivent être envisagées :

1) Infection virale non localisée (« syndrome grippal ») ou phase prodromique d'une fièvre exanthémateuse. Chez l'enfant de moins de deux ans, on suspectera tout particulièrement une roséole ;

2) Surtout chez l'enfant de moins de trois à quatre mois et chez la fille plus âgée, il faut toujours penser à la possibilité d'une infection urinaire ;

3) Bactériémie ou septicémie (rares) ;

4) Pneumonie sans autre indice clinique que la fièvre ;

5) Sinusite (surtout chez l'enfant de plus de deux à trois ans) ;

6) Début d'une maladie inflammatoire comme la maladie de Kawasaki ou l'arthrite rhumatoïde de forme systémique.

III. Les examens paracliniques

Si l'on fait exception de l'enfant fébrile de moins de trois mois (voir plus loin), le processus décisionnel peut souvent se passer de tout examen paraclinique ou s'appuyer sur un petit nombre d'examens sélectionnés selon les données de l'anamnèse et de l'examen :

1) L'hémogramme est souvent demandé, mais la présence ou l'absence d'hyperleucocytose ne permet pas de distinguer avec certitude une infection bactérienne d'une infection virale. Occasionnellement, les infections virales (exemple : rougeole) et les infections bactériennes graves (exemple : méningococcémie) peuvent causer une leucopénie ;

2) Surtout chez l'enfant de moins de trois à quatre mois et chez la fille plus âgée, l'examen du sédiment urinaire est très utile en présence d'une fièvre élevée et persistante sans signes de focalisation : la présence de pus, de bactéries et d'un nombre élevé de leucocytes (> 20/champ) constitue un test sensible pour le diagnostic d'une infection urinaire. Si ce diagnostic semble probable et qu'une antibiothérapie immédiate s'impose, de l'urine doit aussi être prélevée pour culture par ponction vésicale, par cathétérisme ou, surtout chez l'enfant d'âge scolaire et chez l'adolescent, par mi-jet (voir Infections urinaires) ;

3) Une radiographie des poumons s'impose chaque fois que la fièvre s'accompagne de signes d'atteinte des voies respiratoires inférieures (polypnée, tirage intercostal, anomalies auscultatoires). Lorsque la cause d'une fièvre persistante demeure inconnue, quelques cliniciens demandent une radiographie des poumons, même en l'absence d'indices cliniques de pneumonie ;

4) Chez l'enfant de plus de deux ans et chez l'enfant plus jeune qui fréquente une garderie (crèche), la recherche de l'antigène du *Streptococcus pyogenes* dans les sécrétions pharyngées s'impose lorsque le pharynx est hyperhémié (voir Amygdalite). Quand cet examen n'est pas disponible ou s'il est négatif, on fait une culture de gorge;

5) Une ou deux hémocultures sont le plus souvent indiquées chez le nouveau-né et le nourrisson de moins de trois mois. Chez l'enfant plus âgé, cet examen est nécessaire lorsque la fièvre est élevée et persistante, lorsqu'il y a un purpura, lorsque l'état général est altéré de façon marquée ou lorsqu'il y a une hyperleucocytose ($> 20 \times 10^9$/L). Lorsqu'il s'agit d'un enfant porteur d'une cardiopathie congénitale, il est prudent de faire au moins 2 hémocultures à 20 minutes d'intervalle;

6) Une ponction lombaire est indiquée chaque fois qu'une fièvre s'accompagne de signes méningés. Chez le nouveau-né et le nourrisson de moins de trois mois, une ponction lombaire est le plus souvent indiquée si l'état général est altéré, même lorsqu'il n'y a pas de signes méningés (voir plus bas);

7) Une culture de selles (coproculture) est effectuée si la fièvre est associée à de la diarrhée;

8) Surtout chez l'enfant de plus de deux ans, des radiographies des sinus sont parfois utiles en cas de fièvre élevée et persistante;

9) Dans un contexte de pédiatrie de première ligne, la vitesse de sédimentation et le dosage de la protéine C réactive ne sont pas très utiles;

10) Une fièvre élevée et persistante chez un enfant qui vient d'un pays où la malaria est endémique doit faire suspecter une malaria ou une fièvre typhoïde.

IV. Processus décisionnel

Chez le nouveau-né et le nourrisson de moins de six mois, la fièvre, comme chez l'enfant plus âgé, résulte plus souvent d'une infection virale banale que d'une infection bactérienne. Cependant, elle suscite à juste titre une inquiétude plus grande, et ce pour deux raisons:

a) L'efficacité des défenses immunitaires, notamment contre les bactéries à Gram négatif, n'a pas encore atteint son niveau normal et l'on craint une évolution plus fulminante ainsi qu'une généralisation de l'infection;

b) À cet âge, une infection grave comme une méningite bactérienne peut être présente, même en l'absence de fièvre et de signes méningés.

Ces particularités du nouveau-né et du nourrisson de moins de 6 mois ont souvent conduit à une attitude stéréotypée face à la fièvre: bilan septique complet, hospitalisation et antibiothérapie empirique pendant 48 à 72 heures, en attendant les résultats des cultures. En réalité, une minorité des enfants fébriles de cet âge présentent réellement une infection bactérienne. L'approche mentionnée ci-dessus est responsable d'hospitalisations inutiles, de dépenses considérables et d'un certain nombre de complications iatrogéniques. Récemment, diverses attitudes plus nuancées se sont développées progressivement. L'une d'elles peut se résumer de la façon suivante :

a) Si l'anamnèse, l'examen et les explorations paracliniques habituelles révèlent une infection bactérienne focalisée, celle-ci est traitée de la façon habituelle (voir Infections urinaires, Méningite bactérienne, Ostéomyélite aiguë, Pneumonies, etc.) ;

b) Si l'anamnèse, l'examen et les explorations initiales ne révèlent pas de foyer d'infection bactérienne, l'approche tient compte de la présence ou de l'absence d'infection virale des voies respiratoires supérieures, mais elle est surtout déterminée par l'âge de l'enfant et le degré d'atteinte de son état général :

  – < 6 semaines : le plus souvent, il est nécessaire d'effectuer un bilan septique complet qui inclut un hémogramme, un examen du sédiment urinaire, une culture d'urine, une ou deux hémocultures, une examen et une culture du liquide céphalorachidien, ainsi qu'une radiographie pulmonaire s'il y a des signes d'atteinte respiratoire. Dans la plupart des cas, l'enfant est hospitalisé et traité empiriquement aux antibiotiques par voie parentérale (voir Bactériémies et septicémies). S'il n'y a pas d'infection focalisée, si l'état de l'enfant évolue favorablement et si les cultures se révèlent négatives après 48 heures, le traitement est cessé et l'enfant est renvoyé à la maison ;

  – 6 semaines à 6 mois :

    – S'il n'y a pas d'infection focalisée et si l'état général est bon : la plupart du temps, on peut se contenter d'effectuer un hémogramme, un examen du sédiment urinaire, une culture d'urine, une ou deux hémocultures ainsi qu'une radiographie des poumons s'il y a des signes d'atteinte respiratoire. Une ponction lombaire est parfois effectuée, par exemple s'il n'y a pas de contexte d'infection virale des voies respiratoires supérieures et si l'enfant a moins de deux ou trois mois.

      – Si l'examen du sédiment urinaire est normal et si les globules blancs sont inférieurs à 20×10^9/L, l'enfant peut être renvoyé à la maison et un suivi téléphonique est effectué 24 heures plus tard ;

      – Si l'examen du sédiment urinaire est normal et si les globules blancs sont supérieurs à 20×10^9/L, il peut être prudent de donner une dose unique de ceftriaxone (50 mg/kg IM) avant de renvoyer l'enfant à la maison. Il est revu 24 heures plus tard et une seconde dose identique de ceftriaxone est administrée. Si l'hémoculture se révèle positive, l'enfant est hospitalisé et traité de la façon habituelle (voir Bactériémies et septicémies) ;

- Si l'état général est légèrement ou modérément altéré, les explorations initiales sont les mêmes que s'il est bon (voir ci-dessus), mais la ponction lombaire est plus souvent indiquée. Il peut être utile d'administrer de l'acétaminophène ou paracétamol (15 mg/kg PO) et d'observer l'enfant pendant quelques heures. Si l'état général se normalise, l'approche est identique à celle qui est décrite lorsque l'état général est bon (voir ci-dessus); s'il demeure préoccupant, il est préférable de choisir la même approche que si l'état général est altéré de façon marquée (voir ci-dessous);

- Si l'état général est altéré de façon marquée (état «toxique»), on effectue un bilan septique complet incluant une ponction lombaire, on hospitalise l'enfant et on lui administre une antibiothérapie parentérale (voir Bactériémies et septicémies). Si, après 24 à 48 heures, l'état de l'enfant évolue bien et si les cultures demeurent négatives, le traitement est cessé et l'enfant est renvoyé à la maison;

- 6 mois à 2 ans : à cet âge, une préoccupation particulière est la bactériémie occulte, habituellement à *Streptococcus pneumoniæ*, plus rarement à *Hæmophilus influenzæ*. Les facteurs de risque sont la fièvre élevée ($\geq 39°C$) et l'hyperleucocytose ($\geq 20 \times 10^9$/L). Lorsque ces facteurs sont présents, le risque de bactériémie est de 5 à 7 % et une hémoculture doit être faite. Ces bactériémies occultes peuvent guérir spontanément, persister ou se compliquer d'une méningite;

  - Si l'état général de l'enfant est bon et si ses globules blancs sont inférieurs à 20×10^9/L, il est renvoyé à la maison sans antibiothérapie;

  - Si l'état général de l'enfant est bon et si ses globules blancs sont supérieurs à 20×10^9/L, on fait une hémoculture et on le renvoie à la maison. Dans ces circonstances, une controverse persiste quant à l'utilité d'une antibiothérapie orale administrée en attendant le résultat des cultures. L'administration de ceftriaxone pourrait constituer une approche valable (voir plus haut). Si l'hémoculture se révèle positive, on fait revenir l'enfant et on le réexamine :

    - S'il n'a plus de fièvre et que son état général est bon, il peut être renvoyé à domicile, mais il est prudent de répéter l'hémoculture;

    - S'il présente toujours de la fièvre, l'hémoculture est répétée et l'enfant est hospitalisé pour une antibiothérapie parentérale (voir ci-dessous);

  - Si l'état général de l'enfant est altéré de façon marquée ou qu'il présente un purpura, il est hospitalisé et on lui administre une antibiothérapie par voie parentérale (voir Bactériémies et septicémies). Si l'état général évolue bien et si l'hémoculture est négative après 48 heures, le traitement est cessé et l'enfant est renvoyé à la maison. Si l'hémoculture est positive, l'antibiothérapie est poursuivie pendant un total de 7 à 10 jours. On prend le relais par voie orale lorsque la température s'est normalisée depuis 24 à 48 heures. Selon l'antibiogramme, on choisit par exemple l'amoxicilline, le céfaclor ou la pénicilline V;

– > 2 ans: l'approche est sensiblement la même que chez l'enfant âgé de trois mois à deux ans (voir ci-dessus), mais le problème de la bactériémie occulte à *Streptococcus pneumoniæ* passe à l'arrière-plan des préoccupations.

V. Traitement de la fièvre

Beaucoup de parents, d'infirmières et de médecins souffrent d'une phobie injustifiée de la fièvre. Celle-ci ne doit cependant pas nécessairement être atténuée par des antipyrétiques, sauf dans les circonstances suivantes:

– Histoire antérieure de convulsions fébriles chez un enfant de moins de cinq ans;

– Malaises, irritabilité, insomnie ou hallucinations;

– Détresse respiratoire;

– Insuffisance cardiaque;

– Hypertension intracrânienne (exemple: méningite).

L'acide acétylsalicylique doit être abandonné comme antipyrétique à cause de son rôle possible dans le déclenchement du syndrome de Reye. On utilise exclusivement l'acétaminophène (paracétamol), à raison de 15 mg/kg/dose PO toutes les 4 heures (maximum chez le grand enfant: 650 mg/dose). Souvent employé comme antipyrétique dans certains pays, l'ibuprofène (10 mg/kg/dose PO toutes les 6 heures; maximum chez le grand enfant: 400 mg) ne semble pas supérieur à l'acétaminophène (paracétamol).

Il faut éviter d'emmitoufler l'enfant et de le baigner dans l'eau froide ou tiède (< 37°C).

Le refroidissement de surface doit être évité, sauf lorsqu'une élévation importante de la température corporelle (> 40°C) résulte par exemple d'une exposition à la chaleur ou d'une activité physique excessive (hyperthermie). Dans ce cas, les antipyrétiques sont inefficaces et le traitement consiste, si sa vie est en danger, à plonger le patient dans un bain glacé ou à le couvrir de sacs de glace pour normaliser sa température.

Fièvre d'origine inconnue (FOI) ou fièvre prolongée

Il s'agit d'une situation clinique relativement rare: une fièvre continue persiste pendant plus de 14 à 21 jours ou plus et l'anamnèse, l'examen et les examens paracliniques habituels de base ne permettent pas d'arriver à un diagnostic précis. Dans cette situation, il faut envisager trois groupes de causes possibles, après avoir écarté la possibilité d'une fièvre factice:

1) Une infection inhabituelle ou une forme inhabituelle d'une maladie courante: il faut s'enquérir d'un voyage récent et rechercher de façon

systématique une brucellose, une hépatite virale, une infection à cyto-mégalovirus, une leptospirose, une mononucléose infectieuse, une tuberculose, une salmonellose, une toxoplasmose, une tularémie, une infection par le VIH, etc.

Dans le cas de la mononucléose infectieuse, une cause particulière-ment fréquente de FOI chez le jeune enfant, il est bon de se rappeler que les tests servant au diagnostic rapide et basés sur la détection d'anticorps hétérophiles sont souvent négatifs avant l'âge de trois à quatre ans. Il est donc nécessaire de mesurer le titre des anticorps spé-cifiques contre le virus Epstein-Barr dans le sang en phase aiguë.

Des cultures de selles (coprocultures) doivent être effectuées même si l'enfant n'a pas de diarrhée.

Si elles n'ont pas été effectuées au cours de l'évaluation initiale, des radiographies de sinus sont faites, surtout si l'enfant a dépassé l'âge de deux à trois ans. Il en est de même des cultures virales dans les sécré-tions pharyngées, dans les selles et dans l'urine, ainsi que des épreuves sérologiques pour les principaux virus présents dans la communauté.

L'échographie abdominale est utile pour exclure la possibilité d'un abcès hépatique ou d'un abcès périnéphritique.

Si l'enfant est porteur d'une cardiopathie congénitale, il faut penser à la possibilité d'une endocardite bactérienne; dans ce cas, une échocar-diographie est nécessaire, de même que de multiples hémocultures.

Dans certains cas, lorsqu'on ne peut établir aucun diagnostic, une scin-tigraphie pancorporelle au technétium et au gallium peut être utile;

2) Une maladie du collagène ou une autre maladie inflammatoire, et tout particulièrement la maladie de Kawasaki, la maladie de Caffey du nourrisson et l'arthrite rhumatoïde juvénile de forme systémique (maladie de Still). Il arrive souvent que les données cliniques et para-cliniques ne permettent pas d'arriver au diagnostic; une période d'observation prolongée peut être nécessaire et, dans certains cas, un traitement anti-inflammatoire empirique peut se justifier (voir Arthrite rhumatoïde juvénile). Chez l'enfant d'âge scolaire et l'adolescent, il faut penser à la possibilité d'une maladie de Crohn, même s'il n'y a pas de symptômes digestifs évidents;

3) Chez l'enfant, une FOI sans autre signe ou symptôme suggestif résulte rarement d'une néoplasie occulte comme une leucémie ou un lym-phome. La décision de faire un examen de la moelle osseuse est prise de façon individuelle en se basant sur le contexte clinique. Lorsqu'on fait une ponction de moelle, celle-ci doit être mise en culture sur les milieux permettant de détecter les bactéries habituelles, les mycobac-téries et les mycoses. Dans certains cas sélectionnés, une tomodensito-métrie ou une résonance magnétique pancorporelle peut être indiquée.

Malgré tous les efforts, aucun diagnostic précis ne peut être posé dans une proportion substantielle des cas.

Hyperthermie maligne

Cette forme particulièrement grave d'hyperthermie survient le plus souvent à l'occasion d'une anesthésie générale; son incidence est de 1/15 000 anesthésies chez l'enfant et de 1/50 000 anesthésies chez l'adulte. Il s'agit d'une anomalie génétique rare.

Une déficience du réticulum sarcoplasmique des muscles striés conduit à des augmentations brusques et soutenues du calcium myoplasmique; il en résulte une activation excessive de la phosphorylase, de la phosphorylase-kinase, de l'ATPase et de la troponine.

La crise se manifeste par une hyperactivité sympathique (tachycardie et tachy-arythmies), un hypercatabolisme (polypnée, production excessive de chaleur, augmentation de la consommation d'oxygène et de la production de dioxyde de carbone et d'acide lactique, hypercapnie, acidose mixte), une souffrance cellulaire (hyperkaliémie, hypercalcémie), une rhabdomyolyse (augmentation de la créatine kinase sérique et de la myoglobine plasmatique et urinaire), ainsi qu'une rigidité musculaire. L'hyperthermie elle-même constitue un signe clinique tardif qui apparaît lorsque la crise hypercatabolique est avancée.

La mortalité de la crise d'hyperthermie maligne imprévue est supérieure à 70 % lorsqu'elle est détectée et traitée tardivement, et inférieure à 20 % dans le cas contraire. Cette mortalité est pratiquement nulle lorsque la prédisposition génétique est connue d'avance et lorsque le patient est préparé et anesthésié adéquatement. La fibrillation ventriculaire constitue presque invariablement la cause du décès. Une mort tardive peut aussi survenir quelques heures ou quelques jours après la crise par œdème pulmonaire, trouble de la coagulation, insuffisance rénale aiguë ou en raison d'une atteinte cérébrale irréversible.

Dans la majorité des cas, la prédisposition à l'hyperthermie maligne est transmise selon le mode autosomique dominant, avec une pénétrance variable. Avant toute anesthésie, il est donc particulièrement important de rechercher une histoire familiale d'accidents anesthésiques (hyperthermie maligne reconnue, arrêt cardiorespiratoire, coma prolongé, décès). La prédisposition peut être confirmée par un test de contracture musculaire à la caféine ou à l'halothane; ce test nécessite une biopsie musculaire. L'hyperthermie maligne est plus fréquente chez les personnes atteintes de certaines myopathies.

Les épisodes hypercataboliques de l'hyperthermie maligne peuvent être prévenus ou traités par l'administration intraveineuse de dantrolène, à raison de 2 à 2,5 mg/kg.

Lectures suggérées

Baker MD, Bell M, Avner JR: Outpatient management without antibiotics of fever in selected infants. N Engl J Med 1993; 329: 1437-1441.

Barraff LJ: Fever without source: management of children 3 to 36 months of age. Pediatr Infect Dis J 1992; 11: 146-151.

Baraff LJ, Bass JW, Fleisher GR, et al.: Practice guideline for the management of infants and children 0 to 36 months of age with fever without source. Pediatrics 1993; 92: 1-12.

Baraff LJ, Oslund S, Prather M : Effect of antibiotic therapy and etiologic microorganism on the risk of bacterial meningitis in children with occult bacteremia. Pediatrics 1993; 92 : 140-143.

Baraff LJ, Oslund SA, Schriger DL, Stephen ML : Probability of bacterial infections in febrile infants less than three months of age : a meta-analysis. Pediatr Infect Dis J 1992; 11 : 257-265.

Baskin MN, O'Rourke EJ, Fleisher GR : Outpatient treatment of febrile infants 28 to 89 days of age with intramuscular administration of ceftriaxone. J Pediatr 1992; 120 : 22-27.

Bonadio WA : Incidence of serious infections in afebrile neonates with a history of fever. Pediatr Infect Dis J 1987; 6 : 911-914.

Bonadio WA, Hennes H, Smith D, et al. : Reliability of observation variables in distinguishing infectious outcome of febrile young infants. Pediatr Infect Dis J 1993; 12 : 111-114.

Dagan R : Identification of infants unlikely to have serious bacterial infection although hospitalized for suspected sepsis. J Pediatr 1985; 107 : 855-860.

Gronert GA, Schulman SR, Mott J : Malignant hyperthermia. In Miller R : Anesthesia. Churchill-Livingstone, New York, 3rd ed., 1990.

Grossman M : Management of the febrile patient. Pediatr Infect Dis J 1986; 5 : 730-734.

Jones RG, Bass JW : Febrile children with no focus of infection : a survey of their management by primary care physicians. Pediatr Infect Dis J 1993; 12 : 179-183.

Kaus SJ, Rockoff MA : Malignant hyperthermia. Pediatr Clin North Am 1994; 41 : 221-237.

Klassen TP, Rowe PC : Selecting diagnostic tests to identify febrile infants less than 3 months of age as being at low risk for serious bacterial infection : a scientific overview. J Pediatr 1992; 121 : 671-676.

Kluger MJ : Fever revisited. Pediatrics 1992; 90 : 846-850.

Kramer MS, Lane DA, Mills EL : Should blood cultures be obtained in the evaluation of young febrile children without evident focus of bacterial infection ? A decision analysis of diagnostic management strategies. Pediatrics 1989; 84 : 18-27.

Lieu TA, Baskin MN, Schwartz S, Fleisher GR : Clinical and cost-effectiveness of outpatient strategies for management of febrile infants. Pediatrics 1992; 89 : 1135-1144.

May A, Bauchner H : Fever phobia : the pediatrician's contribution. Pediatrics 1992; 90 : 851-854.

Powell KR : Evaluation and management of febrile infants younger than 60 days of age. Pediatr Infect Dis J 1989; 9 : 153-157.

Powell KR : Antimicrobial therapy for suspected sepsis in infants less than three months of age. Pediatr Infect Dis J 1992; 11 : 143-145.

Simon HB : Hyperthermia. N Engl J Med 1993; 329 : 483-487.

Fissure et fistule anales   100

Michel Weber, Arié Bensoussan, Khazal Paradis

Fissure anale

La fissure anale est fréquente chez le nourrisson et l'enfant. Elle peut être causée par une constipation, mais elle peut aussi entraîner une rétention fécale. Une diarrhée chronique peut également être responsable de l'apparition de fissures.

Chez l'adolescent, des fissures anales persistantes ou récidivantes doivent faire penser à la possibilité d'une maladie de Crohn ou d'une colite ulcéreuse.

La fissure anale peut causer des douleurs importantes ainsi que des rectorragies habituellement peu abondantes ; il s'agit alors de sang rouge qui n'est pas mélangé à la selle.

Il peut y avoir un ectropion cutané (marisque).

L'anamnèse et l'examen suffisent au diagnostic ; si la fissure est visible, aucune autre exploration n'est nécessaire. Si ce n'est pas le cas, il faut exclure d'autres causes de rectorragies comme un polype rectal (voir Hémorragies digestives).

Le traitement médical est habituellement suffisant : il faut surtout traiter la constipation (voir Constipation). Un bain de siège, suivi d'un séchage soigneux de la région anale, est administré deux à trois fois par jour ; l'application d'une pommade anesthésique peut être utile.

La plupart des fissures anales guérissent en une à deux semaines et ne récidivent pas si la constipation est contrôlée. Le traitement chirurgical est réservé aux fissures chroniques et rebelles au traitement médical. Il consiste à exciser le tissu de granulation ; on y associe une sphinctérotomie et une dilatation anale.

Fistule anale

Il s'agit souvent de l'extension d'un abcès péri-anal. Les fistules anales surviennent surtout chez le nourrisson et sont plus fréquentes chez le garçon. Elles peuvent se manifester par un écoulement chronique de mucus et par des infections péri-anales récidivantes ; chez l'enfant et l'adolescent, il faut suspecter une maladie de Crohn ou une colite ulcéreuse. Le traitement est chirurgical : au moyen d'un stylet, le trajet est repéré sous anesthésie générale, puis la fistule est ouverte ou mise à plat. Dans certains cas chroniques, une excision et une exérèse du tissu de granulation, avec avivement des bords, peuvent être nécessaires.

Fissures labiale et palatine   101

Michel Weber, Louise Caouette-Laberge, Grant Mitchell, Gérald Albert, Gabriel Saint-Rome, Mirelle Simoneau-Larose, Anne-Marie de Remont

Généralités

Cette malformation peut prendre plusieurs formes :

1) Fissure ou fente labiale isolée (n'affecte que la lèvre) ;

2) Fissure ou fente labiopalatine : elle peut être partielle (lèvre et partie antérieure du palais) ou complète (lèvre et tout le palais), unilatérale ou bilatérale ;

3) Fissure ou fente palatine isolée : elle peut affecter le palais dur et le palais mou, ou le palais mou seulement; il peut aussi s'agir d'une simple fissure sous-muqueuse.

L'incidence de ce type de malformation peut varier selon les populations; elle est en moyenne de 1/700. La fissure labiale isolée ou palatine isolée, c'est-à-dire non associée à d'autres malformations ni à un syndrome connu (exemples : syndrome de Pierre Robin), a une transmission multifactorielle dans laquelle interviennent des éléments génétiques et environnementaux.

La forme la plus fréquente est la fissure labiopalatine unilatérale.

Les rôles du médecin généraliste et du pédiatre sont les suivants :

1) Diagnostiquer la malformation lors du premier examen du nouveau-né;

2) Orienter l'enfant vers une équipe multidisciplinaire spécialisée;

3) Offrir à l'enfant le suivi habituel, en apportant une attention toute particulière à la nutrition et à la croissance.

L'adénoïdectomie doit être évitée chez l'enfant atteint de fissure palatine, car elle peut aggraver le problème de l'incompétence vélopharyngienne.

L'équipe spécialisée est constituée d'un chirurgien plastique, d'un pédiatre, d'un généticien, d'un oto-rhino-laryngologiste, d'un dentiste, d'un orthodontiste, d'un orthophoniste, d'un audiologiste, d'un psychologue et d'un travailleur (assistant) social.

Problèmes

I. La malformation elle-même

La fissure labiale est corrigée chirurgicalement vers deux à trois mois et la fissure palatine vers un an. Dans le cas de la fissure palatine, d'autres interventions peuvent être nécessaires ultérieurement. Les résultats cosmétiques sont habituellement bons.

II. Les répercussions psychosociales

La naissance d'un enfant présentant un tel handicap esthétique au niveau du visage constitue un traumatisme important pour les parents; une rencontre avec le chirurgien plastique doit être organisée le plus tôt possible : celui-ci leur explique les étapes du traitement chirurgical et peut leur montrer à l'aide de photos d'autres patients la qualité des résultats qu'on peut espérer sur le plan de l'esthétique. Les interventions chirurgicales multiples, les nombreux rendez-vous avec les divers intervenants, les problèmes de nutrition, d'otites récidivantes, d'audition, de phonation et de santé dentaire s'ajoutent aux préoccupations esthétiques et font en sorte que le fardeau émotionnel peut peser lourdement sur les parents. Ceux-ci peuvent avoir besoin d'un soutien externe; c'est pourquoi la participation au traitement d'un travailleur social (assistant social) et parfois d'un psychologue peut être cruciale.

III. Le développement psychomoteur

Même en l'absence de syndrome malformatif, le retard mental, la dyslexie et le déficit d'attention sont plus fréquents chez les enfants porteurs de cette malformation. Il peut aussi y avoir des difficultés relationnelles, de la dépression, ainsi qu'une dépendance excessive vis-à-vis des parents. L'identification précoce de ces problèmes permet de mettre en œuvre tôt les stratégies permettant de les atténuer.

IV. La nutrition et le croissance

La présence d'une fissure palatine rend la succion difficile car le nourrisson ne peut établir une pression négative dans sa cavité buccale. Différents stratagèmes ont été essayés pour circonvenir ces difficultés ; une des solutions les plus simples et les plus efficaces consiste à découper dans la tétine un orifice en croix qui permet au lait de s'écouler par simple gravité. L'allaitement n'est pas possible lorsque le palais est ouvert, en raison de l'absence de pression négative ; la mère est encouragée à extraire son lait et à le donner au biberon, ce qui permet à l'enfant de bénéficier des avantages immunologiques du lait maternel. Le pédiatre de l'équipe doit surveiller étroitement le gain de poids de l'enfant : on ne peut laisser s'installer un état de malnutrition pouvant interférer avec la croissance des tissus de la face et avec le développement cérébral. Si le gain de poids n'est pas suffisant, il faut d'abord vérifier la technique d'alimentation et augmenter la concentration énergétique du lait. Ces mesures suffisent dans la plupart des cas, et le recours au gavage devrait être exceptionnel. Si le gavage demeure nécessaire plus de quelques semaines, une gastrostomie est envisagée. À long terme, la croissance staturale peut être subnormale chez les enfants qui ont soit une fissure palatine isolée, soit une fissure labio-palatine unilatérale, même s'il n'y a aucun syndrome malformatif associé ; la cause de ce problème est inconnue.

V. La phonation

Même après la fermeture précoce du palais, environ 25 % des enfants peuvent présenter un problème d'incompétence vélo-pharyngienne. Ils peuvent aussi éprouver des difficultés de prononciation de certaines consonnes, en raison des anomalies de l'occlusion dentaire. Le suivi orthophonique permet de déceler et de traiter les problèmes de langage. Parfois, une intervention chirurgicale additionnelle est nécessaire pour corriger l'incompétence vélo-pharyngienne responsable d'une fuite d'air par le nez.

VI. La dentition

La fissure de l'arcade dentaire, la malocclusion, diverses anomalies de développement des dents et une vulnérabilité particulière aux caries font en sorte que la participation du dentiste et de l'orthodontiste constitue une des composantes essentielles du suivi à long terme.

VII. Les otites et l'audition

Les patients atteints de fissure palatine présentent souvent des otites moyennes récidivantes, une accumulation de liquide dans l'oreille moyenne et une surdité de transmission qui peut interférer avec l'acquisition du langage; leur perte d'audition peut aussi avoir une composante neurosensorielle. La mise en place de tubes de myringotomie et leur remplacement périodique sont souvent nécessaires. Un suivi régulier en oto-rhino-laryngologie et en audiologie est nécessaire.

VIII. Le conseil génétique

La fissure peut faire partie d'un syndrome malformatif bien identifié; dans ce cas, le risque de récurrence est identique à celui de ce syndrome. Dans le cas d'une fissure isolée, le risque de récurrence dans la fratrie se situe aux environs de 1 à 3 % lorsque l'histoire familiale est négative. Lorsqu'il y a d'autres cas dans la famille, ce risque peut atteindre 16 %.

Lectures suggérées

Kaufman FL : Managing the cleft lip and palate patient. Pediatr Clin North Am 1991; 38 : 1127-1147.
Suslak L, Desposito F : Infants with cleft lip/cleft palate. Pediatr Rev 1988; 9 : 331-334.

Gale   102

Maria-Helena Znojkiewicz, Julie Powell, Nicole Ottavy

Généralités

Cette infection de la peau par un parasite, le *Sarcoptes scabiei*, est fréquente. Elle se transmet de personne à personne. Contrairement à une croyance bien établie, ce problème peut survenir chez des gens de tous les niveaux socio-économiques.

Manifestations cliniques

La présence d'une éruption cutanée accompagnée d'un prurit intense doit toujours faire penser à ce diagnostic, surtout si d'autres membres de la famille sont atteints. Les lésions et leur distribution diffèrent selon l'âge :

1) Chez l'enfant de moins de deux ans, les lésions sont souvent papulovésiculeuses et peuvent se retrouver au niveau de régions habituellement épargnées chez l'enfant plus âgé, comme la tête, le cou, la paume des mains et la plante des pieds;

2) Chez l'enfant de plus de deux ans, les lésions sont papuleuses et ont une prédilection pour l'abdomen, les organes génitaux, les mamelons, les plis interdigitaux, la face antérieure des poignets, la face postérieure des coudes, les fesses et la face externe des pieds.

   Le sillon sous-épidermique caractéristique n'est pas toujours présent au moment de la consultation.

Explorations

Le diagnostic repose sur les données de l'anamnèse et de l'examen. Il peut être confirmé par l'examen microscopique du produit de grattage de lésions encore intactes; cet examen peut mettre en évidence le parasite, ses œufs ou ses selles.

Période d'incubation

Elle dure quatre à six semaines.

Traitement

1) Canada:
   - Premier choix (> 2 ans): lotion au lindane (Kwellada) à appliquer le soir sur tout le corps. Donner un bain le lendemain matin. Chez l'enfant de plus de six ans, on répète ce traitement une semaine plus tard. Ce médicament doit être utilisé avec prudence chez le jeune enfant parce que quelques cas de neurotoxicité par absorption cutanée ont été rapportés.
   - Autres choix:
     - Perméthrine en crème à 5 % (Nix), à appliquer le soir sur tout le corps. Prendre un bain le lendemain matin. Un seul traitement est nécessaire. Ce produit est moins toxique que le lindane; c'est le premier choix chez l'enfant de moins de deux ans.
     - Crotamiton en crème à 10 % (Eurax), à appliquer chaque jour pendant deux à cinq jours. Ce produit est nettement moins efficace que le lindane ou la perméthrine.
2) France:
   Plusieurs produits sont disponibles, parmi lesquels les suivants:
   - Pyréthrine en aérosol (Sprégal), à appliquer le soir sur tout le corps. Donner un bain le lendemain matin;
   - Benzoate de benzyle en lotion à 10 % (Ascabiol). Chez l'enfant de moins de 2 ans, appliquer une fois sur tout le corps et donner un bain 12 heures plus tard. Chez l'enfant de plus de 2 ans, appliquer 2 fois sur tout le corps, à 10 minutes d'intervalle et donner un bain 24 heures plus tard.

Les nodules de gale persistants peuvent être traités par l'application locale d'une crème à base de corticostéroïdes.

Le prurit peut être traité au moyen d'un antihistaminique (voir Urticaire); il peut persister pendant plusieurs semaines, même si le traitement a été efficace.

Mesures de prévention

Qu'ils aient ou non des symptômes, tous les membres de la famille doivent être traités simultanément. Tout le linge et la literie utilisés avant le traitement doivent être lavés. Les patients hospitalisés doivent être isolés jusqu'au moment où le traitement a été appliqué.

Lectures suggérées

Hogan DJ, Schachner L, Tanglertsampan C : Diagnosis and treatment of childhood scabies and pediculosis. Pediatr Clin North Am 1991 ; 38 : 941-957.
Reeves JRT : Head lice and scabies in children. Pediatr Infect Dis J 1987 ; 6 : 598-600.

Gastro-entérite   103

Michel Weber, Marc Lebel, Luc Chicoine, Khazal Paradis

Voir aussi Choc hypovolémique, Déséquilibres hydriques, électrolytiques et acidobasiques, Voyages.

N.B. : Pour les diarrhées à *Entamœba histolytica* et à *Giardia lamblia*, voir Parasitoses.

Généralités

La diarrhée aiguë est un problème fréquent en pédiatrie. Dans les pays en développement, elle constitue la principale cause de mortalité infantile.

Les gastro-entérites virales prédominent dans les pays développés, particulièrement en hiver. Le rotavirus est le plus souvent en cause. De nombreux autres virus, comme l'agent de Norwalk et l'adénovirus peuvent être responsables de diarrhées aiguës.

Les gastro-entérites bactériennes sont moins fréquentes et surviennent surtout en été. Les principales bactéries rencontrées sont le *Salmonella*, le *Shigella*, le *Campylobacter jejuni*, le *Yersinia enterocolitica*, l'*Escherichia coli* et l'*Aeromonas hydrophila*. Récemment, l'*Escherichia coli* entérohémorragique 0157:H7 a été reconnu comme une cause majeure de syndrome hémolytique et urémique.

Parmi les parasites qui peuvent causer une diarrhée aiguë, les principaux sont le *Giardia lamblia* et le *Cryptosporidium*. Les enfants qui fréquentent une garderie (crèche) et ceux qui souffrent d'une déficience immunitaire sont particulièrement vulnérables.

La diarrhée grave associée à l'antibiothérapie est due au *Clostridium difficile*.

Plusieurs mécanismes peuvent expliquer la diarrhée :

1) Invasion de la muqueuse intestinale (exemples : *Shigella*, *Salmonella*) ;

2) Libération de cytotoxines qui endommagent la muqueuse intestinale et en réduisent la surface d'absorption (exemples : virus, *Shigella*, *Escherichia coli* entéropathogène) ;

3) Libération d'entérotoxines protéiques qui perturbent les mécanismes de transport de l'eau et des électrolytes au niveau de la muqueuse, créant une diarrhée sécrétoire sans causer de dégâts structuraux (exemples : *Shigella*, *Escherichia coli* entéropathogène, vibrion du choléra) ;

4) Adhérence de la bactérie à la muqueuse, ce qui endommage les microvillosités (exemple : *Escherichia coli* entéropathogène et entérohémorragique).

Les gastro-entérites peuvent causer une déshydratation isotonique, hypertonique ou hypotonique, ainsi qu'une hypokaliémie (voir Déséquilibres hydriques, électrolytiques et acidobasiques). Une acidose métabolique peut résulter de la perte de bicarbonate par voie fécale, de la cétose de jeûne, et, si la circulation est perturbée, de la production d'acide lactique. Les cas graves peuvent conduire au choc hypovolémique, à l'insuffisance rénale aiguë et à la mort.

Manifestations cliniques

Les selles étant plus riches en eau, leur fréquence est accrue et leur consistance est diminuée.

Selon l'hôte et l'agent infectieux responsable, la gravité varie de la diarrhée minime, très fréquente, à la débâcle diarrhéique, plus rare, qui peut conduire rapidement à une déshydratation et à un choc hypovolémique.

La présence de sang dans les selles suggère plutôt une étiologie bactérienne.

Les signes de déshydratation sont détaillés dans le chapitre Déséquilibres hydriques, électrolytiques et acidobasiques.

La fièvre est souvent absente ou peu élevée ; une fièvre importante peut être un indice d'une forme septicémique.

Occasionnellement, des convulsions peuvent survenir ; il peut s'agir de convulsions fébriles ou métaboliques (exemple : hyponatrémie) ou encore de convulsions causées par des toxines telles que celle du *Shigella*.

Il faut se souvenir du fait que l'appendicite, l'invagination intestinale et la colite ulcéreuse peuvent initialement se manifester comme une gastro-entérite.

Explorations

L'anamnèse précise la durée de la maladie, la fréquence et le volume des diarrhées et des vomissements, la fréquence des mictions et l'existence de fièvre ou de rectorragies. Elle s'intéresse aussi à la prise récente d'antibiotiques, aux voyages et aux autres cas de diarrhée dans la famille, à la garderie (crèche) ou à l'école.

L'examen permet de reconnaître s'il y a une déshydratation et d'estimer sa gravité (voir Déséquilibres hydriques, électrolytiques et acidobasiques). Lorsque l'enfant a été pesé récemment, la déshydratation peut être quantifiée de façon plus précise.

Lorsqu'il n'y a pas de déshydratation, aucun examen paraclinique n'est nécessaire.

Lorsqu'il s'agit d'une diarrhée grave avec déshydratation, l'hémogramme, l'ionogramme, l'urée sanguine, la créatinine sérique, la glycémie et une étude de l'état acidobasique du sang sont utiles.

Si la fièvre est élevée, une hémoculture est indiquée.

Deux cultures de selles (coprocultures) sont faites en cas de diarrhée grave ou persistante, de fièvre élevée ou de rectorragies, ou si le patient souffre d'un déficit immunitaire ; au besoin, les cultures peuvent être faites par écouvillonnage rectal.

Les recherches virales ne sont ordinairement pas utiles. En cas de diarrhée grave, les cultures de selles (coprocultures) peuvent être évitées si le test d'identification rapide du rotavirus est disponible et s'il s'avère positif.

La recherche de parasites dans les selles est indiquée seulement en cas de diarrhée chronique lorsque les cultures sont négatives.

La recherche dans les selles de la toxine du *Clostridium difficile* est indiquée en cas de diarrhée grave survenant pendant ou après une antibiothérapie.

Traitement

I. Prévention ou correction des déséquilibres hydriques, électrolytiques et acidobasiques, nutrition

L'approche thérapeutique des gastro-entérites s'est modifiée de façon considérable au cours des dernières années, grâce notamment aux efforts de l'Organisation mondiale de la santé. Durant les épisodes diarrhéiques, le maintien de l'hydratation ou la réhydratation devraient maintenant être réalisés dans la plupart des cas par voie orale plutôt que par voie intraveineuse. D'autre part, plusieurs mythes comme celui de la «mise au repos de l'intestin» se sont révélés non fondés et potentiellement nuisibles.

Le traitement par voie orale est habituellement préférable au traitement intraveineux classique pour plusieurs raisons: il épargne à l'enfant une ou plusieurs ponctions veineuses et une immobilisation, il coûte moins cher et au moins une étude suggère qu'il occasionne moins de complications iatrogéniques. Même chez l'enfant qui vomit, la réhydratation orale réussit dans la majorité des cas.

Dans les pays en développement, le traitement oral s'est révélé efficace, quels que soient l'âge des patients, la gravité de la déshydratation et la nature et la gravité des anomalies électrolytiques et acidobasiques.

Dans les pays développés, le traitement intraveineux demeure indiqué en cas de préchoc ou de choc hypovolémique, en cas de déshydratation majeure et lorsque personne ne peut demeurer continuellement au chevet de l'enfant qui vomit pour lui administrer sa réhydratation orale.

Les principes du traitement par voie orale sont les suivants:

1) Prévenir ou corriger la déshydratation, l'acidose métabolique et les troubles électrolytiques en remplaçant par voie orale les pertes digestives d'eau et d'électrolytes;

2) Favoriser la réabsorption intestinale de l'eau et du sodium en profitant du mécanisme de transport couplé du glucose et du sodium. Ceci exige que la solution de réhydratation contienne des concentrations adéquates de glucose et de sodium;

3) Sauf pendant quelques heures en cas de déshydratation majeure, poursuivre l'allaitement en alternance avec l'administration d'une solution de réhydratation orale. La poursuite de l'alimentation au moyen d'un lait non humain est controversée: certains diluent ce type de lait moitié-moitié avec la solution de réhydratation orale; d'autres préfèrent administrer un lait sans lactose;

4) Poursuivre l'alimentation solide chez l'enfant non déshydraté de plus de quatre mois ou la recommencer de façon précoce chez l'enfant déshydraté, dès qu'une courte phase de réhydratation se termine ;

5) Éviter les erreurs de dilution en utilisant des solutions de réhydratation orale prêtes à l'emploi plutôt qu'en poudre ;

6) Administrer la solution par une sonde gastrique si l'enfant est incapable de boire ; en pratique, cette approche n'est utilisée que dans les pays en développement ;

7) Profiter de l'effet thérapeutique des solides du riz, qui réduisent la durée et l'importance de la diarrhée ;

8) Éviter de nuire au patient en lui administrant des liquides qui contiennent trop de sucre et pas assez d'électrolytes. Par exemple, les jus de fruits ont une concentration adéquate de potassium et une concentration insuffisante en sodium ; leur concentration en glucides est excessive et ils peuvent contenir des sucres laxatifs comme le sorbitol ;

9) Éviter une restriction calorique qui, surtout si elle se prolonge, peut aggraver ou entretenir la diarrhée ;

10) Donner un lait sans lactose pendant quelques semaines dans les rares cas ou une déficience secondaire en lactase survient ; celle-ci peut se manifester par une persistance anormale ou une rechute de la diarrhée.

Situation A : le patient n'est pas déshydraté

On le traite au moyen d'une solution de maintien de l'hydratation qui doit avoir la composition suivante : glucose : 110 à 138 mmol/L (2 à 2,5 %) ; sodium : 40 à 60 mmol/L ; potassium : 20 mmol/L ; anions : 70 à 80 % sous forme de chlorures et 20 à 30 % sous forme de bases comme le lactate, l'acétate, le citrate ou le bicarbonate.

Les solutions disponibles se retrouvent dans l'Index pharmacologique, sous la rubrique Solutions hydro-électrolytiques de réhydratation orale.

Si l'enfant ne vomit pas, lui offrir à volonté la solution toutes les 20 à 30 minutes. S'il vomit, lui offrir à la cuiller ou à la seringue 5 à 20 mL de solution toutes les 2 à 10 minutes. Lorsque les vomissements s'atténuent ou disparaissent, on peut donner la solution en plus grandes quantités et moins souvent.

Situation B : le patient présente une déshydratation légère ou modérée

On le traite au moyen d'une solution de réhydratation qui doit avoir la composition suivante : sodium : 60 à 90 mmol/L ; potassium : 20 mmol/L ; glucose : 111 à 138 mmol/L (2 à 2,5 %) ; anions : 70 à 80 % sous forme de chlorures et 20 à 30 % sous forme de bases comme le lactate, l'acétate, le citrate ou le bicarbonate.

Les solutions disponibles se retrouvent dans l'Index pharmacologique, sous la rubrique Solutions hydro-électrolytiques de réhydratation orale.

Si l'enfant ne vomit pas, on peut lui offrir à volonté la solution toutes les 20 à 30 minutes. S'il vomit, lui offrir à la cuiller 5 à 20 mL de la solution toutes les 2 à 10 minutes. Lorsque les vomissements s'atténuent ou disparaissent, on peut donner la solution en plus grandes quantités et moins souvent. Si les vomissements persistent, la solution de réhydratation orale est parfois administrée en goutte-à-goutte continu au moyen d'une sonde gastrique.

Pendant la phase de réhydratation, il est important de surveiller la régression des signes de déshydratation, l'augmentation régulière du poids et la correction des anomalies électrolytiques et acidobasiques.

Dès que les signes de déshydratation ont disparu, c'est-à-dire après quelques heures de traitement, la solution de réhydratation est remplacée par une solution de maintien de l'hydratation.

Lorsque la réhydratation orale échoue, c'est-à-dire lorsque la déshydratation ne s'améliore pas ou s'aggrave après quelques heures de traitement, ce qui arrive dans 5 % des cas environ, on passe à la réhydratation intraveineuse (voir Déséquilibres hydriques, électrolytiques et acidobasiques).

Les principales causes d'échec de la réhydratation orale sont les suivantes :

1) Vomissements incoercibles;

2) Iléus paralytique;

3) Diarrhée à très haut débit (> 10 à 15 mL/kg/heure);

4) Malabsorption du glucose; cette situation est rare et survient surtout chez des enfants qui présentent une malnutrition préexistante. On note la présence d'une quantité importante de glucose dans les selles.

Situation C : le patient est en choc hypovolémique ou présente une déshydratation majeure

Le choc hypovolémique est traité de la façon habituelle (voir Choc hypovolémique). Dès qu'il est corrigé, on poursuit le traitement comme dans la situation B.

Dans les pays développés, les déshydratations majeures sont traitées par voie intraveineuse (voir Déséquilibres hydriques, électrolytiques et acidobasiques). Dès que la situation est améliorée, on poursuit le traitement comme dans la situation B.

II. Médicaments antidiarrhéiques

Ces médicaments (exemples : diphénoxylate, lopéramide) sont déconseillés.

III. Antibiothérapie

La plupart des gastro-entérites sont d'origine virale et ne nécessitent pas d'antibiothérapie; beaucoup de gastro-entérites bactériennes ou parasitaires guérissent aussi sans traitement spécifique. L'indication d'une antibiothérapie dépend de l'agent en cause, de l'âge de l'enfant et des circonstances :

– *Aeromonas hydrophila* : à traiter seulement dans les cas graves ou prolongés et chez les déficients immunitaires. On utilise le triméthoprime-sulfaméthoxazole (TMP-SMZ) : 5 à 10 mg/kg/24 heures de TMP et 25 à 50 mg/kg/24 heures de SMZ PO en 2 fois pendant 5 à 10 jours (maximum chez le grand enfant : 500 mg de TMP et 2 500 mg/kg de SMZ/24 heures). L'efficacité du traitement n'est pas démontrée ;

- *Campylobacter :* à traiter le plus souvent, surtout si le diagnostic est précoce. On utilise l'érythromycine : 30 à 50 mg/kg/24 heures PO en 3 fois pendant 7 à 10 jours (maximum chez le grand enfant : 2 g/ 24 heures) ;

- *Clostridium difficile :* à traiter dans tous les cas.

  - Premier choix : vancomycine : 10 à 50 mg/kg/24 heures PO en 4 fois pendant 7 jours (maximum chez le grand enfant : 1 000 mg/ 24 heures) ;

  - Autres choix : métronidazole : 20 à 35 mg/kg/24 heures PO en 4 fois pendant 7 jours (maximum chez le grand enfant : 1 750 mg/ 24 heures) ;

- *Cryptosporidium :* aucun traitement n'a fait la preuve de son efficacité ;

- *Escherichia coli :* le traitement est rarement nécessaire ; il est réservé au très jeune enfant (moins de trois mois), aux formes graves, prolongées ou septicémiques.

  - Premier choix : triméthoprime-sulfaméthoxazole (TMP-SMZ) : 5 à 10 mg/kg/24 heures de TMP et 25 à 50 mg/kg/24 heures de SMZ PO en 2 fois pendant 5 jours (maximum chez le grand enfant : 500 mg de TMP et 2 500 mg de SMZ/24 heures) ;

  - Autres choix : néomycine : 100 mg/kg/24 heures PO en 3 fois pendant 5 jours (maximum chez le grand enfant : 5 g/24 heures), ou colistine : 5 à 15 mg/kg/24 heures PO en 4 fois pendant 5 jours (maximum chez le grand enfant : 750 mg/24 heures) ;

- *Salmonella :* le traitement est indiqué s'il s'agit d'un *Salmonella typhi ;* s'il s'agit d'une autre forme, une antibiothérapie n'est habituellement pas nécessaire ; elle est réservée aux très jeunes enfants (moins de trois mois), aux formes graves ou prolongées, aux formes septicémiques et aux patients souffrant de déficience immunitaire.

  - Premier choix : amoxicilline : 30 à 50 mg/kg/24 heures PO en 3 fois pendant 10 à 15 jours (maximum chez le grand enfant : 2 g/ 24 heures). Dans les formes septicémiques, on peut utiliser initialement l'ampicilline par voie parentérale : 100 à 200 mg/kg/ 24 heures IV en 4 fois (maximum chez le grand enfant : 12 g/ 24 heures) ;

  - Autres choix : chloramphénicol : 50 à 100 mg/kg/24 heures PO ou IV en 4 fois pendant 10 à 15 jours (maximum chez le grand enfant : 4 g/24 heures) ou triméthoprime-sulfaméthoxazole (TMP-SMZ) : 5 à 10 mg/kg/24 heures de TMP et 25 à 50 mg/kg/24 heures de SMZ PO en 2 fois pendant 10 à 15 jours (maximum chez le grand enfant : 500 mg de TMP et 2 500 mg de SMZ/24 heures) ;

– *Shigella :* le traitement est recommandé dans la majorité des cas.

  – Premier choix : triméthoprime-sulfaméthoxazole (TMP-SMZ) : 5 à 10 mg/kg/24 heures de TMP et 25 à 50 mg/kg/24 heures de SMZ PO en 2 fois pendant 5 à 10 jours (maximum chez le grand enfant : 500 mg de TMP et 2 500 mg de SMZ/24 heures) ;

  – Autres choix : chloramphénicol : 50 à 100 mg/kg/24 heures PO en 4 fois pendant 5 à 10 jours (maximum chez le grand enfant : 4 g/24 heures) ou, si la bactérie lui est sensible, amoxicilline : 30 à 50 mg/kg/24 heures PO en 3 fois (maximum chez le grand enfant : 2 g/24 heures) ;

– *Yersinia enterocolitica :* à traiter seulement dans les formes graves ou prolongées.

  – Premier choix : triméthoprime-sulfaméthoxazole (TMP-SMZ) : 5 à 10 mg/kg/24 heures de TMP et 25 à 50 mg/kg/24 heures de SMZ PO en 2 fois pendant 10 à 15 jours (maximum chez le grand enfant : 500 mg de TMP et 2 500 mg de SMZ/24 heures) ;

  – Autres choix : chloramphénicol : 50 à 100 mg/kg/24 heures PO en 4 fois pendant 10 à 15 jours (maximum chez le grand enfant : 4 g/24 heures).

Mesures préventives

Utiliser, à la maison et à l'hôpital, les mesures de prévention entériques habituelles (voir Prévention des infections en milieu hospitalier). L'incidence des gastro-entérites peut être réduite par une bonne hygiène, particulièrement dans les garderies (crèches) ; voir Problèmes épidémiologiques courants à la garderie (crèche). Le vaccin contre le rotavirus n'est pas encore au point.

Pronostic

Avec un traitement optimal, la morbidité et la mortalité sont à peu près nulles.

Lectures suggérées

Ashkenazi S, Cleary TG : Antibiotic treatment of bacterial gastroenteritis. Pediatr Infect Dis J 1991 ; 10 : 140-148.

Avery ME, Snyder JD : Oral therapy for acute diarrhea. The underused simple solution. N Engl J Med 1990 ; 323 : 891-894.

Bezerra JA, Stathos TH, Duncan B, *et al.* : Treatment of infants with acute diarrhea : what's recommended and what's practiced. Pediatrics 1992 ; 90 : 1-4.

Bishop WP, Ulshen MH : Bacterial gastroenteritis. Pediatr Clin North Am 1988 ; 35 : 69-87.

Blacklow NR, Greenberg HB : Viral gastroenteritis. N Engl J Med 1991 ; 325 : 252-264.

Brown KH : Dietary management of acute childhood diarrhea : optimal timing of feeding and appropriate use of milks and mixed cereals. J Pediatr 1991 ; 118 : S92-S98.

Casteel HB, Fiedorek SC : Oral rehydration therapy. Pediatr Clin North Am 1990 ; 37 : 295-311.

Claeson M, Merson MH : Global progress in the control of diarrheal diseases. Pediatr Infect Dis J 1990 ; 9 : 345-355.

Cohen MB: Etiology and mechanisms of acute infectious diarrhea in infants in the United States. J Pediatr 1991; 118: S34-S39.

De Witt TG: Acute diarrhea in children. Pediatr Rev 1989; 11: 6-13.

Field M, Rao MC, Chang EB: Instestinal electrolyte transport and diarrheal disease. Part I: N Engl J Med 1989; 321: 800-806. Part II: N Engl J Med 1989; 321: 879-883.

Ghishan FK: The transport of electrolytes in the gut and the use of oral rehydration solutions. Pediatr Clin North Am 1988; 35: 35-51.

Glass RI, Lew JF, Gangarosa RE, et al.: Estimates of morbidity and mortality rates for diarrheal disease in American children. J Pediatr 1991; 118: S27-S33.

Greenough WB, Khin-Maung-U: Cereal-based oral rehydration therapy. II. Strategic issues for its implementation in national diarrheal disease control programs. J Pediatr 1991; 118: S80-S85.

Guerrant RL, Bobak DA: Bacterial and protozoal gastroenteritis. N Engl J Med 1991; 325: 327-340.

Hamilton JR: Viral enteritis. Pediatr Clin North Am 1988; 35: 89-101.

Kallen RJ: The management of diarrheal dehydration in infants using parenteral fluids. Pediatr Clin North Am 1990; 37: 265-286.

Khin-Maung-U, Greenough WB: Cereal-based oral rehydration therapy. I. Clinical studies. J Pediatr 1991; 118: S72-S79.

Kleinman RE: Milk protein enteropathy after acute infectious gastroenteritis: experimental and clinical observations. J Pediatr 1991; 118: S111-S117.

Lebenthal E, Lu RB: Glucose polymers as an alternative to glucose in oral rehydration solutions. J Pediatr 1991; 118: S62-S69.

Lifshitz F, Fagundes Neto U, Garcia Olivo C, et al.: Refeeding of infants with acute diarrheal disease. J Pediatr 1991; 118: S99-S108.

Pickering LK: Therapy for acute infectious diarrhea in children. J Pediatr 1991; 118: S118-S128.

Santhosam M, Greenough WB: Oral rehydration therapy: a global perspective. J Pediatr 1991; 118: S44-S51.

Gelures   104

Jean-Bernard Girodias, Louise Caouette-Laberge, Arié Bensoussan

Généralités

Les gelures profondes, qui affectent le plus souvent les mains et les pieds, se rencontrent rarement chez l'enfant. Par contre, les gelures superficielles du nez, des oreilles et surtout des joues sont fréquentes dans les pays au climat froid; elles peuvent survenir en quelques minutes. Les facteurs favorisants ou aggravants sont: le jeune âge, la température extérieure très basse, le vent, l'exposition prolongée au froid, un niveau élevé d'humidité, l'immobilité, des gelures antérieures, des vêtements trop serrés, l'appui sur un corps métallique, la fatigue et le sommeil.

Manifestations cliniques

1) Un simple refroidissement cutané (premier degré) se traduit par un œdème et un érythème prurigineux ou douloureux qui blanchit à la pression et qui disparaît rapidement sans séquelles lors du réchauffement.

2) Une gelure superficielle (deuxième degré) se reconnaît à la coloration bleu grisâtre et à l'aspect marbré de la peau; la zone gelée est douloureuse et engourdie. Le réchauffement s'accompagne d'élancements douloureux et pulsatiles; la peau redevient rouge et chaude, tandis que le tissu sous-cutané devient œdémateux. Après quelques heures, la zone réchauffée peut se couvrir de bulles à contenu limpide dont la disparition complète s'étalera sur une période de plusieurs semaines.

3) Une gelure profonde (troisième degré) se caractérise par une blancheur cireuse de la peau et par un durcissement du tissu sous-cutané, avec perte de la sensibilité tactile et douloureuse; l'aspect initial de la gelure peut être trompeur et ne permet pas d'estimer la gravité exacte des dégâts tissulaires. Après réchauffement, une induration persistante, une peau insensible, blanche ou bleutée, l'absence d'œdème et l'apparition de bulles hémorragiques sont des indices de nécrose tissulaire grave avec risque de gangrène (quatrième degré). Chez le jeune enfant, la gelure des joues résultant de l'exposition à un vent glacial ou du contact avec un objet glacé produit une induration locale avec une peau bleutée et insensible, sans autre lésion; la zone cartonnée circulaire rétrécit spontanément en quelques semaines ou quelques mois, et les joues reprennent alors leur consistance normale.

Traitement

I. Du refroidissement cutané

N'importe quelle source de chaleur peut être utilisée: frictions de la peau, haleine, sèche-cheveux, rayonnement d'un appareil de chauffage, etc.

II. Des gelures

1) Soins préhospitaliers: le réchauffement doit être remis à plus tard s'il ne peut être complet faute d'une source de chaleur suffisante ou s'il risque d'être suivi d'un autre refroidissement. L'administration d'alcool et les traumatismes pouvant résulter de frictions ou de massages risquent d'aggraver les lésions.

2) Soins hospitaliers:

a) Le réchauffement doit être effectué rapidement, en 15 à 45 minutes en utilisant un courant d'eau chaude (40 à 42°C) contenant un savon antiseptique; ce traitement est interrompu lorsque la peau devient rouge, ce qui indique le rétablissement de la circulation locale. Un réchauffement trop lent au moyen d'eau tiède ou l'utilisation d'une eau trop chaude (plus de 43°C) peuvent être préjudiciables; un réchauffement trop tardif, effectué plus de 24 heures après la gelure, sera sans effet. Les sources de chaleur sèche, dont on ne peut mesurer de façon précise le rayonnement thermique, sont à proscrire: le risque de brûlure est élevé en raison de l'insensibilité des tissus gelés;

b) Les vives douleurs du retour circulatoire nécessitent l'administration d'un analgésique morphinique (voir Douleur);

c) L'indication d'une prophylaxie antitétanique dépend de l'état vaccinal (voir Tétanos);

d) L'enfant doit être hospitalisé dans une chambre individuelle permettant de respecter des précautions d'asepsie rigoureuses;

e) Des séances quotidiennes dans la baignoire à remous facilitent le décollement des tissus nécrosés (2 à 3 séances de 20 à 30 minutes par jour dans une eau à 37 ou 38°C additionnée d'un antiseptique);

f) Les avis diffèrent à propos de la nécessité de rompre les lésions bulleuses stériles: la rupture augmente le risque d'infection;

g) Une kinésithérapie (physiothérapie) précoce, active et passive, facilite la récupération des fonctions articulaire et musculaire;

h) Une antibiothérapie ne doit être prescrite que si une infection survient, et non de façon préventive;

i) Diverses autres approches thérapeutiques ont été proposées (administration d'héparine, de streptokinase, de dextran, de réserpine, de procaïne, sympathectomie médicale ou chirurgicale). L'effet thérapeutique de ces mesures est incertain.

Complications

Divers problèmes associés comme des fractures ou une hypothermie peuvent retarder ou compliquer le traitement immédiat. Des escarres peuvent nécessiter une escarrotomie. La progression d'un œdème compressif et la persistance de signes d'ischémie malgré le réchauffement peuvent constituer une indication de fasciotomie.

Séquelles

Les séquelles dépendent de la gravité de la gelure et de la qualité du traitement initial; il peut s'agir d'amputations (celles-ci doivent être les plus économiques possible), de déformations articulaires ou osseuses, de retards localisés de croissance, d'atrophies musculaires, de causalgies, d'arthralgies, d'hypersensibilité au froid, d'hyperhydrose, d'ostéoporose et de géodes osseuses.

Prévention

Il faut éviter l'exposition des jeunes enfants à des températures excessivement froides, surtout si le vent est fort. Les joues ne doivent pas être laissées à découvert. Des vêtements isothermes, amples, secs et imperméables au vent et à l'eau, ainsi que des gants et des bottes de bonne qualité constituent la meilleure protection.

Lectures suggérées

Delano-Britt L, Dascombe WH, Rodriguez A: New horizons in management of hypothermia and frostbite injury. Surg Clin North Am 1991; 71: 345-369.

Urschell JD: Frostbite: predisposing factors and predictors of poor outcome. J Trauma 1990; 30: 340-342.

Glomérulonéphrite aiguë   105

Anne-Claude Bernard-Bonnin, Marie-José Clermont

Généralités

La glomérulonéphrite aiguë survient habituellement une à trois semaines après une pharyngite ou un impétigo à *Streptococcus pyogenes* (strepto-coque bêta-hémolytique du groupe A). Plus rarement, une autre bactérie ou même un virus peut être en cause. À la suite de cette infection, un pro-cessus immunologique provoque une atteinte glomérulaire avec dépôt de complexes antigène-anticorps au niveau de la membrane basale gloméru-laire.

Manifestations cliniques

Les principales sont:
1) Un œdème, d'habitude palpébral, qui peut s'étendre aux chevilles en position debout; il est présent dans environ 75 % des cas;
2) Une hématurie qui peut être microscopique ou macroscopique, l'urine ayant alors un aspect brun foncé comme le thé ou le Coca-Cola; elle est présente dans environ 66 % des cas;
3) Une hypertension artérielle, présente dans environ 50 % des cas.

La symptomatologie peut être discrète, la maladie se traduisant par exemple par une hématurie isolée. Parfois, au contraire, elle peut avoir un début dramatique, commençant par exemple par un œdème pulmonaire ou des convulsions qui résultent d'une encéphalopathie hypertensive. Il peut aussi y avoir des malaises généraux comme de l'anorexie, des douleurs abdominales et des céphalées.

Explorations

Le sédiment urinaire révèle la présence de globules rouges et, assez sou-vent, de cylindres hématiques. Il peut aussi y avoir une leucocyturie et des cylindres leucocytaires ou granuleux. Une protéinurie légère à modérée est présente.

Le degré d'élévation de l'urée sanguine et de la créatinine sérique est proportionnel à la réduction de la filtration glomérulaire.

Diverses anomalies électrolytiques et acidobasiques comme une hypo-natrémie, une hyperkaliémie, une hypocalcémie et une acidose métabo-lique reflètent la gravité de l'atteinte rénale.

L'hémogramme peut montrer une discrète anémie normocytaire témoignant d'une hémodilution.

Une infection récente à streptocoque bêta-hémolytique peut être con-firmée par la mise en évidence dans le sérum de divers anticorps comme les antistreptolysines, les antistreptokinases, etc.

Un abaissement de la fraction C3 du complément dans le sang survient au cours des deux premières semaines dans environ 90 % des cas; il s'agit d'un critère important de diagnostic.

Un test d'identification rapide de l'antigène streptococcique dans les sécrétions pharyngées, une culture de gorge ou, en cas d'impétigo, de la peau, peut confirmer la présence du streptocoque.

La culture d'urine est négative.

L'échographie rénale est particulièrement importante pour exclure d'autres diagnostics lorsqu'il y a une oligurie ou une anurie. En cas de glomérulonéphrite aiguë, elle montre des reins de volume normal ou augmenté ; leur échogénicité est parfois accrue.

Une cardiomégalie ou un œdème pulmonaire peuvent être mis en évidence par une radiographie pulmonaire.

Surveillance, complications et traitement

Lorsque la maladie est minime, l'enfant ne doit pas nécessairement être hospitalisé, et aucun traitement n'est nécessaire ; il doit cependant être suivi de façon étroite.

La plupart du temps, l'enfant doit être hospitalisé et le traitement est dirigé vers les complications qui peuvent survenir.

Les principaux problèmes dont il faut surveiller l'apparition sont l'hypervolémie et l'hypertension artérielle qui peuvent résulter de la rétention d'eau, et l'insuffisance rénale aiguë.

Les principaux paramètres cliniques à surveiller de façon régulière sont l'évolution de l'œdème, la tension artérielle, le poids, les signes d'œdème pulmonaire et de défaillance cardiaque, ainsi que les apports et les pertes d'eau.

Les paramètres biochimiques à surveiller régulièrement sont l'urée sanguine, la créatinine sérique et l'ionogramme.

Le contrôle de l'hypertension commence par le repos ainsi qu'une restriction hydrique et sodée (voir Insuffisance rénale aiguë) ; si cela ne suffit pas, on a recours aux diurétiques et aux autres médicaments antihypertenseurs (voir Hypertension artérielle).

Si une insuffisance rénale aiguë se développe, elle est traitée de la façon habituelle (voir Insuffisance rénale aiguë).

Si la culture de gorge révèle la présence de streptocoques, on administre de la pénicilline (voir Amygdalite, « angine », pharyngite).

Lorsqu'un tableau néphritique grave se prolonge pendant plusieurs jours et qu'il n'y a pas d'indice d'infection à streptocoque, il peut s'agir d'une glomérulonéphrite rapidement progressive ; la collaboration d'un néphrologue est alors nécessaire car diverses formes de traitement (immunosuppresseurs, corticostéroïdes et plasmaphérèse) peuvent être indiquées.

Suivi

Le patient doit être suivi jusqu'au moment où tous les paramètres cliniques et biochimiques, incluant l'hématurie, se sont normalisés.

En général, le complément sérique (C3) se normalise en moins de six semaines, et l'hématurie microscopique disparaît en moins d'un an dans environ 90 % des cas.

Une biopsie rénale est indiquée dans les circonstances suivantes:

1) L'urée sanguine et la créatinine sérique demeurent élevées pendant plus de trois à quatre semaines.

2) Un œdème et une protéinurie importante persistent pendant plus d'un mois.

3) Le complément sérique (C3) demeure bas pendant plus de six mois.

4) Une hématurie et une protéinurie persistent pendant plus d'un an ou des épisodes d'hématurie macroscopique surviennent.

La présence de croissants dans plus des deux tiers des glomérules constitue un signe de chronicité et de mauvais pronostic.

Pronostic

Le pronostic est excellent: plus de 95 % des patients guérissent sans séquelles.

Prévention

Le traitement des pharyngites à streptocoque ne semble pas prévenir la glomérulonéphrite aiguë.

Goitre, hypothyroïdie et hyperthyroïdie   106

Michel Weber, Guy Van Vliet

Goitre

I. Généralités

Un goitre est une augmentation pathologique du volume de la thyroïde. La majorité des patients présentant ce problème sont euthyroïdiens; les autres peuvent être hypothyroïdiens ou hyperthyroïdiens. L'incidence du goitre a fortement diminué dans les pays industrialisés depuis l'addition d'iode dans le sel. De façon générale, les maladies thyroïdiennes ont une tendance familiale. La possibilité d'un cancer de la thyroïde doit toujours être présente à l'esprit lorsqu'un goitre est asymétrique ou nodulaire.

II. Démarche clinique

1) Anamnèse: l'histoire familiale recherche la présence de maladies thyroïdiennes. L'histoire personnelle s'intéresse aux symptômes d'hypothyroïdie ou d'hyperthyroïdie (voir plus bas). On s'enquiert aussi de la prise de médicaments et des habitudes alimentaires.

2) Examen: chez le nouveau-né, il est préférable d'examiner le cou en hyperextension; si la thyroïde est bien visible, c'est que son volume est augmenté de façon anormale. Lorsqu'il s'agit d'un grand enfant ou d'un adolescent, la plupart des cliniciens s'accordent sur le fait que

l'examinateur doit se placer derrière le patient pour palper la thyroïde. Normalement, la glande est non palpable chez le jeune enfant et bien palpable chez l'adolescent. On note son volume, sa forme et sa consistance, ainsi que la présence ou l'absence d'un ou de plusieurs nodules. En cas d'hyperthyroïdie, l'auscultation peut révéler la présence d'un souffle.

L'Organisation mondiale de la santé (OMS) a proposé une classification des goitres en fonction de leur volume :

- Stade I : le goitre est facilement palpable mais n'est pas visible, même lorsque le cou est en hyperextension ;
- Stade II : le goitre n'est visible que lorsque le cou est en hyperextension ;
- Stade III : le goitre est visible même lorsque le cou est en position normale ;
- Stade IV : le goitre est très gros.

Une règle simple proposée par l'OMS est de parler de goitre lorsque les lobes thyroïdiens sont plus volumineux que la phalange distale du pouce du sujet examiné.

Le reste de l'examen s'intéresse aux adénopathies cervicales, à la croissance, ainsi qu'aux signes et symptômes d'hypothyroïdie ou d'hyperthyroïdie (voir plus bas).

III. Principales étiologies du goitre

1) Goitre congénital : il peut résulter par exemple du traitement de la mère aux antithyroïdiens ou d'un défaut de synthèse des hormones thyroïdiennes. Le nouveau-né peut présenter une détresse respiratoire, et une trachéotomie est parfois nécessaire.

2) Goitre diffus :

a) Thyroïdite lymphocytaire ou thyroïdite de Hashimoto : il s'agit d'une cause fréquente de goitre. Elle est plus fréquente chez les filles que chez les garçons. La consistance de la glande est ferme et il peut y avoir un ganglion «delphien» sur la ligne médiane, au-dessus de l'isthme. Le diagnostic repose sur la mise en évidence d'une élévation des anticorps antithyroïdiens, antimicrosomiaux et antithyroglobuline. La majorité des patients atteints sont euthyroïdiens ; un petit nombre évoluent vers l'hypothyroïdie ; l'hyperthyroïdie est plus rare. La thyroïdite lymphocytaire est la cause la plus fréquente d'hypothyroïdie acquise chez l'enfant. D'autres manifestations d'auto-immunité peuvent survenir (exemples : diabète, maladie d'Addison, etc.). Les patients hypothyroïdiens doivent recevoir un remplacement hormonal (voir hypothyroïdie). Le goitre peut persister pendant plusieurs années.

b) Goitre simple de l'adolescence : il s'agit probablement d'un phénomène physiologique, la glande thyroïde augmente de volume proportionnellement plus que le reste du corps au cours de la puberté. Ce phénomène survient dans les deux sexes, mais cette forme de goitre est diagnostiquée plus souvent chez les filles en raison de la proéminence moindre des cartilages trachéaux. La glande est de consistance normale, c'est-à-dire rénitente. Les tests de fonction thyroïdienne sont normaux et les anticorps antithyroïdiens ne sont pas élevés. Aucun traitement n'est nécessaire.

c) Hypothyroïdie : le plus souvent, il s'agit d'une thyroïdite lymphocytaire, mais une déficience enzymatique partielle sur la voie de synthèse de la thyroxine est aussi possible (voir hypothyroïdie).

d) Hyperthyroïdie (voir hyperthyroïdie).

e) Causes diverses de goitre :
  – Ingestion de substances goitrogènes, médicamenteuses, alimentaires ou autres (exemples : amiodarone, contraceptifs oraux, iode, lithium, propylthiouracile, chou, navet, rutabaga, etc.) ;
  – Déficiences enzymatiques partielles sur la voie de synthèse de la thyroxine ;
  – Déficience en iode (seulement dans les pays où le sel n'est pas enrichi en iode ou en cas d'alimentation aberrante) ;
  – Résistance hypophysaire à la thyroxine ; cette affection est dominante. Elle peut être «centrale» (limitée à l'hypophyse) ou généralisée. La TSH est élevée, même si la T_4 est normale ou élevée. Les patients sont en général euthyroïdiens, mais ils peuvent aussi être hypothyroïdiens ou hyperthyroïdiens ;
  – Thyroïdite subaiguë (rare chez l'enfant) ; le fait que la glande soit douloureuse est caractéristique ;
  – Thyroïdite bactérienne (rare chez l'enfant) ; l'agent étiologique le plus fréquent est le *Staphylococcus aureus*. Comme dans le cas de la thyroïdite subaiguë, la glande est douloureuse.

3) Goitre nodulaire : la présence d'un nodule solitaire doit toujours faire penser à un cancer de la thyroïde, surtout s'il y a une histoire familiale positive pour le carcinome médullaire, une affection transmise selon le mode autosomique dominant ; les patients atteints sont le plus souvent euthyroïdiens. S'il y a plusieurs nodules, une affection bénigne est la plus probable. Il peut aussi s'agir d'un kyste, d'un adénome ou d'une anomalie congénitale. Un ou plusieurs petits nodules peuvent aussi s'observer occasionnellement en cas de thyroïdite lymphocytaire.

  – Sur le plan clinique, un cancer est suspecté lorsqu'un nodule unique est de consistance dure ; il faut rechercher des métastases ganglionnaires régionales.
  – Les examens paracliniques suivants sont indiqués :
    – Tests de fonction thyroïdienne et recherche d'anticorps antithyroïdiens ;
    – Dosage de la calcitonine : elle est souvent élevée en cas de carcinome médullaire ;

- Radiographie pulmonaire (recherche de métastases);
- Échographie de la thyroïde : elle est très utile pour préciser le nombre, la taille et le caractère kystique ou solide des nodules (les nodules kystiques sont le plus souvent bénins);
- Scintigraphie de la thyroïde : elle permet de préciser si un nodule est « chaud » (captation normale de l'iode radioactif) ou « froid » (hypocaptation);
- Ponction-biopsie à l'aiguille fine avec examen cytologique : cet examen peut révéler la présence d'un cancer.

Le traitement du cancer de la thyroïde appartient au domaine de la surspécialisation; les principaux modes de traitement sont la chirurgie et l'iode radioactif. Le pronostic à long terme est plutôt bon.

Hypothyroïdie

I. Hypothyroïdie congénitale

Son incidence se situe aux environs de 1/4 000. Sa cause la plus fréquente est un défaut de développement de la glande (dysgénésie ou agénésie); elle peut aussi être due à une insuffisance de production des hormones thyroïdiennes (dyshormonogenèse). L'hypothyroïdie d'origine hypothalamique ou hypophysaire est beaucoup plus rare.

L'hypothyroïdie congénitale peut être difficile ou impossible à détecter cliniquement chez le nouveau-né. La plupart des pays industrialisés ont donc mis au point un système de dépistage néonatal permettant un diagnostic et un traitement précoces, essentiels à la prévention du retard mental. Certains pays font appel à la mesure de la thyroxine ou T_4, d'autres à la détermination de la TSH.

Les principales manifestations cliniques possibles sont les suivantes : hypo-activité, constipation, sécheresse ou marbrure de la peau, largeur excessive de la fontanelle antérieure, présence de la fontanelle postérieure, ictère indirect persistant, hernie ombilicale. La radiographie du genou peut révéler un retard de maturation osseuse (absence des noyaux épiphysaires fémoral distal et tibial proximal).

Lorsqu'une hypothyroïdie congénitale est découverte par le système de dépistage néonatal, le diagnostic doit être confirmé par une diminution dans le sérum de la thyroxine ou T_4 et de la triiodothyronine ou T_3 (valeurs normales : voir tableau 30), ainsi que par une élévation de la TSH (> 4 mU/L). La scintigraphie thyroïdienne peut démontrer la présence de tissu thyroïdien ectopique, l'absence de tissu (agénésie thyroïdienne) ou une captation normale, suggestive d'une déficience enzymatique sur la voie de synthèse de la thyroxine.

Le traitement doit être entrepris sans attendre les résultats des tests de confirmation. Il consiste à remplacer l'hormone thyroïdienne manquante en administrant quotidiennement de la thyroxine; la dose initiale est controversée, mais se situe entre 8 à 15 µg/kg/24 heures PO en une fois. La TSH et la T_4 doivent être surveillées régulièrement et être maintenues dans les limites de la normale.

Lorsque l'hypothyroïdie congénitale est dépistée et traitée de façon précoce, le pronostic est excellent. Un traitement tardif conduit à la déficience mentale.

II. Hypothyroïdie acquise

1) Causes : la plus fréquente est la thyroïdite lymphocytaire (thyroïdite de Hashimoto). Il peut aussi s'agir d'un défaut de développement de la thyroïde (exemples : dysgénésie ou ectopie thyroïdienne) ou de synthèse de l'hormone thyroïdienne ; dans ces cas, l'hypothyroïdie peut apparaître plusieurs années après la naissance. L'hypothyroïdie peut aussi être d'origine centrale (exemples : panhypopituitarisme, déficience isolée en TSH).

2) Les manifestations cliniques apparaissent de façon insidieuse ; les principales sont les suivantes : ralentissement de la croissance staturale avec excès pondéral relatif, frilosité, myxœdème, bradycardie, hypoactivité, goitre, coloration jaune de la peau (carotinodermie) et constipation. La plupart du temps, le rendement scolaire est peu affecté. La puberté est le plus souvent retardée, mais elle est parfois précoce.

3) Examens paracliniques :
   - La radiographie du poignet montre un retard de maturation osseuse ;
   - La triiodothyronine (T_3) sérique est abaissée, de même que la thyroxine (T_4) sérique (valeurs normales : voir tableau 30). La TSH est normale (< 4 mU/L) lorsque l'hypothyroïdie est d'origine centrale et élevée (> 4 mU/L) lorsqu'elle est d'origine thyroïdienne. Les anticorps antithyroïdiens sont élevés lorsque l'hypothyroïdie résulte d'une thyroïdite lymphocytaire.

4) Traitement : le remplacement hormonal qui devra le plus souvent être poursuivi à vie consiste à administrer de la thyroxine une fois par jour par voie buccale ; la posologie moyenne varie selon l'âge :
   - 0 à 6 mois :   25 à 50 µg/24 heures   (8 à 15 µg/kg/24 heures) ;
   - 6 à 12 mois :   50 à 75 µg/24 heures   (6 à 8 µg/kg/24 heures) ;
   - 1 à 5 ans :   50 à 100 µg/24 heures   (5 à 6 µg/kg/24 heures) ;
   - 6 à 12 ans :   100 à 150 µg/24 heures (4 à 5 µg/kg/24 heures) ;
   - > 12 ans :   100 à 200 µg/24 heures (2 à 3 µg/kg/24 heures).

Cette posologie est mentionnée à titre indicatif seulement : il faut se baser sur la T_4 et la TSH, qui doivent être surveillées périodiquement et être maintenues dans les limites de la normale.

Hyperthyroïdie

Cette maladie est plus fréquente chez les filles que chez les garçons ; elle est rare avant l'adolescence.

I. Cause

Il s'agit le plus souvent d'une affection d'origine auto-immune (maladie de Graves ou de Basedow). D'autres causes sont possibles (exemple : syndrome de Mac Cune-Albright).

II. Manifestations cliniques

Les principales sont les suivantes : labilité émotionnelle, hyperactivité, accélération de la croissance staturale, appétit excessif, amaigrissement, goitre (un souffle thyroïdien peut être présent), exophtalmie, tachycardie, augmentation de la tension artérielle systolique, tremblement, sudation profuse, diarrhée. Une défaillance cardiaque ainsi qu'une fibrillation auriculaire sont possibles. Le rendement scolaire est le plus souvent affecté. La «crise thyroïdienne» consiste en une hyperthyroïdie aiguë accompagnée de fièvre ; elle met la vie en danger.

III. Examens paracliniques

La triiodothyronine (T_3) sérique est élevée, de même que la thyroxine (T_4) sérique (valeurs normales : voir tableau 30). La TSH est en général indétectable. Les anticorps antithyroïdiens sont élevés lorsque l'hyperthyroïdie résulte d'une thyroïdite lymphocytaire. La maturation osseuse peut être accélérée.

IV. Traitement

Il consiste à administrer un antithyroïdien :

– Au Canada on utilise l'un des antithyroïdiens suivants :
  – Méthimazole : la posologie initiale chez le grand enfant est de 30 mg/24 heures PO en 2 fois ;
  – Propylthiouracile : la posologie initiale chez le grand enfant est de 300 à 450 mg/24 heures PO en 3 fois.
– En France, on utilise l'un des antithyroïdiens suivants :
  – Benzylthiouracile : la posologie initiale chez le grand enfant est de 150 à 200 mg/24 heures PO en 3 à 4 fois ;
  – Carbimazole : la posologie initiale chez le grand enfant est de 20 à 60 mg/24 heures PO en 3 fois.

Tableau 30 Thyroxine (T_4) et triiodothyronine (T_3) : valeurs normales

	T_4 (nmol/L)	T_3 (nmol/L)
– 1 à 3 jours :	143 à 280	1,5 à 11,4
– 4 à 7 jours :	105 à 261	0,6 à 4,9
– 1 à 4 semaines :	105 à 210	1,5 à 4,8
– 1 mois à 5 ans :	90 à 200	1,6 à 4,1
– 6 à 10 ans :	80 à 170	1,4 à 3,7
– 11 à 15 ans :	70 à 150	1,3 à 3,3
– 16 à 20 ans :	50 à 150	1,2 à 3,2

Les patients doivent être surveillés étroitement; de la thyroxine est ajoutée si le patient devient hypothyroïdien. Une tentative de sevrage est effectuée après un à deux ans de traitement, car les rémissions sont fréquentes. Ces médicaments peuvent avoir des effets secondaires, parfois importants; les principaux sont l'agranulocytose, les réactions allergiques de type urticarien, l'atteinte hépatique, un syndrome ressemblant au lupus érythémateux et une vasculite.

Le propranolol est utilisé initialement pour réduire les manifestations d'hyperactivité sympathique ou pour le traitement de la crise thyroïdienne.

En cas d'allergie aux antithyroïdiens ou de récidive de l'hyperthyroïdie lors de l'arrêt du traitement, on a recours au traitement à l'iode radioactif ou à la thyroïdectomie subtotale.

Lectures suggérées

Alter CA, Moshang T: Diagnostic dilemma: the goiter. Pediatr Clin North Am 1991; 38: 567-578.

Hopwood NJ, Kelch RP: Thyroid masses: approach to diagnosis and management in childhood and adolescence. Pediatr Rev 1993; 14: 481-487.

Mazzaferri EL: Management of a solitary thyroid nodule. N Engl J Med 1993; 328: 553-559.

Sobel EH, Saenger P: Hypothyroidism in the newborn. Pediatr Rev 1989; 11: 15-20.

Van Vliet G, Delange F: Goiter and thyroiditis. In Bertrand J, Rappaport R, Sizonenko PC, ed.: Pediatric endocrinology. Williams & Wilkins, Baltimore, 2nd ed., 1993: 270-276.

Zimmerman D, Gan-Gaisano M: Hyperthyroidism in children and adolescents. Pediatr Clin North Am 1990; 37: 1273-1295.

Grossesse chez l'adolescente   107

Jean-Yves Frappier, Marc Girard, Reine Gagné, Mariette Morin-Gonthier, Jean Wilkins

Généralités

Dans les pays en développement, la grossesse est souvent précoce. Dans certains pays industrialisés, au moins 15 % des adolescentes deviennent enceintes avant d'avoir atteint l'âge de 20 ans.

La grossesse constitue toujours un événement marquant dans la vie d'une adolescente; lorsqu'elle est désirée et bien intégrée au développement psycho-affectif de la jeune fille et du couple, elle peut représenter une étape très positive. Lorsque ce n'est pas le cas, il peut s'agir d'une crise personnelle et familiale majeure.

Chez la très jeune adolescente, le désir d'avoir un enfant peut répondre à des besoins indéfinis souvent chargés d'ambivalence; la grossesse peut être le résultat d'un état passager de déséquilibre ou s'inscrire dans le cadre plus large d'une carence affective chronique ou d'autres problèmes psychosociaux. À toutes les étapes de cet événement majeur dans la vie d'une adolescente, c'est dans le cadre d'une équipe multidisciplinaire intégrée qu'elle a le plus de chances de trouver l'aide et le soutien dont elle a besoin.

Les conséquences

Sur le plan de la santé physique, l'incidence de certains problèmes obstétricaux comme la toxémie gravidique et les dystocies est plus élevée chez l'adolescente de moins de 16 ans, quel que soit son niveau socio-économique. Sur le plan psychosocial, les conséquences d'une grossesse sont davantage liées à la pauvreté qu'à l'âge de la mère ; les problèmes sont nombreux : abandon de la scolarité, problèmes inhérents à la famille monoparentale, problèmes financiers, isolement social, etc. Quant à l'enfant, il court un risque accru de prématurité, de retard de croissance intra-utérine et de carences, elles aussi liées davantage à la pauvreté qu'à l'âge de la mère.

Même si leur incidence augmente légèrement lorsque la grossesse a dépassé le seuil du deuxième trimestre, les complications médicales graves de l'avortement provoqué sont rares (moins de 1 %) ; toutefois, l'interruption de la grossesse peut provoquer chez certaines adolescentes des réactions d'anxiété, de dépression et de deuil, le plus souvent passagères.

Évaluation

Le médecin généraliste ou le pédiatre doit être attentif à la possibilité d'une grossesse chaque fois qu'une adolescente vient le consulter. Parfois, la raison de la consultation est claire (exemples : peur d'être enceinte ou retard menstruel) ; d'autres fois, elle n'évoque pas cette possibilité de façon évidente (exemples : gain de poids, douleur abdominale). Il arrive occasionnellement que la grossesse se manifeste par la présence d'une masse abdominale sous-ombilicale.

Un épreuve de grossesse permet de confirmer ou d'exclure rapidement le diagnostic. La recherche des bêta-HCG dans l'urine est fiable à partir du 40e jour après la dernière menstruation. Avant ce moment, la recherche des bêta-HCG dans le sang par la méthode ELISA peut donner une réponse dès la 4e semaine après la dernière menstruation ; si le résultat est négatif, l'adolescente est revue une semaine plus tard pour réévaluer la situation.

Une bonne partie de l'évaluation initiale doit se faire avec l'adolescente seule, en l'absence de ses parents ou de son partenaire.

L'anamnèse s'attache aux éléments habituels : histoire médicale, chirurgicale, gynécologique et obstétricale, histoire des symptômes de grossesse ou autres, histoire sexuelle, contraceptive, familiale, sociale et scolaire, circonstances ayant mené à la grossesse, réaction de la famille et du partenaire.

On procède ensuite à un examen complet.

Une première échographie, faite dès que le diagnostic est posé, permet de s'assurer qu'il ne s'agit pas d'une grossesse extra-utérine et de confirmer l'âge de la grossesse (ceci est important à cause des erreurs fréquentes quant à la date des dernières menstruations).

On amène ensuite l'adolescente à réfléchir aux choix possibles : avortement ou poursuite de la grossesse avec ou sans adoption. Cette étape est cruciale et l'adolescente ne doit pas se sentir isolée : il faut l'encourager à en parler avec son partenaire, ses parents, ses amis ou avec d'autres personnes de confiance. Même si elle craint la réaction de ses parents, ceux-ci réagissent souvent, après des turbulences initiales, de façon positive en offrant leur aide ; il y a parfois des réactions exagérées qui vont du rejet total à la prise en charge complète du couple adolescente-enfant. L'attitude des parents dépend de leur disponibilité, de leur âge, de leur état de santé ainsi que de leurs expériences passées. Les parents et l'ami de l'adolescente doivent également bénéficier d'un soutien et ce dernier devrait assumer sa part de responsabilités.

La décision finale revient à l'adolescente elle-même ; il faut lui laisser le temps de la mûrir. Lorsque l'ambivalence est excessive ou paralysante, ou lorsque la situation familiale est défavorable, l'intervention d'une travailleuse (assistante) sociale, d'un psychologue ou d'un psychiatre peut être nécessaire.

Poursuite de la grossesse

Les risques de complications peuvent être réduits par un suivi préventif étroit. Les visites auront lieu au début tous les mois, toutes les deux semaines au cours du 8e mois et toutes les semaines au cours du 9e mois. Idéalement, elles devraient avoir lieu dans un milieu adapté aux adolescentes.

Lors de la première visite, on demande un hémogramme et une glycémie, ainsi que des épreuves sérologiques pour la rubéole, la toxoplasmose, l'hépatite B, la syphilis et le SIDA. Une culture des sécrétions cervicales est faite pour dépister une infection à *Chlamydia trachomatis* ou à *Neisseria gonorrhœæ*.

Lors de chaque visite, les démarches suivantes sont effectuées : mesure de la tension artérielle, pesée, palpation de l'abdomen, mesure de la hauteur utérine, recherche du cœur fœtal et détermination de la fréquence cardiaque. On s'assure qu'il n'y a pas d'œdème et on recherche la présence de glucose et de protéines dans l'urine.

À partir du 7e mois, on procède aux manœuvres de Léopold pour préciser la présentation de l'enfant ainsi qu'à un examen vaginal pour surveiller l'état du col.

Une échographie tardive (18 à 20 semaines) permet d'exclure certaines malformations congénitales majeures.

Vers la 28e semaine, une épreuve d'hyperglycémie orale est effectuée.

L'adolescente doit être encouragée à s'inscrire à des cours prénatals, mais ceux-ci sont rarement adaptés à sa réalité. Idéalement, des cours spéciaux devraient être disponibles.

La situation familiale et la relation avec l'ami peuvent se modifier en cours de grossesse et devraient donc être réévaluées périodiquement.

Lors de l'accouchement, il est essentiel que l'adolescente soit accompagnée par une personne avec qui elle a une bonne relation affective (son ami, une amie ou sa mère).

Après l'accouchement, même si le nouveau-né a été adopté, l'adolescente doit bénéficier d'un suivi régulier : elle a souvent besoin d'un soutien moral et il faut s'assurer qu'elle utilise une contraception efficace. Si elle a gardé son enfant, un suivi pédiatrique simultané devrait lui être offert.

Avortement

La limite de temps après laquelle un avortement ne peut plus être effectué varie selon les pays ; elle se situe avant le moment où le fœtus devient viable ; la 20e semaine est une limite souvent acceptée.

Là où elle est disponible, on peut utiliser, avant le 50e jour d'aménorrhée, la pilule abortive française (mifépristone ou RU 38486).

Avant 10 à 12 semaines, on procède par aspiration, et de 12 à 20 semaines par dilatation et extraction.

Après la 16e semaine, on peut utiliser l'instillation de prostaglandine ou d'une solution saline hypertonique dans la cavité amniotique.

Le risque de complications de l'avortement (perforation utérine, hémorragie, infection) croît avec l'avancement de la grossesse.

Lors de l'avortement, il est souhaitable que l'adolescente soit accompagnée par une personne avec qui elle a une bonne relation affective (son ami, une amie ou sa mère).

Après l'avortement, l'adolescente doit être revue et encouragée à exprimer ce qu'elle ressent ; il faut également s'assurer qu'elle utilise une méthode contraceptive efficace.

Lectures suggérées

Davis S : Pregnancy in adolescents. Pediatr Clin North Am 1989 ; 36 : 665-680.
Jaskiewicz JA, McAnarney ER : Pregnancy during adolescence. Pediatr Rev 1994 ; 15 : 32-38.
Stephenson JN : Pregnancy testing and counseling. Pediatr Clin North Am 1989 ; 36 : 681-696.

Hématurie   108

Monique Robert, Jean-Guy Mongeau, Pierre Williot

Généralités

I. Hématurie macroscopique

Elle est évidente : l'urine est rouge ou brun foncé. Elle est confirmée par la présence de nombreux globules rouges à l'examen microscopique du sédiment urinaire. La recherche de sang au moyen d'une bandelette réactive est positive.

II. Hématurie microscopique

Elle peut être mise en évidence par un des moyens suivants :
- Utilisation d'une bandelette réactive. Ce type de méthode qualitative est très sensible ;
- Examen microscopique du sédiment urinaire après centrifugation : on parle d'hématurie lorsque le nombre de globules rouges dépasse cinq par champ.

III. Pseudo-hématurie

Elle peut s'observer dans les circonstances suivantes :

1) Présence d'hémoglobine (exemple : anémie hémolytique) ou de de myoglobine (exemple : *crush syndrome*). Dans ces cas, la recherche de sang au moyen d'une bandelette réactive est positive, mais l'examen microscopique du sédiment urinaire ne montre pas de globules rouges ;
3) Présence d'urates : l'urine est rosée. L'examen microscopique du sédiment urinaire ne montre pas de globules rouges et la recherche de sang au moyen d'une bandelette réactive est négative ;
4) Consommation importante de betteraves, de mûres, d'autres aliments fortement colorés, de certains colorants alimentaires ou de certains médicaments comme la rifampicine ou le pyridium. L'examen microscopique du sédiment urinaire ne montre pas de globules rouges et la recherche de sang au moyen d'une bandelette réactive est négative ;
5) Prélèvement d'urine effectué pendant les menstruations chez une adolescente. L'anamnèse permet de clarifier la situation ;
6) Traitement d'une intoxication au fer au moyen de déféroxamine. Dans ce cas, l'examen microscopique du sédiment urinaire ne montre pas de globules rouges ;
7) Porphyrie : la recherche de sang au moyen d'une bandelette réactive est négative et il n'y a pas de globules rouges à l'examen du sédiment urinaire. L'urine est fluorescente à la lampe de Wood ;
8) Syndrome de Munchausen : l'enfant ou ses parents simulent une hématurie en mettant du sang dans l'urine.

On parle d'hématurie significative persistante lorsqu'elle est confirmée à deux ou trois reprises au cours d'une période de quelques semaines.

Approche clinique de l'hématurie microscopique ou macroscopique

Elle se base sur la connaissance des principales causes possibles (tableau 31), ainsi que sur l'ensemble des données cliniques et paracliniques.

I. Anamnèse

1) L'anamnèse familiale s'intéresse notamment aux éléments suivants :
   - Hématurie ;
   - Hypertension ;
   - Lithiase rénale ;

Tableau 31 Principales causes d'hématurie

	Hématurie aiguë	Hématurie persistante
– Causes fréquentes		
– Infections urinaires bactériennes ou virales	+	+
– Maladies glomérulaires		
– glomérulonéphrite aiguë	+	+
– néphrite associée au purpura rhumatoïde de Schönlein-Henoch	+	+
– lupus érythémateux disséminé	+	+
– néphrite rapidement progressive	+	+
– syndrome hémolytique et urémique	+	+
– néphrite d'Alport ou à membranes basales minces	+	+
– Traumatismes	+	+
– Malformations de l'arbre urinaire	+	+
– Fièvre	+	
– Déshydratation	+	
– Hypercalciurie idiopathique	+	+

– Causes rares: néphroses, syndrome de Goodpasture, nécrose corticale ou tubulaire, exercice intense, lithiase, néphrocalcinose, corps étranger, thrombose de la veine rénale, anémie falciforme, diathèse hémorragique, tumeur (exemple: tumeur de Wilms), certains médicaments (exemple: cyclophosphamide) ou agents toxiques, endocardite bactérienne, tuberculose rénale, schistosomiase (fréquente dans certains pays tropicaux).

    – Insuffisance rénale ou transplantation rénale;
    – Surdité;
    – Diathèse hémorragique.

2) L'anamnèse personnelle recherche les indices suivants:
    – Infections urinaires antérieures;
    – Pharyngite ou impétigo récent ;
    – Fièvre;
    – Douleurs abdominales ou lombaires;
    – Pollakiurie, brûlures mictionnelles, dysurie;
    – Arthrite;
    – Traumatisme;
    – Exercice intense;
    – Prise de médicaments;
    – Diathèse hémorragique;
    – Anémie falciforme;
    – Cardiopathie congénitale;
    – Voyage dans un pays tropical.

Une origine basse est suggérée par la présence de brûlures miction-nelles, de pollakiurie ou de dysurie, ainsi que par le caractère terminal de l'hématurie ou la présence de caillots dans l'urine.

Une origine haute est suspectée en cas d'hématurie totale (présente pendant toute la miction) ou lorsque l'urine est brun foncé (couleur du thé ou du Coca-Cola).

II. Examen

La présence de fièvre suggère que l'hématurie résulte d'une infection urinaire. Les autres signes à rechercher sont les suivants :

- Pâleur (syndrome hémolytique et urémique, insuffisance rénale chronique, hémopathie maligne);
- Œdème (syndrome néphrotique, glomérulonéphrite aiguë ou autre glomérulopathie);
- Hypertension (atteinte rénale);
- Douleur à la palpation de l'abdomen ou de la région lombaire (infection urinaire, lithiase);
- Purpura ou hémorragies au niveau d'autres sites (purpura rhumatoïde, thrombopénie ou autre coagulopathie);
- Hépatomégalie (hémopathie maligne);
- Splénomégalie (hémopathie maligne);
- Adénopathies (hémopathie maligne);
- Arthrite (purpura rhumatoïde de Schönlein-Henoch, lupus érythémateux disséminé);
- Masse abdominale (rein polykystique, hydronéphrose, tumeur de Wilms);
- Éruption faciale (lupus érythémateux disséminé).

III. Explorations

1) Examens de laboratoire :

   a) La recherche de protéines dans l'urine permet de s'orienter vers une origine rénale (présence de protéines) ou une origine basse (absence de protéines). Voir Protéinurie.

   b) Un hémogramme est indiqué dans tous les cas;

   c) L'examen du sédiment urinaire est essentiel :
      - La présence de plus de cinq globules rouges par champ confirme l'hématurie;
      - La présence de cylindres hématiques indique une origine glomérulaire;
      - La présence de bactéries, de leucocytes et de pus indique une origine infectieuse;
      - Dans certains centres, le sédiment est examiné au microscope à contraste de phase; une déformation des globules rouges indique l'origine glomérulaire de l'hématurie;

d) Une culture d'urine est toujours indiquée car, chez l'enfant, l'infection urinaire est la cause la plus fréquente d'hématurie;

e) La détermination du rapport calcium/créatinine urinaire est utile en cas d'hématurie macroscopique ou microscopique inexpliquée; elle permet de mettre en évidence une hypercalciurie idiopathique (pour les valeurs normales, voir Lithiase urinaire);

f) L'ionogramme ainsi que la détermination de l'urée sanguine et de la créatinine sérique sont nécessaires dans la plupart des cas;

g) La culture des sécrétions pharyngées ainsi que le dosage des antistreptolysines et du complément sérique (C3) sont indiqués lorsqu'on suspecte une glomérulonéphrite aiguë post-streptococcique;

h) La recherche des anticorps antinucléaires et le dosage du complément sérique (C3) constituent des éléments de diagnostic importants de l'atteinte rénale associée au lupus érythémateux disséminé; celui-ci doit surtout être suspecté chez l'adolescente;

i) Dans certains cas, par exemple lorsqu'on suspecte une hématurie familiale bénigne ou une néphrite héréditaire, il peut être utile de rechercher une hématurie microscopique chez les membres de la famille et d'effectuer un audiogramme;

j) Un test de falciformation ou une électrophorèse de l'hémoglobine doit être effectué chez l'enfant noir qui présente une hématurie inexpliquée.

2) Imagerie:

a) Échographie rénale: cet examen est indiqué dans la majorité des cas. Il peut mettre en évidence une tumeur ou une malformation rénale, un calcul, une hydronéphrose, etc.;

b) Urographie intraveineuse: largement remplacée par l'échographie, elle est rarement utile, sauf en cas de traumatisme rénal ou pour visualiser les uretères;

c) Cystographie mictionnelle: elle est indiquée lorsque l'hématurie est associée à une infection urinaire ou à une hydronéphrose.

3) Biopsie rénale: si les explorations mentionnées plus haut ne permettent pas d'identifier la cause de l'hématurie, une pause doit être faite et une discussion avec les parents doit être entamée. La décision de biopsier est influencée par le degré d'anxiété des parents et du médecin traitant. Objectivement parlant, s'il ne s'agit que d'une hématurie microscopique, s'il n'y a pas de protéinurie et si l'enfant ne présente pas de symptômes, on peut se permettre d'attendre un ou deux ans. Pendant cette période, l'hématurie a de bonnes chances de disparaître.

Une biopsie rénale est indiquée dans les circonstances suivantes:

a) Une hématurie et une protéinurie persistent pendant plus d'un mois (néphrite chronique);

b) Il y a une histoire familiale de néphrite et/ou de surdité (néphrite d'Alport ou néphrite à membranes minces);

c) Une hématurie macroscopique récidivante est observée depuis plus d'un an (néphrite à IgA ou maladie de Berger);

d) Il y a une insuffisance rénale chronique ou une hypertension artérielle persistante (néphrite chronique);

e) Une maladie systémique est associée (lupus érythémateux, purpura rhumatoïde de Schönlein-Henoch ou autre vasculite).

4) Cystoscopie: elle est parfois indiquée si l'hématurie persiste plus de deux ans et semble terminale. On recherche alors un polype ou une cystite.

5) Artériographie rénale: elle est très rarement indiquée.

Lectures suggérées

Lieu TA, Grasmeder HM, Kaplan BS: An approach to the evaluation and treatment of microscopic hematuria. Pediatr Clin North Am 1991; 38: 579-592.

Norman ME: An office approach to hematuria and proteinuria. Pediatr Clin North Am 1987; 34: 545-560.

Robson WLM, Leung AKC: Clinical evaluation of children with hematuria. Can J Pediatr 1990; September: 16-29.

Hémorragies digestives   109

Michel Weber, Khazal Paradis, Arié Bensoussan

Généralités

La démarche clinique en cas d'hémorragie digestive haute ou basse doit tenir compte des principales causes possibles (tableau 32) et de leur fréquence relative.

Une lésion haute (située en amont de l'angle de Treitz) peut se manifester par une hématémèse; il peut s'agir de sang rouge en cas d'hémorragie importante et récente ou de «marc de café» lorsque le sang a séjourné dans l'estomac. Une lésion haute peut aussi se traduire par un méléna isolé. Lorsque l'hémorragie est très abondante, des rectorragies de sang rouge sont possibles. En cas de méléna actif, il est important de mettre en place une sonde gastrique et d'aspirer le contenu de l'estomac, afin de déterminer si le saignement est situé en amont ou en aval de l'angle de Treitz.

Une lésion basse (située en aval de l'angle de Treitz), selon son niveau, selon l'abondance de l'hémorragie et selon la vitesse du transit intestinal, se manifeste soit par du méléna (exemple: angiome de l'intestin grêle), soit par des rectorragies de sang rouge. Ces dernières résultent presque toujours d'une lésion anale, rectale ou colique gauche (exemple: polype rectal).

Lorsque le site de l'hémorragie est proximal (exemple: diverticule de Meckel), le sang est mélangé avec la selle; lorsque le site de l'hémorragie

Tableau 32 Principales causes d'hémorragies digestives

- Hémorragies hautes (peuvent aussi se manifester seulement par du méléna)
  - gastrite (2)(3)*
  - ulcère peptique de l'estomac ou du duodénum (2)(3)*
  - œsophagite peptique (2)*
  - varices œsophagiennes ou gastriques (2)(3)*
  - diathèse hémorragique (1)(2)(3)*
  - syndrome de Mallory-Weiss (déchirure de l'œsophage inférieur à la suite de vomissements) (3)
  - anomalies vasculaires du tube digestif supérieur (exemple : maladie de Rendu-Osler-Weber) (2)(3)
  - tumeurs du tube digestif supérieur (très rares) (2)(3)
- Hémorragies basses
  - sang maternel dégluti (pseudo-hémorragie digestive) (1)
  - entérocolite nécrosante (1)
  - fissure anale (2)(3)*
  - lésion rectale due au thermomètre (1)(2)*
  - gastro-entérite (surtout bactérienne) (2)(3)*
  - diverticule de Meckel (2)*
  - polypes (2)(3)*
  - invagination intestinale (2)*
  - purpura rhumatoïde de Schönlein-Henoch (2)*
  - allergie aux protéines bovines (1)(2)*
  - malformation vasculaire (maladie de Rendu-Osler et autres) (2)(3)
  - duplication intestinale (2)
  - hyperplasie lymphoïde
  - colite ulcéreuse (3)*
  - maladie de Crohn (3)*
  - syndrome hémolytique et urémique (2)*
  - diathèse hémorragique (1)(2)(3)*
  - tumeurs du tube digestif inférieur (très rares) (2)(3)

* Entités les plus fréquentes.
(1) Chez le nouveau-né.
(2) Chez le jeune enfant.
(3) Chez l'adolescent.

est distal (exemple : fissure anale), il recouvre la selle. En cas de doute quant à l'existence d'une hémorragie digestive basse, on recherche la présence de sang occulte dans les selles, obtenues au besoin par toucher rectal.

Une diathèse hémorragique peut causer une hémorragie digestive haute ou basse (exemple : coagulation intravasculaire disséminée); la plupart du temps, cette coagulopathie est connue ou évidente et le saignement anormal affecte simultanément plusieurs sites. Il est exceptionnel qu'une hémorragie digestive isolée résulte d'une diathèse hémorragique non connue; cependant, lorsque la cause de l'hémorragie demeure obscure, il est prudent d'effectuer une étude de la coagulation.

Pseudo-hémorragies digestives

Cette éventualité doit toujours être présente à l'esprit. Une pseudo-hémorragie digestive peut survenir dans les circonstances suivantes :
– Le nouveau-né peut déglutir du sang maternel, soit pendant l'accouchement, soit au cours de l'allaitement, lorsqu'il existe une fissure du mamelon, qui n'est pas toujours apparente. L'enfant peut présenter une hématémèse, du méléna ou même, en raison du transit intestinal rapide, des rectorragies de sang rouge ;
– L'épistaxis, qui n'est pas toujours évidente, peut causer une pseudo-hémorragie digestive haute ou basse chez l'enfant plus âgé ;
– Une hémoptysie peut être responsable d'une pseudo-hémorragie digestive haute ou basse ;
– Un pseudo-méléna peut être causé par l'ingestion de certains médicaments (exemple : fer) ; la recherche du sang occulte dans les selles est alors négative.

Évaluation générale, traitement de soutien et surveillance

1) Les signes et symptômes de préchoc et de choc hémorragique sont décrits dans le chapitre Choc hypovolémique. Si la tension artérielle systolique diminue de 10 mm Hg lors du passage de la position couchée à la position assise, le patient a perdu 10 à 20 % de son volume sanguin. La présence de méléna indique que l'hémorragie est abondante.
2) Surveiller étroitement les signes généraux.
3) Si l'hémorragie est importante, mettre en place une ou deux voies veineuses du plus gros calibre possible et commencer une perfusion de Ringer lactate ou de NaCl à 0,9 %. Au besoin, installer une voie veineuse permettant la mesure de la pression veineuse centrale.
4) S'il s'agit d'une hémorragie digestive haute, mettre en place une sonde gastrique du plus gros calibre possible (exemples : nouveau-né : calibre 10 ; adolescent : calibre 22), évacuer le sang de l'estomac, puis laver celui-ci au moyen de 50 à 150 mL de NaCl à 0,9 % glacé toutes les 30 minutes. Éviter l'hypothermie chez le jeune enfant.
5) Si l'hémorragie est importante ou risque de devenir importante, mettre du culot globulaire en réserve (environ 40 mL/kg).
6) Transfuser au besoin (voir Transfusions et réactions transfusionnelles).
7) Surveiller régulièrement le taux d'hémoglobine et l'hématocrite, en se souvenant du fait que ces paramètres ne rendent pas compte initialement de l'importance réelle de l'hémorragie.

Hémorragies digestives hautes

I. Explorations

1) Anamnèse : l'histoire familiale recherche des antécédents d'ulcère peptique ou de diathèse hémorragique. L'anamnèse personnelle estime la quantité de sang perdue et recherche les symptômes associés, ainsi que les éléments suivants :

a) Antécédents d'ulcère peptique, de douleurs épigastriques ou de stress récent (exemples : brûlure, intervention chirurgicale, etc.);

b) Antécédents de maladie hépatique (exemples : cirrhose, fibrose hépatique congénitale);

c) Antécédents de diathèse hémorragique (exemples : hémophilie, thrombopénie);

d) Prise récente de médicaments pouvant causer une gastrite ou des troubles de la coagulation (exemples : corticostéroïdes, acide acétylsalicylique ou autre anti-inflammatoire non stéroïdien).

2) Examen : il faut s'assurer d'abord que le sang ne provient pas des voies respiratoires supérieures. L'examen recherche les signes de choc ou de préchoc (voir Choc hypovolémique), ainsi que des signes de maladie hépatique (ictère, hépatomégalie, splénomégalie, etc.). On recherche aussi d'autres sites d'hémorragie (exemples : pétéchies, ecchymoses).

3) Examens paracliniques :

a) Il est important de mettre en place une sonde gastrique pour s'assurer qu'il y a réellement une hémorragie, pour évacuer le sang et pour quantifier le saignement d'heure en heure;

b) Si l'hémorragie est importante ou persistante, le meilleur moyen de diagnostic est l'œsophago-gastro-duodénoscopie au moyen d'un endoscope flexible; cet examen doit être pratiqué dès que possible. Il permet de préciser la cause et le site exact de l'hémorragie, qui ne sont pas toujours cliniquement évidents (exemple : un patient porteur de varices œsophagiennes peut saigner d'un ulcère peptique);

c) Lorsqu'il s'agit d'une hémorragie majeure et que l'endoscopie ne permet pas d'en identifier la cause, il faut parfois recourir à l'artériographie sélective (artères mésentériques supérieure et inférieure) ou à la scintigraphie aux globules rouges marqués.

II. Traitement

1) Traitement général : voir plus haut.

2) Traitement spécifique :

a) Ulcère peptique ou gastrite : voir Ulcère peptique;

b) Œsophagite peptique : voir Reflux gastro-œsophagien;

c) Varices œsophagiennes :

– Administrer de la vasopressine par voie IV, à raison de 0,3 U/kg (maximum chez le grand enfant : 20 U), diluée dans une solution glucosée à 5 %, en 20 minutes. Au besoin, cette dose peut être suivie d'une perfusion (0,2 à 0,4 U/1,73 m^2/minute); si l'hémorragie s'arrête, poursuivre la perfusion pendant une douzaine d'heures, puis la cesser progressivement;

– Lorsque l'hémorragie est réfractaire à la vasopressine, les injections sclérosantes, effectuées par voie endoscopique, remplacent la compression par le tube de Sengstaken-Blakemore.

Hémorragies digestives basses : principales entités

I. Chez le nouveau-né

1) Sang maternel dégluti au cours de l'accouchement ou de l'allaitement (fissure du mamelon) : il s'agit habituellement de méléna, mais, en raison du transit intestinal rapide, il peut aussi y avoir des rectorragies de sang rouge. La fissure du mamelon n'est pas toujours évidente. L'hémoglobine adulte (sang maternel) peut être différenciée de l'hémoglobine fœtale (sang de l'enfant) par le test à l'hydroxyde de sodium (test d'Apt).

2) Lésion rectale due au thermomètre.

3) Entérocolite nécrosante : elle doit être suspectée selon le contexte clinique (voir Entérocolite nécrosante).

4) Colite par intolérance aux protéines bovines : voir Allergies alimentaires.

II. Chez l'enfant

1) Gastro-entérite (surtout bactérienne) : le contexte de diarrhée est habituellement évident. Il s'agit le plus souvent de sang rouge en quantité faible à modérée (voir Gastro-entérite).

2) Fissure anale : c'est une cause très fréquente de rectorragies. Il s'agit d'habitude de filets de sang qui recouvrent les selles. On recherche un contexte de constipation et de douleur lors de la défécation. L'anuscopie est diagnostique. Voir Fissure et fistule anales.

3) Lésion rectale due au thermomètre.

4) Polypes juvéniles : la plupart sont situés au niveau du rectum et sont accessibles au toucher rectal. Ils causent des rectorragies de sang rouge, non mélangé avec les selles. L'exérèse est faite par voie endoscopique.

5) Colite par intolérance aux protéines bovines : ce problème survient seulement chez le nourrisson (voir Allergies alimentaires).

6) Invagination intestinale : ce problème survient surtout avant l'âge de trois ans. Le sang ressemble à de la gelée de groseilles et il y a le plus souvent un contexte de douleurs abdominales paroxystiques (voir Invagination intestinale).

7) Diverticule de Meckel : il cause des rectorragies souvent abondantes, qui ne sont pas associées à de la douleur. Classiquement, les selles ont une coloration rouge brique. Le diagnostic est confirmé par la scintigraphie abdominale au pertechnétate, qui permet de mettre en évidence la muqueuse gastrique ectopique. Le traitement est chirurgical.

8) Hyperplasie lymphoïde : il s'agit d'une cause assez rare d'hémorragies digestives basses. Elle peut affecter le côlon et s'étendre à l'intestin grêle. Le diagnostic peut être fait par le lavement opaque ou la coloscopie. Il n'y a pas de traitement spécifique. L'évolution naturelle est favorable.

9) Purpura de Schönlein-Henoch : voir Purpura rhumatoïde de Schönlein-Henoch.

10) Duplication intestinale : elle est difficile à mettre en évidence par le transit du grêle et le lavement opaque. L'échographie abdominale montre parfois la présence d'une masse kystique. Le traitement est chirurgical.

11) Syndrome hémolytique et urémique : voir Syndrome hémolytique et urémique.

12) Hémangiomes de l'intestin (rares) : ils peuvent causer des hémorragies occultes ou massives. Lorsqu'ils sont situés au niveau du côlon, ils sont mis en évidence par la coloscopie. Lorsqu'ils affectent l'intestin grêle, le diagnostic est plus difficile ; il peut être fait et les lésions peuvent être localisées lors d'un épisode hémorragique important par l'artériographie sélective de l'artère mésentérique ou la scintigraphie aux globules rouges marqués. Le traitement est chirurgical lorsque la lésion est localisée.

III. Chez l'adolescent

1) Gastro-entérite : voir Gastro-entérite.

2) Polypes :

– Polypes juvéniles (voir plus haut) ;

– Polypose familiale : elle est transmise selon le mode autosomique dominant. Le diagnostic repose sur l'histoire familiale et sur la coloscopie avec biopsie. Le risque d'évolution vers le cancer du côlon est élevé, c'est pourquoi une surveillance endoscopique régulière est indiquée et, souvent, une colectomie totale ;

– Syndrome de Gardner : ce syndrome rare est transmis selon le mode autosomique dominant. Les polypes multiples sont associés à des tumeurs osseuses ; ils peuvent devenir cancéreux ;

– Syndrome de Peutz-Jeghers : il est également transmis selon le mode autosomique dominant. Le diagnostic repose sur l'histoire familiale et sur la présence de taches pigmentées au niveau des lèvres et des gencives.

3) Maladie de Crohn : voir Maladie de Crohn.

4) Colite ulcéreuse : voir Colite ulcéreuse.

5) Hémangiomes de l'intestin : voir plus haut.

Lectures suggérées

Ament ME : Diagnosis and management of upper gastrointestinal tract bleeding in the pediatric patient. Pediatr Rev 1990 ; 12 : 107-116.

Hyams JS : Recent advances in diagnosis and treatment of gastrointestinal hemorrhage in infants and children. J Pediatr 1985 ; 106 :1-9.

Oldham KT, Lobe TE : Gastrointestinal hemorrhage in children. A pragmatic update. Pediatr Clin North Am 1985 ; 32 : 1247-1263.

Silber G : Lower gastrointestinal bleeding. Pediatr Rev 1990 ; 12 : 85-93.

Hépatites virales   110

Gilles Delage, Khazal Paradis, Michel Weber, Marc Lebel

Généralités

De nombreux virus peuvent causer une hépatite :

1) Le virus de l'hépatite A (VHA) est transmis par voie fécale-orale. Cette maladie est très fréquente dans les pays où l'hygiène est déficiente. Les enfants qui fréquentent une garderie ou crèche courent un risque accru. La période d'incubation dure 15 à 50 jours (moyenne : 25 à 30 jours). Une évolution vers l'hépatite fulminante ne survient que dans 0,1 % des cas environ. Ce virus ne cause pas de maladie hépatique chronique.

2) Le virus de l'hépatite B (VHB) peut être transmis :
   a) Verticalement de la mère à son nouveau-né ;
   b) Par transfusion de sang contaminé ou de ses dérivés ; actuellement, le sang des donneurs fait l'objet d'un dépistage systématique ;
   c) Par des aiguilles contaminées ;
   d) Par un contact sexuel ;
   e) Par des contacts normaux non sexuels à l'intérieur d'une famille ;
   f) Par voie horizontale entre les jeunes enfants.

   La période d'incubation dure 45 à 160 jours (moyenne : 120 jours). Une évolution vers l'hépatite fulminante s'observe dans 1 % des cas en moyenne. Cette infection peut causer une atteinte hépatique chronique qui, à la longue, peut se compliquer elle-même d'un cancer du foie.

3) Le virus de l'hépatite C (VHC) est le principal responsable des hépatites transfusionnelles. Il peut aussi être transmis par des aiguilles contaminées et, peut-être, par contact sexuel. La période d'incubation dure 14 à 180 jours (moyenne : 42 jours). Elle ne semble pas évoluer vers l'hépatite fulminante. Une atteinte hépatique chronique peut survenir et des observations récentes ont démontré une association avec le développement de l'hépatocarcinome.

4) Le virus de l'hépatite delta (VHD) ne se retrouve que chez les personnes porteuses du virus de l'hépatite B, notamment chez les utilisateurs de drogues. La période d'incubation dure environ 28 à 56 jours. Jusqu'à 15 % des cas évoluent vers l'hépatite fulminante. Une atteinte hépatique chronique peut survenir.

5) Le virus de l'hépatite E (VHE) est transmis par voie fécale-orale. Il est surtout prévalent dans les pays en développement. La durée moyenne de la période d'incubation est de sept semaines. Une évolution vers l'hépatite fulminante est notée dans 0 à 3 % des cas, plus fréquemment chez la femme enceinte (17 à 33 %). Cette infection n'évolue pas vers une hépatite chronique.

6) De nombreux autres virus peuvent causer des hépatites, parmi lesquels l'adénovirus, le cytomégalovirus, des entérovirus comme le virus

ECHO, le virus Epstein-Barr, l'*Herpèsvirus*, le virus de l'immunodéficience acquise et le virus de la varicelle.

N.B. : Certaines hépatites ne sont pas d'origine infectieuse ; elles peuvent notamment être d'origine toxique (exemple : intoxication par l'acétaminophène ou paracétamol), auto-immune ou métabolique (exemple : maladie de Wilson, déficit en alpha-1-antitrypsine). Une hépatite non infectieuse peut aussi accompagner une maladie inflammatoire chronique de l'intestin (tableau 33).

Manifestations cliniques

La majorité des jeunes enfants atteints d'hépatite A ou B n'ont aucun symptôme tandis que les adolescents et les adultes sont fréquemment ictériques. Les hépatites se manifestent souvent par des symptômes peu spécifiques : anorexie, céphalées, fatigue, malaises généraux, nausées, vomissements, fièvre légère, etc. Le foie est fréquemment augmenté de volume et douloureux. L'urine peut être foncée et les selles pâles.

Explorations

L'anamnèse et l'examen sont importants : ils peuvent souvent donner des indices quant à la nature de l'infection :

1) Un contexte clinique ressemblant à celui d'une mononucléose infectieuse (pharyngite, adénopathies, splénomégalie) peut suggérer une infection à virus Epstein-Barr ou à cytomégalovirus ;

Tableau 33 Principales causes d'hépatite

– Virales
  – hépatites A, B, C, delta et E
  – cytomégalovirus
  – virus Epstein-Barr (mononucléose infectieuse)
  – virus de l'immunodéficience acquise (SIDA)
  – *Herpèsvirus* (nouveau-né surtout)
  – entérovirus (ECHO et autres)
  – virus de la varicelle
  – adénovirus
– Toxiques
  – substances non médicamenteuses (exemple : champignons)
  – substances médicamenteuses
    – doses normales (exemples : agents anesthésiques, érythromycine, acide valproïque, acide acétylsalicylique)
    – doses toxiques (exemple : acétaminophène ou paracétamol)
– Auto-immunes (exemples : hépatite avec anticorps antimuscle lisse ou antiréticulum endoplasmique, hépatite lupique)
– Métaboliques (exemples : tyrosinémie, maladie de Wilson, déficit en alpha-1-antitrypsine)
– Inflammatoires (exemples : maladie de Kawasaki, maladies inflammatoires chroniques de l'intestin)

2) S'il s'agit d'un nouveau-né, on suspecte surtout l'*Herpèsvirus* ou un virus ECHO;

3) Un prodrome ressemblant à une maladie sérique ou un syndrome de Giannoti-Crosti (éruption papuleuse à distribution symétrique d'une durée de quelques semaines) se rencontrent surtout en cas d'hépatite B;

4) Lorsque le patient utilise des drogues par voie intraveineuse, on pensera surtout à une hépatite B ou C;

5) L'hépatite A est suspectée chez le jeune enfant qui fréquente une garderie (crèche).

L'examen recherche surtout l'ictère et l'hépatomégalie.

Les transaminases sont élevées et la bilirubine peut être normale ou augmentée. Dans les cas graves, il faut surveiller l'hémogramme, la glycémie et les facteurs de coagulation (voir Insuffisance hépatique aiguë).

Il est important de poser un diagnostic spécifique car les mesures épidémiologiques et le pronostic diffèrent selon le type de virus en cause. Ce diagnostic spécifique repose sur les épreuves sérologiques pour les hépatites A, B et C. Si elles sont négatives, il y a lieu de rechercher d'autres agents comme le cytomégalovirus ou le virus Epstein-Barr. Voici les principaux marqueurs sérologiques utilisés:

1) Hépatite A:

- Anticorps de la classe IgM anti-VHA: ils se retrouvent seulement lors d'une hépatite aiguë de type A et signent le diagnostic. Ils disparaissent trois à six mois après l'infection;

- Titre total d'anticorps anti-VHA: il est utilisé pour évaluer l'état d'immunité d'un individu, particulièrement avant d'entreprendre un voyage dans une région endémique.

2) Hépatite B:

- Antigène de surface de l'hépatite B ou HBsAg: il se retrouve en cas d'infection aiguë ou chronique. La présence de ce marqueur indique qu'il y a une infection active et que le patient est contagieux;

- Anticorps contre l'antigène de surface de l'hépatite B ou anti-HBs: la présence de ces anticorps indique que le patient est immunisé, soit parce qu'il a eu une hépatite B, soit parce qu'il a été vacciné;

- Titre total d'anticorps contre l'antigène capsidique (*core*) du virus de l'hépatite B ou anti-HBc. Ce marqueur se retrouve en phase aiguë, en phase chronique et lorsque l'hépatite est guérie;

- Anticorps de la classe IgM contre l'antigène capsidique (*core*) du virus de l'hépatite B ou IgM anti-HBc: ce marqueur se retrouve seulement en cas d'hépatite B aiguë ou récente; il disparaît en six à huit mois, que l'hépatite soit guérie ou qu'elle passe à la chronicité;

- Antigène «e» de l'hépatite B ou HBeAg: on ne le retrouve que chez les patients présentant une infection active; il indique que le patient est hautement contagieux. Il se retrouve le plus souvent chez les porteurs chroniques du virus;

– Anticorps contre l'antigène «e» de l'hépatite B ou anti-HBe : cet anticorps se retrouve chez le patient présentant une infection active; sa présence indique qu'il est peu contagieux. Il peut aussi se retrouver au cours de la convalescence d'une hépatite B.

3) Hépatite C :

– Anticorps contre le virus de l'hépatite C ou anti-VHC : ces anticorps apparaissent 2 à 11 semaines après le début d'une hépatite C; leur présence indique soit une hépatite C aiguë ou récente, soit une hépatite C chronique. La sensibilité est supérieure à 90 % et la spécificité à 99 %.

4) Hépatite delta :

– Anticorps contre le virus de l'hépatite delta ou anti-VHD : ces anticorps apparaissent pendant la phase aiguë d'une hépatite delta et ils persistent, que la maladie guérisse ou qu'elle passe à la chronicité.

Traitement

I. Hépatite non compliquée

Il n'y a pas de traitement. L'enfant peut rester à la maison. Aucune restriction diététique n'est indiquée et il faut veiller à une alimentation équilibrée. Le repos ne doit pas être imposé.

II. Hépatite grave

L'hospitalisation est indiquée si l'enfant présente des troubles de l'hémostase, des vomissements incoercibles, une anorexie grave ou des perturbations de l'état de conscience. Les modalités de surveillance et de traitement sont détaillées dans le chapitre Insuffisance hépatique aiguë.

III. Hépatites B et C chroniques actives

Le traitement à l'interféron alpha semble donner des résultats encourageants.

Complications

Troubles de la coagulation, hypoglycémie, encéphalopathie, insuffisance hépatique aiguë. Les hépatites B, C et delta peuvent évoluer vers une maladie hépatique chronique avec cirrhose; à long terme, celle-ci constitue un facteur de risque pour le cancer du foie.

Pronostic

La plupart des hépatites guérissent sans séquelles. Le risque d'hépatite fulminante ou d'évolution vers une maladie hépatique chronique varie selon le type (voir plus haut). La mortalité de l'hépatite fulminante est très élevée.

Prévention

Les mesures préventives à appliquer dans la famille, la garderie (crèche) et à l'hôpital varient selon le type d'hépatite : mesures entériques en cas d'hépatite A et mesures requises lors du contact avec du sang ou d'autres liquides biologiques en cas d'hépatite B (voir Prévention des infections en milieu hospitalier, Problèmes épidémiologiques courants à la garderie ou crèche).

1) Hépatite A :

   a) Immunisation passive : elle consiste à administrer une dose de gammaglobulines par voie intramusculaire aux personnes qui ont été en contact avec un patient atteint, soit dans la famille, soit à la garderie (crèche). L'injection doit être faite le plus tôt possible et dans tous les cas moins de deux semaines après le contact. La posologie est la suivante :

     – Canada : 0,02 mL/kg IM en 1 fois (maximum : 2 mL) ;

     – France :

       – gammaglobuline polyvalente (exemple : Gamma 16 Mérieux) : 0,05 mL/kg IM en 1 fois (maximum : 4 mL) ;

       – gammaglobuline spécifique :

         – chez l'enfant : 2 mL IM en 1 fois ;

         – chez l'adolescent et l'adulte : 5 mL IM en 1 fois.

   b) Immunisation active : le vaccin contre l'hépatite A (Canada, France : Havrix) est administré aux personnes qui ont l'intention d'effectuer un séjour dans un pays où l'hygiène est déficiente. Ce vaccin est administré en 3 doses : les 2 premières sont données avec un intervalle de 2 à 4 semaines et la troisième 6 à 12 mois plus tard.

2) Hépatite B :

Lorsqu'il y a un risque de transmission, il faut recourir à une combinaison d'immunisation active et passive, le plus rapidement possible après le contact.

   a) Indications :

     – Nouveau-né dont la mère est atteinte d'hépatite B aiguë ou porteuse chronique du virus VHB ;

     – Patients atteints d'hépatite B aiguë : seuls doivent recevoir le traitement préventif les partenaires sexuels et les enfants de moins de cinq ans dont la mère est atteinte, surtout s'ils sont allaités ;

     – Toute personne vivant sous le même toit qu'un porteur chronique de l'hépatite B (vaccin seulement, pas de gammaglobuline) ;

     – Piqûre accidentelle avec une aiguille qui pourrait être contaminée avec le VHB ;

     – Éclaboussure d'une muqueuse par du sang contaminé.

b) Modalités :
- Chez le nouveau-né :
  - Gammaglobuline hyperimmune ou spécifique contre l'hépatite B, à administrer IM en une fois, le plus tôt possible après la naissance :
    - Canada : 0,5 mL ;
    - France : 30 UI/kg (1 mL = 100 UI) ;
  - Première dose de vaccin contre l'hépatite B à la naissance, deuxième dose un mois plus tard et troisième dose six mois plus tard (cette posologie peut varier selon le type de vaccin ; vérifier les recommandations du fabricant) ;
- Après la période néonatale :
  - Gammaglobuline hyperimmune ou spécifique contre l'hépatite B IM en une fois, moins de sept jours après l'exposition :
    - Canada : 0,06 mL/kg (maximum : 5 mL) ;
    - France : 8 UI/kg (1 mL = 100 UI) ; maximum : 500 UI, soit 5 mL ;
  - Première dose de vaccin contre l'hépatite B lors de l'exposition, deuxième dose un mois plus tard et troisième dose six mois plus tard (cette posologie peut varier selon le type de vaccin ; vérifier les recommandations du fabricant).

Les indications du vaccin contre l'hépatite B en prévision d'un contact possible sont détaillées dans le chapitre Vaccinations.

3) Hépatite C : l'effet préventif des gammaglobulines demeure incertain.

Lectures suggérées

Balistreri WF : Viral hepatitis. Pediatr Clin North Am 1988 ; 35 : 637-669.
Delage G, Paradis KJG : Diagnosis and management of viral hepatitis. Contemporary Pediatrics 1991 ; May/June : 6-13.
Edwards MS : Hepatitis B serology. Help in interpretation. Pediatr Clin North Am 1988 ; 35 : 503-515.
Hesham A, Kader H, Balistreri WF : Hepatitis C virus : implications to pediatric practice. Pediatr Infect Dis J 1993 ; 12 : 853-867.
Krugman S : Viral hepatitis : A, B, C, D and E. Infection. Pediatr Rev 1992 ; 13 : 203-212.
Krugman S : Viral hepatitis : A, B, C, D and E. Prevention. Pediatr Rev 1992 ; 13 : 245-247.
Pickering LK : Management of the infant of a mother with viral hepatitis. Pediatr Rev 1988 ; 9 : 315-320.
West DJ, Calandra GB, Ellis RW : Vaccination of infants and children against hepatitis B. Pediatr Clin North Am 1990 ; 37 : 585-601.
West DJ, Margolis HS : Prevention of hepatitis B virus infection in the United States : a pediatric perspective. Pediatr Infect Dis J 1992 ; 11 : 866-874.

Hépatomégalie 111

Michel Weber, Khazal Paradis, Michèle David, Grant Mitchell

Généralités

Le foie est palpable chez la majorité des nouveau-nés normaux, jusqu'à 3 cm sous le rebord costal droit. Après l'âge de deux ans environ, le foie est rarement palpable. Sa hauteur est égale à la distance entre son bord supérieur, déterminé par la percussion, et son bord inférieur localisé par la palpation, à hauteur de la ligne médio-claviculaire droite. En moyenne, cette hauteur varie normalement de 5 cm chez le nouveau-né à 7 cm vers 12 ans. Si on ne se fie qu'à la palpation, on peut trouver une pseudo-hépatomégalie en cas de ptose ou de maladie pulmonaire obstructive, lorsque la coupole diaphragmatique droite refoule le foie vers le bas (exemple: bronchiolite).

La démarche diagnostique s'inspire de la connaissance des principales causes d'hépatomégalie (tableau 34) et de leurs fréquences relatives aux différents âges.

Démarche clinique

Elle est orientée par l'anamnèse et l'examen.

Le type et l'étendue des investigations sont influencés notamment par l'importance de l'hépatomégalie, par la consistance du foie, le caractère lisse ou bosselé de sa surface, ainsi que par le tableau clinique global.

1) Les anémies hémolytiques sont révélées par l'hémogramme. Une splénomégalie est souvent associée. Au cours des poussées, on peut noter une pâleur et un ictère. Le diagnostic différentiel est détaillé dans le chapitre consacré aux anémies.

Tableau 34 Principales causes d'hépatomégalie

- Anémies hémolytiques: érythroblastose fœtale, anémie falciforme (drépanocytose), thalassémie
- Infections
    - bactériennes
        - abcès hépatique
        - brucellose
        - endocardite
        - septicémie
        - syndrome de Fitz-Hugh-Curtis (périhépatite à *Neisseria gonorrhœæ*)
    - mycotiques (exemple: histoplasmose)
    - parasitaires
        - amibiase
        - échinococcose
        - malaria (paludisme)

Tableau 34 Principales causes d'hépatomégalie *(suite)*

- schistosomiase
- toxoplasmose congénitale (forme tardive) ou acquise
- virales
  - infections congénitales (cytomégalovirus, virus de la rubéole, *Herpèsvirus*) de forme tardive
  - hépatites A, B, C et delta, à virus Epstein-Barr, à *Herpèsvirus*, à virus Coxsackie, à cytomégalovirus, etc.
  - syndrome d'immunodéficience acquise (SIDA)
  - syphilis
  - tuberculose
- Maladies de surcharge et autres maladies métaboliques : maladies de Gaucher, de Niemann-Pick, de Sandhoff, de Wolman, glycogénoses, mucopolysaccharidoses, tyrosinémie et autres amino-acidopathies, cystinose (hépatomégalie inconstante), galactosémie, intolérance héréditaire au fructose, maladie de Wilson, déficit en alpha-1-antitrypsine, etc.
- Maladies du collagène : arthrite rhumatoïde juvénile (forme systémique ou maladie de Still), lupus érythémateux
- Maladies granulomateuses (exemple : sarcoïdose)
- Maladies hépatiques
  - atrésie des voies biliaires
  - cholangite sclérosante
  - fibrose hépatique congénitale
  - hépatites auto-immunes
  - hépatite néonatale
  - hépatites toxiques
- Stase veineuse
  - insuffisance cardiaque
  - obstruction des veines sus-hépatiques (syndrome de Budd-Chiari)
  - péricardite constrictive
  - tamponnade cardiaque
- Stéatose
  - médicamenteuse (corticostéroïdes)
  - diabète mal contrôlé
  - fibrose kystique (mucoviscidose)
  - hyperalimentation parentérale
  - jeûne, malnutrition
  - syndrome de Reye
- Tumeurs
  - néoplasies généralisées (histiocytose, leucémie aiguë, lymphome)
  - tumeurs primitives
    - bénignes (exemple : kystes, hémangio-endothéliome, hamartome, etc.)
    - malignes (hépatoblastome et autres)
  - tumeurs secondaires
    - métastases (exemples : neuroblastome, tumeur de Wilms)
- Divers
  - ostéopétrose
  - syndrome de Beckwith-Wiedemann

2) À tous les âges, de multiples processus infectieux peuvent être responsables d'une hépatomégalie, surtout aiguë, et souvent associée à une splénomégalie. La mononucléose infectieuse est un exemple particulièrement fréquent. La plupart du temps, le contexte clinique est suggestif; la fièvre constitue un indice majeur. Il est important de demander si l'enfant a effectué récemment un voyage, car plusieurs maladies tropicales, la plupart du temps parasitaires, peuvent être en cause (exemple: malaria). Les hépatites virales sont souvent anictériques chez l'enfant; l'élévation des transaminases et les épreuves sérologiques permettent de confirmer le diagnostic (voir Hépatites virales).

3) Diverses maladies métaboliques peuvent être responsables d'une hépatomégalie, surtout chez le nouveau-né et le nourrisson (voir Maladies métaboliques du nouveau-né). Bien que ces affections soient rares, le clinicien doit y penser car la promptitude du diagnostic et du traitement est parfois cruciale (exemple: alimentation sans lactose en cas de galactosémie). Certains indices peuvent orienter dans cette direction: détérioration inexpliquée de l'état neurologique, ictère, acidose métabolique, etc. Plusieurs maladies de surcharge doivent être prises en considération en cas d'hépatomégalie chronique, le plus souvent avec splénomégalie; elles peuvent être associées ou non à des manifestations squelettiques, ophtalmologiques ou neurologiques progressives.

4) Les maladies hépatiques proprement dites, aiguës ou chroniques, viennent en bonne place dans le diagnostic différentiel d'une hépatomégalie. On recherche systématiquement d'autres indices cliniques comme un ictère, un prurit, une ascite, une circulation collatérale abdominale, etc. Parmi les entités les plus fréquentes chez le nourrisson présentant un ictère cholestatique, l'atrésie des voies biliaires et l'hépatite néonatale (voir Ictère) occupent une place prédominante; il est important d'établir rapidement un diagnostic précis. Les cirrhoses, aux étiologies multiples, peuvent se manifester à tous les âges. La fibrose hépatique congénitale peut être responsable d'une hépatomégalie sans autre signe d'atteinte hépatique; l'hypertension portale qui en résulte est responsable de l'apparition précoce d'une splénomégalie et l'atteinte rénale associée, révélée par l'échographie, est caractéristique.

5) L'insuffisance cardiaque est une cause importante d'hépatomégalie chez l'enfant. La plupart du temps, certains autres indices cliniques de maladie cardiaque sont évidents: détresse respiratoire, cyanose, râles pulmonaires fins, tachycardie, souffle cardiaque, anomalies des pouls périphériques, etc.

6) La stéatose hépatique, résultant notamment d'un état de malnutrition ou d'un traitement aux corticostéroïdes, constitue une autre cause d'hépatomégalie. L'étiologie en est habituellement évidente.

7) Les tumeurs hépatiques sont rares. Il faut y penser lorsqu'on trouve une masse dure au niveau de l'hypochondre droit. Chez le nouveau-né, la plupart de ces tumeurs sont bénignes. L'hémangio-endothéliome,

associé ou non à des angiomes cutanés, peut être responsable d'une insuffisance cardiaque; l'auscultation de la masse peut révéler un souffle. Chez l'enfant plus âgé, la possibilité d'une tumeur maligne, en particulier d'un hépatoblastome, doit dominer les préoccupations; dans ce cas, l'élévation de l'alphafœtoprotéine constitue un indice paraclinique important. L'approche diagnostique est détaillée dans le chapitre Masses abdominales. L'hépatomégalie fait souvent partie du tableau clinique de la leucémie aiguë, du lymphome et de l'histiocytose; le plus souvent, l'ensemble du tableau clinique est fortement suggestif. Un foie bosselé doit faire penser à des métastases provenant, par exemple, d'un neuroblastome ou d'une tumeur de Wilms; occasionnellement, l'hépatomégalie constitue le mode de présentation de ces tumeurs.

Lectures suggérées

Ashkenazi S, Mimouni F, Merlob P, et al.: Size of liver edge in full term healthy infants. Am J Dis Child 1984; 138: 377-378.

Lawson EE, Grand RJ, Neff RK, Cohen LF: Clinical estimation of liver span in infants and children. Am J Dis Child 1978; 132: 474-476.

Reiff MI: Clinical estimation of liver size in newborn infants. Pediatrics 1983; 71: 46-48.

Walker WA, Mathis RK: Hepatomegaly. An approach to differential diagnosis. Pediatr Clin North Am 1975; 22: 929-942.

Younoszai MK, Muelle S: Clinical assessment of liver size in normal children. Clin Pediatr 1975; 14: 378-380.

Hernie diaphragmatique   112

Sylviane Forget, Arié Bensoussan, Grant Mitchell, Philippe Chessex, Jacques Boisvert

Généralités

L'incidence de la hernie diaphragmatique est d'environ 1 sur 2 500 naissances. Cette malformation est plus fréquente chez les garçons et se retrouve surtout chez les nouveau-nés à terme.

Dans environ 90 % des cas, la hernie se situe au niveau de la région postéro-latérale du diaphragme (hernie de Bochdalek) et, le plus souvent, du côté gauche. Les autres se situent dans la région parasternale (hernie de Morgagni) ou centrale.

Dans près de la moitié des cas, il existe une ou plusieurs malformations associées du tube neural, du cœur, du système digestif, de l'appareil génito-urinaire, du système respiratoire ou du squelette. Une aberration chromosomique est présente dans 4 % des cas.

La principale conséquence de cette malformation est l'hypoplasie pulmonaire homolatérale ou même hétérolatérale. Il peut en résulter une hypertension pulmonaire persistante et un shunt droit-gauche au niveau du foramen ovale et du canal artériel. La présence d'anses intestinales dans le thorax signifie qu'il y a une malrotation.

Manifestations cliniques

La malformation est souvent détectée par l'échographie obstétricale.

La hernie diaphragmatique se manifeste le plus souvent chez le nouveau-né par une détresse respiratoire. On peut noter un thorax «en tonneau», un abdomen scaphoïde et des bruits cardiaques déplacés du côté opposé à la hernie. Du côté atteint, le murmure vésiculaire est diminué, et on peut parfois entendre du péristaltisme.

Dans une minorité des cas, la malformation est découverte tardivement, soit de façon fortuite, soit à l'occasion de troubles digestifs ou respiratoires.

Explorations

La plupart du temps, le diagnostic est évident à la radiographie pulmonaire simple : on note la présence d'anses intestinales dans l'hémithorax, le plus souvent du côté gauche. Le cœur et les structures médiastinales sont repoussées de l'autre côté. Il y a peu d'air dans l'abdomen. Le diagnostic différentiel radiologique inclut l'éventration diaphragmatique, l'emphysème lobaire congénital et la malformation adénomatoïde du poumon.

Traitement

Il faut éviter la ventilation au masque, qui peut aggraver la situation en augmentant la quantité d'air présente dans les anses intestinales. S'il est en détresse, il est préférable d'intuber d'emblée l'enfant et de le ventiler avec une fréquence élevée et un volume courant bas afin de minimiser le risque de pneumothorax. Une sédation, associée ou non à une paralysie musculaire, est souvent utile. On draine les sécrétions gastriques et on installe une perfusion. Certains centres préconisent une oxygénation extracorporelle lorsque le pronostic est sombre. La correction chirurgicale est effectuée aussi tôt que possible, dès que l'état de l'enfant est stabilisé. Il s'agit d'une laparotomie du côté de la hernie, d'une réduction des viscères digestifs, d'une fermeture du diaphragme et d'une cure de malrotation. La mise en place d'une prothèse synthétique est parfois nécessaire lorsque la réparation du diaphragme risque de créer une tension excessive.

Pronostic

Plusieurs facteurs peuvent assombrir le pronostic : hydramnios, hypertension pulmonaire persistante, acidémie grave, hypoplasie pulmonaire marquée. Lorsque la détresse respiratoire apparaît au cours des 6 premières heures de vie, la mortalité atteint 50 à 75 % ; si elle se manifeste après 24 à 36 heures, la mortalité diminue aux environs de 20 %. La réexpansion pulmonaire se fait en quelques jours ou quelques semaines. Le risque de récidive d'une hernie diaphragmatique postéro-latérale isolée dans la fratrie est de 1 à 2 % lors de chaque grossesse.

Lecture suggérée

Weinstein S, Stolar CJH : Newborn surgical emergencies. Congenital diaphragmatic hernia and extracorporeal membrane oxygenation. Pediatr Clin North Am 1993 ; 40 : 1315-1333.

Hernies   113

Michel Weber, Arié Bensoussan
Voir aussi Hernie diaphragmatique.

Hernie inguinale

Dans la population générale, l'incidence de la hernie inguinale est d'environ 1 %, mais elle est beaucoup plus élevée chez le prématuré. Elle est presque toujours indirecte. Elle est neuf fois plus fréquente chez le garçon que chez la fille. La présence de cette anomalie chez une fille doit faire penser à la possibilité d'un syndrome du testicule féminisant. La hernie inguinale s'observe du côté droit dans 60 % des cas et du côté gauche dans 30 %. Elle est bilatérale dans 10 à 20 % des cas chez le garçon et dans 80 % des cas chez la fille de moins de deux ans.

La plupart du temps, les parents notent la présence, souvent intermittente, d'une masse dans la région inguino-scrotale. L'enfant se plaint parfois d'une douleur inguinale. Si la masse est absente au moment de l'examen, il y a intérêt à mettre l'enfant en position debout. Cette masse est molle et d'habitude facilement réductible avec des bruits hydro-aériques caractéristiques. Contrairement à l'hydrocèle, elle ne transillumine pas.

En raison du risque d'étranglement, plus élevé au cours des deux premières années de vie, la hernie inguinale doit être opérée sans tarder. L'intervention ne nécessite pas d'hospitalisation, sauf s'il s'agit d'un prématuré (risque d'apnée postopératoire) ou d'un enfant atteint d'une maladie chronique comme l'asthme, la fibrose kystique (mucoviscidose) ou le diabète.

En cas d'étranglement, on note une douleur, une hyperhémie, ainsi qu'une augmentation de volume de la hernie, qui cesse d'être réductible. Un tableau clinique d'occlusion intestinale peut se développer au cours des quatre à six heures qui suivent. Une réduction manuelle peut souvent être effectuée sous sédation, en position de Trendelenburg; lorsque ce n'est pas le cas, un traitement chirurgical immédiat est indiqué, afin d'éviter une nécrose intestinale et une résection.

Hernie ombilicale

L'incidence de la hernie ombilicale est de 4 % environ chez les enfants blancs et de 40 % chez les noirs. Chez de rares patients, elle fait partie du tableau clinique de l'hypothyroïdie congénitale, de la maladie de Hurler ou du syndrome de Beckwith-Wiedemann. Le diagnostic est évident à l'examen. Le risque d'étranglement est minime. Mises à part les plus volumineuses, la plupart des hernies ombilicales disparaissent spontanément : environ 85 % sont fermées à l'âge de six ans. Le traitement chirurgical n'est donc habituellement pas nécessaire, sauf si la hernie persiste au-delà de quatre à cinq ans.

Lecture suggérée

Scherer LR, Grosfeld JL : Inguinal hernia and umbilical anomalies. Pediatr Clin North Am 1993 ; 40 : 1121-1131.

Hospitalisation   114

Michel Weber, Gloria Jeliu, Yvon Gauthier

Généralités

L'hospitalisation peut constituer un événement traumatisant pour l'enfant. Il est soudain séparé de ses parents attentionnés et bienveillants. Il est enlevé à son univers familier pour se retrouver dans un milieu souvent hostile. L'alternance de la clarté et de l'obscurité s'efface en partie et la nuit est peuplée de bruits inhabituels. On le garde à jeun, on l'attache, on le pique souvent de façon répétitive, on l'opère, et des dizaines d'inconnus parfois vêtus de façon étrange ou même masqués s'approchent de lui, souvent en groupes, pour lui faire mal ou le regarder comme une bête curieuse, etc. Le jeune enfant ne peut comprendre ce qui lui arrive, tandis que l'enfant plus âgé peut y être préparé et comprendre les explications qu'on lui donne.

Le traumatisme de l'hospitalisation paraît le plus évident chez l'enfant de un à cinq ans; il s'accroît si l'hospitalisation est longue, ou, dans le cas d'hospitalisations multiples, si leur durée cumulative est élevée.

La réaction du jeune enfant à l'hospitalisation est bien connue : après une période de révolte et de désespoir évidents, il semble s'habituer et donne l'impression que tout va bien, alors que s'installe un état dépressif de gravité variable. Un ralentissement ou une régression des acquisitions psychomotrices résulte fréquemment d'une hospitalisation prolongée ou d'hospitalisations multiples.

Divers problèmes comme des troubles du sommeil, des difficultés alimentaires ou une énurésie secondaire peuvent apparaître lors du retour à la maison. L'hospitalisation de l'enfant peut aussi désorganiser sa famille ; elle peut être la source d'une anxiété importante et obliger les parents à s'absenter de leur travail. Des problèmes de transport et de gardiennage des autres enfants se posent fréquemment.

Stratégies d'atténuation

Plusieurs stratégies permettent de réduire le traumatisme de l'hospitalisation :

I. Éviter l'hospitalisation

Une consultation externe bien organisée permet souvent de mener à bien des explorations complexes. Les services de chirurgie d'un jour ont prouvé depuis de nombreuses années qu'un grand nombre d'interventions chirurgicales (adénoïdectomie, amygdalectomie, herniorraphie, cure de strabisme, etc.) peuvent être réalisées sans hospitalisation et sans accroissement du risque de complications postopératoires. Les enfants ne devraient être hospitalisés pour des problèmes sociaux qu'en cas d'urgence.

II. Réduire la durée de l'hospitalisation

Lorsqu'une hospitalisation est inévitable, elle doit être raccourcie au maximum ; ceci exige une bonne planification des explorations et des traitements. Un renvoi précoce de l'enfant à la maison est plus facile si un suivi en consultation externe ou à domicile est possible.

III. Soigner la décoration

Le choix des couleurs et la décoration des unités d'hospitalisation devraient correspondre aux goûts et aux intérêts de chaque groupe d'âge. Une salle de jeux et une salle à manger accueillantes et séparées devraient exister dans chaque unité.

IV. Favoriser la présence d'objets familiers

L'enfant doit être encouragé à apporter avec lui à l'hôpital certains objets familiers (vêtement, poupée, jouet, objet transitionnel, etc.).

V. Encourager la présence de la famille

Les heures de visites des parents ne devraient pas être limitées. Les unités d'hospitalisation devraient être conçues de telle façon que le père ou la mère puisse cohabiter avec l'enfant hospitalisé dans des conditions acceptables de confort et d'intimité. Les parents peuvent apporter une aide importante au personnel en donnant eux-mêmes certains soins à l'enfant. Les grands-parents, les membres de la fratrie ou d'autres personnes importantes pour l'enfant devraient aussi pouvoir lui rendre visite à tour de rôle, surtout si l'hospitalisation se prolonge. Lorsque les parents ne peuvent être suffisamment présents, par exemple en raison de la distance, l'intervention d'un substitut parental ou grand-parental comme une personne bénévole peut être d'un grand secours.

VI. Réduire les manœuvres pénibles

Les manœuvres diagnostiques et thérapeutiques pénibles ou douloureuses devraient être réduites au maximum. Par exemple, seules les analyses de sang essentielles au diagnostic et au traitement devraient être demandées; si possible, celles qui sont vraiment nécessaires devraient être regroupées en un seul prélèvement.

VII. Éviter les interventions chirurgicales inutiles

L'abus de certaines opérations comme l'amygdalectomie, l'adénoïdectomie, la myringotomie avec mise en place de tubes et la circoncision, devrait être freiné: seules les interventions chirurgicales dont l'utilité est prouvée devraient être pratiquées.

VIII. Permettre à l'enfant de faire confiance en certaines personnes

Si possible, certains membres bien identifiés du personnel ne devraient jamais pratiquer de manœuvres pénibles ou douloureuses: l'enfant peut alors faire confiance à ces personnes qui ne lui inspirent pas de crainte.

IX. Privilégier la voie d'administration orale

Les médicaments qui peuvent être donnés par la bouche ne devraient pas être administrés par voie intramusculaire ou intraveineuse. La réhydratation orale devrait être préférée à la réhydratation intraveineuse.

X. Traiter la douleur

Une attention spéciale devrait être accordée au contrôle de la douleur; par exemple, il ne faut pas hésiter à utiliser les analgésiques morphiniques pour soulager le plus efficacement possible les douleurs importantes (voir Douleur).

XI. Favoriser la réflexion à propos de l'humanisation des soins

Les médecins et le personnel infirmier des unités d'hospitalisation devraient se rencontrer régulièrement pour discuter des moyens d'augmenter le niveau d'humanisation des soins. La participation d'un psychologue ou d'un psychiatre à ces réunions peut être très utile.

XII. Organiser des loisirs et des activités scolaires

Lorsque l'hospitalisation se prolonge, l'enfant d'âge scolaire devrait, si son état le lui permet, poursuivre sa scolarité à l'hôpital. La création d'une bibliothèque, d'une banque de jouets et d'une collection d'enregistrements sonores et magnétoscopiques pour enfants permet de réduire efficacement l'ennui et le stress.

XIII. Impliquer les experts en santé mentale

Chaque unité d'hospitalisation devrait avoir comme consultants attitrés un psychologue, un psychiatre et un travailleur (assistant) social prêts à intervenir dans les situations de crises psychologiques ou sociales et à offrir leur aide spécialisée aux enfants et aux familles qui présentent des réactions graves ou inhabituelles à l'hospitalisation.

Hydrocèle   115

Michel Weber, Arié Bensoussan, Pierre Williot

L'hydrocèle consiste en une accumulation de liquide dans la tunique vaginale, qui entoure le testicule. Elle peut être scrotale ou funiculaire, unilatérale ou bilatérale. La quantité de liquide qu'elle contient est variable. L'équivalent chez la fille est le kyste du canal de Nück. Chez l'enfant, l'hydrocèle communique presque toujours avec la cavité péritonéale par le canal péritonéo-vaginal. L'involution partielle de ce canal en amont et en aval peut aboutir à la constitution d'un kyste du cordon.

Une hernie inguinale se distingue d'une hydrocèle par le fait qu'elle ne transillumine pas et qu'elle contient une anse intestinale reconnaissable à la palpation. Elle est réductible avec des bruits hydro-aériques. L'hydrocèle funiculaire ressemble davantage à la hernie inguinale.

L'hydrocèle inflammatoire peut ressembler à une torsion testiculaire (voir Torsion du testicule) ou à l'atteinte testiculaire du purpura rhumatoïde de Schönlein-Henoch.

Une hydrocèle physiologique s'observe fréquemment chez le nouveau-né normal. Elle ne nécessite aucun traitement.

L'hydrocèle nécessite une cure chirurgicale si elle persiste au-delà de l'âge de 18 à 24 mois. Le traitement chirurgical est également indiqué en cas d'hydrocèle acquise chez l'enfant plus âgé. Lorsqu'une hydrocèle communicante persiste, l'approche chirurgicale est similaire à celle d'une cure de hernie inguinale. Dans le cas d'une hydrocèle non communicante, le traitement consiste à inverser la vaginale.

Hydrocéphalie   116

Pierre Masson, Michel Weber, Claude Mercier, Albert Larbrisseau

Généralités

On parle d'hydrocéphalie lorsqu'il y a une quantité excessive de liquide céphalorachidien (LCR) dans les ventricules et une augmentation anormale de leur volume. Ceci se produit lorsque la production du LCR est plus importante que sa réabsorption ou, plus souvent, lorsqu'une obstruction fait obstacle à sa circulation. L'hydrocéphalie peut s'accompagner ou non d'hypertension intracrânienne. Elle peut être congénitale ou acquise, rapidement ou lentement progressive, ou arrêtée.

Le LCR est produit principalement au niveau des plexus choroïdes situés dans les ventricules. Il se dirige ensuite par les trous de Monro vers le troisième ventricule, puis par l'aqueduc de Sylvius vers le quatrième ventricule et enfin, par les trous de Luschka et de Magendie, vers les citernes de la base du crâne et les espaces sous-arachnoïdiens cérébraux et spinaux. La réabsorption se fait principalement dans les sinus veineux des villosités arachnoïdiennes de la convexité.

On parle d'hydrocéphalie non communicante lorsque l'obstruction se situe en amont ou au niveau de la sortie du quatrième ventricule et d'hydrocéphalie communicante lorsqu'elle siège en aval de cette sortie. Ces deux types d'hydrocéphalie peuvent être d'origine congénitale, néoplasique ou inflammatoire. Voici trois exemples de causes possibles :

1) Sténose congénitale de l'aqueduc de Sylvius (hydrocéphalie non communicante);

2) Compression de l'aqueduc par une tumeur de la fosse postérieure (hydrocéphalie non communicante);

3) Perturbation de la réabsorption résultant d'une hémorragie sous-arachnoïdienne ou d'une méningite (hydrocéphalie communicante). Le prématuré est particulièrement exposé, notamment à cause de l'incidence élevée des hémorragies intraventriculaires.

Certaines malformations congénitales peuvent être associées à une hydrocéphalie. Par exemple :

1) Malformation d'Arnold-Chiari de type II (association d'hydrocéphalie et de myéloméningocèle);

2) Malformation de Dandy-Walker (dilatation kystique du quatrième ventricule).

Les rôles du médecin généraliste et du pédiatre sont les suivants :

1) Identifier l'hydrocéphalie de façon précoce, ce qui permet de minimiser le risque de séquelles permanentes ;
2) Diriger l'enfant vers un centre neurochirurgical spécialisé ;
3) Contribuer, conjointement avec l'équipe neurochirurgicale, au suivi à long terme.

Manifestations cliniques

Chez le nouveau-né et le nourrisson, l'hydrocéphalie se manifeste par les signes suivants : bombement de la fontanelle antérieure, écartement des sutures et augmentation trop rapide du périmètre crânien. Les autres signes d'hydrocéphalie avancée sont les vomissements, l'irritabilité ou la léthargie, le retard des acquisitions, la protubérance des bosses frontales, la distension des veines du cuir chevelu, le «bruit du pot fêlé» à la percussion de la tête et les yeux «en soleil couchant» ; ce dernier signe résulte de l'association d'un syndrome de Parinaud (limitation du regard conjugué vers le haut) et du signe de Collier (rétraction des paupières supérieures).

Chez l'enfant plus âgé, un accroissement trop rapide du périmètre crânien peut aussi se produire tant que les sutures ne sont pas soudées. Les autres signes sont ceux de l'hypertension intracrânienne : céphalées, vomissements, irritabilité, œdème papillaire, altération des fonctions mentales et de l'état de conscience, strabisme convergent par parésie ou paralysie du VI.

Selon la cause, différents signes neurologiques peuvent être notés, comme des réflexes ostéotendineux anormalement vifs ou des signes d'atteinte cérébelleuse si l'hydrocéphalie résulte d'une tumeur du cervelet.

Explorations

Au cours de la grossesse, l'hydrocéphalie est détectée par l'échographie. Après la naissance, l'échographie cérébrale par la fontanelle antérieure demeure un excellent moyen de dépistage, mais le diagnostic repose surtout sur la tomodensitométrie et la résonance magnétique nucléaire cérébrales. Ces examens mettent en évidence une augmentation de volume des ventricules et peuvent fournir des informations quant au type d'hydrocéphalie et à sa cause (exemple : tumeur de la fosse postérieure).

Traitement

La correction d'une hydrocéphalie pendant la grossesse demeure au stade expérimental. Après la naissance, le traitement est chirurgical ; il est indiqué lorsqu'il y a une hypertension intracrânienne ou un accroissement trop rapide du périmètre crânien. Il consiste à mettre en place une dérivation, le plus souvent ventriculo-péritonéale. Par la suite, l'enfant nécessite un suivi à long terme par une équipe multidisciplinaire spécialisée.

Complications

Non traitée ou traitée tardivement, l'hydrocéphalie cause une macrocéphalie, une atrophie cérébrale avec détérioration permanente des facultés mentales, une atrophie optique pouvant aller jusqu'à la cécité; elle peut aussi mener au décès.

Chez l'enfant porteur d'une dérivation ventriculo-péritonéale, deux complications principales peuvent survenir:

1) Une obstruction partielle ou complète de la dérivation;

2) Une infection de la dérivation, avec ou sans méningite associée, surtout causée par le *Staphylococcus epidermidis*.

Lorsque surviennent des symptômes comme une fièvre sans cause apparente, des vomissements, des céphalées, une altération de l'état de conscience ou, chez le nourrisson, un accroissement trop rapide du périmètre crânien, l'enfant doit être renvoyé rapidement à l'équipe spécialisée qui assure le suivi.

Pronostic

Même lorsque le traitement est optimal, les enfants atteints d'hydrocéphalie ont un risque accru de retard mental, de troubles d'apprentissage et du comportement ainsi que de problèmes visuels. Ces séquelles dépendent notamment de la cause de l'hydrocéphalie et des malformations cérébrales associées.

Lectures suggérées

Guertin SR: Cerebrospinal fluid shunts: evaluation, complications and crisis management. Pediatr Clin North Am 1987; 34: 203-217.

Scott RM: Hydrocephalus. Williams & Wilkins, Baltimore, 1990.

Hyperactivité et déficit d'attention 117

Robert Dubé, Dominique Cousineau, Michel Weber, Louis Legault

Généralités

Les enfants souffrant du syndrome d'hyperactivité avec déficit d'attention ont un comportement teinté de trois éléments: inattention, impulsivité et activité motrice anormalement intense par rapport aux enfants normaux du même âge. Ces problèmes nuisent au rendement scolaire et à l'intégration sociale.

En raison de problèmes de définition et de mesure, la prévalence du syndrome est difficile à établir; 2 à 4 % des enfants d'âge scolaire pourraient être atteints. Les garçons sont plus souvent touchés que les filles.

L'hyperactivité peut être apparente dès la petite enfance, mais c'est habituellement à l'âge scolaire que l'enfant est amené chez le médecin, souvent à la demande des professeurs.

De nombreuses hypothèses étiologiques ont été mises de l'avant : anoxie cérébrale, retard de maturation, perturbations du métabolisme des neurotransmetteurs, influences génétiques, facteurs liés à l'environnement, exposition à des agents toxiques, allergies alimentaires, carences psychosociales, etc. Aucune cause n'a cependant été confirmée et il est fort probable que ce problème résulte d'interactions complexes entre divers facteurs endogènes et exogènes.

Plusieurs autres entités peuvent s'accompagner d'hyperactivité ou de déficit d'attention (exemples : retard mental, anxiété, prise de certains anticonvulsivants ou d'antihistaminiques, problèmes psychosociaux).

Manifestations cliniques

L'hyperactivité, l'inattention et les autres symptômes peuvent se manifester à des degrés variables à la maison et à l'école. Ils ont tendance à s'accentuer lorsque la tâche est difficile, répétitive ou ennuyeuse et lorsque l'enfant est peu encadré. À l'inverse, ils peuvent diminuer d'intensité lorsque l'enfant est bien encadré, soumis à des renforcements fréquents, lorsqu'il fait face à une situation nouvelle ou lorsqu'il bénéficie d'une attention individuelle.

L'enfant atteint donne souvent l'impression de ne pas écouter ou de manquer de persévérance. Il a tendance à se disperser lorsqu'il exécute une tâche et présente souvent des difficultés dans l'organisation et la planification de son travail. Son impulsivité se traduit par une incapacité d'inhiber ses actions et ses réponses. Il répond de façon précipitée, bavarde, ne peut attendre son tour, tolère mal la frustration ou interrompt continuellement les autres. Il remue sur sa chaise, se lève ou est franchement agité.

Malgré un potentiel intellectuel habituellement normal, 20 à 50 % des enfants hyperactifs présentent des troubles d'apprentissage. Le mauvais rendement scolaire, jumelé aux problèmes de comportement, risque d'altérer l'image de soi et d'entraîner un sentiment d'échec.

En raison de leur comportement difficile, les enfants hyperactifs sont souvent mal acceptés par les autres. Près d'un enfant hyperactif sur deux présente de l'agressivité, ce qui contribue à assombrir le pronostic.

Explorations

Les critères de diagnostic s'appuient sur les anomalies du comportement énumérées plus haut.

On recourt souvent à des échelles de comportement comme le questionnaire de Conners afin de mieux cerner et quantifier le problème.

L'anamnèse s'intéresse surtout à la période néonatale, au développement psychomoteur, au tempérament, au comportement antérieur et actuel, ainsi qu'à l'histoire médicale, familiale et sociale.

L'observation de l'enfant dans le cabinet médical n'a qu'une valeur diagnostique limitée ; l'observation par les parents et les professeurs est plus importante.

L'évaluation médicale proprement dite vise deux objectifs :

1) S'assurer de l'intégrité sensorielle (acuité visuelle et auditive) ;
2) Exclure un problème de santé physique. L'examen général et neurologique standard est effectué de la façon habituelle. On vérifie, entre autres, le périmètre crânien et les autres paramètres de croissance. On observe avec une plus grande fréquence chez les enfants hyperactifs des signes neurologiques mineurs tels qu'une coordination motrice déficiente, des syncinésies, une dystonie lors de l'exécution de mouvements fins, etc. Ces signes ne sont pas diagnostiques.

Il n'est pas utile de recourir de façon systématique à d'autres examens paracliniques comme la plombémie, l'électro-encéphalogramme, la tomodensitométrie cérébrale, etc. Il n'existe aucun marqueur biologique.

L'évaluation scolaire est de préférence effectuée par le personnel spécialisé appartenant à l'école, parmi lesquels le professeur et le psychologue ou l'orthopédagogue (éducateur spécialisé). Le but de cette évaluation est de tracer le profil fonctionnel de l'enfant en identifiant ses forces et ses faiblesses sur les plans pédagogique, cognitif, affectif et social.

Traitement

Le programme d'intervention doit être individualisé et axé sur des objectifs réalistes ; il doit être réévalué de façon périodique. Voici les différents volets de ce programme :

1) Démystification : une interprétation claire des difficultés vécues par l'enfant et des facteurs susceptibles d'influencer son comportement crée un climat de compréhension favorable à une action concertée impliquant l'enfant, ses parents et ses professeurs ;
2) Intervention sur le comportement et l'environnement : tant à la maison qu'à l'école, l'enfant hyperactif doit bénéficier d'un encadrement cohérent, prévisible, ferme et chaleureux, afin de réduire l'impact de ses symptômes et d'accroître sa disponibilité affective pour les apprentissages. Si l'on veut améliorer la situation, il est essentiel de favoriser l'autonomie de l'enfant, de valoriser ses compétences et de renforcer en les gratifiant ses comportements adéquats. Au besoin, le contrôle des comportements inadéquats doit reposer sur des sanctions immédiates, courtes et bien adaptées. Un consensus ferme doit exister entre les différents intervenants. Parfois, une intervention plus spécifique est nécessaire ; il peut s'agir par exemple d'une thérapie de modification du comportement, cognitive ou familiale ;
3) Intervention éducative : les stratégies pédagogiques varient en fonction des difficultés scolaires observées ; elles doivent s'adapter au style particulier de l'enfant. Il peut être nécessaire de recourir à des éducateurs spécialisés, à l'école ou en dehors de celle-ci ;
4) Intervention pharmacologique : bien qu'elle ne soit pas toujours nécessaire, elle peut être utile comme traitement d'appoint, une fois mises en place les mesures d'encadrement et de soutien mentionnées plus haut. On utilise des stimulants du système nerveux central comme le

méthylphénidate ou la pémoline, médicaments qui contribuent à améliorer le comportement chez 70 à 80 % des enfants traités. La décision d'y recourir doit reposer sur une évaluation complète de la situation. Il faut aussi peser les avantages et les inconvénients d'un tel traitement. Sauf exception, ces médicaments ne devraient pas être prescrits avant l'âge scolaire. Leur administration doit se faire de façon individualisée, en recherchant la plus petite dose permettant une modification satisfaisante du comportement. Si possible, le traitement doit être interrompu pendant les week-ends. Un suivi étroit est nécessaire. Une tentative de sevrage doit être faite au moins une fois par an;

a) Le méthylphénidate est prescrit initialement à raison de 10 mg/24 heures PO en 2 fois, le matin et à midi. Cette posologie est augmentée au besoin de 5 à 10 mg/24 heures par semaine, jusqu'à l'obtention d'un résultat satisfaisant. La posologie moyenne d'entretien se situe habituellement entre 0,3 et 1 mg/kg/24 heures, sans dépasser 60 mg/24 heures. La forme à absorption retardée est administrée selon la même posologie, mais en une seule dose;

b) La pémoline est administrée initialement à raison de 37,5 mg/24 heures PO en une seule dose matinale. Cette posologie est augmentée au besoin de 18,75 mg/24 heures chaque semaine jusqu'à ce qu'un résultat satisfaisant soit atteint. La posologie moyenne d'entretien se situe habituellement entre 0,5 et 3 mg/kg/24 heures, sans dépasser 150 mg/24 heures.

L'enfant traité au moyen d'un médicament stimulant doit être suivi étroitement. Les principaux effets secondaires sont l'anorexie et l'insomnie. Il peut aussi y avoir de l'irritabilité, des céphalées et des malaises abdominaux. La plupart du temps, ces effets secondaires sont mineurs. Pendant la période d'utilisation, la croissance staturale et pondérale doit être surveillée régulièrement, de même que la fréquence cardiaque et la tension artérielle. Dans le cas de la pémoline, un dosage périodique des transaminases est indiqué.

Pronostic

L'avenir à long terme des enfants atteints semble pouvoir se résumer de la façon suivante:

- 30 à 40 % vont s'adapter à la vie adulte et à ses exigences;

- 50 % continueront à présenter certaines anomalies du comportement, de gravité variable;

- Moins de 10 % présenteront des problèmes graves d'adaptation et des troubles psychologiques sérieux.

Lectures suggérées

Cohen HJ, Biehl RF, Crain LS, *et al.*: Medication for children with an attention deficit disorder. Pediatrics 1987; 80: 758-760.

Coleman WL, Levine MD: Attention deficit in adolescence: description, evaluation, and management. Pediatr Rev 1988; 9: 287-298.

Culbert TP, Banez GA, Reiff MI: Children who have attentional disorders: interventions. Pediatr Rev 1994; 15: 5-14.

Deuel RK: Treatment of attention problems with stimulant medication. J Pediatr 1988; 113: 68-71.

Dubé R: Hyperactivité et déficit d'attention chez l'enfant. Gaëtan Morin, Boucherville, 1992.

Hansen CR, Cohen DJ: Multimodality approaches in the treatment of attention deficit disorders. Pediatr Clin North Am 1984; 31: 499-513.

Kelly DP, Aylward GB: Attention deficits in school-aged children and adolescents. Current issues and practice. Pediatr Clin North Am 1992; 39: 487-512.

Levine MD, Melmed RD: The unhappy wanderers: children with attention deficits. Pediatr Clin North Am 1982; 29: 105-120.

Reiff MI, Bomez GA, Culbert TP: Children who have attentional disorders: diagnosis and evaluation. Pediatr Rev 1993; 14: 455-464.

Rostain AL: Attention deficit disorders in children and adolescents. Pediatr Clin North Am 1991; 38: 607-635.

Shaywitz BA: Diagnosis and management of attention deficit disorder: a pediatric perspective. Pediatr Clin North Am 1984; 31: 429-457.

Shaywitz SE, Shaywitz BA: Evaluation and treatment of children with attention deficit disorders. Pediatr Rev 1984; 6: 99-109.

Schenker A: The mechanism of action of drugs used to treat attention deficit-hyperactivity disorder: focus on catecholamine receptor pharmacology. Adv Pediatr 1992; 39: 377-382.

Stevenson RD, Wolraich ML: Stimulant medication therapy in the treatment of children with attention deficit hyperactivity disorder. Pediatr Clin North Am 1989; 36: 1183-1197.

Whalen CK, Henker B: Hyperactivity and the attention deficit disorders: expanding frontiers. Pediatr Clin North Am 1984; 31: 397-427.

Hyperplasie congénitale des surrénales   118

Michel Weber, Guy Van Vliet

Généralités

L'hyperplasie congénitale des surrénales est transmise selon le mode autosomique récessif. Il s'agit le plus souvent d'une déficience enzymatique située sur la voie de synthèse du cortisol et, parfois, de l'aldostérone. Dans environ 95 % des cas, il s'agit d'un déficit en 21-hydroxylase; des métabolites androgéniques sont alors produits en amont du bloc. Le médecin généraliste et le pédiatre jouent un rôle important dans le diagnostic précoce de la maladie, ainsi que dans les premiers soins. Le dépistage néonatal est possible.

Manifestations cliniques

Elles peuvent être présentes dès la naissance ou apparaître plus tardivement (tableau 35).

Tableau 35 Principaux signes d'appel de l'hyperplasie congénitale des surrénales

- Insuffisance surrénalienne avec vomissements, perte de sel avec déshydratation, hyponatrémie et hyperkaliémie. Ce tableau se manifeste surtout pendant les deuxième et troisième semaines de vie.
- Ambiguïté sexuelle par virilisation d'un fœtus féminin
- Puberté précoce avec accélération de la croissance, fermeture prématurée des épiphyses et arrêt prématuré de la croissance
- Hirsutisme, troubles menstruels et infertilité (formes à révélation tardive)
- Hypokaliémie (seulement dans certains blocs enzymatiques rares)
- Hypertension artérielle (seulement dans certains blocs enzymatiques rares)

Explorations

Un endocrinologue est consulté dès que le diagnostic est suspecté pour aider à la planification des études hormonales et du traitement. Dans le cas d'un déficit en 21-hydroxylase, l'élément le plus important est d'obtenir rapidement un dosage de la 17 OH-progestérone plasmatique, dont l'élévation est très suggestive. On peut aussi rechercher une augmentation des 17-cétostéroïdes et du pregnanetriol urinaires, ce qui nécessite un recueil de 24 heures.

Traitement

Le rôle du médecin généraliste et du pédiatre se limite à assurer initialement la stabilisation hémodynamique et électrolytique du nourrisson en insuffisance surrénalienne. On procède à la réhydratation de la façon habituelle (voir Déséquilibres hydriques, électrolytiques et acidobasiques), en utilisant un soluté contenant 5 % de glucose et 0,9 % de NaCl et en surveillant régulièrement l'ionogramme. En attendant la confirmation du diagnostic, on commence le remplacement hormonal immédiatement après le prélèvement sanguin pour le dosage de la 17 OH-progestérone. On utilise l'hydrocortisone : dose de charge : 50 à 100 mg/m^2 IV en bolus ; dose d'entretien : 100 à 150 mg/m^2/24 heures IV ou IM en 4 à 6 fois.

Les enfants atteints nécessitent un remplacement hormonal à vie et un suivi régulier par une équipe multidisciplinaire spécialisée. La réduction de la production d'androgènes et la normalisation de la vitesse de croissance ainsi que de la maturation osseuse sont parmi les objectifs les plus importants. Une correction chirurgicale de l'hypertrophie clitoridienne et de la fusion des grandes lèvres peut être nécessaire.

Les membres de la fratrie sont examinés et le conseil génétique approprié est fourni à la famille. Le traitement de la mère lors d'une grossesse ultérieure peut prévenir la virilisation d'un fœtus féminin atteint.

Lectures suggérées

Cutler GB, Laue L : Congenital adrenal hyperplasia due to 21-hydroxylase deficiency. N Engl J Med 1990 ; 323 : 1806-1813.
Drucker S, New MI : Disorders of adrenal steroidogenesis. Pediatr Clin North Am 1987 ; 34 : 1055-1066.

Drucker S, New MI : Nonclassic adrenal hyperplasia due to 21-hydroxylase deficiency. Pediatr Clin North Am 1987; 34 : 1067-1081.

Miller WL, Levine LS : Molecular and clinical advances in congenital adrenal hyperplasia. J Pediatr 1987; 111 : 1-17.

White PC, New MI, Dupont B : Congenital adrenal hyperplasia (part I). N Engl J Med 1987; 316 : 1519-1524.

White PC New MI, Dupont B : Congenital adrenal hyperplasia (part II). N Engl J Med 1987; 316 : 1580-1586.

Hypertension artérielle 119

Anne-Claude Bernard-Bonnin, Jean-Guy Mongeau

Généralités

Chez l'enfant normal, la mesure systématique de la tension artérielle lors des examens de routine est recommandée à partir de l'âge de trois ans. Elle doit aussi être mesurée chez tout enfant qui présente un problème rénal, cardiaque ou endocrinien, quel que soit son âge.

Chez le nouveau-né et le nourrisson, la technique du Doppler a remplacé l'ancienne méthode du *flush*. À partir de l'âge de deux ans, on utilise, comme chez l'adulte, le sphygmomanomètre à mercure. La technique de mesure est très importante si l'on veut éviter les erreurs :

1) L'enfant doit être au repos depuis au moins cinq minutes ;

2) Le brassard doit recouvrir les deux tiers de la longueur du bras ;

3) La partie gonflable du brassard doit entourer complètement le bras ;

4) Le patient de plus de deux ans doit être en position assise, le coude fléchi et l'avant-bras soutenu.

La tension systolique est habituellement déterminée par l'apparition du deuxième bruit de Korotoff (début de la perception nette des pulsations) et la diastolique par le quatrième bruit de Korotoff (changement de tonalité du bruit). La tension artérielle augmente progressivement avec l'âge ou, plus précisément, avec la taille. Les valeurs normales aux différents âges sont indiquées dans l'annexe 6. De façon simplifiée, les limites supérieures de la normale sont les suivantes :

– < 2 ans : 100/70 mm Hg ;

– 3 à 5 ans : 115/75 mm Hg ;

– 6 à 9 ans : 120/80 mm Hg ;

– > 10 ans : 130/85 mm Hg.

L'hypertension peut être aiguë ou soutenue. On parle d'hypertension artérielle lorsque la tension dépasse à trois reprises le 95e percentile pour la taille ou l'âge. La gravité de l'hypertension est caractérisée de la façon suivante :

– Hypertension limite : les valeurs observées dépassent de 0 à 10 mm Hg le 95e percentile pour l'âge et le sexe ;

– Hypertension confirmée : les valeurs observées dépassent de 10 à 30 mm Hg le 95ᵉ percentile pour l'âge et le sexe ;
– Hypertension menaçante : les valeurs observées dépassent de plus de 30 mm Hg le 95ᵉ percentile pour l'âge et le sexe.

Chez l'enfant, l'hypertension artérielle peut résulter de multiples causes (tableau 36), parmi lesquelles les principales sont les maladies rénales, les problèmes endocriniens, la coarctation de l'aorte et les atteintes du système nerveux central. Cependant, plus l'enfant avance en âge, plus l'hypertension

Tableau 36 Principales causes d'hypertension artérielle

– Causes rénales
  – glomérulonéphrite aiguë
  – glomérulonéphrite chronique
  – syndrome hémolytique et urémique
  – néphrite associée au purpura rhumatoïde de Schönlein-Henoch
  – pyélonéphrite chronique
  – uropathie obstructive (hydronéphrose)
  – dysplasie rénale
  – polykystose rénale
  – lupus érythémateux disséminé
  – tumeur de Wilms
– Causes vasculaires
  – coarctation de l'aorte
  – sténose, compression ou thrombose de l'artère rénale
  – neurofibromatose
  – vasculite
– Causes endocriniennes
  – hyperplasie congénitale des surrénales (certaines formes rares)
  – phéochromocytome
  – neuroblastome
– Causes neurologiques
  – hypertension intracrânienne (hémorragie, méningite, tumeur cérébrale, trauma-tisme, etc.)
– Causes médicamenteuses et toxiques
  – corticostéroïdes
  – agents adrénergiques
  – contraceptifs oraux
  – cocaïne, amphétamines et phencyclidine
– Causes diverses
  – brûlures
  – fracture d'un os long nécessitant une immobilisation
  – dysplasie bronchopulmonaire
  – obésité
  – surcharge liquidienne
  – anxiété, stress
– Hypertension essentielle

idiopathique est fréquente ; dans ce cas, on retrouve assez souvent une tendance familiale ou un excès pondéral.

Sur le plan de la physiopathologie, deux domaines ont particulièrement retenu l'attention des chercheurs au cours des dernières années :

1) On a démontré que le système rénine-angiotensine (en particulier l'angiotensine II) est beaucoup plus actif chez le fœtus que chez le nouveau-né et plus actif chez le nouveau-né que plus tard dans la vie. De plus, l'expression des récepteurs de l'angiotensine est beaucoup plus marquée au cours de la vie intra-utérine qu'après la naissance et plus marquée au cours de la période néonatale que plus tard dans la vie. On sait que l'angiotensine II peut induire une hypertrophie et une hyperplasie des cellules musculaires lisses de la paroi artérielle et stimuler la synthèse du collagène. Il est possible que ces mécanismes soient impliqués dans la genèse de l'hypertension artérielle qu'on retrouve assez fréquemment chez le nouveau-né et en particulier chez celui qui présente une dysplasie bronchopulmonaire. On a également découvert que les centres barorécepteurs du nouveau-né se réajustent afin d'adapter la tension artérielle et la fréquence cardiaque de façon à perfuser les organes vitaux.

2) Même si elle peut prendre quelques années avant de s'exprimer, l'hypertension essentielle est présente dès la naissance et certaines substances comme l'endothéline favorisent l'hyperplasie de la musculature lisse de la paroi vasculaire.

Manifestations cliniques

Les manifestations cliniques varient selon l'âge.

Chez le nouveau-né et le nourrisson, l'hypertension est parfois masquée par une insuffisance cardiaque et c'est seulement lorsque celle-ci est corrigée qu'on s'aperçoit que la tension artérielle est élevée. Un syndrome de détresse respiratoire ainsi que des convulsions accompagnent souvent l'hypertension. Un retard staturo-pondéral a été rapporté comme manifestation associée.

Chez l'enfant plus âgé, les manifestations cliniques ressemblent davantage à celles de l'adulte. On peut noter des céphalées, de la fatigue, de la dyspnée d'effort, des épistaxis, des étourdissements, des troubles visuels et, chez l'adolescente, des méno-métrorragies. À tout âge, une poussée hypertensive aiguë peut affecter les organes cibles (cœur et cerveau). Les symptômes suivants peuvent alors survenir : ataxie, vomissements, altération de l'état de conscience pouvant aller jusqu'au coma, convulsions, défaillance cardiaque (dyspnée, cyanose, œdème aigu du poumon).

Explorations

En cas d'hypertension limite, on peut se contenter de répéter les mesures. Si l'hypertension est confirmée, on procède aux explorations décrites plus bas. Quant à l'hypertension menaçante, elle requiert une hospitalisation immédiate dans un centre spécialisé.

L'anamnèse s'intéresse particulièrement aux antécédents familiaux d'hypertension artérielle, d'obésité et d'accidents vasculaires cérébraux. Dans les antécédents personnels, on recherche une histoire d'infection urinaire, d'hématurie et de traumatisme abdominal. L'interrogatoire porte aussi sur les différents symptômes mentionnés plus haut.

Lors de l'examen, il est très important de prendre la tension artérielle au moins une fois au niveau des quatre membres afin de s'assurer qu'il n'y a pas une différence d'un membre à l'autre ; une telle différence peut suggérer l'existence d'une coarctation d'un gros vaisseau. L'examen du fond d'œil et du cœur fait partie intégrante de l'examen complet, de même que la palpation des artères fémorales et la recherche d'un souffle au niveau des loges rénales. On vérifie l'absence de signes de dysfonction endocrinienne comme un goitre, une exophtalmie, un hirsutisme, des vergetures ; on recherche aussi des taches café-au-lait suggestives de neurofibromatose.

Les examens paracliniques de base comprennent un hémogramme, un examen du sédiment urinaire, une recherche de protéines et de glucose dans l'urine, une culture d'urine, un ionogramme, un dosage de l'urée sanguine et de la créatinine sérique, un dosage de la rénine et de l'aldostérone périphériques, un ECG, une radiographie pulmonaire et une échographie rénale avec, si possible, une étude au Doppler. S'il s'agit d'une hypertension grave et si les explorations mentionnées ci-dessus n'ont pas permis de préciser l'étiologie, on demande une scintigraphie au DMSA et parfois une aortographie ou une artériographie rénale ; lors de cet examen, on peut aussi mesurer la rénine et l'aldostérone à divers niveaux de la veine cave ou dans les veines rénales. Une biopsie rénale est rarement indiquée.

Des explorations endocriniennes sont effectuées s'il y a des signes et symptômes suggestifs.

Traitement

N.B. : 1) Le traitement de l'hypertension artérielle du nouveau-né et du nourrisson est du domaine surspécialisé et n'est pas détaillé ici.
   2) Quelques-uns des nombreux agents antihypertenseurs disponibles ont été sélectionnés pour ce chapitre ; ils devraient suffire dans la plupart des situations.

I. Crise hypertensive aiguë

Plusieurs modes de traitement de la crise hypertensive ont été préconisés. On doit tenir compte de la cause de l'hypertension, de son niveau et des répercussions sur les organes cibles. On utilise habituellement l'un des antihypertenseurs suivants :

1) L'hydralazine, un vasodilatateur :
   – Posologie d'attaque : 0,15 mg/kg/dose IV ou IM (maximum chez le grand enfant : 20 mg/dose). Cette dose peut être répétée au besoin toutes les 30 à 90 minutes jusqu'à un maximum de 200 mg/ 24 heures) ;

- Posologie d'entretien : 0,75 mg/kg/24 heures PO en 3 ou 4 fois. Cette dose peut être augmentée au besoin de façon progressive jusqu'à 3 mg/kg/24 heures (maximum chez le grand enfant : 240 mg/24 heures) ;
- Principaux effets secondaires : nausées, tachycardie et, à long terme, syndrome lupique.

2) La nifédipine, un bloqueur calcique :
- Posologie d'attaque : 0,2 à 0,5 mg/kg/dose par voie sublinguale (maximum chez le grand enfant : 20 mg/dose). Cette dose peut être répétée au besoin une heure plus tard ;
- Posologie d'entretien : 0,2 à 0,5 mg/kg/dose par voie sublinguale ou orale toutes les 6 à 8 heures (maximum chez le grand enfant : 40 mg/24 heures) ;
- Principaux effets secondaires : tachycardie, *flush* du visage.

3) Le furosémide, un diurétique, peut être employé seul ou en association avec un autre antihypertenseur, en cas d'hypertension secondaire à une maladie rénale avec surcharge vasculaire (exemple : glomérulonéphrite aiguë) :
- Posologie d'attaque : 1 à 2 mg/kg/dose IV ou IM (maximum chez le grand enfant : 80 mg/dose). Cette dose peut être répétée au besoin toutes les 4 à 6 heures, sans dépasser 200 mg/24 heures ;
- Posologie d'entretien : 1 à 3 mg/kg/24 heures PO en 1 à 2 fois (maximum chez le grand enfant : 200 mg/24 heures) ;
- Principaux effets secondaires : hypokaliémie, alcalose métabolique.

4) Dans les cas graves, le nitroprussiate de sodium, un vasodilatateur, peut être administré en perfusion intraveineuse. On utilise une solution à 100 µg/mL dans un soluté glucosé à 5 %. La vitesse de perfusion est, selon la réponse clinique, de 0,3 à 8,0 µg/kg/minute IV. Ce mode de traitement devrait être réservé à une unité de réanimation spécialisée. Les principaux effets secondaires sont la production de thiocyanate, les nausées, la sudation profuse et les tremblements musculaires.

II. Hypertension soutenue

1) Hypertension d'origine rénale : plusieurs antihypertenseurs peuvent être prescrits, habituellement par une équipe spécialisée. Lorsqu'on suspecte une hyperactivité du système rénine-angiotensine, on utilise souvent le captopril à raison de 0,3 à 0,4 mg/kg/24 heures PO en 2 à 3 fois (maximum chez le grand enfant : 150 mg/24 heures). Une autre option est l'énalapril, dont la posologie est de 2,5 à 5 mg/24 heures PO en 1 fois.

2) Hypertension essentielle :
   a) Certaines mesures non pharmacologiques doivent d'abord être prescrites. Il s'agit d'éviter les excès de sel, de s'abstenir de fumer, de maigrir s'il le faut pour reprendre son poids idéal et de faire régulièrement de l'exercice de type aérobique (exemples : natation,

marche rapide, bicyclette, etc.). D'autres méthodes comme la relaxation, le yoga et la méditation peuvent être bénéfiques;

b) Le traitement médicamenteux est réservé aux cas d'échec du traitement non médicamenteux. Le coût des médicaments, leurs effets secondaires et leur nombre de doses quotidiennes doivent être pris en considération lors du choix. On recherche la plus petite dose qui permet un contrôle de l'hypertension. Les étapes suivantes peuvent être proposées en essayant d'abord de contrôler l'hypertension par une monothérapie :

- Chez l'enfant de plus de neuf ans, on peut prescrire de l'indapamide, un vasodilatateur périphérique qui possède aussi un léger effet diurétique et a peu d'effets secondaires. Posologie : 2,5 mg PO 1 fois par jour;

- En cas d'échec de l'indapamide, le choix suivant est un bêta-bloqueur, un alpha-bloqueur ou un bloqueur alpha et bêta. On utilise par exemple l'un des médicaments suivants :

  - Le métoprolol dont la posologie chez l'enfant est de 2 à 4 mg/kg/24 heures PO en 2 fois (maximum chez le grand enfant : 400 mg/24 heures). Chez l'adolescent : 100 à 400 mg/24 heures PO en 2 fois;

  - L'aténolol dont la posologie chez l'enfant est de 1 à 2 mg/kg/24 heures PO en 1 fois (maximum chez le grand enfant : 100 mg/24 heures). Chez l'adolescent : 50 à 100 mg/24 heures PO en 1 fois;

  - Le nadolol dont la posologie chez l'enfant est de 1,6 à 6,4 mg/kg/24 heures PO en 1 fois (maximum chez le grand enfant : 240 mg/24 heures). Chez l'adolescent : 80 à 240 mg/24 heures PO en 1 fois.

  Ces médicaments ne peuvent pas être prescrits aux asthmatiques. Leurs effets secondaires peuvent être importants (fatigue, insomnies, cauchemars);

- En cas d'échec, on peut essayer un bloqueur calcique comme la nifédipine, dont la posologie chez l'enfant est de 0,25 à 1,0 mg/kg/24 heures PO en 2 à 3 fois (maximum chez le grand enfant : 60 mg/24 heures). Chez l'adolescent : 10 à 20 mg PO 2 à 3 fois par jour. Les effets secondaires peuvent être incommodants (palpitations, bouffées de chaleur, céphalées, étourdissements, œdème);

- Si une monothérapie ne suffit pas, on peut associer une faible dose d'un diurétique à n'importe lequel des antihypertenseurs mentionnés ci-dessus. On utilise par exemple l'hydrochlorothiazide à raison de 12,5 mg PO 1 fois par jour chez l'enfant et 25 mg PO 1 fois par jour chez l'adolescent.

Lorsque l'hypertension a été contrôlée adéquatement pendant quelques années, il est bon de tenter un sevrage sous surveillance régulière.

III. Hypertension secondaire

Le traitement est dirigé vers la cause de l'hypertension (exemples : traitement de l'hyperthyroïdie, correction chirurgicale d'une coarctation de l'aorte ou d'une sténose de l'artère rénale).

Lectures suggérées

Alpert BS, Fox ME : Racial aspects of blood pressure in children and adolescents. Pediatr Clin North Am 1993 ; 40 : 13-22.

Balfe JW, Levin L, Tsuru N, Chan JC : Hypertension in childhood. Adv Pediatr 1989 ; 36 : 201-246.

Calhoun DA : Treatment of hypertensive crisis. N Engl J Med 1990 ; 323 : 1177-1183.

Feld LG, Springate JE : Hypertension in children. Curr Probl Pediatr 1988 ; 18 : 317-373.

Finta KM : Cardiovascular manifestations of hypertension in children. Pediatr Clin North Am 1993 ; 40 : 51-59.

Gillman MW, Ellison RC : Childhood prevention of essential hypertension. Pediatr Clin North Am 1993 ; 40 : 179-194.

Guillery EN, Robillard JE : The renin-angiotensin system and blood pressure regulation during infancy and childhood. Pediatr Clin North Am 1993 ; 40 : 61-79.

Hanna JD, Chan JCM, Gill JR Jr : Hypertension and the kidney. J Pediatr 1991 ; 118 : 327-340.

Hiner LB, Falkner B : Renovascular hypertension in children. Pediatr Clin North Am 1993 ; 40 : 123-140.

Horan MJ, Falkner B, Kimm SYS, et al. : Report of the second task force on blood pressure control in children – 1987. Pediatrics 1987 ; 79 : 1-25.

Jung FF, Ingelfinger JR : Hypertension in childhood and adolescence. Pediatr Rev 1993 ; 14 : 169-179.

Lauer RM, Clarke WR, Mahoney LT, Witt J : Childhood predictors for high adult blood pressure. The Muscatine study. Pediatr Clin North Am 1993 ; 40 : 23-40.

Martin Goble M : Hypertension in infancy. Pediatr Clin North Am 1993 ; 40 : 105-122.

Mongeau JG : Pathogenesis of the essential hypertensions. Pediatr Nephrol 1991 ; 5 : 404-411.

Rocchini AP : Cardiovascular causes of systemic hypertension. Pediatr Clin North Am 1993 ; 40 : 141-147.

Rodd CJ, Sockalosky JJ : Endocrine causes of hypertension in children. Pediatr Clin North Am 1993 ; 40 : 149-164.

Schärer K : Hypertension in children and adolescents. Pediatr Nephrol 1987 ; 1 : 50-58.

Scieken RM : Genetic factors that predispose the child to develop hypertension. Pediatr Clin North Am 1993 ; 40 : 1-11.

Sinaiko AR : Pharmacologic management of childhood hypertension. Pediatr Clin North Am 1993 ; 40 : 195-212.

Zerin JM, Hernandez RJ : Renal imaging in children with persistent hypertension. Pediatr Clin North Am 1993 ; 40 : 165-178.

Hypertension intracrânienne   120

Catherine Farrell, Albert Larbrisseau, Claude Mercier

Généralités

On définit l'hypertension intracrânienne (HIC) comme une augmentation soutenue de la pression intracrânienne au-delà de la limite supérieure de la normale pour l'âge. De la naissance à l'âge d'un an, cette limite est de 5 mm Hg, soit 7 cm H_2O. Chez l'enfant plus âgé, elle est de 15 mm Hg, soit 20 cm H_2O.

L'HIC peut être aiguë, apparaissant alors en quelques heures, ou chronique, évoluant au cours d'une période de quelques jours à quelques mois. Elle peut être compensée ou décompensée.

L'HIC décompensée constitue une urgence grave qui nécessite un traitement immédiat dans un service spécialisé comprenant notamment un neurochirurgien.

Les principales causes d'HIC sont énumérées dans le tableau 37.

Manifestations cliniques

I. Anamnèse

On retrouve une histoire de céphalées, d'irritabilité ou de modifications du comportement, des nausées et des vomissements surtout matinaux, ainsi que des troubles visuels chez les patients dont l'hypertension est relativement bien compensée. Parmi les troubles visuels, on recherche une diplopie, une diminution de l'acuité visuelle, ainsi que des obscurcissements transitoires de la vision. Selon la cause de l'HIC, de multiples symptômes neurologiques sont possibles : étourdissements, troubles de l'équilibre et de la coordination, faiblesse. Lorsque l'HIC est décompensée, on note une altération progressive de l'état de conscience.

Tableau 37 Principales causes d'hypertension intracrânienne

- Traumatisme crânien
- Infection du système nerveux central et des méninges (méningite, encéphalite, abcès, empyème sous-dural ou épidural)
- Tumeur cérébrale
- Hydrocéphalie communicante ou non communicante, dysfonction de dérivation ventriculo-péritonéale
- Encéphalopathie anoxique
- Hématome sous-dural ou épidural, hémorragie intracérébrale
- Choc hémorragique et encéphalopathie
- Hypertension intracrânienne idiopathique («pseudotumeur cérébrale»)
- Syndrome de Reye, acidose diabétique, insuffisance hépatique aiguë et autres déséquilibres métaboliques
- Thrombose d'un sinus veineux
- Intoxication au plomb

II. Examen

Le degré d'altération de l'état de conscience est évalué selon le score de Glasgow (voir Coma). Chez le nourrisson, on peut noter un bombement de la fontanelle antérieure ainsi qu'un écartement des sutures et une augmentation du périmètre crânien. On recherche des éléments pouvant expliquer l'HIC : fièvre, signes méningés, présence d'une dérivation ventriculo-péritonéale ou autre, etc. La présence d'un œdème de la papille à l'examen du fond d'œil suggère que l'HIC est présente depuis au moins 24 à 48 heures. On recherche un strabisme par paralysie du VI, et, dans le cas de l'hydrocéphalie, un syndrome de Parinaud ou un signe de Collier (voir Hydrocéphalie).

On cherche aussi des signes de décompensation indiquant que l'HIC se complique d'un engagement cérébral ; celui-ci se manifeste par la triade classique suivante :

– Bradycardie ;

– Hypertension artérielle ;

– Irrégularités respiratoires pouvant aller jusqu'à l'apnée.

En cas d'hypertension intracrânienne décompensée, on distingue deux types principaux d'engagement :

1) L'engagement de l'uncus, qui se manifeste par :
   – Une anisocorie (dilatation pupillaire ipsilatérale) ; la réponse pupillaire à la lumière peut disparaître et la mydriase peut devenir bilatérale ;
   – Une évolution vers la décortication ou la décérébration (voir Coma) ;
   – Des irrégularités de la respiration comme une hyperventilation, ou une respiration de Cheynes-Stokes (voir Coma).

2) L'engagement central vers le bas, qui se manifeste par :
   – Des anomalies des pupilles :
      – Stade diencéphalique : les pupilles sont petites (1 à 3 mm) et réagissent à la lumière ;
      – Stade mésencéphalo-protubéranciel : les pupilles ont un diamètre intermédiaire (3 à 5 mm) ; elles réagissent faiblement ou ne réagissent pas à la lumière ;
   – Une évolution vers la décortication ou la décérébration (voir Coma) ;
   – Diverses irrégularités de la respiration comme une hyperventilation, une respiration de Cheynes-Stokes, une respiration superficielle, etc. (voir Coma).

Explorations

La tomodensitométrie ou la résonance magnétique cérébrale permet de mettre en évidence soit un œdème cérébral, soit une lésion occupant de l'espace comme une tumeur, un hématome ou un abcès.

La ponction lombaire permet de mesurer la pression du liquide céphalorachidien et de diagnostiquer une méningite, une encéphalite ou une hypertension intracrânienne idiopathique («pseudotumeur cérébrale»). Surtout si elle résulte d'un effet de masse, l'hypertension intracrânienne constitue cependant une contre-indication à la ponction lombaire, car celle-ci peut précipiter un engagement et un décès.

Lorsqu'une hypertension intracrânienne importante ne résulte pas d'une cause chirurgicale comme un abcès, un hématome ou une tumeur, la mesure et la surveillance continue de la pression intracrânienne par des moyens invasifs peuvent être indiquées; elles permettent de guider le traitement médical de l'hypertension (exemple: traumatisme crânien avec un score de Glasgow inférieur à 8). La pression est mesurée au moyen d'un capteur placé dans l'espace épidural ou sous-arachnoïdien, ou encore en position intraparenchymateuse ou intraventriculaire. L'avantage du drain intraventriculaire est qu'il permet aussi, par drainage du LCR, de réduire l'hypertension. Chez le nouveau-né et le jeune nourrisson, on peut aussi se servir d'un capteur posé sur la fontanelle antérieure.

Selon la cause de l'HIC, d'autres explorations peuvent guider la démarche diagnostique et thérapeutique. Il peut s'agir par exemple d'une artériographie cérébrale, d'une étude de la circulation du liquide céphalorachidien en médecine nucléaire, de la résonance magnétique nucléaire ou de la ponction d'une dérivation ventriculo-péritonéale lorsqu'on soupçonne une infection avec dysfonction de cette dérivation.

Traitement

Une fois identifiée la cause de l'HIC, un traitement spécifique est entrepris. Il peut par exemple s'agir d'une antibiothérapie en cas de méningite, de l'exérèse d'une tumeur, de l'évacuation d'un hématome ou d'une révision d'une dérivation ventriculo-péritonéale.

Certaines mesures non spécifiques sont utilisées conjointement pour réduire l'HIC:

– Mettre la tête en attitude neutre et surélevée de 20 à 30 degrés;

– Hyperventiler pour atteindre une $PaCO_2$ de 25 à 30 mm Hg ou, dans le cas d'une HIC décompensée, de 20 à 25 mm Hg. L'hyperventilation constitue la méthode la plus efficace et la plus rapide pour diminuer la pression intracrânienne. Elle n'est possible que si le patient est intubé et ventilé mécaniquement. Il faut éviter une hyperventilation excessive ($PaCO_2 < 20$ mm Hg) car celle-ci peut être responsable d'une ischémie cérébrale par vasoconstriction exagérée;

– Éviter l'hypervolémie;

– Traiter la fièvre ou l'hyperthermie, car celle-ci augmente la consommation d'oxygène par le tissu cérébral;

– Maintenir la tension artérielle dans les limites de la normale. Rappelons que la pression de perfusion cérébrale est égale à la tension artérielle moyenne moins la pression intracrânienne;

– Administrer au besoin une sédation ou un analgésique :

  – Anesthésie locale lors des manœuvres douloureuses ;

  – Fentanyl : 1 à 2 µg/kg IV comme dose de charge, puis 1 à 3 µg/kg/heure en perfusion ;

– Il est souvent nécessaire d'administrer un agent curarisant si la ventilation et la pression intracrânienne ne peuvent être contrôlées autrement. On utilise par exemple le pancuronium, à raison de 0,15 mg/kg IV comme dose de charge, puis, si nécessaire, 0,1 mg/kg/heure en perfusion.

En cas d'hypertension intracrânienne décompensée ou soutenue malgré le traitement médical de base détaillé ci-dessus, un traitement plus énergique est indiqué. Il peut comporter les mesures suivantes :

– Mannitol à 20 % : 0,25 à 1 g/kg IV en 10 à 15 minutes. Cette dose peut être répétée si nécessaire 15 à 30 minutes plus tard, puis toutes les 4 heures ;

– Furosémide : 0,5 à 1 mg/kg/dose IV, au besoin toutes les 6 à 24 heures ;

– Thiopental : 5 à 10 mg/kg IV comme dose de charge, puis, si nécessaire, 2 à 4 mg/kg/heure en perfusion. L'effet secondaire principal est la vasodilatation avec hypotension artérielle ;

– Drainage du liquide céphalorachidien par voie ventriculaire, sauf dans le cas d'une hypertension intracrânienne idiopathique (« pseudotumeur cérébrale ») qui est traitée au besoin par des ponctions lombaires répétées, ou parfois par une dérivation lombo-péritonéale ;

– Dans le cas d'une tumeur ou d'un abcès cérébral, dexaméthasone : 0,5 à 1 mg/kg/24 heures IV en 4 fois pour réduire l'œdème périlésionnel.

Surveillance

La surveillance clinique doit être étroite. Elle comporte la mesure fréquente des signes généraux ainsi que du score de Glasgow. Les apports et les pertes d'eau sont également surveillés de façon rigoureuse.

Les principaux paramètres paracliniques à surveiller sont les gaz sanguins, l'hémoglobine, la glycémie, l'ionogramme et, surtout si le mannitol est utilisé, l'osmolarité plasmatique et urinaire. Le taux sérique du thiopental doit être déterminé de façon régulière lorsque ce médicament est utilisé.

Selon la cause de l'HIC, il peut être indiqué de répéter certains examens neuroradiologiques comme la tomodensitométrie cérébrale.

Complications

– Engagement, ischémie cérébrale, mort cérébrale, décès.

– Ischémie rétinienne, diminution de l'acuité visuelle, atrophie optique, cécité.

- Œdème pulmonaire d'origine neurogénique, syndrome de détresse respiratoire de l'adulte.
- Sécrétion inappropriée d'hormone antidiurétique ou diabète insipide.
- Arythmies cardiaques, infarctus du myocarde, choc cardiogénique.

Pronostic

Il dépend de la cause de l'HIC ainsi que de la qualité et de la promptitude du traitement.

Lectures suggérées

Chestnut RM, Marshall LF: Treatment of abnormal intracranial pressure. Neurosurg Clin North Am 1991; 2: 267-284.
Lehman LB: Intracranial pressure monitoring and treatment. Ann Emerg Med 1990; 19: 295-303.
Marshall LF, Marshall SB: Medical management of intracranial pressure. In Cooper PR: Head injury. 2nd ed. Williams & Wilkins, Baltimore, 1987.
Welch K: The intracranial pressure in infants. J Neurosurg 1980; 52: 693-699.

Hypertrophie des amygdales et des végétations adénoïdes, amygdalectomie, adénoïdectomie   121

Michel Weber, Pierre Masson, Anthony Abela

Généralités

Le nouveau-né et le nourrisson ne présentent pas de problèmes cliniques en relation avec l'augmentation de volume des amygdales et des végétations adénoïdes. Le pic d'incidence de ces problèmes se situe vers trois à cinq ans. Par la suite, le tissu lymphoïde régresse spontanément de façon progressive.

Dans le passé, l'amygdalectomie et l'adénoïdectomie ont été pratiquées trop fréquemment et sans critères précis. L'utilité de ces interventions a été mise en doute à juste titre. Leurs coûts étaient importants et la morbidité et la mortalité qui en résultaient n'étaient pas négligeables. Dans les pays où ces éléments ont été pris en considération, le nombre d'amygdalectomies et d'adénoïdectomies a fortement diminué. Cependant, certains patients doivent encore bénéficier de l'une de ces interventions ou des deux; l'indication doit être pesée de façon individuelle, et de façon séparée pour l'amygdalectomie et l'adénoïdectomie.

Manifestations cliniques

L'augmentation excessive du volume des amygdales et des adénoïdes peut causer des problèmes mécaniques. Au plan digestif, on note parfois une dysphagie. Au plan respiratoire, on note des ronflements nocturnes ; la respiration est buccale. La voix peut être nasillarde. Dans les cas extrêmes, des apnées surviennent au cours du sommeil ; si l'enfant n'est pas opéré, cette situation peut évoluer vers un cœur pulmonaire chronique. Des infections répétées ou persistantes viennent souvent compliquer ce tableau ; elles peuvent être responsables d'une halitose. L'augmentation de volume et l'infection des végétations adénoïdes cause une dysfonction des trompes d'Eustache, qui peut elle-même entraîner des otites récidivantes. Un «faciès adénoïdien» peut se développer.

Explorations

L'anamnèse et l'examen contribuent de façon importante au diagnostic. Une rhinorrhée chronique ainsi que l'écoulement de pus au niveau du pharynx s'observent fréquemment lorsque les végétations adénoïdes sont chroniquement infectées. L'hypertrophie des amygdales est évidente ; dans les cas extrêmes, celles-ci se rejoignent sur la ligne médiane.

Une radiographie de profil des tissus mous du cou confirme le diagnostic d'hypertrophie des végétations adénoïdes.

Indications de l'amygdalectomie

I. Indications absolues

1) Histoire de dysphagie significative ;
2) Histoire d'obstruction significative des voies respiratoires supérieures pendant le sommeil ou d'apnées nocturnes (il ne faut pas attendre qu'un cœur pulmonaire chronique se développe) ;
3) Suspicion de tumeur amygdalienne (asymétrie des amygdales) ;
4) Hémorragie incontrôlable au niveau d'un vaisseau amygdalien.

II. Indications relatives

1) Plus de cinq à six amygdalites aiguës au cours de la dernière année ;
2) Abcès péri-amygdalien ou rétro-amygdalien récent (cette indication est controversée) ;
3) Respiration buccale et ronflements importants et persistants ;
4) Troubles de la phonation résultant d'une hypertrophie des amygdales chez un enfant de plus de six ans.

Indications de l'adénoïdectomie

I. Indications absolues

1) Histoire de difficultés alimentaires importantes ;
2) Histoire d'obstruction significative des voies respiratoires supérieures pendant le sommeil ou d'apnées nocturnes (il ne faut pas attendre le développement d'un cœur pulmonaire chronique).

II. Indications relatives

1) Hypertrophie des végétations adénoïdes associée à des otites moyennes fréquemment récidivantes;
2) Obstruction nasale persistante d'étiologie non allergique;
3) Rhinorrhée chronique d'étiologie non allergique.

Contre-indications à l'amygdalectomie et à l'adénoïdectomie

1) Infection aiguë récente des voies respiratoires (sauf lorsqu'il s'agissait d'un abcès péri-amygdalien ou rétro-amygdalien);
2) Incompétence du voile du palais;
3) Histoire de fissure palatine opérée;
4) Diathèse hémorragique ou prise d'acide acétylsalicylique ou d'un antihistaminique au cours des deux semaines précédentes;
5) Déficience immunitaire.

Lecture suggérée

Brodsky L: Modern assessment of tonsils and adenoids. Pediatr Clin North Am 1989; 36: 1551-1569.

Hypocalcémie et hypercalcémie　　122

Michel Weber, Gilles Chabot, Philippe Chessex, Guy Van Vliet, Edgard Delvin

Généralités

Le calcium ionisé joue un rôle essentiel dans la régulation de diverses fonctions cellulaires; il doit se maintenir dans des limites étroites. L'homéostasie calcique dépend de l'influence de différentes hormones sur sa concentration dans le sang:

- Le 1-25 dihydrocholécalciférol, forme active de la vitamine D_3, qui contrôle l'absorption intestinale du calcium;
- La parathormone qui contrôle la réabsorption urinaire du phosphore et du calcium et, de concert avec le 1-25 dihydrocholécalciférol, la mobilisation des réserves osseuses, en agissant sur les ostéoclastes;
- La calcitonine qui peut inhiber rapidement la résorption osseuse, en agissant sur la bordure en brosse des ostéoclastes.

1) Calcémie normale:
- < 24 heures de vie: – calcium total: 2,25 à 2,65 mmol/L;
- calcium ionisé: 1,08 à 1,28 mmol/L.

- 24 à 48 heures de vie: – calcium total: 1,75 à 3,00 mmol/L;
  - calcium ionisé: 1,00 à 1,18 mmol/L;
- > 48 heures de vie: – calcium total: 2,20 à 2,70 mmol/L;
  - calcium ionisé: 1,12 à 1,23 mmol/L.

2) Calcium:
   - 1 mmol/L = 2 mEq/L = 4 mg/dL.

3) Gluconate de calcium:
   - 1 g correspond à 93,1 mg de calcium élément, soit à 2,33 mmol;
   - La solution à 10 % contient: 100 mg de gluconate/mL, soit 9,31 mg de calcium élément/mL ou 0,233 mmol/mL.

Hypocalcémie

Des symptômes peuvent apparaître lorsque le calcium ionisé descend sous le seuil de 0,75 mmol/L.

I. Hypocalcémie néonatale (fréquente)

Une hypocalcémie peut exister en l'absence de tout symptôme. Les principales manifestations cliniques possibles sont les suivantes: apnées, difficultés alimentaires, irritabilité ou léthargie, tremblements, trémulations, convulsions et défaillance cardiaque (rare). On distingue deux formes:

1) La forme précoce et transitoire survient pendant les 72 premières heures de vie et résulte de réajustements homéostatiques complexes incluant une hypoparathyroïdie transitoire.

   Les facteurs de risque sont la prématurité, le retard de croissance intra-utérine, le diabète maternel, l'asphyxie néonatale et l'accouchement prolongé.

   Traitement:

   - Lorsqu'il y a des symptômes:
     - Traitement d'attaque:

       Donner 1 à 2 mL/kg/dose de gluconate de calcium à 10 % en injection intraveineuse lente en surveillant le rythme cardiaque. Cette dose peut être répétée au besoin toutes les 6 heures. (N.B.: L'administration intraveineuse de calcium peut causer des arythmies cardiaques et, en cas d'extravasation, une nécrose tissulaire.) On passe ensuite au traitement d'entretien.

     - Traitement d'entretien:

       Donner 5 mL/kg/24 heures de gluconate de calcium à 10 %, ce qui correspond à 500 mg/kg/24 heures de gluconate de calcium soit à 44,5 mg/kg/24 heures ou 1,125 mmol/kg/24 heures de calcium élément. Ce traitement peut être administré pendant 3 à 4 jours, selon les circonstances, en perfusion ou par voie orale (en 4 fois).

– Lorsqu'il n'y a pas de symptômes, il est probablement préférable d'administrer du calcium pendant quelques jours, selon les circonstances, par voie orale ou intraveineuse, à la dose d'entretien mentionnée ci-dessus.

N.B. : 1) L'hypocalcémie peut se manifester de façon précoce en cas de syndrome de Di George.

2) Une hypomagnésémie est parfois associée à l'hypocalcémie. Dans ce cas, il faut traiter simultanément l'hypocalcémie et l'hypomagnésémie (voir Convulsions et état de mal convulsif).

2) La forme tardive survient chez des nouveau-nés normaux à terme, le plus souvent vers 5 à 10 jours de vie, mais parfois plus tardivement, jusqu'à l'âge de 6 semaines environ. Cette forme s'accompagne d'hyperphosphatémie.

Les causes possibles sont une hypoparathyroïdie permanente ou transitoire, un apport nutritionnel excessif de phosphore (exemple : alimentation au lait de vache non modifié, qui contient six fois plus de phosphore que le lait humain), une insuffisance rénale ou une hypercalcémie maternelle.

Le traitement est le même que celui de la forme précoce ; il faut aussi traiter la cause (exemple : réduire l'apport alimentaire de phosphore).

II. Hypocalcémie après la période néonatale (rare)

Les principales causes possibles sont les suivantes (voir aussi tableau 38) :

1) Rachitisme (voir Rachitisme) ; les symptômes d'hypocalcémie apparaissent habituellement vers l'âge de trois à six mois ;

2) Insuffisance rénale chronique ;

3) Hypoprotéinémie (exemples : syndrome néphrotique, maladie hépatique) ; le calcium total est abaissé et le calcium ionisé est normal ;

4) Hypoparathyroïdie, associée ou non à un syndrome de Di George (cardiopathie congénitale, aplasie du thymus, déficience immunitaire). L'hypocalcémie est associée à une hyperphosphatémie et la PTH plasmatique est basse. L'hypoparathyroïdie peut faire partie d'une polyendocrinopathie auto-immune ; cette affection est probablement transmise selon le mode autosomique récessif et peut inclure une maladie d'Addison ainsi qu'une candidose mucocutanée. Il est essentiel de doser la PTH au moment de l'hypocalcémie ;

5) Pseudo-hypoparathyroïdie : il s'agit d'une résistance périphérique à la PTH. Le type le plus connu est celui qui associe une hypocalcémie, un retard statural, un retard mental, un faciès arrondi et des 4e métacarpiens courts. Il y a une hyperphosphatémie, et le niveau de la PTH est élevé. Cette anomalie est transmise selon le mode autosomique dominant ;

6) Surcharge iatrogénique en phosphore (exemples : lyse cellulaire induite par la chimiothérapie, lavements à base de phosphates).

Tableau 38 Principales causes d'hypocalcémie

- Pendant la période néonatale
  - hypocalcémie précoce
  - hypocalcémie tardive
- Après la période néonatale
  - rachitisme
  - insuffisance rénale chronique
  - hypoprotéinémie (calcium total bas, calcium ionisé normal)
  - déshydratation hypertonique (surtout au cours du traitement)
  - hypoparathyroïdie associée ou non à un syndrome de Di George
  - polyendocrinopathie auto-immune avec maladie d'Addison et candidose muco-cutanée
  - pseudo-hypoparathyroïdie
  - hyperphosphatémie
  - hypomagnésémie
  - alcalémie (correction rapide d'une acidémie, hyperventilation)
  - certains médicaments comme le furosémide, le bicarbonate, les corticostéroïdes, le glucagon, la calcitonine, la mithramycine, etc.
  - intoxications (fluor, éthylène-glycol)
  - exsanguino-transfusion ou transfusion massive avec du sang citraté

Les principales manifestations cliniques sont la confusion, les convulsions, les crampes musculaires, la défaillance cardiaque, les paresthésies et la tétanie; celle-ci peut être spontanée («spasme carpo-pédal») ou être mise en évidence par la recherche des signes suivants:

- Signe de Chvostek: il s'agit d'une courte contraction des muscles orbiculaire des lèvres et buccinateur qui survient lorsqu'on percute la branche temporo-faciale du nerf facial, à mi-distance entre la commissure de la bouche et le lobe de l'oreille;

- Signe de Trousseau ou «main d'accoucheur», qui survient lors de la compression du bras par le brassard d'un sphygmomanomètre.

L'ECG montre un allongement de l'espace QT.

Il faut noter qu'en cas d'alcalémie, des paresthésies et une tétanie peuvent apparaître même si la calcémie totale est normale (exemple: crise d'hyperventilation).

Le traitement immédiat d'une hypocalcémie accompagnée de symptômes consiste à administrer du gluconate de calcium par voie intraveineuse, de la même façon que chez le nouveau-né (voir plus haut). Les autres modalités thérapeutiques dépendent de la cause (exemple: administration de vitamine D en cas de rachitisme ou d'hypoparathyroïdie).

Hypercalcémie

Il s'agit d'un problème extrêmement rare en pédiatrie. Les principales causes sont mentionnées dans le tableau 39.

Tableau 39 Principales causes d'hypercalcémie

- Syndrome de Williams : faciès particulier (visage d'«elfe» ou de «lutin»), sténose aortique supravalvulaire ou autre malformation cardiaque congénitale, déficience mentale, etc. L'hypercalcémie n'est présente que pendant les premiers mois de vie.
- Hyperparathyroïdie (adénome sporadique ou hyperplasie, néoplasies endocriniennes multiples à transmission autosomique dominante)
- Immobilisation prolongée
- Surdosage ou intoxication par la vitamine D
- Hypercalcémie idiopathique du nourrisson
- Hyperparathyroïdie transitoire du nouveau-né dont la mère est atteinte d'hypoparathyroïdie
- Hyperparathyroïdie néonatale primaire
- Hypercalcémie familiale bénigne avec hypocalciurie (autosomique dominante)
- Hyperthyroïdie
- Sarcoïdose
- Maladie d'Addison
- Hypophosphatasie
- Cancers (surtout avec métastases osseuses : lymphome, tumeur de Wilms, etc.)
- Certains médicaments comme les diurétiques du groupe des thiazides
- Syndrome de Burnett (*milk-alkali syndrome*)
- Nécrose adipeuse sous-cutanée

Les manifestations cliniques possibles sont peu spécifiques : malaises, fièvre, anorexie, nausées, vomissements, faiblesse musculaire, hypotonie, retard staturopondéral, constipation, polydipsie et polyurie («diabète calcique»), déshydratation, confusion, léthargie et parfois coma. À long terme, une hypercalcémie persistante peut causer une lithiase urinaire, une néphrocalcinose, une insuffisance rénale et des calcifications tissulaires.

Le degré d'élévation de la calcémie varie selon la cause, dépassant souvent 3 mmol/L en cas d'adénome parathyroïdien. En cas d'hyperparathyroïdie, le phosphore et le magnésium sériques sont abaissés et la PTH est élevée ; les phosphatases alcalines peuvent être élevées et les radiographies du squelette peuvent révéler une déminéralisation osseuse importante, des kystes et d'autres anomalies, y compris des fractures.

Le traitement d'urgence initial consiste à hydrater abondamment le patient par voie intraveineuse (environ 2 fois les besoins d'entretien normaux en eau), puis à lui donner du furosémide (1 mg/kg IV 1 à 4 fois par 24 heures).

Plusieurs médicaments peuvent réduire la calcémie, parmi lesquels la calcitonine, les corticostéroïdes et le biphosphonate. Le traitement spécifique varie selon la cause de l'hypercalcémie et appartient au domaine surspécialisé. Exemples :

- Exérèse chirurgicale d'un adénome parathyroïdien ;

- Régime pauvre en calcium et corticostéroïdes en cas d'hypercalcémie familiale bénigne avec hypocalciurie ;

- Mobilisation précoce ou calcitonine en cas d'hypercalcémie d'immobilisation;
- Réduction de la dose de vitamine D, corticostéroïdes ou régime pauvre en calcium en cas de surdosage en vitamine D.

Lectures suggérées

Gertner JM : Disorders of calcium and phosphorus homeostasis. Pediatr Clin North Am 1990; 37 : 1441-1465.

Kainer G, Chan JC : Hypocalcemic and hypercalcemic disorders in children. Curr Probl Pediatr 1989; 19 : 489-545.

Hypoglycémie 123

Michel Weber, Philippe Chessex, Céline Huot, Grant Mitchell

Les principales causes d'hypoglycémie sont indiquées dans le tableau 40.

Chez le nouveau-né

L'hypoglycémie est fréquente.

I. Définition

Aucune définition de l'hypoglycémie n'est universellement acceptée. Il faut non seulement tenir compte du niveau de la glycémie, mais aussi de la présence de symptômes et du risque d'atteinte cérébrale permanente. Les critères biochimiques suivants semblent raisonnables :

- < 1,1 mmol/L (0,2 g/L) chez le prématuré de moins de 48 heures de vie ;
- < 1,6 mmol/L (0,3 g/L) chez le nouveau-né à terme de moins de 48 heures de vie ;
- < 2,2 mmol/L (0,4 g/L) dans toutes les autres situations. Une glycémie inférieure à 2,8 mmol/L (0,5 g/L) mérite d'être contrôlée.

Il est prudent de ne pas se fier de façon trop stricte à ces critères biochimiques car on ne peut garantir qu'il n'y aura pas d'atteinte cérébrale même si la glycémie se situe à ces niveaux ou même plus haut.

II. Facteurs étiologiques

Les principaux facteurs étiologiques sont les suivants :

1) Réserves insuffisantes de glycogène (retard de croissance intra-utérine, prématurité) ;
2) Insuffisance de production de glucose (néoglucogenèse déficiente) par rapport à une demande élevée du cerveau (retard de croissance intra-utérine) ;
3) Hyperinsulinisme (enfant de mère diabétique, maladie hémolytique grave, adénomatose pancréatique focale ou diffuse, syndrome de Beckwith-Wiedemann, arrêt trop rapide de l'alimentation parentérale) ;

4) Utilisation excessive des réserves en glycogène, couplée à une atteinte hypoxique du foie entraînant une néoglucogenèse déficiente (anoxie néonatale);

5) Déséquilibre entre la production et la demande de glucose (infection, hypothermie, détresse respiratoire, cardiopathie congénitale);

6) Maladies métaboliques (galactosémie, glycogénoses, défaut d'oxydation des acides gras, aciduries organiques, etc.). Voir Maladies métaboliques du nouveau-né.

Une hypoglycémie persistante et à horaire anarchique, survenant en dépit d'un apport alimentaire normal, doit faire penser à un hyperinsulinisme secondaire à une adénomatose pancréatique focale ou diffuse. Le syndrome de Beckwith-Wiedemann (macrosomie, macroglossie, hépatosplénomégalie, omphalocèle ou hernie ombilicale) peut aussi être associé à un hyperinsulinisme. Un rapport insuline (pmol/L)/glucose (mmol/L) égal ou supérieur à 48 (0,4 si on exprime l'insuline en µU/mL et la glycémie en mg/dL) confirme le diagnostic d'hyperinsulinisme, mais ne se retrouve pas lors de tous les prélèvements, même si la glycémie est basse. Les autres métabolites énergétiques (acides gras libres, corps cétoniques et acides aminés ramifiés) sont abaissés lors des épisodes d'hypoglycémie par hyperinsulinisme. La glycémie augmente de façon marquée en réponse au glucagon.

III. Manifestations cliniques

À un niveau égal de glycémie, les manifestations cliniques d'hypoglycémie peuvent varier d'un patient à l'autre et d'un moment à l'autre chez le même patient. Elles sont moins spécifiques que chez l'enfant plus âgé (voir plus loin). Il peut n'y avoir aucun symptôme ou l'enfant peut présenter des tremblements, un cri anormal, de l'irritabilité, des difficultés alimentaires ou respiratoires, de la cyanose, de l'hypothermie, de la léthargie ou un coma, de l'hypotonie, des trémulations ou des convulsions. Sauf en cas de syndrome de Beckwith-Wiedemann, une hépatomégalie associée suggère l'existence d'une maladie métabolique. Un tableau de détérioration neurologique avec acidose évoque la possibilité d'une acidurie organique, tandis qu'une dysfonction hépatique suggère une galactosémie (voir Maladies métaboliques du nouveau-né).

IV. Explorations

Même s'il n'y a pas de symptômes d'hypoglycémie, il faut surveiller régulièrement la glycémie lorsque le risque d'hypoglycémie est élevé (voir plus haut), et en particulier chez le prématuré et chez l'enfant qui présente un retard de croissance intra-utérine. Ces précautions doivent être renforcées si l'enfant ne peut être nourri. Cette surveillance doit être poursuivie pendant au moins 24 à 48 heures. La fréquence des mesures varie selon l'importance du risque : elle peut aller d'une fois toutes les 4 heures à une fois par 24 heures. Lorsqu'il y a des symptômes, la glycémie peut être estimée rapidement par réflectométrie. Cette méthode ne doit être utilisée que pour le dépistage et une hypoglycémie doit être confirmée par un dosage de la glycémie.

V. Prévention

1) Alimentation précoce : tout nouveau-né en bonne santé doit être alimenté dès la naissance.

2) Perfusion d'un soluté glucosé, nécessaire dans les circonstances suivantes :

   a) La glycémie ne peut être maintenue à un niveau satisfaisant par l'alimentation orale ;

   b) Le nouveau-né est gravement malade ;

   c) Le risque d'hypoglycémie est élevé (exemple : grande prématurité, poids de naissance inférieur à 2 200 g chez un enfant né à terme).

On perfuse un soluté glucosé à 10 % à une vitesse correspondant aux besoins d'entretien en eau (voir Déséquilibres hydriques, électrolytiques et acidobasiques). La plupart du temps, l'enfant devient capable de maintenir spontanément une glycémie normale après l'âge de 72 à 96 heures.

VI. Traitement d'urgence

1) Lorsqu'il n'y a pas de symptômes, on installe une perfusion de soluté glucosé à 10 % à une vitesse correspondant aux besoins d'entretien en eau (voir Déséquilibres hydriques, électrolytiques et acidobasiques) et on continue à surveiller régulièrement la glycémie. Au besoin, la concentration en glucose du soluté peut être augmentée à 12,5 % ou même à 15 %. L'apport de glucose nécessaire pour corriger une hypoglycémie se situe habituellement aux alentours de 4 à 8 mg/kg/minute ; s'il est plus élevé, il faut suspecter un hyperinsulinisme.

2) Lorsqu'il y a des symptômes, on donne rapidement 2 à 2,5 mL/kg de solution glucosée à 10 % par voie intraveineuse. L'administration de solutions plus concentrées (25 ou 50 %) doit être évitée car elle peut causer un état d'hyperosmolarité ainsi qu'une hypoglycémie réactionnelle. On commence ensuite une perfusion d'une solution glucosée à 10 % ou, au besoin, à 15 %, à une vitesse correspondant aux besoins d'entretien en eau (voir Déséquilibres hydriques, électrolytiques et acidobasiques) et on poursuit la surveillance régulière de la glycémie.

3) Dans les rares cas où l'hypoglycémie n'est pas corrigée par la perfusion d'une solution glucosée à 15 %, donner de l'hydrocortisone (10 mg/kg/24 heures IV en 2 fois). Lorsque cela ne suffit pas, il peut être indiqué d'administrer du diazoxide (dose d'attaque : 5 à 10 mg/kg/24 heures PO en 2 à 3 fois ; dose d'entretien maximale : 25 mg/kg/24 heures PO en 2 à 3 fois).

En cas d'hyperinsulinisme, en plus de certaines mesures diététiques comme des repas fréquents ou même le gavage continu et l'administration de fécule de maïs, le traitement médical consiste à administrer du diazoxide (5 à 25 mg/kg/24 heures PO en 2 à 3 fois) ; les principaux effets secondaires de ce médicament sont l'hirsutisme, les nausées et l'œdème par rétention d'eau et de sodium. Compte tenu de ses faibles dimensions ou de son caractère diffus, la localisation d'une zone d'hypersécrétion pancréatique est souvent difficile ou impossible. Le cathétérisme sélectif

Tableau 40 Principales causes d'hypoglycémie

– Chez le nouveau-né
  – prématurité
  – retard de croissance intra-utérine
  – anoxie néonatale
  – infections
  – hypothermie
  – cardiopathies congénitales
  – sevrage trop rapide de l'alimentation parentérale
  – détresse respiratoire
  – maladies métaboliques (glycogénose de type I*, galactosémie, etc.)
  – adénomatose pancréatique focale ou diffuse
  – syndrome de Beckwith-Wiedemann
– Après la période néonatale
  – hypoglycémie cétogène (entre 1 et 5 ans)
  – diabète (excès d'insuline, jeûne, exercice)
  – intoxications aiguës (éthanol, acide acétylsalicylique, éthylène-glycol, propranolol, etc.)
  – infections (exemple : gastro-entérite grave)
  – déficience en une ou plusieurs hormones hyperglycémiantes (hormone de croissance, cortisol)
  – hyperinsulinisme par adénomatose pancréatique focalisée ou diffuse
  – insuffisance hépatique (hépatite fulminante, syndrome de Reye, etc.)
  – maladies métaboliques (glycogénoses de types I et III, intolérance héréditaire au fructose, galactosémie, etc.)
  – hypoglycémie réactionnelle

* Le diagnostic de glycogénose de type I doit être envisagé lorsqu'une hypoglycémie est associée à une hépatomégalie.

des veines pancréatiques semble constituer un moyen de diagnostic prometteur. Dans certains cas, une pancréatectomie subtotale peut être nécessaire. Des publications récentes suggèrent que l'octréotide peut être utile dans le traitement de l'hypoglycémie par hyperinsulinisme chez le nouveau-né et le nourrisson (voir Lectures suggérées).

VII. Complications
Des hypoglycémies graves et persistantes peuvent être responsables de séquelles neurologiques permanentes comme un retard mental ou de l'épilepsie.

Chez l'enfant plus âgé
L'hypoglycémie est rare.

I. Définition
Comme chez le nouveau-né, aucune définition n'est universellement acceptée; il faut tenir compte non seulement de la glycémie, mais aussi des symptômes et du risque de séquelles neurologiques. Si l'on veut s'en

tenir à un critère biochimique, il est raisonnable de considérer qu'une glycémie inférieure à 2,2 mmol/L (0,4 g/L) constitue une hypoglycémie franche.

II. Principales causes

1) Hypoglycémie cétogène : il s'agit de la forme la plus fréquente d'hypoglycémie chez l'enfant. Elle survient entre un et cinq ans et son pic d'incidence se situe vers un an ct dcmi. Elle résulte d'une néoglucogenèse déficiente par rapport au rythme de consommation du glucose. Le retard de croissance intra-utérine semble constituer un facteur prédisposant. Le développement psychomoteur est normal.

L'histoire est habituellement typique : au cours d'un épisode infectieux banal (exemple : gastro-entérite) qui interfère avec l'alimentation, les parents notent, le matin au réveil, que l'enfant est somnolent ou comateux, ou même qu'il convulse. On peut aussi noter de la pâleur ainsi qu'une sudation excessive.

En plus de l'hypoglycémie, on note une odeur acétonémique de l'haleine et la présence de quantités importantes de corps cétoniques dans le plasma et l'urine ; ils sont responsables d'une acidose métabolique. L'insulinémie est basse (< 5 à 10 µU/mL). L'alanine plasmatique est abaissée.

Lors d'un jeûne, l'hypoglycémie et la cétose peuvent apparaître plus tôt chez les enfants atteints que chez les enfants normaux, c'est-à-dire en moins de 24 heures, surtout lorsque le jeûne résulte d'une maladie infectieuse ou autre.

L'absence d'élévation de la glycémie sous l'effet du glucagon lors d'une hypoglycémie induite par le jeûne contribue à confirmer le diagnostic clinique. Cette épreuve, qui comporte une certain risque, n'est pas essentielle dans les cas typiques. Elle devrait être réservée à certaines situations, par exemple lorsqu'on suspecte aussi la possibilité d'une erreur métabolique innée, pour laquelle les tests habituels de dépistage sont négatifs.

Le traitement consiste en une alimentation riche en glucides et en protides distribuée en trois repas et trois collations, dont une au coucher. Lors de maladies intercurrentes interférant avec la nutrition, les parents doivent surveiller l'apparition d'une cétonurie au moyen de bandelettes réactives. Si des traces de corps cétoniques apparaissent, il faut offrir fréquemment une boisson sucrée à l'enfant (exemple : jus de fruits). Si celui-ci vomit ou est incapable de boire, ou si la cétonurie s'accentue, un soluté glucosé doit être installé. La tendance à l'hypoglycémie disparaît après l'âge de sept à huit ans.

2) Diabète : administration excessive d'insuline, jeûne, exercice inhabituel, etc. (voir Diabète).

3) Intoxications aiguës (éthanol, méthanol, éthylène-glycol, acide acétylsalicylique, propranolol, hypoglycémiants oraux, etc.) : voir Intoxications.

4) Infections graves avec jeûne (exemple : gastro-entérite), particulièrement chez l'enfant qui souffre d'une malnutrition préexistante.

5) Hyperinsulinisme résultant d'un insulinome pancréatique, un problème rare qui survient surtout après l'âge de cinq ans. Les critères de diagnostic sont les mêmes que chez le nouveau-né (voir plus haut).

6) Déficience en une ou plusieurs hormones hyperglycémiantes : insuffisance surrénalienne (hyperplasie congénitale des surrénales, maladie d'Addison), déficience en hormone de croissance, panhypopituitarisme.

7) Insuffisance hépatique (exemples : hépatite fulminante, syndrome de Reye). Il faut noter que certaines maladies du métabolisme intermédiaire, en particulier les anomalies de l'oxydation des acides gras, peuvent ressembler au syndrome de Reye et doivent être éliminées dans ce contexte.

8) Maladies métaboliques congénitales (surtout chez le jeune enfant) : glycogénoses, galactosémie, intolérance héréditaire au fructose, défauts d'oxydation des acides gras, aciduries organiques, etc. La présence d'une hépatomégalie associée à l'hypoglycémie doit faire penser à ce type de problème, mais son absence ne l'exclut pas.

9) Un grand nombre de symptômes vagues ont été attribués à l'« hypoglycémie réactionnelle », une entité dont l'existence même est incertaine et qui ne devrait pas être diagnostiquée, à moins qu'une hypoglycémie soit objectivée et que les symptômes qui en résultent disparaissent à la suite d'un repas ou d'une injection intraveineuse de glucose.

III. Manifestations cliniques

À un niveau égal de glycémie, elles peuvent varier d'un patient à l'autre. Il peut n'y avoir aucun symptôme. Les manifestations adrénergiques incluent l'anxiété, l'hypersudation, la tachycardie, la pâleur, les tremblements, la faim et les nausées ; ces symptômes résultent de l'hypersécrétion d'adrénaline qui est induite par l'hypoglycémie. Les principaux symptômes de neuroglycopénie sont les céphalées, les troubles du comportement, les vertiges, l'altération de l'état de conscience pouvant aller jusqu'au coma et les convulsions ; ces symptômes résultent de la dysfonction cérébrale secondaire à la pénurie de glucose.

IV. Explorations

Le diagnostic rapide se fait par réflectométrie, une technique qui ne peut servir qu'au dépistage : toute hypoglycémie doit être confirmée par un prélèvement veineux. L'importance du rapport insuline/glucose a été mentionnée à propos du nouveau-né (voir plus haut). L'échantillon de plasma prélevé au moment de l'hypoglycémie a une importance cruciale, car le dosage simultané du glucose, de l'insuline et d'autres hormones ou métabolites permet souvent une orientation diagnostique. Un échantillon d'urine devrait également être prélevé à ce moment. Dans la plupart des cas, on peut s'orienter à partir de l'âge, de l'horaire, de l'anamnèse et de l'examen, ainsi que de la présence ou de l'absence d'hépatomégalie et de cétonurie. Dans certains cas difficiles, les explorations spécialisées doivent inclure de multiples prélèvements et, parfois, un jeûne contrôlé avec dosages sériés de la glycémie, des autres métabolites énergétiques, ainsi que de l'insuline et des autres hormones qui participent à la régulation de la glycémie.

1) Âge :
   - Entre un et cinq ans : penser surtout à une hypoglycémie cétogène ;
   - Au-delà de cinq ans : envisager surtout la possibilité d'une adéno-matose pancréatique ou d'un déficit hormonal (cortisol ou hormone de croissance).

2) Horaire des hypoglycémies :
   - Elles surviennent de façon anarchique : penser à un hyperinsuli-nisme ;
   - Elles surviennent après un jeûne de courte durée (quatre à six heu-res) : penser à la possibilité de glycogénose de type I (problème de néoglucogenèse) ;
   - Elles surviennent après un jeûne de durée moyenne (< 12 heures) : songer à la possibilité d'une glycogénose de type III (problème de glycolyse) ;
   - Elles surviennent après un jeûne de longue durée (> 12 heures) : envisager la possibilité d'une hypoglycémie cétogène ou d'une anomalie innée de l'oxydation des acides gras (problème de lipo-lyse).

3) Présence ou absence d'une hépatomégalie associée :
   - Présence d'une hépatomégalie : s'orienter vers une maladie méta-bolique ;
   - Absence d'hépatomégalie : s'orienter vers un hyperinsulinisme ou une hypoglycémie cétogène.

4) Présence ou absence de cétose :
   - Présence de cétose : penser surtout à une hypoglycémie cétogène ;
   - Absence de cétose : envisager la possibilité d'une erreur innée de l'oxydation des acides gras ou de la cétogenèse, d'un hyperinsuli-nisme, d'une glycogénose de type I et de certaines aciduries orga-niques.

V. Prévention

Ses modalités dépendent de la cause de l'hypoglycémie (voir Diabète, Intoxications, Insuffisance hépatique aiguë, etc.).

VI. Traitement d'urgence

1) S'il n'y a pas de symptômes ou des symptômes légers, on peut essayer de fournir des glucides par voie orale ou par gavage. Si ce n'est pas

possible ou si cette approche ne suffit pas, perfuser une solution glucosée à 5 à 12,5 % à une vitesse correspondant aux besoins d'entretien en
eau et continuer à surveiller la glycémie.

2) S'il y a des symptômes (coma, convulsions), donner rapidement par
   voie intraveineuse 2 à 2,5 mL/kg de solution glucosée à 10 %. L'administration de solutions plus concentrées (25 ou 50 %) doit être évitée
   car elle peut causer un état d'hyperosmolarité ainsi qu'une hypoglycémie réactionnelle. Installer ensuite une perfusion d'une solution
   glucosée à 5 à 12,5 % et continuer à surveiller la glycémie. L'apport
   nécessaire de glucose est habituellement de 3 à 5 mg/kg/minute.

3) S'il s'agit d'un diabétique, on peut aussi donner 0,5 à 1 mg de glucagon IM.

VII. Complications

Bien que moins fréquentes que chez le nouveau-né, des séquelles neurologiques permanentes comme un retard mental ou une épilepsie peuvent
résulter d'hypoglycémies profondes et prolongées.

Lectures suggérées

Cowett RM: Pathophysiology, diagnosis and management of glucose homeostasis in
the neonate. Curr Probl Pediatr 1985; 15: 1-47.
Glaser B, Hirsch HJ, Landau H: Persistent hyperinsulinic hypoglycemia of infancy:
long-term octreotide treatment without pancreatectomy. J Pediatr 1993; 123:
644-650.
Gruppuso PA: Hypoglycemia in children. Pediatr Rev 1989; 11: 117-124.
Labrune P, Bonnefont JP, Nihoul-Fékété C, et al.: Évaluation des méthodes diagnostiques et thérapeutiques de l'hyperinsulinisme du nouveau-né et du nourrisson.
Arch Fr Pediatr 1989; 46: 167-173.
Lafranchi S: Hypoglycemia of infancy and childhood. Pediatr Clin North Am 1987;
34: 961-982.
Philipp P: An algorithmic approach to the diagnosis of hypoglycemia. J Pediatr 1987;
110: 387-390.
Thornton PS, Alter CA, Levitt-Katz LE, et al.: Short- and long-term use of octreotide
in the treatment of congenital hyperinsulinism. J Pediatr 1993; 123: 637-643.

Hypospadias   124

Phuong Nguyen, Michel Weber, Pierre Williot, Grant Mitchell, Guy Van Vliet

Généralités

Cette malformation congénitale consiste en une position ectopique du
méat urinaire sur la face ventrale du pénis.

Dans 70 % des cas, l'hypospadias est antérieur, le méat étant situé au
niveau du gland ou du sillon balano-préputial. Dans 10 % des cas, il est
moyen: le méat se retrouve alors au niveau du pénis. Dans 20 % des cas,

il est postérieur, le méat étant localisé à la jonction du pénis et du scrotum ou au niveau du scrotum lui-même.

Il peut y avoir une courbure ventrale du pénis («chordée»).

L'incidence est d'environ 1 pour 300 nouveau-nés vivants de sexe masculin. Il y a une tendance familiale. Le risque chez les garçons suivants est de 6 à 14 %.

Cette malformation peut avoir des répercussions esthétiques et fonctionnelles. Une incurvation ventrale associée («chordée») peut être responsable de douleurs lors de l'érection ou même, si elle est importante, rendre les relations sexuelles impossibles. Il n'y a pas de problème de stérilité lorsque les relations sexuelles sont possibles et lorsque le méat est suffisamment distal.

Sauf s'il s'agit d'un hypospadias périnéal, une évaluation radiologique des voies urinaires n'est pas nécessaire.

Une anomalie congénitale simple comme une hernie inguinale ou une cryptorchidie unilatérale peut être associée; dans ce cas, aucune exploration complémentaire n'est indiquée. Par contre, lorsque le méat est situé au niveau du scrotum ou de la jonction du pénis et du scrotum, surtout s'il y a aussi une cryptorchidie bilatérale, il peut s'agir d'une ambiguïté sexuelle et des explorations complémentaires, notamment un caryotype, doivent être effectuées d'urgence (voir Ambiguïtés sexuelles). Il faut notamment s'assurer qu'il ne s'agit pas d'un nouveau-né de sexe féminin présentant une hyperplasie congénitale des surrénales et rechercher attentivement d'autres malformations associées.

Traitement

Les patients atteints ne doivent pas être circoncis car le prépuce sera utilisé lors de la correction chirurgicale de l'hypospadias. Le traitement chirurgical est indiqué lorsque l'hypospadias entraîne des répercussion fonctionnelles, par exemple s'il y a une courbure ventrale du pénis, s'il y a des problèmes de jet urinaire ou si le méat étant trop proximal, la possibilité de procréation est compromise. S'il n'y a qu'un problème esthétique, la décision d'intervenir est influencée par l'opinion des parents et, dans certains cas, de l'enfant. Le traitement chirurgical est effectué avant ou vers l'âge de 18 mois. La plupart du temps, il peut être réalisé en un temps.

Lectures suggérées

Duckett JW: Hypospadias. Pediatr Rev 1989; 11 : 37-42.
Sheldon CA, Duckett JW: Hypospadias. Pediatr Clin North Am 1987; 34 : 1259-1272.

Hypothermie   125

Catherine Farrell, Jacques Lacroix, Marie Gauthier

Généralités

Le maintien de la température corporelle repose sur un équilibre entre la production et la perte de chaleur. La production est assurée par l'activité métabolique ainsi que par l'activité musculaire (exercice, thermogenèse frissonnante et thermogenèse non frissonnante). La perte de chaleur peut être modulée par l'habillement, par vasoconstriction ou vasodilatation ainsi que par évaporation d'eau sous forme de sueur ou de pertes insensibles.

On parle d'hypothermie lorsque la température centrale est égale ou inférieure à 35°C.

Le risque d'hypothermie accidentelle est plus élevé chez le nourrisson à cause de son rapport surface/masse élevé, ainsi que chez l'adolescent qui a consommé de l'alcool ou d'autres drogues. Elle peut s'observer en cas d'exposition au froid ou de noyade ainsi que dans certains états pathologiques qui réduisent la production ou augmentent les pertes de chaleur (exemples : maladies endocriniennes ou métaboliques comme l'hypothyroïdie, la maladie d'Addison, l'hypopituitarisme ou l'hypoglycémie, atteintes cérébrales infectieuses ou traumatiques, problèmes cutanés comme les brûlures étendues ou la nécrolyse épidermique, septicémie néonatale, intoxications, par exemple par l'éthanol, les benzodiazépines, le monoxyde de carbone, les barbituriques ou les narcotiques). Une hypothermie légère (33 à 35°C) se rencontre surtout en cas d'intoxication, d'atteinte du système nerveux central et chez le patient qui prend des vasodilatateurs.

Manifestations cliniques

Elles varient selon le degré d'hypothermie.

1) Sur le plan neurologique, on observe ce qui suit :

   a) Une hypothermie légère (33 à 35°C) se manifeste par des frissons (ceux-ci disparaissent lorsque la température centrale descend sous le seuil de 32°C), une altération de la coordination, de la léthargie ou un état confusionnel et une amnésie ;

   b) Une hypothermie modérée (30 à 33°C) se traduit par une rigidité musculaire et une dilatation pupillaire ;

   c) Une hypothermie grave (moins de 30°C) se manifeste par un coma flasque et une mydriase fixe.

2) Sur le plan hémodynamique, l'hypothermie légère cause une tachycardie ; lorsque la température s'abaisse, on voit apparaître une bradycardie ainsi que des arythmies cardiaques telles qu'une fibrillation auriculaire. Lorsque la température descend sous le seuil de 28°C, on

peut voir apparaître une fibrillation ventriculaire; dans la zone de 20 à 24°C, une asystolie s'installe. La vasoconstriction des vaisseaux périphériques se manifeste par des pouls difficiles ou impossibles à palper et par un ralentissement du remplissage capillaire. Tous les patients en hypothermie présentent une hypotension artérielle qui résulte de la bradycardie, d'une hypovolémie relative et d'une dépression myocardique; cette hypotension est proportionnelle au degré d'hypothermie.

3) Sur le plan respiratoire, l'hypothermie légère est associée à une hyperventilation et à une alcalose respiratoire (compensation de l'acidose métabolique due à l'accumulation d'acide lactique). Cette hyperventilation persiste tant que la température est supérieure à 30-32°C; à des températures plus basses, une hypoventilation apparaît progressivement, et le patient devient finalement apnéique.

4) Les reins sont très sensibles à l'hypothermie: lorsque celle-ci est modérée ou grave, la diurèse augmente malgré la diminution du débit sanguin rénal même si le patient est en hypovolémie.

5) L'augmentation du métabolisme basal en hypothermie légère à modérée accroît la consommation d'oxygène tandis que l'inverse se produit en hypothermie profonde.

Explorations

L'anamnèse et l'examen sont importants. Il est essentiel de prendre la température au moyen d'un thermomètre électronique à lecture continue, le seul qui permette une mesure adéquate lorsque la température est inférieure à 34°C; les sites recommandés sont le conduit auditif externe et l'œsophage (la température rectale est moins fiable).

Les explorations paracliniques utiles sont l'hémogramme et la numération plaquettaire, l'ionogramme (la lyse des cellules refroidies peut entraîner une hyperkaliémie), la glycémie (une hyperglycémie peut résulter d'une hyperactivité sympathique) et les gaz du sang. Chez le jeune nourrisson qui présente une hypothermie sans cause évidente, il est prudent d'effectuer un bilan septique, car l'hypothermie peut être causée par une infection.

Selon le contexte, un dépistage toxicologique peut être indiqué.

Des examens radiologiques peuvent être nécessaires lorsqu'un traumatisme est évident ou suspecté.

Traitement

I. Réchauffement

Les principes du traitement varient selon le degré d'hypothermie; l'essentiel est de réchauffer le patient et de traiter les problèmes respiratoires et hémodynamiques qui résultent de l'hypothermie, et ce sans lui nuire. Pendant la réanimation et le réchauffement, il faut surveiller de près les signes généraux, l'électrocardiogramme ainsi que les apports et les pertes hydro-électrolytiques. La technique de réchauffement varie selon la gravité de l'hypothermie :

1) Si l'hypothermie est légère (33 à 35°C), on utilise à la fois des mesures de réchauffement passives (élimination de facteurs ayant contribué à l'hypothermie comme des vêtements mouillés, élévation de la température ambiante et enveloppement dans un matériel isolant permettant de limiter la perte de chaleur) et actives externes (couvertures chauffées, lampes et matelas chauffants) en faisant attention de ne pas brûler le patient ;

2) Si l'hypothermie est modérée (30 à 33°C), on utilise les mêmes méthodes passives et actives externes et on ajoute des mesures de réchauffement actives internes comme le réchauffement des gaz inspirés (maximum : 40°C pour les patients intubés et 42 à 46°C pour les patients non intubés) et le réchauffement à 37°C du liquide de perfusion intraveineuse. On peut aussi procéder à un lavage gastrique avec du liquide à 37-40°C en s'assurant que les réflexes de défense des voies respiratoires sont présents ou en intubant d'abord le patient ;

3) Si l'hypothermie est profonde (moins de 30°C), les manœuvres de réchauffement passives et actives externes sont déconseillées parce que la vasodilatation qu'elles peuvent induire risque de faire baisser davantage la température centrale ; d'autre part, l'afflux de sang froid de la périphérie au cœur peut augmenter le risque de fibrillation ventriculaire ; enfin, la présence d'un matelas chauffant peut rendre difficiles les manœuvres de réanimation cardiorespiratoire. On utilise donc les manœuvres de réchauffement actives internes mentionnées plus haut en y ajoutant d'autres mesures comme le lavage péritonéal avec du liquide de dialyse péritonéale contenant 1,5 % de glucose et chauffé à 40°C (le lavage thoracique ne devrait être tenté que par des équipes spécialisées) ; les techniques les plus efficaces sont l'hémodialyse et la circulation extracorporelle partielle, mais peu d'hôpitaux sont équipés pour pouvoir les entreprendre rapidement chez l'enfant. Les patients en hypothermie profonde doivent être réchauffés le plus vite possible jusqu'à 32°C ; au-delà de cette température, la vitesse optimale de réchauffement sera de 0,5 à 2°C par heure.

II. Problèmes associés

1) Arrêt cardiorespiratoire : voir Arrêt cardiorespiratoire. Si le patient est en hypothermie profonde, les manœuvres de réanimation ne doivent jamais être abandonnées avant que la température soit supérieure à 32°C parce que l'état de mort cérébrale apparente peut être réversible dans ces circonstances.

2) Fibrillation ventriculaire : elle peut être réfractaire à la défibrillation lorsque la température est inférieure à 30°C. On peut alors essayer le brétylium et la lidocaïne, mais l'essentiel est de réchauffer rapidement le patient. Pendant cette phase de réchauffement, il faut éviter de trop

manipuler le patient si sa température est proche du seuil de fibrillation, car les manipulations peuvent provoquer des arythmies.

3) Bradycardie et fibrillation auriculaire: elles se corrigent avec le réchauffement; en cas de bradycardie importante, on peut essayer de donner de l'atropine (voir Arrêt cardiorespiratoire).

4) Hypotension artérielle: elle a aussi tendance à se corriger avec le réchauffement et elle répond bien au remplissage vasculaire avec une solution de NaCl à 0,9 % (10 à 20 mL/kg IV, à répéter au besoin); il est rarement indiqué de donner des agents vasopresseurs.

5) Coma: si les réflexes de défense des voies respiratoires sont absents, le patient doit être intubé et ventilé mécaniquement; selon les circonstances, il faut rechercher la cause du coma et d'une hypothermie secondaire (exemple: traumatisme, intoxication).

6) Acidose métabolique: elle se corrige spontanément au cours du réchauffement.

Complications

La principale complication est le choc de réchauffement qui résulte de la vasodilatation induite par le réchauffement actif externe et de la dépression myocardique induite par des facteurs circulants. La vasodilatation peut aussi entraîner une chute paradoxale de la température. Les autres complications sont les gelures (voir Gelures), les infections, les problèmes de coagulation, les hémorragies digestives, l'insuffisance rénale, les thromboses veineuses, le syndrome de détresse respiratoire de l'adulte, les convulsions et la pancréatite.

Pronostic

Des survies extraordinaires ont été rapportées chez des patients dont la température était inférieure à 20°C et qui étaient cliniquement morts. Cependant, la mortalité de l'hypothermie modérée ou profonde n'est pas négligeable (chez l'adulte, elle varie selon les études de 10 à 80 %). Chez les jeunes, elle semble plus faible, sans doute à cause du fait que le myocarde est plus sain. Comme il est impossible de prédire si un patient en hypothermie profonde va ou non survivre, des efforts maximaux de réchauffement et de réanimation doivent être déployés dans tous les cas.

Lecture suggérée

Corneli HM: Accidental hypothermia. J Pediatr 1992; 120: 671-679.

Hypotonie du nourrisson   126

Phuong Nguyen, Albert Larbrisseau, Grant Mitchell, Philippe Chessex

Généralités

L'hypotonie de nourrisson peut résulter de multiples causes centrales ou périphériques (tableau 41). Il est important d'établir un diagnostic précis pour pouvoir émettre un pronostic, donner un conseil génétique approprié et, s'il y a lieu, entreprendre les mesures de réhabilitation nécessaires. Ce chapitre s'intéresse de façon exclusive à l'hypotonie grave et persistante et non à l'hypotonie physiologique du prématuré, ni à celle qui résulte d'une malnutrition grave, ni à l'hypotonie transitoire qui peut accompagner la plupart des maladies aiguës (exemples : méningite, septicémie, perturbations métaboliques, etc.). Il faut se souvenir du fait qu'une anoxie néonatale peut être non seulement la cause, mais aussi la conséquence d'une hypotonie.

Démarche clinique

I. Anamnèse

Elle s'intéresse notamment à la consanguinité, à une histoire de maladies neurologiques ou musculaires, à des problèmes similaires dans la famille ainsi qu'aux mouvements fœtaux pendant la grossesse. Environ 15 % des nouveau-nés de mère myasthénique présentent eux-mêmes une myasthénie transitoire. Les antécédents périnataux sont détaillés : déroulement de la grossesse (maladies, usage de médicaments, hémorragies vaginales, etc.), âge gestationnel, score d'Apgar, poids de naissance, histoire d'hypoxie et de réanimation, incidents au cours des premiers jours de vie (hémorragie intracrânienne, ictère, troubles respiratoires, difficultés d'alimentation ou de déglutition, etc.). On précise la chronologie d'apparition de l'hypotonie et son caractère progressif ou non. Une histoire de régression des acquisitions motrices suggère une maladie dégénérative du système nerveux central.

II. Examen

On observe tout d'abord l'enfant. On note sa position spontanée : la position «en grenouille», identique à celle du prématuré normal, est caractéristique du nourrisson hypotonique. L'état d'éveil et la qualité des interactions de l'enfant avec son environnement sont des éléments importants : s'ils sont perturbés, on s'oriente d'emblée vers une cause centrale.

On reporte sur les courbes *ad hoc* la taille, le poids et le périmètre crânien. Une microcéphalie indique qu'une cause centrale est probable et peut se retrouver notamment dans un grand nombre de syndromes génétiques, accompagnés ou non d'anomalies chromosomiques. Un retard de développement fait souvent partie intégrante de ces syndromes.

On observe les mimiques faciales, la mobilité oculaire, la déglutition et les mouvements respiratoires. Une ptose palpébrale peut se retrouver dans

Tableau 41 Principales causes d'hypotonie persistante du nourrisson

- Atteinte du neurone moteur supérieur
  - au niveau du cerveau
    - encéphalopathie
      - anoxie-ischémie cérébrale
      - hémorragie intracrânienne
      - infection du système nerveux central (exemples : infection à cytomégalovirus, rubéole, toxoplasmose)
      - ictère nucléaire («kernictère»)
      - maladie métabolique
    - maladie dégénérative
      - maladie de surcharge ou lysosomiale (gangliosidose, mucopolysaccharidose, etc.)
      - maladie des peroxysomes (syndrome de Zellweger ou syndrome cérébro-hépato-rénal, adrénoleucodystrophie congénitale, etc.)
      - autres : maladie de Menkes, maladie de Leigh, dystrophie neuro-axonale, etc.
    - anomalie de l'embryogenèse cérébrale
    - anomalie chromosomique (exemple : trisomie 21 ou syndrome de Down)
    - syndrome génétique (exemples : syndrome de Lowe ou syndrome oculo-cérébro-rénal, syndrome de Prader-Willi)
  - au niveau de la moelle
    - traumatisme médullaire
    - malformation médullaire (exemple : myéloméningocèle)
    - maladie dégénérative (exemple : maladie de Werdnig-Hoffmann)
- Atteinte du neurone moteur inférieur
  - anomalie des nerfs périphériques
    - hypomyélinisation congénitale
    - leucodystrophie
    - forme infantile du syndrome de Guillain-Barré
  - anomalie de la jonction myo-neurale
    - myasthénie grave (formes congénitale et néonatale transitoire)
    - botulisme
- Atteinte musculaire
  - dystrophie myotonique congénitale
  - dystrophie musculaire congénitale
  - myopathie congénitale
- Divers
  - anomalie du tissu collagène (hyperlaxité ligamentaire, syndrome d'Ehlers-Danlos, syndrome de Marfan)
  - hypotonie congénitale bénigne
  - acidose tubulaire rénale
  - atrésie des voies biliaires
  - cardiopathie congénitale
  - maladie cœliaque
  - malnutrition
  - rachitisme

le syndrome alcoolo-fœtal, la myasthénie et certaines formes de myopathies congénitales.

On évalue la force et le tonus musculaire et particulièrement le contrôle de la tête, ainsi que l'amplitude des mouvements articulaires.

On recherche ensuite systématiquement la présence de dysmorphies ou d'anomalies congénitales (faciès, yeux, oreilles, cœur, extrémités, etc.) pouvant évoquer l'existence d'un syndrome génétique.

On vérifie s'il y a une splénomégalie ou une hépatomégalie pouvant suggérer une maladie de surcharge.

L'examen neurologique fournit parfois des indices importants. Par exemple, des fasciculations linguales et une aréflexie tendineuse suggèrent une maladie de Werdnig-Hoffmann.

III. Intégration des données de l'anamnèse et de l'examen

Les éléments suggestifs d'une cause centrale sont les suivants : histoire familiale de maladie du système nerveux central (exemple : maladie dégénérative), histoire de prématurité, d'anoxie néonatale, de méningite ou d'hémorragie intracrânienne, convulsions, altération de l'état de conscience, faible intérêt pour l'environnement et réactions anormales aux stimuli sensoriels, présence de dysmorphies ou de malformations congénitales, microcéphalie, hépatomégalie ou splénomégalie.

Les éléments qui peuvent suggérer un problème périphérique sont les suivants : histoire familiale de maladie musculaire ou neurologique périphérique, histoire de mouvements fœtaux faibles ou absents, histoire périnatale sans incident majeur (une hypotonie grave peut cependant causer une détresse respiratoire néonatale), absence de convulsions, de microcéphalie, de dysmorphies, de malformations congénitales, de splénomégalie ou d'hépatomégalie, état d'éveil normal, intérêt normal pour l'environnement, réponse appropriée aux stimuli sensoriels, fasciculations linguales, aréflexie tendineuse, faiblesse musculaire plus marquée en périphérie, ptose des paupières supérieures, difficultés respiratoires.

IV. Explorations paracliniques

1) La créatine kinase plasmatique peut être augmentée dans le cas de certaines dystrophies musculaires ou myopathies congénitales.

2) L'électromyogramme permet de différencier une maladie musculaire d'une dénervation (exemple : maladie de Werdnig-Hoffmann). S'il est normal, cet examen n'exclut pas une maladie musculaire comme une myopathie congénitale.

3) La biopsie musculaire à l'aiguille est un examen essentiel lorsqu'on suspecte une maladie musculaire : l'examen histologique permet souvent d'en préciser la nature et le type.

4) L'EEG n'a que peu d'intérêt. Un ralentissement de l'activité électrique ou la présence d'anomalies épileptiques est suggestive d'une origine centrale.

5) Les examens neuroradiologiques donnent parfois certains indices lorsqu'on suspecte une cause centrale (exemples : malformation cérébrale, atrophie corticale).

6) Le caryotype est utile lorsque des éléments dysmorphiques évoquent la possibilité d'un syndrome génétique associé à une aberration chromosomique.

7) Des dosages enzymatiques dans les leucocytes, les fibroblastes de la peau en culture ou un échantillon de foie peuvent être nécessaires pour préciser la nature d'une maladie de surcharge.

8) L'examen de la moelle osseuse peut fournir des éléments diagnostiques dans le cas de certaines maladies de surcharge.

Quelques entités cliniques importantes

I. Anoxie néonatale

Pendant un certain temps, l'enfant qui a souffert d'anoxie ou d'hypoxie néonatale peut demeurer hypotonique, et un tableau classique d'hypertonie (exemple : diplégie spastique) avec hyperréflexie peut prendre des semaines ou des mois à s'installer. L'histoire périnatale constitue le principal élément de diagnostic. Une prise en charge multidisciplinaire à long terme est nécessaire.

II. Maladie de Werdnig-Hoffmann (atrophie spinale)

Cette maladie dégénérative de la corne antérieure est transmise selon le mode autosomique récessif. Les mouvements fœtaux sont faibles. L'hypotonie et la faiblesse musculaire sont précoces, graves et progressives. Des signes de dénervation (amyotrophie diffuse et fasciculations linguales) sont notés. Il y a une aréflexie tendineuse. L'électromyogramme confirme le diagnostic. Il n'y a pas de traitement et le pronostic est uniformément fatal. La mort résulte de l'insuffisance respiratoire. La maladie de Kugelberg-Welander est une forme plus chronique.

III. Hypotonie congénitale bénigne

Il s'agit d'une entité mal définie et d'étiologie inconnue. C'est un diagnostic d'exclusion. Les réflexes ostéotendineux sont présents et la force musculaire est conservée. L'intelligence est normale et le développement moteur est retardé. Le pronostic est bon. Une hypermobilité articulaire persiste à l'âge adulte.

Lectures suggérées

Dubowitz V : Evaluation and differential diagnosis of the hypotonic infant. Pediatr Rev 1985 ; 6 : 237-243.

Lewis DW, Berman PH : Progressive weakness in infancy and childhood. Pediatr Rev 1987 ; 8 : 200-208.

Ictère   127

Michel Weber, Philippe Chessex, Khazal Paradis, Grant Mitchell

Généralités

L'ictère devient visible lorsque le taux de bilirubine sérique atteint ou dépasse 85 à 120 μmol/L (50 à 70 mg/L). L'estimation du taux de bilirubine selon la coloration de la peau et des muqueuses est très imprécise ; la mesure de la bilirubine plasmatique est donc recommandée chez tout enfant ictérique. Tout ictère qui apparaît pendant les 24 premières heures de vie est pathologique. La présence d'une quantité significative (plus de 34 μmol/L, soit 20 mg/L) de bilirubine conjuguée (ictère à composante directe) ou son absence (ictère à prédominance indirecte) constitue un élément essentiel au diagnostic. Lorsqu'il s'agit d'un ictère indirect, la présence ou l'absence d'anémie est un autre indice diagnostique d'importance majeure. Un ictère à composante directe impose des explorations complémentaires.

Ictère chez le nouveau-né (0 à 30 jours) : démarche clinique

Un grand nombre de nouveau-nés deviennent ictériques. La plupart du temps, il s'agit d'une hyperbilirubinémie physiologique favorisée par trois facteurs :

1) Destruction rapide des globules rouges (ce processus est plus marqué lorsque l'enfant a des ecchymoses ou des hématomes) ;

2) Lenteur physiologique de maturation de la glucurono-conjugaison de la bilirubine par le foie ;

3) Augmentation du cycle entéro-hépatique de la bilirubine résultant d'une motilité intestinale peu active, le nouveau-né s'alimentant peu pendant les premiers jours de vie.

L'essentiel de la démarche clinique consiste à différencier une hyperbilirubinémie physiologique d'une hyperbilirubinémie pathologique.

La surveillance et le traitement de l'hyperbilirubinémie indirecte a pour objectif la prévention de l'ictère nucléaire («kernictère»), dont les manifestations cliniques initiales peuvent être discrètes ou même passer inaperçues, particulièrement chez un prématuré présentant d'autres problèmes. Les principaux indices sont habituellement notés pendant la première semaine de vie ; il peut s'agir de léthargie, d'hypotonie, de fièvre, de difficultés alimentaires, de vomissements, d'un cri aigu («cri cérébral»), d'opisthotonos, d'hypertonie, d'un bombement de la fontanelle antérieure, de convulsions et d'une disparition du réflexe de Moro. Il peut conduire au décès. Ses conséquences tardives possibles sont le retard mental, la paralysie cérébrale, la choréo-athétose, la surdité et la décoloration de l'émail des dents. La stratégie actuelle de traitement de l'hyperbilirubinémie a permis de réduire considérablement l'incidence de l'ictère nucléaire.

Chez le nouveau-né, le diagnostic différentiel de l'ictère doit s'appuyer sur un ensemble d'informations découlant de l'anamnèse, de l'examen et de quelques analyses de laboratoire.

1) L'anamnèse s'attarde notamment aux éléments suivants :
   - Histoire familiale : ictère, anémie, splénectomie, lithiase biliaire, maladie métabolique, groupe sanguin et Rhésus des deux parents, avortements et grossesses antérieurs, ictère néonatal chez d'autres enfants de la famille ;
   - Histoire personnelle : âge gestationnel (la prématurité est un facteur de risque pour l'hyperbilirubinémie), poids de naissance (le retard de croissance intra-utérine constitue un autre facteur de risque), anoxie périnatale (score d'Apgar), histoire de la grossesse (maladies, diabète, éclampsie), facteurs de risque d'infection (fièvre chez la mère, rupture prématurée de la poche des eaux, amniotite). En cas d'ictère cholestatique, une histoire de selles décolorées constitue un indice essentiel d'obstruction biliaire.

2) Un examen complet du nouveau-né est effectué et une attention spéciale est accordée aux éléments suivants :
   a) État général de l'enfant, qui peut être altéré en cas d'infection ou de maladie hémolytique grave ;
   b) Température corporelle : une hypothermie ou une hyperthermie peut suggérer un processus infectieux ou métabolique ;
   c) Coloration de la peau et des muqueuses qui peut suggérer une polycythémie ou une anémie ;
   d) Âge gestationnel ;
   e) Poids, taille et périmètre crânien ;
   f) Ecchymoses ou hématomes, qui causent ou aggravent l'hyperbilirubinémie ;
   g) Signes d'infection congénitale : purpura, hépatomégalie, splénomégalie (voir Infections congénitales).

I. Hyperbilirubinémie à prédominance indirecte (bilirubine conjuguée < 34 μmol/L ou 20 mg/L)

C'est la forme la plus fréquente d'ictère néonatal ; par définition, la bilirubine directe ou conjuguée ne dépasse pas 34 μmol/L (20 mg/L). La préoccupation principale est la toxicité de la bilirubine indirecte pour le système nerveux central (ictère nucléaire). Les principales étiologies de l'hyperbilirubinémie indirecte figurent dans le tableau 42.

Les principales entités causant un ictère indirect sont les suivantes :

1) Ictère physiologique : il s'observe chez environ 60 % des nouveau-nés à terme et plus souvent encore chez les prématurés. C'est la cause principale d'hyperbilirubinémie pendant la première semaine de vie. Ce diagnostic repose sur plusieurs critères :
   a) L'ictère apparaît après 24 à 48 heures de vie ;

Tableau 42 Principales causes d'ictère indirect chez le nouveau-né

- Ictère physiologique et hyperbilirubinémie néonatale (très fréquents)
- Ictère au lait maternel (assez fréquent)
- Maladie hémolytique du nouveau-né (assez fréquente)
  - incompatibilité Rhésus
  - incompatibilité ABO
- Ecchymoses, hématomes (assez fréquents)
- Polycythémie (assez fréquente)
- Anémies hémolytiques congénitales (rares)
  - sphérocytose
  - déficience en glucose-6-phosphate déshydrogénase
  - déficience en pyruvate-kinase
  - thalassémie
- Hypothyroïdie (rare)
- Sténose du pylore (rare)
- Hyperbilirubinémie néonatale transitoire et familiale (très rare)
- Maladie de Gilbert (rare)
- Syndrome de Crigler-Najjar (très rare)

b) L'hyperbilirubinémie ne dépasse pas 250 µmol/L (146 mg/L) chez l'enfant allaité ou 200 µmol/L (117 mg/L) chez l'enfant nourri artificiellement, quel que soit son âge;

c) Il s'agit d'une hyperbilirubinémie indirecte (la bilirubine directe ne dépasse pas 34 µmol/L, soit 20 mg/L);

d) L'hyperbilirubinémie augmente à un rythme inférieur à 86 µmol/L/ 24 heures (50 mg/L/24 heures);

e) Il n'y a pas d'hémolyse (hémoglobine normale et stable);

f) L'état général du nouveau-né est bon;

g) L'ictère ne persiste pas plus d'une semaine (chez l'enfant allaité, un ictère au lait maternel peut faire suite à une hyperbilirubinémie physiologique et persister jusqu'à l'âge de deux mois: voir plus loin).

Ces critères sont valables pour le nouveau-né à terme et non pour le prématuré. L'ictère physiologique atteint habituellement son niveau maximal à trois ou quatre jours de vie. La plupart du temps, aucun traitement n'est nécessaire, sauf si la bilirubine augmente à un niveau trop élevé, ce qui est rare (on parle alors d'hyperbilirubinémie néonatale). Les indications de la photothérapie et de l'exsanguino-transfusion sont les mêmes que dans le cas d'une maladie hémolytique du nouveau-né (voir plus loin).

2) Ictère au lait maternel: il s'observe chez un faible pourcentage d'enfants allaités; il peut persister jusqu'à deux mois. Plusieurs hypothèses physiopathologiques ont été avancées. Les critères de diagnostic sont les suivants:

a) L'enfant est allaité;

b) L'état général du nouveau-né est bon;

c) L'ictère apparaît vers la fin de la première semaine de vie; il peut être en continuité avec l'ictère physiologique;

d) Il n'y a pas d'hémolyse (hémoglobine normale et stable);

e) Il s'agit d'une hyperbilirubinémie indirecte (la bilirubine directe ne dépasse pas 34 μmol/L, soit 20 mg/L);

f) La bilirubine ne dépasse habituellement pas 250 μmol/L (146 mg/L), mais des valeurs aussi élevées que 459 μmol/L (268 mg/L) ont été rapportées.

Il est exceptionnel que la bilirubine atteigne un niveau inquiétant. Aucune complication neurologique ou autre n'a été décrite. L'allaitement doit être poursuivi. Exceptionnellement, lorsque la bilirubine approche 340 μmol/L (200 mg/L) et s'il y a un doute quant au diagnostic, l'allaitement peut être remplacé pendant 24 à 48 heures par l'alimentation artificielle; la bilirubine descend alors rapidement. L'allaitement peut ensuite être repris et le taux de bilirubine ne remonte pas au niveau initial.

3) Ecchymoses et hématomes (exemple : céphalhématome) : ils causent ou aggravent fréquemment un ictère à prédominance indirecte. Ils sont évidents à l'examen.

4) Ictère hémolytique : il est le plus souvent d'origine immunologique (incompatibilité Rhésus ou ABO). Si ce n'est pas le cas, il faut rechercher une anémie hémolytique congénitale comme une sphérocytose (voir Anémies).

a) Incompatibilité Rhésus ou érythroblastose fœtale : son incidence a fortement diminué depuis que les femmes à risque reçoivent la prophylaxie anti-D. La mère est Rhésus négative et le fœtus Rhésus positif. Le premier enfant ne peut pas être atteint, sauf si la mère a été sensibilisée antérieurement, par exemple lors de l'avortement d'un fœtus Rhésus positif, si elle n'a pas reçu la prophylaxie anti-D. Les formes graves peuvent s'accompagner d'anasarque fœto-placentaire, d'hépatomégalie, de splénomégalie et d'insuffisance cardiaque. L'hémolyse est plus active que dans le cas de l'incompatibilité ABO. L'ictère apparaît pendant les premières heures de vie et le taux de bilirubine augmente rapidement. Une anémie très profonde peut être présente. Le taux de réticulocytes est élevé. Le test de Coombs direct est positif, ce qui indique la présence d'anticorps érythrocytaires. Une hypoglycémie peut survenir;

b) L'incompatibilité ABO cause une hémolyse moins active que l'incompatibilité Rhésus. Habituellement, le groupe sanguin de la mère est O et celui du fœtus A ou B. Le premier enfant peut être atteint. En général, l'ictère apparaît plus tardivement et il est moins intense qu'en cas d'érythroblastose fœtale. L'hémoglobine peut baisser et le taux de réticulocytes peut être élevé. Le test de

Coombs indirect est positif, ce qui indique la présence d'anticorps plasmatiques. Le test de Coombs direct est négatif;

c) Anémies hémolytiques congénitales: plusieurs de ces anémies peuvent se manifester dès la période néonatale; il s'agit surtout de la sphérocytose, de la thalassémie, de la déficience en glucose-6-phosphate déshydrogénase et de la déficience en pyruvate-kinase (voir Anémies).

5) Hypothyroïdie congénitale: il s'agit de l'une des causes rares d'hyperbilirubinémie non conjuguée. Les manifestations cliniques habituelles (voir Goitre, hypothyroïdie et hyperthyroïdie) peuvent être absentes ou discrètes. Dans les pays développés, le dépistage néonatal systématique permet un diagnostic précoce. Le traitement doit être commencé le plus tôt possible pour prévenir le retard mental.

6) Maladie de Gilbert: cette forme d'hyperbilirubinémie bénigne à prédominance indirecte, transmise selon le mode autosomique dominant, se manifeste occasionnellement pendant la période néonatale.

7) Sténose du pylore: elle s'associe rarement à un ictère non conjugué. Le mécanisme physiopathologique de cet ictère demeure imprécis. Le jeûne pourrait jouer un certain rôle. On a rapporté quelques cas de maladie de Gilbert se manifestant de cette façon.

8) Syndrome de Crigler-Najjar: cette forme rare de déficience du mécanisme de glucurono-conjugaison de la bilirubine est transmise selon le mode autosomique récessif. L'hyperbilirubinémie est majeure et se manifeste dès les premiers jours de vie; seul un traitement rapide par exsanguino-transfusions multiples permet d'éviter l'ictère nucléaire.

En cas d'hyperbilirubinémie néonatale à prédominance non conjuguée, plusieurs facteurs peuvent accroître le risque d'ictère nucléaire: asphyxie, jeûne, hypo-albuminémie, hyperosmolarité, infection, prématurité, jeune âge (exemple: le nouveau-né de moins de 24 heures de vie est plus vulnérable que celui de quelques jours), acidose, hypothermie, administration de médicaments qui déplacent la bilirubine de l'albumine (exemple: sulfamides).

Le traitement de l'hyperbilirubinémie a pour objectif principal de réduire le taux de bilirubine indirecte par photothérapie ou exsanguino-transfusion afin de prévenir l'ictère nucléaire («kernictère») et de corriger l'anémie par transfusion. En l'absence de facteurs de risque (voir plus haut), on considère que l'ictère nucléaire peut survenir si la bilirubine dépasse 340 µmol/L (200 mg/L) chez le nouveau-né à terme. Chez le prématuré, surtout lorsqu'il y a d'autres facteurs de risque, ce seuil peut être plus bas.

Le taux de bilirubine qui constitue une indication de photothérapie ou d'exsanguino-transfusion n'est pas déterminé de façon précise. Les recommandations qui suivent (tableau 43) sont celles de l'Académie américaine de pédiatrie (1990); elles ne sont pas validées par des études cliniques. Des publications récentes suggèrent que l'on pourrait être

Tableau 43 Indications de photothérapie et d'exsanguino-transfusion
selon le taux de bilirubine et le poids de naissance

Poids de naissance	Photothérapie	Exsanguino-transfusion
< 1 500 g	135 à 170 µmol/L* (80 à 100 mg/L)	170 à 255 µmol/L* (100 à 150 mg/L)
1 501 à 2 500 g	170 à 200 µmol/L* (100 à 120 mg/L)	255 à 300 µmol/L* (150 à 175 mg/L)
> 2 500 g	255 à 300 µmol/L* (150 à 175 mg/L)	340 µmol/L* (200 mg/L)

* Ces seuils doivent être réduits de 34 µmol/L (20 mg/L) en présence de facteurs de risque tels qu'une infection, une acidose, une hypoxie, une hyperosmolarité ou une hypo-albuminémie. Quel que soit le niveau de bilirubine, une exsanguino-transfusion doit être effectuée si des signes suggestifs d'ictère nucléaire apparaissent. Le risque diminue de façon importante après l'âge de cinq jours.

moins interventionniste. En raison des risques infectieux liés à la transfusion sanguine, les indications de l'exsanguino-transfusion doivent être individualisées. Les exsanguino-transfusions doivent être répétées si nécessaire, afin de maintenir le taux de bilirubine sous le seuil choisi, en tenant compte des facteurs de risque mentionnés plus haut.

La photothérapie est appliquée de façon continue jusqu'au moment où le niveau de bilirubine se maintient sous le seuil de risque; les yeux sont couverts, l'enfant est retourné fréquemment et son apport d'eau est augmenté.

II. Hyperbilirubinémie à composante directe ou ictère cholestatique (bilirubine conjuguée > 34 µmol/L, soit 20 mg/L)

La présence d'une hyperbilirubinémie directe chez un nouveau-né ou un nourrisson indique la possibilité d'une maladie grave; l'enfant doit donc être dirigé immédiatement vers un centre spécialisé. Le nourrisson a souvent une coloration jaune verdâtre. La démarche diagnostique tient compte de l'ensemble du tableau clinique et des principales causes possibles (tableau 44). Les explorations de base comportent un hémogramme, la détermination du taux de bilirubine totale et directe, la mesure de la glycémie, le dosage des transaminases et des phosphatases alcalines, une étude de la coagulation ainsi qu'une échographie du foie. Les autres explorations sont décidées en fonction du tableau clinique et des résultats des examens paracliniques mentionnés ci-dessus.

1) Infection bactérienne : elle peut être la cause d'un ictère direct chez un nouveau-né. Cette étiologie doit surtout être suspectée si l'enfant présente de la fièvre ou de l'hypothermie, de la léthargie, de l'anorexie ou une altération de l'état général. Dans ces circonstances, il est recommandé de faire des cultures du sang, du liquide céphalorachidien et de l'urine, puis de traiter l'enfant empiriquement à l'ampicilline et à la gentamicine pendant 48 heures, jusqu'au moment où les cultures se révèlent négatives. Même si aucun des signes et symptômes

Tableau 44 Principales causes d'ictère direct chez le nouveau-né et le nourrisson

- Infections
  - infections bactériennes (infection urinaire, septicémie)
  - infections virales et parasitaires congénitales (cytomégalovirus, *Herpèsvirus*, virus de la rubéole, entérovirus, *Toxoplasma gondii* et autres)
  - syphilis
- Fibrose kystique
- Atrésie des voies biliaires extrahépatiques
- Hypoplasie des canalicules biliaires intrahépatiques :
  - syndrome d'Alagille (dysplasie artério-hépatique)
  - syndrome de Zellweger (syndrome cérébro-hépato-rénal)
  - maladie de Byler
- Cholangite sclérosante
- Kyste du cholédoque
- Syndrome de la bile épaisse (chez le nouveau-né qui a présenté une anémie hémolytique)
- Hépatite néonatale idiopathique (hépatite à cellules géantes)
- Cholestase du nouveau-né qui a reçu une alimentation parentérale
- Maladies métaboliques ; exemples :
  - galactosémie congénitale
  - intolérance héréditaire au fructose
  - tyrosinémie congénitale
  - déficience en alpha-1-antitrypsine

mentionnés ci-dessus n'est présent, il est prudent de faire au moins une culture d'urine.

2) Infections congénitales : il s'agit surtout des infections causées par les agents suivants : cytomégalovirus, virus de la rubéole, entérovirus (exemple : Coxsackie), *Herpèsvirus*, virus de l'hépatite B, *Toxoplasma gondii*, spirochète de la syphilis. On suspecte ces infections chez tout nouveau-né qui présente un ictère direct, particulièrement s'il est associé à une hépatosplénomégalie, à un purpura thrombopénique, à un retard de croissance intra-utérine, à une microcéphalie, à des calcifications intracrâniennes, à des cataractes, à une cardiopathie congénitale, ou à une atteinte rétinienne. Le diagnostic repose sur les recherches virales et les épreuves sérologiques (voir Infections congénitales). Pour le traitement de l'infection à *Herpèsvirus*, voir Infections herpétiques et, pour celui de la toxoplasmose, Parasitoses.

3) Fibrose kystique : elle est éliminée par un test de la sueur. Des faux négatifs sont fréquents au cours de la période néonatale, et il n'est pas toujours facile d'obtenir suffisamment de sueur.

4) Atrésie des voies biliaires extrahépatiques : elle doit être à l'avant-plan des préoccupations chez tout nouveau-né qui présente un ictère cholestatique, parce qu'une porto-entérostomie (opération de Kasai) doit être effectuée le plus tôt possible (avant l'âge de deux à trois mois) si l'on

veut que les chances de succès soient optimales. Le taux de réussite de cette intervention est de l'ordre de 90 % lorsqu'elle est effectuée aux environs de l'âge d'un mois. L'atrésie des voies biliaires est difficile à différencier de l'hépatite néonatale. Sur le plan clinique, des selles décolorées suggèrent le diagnostic d'atrésie des voie biliaires. Il peut y avoir une hépatomégalie et la consistance du foie peut être plus ferme que la normale. L'échographie du foie est utile, notamment pour exclure un kyste du cholédoque et pour déterminer si la vésicule biliaire est présente ou absente. La scintigraphie hépatobiliaire permet de mettre en évidence l'absence de passage de la bile dans l'intestin. La biopsie hépatique à l'aiguille complète le bilan. Le diagnostic de certitude repose sur l'exploration chirurgicale et la cholangiographie peropératoire. La porto-entérostomie peut se compliquer d'échecs précoces, d'échecs tardifs ou de cholangite ascendante; il peut y avoir une évolution vers la cirrhose et l'hypertension portale. Lorsque cette intervention se solde par un échec, le dernier recours est la transplantation hépatique.

5) Hépatite néonatale : elle peut être due à l'un des agents infectieux mentionnés plus haut, mais, dans un certain nombre de cas, on ne trouve aucune étiologie et on parle alors d'hépatite néonatale idiopathique. Cette entité peut ressembler cliniquement à une atrésie des voies biliaires et le diagnostic différentiel peut être difficile (voir plus haut).

6) Cholangite sclérosante : elle est caractérisée par une atteinte à la fois extra- et intrahépatique des voies bilaires donnant une image en chapelet à la cholangiographie percutanée ou rétrograde. Elle peut se retrouver de façon isolée au cours de la période néonatale (cholangite sclérosante primitive congénitale), en association avec une histiocytose chez le jeune enfant, ou avec une maladie inflammatoire de l'intestin chez le grand enfant ou l'adolescent.

7) Kyste du cholédoque : il peut se manifester par un ictère obstructif chez le nouveau-né et le nourrisson, mais aussi chez l'enfant plus âgé; ce dernier peut également présenter des douleurs abdominales. Une masse est parfois palpable dans l'hypochondre droit. La fonction hépatique peut se détériorer rapidement. L'échographie met facilement en évidence une dilatation kystique du cholédoque. Le traitement est chirurgical.

8) Hypoplasie des canalicules biliaires intrahépatiques :

   a) Syndrome d'Alagille ou dysplasie artério-hépatique : il se caractérise par un ictère obstructif, un faciès anormal, une anomalie oculaire appelée embryotoxon postérieur, qui est mise en évidence par l'examen à la lampe à fente, des anomalies vertébrales («vertèbres en papillon») et des malformations cardiovasculaires (exemple : sténose pulmonaire périphérique). Il y a une hypoplasie des voies biliaires intrahépatiques et/ou extrahépatiques;

   b) Syndrome de Zellweger ou syndrome cérébro-hépato-rénal (autosomique récessif) : mis à part l'ictère, il est caractérisé par un ensemble de signes dysmorphiques: front haut, épicanthus et hypoplasie des arcades sourcilières. Les enfants atteints présentent également une atteinte neurologique grave (hypotonie, convulsions), des kystes rénaux et des anomalies oculaires (nystagmus, atrophie optique, opacités cornéennes, glaucome, cataractes, rétinite pigmentaire et taches de Brushfield). Ce syndrome est fatal à court terme;

c) Maladie de Byler: cette affection rare associe un ictère cholestatique, un retard de croissance staturopondérale, un rachitisme, du prurit et une stéatorrhée. Le cholestérol sérique est normal, de même que la gamma-glutamyl-transpeptidase, ce qui est exceptionnel en cas de cholestase. Une certaine proportion des enfants atteints présentent une anomalie du métabolisme des acides biliaires primaires.

9) Syndrome de la bile épaisse: il doit surtout être suspecté chez le nouveau-né qui a présenté une anémie hémolytique grave.

10) Cholestase du nouveau-né ayant reçu une alimentation parentérale: il s'agit d'un diagnostic d'exclusion.

11) Maladies métaboliques: un grand nombre d'anomalies du métabolisme intermédiaire peuvent être responsables d'une atteinte hépatique avec ou sans ictère. En cas d'ictère à composante directe, les entités suivantes doivent surtout être prises en considération:

a) Galactosémie congénitale (autosomique récessive): elle peut se manifester peu de temps après que le nouveau-né commence à boire du lait. Outre l'ictère, les principales manifestations cliniques possibles sont les suivantes: altération inexpliquée de l'état général, vomissements, difficultés alimentaires, irritabilité, léthargie, convulsions, hépatomégalie, splénomégalie, hypoglycémie, acidose métabolique, cataractes, infections, particulièrement causées par des bactéries à Gram négatif. Les transaminases sont élevées. Le test de dépistage consiste à rechercher dans l'urine, au moyen du Clinitest, la présence de sucres réducteurs autres que le glucose. Le diagnostic de certitude repose sur le dosage de l'enzyme déficiente dans les globules rouges. En cas de doute, il faut recourir immédiatement à une alimentation sans lactose, en attendant le résultat du dosage enzymatique. L'intolérance héréditaire au fructose peut se manifester de façon assez similaire après l'introduction du fructose dans l'alimentation;

b) Tyrosinémie congénitale (autosomique récessive): sa forme précoce se manifeste au cours des six premiers mois de vie par un retard de croissance et de développement, de l'irritabilité, des vomissements, un ictère, une hépatomégalie, de l'hypoglycémie, une atteinte rénale et une diathèse hémorragique. Des crises neurologiques peuvent survenir. Les transaminases et l'alphafœtoprotéine sont élevées. On note une augmentation de la succinylacétone dans le plasma et l'urine. Le traitement consiste en une alimentation pauvre en phénylalanine et en tyrosine. Malgré ce traitement, l'évolution peut être défavorable et une transplantation hépatique peut se révéler nécessaire;

c) Déficience en alpha-1-antitrypsine (autosomique récessive): les homozygotes peuvent présenter un ictère cholestatique en bas âge, pouvant évoluer ensuite vers la cirrhose. Le diagnostic repose sur le dosage sérique de l'alpha-1-antitrypsine et sur la biopsie hépatique. Si le dosage de l'alpha-1-antitrypsine s'avère bas, le typage de l'inhibiteur de la protéase est nécessaire. Lorsque l'évolution est défavorable, une transplantation hépatique peut devenir nécessaire.

Ictère chez l'enfant plus âgé et l'adolescent: démarche clinique

L'ictère est rare chez l'enfant plus âgé. Comme chez l'adulte, il faut penser aux catégories étiologiques suivantes:

1) Ictère hépato-cellulaire: c'est la forme la plus fréquente. Il résulte le plus souvent d'une hépatite virale (voir Hépatites virales). Plus rarement, il s'agit d'une hépatite toxique ou auto-immune, ou du stade avancé d'une cirrhose. L'élévation des transaminases est caractéristique. Lorsque l'étiologie demeure obscure, plusieurs anomalies métaboliques doivent être recherchées: maladie de Wilson, déficience en alpha-1-antitrypsine, etc.;

2) Ictère hémolytique: il s'agit d'une hyperbilirubinémie non conjuguée associée à une anémie et, sauf en cas d'aplasie médullaire concomitante, à une augmentation des réticulocytes (voir Anémies);

3) Ictère obstructif: il s'agit d'une hyperbilirubinémie conjuguée résultant d'une obstruction des voies biliaires par des calculs (voir Lithiase biliaire) ou d'un processus néoplasique. Le kyste du cholédoque peut aussi se manifester par un ictère obstructif chez le grand enfant et l'adolescent, chez qui il peut causer des douleurs abdominales;

4) Maladie de Gilbert (hyperbilirubinémie non conjuguée intermittente et familiale, transmise selon le mode autosomique dominant).

Lectures suggérées

American Board of Pediatrics: Neonatal hyperbilirubinemia. Supplement to Pediatr Rev, 1990.
Fitzgerald JF: Cholestatic disorders of infancy. Pediatr Clin North Am 1988; 35: 357-373.
Heubi JC, Daugherty CC: Neonatal cholestasis: an approach for the practicing pediatrician. Curr Probl Pediatr 1990; 20: 235-295.
Hicks BA, Altman RP: The jaundiced newborn. Pediatr Clin North Am 1993; 40: 1161-1175.
Watchko JF, Oski FA: Kernicterus in preterm newborns: past, present, and future. Pediatrics 1992; 90: 707-715.

Impétigo 128

Luc Chicoine, Michel Weber, Marc Lebel, Julie Powell

Généralités

L'impétigo est une infection superficielle de la peau, fréquente chez l'enfant. Les agents étiologiques sont le *Streptococcus pyogenes* (streptocoque bêta-hémolytique du groupe A) et le *Staphylococcus aureus* (staphylocoque doré).

Manifestations cliniques

Il s'agit de lésions cutanées bien circonscrites, d'abord vésiculeuses puis pustuleuses. Par la suite, elles peuvent se recouvrir d'une croûte caractéristique qui a l'aspect du miel. La forme bulleuse est causée par le *Staphylococcus aureus*. Sauf dans les pays tropicaux, la forme croûteuse est de plus en plus d'origine staphylococcique. Les lésions ont tendance à s'étendre de proche en proche et à distance.

Explorations

Aucune n'est vraiment essentielle. Une culture des lésions est souhaitable.

Traitement

Selon les circonstances, l'impétigo peut être traité soit par voie topique, soit par voie générale :

1) Les lésions peu étendues peuvent être traitées avec succès par l'application locale, trois ou quatre fois par jour, de mupirocine (non disponible en France) ou d'acide fusidique.

2) L'administration d'un antibiotique par voie générale est indiquée dans les circonstances suivantes :

   a) Il s'agit d'un nouveau-né ou d'un nourrisson ;

   b) Les lésions sont étendues ou profondes ;

   c) Il y a de la fièvre, une atteinte de l'état général ou une éruption scarlatiniforme ;

   d) Il y a des lésions cutanées sous-jacentes comme une dermite atopique ;

   e) L'enfant souffre d'une déficience immunitaire.

Il faut alors utiliser un antibiotique efficace contre le *Streptococcus pyogenes* et le *Staphylococcus aureus* sensible ou résistant à la pénicilline. Le premier choix est la cloxacilline ou, en France, l'oxacilline (50 à 100 mg/kg/24 heures PO en 3 fois pendant 10 jours ; maximum chez le grand enfant : 4 g/24 heures). La céphalexine (céfalexine) constitue un autre choix acceptable (25 à 50 mg/kg/24 heures PO en

3 fois pendant 10 jours ; maximum chez le grand enfant : 4 g/24 heures). Si l'enfant est allergique aux pénicillines et aux céphalosporines, on peut utiliser la clindamycine (20 à 30 mg/kg/24 heures PO en 4 fois pendant 10 jours ; maximum chez le grand enfant : 1,8 g/24 heures) ou l'érythromycine :

- Éthylsuccinate ou stéarate : 30 à 50 mg/kg/24 heures PO en 3 à 4 fois (maximum : chez le grand enfant : 2 g/24 heures) ;
- Estolate : 20 à 40 mg/kg/24 heures PO en 3 fois (maximum chez le grand enfant : 2 g/24 heures).

En France, on utilise aussi la pristinamycine ou la virginiamycine (50 à 100 mg/kg/24 heures PO en 2 à 3 fois ; maximum chez le grand enfant : 3 g/24 heures).

Complications

Scarlatine, glomérulonéphrite aiguë, cicatrices cutanées, septicémie, ostéomyélite, endocardite.

Mesures épidémiologiques

Voir Problèmes épidémiologiques courants à la garderie (crèche).

Lectures suggérées

Baltimore RS : Treatment of impetigo : a review. Pediatr Infect Dis J 1985 ; 4 : 597-601.
Blumer JL, Lemon E, O'Horo J, Snodgrass DJ : Changing therapy for skin and soft tissue infections in children : have we come full circle. Pediatr Infect Dis J 1987 ; 6 : 117-122.
Blumer JL, O'Brien CA, Lemon E, Capretta TM : Skin and soft tissue infections : pharmacologic approaches. Pediatr Infect Dis J 1985 ; 4 : 336-341.
Lookingbill DP : Impetigo. Pediatr Rev 1985 ; 7 : 177-181.

Infections à entérovirus   129

Michel Weber, Marc Lebel

Voir aussi Maladie main-pied-bouche.

Généralités

Ces infections sont discutées ici parce qu'elles sont particulièrement fréquentes et parce que ces virus peuvent non seulement être responsables de divers tableaux cliniques d'infection virale banale, mais aussi de trois syndromes spécifiques avec lesquels tous les médecins qui s'occupent d'enfants devraient être familiers. Compte tenu des mesures préventives efficaces et à peu près universellement appliquées, la poliomyélite n'est pas abordée ici. Ces virus appartiennent à trois catégories : les virus Coxsackie, les virus ECHO et les entérovirus proprement dits. Dans les pays tempérés, ces infections sont plus fréquentes en été.

Entités cliniques non spécifiques

I. Atteintes cutanées et muqueuses

Conjonctivite hémorragique, éruption cutanée non spécifique.

II. Atteintes cardiovasculaires

Myocardite, péricardite.

III. Atteintes digestives

Adénite mésentérique, douleurs abdominales, gastrite, gastro-entérite et entérite, hépatite, pancréatite, parotidite, stomatite.

IV. Atteintes génito-urinaires

Épididymite, orchite, hématurie, néphrite, protéinurie, syndrome hémolytique et urémique.

V. Atteintes locomotrices

Arthrite, myosite.

VI. Atteintes neurologiques

Ataxie cérébelleuse aiguë, encéphalite, méningite aseptique, myélite transverse, névrite optique, paralysie, syndrome de Guillain-Barré.

VII. Atteintes respiratoires

Bronchiolite, bronchite, laryngite, pharyngite, pneumonie, rhinite.

VIII. Atteinte systémique sans foyer infectieux détectable

Fièvre.

Entités cliniques spécifiques

I. Herpangine

Cette infection à virus Coxsackie se manifeste par une fièvre élevée accompagnée d'un énanthème caractérisé par des vésicules ou des ulcérations pouvant atteindre 4 à 5 mm de diamètre, entourées d'une zone érythémateuse; contrairement aux lésions de gingivostomatite herpétique, ces lésions sont surtout localisées au niveau de la partie postérieure de la bouche, particulièrement sur les piliers amygdaliens antérieurs et le palais mou.

II. Maladie main-pied-bouche

Voir Maladie main-pied-bouche.

III. Pleurodynie (maladie de Bornholm)

Il s'agit également d'une infection à virus Coxsackie qui peut avoir une tendance épidémique. Elle est caractérisée par une fièvre accompagnée d'une douleur intense et paroxystique, d'allure musculaire et localisée au niveau du thorax ou de la partie supérieure de l'abdomen. Cette douleur est aggravée par la respiration profonde ou la toux. Les épisodes douloureux peuvent durer de quelques minutes à quelques heures.

Explorations

La plupart du temps, aucune exploration complémentaire n'est nécessaire puisqu'il s'agit soit d'une maladie fébrile mineure qui guérit rapidement de façon spontanée, soit d'un tableau clinique spécifique facilement reconnaissable. Dans certaines situations particulières (exemples: encéphalite, hépatite, myocardite, etc.), le diagnostic peut être établi par des cultures virales dans les sécrétions nasopharyngées, les selles ou le liquide céphalorachidien ainsi que par la détermination des anticorps spécifiques en phase aiguë et en phase de convalescence.

Traitement

Il n'y a pas de traitement spécifique. La douleur ou une fièvre incommodante sont traitées de la façon habituelle au moyen d'acétaminophène ou paracétamol (15 mg/kg/dose PO toutes les 4 heures; maximum chez le grand enfant: 650 mg/dose).

Mesures préventives

Les précautions entériques habituelles sont recommandées pendant sept jours après le début de la maladie (voir Mesures épidémiologiques courantes à la garderie (crèche)).

Infections aiguës des voies respiratoires supérieures   130

Michel Weber, Marc Lebel

Généralités

Les infections aiguës des voies respiratoires supérieures («rhumes», rhinites, rhinopharyngites) sont très fréquentes, surtout chez les jeunes enfants et en hiver. Leur incidence moyenne est de cinq à six par année. De nombreux virus, en particulier les rhinovirus, peuvent être en cause. Parmi les facteurs de risque, il faut citer l'exposition à la fumée du tabac et la fréquentation d'une garderie (crèche). Pendant la saison froide, ces infections se succèdent parfois d'une façon ininterrompue.

Manifestations cliniques

Les symptômes sont souvent plus marqués chez les nourrissons que chez les enfants plus âgés: l'obstruction nasale peut causer des difficultés respiratoires et alimentaires importantes. La fièvre peut être absente, modérée ou élevée. On note une rhinorrhée aqueuse ou purulente. L'enfant tousse et éternue. Il peut présenter des malaises généraux, des céphalées et des myalgies. Il y a souvent une hyperhémie conjonctivale et pharyngée. Des vomissements et de la diarrhée peuvent survenir. La maladie dure quelques jours.

Explorations

Le diagnostic est clinique et aucun examen complémentaire n'est nécessaire.

Traitement

Il n'y a pas de traitement spécifique.

Si la fièvre est incommodante, on administre un antipyrétique comme l'acétaminophène ou paracétamol (15 mg/kg/dose PO toutes les 4 heures; maximum chez le grand enfant: 650 mg/dose). L'acide acétylsalicylique doit être évité car il peut être responsable du déclenchement d'un syndrome de Reye.

On veille à une bonne humidification de l'air et on encourage l'enfant à boire souvent.

Chez le nourrisson, lorsque les sécrétions nasales sont abondantes, on peut mettre deux à trois gouttes de sérum physiologique dans chaque narine quatre à six fois par jour et aspirer délicatement les sécrétions au moyen d'une poire en caoutchouc. L'enfant plus âgé est encouragé à se moucher.

Il faut éviter de prescrire des antibiotiques, des antihistaminiques ainsi que des sympathicomimétiques décongestionnants par voie générale ou en gouttes nasales; ces médicaments peuvent causer des intoxications graves chez le nourrisson. Chez l'enfant plus âgé, on administre parfois des décongestionnants par voie nasale (exemples: Canada: xylométazoline, oxymétazoline; France: fénoxazoline, oxymétazoline, tymazoline), qui procurent un soulagement temporaire; la durée du traitement ne devrait pas dépasser 24 à 48 heures car il y a un risque de rhinite médicamenteuse.

L'infection persistante des voies respiratoires supérieures constitue un problème particulier. Lorsque les symptômes durent plus longtemps que d'habitude, c'est-à-dire plus de trois à quatre semaines, on considère habituellement qu'il y a une surinfection bactérienne des sinus.

Complications

1) Chez le jeune enfant asthmatique, les infections virales des voies respiratoires supérieures constituent fréquemment le facteur déclenchant des crises d'asthme.

2) Une otite moyenne ou une sinusite peut compliquer ces infections. Elles sont traitées de la façon habituelle (voir Otite moyenne aiguë, otite séreuse, otites récidivantes, otorrhée chronique, Sinusites).

3) Chez le nourrisson, l'infection peut se propager au reste des voies respiratoires et causer un tableau clinique de laryngite, de bronchite ou de bronchiolite.

Mesures préventives

L'allaitement procure une protection relative.

Aucun vaccin n'est disponible contre les virus responsables de ces infections.

L'administration de vitamine C n'a aucun effet protecteur.

Il faut éviter les contacts entre les jeunes enfants et les personnes enrhumées.

Lectures suggérées

Denny FW: Acute respiratory infections in children: etiology and epidemiology. Pediatr Rev 1988; 9: 135-146.
Walson PD: Coughs and colds. Pediatrics 1984; 74: 937-940.

Infections congénitales   131

Michel Weber, Marc Lebel

Généralités

De nombreux agents infectieux transmis par voie transplacentaire peuvent affecter le fœtus. Ce chapitre se limite à la rubéole, à la toxoplasmose, à l'infection à cytomégalovirus et à l'infection par le virus *Herpès simplex* («TORCH»). La syphilis congénitale est abordée dans le chapitre Maladies sexuellement transmissibles et autres infections génitales.

Éléments communs

Les infections congénitales peuvent causer la mort du fœtus, une naissance prématurée et un retard de croissance intra-utérine. Lorsqu'elles surviennent au cours des premiers mois de la grossesse, certaines d'entre elles peuvent être responsables de malformations congénitales (exemple: rubéole). Acquises à la fin de la grossesse, elles causent parfois un syndrome infectieux similaire aux autres infections virales et bactériennes, qui peut se caractériser par une altération de l'état général, des difficultés alimentaires, de la léthargie, de l'hypotonie, de l'hypothermie, un ictère cholestatique, une hépatosplénomégalie, un purpura thrombopénique, une anémie et une atteinte du système nerveux central (méningo-encéphalite).

Rubéole congénitale

Un faible pourcentage des femmes en âge de procréer échappent à la vaccination systématique contre la rubéole; celle-ci peut passer inaperçue au cours de la grossesse. Comme le virus responsable de cette maladie peut causer une atteinte grave du fœtus, il est important de vérifier le taux d'anticorps chez toute femme désireuse de devenir enceinte et, si ce taux n'atteint pas le niveau protecteur, de la vacciner (voir Rubéole). Une méthode contraceptive efficace doit être utilisée pendant les trois mois qui suivent la vaccination.

Le risque d'infection fœtale est très élevé (environ 90 %) au cours du premier trimestre de la grossesse, puis il s'atténue pendant le reste de la gestation (environ 25 à 50 %).

L'atteinte précoce du fœtus (quatre premiers mois) peut causer des malformations congénitales.

Avant l'ère de la vaccination systématique, la rubéole était la cause la plus fréquente de surdité. Les enfants infectés semblent parfois complètement normaux à la naissance, mais certains problèmes comme le retard mental, la surdité et les cataractes peuvent se manifester des mois ou des années plus tard.

Le spectre de gravité de la rubéole congénitale est très étendu : il va de l'absence totale de problème apparent à une atteinte multisystémique dévastatrice. Les principaux problèmes rapportés sont les suivants (les plus fréquents sont indiqués par un astérisque) :

1) Tableau infectieux non spécifique en cas d'infection survenant en fin de grossesse : voir Éléments communs ;

2) Atteinte neurologique : microcéphalie*, convulsions, calcifications intracrâniennes, surdité*, retard mental*, troubles d'apprentissage ou du comportement, autisme, panencéphalite ;

3) Atteinte oculaire : cataractes*, glaucome, microphtalmie, opacités cornéennes ; rétinite pigmentaire (en général, la vision est peu affectée) ;

4) Atteinte cardiaque* : persistance du canal artériel, sténose pulmonaire périphérique, communication interauriculaire, communication interventriculaire, myocardite ;

5) Atteinte hépatique : hépatite ;

6) Atteinte osseuse : elle se manifeste radiologiquement par de petites zones d'hypertransparence et de condensation osseuse, sans réaction périostée, situées au niveau de la métaphyse des os longs ;

7) Atteinte pulmonaire : pneumonie interstitielle ;

8) Atteinte métabolique : diabète (apparition tardive).

Le diagnostic repose sur les éléments suivants :

1) Histoire de rubéole au cours de la grossesse. Comme la maladie passe inaperçue dans près de 50 % des cas, une histoire négative n'exclut pas ce diagnostic ;

2) Caractéristiques cliniques du nouveau-né (voir ci-dessus). L'absence d'anomalies détectables n'exclut pas la possibilité de manifestations tardives ;

3) Culture du virus dans les sécrétions pharyngées, l'urine, les selles, le liquide céphalorachidien et, en cas de cataracte opérée, dans le cristallin ;

4) Sérologie : présence d'IgM spécifiques. Les IgG spécifiques sont d'origine maternelle si leur titre diminue progressivement ; si elles demeurent stationnaires ou augmentent, cela indique que l'enfant est infecté.

Il n'y a pas de traitement spécifique.

L'enfant atteint de rubéole peut excréter le virus pendant une période prolongée, allant jusqu'à deux ans. Tout contact avec une femme susceptible enceinte ou pouvant devenir enceinte doit donc être évité pendant cette période, ou aussi longtemps que la culture du virus demeure positive.

Mesures préventives : voir Rubéole.

Toxoplasmose congénitale

Les principaux facteurs de risque sont le contact avec des chats et la consommation de viande crue ou insuffisamment cuite. Les manifestations cliniques de la toxoplasmose acquise sont décrites dans le chapitre Parasitoses. La maladie peut passer inaperçue chez la mère. Le risque global de transmission au fœtus est au moins égal à 50 %. Dans quelques pays, incluant la France, on effectue des épreuves de dépistage chez les femmes enceintes ; en cas de toxoplasmose acquise, le traitement de la mère réduit le risque d'atteinte fœtale, ainsi que la gravité de celle-ci.

Chez les survivants, le tableau clinique varie beaucoup d'un enfant à l'autre ; il va de l'absence de problème détectable (environ 50 %) à un ensemble de handicaps majeurs. Même si l'enfant semble intact à la naissance, certains problèmes peuvent survenir tardivement. Les principales manifestations rapportées sont les suivantes (les plus fréquentes sont indiquées par un astérisque) :

1) Tableau infectieux non spécifique en cas d'infection survenant en fin de grossesse : voir Éléments communs ;

2) Atteinte neurologique : hydrocéphalie*, microcéphalie, convulsions (incluant les spasmes en flexion avec hypsarythmie), surdité, calcifications intracrâniennes* (périventriculaires, intracérébrales diffuses ou affectant les ganglions de la base), encéphalomalacie, retard mental, troubles du comportement ou de l'apprentissage ;

3) Atteinte oculaire : choriorétinite* pouvant causer une perte importante de vision, microphtalmie, strabisme, nystagmus, décollement de la rétine ;

4) Atteinte hépatique : hépatite ;

5) Atteinte cutanée : diverses formes d'éruption sont possibles (purpurique, ecchymotique, maculopapuleuse, papuleuse, etc.) ;

6) Atteinte cardiaque : myocardite ;

7) Atteinte rénale : syndrome néphrotique ;

8) Atteinte pulmonaire : pneumonie interstitielle ;

9) Atteinte osseuse : bandes d'hypertransparence métaphysaire sans réaction périostée ;

10) Adénopathies ;

11) Atteinte endocrinienne (tardive) : diabète insipide, puberté précoce, hypopituitarisme.

Le diagnostic repose sur les éléments suivants :

1) Séroconversion ou histoire de toxoplasmose acquise au cours de la grossesse; l'absence d'une telle histoire n'exclut pas la toxoplasmose congénitale car la maladie peut passer inaperçue;

2) Tableau suggestif chez le nouveau-né (il faut se souvenir du fait que celui-ci peut sembler entièrement normal);

3) Épreuves sérologiques : présence d'IgM spécifiques. Les IgG spécifiques sont d'origine maternelle si leur titre diminue progressivement; si elles demeurent stationnaires ou augmentent, cela indique que l'enfant est infecté.

Traitement : voir Parasitoses.

Infection congénitale à cytomégalovirus

C'est la plus fréquente des infections congénitales. Le virus est transmis de personne à personne, particulièrement dans les garderies (crèches), où les membres du personnel pouvant devenir enceintes sont donc particulièrement exposées. Lors de l'infection primaire chez la femme enceinte, le risque d'atteinte fœtale est proche de 50 %; ce risque diminue lorsqu'il s'agit d'une récidive. La majorité des nouveau-nés infectés ne présentent aucun problème évident, ce qui n'exclut pas la possibilité de complications tardives comme la surdité ou le retard mental.

Les principales manifestations cliniques rapportées sont les suivantes (les plus fréquentes sont indiquées par un astérisque) :

1) Tableau infectieux non spécifique : voir Éléments communs;

2) Atteinte neurologique : microcéphalie*, convulsions, surdité*, encéphalomalacie, calcifications intracrâniennes* (surtout périventriculaires), retard mental, troubles du comportement et de l'apprentissage*;

3) Atteinte oculaire : choriorétinite*, strabisme;

4) Atteinte hépatique : hépatite;

5) Atteinte pulmonaire : pneumonie interstitielle;

6) Atteinte dentaire : pigmentation et fragilité anormale de l'émail;

7) Atteinte osseuse : alternance de bandes denses et hypertransparentes au niveau des os longs.

Le diagnostic repose sur les éléments suivants :

1) Histoire d'infection à cytomégalovirus chez la mère pendant la grossesse; cet élément est fréquemment absent car la plupart des infections acquises passent inaperçues;

2) Tableau clinique suggestif chez le nouveau-né;

3) Culture du virus dans les liquides biologiques et particulièrement dans l'urine. Le virus peut être excrété dans l'urine pendant des années;

4) Présence d'IgM spécifiques. Les IgG spécifiques sont d'origine maternelle si leur titre diminue progressivement; si elles demeurent stationnaires ou augmentent, cela indique que l'enfant est infecté.

Le traitement au ganciclovir est à l'étude.

Infections congénitales à *Herpèsvirus*

Outre l'infection néonatale généralisée décrite dans le chapitre Infections herpétiques, le virus *Herpès simplex* cause plus rarement une atteinte fœtale, qui peut se manifester par les éléments suivants:

1) Atteinte neurologique: hydranencéphalie, microcéphalie, calcifications intracrâniennes, retard mental, convulsions;

2) Atteinte oculaire: choriorétinite, microphtalmie;

3) Atteinte cutanée: vésicules ou cicatrices de vésicules.

Le diagnostic repose sur les éléments suivants:

1) Histoire d'infection herpétique chez la mère pendant la grossesse; cet élément peut être absent car l'infection peut passer inaperçue;

2) Tableau clinique suggestif chez le nouveau-né;

3) Culture du virus dans les liquides biologiques;

4) Présence d'IgM spécifiques. Les IgG spécifiques sont d'origine maternelle si leur titre diminue progressivement; si elles demeurent stationnaires ou augmentent, cela indique que l'enfant est infecté.

Le traitement de l'infection néonatale est détaillé dans le chapitre Infections herpétiques.

Lectures suggérées

Alpert G, Plotkin SA: A practical guide to the diagnosis of congenital infections in the newborn infant. Pediatr Clin North Am 1986; 33: 465-479.
Bale JF, Murph JR: Congenital infections and the nervous system. Pediatr Clin North Am 1992; 39: 669-690.

Infections herpétiques 132

Michel Weber, Marc Lebel, Jean-Louis Jacob

Généralités

Le virus *Herpès simplex* peut affecter le fœtus par voie transplacentaire et le nouveau-né par voie verticale au moment de l'accouchement. Chez l'enfant plus âgé et l'adolescent, il peut atteindre le cerveau, l'œil, la peau et les muqueuses buccale et génitale.

Les infections néonatales ainsi que les infections génitales de l'enfant et de l'adolescent sont surtout causées par le virus *Herpès simplex* de type 2.

Après la période néonatale, la majorité des infections cutanées, oculaires, buccales et cérébrales sont causées par le type 1.

À l'exception de celles qui surviennent chez le nouveau-né ou chez l'hôte immunodéficient, la majorité des infections demeurent localisées.

La transmission se fait par contact intime et est favorisée par des lésions traumatiques minimes de la peau ou des muqueuses.

La durée d'incubation est de 2 à 14 jours.

Les moyens de diagnostic incluent la culture du virus, le test ELISA avec dosage des IgM spécifiques, ainsi que l'immunofluorescence directe. La recherche de cellules géantes multinucléées et d'inclusions intranucléaires éosinophiles dans le produit de grattage d'une lésion est moins sensible.

Principaux problèmes cliniques

À la suite d'une primo-infection, le virus peut se réactiver et occasionner des récidives multiples; c'est surtout le cas de l'herpès labial et de l'herpès génital.

I. Infection congénitale

Voir Infections congénitales.

II. Infection néonatale

L'infection est transmise à l'enfant par sa mère au moment de l'accouchement. Plus rarement, elle est transmise au nouveau-né par contact intime avec une personne présentant un herpès cutané ou labial, ou encore d'un nouveau-né à l'autre, par l'intermédiaire des mains du personnel. Les manifestations cliniques peuvent survenir de quelques heures à six semaines après la naissance. Les principales formes d'infection herpétique néonatale sont les suivantes:

1) Atteinte localisée à la peau, à la bouche ou à l'œil (conjonctivite, kératite, choriorétinite, cataracte). Cette forme de la maladie peut se généraliser, c'est pourquoi elle doit être traitée à l'acyclovir (aciclovir) de la même façon que l'infection disséminée;

2) Atteinte disséminée: cette forme de la maladie ressemble à une septicémie néonatale et inclut fréquemment une hépatite. Une encéphalite est parfois associée, de même qu'une pneumonie. La présence de vésicules au niveau de la peau constitue un indice diagnostique très important, malheureusement absent dans environ 25 % des cas, ce qui retarde le diagnostic et le traitement;

3) Encéphalite isolée (voir Encéphalites virales). Elle peut ressembler à une méningite bactérienne. Elle doit aussi être suspectée chez l'enfant qui présente des convulsions associées à une altération de l'état de conscience.

Le diagnostic est suspecté à partir du tableau clinique, particulièrement lorsque des vésicules sont présentes au niveau de la peau. Il faut penser à la possibilité d'une infection herpétique chaque fois qu'un nouveau-né présente un tableau septique grave sans étiologie évidente. Le diagnostic est confirmé par la culture du virus dans une vésicule, le sang, les sécrétions pharyngées et conjonctivales, ainsi que dans le liquide céphalorachidien.

Le traitement consiste à administrer de l'acyclovir (aciclovir), à raison de 30 mg/kg/24 heures IV en 3 fois pendant 14 à 21 jours, chaque dose étant perfusée en 1 heure. Ce traitement doit être débuté le plus tôt possible.

La morbidité et la mortalité demeurent élevées.

Les survivants peuvent présenter des lésions cutanées récidivantes.

III. Encéphalite

Une origine herpétique doit être suspectée chaque fois qu'un patient présente une encéphalite grave, parce que le pronostic est considérablement amélioré lorsque le traitement spécifique est administré de façon précoce (voir Encéphalites virales).

IV. Gingivostomatite herpétique

Cette affection est particulièrement fréquente chez l'enfant, surtout avant l'âge de trois à quatre ans. La fièvre peut être très élevée. Contrairement à ce qu'on observe en cas d'herpangine, les lésions buccales se retrouvent au niveau de la partie antérieure de la cavité buccale. Les gencives sont œdémateuses et saignent facilement. On note la présence de lésions ulcéreuses arrondies, de coloration grisâtre, qui peuvent atteindre 10 mm de diamètre ; elles sont situées sur les gencives, la langue, la muqueuse jugale et la muqueuse labiale interne. Ces lésions sont douloureuses et peuvent interférer avec l'alimentation et l'hydratation, à tel point qu'un soluté est parfois nécessaire. Les lésions peuvent essaimer au pourtour de la bouche et sur les doigts par l'intermédiaire de la salive. Il y a souvent des adénopathies satellites dans la région sous-mandibulaire. Il n'y a pas de traitement spécifique : aucune étude ne démontre l'efficacité ni l'inefficacité de l'acyclovir (aciclovir). La maladie guérit spontanément en une semaine environ.

V. Herpès cutané et labial

Les petites vésicules, disposées en bouquet sur un fond érythémateux, sont caractéristiques. Elles affectent une zone quelconque, habituellement assez peu étendue ; la peau traumatisée est plus vulnérable. Ces vésicules se rompent, puis guérissent sans cicatrice en une à trois semaines. Les patients se plaignent fréquemment d'une douleur ressemblant à une brûlure, parfois intense, au niveau de la région atteinte. La plupart du temps, il n'y a pas de fièvre. Une surinfection bactérienne est possible. L'herpès cutané peut ressembler au zona mais, contrairement à ce dernier, sa distribution ne respecte pas la configuration d'un dermatome.

Un panaris herpétique peut survenir à la suite du contact d'un doigt avec une lésion ou des sécrétions contaminées par le virus.

L'herpès labial est une forme particulière d'herpès cutané ; il récidive fréquemment à l'occasion d'événements tels qu'une poussée fébrile, un stress émotionnel, les menstruations, ainsi que l'exposition au soleil ou au froid. Il s'agit d'une réactivation secondaire du virus resté à l'état latent. Les vésicules groupées en bouquet sont caractéristiques. Il n'y a pas de fièvre. Le diagnostic est clinique; il peut être confirmé par la culture du virus dans le produit de ponction d'une vésicule. Il n'y a pas de traitement spécifique.

L'eczéma herpétiforme (éruption varicelliforme de Kaposi) constitue une forme particulièrement grave de la maladie; il s'agit d'une atteinte cutanée étendue, qui se greffe sur une dermite atopique et peut s'accompagner de fièvre. Cette forme peut entraîner des pertes importantes d'eau, d'électrolytes et de protéines; dans ce cas, une réanimation liquidienne similaire à celle des brûlures a une importance cruciale pour assurer la survie. Il y a un risque de dissémination de l'infection ou de surinfection bactérienne. Le traitement à l'acyclovir (aciclovir) est indiqué (voir ci-dessous).

VI. Infection disséminée

Au delà de la période néonatale, l'infection disséminée est rare, sauf lorsqu'il y a un facteur de risque comme une malnutrition grave, une dermite atopique ou une déficience de l'immunité cellulaire.

Le traitement consiste en l'administration d'acyclovir (aciclovir), à raison de 750 mg/m^2/24 heures IV en 3 fois pendant 7 à 14 jours; chaque dose est perfusée en 1 heure.

VII. Infection génitale

Avant l'adolescence, l'atteinte génitale est très rare; elle doit toujours faire penser à des sévices sexuels. Chez l'adolescent, il s'agit d'une maladie sexuellement transmissible (voir Maladies sexuellement transmissibles et autres infections génitales).

VIII. Infection oculaire

L'*Herpèsvirus* peut causer une conjonctivite ainsi qu'une kératite, tant chez le nouveau-né que chez l'enfant plus âgé. La kératite herpétique est indolore, sauf si elle se complique d'une uvéite. Le suivi au biomicroscope par un ophtalmologiste est indispensable.

Le traitement comprend un débridement de l'épithélium cornéen atteint et l'instillation locale d'un agent antiviral selon la posologie suivante:

– Trifluridine ou idoxuridine, sous forme de gouttes ophtalmiques (collyre): instiller 1 à 2 gouttes dans l'œil toutes les 2 heures d'éveil (maximum: 9 doses par jour). En raison de sa toxicité, la durée de ce traitement ne doit pas dépasser 14 jours;

– Vidarabine, sous forme de pommade ophtalmique, à appliquer 4 à 6 fois par jour jusqu'à la cicatrisation de l'épithélium, puis 2 fois par jour pendant les 7 jours suivants. La pommade semble plus efficace que le collyre, car celui-ci peut être dilué par les larmes.

Dans les cas graves, le traitement intraveineux à l'acyclovir (aciclovir) est associé au traitement par voie topique (voir plus haut).

L'infection génitale de la mère lors du travail

Lorsque la mère a une infection génitale à *Herpèsvirus* au moment de l'accouchement, le risque de transmission au nouveau-né est élevé. Ce risque est beaucoup plus grand (environ 50 %) lorsqu'il s'agit d'une atteinte primaire que lorsqu'il s'agit d'une infection récidivante (moins de 5 %). En pratique cette distinction peut être cliniquement impossible chez la femme sur le point d'accoucher. Par ailleurs, l'infection de la mère peut passer inaperçue. On ne retrouve d'ailleurs pas d'histoire d'infection herpétique chez les mères de la majorité des nouveau-nés atteints. Le risque est également plus élevé lorsque l'infection cause des symptômes. L'atteinte néonatale disséminée est particulièrement grave et met la vie de l'enfant en danger (voir plus haut); elle doit surtout être redoutée lorsqu'il s'agit d'un accouchement par voie vaginale ou si la rupture de la poche des eaux survient plus de quatre à six heures avant une césarienne.

Les recommandations actuelles de l'Académie américaine de pédiatrie, qui se sont considérablement modifiées au cours des dernières années, peuvent être résumées comme suit:

1) Avant l'accouchement: lors des visites prénatales, il faut rechercher de façon systématique une histoire antérieure d'herpès génital chez la femme enceinte, ainsi que chez son partenaire sexuel. Il faut également rechercher les symptômes et les signes d'infection active (lésions vulvaires);

2) Au moment du travail: un herpès génital récent ou actif doit à nouveau être recherché par l'anamnèse et l'examen. S'il y a une infection génitale active, surtout primaire, une césarienne peut réduire le risque d'infection du nouveau-né, sauf si la poche des eaux est rompue depuis plus de quatre à six heures. Si c'est le cas, de nombreux obstétriciens préfèrent quand même faire une césarienne, même si l'effet préventif de cette intervention demeure imprécis. S'il y a une histoire antérieure d'herpès génital et que celui-ci est inactif au moment du travail, une césarienne n'est pas indiquée;

3) Après la naissance:

   a) Accouchement vaginal: le nouveau-né qui a été exposé à l'*Herpèsvirus* pendant le travail et l'accouchement doit être observé étroitement. Il faut en particulier surveiller l'apparition de vésicules, d'un état septique, d'une détresse respiratoire ou de convulsions. Si de tels symptômes apparaissent, il faut faire des cultures des différents liquides biologiques (voir plus haut) pour l'*Herpèsvirus* et les bactéries. Le traitement à l'acyclovir (aciclovir) doit être entrepris immédiatement, sans attendre le résultat des cultures, si le tableau clinique est suggestif et particulièrement s'il y a des vésicules (voir plus haut). Lorsque le tableau clinique est moins évident, le traitement est entrepris aussitôt que les cultures se révèlent positives.

   Selon certains, des cultures des sécrétions conjonctivales, orales et pharyngées, ainsi que de l'urine, effectuées entre 24 et 48 heures de vie plutôt qu'au moment de l'accouchement, sont plus susceptibles, lorsqu'elles sont positives, d'indiquer la possibilité d'une infection plutôt que celle d'une colonisation transitoire, et peuvent constituer un argument en faveur d'un traitement préventif empirique à l'acyclovir (aciclovir).

Lorsqu'il n'y a pas de symptômes suggestifs, la question du traitement préventif à l'acyclovir (aciclovir) demeure controversée. Certains experts suggèrent d'administrer un tel traitement lorsqu'au moins l'un des facteurs de risque suivants est présent :

- Herpès génital primaire chez la mère au moment de l'accouchement ;

- Prématurité ;

- Utilisation de forceps ou présence de plaies chez l'enfant à la naissance ;

b) Césarienne : le risque est réduit mais non éliminé ; les mêmes précautions (cultures et observation) sont donc souhaitables.

Mesures préventives

Les mesures qui suivent sont adaptées à partir des recommandations actuelles de l'Académie américaine de pédiatrie :

1) Le nouveau-né présentant une infection herpétique localisée ou disséminée doit être isolé dans une chambre individuelle ; les mesures d'isolement de contact doivent être respectées (voir Prévention des infections en milieu hospitalier) ;

2) Le nouveau-né exposé au virus au cours de l'accouchement, sa mère ayant des lésions génitales primaires actives, devrait être observé de près et isolé, de préférence dans une chambre mère-enfant, et faire l'objet de mesures d'isolement de contact dans les circonstances suivantes :

- Il est né par voie vaginale ;

- Il est né par césarienne alors que la poche des eaux était rompue depuis plus de quatre à six heures ;

3) Le nouveau-né exposé au virus au cours de l'accouchement, sa mère ayant des lésions génitales récidivantes, ne devrait probablement pas faire l'objet de mesures préventives particulières, le risque étant faible ;

4) La mère présentant des lésions génitales actives devrait recevoir les directives suivantes :

- Se laver soigneusement avant et après avoir pris soin de son enfant ;

- Porter une robe longue et propre au moment de prendre soin de son enfant, afin de minimiser le risque du contact de l'enfant avec des sécrétions contaminées par le virus ;

5) La mère présentant un herpès labial ou génital peut allaiter, pour autant que le mamelon ne soit pas atteint ;

6) La mère présentant un herpès labial récidivant ne doit pas être séparée de son enfant. Tant que les lésions sont actives, elle doit porter un masque chirurgical lorsqu'elle l'allaite ou en prend soin et s'abstenir de l'embrasser;

7) La mère présentant un herpès cutané ne doit pas être séparée de son enfant, mais ses lésions doivent être recouvertes d'un pansement;

8) Les enfants qui présentent une kératoconjonctivite, une gingivostomatite ou une infection herpétique de la peau doivent faire l'objet de mesures d'isolement de contact lorsqu'ils sont hospitalisés (voir Prévention des infections en milieu hospitalier);

9) Les patients présentant une encéphalite isolée ne nécessitent aucune mesure particulière d'isolement.

Lectures suggérées

American Academy of Pediatrics: Report of the Committee on Infectious Diseases. American Academy of Pediatrics, Elk Grove Village, Illinois, 22nd ed., 1991.

Arvin AM, Prober CG: Herpes simplex virus infections: the genital tract and the newborn. Pediatr Rev 1992; 13: 107-111.

Corey L, Spear PG: Infections with Herpes simplex viruses (Part I). N Engl J Med 1986; 314: 686-691.

Corey L, Spear PG: Infections with Herpes simplex viruses (Part II). N Engl J Med 1986; 314: 749-757.

Hutto C, Arvin A, Jacobs R, et al.: Intrauterine Herpes simplex virus infection. J Pediatr 1987; 110: 97-101.

Kohl S: Herpes simplex virus encephalitis in children. Pediatr Clin North Am 1988; 35: 465-483.

Kohl S: The neonatal human's immune response to Herpes simplex virus infection: a critical review. Pediatr Infect Dis J 1989; 8: 67-74.

Infections urinaires   133

Michel Weber, Pierre Masson, Marie Béland, Jacques Boisvert, Marie-José Clermont, Marc Lebel, Pierre Williot, César Pison

Généralités

Les infections urinaires sont très fréquentes en pédiatrie. Chez les nouveaunés, l'incidence est égale chez les filles et les garçons. Chez les enfants plus âgés, les filles sont environ neuf fois plus souvent atteintes que les garçons.

Les principaux agents responsables sont l'*Escherichia coli*, les *Klebsiella*, les *Enterobacter* et les *Proteus*.

Afin d'éviter des traitements et des explorations inutiles, il est important d'établir le diagnostic de façon certaine en cultivant un échantillon d'urine prélevé adéquatement (voir Explorations).

Un des rôles importants du médecin généraliste ou du pédiatre est de s'assurer que son patient atteint d'infection urinaire ne présente pas une anomalie morphologique des voies urinaires qui pourrait constituer une menace à long terme pour la fonction rénale.

Manifestations cliniques

Chacune des manifestations cliniques suivantes peut survenir seule ou en association : douleurs abdominales, fièvre, douleurs à la miction, miction impérieuse, pollakiurie, dysurie, douleur lombaire, hématurie, rétention urinaire. Chez le nouveau-né et le jeune nourrisson, on peut parfois observer de l'anorexie, un ictère, de l'irritabilité, des vomissements ou de la diarrhée.

Explorations

I. Considérations bactériologiques

Les bandelettes réactives permettant de détecter dans l'urine la présence de leucocytes et de nitrites peuvent servir de moyen de dépistage.

Surtout lorsqu'il y a des symptômes suggestifs, la présence de nombreuses bactéries, de leucocytes ou de pus dans le sédiment urinaire permet un diagnostic présomptif. La confirmation de ce diagnostic repose sur la culture quantitative de l'urine. L'échantillon doit être réfrigéré ou ensemencé immédiatement, sinon le risque de culture faussement positive augmente rapidement. Le choix du mode de prélèvement est essentiel :

1) Le sac collecteur : ce mode de prélèvement est adéquat chez les enfants qui ne sont pas encore continents et qui ne nécessitent pas une antibiothérapie immédiate. Après désinfection minutieuse du périnée, le sac est mis en place ; il doit être changé si l'enfant n'a pas uriné après 30 à 45 minutes. Une seule culture négative ($< 10 \times 10^6$ bactéries/L) élimine le diagnostic d'infection urinaire ; il faut trois cultures positives pour la même bactérie en culture pure ($> 100 \times 10^6$ bactéries/L) pour établir le diagnostic. Si les cultures sont douteuses (10×10^6 à 100×10^6 bactéries/L), il faut faire une ponction vésicale ou un cathétérisme vésical ;

2) Le mi-jet : ce mode de prélèvement convient aux enfants continents et nécessite une désinfection périnéale. Une seule culture négative ($< 10 \times 10^6$ bactéries/L) exclut le diagnostic d'infection urinaire ; il faut deux ou trois cultures positives pour la même bactérie ($> 100 \times 10^6$ bactéries/L) pour l'établir ;

3) Le cathétérisme vésical : ce mode de prélèvement devrait idéalement être utilisé chez tout enfant incontinent qui doit recevoir une antibiothérapie immédiate, lorsque la ponction vésicale a échoué, ou qu'en raison de l'âge de l'enfant (plus de 6 à 12 mois), le clinicien est réticent à pratiquer une ponction vésicale ; il doit aussi être utilisé lorsque plusieurs cultures d'urine prélevées par sac collecteur ou par mi-jet sont douteuses et que la ponction vésicale a échoué ou n'est pas jugée opportune. Si la culture révèle 0 à 10^6 bactéries/L, elle est négative ; si elle révèle 10^6 à 10×10^6 bactéries/L, elle est considérée comme

douteuse et doit être répétée ; si elle révèle 10×10^6 à 100×10^6 bactéries/L, une infection urinaire est probable, et si elle révèle plus de 100×10^6 bactéries/L, il y a plus de 95 % des chances que le diagnostic d'infection urinaire soit exact ;

4) La ponction vésicale : elle devrait idéalement être effectuée chez tout nouveau-né ou nourrisson qui nécessite une antibiothérapie immédiate ou lorsque plusieurs cultures d'urine prélevées par sac collecteur ou par mi-jet sont douteuses. Si la culture ne révèle aucune bactérie, une infection urinaire est exclue ; toute pousse de bactéries, quel qu'en soit le nombre, indique la présence d'une infection urinaire.

En résumé :

1) Chez le nouveau-né, le nourrisson ou l'enfant incontinent qui présente des symptômes généraux et nécessite un traitement immédiat, une seule culture est suffisante, mais le prélèvement devrait de préférence se faire par ponction vésicale ou par cathétérisme vésical, surtout si le sédiment urinaire est suggestif d'infection ;

2) Chez l'enfant continent qui présente des symptômes généraux et nécessite un traitement immédiat, une seule culture peut être suffisante, mais le prélèvement devrait se faire par mi-jet ou, si ce n'est pas possible, par cathétérisme ;

3) Chez l'enfant qui présente une bactériurie sans symptômes, le diagnostic devrait être confirmé par trois cultures positives pour la même bactérie en culture pure. Le prélèvement peut être fait, selon l'âge, au moyen d'un sac collecteur ou par mi-jet. Si les cultures demeurent douteuses, il faut recourir, selon l'âge, à une ponction vésicale ou à un cathétérisme vésical.

II. Considération clinique

La tension artérielle doit être mesurée chez tout enfant, quel que soit son âge, qui présente une infection urinaire.

III. Considérations biochimiques

La fonction rénale est normale chez la plupart des enfants qui présentent une infection urinaire. Le dosage de l'urée sanguine et de la créatinine sérique est cependant recommandé dans les situations suivantes : première infection urinaire, infection accompagnée de signes généraux importants, infections récidivantes, infections survenant chez des patients présentant des anomalies morphologiques significatives des voies urinaires, et lorsqu'on décide de traiter l'infection au moyen d'un aminoside.

IV. Considérations radiologiques

Il est important de s'assurer de l'intégrité anatomique du système urinaire chez la plupart des enfants qui ont une infection urinaire prouvée.

Une échographie rénale doit être faite chez tout enfant, quel que soit son âge, qui présente une infection urinaire.

L'urographie intraveineuse n'est effectuée qu'exceptionnellement, lorsque le radiologue juge qu'elle est nécessaire pour préciser certaines anomalies observées à l'échographie.

Une cystographie mictionnelle radiologique doit être effectuée, de préférence en vidéo, chez tous les garçons, quel que soit leur âge, et chez toutes les filles de moins de cinq à six ans, dès la première infection urinaire. Traditionnellement, elle est effectuée quelques semaines après l'infection urinaire; il semble cependant qu'elle peut être faite plus tôt, après quelques jours de traitement. Chez les filles plus âgées, on peut attendre un second épisode s'il n'y a pas d'indice clinique d'infection haute, si un suivi bactériologique régulier est possible et si l'échographie rénale est normale. La cystographie mictionnelle isotopique est réservée au suivi des reflux vésico-urétéraux significatifs (la dose d'irradiation est très inférieure à celle de la cystographie radiologique).

Lorsqu'on supecte des micro-abcès rénaux, l'échographie constitue un bon examen de dépistage; si elle est négative, une tomodensitométrie est indiquée.

La scintigraphie rénale au DMSA constitue le moyen le plus fiable pour déterminer s'il y a une pyélonéphrite aiguë ou des cicatrices rénales. Elle permet aussi d'évaluer de façon séparée le parenchyme fonctionnel de chaque rein, particulièrement lors de bilans pré- et postopératoires.

La scintigraphie rénale au DTPA permet une évaluation fonctionnelle (filtration glomérulaire) de chaque rein et est surtout indiquée pour différencier une hydronéphrose obstructive d'une hydronéphrose non obstructive (DTPA-furosémide).

V. Considérations fonctionnelles

Dans certains cas d'infections urinaires récidivantes, une étude urodynamique peut parfois apporter des éléments utiles; elle sera réservée aux situations suivantes: récidives fréquentes, reflux vésico-urétéral persistant associé à des symptômes suggestifs de dysfonction vésicale, présence d'incontinence, présence d'une énurésie persistante et réfractaire aux modes de traitement habituels, signes radiologiques d'obstruction basse (vessie de lutte) en l'absence d'obstruction anatomique.

Traitement

1) Les patients qui ont peu ou pas de symptômes peuvent habituellement être traités par voie orale. Les antibiotiques les plus souvent utilisés sont les suivants:

   a) Amoxicilline: 30 à 50 mg/kg/24 heures PO en 3 fois; maximum chez le grand enfant: 2 g/24 heures;

   b) Amoxicilline – acide clavulanique: 30 à 50 mg/kg/24 heures d'amoxicilline PO en 3 fois; maximum chez le grand enfant: 2 g/24 heures;

   c) Céfaclor: 40 à 60 mg/kg/24 heures PO en 3 fois; maximum chez le grand enfant: 3 g/24 heures;

d) Céphalexine (céfalexine): 25 à 50 mg/kg/24 heures PO en 3 à 4 fois; maximum chez le grand enfant: 4 g/24 heures;

e) Sulfaméthoxazole: 50 à 60 mg/kg/24 heures PO en 2 fois; maximum chez le grand enfant: 2 g/24 heures (non disponible en France);

f) Sulfisoxazole: 100 à 150 mg/kg/24 heures PO en 4 fois; maximum chez le grand enfant: 6 g/24 heures (non disponible en France);

g) Triméthoprime-sulfaméthoxazole (TMP-SMZ): 5 à 8 mg/kg/ 24 heures de TMP et 25 à 40 mg/kg/24 heures de SMZ PO en 2 fois; maximum chez le grand enfant: 320 mg de TMP et 1,6 g de SMZ/24 heures.

Le choix de l'antibiotique devrait surtout tenir compte des résistances bactériennes dans la communauté, du prix et de la facilité d'administration (nombre de doses par jour). Il est révisé en fonction de la réponse au traitement et de l'antibiogramme. Compte tenu de la résistance croissante des *Escherichia coli* à l'ampicilline, le triméthoprime-sulfaméthoxazole ou la céphalexine (céfalexine) devraient probablement être privilégiés pour le traitement initial plutôt que l'amoxicilline. La durée habituelle du traitement est de 7 à 10 jours.

2) Lorsqu'il y a des symptômes généraux importants ou des indices cliniques d'infection haute, il est le plus souvent préférable d'hospitaliser l'enfant et de commencer le traitement par voie parentérale, surtout s'il a moins d'un an ou s'il est porteur d'anomalies morphologiques significatives.

a) Si on opte pour un traitement oral ambulatoire, voir plus haut;

b) Si on choisit un traitement parentéral, on utilise de préférence une association d'ampicilline (75 à 200 mg/kg/24 heures IV en 4 fois; maximum chez le grand enfant: 12 g/24 heures) et d'un aminoside (gentamicine ou tobramycine: 3 à 5 mg/kg/24 heures IV en 3 fois; maximum chez le grand enfant: 250 mg/24 heures). La posologie de l'aminoside doit être réduite si la fonction rénale est altérée. Si on prévoit un traitement de plus de 3 jours avec un aminosides, des dosages sériques sont effectués immédiatement avant et 30 minutes après une dose. Les céphalosporines de la troisième génération (ceftriaxone ou céfotaxime) constituent aussi un bon choix, mais sont plus coûteuses.

S'il y a lieu, modifier le traitement en fonction de l'antibiogramme. Poursuivre le traitement parentéral pendant au moins 48 à 72 heures et passer au traitement oral lorsque la fièvre est tombée depuis au moins 24 heures.

La durée moyenne du traitement parentéral est habituellement de 3 à 4 jours, mais elle est plus longue (5 à 10 jours) lorsque la réponse au traitement est tardive, s'il y a une bactériémie associée, lorsqu'il y a des anomalies morphologiques sous-jacentes importantes ou lorsque l'échographie ou le DMSA montre des signes de pyélonéphrite. Pour le choix du traitement par voie orale : voir plus haut. Il est préférable de continuer le traitement par voie orale avec un antibiotique du même groupe que celui qui a été utilisé par voie parentérale (exemple : ampicilline IV puis amoxicilline PO).

La durée totale de l'antibiothérapie parentérale et orale devrait être de 10 à 14 jours. Surtout chez le jeune enfant ou lorsqu'il y a des anomalies échographiques significatives, il est prudent d'enchaîner avec un traitement préventif au triméthoprime-sulfaméthoxazole (25 à 50 % de la posologie habituelle) jusqu'au moment où la cystographie mictionnelle aura exclu un reflux vésico-urétéral ou une autre anomalie anatomique importante de l'arbre urinaire.

Suivi

Lorsqu'il n'y a pas de reflux vésico-urétéral ni d'autre anomalie morphologique significative, il est recommandé de faire des cultures d'urine régulières, par exemple tous les deux à trois mois pendant environ un an.

Lorsqu'il y a des récidives fréquentes, un reflux vésico-urétéral significatif (stade 2 ou plus) ou d'autres anomalies morphologiques importantes, un traitement préventif prolongé au triméthoprime-sulfaméthoxazole (25 à 50 % de la posologie habituelle) est indiqué. La nitrofurantoïne (2 à 3 mg/kg/24 heures PO en 1 fois, maximum chez le grand enfant : 400 mg/ 24 heures) est un autre choix valable s'il y a une allergie ou une intolérance au triméthoprime-sulfaméthoxazole. Pendant la période de traitement préventif, il est prudent de faire des cultures d'urine régulières tous les deux à trois mois.

En cas de reflux de stade 2 ou plus, une cystographie mictionnelle isotopique de contrôle devrait être effectuée 6 à 12 mois après le diagnostic. La collaboration d'un urologue est nécessaire lorsque le reflux est important ou persistant ; le suivi se poursuivra jusqu'au moment où le reflux aura disparu spontanément ou qu'il aura été corrigé chirurgicalement.

En raison du caractère familial du reflux, il faut se préoccuper de la possibilité d'un reflux chez les membres de la fratrie ; ceux-ci méritent une cystographie mictionnelle isotopique.

Chez l'enfant qui présente des infections récidivantes sans anomalie morphologique, il peut être utile de rechercher un résidu vésical post-mictionnel.

Lectures suggérées

Andrich MP, Majd M : Diagnostic imaging in the evaluation of the first urinary tract infection in infants and young children. Pediatrics 1992 ; 90 : 436-441.
Leung AKC, Robson WLM : Urinary tract infection in infancy and childhood. Adv Pediatr 1991 ; 38 : 257-285.

Insuffisance cardiaque 134

Jean-Luc Bigras, Jean-Claude Fouron, Anne Fournier

Généralités

Les principales causes d'insuffisance ou défaillance cardiaque sont indiquées dans le tableau 45.

Manifestations cliniques

Chez le jeune nourrisson, on retrouve fréquemment des difficultés alimentaires, une tachypnée, un retard pondéral et une sudation excessive. À tous les âges, l'hépatomégalie et la tachycardie constituent des signes majeurs d'insuffisance cardiaque. Les râles fins aux bases pulmonaires et l'œdème des chevilles se retrouvent surtout chez le grand enfant et l'adolescent.

Examens paracliniques

La radiographie pulmonaire montre à peu près toujours une cardiomégalie habituellement associée à une accentuation de la vascularisation et à une distension pulmonaire. L'ECG est surtout utile lorsque l'insuffisance cardiaque résulte d'une arythmie. L'échocardiogramme peut aider à préciser la cause du problème. Les gaz sanguins révèlent souvent une acidose mixte.

Traitement d'urgence

I. Position

Le patient est placé en position semi-assise.

II. Oxygène

On administre de l'oxygène humidifié au moyen d'une sonde sous-nasale, d'un masque ou d'une tente. Il faut cependant savoir que l'oxygène peut

Tableau 45 Principales causes d'insuffisance cardiaque

- Cardiopathies congénitales, surtout avec shunt gauche-droit (CIA, CIV, canal artériel, canal atrioventriculaire)
- Myocardite
- Péricardite
- Endocardite
- Insuffisance rénale aiguë ou chronique
- Hypertension artérielle
- Fistule artério-veineuse
- Cardiopathie rhumatismale
- Arythmie chronique
- Hyperthyroïdie

abaisser la résistance pulmonaire et, dans certains cas de shunt gauche-droit, aggraver la défaillance ventriculaire gauche.

III. Diurétiques

Une amélioration rapide peut être obtenue par l'administration d'une dose d'un diurétique à action rapide comme le furosémide (1 à 2 mg/kg/dose IM ou IV; maximum chez le grand enfant: 100 mg/dose). Cette dose peut être répétée au besoin deux à trois fois par jour.

IV. Digitale

La digitalisation est indiquée dans la plupart des cas, mais elle est contre-indiquée dans les circonstances suivantes: tamponnade cardiaque, bloc auriculoventriculaire complet, myocardiopathie obstructive. Selon le degré d'urgence, la digitalisation peut être réalisée par voie orale ou par voie intraveineuse. La posologie de la digoxine indiquée ci-dessous (tableau 46) est la posologie orale; la dose intraveineuse est de 75 % de celle-ci. La dose de charge se donne en trois fois: 1/2 immédiatement, 1/4 huit heures après et le 1/4 restant huit heures plus tard. La dose d'entretien se donne en deux fois.

V. Sédatifs

Au besoin, on peut administrer du diazépam (0,1 à 0,2 mg/kg/dose PO ou IV à répéter au besoin toutes les 4 à 6 heures; maximum chez le grand enfant: 10 mg/dose) ou de la morphine (0,1 à 0,2 mg/kg/dose SC, IM ou IV à répéter au besoin toutes les 4 à 6 heures; maximum: 15 mg/dose).

VI. Eau et électrolytes

Si un soluté est nécessaire, on choisit un soluté glucosé à 5 % sans sodium et on maintient le débit au minimum possible.

Traitement à long terme

Le traitement à la digoxine est poursuivi.

On administre une association de furosémide (1 mg/kg/dose PO toutes les 12 à 48 heures; maximum chez le grand enfant: 100 mg/dose) et de spironolactone (1 à 3 mg/kg/dose PO toutes les 12 à 48 heures; maximum chez le grand enfant: 150 mg/dose).

Tableau 46 Posologie de la digoxine par voie orale

	Dose de charge (μg/kg)	Dose d'entretien (μg/kg/24 heures)
– Prématuré	20	5
– Nouveau-né à terme	30	8
– 1 mois à 2 ans	40 à 50	10 à 12
– Plus de 2 ans	30 à 40 (adolescent: maximum: 1 000 μg)	8 à 10 (adolescent: maximum: 500 μg/24 heures)

Si la réponse à la digoxine et aux diurétiques n'est pas satisfaisante, on peut y ajouter un vasodilatateur périphérique comme le captopril (0,1 à 4 mg/kg/dose PO toutes les 6 à 24 heures).

Le traitement diététique consiste en une restriction sodée.

Chez le jeune enfant, il est essentiel de veiller à ce que les apports caloriques soient suffisants pour assurer un gain pondéral adéquat; ceci peut être réalisé en augmentant la concentration énergétique du lait, en donnant des aliments solides de façon précoce et, exceptionnellement, en recourant à l'alimentation par gavage.

Insuffisance hépatique aiguë   135

Catherine Farrell, Jacques Lacroix, Marie Gauthier, Khazal Paradis

Généralités

Assez rare chez l'enfant, l'insuffisance hépatique aiguë se définit comme une détérioration de la fonction hépatique dont les manifestations cliniques peuvent être un ictère, une coagulopathie ou une encéphalopathie, et qui survient dans le cadre d'une maladie aiguë évoluant depuis moins de huit semaines. La morbidité et la mortalité sont importantes. Les principales causes d'insuffisance hépatique aiguë sont indiquées dans le tableau 47.

Les rôles du médecin généraliste ou du pédiatre sont :

1) De reconnaître précocement l'insuffisance hépatique et son extrême gravité ;

2) De stabiliser l'état de l'enfant et de corriger ou prévenir certaines complications graves (exemple : hypoglycémie) ;

3) D'orienter rapidement l'enfant vers une équipe spécialisée en hépatologie pédiatrique.

Tableau 47 Principales causes d'insuffisance hépatique aiguë

- Hépatites virales
  - hépatites A, B, C ou delta
  - hépatites causées par l'*Herpèsvirus*, des entérovirus, le virus Epstein-Barr, le cytomégalovirus, l'adénovirus, etc.
- Problèmes toxiques : exposition ou intoxication par l'acétaminophène ou paracétamol, l'acide acétylsalicylique, l'acide valproïque, l'isoniazide, l'halothane, ou par la toxine de certains champignons comme l'amanite phalloïde
- Problèmes métaboliques comme la galactosémie, l'intolérance héréditaire au fructose, la tyrosinémie, la maladie de Wilson
- Problèmes auto-immuns
- Problèmes vasculaires
  - choc cardiogénique ou septique grave
  - phénomènes thrombotiques (exemple : thrombose des veines hépatiques dans le syndrome de Budd-Chiari).

Manifestations cliniques

Les premiers symptômes sont souvent peu spécifiques : anorexie, nausées, vomissements, douleurs abdominales. Les principales manifestations spécifiques sont l'hypoglycémie avec ou sans symptômes, l'ictère, l'ascite et une diathèse hémorragique (épistaxis, hémorragies digestives, saignement excessif aux sites de prélèvements sanguins). La gravité de ces manifestations varie d'un patient à l'autre et selon l'étiologie de l'atteinte hépatique. Il peut y avoir une détresse respiratoire, surtout en association avec une ascite importante, ainsi qu'une instabilité hémodynamique avec un volume circulant efficace diminué. L'encéphalopathie est classée en quatre stades :

- Stade I : euphorie, confusion, difficultés d'élocution, incoordination ;
- Stade II : somnolence, comportement inapproprié, combativité, trémulations, hyperréflexie ;
- Stade III : difficulté à réveiller le patient, confusion marquée, réponse aux stimuli douloureux par un mouvement de retrait et non par des réactions verbales ;
- Stade IV : coma, réponse à la douleur minime ou absente, rigidité de décortication ou de décérébration.

À l'examen, le volume du foie peut être augmenté, normal ou diminué. Parfois, l'insuffisance hépatique aiguë survient sur le terrain d'une maladie hépatique chronique non diagnostiquée qui se décompense de façon aiguë, souvent à l'occasion d'une infection ; l'examen peut alors révéler des indices tels qu'un hippocratisme digital, des signes d'hypertension portale comme une splénomégalie ou une circulation collatérale, ou, en cas de maladie de Wilson, des anneaux de Kayser-Fleischer au niveau de l'iris.

Explorations

L'anamnèse est importante pour déceler des facteurs étiologiques (exemples : prise de médicaments, contact avec une personne atteinte d'hépatite, usage de drogues par voie intraveineuse, etc.).

L'examen permet de se faire une idée de la gravité de la maladie et de détecter ou d'exclure d'autres indices étiologiques (voir plus haut).

Le bilan de la fonction hépatique comprend le dosage sérique des transaminases (AST et ALT), la bilirubinémie totale et directe, la mesure des protéines totales et de l'albumine sérique ainsi que des phosphatases alcalines, de la gamma-GT, du TP (taux de prothrombine), de l'INR (Ratio International Normalisé) et du TCA (temps de céphaline activé ou « aPTT »).

En raison du risque élevé d'hypoglycémie, la glycémie doit être surveillée régulièrement.

Les examens suivants sont aussi requis et doivent être répétés : hémogramme, numération plaquettaire, ionogramme, gaz du sang, amylasémie, urée sanguine et créatinine sérique.

Une échographie abdominale avec Doppler permet de déterminer le volume du foie, l'aspect des voies biliaires et la présence d'un problème vasculaire.

Une biopsie hépatique à l'aiguille est nécessaire, mais elle doit souvent être remise à plus tard en raison des problèmes de coagulation.

Chez les patients qui ont une encéphalopathie, la tomodensitométrie cérébrale peut confirmer la présence d'un œdème cérébral.

Plusieurs autres examens devront être faits pour tenter de clarifier l'étiologie de l'atteinte hépatique : épreuves de dépistage toxicologique, cultures virales, épreuves sérologiques pour les virus hépatotoxiques, recherche d'auto-anticorps et dépistage métabolique (bilan de l'état acido-basique, ammoniac, amino-acidurie et excrétion des acides organiques urinaires).

Lorsqu'un diagnostic spécifique est suspecté, certains examens spéciaux sont requis pour le confirmer (exemple : dosage du cuivre sérique et de la céruloplasmine si on suspecte une maladie de Wilson).

Traitement

Les patients qui présentent une encéphalopathie de stade II, III ou IV doivent bénéficier d'une surveillance étroite dans un service de soins intensifs. Les démarches visant à élucider la cause du problème doivent être effectuées de façon prioritaire ; le traitement en est un de soutien : il vise à prévenir, atténuer ou corriger les différentes perturbations qui peuvent survenir :

1) Équilibre glycémique : veiller à un apport de glucose de 8 à 12 g/kg/ 24 heures pour maintenir une glycémie stable ; parfois, la concentration en glucose du soluté devra être élevée (jusqu'à 25 %) ; ceci exige la mise en place d'un cathéter central. Éviter l'administration de bolus de glucose qui peuvent entraîner des hypoglycémies réactionnelles ;

2) Équilibre hydro-électrolytique : si l'état hémodynamique est stable, on prescrit une restriction hydrique (75 % des besoins d'entretien normaux), ainsi qu'une restriction sodée (environ 1 à 2 mmol/kg/ 24 heures) ;

3) Coagulation : donner du plasma frais congelé (10 à 15 mL/kg/dose) si le patient saigne ou avant d'effectuer des manœuvres invasives comme une biopsie hépatique ; cette dose doit parfois être répétée plusieurs fois par jour. Un remplacement spécifique des facteurs de coagulation est rarement nécessaire ; donner de la vitamine K (0,2 mg/kg/24 heures de préférence SC ou PO en 1 fois pendant 3 jours, puis 3 fois par semaine ; maximum chez le grand enfant : 10 mg/dose) ; en cas d'urgence seulement (des réactions graves ont été rapportées), elle peut être donnée en injection IV lente (30 minutes) ;

4) Problèmes digestifs et nutritionnels : garder à jeun, installer une sonde gastrique et drainer l'estomac. Pour prévenir les hémorragies digestives, donner de la ranitidine (2 à 6 mg/kg/24 heures IV en 3 à 4 fois ; maximum chez le grand enfant : 300 mg/24 heures). Fournir de

l'énergie par voie parentérale : 200 à 250 kJ/kg/24 heures (50 à 60 kcal/kg/24 heures) avec une restriction protéique (0,5 à 1 g/kg/24 heures) ;

5) Problèmes infectieux : surveiller l'apparition de signes d'infection ; si une telle complication survient, l'antibiothérapie à large spectre doit surtout viser les staphylocoques et les bactéries à Gram négatif ;

6) Problèmes neurologiques : surveiller étroitement les signes généraux et neurologiques. Si le patient est en coma ou s'il y a des signes d'œdème cérébral, il doit être intubé pour protéger ses voies respiratoires. L'œdème cérébral peut nécessiter un traitement au mannitol, une hyperventilation et la mise en place d'un moniteur de pression intracrânienne. Les autres aspects du traitement visent à diminuer la production d'azote et sa transformation en ammoniac : ceci peut être réalisé en réduisant l'apport protéique et en administrant de la néomycine par la sonde gastrique (125 à 500 mg toutes les 6 heures), ce qui permet de diminuer l'abondance de la flore intestinale responsable de la libération d'azote à partir d'urée. L'administration par la sonde gastrique de lactulose (1 mL/kg/dose d'une solution à 66,7 % toutes les 4 à 8 heures) permet d'accélérer le transit intestinal et de diminuer l'absorption de l'ammoniac ; lorsque le patient est comateux, des lavements au lactulose administrés 2 à 4 fois par jour peuvent être aussi efficaces ;

7) Insuffisance rénale (il s'agit souvent d'un syndrome hépatorénal) : elle peut nécessiter une dialyse.

Divers traitements ont été essayés pour remplacer la fonction hépatique (hémoperfusion sur charbon de bois, hémodialyse, plasmaphérèse) ; ces techniques n'ont pas amélioré la survie et ont donc été abandonnées. Une transplantation hépatique doit être envisagée lorsque la coagulopathie ne peut être corrigée par des transfusions de plasma frais et si l'encéphalopathie atteint ou dépasse le stade II, surtout si la maladie responsable de l'insuffisance hépatique est grave et irréversible (exemples : intoxication par l'acétaminophène ou paracétamol, maladie de Wilson, hépatite C, idiosyncrasie à l'halothane).

Complications

Les principales complications sont l'hypoglycémie, les hémorragies massives, digestives ou autres, l'œdème cérébral, l'insuffisance rénale ainsi que des infections résultant de perturbations des mécanismes immunitaires.

Pronostic

Il varie selon l'étiologie et la gravité de l'insuffisance hépatique ; des taux de survie de 67 % pour l'hépatite A et de 13 % pour l'exposition à l'halothane ont été rapportés ; dans le cas d'une intoxication par l'acétaminophène ou paracétamol ou de certaines atteintes virales, une récupération complète des fonctions hépatiques peut survenir. Lorsqu'une maladie métabolique est en cause, le traitement spécifique de cette maladie peut prévenir d'autres épisodes. En général, le pronostic dépend de la gravité de l'encéphalopathie et de la coagulopathie : une aggravation rapide de l'encéphalopathie (stade III ou IV) avec une diminution du facteur VII à moins de 20 % de la normale est liée à une mortalité de 95 % si une transplantation n'est pas réalisée.

Lectures suggérées

Lee WM : Acute liver failure. N Engl J Med 1993 ; 329 : 1862-1872.
Russel GJ, Fitzgerald JF, Clark JH : Fulminant hepatic failure. J Pediatr 1987 ; 111 : 313-319.

Insuffisance rénale aiguë   136

Catherine Farrell, Jacques Lacroix, Marie-José Clermont

Généralités

On parle d'insuffisance rénale aiguë lorsque la fonction rénale se détériore rapidement (habituellement en quelques jours) au point de causer diverses perturbations homéostasiques, particulièrement hydro-électrolytiques. Cette situation est rare chez l'enfant. Souvent, cet état s'accompagne d'une anurie ou d'une oligurie (diurèse inférieure à 300 mL/m^2/24 heures) ; parfois, le débit urinaire est normal ou même augmenté.

Les principales causes d'insuffisance rénale aiguë sont indiquées dans le tableau 48.

Le rôle du médecin généraliste ou du pédiatre est de reconnaître cette situation et son caractère évolutif, de stabiliser le patient et de l'orienter vers une équipe spécialisée.

Manifestations cliniques

L'accumulation d'urée dans le sang se manifeste par des nausées et des vomissements, de l'anorexie, une haleine malodorante et finalement une encéphalopathie qui peut mener au coma.

L'anurie ou l'oligurie peut mener à un état d'hypervolémie avec œdème, ascite, œdème pulmonaire et défaillance cardiaque.

Il peut y avoir une hypertension artérielle importante pouvant se manifester par des hémorragies rétiniennes, une encéphalopathie et des convulsions.

Divers problèmes peuvent résulter des troubles électrolytiques, notamment des arythmies cardiaques associées à l'hyperkaliémie et, exceptionnellement, des convulsions secondaires à l'hypocalcémie.

On peut aussi observer des signes et symptômes rattachés à la maladie qui cause l'insuffisance rénale aiguë.

Tableau 48 Principales causes d'insuffisance rénale aiguë

– Insuffisance rénale prérénale (secondaire à une hypoperfusion rénale)
  – diminution du volume circulant (déshydratation, hémorragie, troisième espace)
  – diminution du débit cardiaque
  – thrombose vasculaire
– Insuffisance rénale post-rénale (secondaire à une obstruction du système excréteur)
  – obstruction urétérale (surtout en cas de rein unique)
  – obstruction vésicale
  – obstruction urétrale
– Insuffisance rénale ou intrinsèque
  – insuffisance circulatoire (exemples : choc, asphyxie) causant une nécrose tubulaire aiguë ou une nécrose corticale
  – exposition à des substances néphrotoxiques (exemples : éthylène-glycol, acide urique résultant d'une lyse tumorale, aminosides, myoglobine, métaux lourds)
  – coagulation intravasculaire (exemples : coagulation intravasculaire disséminée, choc septique, syndrome hémolytique et urémique)
  – vasculite (exemple : purpura rhumatoïde de Schönlein-Henoch)
  – glomérulopathie (exemple : glomérulonéphrite aiguë post-streptococcique)
  – lésion tumorale
  – malformation congénitale du système urinaire

Explorations

Les explorations essentielles en cas d'insuffisance rénale aiguë sont les suivantes :

– Recherche de sang et de protéines dans l'urine ;

– Examen du sédiment urinaire ;

– Dosage de l'urée sanguine et de la créatinine sérique ;

– Ionogramme, glycémie, gaz sanguins, calcémie et phosphatémie ;

– Hémogramme et numération plaquettaire ;

– Culture d'urine.

D'autres examens comme le dosage des protéines sériques, la magnésémie et l'uricémie peuvent être utiles.

La comparaison de l'osmolarité et des concentrations sériques et urinaires des électrolytes peut aider à différencier une insuffisance prérénale d'une insuffisance intrinsèque :

– En cas d'insuffisance prérénale, la natriurèse est plutôt faible (< 30 mmol/L chez le nouveau-né et < 20 mmol/L chez l'enfant) et l'osmolalité urinaire est élevée (> 350 mosm/L chez le nouveau-né et > 500 mosm/L chez l'enfant) ;

– En cas d'insuffisance rénale intrinsèque, au contraire la natriurèse est élevée (> 50 mmol/L chez le nouveau-né ou l'enfant) et l'osmolalité urinaire basse (< 300 mosm/L chez le nouveau-né et l'enfant).

Dans tous les cas, une échographie rénale avec Doppler est indiquée pour évaluer l'anatomie et la perfusion des reins.

Une urographie intraveineuse est contre-indiquée et peu valable chez le patient en insuffisance rénale aiguë.

Les différents problèmes résultant de l'insuffisance rénale peuvent nécessiter d'autres examens (exemples: radiographie pulmonaire, ECG, échocardiographie, tomodensitométrie cérébrale, etc.).

Surveillance et traitement

Les patients en insuffisance rénale aiguë nécessitent une surveillance étroite et devraient être traités dans un centre où une dialyse péritonéale ou une hémodialyse peut être entreprise en cas de nécessité. Les éléments suivants doivent être surveillés: apports et pertes liquidiens, poids corporel, ionogramme, urée sanguine, créatinine sérique, calcémie, phosphatémie et gaz sanguins.

Les différentes facettes du traitement sont les suivantes:

I. Apports liquidiens et alimentation

Si nécessaire, rétablir et maintenir un volume circulant normal; si le patient est anurique, on lui donne sous forme de NaCl à 0,45 % – glucose à 5 %, une quantité de liquides égale aux pertes insensibles (400 mL/m^2/ 24 heures). S'il n'est pas anurique, on ajoute à cette quantité un volume égal à la diurèse de la veille. S'il y a d'autres pertes (exemple: drainage gastrique), il faut aussi les ajouter. Si possible, le patient devrait recevoir une alimentation entérale (190 à 230 kJ/kg/24 heures, soit 45 à 55 kcal/kg/ 24 heures) avec une restriction en protéines (0,5 à 1 g/kg/24 heures) ainsi qu'en sodium (0,5 à 1 g de Na/24 heures) s'il y a une hypertension arté- rielle ou une surcharge liquidienne.

II. Équilibre électrolytique

Le problème le plus à craindre est l'hyperkaliémie; celle-ci peut induire des anomalies électrocardiographiques (ondes T pointues, élargissement du QRS) et des arythmies. L'hyperkaliémie est traitée de la façon suivante:

1) Cesser tout apport de potassium;

2) En cas d'arythmie: donner 0,5 à 1,0 mL/kg de gluconate de calcium à 10 % IV en 15 à 20 minutes (maximum: 10 mL) en surveillant l'ECG. L'effet devrait être presque immédiat;

3) Chez le patient stable dont la kaliémie se situe entre 5 et 6,5 mmol/L, une résine échangeuse d'ions (Kayexalate) peut être administrée à rai- son de 1 g/kg/dose en suspension à 20 % dans une solution de sorbitol ou de glucose à 10 % par la bouche, par une sonde gastrique ou par lavement (dans ce cas, il faut donner 1 heure plus tard un lavement de sérum physiologique); au besoin, on peut poursuivre ce traitement (0,25 à 1 g/kg/24 heures PO en 3 à 4 fois, ou par lavement en 1 à 2 fois); il faut se souvenir que le potassium enlevé est échangé contre du sodium;

4) Chez le patient instable dont la kaliémie dépasse 7 mmol/L, favoriser le passage du potassium du milieu extracellulaire vers le milieu intracellulaire en donnant :

   a) Du bicarbonate de sodium à raison de 1 à 2 mmol/kg/dose IV en 15 minutes environ, à répéter au besoin selon l'évolution du pH sanguin ;

   b) Du glucose (250 à 500 mg/kg, soit 1 à 2 mL/kg/dose d'une solution à 25 % IV en 15 à 20 minutes et de l'insuline à action rapide (1 unité pour 4 g de glucose) en surveillant la glycémie de près. Au besoin, on poursuit avec une perfusion continue d'insuline (0,1 U/kg/heure) et d'une solution glucosée à 10 %, à un débit correspondant aux besoins d'entretien en eau ;

5) Commencer une dialyse péritonéale ou une hémodialyse avant que le niveau de la kaliémie ne devienne dangereux (> 7,0 mmol/L) s'il n'y a pas de reprise de la fonction rénale.

L'hyponatrémie est traitée au moyen d'une restriction des apports d'eau ; si elle est grave et si elle s'associe à des convulsions, une dialyse péritonéale ou une hémodialyse peut être nécessaire.

III. Équilibre acidobasique

L'administration de bicarbonate de sodium est nécessaire si une acidose métabolique importante avec acidémie est présente (pH < 7,25). Il ne faut viser initialement qu'une correction partielle ; la dose de $NaHCO_3$, exprimée en mmol, sera la suivante :

(bicarbonates désirés – bicarbonates du patient) × 0,6 × poids en kg.

La moitié de cette dose est donnée initialement IV en 1 heure et l'autre moitié en 3 heures si l'évolution de l'équilibre acidobasique l'exige. Exemple : un patient pèse 12 kg et ses bicarbonates sont à 10 mmol/L. On souhaite élever ses bicarbonates à 18 mmol/L. La dose de bicarbonate à administrer sera de (18 – 10) × 0,6 × 12, soit 58 mmol. On donne initialement la moitié de cette dose, soit 29 mmol. Il est souvent nécessaire de donner ensuite un traitement d'entretien de l'ordre de 1 à 3 mmol/kg/24 heures PO ou IV pour empêcher la réapparition d'une acidose grave ; il faut alors en tenir compte dans la prévision des apports totaux en sodium.

IV. Hypertension artérielle

Voir chapitre Hypertension artérielle.

V. Essai de traitement au furosémide

L'objectif est d'augmenter la diurèse du patient en anurie ou en oligurie (le traitement des patients en insuffisance rénale à haut débit est plus facile et leur mortalité est plus faible). Donner 1 mg/kg IV de furosémide comme dose initiale ; s'il n'y a pas de réponse 30 à 60 minutes plus tard, donner 2 mg/kg (certains utilisent une dose maximale de 4 mg/kg). Cesser ce traitement s'il n'y a pas de réponse, pour éviter l'ototoxicité et la néphrotoxicité.

VI. Traitement de la maladie responsable de l'insuffisance rénale

VII. Ajustement du traitement pharmacologique

La posologie de certains médicaments doit être diminuée et leur taux sérique doit être mesuré si possible; c'est par exemple le cas des aminosides. Éviter les agents néphrotoxiques. Si possible, la digitale doit être évitée.

VIII. Dialyse

Le choix entre une dialyse péritonéale, une hémodialyse et une hémofiltration dépend de plusieurs facteurs: disponibilité de l'équipement et d'un personnel qualifié, stabilité hémodynamique (l'hémodialyse est mal tolérée par les patients instables), âge du patient, origine de l'insuffisance rénale et contexte clinique (exemple: une laparotomie récente peut être une contre-indication à la dialyse péritonéale).

Complications

Les plus graves sont l'hyperkaliémie, l'acidose métabolique, les arythmies cardiaques, l'hypertension artérielle, la surcharge liquidienne avec défaillance cardiaque, les infections et l'encéphalopathie.

Pronostic

La mortalité de l'insuffisance rénale aiguë se situe, selon l'âge, l'étiologie et les problèmes associés, aux environs de 50 %. L'insuffisance rénale qui survient à la suite d'une intervention chirurgicale (surtout en chirurgie cardiaque) a la mortalité la plus élevée. L'anurie est un signe de mauvais pronostic. Dans certains cas, une insuffisance rénale chronique va faire suite à l'épisode aigu, nécessitant une dialyse chronique et une éventuelle transplantation rénale.

Lectures suggérées

Badr KF, Ichikawa I: Prerenal failure: a deleterious shift from renal compensation to decompensation. N Engl J Med 1988; 319: 623-629.

Feld LG: Fluid needs in acute renal failure. Pediatr Clin North Am 1990; 37: 337-350.

Feld LG, Springate JE, Fildes RD: Acute renal failure. Part I: Pathophysiology and diagnosis. J Pediatr 1986; 109: 401-408.

Fildes RD, Springate JE, Feld LG: Acute renal failure. Part II: Management of suspected and established disease. J Pediatr 1986; 109: 567-571.

Gaudio KM, Siegel NJ: Pathogenesis and treatment of acute renal failure. Pediatr Clin North Am 1987; 34: 771-787.

Kon V, Ichikawa I: Research seminar: physiology of acute renal failure. J Pediatr 1984; 105: 351-357.

Insuffisance respiratoire aiguë 137

Catherine Farrell, Jacques Lacroix

Voir aussi Arrêt cardiorespiratoire, Asthme, Bronchiolite, Détresse respiratoire du nouveau-né, Épiglottite aiguë, Laryngite aiguë, Pneumonies, Réanimation du nouveau-né.

Généralités

La majorité des arrêts cardiorespiratoires survenant chez l'enfant résultent d'une insuffisance respiratoire aiguë. Cette situation doit donc être reconnue et traitée rapidement.

On parle d'insuffisance respiratoire aiguë lorsque la fonction respiratoire est altérée de telle façon que les échanges gazeux deviennent insuffisants pour assurer une oxygénation suffisante des tissus et un équilibre métabolique acceptable. Il est difficile de définir des critères d'insuffisance respiratoire aiguë pouvant s'appliquer à toutes les situations cliniques. Par exemple, un patient dont le système nerveux central est déprimé par une substance toxique peut ne présenter aucun des signes habituels d'insuffisance respiratoire et cependant être en acidose respiratoire et en hypoxémie. À l'inverse, un enfant en état de mal asthmatique peut manifester tous les signes habituels de détresse respiratoire comme de l'anxiété, de la polypnée, du tirage et une diminution de l'entrée d'air à l'auscultation et pourtant avoir un pH et une $PaCO_2$ normaux. Cependant, l'insuffisance respiratoire aiguë est souvent définie en fonction des gaz sanguins, par exemple selon les critères suivants :

- $PaCO_2 > 65$ mm Hg et $PaO_2 < 40$ mm Hg à l'air ambiant ;
- $PaO_2 < 60$ mm Hg lorsque le patient reçoit 50 % d'oxygène.

L'insuffisance respiratoire peut résulter d'une perturbation de l'un ou de plusieurs mécanismes impliqués dans la respiration :

- Hypoventilation alvéolaire ;
- Déséquilibre entre la ventilation et la perfusion ;
- Anomalie de la diffusion des gaz.

Chez l'enfant, plusieurs facteurs favorisent l'insuffisance respiratoire aiguë :

- Le faible calibre des voies respiratoires et leur tendance à se collaber ;
- Les difficultés à protéger les voies respiratoires, surtout pendant le sommeil ;
- L'instabilité de la cage thoracique et la faiblesse des muscles thoraciques, qui ont tendance à se fatiguer facilement ;
- La réactivité des vaisseaux pulmonaires ;
- L'immaturité du système immunitaire.

Le tableau 49 résume les principales causes d'insuffisance respiratoire aiguë. Plusieurs problèmes chroniques peuvent se compliquer d'une insuffisance respiratoire aiguë en cas d'infection surajoutée (exemple : laryngomalacie).

Tableau 49 Principales causes d'insuffisance respiratoire aiguë

	Atteinte des voies respiratoires supérieures	Atteinte des voies respiratoires inférieures
– Infections	– laryngite – épiglottite – trachéite bactérienne – abcès rétropharyngien – abcès péri-amygdalien – amygdalite sur amygdales hypertrophiées	– bronchiolite – empyème – pneumonie – coqueluche
– Problèmes mécaniques	– brûlure des voies respiratoires – inhalation de corps étranger – papillomatose laryngée – laryngomalacie – sténose sous-glottique – hémangiome sous-glottique – malformations du larynx – traumatisme facial ou cervical – hypertrophie des amygdales et des végétations adénoïdes – syndrome de Pierre Robin – angiome ou lymphangiome kystique cervical	– brûlure des voies respiratoires – inhalation de corps étranger – pneumothorax sous tension – trachéomalacie – bronchomalacie – épanchement pleural important – hémothorax – compression trachéale par un vaisseau aberrant (exemple : artère sous-clavière) – déformations thoraciques importantes (dystrophie thoracique asphyxiante, scoliose, ostéogenèse imparfaite) – tumeur médiastinale (exemples : lymphome, kyste bronchogénique, adénopathies médiastinales) – pneumomédiastin – contusion pulmonaire – fractures de côtes
– Problèmes abdominaux		– omphalocèle opéré – tumeur intra-abdominale – hernie diaphragmatique – paralysie diaphragmatique – éventration
– Problèmes respiratoires chroniques		– fibrose kystique (mucoviscidose) – fibrose pulmonaire – bronchectasies – hypoplasie pulmonaire
– Maladies néoplasiques		– tumeur primitive du poumon – métastases pulmonaires (exemples : ostéosarcome, tumeur de Wilms)

Tableau 49 Principales causes d'insuffisance respiratoire aiguë *(suite)*

	Atteinte des voies respiratoires supérieures	Atteinte des voies respiratoires inférieures
– Maladies neuromusculaires		– dystrophies musculaires (exemple : maladie de Duchenne)
		– lésion médullaire supérieure à C4-C5 (fracture, contusion, myélite)
		– maladie de Werdnig-Hoffmann
		– syndrome de Guillain-Barré, polyneuropathies
		– hypoventilation d'origine centrale (exemple : syndrome d'Ondine) ou toxique
– Problème cardiaque		– insuffisance cardiaque avec œdème pulmonaire
– Problèmes allergiques	– œdème de Quincke	– asthme
		– anaphylaxie
– Autres problèmes		– syndrome de détresse respiratoire de l'adulte
		– noyade
		– dysplasie bronchopulmonaire
		– atélectasie étendue

Manifestations cliniques

I. Anamnèse

Elle recherche les symptômes suivants : dyspnée, toux, hypersécrétion, hémoptysie, wheezing, stridor, douleur thoracique, fièvre, fatigue, intolérance à l'effort, durée des symptômes, facteurs d'amélioration et facteurs aggravants.

II. Examen

On observe la position de l'enfant et son état général. Pendant l'examen, on essaie de le maintenir dans l'état de confort optimal pour éviter une décompensation liée au stress. Si on suspecte une épiglottite, on s'abstient d'examiner la gorge au moyen d'un abaisse-langue.

Au cours de la phase initiale de l'insuffisance respiratoire aiguë, l'enfant demeure éveillé et anxieux. Plus tard, on observe une altération de l'état de conscience ainsi qu'une hypotonie.

On recherche la cyanose et on mesure les signes généraux, particulièrement la fréquence respiratoire : une fréquence supérieure à 90/minute chez un enfant de moins d'un an, ou à 70/minute chez un enfant de plus d'un an annonce une insuffisance respiratoire. L'hypercapnie peut causer une hypertension artérielle.

On note la présence d'un battement des ailes du nez ainsi que l'utilisation des muscles accessoires de la respiration.

Un tirage intercostal ou sous-costal suggère que l'insuffisance respiratoire est causée par une atteinte des voies respiratoires inférieures (exemple : bronchiolite), tandis qu'un tirage xiphoïdien s'observe surtout en cas d'obstruction haute (exemple : laryngite).

On note la présence d'une respiration paradoxale ou d'une plainte expiratoire (*grunting*).

La percussion du thorax permet de préciser la position des coupoles diaphragmatiques et de mettre en évidence un épanchement pleural (matité à la base).

L'auscultation pulmonaire vérifie la symétrie de la ventilation et recherche un souffle tubaire, ainsi que des râles fins, ronflants ou sibilants.

Le reste de l'examen cherche à identifier des indices de maladie chronique préexistante, comme un hippocratisme digital ou une déformation thoracique.

Explorations

I. Quantification de l'insuffisance respiratoire

Chez l'enfant en insuffisance respiratoire, il faut se poser des questions quant à la pertinence des explorations invasives qui risquent d'aggraver la situation.

Pour estimer et suivre l'oxygénation, on utilise soit l'oxymétrie de pouls, soit la PaO_2; la première a l'avantage de ne pas être invasive. La PaO_2 et la saturation ne donnent aucune information quant à la présence ou l'absence d'hypercapnie.

La $PaCO_2$ sert à évaluer et à surveiller la ventilation; ce paramètre, de même que le pH, peut aussi être mesuré de façon fiable dans le sang capillaire artérialisé.

Les épreuves de fonction respiratoire (exemple : VEMS) sont utilisées lorsque l'état du patient le permet.

Chez le patient ventilé, la capnométrie sert à l'évaluation de la ventilation.

II. Identification de la cause de l'insuffisance respiratoire

Un hémogramme est utile; il peut révéler une anémie qui interfère avec la transport d'oxygène, une hyperleucocytose ou une lymphocytose.

Dans un contexte infectieux, certains des examens suivants sont demandés selon le tableau clinique : hémoculture, culture des sécrétions nasopharyngées (lorsqu'on suspecte une coqueluche ou une infection à *Chlamydia trachomatis*), épreuve tuberculinique, culture des sécrétions trachéales chez le patient intubé, test d'identification rapide du virus respiratoire syncytial ou d'autres virus respiratoires, bronchoscopie et lavage broncho-alvéolaire, etc.

Une radiographie des poumons est nécessaire dans presque tous les cas ; elle ne doit être effectuée qu'après stabilisation de la situation. L'échographie thoracique peut contribuer à évaluer l'importance d'un épanchement pleural. La tomodensitométrie thoracique permet de préciser les caractéristiques d'une masse intrathoracique ou de lésions parenchymateuses persistantes. En cas d'obstruction des voies respiratoires supérieures, les radiographies des tissus mous du cou peuvent être utiles, lorsque l'état du patient le permet, pour confirmer par exemple le diagnostic clinique d'épiglottite. Un transit œsophagogastrique permet de mettre en évidence une compression de l'œsophage et de la trachée par un vaisseau aberrant. Occasionnellement, une scintigraphie pulmonaire est indiquée, par exemple lorsqu'on suspecte un phénomène thrombo-embolique pulmonaire chez un patient atteint d'anémie falciforme.

Une laryngo-trachéoscopie doit être effectuée immédiatement lorsqu'une obstruction des voies respiratoires supérieures est causée par un corps étranger. Cet examen est également utile pour préciser la nature d'une obstruction haute : hémangiome sous-glottique, papillomatose laryngée, sténose sous-glottique, laryngomalacie, trachéobronchomalacie, épiglottite, etc.

Traitement

I. Général

1) Placer l'enfant dans une position confortable en évitant de compromettre la perméabilité des voies respiratoires supérieures.

2) Encourager les parents à rester auprès de leur enfant pour le calmer et le rassurer.

3) Réduire les manœuvres invasives (exemple : prise de la température rectale).

4) Garder l'enfant à jeun si son état est instable.

5) Surveiller étroitement l'évolution de l'état de conscience et des signes généraux (fréquences respiratoire et cardiaque surtout).

6) Hydratation : voir Déséquilibres hydriques, électrolytiques et acidobasiques.

7) Nutrition : si l'insuffisance respiratoire se prolonge plus de quelques jours, l'apport énergétique nécessaire est fourni par gavage ou, si c'est impossible, par voie parentérale.

II. Spécifique

1) Si l'insuffisance respiratoire est due à un corps étranger, celui-ci doit être enlevé immédiatement par la manœuvre de Heimlich ou, si les circonstances s'y prêtent, par endoscopie (voir Corps étrangers des voies respiratoires).

2) Administrer de l'oxygène à 100 %, puis rechercher la concentration la plus basse permettant de maintenir une saturation égale ou supérieure à 94 %, ou une PaO_2 entre 80 et 100 mm Hg. Dans tous les cas, il faut

s'assurer qu'un système d'humidification efficace est en place. La méthode d'administration varie selon l'âge et les circonstances :

a) Chez le nouveau-né et le nourrisson :
   - Une cage faciale, avec laquelle on peut obtenir, si elle est bien étanche, une concentration de 80 à 90 % ;
   - Une tente à oxygène ; même si elle est étanche, la concentration en oxygène ne dépasse habituellement pas 35 à 45 % ;
   - Une sonde sous-nasale.

b) Chez l'enfant plus âgé :
   - Un masque avec un système Venturi ; la concentration maximale qu'on peut obtenir de cette façon est de 60 % avec un débit de 8 L/minute ;
   - Un masque avec réservoir, qui permet d'obtenir une concentration de 80 % avec un débit de 10 L/minute ;
   - Une tente à oxygène (voir plus haut) ;
   - Une sonde sous-nasale ou des lunettes nasales : la concentration varie selon la fréquence respiratoire et le calibre des narines. Le débit maximal est de 3 à 5 L/minute.

3) Aspirer les sécrétions.

4) En attendant l'intubation, la ventilation au moyen d'un masque et d'un insufflateur manuel permet temporairement, mieux qu'avec un simple masque, de fournir une concentration d'oxygène plus élevée, de contrôler la respiration et de réduire le travail respiratoire, même si l'insuffisance respiratoire résulte d'une obstruction des voies respiratoires supérieures.

5) Intuber et ventiler mécaniquement au besoin. Cette option est choisie dans les circonstances suivantes :

a) Le patient présente une dyspnée progressive, est léthargique, épuisé ou en apnée ;

b) Il y a une obstruction des voies respiratoires supérieures avec décompensation (altération de l'état de conscience, rétention de CO_2) ;

c) L'évolution imprévisible de la maladie interdit une approche conservatrice (exemples : épiglottite, abcès rétropharyngien) ;

d) Altération importante des gaz du sang :
   - Hypercapnie progressive avec acidémie par acidose respiratoire ; le seuil de tolérance peut varier selon la pathologie (exemple : si l'état du patient demeure bon, une $PaCO_2$ de 60 mm Hg peut être acceptable en cas de bronchiolite, mais constitue souvent une indication d'intubation et de ventilation mécanique en cas de crise d'asthme) ;
   - PaO_2 inférieure à 60 mm Hg avec une concentration d'oxygène supérieure à 60 %.

L'intubation et la ventilation mécanique, qui nécessitent souvent une sédation ou une paralysie musculaire, permettent de contrôler la respiration, d'améliorer les gaz du sang, de diminuer le travail respiratoire, d'administrer plus efficacement l'oxygène et d'appliquer une pression positive.

6) Administrer une pression positive par voie nasale ou au moyen d'un masque. Chez certains patients, cette technique permet d'éviter l'intubation et la ventilation mécanique. Cette approche est fréquemment utilisée chez les patients atteints d'une maladie neuromusculaire ou d'atélectasies importantes.

7) Administrer le traitement spécifique de la maladie responsable de l'insuffisance respiratoire. Exemples :

   - Bronchodilatateurs (voir Asthme);

   - Adrénaline racémique (voir Laryngite aiguë);

   - Antibiotiques (voir Pneumonies);

   - Drainage de pneumothorax.

Suivi

La rapidité du sevrage de la ventilation mécanique dépend de la maladie sous-jacente. En général, avant de pouvoir être extubé, le patient doit être capable de respirer spontanément à une fréquence acceptable pour son âge, sans présenter de dyspnée ni d'apnées importantes et maintenir un pH égal ou supérieur à 7,35, une $PaCO_2$ inférieure à 55 mm Hg et une saturation égale ou supérieure à 94 %, ou une PaO_2 égale ou supérieure à 80 mm Hg avec une concentration d'oxygène de 60 % ou moins.

Complications

L'hypoxémie grave peut mener à une bradycardie, ou même à une asystolie qui peut avoir des répercussions graves et permanentes sur les fonctions cérébrales. Une hypercapnie importante déprime le système nerveux central. La ventilation mécanique peut, elle-même, causer diverses complications : barotraumatisme (pneumothorax, pneumomédiastin, emphysème sous-cutané), toxicité de l'oxygène lorsque celui-ci est administré à concentration élevée, infection des voies respiratoires, lésion transitoire ou permanente causée par le tube endotrachéal.

Pronostic

Il dépend de la pathologie responsable de l'insuffisance respiratoire ainsi que de la promptitude et de la qualité du traitement. La plus grande partie de la morbidité et de la mortalité survient pendant la première année de vie; elle résulte souvent de malformations congénitales diverses.

Lectures suggérées

Chameides L : Textbook of advanced pediatric life support. American Heart Association, Dallas, 1990.

Newth CJ: Recognition and management of respiratory failure. Pediatr Clin North Am 1979; 26: 617-643.

Pagtakhan RD, Chernick V: Respiratory failure in the pediatric patient. Pediatr Rev 1982; 3: 247-256.

Raphaely RC: Acute respiratory failure in infants and children. Pediatr Ann 1986; 15: 315-321.

Intoxications 138

Michel Weber, Pierre Gaudreault, Luc Chicoine

Généralités

Les intoxications demeurent une cause importante de morbidité et de mortalité. Chez l'enfant de un à cinq ans, elles sont le plus souvent accidentelles; chez l'adolescent, elles résultent en général de tentatives de suicide. Des intoxications médicamenteuses iatrogéniques peuvent survenir à tous les âges. La plupart du temps, il s'agit de l'ingestion d'un agent toxique par voie orale; occasionnellement, des intoxications peuvent aussi survenir par inhalation, par absorption cutanée, par injection ou par voie rectale. Les intoxications polymédicamenteuses posent des problèmes complexes. Les centres antipoison constituent une source inestimable d'informations et de conseils parce qu'ils accumulent et intègrent continuellement des données à propos de la multitude de produits toxiques disponibles.

Mesures générales

I. Évaluation initiale sommaire

Il s'agit de vérifier rapidement les échanges respiratoires du patient, son état de conscience, sa stabilité hémodynamique et son poids.

II. Recueil des données de base

On essaie de préciser quel produit l'enfant a avalé, à quelle heure et en quelle quantité; on vérifie s'il a présenté des symptômes avant son arrivée.

III. Évacuation gastrique

C'est une étape cruciale; elle est indiquée jusqu'à une à deux heures après l'ingestion d'une quantité toxique d'un produit liquide et deux heures après la prise d'une quantité toxique de substance solide. Il ne faut jamais recourir aux vomissements induits dans les circonstances suivantes:

1) Le patient est comateux;

2) L'enfant convulse ou a ingéré un agent toxique qui peut causer des convulsions comme le camphre ou un antidépresseur tricyclique;

3) L'enfant a ingéré une substance corrosive ou une petite quantité d'hydrocarbure (moins de 5 mL/kg), ou une substance moussante.

La meilleure méthode est l'administration de sirop d'ipéca; celui-ci n'est pas recommandé avant l'âge de six mois, période pendant laquelle les intoxications sont rares. La posologie est la suivante:

- 6 à 12 mois: 10 mL en 1 fois;
- 1 à 10 ans: 15 mL en 1 fois;
- > 10 ans: 30 mL en 1 fois.

Le lavage gastrique est moins efficace que le sirop d'ipéca. On l'utilise surtout, après intubation trachéale, chez le patient comateux. Il faut procéder rapidement et mettre en place par voie orale une sonde du plus gros calibre possible:

- Chez l'enfant: 5,3 à 9,3 mm de diamètre (calibre 16 à 28);
- Chez l'adolescent: 10 à 13,3 mm (calibre 30 à 40).

On utilise pour le lavage gastrique 5 mL/kg d'une solution de NaCl à 0,9 %.

IV. Prévention de l'absorption

1) Le charbon de bois activé est utilisé par voie orale; il adsorbe de nombreuses substances toxiques dans le tube digestif, empêchant ainsi leur absorption. De plus, il interrompt le cycle entéro-hépatique de certains produits comme les antidépresseurs tricycliques et réduit ainsi leur toxicité. Enfin, il peut même accélérer l'excrétion de certains agents toxiques comme le phénobarbital et la théophylline en les attirant dans la lumière intestinale alors qu'ils ont déjà été absorbés dans la circulation («dialyse intestinale»). Le charbon de bois n'a aucun effet toxique et il peut donc être administré dans la plupart des cas d'intoxication. Il est inefficace en cas d'ingestion d'un alcool, d'un corrosif, d'un hydrocarbure ou d'un métal. Il s'administre après les vomissements induits ou après le lavage gastrique; la posologie est de 1 g/kg/dose toutes les 4 à 6 heures, jusqu'au moment où le patient émet une selle noire. On peut le donner en suspension soit dans l'eau, soit dans du sorbitol à 70 %; le sorbitol accélère le transit intestinal, ce qui réduit encore l'absorption du poison. En cas d'intoxication par un médicament qui a un cycle entéro-hépatique, comme les antidépresseurs tricycliques, il est souhaitable de continuer l'administration régulière de charbon de bois activé pendant 24 à 48 heures.

2) L'administration d'un laxatif permet aussi de réduire l'absorption du produit toxique; on peut utiliser une dose unique de 250 mg/kg de sulfate de magnésium (maximum: 30 g), de 250 mg/kg de sulfate de sodium (maximum: 30 g), ou 1 mL/kg de sorbitol à 70 % (maximum: 150 mL).

3) Lavage intestinal: il réduit l'absorption des produits toxiques ingérés en accélérant leur transit à travers le tube digestif. Cette technique consiste à administrer une solution électrolytique isotonique contenant du polyéthylène-glycol (au Canada: Peglyte ou GoLytely; en France: Colopeg ou Fortrans) au moyen d'une sonde gastrique. Chez le jeune

enfant, la vitesse d'administration est de 0,5 L/heure (environ 25 mL/kg/heure); chez l'adolescent, elle est de 2 L/heure. Cette quantité de liquide, nécessaire pour obtenir l'effet désiré, peut entraîner des vomissements chez certains patients, Le débit peut alors être réduit pendant une à deux heures, mais il faut retourner le plus tôt possible au débit initial. Si les vomissements persistent, on peut administrer un antiémétique comme le métoclopramide (0,1 à 0,3 mg/kg/dose IV; maximum chez le grand enfant: 10 mg). Le lavage est cessé lorsque le liquide qui sort par l'anus est clair, ce qui prend en moyenne 4 à 6 heures, mais parfois jusqu'à 24 heures. Cette approche est indiquée en cas d'intoxication par une substance qui n'est pas adsorbée par le charbon de bois activé comme un métal (fer, plomb, lithium, etc.). On peut aussi l'utiliser lorsque le patient a ingéré un grand nombre de comprimés (> 50) ou lorsqu'il a pris des comprimés à libération prolongée. Les contre-indications absolues sont l'occlusion intestinale et l'iléus paralytique.

V. Administration d'un antidote

Les principaux antidotes sont les suivants:

– Anticorps antidigitale (digitale);

– Atropine (insecticides organophosphorés ou du groupe des carbamates);

– Bleu de méthylène (agents méthémoglobinisants);

– Diphenhydramine (phénothiazines);

– Éthanol (éthylène-glycol, méthanol);

– Flumazénil (benzodiazépines);

– N-acétyl-cystéine (acétaminophène ou paracétamol);

– Naloxone (analgésiques morphiniques);

– Oxygène (monoxyde de carbone);

– Physostigmine (anticholinergiques);

– Pralidoxime (insecticides organophosphorés);

– Protamine (héparine);

– Pyridoxine (isoniazide);

– Thiosulfate de sodium (cyanure);

– Trihexyphénidyle (phénothiazines);

– Vitamine K (warfarine).

VI. Traitement de soutien

Cette forme de traitement est suffisante dans plus de 95 % des intoxications; elle consiste à surveiller les fonctions vitales, à ne rien donner par la bouche, à drainer l'estomac et à ventiler artificiellement si nécessaire. L'hypotension artérielle est traitée par l'administration de liquides IV et parfois d'amines vaso-actives (voir Choc anaphylactique).

VII. Épuration rénale ou extrarénale

L'augmentation de la diurèse par administration rapide de soluté (exemple : deux fois les besoins d'entretien) n'est utile que dans les intoxications graves à l'acide acétylsalicylique, aux amphétamines, à la phencyclidine et au phénobarbital. Dans le cas des amphétamines et de la phencyclidine, il faut aussi acidifier l'urine (pH < 5) s'il n'y a pas de myoglobinurie, en donnant du chlorure d'ammonium (15 mg/kg/dose IV toutes les 6 heures). En cas d'intoxication par le phénobarbital, il faut aussi alcaliniser l'urine (pH > 8) en donnant du bicarbonate de sodium (1 à 2 mmol/kg/dose toutes les 4 à 6 heures).

Les méthodes d'épuration extrarénale sont l'exsanguino-transfusion, l'hémodialyse, la dialyse péritonéale, l'hémoperfusion sur charbon de bois ou sur résine et l'hémodiafiltration. Ces techniques sont rarement utilisées : elles doivent être réservées à des intoxications particulièrement graves causées par certains produits dont elles peuvent accélérer l'élimination ; elles doivent être réalisées dans des centres spécialisés.

Principales intoxications

Voir aussi Usage de drogues.

Seules quelques intoxications communes sont détaillées ; pour les autres, consulter un ouvrage spécialisé (voir Lectures suggérées).

I. Acétaminophène ou paracétamol

1) Sources : nombreuses préparations analgésiques et antipyrétiques.

2) Dose toxique : 150 mg/kg (dose unique).

3) Manifestations cliniques : le principal problème est une hépatite toxique qui peut être fatale ; il peut aussi y avoir une nécrose tubulaire aiguë. Les symptômes peuvent apparaître jusqu'à 24 heures après l'ingestion : anorexie, nausées, vomissements, douleur à l'hypochondre droit, ictère, encéphalopathie hépatique.

4) Traitement :

   a) Évacuation gastrique : elle doit être pratiquée jusqu'à une à deux heures après l'ingestion ;

   b) Administration de charbon de bois activé : seulement si on prévoit de donner de la N-acétyl-cystéine par voie intraveineuse, mais non si on envisage d'utiliser la voie orale. Elle est aussi indiquée si le patient a ingéré simultanément d'autres substances toxiques ;

   c) Estimation du risque d'hépatite toxique, en se basant sur le taux sérique de l'acétaminophène et sur le nomogramme de Rumack (figure 23) ; ce risque existe si le taux sérique est supérieur à 1 324 µmol/L (200 mg/L) 4 heures après l'ingestion, ou supérieur à 662 µmol/L (100 mg/L) 8 heures après l'ingestion ou supérieur à 331 µmol/L (50 mg/L) 12 heures après l'ingestion ;

   d) Administration de N-acétyl-cystéine s'il y a un risque d'atteinte hépatique ; ce traitement est nettement moins efficace s'il est commencé plus de 24 heures après l'ingestion. La voie intraveineuse est préférable à la voie orale, car cet antidote, en raison de son mauvais goût, cause souvent des vomissements. Posologie :

- Voie intraveineuse, en perfusion continue sous forme de solution à 5 % : 150 mg/kg en 15 minutes, puis 50 mg/kg en 4 heures, puis 100 mg/kg en 16 heures ;
- Voie orale, sous forme de solution à 5 % dans du jus de fruits : 140 mg/kg comme dose initiale, puis 17 doses consécutives de 70 mg/kg toutes les 4 heures ;

e) Aucune forme d'épuration extrarénale n'est efficace ;

f) Surveillance des transaminases, de la bilirubine, de la glycémie et de l'hémostase s'il y a un risque d'hépatite. Il n'est pas utile de mesurer le taux sérique de l'acétaminophène ou paracétamol plus de deux fois s'il diminue ;

g) Traitement de soutien.

II. Acide acétylsalicylique

1) Sources : nombreuses préparations analgésiques, antipyrétiques et anti-inflammatoires.

2) Dose toxique : 150 mg/kg (dose unique).

3) Manifestations cliniques : bourdonnements d'oreilles (si l'âge de l'enfant lui permet de s'en plaindre), céphalées, vomissements, fièvre par stimulation de l'activité métabolique, hyperventilation par stimulation directe du centre respiratoire, agitation, hypoglycémie, acidose métabolique chez le jeune enfant, alcalose respiratoire chez l'adolescent, déshydratation, diathèse hémorragique, convulsions, dépression des fonctions vitales, œdème pulmonaire, coma.

4) Traitement :

a) Évacuation gastrique si l'ingestion date de moins d'une à deux heures ;

b) Administration de charbon de bois activé ;

c) Détermination de la salicylémie, ce qui permet d'évaluer la gravité de l'intoxication selon le nomogramme de Done (figure 24). Six heures après l'ingestion, il y a une intoxication légère si la salicylémie se situe entre 2,9 et 4,3 mmol/L (400 à 600 mg/L), modérée entre 4,3 et 6,5 mmol/L (600 à 900 mg/L), grave au-dessus de 6,5 mmol/L (> 900 mg/L). Le nomogramme de Done n'est utilisable que s'il s'agit d'une intoxication par une dose unique ;

d) Il n'y a pas d'antidote ;

e) Épuration rénale et extrarénale : en cas d'intoxication légère, encourager le patient à boire beaucoup. Si l'intoxication est modérée à grave, on peut augmenter l'élimination par une diurèse forcée en administrant un soluté à une vitesse correspondant à 150 à 300 % des besoins d'entretien, selon l'importance de l'hyperventilation et de la fièvre. Le soluté doit contenir 5 % de glucose, environ

Figure 23 Nomogramme de Rumack: évolution du taux sérique d'acétaminophène (paracétamol) en fonction du temps écoulé depuis l'ingestion d'une dose unique. Le premier dosage sérique est effectué 4 heures après l'ingestion. L'antidote est indiqué si le taux sérique est situé au-dessus de la ligne pointillée (toxicité hépatique possible).

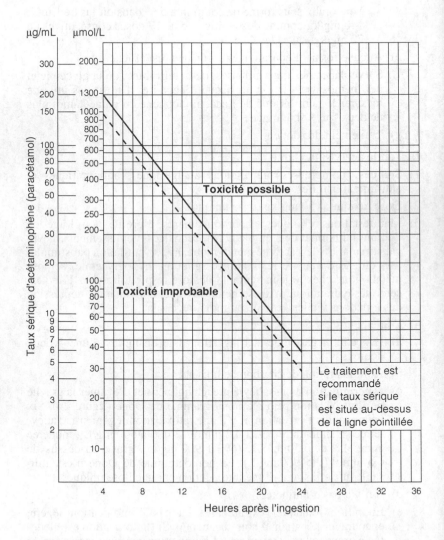

Source: Goldfrank LR, Flomenbaum NE, Lewin NA, *et al.*: Goldfrank's toxicologic emergencies. Appleton & Lange, Norwalk, Connecticut, 1990 (reproduit avec l'autorisation de Johnson et Johnson, propriétaire des droits).

Figure 24 Nomogramme de Done: évolution du taux sérique d'acide acétylsalicylique en fonction du temps écoulé depuis l'ingestion d'une dose unique. Le premier dosage sérique est effectué 6 heures après l'ingestion. Ce nomogramme permet de déterminer si l'intoxication est absente, légère, modérée ou grave.

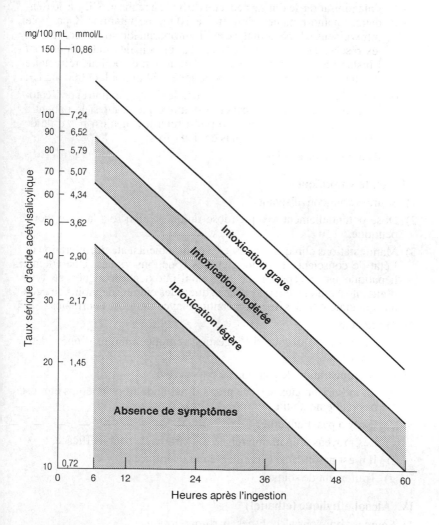

Source: Goldfrank LR, Flomenbaum NE, Lewin NA, *et al.*: Goldfrank's toxicologic emergencies. Appleton & Lange, Norwalk, Connecticut, 1990 (reproduit avec l'autorisation de Pediatrics, propriétaire des droits).

40 mmol/L de sodium et environ 10 mmol/L de potassium. L'élimination peut aussi être accélérée en alcalinisant les urines ; ceci peut être réalisé en donnant du bicarbonate de sodium à raison de 1 à 2 mmol/kg/dose IV toutes les 4 à 6 heures ; l'objectif est de maintenir un pH urinaire supérieur à 7,5 sans élever le pH sanguin au-delà de 7,55. Maintenir la kaliémie au-dessus de 4 mmol/L, sinon l'alcalinisation de l'urine peut être difficile à réaliser. S'il y a des tendances hémorragiques, donner 5 à 10 mg de vitamine K par voie intraveineuse. L'hémodialyse et l'hémoperfusion sont efficaces ; on les réserve aux situations graves ; les principales indications sont l'instabilité des fonctions vitales, l'acidose métabolique réfractaire ou une salicylémie égale ou supérieure à 7,24 mmol/L (1 000 mg/L) ;

f) Surveillance régulière de la glycémie, de l'ionogramme et de l'équilibre acidobasique si le patient est intoxiqué. Sauf si le patient a ingéré une préparation à absorption retardée, il n'est pas utile de déterminer la salicylémie plus de deux fois ;

g) Traitement de soutien.

III. Acide valproïque

1) Sources : anticonvulsivants.

2) Dose potentiellement toxique (dose unique) : cinq fois la dose thérapeutique.

3) Manifestations cliniques : nausées, vomissements, ataxie, altération de l'état de conscience et dépression des fonctions vitales. Une atteinte hépatique est exceptionnelle en cas d'intoxication aiguë ; ce type d'atteinte a plutôt été rapporté chez quelques enfants de moins de deux ans qui étaient traités de façon continue avec des doses normales.

4) Traitement :

a) Évacuation gastrique si l'ingestion remonte à moins d'une à deux heures ;

b) Administration de charbon de bois activé ;

c) La mesure du taux sérique prend d'habitude trop de temps et n'est pas réellement utile ;

d) Il n'y a pas d'antidote ;

e) Les moyens d'épuration rénale et extrarénale sont inefficaces ;

f) Il n'est pas utile de surveiller le taux sérique ;

g) Traitement de soutien.

IV. Alcool éthylique (éthanol)

1) Sources : boissons alcoolisées, parfums, lotions.

2) Dose fatale : une dose unique de 3 g/kg chez l'enfant ou de 5 à 8 g/kg chez l'adolescent. Exemple : une boisson alcoolisée à 45 % contient 36 g d'alcool par 100 mL (45 × 0,8). La dose fatale pour un enfant de 15 kg serait donc de 45 g d'éthanol, soit 125 mL de la boisson.

3) Manifestations cliniques : ataxie, incoordination, perte des inhibitions, dysarthrie, troubles visuels, nausées, vomissements, altération de l'état de conscience, dépression des fonctions vitales (hypotension artérielle, hypothermie, arrêt respiratoire). Surtout chez le jeune enfant, il y a un risque élevé d'hypoglycémie avec convulsions et coma. Il peut aussi y avoir une légère acidose métabolique.

4) Traitement :

a) Évacuation gastrique si l'ingestion remonte à moins d'une heure ;

b) Le charbon de bois activé n'est pas utile ;

c) Détermination du taux sérique pour confirmer le degré de gravité de l'intoxication :

   – 10,6 à 31,9 mmol/L (0,5 à 1,5 g/L) : intoxication légère ;

   – 31,9 à 63,8 mmol/L (1,5 à 3 g/L) : intoxication modérée ;

   – 63,8 à 106,3 mmol/L (3 à 5 g/L) : intoxication grave ;

d) Il n'y a pas d'antidote ;

e) La diurèse forcée est inefficace ; une hémodialyse ou une hémoperfusion est indiquée si les fonctions vitales sont compromises ou si l'éthanolémie est supérieure à 106,3 mmol/L (5 g/L) ;

f) Il n'est pas utile de déterminer l'éthanolémie plus d'une fois, sauf chez un patient dialysé ;

g) Traitement de soutien ; le soluté doit avoir une concentration en glucose d'au moins 5 % pour prévenir l'hypoglycémie.

V. Alcool méthylique (méthanol)

1) Sources : antigels, liquide de lave-vitres pour automobiles, combustible à fondue, liquide servant à dégeler les serrures.

2) Dose fatale : 2 à 3 mL/kg (dose unique).

3) Manifestations cliniques : nausées, vomissements, ataxie, troubles visuels pouvant aller jusqu'à la cécité, altération de l'état de conscience, dépression des fonctions vitales, hypoglycémie, acidose métabolique importante avec trous anionique et osmolaire élevés. Une intoxication correspond à une méthanolémie supérieure à 6,2 mmol/L (200 mg/L).

4) Traitement :

a) Évacuer l'estomac si l'ingestion remonte à moins d'une à deux heures ;

b) Le charbon de bois activé n'est pas utile ;

c) Détermination de la méthanolémie pour confirmer l'intoxication et orienter le traitement. Mesurer les gaz sanguins ;

d) L'antidote est l'éthanol ; il doit être administré si la méthanolémie est supérieure à 6,2 mmol/L (200 mg/L). Posologie initiale :

   – Voie orale (à utiliser de préférence) : mélanger une part d'éthanol à 40 % avec une part de jus de fruits ; la concentration d'alcool est alors d'environ 20 %. La dose d'attaque est de 5 mL/kg du mélange. La dose d'entretien est de 4 à 8 mL/kg du mélange toutes les 4 heures;

- Voie intraveineuse: on utilise 1 partie d'alcool pur (95 %) pour 9 parties de soluté glucosé à 5 %; la concentration en éthanol de cette solution est d'environ 10 %. La dose d'attaque est de 1 mL/kg d'alcool pur. La dose d'entretien est de 0,2 mL/kg/ heure d'alcool pur;

La posologie de l'éthanol doit être ajustée pour maintenir l'éthanolémie entre 21,2 mmol/L (1 g/L) et 31,8 mmol/L (1,50 g/L);

e) La diurèse forcée est inefficace; une hémodialyse ou une hémoperfusion est indiquée si les fonctions vitales sont compromises, s'il y a une acidose métabolique grave ou si la méthanolémie est supérieure à 15,5 mmol/L (0,5 g/L);

f) Il n'est pas utile de mesurer la méthanolémie plus d'une fois si elle est inférieure à 3 mmol/L. Cette détermination ne doit être répétée que si l'enfant est dialysé;

g) Traitement de soutien.

VI. Analgésiques morphiniques

1) Sources: analgésiques comme la codéine, la mépéridine (péthidine), la morphine, le propoxyphène; antitussifs comme le dextrométhorphan; drogues comme l'héroïne; antidiarrhéiques comme le diphénoxylate, etc.

2) Dose toxique: trois à cinq fois la dose thérapeutique (dose unique).

3) Manifestations cliniques: les principales sont le myosis, le coma avec hyporéflexie et la dépression respiratoire; les autres sont les nausées, les vomissements, l'œdème pulmonaire et l'hypotension artérielle.

4) Traitement:

a) Évacuation gastrique si l'ingestion date de moins d'une à deux heures;

b) Administration de charbon de bois activé;

c) La détermination du taux sérique est inutile;

d) L'antidote est la naloxone. Posologie:

- Dose initiale: 0,01 mg/kg IV;

- S'il n'y a pas de réponse après 2 à 3 minutes, donner 0,03 à 0,1 mg/kg IV;

S'il n'y a toujours pas de réponse, c'est que les symptômes ne sont pas causés par une substance de ce type. La demi-vie de la naloxone est courte (20 à 60 minutes); le patient doit donc être surveillé pendant 12 à 24 heures après la disparition des symptômes, et des doses additionnelles de naloxone peuvent être nécessaires. On peut aussi l'administrer en perfusion intraveineuse: on prépare une solution à 4 mg/L de soluté et on module la vitesse de perfusion selon la réponse clinique ; en général, la dose horaire correspond aux 2/3 de la dose unique nécessaire pour réveiller le malade ;

e) La diurèse forcée et les méthodes d'épuration extrarénale sont inefficaces ;

f) Il n'y a aucun paramètre paraclinique à surveiller ;

g) Traitement de soutien.

VII. Antibiotiques
Ils ne causent habituellement pas d'intoxications aiguës.

VIII. Antidépresseurs tricycliques

1) Sources : amitriptyline, clomipramine, désipramine, imipramine, nortriptyline, etc., substances utilisées pour le traitement de la dépression et de l'énurésie.

2) Toxicité : une dose supérieure à 10 mg/kg peut causer des symptômes (dose unique).

3) Manifestations cliniques : elles sont très variées et incluent notamment des troubles digestifs (nausées et vomissements) et une rétention urinaire ; les plus graves sont les manifestations cardio-vasculaires (tachyarythmies supraventriculaires et ventriculaires, hypertension artérielle de courte durée ou état de choc) et neurologiques (somnolence, agitation, confusion, hallucinations, délire, convulsions, coma, dépression respiratoire, mydriase).

4) Traitement :

a) Évacuation gastrique si l'ingestion remonte à moins de deux heures ;

b) Après la dose initiale habituelle de charbon de bois activé, l'administration doit se poursuivre en cas d'intoxication grave, afin d'interrompre le cycle entéro-hépatique : donner 1 g/kg toutes les 4 heures jusqu'à la première selle noire ;

c) Les taux sériques ne sont pas utilisés ;

d) Il n'y a pas d'antidote spécifique. L'administration de salicylate de physostigmine est réservée aux situations suivantes : agitation et hallucinations graves, arythmies ou convulsions réfractaires au traitement habituel. Posologie : 0,03 mg/kg/dose IV en 5 minutes (maximum chez le grand enfant : 2 mg/dose). Il peut être nécessaire de répéter cette dose car la durée d'action de la physostigmine est courte (environ une heure). Ce médicament peut causer des problèmes graves comme des convulsions ou un arrêt cardiaque ;

e) La diurèse forcée et les méthodes d'épuration extrarénale sont inefficaces ;

f) Une surveillance électrocardiographique continue est nécessaire chez les patients intoxiqués ; ils doivent être observés pendant 12 heures après la disparition de toutes les manifestations neurologiques et cardiaques (le complexe QRS doit avoir une durée inférieure à 100 millisecondes) ;

g) Traitement de soutien: les convulsions sont traitées de la façon habituelle au diazépam, à la phénytoïne ou au phénobarbital (voir Convulsions et état de mal convulsif). Si elles sont réfractaires, donner de la physostigmine (voir plus haut). Les moyens suivants peuvent être utilisés pour le traitement des arythmies:

– Bicarbonate de sodium: 1 à 2 mmol/kg/dose IV, à répéter toutes les 2 à 4 heures pour maintenir le pH du sang à 7,5 ou plus;

– Phénytoïne: 18 mg/kg/dose en injection IV lente (moins de 50 mg/minute);

– Lidocaïne: 1 mg/kg/dose en bolus IV, puis en perfusion continue, à raison de 1 à 4 mg/kg/heure;

– Si ces modes de traitement sont inefficaces, donner de la physostigmine (voir plus haut).

IX. Antihistaminiques

1) Sources: nombreuses substances comme l'astémizole, la chlorphéniramine, la clémastine, le dimenhydrinate, la diphenhydramine, l'hydroxyzine, la terfénadine et la tripolidine, largement présentes dans les médicaments contre les allergies, le mal des transports et les infections respiratoires.

2) Dose toxique: environ cinq fois une dose thérapeutique.

3) Manifestations cliniques: elles sont très variées: nausées, vomissements, sécheresse de la bouche, somnolence, agitation, hallucinations, hyperréflexie, convulsions, coma, mydriase, fièvre, rétention urinaire, vasodilatation cutanée, etc. Les antihistaminiques récents comme l'astémizole et la terfénadine causent moins de somnolence que les plus anciens.

4) Traitement:

a) Évacuation gastrique si l'ingestion remonte à moins de deux heures;

b) Administration de charbon de bois;

c) La détermination du taux sérique est inutile;

d) Il n'y a pas d'antidote;

e) La diurèse forcée et les méthodes d'épuration extrarénale sont inefficaces;

f) Il n'y a aucun paramètre clinique ou paraclinique spécifique à surveiller;

g) Traitement de soutien.

X. Barbituriques

1) Sources: nombreuses préparations anticonvulsivantes, hypnotiques et sédatives comme le phénobarbital (action prolongée) et le sécobarbital (action courte).

2) Dose toxique: environ trois à cinq fois la dose thérapeutique (dose unique).

3) Manifestations cliniques : ataxie, somnolence, coma, aréflexie, myosis, œdème pulmonaire, dépression des fonctions vitales (hypothermie, choc, dépression respiratoire). Des lésions cutanées bulleuses peuvent apparaître.

4) Traitement :

a) Évacuation gastrique si l'ingestion remonte à moins d'une à deux heures ;

b) Administration de charbon de bois activé. Dans le cas du phénobarbital, la poursuite de ce traitement permet d'attirer dans l'intestin une portion substantielle du médicament qui a déjà été absorbé ; on donne 1 g/kg/dose toutes les 4 heures jusqu'à ce que les fonctions vitales soient normales et que le taux sérique soit inférieur au niveau toxique ;

c) La détermination du taux sérique permet de confirmer la gravité de l'intoxication ; par exemple, la concentration toxique du phénobarbital est de 129,9 µmol/L (30 µg/mL), et celle du sécobarbital de 19,2 µmol/L (5 µg/mL) ;

d) Il n'y a pas d'antidote ;

e) La diurèse forcée n'est utile que dans le cas de l'intoxication par phénobarbital ; il en est de même pour l'alcalinisation urinaire. On donne du bicarbonate de sodium à raison de 1 à 2 mmol/kg/dose IV toutes les 4 heures et on essaie de maintenir un pH urinaire supérieur à 7,5 en évitant que le pH sanguin ne dépasse 7,55. L'hémodialyse ou l'hémoperfusion est indiquée seulement en cas d'intoxication grave par le phénobarbital, lorsque les fonctions vitales sont compromises ;

f) Il n'est pas utile de mesurer le taux sérique plus de deux fois s'il diminue, sauf dans le cas d'une intoxication par le phénobarbital traitée par dialyse intestinale ;

g) Traitement de soutien.

XI. Benzodiazépines

1) Sources : nombreuses substances anticonvulsivantes ou tranquillisantes comme le chlordiazépoxyde, le clonazépam, le diazépam, le lorazépam, le nitrazépam, l'oxazépam, etc.

2) La dose toxique est d'environ cinq fois la dose thérapeutique habituelle (dose unique). Les intoxications par les benzodiazépines seules sont rarement mortelles.

3) Manifestations cliniques : ataxie, dysarthrie, somnolence, coma, hypotension artérielle.

4) Traitement :

a) Évacuation gastrique si l'ingestion date de moins d'une à deux heures ;

b) Administration de charbon de bois activé ;

c) La détermination du taux sérique n'est pas utile ;

d) Antidote : flumazénil (doit être réservé aux intoxications graves). La posologie pédiatrique n'est pas encore établie de façon précise. Chez l'enfant, on peut donner 0,01 mg/kg IV en 30 secondes, sans dépasser 0,3 mg ; chez l'adolescent, on donne 0,3 mg IV en 30 secondes. Au besoin, on répète cette dose toutes les minutes, sans dépasser une dose cumulative totale de 1 mg chez l'enfant et 2 mg chez l'adolescent. Lorsque la somnolence persiste, on peut administrer le flumazénil en perfusion IV, dilué dans une solution glucosée à 5 % ou une solution de NaCl à 0,9 % ; la vitesse de perfusion est de 0,003 à 0,013 mg/kg/heure chez l'enfant et de 0,1 à 0,4 mg/heure chez l'adolescent. La vitesse de perfusion doit être modulée selon l'évolution de l'état de conscience. Les principaux effets secondaires sont l'anxiété, les nausées et les vomissements ;

e) Les moyens d'épuration rénale ou extrarénale sont inefficaces ;

f) Il n'y a aucun paramètre spécifique à surveiller ;

g) Traitement de soutien.

XII. Camphre

1) Sources : huile camphrée, etc.

2) Dose potentiellement fatale chez l'enfant : 1 g (dose unique).

3) Manifestations cliniques : surtout convulsions qui surviennent très peu de temps (5 à 30 minutes) après l'ingestion. Autres symptômes : nausées, vomissements, coma.

4) Traitement :

a) Évacuation gastrique : ne pas faire vomir ; effectuer un lavage gastrique seulement si l'enfant n'a pas encore convulsé ;

b) L'efficacité du charbon de bois activé est inconnue ;

c) La détermination du taux sérique n'est pas utile ;

d) Il n'y a pas d'antidote ;

e) La diurèse forcée est inefficace ; l'hémodialyse est théoriquement utile, mais est rarement réalisée car les symptômes sont de courte durée ;

f) Il n'y a aucun paramètre spécifique à surveiller ;

g) Traitement de soutien. Les convulsions sont traitées de la façon habituelle (voir Convulsions et état de mal convulsif).

XIII. Carbamazépine

1) Sources : anticonvulsivant.

2) Dose toxique : cinq fois la dose thérapeutique (dose unique).

3) Manifestations cliniques : elles sont surtout neurologiques : agitation, ataxie, coma parfois intermittent, hallucinations, hyper- ou hyporéflexie, mydriase, nystagmus, somnolence. Il peut aussi y avoir de la tachycardie, de l'hypotension artérielle et, plus rarement, des arythmies.

4) Traitement:

a) Évacuation gastrique si l'ingestion remonte à moins de deux heures;

b) Administration de charbon de bois activé; continuer à donner 1 g/kg/dose toutes les 4 heures jusqu'à ce que les fonctions vitales soient normalisées;

c) La détermination du taux sérique permet de confirmer la gravité de l'intoxication; une concentration supérieure à 51 µmol/L (50 µg/mL) est considérée comme toxique;

d) Il n'y a pas d'antidote;

e) La diurèse forcée ainsi que les méthodes d'épuration extrarénale sont inefficaces;

f) Il est inutile de mesurer le taux sérique plus de deux fois;

g) Traitement de soutien.

XIV. Corrosifs

1) Sources: acides forts (chlorhydrique, nitrique, phosphorique, sulfurique, etc.) et bases fortes (comprimés Clinitest, hydroxydes de potassium et de sodium, etc.). L'eau de Javel pour utilisation domestique n'est pas corrosive, sauf les formes concentrées.

2) Toxicité: ces substances causent une brûlure de la bouche, de l'œsophage et de l'estomac et parfois des voies respiratoires supérieures; les lésions œsophagiennes et pyloriques peuvent se compliquer de sténose.

3) Manifestations cliniques: il peut y avoir des brûlures cutanées ou buccales. Des lésions œsophagiennes peuvent exister en l'absence de brûlures de la bouche; lorsque l'œsophage est atteint, le patient présente souvent de la dysphagie, de l'hypersalivation et des douleurs thoraciques. Une médiastinite peut résulter d'une perforation œsophagienne. Une obstruction des voies respiratoires supérieures peut survenir. À long terme, il y a un risque accru de cancer de l'œsophage.

4) Traitement:

a) Faire boire immédiatement une petite quantité d'eau ou de lait;

b) Ne pas faire vomir et ne pas effectuer de lavage gastrique;

c) Pratiquer une œsophagoscopie le plus tôt possible pour faire le bilan des lésions; en raison du risque de perforation, il ne faut pas faire descendre l'œsophagoscope au-delà de la première brûlure;

d) S'il y a des brûlures superficielles (simple érythème), il n'y a pas de risque de sténose; aucun traitement et aucun suivi ne sont nécessaires;

e) S'il y a des lésions plus profondes, caractérisées par des ulcérations, l'enfant doit être observé à l'hôpital pendant 24 à 48 heures. S'il n'est pas capable d'avaler, un soluté est installé. On administre des corticostéroïdes pendant trois semaines pour prévenir les sténoses: prednisone: 2 mg/kg/24 heures PO en 2 fois (maximum chez le grand enfant: 50 mg/24 heures) ou, si l'enfant est incapable d'avaler, de l'hydrocortisone: 8 mg/kg/24 heures IV en 4 fois (maximum chez le grand enfant: 200 mg/24 heures). Il persiste un certain doute quant à l'utilité de cette forme de traitement. Environ trois semaines après l'ingestion, on vérifie s'il n'y a pas de sténose, de préférence au moyen d'un transit œsophagien plutôt que par une nouvelle œsophagoscopie. Dans certains centres, on met en place pendant quelques semaines dans l'œsophage un tube de silastic qui prévient la formation de sténoses cicatricielles. Lorsqu'une sténose est établie, on procède à des dilatations. Dans certains cas graves, il faut procéder à un remplacement de l'œsophage au moyen d'un tube gastrique ou d'un segment de côlon. Une antibiothérapie est réservée aux patients qui ont une perforation œsophagienne avec médiastinite. En cas d'obstruction respiratoire, une trachéotomie peut être nécessaire.

XV. Digitale

1) Sources: médicaments servant au traitement de la défaillance cardiaque.

2) Dose toxique: trois à cinq fois la dose thérapeutique (dose unique).

3) Manifestations cliniques: nausées, vomissements, hyperkaliémie (intoxication aiguë) ou hypokaliémie (intoxication chronique), bradycardie, arythmies, bloc auriculoventriculaire du 1e, 2e ou 3e degré; décès par asystolie ou fibrillation ventriculaire. Les signes électrocardiographiques sont un espace QT court, un allongement de l'espace PR, un segment ST en cupule, une onde T biphasique ou inversée, ainsi que diverses arythmies.

4) Traitement:

   a) Évacuation gastrique si l'ingestion remonte à moins d'une à deux heures;

   b) Administration de charbon de bois activé;

   c) La détermination du taux sérique est utile: un taux supérieur à 2,6 nmol/L (2 ng/mL) confirme l'intoxication après la phase de distribution, soit six à huit heures après l'ingestion;

   d) Les anticorps antidigitale sont utilisés avec succès dans les cas graves; ils sont disponibles dans certains centres antipoison;

   e) Suivre l'évolution du taux sérique jusqu'à ce qu'il descende sous le seuil toxique;

   f) La diurèse forcée et les moyens d'épuration extrarénale sont inefficaces;

   g) Traitement de soutien. Traitement habituel de l'hyperkaliémie (voir Insuffisance rénale aiguë) et des arythmies: atropine, phénytoïne, lidocaïne, cardiostimulateur (voir Arythmies cardiaques);

   N.B.: S'il s'agit d'une intoxication chronique, interrompre le traitement pendant 24 à 48 heures, puis le reprendre avec une posologie moindre.

XVI. Engrais

Les engrais pour les plantes contiennent de l'azote, du phosphore et du potassium; ils ne sont habituellement pas toxiques. Lorsqu'il y a des symptômes, il s'agit d'une irritation des muqueuses, de nausées et de vomissements. L'évacuation gastrique n'est indiquée que si l'enfant a ingéré une grande quantité, ce qui est rare. L'utilité du charbon de bois activé est inconnue. Le recours à la diurèse forcée ou aux moyens d'épuration extrarénale n'est pas recommandé. Une méthémoglobinémie survient parfois; si la méthémoglobine est supérieure à 30 % ou s'il y a une cyanose importante, le traitement consiste à administrer du bleu de méthylène à 1 % à raison de 0,1 mL/kg/dose IV (maximum chez le grand enfant: 5 mL).

XVII. Éthylène-glycol

1) Sources: antigel pour les radiateurs d'automobiles.

2) Dose fatale: 2 mL/kg (dose unique).

3) Manifestations cliniques: elles sont multiples et se développent graduellement pendant une période de 72 heures: nausées, vomissements, hématémèses, ataxie, nystagmus, altération de l'état de conscience, convulsions, paralysies oculaires, hyporéflexie, coma, polypnée, cyanose, œdème pulmonaire, tachycardie, défaillance cardiaque, douleur au niveau de l'angle costovertébral, oligurie ou anurie (nécrose tubulaire aiguë), acidose métabolique grave avec trou anionique important, hyperosmolarité plasmatique, hyperleucocytose extrême, hypocalcémie, apparition de cristaux d'oxalate dans les urines.

4) Traitement:
   a) Évacuation gastrique si l'ingestion remonte à moins d'une à deux heures;
   b) Le charbon de bois activé n'est pas utile;
   c) Le dosage sérique permet de confirmer l'intoxication: une concentration supérieure à 3,2 mmol/L (20 mg/dL) est probablement toxique;
   d) L'antidote est l'éthanol, administré selon la même posologie que dans le cas d'une intoxication par le méthanol (voir plus haut). Il est indiqué si le taux sérique est supérieur à 3,2 mmol/L (20 mg/dL), ou s'il y a une acidose métabolique;
   e) Si le premier taux sérique est dans la zone toxique, suivre son évolution jusqu'à ce qu'il s'abaisse sous le seuil de 3 mmol/L;
   f) La diurèse forcée est inefficace. L'hémodialyse est indiquée si le taux sérique est supérieur à 8 mmol/L (50 mg/dL), s'il y a une acidose métabolique importante ou si les fonctions vitales sont compromises;
   g) Traitement de soutien. L'oligurie ou l'anurie est réversible, mais la récupération peut prendre jusqu'à deux semaines. Traitement de l'acidose métabolique: voir Déséquilibres hydriques, électrolytiques et acidobasiques. Traitement de l'hypocalcémie: voir Hypocalcémie et hypercalcémie.

XVIII. Fer

1) Sources: préparations pour le traitement de l'anémie; le fer élément représente 12 % du gluconate ferreux, 20 % du sulfate ferreux et 33 % du fumarate ferreux.

2) Dose toxique: 20 mg/kg de fer élément (dose unique).

3) Manifestations cliniques: elles peuvent apparaître tardivement: nausées, vomissements, douleurs abdominales, diarrhée, atteinte hépatique et rénale, méléna, rectorragies, léthargie, coma, acidose métabolique, hypotension artérielle, choc, hyperleucocytose, hyperglycémie, coagulopathie.

4) Traitement:

   a) Évacuation gastrique si l'ingestion remonte à moins d'une à deux heures;

   b) Le charbon de bois activé n'est pas utile. Faire un lavage intestinal;

   c) Le dosage sérique permet de confirmer le niveau de gravité de l'intoxication:

   – < 22,3 μmol/L (125 μg/dL): pas de symptômes;

   – 22,4 à 53,7 μmol/L (125 à 300 μg/dL): possibilité de nausées, de vomissements et de méléna;

   – 53,7 à 89,5 μmol/L (300 à 500 μg/dL): douleurs abdominales, vomissements, rectorragies, léthargie;

   – 89,5 à 134,5 μmol/L (500 à 750 μg/dL): hypotension artérielle;

   – > 134, μmol/L (750 μg/dL): choc, acidose métabolique, coma, coagulopathie.

   D'autres éléments paracliniques méritent d'être vérifiés: s'il y a une hyperleucocytose supérieure à 15×10^9/L et une glycémie supérieure à 8,3 mmol/L, le fer sérique dépasse habituellement 53,7 μmol/L (300 μg/dL); une acidose métabolique et une élévation des transaminases représentent aussi des indices de gravité. La radiographie simple de l'abdomen peut montrer des comprimés dans l'estomac ou l'intestin;

   d) La déféroxamine agit comme agent chélateur du fer; son administration est recommandée chez les patients qui présentent plus que des malaises digestifs et dont le fer sérique dépasse 53,7 μmol/L (300 μg/dL). La dose d'attaque est de 50 mg/kg IM (maximum chez le grand enfant: 1 g); si, au cours des deux heures qui suivent, l'urine prend une coloration rosée, le traitement doit être poursuivi à raison de 50 mg/kg IM toutes les 4 heures. Dans les cas graves (coma, choc, etc.), la déféroxamine peut être utilisée en perfusion intraveineuse continue, à raison de 10 à 15 mg/kg/heure; le traitement chélateur est interrompu lorsque les symptômes disparaissent, lorsque le fer sérique se normalise et lorsque la coloration de l'urine s'est normalisée depuis six heures;

e) Il faut suivre l'évolution du fer sérique, de l'équilibre acidobasique, de la glycémie, des transaminases, de l'urée et de la créatinine;

f) La diurèse forcée et les moyens d'épuration extrarénale sont inefficaces;

g) Traitement de soutien. Traitement de l'acidose métabolique: voir Déséquilibres hydriques, électrolytiques et acidobasiques. Traitement du choc: voir Choc hypovolémique.

XIX. Fluor

1) Sources: préparations pour la prévention de la carie dentaire; certains insecticides.

2) Dose toxique: 5 à 6 mg/kg de fluor élément (dose unique).

3) Manifestations cliniques: hypersalivation, nausées, vomissements, diarrhée, douleurs abdominales, hypotension artérielle, arythmies cardiaques, dépression respiratoire, tremblements, faiblesse musculaire, tétanie, convulsions, hypocalcémie, hypokaliémie, hypomagnésémie, atteinte hépatique et rénale.

4) Traitement:

a) Évacuation gastrique si l'ingestion remonte à moins de deux heures;

b) L'efficacité du charbon de bois activé n'est pas établie. Faire un lavage intestinal;

c) Le dosage sérique n'est pas utilisé;

d) Il n'y a pas d'antidote;

e) Il faut suivre l'évolution de la calcémie, de la kaliémie, de la magnésémie, ainsi que des fonctions hépatique et rénale;

f) La diurèse forcée et les méthodes d'épuration extrarénale sont inefficaces;

g) Traitement de soutien. L'hypocalcémie est traitée de la façon habituelle (voir Hypocalcémie et hypercalcémie).

XX. Hydrocarbures

1) Sources:

a) Hydrocarbures aliphatiques: essence, kérosène, solvants pour la peinture, etc.;

b) Hydrocarbures aromatiques: benzène, toluène, xylène, etc.;

c) Hydrocarbures halogénés: tétrachlorure de carbone, etc.

2) Toxicité: les hydrocarbures aliphatiques ont surtout une toxicité locale lorsqu'ils sont inhalés dans les bronches; les hydrocarbures aromatiques et halogénés ont surtout une toxicité générale.

3) Manifestations cliniques: avec les hydrocarbures aliphatiques, le problème principal est la pneumonie chimique. Elle se caractérise par de la toux, de la dyspnée, de la polypnée, du tirage, des râles, de la fièvre,

une hyperleucocytose et des infiltrats radiologiques qui peuvent prendre une douzaine d'heures pour apparaître. L'ingestion d'une grande quantité d'hydrocarbures aliphatiques peut aussi causer une atteinte du système nerveux central avec des convulsions et une altération de l'état de conscience pouvant aller jusqu'au coma. Les hydrocarbures aromatiques et halogénés peuvent surtout être responsables d'une atteinte hépatique.

4) Traitement:

a) S'il s'agit d'un hydrocarbure halogéné ou aromatique, faire vomir si l'ingestion date de moins d'une à deux heures. S'il s'agit d'un hydrocarbure aliphatique, ne pas faire vomir;

b) Le charbon de bois activé est inefficace;

c) Le dosage sérique est sans intérêt;

d) Il n'y a pas d'antidote;

e) Il n'y a aucun paramètre paraclinique spécifique à surveiller;

f) La diurèse forcée et les méthodes d'épuration extrarénale sont inefficaces;

g) Traitement de soutien de la pneumonie chimique: administration d'oxygène et surveillance des gaz sanguins. L'administration de corticostéroïdes est inutile; une antibiothérapie n'est indiquée que dans les rares cas où il y a une surinfection bactérienne secondaire (voir Pneumonies).

XXI. Insecticides organophosphorés du type carbamates

1) Sources: nombreux insecticides comme le malathion, le parathion, etc.

2) Dose fatale: elle varie largement selon la substance.

3) Manifestations cliniques:

a) Nicotiniques: fasciculations musculaires, incoordination, paralysie;

b) Muscariniques: myosis, troubles visuels, convulsions, coma, diarrhée, douleurs abdominales, hypersalivation et hypersécrétion bronchique, œdème pulmonaire, bradycardie, choc, arrêt cardiorespiratoire.

4) Traitement:

a) Évacuation gastrique si l'ingestion remonte à moins d'une à deux heures;

b) Administration de charbon de bois activé;

c) Le dosage sérique est sans intérêt;

d) Les antidotes sont:

– L'atropine, indiquée si l'hypersécrétion bronchique cause des difficultés respiratoires ou s'il y a une bradycardie avec répercussions hémodynamiques. La posologie est de 0,1 mg/kg/dose IV (maximum chez l'adolescent: 5 mg/dose); cette dose doit être répétée toutes les 5 à 10 minutes jusqu'à ce que des signes d'atropinisation apparaissent;

– La pralidoxime, indiquée s'il y a des fasciculations musculaires, de la faiblesse ou une paralysie. La posologie est de 25 à 50 mg/kg/dose IV en 20 à 30 minutes (maximum chez le grand enfant : 1 g) ; cette dose peut être répétée au besoin 30 minutes plus tard, puis toutes les 4 à 12 heures si des signes nicotiniques persistent ;

e) Il n'y a aucun paramètre paraclinique spécifique à surveiller ;

f) La diurèse forcée et les méthodes d'épuration extrarénale sont inefficaces ;

g) Traitement de soutien.

XXII. Insecticides organochlorés

1) Sources : nombreux insecticides comme le chlordane, le DDT, le lindane, etc.

2) Dose fatale : varie selon les substances.

3) Manifestations cliniques : nausées, vomissements, anxiété, confusion, coma, paresthésies, fasciculations musculaires, convulsions, arrêt cardiorespiratoire.

4) Traitement :
   a) Évacuation gastrique si l'ingestion remonte à moins de deux heures ;
   b) Administration de charbon de bois activé ;
   c) Le dosage sérique est sans intérêt ;
   d) Il n'y a pas d'antidote ;
   e) Il n'y a aucun paramètre paraclinique spécifique à surveiller ;
   f) La diurèse forcée et les méthodes d'épuration extrarénale sont inefficaces ;
   g) Traitement de soutien.

XXIII. Isoniazide

1) Sources : médicament utilisé pour le traitement de la tuberculose.

2) Dose toxique : plus de 40 mg/kg (dose unique).

3) Manifestations cliniques : les convulsions et l'acidose métabolique sont les problèmes principaux. Autres manifestations : diarrhée, nausées, vomissements, fièvre, céphalées, paresthésies, coma, arythmies cardiaques, hypotension artérielle, atteinte hépatique, atteinte rénale, hyperglycémie, hyperkaliémie.

4) Traitement :
   a) Évacuation gastrique si l'ingestion remonte à moins d'une à deux heures ;
   b) Administration de charbon de bois activé ;
   c) Le dosage sérique est sans intérêt ;
   d) L'antidote est la pyridoxine ou vitamine B_6. La posologie est de 1 g IV par g d'isoniazide ingéré. Si la dose ingérée est inconnue, donner 5 g IV toutes les 5 minutes jusqu'à l'arrêt des convulsions ;

e) Paramètres paracliniques à surveiller : équilibre acidobasique, kaliémie, glycémie et, dans les cas graves, épreuves de fonction hépatique et rénale ;

f) L'efficacité de la diurèse forcée est inconnue. La dialyse péritonéale est inefficace. L'hémodialyse ou l'hémoperfusion est indiquée si les fonctions vitales sont compromises ;

g) Traitement de soutien.

XXIV. Lithium

1) Sources : médicament utilisé pour le traitement de la psychose maniaco-dépressive.

2) Dose toxique : elle est voisine de 100 mg/kg (dose unique).

3) Les manifestations cliniques peuvent survenir jusqu'à six heures après l'ingestion : ataxie, confusion, somnolence, coma, hyperréflexie, trémulations, fasciculations, convulsions, goût métallique dans la bouche, diarrhée, nausées, vomissements, arythmies cardiaques, hypotension artérielle, polydipsie, polyurie, nécrose tubulaire aiguë.

4) Traitement :

a) Évacuation gastrique si l'ingestion remonte à moins de deux heures ;

b) Le charbon de bois activé n'est pas indiqué. Le lavage intestinal est utile ;

c) Le dosage sérique effectué six à huit heures après l'ingestion permet de confirmer la gravité de l'intoxication :

– 0,4 à 1,5 mmol/L : absence de symptômes ;

– 1,5 à 2,5 mmol/L : intoxication légère ;

– 2,5 à 3,5 mmol/L : intoxication modérée ;

– plus de 3,5 mmol/L : intoxication grave.

d) Il n'y a pas d'antidote spécifique ;

e) Paramètres paracliniques à surveiller : taux sérique du lithium (jusqu'à ce qu'il descende sous le seuil toxique), équilibre acidobasique, kaliémie, glycémie et, dans les cas graves, épreuves de fonction hépatique et rénale ;

f) L'efficacité de la diurèse forcée est inconnue. La dialyse péritonéale est inefficace. L'hémodialyse ou l'hémoperfusion est indiquée si les fonctions vitales sont compromises ou si le taux sérique dépasse 4 à 5 mmol/L ;

g) Traitement de soutien. Il est important d'éviter l'hyponatrémie car elle favorise la réabsorption tubulaire du lithium.

XXV. Naphtalène

1) Sources : antimites, désodorisants.

2) Dose toxique : 2 à 15 g selon l'âge.

3) Manifestations cliniques : la principale est l'hémolyse aiguë avec anémie, ictère et hémoglobinurie, particulièrement grave chez les enfants

déficients en glucose-6-phosphate-déshydrogénase. Autres manifestations: céphalées, somnolence, convulsions, coma, diarrhée, nausées, vomissements, douleurs abdominales, oligurie.

4) Traitement:

   a) Évacuation gastrique si l'ingestion remonte à moins de deux heures;

   b) L'efficacité du charbon de bois activé n'est pas connue;

   c) La détermination du taux sérique n'est pas utile;

   d) Il n'y a pas d'antidote spécifique;

   e) Paramètres paracliniques à surveiller: hémoglobine, bilirubine, épreuves de fonction rénale;

   f) La diurèse forcée n'est indiquée que s'il y a une hémolyse importante avec hémoglobinurie. L'utilité de la dialyse péritonéale, de l'hémodialyse et de l'hémoperfusion n'est pas connue;

   g) Traitement de soutien. Une transfusion de culot globulaire est indiquée en cas d'anémie importante.

XXVI. Oxyde de carbone

1) Sources: le monoxyde de carbone est produit lors de la combustion incomplète de divers combustibles. Les intoxications sont surtout causées par des appareils de chauffage défectueux et les gaz d'échappement des automobiles.

2) Toxicité: par inhalation dans un espace clos où il y a une source de monoxyde de carbone.

3) Manifestations cliniques: céphalées, faiblesse, somnolence, syncope, troubles visuels, convulsions, coma, nausées, vomissements, tachycardie, dépression myocardique, hypotension artérielle, dépression respiratoire, acidose métabolique, coloration rouge cerise de la peau.

4) Traitement:

   a) L'évacuation gastrique n'est pas indiquée;

   b) Le charbon de bois activé n'est pas indiqué;

   c) Sauf si le patient a déjà reçu de l'oxygène, le dosage de la carboxyhémoglobine donne une indication quant à la gravité de l'intoxication:

   – 0 à 10 %: absence de symptômes;

   – 10 à 20 %: céphalées;

   – 20 à 30 %: céphalées, nausées, vomissements;

   – 30 à 40 %: faiblesse, troubles visuels;

   – 40 à 50 %: confusion, syncope, tachycardie, tachypnée;

   – 50 à 60 %: somnolence, convulsions;

   – plus de 60 %: coma, dépression myocardique et respiratoire, décès;

d) L'antidote spécifique est l'oxygène : il faut immédiatement faire respirer de l'oxygène à 100 %. Le traitement de choix est l'oxygénation hyperbare qui n'est pas facilement accessible partout. Elle est indiquée s'il y a eu une perte de conscience, s'il y a des symptômes neurologiques autres que les céphalées, s'il s'agit d'une femme enceinte ou si le taux de carboxyhémoglobine est égal ou supérieur à 30 % ;

e) Paramètres paracliniques à surveiller : taux de carboxyhémoglobine, PaO_2, équilibre acidobasique ;

f) Les techniques d'épuration extrarénale sont inefficaces ;

g) Traitement de soutien.

XXVII. Phénothiazines

1) Sources : antiémétiques et médicaments servant au traitement des psychoses.

2) Dose toxique : cinq fois la dose thérapeutique (dose unique).

3) Manifestations cliniques : les principales sont le coma et l'hypotension artérielle ; les autres sont le syndrome extrapyramidal (rigidité, phénomène de la roue dentée, postures bizarres, etc.), la somnolence, l'ataxie, les hallucinations, le coma, la fièvre ou l'hypothermie, les convulsions, les nausées, la constipation, la dépression respiratoire, la tachycardie, l'hypotension artérielle et les arythmies cardiaques.

4) Traitement :

a) Évacuation gastrique si l'ingestion remonte à moins d'une à deux heures ;

b) Administration de charbon de bois activé ;

c) La détermination du taux sérique n'est pas utile ;

d) Antidotes :

– La diphenhydramine est indiquée s'il y a des signes extrapyramidaux. Posologie : dose d'attaque : 1 mg/kg/dose PO, IV ou IM (maximum chez le grand enfant : 50 mg/dose). Dose d'entretien : 5 mg/kg/24 heures PO en 4 fois pendant 48 heures (maximum chez l'adolescent : 200 mg/24 heures). La diphenhydramine pour usage parentéral n'est pas disponible en France : on y utilise le trihexyphénidyle : 0,08 à 0,3 mg/kg/ 24 heures PO ou IM en 4 fois (maximum chez le grand enfant : 15 mg/24 heures) ;

– La physostigmine peut être utile s'il y a des hallucinations importantes (voir antidépresseurs tricycliques) ;

e) Il n'y a aucun paramètre paraclinique à surveiller ;

f) Les méthodes d'épuration extrarénale et la diurèse forcée sont inefficaces ;

g) Traitement de soutien.

XXVIII. Phénytoïne

1) Sources : médicament utilisé pour le traitement des convulsions et des arythmies cardiaques.

2) Dose toxique : cinq fois la dose thérapeutique (dose unique).

3) Manifestations cliniques : nausées, vomissements, ataxie, nystagmus, diplopie, somnolence, coma, convulsions. L'injection intraveineuse trop rapide (plus de 50 mg/minute) peut causer une hypotension artérielle et un arrêt cardiaque.

4) Traitement :

   a) Évacuation gastrique si l'ingestion remonte à moins d'une à deux heures ;

   b) Administration de charbon de bois activé ;

   c) La détermination du taux sérique peut confirmer le diagnostic ;

   d) Il n'y a pas d'antidote spécifique ;

   e) Paramètres paracliniques à surveiller : aucun ;

   f) Les méthodes d'épuration extrarénale et la diurèse forcée sont inefficaces ;

   g) Traitement de soutien.

XXIX. Propranolol

1) Sources : bêta-bloqueur utilisé notamment pour le traitement de l'hypertension artérielle, des arythmies cardiaques et de la migraine.

2) Dose toxique : trois fois la dose thérapeutique (dose unique).

3) Manifestations cliniques : nausées, vomissements, diarrhée, céphalées, somnolence, hallucinations, convulsions, bronchospasme, bradycardie, asystolie, hypotension artérielle, hypoglycémie.

4) Traitement :

   a) Évacuation gastrique si l'ingestion remonte à moins d'une à deux heures ;

   b) Administration de charbon de bois activé ;

   c) La détermination du taux sérique n'est pas utile ;

   d) Il n'y a pas d'antidote spécifique ;

   e) Paramètre paraclinique à surveiller : glycémie ;

   f) Les méthodes d'épuration extrarénale et la diurèse forcée sont inefficaces ;

   g) Traitement de soutien. En cas de bradycardie avec symptômes, donner de l'atropine (0,01 mg/kg/dose IV; maximum chez le grand enfant : 0,4 mg) et du glucagon (0,15 mg/kg/dose IV; maximum chez le grand enfant : 10 mg). La mise en place par voie veineuse d'un cardiostimulateur est parfois indiquée. En cas d'hypotension artérielle, donner des liquides et, au besoin, des amines vasoactives comme la dopamine ou la noradrénaline (voir Choc anaphylactique). Les convulsions peuvent être traitées au diazépam, au phénobarbital ou à la phénytoïne (voir Convulsions et état de mal convulsif). S'il y a une hypoglycémie : voir Hypoglycémie.

XXX. Sédatifs et hypnotiques non barbituriques

1) Sources : diverses substances comme l'etchlorvynol, le glutéthimide, l'hydrate de chloral, le méprobamate, la méthaqualone et la méthyprylone.

2) Dose toxique : environ cinq fois la dose thérapeutique (dose unique).

3) Manifestations cliniques : ces substances peuvent provoquer différents symptômes, parmi lesquels une altération de l'état de conscience, des convulsions, une dépression respiratoire, un œdème pulmonaire et une hypotension artérielle.

4) Traitement :

   a) Évacuation gastrique si l'ingestion remonte à moins d'une à deux heures ;

   b) Administration de charbon de bois activé ; dans le cas du glutéthimide, qui a un cycle entéro-hépatique, répéter l'administration du charbon de bois toutes les quatre heures jusqu'à la disparition des symptômes ;

   c) La détermination du taux sérique n'est pas utile ;

   d) Il n'y a pas d'antidote spécifique ;

   e) Paramètre paraclinique à surveiller : glycémie ;

   f) Les méthodes d'épuration extrarénale sont peu efficaces ;

   g) Traitement de soutien : en cas d'hypotension artérielle, donner des liquides et, au besoin, des amines vaso-actives comme l'isoprénaline ou la dopamine (voir Choc anaphylactique). Les convulsions peuvent être traitées au diazépam, au phénobarbital ou à la phénytoïne (voir Convulsions et état de mal convulsif).

XXXI. Sympathicomimétiques

1) Sources : substances comme l'adrénaline, l'isoprénaline, l'orciprénaline, la phénylpropanolamine, le salbutamol et la terbutaline, utilisées notamment comme bronchodilatateurs, décongestionnants et anorexigènes.

2) Dose toxique : environ cinq fois la dose thérapeutique.

3) Manifestations cliniques : les principales sont la tachycardie et les tachy-arythmies, ainsi que l'hypertension artérielle. Les autres manifestations possibles sont les nausées, les vomissements, la diarrhée, l'hypotension artérielle, l'anxiété, l'agitation, l'hyperréflexie, les hallucinations, les convulsions, le coma, la fièvre, l'insuffisance rénale aiguë et, dans le cas de la phénylpropanolamine, la rhabdomyolyse.

4) Traitement :

   a) Évacuation gastrique si l'ingestion remonte à moins d'une à deux heures ;

   b) Administration de charbon de bois activé ;

c) La détermination du taux sérique n'est pas utile;

d) Il n'y a pas d'antidote spécifique;

e) Paramètres paracliniques à surveiller: créatine kinase et myoglobinurie dans le cas d'une intoxication par la phénylpropanolamine;

f) Les méthodes d'épuration extrarénale sont inefficaces;

g) Traitement de soutien: en cas d'hypertension artérielle grave, donner de la phentolamine (0,1 mg/kg/dose IV; maximum chez le grand enfant: 5 mg/dose). Les convulsions peuvent être traitées au diazépam, au phénobarbital ou à la phénytoïne (voir Convulsions et état de mal convulsif). Les tachy-arythmies peuvent être traitées au propranolol (0,02 mg/kg/dose IV toutes les 5 à 10 minutes; maximum cumulatif: 0,15 mg/kg).

XXXII. Théophylline

1) Sources: nombreuses préparations bronchodilatatrices.

2) La dose toxique est de l'ordre de trois fois la dose thérapeutique, mais la toxicité varie selon l'âge, l'état de santé et la prise simultanée d'autres médicaments; elle diffère aussi d'un individu à l'autre.

3) Manifestations cliniques: agitation, convulsions, coma, nausées, vomissements, hématémèse, déshydratation, tachycardie supraventriculaire, arythmies ventriculaires, hypotension artérielle, hyperglycémie.

4) Traitement:

a) Évacuation gastrique si l'ingestion remonte à moins d'une à deux heures;

b) Administration de charbon de bois activé, à poursuivre toutes les quatre heures jusqu'au moment où la théophyllinémie s'abaisse sous le seuil de 165 μmol/L (30 μg/mL) et où les symptômes disparaissent;

c) La détermination du taux sérique est utile pour confirmer le diagnostic et la gravité de l'intoxication, et pour guider le traitement;

d) Il n'y a pas d'antidote spécifique;

e) Paramètres paracliniques à surveiller: aucun à part la théophyllinémie;

f) Méthodes d'épuration extrarénale: une hémodialyse ou une hémoperfusion est indiquée s'il y a des arythmies cardiaques ou des convulsions réfractaires, et si la théophyllinémie est supérieure à 555 μmol/L (100 μg/mL). En cas d'intoxication cumulative, ce type de traitement peut être indiqué en présence d'un taux sérique plus bas;

g) Traitement de soutien: les arythmies cardiaques sont traitées au propranolol (0,02 mg/kg/dose IV toutes les 5 à 10 minutes; maximum cumulatif: 0,1 mg/kg). Les convulsions sont traitées au diazépam ou au phénobarbital (voir Convulsions et état de mal convulsif). Si elles sont réfractaires et durent plus de 20 à 30 minutes, donner du thiopental à raison de 3 à 5 mg/kg IV comme dose d'attaque, puis 2 à 4 mg/kg/heure en perfusion intraveineuse. L'hyperglycémie ne requiert pas de traitement à l'insuline.

XXXIII. Thyroxine

1) Sources : médicaments servant au traitement de l'hypothyroïdie.

2) La dose toxique est très élevée : des problèmes cliniques importants surviennent rarement après l'ingestion d'une dose unique, mais plutôt à la suite d'un surdosage chronique.

3) Manifestations cliniques : elles sont similaires à celles de l'hyperthyroïdie : agitation, anxiété, céphalées, trémulations, convulsions, coma, nausées, vomissements, diarrhée, tachycardie, arythmies cardiaques, hypertension artérielle, mydriase, fièvre.

4) Traitement :

   a) Évacuation gastrique si l'ingestion remonte à moins d'une à deux heures ;

   b) Administration de charbon de bois activé ;

   c) La détermination du T_3 et du T_4 sériques est utile pour confirmer l'intoxication ;

   d) Il n'y a pas d'antidote spécifique ;

   e) Paramètre paraclinique à surveiller : aucun ;

   f) Les méthodes d'épuration extrarénale sont inefficaces ;

   g) Traitement de soutien : s'il y a des symptômes d'hyperthyroïdie, le propranolol est utile. La fièvre peut être combattue par refroidissement de surface ; les antipyrétiques sont inefficaces.

XXXIV. Vitamines

Une dose unique de vitamine B, C, D ou K ne cause habituellement aucun problème. Par contre, l'ingestion de plus de 200 000 UI de vitamine A peut causer une hypertension intracrânienne, surtout chez le nourrisson.

XXXV. Warfarine

1) Sources : diverses substances utilisées comme anticoagulants ou pour tuer les rongeurs.

2) Dose toxique : l'ingestion d'une dose unique cause rarement des problèmes cliniques importants.

3) Manifestations cliniques : diathèse hémorragique.

4) Traitement :

   a) Évacuation gastrique si l'ingestion d'une dose élevée remonte à moins d'une à deux heures ;

   b) Administration de charbon de bois activé si la dose ingérée est élevée ;

c) La détermination du temps ou du taux de prothrombine est utile si la dose ingérée est élevée;

d) Antidote: donner 1 à 5 mg de vitamine K SC ou PO s'il y a une diathèse hémorragique;

e) Paramètre paraclinique à surveiller: aucun, mis à part le temps ou le taux de prothrombine;

f) Les méthodes d'épuration extrarénale sont inefficaces;

g) Traitement de soutien. Transfuser au besoin.

Prévention

Lors de chaque visite de routine, il est prudent de recommander aux parents de garder sous clé les médicaments et les produits d'entretien, et de ne conserver à la maison aucune substance devenue inutile. Il faut faire particulièrement attention pendant le week-end et les vacances, à l'occasion d'un déménagement et lors d'une période de stress comme une maladie ou un décès. Les médicaments inutiles ne devraient pas être prescrits (exemple: antihistaminiques et décongestionnants en cas d'infection des voies respiratoires). Les médicaments utiles ne devraient être dispensés qu'en petites quantités à la fois. Tous les médicaments et autres produits dangereux devraient être vendus dans des emballages de sûreté dont l'étiquette indique clairement le type de danger, la composition exacte et les mesures immédiates à prendre en cas d'ingestion accidentelle. Le numéro de téléphone du centre antipoison devrait être mis bien en évidence dans les maisons. Certains sont d'avis que chaque famille devrait posséder une dose de sirop d'ipéca.

Lectures suggérées

Berlin CM Jr: Advances in pediatric pharmacology and toxicology. Adv Pediatr 1991; 38: 389-413.

Bismuth C, et al.: Toxicologie clinique. Flammarion, Paris, 4ᶜ éd., 1987.

Ellenhor MJ, Barceloux DG: Medical toxicology. Elsevier, New York, 1988.

Fine JS, Goldfrank LR: Update in medical toxicology. Pediatr Clin North Am 1992; 39: 1031-1051.

Gaudreault P: Toxicologie d'urgence. Edisem, Saint-Hyacinthe, Québec, 1988.

Haddad LM, Winchester JF: Poisoning and drug overdose. WB Saunders, Philadelphia, 2nd ed., 1990.

Jaimovich DG: Transport management of the patient with acute poisoning. Pediatr Clin North Am 1993; 40: 407-430.

Kulig K: Initial management of ingestions of toxic substances. N Engl J Med 1992; 326: 1677-1681.

Litovitz T, Manoguerra A: Comparison of pediatric poisoning hazards: an analysis of 3,8 million exposure incidents. A report of the American Association of Poison Control Centers. Pediatrics 1992; 89: 999-1006.

Lovejoy FH, Shannon M, Woolf AD: Recent advances in clinical toxicology. Curr Probl Pediatr 1992; 22: 119-129.

Olson KR, Becker CE, Benowitz, NL, et al.: Poisoning and drug overdose. Appleton & Lange, Norwalk, Connecticut, 1990.

Peterson RG, Peterson LN: Cleansing the blood: hemodialysis, peritoneal dialysis, exchange transfusion, charcoal hemoperfusion, forced diuresis. Pediatr Clin North Am 1986; 33: 675-689.

Rodgers GC Jr, Matyunas NJ: Gastrointestinal decontamination for acute poisoning. Pediatr Clin North Am 1986; 33: 261-285.

Wiley JF: Difficult diagnoses in toxicology. Poisons not detected by the comprehensive drug screen. Pediatr Clin North Am 1991; 38: 725-737.

Woolf AD: Poisoning in children and infants. Pediatr Rev 1993; 14: 411-422.

Invagination intestinale 139

Michel Weber, Arié Bensoussan, Jacques Boisvert

Généralités

Lorsqu'un segment d'intestin s'invagine dans un autre, il en résulte des douleurs abdominales intenses et intermittentes ainsi qu'une occlusion intestinale. Une réduction spontanée peut survenir, mais, sans traitement, cette situation risque de conduire à une nécrose ischémique de l'intestin, à une perforation, à une péritonite et à un choc rapidement mortel. L'invagination est donc une urgence : tout retard de diagnostic et de traitement peut avoir des conséquences graves.

Plus fréquente chez le garçon, elle est exceptionnelle avant l'âge de trois mois ; environ 75 % des cas surviennent avant l'âge de deux ans. Chez l'enfant de moins de quatre ans, 90 % des cas sont idiopathiques et 10 % des cas résultent d'une lésion organique comme un diverticule de Meckel, une duplication intestinale, un hématome, un polype, une tumeur, etc. Après l'âge de quatre à cinq ans, on retrouve une cause anatomique dans la moitié des cas.

La forme la plus fréquente est l'invagination iléocolique ; les formes iléo-iléale, jéjunojéjunale et colocolique sont rares et ont en général une cause anatomique. Une laparotomie récente, un purpura de Schönlein-Henoch et la fibrose kystique favorisent l'invagination au niveau de l'intestin grêle.

Manifestations cliniques

L'apparition subite des douleurs abdominales intenses entrecoupées de moments d'accalmie constitue le mode de présentation typique. Ce diagnostic doit donc être suspecté chez tout enfant qui se met soudainement à pleurer de façon intense et paroxystique. Le tableau clinique évolue comme une occlusion intestinale (voir Occlusions intestinales) ou, lorsqu'il y a une perforation intestinale, comme une péritonite. Lorsqu'elles sont présentes, des rectorragies sont caractéristiques de la maladie : le mucus teinté de sang ressemble à de la gelée de groseilles. Quelques patients se présentent dans un état de léthargie inexpliquée. Occasionnellement, l'invagination intestinale peut se présenter comme une gastro-entérite.

Explorations

L'anamnèse permet le plus souvent de suspecter ce diagnostic.

Dans environ 50 % des cas, la palpation de l'abdomen révèle la présence d'une masse boudinée dans le flanc droit. Si le toucher rectal ramène du sang, le diagnostic ne fait plus de doute. Parfois, le boudin d'invagination peut faire protrusion par l'anus.

Les radiographies simples de l'abdomen peuvent montrer une zone « déshabitée » (dépourvue de gaz) sous le foie, une distension du grêle en amont de l'invagination et, s'il y a une occlusion franche, des niveaux hydro-aériques.

L'échographie abdominale est un bon outil de diagnostic ; sa sensibilité est de 100 %. Elle montre une image « en cocarde ». Elle remplace maintenant le lavement opaque.

L'invagination jéjunojéjunale ou iléo-iléale est souvent manquée, tant par l'échographie que par le transit de l'intestin grêle.

Traitement

Il doit être immédiat.

I. Réduction hydrostatique ou au gaz sous pression

Ces techniques de réduction ne sont efficaces qu'en cas d'invagination colocolique ou iléocolique. Elles ne doivent pas être tentées si les symptômes datent de plus de 48 heures, s'il y a un tableau d'occlusion intestinale franche ou s'il existe des signes de perforation.

Traditionnellement, lors du lavement opaque, on appliquait une pression hydrostatique à l'intérieur du côlon en élevant le réservoir de liquide de contraste à une hauteur maximale de 90 cm au-dessus de la table d'examen. On pouvait effectuer un maximum de trois tentatives. Le succès ne pouvait être affirmé que si on arrivait à opacifier les dernières anses iléales. Le taux de réussite était d'au moins 75 %.

Récemment, il a été démontré que la réduction pouvait se faire avec du CO_2 ou de l'air ; la pression du gaz ne doit pas dépasser 120 mm Hg. L'efficacité de cette technique est d'environ 85 % ; elle est plus rapide, moins douloureuse et ne nécessite pas de prémédication. Elle est aussi moins dangereuse, surtout en cas de perforation. Elle remplace maintenant la réduction hydrostatique. Ces modes de réduction non chirurgicale échouent d'habitude lorsqu'il y a une cause anatomique.

II. Traitement chirurgical

Une réduction chirurgicale est nécessaire dans les situations suivantes :

1) Invagination jéjunojéjunale ou iléo-iléale persistante ;
2) Invagination iléocolique lorsque les symptômes datent de plus de 48 heures, lorsqu'une occlusion intestinale franche est installée ou lorsqu'il y a des indices cliniques ou radiologiques de perforation ;
3) En cas d'échec des tentatives de réduction non chirurgicale.

Lorsqu'il y a une perforation ou une nécrose ischémique de l'intestin, une résection intestinale est nécessaire.

Pronostic

Lorsque le diagnostic et le traitement sont rapides, l'évolution est excellente; le risque de récidive après réduction hydrostatique ou au gaz sous pression est d'environ 5 %; il est identique après réduction chirurgicale.

Lectures suggérées

Tamanaha K, Wimbish K, Talwalkar YB, Ashimine K: Air reduction of intussusception in infants and children. J Pediatr 1987; 111: 733-736.

Verschelden P, Filiatrault D, Garel L, et al.: Intussusception in children: reliability of US diagnosis – A prospective study. Pediatr Radiol 1992; 184: 741-744.

Jumeaux   140

Josée d'Astous, Bernard Boileau

Généralités

L'incidence de la grossesse gémellaire est d'environ 1/80 à 1/90. Elle varie légèrement selon la race; elle est, par exemple, légèrement plus élevée chez les Noirs.

Les deux tiers des jumeaux sont hétérozygotes; ils proviennent de deux ovules. Ce type de grossesse gémellaire est favorisé par un âge maternel avancé, par la parité et par le traitement médical de l'infertilité. On le retrouve plus souvent chez les Noirs. L'autre tiers est constitué de jumeaux monozygotes, issus d'un seul ovule; l'incidence de ce type de grossesse gémellaire est relativement constante et n'est pas influencée par l'âge maternel ni par la race.

L'identification du type de gémellité peut être difficile à la naissance. L'examen du placenta est utile: un placenta monochorionique se retrouve exclusivement chez les jumeaux monozygotes. On retrouve deux placentas chez 30 % des jumeaux monozygotes et chez tous les jumeaux hétérozygotes. La détermination des groupes sanguins et le typage HLA peuvent préciser le type de gémellité.

Complications

1) Obstétricales:

   a) Les symptômes pouvant être observés lors de toute grossesse sont plus fréquents et plus marqués lors des grossesses gémellaires, en raison du taux plus élevé des hormones et du poids plus grand des deux fœtus;

   b) Il y a un risque accru d'anémie maternelle, de prééclampsie, de décollement placentaire, de placenta prævia, d'hydramnios, de prolapsus du cordon, d'entrelacement des cordons et de présentation anormale des fœtus.

2) Néonatales :

    a) 50 à 60 % des jumeaux sont prématurés. Il y a souvent un certain degré de retard de croissance intra-utérine, particulièrement, en cas de transfusion fœto-fœtale, chez le jumeau transfuseur ;

    b) Il y a un risque de transfusion fœto-fœtale (syndrome transfuseur-transfusé). L'un des jumeaux est pléthorique, l'autre anémique et de plus petit poids ;

    c) La mortalité périnatale est environ cinq fois plus élevée chez les jumeaux, et elle est trois fois plus élevée chez les jumeaux monozygotes (26 %) que chez les jumeaux hétérozygotes (9 %). Cette mortalité résulte principalement de la prématurité et de ses complications ; chez les jumeaux monozygotes, elle peut aussi être causée par le syndrome transfuseur-transfusé ;

    d) Même lorsqu'ils naissent à terme, les jumeaux sont plus exposés aux complications néonatales ;

    e) Le jumeau qui naît le second est plus exposé aux complications obstétricales et néonatales.

Anomalies congénitales

Les anomalies congénitales sont deux fois plus fréquentes chez les jumeaux.

Pour les malformations cardiaques congénitales, la concordance est de 25 % chez les jumeaux monozygotes et de 5 % chez les jumeaux hétérozygotes. Pour la fissure palatine, la concordance est de 40 % chez les jumeaux monozygotes et de 5 % chez les hétérozygotes.

Maladies acquises

Dans le cas de l'épilepsie, la concordance est de 85 % chez les jumeaux monozygotes et de 5 % chez les hétérozygotes, alors qu'elle est, chez les monozygotes, de 20 % pour la leucémie lymphoïde aiguë et de 50 % pour le diabète de type I.

Les maladies infectieuses se transmettent facilement d'un jumeau à l'autre et les affectent simultanément dans plus de 90 % des cas. Les parents devraient être informés de cette réalité et du fait qu'il est vain d'isoler les jumeaux l'un de l'autre pour éviter cette transmission.

Problèmes alimentaires

Pendant les premiers mois, on observe fréquemment des problèmes alimentaires résultant de la prématurité et du petit poids de naissance. Les jumeaux boivent lentement et les repas prennent beaucoup de temps. Dans ces circonstances, le rôle du père est particulièrement important.

Afin de mieux organiser le temps, on suggère d'alimenter les jumeaux simultanément, ou l'un immédiatement après l'autre, même si on doit réveiller l'un des deux enfants. On évite ainsi une désynchronisation des soins et des activités et on rend la vie quotidienne plus facile.

Il est bien démontré qu'une mère peut allaiter avec succès les deux jumeaux. La difficulté principale est le temps requis. On peut suggérer d'allaiter simultanément les deux enfants : lorsque le premier réclame la tétée, on réveille l'autre. Une position particulièrement confortable est la suivante : la mère est assise avec des coussins sur les cuisses ; la tête de chaque bébé est placée au niveau d'un sein, et leurs pieds sont orientés vers le dossier du fauteuil. L'alimentation peut aussi être mixte : la mère allaite en alternance un enfant, alors que l'autre reçoit un biberon et vice versa. Si les jumeaux sont nourris artificiellement, ils peuvent aussi boire en même temps, l'un étant dans les bras et l'autre appuyé sur une jambe ou sur un coussin. Il est important d'alterner ces positions à chaque repas pour que les deux enfants aient des contacts similaires avec leur mère.

Quant aux aliments solides, l'utilisation d'un seul bol et d'une seule cuiller pour les deux enfants facilite le travail et ne semble pas augmenter le risque de transmission des infections.

Développement psychomoteur

I. L'individualisation

Une difficulté particulière et majeure de la condition gémellaire réside dans le processus d'individualisation de chaque jumeau : l'établissement de l'identité personnelle nécessite que l'enfant se perçoive comme distinct de sa mère et aussi de son jumeau. Cette seconde individualisation est d'autant plus difficile et complexe à réaliser que la famille, les amis et la société considèrent souvent les jumeaux comme une unité plutôt que comme deux individus distincts ; certains tiennent en effet pour acquis que les jumeaux sont intrinsèquement semblables. L'établissement simultané de deux relations parent-enfant distinctes constitue une charge affective considérable pour la mère et le père.

Outre les attitudes de l'entourage à l'égard des jumeaux, certaines circonstances peuvent contribuer à rendre l'individualisation plus laborieuse :

1) La mère, la famille et les autres personnes qui constituent l'environnement humain des jumeaux peuvent avoir tendance à les laisser fréquemment à eux-mêmes pendant des périodes prolongées parce qu'ils demandent alors moins d'attention ;

2) En raison de sa charge de travail accrue, la mère est moins disponible pour chacun et les interactions mère-enfant sont moins fréquentes ;

3) Lorsque la mère a recours à des aides familiales, plusieurs personnes entrent régulièrement en interaction avec les enfants et l'autre jumeau devient la seule personne permanente.

Dans l'éducation des jumeaux, il faut favoriser l'autonomie de chacun en leur donnant des occasions de se distancer l'un de l'autre et d'établir leurs propres relations interpersonnelles. Ainsi, ils peuvent apprendre à fonctionner et à vivre de façon autonome et éviter de développer un lien de dépendance mutuelle excessive.

Voici quelques-unes des attitudes parentales qui peuvent favoriser l'individualisation des jumeaux :

1) Choisir des noms à consonance différente ;
2) Parler des enfants et s'adresser à eux en utilisant leurs prénoms plutôt que « les jumeaux » ;
3) Prononcer fréquemment le prénom de l'enfant lorsqu'on s'occupe de lui et lorsqu'on le nourrit ;
4) Les habiller de façon différente ;
5) Identifier chaque enfant par des signes distinctifs évidents afin qu'on puisse les distinguer facilement : couleurs particulières, coupes de cheveux différentes, bijoux différents, etc. ;
6) S'adresser à chacun de façon individuelle plutôt qu'aux deux simultanément ;
7) Ménager des périodes séparées d'échanges affectifs et de stimulation entre chaque jumeau et chaque parent ;
8) Créer des occasions de séparation physique des jumeaux (exemple : l'un des parents effectue une sortie avec un seul enfant) ;
9) Si possible, lorsque les premiers mois, particulièrement difficiles, sont passés, donner les soins à chaque enfant selon un horaire différent ;
10) Éviter de laisser les jumeaux s'occuper d'eux-mêmes pendant des périodes prolongées ;
11) Souligner, valoriser, approuver et renforcer les différences qui apparaissent à travers les préférences, les comportements, les aptitudes, les intérêts et les besoins. Choisir les jouets et les activités de chaque enfant selon son tempérament propre ;
12) Favoriser les occasions d'échanges avec d'autres enfants et avec les adultes ;
13) Encourager chaque jumeau à prendre lui-même ses décisions et à choisir ses vêtements, ses jouets et ses activités.

En résumé, accorder une attention individuelle à chacun (exemple : un gâteau d'anniversaire pour chacun) et favoriser l'expression de l'individualité et des préférences.

Si un jumeau n'a pas développé son individualisation et son autonomie personnelle de façon satisfaisante pendant l'enfance, sa crise d'identité pourra être plus difficile à vivre au cours de l'adolescence.

II. Le développement psychomoteur proprement dit

La littérature médicale montre que le développement psychomoteur des jumeaux est plus souvent retardé, même si on tient compte de la prématurité et des complications néonatales. Lors des visites de routine, il faut évaluer individuellement le développement psychomoteur de chaque jumeau. Par ailleurs, on a souvent observé entre les jumeaux un phénomène de « cryptophasie », c'est-à-dire l'émergence d'un langage qu'ils sont les seuls à comprendre.

Des études ont souligné que chaque jumeau reçoit moins de démonstrations d'affection et de stimulation verbale et motrice de la part de ses parents. Ceci résulte fort probablement du surcroît de travail et de la fatigue des parents.

Lorsque les jumeaux qui présentent un retard de développement reçoivent une stimulation suffisante, on observe en général une normalisation de leurs acquisitions vers l'âge de quatre à six ans.

Les mesures suivantes peuvent être prises en vue de minimiser le retard des acquisitions :

1) Informer d'avance les parents de cette possibilité ;
2) Procurer aux enfants le plus possible de stimulation, en tenant compte des suggestions suivantes :
   a) Favoriser les échanges parent-enfant ;
   b) Avoir recours si possible à une aide familiale ;
   c) Éviter de laisser trop souvent les jumeaux seuls ensemble, particulièrement pendant la période d'acquisition du langage ;
   d) Ne pas hésiter à recourir aux garderies (crèches).

Lorsqu'on identifie un retard important dans une sphère du développement, les modalités habituelles de rééducation doivent être mises en œuvre sans délai (voir Retard psychomoteur, retard mental, autisme, dysphasies).

III. La discipline

Il s'agit d'un aspect particulièrement difficile et complexe de l'éducation des jumeaux.

Les parents font parfois l'erreur de punir les deux jumeaux pour une inconduite de l'un d'entre eux. Ce risque est d'autant plus élevé que l'autre jumeau a tendance à reproduire le comportement répréhensible. Malgré cette difficulté, il est important d'intervenir spécifiquement auprès de l'enfant en cause. Le soutien mutuel et la cohésion entre les jumeaux s'opposent souvent aux mesures disciplinaires du parent.

Pour ces raisons, il est préférable de séparer physiquement les jumeaux lors des discussions portant sur la discipline. Les récompenses et les punitions doivent, lorsque les circonstances s'y prêtent, être individuelles.

On doit aussi éviter de comparer les jumeaux en soulignant par exemple à l'un le comportement remarquable de l'autre. Ces remarques attisent la compétition, déjà naturellement présente, et suscitent leur désir d'attirer l'attention. Les comparaisons ont pour effet d'accroître cette compétition, qui peut dégénérer en rivalité extrême. On peut atténuer ce type de tension entre les enfants en accordant à chacun une attention soutenue, afin de répondre aux besoins affectifs individuels.

IV. L'acquisition de la propreté

En général, le contrôle sphinctérien est plus tardif chez les jumeaux. Les parents devraient en être informés, pour que leurs attentes ne soient pas irréalistes.

Comme on le fait avec les autres enfants, on suggère à la famille d'attendre jusqu'au moment où les jumeaux commencent à manifester un réel intérêt, soit vers l'âge de deux à trois ans lorsque le développement est normal. Lors de l'entraînement à la propreté, on suggère d'adopter une attitude positive et adaptée à chacun, en évitant les comparaisons et la compétition : on procède par renforcement positif lors des succès et on évite les punitions lors des échecs. Si l'un des jumeaux est en avance sur l'autre, on doit éviter de l'utiliser comme modèle pour l'autre.

V. La période scolaire

Cette période peut être particulièrement stressante pour certains jumeaux, car beaucoup d'entre eux vivent alors leur première séparation prolongée de leur famille et surtout de leur jumeau.

Les jumeaux devraient-ils être placés dans la même classe ou dans des classes différentes? Cette question est tellement controversée dans la littérature qu'on ne peut donner de réponse catégorique. La décision doit être prise par chaque famille de façon souple et intuitive. La plupart favorisent cependant la fréquentation de classes différentes. Cette séparation réduit l'interdépendance des jumeaux, accélère la socialisation et permet à chacun de progresser à son propre rythme, en évitant les comparaisons des professeurs et des autres enfants. Pour atténuer le malaise causé par cette séparation, on peut suggérer par exemple à chacun de visiter la classe de l'autre.

Chez certains jumeaux, cette séparation est mal tolérée, elle entraîne des troubles du comportement et nuit au progrès académique. Si c'est le cas, il est préférable que les jumeaux fréquentent la même classe; s'ils sont assignés à des sous-groupes différents lorsque les circonstances s'y prêtent, les occasions de compétition seront moins fréquentes et l'autonomie de chacun sera encouragée. On peut à nouveau tenter de les mettre dans des classes séparées l'année suivante.

On doit s'attendre à ce que le développement académique des jumeaux progresse à des rythmes différents, malgré le fait que les jumeaux monozygotes aient en général des quotients intellectuels identiques. En effet, bien d'autres facteurs interviennent dans le développement intellectuel. Les parents et le personnel enseignant devraient s'abstenir de toute comparaison et, au contraire, encourager chez chacun des enfants les disciplines et activités préférées.

La période scolaire est une période de croissance sociale. On devrait encourager chaque jumeau à entretenir ses propres amitiés.

VI. L'adolescence

La crise d'identité normale de cette période peut aussi provoquer des difficultés relationnelles entre les jumeaux (rejet, indifférence) qui cherchent à se distinguer l'un de l'autre.

Organisation de la famille

Il est essentiel d'aborder d'avance avec les parents l'organisation et la planification du travail familial, car l'arrivée de jumeaux nouveau-nés constitue une charge de travail considérable, particulièrement pendant les six premiers mois et davantage encore s'il y a déjà d'autres enfants.

Les principales suggestions à faire sont les suivantes :

1) Déterminer l'implication du père et le recours au réseau familial, aux amis, ainsi qu'aux organismes communautaires et sociaux ;
2) Faire appel à une aide familiale, au moins pendant les premiers temps ;
3) Inciter la mère à prévoir pour elle-même, surtout pendant les premiers mois, des périodes de sommeil bien établies, au cours desquelles une autre personne prend les enfants en charge. En effet, il est fréquent que les périodes de sommeil des jumeaux soient désynchronisées et que la mère s'épuise par insuffisance de sommeil ;
4) Planifier les soins aux enfants et réduire au maximum les tâches ménagères (exemples : bains tous les deux jours, couches jetables, layette suffisante, etc.).

Certains accessoires peuvent se révéler très utiles pendant la première année de vie, notamment pour libérer les bras :

1) Un porte-bébé ventral pendant les quatre à cinq premiers mois, puis un porte-bébé rigide dorsal, aussi utiles dans la maison qu'à l'extérieur ;
2) Une balançoire mécanique ;
3) Une poussette à deux places.

Une attention particulière doit être accordée aux mesures habituelles de prévention des accidents (voir Prévention des accidents).

L'association locale de parents de jumeaux peut apporter un soutien précieux.

Effets sur la famille

Comme cela a été mentionné plus haut, l'arrivée de deux nouveau-nés dans une famille engendre une quantité de travail particulièrement importante. De plus, certaines familles doivent envisager une certaine réorganisation de l'habitation, voire un déménagement. D'autres familles sont confrontées à des difficultés financières plus ou moins imprévues. La première année de vie constitue donc, tant pour la mère que pour le père, une période exigeante, parfois caractérisée par un surmenage et une fatigue intense.

L'impact de la naissance de jumeaux sur la fratrie est tout aussi important. Elle occasionne une métamorphose majeure de la dynamique familiale, à laquelle chacun doit s'adapter. De plus, les jumeaux attirent souvent l'attention des parents et des étrangers au détriment des frères et des sœurs, qui peuvent être laissés pour compte. Enfin, il existe une profonde complicité entre les jumeaux ; la fratrie, surtout si elle est constituée d'un seul autre enfant, se sent souvent exclue, mise à l'écart.

L'incidence de la négligence physique et affective et du syndrome de l'enfant maltraité est accrue dans les familles de jumeaux. Ces problèmes peuvent atteindre tous les enfants de la famille et pas seulement les jumeaux. Ce phénomène n'est pas seulement attribuable à la prématurité et aux complications néonatales, mais aussi au stress important, aux exigences physiques, émotives et économiques considérables qui résultent de la naissance de jumeaux.

L'incidence de la dépression maternelle *post partum* est également augmentée chez les mères de jumeaux, ce qui, selon les circonstances, peut avoir un retentissement majeur sur leur développement psychologique. Lorsqu'une telle dépression survient, une aide psychiatrique peut être nécessaire, afin de prévenir des difficultés émotionnelles ultérieures.

Consultation médicale

Elle est plus laborieuse qu'une consultation normale car elle implique simultanément deux enfants au lieu d'un, ainsi qu'une mère qui peut être stressée et exténuée. Il est utile de faire appel à une tierce personne qui s'occupe de l'un des enfants pendant qu'on reçoit la mère et l'autre enfant. De cette façon, on peut procéder successivement à une consultation complète pour chaque enfant, plutôt que de les voir ensemble, ce qui permet au médecin et à la mère de se concentrer davantage sur chaque enfant.

Plusieurs aspects particuliers de la consultation médicale méritent d'être soulevés :

1) Évaluer l'organisation de la famille, le réseau de soutien familial et social, l'aide extérieure, l'habitation et la situation financière ;
2) Insister sur l'importance de l'individualisation et sur le risque de dépendance excessive ;
3) Discuter des aspects pratiques de l'alimentation, de la probabilité et de la fréquence des maladies infectieuses bénignes, et de la nécessité d'une stimulation suffisante du développement.

Les éléments les plus importants de l'examen sont l'évaluation du développement psychomoteur, afin d'identifier de façon précoce un retard qui exigerait la mise en place de mesures de rééducation et l'exploration du vécu relationnel parents-enfants.

Ouvrages à recommander aux parents

- Clegg A, Wodett A : Twins : from conception to five years. Ballantine Books, New York, 1988.
- Lepage F : Les jumeaux. Robert Laffont, Paris, 1980.
- Noble E : Having twins. Houghton Mifflin, Boston, 1980.
- Papiernik E, Zazzo R, Pons JC, Robin M : Jumeaux, triplés et plus... Nathan, Paris, 1992.

Lectures suggérées

Alby JM : Jumeau-jumelle, enfants multiples. Casterman, Paris, 1983.
Billot R : Les jumeaux, de la conception à l'école. Balland, Paris, 1991.
Clegg A, Wodett A : Twins : from conception to five years. Ballantine Books, New York, 1988.
Gallagher-Becker P : Counseling families with twins : birth to 3 years of age. Pediatr Rev 1986 ; 8 : 81-86.
Groothuis JR : Twins and twin families. Clin Perinatol 1985 ; 2 : 459-474.
Lepage F : Les jumeaux. Robert Laffont, Paris, 1980.
Linney J : The emotional and social aspects of having twins. Nursing Times, 14 février 1980.

Papiernik-Berkhauer E, Pons JC : Les grossesses multiples. Doin, Paris, 1991.
Siegel SJ, Siegel MM : Practical aspects of pediatric management of families with twins. Pediatr Rev 1982 ; 4 : 8-12.
Terry GE : The separation-individuation process in same-sex twins : a review of the literature. Maternal-child Nursing Journal 1975 ; 4 : 121-128.
Zazzo R : Le paradoxe des jumeaux. Stock, Paris, 1984.
Zazzo R : Les jumeaux, le couple, la personne. Presses Universitaires de France, Paris, 1992.

Laryngite aiguë   141

Michel Weber, Robert Thivierge

Généralités

Il s'agit d'une maladie fréquente chez l'enfant, particulièrement entre six mois et cinq ans. Elle est presque toujours d'origine virale ; le virus parainfluenza est le plus souvent en cause. Quelques laryngotrachéites particulièrement graves sont causées par le *Staphylococcus aureus*. Le site de l'obstruction est la région sous-glottique. Il s'agit d'une entité hétérogène regroupant la laryngite infectieuse, la laryngotrachéobronchite et la laryngite spasmodique, dont la nature exacte n'est pas bien connue. Le plus souvent bénigne, elle évolue exceptionnellement vers l'insuffisance respiratoire et le décès.

Manifestations cliniques

Les symptômes commencent souvent la nuit ; une infection des voies respiratoires supérieures précède souvent la laryngite ; la fièvre est souvent absente ou peu élevée.

Les manifestations cliniques les plus caractéristiques sont le stridor (cornage) inspiratoire, la toux aboyante et le tirage sus-sternal et xiphoïdien ; à l'auscultation du cou, les bruits laryngés sont augmentés. Le diagnostic différentiel est détaillé dans le chapitre Épiglottite aiguë.

Si la maladie s'aggrave, on peut noter les signes suivants : accélération des fréquences respiratoire et cardiaque, diminution de l'entrée d'air à l'auscultation pulmonaire, diminution du tirage et du stridor, anxiété, altération de l'état de conscience, pâleur, cyanose, sudation profuse. Un ralentissement des fréquences respiratoire et cardiaque est un signe d'arrêt cardiorespiratoire imminent.

Explorations

Le diagnostic est essentiellement clinique.

L'hémogramme n'apporte habituellement pas d'éléments utiles, sauf lorsqu'il y a un soupçon d'épiglottite ; en effet, l'hyperleucocytose est d'habitude plus marquée en cas d'épiglottite.

Les gaz du sang ne sont habituellement pas altérés, sauf en phase avancée.

Les recherches virales ne sont pas utiles.

Les radiographies des tissus mous du cou ne sont habituellement pas nécessaires, sauf lorsqu'on a un doute quant à la possibilité d'une épiglottite (exemple : fièvre élevée). Le degré d'effilement de la région sousglottique sur le cliché de face n'a pas de corrélation avec le degré d'obstruction clinique.

Lorsque l'évolution est rapidement défavorable, il faut suspecter une laryngotrachéite bactérienne ; une laryngoscopie est alors nécessaire.

Traitement

I. Laryngite légère

Il n'y a pas d'histoire de dyspnée importante à domicile pendant les heures qui précèdent ; l'enfant n'a pas de tirage ni de stridor au repos. Le traitement avec de l'humidité peut être poursuivi à domicile.

II. Laryngite modérée à grave

L'enfant a une histoire de dyspnée importante à domicile pendant les heures qui précèdent, ou il présente du tirage et du stridor au repos :

1) Placer l'enfant dans une tente avec de l'oxygène humidifié ;

2) Lui donner de l'adrénaline racémique en inhalation : 0,5 mL de la solution à 2,5 % dans 3,5 mL de sérum physiologique. Cette préparation n'est pas disponible en France ; on obtient les mêmes résultats en donnant 5 mL d'adrénaline à 1/1 000 en inhalation. Ce traitement peut être répété au besoin toutes les 30 minutes ; son efficacité est remarquable mais son effet est de courte durée. Il est donc prudent d'observer l'enfant pendant quelques heures ;

3) S'il s'agit d'une laryngite grave ou si l'enfant nécessite plusieurs doses d'adrénaline en inhalation, donner 0,5 mg/kg/dose de dexaméthasone IM (ou IV si un soluté est nécessaire). Une dose unique suffit souvent, mais elle peut être répétée au besoin une à deux fois par jour pendant 24 à 48 heures. L'efficacité des corticostéroïdes est maintenant démontrée. En raison de la longue demi-vie de la dexaméthasone, il est souvent plus prudent d'observer l'enfant pendant une douzaine d'heures après la dernière dose avant d'autoriser son départ. Il est possible que les corticostéroïdes administrés par voie orale (exemple : prednisone : 2 mg/kg/24 heures PO en 2 fois ; maximum : 50 mg/24 heures) aient un effet similaire. Ce n'est cependant pas démontré par des études cliniques. Les corticostéroïdes sont contre-indiqués si l'enfant n'a pas encore eu la varicelle et a été en contact avec une personne atteinte de cette maladie au cours des trois semaines précédentes ;

4) Lorsque, malgré le traitement, la situation évolue vers l'insuffisance respiratoire, le patient doit être intubé. L'intubation a maintenant remplacé complètement la trachéostomie. Continuer le traitement aux corticostéroïdes pendant la période d'intubation et les 24 heures suivantes. La première tentative d'extubation devrait être effectuée environ 48 à 72 heures après l'intubation. L'intubation trachéale est

probablement indiquée d'emblée en cas de laryngotrachéite bactérienne confirmée par la laryngoscopie;

5) Dans les rares cas de laryngotrachéite bactérienne prouvée, on administre une pénicilline antistaphylococcique comme la cloxacilline (Canada, France), la nafcilline (Canada) ou l'oxacilline (France) (150 à 200 mg/kg/24 heures IV en 4 fois; maximum chez le grand enfant: 12 g/24 heures).

Pronostic

Il est en général excellent.

Lectures suggérées

Custer JR: Croup an related disorders. Pediatr Rev 1993; 14: 19-29.

Dobrescu O, Geoffroy L, Rousseau E: Les laryngites aiguës de l'enfant. Pédiatrie 1992; 47: 195-200.

Kairys SW, Olmstead EM, O'Connor GT: Steroid treatment of laryngotracheitis: a meta-analysis of the evidence from randomized trials. Pediatrics 1989; 83: 683-693.

Waisman Y, Klein BL, Boenning DA, et al.: Prospective randomized double-blind study comparing l-epinephrine and racemic epinephrine aerosols in the treatment of laryngotracheitis (croup). Pediatrics 1992; 89: 302-306.

Leucémie aiguë　　　　　　　　　　142

Michel Weber, Michèle David

Généralités

Les leucémies constituent la forme de cancer la plus fréquente chez l'enfant. La majorité sont des leucémies lymphoïdes aiguës, caractérisées par la prolifération de cellules lymphoïdes immatures. Diverses classifications ont été établies; elles se basent notamment sur les éléments suivants:

1) Morphologie des lymphoblastes (exemple: classification French-American-British ou FAB);

2) Marqueurs permettant de déterminer si les cellules malignes dérivent des lignées lymphocytaires B ou T.

L'importance pronostique de ces classifications, qui dépassent le cadre de cet ouvrage, a diminué avec l'amélioration des protocoles de traitement.

L'étiologie de cette maladie reste à préciser. Le pic d'incidence se situe aux environs de quatre ans. Les garçons sont plus souvent atteints que les filles.

Le médecin généraliste et le pédiatre ont pour rôle d'identifier précocement les enfants atteints et de les diriger vers une équipe spécialisée. Après l'induction d'une rémission, ils peuvent être appelés à participer au traitement d'entretien, à l'identification et au traitement des complications infectieuses ou autres et aux mesures habituelles de santé préventive. Ce chapitre se limite à quelques données utiles au praticien de première ligne.

Manifestations cliniques

Les principales sont l'altération de l'état général, la fatigue, l'anorexie, la fièvre, la pâleur, les pétéchies ou les ecchymoses, les douleurs osseuses ou articulaires, les adénopathies, l'hépatomégalie et la splénomégalie. Une méningite leucémique est rarement présente au début de la maladie.

Explorations

Chez la majorité des patients, l'hémogramme révèle une anémie normo-chrome normocytaire ainsi qu'une thrombopénie. Le nombre de globules blancs est souvent augmenté, dépassant parfois $50 \times 10^9/L$. Il peut aussi être normal ou diminué. Occasionnellement, une leucémie peut se présenter pendant un certain temps comme une anémie aplastique. Des cellules leucémiques peuvent être identifiées à l'examen du frottis sanguin.

Le diagnostic définitif repose sur l'examen de la moelle osseuse qui démontre une abondance anormale de lymphoblastes. Une biopsie de la moelle osseuse est nécessaire dans certains cas. Diverses colorations spéciales, analyses biochimiques et autres examens permettent de préciser la nature exacte de la maladie.

Une hyperuricémie peut être présente ou apparaître après le début de la chimiothérapie.

La radiographie pulmonaire démontre parfois la présence d'une masse médiastinale.

Traitement

L'hyperuricémie entraîne un risque d'insuffisance rénale aiguë, qu'on tente de prévenir par une bonne hydratation, une alcalinisation ainsi que l'administration d'allopurinol.

Le traitement est individualisé selon le type de leucémie et les facteurs de risque. Les principales modalités de traitement sont la chimiothérapie initiale permettant d'induire une rémission, la chimiothérapie d'entretien et le traitement de l'atteinte subclinique du système nerveux central. Divers protocoles de chimiothérapie d'induction sont utilisés (exemple : association d'asparaginase, d'anthracyclines, de prednisone et de vincristine).

Une fois la rémission induite, le traitement d'entretien s'étend sur environ deux ans. Le traitement de l'atteinte subclinique du système nerveux central fait la plupart du temps appel à la chimiothérapie intrathécale et à l'irradiation crânienne. Dans certains cas de leucémie à très mauvais pronostic ou de rechute, une transplantation de moelle peut devenir nécessaire.

Comme dans toutes les maladies chroniques potentiellement fatales, le soutien psychosocial à l'enfant et à sa famille revêt une importance majeure.

Complications

Les principales complications sont de nature infectieuse ; elles sont notamment causées par la neutropénie résultant de la maladie elle-même ou de son traitement (voir Neutropénie).

Des problèmes hémorragiques peuvent survenir.
La méningite leucémique et les récidives testiculaires sont devenues rares.

À long terme, différents problèmes peuvent résulter de la maladie ou de son traitement : ralentissement de la croissance, atteinte myocardique, troubles d'apprentissage scolaire et seconds cancers.

Pronostic

L'avenir des enfants atteints de leucémie lymphoïde aiguë s'est modifié radicalement : il y a une cinquantaine d'années, ils n'avaient que quelques semaines à vivre. Actuellement, 70 à 90 % d'entre eux peuvent espérer une survie supérieure à cinq ans et même une guérison.

Plusieurs facteurs de mauvais pronostic ont été identifiés, parmi lesquels l'hyperleucocytose (> 20×10^9/L), un début avant l'âge de 2 ans ou après 10 ans, une masse médiastinale, des lymphoblastes de type B mature et certaines anomalies chromosomiques.

Lectures suggérées

Albano EA, Pizzo PA : Infectious complications in childhood acute leukemias. Pediatr Clin North Am 1988 ; 35 : 873-901.

Altman AJ : Chronic leukemias of childhood. Pediatr Clin North Am 1988 ; 35 : 765-787.

Balis FM : Pharmacologic considerations in the treatment of acute lymphoblastic leukemia. Pediatr Clin North Am 1988 ; 35 : 835-851.

Berg SL, Poplack DG : Complications of leukemia. Pediatr Rev 1991 ; 12 : 313-319.

Bleyer WA : Central nervous system leukemia. Pediatr Clin North Am 1988 ; 35 : 789-814.

Kirsh IR : Molecular biology of the leukemias. Pediatr Clin North Am 1988 ; 35 : 693-722.

Lampkin BC, Lange B, Berstein I, et al. : Biologic characteristics and treatment of acute nonlymphocytic leukemia in children. Report of the ANLL Strategy Group of the Children Cancer Study Group. Pediatr Clin North Am 1988 ; 35 : 743-764.

Look AT : The cytogenetics of childhood leukemia : clinical and biologic implications. Pediatr Clin North Am 1988 ; 35 : 723-741.

Neglia JP, Robison LL : Epidemiology of the childhood acute leukemias. Pediatr Clin North Am 1988 ; 35 : 675-692.

Ochs J, Mulhern RK : Late effects of antileukemic treatment. Pediatr Clin North Am 1988 ; 35 : 815-833.

Poplack DG : Acute lymphoblastic leukemia in childhood. Pediatr Clin North Am 1985 ; 32 : 669-697.

Poplack DG, Reaman G : Acute lymphoblastic leukemia in childhood. Pediatr Clin North Am 1988 ; 35 : 903-932.

Rivera GK, Pinkel D, Simone JV, et al. : Treatment of acute lymphoblastic leukemia. 30 years' experience at St. Jude Children's Research Hospital. N Engl J Med 1993 ; 329 : 1289-1295.

Schwartz CL, Cohen HJ : Preleukemic syndromes and other syndromes predisposing to leukemia. Pediatr Clin North Am 1988 ; 35 : 853-871.

Trigg ME : Bone marrow transplantation for treatment of leukemia in children. Pediatr Clin North Am 1988 ; 35 : 933-948.

Lithiase biliaire   143

Anne-Claude Bernard-Bonnin, Khazal Paradis, Arié Bensoussan, Jacques Boisvert

Généralités

La lithiase biliaire est rare chez l'enfant normal. On la retrouve chez certains prématurés qui ont présenté des complications respiratoires, une polycythémie ou une entérocolite nécrosante, qui ont été traités par des diurétiques ou qui ont reçu une hyperalimentation parentérale prolongée.

Chez l'enfant plus âgé, les principaux facteurs de risque sont les anémies hémolytiques congénitales (anémie falciforme ou drépanocytose, sphérocytose, thalassémie), la déshydratation grave, la maladie de Crohn, la fibrose kystique ou mucoviscidose, la résection iléale, les anomalies des voies biliaires, le kyste du cholédoque et la cirrhose.

Chez l'adolescent, les principaux facteurs de risque sont le sexe féminin, l'obésité et les antécédents familiaux de lithiase biliaire.

Manifestations cliniques

1) De la naissance à l'âge de deux ans, la principale manifestation clinique est l'ictère obstructif.

2) Chez l'enfant plus âgé et l'adolescent, les signes et symptômes sont identiques à ceux de l'adulte : intolérance aux repas gras, douleurs abdominales intenses et récidivantes situées au niveau de l'épigastre ou de l'hypochondre droit, nausées, vomissements ; la douleur peut irradier vers l'épaule droite. Plus rarement, un ictère obstructif peut survenir lorsqu'un calcul obstrue le cholédoque. En cas de cholécystite aiguë surajoutée, il y a souvent de la fièvre et la vésicule peut être palpable.

Explorations

L'échographie est le meilleur outil de diagnostic : elle met facilement en évidence la boue biliaire ou les calculs, quelle que soit leur composition, ainsi que leur cône d'ombre. Elle permet aussi d'évaluer les voies biliaires.

Lorsqu'ils sont radio-opaques, les calculs sont visibles sur la radiographie simple de l'abdomen ; par contre, les calculs de cholestérol passent inaperçus.

La recherche d'un facteur étiologique est basée sur les différentes causes mentionnées plus haut (voir Généralités).

Traitement

Le traitement de la crise aiguë de cholécystite consiste à mettre le patient à jeun, à lui installer une perfusion, à drainer son estomac et à lui administrer des analgésiques et des antibiotiques.

Chez l'ancien prématuré, les calculs disparaissent souvent de façon spontanée et, à moins de complications, ils ne nécessitent pas de traitement.

Lorsque les calculs biliaires causent des symptômes, le traitement de choix est la cholécystectomie; celle-ci est toujours précédée d'une nouvelle échographie, afin de vérifier le calibre du cholédoque et l'absence de calculs dans la voie biliaire principale. La cholécystectomie est de plus en plus réalisée par laparoscopie (cœlioscopie). La place de la lithotripsie chez l'enfant n'a pas encore été précisée; il en est de même de la dissolution par l'acide chénodésoxycholique administré par voie orale. Les calculs du cholédoque sont enlevés selon la technique ouverte classique (cathéter à ballonnet) chez le jeune enfant ou, chez l'adolescent, par endoscopie rétrograde.

Complications

Cholécystite avec ou sans septicémie, lithiase du cholédoque avec ictère obstructif, perforation de la vésicule avec péritonite biliaire, pancréatite.

Lectures suggérées

Debray D, Pariente D, Gauthier F, *et al.*: Cholelithiasis in infancy: a study of 40 cases. J Pediatr 1993; 122: 385-391.

Holcomb GW Jr, Holcomb GW: Cholelithiasis in infants, children, and adolescents. Pediatr Rev 1990; 11: 268-274.

Johnston DE, Kaplan MM: Pathogenesis and treatment of gallstones. N Engl J Med 1993; 328: 412-421.

Reif S, Sloven DG, Lebenthal E: Gallstones in children. Characterization by age, etiology, and outcome. Am J Dis Child 1991; 145: 105-108.

Lithiase urinaire 144

Michel Weber, Pierre Williot, Marie-José Clermont

Généralités

Pour des raisons diététiques, l'incidence de la lithiase urinaire chez l'enfant est plus élevée dans certaines régions du monde comme l'Asie du Sud-Est.

La plupart du temps, les calculs sont situés dans l'arbre urinaire supérieur (calices, bassinets, uretère).

Les principaux facteurs de risque sont: une histoire familiale positive, une anomalie anatomique ou fonctionnelle des voies urinaires (exemples: hydronéphrose, rein en fer à cheval, vessie neurogène), des infections urinaires et une hypercalciurie. Cette dernière peut résulter d'une réabsorption excessive du calcium par l'intestin, d'une insuffisance de sa réabsorption tubulaire, d'une arthrite rhumatoïde juvénile, d'une immobilisation prolongée, d'une hyperparathyroïdie, de l'administration de certains médicaments (exemples : furosémide, surtout chez le nouveau-né, corticostéroïdes, vitamine D en excès) ou d'une acidose tubulaire distale. La lithiase peut aussi résulter de maladies métaboliques rares comme l'hyperoxalurie ou la cystinurie. Dans un certain nombre de cas, aucune cause n'est découverte.

Les calculs d'oxalate de calcium sont les plus fréquents ; il peut aussi s'agir de phosphates ammoniacomagnésiens, d'oxalate, d'acide urique ou de cystine.

Manifestations cliniques

Parfois, la lithiase urinaire n'occasionne aucun symptôme : elle peut alors être découverte fortuitement lors d'une radiographie ou d'une échographie de l'abdomen. Elle peut causer une douleur abdominale ou lombaire, une douleur au flanc ainsi qu'une hématurie microscopique ou macroscopique. Elle peut aussi se manifester par des infections urinaires.

Explorations

L'échographie met facilement les calculs en évidence et, s'il s'agit d'une lithiase urétérale obstructive, elle permet aussi de démontrer une hydronéphrose secondaire. Cet examen est habituellement suffisant.

La radiographie simple de l'abdomen permet de visualiser les calculs radio-opaques et l'urographie intraveineuse peut préciser la localisation du calcul et ses effets obstructifs ; elle peut aussi révéler la présence d'anomalies qui favorisent la formation de calculs.

L'examen du sédiment urinaire peut mettre en évidence une hématurie ou des cristaux (oxalate de calcium, acide urique, phosphate d'ammonium, cystine).

L'analyse chimique du calcul est fort utile pour orienter les explorations.

Des cultures d'urine sont nécessaires.

S'il s'agit de calculs d'oxalate de calcium, la calcémie, la kaliémie, la phosphatémie et le bicarbonate sanguin doivent être mesurés, ainsi que l'excrétion urinaire du citrate et la calciurie. Cette dernière ne dépasse normalement pas 6 mg/kg/24 heures ou 0,15 mmol/kg/24 heures. Un indicateur important d'hypercalciurie est une élévation du rapport calcium urinaire/créatinine urinaire. Classiquement, ce rapport est égal ou inférieur à :

– 0,40 lorsque le calcium et la créatinine sont exprimés en mmol/L ;

– 0,14 lorsque le calcium et la créatinine sont exprimés en mg/dL.

Une étude récente (voir Lectures suggérées) indique cependant que la limite supérieure de la normale de ce rapport pourrait être plus élevée chez l'enfant. Lorsque le calcium et la créatinine sont exprimés en mg, cette limite supérieure serait, selon cette étude, de 2,42 avant 7 mois, de 1,69 de 7 à 18 mois, de 0,42 de 19 mois à 6 ans et de 0,22 chez l'adolescent.

La parathormone devrait être dosée chez tout patient hypercalciurique pour s'assurer que le problème ne résulte pas d'une hyperparathyroïdie.

L'évaluation des patients présentant une hypercalciurie ou des calculs d'acide urique, d'oxalate ou de cystine appartient au domaine de la surspécialité.

Traitement

L'intensité de la douleur peut être telle qu'elle justifie l'emploi d'un analgésique morphinique (voir Douleur).

Les calculs s'éliminent souvent de façon spontanée avec l'aide d'une hydratation abondante par voie orale ou intraveineuse.

Dans un certain nombre de cas, l'exérèse chirurgicale peut être évitée en utilisant la lithotripsie qui consiste à concentrer sur le calcul des ondes de choc appliquées par voie externe.

Lorsque le calcul est situé dans l'uretère inférieur ou la vessie, il peut être enlevé par voie endoscopique. S'il s'agit d'une lithiase pyélique ou calicielle, on peut avoir recours à la néphrostomie percutanée.

Une infection urinaire associée est traitée de la façon habituelle (voir Infections urinaires); une infection haute associée à une lithiase obstructive nécessite une décompression urgente.

Certaines anomalies favorisant la formation de calculs peuvent nécessiter une correction chirurgicale.

Pronostic

Il dépend de la cause de la lithiase. Les récidives sont fréquentes.

Prévention

Quelle que soit la nature de la lithiase, l'apport liquidien doit être augmenté.

Chez l'enfant qui présente une hypercalciurie due à une absorption intestinale excessive du calcium, un régime pauvre en calcium est indiqué (l'apport quotidien ne devrait pas dépasser 400 à 600 mg). Si cela ne suffit pas, l'administration d'hydrochlorothiazide à raison de 2 mg/kg/24 heures PO en 1 à 2 fois pourrait être utile. S'il s'agit d'une hypercalciurie d'origine rénale, on recommandera une augmentation de l'ingestion de liquides et l'administration d'hydrochlorothiazide devrait être envisagée. Les enfants hypercalciuriques devraient en outre bénéficier d'un régime pauvre en sodium et en oxalate. Un adénome parathyroïdien est traité chirurgicalement.

Les enfants qui prennent des diurétiques devraient recevoir des suppléments de potassium. Le traitement des enfants qui souffrent d'acidose tubulaire distale ou qui ont des calculs d'oxalate, d'acide urique ou de cystine devrait être confié à un expert.

Lectures suggérées

Coe FL, Parks JH, Asplin JR : The pathogenesis and treatment of kidney stones. N Engl J Med 1992; 327 : 1141-1152.

Polinsky MS, Kaiser BA, Baluarte HJ: Urolithiasis in childhood. Pediatr Clin North Am 1987; 34: 683-710.

Polinsky MS, Kaiser BA, Baluarte HJ, Gruskin AB: Renal stones and hypercalciuria. Adv Pediatr 1993; 40: 353-384.

Sargent JD, Stukel TA, Kresel J, Klein RZ: Normal values for random urinary calcium to creatinine ratios in infancy. J Pediatr 1993; 123: 393-397.

Stapleton FB: Nephrolithiasis in children. Pediatr Rev 1989; 11: 21-30.

Luettite   145

Jean-Bernard Girodias, Jacques Lacroix

Généralités

La luettite est rare. Le plus souvent, elle est d'origine infectieuse; les agents étiologiques à peu près exclusifs sont l'*Hæmophilus influenzæ* et le *Streptococcus pyogenes*. Plus rarement, elle est de nature allergique, irritative ou traumatique. Elle peut être isolée ou associée à une épiglottite ou à une pharyngite.

Manifestations cliniques

La luette est hyperhémiée et augmentée de volume. L'association d'une amygdalite suggère fortement une étiologie streptococcique. S'il n'y a pas d'amygdalite, il faut suspecter l'existence d'une épiglottite associée. Une dysphagie peut être présente, surtout en cas de pharyngite ou d'épiglottite. La luettite isolée ne cause d'habitude pas de dyspnée; s'il y a des signes d'obstruction des voies respiratoires supérieures, il faut suspecter une épiglottite associée.

Explorations

L'hémogramme peut révéler une hyperleucocytose avec prédominance des neutrophiles. Chez l'enfant fébrile, il est essentiel d'exclure une épiglottite par des radiographies des tissus mous du cou faites de profil (voir Épiglottite aiguë). En cas d'amygdalite, l'étiologie streptococcique peut être confirmée rapidement par un test d'identification de l'antigène bactérien dans les sécrétions pharyngées (voir Amygdalite, «angine», pharyngite). S'il n'y a pas d'amygdalite ou si ce test est négatif, il est indiqué de faire une culture des sécrétions pharyngées et une hémoculture.

Traitement

Si la luettite est associée à une amygdalite: voir Amygdalite, «angine», pharyngite. Même s'il n'y a ni amygdalite ni épiglottite, il est préférable d'hospitaliser l'enfant et de lui administrer une antibiothérapie efficace contre l'*Hæmophilus influenzæ* et le *Streptococcus pyogenes*, au début par voie intraveineuse (voir Épiglottite aiguë).

Lectures suggérées

Kotloff KL, Wald ER : Uvulitis in children. Pediatr Infect Dis J 1983 ; 2 : 392-393.
Li KI, Kierman S, Wald ER, Reilly JS : Isolated uvulitis due to *Hæmophilus influenzæ* type B. Pediatrics 1984 ; 74 : 1054-1057.
Rapkin RH : Simultaneous uvulitis and epiglottitis. JAMA 1980 ; 243 : 1843.

Luxation congénitale de la hanche   146

François Fassier, Grant Mitchell

Généralités

Ce chapitre porte essentiellement sur la luxation idiopathique. Les autres types résultent de maladies neuromusculaires ou de malformations (exemple : arthrogrypose).

La luxation congénitale de la hanche comporte trois stades :

1) La hanche luxée proprement dite : la tête fémorale est sortie de la cavité acétabulaire. Elle est mise en évidence par la manœuvre d'Ortolani chez le nouveau-né ;

2) La hanche luxable : au repos, la tête fémorale se trouve en bonne position dans la cavité acétabulaire, mais elle se luxe lorsqu'on pratique la manœuvre de Barlow et elle reprend ensuite sa position normale ;

3) La hanche subluxable : la tête fémorale peut être amenée à quitter sa position normale, tout en demeurant en contact avec la cavité acétabulaire.

Le côté gauche est plus souvent atteint que le droit. Un diagnostic et un traitement précoces sont essentiels si l'on veut minimiser le risque de séquelles fonctionnelles.

L'incidence de ce problème varie selon les populations ; en moyenne une luxation vraie se retrouve chez 1,5 nouveau-né sur 1 000. L'incidence de la hanche luxable est à peu près la même, tandis que celle de la hanche subluxable atteint environ 9 nouveau-nés sur 1 000. La luxation congénitale de la hanche est plus fréquente lors d'une première grossesse, chez les filles et chez les enfants qui se sont présentés par le siège. Une prédisposition génétique multifactorielle est évidente : le risque de récidive dans la fratrie est de 3 à 5 %. La concordance entre jumeaux identiques est de l'ordre de 40 %. On a rapporté une association avec d'autres déformations comme l'hyperlaxité ligamentaire et le torticolis congénital, ainsi qu'avec plusieurs anomalies des membres inférieurs, incluant l'arthrogrypose.

Manifestations cliniques

Le nouveau-né ne présente aucun signe ou symptôme évident, mais le problème peut être mis en évidence par la manœuvre d'Ortolani ou celle de

Barlow. Après l'âge de trois mois, on peut noter une limitation de l'abduction ou un signe de Galeazzi positif (l'enfant étant en décubitus dorsal, les hanches fléchies à 90° et les genoux en flexion complète, le genou du côté de la hanche atteinte est plus bas que l'autre). Après le début de la marche, on peut noter une boiterie.

Explorations

La malformation doit être dépistée lors de l'examen systématique du nouveau-né ; ce dépistage est répété lors de chaque examen de routine du nourrisson jusqu'à l'âge de six mois. L'enfant doit être calme et détendu (par exemple après une tétée) et allongé sur un plan dur. On utilise les manœuvres suivantes :

1) Manœuvre d'Ortolani : l'enfant est placé en décubitus dorsal. Le bassin est stabilisé par une main de l'examinateur. L'autre main tient le membre examiné, le genou fléchi. La paume de cette main est placée sur le genou, tandis qu'on place l'extrémité du médius et de l'annulaire sur le grand trochanter. La cuisse est alors amenée lentement en abduction, tandis que le médius et l'annulaire exercent une pression vers le haut sur le grand trochanter. Si la hanche est luxée, cette manœuvre va réduire la luxation, ce qui provoque un ressaut caractéristique. Certains cliniciens effectuent la manœuvre simultanément au niveau des deux hanches ;

2) Manœuvre de Barlow : l'enfant est également placé en décubitus dorsal. Les positions initiales de la main de l'examinateur et du membre inférieur du bébé sont les mêmes que pour la manœuvre d'Ortolani. Après avoir amené la cuisse en légère adduction, la main de l'examinateur exerce sur le genou une poussée vers le bas tandis que le pouce exerce une pression sur la face interne de la cuisse. Si la hanche a été réduite au cours de la manœuvre d'Ortolani, la manœuvre de Barlow va la luxer à nouveau. Cette même manœuvre va mettre en évidence une hanche luxable.

La manœuvre d'Ortolani met en évidence un « clic » (d'origine myofasciale) au niveau de la hanche chez environ 10 % des nouveau-nés normaux. Ces enfants doivent faire l'objet d'un examen plus approfondi car la luxation congénitale de la hanche semble plus fréquente dans ce groupe.

Les radiographies des hanches sont peu utiles chez le nouveau-né. En effet, la contracture musculaire physiologique empêche un positionnement adéquat. D'autre part, la hanche est essentiellement cartilagineuse et donc en grande partie transparente aux rayons X. Les radiographies deviennent beaucoup plus utiles vers l'âge de trois à quatre mois, lorsque le noyau d'ossification de l'extrémité supérieure du fémur est devenu visible.

Chez le nouveau-né, l'échographie statique et dynamique, effectuée pendant les manœuvres d'Ortolani et de Barlow, est utile mais nécessite un radiologue expérimenté et une collaboration étroite entre celui-ci et le médecin traitant.

Traitement

Dans tous les cas, le traitement doit être précoce; il est confié à un ortho-pédiste expérimenté. Il diffère nettement selon l'âge au moment du diagnostic:

- Chez le nouveau-né, on utilise des attelles d'abduction non rigides ou un harnais de Pavlick; un orthopédiste doit surveiller l'emploi de ce dernier, en raison des ajustements successifs et des risques de compli-cations (non-réduction, nécrose avasculaire, paralysie);
- Chez le nourrisson de plus de trois mois, après échec du harnais de Pavlick, la traction préalable à la réduction peut être nécessaire, surtout après l'âge de six mois. L'application d'un plâtre (spica pelvi-pédieux) est la règle pour maintenir la réduction;
- Après l'âge de la marche, le traitement est le plus souvent chirurgical; il associe habituellement une réduction ouverte et une ostéotomie pel-vienne permettant de corriger la dysplasie résiduelle (surtout après l'âge de 18 mois).

Pronostic

La hanche luxable ou subluxable se normalise souvent rapidement avec un traitement simple au cours des premières semaines de vie. La luxation pro-prement dite est corrigée sans séquelles dans la majorité des cas lorsque le traitement est entrepris de façon précoce. Le risque de complications est d'autant plus élevé que le diagnostic est posé tardivement.

Lectures suggérées

Asher MA: Screening for congenital dislocation of the hip, scoliosis, and other abnor-malities affecting the musculoskeletal system. Pediatr Clin North Am 1986; 33: 1335-1353.
MacEwen GD, Millet C: Congenital dislocation of the hip. Pediatr Rev 1990; 11: 249-252.

Macrocéphalie   147

Pierre Masson, Michel Weber, Albert Larbrisseau, Claude Mercier, Grant Mitchell

Généralités

On parle de macrocéphalie lorsque le périmètre crânien dépasse deux déviations standard par rapport à la moyenne pour l'âge. Elle peut résulter d'une augmentation de la masse cérébrale (mégalencéphalie), du volume du liquide céphalorachidien ou de la masse osseuse du crâne, ou encore d'un hématome sous-dural chronique. Dans certaines affections comme l'achondroplasie et la neurofibromatose, une macrocéphalie peut résulter soit d'une mégalencéphalie, soit d'une hydrocéphalie. Jusqu'à l'âge de deux ans, la mesure répétée du périmètre crânien fait partie intégrante de l'examen de routine; les données recueillies sont notées sur une courbe.

Une macrocéphalie n'indique pas nécessairement une intelligence supérieure; au contraire, elle est parfois associée à un retard mental. En pratique, il est important de faire la distinction entre :

1) Une macrocéphalie stable : le périmètre crânien de l'enfant se situe au-delà de la limite supérieure de la normale, mais il croît à une vitesse normale, c'est-à-dire qu'il évolue de façon parallèle à la courbe du 97e percentile. Ce type de macrocéphalie est rarement inquiétant;

2) Une progression accélérée du périmètre crânien exige par contre une attention immédiate.

En abordant un enfant macrocéphale, il est important de connaître les principales causes de ce problème :

I. Macrocéphalie familiale bénigne

Il s'agit d'une macrocéphalie stable pouvant être familiale : le périmètre crânien a toujours été et demeure plus grand que la normale. Le développement psychomoteur est habituellement normal. Il n'y a pas de signes d'hypertension intracrânienne et l'examen neurologique est normal. La mesure du périmètre crânien des parents peut confirmer l'origine familiale de la macrocéphalie.

II. Hydrocéphalie

Voir Hydrocéphalie.

III. Macrocéphalie secondaire à une collection liquidienne sous-durale

Il peut s'agir d'un hygroma ou d'un hématome sous-dural. La croissance du périmètre crânien s'accélère et il peut y avoir des signes d'hypertension intracrânienne ou des signes neurologiques anormaux (convulsions, déficit moteur, etc.). Chez le jeune enfant, l'hématome sous-dural chronique résulte souvent d'un syndrome de l'enfant maltraité.

IV. Macrocéphalie secondaire à une augmentation de la masse cérébrale

Une macrocéphalie de ce type peut s'observer dans certaines phacomatoses comme la neurofibromatose et la sclérose tubéreuse de Bourneville. Elle est aussi associée à certains syndromes comme l'achondroplasie et le gigantisme cérébral ou syndrome de Sotos. Elle se retrouve également dans certaines leucodystrophies comme la maladie de Canavan et certaines maladies lysosomiales comme les syndromes de Hunter et de Hurler.

V. Macrocéphalie secondaire à une augmentation de la masse osseuse du crâne

Ce problème se retrouve par exemple en cas d'ostéopétrose.

Démarche clinique

La macrocéphalie est objectivée par une mesure du périmètre crânien de l'enfant, qui est ensuite consignée sur une courbe appropriée. Si possible, on reporte sur la même courbe les mensurations faites antérieurement.

On mesure le périmètre crânien des parents et des autres membres de la fratrie. L'histoire personnelle s'intéresse notamment aux éléments suivants :

1) Prématurité ;

2) Histoire de la grossesse, de l'accouchement et des premiers jours de vie ;

3) Étapes du développement psychomoteur ;

4) Maladies qui peuvent se compliquer d'hydrocéphalie comme les hémorragies intracrâniennes et la méningite ;

5) Traumatismes ;

6) Symptômes d'hypertension intracrânienne comme les céphalées et les vomissements.

L'examen recherche notamment les signes d'hypertension intracrânienne comme le bombement de la fontanelle antérieure, l'écartement des sutures et des anomalies oculaires (voir Hypertension intracrânienne). Il s'intéresse aussi aux dysmorphies qui peuvent mettre sur la piste de l'un des syndromes cités plus haut. La présence de taches café-au-lait indique la possibilité d'une neurofibromatose. On vérifie aussi le développement psychomoteur et on effectue un examen neurologique complet. En cas d'hématome ou d'hygroma sous-dural inexpliqué, l'enfant doit être soumis aux explorations requises lorsqu'on suspecte des sévices (voir Syndrome de l'enfant maltraité ou négligé).

Aucune exploration complémentaire n'est nécessaire en cas de macrocéphalie familiale bénigne, surtout si d'autres membres de la famille sont macrocéphales. Ce diagnostic ne peut être posé que dans les conditions suivantes :

1) On dispose de mesures antérieures du périmètre crânien, et la courbe reconstituée indique qu'il s'agit bien d'une macrocéphalie statique ;

2) Il n'y a pas de signes ou symptômes d'hypertension intracrânienne ;

3) Il n'y a pas de dysmorphies ;

4) Le développemement psychomoteur est normal ;

5) L'examen neurologique est normal.

Lorsqu'une autre étiologie est suspectée, surtout s'il y a une accélération de la croissance céphalique, une radiographie du crâne ainsi que les examens neuroradiologiques habituels (échographie transfontanelle, tomodensitométrie cérébrale et parfois résonance magnétique nucléaire) doivent être effectués sans délai pour préciser la cause du problème.

Lectures suggérées

Asch AJ : Benign familial macrocephaly : report of a family and review of the literature. Pediatrics 1976 ; 57 : 535-539.

Day RE, Schutt WH : Normal children with large heads – benign familial megalencephaly. Arch Dis Child 1979 ; 54 : 512-517.

Macrosomie et gigantisme   148

Michel Weber, Philippe Chessex, Guy Van Vliet

Gigantisme fœtal et néonatal

On parle de gigantisme néonatal lorsque la taille et le poids du nouveau-né sont, dans une population donnée, supérieurs à deux déviations standard par rapport à la moyenne pour l'âge gestationnel. On utilise par exemple les courbes de Usher au Canada ou de Leroy en France. Chez l'enfant né à terme, ces limites supérieures de la normale varient selon le pays de 52 à 54 cm et de 3 800 à 4 600 g. Un gigantisme fœtal peut être associé ou entraîner diverses complications tant pour l'enfant que pour sa mère.

I. Causes et associations

1) Transposition des gros vaisseaux.

2) Grande taille maternelle.

3) Obésité maternelle.

4) Diabète maternel : le risque des complications néonatales suivantes est augmenté : malformations congénitales, hypoglycémie, hypocalcémie, polyglobulie, asphyxie, détresse respiratoire, ictère.

5) Syndrome de Sotos ou gigantisme cérébral : les patients atteints présentent diverses autres caractéristiques, parmi lesquelles une déficience mentale de gravité variable.

6) Syndrome de Weaver : entre autres manifestations, les enfants atteints ont un retard de développement psychomoteur.

7) Syndrome de Marshall-Smith : à la naissance, ces enfants sont grands et maigres. Le retard mental est une des autres manifestations principales.

8) Syndrome de Beckwith-Wiedemann : outre la macrosomie, les principales manifestations sont la macroglossie, l'omphalocèle, l'hypoglycémie et la polyglobulie néonatales, ainsi qu'un sillon particulier au niveau du lobe de l'oreille. Les dimensions du foie, des reins, des surrénales et du pancréas sont excessives. Ces enfants méritent une surveillance particulière car le risque de tumeur de Wilms et d'hépatoblastome est plus élevé que dans la population en général.

9) Syndrome de Ruvalcaba-Myhre : ces patients présentent différents problèmes et certains d'entre eux ont un retard mental.

II. Complications

1) Maternelles : dystocie résultant d'une disproportion céphalo-pelvienne, travail prolongé. L'incidence de la césarienne est augmentée.

2) Néonatales : le risque d'asphyxie et d'inhalation de méconium est accru. L'incidence des traumatismes obstétricaux est également plus élevée : il peut s'agir par exemple d'un céphalhématome, d'une fracture de la clavicule, d'une élongation ou d'un arrachement du plexus

brachial, d'hémorragies intracrâniennes, d'une paralysie du nerf phrénique, etc. Les problèmes métaboliques auxquels sont exposés les enfants de mère diabétique et ceux qui sont atteints d'un syndrome de Beckwith-Wiedemann ont été mentionnés plus haut.

Gigantisme postnatal

Lorsque la taille d'un enfant normal dépasse le 97e percentile, il s'agit le plus souvent d'une grande taille familiale ; la taille des parents constitue alors un indice majeur. Ces enfants grandissent à une vitesse normale et il ne faut d'habitude pas s'inquiéter. Si le pronostic de taille adulte est perçu comme excessif, un traitement au moyen de hautes doses de stéroïdes sexuels peut amener une réduction de la taille finale. Ce type d'intervention doit être réservé à des cas exceptionnels et se faire sous la supervision d'un endocrinologue.

Une accélération anormale de la croissance se rencontre exceptionnellement en pédiatrie. La cause la plus fréquente est la précocité sexuelle ; il peut aussi s'agir d'une lésion hypothalamique ou d'un adénome hypophysaire.

Une croissance excessive peut aussi se rencontrer, au moins temporairement, chez les enfants porteurs des syndromes suivants :

1) Syndrome de Sotos ou gigantisme cérébral (voir plus haut) ;

2) Syndrome de Weaver (voir plus haut) ;

3) Syndrome de Berardinelli avec lipodystrophie ;

4) Syndrome du X fragile, une cause fréquente de retard mental ;

5) Syndrome de Marfan, dont les principales autres caractéristiques sont les suivantes : envergure supérieure à la taille, arachnodactylie, hyperlaxité ligamentaire, scoliose, subluxation du cristallin, prolapsus de la valve mitrale, anévrisme disséquant de l'aorte thoracique, hernies, troubles d'apprentissage, etc.

Lectures suggérées

Jones KL : Smith's recognizable patterns of human malformation. WB Saunders, Philadelphia, 4th ed., 1988.

Stevenson DK, Hopper AO, Cohen RS, *et al.* : Macrosomia : causes and consequences. J Pediatr 1982 ; 100 : 515-520.

Maladie cœliaque   149

Phuong Nguyen, Khazal Paradis, Michel Weber

Généralités

La maladie cœliaque se caractérise par une intolérance à la gliadine, une fraction protéique du gluten, présente dans les céréales de blé, d'orge et d'avoine. Elle constitue l'une des causes les plus fréquentes de malabsorption intestinale. Son incidence est d'environ 1/1 000, mais elle est plus élevée dans certains pays (exemple : 1/300 dans l'ouest de l'Irlande). La maladie cœliaque a une tendance familiale. Elle se manifeste le plus souvent avant l'âge de deux ans, mais peut aussi apparaître de façon plus atypique chez l'enfant plus âgé ou même chez l'adolescent.

Manifestations cliniques

La maladie devient apparente insidieusement, quelques semaines ou quelques mois après l'introduction du gluten dans l'alimentation.

Les symptômes prédominants sont ceux d'une malabsorption intestinale : diarrhée chronique (environ 90 % des cas), vomissements, flatulences, distension et douleurs abdominales ; une constipation a été rapportée dans quelques cas. L'impact sur la croissance est caractéristique : on observe d'abord un ralentissement du gain pondéral ou même un amaigrissement ; la croissance staturale ralentit plus tardivement et de façon moins marquée. Différents signes et symptômes extradigestifs peuvent survenir : anorexie, irritabilité, apathie, œdème hypoprotéinémique, rachitisme, anémie ferriprive, retard pubertaire, arthralgies ou arthrites, hippocratisme digital et hypoplasie de l'émail dentaire.

Explorations

Les données issues de l'anamnèse et de l'examen peuvent suggérer le diagnostic de maladie cœliaque, mais aucun indice clinique n'est vraiment spécifique et il faut donc se tourner vers des examens de laboratoire pour prouver le diagnostic et éliminer d'autres causes de malabsorption comme l'intolérance aux protéines bovines, la fibrose kystique ou mucoviscidose, la giardiase et la malabsorption associée à un déficit immunitaire (hypogammaglobulinémie).

Certains paramètres peuvent mettre en lumière des déficiences nutritionnelles qualitatives :

1) L'hémogramme, le fer sérique et la capacité de saturation de la transferrine peuvent mettre en évidence une déficience en fer ;

2) Le temps ou le taux de prothrombine peut être allongé en raison d'une déficience en vitamine K ;

3) Les phosphatases alcalines peuvent être élevées et le calcium sérique peut être abaissé si une déficience en vitamine D cause un rachitisme (dans ce cas, les radiographies osseuses sont caractéristiques) ;

4) Le carotène et la vitamine A sériques peuvent être diminués ;

5) Le taux sérique de la vitamine E peut être abaissé ;

6) Il peut y avoir une hypoprotéinémie et une hypo-albuminémie ;

7) La magnésémie est parfois abaissée.

Ces différents examens sont intéressants pour documenter les répercussions nutritionnelles de la malabsorption, mais ils modifient rarement le plan de traitement et ne sont donc pas essentiels.

L'excrétion fécale des lipides dépasse 5 g/24 heures (on recueille habituellement les selles de 72 heures).

Le transit de l'intestin grêle peut montrer une dilatation des anses intestinales et une fragmentation de la colonne de baryum, mais ces anomalies ne sont pas spécifiques de la maladie cœliaque; cet examen n'est donc pas essentiel.

Le test au d-xylose constitue un examen de dépistage valide: une heure après l'ingestion de 14,5 g/m² de d-xylose, la xylosémie doit être supérieure à 1,67 mmol/L. Une xylosémie plus basse est suggestive, mais non spécifique de maladie cœliaque.

La mesure du taux des anticorps de type IgA antigliadine dans le sang est plus sensible et plus spécifique que le test au d-xylose.

La biopsie jéjunale est obligatoire: en cas de maladie cœliaque, elle démontre un aplatissement des villosités. Cette image n'est pas parfaitement spécifique, c'est pourquoi le diagnostic de maladie cœliaque reposera sur l'ensemble des critères suivants:

1) Un tableau clinique suggestif;

2) Une première biopsie jéjunale démontrant une atrophie villositaire et une hyperplasie des cryptes avec une augmentation des lymphocytes intra-épithéliaux;

3) Une réponse clinique évidente;

4) Une seconde biopsie positive deux à trois ans après la première, après une provocation au gluten de quelques semaines. Compte tenu de la fiabilité du dosage des anticorps antigliadine, la nécessité de cette seconde biopsie est remise en question.

Traitement

Le traitement consiste à exclure complètement le gluten de l'alimentation; la collaboration d'une diététicienne est nécessaire, car du gluten peut se retrouver dans toute une série d'aliments préparés, d'allure innocente. Une alimentation sans lactose devrait être prescrite pendant les premiers mois de traitement. Au Canada, on recommande que l'alimentation sans gluten soit poursuivie pendant toute la vie. En France, une libéralisation de la diète est souvent permise à partir de l'adolescence.

Pronostic

Si le traitement diététique est bien suivi, la réponse thérapeutique est rapide et spectaculaire.

Lectures suggérées

Auricchio S, Greco L, Troncone R : Gluten-sensitive enteropathy in childhood. Pediatr Clin North Am 1988; 35: 157-187.

Murphy MS, Walker WA : Celiac disease. Pediatr Rev 1991; 12: 325-330.

Trier JS: Celiac sprue. N Engl J Med 1991; 325: 1709-1719.

Maladie de Crohn   150

Michel Weber, Khazal Paradis, Arié Bensoussan, Jacques Boisvert

Généralités

Comme la colite ulcéreuse, la maladie de Crohn est une maladie inflammatoire chronique de l'intestin. Son étiologie demeure inconnue. Il existe une prédisposition génétique et la maladie était plus fréquente chez les Juifs; actuellement, on note une augmentation de l'incidence de la maladie, sans égard pour l'origine ethnique. Elle peut atteindre n'importe quelle portion du tube digestif, de la bouche à l'anus, et s'étendre à l'ensemble de l'intestin grêle ou se limiter à la dernière anse iléale, à l'iléon et au côlon, ou au côlon seul. Contrairement à ce qui se produit en cas de colite ulcéreuse, les segments atteints sont le plus souvent séparés par des zones saines. Rare chez l'enfant de moins de 10 ans, la maladie survient surtout chez le pré-adolescent et l'adolescent. Comme dans le cas de toute maladie chronique, la collaboration d'une équipe multidisciplinaire spécialisée est essentielle.

Manifestations cliniques

Les principaux symptômes sont des douleurs abdominales persistantes ou récidivantes qui peuvent s'accompagner d'une altération de l'état général, d'une anorexie, d'une fièvre et d'une diarrhée chronique. La maladie peut aussi se manifester par une masse au niveau de la fosse iliaque droite. Lorsque le côlon est atteint, il peut y avoir une diarrhée sanglante. Assez souvent, on retrouve une atteinte périanale (abcès, fissure, fistule), qui représente parfois le mode de présentation de la maladie. On observe fréquemment un ralentissement de la croissance staturopondérale et un retard pubertaire; ces anomalies sont dues à une insuffisance d'apport énergétique et elles peuvent se manifester des mois ou des années avant l'apparition des symptômes digestifs. Le tableau clinique peut apparaître de façon insidieuse. Plusieurs autres manifestations extradigestives sont possibles:

1) Arthralgies ou arthrite touchant surtout les grosses articulations;

2) Ulcères buccaux;

3) Érythème noueux ou *pyoderma gangrenosum*;

4) Conjonctivite non infectieuse ou uvéite;

5) Lithiase urinaire (il s'agit surtout de calculs d'oxalate);

6) Atteinte hépatique;

7) Phlébite.

On note assez souvent un hippocratisme digital.

Explorations

L'hémogramme peut révéler une anémie microcytaire.

Il peut y avoir une hypo-albuminémie.

La vitesse de sédimentation est élevée, de même que la protéine C réactive.

Des cultures de selles (coprocultures) permettent d'exclure une étiologie infectieuse; une surinfection à *Clostridium difficile* peut accompagner ou aggraver la maladie.

L'exploration radiologique de l'estomac, ainsi que de l'intestin grêle et du côlon en double contraste, joue un rôle important dans le diagnostic. Les anomalies affectent le plus souvent la région iléocolique. L'atteinte gastrique peut se manifester par des ulcères aphteux. L'atteinte de la dernière anse iléale («signe de la ficelle») est fréquente. Les autres anomalies sont des irrégularités de la muqueuse, des ulcérations, des sténoses, des fistules, ainsi que des régions malades entrecoupées de zones saines. L'aspect radiologique ressemble parfois à celui de la colite ulcéreuse. L'échographie abdominale peut montrer une paroi intestinale épaissie, œdémateuse et fixe, ainsi que des abcès.

Lorsqu'il y a une atteinte de l'estomac, du duodénum, du jéjunum ou du côlon, ou lorsque le diagnostic de maladie de Crohn est suspecté, une endoscopie haute avec biopsies contribue au diagnostic. Lorsqu'il y a une atteinte colique, une coloscopie avec biopsies est nécessaire.

Le lavement opaque et la coloscopie sont contre-indiqués lorsqu'on suspecte un mégacôlon toxique.

L'échographie et la tomodensitométrie abdominales permettent de localiser les abcès et de les drainer par voie transcutanée.

Traitement

I. Médical

1) Un corticostéroïde administré par voie générale pendant six semaines permet assez souvent d'obtenir une rémission rapide. On utilise par exemple la prednisone à raison de 1 à 2 mg/kg/24 heures PO en 2 fois (maximum chez le grand enfant: 60 mg/24 heures). Une fois la rémission obtenue, la posologie est réduite graduellement et la prednisone est administrée de préférence un jour sur deux en attendant le sevrage complet.

2) Lorsqu'il y a une atteinte du côlon, la sulfasalazine ou un autre anti-inflammatoire intestinal apparenté, en association avec les corticostéroïdes, est utile pour induire une rémission (voir Colite ulcéreuse). Certaines présentations de l'acide amino-5-salicylique, un dérivé de la sulfasalazine, agissent à différents niveaux de l'intestin grêle.

3) Le métronidazole (15 mg/kg/24 heures PO en 2 à 3 fois; maximum chez le grand enfant: 750 mg/24 heures) est particulièrement utile en cas d'atteinte périanale ou de fistule. L'effet secondaire principal est une neuropathie qui se manifeste par des paresthésies, habituellement réversibles à l'arrêt du traitement.

4) Les agents immunosuppresseurs comme l'azathioprine et la 6-mercaptopurine sont efficaces pour maintenir une rémission. En général, ils

sont réservés aux patients corticodépendants depuis plus de six mois ou corticorésistants. La cyclosporine semble favoriser les rémissions chez une faible minorité de patients dont la maladie est difficile à contrôler; son usage devrait être réservé à une équipe spécialisée.

Lorsqu'une rémission est obtenue, les avis sont partagés quant à la nécessité d'un traitement d'entretien à la prednisone administrée un jour sur deux ou, en cas d'atteinte colique, à la sulfasalazine ou à un autre anti-inflammatoire intestinal. Le but d'un tel traitement est de prévenir ou de retarder les récidives.

La mise au repos de l'intestin et l'administration d'une alimentation parentérale ou d'une alimentation entérale (régime élémentaire en gavages nocturnes) occupent un rôle important dans le traitement des cas graves. Utilisées pendant quelques semaines à quelques mois, elles permettent notamment d'améliorer l'état général, d'obtenir une reprise de la croissance staturopondérale et du développement pubertaire, de réduire l'inflammation intestinale et de favoriser une rémission, d'atténuer les manifestations extra-intestinales, de faciliter la fermeture des fistules et de diminuer les complications postopératoires. Ce type de soutien nutritionnel est utilisé conjointement avec les autres formes de traitement médical.

II. Chirurgical

La majorité des enfants et des adolescents atteints de la maladie de Crohn finissent par être opérés. Les interventions peuvent avoir une visée palliative (exemples: drainage d'abcès, mise à plat de fistule) ou curative (résection intestinale). Les principales indications opératoires sont les suivantes:

1) Occlusion intestinale;

2) Fistule;

3) Atteinte intestinale réfractaire au traitement médical, particulièrement si elle cause un retard staturopondéral et un retard pubertaire;

4) Mégacôlon toxique;

5) Maladie périanale importante;

6) Perforation intestinale;

7) Hémorragie digestive profuse.

Complications

Fistulisation vers une autre anse intestinale, la vessie, le vagin ou la peau, occlusion intestinale, malnutrition, masse abdominale (fosse iliaque droite), retard de croissance, retard pubertaire, fistules et fissures anales, anémie, infection postopératoire. Les manifestations extradigestives mentionnées plus haut peuvent aussi être considérées comme des complications. À long terme, la cancérisation est moins à redouter que dans le cas de la colite ulcéreuse.

Pronostic

L'évolution naturelle de la maladie est caractérisée par des rémissions induites par le traitement médical ou chirurgical, suivies de récidives survenant quelques mois ou quelques années plus tard. Après une résection intestinale, le risque de rechute au cours des deux ans qui suivent l'intervention est d'environ 50 %; ces récidives sont surtout localisées au site d'anastomose. Lorsque le traitement et le suivi sont adéquats, la mortalité est faible, mais la qualité de vie est nettement altérée.

Lectures suggérées

Kirschner BS : Inflammatory bowel disease in children. Pediatr Clin North Am 1988; 35 : 189-208.

Lake AM : Recognition and management of inflammatory bowel disease in children and adolescents. Curr Probl Pediatr 1988; 18 : 377-437.

Motil KJ, Grand RJ : Ulcerative colitis and Crohn disease in children. Pediatr Rev 1987; 9 : 109-120.

O'Gorman M, Lake AM : Chronic inflammatory bowel disease in children. Pediatr Rev 1993; 14 : 475-480.

Podolsky DK : Inflammatory bowel disease (Part I). N Engl J Med 1991; 325 : 928-937.

Podolsky DK : Inflammatory bowel disease (Part II). N Engl J Med 1991; 325 : 1008-1016.

Statter MB, Hirschl RB, Coran AC : Inflammatory bowel disease. Pediatr Clin North Am 1993; 40 : 1213-1231.

Maladie de Hirschsprung   151

Michel Weber, Arié Bensoussan, Khazal Paradis

Généralités

La maladie de Hirschsprung ou mégacôlon congénital résulte de l'absence de cellules ganglionnaires au niveau des plexus d'Auerbach et de Meissner, qui entraîne un défaut de propulsion fécale au niveau du segment paralysé. Cette anomalie commence toujours au niveau de l'anus et s'étend le plus souvent au rectosigmoïde (75 %); elle atteint parfois une portion plus longue ou même l'ensemble du côlon, et, exceptionnellement, l'intestin grêle. Cette maladie touche environ un nouveau-né sur 5 000; elle est plus fréquente chez les garçons. Des cas familiaux ont été décrits.

Manifestations cliniques

La forme néonatale se manifeste par un retard d'élimination du méconium (celui-ci est normalement évacué au cours des 24 premières heures de vie). Un tableau d'occlusion intestinale peut ensuite se développer : distension abdominale importante, vomissements bilieux et absence de selles. Le toucher rectal découvre un rectum vide, avec des selles au bout du doigt;

le retrait de celui-ci s'accompagne d'une débacle explosive de selles et de gaz. La maladie peut aussi se manifester chez le nouveau-né par un bouchon méconial; cette situation requiert une biopsie rectale; elle démontre une maladie de Hirschsprung dans 15 % des cas.

Chez le nourrisson, la maladie se caractérise par des épisodes de rétention des selles et des gaz avec distension de l'abdomen; ces épisodes alternent avec des périodes de diarrhées nauséabondes. Ce tableau est souvent associé à un retard pondéral; une entérocolite grave avec déshydratation peut survenir à tout moment.

Chez le grand enfant, la maladie de Hirschsprung se manifeste par une constipation chronique avec accumulation de fécalomes en amont de la zone aganglionnaire. Il s'agit en général d'une forme ultracourte de la maladie, intéressant le sphincter interne.

Explorations

Le lavement opaque montre une zone distale rétrécie. Celle-ci est surmontée d'une zone intermédiaire en entonnoir; en amont, le côlon est fortement dilaté par les selles et les gaz.

La manométrie rectale constitue un outil de diagnostic utile; elle démontre l'absence caractéristique de relaxation du sphincter interne lors de la distension rectale (absence du réflexe recto-anal inhibiteur).

Le diagnostic doit être confirmé par des biopsies rectales étagées (3 et 5 cm) au tube à succion, qui démontrent l'absence pathognomonique de cellules ganglionnaires, ainsi qu'une hyperplasie des fibres cholinergiques s'étendant jusqu'à la sous-muqueuse, avec la coloration à l'acétylcholinestérase.

Traitement

Le traitement curatif a pour objectifs :

1) D'enlever la zone aganglionnaire;
2) De rétablir la continuité digestive en préservant la fonction du sphincter anal, sans nuire aux fonctions urinaire et génitale.

Si l'enfant est en occlusion, le traitement de soutien habituel (soluté, aspiration gastrique continue) est administré en attendant l'opération, ainsi que des irrigations rectales; une colostomie est faite en territoire colique sain. Le traitement définitif sera fait quelques semaines plus tard; il consiste à enlever le segment aganglionnaire, à abaisser l'extrémité distale du côlon sain et à faire une anastomose colo-anale (*pull through*). Si l'enfant est en subocclusion et si les lavements quotidiens permettent l'évacuation des selles, la colostomie peut être évitée et l'opération curative peut être réalisée après quelques semaines. Cette stratégie doit être révisée et une colostomie doit être faite si les lavements échouent ou si une entérocolite survient. En cas de forme ultracourte, il faut assurer une vidange rectale par des moyens médicaux, puis faire une sphinctérotomie interne sur 3 cm par voie anale.

Pronostic

Les complications postopératoires (fuite anastomotique, abcès, etc.) sont maintenant devenues rares. L'incontinence fécale qu'on peut observer après le traitement chirurgical des formes longues est temporaire; elle résulte du fait qu'il faut un certain temps au néorectum pour s'adapter à sa fonction de réservoir. L'entérocolite demeure une complication redoutable. Une résection incomplète de la zone atteinte cause de la constipation. La plupart des patients opérés mènent une vie normale et sont continents, parfois après un apprentissage prolongé.

Lecture suggérée

Dillon PW, Cilley RE: Newborn surgical emergencies. Gastrointestinal anomalies, abdominal wall defects. Pediatr Clin North Am 1993; 40: 1289-1314.

Maladie de Kawasaki　　　　　152

Michel Weber, Anne Fournier, Jean-Claude Fouron

Généralités

Depuis sa description au Japon en 1967, la maladie de Kawasaki a été reconnue dans le monde entier; les enfants d'ascendance asiatique sont plus à risque que les autres. La cause de cette vasculite généralisée n'est pas connue; il se peut que divers agents infectieux puissent être capables de déclencher le processus immunologique caractéristique de la maladie. Plusieurs autres affections peuvent ressembler à la maladie de Kawasaki (exemples: rougeole, mononucléose infectieuse, scarlatine). Les garçons sont plus souvent atteints que les filles. La maladie est à peu près exclusivement pédiatrique (80 % des enfants atteints ont moins de cinq ans). Malheureusement, il n'existe aucun autre moyen de diagnostic de certitude que l'observation d'un tableau clinique caractéristique.

Manifestations cliniques

Le diagnostic est probable lorsque d'autres causes possibles sont exclues et lorsque cinq des six critères cliniques suivants sont présents:

1) Fièvre élevée d'une durée supérieure à cinq jours;

2) Conjonctivite bilatérale sans exsudat (la dilatation des vaisseaux conjonctivaux est très caractéristique);

3) Atteinte buccale (hyperhémie et fissuration des lèvres, hyperhémie des muqueuses buccale et pharyngée, langue framboisée);

4) Atteinte des extrémités (arthralgies, arthrite, œdème des mains et des pieds, hyperhémie palmo-plantaire);

5) Éruption cutanée (elle peut être maculopapuleuse, urticarienne ou scarlatiniforme; elle est souvent étendue et a une prédilection pour la région périnéale);

6) Adénopathie cervicale (elle n'est présente que dans 50 à 80 % des cas).

En l'absence de traitement, la période aiguë, qui s'accompagne parfois de diarrhée, dure habituellement une à deux semaines; elle peut parfois durer jusqu'à un mois. Pendant cette période, la plupart des patients présentent une irritabilité remarquable. Une desquamation surtout périunguéale caractéristique s'observe deux à trois semaines après le début de la maladie. Des cas atypiques ont été rapportés; dans ce cas, le diagnostic peut être difficile ou impossible. Dans le doute, il est toujours préférable de faire une évaluation cardiaque.

Explorations

L'hémogramme révèle habituellement une anémie normochrome normocytaire et une hyperleucocytose à prédominance neutrophile. Une thrombocytose caractéristique apparaît après une à deux semaines d'évolution.

La vitesse de sédimentation est élevée, de même que la protéine C-réactive.

Comme il s'agit d'un diagnostic d'élimination, il est prudent de faire une ou plusieurs hémocultures, une culture des sécrétions pharyngées et un dosage des anti-streptolysines. Des cultures virales et la sérologie pour certains virus (notamment le virus Epstein-Barr et celui de la rougeole) sont utiles en cas de doute.

Les transaminases sont souvent légèrement élevées.

Il peut y avoir une pyurie aseptique.

Un électrocardiogramme et un échocardiogramme doivent être faits dès que le diagnostic est suspecté pour détecter l'apparition d'une ischémie, d'arythmies ou d'anévrismes coronariens. Ces examens seront répétés périodiquement pendant environ un an après la maladie, pour détecter l'apparition tardive d'anévrismes coronariens ou d'autres problèmes cardiaques.

Un examen ophtalmologique doit aussi être pratiqué pour s'assurer qu'il n'y a pas d'uvéite.

Surtout s'il y a des douleurs abdominales ou une masse palpable dans l'hypochondre droit, une échographie abdominale est utile pour mettre en évidence une distension de la vésicule biliaire, assez caractéristique de la maladie de Kawasaki.

Traitement

Le traitement consiste en l'administration intraveineuse d'une dose unique de 2 g/kg de gammaglobulines en 10 heures. Pendant la perfusion, l'enfant doit être surveillé étroitement parce qu'il existe un faible risque de réaction anaphylactique. Comme le diagnostic est souvent impossible à prouver et que le traitement est peu dangereux, il est préférable de donner les gammaglobulines dès que le diagnostic semble probable. Ce traitement entraîne la disparition rapide des signes généraux et peut prévenir l'apparition d'anévrismes coronariens. Pour autant que l'enfant soit encore fébrile, l'administration de gammaglobulines est conseillée dès le moment du diagnostic, même si une longue période de temps s'est écoulée depuis le début des symptômes.

Si la fièvre persiste malgré l'administration de gammaglobulines, ce qui est rare, on peut administrer au besoin de l'acide acétylsalicylique à dose anti-inflammatoire (80 à 100 mg/kg/24 heures PO en 4 fois) en surveillant la salicylémie. Même si des anévrismes coronariens ne sont pas détectés, de l'acide acétylsalicylique est donné à dose antiplaquettaire (3 à 5 mg/kg/24 heures PO en 1 fois) pendant quelques mois (l'apparition tardive d'anévrismes a été rapportée). S'il y a des anévrismes coronariens, ce traitement est poursuivi jusqu'à leur disparition. Certains y ajoutent le dipyridamole; d'autres choisissent d'autres modalités d'anticoagulation (héparine par voie sous-cutanée ou dérivés de la coumarine par voie orale). Les patients qui ont des anévrismes coronariens multiples ou géants devraient s'abstenir de sports de compétition. L'atteinte coronarienne nécessite rarement un traitement chirurgical.

Complications

Des anévrismes coronariens apparaissent chez 7 à 20 % des enfants non traités; des thromboses avec infarctus du myocarde ou des ruptures de ces anévrismes sont responsables de la plupart des décès. Des anévrismes peuvent aussi se développer au niveau de gros troncs artériels périphériques. Une péricardite, une myocardite, des arythmies et une défaillance cardiaque peuvent aussi s'observer. Une uvéite survient assez souvent. Une méningite aseptique peut apparaître. Une douleur au niveau de l'hypochondre droit, associée ou non à l'apparition d'une masse palpable à ce niveau, doit faire suspecter une distension de la vésicule biliaire, facilement confirmée par l'échographie. Une pancréatite peut survenir.

Suivi

Les patients qui n'ont pas d'anévrismes coronariens doivent être suivis pendant deux à trois mois; les autres doivent être suivis de façon régulière par un cardiologue pédiatrique. Une angiographie coronarienne est parfois indiquée, notamment lorsqu'il y a des symptômes suggestifs d'ischémie coronarienne ou lorsque l'épreuve d'effort est positive.

Pronostic

Avant l'ère du traitement aux gammaglobulines, la mortalité était de 1 à 2 %. Lorsqu'il n'y a pas d'atteinte cardiaque, le pronostic est excellent. Lorsqu'il y a des anévrismes coronariens, il existe un faible risque de complications graves. Les anévrismes coronariens finissent habituellement par disparaître; dans ce cas, le pronostic à long terme est inconnu et un suivi cardiologique est donc suggéré.

Mesures de prévention

Les patients atteints ne doivent pas être isolés.

Lectures suggérées

American Heart Association Committee on Rheumatic Fever, Endocarditis, and Kawasaki Disease : Diagnostic guidelines for Kawasaki disease. Am J Dis Child 1990; 144: 1218-1219.

Burns JC, Mason WH, Glode MP, *et al.* : Clinical and epidemiologic characteristics of patients referred for evaluation of possible Kawasaki disease. J Pediatr 1991; 118: 680-686.

Burns JC, Wiggins JW Jr, Toews WH, *et al.* : Clinical spectrum of Kawasaki disease in infants younger than 6 months of age. J Pediatr 1986; 109: 759-763.

Hicks RV, Melish ME: Kawasaki syndrome. Pediatr Clin North Am 1986; 33: 1151-1175.

Kato H, Inove O, Akagi T: Kawasaki disease: cardiac problems and management. Pediatr Rev 1988; 9: 209-217.

Levy M, Koren G: Atypical Kawasaki disease: analysis of clinical presentation and diagnostic clues. Pediatr Infect Dis J 1990; 9: 122-126.

Nagashima M, Matsushima M, Matsuoka H, *et al.* : High-dose gammaglobulin therapy for Kawasaki Disease. J Pediatr 1987; 110: 710-712,

Newburger JW, Takahashi M, Burns JC, *et al.* : The treatment of Kawasaki syndrome with intravenous gamma globulin. N Engl J Med 1986; 315: 341-347.

Plotkin SA, Daum RS, Giebink GS: Intravenous gammaglobulin use in children with Kawasaki disease. Pediatrics 1988; 82: 122.

Rowley AH: Current therapy for acute Kawasaki syndrome. J Pediatr 1991; 118: 987-991.

Rowley AH, Gonzalez-Crussi F, Shulman ST: Kawasaki syndrome. Adv Pediatr 1991; 38: 51-74.

Rowley AH, Gonzalez-Crussi F, Shulman ST: Kawasaki syndrome. Curr Probl Pediatr 1991; 21: 387-405.

Shulman ST, Bass JL, Bierman F, *et al.* : Management of Kawasaki syndrome: a consensus statement prepared by North American participants of the third international Kawasaki disease symposium, Tokyo, Japan, December 1988. Pediatr Infect Dis J 1989; 8: 663-667.

Smith LBH: Kawasaki syndrome and the eye. Pediatr Infect Dis J 1989; 8: 116-118.

Maladie de Lyme   153

Jean-Bernard Girodias

Généralités

La maladie de Lyme est une infection bactérienne causée par le *Borrelia burgdorferi*, un spirochète transmis à l'homme par une tique du groupe *Ixodes* (*Ixodes dammini*, *Ixodes pacificus*, *Ixodes ricinus*, etc.). Divers animaux servent de réservoir à cette tique : cerfs, chevreuils, petits rongeurs, chevaux, chats, chiens, etc. L'incidence saisonnière (mai à septembre) correspond à la période d'activité de la tique.

La maladie de Lyme est surtout répandue dans le nord-est et le centre des États-Unis, ainsi qu'en Californie. Elle se rencontre aussi de façon occasionnelle dans beaucoup d'autres régions du monde, y compris l'Europe. Peu de cas ont été rapportés au Canada. L'incidence de cette maladie pourrait augmenter, en raison de la tendance de la tique à élargir son habitat et de la multiplication des voyages dans les zones endémiques.

Les personnes qui circulent dans des régions boisées riches en vecteurs de la maladie (cerfs et souris) sont les plus exposées.

Le risque d'acquérir la maladie est faible si l'hôte est parasité par la tique pendant moins de 24 heures.

Manifestations cliniques

Elles sont polymorphes et non spécifiques.

I. Phase primaire

L'érythème chronique migrant est l'élément clinique le plus constant et le plus caractéristique de la maladie. Il apparaît 3 à 32 jours après la piqûre de la tique. Il se présente d'abord comme une macule ou une papule rouge située au niveau du site de la piqûre. Cette lésion s'aggrandit pour former un érythème annulaire à centre clair pouvant atteindre plusieurs centimètres de diamètre. L'érythème chronique migrant peut rester isolé ou s'accompagner secondairement d'autres lésions identiques ou différentes (urticaire, éruption faciale, érythème diffus). Au cours de cette phase, on note parfois des signes locaux (prurit, sensation de brûlure) ou généraux (fièvre, malaises, céphalées, arthralgies, conjonctivite).

II. Phase secondaire

Elle survient quelques semaines ou quelques mois après la piqûre. Elle peut être précédée de plusieurs poussées d'érythème chronique migrant ou survenir en l'absence de tout signe cutané précurseur. Les principales manifestations cliniques rapportées au cours de cette phase sont les suivantes :

1) Atteinte neurologique :
   - Fatigue chronique ;
   - Méningite aseptique ;
   - Neuropathie périphérique ;
   - Paralysie de certains nerfs crâniens, et tout particulièrement du nerf facial ;
   - Syndrome de Guillain-Barré.

2) Atteinte articulaire caractérisée par une arthrite mono-articulaire ou oligo-articulaire. Cette arthrite peut être fugace et récidivante. Elle touche surtout les grosses articulations et peut ressembler à une arthrite rhumatoïde juvénile.

3) Atteinte cardiaque (bloc auriculoventriculaire, myocardite).

III. Phase tertiaire

Les manifestations tardives caractéristiques de cette phase sont exceptionnelles chez l'enfant. Elles surviennent des mois ou des années après la piqûre. Quelques cas d'arthrite chronique intéressant surtout les genoux on été rapportés.

Explorations

Une maladie de Lyme est probable et le traitement doit être institué dans chacune des circonstances suivantes :

1) Séjour dans une région endémique, avec ou sans histoire de piqûre de tique, et présence d'une lésion d'érythème chronique migrant d'au moins 5 cm de diamètre ;

2) Présence d'une manifestation tardive suggestive et épreuve sérologique positive.

La confirmation du diagnostic repose soit sur l'identification histologique ou la culture du *Borrelia*, par exemple à partir de la périphérie d'une lésion d'érythème chronique migrant, soit sur la présence de taux élevés d'IgM et d'IgG spécifiques dans le sang ou le liquide céphalorachidien, ou, mieux, sur une élévation du titre de ces anticorps dans le sang entre la phase aiguë et la phase de convalescence. Un minimum de trois à quatre semaines s'écoule entre la morsure de la tique et la séroconversion. Le taux d'IgM diminue avec le temps, tandis que les IgG persistent plus longtemps. Il peut y avoir des faux positifs et des faux négatifs, c'est pourquoi les épreuves sérologiques constituent seulement l'un des critères de diagnostic, le plus important étant le tableau clinique.

Traitement

1) Phase primaire, érythème chronique migrant, paralysie faciale isolée, arthrite aiguë, cardite légère :

   a) Chez l'enfant de moins de 9 ans, les deux choix sont les suivants :
   - Pénicilline V ou phénoxyméthylpénicilline : 25 à 100 mg/kg/ 24 heures, soit 40 000 à 160 000 UI/kg/24 heures PO en 3 fois (maximum chez le grand enfant : 2 g ou 3 200 000 UI/ 24 heures) ;
   - Amoxicilline : 30 à 50 mg/kg/24 heures PO en 3 fois (maximum chez le grand enfant : 2 g/24 heures).

   Chez l'enfant allergique à la pénicilline, l'érythromycine constitue un bon choix.

   b) Chez l'enfant de plus de 9 ans, les deux choix sont les suivants :
   - Tétracycline : 250 mg PO 4 fois par jour ;
   - Doxycycline : 100 mg PO 2 fois par jour.

   La durée du traitement est de 10 à 30 jours.

2) Autres manifestations tardives (arthrite persistante, cardite grave, méningite ou encéphalite) : utiliser soit la ceftriaxone, soit la pénicilline G cristalline :
   - Ceftriaxone : 50 à 100 mg/kg/24 heures IV ou IM en 1 fois (maximum chez le grand enfant : 4 g/24 heures) ;
   - Pénicilline G cristalline : 300 000 UI/kg/24 heures IV en 6 fois (maximum chez le grand enfant : 24 000 000 UI/24 heures).

   La durée du traitement est de 14 à 21 jours.

Mesures préventives

Les patients atteints ne doivent pas être isolés.

Au cours de la phase primaire, le sang du patient peut transmettre la maladie.

La prévention consiste à éviter les régions boisées dans les zones endémiques, à s'habiller de telle façon que les bras et les jambes soient entièrement couverts et à appliquer fréquemment une substance insectifuge sur les vêtements (perméthrine) et sur la peau (N,N-diéthyl-m-toluamine ou deet). En raison de sa neurotoxicité possible lorsqu'il est absorbé par la peau irritée ou enflammée, le deet doit être utilisé avec prudence chez l'enfant : il ne doit pas être appliqué sur les mains et le visage et doit être éliminé par rinçage dès qu'il n'est plus nécessaire. Les tiques se repèrent plus facilement sur des vêtements de couleur claire. Il est important d'inspecter attentivement et fréquemment les surfaces cutanées exposées, ainsi que les vêtements. L'extraction précoce de la tique réduit le risque d'infection ; pendant cette manœuvre, il faut éviter de l'écraser. La meilleure technique consiste à l'aggriper au ras de la peau au moyen d'une pince courbe et de la soulever en exerçant une pression ferme et soutenue pour lui faire lâcher prise. Au cours de l'extraction, les doigts sont protégés par des gants ou un morceau de papier ou de tissu. Lorsqu'elle est terminée, le point d'inoculation et les mains sont lavés à l'eau et au savon. Un traitement prophylactique est envisagé lorsque la tique est restée en place pendant plus de 48 heures ou s'il s'agit d'une femme enceinte.

Pronostic

Il est excellent lorsque la maladie est traitée adéquatement. Les complications chroniques semblent moins fréquentes chez les enfants que chez les adultes.

Lectures suggérées

Eichenfield AH, Athreya BH : Lyme disease : of ticks and titers. J Pediatr 1989 ; 114 : 328-333.

Gerber MA, Shapiro ED : Diagnosis of Lyme disease in children. J Pediatr 1992 ; 121 : 157-162.

Kazmierczak JJ, Davis JP : Lyme disease : ecology, epidemiology, clinical spectrum, and management. Adv Pediatr 1992 ; 39 : 207-255.

Ostrov BE, Athreya BH : Lyme disease. Difficulties in diagnosis and management. Pediatr Clin North Am 1991 ; 38 : 535-553.

Stechenberg BW : Lyme disease : the latest great imitator. Pediatr Infect Dis J 1988 ; 7 : 402-409.

Stechenberg BW : Lyme disease. Curr Probl Pediatr 1992 ; 22 : 383-389.

Steere AC : Lyme disease. N Engl J Med 1989 ; 321 : 586-596.

Williams CL, Strobino B, Lee A, et al. : Lyme disease in childhood : clinical and epidemiologic features of ninety cases. Pediatr Infect Dis J 1990 ; 9 : 10-14.

Maladie des griffes de chat (lymphoréticulose bénigne d'inoculation)   154

Michel Weber, Marc Lebel

Généralités

L'agent responsable de cette maladie est resté longtemps inconnu ; on sait maintenant qu'elle est probablement due à une bactérie pléomorphe à Gram négatif, le *Rochalimæa henselæ*, *quintana* ou *elizabethæ*. Cette affection est surtout transmise par des chats, habituellement jeunes.

Manifestations cliniques

Environ 3 à 10 jours après la griffure ou le contact avec le chat, une papule de 2 à 5 mm de diamètre apparaît, se transforme en vésicule ou en pustule et disparaît en 3 semaines environ. Cette lésion cutanée peut passer inaperçue et peut avoir disparu au moment de la consultation initiale. La manifestation clinique la plus fréquente est une adénite, souvent unique, qui apparaît une à sept semaines après la lésion cutanée et qui peut persister plusieurs mois, parfois même jusqu'à un an. Cette adénite peut être douloureuse et devient souvent fluctuante ; la peau qui la recouvre peut être hyperhémiée. Sa localisation dépend du territoire de drainage lymphatique dans lequel était située la lésion cutanée initiale : les sites dans lesquels on la retrouve sont, par ordre décroissant de fréquence, les régions axillaire, cervicale, sous-mandibulaire, préauriculaire, épitrochléenne et inguinale ; dans la majorité des cas, un seul site est atteint.

On peut aussi observer des signes généraux, habituellement peu importants (légère fièvre, céphalées, myalgies, etc.). Plusieurs formes atypiques ont été décrites : fièvre élevée, encéphalite, syndrome de Parinaud (conjonctivite et adénopathie pré-auriculaire), thrombopénie, érythème noueux, etc.

Explorations

L'épreuve de Mollaret, qui consiste à injecter par voie intradermique du matériel obtenu par ponction ganglionnaire chez un cas prouvé, a été abandonnée en raison des risques inhérents à l'injection de matériel biologique.

La bactérie peut être mise en évidence par la coloration argentique de Warthin-Starry du matériel obtenu par ponction ou par exérèse ganglionnaire. Si la lésion cutanée initiale est encore présente, elle peut aussi être biopsiée.

Le diagnostic sérologique est maintenant disponible dans quelques laboratoires.

Traitement

Bien qu'il s'agisse d'une infection bactérienne, aucun traitement antibiotique ne semble efficace ; il est donc préférable de s'abstenir. Lorsqu'il y a un doute quant au diagnostic, lorsque l'adénopathie est fluctuante ou douloureuse, un ponction-aspiration à l'aiguille ou une exérèse chirurgicale peut être faite. Il faut éviter l'incision et le drainage, parce que cette manœuvre peut être suivie d'une suppuration prolongée. Le patient doit être suivi de façon régulière.

Pronostic

La maladie guérit spontanément et complètement, habituellement en 5 à 12 semaines, parfois plus.

Contagiosité

L'isolement des enfants atteints n'est pas indiqué, et il n'est pas nécessaire de se débarrasser des chats porteurs.

Prévention

La plupart des cas peuvent être prévenus en évitant les contacts avec les chats.

Lectures suggérées

Carithers HA : Cat-scratch disease. An overview based on a study of 1200 patients. Am J Dis Child 1985; 139: 1124-1133.
Ginsburg CM : Cat-scratch adenitis. Pediatr Infect Dis J 1984; 3: 437-439.
Margileth AM : Cat-scratch disease update. Am J Dis Child 1984; 138: 711-713.
Zangwill KM, Hamilton DH, Perkins BA : Cat scratch disease in Connecticut. Epidemiology, risk factors, and evaluation of a new diagnostic test. N Engl J Med 1993; 329: 8-13.

Maladie main-pied-bouche   155

Jean-Bernard Girodias, Marc Lebel

Généralités

La maladie main-pied-bouche est causée par des entérovirus, et plus particulièrement par le virus Coxsackie A16. Elle survient surtout pendant l'été.

Manifestations cliniques

La maladie se caractérise par les signes et symptômes suivants :

1) Un énanthème buccal douloureux constitué de lésions érosives arrondies et superficielles qui, contrairement aux lésions d'herpangine, sont localisées à la partie antérieure de la bouche (face interne des joues et des lèvres, langue, sillons gingivaux);

2) Un exanthème constitué de vésicules de nombre et de taille variables, surtout localisées aux faces dorsales et palmo-plantaires des mains et

des pieds; on observe souvent des lésions maculopapuleuses au niveau des fesses;

3) Des symptômes généraux (fièvre, malaise général, irritabilité, anorexie, diarrhée) peuvent s'ajouter à l'éruption.

Explorations

Un tableau clinique typique suffit à poser le diagnostic. Habituellement, aucune exploration particulière n'est indiquée, mais, dans certaines circonstances spéciales, le diagnostic peut être confirmé par la mise en évidence d'une ascension des anticorps contre le virus en cause et par l'isolement de ce virus à partir des sécrétions oropharyngées, des selles ou du liquide contenu dans les vésicules.

Traitement

Donner au besoin un antipyrétique et analgésique comme l'acétaminophène ou paracétamol (15 mg/kg/dose toutes les 4 heures; maximum chez le grand enfant: 650 mg/dose); éviter les aliments et liquides acides.

Complications

Elles sont exceptionnelles (méningite aseptique, myocardite, syndrome poliomyélitique).

Pronostic

Il est excellent: la maladie guérit spontanément en une semaine environ.

Période d'incubation

Elle est de trois à six jours.

Mesures préventives

Elles se limitent au lavage des mains et à une bonne hygiène. En cas d'hospitalisation, les précautions entériques doivent être prises pendant une semaine après le début de la maladie (voir Prévention des infections en milieu hospitalier).

Maladies métaboliques du nouveau-né 156

Grant Mitchell, Marie Lambert, Philippe Chessex

Généralités

Le médecin généraliste et le pédiatre sont d'habitude les premiers à être confrontés avec le nouveau-né atteint d'une maladie du métabolisme intermédiaire. Ces affections sont relativement rares, mais elles constituent une urgence médicale, car elles exigent un diagnostic et un traitement rapides. En effet, un diagnostic et un traitement précoces peuvent sauver la vie de l'enfant et prévenir ou minimiser l'atteinte cérébrale dont certaines de ces maladies peuvent être responsables. D'autre part, il est de la plus haute importance de poser un diagnostic précis pour pouvoir offrir à la famille un conseil génétique adéquat et l'informer des possibilités de diagnostic prénatal lors d'une grossesse ultérieure. Ce chapitre se limite à certains éléments qui peuvent rendre service au clinicien en attendant l'intervention d'un spécialiste.

Dans la majorité des cas, à partir de l'évaluation clinique et de quelques examens de laboratoire simples et rapidement disponibles, on peut déterminer en quelques minutes ou quelques heures si le nouveau-né présente ou non une maladie métabolique à révélation néonatale.

Manifestations cliniques

Les symptômes initiaux ne sont pas spécifiques et peuvent ressembler à ceux de plusieurs autres maladies graves du nouveau-né comme une anoxie, une septicémie ou une hémorragie intracrânienne. Les explorations métaboliques de base doivent être entreprises simultanément avec celles que requièrent ces autres maladies.

Le signe d'appel le plus fréquent d'une maladie métabolique à révélation néonatale est une détérioration inexpliquée de l'état général ou de l'état de conscience survenant après une grossesse normale, une naissance sans incident et une période de quelques heures à quelques jours sans symptômes (intervalle libre). Le premier indice peut être une succion déficiente ou un refus complet de boire. Si un traitement spécifique n'est pas entrepris, l'état de l'enfant s'aggrave progressivement en dépit de la thérapie de soutien habituelle ; cette détérioration peut aller jusqu'au coma et à la mort. Les explorations habituelles pour les causes non métaboliques de coma s'avèrent négatives. Les principaux indices cliniques et paracliniques d'une maladie métabolique néonatale sont résumés dans le tableau 50.

Tableau 50 Principaux indices possibles d'une maladie métabolique du nouveau-né

- Cliniques
  - léthargie ou coma inexpliqué
  - difficultés alimentaires
  - hépatomégalie
  - odeur anormale
- Paracliniques
  - acidose métabolique avec trou anionique augmenté
  - hypoglycémie ou hyperglycémie
  - hyperammoniémie
  - cétonurie
  - diminution de la carnitine plasmatique
  - élévation des transaminases
  - augmentation des acides lactique et pyruvique plasmatiques

Explorations

I. Anamnèse

On recherche un intervalle libre de symptômes entre la naissance et le début de la maladie et on précise le mode d'alimentation de l'enfant. Il faut noter que des convulsions isolées, en l'absence d'une léthargie préalable et avec une glycémie normale, sont rares dans les maladies du métabolisme intermédiaire, à l'exception de la dépendance en pyridoxine et de l'hyperglycinémie non cétogène ; la première se manifeste par des convulsions persistantes et réfractaires au traitement anticonvulsivant habituel et la seconde par des myoclonies.

L'histoire familiale peut apporter une aide précieuse car les maladies du métabolisme intermédiaire sont héréditaires. La plupart sont transmises selon le mode autosomique récessif ; certaines sont liées au chromosome X ou ont une transmission maternelle (mitochondriale). On recherche une histoire de décès inexpliqués pendant la période néonatale, ainsi qu'une consanguinité entre les parents.

II. Examen

On accorde une attention particulière à l'état neurologique de l'enfant et à la recherche d'une hépatomégalie. La découverte d'une odeur anormale chez le patient lui-même ou dans son urine constitue un repère très utile. Les exemples classiques sont l'odeur de sirop d'érable ou de sucre brûlé en cas de leucinose (maladie du sirop d'érable), l'odeur de pieds en transpiration en cas d'acidémie isovalérique ou d'acidémie glutarique de type II et l'odeur d'acétone en cas de maladie métabolique avec cétose.

III. Examens paracliniques

La classification de Saudubray (tableau 51) montre que l'évaluation clinique, accompagnée de certains examens de laboratoire rapidement disponibles (voir ci-dessous) permet d'orienter le diagnostic vers l'une ou l'autre des catégories de maladies métaboliques néonatales. Les principales analyses de laboratoire à faire sont les suivantes :

1) Dans l'urine :
   a) Rechercher les corps cétoniques au moyen d'une bandelette réactive ou d'un Acétest ;
   b) Rechercher la présence de glucose (Clinistix) et de substances réductrices (Clinitest) ;
   c) Rechercher les alpha-céto-acides au moyen de la dinitrophényl-hydrazine (DNPH). N.B. : Dans la leucinose, le test à la DNPH peut être positif même si l'Acétest est négatif, car les alpha-céto-acides qui s'accumulent ne réagissent pas avec ce dernier ;
   d) Rechercher les sulfites (Sulfitest) ;
   e) Mesurer le pH ;
   f) Congeler au moins trois échantillons pour des études ultérieures.
2) Dans le sang ou le plasma :
   a) Mesurer la glycémie : une hypoglycémie peut être notée dans plusieurs types de maladies métaboliques. Une hyperglycémie se

Tableau 51 Classification pratique des principales maladies métaboliques
à début néonatal (selon Saudubray)

Groupe I :	Atteinte neurologique avec cétose (test à la DNPH positif) et acidose métabolique variable
	– leucinose
Groupe II :	Atteinte neurologique avec acidose métabolique et cétose marquées
	– acidémie méthylmalonique
	– acidémie propionique
	– acidémie isovalérique
	– déficience en biotinidase
	– certaines acidoses lactiques congénitales
Groupe III :	Acidose métabolique avec atteinte neurologique et cétose variables ou absentes
	– acidoses lactiques congénitales
	– acidémie glutarique de type II
	– déficience en gluthation-synthétase
	– troubles de la bêta-oxydation
Groupe IV :	Atteinte neurologique isolée, acidose et cétose variables ou absentes
	– sous-groupe IV A : avec hyperammoniémie
	– hyperammoniémie transitoire du nouveau-né
	– défauts héréditaires du métabolisme de l'ammoniaque
	– sous-groupe IV B : sans hyperammoniémie
	– hyperglycinémie sans cétose
	– déficience en sulfite-oxydase
	– syndrome de Zellweger et autres maladies des peroxysomes
	– convulsions par dépendance en pyridoxine
Groupe V :	Atteinte hépatique sans atteinte neurologique marquée
	– sous-groupe V A : hépatomégalie et hypoglycémie :
	– glycogénoses (types 1 et 3)
	– défauts de la bêta-oxydation des acides gras (présentation néonatale inhabituelle)
	– sous-groupe V B : hépatomégalie et lyse hépatocellulaire
	– galactosémie
	– intolérance héréditaire au fructose
	– tyrosinémie hépatorénale (type 1)

retrouve souvent en cas d'acidémie organique, particulièrement si l'enfant reçoit une perfusion d'une solution glucosée ;

b) Évaluer l'équilibre acidobasique : une acidose métabolique s'observe fréquemment en cas d'anomalie héréditaire du métabolisme intermédiaire ; lorsqu'il y a une acidose métabolique, on détermine le trou anionique qui est augmenté. L'hyperammoniémie primaire s'associe initialement à une alcalose respiratoire ;

c) Mesurer l'ammoniémie : la lyse des globules rouges dans un échantillon prélevé difficilement ou préparé trop tardivement peut augmenter faussement le taux sérique d'ammoniaque. Une augmentation secondaire vraie se rencontre dans plusieurs acidémies organiques. Chez le nouveau-né qui présente des symptômes résultant d'une hyperammoniémie, l'ammoniémie est habituellement au moins trois fois plus élevée que la limite supérieure de la normale ;

d) Doser les acides lactique et pyruvique dans le sang. La lactacidémie peut être élevée non seulement en cas d'acidose lactique congénitale, mais aussi en cas d'hypoxémie, de septicémie ou de défaillance cardiaque. Un prélèvement difficile peut augmenter faussement la lactacidémie. Le niveau de celle-ci est très variable, qu'il s'agisse d'une acidose lactique primaire ou secondaire. Parfois, dans les formes d'acidose lactique à manifestation tardive, la lactacidémie peut être faiblement élevée ou même normale ;

e) Faire une chromatographie des acides aminés plasmatiques. Celle-ci doit être interprétée par un expert car il est difficile de distinguer les enfants présentant une maladie métabolique de ceux qui ont des anomalies secondaires des acides aminés plasmatiques ; par exemple, le taux de tyrosine est augmenté de façon non spécifique en cas d'atteinte hépatocellulaire grave. Le diagnostic de tyrosinémie hépatorénale (type 1) repose sur la mise en évidence de la succinylacétone, un acide organique caractéristique de cette maladie ;

f) Congeler 2 à 5 mL de plasma hépariné pour des études ultérieures.

3) Dans le liquide céphalorachidien :

Dans plusieurs situations, il peut être utile de prélever un échantillon et d'y mesurer le glucose, les protéines ainsi que les acides lactique et pyruvique. On congèle 0,5 à 1 mL pour d'éventuelles études ultérieures, telles qu'une chromatographie des acides aminés.

4) Divers : des perturbations secondaires se retrouvent fréquemment dans plusieurs maladies métaboliques à révélation néonatale aiguë : leucopénie, thrombopénie, lyse hépatocellulaire, troubles de la coagulation, hyperbilirubinémie et hypocalcémie.

Si l'enfant décède, les étapes suivantes doivent être entreprises :

1) S'assurer que des échantillons de plasma et d'urine ont été congelés.

2) Prélever 10 à 20 mL de sang sur EDTA pour une analyse éventuelle de l'ADN.

3) Effectuer une biopsie de peau : nettoyer la peau avec de l'alcool, prélever stérilement le fragment et le placer dans un milieu de culture de tissu. Si une culture de lymphoblastes peut être faite, prélever 10 mL de sang hépariné et conserver cet échantillon à la température de la pièce.

4) Prélever deux à trois fragments de 1 cm^3 de foie et de muscle aussitôt que possible après le décès et les congeler à $-80°C$ en vue de dosages enzymatiques éventuels.

5) Faire une autopsie complète. Dans certaines situations, des radiographies, des cultures bactériennes et une étude cytogénétique peuvent être utiles.

Approche initiale

En attendant un diagnostic précis et un traitement spécifique, qui appartiennent au domaine surspécialisé, quelques mesures thérapeutiques simples sont indiquées :

1) Arrêter toute alimentation orale.

2) Perfuser une solution de glucose et d'électrolytes.

3) Corriger prudemment et progressivement l'acidose métabolique au moyen de bicarbonate de sodium par voie intraveineuse pour maintenir le pH au voisinage de 7,2. L'administration de bicarbonate ne corrige pas le problème de base et, si elle est excessive, elle risque d'induire une hypernatrémie et de causer des hémorragies intracrâniennes.

4) Consulter immédiatement un spécialiste en maladies métaboliques.

Lecture suggérée

Saudubray JM : Maladies métaboliques. Doin, Paris, 1991.

Maladies sexuellement transmissibles et autres infections génitales 157

Jean-Yves Frappier, Marc Girard, Marc Lebel, Michel Weber, Serge Rousseau

Abréviations :
- CMV :   cytomégalovirus
- CT :   *Chlamydia trachomatis*
- MST :   maladies sexuellement transmissibles
- NG :   *Neisseria gonorrhϫ* (gonocoque)

Généralités

Ce chapitre traite des maladies sexuellement transmissibles (MST) les plus communes, ainsi que des autres infections génitales, qu'elles soient sexuellement transmises ou non. Elles sont présentées selon leur agent causal (exemple : syphilis), et selon leur site (exemple : salpingite).

Les MST peuvent atteindre le nouveau-né et le nourrisson soit par voie transplacentaire (exemple : syphilis congénitale), soit par voie verticale au moment de l'accouchement (exemple : conjonctivite à CT). Elles peuvent aussi affecter l'enfant prépubère victime de sévices sexuels. Chez l'adolescent, elles résultent le plus souvent de relations sexuelles avec une personne infectée, plus rarement de sévices sexuels.

Dépistage

Le dépistage de la syphilis, des hépatites B et C, du SIDA, ainsi que des infections à CT et à NG peut être indiqué dans les situations suivantes :
- Sévices sexuels évidents ou suspectés ;
- Usage de drogues par voie intraveineuse ;
- Prostitution ;
- Relations sexuelles sans préservatifs, particulièrement avec des partenaires à risque élevé.

Lorsqu'une MST est découverte chez un patient, il est prudent de rechercher les autres.

En raison de la prévalence élevée de l'état de porteur de CT, un dépistage annuel systématique doit être répété chez l'adolescente sexuellement active dans les situations suivantes :
- Saignement lors du premier écouvillonnage cervical ;
- Fidélité insuffisante au traitement récent d'une maladie sexuellement transmissible ;
- Relations sexuelles sans préservatif avec plusieurs partenaires, avec un nouveau partenaire, ou avec un partenaire qui présente une urétrite ou une cervicite ;
- Vaginites récidivantes, cystite ;
- Découverte d'une autre MST (syphilis, infection à *Gardnerella vaginalis*, à NG, à *Trichomonas*, à *Mycoplasma hominis* ou à *Ureaplasma urealyticum*, condylome, dysplasie du col, etc.).

Principales maladies sexuellement transmissibles et autres infections génitales selon leur agent causal

N.B. : Les MST sont indiquées par un astérisque.

I. Infections à *Candida albicans*

Très rare chez la fille prépubère, la vaginite à *Candida albicans* est fréquente chez l'adolescente. Elle peut être favorisée par le diabète, la grossesse, ainsi que la prise de contraceptifs oraux ou d'antibiotiques. Cette infection n'est pas considérée comme une MST.

II. Infections à *Chlamydia trachomatis* (CT)*

Chez le nouveau-né et le nourrisson de moins de trois mois, le CT acquis par voie verticale au cours de l'accouchement peut être responsable d'une infection des voies respiratoires supérieures, d'une conjonctivite ou d'une pneumonie. Chez l'adolescent, l'infection à CT ne cause souvent aucun symptôme ou peut se manifester par une cervicite, une conjonctivite, une épididymite, une proctite, une urétrite ou une salpingite.

III. Infection à cytomégalovirus (CMV)*

La primo-infection à CMV de la mère peut causer une atteinte fœtale grave (voir Infections congénitales). Le CMV peut aussi être transmis par voie verticale lors de l'accouchement et causer une pneumonie chez le nourrisson de moins de trois mois, ainsi que chez les patients immunosupprimés de tout âge. Chez l'adolescent, il peut être responsable d'un syndrome ressemblant à la mononucléose infectieuse. C'est également une des causes possibles d'hépatite. Le CMV peut être transmis par le lait maternel.

IV. Infection à *Gardnerella vaginalis**

Rare chez la fille prépubère, cet agent est une cause de vaginite chez l'adolescente («vaginose»).

V. Infection à *Mycoplasma hominis** et à *Ureaplasma urealyticum**

Ces agents, qui appartiennent à la famille des *Mycoplasma*, sont souvent associés au CT et au NG lors de la transmission d'une MST. Ils peuvent causer une pneumonie ou, beaucoup plus rarement, une méningite chez le nouveau-né et le jeune nourrisson. Chez l'adolescent, il doivent être suspectés en cas d'urétrite, de vaginite, de cervicite, de bartholinite ou de salpingite, que les cultures pour le CT et le NG soient positives ou négatives.

VI. Infections à *Neisseria gonorrhœæ* (NG)**

Chez le nouveau-né qui n'a pas reçu de traitement préventif, le principal problème causé par cet agent est l'ophtalmie néonatale. Exceptionnellement, il peut aussi être responsable d'une arthrite ou d'une méningite. Chez la fille prépubère, le NG peut causer une vaginite avec leucorrhée importante. Chez l'adolescent, il peut notamment causer une arthrite, une bactériémie aiguë ou chronique, une cervicite, une conjonctivite, une endocardite, une épididymite, une méningite, une pharyngite, une périhépatite (syndrome de Fitz-Hugh et Curtis), une proctite, une urétrite ou une salpingite.

VII. Infection à papillomavirus**

Voir le chapitre Verrues et condylomes.

VIII. Infections à *Treponema pallidum**

Cet agent cause la syphilis congénitale chez le nouveau-né et le jeune nourrisson. Chez l'adolescent, il est responsable de la syphilis primaire ou secondaire. Le stade tertiaire ne s'observe que chez l'adulte.

IX. Infection à *Trichomonas vaginalis**

Rarement présent chez la fille prépubère, cet agent est une cause de vaginite chez l'adolescente.

X. Infection par le virus de l'hépatite A, B et C**

Voir Hépatites virales.

XI. Infections à *Herpèsvirus**

Ce virus (surtout le type 2) peut être acquis par voie verticale au moment de l'accouchement et être responsable d'une infection généralisée grave chez le nouveau-né. Chez l'adolescent, il cause des lésions génitales douloureuses et récidivantes (voir aussi le chapitre Infections herpétiques). Il peut aussi causer une hépatite.

XII. Infection par le virus de l'immunodéficience acquise (SIDA)*
Voir chapitre Syndrome d'immunodéficience acquise (SIDA).

D'autres agents peuvent aussi être transmis par contact sexuel : il s'agit notamment du *Campylobacter fetus*, du *Salmonella*, du *Shigella*, du virus du *molluscum contagiosum*, du *Cryptosporidium*, de l'*Entamœba histolytica*, du *Giardia lamblia*, du *Phtirius pubis* (pou) et du *Sarcoptes scabiei* (gale).

Maladies sexuellement transmissibles et infections génitales selon leur site : étiologie, manifestations cliniques et explorations

I. Arthrite septique

1) Étiologie : chez le nouveau-né, l'enfant et l'adolescent, le NG peut être en cause. Une arthrite réactive peut accompagner une urétrite non gonococcique.
2) Manifestations cliniques : voir Arthrite septique.
3) Explorations : voir Arthrite septique. Chez l'adolescent, selon ses pratiques sexuelles, il est utile de cultiver les autres sites pouvant être colonisés par le NG (anus, col utérin, gorge, urètre).

II. Bactériémie et septicémie

1) Étiologie : chez le nouveau-né, l'enfant et l'adolescent : NG.
2) Manifestations cliniques : voir Bactériémies et septicémies.
3) Explorations : hémocultures. Chez l'adolescent, selon ses pratiques sexuelles, cultiver les autres sites pouvant être colonisés par le NG (anus, col utérin, gorge, urètre).

III. Balanite

Voir Balanite et posthite.

IV. Cervicite

1) Étiologie : les principaux agents responsables de la cervicite sont le CT, le NG, l'*Herpèsvirus*, le *Mycoplasma hominis* et l'*Ureaplasma urealyticum*.
2) Manifestations cliniques : il peut n'y en avoir aucune. Les signes et symptômes possibles sont un écoulement cervical, une friabilité et un saignement postcoïtal du col, ainsi que des douleurs pelviennes.
3) Explorations : examen direct des sécrétions cervicales après coloration au Gram, épreuve de diagnostic rapide de l'infection à CT sur les sécrétions cervicales, culture des sécrétions cervicales pour le CT, le NG et les *Mycoplasma*. Cultiver aussi, selon les pratiques sexuelles, les autres sites pouvant être colonisés (anus, gorge, urètre).

V. Conjonctivite

1) Étiologie :
   – Chez le nouveau-né qui n'a pas reçu de traitement préventif, le NG peut causer une conjonctivite grave (ophtalmie du nouveau-né),

qui apparaît au cours des premiers jours de vie et peut conduire à la perte de la vision. Pendant les premières semaines de vie, le CT peut être responsable d'une conjonctivite persistante qui apparaît plusieurs jours ou plusieurs semaines après la naissance.

- Chez l'adolescent : CT et NG.

2) Manifestations cliniques : voir le chapitre Conjonctivites.

3) Explorations : cultures des sécrétions conjonctivales. Chez l'adolescent, il est utile de cultiver, selon les pratiques sexuelles, les autres sites pouvant être colonisés par le NG (anus, col utérin, gorge, urètre).

VI. Endocardite

1) Étiologie (chez l'adolescent) : NG.

2) Manifestations cliniques : voir le chapitre Endocardite.

3) Explorations : hémocultures multiples, échocardiographie. Cultiver, selon les pratiques sexuelles, les autres sites pouvant être colonisés par le NG (anus, col utérin, gorge, urètre)

VII. Épididymite

1) Étiologie :

- Chez le garçon prépubère, l'épididymite aiguë est rare ; elle peut être causée par l'*Hæmophilus influenzæ* ;
- Chez l'adolescent : CT et NG.

2) Manifestations cliniques : il peut y avoir de la fièvre. L'épididyme est augmenté de volume et douloureux.

3) Explorations : chez l'adolescent, cultiver, selon les pratiques sexuelles, les autres sites pouvant être colonisés par le CT ou le NG (anus, col utérin, gorge, urètre).

VIII. Infection localisée ou généralisée à *Treponema pallidum* (syphilis)

1) Étiologie : le *Treponema pallidum*, un spirochète, peut infecter le fœtus par voie transplacentaire (syphilis congénitale) ; le risque de transmission est maximal pendant l'année qui suit l'infection maternelle. Chez l'adolescent, la maladie prend les mêmes formes que chez l'adulte, à l'exception de la syphilis tertiaire qui apparaît plus tardivement.

2) Manifestations cliniques :

a) La syphilis congénitale peut pendant un certain temps ne causer aucun symptôme et se manifester après plusieurs semaines ou plusieurs mois de vie. Il s'agit d'une maladie polymorphe qui peut être difficile à diagnostiquer ; les signes et symptômes suivants ont notamment été décrits : anémie, atteinte auditive, atteinte dentaire, atteinte oculaire, atteinte osseuse multifocale, éruption cutanée, hépatosplénomégalie, anasarque fœtoplacentaire, neutropénie, méningite, pneumonie, rhinite persistante, thrombopénie, etc. ;

b) Chez l'adolescent, la syphilis primaire se manifeste par une lésion ulcérée (chancre), le plus souvent localisée au niveau des organes génitaux et pouvant s'accompagner d'adénopathies régionales. La syphilis secondaire est caractérisée par une éruption cutanée le plus souvent maculopapuleuse qui touche souvent la paume des mains et la plante des pieds; elle peut s'accompagner de fièvre, d'adénopathies généralisées et de malaises. La syphilis tertiaire (aortite, gommes syphilitiques, atteinte neurologique, etc.) survient après une longue période de latence et ne s'observe donc pas chez l'enfant et l'adolescent.

3) Les outils de diagnostic sont les suivants:

a) Identification microscopique du tréponème par examen sur fond noir du produit de grattage de lésions muqueuses ou cutanées ou du produit d'aspiration d'un ganglion. La sensibilité de cet examen n'est pas élevée, c'est pourquoi il doit être répété; s'il est négatif, le diagnostic n'est pas exclu;

b) Épreuves sérologiques (VDRL, FTA-ABS, etc.); la spécificité de ces examens n'est pas parfaite car plusieurs maladies peuvent être à l'origine de faux positifs.

IX. Lésion du pénis ou de la vulve chez l'adolescent

1) Lésions ulcérées et douloureuses: infection à *Herpèsvirus*, traumatisme.

2) Lésions ulcérées et non douloureuses: syphilis primaire, granulome inguinal, lymphogranulome vénérien.

3) Lésions non ulcérées: condylome, *molluscum*, etc.

N.B.:   Il ne faut pas oublier que la plupart des affections dermatologiques communes peuvent aussi se retrouver au niveau des organes génitaux.

X. Méningite

Étiologie: NG chez le nouveau-né, l'enfant et l'adolescent. L'*Ureaplasma urealyticum* est une autre cause possible chez le nouveau-né.

XI. Orchite

1) Étiologie: la plupart des orchites sont d'origine virale et ne sont pas transmises sexuellement. Chez les enfants et les adolescents non vaccinés, les oreillons sont souvent en cause. Le NG et le CT sont occasionnellement responsables d'une orchite.

2) Manifestations cliniques: augmentation de volume et douleur testiculaire survenant dans le contexte d'une infection virale, surtout les oreillons.

3) Explorations: voir Oreillons. Chez l'adolescent qui n'a pas d'atteinte parotidienne, rechercher, selon les pratiques sexuelles, le CT et le NG au niveau de l'urètre, de la gorge et de l'anus.

XII. Pharyngite

1) Étiologie : chez l'enfant prépubère comme chez l'adolescent, le NG et le CT peuvent causer une pharyngite.

2) Manifestations cliniques : voir Amygdalite, «angine», pharyngite.

3) Explorations : le diagnostic se fait par culture des sécrétions pharyngées ; il est utile de cultiver aussi, selon les pratiques sexuelles, les sécrétions anales et urétrales.

XIII. Pneumonie

Pendant les premières semaines de vie, le cytomégalovirus, le CT et l'*Ureaplasma urealyticum* peuvent notamment être responsables d'une pneumonie (voir chapitre Pneumonies).

XIV. Proctite

1) Étiologie : pendant l'adolescence, le CT, le NG et l'*Herpèsvirus* sont les principaux agents responsables.

2) Manifestations cliniques : douleur anale, écoulement, lésions anales.

3) Explorations : le diagnostic se fait par culture. Il est prudent de cultiver les autres sites qui peuvent être colonisés (col utérin, gorge, urètre).

XV. Salpingite

1) Étiologie : CT, NG, *Mycoplasma hominis*, *Ureaplasma urealyticum*, ainsi que diverses bactéries aérobies et anaérobies.

2) Facteurs de risque : ils sont les mêmes que ceux des autres MST, mais il faut y ajouter l'utilisation d'un stérilet et le traitement tardif des MST.

3) Manifestations cliniques : une salpingite peut évoluer à bas bruit sans occasionner de symptômes ou avec des symptômes minimes, ou se manifester par la triade fièvre – douleurs pelviennes – leucorrhée.

4) Explorations : l'examen de l'abdomen peut révéler une douleur et une défense musculaire au niveau de l'une ou des deux fosses iliaques. L'examen gynécologique peut déceler un écoulement cervical purulent ainsi qu'une augmentation de volume et une vive douleur au niveau de l'annexe atteinte. Des anomalies de l'échographie pelvienne apparaissent tardivement et ne sont pas spécifiques ; un examen négatif n'exclut donc pas ce diagnostic. Seule la laparoscopie peut fournir un diagnostic de certitude : elle permet de confirmer le diagnostic, d'évaluer l'étendue des lésions, de faire des cultures adéquates, de pratiquer un lavage péritonéal, d'effectuer une lyse d'adhérences ou de drainer un abcès. Il faut aussi cultiver, selon les pratiques sexuelles, les sécrétions anales, cervicales, pharyngées et urétrales.

5) Complications : douleurs abdominales chroniques, grossesses extra-utérines, stérilité, abcès tubaires et ovariens, adhérences pelviennes, syndrome de Fitz-Hugh et Curtis (périhépatite).

XVI. Urétrite

1) Étiologie : les principaux agents responsables des urétrites sont le CT, le NG, l'*Ureaplasma urealyticum* et le *Mycoplasma hominis*.

2) Manifestations cliniques : il n'y en a souvent aucune. Lorsqu'il y a des symptômes, il peut s'agir de brûlures mictionnelles et d'un écoulement urétral souvent matinal.

3) Explorations : examen direct des sécrétions urétrales après coloration au Gram, épreuve de diagnostic rapide des infections à CT sur les sécrétions urétrales ; cultiver, selon les pratiques sexuelles, les autres sites possibles de colonisation (anus, col utérin, gorge).

XVII. Vaginite

1) Étiologie :

– Chez la fille prépubère, une vaginite peut notamment être causée par des bactéries entériques de la région périnéale, particulièrement l'*Escherichia coli*, ou par différentes bactéries colonisant les voies respiratoires, comme l'*Hæmophilus influenzæ*, le *Neisseria meningitidis*, le *Staphylococcus aureus*, le *Streptococcus pneumoniæ* (pneumocoque), le *Streptococcus pyogenes* (streptocoque bêtahémolytique du groupe A), etc. D'autres étiologies possibles sont la présence d'un corps étranger dans le vagin et l'oxyurose. L'enfant prépubère victime de sévices sexuels peut présenter une vaginite causée par l'un des agents retrouvés chez l'adolescente, particulièrement le NG. Le *Candida albicans* n'est que très rarement en cause.

– Chez l'adolescente, les causes les plus fréquentes de vaginite sont le *Candida albicans*, le *Gardnerella vaginalis* et le *Trichomonas vaginalis*.

2) Manifestations cliniques : douleur ou prurit vulvaire, leucorrhée, dyspareunie.

3) Explorations : l'aspect et l'odeur des sécrétions vaginales ont une certaine valeur diagnostique. En cas de vaginite à *Candida albicans*, elles sont blanches, grumeleuses et ont une odeur âcre. En cas de vaginite à *Gardnerella vaginalis*, elles sont abondantes, spumeuses et dégagent une odeur de poisson pourri lorsqu'on y ajoute du KOH à 10 %. En cas de vaginite à *Trichomonas vaginalis*, elles sont grisâtres ; le vagin et le col peuvent présenter un piqueté hémorragique (aspect «framboisé»). L'examen direct des sécrétions vaginales avant et après addition de KOH à 10 % est très utile. L'examen direct sans préparation peut démontrer la présence de *Trichomonas vaginalis* vivants ; ceux-ci peuvent aussi être visualisés lors de la cytologie cervicale. La présence de cellules indicatrices truffées de bactéries (*clue cells*) est suggestive d'une infection à *Gardnerella vaginalis*. En cas d'infection à *Candida albicans*, l'examen direct au KOH révèle la présence de filaments mycéliens. Des cultures sont faites sur les milieux habituels et sur milieu de Sabouraud.

Traitement

I. Infections à *Candida albicans*

Vaginite chez l'adolescente : les deux options suivantes sont satisfaisantes :
- Clotrimazole : un ovule vaginal de 200 mg au coucher pendant 3 jours, ou une application de 5 g de pommade à 1 % au coucher pendant 7 jours ;
- Miconazole : un ovule vaginal de 400 mg au coucher pendant 3 jours ou une application de 5 g de crème ou de gel à 2 % au coucher pendant 7 jours.

II. Infections à *Chlamydia trachomatis*

N.B. : Il est prudent de répéter les cultures après la fin du traitement.

1) Conjonctivite ou pneumonie du nouveau-né ou du jeune nourrisson : érythromycine (50 mg/kg/24 heures PO en 3 à 4 fois pendant 14 jours).

2) Cervicite, épididymite, urétrite, pharyngite, proctite chez l'adolescent :
- Premier choix : doxycycline : 200 mg/24 heures PO en 2 fois pendant 7 à 14 jours (contre-indiquée chez l'adolescente enceinte) ;
- Second choix : érythromycine : 2 g/24 heures PO en 4 fois pendant 7 à 14 jours.

3) Salpingite : voir plus loin.

III. Infections à *Gardnerella vaginalis*

Vaginite chez l'adolescente :
- Premier choix : métronidazole : 1 g/24 heures PO en 2 fois pendant 7 jours ;
- Second choix : clindamycine : 600 mg/24 heures PO en 2 fois pendant 7 jours.

IV. Infections à *Neisseria gonorrhœæ*

N.B. : 1) Chez l'adolescent, l'infection à NG est souvent associée à une infection à CT ;
2) Il est prudent de répéter les cultures après la fin du traitement.

1) Arthrite ou bactériémie :
- a) Chez le nouveau-né :
  - Premier choix : céfotaxime : 150 mg/kg/24 heures IV en 2 à 3 fois pendant 10 à 14 jours ;
  - Second choix : pénicilline G : 75 000 à 100 000 UI/kg/24 heures IV en 4 fois pendant 7 jours.
- b) Chez l'enfant prépubère :
  - Premiers choix : ceftriaxone : 50 mg/kg/24 heures IV en 1 fois pendant 7 jours ; maximum chez le grand enfant : 4 g/24 heures,

ou céfotaxime : 150 mg/kg/24 heures IV en 3 ou 4 fois pendant 7 jours (maximum chez le grand enfant : 10 g/24 heures);
- Second choix : pénicilline G : 150 000 UI/kg/24 heures IV en 4 fois pendant 7 jours (maximum chez le grand enfant : 24 000 000 UI/24 heures).

c) Chez l'adolescent :
- Premier choix : ceftriaxone (1 g IV 1 fois par jour pendant 7 à 10 jours);
- Second choix : céfotaxime : 3 g/24 heures IV en 3 fois pendant 7 à 10 jours.

2) Conjonctivite ou ophtalmie néonatale :
- Premier choix : céfotaxime : 75 mg/kg/24 heures IV en 2 à 3 fois pendant 7 jours et irrigation conjonctivale, ou ceftriaxone : 50 mg/kg/24 heures IM en 1 fois et irrigation conjonctivale;
- Second choix : pénicilline G : 100 000 UI/kg/24 heures en 4 fois pendant 7 jours et irrigation conjonctivale.

3) Conjonctivite chez l'adolescent :
- Ceftriaxone : 1 g IM en 1 dose unique ou 1 g IM ou IV 1 fois par jour pendant 5 jours et irrigation conjonctivale.

4) Cervicite, épididymite, urétrite, proctite chez l'adolescent :
- Premier choix : association de ceftriaxone : 250 mg IM en 1 dose unique et de doxycycline : 200 mg/24 heures PO en 2 fois pendant 7 jours;
- Second choix : association de ciprofloxacine : 500 mg PO en 1 dose unique et de doxycycline : 200 mg/24 heures PO en 2 fois pendant 7 jours.

5) Vaginite, pharyngite chez l'enfant prépubère :
- Premier choix : ceftriaxone : 125 mg IM en 1 dose unique;
- Autres choix :
  a) Spectinomycine : 40 mg/kg IM en 1 dose unique (maximum chez le grand enfant : 4 g);
  b) Association d'amoxicilline : 50 mg/kg PO en 1 dose unique (maximum chez le grand enfant : 3 g) et de probénécide : 25 mg/kg PO en 1 dose unique (maximum chez le grand enfant : 1 g);
  c) Association de pénicilline G procaïnique : 100 000 UI/kg IM en 1 dose unique (maximum chez le grand enfant : 2 400 000 UI) et de probénécide : 25 mg/kg PO en 1 dose unique (maximum chez le grand enfant : 1 g).

6) Endocardite : chez l'adolescent :
- Premier choix : ceftriaxone : 2 g/24 heures IV en 1 fois pendant au moins 3 à 4 semaines;
- Second choix : pénicilline G : au moins 10 000 000 UI/24 heures IV en 4 fois pendant au moins 3 à 4 semaines.

7) Méningite :
   a) Chez le nouveau-né :
      – Premier choix : céfotaxime : 150 mg/kg/24 heures IV en 2 à 3 fois pendant 10 à 14 jours ;
      – Second choix : pénicilline G : 100 000 UI/kg/24 heures IV en 3 ou 4 fois pendant au moins 10 jours.
   b) Chez l'enfant prépubère :
      – Premiers choix :
         – Ceftriaxone : 100 mg/kg/24 heures IV en 1 fois pendant 7 jours (maximum chez le grand enfant : 4 g/24 heures) ;
         – Céfotaxime : 200 mg/kg/24 heures IV en 3 à 4 fois pendant au moins 10 jours (maximum chez le grand enfant : 12 g/24 heures).
      – Autres choix :
         – Pénicilline G : 250 000 UI/kg/24 heures IV en 4 à 6 fois pendant au moins 10 jours (maximum chez le grand enfant : 24 000 000 UI/24 heures) ;
         – Chloramphénicol : 100 mg/kg/24 heures IV en 4 fois pendant au moins 10 jours (maximum chez le grand enfant : 4 g/24 heures).
   c) Chez l'adolescent :
      – Premier choix : ceftriaxone : 2 g/24 heures IV en 1 fois pendant au moins 10 jours ;
      – Autres choix :
         – Pénicilline G : au moins 10 000 000 UI/24 heures IV en 4 fois pendant au moins 10 jours ;
         – Chloramphénicol : 4 à 6 g/24 heures IV en 4 fois pendant au moins 10 jours.

V. Infections à papillomavirus (condylomes)
Voir chapitre Verrues et condylomes.

VI. Infections à *Treponema pallidum* (syphilis)
1) Syphilis congénitale :
   – Premier choix : pénicilline G : 150 000 UI/kg/24 heures IM ou IV en 2 à 3 fois pendant 10 à 14 jours ;
   – Second choix : pénicilline G procaïnique : 50 000 UI/kg/24 heures IM en 1 fois pendant 10 à 14 jours.
2) Syphilis primaire, secondaire ou latente de moins de 1 an chez l'adolescent :
   – Premier choix : pénicilline G benzathine : 2 400 000 UI IM en 1 dose unique ;
   – Second choix : doxycycline : 200 mg/24 heures PO en 2 fois pendant 14 jours.
3) Syphilis tardive ou latente depuis plus d'un an chez l'adolescent :
   – Premier choix : pénicilline G benzathine : 2 400 000 UI IM 1 fois par semaine pendant 3 semaines ;

- Second choix : doxycycline : 200 mg/24 heures PO en 2 fois pendant 28 jours.

4) Neurosyphilis chez l'adolescent :
  - Premier choix : pénicilline G : 12 000 000 à 24 000 000 UI/24 heures IM en 6 fois pendant 10 à 14 jours ;
  - Second choix : association de pénicilline procaïnique : 2 400 000 UI/24 heures IM en 1 fois pendant 14 jours et de probénécide : 2 g/24 heures PO en 4 fois pendant 14 jours.

VII. Infections à *Trichomonas vaginalis*

Vaginite chez l'adolescente : métronidazole : de préférence 2 g PO en 1 dose unique, ou 1 g/24 heures PO en 2 fois pendant 7 jours. On peut y associer un ovule vaginal par jour pendant 7 jours.

VIII. Infections à agents inconnus ou multiples (vaginite «non spécifique» chez la fille prépubère, épididymite et salpingite chez l'adolescente).

1) Épididymite chez l'adolescent :
  - Premier choix : association de ceftriaxone : 250 mg IM en 1 dose unique et de doxycycline : 200 mg/24 heures PO en 2 fois pendant 14 à 21 jours ;
  - Second choix : association d'amoxicilline : 3 g PO en 1 dose unique, de probénécide : 1 g PO en 1 dose unique et de doxycycline : 200 mg/24 heures PO en 2 fois pendant 10 jours.

2) Vaginite non spécifique chez une fille prépubère : en cas de non-réponse aux mesures d'hygiène habituelles : amoxicilline : 30 à 50 mg/kg/24 heures PO en 3 fois pendant 10 jours (maximum chez le grand enfant : 2 g/24 heures) ou une céphalosporine. Il est prudent de rechercher le NG. La persistance d'une vaginite à cet âge nécessite une vaginoscopie pour s'assurer qu'il n'y a pas de corps étranger ni de tumeur du vagin.

3) Salpingite chez l'adolescente : la décision d'hospitaliser repose sur le degré d'atteinte de l'état général et l'importance des signes locaux et généraux.
  a) Si la patiente est hospitalisée (option préférable) :
    - Premier choix : association de céfoxitine : 8 g/24 heures IV en 4 fois, et de doxycycline : 200 mg/24 heures PO en 2 fois. Ce traitement est poursuivi pendant au moins 48 heures après la normalisation de la température. On poursuit ensuite le traitement à la doxycycline seule pour atteindre un total de 14 à 21 jours ;
    - Second choix : association de clindamycine : 2,7 g/24 heures IV en 3 fois et de gentamicine : 2 mg/kg IV en 1 dose initiale unique, puis 5 mg/kg/24 heures IV en 3 fois (maximum : 300 mg/24 heures). Ce traitement est poursuivi pendant au moins 48 heures après la normalisation de la température. On poursuit ensuite le traitement à la doxycycline seule pour atteindre un total de 10 à 14 jours.

b) Si la patiente n'est pas hospitalisée : association de ceftriaxone : 250 mg IM en 1 dose unique et de doxycycline : 200 mg/24 heures PO en 2 fois pendant 14 jours à 21 jours.

IX. Infections à *Ureaplasma urealyticum*

Urétrite :

1) < 9 ans : érythromycine : 30 à 50 mg/kg/24 heures PO en 2 à 3 fois pendant 15 jours (maximum chez le grand enfant : 2 g/24 heures) ;

2) > 9 ans : tétracycline : 10 à 25 mg/kg/24 heures PO en 2 à 4 fois pendant 15 jours (maximum chez le grand enfant : 2 g/24 heures).

X. Infections à *Herpèsvirus*

1) Premier épisode d'infection génitale chez l'adolescent : acyclovir (aciclovir) : 1,2 g/24 heures PO en 3 fois pendant 7 à 10 jours.

2) Premier épisode de proctite chez l'adolescent : acyclovir (aciclovir) : 2,4 g/24 heures PO en 3 fois pendant 7 à 10 jours.

3) Prévention des récidives : acyclovir (aciclovir) : 800 mg à 1 g/24 heures PO en 2 à 5 fois pendant au moins un an.

Mesures épidémiologiques

Lorsqu'un nouveau-né ou un nourrisson est atteint d'une MST, ses parents doivent être évalués et traités. Une MST chez un enfant prépubère impose une enquête psychosociale approfondie et, s'il y a lieu, des mesures de protection (voir Sévices sexuels, inceste, viol). Les partenaires sexuels des patients atteints de MST doivent être traités.

Prévention

L'abstinence est utopique. Les principales mesures préventives consistent à ne pas multiplier les partenaires sexuels et à utiliser le préservatif lors de relations sexuelles génito-génitales, oro-génitales ou ano-génitales. Les mesures de prévention doivent être rappelées aux adolescents lors de chaque visite médicale.

Lectures suggérées

Gittes EB, Irwin CE : Sexually transmitted diseases in adolescents. Pediatr Rev 1993 ; 14 : 180-189.

Golden N, Neuhoff S, Cohen H : Pelvic inflammatory disease in adolescents. J Pediatr 1989 ; 114 : 138-143.

McCormack WM : Pelvic inflammatory disease. N Engl J Med 1994 ; 330 : 115-119.

Paradise JE, Grant L : Pelvic inflammatory disease in adolescents. Pediatr Rev 1992 ; 13 : 216-223.

Shafer MA, Sweet RL : Pelvic inflammatory disease in adolescent females. Epidemiology, pathogenesis, diagnosis, treatment and sequelae. Pediatr Clin North Am 1989 ; 36 : 513-532.

Vandeven AM, Emans SJ : Vulvovaginitis in the child and adolescent. Pediatr Rev 1993 ; 14 : 141-147.

Malaria (paludisme)   158

Sélim Rashed, John Dick MacLean, Michel Weber, Luc Chicoine

Généralités

En raison de l'augmentation de la fréquence des voyages, la malaria n'est plus strictement confinée aux régions tropicales, où elle demeure le problème de santé le plus important. Elle s'observe maintenant de façon occasionnelle dans des régions non endémiques.

La maladie est causée par un protozoaire, le *Plasmodium falciparum*, le *Plasmodium ovale*, le *Plasmodium vivax* ou le *Plasmodium malariæ*.

Habituellement, la malaria est transmise lors de la piqûre par un moustique femelle de type anophèle, qui pique tard dans la soirée et au cours de la nuit. D'autres modes de transmission sont possibles : voie transplacentaire, transfusions sanguines, seringues ou aiguilles contaminées.

Le parasite se localise initialement dans les hépatocytes, où il prolifère, pour ensuite retourner à la circulation sanguine, où il parasite les globules rouges et cause de l'hémolyse (crises malariques). Seuls le *Plasmodium ovale* et le *Plasmodium vivax* peuvent persister dans le foie et causer des rechutes pendant de nombreuses années. Le *Plasmodium falciparum* est le plus dangereux.

Selon les espèces, il peut s'écouler 5 à 30 jours entre la piqûre par le moustique et l'apparition du parasite dans le sang. Cet intervalle peut s'allonger si la personne possède une immunité à la suite d'infections répétées, si elle prend une chimioprophylaxie ou l'un des antibiotiques qui ont un effet sur le *Plasmodium*.

Manifestations cliniques

1) La période prodromique, qui dure un à trois jours, ressemble à une grippe : elle se manifeste par une légère fièvre, des myalgies, des céphalées et des malaises généraux.

2) Accès fébriles simples : on observe une alternance de frissons, de fièvre élevée et de sudation profuse. La périodicité des accès se manifeste habituellement après environ cinq jours d'évolution. Les poussées de fièvre surviennent toutes les 48 heures s'il s'agit du *Plasmodium vivax* ou du *Plasmodium ovale* et toutes les 72 heures si le *Plasmodium malariæ* est en cause. La périodicité est rare avec les *Plasmodium falciparum*. L'accès s'accompagne de céphalées, de myalgies, de malaises et, fréquemment, de nausées, de vomissements et de diarrhée. Les convulsions fébriles sont fréquentes chez l'enfant. Le tableau clinique est plus grave si l'infection est due au *Plasmodium falciparum*. Il peut y avoir une hépatosplénomégalie, de la pâleur et de l'ictère. L'anémie peut être importante.

3) Forme compliquée causée par le *Plasmodium falciparum* : il s'agit du neuropaludisme qui se caractérise par une altération de l'état de conscience avec confusion et délire et peut conduire au coma et à la mort.

On peut également observer une insuffisance rénale, un œdème aigu du poumon, une hypoglycémie et, plus rarement, une coagulation intra-vasculaire disséminée et une hémolyse massive (fièvre hémoglobinu-rique).

Une rupture de rate peut survenir, quel que soit le type de malaria, soit spontanément, soit lors de la palpation. Un syndrome néphrotique peut survenir lorsque l'infection est due au *Plasmodium malariæ*.

Explorations

Le diagnostic repose sur l'identification du parasite dans le sang. Le frottis mince permet de reconnaître l'espèce. Le frottis mince et la goutte épaisse permettent de quantifier la parasitémie. Il peut être nécessaire de répéter les frottis, mais il n'est pas nécessaire que les prélèvements soient effec-tués à un moment où le patient est fiévreux.

Aucune épreuve sérologique d'application courante n'est disponible actuellement.

L'hémogramme montre souvent une leucopénie, une thrombopénie et une anémie normochrome normocytaire.

Les enzymes hépatiques et la bilirubine sont fréquemment élevées; le taux ou le temps de prothrombine est plus rarement perturbé.

Traitement

Le mode de traitement doit tenir compte du type de *Plasmodium*, de la gra-vité de l'épisode et du pays où la malaria a été acquise (possibilité de résis-tance à la chloroquine).

1) *Plasmodium vivax*, *Plasmodium ovale* ou *Plasmodium malariæ*: chlo-roquine par voie orale.

2) *Plasmodium falciparum* provenant d'une zone sans résistance à la chloroquine:

   a) Épisode non compliqué: état général peu altéré, état de conscience normal, faible parasitémie (< de 5 % des globules rouges sont para-sités): chloroquine par voie orale ou par sonde gastrique;

   b) Dans les autres cas, quinine ou quinidine par voie intraveineuse.

3) *Plasmodium falciparum* provenant d'une zone où il y a de la résistance à la chloroquine:

   a) Épisode non compliqué et possibilité de traitement par voie orale: le premier choix est le sulfate de quinine auquel on ajoute soit la pyriméthamine-sulfadoxine, soit la tétracycline (chez l'enfant de plus de neuf ans), soit la clindamycine. Les autres choix sont l'halo-fantrine et la méfloquine;

   b) La voie intraveineuse est utilisée lorsqu'il est impossible d'admi-nistrer les médicaments par voie orale (exemple: vomissements), lorsqu'il y a des signes d'atteinte neurologique ou lorsque plus de 5 % des globules rouges sont parasités. On utilise la quinine ou, si elle n'est pas disponible, le gluconate de quinidine. Dès qu'un traitement oral est possible, on y ajoute soit la pyriméthamine-sulfadoxine, soit la tétracycline (chez l'enfant de plus de neuf ans), soit la clindamycine.

Lorsque l'infection est due au *Plasmodium vivax* ou au *Plasmodium ovale*, il faut éliminer le parasite du foie afin d'éviter les rechutes. À cette fin, on administre, après le traitement de la crise aiguë, du phosphate de primaquine pendant 14 jours, après s'être assuré qu'il n'y a pas de déficience en glucose-6-phosphate-déshydrogénase.

Le traitement de soutien consiste à administrer au besoin un soluté et des transfusions, à prévenir ou à traiter l'hypoglycémie et à dialyser s'il y a une insuffisance rénale aiguë. Les corticostéroïdes n'ont pas de place dans le traitement. Lorsqu'il y a une parasitémie élevée et des complications graves, une exsanguino-transfusion peut être indiquée.

Posologies :

– Chloroquine (phosphate de –) : dose initiale : 10 mg/kg/dose de base, soit 17 mg/kg/dose du sel PO (maximum chez le grand enfant : 600 mg/dose de base, soit 1 g/dose du sel), puis 5 mg/kg/dose de base, soit 8 mg/kg/dose du sel (maximum chez le grand enfant : 600 mg/dose de base, soit 1 g/dose du sel) 6, 24 et 48 heures plus tard ;

– Chloroquine (sulfate de –) : 10 mg/kg/24 heures de base PO en 1 fois pendant 5 jours (maximum chez le grand enfant : 500 mg/24 heures) ;

– Clindamycine : 20 à 40 mg/kg/24 heures PO en 3 fois pendant 3 jours (maximum chez le grand enfant : 1,8 g/24 heures) ;

– Halofantrine :

– < 40 kg : 3 doses de 8 mg/kg/dose PO à intervalles de 6 heures ;

– > 40 kg : 3 doses de 500 mg/dose PO à intervalles de 6 heures.

Ce traitement doit être répété une semaine plus tard.

– Méfloquine : la dose totale à administrer est de 15 à 25 mg/kg (maximum chez le grand enfant : 1,25 g) PO ; cette dose totale est répartie en 2 à 3 prises séparées par une période de 6 à 8 heures ;

– Primaquine (phosphate de –) :

– 0,3 mg/kg/24 heures de base, soit 0,5 mg/kg/24 heures du sel, PO en 1 fois pendant 14 jours (maximum chez le grand enfant : 15 mg de base, soit 26,3 mg du sel/24 heures) ;

– Pyriméthamine-sulfadoxine :

– < 1 an :   6,25 et 125 mg PO en 1 fois ;

– 1 à 3 ans :   12,5 et 250 mg PO en 1 fois ;

– 4 à 8 ans :   25 et 500 mg PO en 1 fois ;

– 9 à 14 ans : 50 mg et 1 g PO en 1 fois ;

– > 14 ans :   75 mg et 1,5 g PO en 1 fois ;

– Quinidine (gluconate de –), pour usage intraveineux : on commence par une dose de charge de 6,2 mg/kg de base, soit 10 mg/kg du sel IV (maximum chez le grand enfant : 600 mg de base, soit 900 mg du sel) diluée dans une solution de NaCl à 0,9 % et administrée en 1 heure. On poursuit avec une perfusion de 0,02 mg/kg/minute du sel, pendant 3 jours au maximum. La perfusion doit être ralentie dans les circonstances suivantes :

  – Le taux sérique de quinidine est supérieur à 6 mg/mL ;
  – L'intervalle QT est supérieur à 0,6 secondes ;
  – Le QRS est élargi de plus de 25 % par rapport au tracé de base.

On poursuit ensuite le traitement par voie orale ;

– Quinine (chlorhydrate de –) : 25 mg/kg/24 heures de base PO en 3 fois pendant 3 à 5 jours (maximum chez le grand enfant : 2 g/24 heures) ;

– Quinine (dihydrochlorure de –) pour usage intraveineux : dans les cas graves seulement, on commence par une dose de charge de 15 mg/kg de base, soit 20 mg/kg du sel, diluée dans 10 mL/kg de solution glucosée à 5 %, administrée IV en 4 heures. Dans les cas moins graves ou pour la poursuite du traitement dans les cas graves, on donne ensuite 7,5 mg/kg de base, soit 10 mg/kg du sel, en 2 à 4 heures toutes les 8 heures pendant 3 à 7 jours (maximum chez le grand enfant : 1,35 g de base, soit 1,8 g du sel/24 heures), selon la gravité de la maladie, l'importance de la parasitémie et l'existence d'une immunité partielle contre la malaria ;

– Quinine (sulfate de –) : 25 mg/kg/24 heures de base PO en 3 fois pendant 3 à 5 jours (maximum chez le grand enfant : 2 g/24 heures) ;

– Tétracycline (contre-indiquée avant l'âge de 9 ans et pendant la grossesse) : 20 mg/kg/24 heures PO en 4 fois pendant 7 jours (maximum chez le grand enfant : 1 g/24 heures).

Mesures préventives

Pendant la maladie, les précautions habituelles doivent être prises lors de la manipulation du sang et des autres liquides biologiques. Lors de voyages dans des régions endémiques, les mesures préventives comportent la chimioprophylaxie, l'utilisation de vêtements protecteurs de couleur claire et à manches longues, d'agents qui éloignent les insectes, d'insecticides et de moustiquaires imprégnées ou non d'un insecticide (voir Voyages).

Pronostic

Lorsque le traitement est précoce et bien conduit, le pronostic est excellent. S'il s'agit d'une infection à *Plasmodium falciparum*, les complications neurologiques et vasculaires sont plus fréquentes et la mortalité est plus élevée qu'avec les trois autres types. La maladie est plus grave chez les enfants de moins de cinq ans.

Lectures suggérées

American Academy of Pediatrics: Report of the Committee on Infectious Diseases. American Academy of Pediatrics, Elk Grove Village, Illinois; 22nd ed., 1991.

Fisher PR: Tropical pediatrics. Pediatr Rev 1993; 14: 95-99.

Gendrel D, Badoual J, Lagardère B, Bégué P, Richard-Lenoble D: Traitement de l'accès palustre de l'enfant. Arch Fr Pediatr 1991; 48: 727-735.

Lynk A, Gold R: Review of 40 children with imported malaria. Pediatr Infect Dis J 1989; 8: 745-750.

Malformations congénitales   159

Grant Mitchell, Louis Dallaire

Généralités

Certaines malformations congénitales fréquentes font l'objet de chapitres distincts (exemples: Atrésie de l'œsophage, Cardiopathies congénitales, Fissures labiale et palatine, Hernie diaphragmatique, Myélodysraphies, etc.). Ce chapitre s'attarde plutôt à l'approche générale et globale de l'enfant malformé.

Les malformations congénitales constituent une cause très importante de morbidité et de mortalité en pédiatrie, ainsi qu'une raison fréquente d'hospitalisation.

Aspects psychosociaux

La naissance d'un enfant malformé représente pour sa famille un événement dont les répercussions émotionnelles sont majeures. Dans ce contexte, les démarches diagnostiques doivent être effectuées rapidement, afin que l'ensemble des problèmes puisse être expliqué sans retard aux parents.

Il est important de se souvenir du fait que, même s'il est défiguré, l'enfant porteur d'une ou de plusieurs malformations congénitales peut avoir une intelligence normale et que sa qualité de vie peut être bonne.

L'emploi d'expressions peu spécifiques et péjoratives telles qu'«enfant mongol» sont à proscrire. Les intervenants doivent éviter de discuter de la nature et de la gravité d'une malformation en présence de l'enfant ou de sa famille. Par ailleurs, les professionnels de la santé doivent se garder de présumer trop hâtivement de la qualité de vie et du potentiel intellectuel ultérieurs de l'enfant malformé.

L'annonce initiale de la malformation et les premières rencontres avec les professionnels de la santé peuvent avoir une influence importante sur le développement de la relation parent-enfant. Dès que le diagnostic définitif est posé, on se doit de transmettre la nouvelle. On choisit un endroit confortable et tranquille pour cette rencontre. La description de la maladie doit être simple, claire et non ambiguë et se faire à un rythme qui permette aux parents de bien comprendre les explications. Idéalement, les deux parents et parfois l'enfant seront présents. Au cours de l'entrevue, on encourage le contact physique entre l'enfant et ses parents et on évite les explications qui pourraient blesser l'enfant, s'il est en âge de comprendre la portée des informations. Le médecin adopte une approche et un ton de voix compatissants et, dans la mesure du possible, se montre optimiste, mettant l'accent sur les possibilités fonctionnelles de l'enfant (exemple : « Il pourra aller à l'école comme les autres et participer à plusieurs activités » et non : « Il ne sera jamais un athlète professionnel »). Le médecin doit être préparé à répondre aux questions des parents quant aux divers aspects de la santé de leur enfant. Lorsqu'il y a un risque de retard de développement psychomoteur, on insiste sur l'évaluation qui se fera par étapes, de la petite enfance à la maternelle (jardin d'enfants) et finalement à l'âge scolaire ; on explique aussi aux parents l'importance primordiale de la stimulation de l'enfant par son entourage.

Lorsque les malformations ne peuvent être corrigées intégralement et lorsqu'un handicap persiste, l'enfant et sa famille bénéficient souvent, comme dans toute autre maladie chronique, d'une forme de soutien psychosocial.

Aspects séméiologiques

Des traits dysmorphiques peuvent résulter de nombreux facteurs, parmi lesquels il faut citer les suivants :
1) Des anomalies chromosomiques (exemples : trisomies 13, 18 et 21) ;
2) Des anomalies à transmission mendélienne simple : autosomique dominante ou récessive, dominante ou récessive liée au chromosome X (exemples de transmission autosomique dominante : achondroplasie, syndrome de Marfan) ;
3) Une hérédité multifactorielle (exemples : myéloméningocèle isolé, sténose du pylore) ;
4) Des effets de l'environnement comme l'exposition à des agents tératogènes (exemples : thalidomide, alcool, phénytoïne, isotrétinoïne) ou des déformations mécaniques (exemples : pieds bots, hypoplasie pulmonaire associée à un oligo-amnios).

Souvent, un diagnostic précis ne peut être posé. Cependant, il est important d'adopter une approche systématique et de cataloguer tout trait dysmorphique en vue d'un éventuel diagnostic ; celui-ci peut en effet avoir des implications majeures, notamment sur le pronostic.

On distingue deux types d'anomalies :
1) Les malformations : il s'agit de traits dysmorphiques résultant de la programmation anormale du développement ;
2) Les déformations, qui sont le résultat du jeu de forces mécaniques externes qui ont altéré le développement d'une structure fœtale.

Épidémiologie

L'incidence des problèmes malformatifs est la suivante :
1) Une malformation suffisamment grave pour nécessiter un traitement médical : 2 à 3 % des nouveau-nés ;

2) Une malformation mineure ne nécessitant aucune autre exploration qu'un examen complet : 13,4 % des nouveau-nés ;
3) Deux malformations mineures : 0,8 % des nouveau-nés ; 11 % des ces enfants présentent au moins un problème malformatif grave associé ;
4) Trois malformations mineures ou plus : 0,5 % des nouveau-nés ; 90 % des ces enfants présentent au moins un problème malformatif grave associé.

Anamnèse et examen de l'enfant dysmorphique

I. Anamnèse

Elle précise notamment les éléments suivants :

1) D'autres membres de la famille proche ou éloignée ont-ils présenté des problèmes similaires ? À cet égard, il faut se souvenir du fait que certaines maladies dominantes peuvent avoir des manifestations d'une gravité très variable chez les membres d'une même famille (exemple : sclérose tubéreuse de Bourneville) ;
2) Y a-t-il une consanguinité parentale ? Il faut noter que la consanguinité augmente le risque de maladie à transmission autosomique récessive, mais que le mariage entre cousins germains n'augmente que de 1 % le risque d'avoir un enfant présentant un syndrome malformatif ou une maladie génétique majeure ;
3) Comment s'est passée la grossesse ? On s'intéresse particulièrement aux épisodes infectieux ainsi qu'à la prise de médicaments ou de drogues. Il est important de dater de façon précise la prise de substances chimiques et de noter la quantité consommée. Ces informations sont mises en corrélation avec les périodes de développement des différentes structures fœtales : l'embryogenèse se termine vers la 3e semaine, avec la mise en place de l'ébauche des principaux organes et l'organogenèse se poursuit jusqu'à la 12e semaine. Le développement des organes génitaux externes et du système nerveux central se termine beaucoup plus tard et la myélinisation ne se termine que vers l'âge de deux ans. On note aussi les complications obstétricales et on prend connaissance des rapports des échographies fœtales afin d'estimer la croissance et l'anatomie du fœtus.

II. Examen

Il doit être détaillé et s'intéresse particulièrement à l'aspect général de l'enfant, à son développement psychomoteur, à sa croissance staturo-pondérale et à son périmètre crânien. On recherche attentivement des anomalies mineures comme un épicanthus, un strabisme, un palais ogival, une implantation basse des oreilles, une clinodactylie, une polydactylie ou une syndactylie, un pli palmaire transverse, etc. On recherche un souffle cardiaque, une hépatomégalie ou une splénomégalie et on effectue un examen neurologique détaillé.

III. Explorations

Les examens paracliniques nécessaires dépendent du type de malformation découverte ou suspectée à l'examen. Lorsqu'une malformation a été identifiée à l'examen, il est important d'en rechercher d'autres, en se souvenant que certaines anomalies de la colonne vertébrale ou des reins peuvent échapper à l'examen. Par exemple, une anomalie du pavillon de l'oreille doit faire penser à la possibilité d'une anomalie rénale associée; dans cette situation, une échographie est nécessaire.

Un caryotype est indiqué dans les circonstances suivantes:

1) Des anomalies découvertes à l'examen laissent suspecter une anomalie chromosomique connue (exemple: trisomie 21 ou syndrome de Down);

2) Un enfant présente plus de deux traits dysmorphiques;

3) Un enfant présente un retard mental inexpliqué malgré des explorations approfondies. Dans cette situation, une recherche cytogénétique ou moléculaire du syndrome du X fragile est aussi nécessaire;

4) Une fille présente une petite taille ou une aménorrhée inexpliquée; dans ce cas, le caryotype a pour but d'éliminer un syndrome de Turner (45, X0);

5) Un garçon présente une hypotrophie testiculaire associée ou non à une grande taille; le caryotype a pour objectif d'exclure un syndrome de Klinefelter (47, XXY);

6) Un risque de translocation chromosomique existe, en raison du lien de parenté avec une personne connue comme porteuse de ce type d'anomalie, ou ayant présenté des fausses couches inexpliquées et récidivantes.

Synthèse diagnostique

On établit d'abord la liste de tous les problèmes malformatifs. Pour essayer de poser le diagnostic d'un syndrome, il est souvent utile de se concentrer sur les trois ou quatre anomalies qui semblent les plus spécifiques et les moins fréquentes dans la population en général, puis de consulter une banque informatisée de données ou un ouvrage de référence en dysmorphologie (voir Lectures suggérées). Lorsque le problème est important pour l'enfant ou sa famille, ou lorsqu'il y a plusieurs anomalies, il est souvent indiqué de consulter un généticien.

Il est important d'arriver le plus rapidement possible à un diagnostic précis, notamment pour pouvoir donner à la famille un conseil génétique adéquat; en effet, beaucoup de couples ont tous leurs enfants en peu de temps.

Il peut arriver que le diagnostic clinique soit initialement impossible (exemple: certains enfants présentant un syndrome de Prader-Willi), mais qu'il se précise avec le temps. C'est la raison pour laquelle un suivi à long terme peut avoir une grande importance sur le plan du diagnostic.

Traitement

L'approche thérapeutique de certaines malformations est décrite dans les chapitres correspondants (exemples: Atrésie de l'œsophage, Cardiopathies congénitales, Fissures labiale et palatine, Hernie diaphragmatique, Myélodysraphies, etc.).

L'enfant qui présente un ou plusieurs handicaps doit bénéficier d'un plan d'intervention médicale et paramédicale personnalisé (exemples : éducation spécialisée, orthophonie, physiothérapie ou kinésithérapie, etc.). Un soutien psychosocial est souvent utile à l'enfant et à sa famille.

Dans le cas de certains syndromes malformatifs particulièrement graves, il est important de fixer d'avance, après discussion avec les parents et avec les différents membres de l'équipe traitante, quelles sont les limites des interventions thérapeutiques (exemple : réanimation cardiorespiratoire).

Lectures suggérées

Buyse ML : Birth defects encyclopedia. Center for Birth Defects Information Services Inc, Dover, Massachusetts, 1990.

Graham JM : Smith's recognizable patterns of human deformation. WB Saunders, Philadelphia, 2nd ed., 1988.

Jones KL : Smith's recognizable patterns of human malformation. WB Saunders, Philadelphia, 4th ed., 1988.

Krahn GL, Hallum A, Kime C : Are there good ways to give « bad news »? Pediatrics 1993 ; 91 : 578-582.

Thompson MW, McInnes RR, Williard HF : Thompson & Thompson genetics in medicine. WB Saunders, Philadelphia, 5th ed., 1991.

Malnutrition, marasme et kwashiorkor   160

François Chrétien, Élisabeth Rousseau, Sélim Rashed

Voir aussi Diarrhée chronique et malabsorption, Retard pondéral du nourrisson.

Généralités

Dans les pays développés, la malnutrition est rare. Chez le nourrisson, elle résulte habituellement de la pauvreté, de perturbations psychosociales de la famille, d'une dilution excessive du lait, d'une malabsorption intestinale, d'une insuffisance de lait maternel. Chez l'adolescente, elle se retrouve en cas d'anorexie mentale.

Elle demeure le problème de santé publique le plus important dans les pays en développement. Selon l'Organisation mondiale de la santé, les quatre carences nutritionnelles les plus prévalentes sont la déficience en protéines et en énergie et les carences en fer, en vitamine A et en iode. Selon les estimations récentes, 500 millions d'enfants de moins de 6 ans souffrent actuellement de malnutrition.

L'insuffisance chronique d'apport en protéines et en énergie augmente considérablement la vulnérabilité aux infections et contribue donc de façon majeure à la mortalité infantile. Lorsqu'elle survient pendant les deux premières années de vie, elle peut aussi compromettre l'intelligence de façon permanente. À l'échelle de la planète, la déficience en vitamine A, souvent associée à la malnutrition, constitue par ailleurs la cause principale de cécité. D'autres carences qualitatives, comme la déficience en fer, s'observent très fréquemment.

Dans les pays pauvres, la malnutrition est causée par plusieurs facteurs, parmi lesquels la misère, les infections répétées, la malnutrition maternelle, les perturbations sociales, la sécheresse et les famines, saisonnières ou non, les guerres et les déplacements de populations qui en résultent, la désorganisation de l'agriculture et de l'élevage, les pratiques alimentaires inadéquates, etc. La période du sevrage constitue souvent un moment critique, en raison de l'indisponibilité d'aliments de transition. L'anorexie et la malabsorption causées par la malnutrition entraînent fréquemment un cercle vicieux.

Deux syndromes cliniques distincts ont été identifiés : le marasme et le kwashiorkor. Ces deux formes extrêmes de malnutrition ne constituent que le sommet de l'iceberg, puisque la majorité des cas demeurent à l'état subclinique. Le plus souvent, l'enfant souffrant de malnutrition présente une combinaison de ces deux syndromes, habituellement associée à diverses carences qualititives (fer, vitamine A, acide folique, etc.).

Manifestations cliniques

D'une façon générale, la malnutrition se manifeste initialement par un aplatissement de la courbe de poids, puis, si elle continue à s'aggraver, par un amaigrissement. Si l'apport calorique demeure insuffisant, la vitesse de croissance ralentit à son tour. S'il s'agit d'un enfant de moins de deux ans, la croissance cérébrale est également affectée, ce qui se manifeste par une décélération de l'accroissement du périmètre crânien, plus tardive et plus discrète que le ralentissement de la croissance. L'enfant en état de malnutrition avancée est maigre, ce qu'on objective par une discordance entre la taille et le poids (exemple : taille au 75e percentile et poids au 3e percentile). Le pannicule adipeux sous-cutané est atrophié, ce qui peut être objectivé par la mesure du pli cutané. On utilise aussi comme index de malnutrition la circonférence de la partie moyenne du bras. Les masses musculaires sont réduites. Le développement psychomoteur peut être ralenti en raison de l'hypotrophie musculaire ou de carences qualitatives associées (exemple : déficience en fer).

On distingue plusieurs formes de malnutrition :

I. Marasme

Le marasme résulte d'une insuffisance d'apport calorique et protéique. Cette forme de malnutrition survient surtout au cours de la première année de vie ; elle se rencontre dans tous les pays, même en milieu urbain. La perte de poids est extrêmement importante ; même au début, la fonte des tissus adipeux et musculaire est plus importante qu'en cas de kwashiorkor. Le visage se ride, donnant à l'enfant l'apparence d'une personne âgée. Le regard est vif, l'enfant a faim et il veut manger. Le tissu adipeux des joues (boules de Bichat) est préservé plus tardivement ; sa disparition indique un état de malnutrition particulièrement grave. L'amaigrissement et la redondance de la peau sont spécialement évidents au niveau des fesses. Il y a parfois une déshydratation associée, mais le signe du pli cutané persistant est difficile à interpréter lorsque le tissu adipeux sous-cutané est très atrophié. Il n'y a pas d'œdème et les cheveux sont normaux.

II. Kwashiorkor

Le kwashiorkor est une forme de malnutrition protéino-calorique dans laquelle la carence protéique prédomine. De façon caractéristique, il commence au cours de la deuxième année de vie, période qui correspond au sevrage, et atteint les enfants d'âge préscolaire (un à quatre ans). On le rencontre surtout dans les pays en développement.

Plusieurs facteurs étiologiques sont incriminés :

1) Une apport protéino-calorique insuffisant avec une prédominance de la carence protéique sur la carence énergétique ;
2) Les infections bactériennes et parasitaires, favorisées notamment par une déficience des mécanismes immunitaires, qui contribuent à la malnutrition de différentes façons : augmentation des besoins énergétiques, anorexie, vomissements, diarrhée et malabsorption ;
3) L'aflatoxine, une mycotoxine produite par l'*Aspergillus flavus*, qui croît sur les graines et les légumes pendant les périodes chaudes et humides. Elle exerce un effet hépatotoxique qui expliquerait son rôle dans l'étiologie du kwashiorkor. Histologiquement, cette atteinte hépatique se manifeste par une stéatose hépatique et, sur le plan fonctionnel, un ralentissement de la synthèse de l'albumine contribue, avec l'insuffisance d'apport protéique, à la genèse de l'œdème hypoprotéinémique.

Cliniquement, le kwashiorkor se manifeste par la tétrade suivante :

1) Œdème hypoprotéinémique prenant le godet ;
2) Retard pondéral isolé au début, puis retard staturopondéral. Le retard pondéral peut être masqué par l'œdème ; il est initialement moins marqué qu'en cas de marasme ;
3) Modifications du comportement : désintérêt vis-à-vis de l'environnement, apathie, irritabilité, refus de manger ;
4) Fonte musculaire.

Les autres manifestations cliniques suivantes sont habituelles :

1) Anémie résultant de la carence protéique associée à l'insuffisance d'apport en fer et en acide folique ;
2) Dépigmentation et fragilité des cheveux ; ceux-ci se défrisent ;
3) Diarrhée chronique avec malabsorption résultant de surinfections entériques et de déficiences enzymatiques intestinales et pancréatiques ;
4) Vomissements.

Occasionnellement, on note une hépatomégalie, des signes de déficience en vitamine A, en acide folique et en riboflavine, des infections comme la rougeole et la tuberculose, souvent fatales, et une atteinte cutanée avec desquamation en plaques ressemblant à de la peinture qui s'écaille. Dans les formes graves, la peau devient mince et luisante et s'ulcère facilement ; il s'agit d'un indice de mauvais pronostic.

III. Déficience en vitamine A

Elle résulte d'une carence alimentaire en vitamine A préformée d'origine animale (rétinol) ou d'un apport insuffisant de carotène d'origine végétale. Les premières étapes de l'atteinte oculaire (xérophtalmie) peuvent être réversibles. Le premier signe est la cécité nocturne, parfois appelée à tort «héméralopie» : l'enfant se cogne, trébuche ou refuse de marcher dans la pénombre. On note ensuite une sécheresse anormale de la conjonctive bulbaire, qui perd son brillant, s'épaissit et se pigmente. Il y a fréquemment des taches blanches au niveau de la cornée («taches de Bitot»). Plus tard, s'installe la xérose cornéenne : la cornée devient tout d'abord mate et sèche. Lorsque le problème s'aggrave, on peut observer des lésions plus graves qui conduisent à la perte de la vision. Il peut s'agir soit d'ulcères cornéens pouvant aller jusqu'à la perforation, soit de kératomalacie (fonte de la cornée), avec prolapsus de l'iris, du cristallin et de la substance de l'œil.

IV. Déficience en fer

Voir Anémies.

Explorations

L'hémogramme peut révéler une anémie normocytaire, microcytaire (déficience en fer) ou macrocytaire (déficience en acide folique). Les lymphocytes peuvent être diminués.

Une cétose et une cétonurie sont souvent présentes au début de la malnutrition ; une acidose métabolique en résulte.

La glycémie, le cholestérol sérique, la kaliémie et la magnésémie peuvent être abaissés.

Le niveau sérique d'enzymes comme les transaminases, les amylases et les phosphatases alcalines est bas.

Les protéines sériques et l'albumine sont beaucoup plus diminuées en cas de kwashiorkor qu'en cas de marasme.

Selon le tableau clinique, on peut objectiver un taux sérique bas de fer, d'acide folique, de vitamine A, etc.

L'âge osseux est retardé par rapport à l'âge chronologique.

La nature et l'étendue du bilan infectieux dépendent du tableau clinique (voir Bactériémies et septicémies, Gastro-entérite, Pneumonies, Tuberculose, etc.).

Traitement

I. Problèmes urgents

L'enfant qui souffre de malnutrition grave est particulièrement fragile et mérite une surveillance attentive. Le myocarde est atrophié, ce qui peut causer une insuffisance cardiaque ; il faut donc être prudent lorsqu'on administre des liquides ou du sang. L'enfant peut aussi présenter une hypoglycémie, une déplétion potassique, une hypothermie, ainsi que des infections résultant de l'immunodéficience et de l'atrophie de la peau et des muqueuses. Les principaux aspects du traitement d'urgence sont les suivants :

1) Le choc hypovolémique et la déshydratation sont plutôt rares ; ils sont traités de la façon habituelle (voir Choc hypovolémique, Déséquilibres hydriques, électrolytiques et acidobasiques) ; la réhydratation orale est préférable à la réhydratation intraveineuse. Il faut rappeler ici qu'en cas de marasme, la fonte du tissu adipeux peut être responsable d'un pli cutané persistant et qu'en cas de kwashiorkor, le volume sanguin efficace peut être réduit même s'il y a de l'œdème. Lorsqu'il y a une hypoprotéinémie importante (< 30 g/L) et un état de choc imminent, il est utile d'administrer de l'albumine humaine à 5 %, à raison de 10 à 20 mL/kg IV en deux heures ;

2) Une anémie profonde est corrigée partiellement au moyen d'une transfusion de culot globulaire s'il y a une défaillance cardiaque ou une infection associée (voir Transfusions et réactions transfusionnelles). Afin d'éviter une surcharge liquidienne, il faut se contenter d'une hausse de 20 g/L de l'hémoglobine ;

3) Qu'il y ait ou non des signes de xérophtalmie, on traite immédiatement la déficience en vitamine A lorsqu'on se trouve dans une région endémique. En effet, la réalimentation peut déclencher une xérophtalmie grave. Cette approche se justifie aussi par la morbidité et la mortalité élevées de la rougeole chez les enfants déficients en vitamine A. La posologie est la suivante :

   – < 1 an : acétate de rétinol : 100 000 UI PO ou palmitate de rétinol soluble dans l'eau : 50 000 UI IM ;

   – > 1 an : acétate de rétinol : 200 000 UI PO ou palmitate de rétinol soluble dans l'eau : 100 000 UI IM.

   N.B. : La forme injectable n'est pas disponible en France.

   Ce traitement est répété deux fois : le lendemain, puis une à quatre semaines plus tard.

II. Réalimentation

Elle doit se faire de façon lente et progressive :

– Jours 1 et 2 : donner une alimentation liquide, sous forme de lait entier ou de lait de vache modifié pour nourrissons, offert en petites quantités à la fois, pour atteindre 100 mL/kg/24 heures, soit 80 % à 100 % des besoins énergétiques et protéiques normaux. Évaluer la tolérance de l'enfant à cette alimentation et surveiller la fréquence et la consistance des selles. Au besoin, on peut alterner avec une solution de réhydratation orale. Habituellement, les enfants souffrant de marasme ont un appétit vorace. Au contraire, ceux qui sont atteints de kwashiorkor peuvent avoir une anorexie importante, qui disparaît habituellement après quelques jours ; ce problème nécessite parfois une alimentation par gavage. Si la diarrhée persiste, si les selles sont acides (pH < 5,5) et contiennent des sucres réducteurs, il faut suspecter une intolérance au lactose et donner un lait sans lactose.

– Jour 3 et suivants : on peut augmenter progressivement les quantités de lait offertes et sa concentration jusqu'à 3,36 kJ/mL (0,8 kcal/mL). Si l'enfant a plus de 4 mois, on peut commencer à lui offrir des quantités croissantes de céréales, puis plus tard de fruits, de légumes et de viande. L'objectif est d'atteindre en 7 à 10 jours une ration énergétique équivalente à 3 fois la normale (environ 1 050 à 1 260 kJ/kg/24 heures, soit 250 à 300 kcal/kg/24 heures) et un apport protéique 4 à 5 fois plus élevé que la normale (environ 4 g/kg/24 heures).

L'enfant est pesé chaque jour. Chez l'enfant atteint de kwashiorkor et qui présente de l'œdème, il ne faut pas s'étonner de constater que le poids demeure stationnaire ou même diminue pendant les premiers jours de traitement : ce phénomène est normal et correspond à une mobilisation de l'œdème. Le meilleur critère de progrès est la modification du comportement et particulièrement l'augmentation de l'intérêt pour l'environnement.

III. Autres modalités de traitement

1) On poursuit la réalimentation en utilisant les produits locaux, par exemple, au moyen d'un mélange de céréales et de légumineuses. Les démonstrations communautaires de préparation de ces produits sont utiles.

2) Traiter la déficience en fer ou en acide folique (voir Anémies).

3) Traiter les parasitoses (voir Parasitoses).

4) Dans les pays en développement, il peut être justifié d'entreprendre un traitement antituberculeux d'essai (voir Tuberculose) lorsque la réalimentation se solde par un échec dont la cause n'est pas apparente. Les tests tuberculiniques cutanés sont peu utiles, car les enfants souffrant de malnutrition présentent une anergie.

5) Dans les pays en développement, tout enfant de plus de neuf mois qui souffre de malnutrition et qui n'a pas été vacciné contre la rougeole doit recevoir ce vaccin sans tarder.

6) On met en œuvre des mesures de stimulation du développement psychomoteur.

Lectures suggérées

Berkowitz FE : Infections in children with severe protein-energy malnutrition. Pediatr Infect Dis J 1992 ; 11 : 750-759.
Fisher PR : Tropical pediatrics. Pediatr Rev 1993 ; 13 : 98-99.

Masses abdominales   161

Phuong Nguyen, Michel Weber, Philippe Chessex, Michèle David, Pierre Williot, Arié Bensoussan, Marie-José Clermont

Généralités

Une masse abdominale peut être découverte lors de l'échographie obstétricale ou, après la naissance, par les parents ou à l'occasion d'un examen médical.

Tous les organes et tissus intra-abdominaux peuvent constituer le point de départ d'une lésion tumorale bénigne ou maligne.

Le rôle du médecin généraliste et du pédiatre se limite essentiellement à la détection de ces masses et, parfois, aux premières démarches diagnostiques. Sa responsabilité principale est d'orienter rapidement l'enfant vers une équipe expérimentée qui pourra établir le diagnostic et entreprendre sans délai le traitement.

Principales masses abdominales

I. Chez le nouveau-né

Une masse abdominale se retrouve chez 1 nouveau-né sur 1 000. Le plus souvent, elle est détectée avant la naissance par l'échographie obstétricale. Elle est d'origine rénale dans plus de 50 % des cas. A cet âge, la plupart des masses abdominales sont bénignes.

1) Masses rénales (55 %), situées dans le flanc, ou vésicales, situées au niveau de la région sus-pubienne :

   a) Hydronéphrose : elle peut être uni- ou bilatérale. Il s'agit d'une masse lisse, de consistance élastique. Elle peut résulter d'une valve urétrale postérieure (chez le garçon), d'un reflux vésico-urétéral, d'une sténose de la jonction pyélo-urétérale, d'une urétérocèle, d'une ectopie urétérale, d'une obstruction au niveau de la jonction urétéro-vésicale ou d'un problème de motilité au niveau du muscle lisse de l'appareil excréteur ;

   b) Rein dysplasique multikystique : de multiples cavités kystiques sont visualisées à l'échographie. Le rein est d'habitude non fonctionnel. On note des anomalies de l'autre rein dans 40 % des cas (hydronéphrose, ectopie urétérale, duplication ou reflux vésico-urétéral). Le rein contralatéral peut aussi être atteint de dysplasie ; une évolution vers l'insuffisance rénale est alors à craindre ;

   c) Maladie polykystique infantile : elle est bilatérale et évidente dès la naissance. Elle est transmise selon le mode autosomique récessif. Il peut y avoir un hydramnios et une hypoplasie pulmonaire. Elle peut être associée à une fibrose hépatique congénitale. Il faut s'attendre à une évolution vers l'insuffisance rénale ;

   d) Tumeur du rein : la tumeur de Wilms ou néphroblastome (voir plus loin) est rare, de même que la néphroblastomatose, une lésion habituellement bilatérale. Le néphrome mésoblastique, un hamartome (tumeur de Bolande), est plus fréquent ;

   e) Thrombose de la veine rénale : elle peut se manifester par une hématurie. Elle est idiopathique ou liée à une cause favorisante comme une déshydratation, une polyglobulie avec hyperviscosité ou un diabète maternel. La fonction rénale peut récupérer ;

   f) Rein ectopique ;

   g) Vessie distendue : il peut s'agir d'une rétention vésicale transitoire, d'une obstruction par une valve urétrale ou d'une vessie neurogène ;

   h) Kyste de l'ouraque.

2) Masses génitales (15 %), situées au niveau de la partie basse de l'abdomen :

   a) Kyste de l'ovaire : il régresse le plus souvent spontanément ;
   b) Tératome ovarien ;
   c) Hydrométrocolpos : la masse est médiane et elle est associée à une imperforation de l'hymen ou à une agénésie vaginale.

3) Masses intestinales (15 %), situées au niveau de la partie médiane de l'abdomen :

   a) Duplication intestinale : sa localisation la plus fréquente est la région iléo-cæcale. Elle peut causer une occlusion ou une subocclusion intestinale. Contrairement à ce qui se voit chez l'enfant plus âgé, elle saigne rarement ;
   b) Kyste du mésentère ou de l'épiploon ;
   c) Obstruction intestinale : une anse intestinale dilatée peut donner une impression de masse à la palpation.

4) Masses hépatobiliaires (5 %), localisées au niveau du quadrant supérieur droit de l'abdomen :

   a) Hépatomégalie : voir Hépatomégalie ;
   b) Tumeur hépatique :
      – Hémangio-endothéliome : il peut être associé ou non à des angiomes cutanés. Un souffle peut être audible au niveau de la masse. Il peut causer une insuffisance cardiaque à haut débit ;
      – Hémangiome caverneux ;
      – Hamartome ;
      – Hépatoblastome : c'est une tumeur maligne ; l'alphafœtoprotéine est élevée dans le sang. Une thrombocytose est possible.
   c) Métastases hépatiques ; le foie est dur et bosselé ; il peut s'agir d'un neuroblastome métastatique (stade 4S ou syndrome de Pepper) ;
   d) Kyste solitaire du foie ;
   e) Kyste du cholédoque : il peut causer un ictère obstructif et des douleurs abdominales ;
   f) Hydrops de la vésicule biliaire.

5) Masses surrénaliennes, situées au niveau du flanc :

   a) Neuroblastome (voir plus loin) ;
   b) Hémorragie surrénalienne : elle peut faire suite à un accouchement traumatique. Elle est rarement bilatérale. Dans la majorité des cas, elle se situe à droite. Il peut y avoir une anémie. L'insuffisance surrénalienne est rare.

6) Masses spléniques, situées au niveau du quadrant supérieur gauche :

   a) Splénomégalie : voir Splénomégalie ;
   b) Kyste de la rate ;
   c) Hématome de la rate.

7) Masses rétropéritonéales :
   a) Lymphangiome ;
   b) Tératome (exemple : tératome sacro-coccygien) ;
   c) Neuroblastome extra-surrénalien (voir plus loin) ;
   d) Rhabdomyosarcome ;
   e) Myéloméningocèle antérieure.

II. Chez l'enfant plus âgé et l'adolescent

À cet âge, il s'agit souvent d'une lésion maligne. Le neuroblastome et la tumeur de Wilms sont au centre des préoccupations ; leurs principales caractéristiques sont résumées dans le tableau 52.

1) Masses rénales ou vésicales (flanc, région suspubienne) :
   a) Lésions malignes : tumeur de Wilms (néphroblastome) : voir plus loin ; autre tumeur maligne, rhabdomyosarcome de la vessie ;
   b) Lésions bénignes : hydronéphrose, rein dysplasique multikystique, rein polykystique, néphrome mésoblastique ;
   c) Rétention vésicale transitoire, vessie neurogène, valve urétrale postérieure.

2) Masses génitales (partie inférieure de l'abdomen) :
   a) Lésions malignes : tumeur à cellules germinales de l'ovaire, rhabdomyosarcome de la prostate ;
   b) Lésions bénignes : une masse médiane sous-ombilicale chez une adolescente doit toujours faire penser à une grossesse. Kyste de l'ovaire, hydrométrocolpos ou hématocolpos secondaire à une imperforation de l'hymen ou à une agénésie vaginale.

3) Masses intestinales (partie médiane de l'abdomen) :
   a) Lésions malignes : léiomyosarcome, lymphome non hodgkinien ;
   b) Lésions bénignes : kyste mésentérique, duplication intestinale, invagination intestinale, malrotation intestinale, abcès ou mucocèle appendiculaire, masse inflammatoire d'une maladie de Crohn ;
   c) Fécalome.

4) Masses hépatobiliaires (quadrant supérieur droit de l'abdomen) :
   a) Lésions malignes : il faut avant tout suspecter un hépatoblastome. Autres possibilités : carcinome hépatocellulaire, métastases hépatiques, mésenchymome, léiomyosarcome de la vésicule biliaire ;
   b) Lésions bénignes : hépatomégalie (voir Hépatomégalie), kyste du cholédoque (il peut causer un ictère obstructif), hydrops de la vésicule biliaire (maladie de Kawasaki, leptospirose, scarlatine), abcès hépatique.

5) Masses surrénaliennes :
   a) Lésions malignes : il faut suspecter avant tout un neuroblastome (voir plus loin). Autres possibilités : carcinome de la surrénale, phéochromocytome ;
   b) Lésions bénignes : adénome, hémorragie.

6) Masses spléniques, localisées au quadrant supérieur gauche :
   a) Lésions malignes : maladie de Hodgkin, lymphome non hodgkinien, leucémie, histiocytose ;
   b) Lésions bénignes : voir Splénomégalie.

7) Masses pancréatiques, localisées au niveau de la partie médiane de l'étage supérieur de l'abdomen :
   a) Lésion maligne : cancer du pancréas (rare) ;
   b) Lésion bénigne : pseudokyste.

8) Masses diverses :
   a) Lésions malignes : neuroblastome extra-surrénalien, maladie de Hodgkin, lymphome non hodgkinien, rhabdomyosarcome rétropéritonéal ;
   b) Lésions bénignes : rares.

Tableau 52 Neuroblastome et tumeur de Wilms : caractéristiques comparatives

	Neuroblastome	Tumeur de Wilms
– Incidence (varie selon les sources)	1/10 000	1/20 000
– Âge moyen lors du diagnostic	environ 2 ans	environ 3 ans
– Localisée dans le flanc	oui	oui
– Origine	surrénalienne	rénale
– Dépasse la ligne médiane	parfois	rarement
– Atteinte de l'état général	fréquente	rare
– Bilatéralité	non	parfois
– Hématurie	non	parfois
– Calcifications	souvent	très rarement
– Catécholamines urinaires	augmentées	normales
– Extension à distance	moelle, os, foie, ganglions, peau	poumon

Explorations

L'anamnèse s'intéresse aux symptômes associés.

L'examen permet de préciser la localisation de la masse, son volume, sa consistance, sa sensibilité, sa mobilité ainsi que le caractère lisse ou bosselé de sa surface ; il permet aussi d'identifier d'autres signes anormaux. S'il s'agit d'une tumeur solide, il faut réduire le plus possible le nombre de palpations abdominales en attendant un diagnostic précis car il y a un risque de dissémination métastatique.

En cas de tumeur solide, les explorations et l'élaboration d'un plan individuel de traitement relèvent de la compétence d'une équipe spécialisée, constituée selon les cas d'un hématologue-oncologue, d'un radiologue, d'un pédiatre, d'un radiothérapeute, d'un chirurgien et d'un urologue.

L'hémogramme peut mettre en évidence une anémie lorsqu'il y a eu des hémorragies intratumorales.

Lorsqu'on suspecte un neuroblastome, un examen de la moelle et un dosage des catécholamines urinaires sont indiqués.

Les radiographies simples de l'abdomen permettent par exemple de mettre en évidence un refoulement des gaz intestinaux; ceci indique que la masse est intrapéritonéale. Elles peuvent aussi détecter des calcifications en cas de neuroblastome.

Les radiographies du squelette permettent de mettre en évidence des métastases osseuses, par exemple en cas de neuroblastome.

La radiographie et la tomodensitométrie pulmonaires recherchent des métastases en cas de tumeur de Wilms.

L'échographie abdominale est un examen très utile pour préciser l'origine et les rapports anatomiques de la masse; elle permet de déterminer immédiatement si elle est kystique, solide ou mixte.

La tomodensitométrie abdominale permet de visualiser des calcifications et apporte des précisions anatomiques additionnelles, permettant d'évaluer la possibilité de résection.

Le rôle de la résonance magnétique nucléaire demeure à préciser.

Dans certaines circonstances, la scintigraphie peut apporter des renseignements utiles, par exemple pour identifier des métastases osseuses, évaluer la morphologie et la fonction du rein ou étudier l'excrétion biliaire; le DTPA-furosémide est utile pour différencier entre une hydronéphrose obstructive ou non obstructive.

Des radiographies du tube digestif sont indiquées lorsque la masse lui appartient ou pour mettre un envahissement en évidence.

Une angiographie est parfois indiquée lorsque le chirurgien juge opportun de connaître d'avance la morphologie artérielle et s'il pense que cet examen peut donner des informations à propos de la possibilité de résection.

Lorsqu'il y a une hydronéphrose, la cystographie permet de confirmer un diagnostic de valve urétrale postérieure ou de reflux vésico-urétéral.

En cas de tumeur solide, une biopsie ou une exérèse-biopsie permet un diagnostic histologique. Une exploration chirurgicale est parfois nécessaire pour établir le bilan d'extension.

Le neuroblastome

C'est une tumeur du tissu nerveux sympathique. Son incidence est d'environ 1/10 000. L'âge moyen lors du diagnostic est d'environ 2 ans et la presque totalité des cas surviennent avant l'âge de 10 ans. Récemment, des efforts de dépistage néonatal systématique ont été faits dans certains pays comme le Canada, les États-Unis et le Japon.

Le point de départ le plus fréquent est la surrénale; plus rarement, le neuroblastome peut être rétropéritonéal, cervical, thoracique ou pelvien.

Le mode de présentation le plus fréquent est une masse abdominale découverte par les parents ou lors d'un examen médical. La masse peut dépasser la ligne médiane. Il peut y avoir des douleurs osseuses ainsi qu'une atteinte de l'état général, se manifestant par dc l'anorexie et un amaigrissement. Selon le site primitif, le volume de la tumeur et son extension régionale, on note parfois des symptômes comme des troubles digestifs, respiratoires ou urinaires. L'invasion du canal rachidien par un neuroblastome intrathoracique peut causer des symptômes neurologiques graves.

L'extension à distance se fait surtout au niveau des os, de la moelle, des ganglions lymphatiques, du foie et de la peau. Une ecchymose périorbitaire avec proptose est caractéristique d'un neuroblastome métastatique.

Plusieurs syndromes paranéoplasiques ont été décrits :
1) Hypertension artérielle ;
2) Épisodes de *flush* cutané ;
3) Opsoclonus-myoclonus ;
4) Ataxie ;
5) Diarrhée chronique causée par des amines vaso-actives («VIP» ou *vasoactive intestinal peptides*).

Le diagnostic est suspecté selon le tableau clinique et radiologique. Les radiographies simples de l'abdomen, l'échographie et la tomodensitométrie permettent de démontrer l'origine de la tumeur, de mettre des calcifications en évidence, et de préciser ses rapports anatomiques et son degré d'extension régionale. Le diagnostic est confirmé par l'examen de la moelle lorsque celle-ci est envahie, par l'élévation des acides vanylmandélique et homovanilique dans l'urine et, au besoin, par l'examen histologique de la tumeur. L'extension est classée en stades 1, 2A, 2B, 3 et 4. Le stade 4S ou syndrome de Pepper est particulier au jeune nourrisson : il y a des métastases à distance, notamment hépatiques, mais le pronostic est en général très bon (on a même rapporté une tendance à la régression spontanée).

Récemment, plusieurs marqueurs sanguins ou tumoraux ont permis de mieux choisir le mode de traitement et d'établir le pronostic de façon plus précise (exemple : ferritine sérique, N-Myc).

L'approche thérapeutique classique fait appel à la chirurgie, à la chimiothérapie et à la radiothérapie selon des combinaisons variables. D'autres modes de traitement sont à l'étude.

Le pronostic est meilleur chez l'enfant de moins d'un an et lorsque la tumeur a une localisation thoracique. Il dépend aussi du stade de la maladie. Ainsi, un nourrisson dont la maladie est peu avancée peut avoir 90 % de chances de survie, tandis que la mortalité peut dépasser 80 % chez un enfant plus âgé dont la maladie a atteint un stade avancé.

La tumeur de Wilms (néphroblastome)

C'est une tumeur du rein. Son incidence est d'environ 1/20 000. L'âge moyen lors du diagnostic est d'environ 3 ans ; elle est rare après l'âge de 10 ans. Il y a une tendance familiale. Les enfants qui présentent une aniridie, une hémihypertrophie ou un syndrome de Beckwith-Wiedemann sont plus exposés.

Le mode de présentation le plus fréquent est une masse abdominale découverte fortuitement par les parents ou un médecin. Il peut y avoir des douleurs abdominales, de l'hématurie ou de l'hypertension artérielle.

Les radiographies simples de l'abdomen, l'échographie et la tomodensitométrie permettent de démontrer l'origine de la tumeur et de préciser ses rapports anatomiques et son degré d'extension régionale. On recherche aussi des thrombi tumoraux dans la veine rénale ou la veine cave inférieure. Habituellement, il n'y a pas de calcifications. Les métastases se retrouvent surtout au niveau des poumons; une radiographie et une tomodensitométrie pulmonaires font donc partie de l'évaluation initiale.

La tumeur de Wilms est bilatérale dans 5 % des cas (stade V).

Le diagnostic est suspecté d'après le tableau clinique et radiologique et il est confirmé par l'examen histologique de la tumeur. L'extension de la tumeur est classée selon un système qui s'étend du stade I au stade V. L'approche thérapeutique fait appel à des combinaisons variables de chirurgie, de chimiothérapie et de radiothérapie. Le pronostic est excellent. Il dépend de l'extension de la maladie, mais le taux de guérison global est proche de 90 %.

Lectures suggérées

Brodeur AE, Brodeur GM : Abdominal masses in children : neuroblastoma, Wilms tumor, and other considerations. Pediatr Rev 1991; 12 : 196-197.

Caty MG, Shamberger RC : Abdominal tumors in infancy and childhood. Pediatr Clin North Am 1993; 40 : 1253-1271.

McVicar M, Margoluleff D, Chandra M : Diagnosis and imaging of the fetal and neonatal abdominal mass : an integrated approach. Adv Pediatr 1991; 38 : 135-149.

Merten DF, Kirks DR : Diagnostic imaging of pediatric abdominal masses. Pediatr Clin North Am 1985; 32 : 1397-1425.

Shwartz MZ, Shaul DB : Abdominal masses in the newborn. Pediatr Rev 1989; 11 : 172-179.

Swischuk LE, Hayden CK Jr : Abdominal masses in children. Pediatr Clin North Am 1985; 32 : 1281-1298.

Vane DW : Left upper quadrant masses in children. Pediatr Rev 1992; 13 : 25-31.

Masses cervicales   162

Anne-Claude Bernard-Bonnin, Arié Bensoussan, Michèle David, Guy Van Vliet

Voir aussi Adénite cervicale aiguë, Adénopathies.
Les nodules thyroïdiens sont discutés dans le chapitre Goitre, hypothyroïdie et hyperthyroïdie.

Généralités

Les masses cervicales sont fréquentes chez l'enfant; le diagnostic différentiel inclut surtout l'adénite cervicale aiguë (voir Adénite cervicale aiguë), mais aussi les autres formes d'adénopathies (voir Adénopathies), les lésions congénitales et les tumeurs.

Approche clinique

Les caractéristiques cliniques suivantes suggèrent qu'il s'agit d'une adénite aiguë, habituellement d'étiologie bactérienne : apparition récente, localisation sous l'angle mandibulaire, association de fièvre, caractère douloureux, hyperhémie de la peau (voir Adénite cervicale aiguë). Une fluctuation signe presque toujours une origine infectieuse.

La présence d'une masse ganglionnaire acquise d'évolution subaiguë évoque surtout la possibilité d'une infection à mycobactérie non tuberculeuse (mycobactérie atypique), d'une maladie des griffes de chat (voir Maladie des griffes de chat) ou d'une tuberculose ganglionnaire (voir Tuberculose).

Une masse présente depuis la naissance ou découverte pendant les premiers mois de vie, surtout si elle est localisée au niveau des sites décrits plus bas, doit évoquer la possibilité d'une anomalie congénitale des arcs branchiaux ou d'un kyste thyréoglosse. Une masse située dans le muscle sternocléidomastoïdien peut se retrouver chez le nouveau-né présentant un torticolis congénital (voir Torticolis).

La possibilité d'une tumeur maligne doit être suspectée dans les circonstances suivantes :
1) La masse est acquise ;
2) Elle persiste ou augmente de volume ;
3) Elle est indolore ;
4) On ne retrouve pas d'étiologie infectieuse.

Dans ces circonstances, une exérèse-biopsie doit être envisagée.

Principales entités

I. Adénite et adénopathies

La majorité des masses cervicales de l'enfant sont des adénites d'origine infectieuse ou inflammatoire (Voir Adénite cervicale aiguë, Adénopathies, Maladie de Kawasaki).

II. Lésions congénitales

1) Kyste thyréoglosse (72 %) : cette masse arrondie et indolore se retrouve sur la ligne médiane, entre la base de la langue et l'emplacement normal de la glande thyroïde. Le plus souvent, il a un diamètre de 1 à 2 cm. Indolore, il est légèrement mobile lors des mouvements de la langue et de la déglutition. Il peut se surinfecter. Une exérèse chirurgicale est indiquée lorsque son diamètre est supérieur à 6 mm ou lorsqu'il s'est surinfecté. Avant d'enlever un kyste thyréoglosse, il est important de vérifier par une scintigraphie thyroïdienne qu'il y a une glande thyroïde en position normale et que la masse palpée n'est pas une thyroïde ectopique.

2) Kyste branchial (24 %) : alors que la fistule branchiale est située au niveau du tiers inférieur du muscle sternocléidomastoïdien, le kyste branchial est localisé au niveau du tiers moyen de ce muscle. Il se présente sous la forme d'une masse arrondie indolore et légèrement

mobile. Il peut être bilatéral. Une surinfection est possible. Une exérèse chirurgicale est indiquée.

3) Lymphangiome kystique (4 %) : la plupart du temps, il est situé au niveau du triangle cervical postérieur. De volume variable, cette masse a une consistance élastique et transillumine. Elle peut prendre une coloration violacée lorsqu'une hémorragie s'est produite. Le traitement est chirurgical.

III. Tumeurs

Les tumeurs malignes de la région cervicale sont souvent d'origine lymphoïde (maladie de Hodgkin, lymphome non hodgkinien). Il peut aussi s'agir d'un neuroblastome ou d'un ganglioneuroblastome, d'un rhabdomyosarcome, d'un neurofibrosarcome, d'une tumeur thyroïdienne, d'un tératome, d'une tumeur de la parotide ou d'une métastase. Le diagnostic repose sur l'exérèse et la biopsie.

Lecture suggérée

Bergman KS, Harris BH : Scalp and neck masses. Pediatr Clin North Am 1993 ; 40 : 1151-1160.

Mastoïdite aiguë 163

Michel Weber, Marc Lebel, Anthony Abela

Généralités

La mastoïdite aiguë est une infection des cellules mastoïdiennes, accompagnée ou non de destruction osseuse. La mastoïdite à composante périostée ou osseuse est moins fréquente depuis que les otites moyennes sont traitées au moyen d'antibiotiques. Les agents étiologiques sont les mêmes que ceux de l'otite moyenne aiguë ; il s'agit surtout du *Streptococcus pneumoniæ*, de l'*Hæmophilus influenzæ* et du *Moraxella catarrhalis*.

Manifestations cliniques

L'enfant présente de la fièvre, ainsi qu'une douleur spontanée et provoquée au niveau de la région mastoïdienne. Celle-ci peut être hyperhémiée. Le décollement du pavillon de l'oreille est un signe très caractéristique. On note la plupart du temps une otite moyenne aiguë du même côté, avec ou sans otorrhée.

Explorations

L'hémogramme peut révéler une hyperleucocytose avec une prédominance des neutrophiles.

L'hémoculture est parfois positive.

Les radiographies de la mastoïde démontrent des cellules mastoïdiennes voilées et, parfois, une atteinte périostée ou osseuse. Celle-ci peut être identifiée et évaluée de façon plus précise par la tomodensitométrie de la mastoïde.

Traitement

I. Traitement médical

Le traitement initial comporte une antibiothérapie parentérale. On utilise par exemple le céfuroxime à raison de 100 à 200 mg/kg/24 heures IV en 3 fois (maximum chez le grand enfant : 6 g/24 heures) ou le céfotaxime : 100 à 200 mg/kg/24 heures IV en 4 fois (maximum chez le grand enfant : 10 g/24 heures).

En cas d'allergie vraie aux céphalosporines, le chloramphénicol est un bon choix : 75 à 100 mg/kg/24 heures IV en 4 fois (maximum chez le grand enfant : 4 g/24 heures).

S'il n'y a pas d'atteinte périostée ou osseuse, la voie orale peut être utilisée lorsque les signes locaux et généraux ont disparu depuis 48 heures. On utilise par exemple le céfaclor à raison de 40 à 60 mg/kg/24 heures PO en 3 fois (maximum chez le grand enfant : 3 g/24 heures).

Habituellement, un traitement d'une durée totale de 14 jours est adéquat. Lorsqu'il y a une atteinte périostée ou osseuse, il est prudent de poursuivre le traitement parentéral pendant au moins 10 à 14 jours.

II. Traitement chirurgical

Lorsque l'infection se limite aux cellules mastoïdiennes, le traitement médical est habituellement suffisant. S'il y a une atteinte périostée, une myringotomie et l'insertion d'un tube de drainage sont indiquées. Une mastoïdectomie peut être nécessaire en cas d'atteinte osseuse étendue avec empyème, ou lorsque l'évolution est défavorable.

Complications

Fistulisation, abcès cérébral, méningite, thrombose du sinus latéral.

Pronostic

Il est excellent lorsque le traitement est précoce et adéquat.

Lecture suggérée

Ogle JW, Lauer BA : Acute mastoiditis. Diagnosis and complications. Am J Dis Child 1986; 140 : 1178-1182.

Médicaments   164

Michel Weber, Pierre Gaudreault

Depuis une cinquantaine d'années, les médicaments ont révolutionné la pratique de la pédiatrie. Pour la première fois, la médecine a le pouvoir d'influencer réellement l'évolution de nombreuses maladies, parmi lesquelles l'asthme, les cancers, le diabète et les infections bactériennes. Des progrès restent encore à faire, notamment dans le domaine des infections virales et des cancers.

Le revers de la médaille est évident : ce siècle a vu la propagation d'une épidémie d'utilisation de médicaments inutiles, non indiqués ou nuisibles, prescrits ou non par des médecins. On peut citer par exemple :

1) L'administration de suppléments vitaminiques à des enfants qui n'en ont pas besoin ;

2) La prescription d'antibiotiques pour le traitement d'infections virales qui n'y sont pas sensibles ;

3) Le recours trop automatique aux antipyrétiques, résultat d'une phobie collective et injustifiée de la fièvre ;

4) L'utilisation de multiples médicaments inutiles comme les décongestionnants et les antihistaminiques pour le traitement de la grippe ou du rhume banal ;

5) La prescription trop fréquente d'antitussifs qui suppriment un mécanisme de défense important.

Cet abus de médicaments a entraîné des dépenses individuelles et collectives exagérées et est responsable d'une multitude d'effets secondaires indésirables et même d'un certain nombre de décès iatrogéniques.

L'objectif de ce chapitre est de sensibiliser le médecin généraliste et le pédiatre à quelques principes de pharmacologie pédiatrique, inspirés d'une loi fondamentale : « aider sans nuire ». Ces principes sont proposés sous forme de questions qui se posent chaque fois qu'on prescrit un médicament.

Question 1 : Ce médicament est-il vraiment indiqué ?

Seuls les médicaments ayant fait l'objet d'essais cliniques méthodologiquement acceptables et statistiquement concluants devraient être prescrits. Ils devraient être administrés exclusivement pour le traitement des maladies pour lesquels ils se sont révélés efficaces. Exemples :

1) La vitamine C est efficace pour le traitement du scorbut, mais ne devrait pas être donnée pour prévenir les infections des voies respiratoires, les essais cliniques ayant tous donné des résultats négatifs.

2) La pénicilline semble efficace pour le traitement de la pharyngite à *Streptococcus pyogenes* et la prévention du rhumatisme articulaire aigu, mais elle ne devrait pas être utilisée pour le traitement de la majorité des pharyngites, qui sont d'origine virale.

3) Les antihistaminiques peuvent soulager les patients souffrant de rhinite allergique, mais ils ne devraient pas être prescrits pour traiter les infections virales des voies respiratoires supérieures ou inférieures.

4) Il n'a jamais été démontré que la fièvre est nuisible ; certains sont même d'avis qu'elle constitue un mécanisme de défense contre les infections. La phobie de la fièvre qui affecte les parents, les infirmières

et les médecins n'a pas de réelle justification. Les antipyrétiques devraient être réservés aux enfants que la fièvre incommode, à ceux qui ont déjà présenté des convulsions fébriles et à ceux qui présentent une détresse respiratoire, une insuffisance cardiaque ou une hypertension intracrânienne (exemple : méningite).

La fabrication, la promotion et la prescription de médicaments inutiles, coûteux et potentiellement nuisibles devraient être freinées. Une multitude d'associations médicamenteuses, de «décongestionnants», de «toniques», de «fortifiants» et autres médicaments inutiles devraient être retirés du marché.

Question 2 : Ce médicament est-il dangereux ?

La plupart des médicaments ont des effets secondaires et toxiques. Il faut donc s'astreindre à ne prescrire un médicament que lorsqu'il est vraiment nécessaire, en pesant ses avantages et ses inconvénients. Lorsque plusieurs choix sont possibles, on prescrira le moins nocif. Par exemple :

1) L'asthmatique chronique sera traité préventivement de préférence au cromoglycate ou aux corticostéroïdes par voie topique, dont les effets secondaires sont pratiquement inexistants, plutôt qu'aux corticostéroïdes par voie générale.

2) L'enfant qu'une fièvre élevée incommode sera traité à l'acétaminophène ou paracétamol plutôt qu'à l'acide acétylsalicylique.

Le médecin gagne à se familiariser avec les principaux effets secondaires et toxiques des médicaments qu'il prescrit.

Question 3 : Ce médicament est-il le moins coûteux ?

Lorsqu'un médicament est indiqué, il est souhaitable de se préoccuper des coûts que devront assumer l'individu et la communauté. Il est donc utile d'avoir une idée approximative des coûts respectifs des différents choix possibles. Par exemple, en cas d'otite moyenne, le coût de l'amoxicilline est nettement inférieur à celui du céfaclor ou de l'association d'amoxicilline et d'acide clavulanique. Idéalement, il serait préférable de prescrire les médicaments selon leur nom générique et non selon leur nom commercial, ce qui laisserait au pharmacien le choix de la marque la moins coûteuse pour son client. Enfin, il se peut que le prix influence la fidélité au traitement.

Question 4 : Pourquoi prescrire une association de médicaments ?

Quelques rares associations médicamenteuses ont une raison d'être bien établie. C'est par exemple le cas de l'amoxicilline – acide clavulanique, de l'érythromycine-sulfamide et du triméthoprime-sulfaméthoxazole. Les autres ne devraient plus être produites, prescrites ni consommées.

Question 5 : La posologie est-elle calculée adéquatement ?

La posologie doit être calculée individuellement en fonction de la masse ou de la surface corporelle et d'autres facteurs. Il faut aussi tenir compte des particularités pharmacocinétiques de chaque groupe d'âge.

Par exemple, calculée selon la masse corporelle, la dose de phénobarbital nécessaire pour faire cesser des convulsions chez un nouveau-né est plus élevée que chez un enfant plus âgé.

Si l'enfant est obèse, la posologie doit être calculée en fonction du poids idéal et non du poids réel.

La posologie de certains médicaments doit être réduite en cas d'insuffisance rénale ou hépatique.

Certains médicaments doivent être prescrits selon une posologie rigoureuse (exemples : digitale, anticonvulsivants, etc.). D'autres, comme les antibiotiques, peuvent s'accommoder d'une posologie plus approximative. La simplicité doit alors être recherchée. Par exemple, dans le cas de l'amoxicilline, présentée sous forme de suspension orale à 125 mg/5 mL, la prescription pour un enfant pesant 10 kg sera de 125 mg PO toutes les 8 heures ou 37,5 mg/kg/24 heures, plutôt que 50 mg/kg/24 heures ou 166 mg PO toutes les 8 heures, ce qui imposerait des calculs compliqués et ouvrirait la voie à des erreurs.

Question 6 : La voie d'administration est-elle bien choisie ?

La voie intraveineuse, essentielle au traitement de plusieurs maladies graves comme la méningite, demeure trop utilisée. On y recourt encore trop souvent alors que les mêmes résultats pourraient être obtenus par voie orale. Lorsque la voie parentérale est indiquée, on prend parfois trop tardivement le relais par voie orale. La voie intraveineuse coûte cher, impose à l'enfant la douleur d'injections multiples, ouvre la voie à diverses mésaventures iatrogéniques et nécessite souvent une immobilisation parfois mal tolérée.

Le recours à la voie intramusculaire devrait être exceptionnel. Elle devrait en tout cas être abandonnée lorsqu'une perfusion est en cours.

La voie orale est choisie de préférence ; au cours des dernières années, celle-ci a gagné du terrain, même pour le traitement de certaines infections graves.

La voie rectale devrait être abandonnée dans la plupart des cas, en raison de l'absorption imprévisible. Elle pourrait être réservée à des situations spéciales, par exemple pour administrer un antipyrétique à un enfant qui vomit et qui présente une fièvre élevée et incommodante. Cette voie demeure cependant irremplaçable pour l'administration d'une benzodiazépine chez un enfant qui convulse, lorsque l'accès intraveineux est difficile.

La voie intra-osseuse a repris une place prédominante lorsqu'il s'agit d'administrer rapidement des liquides ou des médicaments dans certaines situations d'urgence (arrêt cardiorespiratoire, état de choc, etc.); elle est aussi efficace que la voie intraveineuse.

Question 7 : Les intervalles d'administration sont-ils bien choisis ?

La simplicité du traitement prescrit améliore probablement la fidélité au traitement. On peut donc choisir les intervalles les plus longs permis par la pharmacocinétique. Par exemple, la pénicilline V peut être administrée en trois fois ou même en deux fois plutôt qu'en quatre. Lorsque deux ou plusieurs médicaments sont prescrits simultanément, il est avantageux de faire coïncider les intervalles, sinon les horaires d'administration deviennent compliqués et la fidélité au traitement risque de s'en ressentir.

Question 8 : La durée du traitement est-elle adéquate ?

La durée du traitement, particulièrement de l'antibiothérapie, est souvent empirique, se basant sur l'étrange loi des 3, 7, 10, 14 ou 21 jours ! Il vient rarement à l'esprit de prescrire une antibiothérapie de 9 ou 11 jours ! Plusieurs publications récentes suggèrent la possibilité d'une certaine réduction de la durée traditionnelle du traitement, ce qui permet d'atténuer les coûts, la durée de l'hospitalisation et les risques d'effets secondaires. Par exemple, pourquoi traiter une méningococcémie pendant 10 jours alors que 5 à 7 jours suffisent ?

Question 9 : Des interactions médicamenteuses sont-elles possibles ?

Lors de la prescription simultanée de deux ou plusieurs médicaments, il faut se demander si des interactions sont possibles. L'exemple classique est la prescription simultanée de théophylline et d'érythromycine, qui entraîne un risque d'intoxication à la théophylline. Aucun clinicien n'est en mesure de mémoriser toutes les interactions possibles. Plusieurs ouvrages de référence existent à ce sujet. À cet égard, on peut espérer que les cliniciens disposeront bientôt facilement d'une banque de données informatisées et continuellement remises à jour.

Question 10 : Quels effets secondaires pourraient survenir ? L'enfant ou ses parents ont-ils été informés des principaux ?

Chaque fois qu'on prescrit un médicament, il est prudent d'informer l'enfant et ses parents des principaux effets secondaires possibles et de leur demander d'appeler si l'un d'entre eux devait survenir. Le clinicien peut mémoriser les principaux effets secondaires des médicaments qu'il prescrit souvent. Pour les autres, des ouvrages de référence sont disponibles. On souhaite la mise en place de banques de renseignements informatisées et faciles d'accès.

Question 11 : Une fidélité suffisante au traitement est-elle probable ?

Lorsqu'il prescrit un médicament, le clinicien se souvient du fait que les études portant sur la fidélité au traitement (*compliance*) montrent que celle-ci est faible. Il peut espérer une meilleure fidélité en se limitant à prescrire des médicaments vraiment essentiels, en choisissant le médicament le moins coûteux, en prescrivant les intervalles d'administration les plus longs possible et la durée du traitement la plus courte possible et en prenant le temps d'expliquer à l'enfant et à ses parents l'importance de se conformer à la prescription.

Question 12 : La prescription est-elle correctement rédigée ?

La prescription est rédigée de façon simple, lisible et complète. Elle comporte de préférence le nom générique du médicament plutôt que son nom commercial, la présentation souhaitée (exemple : 5 mL = 250 mg), la dose, la voie et les intervalles d'administration, ainsi que la durée du traitement. Elle indique aussi si la prescription doit ou non être renouvelée (si c'est le cas, il faut indiquer une limite de temps).

Question 13 : Faut-il mesurer le taux sérique du médicament ?

La détermination du taux sérique peut se limiter à certaines situations bien précises, lorsqu'il peut aider à la conduite du traitement, par exemple, lorsqu'il y a un doute quant à la fidélité au traitement, lorsque des effets toxiques se manifestent, lorsque le traitement est inefficace et que la question d'un accroissement de la posologie se pose, ou lorsqu'on prescrit simultanément deux ou plusieurs médicaments qui peuvent interagir.

Question 14 : Une intoxication médicamenteuse est-elle possible ?

Lors de la prescription d'un médicament potentiellement toxique, il est prudent de prendre certaines précautions. Le problème ne se pose pas pour certains médicaments comme les antibiotiques courants. Dans d'autres cas, le risque est important et impose des recommandations précises, par exemple lorsqu'on décide de traiter une énurésie à l'imipramine. Les précautions utiles consistent notamment à avertir du risque les parents et l'enfant, à prescrire chaque fois une quantité insuffisante pour causer une intoxication grave si elle est prise accidentellement en une fois, à veiller à ce que les médicaments soient fournis dans des emballages de sûreté, à rappeler de garder les médicaments sous clé, etc.

Question 15 : Une toxicomanie est-elle possible ?

Le clinicien fait preuve de prudence lorsqu'il prescrit un médicament pouvant conduire à une toxicomanie. Par exemple, les tranquillisants comme les benzodiazépines ne devraient être prescrits que dans des circonstances spéciales et pour une période de temps ne dépassant pas quelques jours.

Lecture suggérée

Stickler GB : Polypharmacy and poisons in pediatrics – the epidemic of overprescribing and ways to control it. Adv Pediatr 1990 ; 27 : 1-29.

Médicaments pendant la grossesse et l'allaitement   165

Anne-Claude Bernard-Bonnin, Michel Weber, Pierre Gaudreault

N.B. : Pour les drogues, voir Usage de drogues.

Généralités

Ce chapitre porte sur les effets nocifs des médicaments administrés pendant la grossesse et l'allaitement sur le fœtus ou le nouveau-né. Seuls sont mentionnés ici quelques médicaments souvent administrés par voie orale pour le traitement de problèmes survenant couramment au cours de la période reproductrice. Pour les autres médicaments ou pour plus de détails, consulter le Vidal (France) ou le CPS (Canada), ou une publication spécialisée telle que l'ouvrage de Briggs, Freeman et Yaffe (voir Lectures suggérées).

Grossesse

Compte tenu du fait que les connaissances à ce sujet demeurent fragmentaires, il est préférable de s'abstenir, si possible, de tout médicament au cours de la grossesse.

Les informations qui suivent se rapportent à deux périodes de la grossesse :

– Le premier trimestre, période critique d'organogénèse, au cours de laquelle des influences tératogènes peuvent causer diverses malformations congénitales ;

– La fin de la grossesse, période au cours de laquelle la prise de certains médicaments peut causer des problèmes de santé chez le nouveau-né.

Les catégories suivantes sont utilisées :

– I : médicament probablement inoffensif ;

– II : risque faible, problèmes rares ou mineurs, ou données insuffisantes ; s'abstenir si possible de ce médicament ;

– III : risque élevé, problèmes majeurs ; la prise de ce médicament est formellement contre-indiquée.

	Premier trimestre	Fin de grossesse
– Acénocoumarol : voir Coumadine		
– Acétaminophène ou paracétamol	I	I
– Acide acétylsalicylique	I (traitement bref)	III (risque de fermeture prématurée du canal artériel, d'hypertension pulmonaire, d'atteinte rénale ; risque d'hémorragies chez la mère et le nouveau-né) ;
– Acide valproïque	II (effet tératogène ; entre autres, possibilité d'anomalies du tube neural (risque : environ 1 %) ou de retard de croissance intra-utérine. S'il est absolument nécessaire, le traitement peut être poursuivi avec la dose la plus faible possible, répartie en plusieurs fois) ;	II (possibilité d'hyperbilirubinémie et d'atteinte hépatique néonatales) ;
– Aciclovir : voir Acyclovir		

	Premier trimestre	Fin de grossesse
– Acyclovir	II (données insuffisantes);	I
– Amoxicilline	I	I
– Amoxicilline – acide clavulanique	données insuffisantes;	données insuffisantes;
– Astémizole	II (données insuffisantes);	II
– Béclométasone: voir Béclométhasone;		
– Béclométhasone (béclométasone) (en inhalations)	II (effet tératogène décrit) chez l'animal seulement);	I
– Bicoumacétate d'éthyle: voir Coumadine		
– Captopril	II (peu de données);	II (peut causer une insuffisance rénale chez le fœtus et une hypotension artérielle chez le nouveau-né; s'il n'y a pas d'autre choix, utiliser la plus petite dose possible);
– Carbamazépine	II (tératogène; le risque semble cependant assez faible; peut causer un syndrome similaire à celui qui est induit par la phénytoïne; voir Phénytoïne);	II (risque théorique de perturbations du métabolisme phospho-calcique chez le nouveau-né);
– Céfaclor	données insuffisantes; pas d'effet tératogène chez l'animal;	données insuffisantes;
– Céfadroxil	données insuffisantes; pas d'effet tératogène chez l'animal;	données insuffisantes;
– Céfixime	données insuffisantes;	données insuffisantes;
– Céfalexine: voir Céphalexine		
– Céphalexine	données insuffisantes; pas d'effet tératogène chez l'animal;	données insuffisantes;
– Céphradine	données insuffisantes; pas d'effet tératogène chez l'animal;	données insuffisantes;
– Chloroquine	I	I
– Chlorothiazide	II (à éviter pendant le premier trimestre; effet tératogène);	II (peut causer une hypoglycémie, une hyponatrémie, une hypokaliémie et une thrombopénie chez le nouveau-né);
– Cimétidine	I	I

	Premier trimestre	Fin de grossesse
– Clindamycine	I	I
– Clonazépam	I (s'il existe un effet tératogène, il semble très faible);	II (possibilité d'effets toxiques chez le nouveau-né: apnées, léthargie, hypotonie);
– Clonidine	I	I
– Cloxacilline	I	I
– Codéine	II (léger effet tératogène possible);	II (peut causer une dépression respiratoire chez le nouveau-né si elle est administrée pendant le travail);
– Corticostéroïdes	I	I
– Coumadine et autres anticoagulants apparentés	III (effet tératogène important; de multiples malformations ont été rapportées);	II (possibilité d'hémorragies chez le nouveau-né);
– Cromoglycate (en inhalations)	I	I
– Dexaméthasone: voir Corticostéroïdes		
– Diazépam	I (tératogénicité possible mais très faible);	II (à éviter en fin de grossesse car peut causer soit de l'hypotonie, soit un syndrome de sevrage);
– Dicoumarol: voir Coumadine		
– Diéthylstilbestrol	III (risque élevé d'adénocarcinome du vagin et du col utérin chez les filles exposées et d'anomalies congénitales du système génital chez le garçon);	III
– Digitale: voir Digoxine		
– Digoxine	I	I
– Dimenhydrinate	II (risque inconnu; à éviter si possible);	II
– Diphenhydramine	II (risque mal connu; à éviter si possible);	II
– Diphénoxylate	II (effet mal connu; à éviter si possible);	II
– Docusate de sodium	II (effet mal connu; à éviter si possible);	II
– Doxycycline: voir Tétracycline		
– Ergotamine	III (possibilité d'effet tératogène et de vasoconstriction chez le fœtus; à éviter);	III
– Érythromycine	I	L'estolate d'érythromycine peut causer une dysfonction hépatique chez environ 10 % des femmes enceintes;

	Premier trimestre	Fin de grossesse
– Éthambutol	I	I
– Éthosuximide	II (faiblement tératogène)	I
– Furosémide	I	I
– Griséofulvine	III (il existe un doute quant à la tératogénicité; comme le traitement des mycoses cutanées n'est pas urgent, il faut s'abstenir);	III
– Hydrochlorothiazide: voir Chlorothiazide		
– Hydroxyzine	II (si elle existe, la tératogénicité semble faible);	I
– Ibuprofène	II (aucun effet tératogène n'a été mis en évidence chez l'animal ni chez l'humain; les données étant peu nombreuses, il persiste un certain doute et il est préférable de s'abstenir si possible);	III (possibilité théorique de fermeture prématurée du canal artériel et de problèmes hémorragiques chez le nouveau-né);
– Isoniazide	I	I
– Isotrétinoïne	III (ce médicament est un tératogène puissant);	III
– Lithium	III (effet tératogène);	III (possibilité d'effets toxiques graves chez le nouveau-né);
– Lopéramide	I (risques inconnus; à éviter si possible);	I
– Mébendazole	I	I
– Mépéridine (péthidine)	I	II (risque de dépression respiratoire chez le nouveau-né lorsqu'elle est administrée au cours des heures qui précèdent l'accouchement; syndrome de sevrage chez le nouveau-né lorsque la mère est toxicomane);
– Métoclopramide	I	I
– Métronidazole	II (possibilité d'effet tératogène faible);	I (peut être utilisé s'il n'y a pas d'autre choix; éviter le traitement au moyen d'une dose unique);
– Morphine	I	II (à éviter au cours du travail car peut causer une dépression respiratoire chez le nouveau-né; lorsque la mère est toxicomane, un syndrome de sevrage peut survenir chez son nouveau-né);

	Premier trimestre	Fin de grossesse
– Nicoumalone: voir Coumadine		
– Naproxène	I	II (risque théorique de fermeture prématurée du canal artériel et d'hypertension pulmonaire);
– Nitrazépam	I (l'effet tératogène, s'il existe, est extrêmement faible);	II (risque d'hypotonie chez le nouveau-né; en cas d'utilisation prolongée par la mère, un syndrome de sevrage peut survenir);
– Nitrofurantoïne	I	I
– Oxacilline	I	I
– Paracétamol: voir Acétaminophène		
– Pénicilline	I	I
– Péthidine: voir Mépéridine		
– Phénobarbital	II (effet tératogène: le risque de malformation congénitale est multiplié par 2 ou 3);	II (risque de maladie hémorragique du nouveau-né; possibilité d'un syndrome de sevrage);
– Phénytoïne	II (effet tératogène: le risque de malformation congénitale est multiplié par 2 ou 3; un syndrome spécifique a été décrit; il associe notamment diverses anomalies craniofaciales et une hypoplasie des ongles);	II (risque de maladie hémorragique du nouveau-né; faible risque de perturbations du métabolisme phospho-calcique);
– Pipérazine	I	I
– Prednisone: voir Corticostéroïdes		
– Primidone	voir Phénobarbital;	voir Phénobarbital;
– Propranolol	I	II (en raison du risque de bradycardie, d'hypoglycémie et d'autres symptômes, le nouveau-né doit être surveillé étroitement pendant les 48 premières heures de vie);
– Pyrantel	données insuffisantes; (aucun effet tératogène n'a été rapporté, ni chez l'animal, ni chez l'humain);	données insuffisantes;
– Pyrvinium	données insuffisantes;	données insuffisantes;
– Quinacrine	données insuffisantes;	données insuffisantes;

	Premier trimestre	Fin de grossesse
– Ranitidine	données insuffisantes; (aucun effet tératogène n'a été rapporté jusqu'à présent);	I
– Rifampicine	I	II (possibilité de maladie hémorragique du nouveau-né);
– Salbutamol (en inhalations)	I	
– Spironolactone	I (à utiliser seulement en cas de défaillance cardiaque);	I
– Sucralfate	données insuffisantes; probablement inoffensif (absorption faible);	données insuffisantes; probablement inoffensif (absorption faible);
– Sulfafurazole: voir Sulfaméthoxazole		
– Sulfaméthoxazole et autres sulfamides	I	II (peuvent théoriquement augmenter le risque d'ictère nucléaire chez le nouveau-né ictérique);
– Sulfisoxazole: voir Sulfaméthoxazole		
– Terfénadine	données insuffisantes chez l'humain; pas d'effet tératogène chez l'animal;	données insuffisantes;
– Tétracycline	III (risque de décoloration de l'émail dentaire et de malformations congénitales mineures);	III (idem);
– Théophylline	I	II (possibilité de syndrome de sevrage);
– Tioclomarol: voir Coumadine		
– Triméthoprime-sulfaméthoxazole	I	II (voir Sulfaméthoxaxole)

Allaitement

Les connaissances demeurent également incomplètes; il est donc préférable d'éviter la prise de médicaments au cours de la période d'allaitement.

Les catégories suivantes sont utilisées:

– I: des problèmes importants n'ont pas été rapportés; la mère peut probablement prendre ce médicament pendant la période d'allaitement;

– II: possibilité de problèmes mineurs ou rares, ou données insuffisantes; médicament à éviter si possible;

– III : risque élevé de problèmes majeurs ; ce médicament est formellement contre-indiqué au cours de l'allaitement ; s'il doit absolu-
ment être pris, l'allaitement doit être cessé.

– Acétaminophène ou paracétamol	I
– Acide acétylsalicylique	II (risque potentiel de dysfonction pla-quettaire chez l'enfant) ;
– Acide valproïque	I
– Aciclovir : voir Acyclovir	
– Acyclovir	I
– Amoxicilline	I
– Amoxicilline – acide clavulanique	données insuffisantes ;
– Astémizole	II (données insuffisantes) ;
– Béclométhasone (en inhalations)	I (peu de données) ;
– Captopril	I
– Carbamazépine	I
– Céfaclor	I
– Céfadroxil	I
– Céfixime	données insuffisantes ;
– Céfalexine : voir Céphalexine	
– Céphalexine	peu de données ; risque probablement faible ;
– Céphradine	peu de données ; risque probablement faible ;
– Chloroquine	I
– Chlorothiazide	I
– Cimétidine	I
– Clindamycine	I
– Clonazépam	II (possibilité de léthargie) ;
– Clonidine	I (peu de données) ;
– Cloxacilline	données insuffisantes ;
– Codéine	I
– Corticostéroïdes	I
– Coumadine et autres anticoagulants apparentés	seuls le dicoumarol et la warfarine sont acceptables au cours de l'allaitement ;
– Cromoglycate (en inhalations)	données insuffisantes ; probablement inoffensif ;
– Dexaméthasone : voir Corticostéroïdes	
– Diazépam	II (risque de léthargie) ;
– Dicoumarol : voir Coumadine	

- Diéthylstilbestrol — données insuffisantes;
- Digitale: voir Digoxine
- Digoxine — I
- Dimenhydrinate — données insuffisantes; à éviter si possible;
- Diphenhydramine — II (effet peu connu; à éviter si possible);
- Diphénoxylate — I
- Docusate de sodium — données insuffisantes;
- Doxycycline: voir Tétracycline
- Ergotamine — III (passe dans le lait maternel; effet vasoconstricteur aux conséquences inconnues);
- Érythromycine — I
- Éthambutol — I
- Éthosuximide — I
- Furosémide — I
- Griséofulvine — données insuffisantes; il vaut mieux s'abstenir;
- Hydrochlorothiazide: voir Chlorothiazide
- Hydroxyzine — données insuffisantes;
- Ibuprofène — I
- Isoniazide — I
- Isotrétinoïne — données insuffisantes;
- Lithium — III (effets à long terme inconnus);
- Lopéramide — I
- Mébendazole — données insuffisantes;
- Mépéridine (péthidine) — I
- Métoclopramide — II (possibilité de troubles neurologiques);
- Métronidazole — II (utiliser de préférence une dose unique et interrompre l'allaitement pendant les 24 heures qui suivent);
- Morphine — I
- Naproxène — I
- Nitrazépam — II (risque de somnolence);
- Nitrofurantoïne — I
- Oxacilline — I
- Paracétamol: voir Acétaminophène
- Pénicilline — I
- Péthidine: voir Mépéridine
- Phénobarbital — II (risque de léthargie);

– Phénytoïne	I
– Pipérazine	données insuffisantes;
– Prednisone: voir Corticostéroïdes	
– Primidone	voir Phénobarbital;
– Propranolol	I
– Pyrantel	données insuffisantes;
– Pyrvinium	données insuffisantes;
– Quinacrine	données insuffisantes;
– Ranitidine	I
– Rifampicine	I
– Salbutamol (en inhalations)	données insuffisantes; probablement inoffensif (absorption faible);
– Spironolactone	I
– Sucralfate	données insuffisantes; probablement inoffensif (absorption faible);
– Sulfafurazole: voir Sulfaméthoxazole	
– Sulfaméthoxazole et autres sulfamides	I
– Sulfisoxazole: voir Sulfaméthoxazole	
– Terfénadine	données insuffisantes;
– Tétracycline	I
– Théophylline	I
– Tioclomarol: voir Coumadine	
– Triméthoprime-sulfaméthoxazole	I

Lecture suggérée

Briggs GG, Freeman RK, Yaffe SJ: Drugs in pregnancy and lactation. Williams & Wilkins, Baltimore, 3d ed., 1990.

Méningite bactérienne 166

Marc Lebel, Luc Chicoine, Albert Larbrisseau, Michel Weber

Généralités

Le pronostic de la méningite bactérienne a été radicalement amélioré par la découverte des antibiotiques. Depuis lors, peu de progrès ont été accomplis; elle demeure une maladie grave et son évolution dépend largement de la précocité du diagnostic et du traitement.

Une bonne connaissance des agents responsables des méningites bactériennes aux différents âges est essentielle pour orienter le traitement antibiotique initial, puisque le résultat de la culture du liquide céphalorachidien n'est connu que 24 à 72 heures après le diagnostic.

En Amérique du Nord, lorsqu'il s'agit d'un nouveau-né, il faut surtout suspecter le *Streptococcus agalactiæ* (streptocoque bêta-hémolytique du groupe B) et les bactéries à Gram négatif, principalement l'*Escherichia coli*. En plus de ces bactéries, le *Listeria monocytogenes* est un agent pathogène fréquent en Europe. Ces mêmes agents peuvent encore se rencontrer, mais avec une fréquence décroissante, au cours du deuxième mois de vie. L'*Hæmophilus influenzæ*, le *Streptococcus pneumoniæ* (pneumocoque) et le *Neisseria meningitidis* (méningocoque) se rencontrent rarement pendant le premier mois de vie mais sont les causes à peu près exclusives des méningites bactériennes chez les enfants de plus de deux mois. L'*Hæmophilus influenzæ* prédominait largement entre un mois et cinq ans; la vaccination modifie rapidement cette situation. Après l'âge de cinq ans, la presque totalité des méningites sont causées par le pneumocoque et le méningocoque.

Divers médiateurs de l'inflammation comme l'interleukine 1-bêta et la cachectine semblent jouer un rôle important. Leur libération est réduite par l'administration précoce de corticostéroïdes.

Manifestations cliniques

Chez le nouveau-né et le jeune nourrisson de moins de trois mois, les signes et symptômes sont souvent peu spécifiques : la fièvre peut être absente, la nuque peut être souple et la fontanelle antérieure peut être normale. Pour cette raison, le bilan septique inclura presque toujours une ponction lombaire. Un tel bilan est souvent entrepris de façon routinière face à une altération inexpliquée de l'état général, à une fièvre ou une hypothermie, à des convulsions inexpliquées, à une détérioration de l'état de conscience, à une irritabilité, etc.

Après l'âge de trois à quatre mois, les trouvailles de l'examen deviennent de plus en plus fiables; par exemple, la raideur de nuque et le bombement de la fontanelle antérieure s'observent plus fréquemment.

Chez l'enfant plus âgé, les signes généraux sont souvent marqués : la fièvre est d'ordinaire présente et l'état général est la plupart du temps touché de façon évidente : l'enfant est «toxique», irritable, somnolent, confus ou même comateux; les grands enfants peuvent se plaindre de céphalées et de douleurs au niveau de la nuque et du dos. Les vomissements sont fréquents et les convulsions occasionnelles.

Les signes spécifiques d'irritation méningée sont :

1) La raideur de nuque : elle se recherche en décubitus dorsal;

2) Le signe de Brudzinski : il est présent lorsqu'on observe une flexion des hanches et des genoux au moment où on fléchit la tête à la recherche d'une raideur de nuque;

3) Le signe de Kernig : il se recherche lui aussi en décubitus dorsal : la cuisse est fléchie à 90° sur le bassin et le genou est fléchi de telle sorte que la jambe et la cuisse forment également un angle de 90°. Ce signe est positif lorsqu'on note une résistance ou une douleur lorsqu'on essaie d'étendre la jambe.

Parmi les signes non spécifiques, le bombement de la fontanelle antérieure ou d'autres manifestations d'hypertension intracrânienne sont des éléments importants.

La présence d'un préchoc, d'un choc ou d'une éruption hémorragique ou nécrotique suggère que la méningite est probablement due au *Neisseria meningitidis* et qu'elle s'accompagne d'une septicémie.

Surtout chez l'enfant de moins de six mois, des convulsions avec fièvre doivent, selon le contexte clinique, faire penser à la possibilité d'une infection du système nerveux central. Les convulsions associées à une méningite peuvent être de banales convulsions fébriles ou résulter de thromboses vasculaires, de foyers de cérébrite ou d'une hyponatrémie secondaire à une sécrétion inappropriée d'hormone antidiurétique.

Des déficits neurologiques focalisés peuvent être présents ; ils constituent des indices de pronostic plus réservé.

Un point de départ infectieux peut souvent être identifié (otite, sinusite, etc.).

Explorations

L'anamnèse et l'examen permettent souvent de suspecter le diagnostic, mais celui-ci ne peut être prouvé que par l'examen du liquide céphalorachidien (LCR), qui permet le plus souvent de différencier entre une méningite virale ou bactérienne. Lorsque le patient se présente avec des signes d'engagement ou d'engagement imminent (anisocorie, arrêt respiratoire, posture de décérébration ou de décortication), il faut remettre la ponction lombaire à plus tard et commencer immédiatement le traitement.

En cas de méningite bactérienne, le LCR est opalescent, trouble ou franchement purulent.

Chez le nouveau-né (< 1 mois), on accepte jusqu'à 30×10^6 leucocytes/L (30/mm^3). Chez l'enfant plus âgé, la limite supérieure de la normale est de 10×10^6 leucocytes/L (10/mm^3). Toute valeur supérieure à cette limite suggère une méningite virale ou bactérienne. Les méningites bactériennes sans pléiocytose ou avec une pléiocytose légère sont exceptionnelles : la plupart du temps, le nombre de leucocytes est de beaucoup supérieur à celui qu'on observe en cas de méningite virale, atteignant plusieurs centaines à plusieurs milliers $\times 10^6$ leucocytes/L (plusieurs centaines à plusieurs milliers par mm^3).

En cas de méningite bactérienne, on observe presque toujours une forte prédominance de neutrophiles (plus de 90 %) alors qu'on retrouve une prédominance lympho-monocytaire ou une distribution mixte en cas de méningite virale.

La protéinorachie normale se situe à moins de 1,7 g/L chez le nouveau-né et à moins de 0,45 g/L chez l'enfant plus âgé. Une hyperprotéinorachie est habituelle en cas de méningite bactérienne; elle est d'habitude plus marquée que lorsqu'il s'agit d'une méningite virale.

En cas de méningite bactérienne, la glycorachie est souvent abaissée à moins de 2,7 mmol/L ou à moins de 50 % de la glycémie, mais ceci n'est pas spécifique car un tel abaissement peut s'observer occasionnellement en cas de méningite virale (exemple: méningite ourlienne). Le dosage simultané du glucose dans le sang et le LCR n'est pas très utile, car les variations du taux de glucose dans ces deux milieux sont asynchrones.

Contrairement à une croyance répandue, le prétraitement avec des antibiotiques administrés par voie orale ne modifie que faiblement la composition du LCR. Par contre, la culture est alors souvent négative.

Un problème particulier est celui de la ponction lombaire traumatique, lorsque du sang est mélangé avec le LCR. Dans ce cas, la comparaison du rapport globules blancs/globules rouges dans le LCR et le sang donne une information approximative mais utile à propos de la pléiocytose.

La mise en évidence de bactéries à l'examen direct du LCR après coloration au Gram constitue un élément de diagnostic important, mais il ne faut pas s'y fier pour choisir le traitement initial ni pour modifier ce traitement.

La culture du LCR est essentielle; elle est positive dans environ 90 % des cas. Une recherche d'antigènes bactériens (agglutination au latex) dans le sang, le LCR et l'urine est utile lorsque la culture du LCR est négative après 24 à 48 heures. Il est souhaitable de faire une ou deux hémocultures.

L'hémogramme montre souvent une anémie normochrome normocytaire modérée ainsi qu'une hyperleucocytose. Une thrombopénie suggère l'existence d'une coagulation intravasculaire disséminée.

Un ionogramme est répété toutes les 6 à 12 heures pendant les 24 à 48 premières heures: l'apparition d'une hyponatrémie peut suggérer une sécrétion inappropriée d'hormone antidiurétique.

Une ponction lombaire de contrôle doit être faite après 24 à 48 heures de traitement chez le nouveau-né et chez l'enfant immunodéficient pour s'assurer de la stérilisation du LCR. Chez l'enfant plus âgé et immunocompétent, ce n'est pas nécessaire sauf si l'évolution est défavorable.

Une tomodensitométrie cérébrale n'est indiquée que dans certaines circonstances particulières (exemples: déficit neurologique, convulsions focalisées).

Un électro-encéphalogramme est utile si des convulsions répétées, tardives ou focalisées surviennent en cours d'évolution.

En fin d'hospitalisation, des potentiels évoqués auditifs sont faits chez l'enfant de moins de deux ans, un audiogramme chez l'enfant plus âgé.

Traitement

L'antibiothérapie initiale doit couvrir toutes les bactéries qui peuvent être en cause et tenir compte des résistances observées localement. L'*Escherichia coli* devient fréquemment résistant à l'ampicilline dans certains milieux, mais demeure sensible aux céphalosporines de la troisième génération. Le streptocoque bêta-hémolytique du groupe B est sensible à l'ampicilline et au céfotaxime. Le *Listeria monocytogenes*, rare en Amérique du Nord et fréquent en Europe, est sensible à l'ampicilline et à la gentamicine mais est résistant aux céphalosporines. L'*Hæmophilus influenzæ* est fréquemment résistant à l'ampicilline (cette résistance peut atteindre 60 % dans certaines régions); il est toujours sensible aux céphalosporines et, sauf dans certaines régions, rarement résistant au chloramphénicol. Dans une minorité de cas, le *Streptococcus pneumoniæ* peut être résistant ou relativement résistant aux pénicillines. Le *Neisseria meningitidis* demeure habituellement sensible aux pénicillines et aux céphalosporines.

Antibiothérapie initiale en attendant le résultat de la culture du LCR et de l'antibiogramme:

- Chez le nouveau-né (< 1 mois), utiliser l'une des deux associations suivantes: ampicilline-céfotaxime ou ampicilline-gentamicine. Pour la posologie, voir Index pharmacologique;

- Chez l'enfant de 1 à 3 mois, utiliser une association d'ampicilline (200 à 300 mg/kg/24 heures IV en 4 fois) et de céfotaxime (200 mg/kg/24 heures IV en 4 fois);

- Chez l'enfant de plus de 3 mois, il y a trois choix principaux:

  1) Céfotaxime seul (200 mg/kg/24 heures IV en 4 fois; maximum chez le grand enfant: 12 g/24 heures). Si le *Listeria monocytogenes* est suspecté, l'ampicilline doit être associée initialement;

  2) Ceftriaxone seule (80 à 100 mg/kg/24 heures IV en 2 fois; maximum chez le grand enfant: 4 g/24 heures); Si le *Listeria monocytogenes* est suspecté, l'ampicilline doit être associée initialement;

  3) Association d'ampicilline (200 à 300 mg/kg/24 heures IV en 4 fois; maximum chez le grand enfant: 12 g/24 heures) et de chloramphénicol (100 mg/kg/24 heures IV en 4 fois; maximum chez le grand enfant: 4 g/24 heures). Cette association ne doit pas être utilisée dans certaines régions où la résistance simultanée à ces deux antibiotiques est fréquente.

Chez l'enfant allergique à la pénicilline ou aux céphalosporines ou aux deux, le chloramphénicol seul est un bon choix (100 mg/kg/24 heures IV en 4 fois; maximum chez le grand enfant: 4 g/24 heures), sauf dans les rares régions où une résistance à cet antibiotique est fréquemment rapportée. Des dosages sanguins doivent être faits.

Lorsque l'antibiogramme est connu et qu'une association d'antibiotiques a été utilisée initialement, on ajuste le traitement en cessant l'un des antibiotiques. Lorsqu'il s'agit d'un *Neisseria meningitidis*, d'un streptocoque bêta-hémolytique du groupe B ou d'un *Streptococcus pneumoniæ* sensible aux pénicillines, la pénicilline G cristalline peut être substituée à l'ampicilline (250 000 à 400 000 UI/kg/24 heures IV en 4 fois; maximum chez le grand enfant: 24 000 000 UI).

Lorsque le chloramphénicol est utilisé, on peut recourir à la voie orale après quelques jours de traitement intraveineux, lorsque les signes généraux ont régressé. Dans tous les autres cas, la voie intraveineuse est maintenue pendant toute la durée du traitement, qui est d'au moins 2 semaines pour la méningite néonatale à streptocoque bêta-hémolytique du groupe B ou à *Listeria monocytogenes*, d'au moins 3 semaines pour la méningite néonatale à *Escherichia coli* ou à une autre bactérie à Gram négatif, de 7 jours pour la méningite à *Neisseria meningitidis*, de 7 à 10 jours pour la méningite à *Hæmophilus influenzæ*, et de 10 jours pour la méningite à *Streptococcus pneumoniæ*.

Selon la littérature actuellement disponible, l'administration précoce de corticostéroïdes (dexaméthasone : 0,6 mg/kg/24 heures IV en 4 fois pendant 4 jours) semble réduire la mortalité, la morbidité et le risque de séquelles neurologiques, particulièrement de surdité. Le traitement doit être commencé dès que le diagnostic est posé, avant la première dose d'antibiotique ; le rôle des corticostéroïdes dans le traitement de la méningite néonatale demeure inconnu.

Autres modalités de surveillance et de traitement : les signes généraux et l'état neurologique doivent être surveillés étroitement pendant les premiers jours de traitement. Il faut aussi surveiller l'apparition d'une arthrite, d'une ostéomyélite, d'une péricardite ou d'une pneumonie. Une restriction des apports liquidiens n'est indiquée que s'il y a une sécrétion inappropriée d'hormone antidiurétique. Compte tenu de l'hypertension intracrânienne et de la réduction de la perfusion cérébrale qu'elle entraîne, il est prudent de lutter contre la fièvre avec de l'acétaminophène ou paracétamol (15 mg/kg/dose toutes les 4 heures ; maximum chez le grand enfant : 650 mg/dose) pour réduire la consommation d'oxygène. Le choc, les convulsions et l'hypertension intracrânienne sont traités de la façon habituelle (voir Choc septique, Convulsions et état de mal convulsif, Hypertension intracrânienne).

Complications

Au cours de la phase aiguë, de nombreuses complications peuvent survenir : hypertension intracrânienne, engagement des amygdales cérébelleuses ou des lobes temporaux, coma, convulsions, déficits moteurs focalisés, sécrétion inappropriée d'hormone antidiurétique, anémie, effusion sous-durale, thromboses vasculaires intracrâniennes, cérébrite, arthrite réactive, choc septique, etc. Une fièvre persistante est souvent d'origine médicamenteuse ; elle peut aussi résulter d'une effusion sousdurale ou d'une phlébite au site de perfusion. Divers déficits neurologiques permanents peuvent survenir ; le plus fréquent est la surdité neurosensorielle ; celle-ci peut être bilatérale et profonde. Une méningite peut aussi être suivie de retard mental, de troubles d'apprentissage ou de comportement, d'hydrocéphalie, de déficits moteurs, d'épilepsie, etc.

Pronostic

Même lorsqu'elle est bien traitée, la morbidité et la mortalité de la méningite néonatale demeurent importantes, surtout lorsque l'agent causal est une bactérie à Gram négatif ; à cet âge, il y a approximativement 33 % de mortalité, 33 % de séquelles neurologiques et 33 % de survies sans séquelles neurologiques apparentes.

Chez l'enfant plus âgé, le pronostic est bien meilleur, surtout si le traitement a été entrepris de façon précoce et si l'enfant n'a pas présenté de complications majeures comme un coma : la mortalité est inférieure à 5 % et l'incidence de séquelles neurologiques permanentes varie selon les séries et les critères utilisés entre 5 % et 50 %. Une bonne évolution apparente n'exclut pas une perte de quotient intellectuel ni la possibilité de troubles ultérieurs d'apprentissage ou de comportement.

Mesures préventives

On recommande habituellement d'isoler l'enfant pendant les 24 premières heures de traitement. Si l'agent causal est l'*Hæmophilus influenzæ* ou le *Neisseria meningitidis*, les personnes qui ont été en contact intime avec l'enfant doivent bénéficier de mesures préventives : voir Problèmes épidémiologiques courants à la garderie (crèche). La généralisation et l'administration plus précoce du vaccin contre l'*Hæmophilus influenzæ* ont réduit de façon importante l'incidence de la méningite causée par cette bactérie. Il existe un vaccin contre le *Neisseria meningitidis* des groupes A, C, Y et W, mais non contre celui du groupe B. Ce vaccin est inefficace avant l'âge de deux ans et il est réservé à certaines situations particulières (déficit immunitaire, foyer d'endémie, etc.). Le vaccin contre le *Streptococcus pneumoniæ* n'est pas efficace avant l'âge de deux ans et il est réservé à certains patients vulnérables (exemples : enfants splénectomisés ou atteints d'anémie falciforme).

Suivi

En raison du risque de séquelles neurologiques évidentes ou frustes, les enfants qui ont souffert de méningite bactérienne devraient être suivis plus étroitement que les autres sur le plan du développement psychomoteur et de la scolarité.

Lectures suggérées

American Academy of Pediatrics : Report of the task force on diagnosis and management of meningitis. Pediatrics 1986 ; 78 : 959-982.

Ashwal S, Perkin RM, Thompson JR, *et al.* : Bacterial meningitis in children : current concepts of neurologic management. Adv Pediatr 1993 ; 40 : 185-215.

Baraff LJ, Lee SI, Schriger DL : Outcome of bacterial meningitis in children : a meta-analysis. Pediatr Infect Dis J 1993 ; 12 : 389-394.

Bell WE : Bacterial meningitis in children : selected aspects. Pediatr Clin North Am 1992 ; 39 : 651-667.

Bonadio WA : The cerebrospinal fluid : physiologic aspects and alterations associated with bacterial meningitis. Pediatr Infect Dis J 1992 ; 11 : 423-432.

Dagbjartsson A, Ludvigsson P : Bacterial meningitis : diagnosis and initial antibiotic therapy. Pediatr Clin North Am 1987 ; 34 : 219-230.

Kaplan SL, Fishman MA : Supportive therapy for bacterial meningitis. Pediatr Infect Dis J 1987 ; 6 : 670-677.

McCracken GH Jr, Nelson JD, Kaplan SL, *et al.* : Consensus report : antimicrobial therapy for bacterial meningitis in infants and children. Pediatr Infect Dis J 1987 ; 6 : 501-505.

McCracken GH Jr: Current management of bacterial meningitis in infants and children. Pediatr Infect Dis J 1992; 11: 169-174.

Plotkin SA, Daum RS, Giebink GS, *et al.*: Treatment of bacterial meningitis. Pediatrics 1988; 81: 904-907.

Quagliarello V, Scheld WM: Bacterial meningitis: pathogenesis, pathophysiology, and prognosis. N Engl J Med 1992; 327: 864-872.

Radetsky M: Duration of treatment in bacterial meningitis: a historical inquiry. Pediatr Infect Dis J 1990; 9: 2-9.

Säez-Llorens X, Ramilo O, Mustafa MM, *et al.*: Molecular pathophysiology of bacterial meningitis: current concepts and therapeutic implications. J Pediatr 1990; 116: 671-684.

Smith AL: Bacterial meningitis. Pediatr Rev 1993; 14: 11-18.

Unhanand M, Mustafa MM, McCracken GH, Nelson JD: Gram-negative enteric bacillary meningitis: a twenty-one year experience. J Pediatr 1993; 122: 15-21.

Word BM, Klein JO: Current therapy of bacterial sepsis and meningitis in infants and children: a poll of directors of programs in pediatric infectious diseases. Pediatr Infect Dis J 1988; 7: 267-270.

Méningite virale   167

Michel Weber, Marc Lebel, Albert Larbrisseau

Généralités

De nombreux virus peuvent causer une méningite; ceux qui prédominent sont les entérovirus (surtout les virus ECHO et Coxsackie); avant l'ère de la vaccination, la méningite ourlienne était très fréquente. Environ la moitié des patients ont moins de trois mois. Dans l'hémisphère nord, ce type de méningite survient surtout en été. Ce chapitre traite de la méningite isolée et non de l'encéphalite et de la méningo-encéphalite (voir Encéphalites virales).

Manifestations cliniques

Elles peuvent être inexistantes; l'enfant peut se présenter avec une fièvre isolée. Lorsqu'il y a des signes et des symptômes spécifiques, ils sont identiques à ceux qu'on observe en cas de méningite bactérienne (voir chapitre précédent), mais le degré d'atteinte de l'état général et l'intensité des symptômes sont souvent moindres.

Explorations

L'hémogramme a peu d'intérêt pour différencier une méningite virale d'une méningite bactérienne.

L'examen du liquide céphalorachidien permet cette différenciation dans la majorité des cas:

1) Le liquide est limpide ou légèrement opalescent;

2) Le nombre de cellules est plus bas que dans la méningite bactérienne: il se situe habituellement entre 10 et 500×10^6/L (10 à 500/mm³); il est en moyenne d'environ 250×10^6/L (250/mm³);

3) Le pourcentage de neutrophiles est d'habitude inférieur à celui qu'on retrouve lorsque la méningite est bactérienne : l'ensemble des monocytes et des lymphocytes prédomine ou équivaut au nombre de neutrophiles. Au début de la maladie, les neutrophiles prédominent parfois et une seconde ponction lombaire peut alors être utile après une douzaine d'heures s'il y a un doute ;

4) La protéinorachie est moins élevée qu'en cas de méningite bactérienne : elle se situe d'habitude entre 0,5 et 1,5 g/L ;

5) À de rares exceptions près, la glycorachie est normale ;

6) L'examen direct du LCR après coloration au Gram ne montre pas de bactéries et la culture bactérienne est négative.

Les cultures virales du LCR indiquent rétrospectivement quel virus était en cause, mais sont sans intérêt pour le patient. Il en est de même des épreuves sérologiques.

Traitement

Il n'y a pas de traitement spécifique. La décision d'hospitaliser et le besoin d'un traitement de soutien sont évalués individuellement selon le degré d'atteinte de l'état général. Lorsque les éléments cliniques et les caractéristiques du LCR sont typiques d'une méningite virale, il faut résister à l'envie de prescrire une antibiothérapie, en raison de ses coûts et de ses effets secondaires possibles. Dans les cas douteux, l'antibiothérapie est amorcée (voir Méningite bactérienne), mais elle est cessée après 48 à 72 heures, au moment où les cultures bactériennes se révèlent négatives.

Pronostic

La plupart du temps, il est excellent : la maladie guérit spontanément et sans séquelles en quelques jours. S'il s'agit d'un jeune nourrisson, il est prudent de surveiller le développement psychomoteur, car il y a une possibilité de séquelles.

Mesures de prévention

Les patients hospitalisés doivent faire l'objet des précautions entériques habituelles (voir Prévention des infections en milieu hospitalier).

Lectures suggérées

Bergman I, Painter MJ, Wald ER, *et al.*: Outcome in children with enteroviral meningitis during the first year of life. J Pediatr 1987; 110: 705-709.

Rorabaugh ML, Berlin LE, Heldrich F, *et al.*: Aseptic meningitis in infants younger than 2 years of age: acute illness and neurologic complications. Pediatrics 1993; 92: 206-211.

Wildin S, Chonmaitree T: The importance of the virology laboratory in the diagnosis and management of viral meningitis. Am J Dis Child 1987; 141: 454-457.

Wilfert CM, Lehrman SN, Katz SL: Enteroviruses and meningitis. Pediatr Infect Dis J 1983; 2: 333-341.

Microcéphalie 168

Michel Weber, Albert Larbrisseau, Grant Mitchell, Philippe Chessex

Généralités

Pendant les deux premières années de vie, la mesure du périmètre crânien représente une étape essentielle des visites de routine. Ce paramètre est reporté chaque fois sur une courbe appropriée. Cette démarche a pour objectif de s'assurer que le périmètre crânien est normal, c'est-à-dire que l'enfant n'est ni microcéphale ni macrocéphale. Elle vise aussi à s'assurer que la vitesse de croissance de la tête n'est ni trop lente ni trop rapide.

Selon la définition classique, on parle de microcéphalie lorsque le périmètre crânien est inférieur à deux déviations standard par rapport à la moyenne pour l'âge. Cette définition n'est pas parfaite parce qu'elle ne tient pas compte des autres mensurations de l'enfant, alors que celles-ci doivent être prises en considération si l'on veut préciser la signification d'un cerveau trop petit. En effet, l'enfant microcéphale de petite taille risque moins d'avoir une intelligence réduite qu'un enfant microcéphale de grande taille. D'une façon générale, plus la microcéphalie est importante, plus il y a un risque de retard mental.

La microcéphalie peut résulter de multiples causes (tableau 53) qu'il importe de garder en mémoire au cours de la démarche clinique. Bien que ce ne soit pas toujours possible, il est important d'essayer de poser un diagnostic précis, car celui-ci peut éclairer le pronostic fonctionnel et permettre un conseil génétique approprié.

Tableau 53 Principales causes de microcéphalie

- Microcéphalies congénitales
  - formes héréditaires
    - autosomique récessive
    - autosomique dominante
  - associées à des syndromes génétiques
    - avec anomalies chromosomiques
    - sans anomalies chromosomiques (syndromes de Cornelia de Lange, de Rubinstein-Taybi, de Smith-Lemli-Opitz, de Seckel, etc.)
  - associées à diverses anomalies structurales du cerveau
  - d'origine infectieuse (cytomégalovirus, virus de la rubéole, *Toxoplasma gondii*, etc.)
  - d'origine toxique (alcool, phénytoïne, trétinoïne, améthoptérine, etc.)
  - d'origine métabolique (phénylcétonurie maternelle, diabète maternel mal contrôlé)
  - résultant de l'exposition à certains agents physiques (exemple : radiothérapie)
  - d'origine carentielle (malnutrition pendant la grossesse)
- Microcéphalies acquises
  - anoxie néonatale ou plus tardive (exemple : arrêt cardiorespiratoire, noyade, etc.)
  - méningite ou encéphalite grave

I. Microcéphalie par anoxie néonatale

Cette forme, qui est secondaire à l'atrophie cérébrale, est la plus fréquente.

II. Microcéphalies congénitales

Beaucoup de microcéphalies appartiennent à cette catégorie. Elles peuvent relever de plusieurs étiologies :

1) Microcéphalies héréditaires isolées :

   a) Les formes autosomiques récessives sont les plus graves : elles s'accompagnent souvent d'un retard mental important, de convulsions et de dysmorphies diverses. Surtout lorsque la microcéphalie est modérée, l'intelligence est parfois proche de la normale ;

   b) La forme autosomique dominante peut être associée à un retard mental léger à modéré, à des convulsions moins graves et à des signes dysmorphiques plus discrets.

2) Microcéphalie résultant de syndromes génétiques :

   a) Avec anomalie chromosomique : il s'agit notamment de certaines délétions (exemple : syndrome du cri du chat) ou trisomies (exemples : trisomie 18, trisomie 21, etc.) ;

   b) Sans anomalie chromosomique : de nombreux syndromes peuvent comporter une microcéphalie et, le plus souvent, un retard mental. En voici quatre exemples, avec quelques-unes de leurs principales caractéristiques :

   – Syndrome de Cornelia de Lange : retard de croissance d'origine prénatale, retard mental, synophrys (sourcils qui se rejoignent sur la ligne médiane), petites mains et petits pieds, hirsutisme, hypoplasie mamelonnaire, longs cils, petit nez, lèvres fines, micrognathie ;

   – Syndrome de Rubinstein-Taybi : retard statural, retard mental de gravité variable, hypoplasie maxillaire, pouces et premiers orteils larges, cryptorchidie ($\pm$ 80 %), nævus flammeus ($\pm$ 50 %) ;

   – Syndrome de Seckel : retard de croissance d'origine prénatale, disproportion faciale avec nez proéminent ;

   – Syndrome de Smith-Lemli-Opitz : retard staturopondéral d'origine prénatale (50 %), retard mental, front étroit, épicanthus, ptose palpébrale, nez large et court, micrognathie, syndactylie des deuxième et troisième doigts ou polydactylie, cryptorchidie, hypospadias (70 % des garçons), malformations rénales.

3) Microcéphalie résultant de diverses anomalies structurales du cerveau ou de défauts de migration neuronale : il s'agit notamment de la pachygyrie, de la lissencéphalie et de l'agénésie du corps calleux.

4) Microcéphalie d'origine infectieuse : elle peut notamment être due au virus de la rubéole, au cytomégalovirus ou au *Toxoplasma gondii* (voir Infections congénitales).

5) Microcéphalie d'origine toxique : l'exposition du fœtus à certains agents toxiques comme le tabac peut ralentir la croissance cérébrale, mais de façon insuffisante pour causer une microcéphalie. D'autres agents comme l'alcool, le toluène, la phénytoïne, l'améthoptérine et la trétinoïne peuvent causer une microcéphalie. Il en est de même de certains médicaments utilisés pour le traitement du cancer.

7) Microcéphalie résultant de l'exposition à des agents physiques : il s'agit essentiellement de la radiothérapie au début de la grossesse. L'effet d'une fièvre maternelle élevée au début de la grossesse demeure controversé.

8) Microcéphalie d'autres origines : l'hypoxémie chronique au cours de la grossesse, la malnutrition maternelle, ainsi que certaines anomalies ou maladies du placenta peuvent interférer avec la croissance cérébrale. Une microcéphalie ne semble résulter de ces facteurs que dans des circonstances extrêmes. La phénylcétonurie maternelle et le diabète, mal contrôlés pendant la grossesse, sont parmi les autres causes connues.

III. Microcéphalies acquises

Une microcéphalie acquise peut résulter d'un événement catastrophique survenant, avant l'âge de deux ans, alors que la croissance cérébrale est rapide. Il peut s'agir par exemple d'une méningite, d'une encéphalite grave, ou encore d'une anoxie cérébrale (exemples : noyade, état de choc prolongé, arrêt cardiorespiratoire).

Démarche clinique

I. Microcéphalie congénitale

La démarche commence par une anamnèse familiale détaillée (consanguinité, etc.). On recherche les incidents qui ont pu marquer la grossesse (maladie, prise de médicaments, de drogues, d'alcool ou de tabac, radiothérapie, hypoxémie, malnutrition, etc). On note l'âge gestationnel, les mensurations à la naissance ainsi que le score d'Apgar. On s'intéresse aussi, si elles sont disponibles, aux données échographiques concernant la croissance céphalique au cours de la grossesse. On s'intéresse aussi aux complications de la période périnatale (anoxie, insuffisance respiratoire, ictère, convulsions, hypoglycémie, intervention chirurgicale, etc.). S'il s'agit d'un nourrisson ou d'un jeune enfant, on passe en revue les étapes du développement psychomoteur et on évalue le comportement en général.

L'examen recherche de façon systématique des dysmorphies associées, ainsi que des malformations externes, cardiaques, rénales ou autres. L'examen du fond d'œil, effectué par un ophtalmologue, permet de s'assurer qu'il n'y a pas de cataractes ni de lésions rétiniennes suggestives d'une infection congénitale. Parfois, l'examen est compatible avec un syndrome connu ; lorsque ce n'est pas le cas, il est important de réévaluer cliniquement l'enfant de façon périodique, car le tableau clinique peut ne devenir spécifique qu'après des mois ou des années.

La mesure du périmètre crânien du père, de la mère et des membres de la fratrie constitue souvent une étape essentielle de la démarche clinique. Plusieurs examens paracliniques peuvent contribuer au diagnostic :

1) Un caryotype est indiqué si la cause de la microcéphalie n'est pas évidente ;

2) Lorsqu'on suspecte une infection congénitale, on recherche de façon systématique les différents agents infectieux pouvant être responsables d'une microcéphalie. Si elles sont positives, les épreuves sérologiques effectuées pendant les premières semaines de vie doivent être répétées quelques mois plus tard pour s'assurer qu'il ne s'agissait pas d'anticorps maternels transmis par voie transplacentaire. Le virus de la rubéole et le cytomégalovirus peuvent être retrouvés dans l'urine pendant de nombreux mois après la naissance. La recherche d'une étiologie infectieuse est détaillée davantage dans le chapitre Infections congénitales. Des calcifications cérébrales sont recherchées par l'échographie, la tomodensitométrie ou la résonance magnétique nucléaire ;

3) Dans bien des cas, l'échographie, la tomodensitométrie ou la résonance magnétique cérébrale est utile, non seulement pour rechercher des calcifications suggestives d'une infection congénitale, mais aussi pour mettre en évidence des anomalies cérébrales structurales ;

4) Le dosage de la phénylalanine plasmatique chez la mère est indiqué lorsque la cause de la microcéphalie demeure inconnue.

II. Microcéphalie acquise

L'étiologie des microcéphalies acquises est habituellement évidente : l'anamnèse met en évidence une histoire d'anoxie cérébrale ou d'infection du système nerveux central.

Mononucléose infectieuse   169

Michel Weber, Marc Lebel

Généralités

La mononucléose infectieuse est une infection fréquente due au virus Epstein-Barr, qui appartient au groupe herpès.

On a longtemps cru qu'elle était rare chez le jeune enfant et qu'elle touchait de façon à peu près exclusive les adolescents et les jeunes adultes. Cette croyance résultait du fait que le test de diagnostic rapide par agglutination sur lame est habituellement négatif chez les enfants de moins de cinq ans atteints de mononucléose infectieuse. Depuis que les anticorps spécifiques contre le virus Epstein-Barr peuvent être dosés, on s'aperçoit que la maladie existe aussi chez le jeune enfant, particulièrement dans certains pays en développement.

La transmission se fait par l'intermédiaire de la salive, tant chez le jeune enfant qui fréquente une garderie (crèche) que chez l'adolescent à l'occasion de baisers.

Manifestations cliniques

L'infection peut ne causer aucun symptôme, ou se manifester de façon très variable par un ou plusieurs des signes et symptômes qui suivent.

La fièvre peut être absente ou, au contraire, constituer l'indice principal de la maladie; surtout chez le jeune enfant, la mononucléose constitue une cause fréquente de fièvre d'origine indéterminée (fièvre prolongée).

Divers malaises généraux peuvent survenir.

Chez le jeune enfant, la maladie peut ressembler à une infection virale banale des voies respiratoires.

Les grands enfants et les adolescents peuvent présenter une fatigue importante, qui peut persister pendant des semaines ou des mois.

Les autres manifestations cliniques possibles sont un œdème palpébral, une pharyngite exsudative identique à une infection à streptocoque, des adénopathies, une hépatomégalie et une splénomégalie. Il peut y avoir des pétéchies au niveau du palais mou. L'ictère est rare. Une éruption cutanée est notée chez environ 10 % des patients.

La durée des symptômes est variable; elle dépasse rarement un mois. L'infection chronique a été incriminée parmi les facteurs étiologiques du syndrome de la fatigue chronique (voir Fatigue).

Un tableau clinique identique peut être causé par différents agents infectieux comme le cytomégalovirus, le *Toxoplasma gondii*, le virus de l'immunodéficience acquise (SIDA) et le virus de l'hépatite A.

Explorations

L'hémogramme montre souvent une hyperleucocytose avec une lymphocytose relative. L'examen du frottis sanguin révèle la présence de lymphocytes atypiques.

Le diagnostic peut être confirmé par un test rapide d'agglutination sur lame (Canada : Monotest; France : MNI test); ce test est fréquemment négatif chez l'enfant de moins de cinq ans. La présence d'anticorps hétérophiles peut être mise en évidence par l'épreuve classique de Paul-Bunnell-Davidsohn: si le patient est atteint de mononucléose infectieuse, l'agglutination des globules rouges de mouton ou de cheval persiste après adsorption par des cellules de rein de cobaye, mais disparaît après adsorption par des globules rouges de bœuf. Cette épreuve est, elle aussi, négative chez la plupart des enfants de moins de cinq ans qui souffrent de mononucléose.

Le dosage des anticorps dirigés spécifiquement contre le virus Epstein-Barr constitue un moyen plus précis de diagnostic, particulièrement chez l'enfant de moins de cinq ans qui ne produit pas d'anticorps hétérophiles. Cet examen prend du temps et coûte cher; il n'est indiqué que si on en attend une modification de l'approche thérapeutique. Les éléments servant à son interprétation sont les suivants :

- Les IgM anti-VCA (*viral capsid antigen*) sont présentes pendant la phase aiguë et pendant la phase de convalescence, puis disparaissent;

- Les IgG anti-VCA sont également présentes pendant les phases aiguë et de convalescence, mais, contrairement aux IgM, elles demeurent détectables pendant des années après l'infection;
- Les anticorps anti-EBNA (*Epstein-Barr nuclear antigen*) ne sont pas détectables pendant la phase aiguë de la maladie; ils apparaissent au cours de la période de convalescence et persistent ensuite pendant des années.

La culture du virus Epstein-Barr n'est disponible que dans certains centres spécialisés.

Les transaminases sont modérément élevées, mais cet examen n'est pas très utile.

Traitement

Il n'y a pas de traitement spécifique. L'acyclovir (aciclovir) n'est pas efficace. Le patient se repose selon son degré de fatigue.

Complications

1) Lorsqu'on leur administre une pénicilline, en particulier de l'ampicilline ou de l'amoxicilline, une éruption cutanée particulièrement importante apparaît chez la majorité des patients souffrant de mononucléose infectieuse. C'est l'une des raisons pour lesquelles il est important de prouver l'origine streptococcique d'une pharyngite avant de prescrire un antibiotique. Lorsqu'une pharyngite à streptocoque est associée à la mononucléose, le premier choix est l'érythromycine.

2) Une obstruction importante des voies respiratoires supérieures, particulièrement marquée pendant le sommeil, peut survenir chez l'enfant atteint de mononucléose. Elle est due à l'hypertrophie des amygdales. Le traitement aux corticostéroïdes par voie générale semble efficace dans cette situation (exemple: prednisone: 2 mg/kg/24 heures PO en 2 fois pendant 5 à 7 jours; maximum chez le grand enfant: 50 mg/ 24 heures).

3) Une rupture de rate est possible pendant la période au cours de laquelle la splénomégalie persiste; toute activité sportive pouvant entraîner un traumatisme doit alors être évitée.

4) Complications hématologiques: neutropénie, thrombopénie, anémie aplastique, anémie hémolytique.

5) Complications neurologiques: encéphalite, méningite, paralysie faciale, syndrome de Guillain-Barré, myélite transverse.

6) Complications digestives: une hépatite est présente chez la quasi-totalité des patients. La pancréatite est rare.

7) Complication pulmonaire: une pneumonie interstitielle peut survenir.

8) Complication cardiaque: une myocardite a été décrite.

9) Complications néoplasiques: dans certaines populations, la mononucléose semble jouer un rôle dans l'apparition de cancers comme le lymphome de Burkitt et le cancer du nasopharynx.

Période d'incubation

Elle est d'environ un à deux mois.

Pronostic

Il est excellent : la maladie guérit la plupart du temps sans séquelles.

Mesures de prévention

Lorsqu'ils sont hospitalisés, les patients atteints ne doivent pas être isolés.

Lectures suggérées

Alpert G, Fleisher GR : Complications of infection with Epstein-Barr virus during childhood : a study of children admitted to the hospital. Pediatr Infect Dis J 1984 ; 3 : 304-307.
Andiman WA : Epstein-Barr virus-associated syndromes : a critical reexamination. Pediatr Infect Dis J 1984 ; 3 : 198-203.
Durbin WA, Sullivan JL : Epstein-Barr virus infection. Pediatr Rev 1994 ; 15 : 63-68.
Grose C : The many faces of infectious mononucleosis : the spectrum of Epstein-Barr virus infection in children. Pediatr Rev 1985 ; 7 : 35-44.
Jones JF : A perspective of Epstein-Barr virus diseases. Adv Pediatrics 1989 ; 36 : 307-345.
Nelson JD : The spectrum of EBV infections. Pediatr Infect Dis J 1984 ; 3 : S36-S37.
Sumaya CV : Epstein-Barr virus serologic testing : diagnostic indications and interpretations. Pediatr Infect Dis J 1986 ; 5 : 337-342.
Sumaya CV : Epstein Barr virus infections in children. Curr Probl Pediatr 1987 ; 17 : 677-745.
Sumaya CV, Ench Y : Epstein-Barr virus infectious mononucleosis in children. Part I : Clinical and general laboratory findings. Pediatrics 1985 ; 75 : 1003-1010.
Sumaya CV, Ench Y : Epstein-Barr virus infectious mononucleosis in children. Part II : Heterophil antibody and viral-specific responses. Pediatrics 1985 ; 75 :1011-1019.

Morsures animales et humaines, rage   170

Robert Thivierge, Bruce Tapiero, Marc Lebel, Pierre Blanchard, Michel Weber

Généralités

Les morsures sont surtout situées au niveau des extrémités (70 %), et accessoirement à la tête et au cou (20 %). Elles peuvent être responsables des problèmes suivants :

1) Problèmes mécaniques : plaies et fractures ;

2) Surinfections bactériennes : cellulite, abcès, lymphangite, adénite, ténosynovite, arthrite septique et ostéomyélite ;

3) Tétanos, rage (morsures animales) ; dans le cas de morsures humaines, il pourrait parfois y avoir un faible risque d'infection à VIH, à VHB et à VHC.

Parfois, ces infections peuvent se généraliser (septicémie) et essaimer à distance (endocardite, méningite).

Le risque d'infection varie selon le site : il est le plus élevé en cas de morsure de la main (environ 30 %) ou du bras (environ 27 %) ; il est moins élevé en cas de morsure de la jambe (environ 15 %) ou du cuir chevelu (environ 12 %). La cellulite à *Pasteurella multocida* survient tôt (moins de 24 heures après la morsure), tandis que l'infection à *Staphylococcus aureus* survient habituellement après plus de 48 heures. Les principaux facteurs de risque de surinfection bactérienne sont les suivants :

1) Morsures punctiformes ;
2) Morsures des mains ;
3) Morsures humaines ou morsures de chat ;
4) Morsures affectant des enfants qui ont une déficience immunitaire.

La surinfection est souvent causée par plusieurs bactéries aérobies et anaérobies.

Particularités des différents types de morsures

I. Morsures de chiens

Les chiens sont responsables de 80 à 90 % des morsures. Dans environ 30 % des morsures, c'est le chien de la famille qui est coupable. Dans environ 85 % des cas, le chien peut être identifié. Le plus souvent, il a mordu en réponse à une provocation. Ces morsures s'infectent dans 5 à 10 % des cas ; les principales bactéries responsables de ces infections sont le *Pasteurella multocida*, le *Staphylococcus aureus*, le *Streptococcus viridans* et divers anaérobies.

II. Morsures de chats

Les chats sont responsables de 5 à 10 % des morsures ; il s'agit habituellement de plaies punctiformes situées au niveau des extrémités. Les infections sont plus fréquentes (15 à 20 %) et plus graves que dans le cas de morsures de chiens. Les bactéries responsables sont le *Pasteurella multocida* (70 à 80 %), le *Staphylococcus aureus*, le *Streptococcus viridans* et divers anaérobies.

III. Morsures humaines

Les morsures humaines représentent 2 à 3 % des morsures. Elles sont fréquentes dans les garderies (crèches) ainsi que dans les institutions pour déficients mentaux. Elles peuvent aussi faire partie du syndrome de l'enfant maltraité. Ces morsures s'infectent dans environ 15 % des cas, et l'infection peut être grave. Il faut accorder une attention particulière aux plaies situées au niveau des articulations métacarpo-phalangiennes subies en donnant un coup de poing sur les dents : ces plaies peuvent être profondes et peuvent se compliquer d'arthrite septique. Les principales bactéries en cause dans les infections résultant des morsures humaines sont le *Streptococcus viridans*, le *Streptococcus pyogenes* (streptocoque bêta-hémolytique du groupe A), le *Staphylococcus aureus*, l'*Eikenella corrodens* et divers anaérobies. Ces morsures peuvent transmettre la syphilis, l'hépatite B et l'hépatite C ; le risque de syndrome d'immunodéficience acquise (SIDA) serait très faible car le virus ne survit pas dans la salive.

IV. Morsures de rongeurs

Les morsures de rats, d'écureuils, de hamsters, etc., représentent 2 à 3 % des cas de morsures; moins de 10 % d'entre elles s'infectent. La tularémie résultant d'une morsure de rat constitue une rareté.

Explorations

Le type d'animal mordeur, son identité, son comportement, son état vaccinal ainsi que les circonstances de la morsure sont importants à préciser. Il n'y a aucune corrélation entre les bactéries cultivées initialement dans la plaie et l'agent causal d'une infection ultérieure; la culture d'une plaie non infectée est donc inutile. Par contre, lorsque la plaie est infectée, la culture est importante pour orienter l'antibiothérapie. Des radiographies doivent être effectuées si on soupçonne une fracture associée.

Traitement

Les soins locaux immédiats ont une grande importance si on veut prévenir les complications infectieuses:

1) Débrider les tissus nécrotiques;
2) Laver soigneusement la plaie à l'eau et au savon, ou l'irriguer abondamment avec au moins 200 mL de sérum physiologique sous pression (à la seringue ou au moyen d'une tubulure de perfusion);
3) Appliquer un antiseptique (exemples: Canada: proviodine à 1 %; France: polyvidone iodée ou Bétadine à 10 %; l'alcool éthylique à 70 % est aussi efficace).

Il est recommandé de suturer précocement (moins de 12 heures après la morsure) les plaies propres, sauf s'il s'agit d'une morsure à haut risque d'infection (voir plus haut).

Une antibioprophylaxie est conseillée lorsqu'il s'agit d'une morsure de la face, des organes génitaux ou d'une morsure à haut risque d'infection (voir plus haut). On utilise par exemple l'amoxicilline – acide clavulanique (30 à 50 mg/kg/24 heures d'amoxicilline PO en 3 fois; maximum chez le grand enfant: 2 g/24 heures) ou la céphalexine (céfalexine) (25 à 50 mg/kg/24 heures PO en 3 fois; maximum chez le grand enfant: 4 g/24 heures). En cas d'allergie à la pénicilline, on peut donner de l'érythromycine (30 à 50 mg/kg/24 heures PO en 3 fois; maximum chez le grand enfant: 2 g/24 heures), de la clindamycine (20 à 30 mg/kg/24 heures PO en 3 à 4 fois; maximum chez le grand enfant: 1,8 g/24 heures) ou, si l'enfant a plus de 10 ans, de la doxycycline (2 à 4 mg/kg/24 heures PO en 2 fois; maximum chez le grand enfant: 200 mg/24 heures). On recommande un traitement de cinq jours. Selon le cas, on administre le traitement préventif de la rage (voir plus loin), du tétanos (voir Tétanos) et, en cas de morsure humaine, de l'hépatite B (voir Hépatites virales).

La victime de morsure doit être revue après 24 à 48 heures. Si la plaie s'infecte, une antibiothérapie est entreprise par voie orale ou par voie intraveineuse selon l'étendue de l'infection et l'importance des signes généraux. Si on choisit la voie orale, on utilise l'amoxicilline – acide clavulanique: 30 à 50 mg/kg/24 heures d'amoxicilline PO en 3 fois pendant 10 jours; maximum chez le grand enfant: 2 g/24 heures. Si une antibiothérapie parentérale est nécessaire, on peut utiliser l'une des associations suivantes:

– Pénicilline G (100 000 à 200 000 UI/kg/24 heures IV en 4 fois; maximum chez le grand enfant: 24 000 000 UI/24 heures) et une pénicilline antistaphylococcique comme la cloxacilline (Canada, France), la nafcilline (Canada) ou l'oxacilline (France), à raison de 100 à 150 mg/kg/24 heures IV en 4 fois (maximum chez le grand enfant: 12 g/24 heures);

– Ticarcilline – acide clavulanique (200 à 300 mg/kg/24 heures de ticarcilline IV en 4 fois; maximum chez le grand enfant: 24 g/24 heures).

Le traitement est poursuivi par voie orale lorsque les signes locaux et généraux ont régressé. L'antibiothérapie est ajustée selon les résultats de la culture et de l'antibiogramme.

Prévention de la rage

I. Généralités

Le virus de la rage est presque toujours transmis par la morsure d'un animal enragé; la transmission par griffure ou léchage d'une muqueuse est extrêmement rare. Ce virus cause une encéphalite fatale, dont l'hydrophobie constitue un symptôme caractéristique. La période d'incubation varie de cinq jours à plusieurs années. L'incidence de la rage a beaucoup diminué dans les pays développés, notamment grâce à la vaccination des animaux domestiques, particulièrement des chiens, et grâce aux restrictions imposées par les règlements quant à leurs déplacements. Dans plusieurs pays européens, la vaccination des renards sauvages s'est révélée efficace. Le risque de rage demeure élevé dans les pays en développement.

II. Processus décisionnel: administrer ou non la prophylaxie

La décision d'administrer la prophylaxie antirabique à la suite d'une morsure animale doit être prise le plus tôt possible; elle dépend de la probabilité de rage chez l'animal qui a mordu. La collaboration d'un vétérinaire est essentielle. Plusieurs facteurs doivent être pris en considération:

1) Le type d'animal: les rongeurs comme les rats, les souris, ainsi que les lapins, les lièvres et les écureuils sont très rarement atteints et l'administration du vaccin à la suite d'une morsure par l'un de ces animaux ne se justifie donc pratiquement jamais. Les chats, les chiens, les bovidés, les renards et les chauves-souris peuvent transmettre la maladie; il en est de même, en Amérique du Nord, pour les mouffettes et les ratons laveurs;

2) L'existence ou l'absence d'endémie rabique dans la région et dans la population animale à laquelle appartient l'animal qui a mordu. Ceci varie selon les régions et peut aussi se modifier avec le temps; il est donc important de se renseigner auprès des autorités locales de santé publique et d'un vétérinaire;

3) Le comportement de l'animal: les animaux rabiques peuvent être léthargiques ou agressifs et mordre sans provocation;
4) L'état vaccinal de l'animal;
5) Le fait que l'animal qui a mordu puisse être observé ou se soit échappé.

Voici quelques exemples de situations fréquentes:

1) L'animal qui a mordu est un chat ou un chien du voisinage. La morsure a été provoquée par le comportement de l'enfant à l'égard de l'animal; celui-ci a par ailleurs un comportement normal et on est certain qu'il a été vacciné adéquatement. Dans cette situation, la prophylaxie n'est pas indiquée; ceci est confirmé par le fait que l'animal demeure bien portant pendant les 10 jours qui suivent l'incident;

2) L'animal qui a mordu est un chat ou un chien du voisinage qui n'est pas vacciné adéquatement. La morsure a été provoquée. Le comportement de l'animal est par ailleurs normal. La prophylaxie n'est pas indiquée. L'animal est observé par un vétérinaire pendant les 10 jours qui suivent l'incident. S'il demeure en bonne santé, la prophylaxie n'est pas indiquée. S'il tombe malade, la prophylaxie est entreprise et l'animal est sacrifié. Selon que l'immunofluorescence sur le tissu cérébral de l'animal est positive ou négative, la prophylaxie est poursuivie ou interrompue;

3) L'animal qui a mordu est un chat ou un chien du voisinage qui a un comportement anormal. Qu'il soit vacciné ou non, la prophylaxie est entreprise et l'animal est sacrifié. Selon que l'immunofluorescence sur le tissu cérébral de l'animal est positive ou négative, la prophylaxie est poursuivie ou interrompue;

4) L'animal qui a mordu est un chat ou un chien inconnu qui s'est échappé après l'incident: la prophylaxie complète est administrée;

5) L'enfant a été mordu par un écureuil, un animal qui n'est pratiquement jamais enragé: la prophylaxie n'est pas nécessaire;

6) L'enfant a été mordu par un animal sauvage appartenant à une espèce potentiellement rabique (exemple: chauve-souris ou raton laveur au Canada): la prophylaxie complète est administrée si l'animal s'est échappé. Si l'animal a pu être capturé, il est sacrifié; selon que l'immunofluorescence sur le tissu cérébral de l'animal est positive ou négative, la prophylaxie est poursuivie ou interrompue.

III. Modalités de la prophylaxie post-exposition

N.B.: En France, elle doit obligatoirement être faite dans un centre anti-rabique.

La prophylaxie est constituée d'un ensemble des trois éléments:

1) Soins locaux de la plaie: voir au début de ce chapitre.
2) Immunisation passive, à effectuer le plus tôt possible après la morsure:
   - Canada: administrer 20 UI/kg d'immunoglobuline antirabique humaine IM. La moitié de cette dose est injectée autour de la plaie, le reste par voie intramusculaire.

- France :
  - Chez l'enfant : donner 500 UI d'immunoglobulines spécifiques antirabiques IM ;
  - Chez l'adulte : donner 1 000 UI d'immunoglobulines spécifiques antirabiques IM ;
3) Immunisation active : on utilise le vaccin produit sur cellules diploïdes humaines. Il est administré par voie intramusculaire, au niveau de la région antéro-latérale de la cuisse chez l'enfant et au niveau du deltoïde chez l'adolescent (jamais dans la fesse). On donne six doses de 1 mL chacune : la première le plus tôt possible après la morsure et les cinq autres 3, 7, 14, 28 et 90 jours après la première dose. Ce vaccin cause une réaction locale dans 25 % des cas et une réaction systémique bénigne dans 20 % des cas.

L'efficacité de cet ensemble de mesures préventives est proche de 100 %.

Morsures de vipères

I. Généralités

Il n'y a pas de serpents venimeux dans la province de Québec. Par contre, les vipères se rencontrent dans plusieurs régions de France, particulièrement dans le Sud. Les deux espèces les plus répandues sont la vipère aspic (*Vipera aspis*) et la vipère péliade (*Vipera berus*). Les morsures surviennent surtout en été. Elles affectent le plus souvent les membres. La mortalité serait d'environ 1/1 000 morsures.

II. Manifestations cliniques

Environ 35 % des morsures ne s'accompagnent pas d'envenimation.

1) Manifestations locales :
   - Traces de morsures : elles sont constituées de deux points éloignés l'un de l'autre de 5 à 10 mm ;
   - Œdème local douloureux : ce signe est très important, car son absence, trois heures après la morsure, exclut une envenimation. Il peut être purpurique ou ecchymotique. Au cours des jours qui suivent la morsure, cet œdème peut s'étendre à tout l'hémicorps, ou même se généraliser. Il peut y avoir des adénopathies satellites. La rapidité de la progression de l'œdème permet de juger de la gravité de l'envenimation.

2) Manifestations générales : elles sont absentes dans plus de 90 % des cas. Leur intensité et la rapidité de leur apparition dépendent de la gravité de l'envenimation. Les principales sont les suivantes :
   - Nausées, vomissements, douleurs abdominales, diarrhée ;
   - Hypotension artérielle, état de choc de type hypovolémique ;
   - Douleurs thoraciques.

III. Complications possibles

Choc anaphylactique, œdème de Quincke, bronchospasme, œdème pulmonaire, hémolyse, troubles de la coagulation avec hémorragies, coagulation intravasculaire disséminée, thromboses veineuses, insuffisance rénale, atteinte musculaire, altération de l'état de conscience.

IV. Surveillance et traitement

Une période d'observation d'au moins six heures est nécessaire dans tous les cas. L'absence d'œdème local indique qu'il n'y a pas d'envenimation. En cas d'envenimation légère, on note la présence d'un œdème local douloureux ct isolé, sans aucun symptôme général. Une envenimation modérée se traduit par une extension régionale de l'œdème et/ou des manifestations générales transitoires ou modérées. L'envenimation grave est rare; elle se manifeste par l'extension de l'œdème au-delà du membre mordu et/ou des signes généraux importants ou persistants.

1) Traitement local au moment de la morsure : le débridement est à éviter. Si la morsure est située au niveau d'un membre, il est recommandé de mettre en place, en amont de la lésion, un garrot à basse pression interrompant la circulation veineuse et lymphatique. Le membre est immobilisé. De la glace peut être appliquée au site de la morsure.

2) Traitement général de soutien : voir Choc hypovolémique, Insuffisance respiratoire aiguë. L'héparinothérapie ainsi que la corticothérapie semblent inefficaces. Un analgésique est administré au besoin (voir Douleur).

3) Traitement spécifique :

– Le sérum antivenimeux, dont l'utilité est contestée, est administré seulement en cas de manifestations systémiques graves, de préférence en perfusion intraveineuse. Le nombre de doses à donner est controversé (se conformer aux recommandations du fabricant). Il y a un risque de choc anaphylactique, d'urticaire, d'œdème angioneurotique ou de maladie sérique;

– Dans les cas les plus graves, on recourt parfois à l'épuration extrarénale (dialyse péritonéale ou hémodialyse).

V. Pronostic

L'envenimation est absente ou légère dans environ 70 % des cas. Le pronostic est bon dans la plupart des cas d'envenimation modérée ou même grave.

Lectures suggérées

Banner W Jr : Bites and stings in the pediatric patient. Curr Probl Pediatr 1988; 18 : 1-69.

Baker MD, Moore SE : Human bites in children. A six-year experience. Am J Dis Child 1987; 141 : 1285-1290.

Bedock B, Blanc PL, Lassonery-Jay S : Morsures de vipères en France. Prise en charge. Traitement des formes graves. Réanimation et médecine d'urgence. Expansion Scientifique Française, Paris, 1989, p. 7-24.

Brook I : Microbiology of human and animal bite wounds in children. Pediatr Infect Dis J 1987; 6 : 29-32.

Feder HM Jr, Shanley JD, Barbera JA : Review of 59 patients hospitalized with animal bites. Pediatr Infect Dis J 1987; 6 : 24-28.

Fishbein DB, Robinson LE : Rabies. N Engl J Med 1993 ; 329 : 1632-1638.

Hoen B, Blancou J, Canton P : Épidémiologie, diagnostic et prophylaxie de la rage : données actuelles. La Lettre de l'Infectiologue 1990 ; 5 : 551-556.

Honig PJ : Bites and parasites. Pediatr Clin North Am 1983 ; 30 : 563-581.

Jaffe AC : Animal bites. Pediatr Clin North Am 1983 ; 30 : 405-413.

Lauer EA, White WC, Lauer BA : Dog bites ; A neglected problem in accident prevention. Am J Dis Child 1982 ; 136 : 202-204.

Sorkine M, Gilton A : Envenimations vipérines en France. Société française d'anesthésie et de réanimation. Congrès National d'Anesthésie et de Réanimation. Conférences d'actualisation. Masson, Paris, 1993 ; p 677-687.

Trott A : Care of mammalian bites. Pediatr Infect Dis J 1987 ; 6 : 8-10.

Mycoses cutanées superficielles   171

Michel Weber, Julie Powell, Marc Lebel

Généralités

Les mycoses superficielles peuvent atteindre la peau glabre, le cuir chevelu et les ongles. Les infections à *Candida albicans* font l'objet d'un chapitre séparé (voir Candidoses).

Principaux types de mycoses, diagnostic et traitement

I. Épidermophytie inguinale

Les agents étiologiques sont l'*Epidermophyton floccosum*, le *Trichophyton rubrum* et le *Trichophyton mentagrophytes*. Cette affection est fréquente chez l'adolescent. Elle est caractérisée par une éruption érythémato-squameuse nettement délimitée qui touche de façon symétrique la région inguinale et génitale. Elle peut causer un prurit important. Le diagnostic peut être confirmé par l'examen microscopique du produit de grattage de la peau traité à l'hydroxyde de potassium (KOH) à 20 à 40 %. Une culture peut être faite sur milieu de Sabouraud ; elle peut prendre plusieurs semaines. Le traitement consiste à appliquer localement une préparation de clotrimazole, d'éconazole ou de miconazole 2 fois par jour pendant 3 à 4 semaines. Dans les rares cas réfractaires, un traitement de 2 à 4 semaines à la griséofulvine en fines particules peut être nécessaire (10 à 20 mg/kg/24 heures PO en 2 fois pendant 4 à 8 semaines ; maximum chez le grand enfant : 1 g/24 heures) ; ce médicament est donné de préférence avec un repas gras, afin d'améliorer son absorption.

II. Épidermophytie plantaire ou pied d'athlète

Plusieurs agents peuvent être en cause, parmi lesquels l'*Epidermophyton floccosum*, le *Trichophyton rubrum* et le *Trichophyton mentagrophytes*. Cette affection est rare avant l'adolescence et elle est plus fréquente chez les garçons. Elle touche le plus souvent de façon symétrique les deux pieds. L'atteinte commence presque toujours par une éruption vésiculeuse ou finement squameuse localisée entre le 4e et le 5e orteil, et elle peut s'étendre ensuite au voisinage. Elle est prurigineuse. Le diagnostic peut être confirmé par l'examen microscopique du produit de grattage de la peau traité à l'hydroxyde de potassium (KOH) à 20 à 40 %. Une culture peut être faite sur milieu de Sabouraud ; elle peut prendre plusieurs semaines. Le traitement consiste à appliquer localement 2 fois par jour une préparation de clotrimazole, d'éconazole, de miconazole ou de tolnaftate pendant 2 à 3 semaines. Les formes graves et réfractaires peuvent nécessiter un traitement à la griséofulvine (voir Trichophytie du cuir chevelu). Lorsque l'infection s'est propagée aux ongles, un traitement prolongé (6 à 24 mois) à la griséofulvine ou un traitement à la terbinafine (voir à la fin de ce chapitre) peut être nécessaire. La prévention des récidives exige une bonne hygiène des pieds. Les chaussures ouvertes peuvent aider à garder les pieds secs.

III. Pityriasis versicolor

L'agent étiologique est le *Malassezia furfur*. Cette affection est rare chez l'enfant, mais elle se rencontre assez souvent chez l'adolescent. Les lésions caractéristiques sont des macules hyperpigmentées qui prennent une apparence hypopigmentée lorsque la peau est exposée au soleil. Ces lésions desquament finement. Elles sont surtout localisées au niveau de la partie supérieure de la poitrine et du dos. Les lésions sont le siège d'une fluorescence jaunâtre à la lumière ultraviolette (lampe de Wood). Le diagnostic peut être confirmé par l'examen microscopique du produit de grattage de la peau traité à l'hydroxyde de potassium (KOH) à 20 à 40 %. Cet agent pousse difficilement sur les milieux de culture habituels. Le traitement consiste à appliquer sur la peau pendant 15 à 20 minutes une suspension de sulfure de sélénium à 2,5 % (Canada, France : Selsun ; Canada : Versel). Ce traitement doit être répété une fois par jour pendant 10 à 15 jours. On peut aussi appliquer cette préparation le soir pendant 10 à 12 heures une fois par semaine pendant 2 à 4 semaines. Un autre choix est d'appliquer localement 2 fois par jour une préparation de clotrimazole, d'éconazole ou de miconazole ; ce traitement est poursuivi pendant 15 jours. Les anomalies de la pigmentation peuvent prendre plusieurs semaines à disparaître même lorsque le traitement est efficace. Dans les rares cas rebelles, on peut utiliser le kétoconazole (4 à 7 mg/kg/24 heures PO en 1 fois pendant 5 jours, puis 3 jours consécutifs chaque mois pendant 6 mois ; maximum chez le grand enfant : 400 mg/24 heures). Une dose orale unique de 400 mg de kétoconazole pourrait aussi être efficace.

IV. Trichophytie des régions glabres

Les agents étiologiques sont le *Trichophyton rubrum*, le *Trichophyton mentagrophytes*, le *Microsporum canis* et l'*Epidermophyton floccosum*. Les lésions sont érythémato-squameuses, arrondies et bien délimitées. Elles ont souvent un aspect annulaire avec un centre plus clair. Elle peuvent être prurigineuses. Le diagnostic peut être confirmé par l'examen microscopique du produit de grattage de la peau traité à l'hydroxyde de potassium (KOH) à 20 à 40 %. Une culture peut être faite sur milieu de Sabouraud ; elle peut prendre plusieurs semaines. Le traitement consiste à appliquer localement 2 fois par jour pendant 4 semaines une préparation de clotrimazole, d'éconazole ou de miconazole. Certains cas graves ou réfractaires peuvent nécessiter un traitement à la griséofulvine par voie générale (voir Trichophytie du cuir chevelu).

V. Trichophytie du cuir chevelu ou teigne

Les agents étiologiques sont le *Trichophyton tonsurans*, le *Trichophyton mentagrophytes*, le *Trichophyton verrucosum*, le *Trichophyton schoenleini* et le *Microsporum canis*. Les lésions sont érythémato-squameuses, arrondies et bien délimitées; elles causent une alopécie localisée. Une forme fréquente et particulière d'infection à *Trichophyton tonsurans* est une légère desquamation, avec peu d'inflammation et d'alopécie, ressemblant à une dermite séborrhéique. Cette affection est rare avant l'âge de 2 ans et après l'âge de 10 ans. Une inflammation importante peut survenir, et donner lieu à la lésion caractéristique du kérion de Celse. Une fluorescence à la lumière ultraviolette (lampe de Wood) peut être notée par exemple dans le cas d'une infection à *Microsporum canis* ou à *Trichophyton schoenleini,* mais pas si l'agent étiologique est le *Trichophyton tonsurans*. Le diagnostic peut être confirmé par l'examen microscopique des cheveux et du produit de grattage de la peau traité à l'hydroxyde de potassium (KOH) à 20 à 40 %. Une culture peut être faite sur milieu de Sabouraud; elle peut prendre plusieurs semaines. Le traitement consiste à administrer de la griséofulvine en fines particules (10 à 20 mg/kg/ 24 heures PO en 2 fois pendant 4 à 8 semaines; maximum chez le grand enfant : 1 g/24 heures); ce médicament est donné de préférence avec un repas gras, afin d'améliorer son absorption. Un traitement local adjuvant au sulfure de sélénium à 2,5 % (Selsun) peut être utile, mais les autres antifongiques utilisés par voie locale ont peu d'intérêt.

N.B. : Traitement des onychomycoses rebelles

Les atteintes rebelles des ongles peuvent être traitées à la terbinafine, dont la posologie chez l'adolescent est de 250 mg PO une fois par jour pendant 3 mois.

Lectures suggérées

Ginsburg CM : Tinea capitis. Pediatr Infect Dis J 1991; 10 : 48-49.
Rasmussen JE : Cutaneous fungus infections in children. Pediatr Rev 1992; 13 : 152-156.

Myélodysraphies (myéloméningocèle et autres anomalies congénitales du tube neural)   172

Michel Weber, Louis Dallaire, Claude Mercier

Généralités

Les anomalies du tube neural sont les plus fréquentes des malformations congénitales du système nerveux central. Elles incluent notamment l'anencéphalie, le méningocèle crânien ou spinal, le méningo-encéphalocèle et le myéloméningocèle. L'appartenance du *spina bifida occulta* à cette catégorie demeure sujette à controverse. Divers facteurs étiologiques, tant génétiques qu'environnementaux sont incriminés. L'incidence de ces anomalies varie selon la région de 1/1 000 à 8/1 000 naissances vivantes ; cette incidence a diminué au cours des 20 dernières années. Lorsqu'un enfant naît avec l'une de ces malformations, le risque qu'un enfant suivant présente l'une d'elles est de 5 %. Ce risque atteint 7 % lorsque deux enfants précédents ont été atteints. Le dépistage prénatal repose sur l'échographie obstétricale. L'amniocentèse peut être utile pour une évaluation plus précise du fœtus : on note une augmentation de l'alphafœtoprotéine dans le liquide amniotique lorsque le fœtus est porteur d'une anomalie ouverte.

1) Anencéphalie : cette anomalie est incompatible avec la vie. Le cerveau est pratiquement absent ;

2) Méningo-encéphalocèle : le *cranium bifidum* est une lacune osseuse située au niveau de la ligne médiane du crâne. Cette anomalie peut être isolée, mais il peut aussi y avoir protrusion des méninges (méningocèle) ou des méninges et du tissu cérébral (encéphalocèle). Cette anomalie peut être située n'importe où sur la ligne médiane, mais surtout au niveau de la région occipitale ; plus rarement, elle est localisée au niveau du nez ou du front. Toute masse au niveau de ces régions doit attirer l'attention sur la possibilité d'un encéphalocèle. Le diagnostic repose sur la radiographie simple du crâne et la tomodensitométrie cérébrale ou la résonance magnétique nucléaire. Le traitement est chirurgical. Il y a un risque d'hydrocéphalie, de microcéphalie, d'épilepsie et de retard mental.

3) Méningocèle et myéloméningocèle :

   – En cas de méningocèle rachidien, seules les méninges font protrusion. Cette anomalie nécessite cependant un bilan neurologique et neuroradiologique complet. Le traitement est chirurgical. Le méningocèle peut être fermé ou ouvert. Lorsqu'il est ouvert, le liquide céphalorachidien s'écoule et une méningite peut survenir rapidement ; dans ce cas, l'opération est urgente (24 à 48 heures). Une hydrocéphalie peut être associée ;

   – Le myéloméningocèle constitue l'anomalie rachidienne congénitale ouverte la plus fréquente ; elle affecte la région lombosacrée dans plus de 75 % des cas. Les méninges et le tissu nerveux font protrusion. Les problèmes suivants peuvent en résulter :

     a) Déficit neurologique sous-lésionnel complet ou incomplet ;

     b) Anomalies squelettiques comme une luxation de la hanche ou des pieds bots ;

     c) Incontinence urinaire et fécale ; le plus souvent, le problème urinaire est traité par des cathétérismes vésicaux réguliers ;

     d) Hydrocéphalie (environ 80 % des cas), associée à une malformation d'Arnold-Chiari de type II, qui nécessite une dérivation ventriculo-péritonéale.

Le traitement est chirurgical; il doit être effectué le plus rapidement possible lorsque la malformation est ouverte. Ce traitement palliatif est maintenant offert à la plupart des parents. Dans tous les cas, la décision de traiter ou de ne pas traiter est prise de façon collégiale par l'équipe traitante et les parents. Compte tenu des multiples problèmes, la prise en charge individuelle à long terme doit être assumée par une équipe multidisciplinaire spécialisée incluant notamment un neurochirurgien, un orthopédiste, un urologue, un physiatre (spécialiste en rééducation fonctionnelle), un pédiatre, une travailleuse (assistante) sociale, etc. Environ 75 % des patients ont une intelligence normale, sauf lorsque l'hydrocéphalie s'est développée précocement *in utero*.

4) *Spina bifida occulta :* cette forme est la plus bénigne. Le type le plus fréquent consiste en une absence de fermeture de l'arc postérieur de L5 et de S1. Il y a parfois des anomalies cutanées au niveau de la région lombosacrée (hypertrichose, pigmentation, fistule ou lipome). Cette anomalie est découverte fortuitement sur des radiographies effectuées pour une autre raison. La plupart du temps, les personnes affectées n'ont pas de symptômes. On ignore s'il s'agit d'une variante de la normale sans répercussions génétiques ou s'il y a un risque accru de myélodysraphie chez les enfants suivants. Certains autres dysraphismes occultes peuvent être associés à des problèmes cutanés, orthopédiques, neurologiques ou sphinctériens. Il s'agit par exemple de la diastématomyélie, du lipomyéloméningocèle et du lipome du conus ou du filum. Les problèmes neurologiques apparaissent ou s'aggravent au cours de la croissance; un traitement chirurgical préventif est donc indiqué.

Prévention

Lorsqu'un couple a donné naissance à un enfant porteur d'une anomalie du tube neural, la recommandation actuelle est d'administrer à la mère un supplément quotidien de 4 mg d'acide folique par jour, en commençant dès que le couple n'utilise plus de moyen de contraception et en poursuivant pendant tout le premier trimestre de la grossesse suivante. Par ailleurs, toute femme pouvant devenir enceinte, même si elle n'a pas donné naissance à un enfant porteur de l'une de ces malformations, devrait prendre chaque jour un supplément de 0,4 mg d'acide folique.

Lectures suggérées

Committee on Genetics, American Academy of Pediatrics: Folic acid for the prevention of neural tube defects. Pediatrics 1993; 92: 493-494.

Czeizel AE, Dudás I: Prevention of the first occurrence of neural-tube defects by periconceptional vitamin supplementation. N Engl J Med 1992; 327: 1832-1835.

Myers GJ: Myelomeningocele: the medical aspects. Pediatr Clin North Am 1984; 31: 165-175.

Neutropénie 173

Michel Weber, Michèle David, Marc Lebel

Généralités

Normalement, le nombre de neutrophiles dépasse $1,5 \times 10^9$/L. Chez l'enfant noir, ce nombre est de $0,1$ à $0,2 \times 10^9$/L inférieur à celui qu'on retrouve chez l'enfant blanc.

Par définition, on parle de neutropénie légère lorsque les neutrophiles se situent entre $1,0$ et $1,5 \times 10^9$/L, de neutropénie modérée lorsqu'ils sont entre $0,5$ et $1,0 \times 10^9$/L et de neutropénie grave lorsqu'ils descendent sous le seuil de $0,5 \times 10^9$/L.

Une neutropénie peut résulter soit d'une insuffisance de production par la moelle, soit d'une destruction exagérée en périphérie.

Le danger d'infection bactérienne est élevé en cas de neutropénie grave. Ce risque ne dépend pas seulement du nombre de neutrophiles, mais est aussi influencé par le contexte clinique. Par exemple, l'enfant leucémique dont la neutropénie résulte de la chimiothérapie est plus vulnérable car d'autres mécanismes immunitaires sont déficients ; l'enfant porteur d'une neutropénie auto-immune chronique l'est moins car les autres systèmes immunitaires sont intacts.

Les bactéries le plus souvent responsables des infections chez les enfants neutropéniques sont le *Staphylococcus aureus* et les bactéries à Gram négatif. Les principaux types d'infections rencontrées sont les abcès, particulièrement périanaux, les adénites, les cellulites, les gingivites, les pharyngites et les pneumonies. La susceptibilité aux infections virales et parasitaires ne semble pas augmentée.

La neutropénie peut être transitoire ou chronique.

Démarche diagnostique

L'anamnèse et l'examen constituent les démarches diagnostiques de base.

L'histoire familiale s'intéresse à la consanguinité et aux infections inhabituelles ou récidivantes chez d'autres membres de la famille. L'anamnèse personnelle précise l'âge d'apparition de la neutropénie ainsi que la chronologie et les types d'infection. Elle s'intéresse aussi à la prise de médicaments.

L'examen doit être complet et il cherche surtout un retard statural ou pondéral, des anomalies cutanées, unguéales ou squelettiques, une otite, une stomatite, une infection de la région anale, un autre foyer d'infection, des adénopathies, une hépatomégalie et une diathèse hémorragique.

Le diagnostic différentiel repose sur une bonne connaissance du contexte clinique et de la fréquence relative des différents types de neutropénie (tableau 54). Il est particulièrement important de s'assurer de l'intégrité des deux autres lignées (érythrocytes et plaquettes) et, si on suspecte une déficience immunitaire combinée, de doser les immunoglobulines sériques.

Tableau 54 Principales causes de neutropénie

- Chez le nouveau-né
  - allo-immunisation
  - neutropénies congénitales (voir texte)
- Chez l'enfant plus âgé
  - neutropénie idiopathique congénitale
  - neutropénie cyclique
  - maladie de Schwachman
  - anémie de Fanconi
  - infections virales et bactériennes*
  - médicaments*
  - infiltration médullaire par un processus néoplasique (exemple : leucémie)
  - neutropénie auto-immune
  - carences nutritionnelles
  - hypersplénisme
  - ostéopétrose

* Causes fréquentes.

Principales causes de neutropénie

1) Chez le nouveau-né, la neutropénie peut être causée par une allo-immunisation, tout comme l'incompatibilité Rhésus.

2) Les neutropénies congénitales incluent plusieurs maladies rares :

   a) La neutropénie congénitale bénigne ; c'est un diagnostic d'élimination ; les infections sont rares et le pronostic est bon ;

   b) La déficience immunitaire combinée sévère avec agranulocytose, habituellement fatale ;

   c) Le syndrome de Kostmann, lui aussi généralement fatal ;

   d) La neutropénie cyclique : lors des épisodes de neutropénie, qui durent habituellement quelques jours et surviennent en moyenne toutes les trois semaines, les patients atteints peuvent présenter divers problèmes infectieux, et particulièrement des adénopathies, une stomatite et des ulcères buccaux ;

   e) La maladie de Schwachman, qui est transmise selon le mode autosomique récessif et se caractérise par une pancytopénie touchant surtout la lignée granulocytaire, une insuffisance pancréatique exocrine similaire à celle de la fibrose kystique, et des anomalies osseuses ;

   f) La chondrodysplasie métaphysaire de McKusick, transmise selon le mode autosomique récessif et caractérisée par une neutropénie modérée et d'autres anomalies immunitaires, un nanisme, des membres courts et des cheveux fins ;

   g) La kératose disséminée circonscrite de Jadassohn-Lewandowsky, qui est transmise selon le mode récessif lié au sexe et se manifeste

- par une neutropénie (35 % des cas), une dystrophie unguéale, de la leucoplasie et une hyperpigmentation réticulée au niveau de la peau;

h) L'anémie de Fanconi, une pancytopénie transmise selon le mode autosomique récessif qui s'accompagne souvent d'anomalies telles qu'une microcéphalie, un retard statural ou une agénésie du pouce ou du radius.

3) La neutropénie idiopathique chronique peut se manifester à tout âge et s'accompagner d'infections récidivantes.

4) Un processus infectieux représente la cause la plus fréquente de neutropénie transitoire. Il peut s'agir d'une simple infection virale des voies respiratoires causée par exemple par le virus respiratoire syncytial; il peut aussi s'agir d'une infection par le virus de l'hépatite A, B ou C, le virus Epstein-Barr, le cytomégalovirus, et les virus de la rougeole, de la rubéole et de la varicelle. La neutropénie associée à l'infection par le virus de l'immunodéficience humaine (VIH) représente un problème particulier. L'infection à parvovirus peut causer une aplasie médullaire, particulièrement chez les enfants qui souffrent d'une hémoglobinopathie ou d'une autre anémie hémolytique congénitale. Il peut aussi s'agir d'une infection bactérienne comme une septicémie néonatale, une méningococcémie, une tuberculose, une tularémie, une fièvre typhoïde ou une brucellose. Ce type de neutropénie résulte d'une insuffisance de production par la moelle; elle rentre dans l'ordre spontanément après quelques jours ou quelques semaines et aucun traitement n'est habituellement nécessaire; un examen de la moelle est rarement indiqué. Un autre problème infectieux ne vient qu'exceptionnellement s'ajouter à l'infection causale.

5) Un grand nombre de médicaments peuvent causer une neutropénie. C'est le cas par exemple:

a) De nombreux antibiotiques comme le chloramphénicol, les pénicillines, les sulfamides et le triméthoprime-sulfaméthoxazole;

b) Des agents utilisés en chimiothérapie du cancer;

c) Certains anticonvulsivants comme la carbamazépine et la phénytoïne;

d) L'acétaminophène ou paracétamol;

e) Certains anti-inflammatoires comme l'acide acétylsalicylique, l'ibuprofène et les sels d'or;

f) Des diurétiques comme l'acétazolamide et l'hydrochlorothiazide;

g) Des agents antithyroïdiens comme le propylthiouracile;

h) Les phénothiazines.

La neutropénie causée par les médicaments peut être liée ou non à la dose; cette dernière forme est plus grave. Un arrêt du traitement est parfois nécessaire.

6) Chez l'enfant atteint d'une maladie néoplasique comme une leucémie, une neutropénie peut résulter d'une infiltration médullaire, de la chimiothérapie et de la radiothérapie; ces patients sont très sensibles aux infections.

7) La neutropénie auto-immune survient surtout chez le jeune enfant. Elle peut entraîner des infections récidivantes. C'est la cause la plus fréquente de neutropénie acquise persistante. Elle guérit habituellement après quelques mois ou quelques années d'évolution.

8) Plusieurs problèmes nutritionnels peuvent causer une neutropénie. Il s'agit particulièrement de la déficience en cuivre, en acide folique ou en vitamine B_{12}, de la malnutrition et de l'anorexie mentale.

9) Plusieurs autres maladies comme une asphyxie néonatale, une anémie hémolytique, une arthrite rhumatoïde, un purpura thrombopénique, un lupus érythémateux, certaines maladies de surcharge comme la maladie de Gaucher, une ostéopétrose, une myélofibrose ou un hypersplénisme peuvent s'accompagner d'une neutropénie.

Lorsqu'on suspecte une neutropénie transitoire causée par une infection virale ou bactérienne, on peut se contenter de surveiller pendant quelques jours l'évolution des neutrophiles; si le problème se résout, aucune autre démarche diagnostique n'est nécessaire. Si la neutropénie passe à la chronicité, ou s'il y a des signes ou symptômes inquiétants comme une atteinte des autres lignées, des adénopathies, une hépatomégalie ou une splénomégalie persistante, une diathèse hémorragique, etc., l'enfant doit être envoyé à un hématologue car des démarches diagnostiques spécialisées comme un examen de la moelle ou un dosage des anticorps antineutrophiles peuvent être nécessaires et parce que des mesures thérapeutiques inhabituelles ou complexes doivent parfois être mises en œuvre.

Approche thérapeutique de l'enfant neutropénique fébrile

Cette approche concerne surtout l'enfant cancéreux. L'examen habituel recherche un foyer infectieux. Une infection mineure peut être traitée par voie orale si l'état général de l'enfant est bon et si les signes généraux sont peu marqués; la surveillance doit alors être assez étroite. S'il y a une infection grave, si la fièvre est élevée ou si l'état général est atteint, même si on ne peut mettre en évidence un foyer infectieux, il faut faire un bilan septique complet incluant une radiographie pulmonaire, une hémoculture, des cultures des sécrétions pharyngées, de l'urine, des selles et, s'il y a des signes méningés, du liquide céphalorachidien. On entreprend ensuite une antibiothérapie intraveineuse à large spectre qui est empirique en attendant le résultat des cultures. Parmi les différentes options possibles, on peut par exemple utiliser l'une des association suivantes:

1) Double association de pipéracilline (200 à 300 mg/kg/24 heures IV en 4 fois; maximum chez le grand enfant: 24 g/24 heures) et de tobramycine (3 à 6 mg/kg/24 heures IV en 3 fois; maximum chez le grand enfant: 250 mg/24 heures), avec ou sans addition de vancomycine (40 à 60 mg/kg/24 heures IV en 4 fois; maximum chez le grand

enfant : 2 g/24 heures), de cloxacilline (Canada, France), de nafcilline (Canada) ou d'oxacilline (France) : 100 à 200 mg/kg/24 heures IV en 4 fois (maximum chez le grand enfant : 12 g/24 heures);

2) Triple association de vancomycine (40 à 60 mg/kg/24 heures IV en 4 fois; maximum chez le grand enfant : 2 g/24 heures), de tobramycine (3 à 6 mg/kg/24 heures IV en 3 fois; maximum chez le grand enfant : 250 mg/24 heures) et de ceftazidime (75 à 150 mg/kg/24 heures IV en 4 fois; maximum chez le grand enfant : 6 g/24 heures).

L'antibiothérapie est ajustée selon le résultat des cultures, l'antibiogramme et les dosages sériques. Elle est poursuivie au moins pendant 10 à 14 jours.

S'il n'y a pas de réponse rapide au traitement, la première chose à faire est d'ajouter un antistaphylococcique (cloxacilline, nafcilline, oxacilline ou vancomycine) si le patient n'en reçoit pas encore.

S'il n'y a pas de réponse au traitement après cinq à sept jours, il faut suspecter une infection mycotique et envisager d'ajouter l'amphotéricine B.

Il est suggéré de donner un traitement préventif à la nystatine (100 000 à 200 000 U PO toutes les 6 à 8 heures) pendant toute la durée de l'antibiothérapie.

Si la neutropénie persiste après le traitement, il peut être prudent, selon le contexte clinique, de prescrire un traitement préventif continu au triméthoprime-sulfaméthoxazole (TMP SMZ), à raison de 5 mg/kg/24 heures de TMP et 25 mg/kg/24 heures de SMZ PO en 2 fois (maximum chez le grand enfant : 320 mg/24 heures de TMP et 1,6 g/24 heures de SMZ), tant que la neutropénie est présente.

Lectures suggérées

Baley JE, Stork EK, Warkentin PI, Shurin SB : Neonatal neutropenia. Clinical manifestations, causes, and outcome. Am J Dis Child 1988; 142 : 1161-1166.

Jonsson OG, Buchanan GR : Chronic neutropenia during childhood. A 13-year experience in a single institution. Am J Dis Child 1991; 145 : 232-235.

Katz JA, Mustafa MM : Management of fever in granulocytopenic children. Pediatr Infect Dis J 1993; 12 : 330-339.

Lalezari P, Khorshidi M, Petrosova M : Autoimmune neutropenia of infancy. J Pediatr 1986; 109 : 764-769.

Roskos RR, Boxer LA : Clinical disorders of neutropenia. Pediatr Rev 1991; 12 : 208-212.

Noyade   174

Catherine Farrell, Marie Gauthier, Jacques Lacroix

Généralités

La noyade constitue l'une des causes les plus fréquentes de décès accidentel.

La majorité des victimes ont moins de deux ans. Après cet âge, l'incidence diminue, puis on assiste à une recrudescence à l'adolescence. Les garçons sont plus souvent victimes de noyade que les filles. Dans les pays tempérés, la majorité des cas surviennent en été; la prolifération des piscines privées joue un rôle important. Le traitement des survivants n'est pas différent selon qu'il s'agisse d'eau douce ou d'eau de mer.

La personne qui se noie peut inhaler massivement de l'eau dans ses poumons et présenter ensuite un arrêt cardiorespiratoire; celui-ci peut également survenir en l'absence d'inondation pulmonaire primaire: l'arrêt cardiaque résulte alors de l'hypoxémie secondaire à un laryngospasme ou à une apnée prolongée.

La noyade cause une atteinte hypoxique multiviscérale. Les décès qui surviennent après une survie initiale résultent surtout de l'insuffisance cérébrale ou respiratoire.

Manifestations cliniques

Elles varient selon la durée de la submersion et la température de l'eau. La victime peut arriver à l'hôpital en arrêt cardiorespiratoire, en insuffisance respiratoire par inhalation pulmonaire, consciente ou en coma, normothermique ou hypothermique.

Explorations

Les explorations à effectuer à l'arrivée du patient incluent un hémogramme, un ionogramme (une hyponatrémie est souvent présente s'il s'agit d'une noyade en eau douce), une urée sanguine et une créatinine sérique, des gaz sanguins et une radiographie pulmonaire. Selon les circonstances, d'autres examens sont parfois nécessaires (exemples: radiographies de la colonne cervicale si la noyade fait suite à un accident de plongeon, dépistage toxicologique, tomodensitométrie cérébrale, etc.).

Traitement

Au site de l'accident, on pratique la réanimation cardiorespiratoire habituelle (voir Arrêt cardiorespiratoire), qu'on poursuit jusqu'à la reprise de la circulation et de la respiration spontanée. La promptitude et la qualité de la réanimation au lieu de l'accident influencent de façon majeure les chances de survie et le risque de séquelles neurologiques.

À l'arrivée à l'hôpital, si le patient est encore en arrêt cardiorespiratoire, l'approche varie selon sa température: même s'il est en état de mort apparente, le patient en hypothermie profonde doit être réanimé de la façon habituelle (voir Arrêt cardiorespiratoire, Hypothermie) et les manœuvres doivent être poursuivies jusqu'à ce que sa température corporelle atteigne au moins 32°C: c'est à ce moment seulement qu'on peut juger s'il y a ou non de l'espoir. Par contre, l'utilité de poursuivre la réanimation d'un noyé normothermique ou en hypothermie légère est contestable et on devrait envisager l'arrêt des manœuvres de réanimation après 25 à 30 minutes.

Si le patient n'est pas en arrêt cardiorespiratoire à son arrivée à l'hôpital, on procède rapidement à l'évaluation de ses fonctions respiratoire (fréquence et amplitude des mouvements thoraciques, gaz du sang), circulatoire (fréquence cardiaque, qualité de la perfusion périphérique, tension artérielle) et cérébrale (état de conscience selon le score de Glasgow décrit dans le chapitre Coma, diamètre pupillaire et réactivité à la lumière). Cette évaluation initiale permet de classer le patient dans l'une des trois catégories suivantes, ce qui donne une idée du pronostic et de l'intensité de la surveillance et du traitement dont il doit bénéficier :

– Stade A : le patient est éveillé et conscient : il nécessite une période d'observation de 24 heures ; on surveille l'apparition des complications suivantes : pneumonie par inhalation, œdème pulmonaire, atélectasie ;

– Stade B : l'état neurologique du patient n'est pas tout à fait normal : il est stuporeux, désorienté ou irritable. Ce patient a besoin d'une surveillance étroite de son état clinique et de ses fonctions respiratoire et cérébrale ; il faut en particulier surveiller de près l'oxygénation. On lui administre de l'oxygène au besoin en surveillant les gaz du sang et l'oxymétrie de pouls, on le garde à jeun et on lui administre un soluté. Aucun médicament n'est nécessaire. Si un œdème pulmonaire apparaît, on restreint les apports liquidiens et on donne une dose de furosémide (1 mg/kg/dose) par voie intraveineuse. Au besoin, intuber et ventiler avec une pression positive en fin d'expiration ;

– Stade C : le patient est comateux ; il a besoin d'être surveillé et traité dans une unité de soins intensifs ; le but du traitement est d'éliminer les facteurs qui peuvent aggraver l'atteinte hypoxique du cerveau. Les principales modalités de surveillance et de traitement sont les suivantes :

1) La ventilation mécanique, en évitant toute hypercapnie et en utilisant au besoin une pression positive en fin d'expiration pour maintenir une PaO_2 égale ou supérieure à 100 mm Hg. Traiter de la façon habituelle un œdème ou une surinfection pulmonaire (voir Pneumonies) ;

2) La surveillance neurologique étroite ; la mise en place d'un moniteur de pression intracrânienne n'est pas recommandée. L'hypothermie induite, le coma barbiturique et les corticostéroïdes ont été abandonnés. Les convulsions sont traitées de la façon habituelle (voir Convulsions et état de mal convulsif) ;

3) L'administration d'eau et d'électrolytes : l'essentiel est de maintenir une pression de perfusion cérébrale acceptable. Si l'état hémodynamique est instable, le patient peut avoir besoin de liquides et parfois d'amines vaso-actives (voir Choc cardiogénique, Choc septique). Éviter l'hyperglycémie et l'hypoglycémie. L'hyponatrémie se corrige habituellement de façon spontanée ; l'administration de NaCl sous forme concentrée n'est donc pas indiquée ;

4) La détection et le traitement de l'atteinte multiviscérale : une atteinte myocardique peut se manifester par des arythmies ou une

diminution du débit cardiaque ; ces complications sont traitées de la façon habituelle (voir Arythmies cardiaques, Choc cardiogénique). Parfois, on observe une colite ischémique avec diarrhée et rectorragies, une élévation des transaminases, une coagulation intravasculaire disséminée, une nécrose tubulaire aiguë avec insuffisance rénale ;

5) La détection et le traitement des complications infectieuses : il y a un risque de bronchite, de pneumonie et de bactériémie. Une antibiothérapie préventive n'est pas recommandée. Surveiller l'évolution clinique et radiologique, cultiver le sang, les sécrétions trachéales, l'urine, les cathéters intravasculaires et prescrire l'antibiothérapie appropriée lorsqu'une infection est suspectée ou démontrée.

Si une amélioration de l'état est constatée après 24 heures, on tente un sevrage progressif (en 24 à 48 heures) de la ventilation mécanique et des modalités de monitorage tout en maintenant une surveillance étroite. S'il n'y a pas d'amélioration après 36 à 48 heures, il faut envisager de cesser la ventilation mécanique et les autres modalités thérapeutiques si l'on juge que les chances de retour à un état neurologique acceptable sont essentiellement nulles. Lorsqu'ils sont en état de mort cérébrale, certains de ces patients peuvent devenir des donneurs d'organes.

Pronostic

Plusieurs facteurs de pronostic ont été identifiés : durée de submersion, température de l'eau (l'hypothermie a un effet protecteur), temps écoulé entre l'accident et le début d'une réanimation efficace, pH artériel initial, état de conscience du patient lors de son arrivée à l'hôpital.

Il est très difficile d'estimer le pronostic au site de l'accident ou même pendant les premières heures d'hospitalisation ; un jugement plus précis est possible environ 24 heures plus tard : la persistance d'un coma profond, surtout accompagné de flaccidité, implique un pronostic neurologique très sombre. Les patients qui sont en arrêt cardiorespiratoire à leur arrivée à l'hôpital ou qui ont un score de Glasgow à 3 ou 4 après la réanimation ont de très faibles chances de survivre sans séquelles neurologiques majeures.

Lectures suggérées

Committee on Injury and Poison Prevention, American Academy of Pediatrics : Drowning in infants, children, and adolescents. Pediatrics 1993 ; 92 : 292-294.

Fisher DH : Near-drowning. Pediatr Rev 1993 ; 14 : 148-151.

Gauthier M : La noyade chez l'enfant. Revue du Praticien 1990 ; 40 : 812-816.

Levin DL, Morriss FC, Toro LO, Brink LW, Turner GR : Drowning and near-drowning. Pediatr Clin North Am 1993 ; 40 : 321-336.

Modell JH : Drowning. N Engl J Med 1993 ; 328 : 253-256.

Orlowski JP : Drowning, near-drowning and ice-water submersions. Pediatr Clin North Am 1987 ; 34 : 75-92.

Wintemute GJ : Childhood drowning and near-drowning in the United States. Am J Dis Child 1990 ; 144 : 663-669.

Obésité   175

Michel Weber, Élisabeth Rousseau, Lise Primeau, Guy Van Vliet, Louis Legault

Généralités

La graisse joue notamment les rôles de réserve énergétique et d'isolant thermique. Chez l'enfant d'un an, le tissu graisseux constitue 25 % du poids corporel; cette proportion diminue progressivement jusqu'à l'âge de 10 ans, pour augmenter ensuite à nouveau et atteindre un niveau normal de 15 à 30 % à l'âge adulte. Les femmes ont plus de tissu adipeux que les hommes. Chez l'obèse, le tissu graisseux peut représenter plus de 70 % du poids corporel. En cas d'obésité modérée, seul le volume des adipocytes est augmenté (hypertrophie). Lorsque le problème s'aggrave, leur nombre peut aussi s'accroître (hyperplasie). L'obésité se définit comme un excès de tissu adipeux. C'est le problème nutritionnel le plus fréquent dans les pays industrialisés; dans certains d'entre eux comme les Etats-Unis, la prévalence peut atteindre 25 % chez l'enfant et l'adolescent.

L'obésité peut résulter de déterminants génétiques et d'influences de l'environnement. Les études portant sur les enfants adoptés indiquent que l'hérédité joue le plus souvent un rôle étiologique prédominant. Cette prédisposition génétique peut s'exprimer grâce à certaines caractéristiques de l'environnement. Parmi les facteurs de risque liés à celui-ci, on peut notamment citer les suivants:

1) Des traditions ethniques et culturelles;
2) L'appartenance, dans les pays industrialisés, à un milieu socio-économique défavorisé;
3) Un habitat rural;
4) Des parents âgés;
5) Le fait d'être enfant unique;
6) L'immobilisation prolongée;
7) La télévision.

Plusieurs critères de diagnostic ont été proposés. Le plus simple consiste à dire qu'une personne est obèse si son poids corporel atteint ou dépasse 120 % de son poids idéal. Cependant, certains enfants et adolescents ont une charpente osseuse plus massive et peuvent être considérés à tort comme obèses; chez eux, il y a intérêt à mesurer le pli cutané.

La quasi-totalité des obésités sont dites «exogènes» parce qu'aucune cause organique ne peut être identifiée. Elles se développent parce que la nourriture est disponible et qu'il y a un déséquilibre entre la consommation alimentaire et les dépenses d'énergie. Cette explication simpliste ne rend pas compte de mécanismes physiopathologiques nombreux, complexes et encore mal connus. L'obésité exogène accélère la croissance staturale, la maturation osseuse et le développement pubertaire.

Une très faible proportion des obésités sont dites «endogènes» parce qu'elles résultent d'un syndrome génétique ou d'une maladie endocrinienne. L'obésité fait partie intégrante des syndromes de Prader-Willi et de Bardet-Biedl (Laurence-Moon-Biedl), et de quelques autres. Les maladies endocriniennes accompagnées d'obésité sont principalement la maladie de Cushing, l'hypothyroïdie et certaines dysfonctions hypothalamiques. Chez l'adolescente, l'association d'une obésité, d'un hirsutisme et d'une aménorrhée est caractéristique du syndrome de Stein-Leventhal (syndrome des ovaires micro-polykystiques).

Manifestations cliniques

L'adiposité de l'enfant ou de l'adolescent est évidente. Elle est presque toujours généralisée.

Explorations

I. Anamnèse

L'anamnèse familiale s'intéresse principalement à la présence d'obésité chez d'autres membres de la famille. L'histoire personnelle est surtout centrée sur les éléments suivants:

1) Le poids de naissance;
2) La chronologie d'apparition et d'évolution de l'obésité;
3) Les traitements déjà suivis et leur effet;
4) Les habitudes alimentaires;
5) L'activité physique;
6) Les habitudes vis-à-vis de la télévision.

II. Examen

L'examen complet est mené de la façon habituelle. Pour la mesure de la tension artérielle, un brassard spécial de grande taille est nécessaire: sans cette précaution, des chiffres faussement élevés peuvent être obtenus. Ce brassard doit recouvrir au moins les deux tiers de la longueur du bras, et la partie gonflable doit entourer complètement le membre. Il faut rechercher des indices de dysfonction endocrinienne et des signes dysmorphiques caractéristiques des syndromes génétiques associés à l'obésité (exemple: polydactylie dans le cas d'un syndrome de Bardet-Biedl). Plusieurs techniques complexes permettent de déterminer de façon précise les proportions de tissu adipeux et de tissu maigre. On peut aussi mesurer l'épaisseur du pli cutané au niveau de certains sites comme la région tricipitale ou sous-scapulaire et la reporter sur les courbes appropriées. En pratique, le clinicien peut se contenter d'examiner la relation entre la taille et le poids en effectuant successivement les démarches suivantes:

– Reconstruire ou compléter les courbes de taille et de poids pour avoir une idée de l'évolution dynamique de l'obésité;
– Déterminer le poids idéal: on commence par déterminer l'âge statural, puis on détermine le poids qui correspond au 50e percentile pour cet âge statural. Par exemple, si un garçon de 12 ans mesure 154 cm et pèse 74 kg, son âge statural est de 13 ans et trois mois; le poids qui correspond au 50e percentile pour cet âge est de 45 kg; c'est le poids idéal de cet enfant;

- Calculer l'excédent pondéral en soustrayant le poids idéal du poids réel. Dans l'exemple mentionné ci-dessus, l'excédent est de 29 kg et le poids de l'enfant est de 164 % de son poids idéal;
- Chez l'adolescent qui a terminé sa croissance, comme chez l'adulte, on peut calculer l'indice de masse corporelle (IMC), aussi appelé indice de corpulence ou indice de Quetelet, qui est égal au poids en kg divisé par le carré de la taille en mètres. Par exemple, un adolescent qui mesure 1,72 m et qui pèse 102 kg a un IMC de $102 \div 1,72^2$, soit 34,5. Chez les obèses, l'IMC dépasse 23. Chez l'enfant, l'interprétation de l'IMC nécessite le recours à des courbes spéciales (annexe 5).

III. Explorations

Les obèses présentent de nombreuses anomalies métaboliques et endocriniennes secondaires qui disparaissent s'ils reprennent un poids normal; il est inutile de les mettre en évidence par des explorations complémentaires. Avant d'entreprendre des explorations endocriniennes, par exemple à la recherche d'une hypothyroïdie, le clinicien doit se souvenir du fait que, chez les patients qui présentent une obésité exogène, la vitesse de croissance est accélérée et la taille est habituellement égale ou supérieure au 50e percentile (si la taille des parents est normale). Par contre, si l'obésité résulte d'une maladie endocrinienne ou d'un syndrome génétique, la vitesse de croissance staturale est ralentie et la taille est le plus souvent petite. En résumé, chez l'immense majorité des obèses, on peut s'abstenir de toute démarche diagnostique autre que l'anamnèse, l'examen et l'analyse des paramètres de croissance; chez l'obèse de petite taille, il faut être plus prudent. Parfois, l'obésité peut être favorisée par des problèmes de santé mentale ou sociale qu'il est important d'identifier.

Traitement

I. Quand traiter l'obésité?

L'enfant obèse de moins de deux ans ne doit pas être soumis à une restriction énergétique, d'une part parce que le pronostic de cette obésité est plutôt favorable, d'autre part parce qu'une telle restriction risque de nuire à son développement cérébral et à sa croissance staturale. Chez l'enfant plus âgé, une intervention thérapeutique doit être tentée; elle est plus aisée que chez l'adulte du fait qu'une quantité importante d'énergie sert à la croissance. Chez l'adolescent, la motivation est parfois insuffisante et les chances de succès à long terme sont défavorables; une tentative de traitement devrait cependant lui être offerte.

II. Comment traiter l'obésité?

1) Approche nutritionnelle: chez l'enfant de plus de deux ans et l'adolescent, l'approche doit être individualisée. Toute la famille doit collaborer au traitement dans une ambiance sereine. L'adolescent doit participer activement à la planification du régime alimentaire.

En principe, le traitement est simple: il s'agit d'établir un équilibre calorique légèrement négatif en réduisant l'apport alimentaire et en augmentant la dépense énergétique. La prescription diététique doit être précise; la participation d'une diététicienne est essentielle. Un jeûne excessif est dangereux. La perte de poids doit être lente et progressive. Chez l'enfant en croissance, maintenir un poids stable peut être un objectif réaliste : il peut ainsi retrouver son poids idéal en un an et demi par tranche de 20 % d'excédent de poids.

L'apport calorique sera comme d'habitude constitué de 45 à 50 % de glucides, de 30 à 35 % de lipides et de 15 à 20 % de protéines. Les besoins énergétiques quotidiens sont calculés. Ils sont égaux à 4 200 kJ + 420 kJ par année d'âge, avec un maximum de 9 240 kJ pour la fille et de 10 500 kJ pour le garçon (1 000 kcal + 100 kcal par année d'âge, avec un maximum de 2 200 kcal chez la fille et 2 500 kcal chez le garçon). Par exemple, un enfant âgé de neuf ans a des besoins énergétiques de 7 980 kJ/24 heures (1 900 kcal/24 heures).

–   De 2 à 10 ans, la restriction sera de 1 050 kJ/24 heures (250 kcal/ 24 heures). Par exemple, la ration calorique quotidienne d'un enfant de neuf ans sera de 7 980 – 1 050 = 6 930 kJ/24 heures (1 650 kcal).

–   Chez l'adolescent, dont les besoins énergétiques moyens sont de 9 240 kJ (2 200 kcal) pour la fille et de 10 500 kJ (2 500 kcal) pour le garçon, la restriction sera de 2 100 kJ/24 heures (500 kcal/ 24 heures). Par exemple, la ration calorique qui sera prescrite à une adolescente obèse sera de 9 240 – 2 100 = 7 140 kJ/24 heures (1 700 kcal).

Qualitativement, on insiste sur les aliments à faible teneur énergétique et à haut volume comme les légumes et les fruits. Il faut veiller à un apport suffisant de protéines.

2)   Exercice : il est très important d'encourager l'activité physique individuelle de type aérobique (aviron, bicyclette, course, escaliers, marche rapide, natation, ski de fond, etc.). Ces activités devraient être quotidiennes et il faudrait que l'enfant ou l'adolescent obèse y consacre beaucoup de temps. Il faut insister sur la régularité et ne pas proposer la compétition comme objectif. Le poids perdu lors d'une séance d'exercice est minime; par exemple, une heure d'exercice d'intensité élevée (2 100 kJ/heure ou 500 kcal/heure) ne fait perdre que 55 g de graisse. Contrairement à la croyance populaire, l'exercice a un effet régulateur sur l'appétit. Il faut prescrire un programme d'exercice précis et lentement progressif. Il faut prévoir un minimum de trois à quatre séances par semaine. Chaque séance d'exercice aérobique ininterrompu et d'intensité modérée doit durer au minimum 45 minutes. Un journal de bord peut être utile. Théoriquement, un adolescent qui a un excédent pondéral de 30 kg peut retrouver son poids idéal en moins de deux ans s'il perd chaque jour 50 g. Comme les adultes, les enfants et les adolescents ont peu tendance à adhérer aux programmes d'activité physique qu'on leur propose lorsqu'ils n'y trouvent pas plaisir; cette dimension doit être recherchée activement.

3) Approche psychologique : dans quelques cas, le patient peut présenter de la dysphorie ou d'autres problèmes affectifs secondaires, dans la lignée dépressive. Le désespoir, la détresse et la faible estime de soi en sont quelques exemples. L'hyperphagie menant à l'obésité résulte parfois d'un tableau dépressif ou de la prise de médicaments (exemples : neuroleptiques, acide valproïque). La collaboration d'un psychiatre est occasionnellement nécessaire. Surtout dans les situations difficiles survenant au cours de l'adolescence, cette approche est le mieux réalisée dans le cadre d'une équipe multidisciplinaire spécialisée.

III. Quelles formes de traitement faut-il éviter ?

Les anorexigènes et autres médicaments (laxatifs, diurétiques) ne doivent pas être prescrits. Le traitement chirurgical (réduction gastrique ou *bypass* iléal) n'a aucune place chez l'enfant et l'adolescent ; il les transformerait en infirmes digestifs à vie. Les régimes farfelus ainsi que ceux qui sont à base de fruits ou de riz doivent être évités : ils sont monotones et potentiellement dangereux.

IV. Suivi

Les enfants et les adolescents obèses doivent être revus souvent, afin de maintenir leur motivation. Lors de chaque visite, ils sont pesés et encouragés à poursuivre leurs efforts diététiques et leur programme d'exercice. Les causes des échecs doivent être analysées.

Complications

I. À court terme

Les complications majeures sont rares. Des problèmes cutanés mineurs comme des vergetures ou un intertrigo peuvent survenir. Il y a un risque accru de problèmes orthopédiques comme l'épiphysiolyse de la hanche chez les adolescents obèses de sexe masculin.

II. À long terme

À long terme, l'obésité a un impact négatif important sur la santé : il y a un risque accru d'accident vasculaire cérébral, de cancer, de diabète de type II, d'hyperlipidémie, d'hypertension artérielle et de maladie coronarienne. Ces complications semblent plus fréquentes chez les obèses dont le poids fluctue de façon importante au cours des années. La morbidité et la mortalité globales sont augmentées de façon appréciable. Il peut aussi y avoir des problèmes respiratoires, dont le plus caricatural est le syndrome de Pickwick. L'enfant et l'adolescent obèses sont l'objet de moqueries et de discrimination de la part des non-obèses. Ils peuvent avoir une image défavorable d'eux-mêmes et présenter des tendances dépressives.

Pronostic

Le pronostic dépend de l'héritage génétique, de la motivation et de l'âge. Si ses deux parents ont un poids normal, le risque, pour un enfant obèse de moins de deux ans, de devenir un adulte obèse n'est que de 10 %. Il est de 45 % si l'un de ses parents est obèse et de 75 % si ses deux parents le sont.

Par contre, ce même risque pour un adolescent obèse est supérieur à 95 %, même si des résultats modestes sont obtenus initialement et quels que soient les efforts thérapeutiques. À long terme, les résultats des diverses formes de traitement sont minimes. Le pronostic éloigné est déterminé par l'importance de l'obésité et la survenue des complications mentionnées plus haut.

Prévention

Le médecin généraliste et le pédiatre doivent identifier les enfants les plus susceptibles de devenir obèses ; le principal facteur de risque est l'obésité des parents. Lors des visites de routine, ils doivent aussi identifier de façon précoce toute tendance à gagner du poids de façon excessive et donner les conseils alimentaires qui s'imposent (voir Nutrition). Il faut promouvoir de bonnes habitudes plutôt que prescrire des régimes rigides et des règles trop strictes. Les habitudes prises pendant les premières années de vie ont tendance à se maintenir. En cela, les parents doivent servir de modèles. Voici quelques suggestions pratiques :

I. Pendant les deux premières années

1) Choisir l'allaitement plutôt que l'alimentation artificielle.
2) Retarder l'introduction des aliments solides dans le régime jusqu'à l'âge de quatre à six mois.
3) Ne pas insister pour que l'enfant nourri artificiellement termine son biberon.
4) Chez l'enfant de plus de six mois, restreindre à 120 mL à la fois la quantité de jus de fruits et offrir de l'eau lorsqu'il a soif.
5) Éviter d'ajouter du sucre aux aliments.
6) Commencer à faire boire à la tasse plutôt qu'au biberon dès l'âge de six mois.
7) À partir de l'âge de six mois, limiter à 600 mL/24 heures la quantité de lait que boit le bébé nourri artificiellement.
8) Dès l'âge de six mois, encourager la consommation d'aliments végétaux riches en fibres.

II. Après l'âge de deux ans

1) Respecter les variations normales de l'appétit.
2) Ne pas insister pour que l'enfant termine son assiette.
3) Donner de l'eau plutôt que des jus de fruits lorsque l'enfant a soif.
4) Donner du lait écrémé ou partiellement écrémé plutôt que du lait entier et limiter la quantité à un maximum de 600 mL/24 heures.
5) Favoriser la consommation d'aliments d'origine végétale riches en fibres (pain de blé entier, fruits, légumes).
6) Limiter la consommation de calories « vides » (aliments dépourvus de protéines et de fibres).

7) Éviter les boissons sucrées, les friandises et les sucres concentrés.

8) Répartir l'apport énergétique quotidien en plusieurs repas et éviter de « sauter » des repas.

9) Éviter les règles trop strictes qui peuvent engendrer de la frustration et, en contrepartie, une avidité pathologique.

10) Ne jamais utiliser les aliments pour punir ou récompenser.

11) Réduire le temps passé devant la télévision.

12) Encourager l'activité physique régulière.

Le pédiatre et le médecin généraliste devraient intervenir plus activement auprès de la communauté pour promouvoir de bonnes habitudes alimentaires et des activités physiques régulières.

Lectures suggérées

Dietz WH: Prevention of childhood obesity. Pediatr Clin North Am 1986; 33: 823-833.

Dietz WH, Robinson TN: Assessment and treatment of childhood obesity. Pediatr Rev 1993; 14: 337-344.

Garn SM: Continuities and changes in fatness from infancy through adulthood. Curr Probl Pediatr 1985; 15: 1-47.

Mahan LK: Family-focused behavioral approach to weight control in children. Pediatr Clin North Am 1987; 34: 983-996.

Poissonnet CM, LaVelle M, Burdi AR: Growth and development of adipose tissue. J Pediatr 1988; 113: 1-9.

Rosenbaum M, Leibel RL: Pathophysiology of childhood obesity. Adv Pediatr 1988; 35: 73-137.

Rosenbaum M, Leibel RL: Obesity in childhood. Pediatr Rev 1989; 11: 43-55.

Obstruction du canal lacrymal (« dacryosténose ») et dacryocystite   176

Michel Weber, Jean-Louis Jacob

Obstruction du canal lacrymal

Une imperméabilité partielle ou complète du canal lacrymo-nasal (« dacryosténose ») est présente chez environ 5 % des nouveau-nés. Elle se manifeste par un écoulement continu ou intermittent de larmes, le plus souvent unilatéral. Elle peut se compliquer d'une conjonctivite ou d'une infection du sac lacrymal (dacryocystite aiguë).

Dans plus de 90 % des cas, cette anomalie se corrige spontanément pendant la première année de vie. Des massages réguliers du sac lacrymal augmentent les chances de résolution spontanée. Ces massages consistent à appliquer la pulpe de l'index au niveau de l'angle interne de l'œil et à la déplacer vers le bas en appliquant une légère pression ; cette manœuvre est répétée plusieurs fois par jour. Des antibiotiques sont instillés dans l'œil s'il y a des signes d'infection surajoutée comme une hyperhémie conjonctivale ou un écoulement purulent (voir Conjonctivites).

Si le problème ne se résout pas, l'enfant est envoyé à un ophtalmologue entre six mois et un an pour une dilatation du canal lacrymo-nasal. Lorsque la dilatation est inefficace, une intubation des voies lacrymales doit être envisagée.

Dacryocystite

La dacryocystite aiguë est une infection du sac lacrymal. Elle peut être favorisée par une dacryosténose. Elle se manifeste par une tuméfaction et un érythème situés au niveau de l'angle interne de l'œil. Il peut aussi y avoir une hyperhémie de la conjonctive et un écoulement purulent. La fièvre est le plus souvent absente. Une culture des sécrétions est effectuée. L'agent étiologique le plus fréquent est le *Staphylococcus aureus*. Le *Streptococcus pneumoniæ* et l'*Hæmophilus influenzæ* peuvent aussi être en cause.

Dans les cas minimes, l'application d'un antibiotique par voie topique peut suffire (voir Conjonctivites).

Dans les cas plus graves, une antibiothérapie par voie générale est indiquée. Selon l'importance des signes locaux et généraux, l'antibiothérapie est administrée par voie orale ou intraveineuse. Les principaux choix sont les suivants:

- Par voie orale:
  - Pénicilline antistaphylococcique: cloxacilline (Canada, France) ou oxacilline (France): 50 à 100 mg/kg/24 heures PO en 3 ou 4 fois (maximum chez le grand enfant: 4 g/24 heures);
  - Céphalexine (céfalexine): 25 à 50 mg/kg/24 heures PO en 3 à 4 fois (maximum chez le grand enfant: 4 g/24 heures);
  - Céfaclor: 40 à 60 mg/kg/24 heures PO en 3 à 4 fois (maximum chez le grand enfant: 3 g/24 heures).
- Par voie intraveineuse:
  - Pénicilline antistaphylococcique: cloxacilline (Canada, France), nafcilline (Canada) ou oxacilline (France): 100 à 200 mg/kg/24 heures IV en 4 fois (maximum chez le grand enfant: 12 g/24 heures);
  - Céfuroxime: 100 à 200 mg/kg/24 heures IV en 3 fois (maximum chez le grand enfant: 6 g/24 heures);
  - Association de céfotaxime (100 à 200 mg/kg/24 heures IV en 3 fois; maximum chez le grand enfant: 10 g/24 heures) ou de ceftriaxone (50 à 100 mg/kg/24 heures IV en 1 à 2 fois; maximum chez le grand enfant: 4 g/24 heures) et d'une pénicilline antistaphylococcique (voir ci-dessus).

On applique aussi des compresses humides tièdes.

Après la guérison d'un épisode de dacryocystite aiguë, il faut envisager une dilatation du canal lacrymo-nasal.

Lectures suggérées

Calhoun JH : Problems of the lacrimal system in children. Pediatr Clin North Am 1987; 34: 1457-1465.

Harley RD : Diseases of the lacrimal apparatus. Pediatr Clin North Am 1983; 30: 1159-1166.

Lavrich JB, Nelson LB : Disorders of the lacrimal system apparatus. Pediatr Clin North Am 1993; 40 : 767-776.

Nelson LB, Calhoun JH, Menduke H : Medical management of congenital nasolacrimal duct obstruction. Pediatrics 1985; 76: 172-175.

Ogawa GSH, Gonnering RS : Congenital nasolacrimal duct obstruction. J Pediatr 1991; 119 : 12-17.

Occlusions intestinales 177

Jean-Bernard Girodias, Arié Bensoussan, Khazal Paradis, Philippe Chessex, Jacques Boisvert

Voir aussi Colite ulcéreuse, Corps étranger des voies digestives, Entérocolite nécrosante, Hernies, Invagination intestinale, Maladie de Crohn, Maladie de Hirschsprung, Sténose du pylore.

Généralités

L'occlusion intestinale se définit comme un arrêt de progression du contenu intestinal (arrêt des matières et des gaz).

1) Une occlusion ou iléus mécanique peut siéger n'importe où, de l'estomac à l'anus. Elle peut être causée par une obstruction intraluminale, une compression ou une torsion (tableau 55). L'occlusion peut être haute (estomac, duodénum, intestin grêle proximal) ou basse (intestin grêle distal, côlon, rectum, anus). Elle peut être congénitale ou acquise, complète ou partielle (subocclusion), continue ou intermittente. Une occlusion récidivante peut suggérer la présence d'un corps étranger, d'une malrotation intestinale, d'un trouble de la motilité intestinale (pseudo-occlusion) et, surtout chez l'adolescent, d'un syndrome de l'artère mésentérique supérieure causé par une vasculite ou un autre processus pathologique.

2) L'occlusion peut aussi être de nature fonctionnelle (iléus réflexe ou paralytique), résultant alors d'une perturbation de nature infectieuse, métabolique, toxique, vasculaire ou neurologique (tableau 56).

Manifestations cliniques

Les symptômes classiques de l'occlusion intestinale sont :

1) Les vomissements : s'ils sont bilieux, l'obstruction est située en aval de l'ampoule de Vater. S'ils sont fécaloïdes, il s'agit d'une occlusion basse avancée ;

2) L'arrêt des matières et des gaz ;

Tableau 55 Principales causes d'occlusion (iléus) mécanique

- Chez le nouveau-né
  - occlusions hautes
    - atrésie duodénale
    - atrésie jéjunale
    - diaphragme duodénal
    - pancréas annulaire
  - occlusions basses
    - atrésie intestinale
    - entérocolite nécrosante
    - hernie diaphragmatique
    - imperforation anale chez le garçon
    - iléus méconial (fibrose kystique)
    - maladie de Hirschsprung
    - malrotation intestinale
    - volvulus
- Chez l'enfant plus âgé
  - occlusions hautes
    - corps étranger (objet, trichobézoard, lactobézoard, phytobézoard, fécalome, amas de parasites)
    - diaphragme duodénal perforé
    - pancréas annulaire
    - sténose du pylore
    - ulcère de la région pylorique
  - occlusions basses
    - hernie étranglée
    - occlusion sur brides postopératoires
    - corps étranger
    - équivalent d'iléus méconial (fibrose kystique)
    - hématome intramural de l'intestin
    - invagination intestinale
    - maladie de Crohn
    - maladie de Hirschsprung
    - malrotation intestinale
    - purpura rhumatoïde de Schönlein-Henoch (invagination, hématome intramural)
    - sténose anastomotique postopératoire
    - tumeur intestinale

3) La douleur abdominale, intense et crampiforme, continue ou intermittente;
4) La distension abdominale dans le cas d'une occlusion basse.

Selon le contexte clinique, des rectorragies peuvent être suggestives d'une entérocolite nécrosante ou d'une invagination intestinale.

Tableau 56 Principales causes d'occlusion fonctionnelle (iléus réflexe ou paralytique)

- Appendicite
- Cholécystite*
- Acidose diabétique
- État de choc
- Gastro-entérite
- Grossesse ectopique*
- Hypokaliémie et autres déséquilibres électrolytiques ou acidobasiques
- Laparotomie
- Lithiase urinaire
- Médicaments (exemple : analgésiques morphiniques)
- Mégacôlon toxique (colite ulcéreuse)*
- Pancréatite
- Péritonite primaire ou secondaire
- Pneumonie
- Pseudo-obstruction intestinale
- Purpura rhumatoïde de Schönlein-Henoch
- Pyélonéphrite
- Salpingite*
- Septicémie
- Torsion ou rupture de kyste ovarien*
- Traumatisme abdominal ou rachidien
- Urémie

* Au cours de l'adolescence.

Explorations

L'anamnèse est importante. Elle porte sur les antécédents personnels, en particulier sur une histoire de constipation chronique, ainsi que sur la chronologie d'apparition et la nature des symptômes. Si l'enfant a déjà subi une laparotomie ou a souffert de péritonite, on suspectera d'abord une occlusion par brides.

L'examen doit être complet. Il s'attarde d'abord aux signes généraux, à la stabilité hémodynamique et au degré de déshydratation. Il recherche des indices tels qu'une cicatrice abdominale ou une hernie inguinale pouvant mettre sur la piste d'une cause spécifique. L'inspection de l'abdomen révèle une distension abdominale dans le cas d'une occlusion basse. La percussion permet de préciser si la distension est due à de l'ascite (matité) ou à du gaz (sonorité). À la palpation, on recherche la présence d'une hépatomégalie, d'une splénomégalie, d'une masse, d'une douleur localisée ou d'un empâtement, ainsi que des signes d'irritation péritonéale. L'auscultation évalue le péristaltisme : s'il est très actif, on se trouve en phase précoce d'une occlusion mécanique. Un silence auscultatoire est suggestif d'une occlusion fonctionnelle ou de la phase tardive d'une occlusion mécanique. Le toucher rectal peut donner des informations importantes ; par exemple :

1) La présence de sang sur le doigtier peut orienter vers une invagination intestinale ;

2) Un rectum vide et étroit et une débâcle de selles lorsqu'on retire le doigt sont suggestifs d'une maladie de Hirschsprung.

La présence d'un purpura non thrombopénique au niveau des membres inférieurs est caractéristique d'un purpura rhumatoïde de Schönlein-Henoch; l'occlusion peut alors être fonctionnelle ou résulter d'une invagination intestinale ou d'un hématome intramural.

Certains examens paracliniques sont essentiels au diagnostic et au traitement de soutien. Les suivants sont nécessaires, souvent de façon sériée: hémogramme, ionogramme, densité urinaire, équilibre acidobasique, urée sanguine et créatinine sérique. La radiographie de l'abdomen sans préparation en position debout ou en décubitus latéral avec rayon horizontal est essentielle au diagnostic:

1) La présence de niveaux hydro-aériques confirme l'existence d'une occlusion mécanique ou fonctionnelle;

2) Une distension importante des anses intestinales se retrouve plus volontiers en cas d'occlusion basse;

3) La distribution du gaz dans l'abdomen peut donner des indices importants. Par exemple:

   a) La présence d'une «double bulle» chez un nouveau-né en occlusion haute est pathognomonique d'une atrésie duodénale;

   b) L'absence ou la pauvreté des gaz dans l'abdomen plaide en faveur d'une occlusion haute;

   c) L'absence d'air dans le rectum avant le toucher rectal peut se retrouver en cas de maladie de Hirschsprung;

   d) L'existence d'une zone «déshabitée» indique la présence d'une masse comme un boudin d'invagination, un kyste ou une tumeur.

4) La mise en évidence d'un objet radio-opaque comme un fécalithe, un corps étranger ou un calcul peut orienter le diagnostic;

5) La présence d'un croissant gazeux sous le diaphragme indique une perforation associée;

6) Un «flou» des anses intestinales se retrouve lorsqu'il y a du liquide dans la cavité péritonéale (ascite ou péritonite);

7) La présence de quelques petits niveaux liquides dans la fosse iliaque droite peut traduire l'iléus paralytique qu'on retrouve en cas d'appendicite. Ces mêmes niveaux, plus clairsemés, s'observent lorsqu'il y a une gastro-entérite;

8) Une occlusion par strangulation se traduit par des niveaux liquides dans des anses fortement dilatées en amont de l'obstruction et une absence de gaz en aval;

9) Chez le nouveau-né, une pneumatose intestinale, une anse dilatée, des signes de perforation ou la présence de gaz dans la veine porte suggèrent une entérocolite nécrosante. Dans le doute, des radiographies répétées permettent de juger de l'évolution.

L'échographie abdominale est devenue un outil précieux de diagnostic, notamment en cas d'ascite ou de péritonite, de sténose du pylore, de lithiase biliaire ou urinaire, d'appendicite, de pancréatite, d'abcès ou d'invagination intestinale. Elle permet aussi, en déterminant la position de l'artère et de la veine mésentériques supérieures, d'identifier une malrotation intestinale.

Dans certains cas (exemple : maladie de Hirschsprung), un lavement opaque peut être indiqué. Dans d'autres situations (exemple : occlusion intermittente pouvant être causée par une malrotation), un transit gastrointestinal peut être nécessaire.

Traitement

I. Traitement de soutien

S'il y a un état de choc, voir Choc hypovolémique.

Que l'occlusion soit mécanique ou fonctionnelle, le traitement de soutien comporte les éléments suivants :

1) Arrêt de l'alimentation ;

2) Drainage de l'estomac au moyen d'une sonde gastrique et d'un dispositif d'aspiration ;

3) Installation d'un soluté ;

4) Compensation des pertes liquidiennes et électrolytiques résultant du drainage gastrique ;

5) Prévention ou correction de la déshydratation ainsi que des troubles électrolytiques et acidobasiques.

La réanimation hydro-électrolytique est guidée par l'état clinique, l'évolution de l'ionogramme et de l'équilibre acidobasique, ainsi que par les mesures sériées de la densité urinaire et la surveillance étroite des pertes et des apports d'eau (voir Déséquilibres hydriques, électrolytiques et acidobasiques).

II. Traitement spécifique

Il dépend de la cause de l'occlusion.

Un iléus mécanique requiert un traitement chirurgical immédiat, surtout s'il résulte d'une strangulation, dès que l'état hémodynamique du patient est stabilisé et que les perturbations électrolytiques et acidobasiques sont en voie de correction.

Des lavements à la N-acétyl-cystéine sont indiqués lorsque l'occlusion est due à un équivalent d'iléus méconial (voir Fibrose kystique).

Un traitement aux anti-inflammatoires est nécessaire en cas de maladie de Crohn (voir Maladie de Crohn).

L'invagination intestinale est traitée par réduction hydrostatique ou par insufflation d'air sous pression (voir Invagination intestinale).

Dans le cas d'une occlusion fonctionnelle, le traitement conservateur (voir ci-dessus) et le traitement causal (exemples : correction d'une hypokaliémie, antibiothérapie en cas de septicémie, de pneumonie, de cholécystite ou de salpingite) permettent habituellement de résoudre le problème.

Complications

L'étranglement d'un segment mésentérique ou intestinal entraîne rapidement une nécrose ischémique de la paroi intestinale pouvant évoluer vers la perforation et la péritonite.

La nécrose et la résection d'un long segment de l'intestin grêle peut conduire à un syndrome de malabsorption (syndrome de l'intestin court) et, tant que la transplantation intestinale demeure impraticable, la nécrose de tout l'intestin grêle est fatale, à moins d'entreprendre une alimentation parentérale totale de durée indéfinie.

Une occlusion basse qui se prolonge peut causer une déshydratation et un choc hypovolémique par accumulation de liquide dans les anses dilatées (troisième espace).

Œdème   178

Michel Weber, Philippe Chessex, Marie-José Clermont, Khazal Paradis

Voir aussi Déséquilibres hydriques, électrolytiques et acidobasiques, Œdème angioneurotique ou œdème de Quincke, Syndrome néphrotique.

Généralités

L'œdème peut être localisé ou généralisé, transitoire ou permanent. Il peut prendre le godet ou non. L'œdème généralisé n'apparaît que lorsqu'il y a une expansion importante du liquide extracellulaire. Le matin, il peut être plus marqué au niveau des paupières et, si l'enfant est ambulant, il prédomine le soir au niveau des malléoles. La surveillance du poids corporel constitue une méthode plus précise que l'inspection pour évaluer l'évolution de l'œdème. Il est important de distinguer l'œdème vrai du myxœdème qu'on retrouve en cas d'hypothyroïdie.

Démarche clinique

I. L'œdème chez le nouveau-né

1) Un œdème physiologique peut s'observer chez le prématuré normal;

2) Un œdème localisé du dos des pieds et des mains chez un nouveau-né de sexe féminin doit faire penser à un syndrome de Turner. Un caryotype est donc indiqué. Cet œdème peut persister pendant plusieurs mois;

3) Un œdème localisé à un membre ou aux deux membres inférieurs évoque la possibilité d'un lymphœdème congénital dû à des anomalies lymphatiques (maladie de Milroy). Cet œdème est le plus souvent asymétrique. Une lymphographie n'est pas nécessaire car on sait d'avance ce qu'elle va révéler: agénésies, hypoplasies ou ectasies lymphatiques. Il n'y a pas d'autre traitement que la surélévation du pied du lit, les bas élastiques et les bas pneumatiques lorsque l'enfant devient plus âgé. L'œdème peut être absent chez le nouveau-né et n'apparaître qu'après

plusieurs années. Il est parfois accompagné de lymphangiectasies intestinales qui peuvent aggraver le tableau en produisant une entéropathie exsudative;

4) Le nouveau-né étant physiologiquement hyperhydraté et le pouvoir de dilution de ses reins étant limité, un apport excessif de liquides pendant la période néonatale peut facilement causer de l'œdème;

5) L'anasarque fœto-placentaire (pour les Anglo-Saxons: *hydrops fetalis*) est un œdème généralisé d'origine prénatale. Il est de nature immunologique lorsqu'il résulte d'une érythroblastose fœtale. Les causes non immunologiques sont nombreuses; les principales sont les suivantes:

a) Aberrations chromosomiques (exemples: syndrome de Turner, trisomie 13 ou 18);

b) Maladies cardiaques ou vasculaires (exemples: cardiopathie congénitale, tachycardie supraventriculaire, bloc auriculoventriculaire, thrombose de la veine ombilicale, insuffisance cardiaque prénatale);

c) Maladies digestives (exemples: atrésie intestinale, ascite chyleuse, fibrose kystique);

d) Maladies hématologiques (exemples: thalassémie, transfusion fœto-fœtale ou fœto-maternelle);

e) Maladies hépatiques (exemples: hépatite, fibrose hépatique);

f) Maladies infectieuses (exemples: syphilis congénitale, infection à cytomégalovirus ou à parvovirus, toxoplasmose);

g) Maladies métaboliques (exemples: maladie de Gaucher ou autre maladie de surcharge, diabète maternel);

h) Maladies du système urinaire (exemples: syndrome néphrotique congénital, valve urétrale postérieure);

i) Malformations pulmonaires (exemples: hernie diaphragmatique, hypoplasie pulmonaire, lymphangiectasies pulmonaires, malformation adénomatoïde);

j) Syndromes malformatifs (exemples: syndrome de Noonan, brides amniotiques);

k) Tumeurs placentaires ou fœtales (exemples: rhabdomyome du cœur, neuroblastome).

Parfois, aucune cause ne peut être mise en évidence.

N.B.: Chez le nouveau-né et le nourrisson, l'œdème n'est habituellement pas un signe d'insuffisance cardiaque.

II. L'œdème après la période néonatale

1) Un œdème localisé peut résulter d'un processus allergique (voir Œdème angioneurotique ou œdème de Quincke, Urticaire), infectieux ou inflammatoire, d'un traumatisme ou d'une brûlure. Comme chez le nouveau-né, un œdème asymétrique d'un ou des deux membres inférieurs peut être causé par des anomalies congénitales des vaisseaux

lymphatiques. Un œdème palpébral s'observe en cas de mononucléose infectieuse ou de trichinose. On a rapporté un œdème des extrémités chez des patients traités à l'acide valproïque pendant une période prolongée, même sans atteinte hépatique.

2) Un œdème généralisé peut dépendre de plusieurs mécanismes physiopathologiques :

a) L'administration excessive de liquides par voie orale ou intraveineuse (intoxication par l'eau). Elle devrait être extrême pour causer un œdème chez l'enfant normal car celui-ci peut excréter des quantités considérables d'eau par voie rénale. Par contre, cette situation peut se produire facilement chez l'enfant en insuffisance cardiaque, hépatique ou rénale, ou chez celui qui présente une hypoprotéinémie ou une sécrétion inappropriée d'hormone antidiurétique. La natrémie est abaissée et l'enfant peut convulser. Le traitement peut consister en une restriction liquidienne et en l'administration d'un diurétique. Même si l'apport liquidien n'est pas excessif, un œdème peut apparaître si la filtration glomérulaire est réduite (exemple : glomérulonéphrite aiguë) ;

b) Une réduction de la pression oncotique du plasma résultant d'une hypo-albuminémie. Celle-ci peut être causée par une insuffisance de l'apport protéique, une malabsorption intestinale, un défaut de synthèse des protéines par le foie ou des pertes excessives de protéines par voie rénale ou intestinale. Le diagnostic repose sur l'électrophorèse des protéines sériques. Plusieurs tableaux cliniques peuvent se présenter :

– Une insuffisance d'apport alimentaire de protéines ne cause un œdème hypoprotéinémique que tardivement, en cas de malnutrition majeure (exemples : famine prolongée, erreurs ou négligences nutritionnelles chez le nourrisson, anorexie mentale grave et prolongée chez l'adolescente). L'histoire nutritionnelle permet de faire le diagnostic ;

– Toutes les formes de malabsorption intestinale généralisée peuvent entraîner à la longue un œdème hypoprotéinémique (voir Diarrhée chronique et malabsorption). L'œdème constitue un des modes de présentation de la fibrose kystique chez le nourrisson. On peut aussi le retrouver en cas de maladie cœliaque prolongée. Le traitement dépend de la cause (voir Fibrose kystique, Maladie cœliaque) ;

– Un défaut de synthèse des protéines sériques, secondaire à une maladie hépatique grave comme une cirrhose, peut être responsable d'un œdème hypoprotéinémique. Les signes d'atteinte hépatique sont habituellement évidents. Lorsqu'il y a une hypertension portale, une ascite peut aussi être présente ;

– Une perte excessive de protéines par voie rénale survient en cas de syndrome néphrotique (N.B. : D'autres mécanismes interviennent aussi dans la genèse de l'hypoalbuminémie et de la rétention hydrosodée.) Le diagnostic est facile à faire : on vérifie avec une bandelette réactive s'il y a des protéines dans l'urine. Voir Syndrome néphrotique ;

- Un œdème hypoprotéinémique peut résulter d'une entéropathie exsudative. Celle-ci peut être causée par diverses maladies rares. En pédiatrie, la forme la plus fréquente est l'entéropathie exsudative causée par les protéines bovines. Elle se manifeste habituellement avant l'âge de deux ans par un œdème généralisé associé à une anémie ferriprive. Le diagnostic repose sur la disparition rapide de l'œdème à la suite du retrait des protéines bovines de l'alimentation ;

c) Une augmentation de la pression hydrostatique intracapillaire peut aussi être responsable d'un œdème, par exemple en cas d'insuffisance cardiaque. Rappelons que ce signe est surtout commun chez l'adulte et l'adolescent et très inhabituel chez l'enfant. Voir Insuffisance cardiaque ;

d) Une augmentation de la perméabilité capillaire peut également être à l'origine d'un œdème généralisé. Cette situation se rencontre par exemple en cas de brûlure étendue ou sous l'effet de certaines toxines bactériennes (exemple : méningococcémie) ;

e) L'hypothyroïdie est responsable d'une forme particulière d'œdème appelée myxœdème (voir Hypothyroïdie) ;

f) Un œdème s'observe parfois chez le diabétique, au début de l'insulinothérapie.

Lecture suggérées

Ettinger A, Moshe S, Shinnar S : Edema associated with long-term valproate therapy. Epilepsia 1990 ; 31 : 211-213.
Radhakrishna B, Lewy JE : Pathogenesis and treatment of edema. Pediatr Clin North Am 1987 ; 34 : 639-648.

Œdème angioneurotique ou œdème de Quincke   179

Michel Weber, Zave Chad

Généralités

L'œdème angioneurotique est aussi appelé œdème de Quincke ou urticaire géante. Dans la plupart des cas, les mécanismes physiopathologiques et les causes de ce type d'œdème sont identiques à ceux de l'urticaire (voir Urticaire). La seule différence est que l'œdème angioneurotique affecte des tissus plus profonds que l'urticaire. L'œdème angioneurotique héréditaire, une forme très rare, est transmise selon le mode autosomique dominant ; il peut notamment se manifester à l'occasion de traumatismes locaux. Il est habituellement associé à une déficience de l'inhibiteur de la fraction 1 du complément. Cette forme survient surtout pendant les 20 premières années de vie et elle s'atténue d'ordinaire plus tard.

Manifestations cliniques

Comme dans le cas de l'urticaire, la maladie survient par poussées aiguës, d'une durée de quelques heures à quelques jours. L'œdème est plus profond et plus diffus que dans le cas de l'urticaire. L'atteinte laryngée est la plus grave et peut mettre la vie en danger; les symptômes sont identiques à ceux d'une laryngite aiguë. Une atteinte du tube digestif peut se manifester par des crampes abdominales et des vomissements.

Explorations

Voir Urticaire. Les patients atteints d'œdème angioneurotique héréditaire ont un taux plasmatique bas de la fraction 4 du complément, particulièrement lors des crises. Le dosage de l'inhibiteur de la fraction 1 n'est possible que dans certains laboratoires.

Traitement

Comme dans le cas de l'urticaire, le traitement des cas graves consiste à administrer de l'adrénaline et des antihistaminiques (voir Urticaire). En cas d'atteinte laryngée, on donne de l'adrénaline racémique ou ordinaire en inhalation, ainsi que des corticostéroïdes (voir Laryngite aiguë); en cas d'échec, une intubation trachéale est parfois nécessaire. Dans certains pays, une préparation purifiée de l'inhibiteur de la fraction 1 du complément est disponible pour le traitement des crises d'œdème angioneurotique héréditaire.

Prévention

Voir Urticaire. Le danazol est utilisé pour la prévention des crises chez les patients atteints d'œdème angioneurotique héréditaire. Comme il s'agit d'un androgène, ce traitement n'est habituellement pas recommandé chez l'enfant.

Lecture suggérée

Rosen FS : Urticaria, angioedema, and anaphylaxis. Pediatr Rev 1992; 13 : 387-390.

Omphalite   180

Michel Weber, Marc Lebel, Philippe Chessex

Généralités

Devenue rare dans les pays développés, l'infection bactérienne du cordon ombilical et de la région avoisinante est un problème potentiellement grave. Le *Staphylococcus aureus* est l'agent le plus souvent retrouvé. Le

Streptococcus pyogenes et certaines bactéries à Gram négatif comme l'*Escherichia coli* peuvent aussi être en cause; les cultures révèlent souvent la présence de plusieurs bactéries. Les principaux facteurs de risque sont le petit poids de naissance, le cathétérisme ombilical et la rupture prématurée de la poche des eaux.

Manifestations cliniques

La fièvre peut être absente; on note un écoulement purulent au niveau de l'ombilic et une zone plus ou moins étendue d'induration et d'érythème périombilical.

Explorations

L'hémogramme révèle parfois une hyperleucocytose avec prédominance des neutrophiles. Il peut aussi y avoir une neutropénie. L'agent responsable de l'infection peut être identifié par l'examen direct des sécrétions ombilicales après coloration au Gram et par culture. Dans les cas graves, on y ajoute une hémoculture; celle-ci est positive dans environ 10 % des cas.

Traitement

En cas d'omphalite minime, on peut tenter une antibiothérapie orale; on peut utiliser soit une pénicilline antistaphylococcique comme la cloxacilline ou l'oxacilline, soit une céphalosporine comme la céphalexine (céfalexine) ou le céfaclor; cependant, l'enfant doit alors être surveillé étroitement et, si l'infection s'aggrave, il doit être hospitalisé et traité par voie parentérale. Dans les cas graves ou lorsque l'infection se propage malgré une antibiothérapie orale, l'antibiothérapie intraveineuse initiale consiste en une association d'une pénicilline antistaphylococcique comme la cloxacilline (Canada, France), la nafcilline (Canada) ou l'oxacilline (France) et d'un aminoside comme la gentamicine. Le traitement est ensuite ajusté selon les résultats des cultures et l'antibiogramme; il doit être poursuivi par voie parentérale jusqu'à la disparition des signes généraux et locaux; pour la posologie des différents antibiotiques chez le nouveau-né, voir Index pharmacologique.

Complications

Septicémie, choc septique, gangrène de la paroi abdominale, thrombose de la veine ombilicale avec développement ultérieur d'une hypertension portale.

Pronostic

Il est excellent lorsque le traitement approprié est institué précocement.

Prévention

Il s'agit des mesures d'asepsie habituelles lors de l'accouchement et des premiers jours de vie, ainsi que de l'application d'alcool sur le cordon jusqu'à sa chute.

Lectures suggérées

Cushing AH: Omphalitis: a review. Pediatr Infect Dis J 1985; 4: 282-285.
Mason WH, Andrews R, Ross LA, Wright HT: Omphalitis in the newborn infant. Pediatr Infect Dis J 1989; 8: 521-525.

Oreillons   181

Luc Chicoine, Marc Lebel

Généralités

Cette infection, causée par un paramyxovirus, cause des symptômes généraux ainsi qu'une atteinte des glandes salivaires, particulièrement des parotides; chez l'enfant, c'est une affection relativement bénigne. Puisqu'il existe un vaccin efficace et que celui-ci est recommandé pour tous les enfants normaux, la tendance à la disparition de cette maladie devrait se poursuivre. Il faut noter que plusieurs autres virus (Coxsackie, influenza, para-influenza, etc.) peuvent aussi causer une parotidite; des parotidites bactériennes ont été décrites, de même qu'une parotidite récidivante bénigne d'étiologie inconnue.

Manifestations cliniques

Dans 30 à 40 % des cas, la parotidite est absente et la maladie ressemble à une infection virale banale. La maladie se manifeste par une fièvre modérément élevée, des céphalées, de l'anorexie, des malaises et des troubles digestifs mineurs. L'augmentation de volume des glandes salivaires, et surtout des parotides, est caractéristique. La plupart du temps, la parotidite est ou devient bilatérale; elle peut être douloureuse et dure de 4 à 10 jours. Un œdème présternal et sus-orbitaire est occasionnellement présent au début de la maladie. On peut aussi observer un œdème et une hyperhémie au niveau de l'orifice du canal de Sténon.

Explorations

Le plus souvent, le tableau clinique est caractéristique, et aucune exploration n'est nécessaire.

S'il y a un doute quant à une adénite ou une parotidite bactérienne, l'hémogramme peut avoir une certaine utilité (une hyperleucocytose est inhabituelle en cas d'oreillons).

Même en l'absence de pancréatite, l'amylasémie est élevée; elle peut donc également être utile en cas de doute quant au diagnostic.

Le virus peut être cultivé dans les sécrétions respiratoires, dans l'urine, le sang et le liquide céphalorachidien. Le diagnostic rapide repose sur le dosage des IgM spécifiques. On peut mettre en évidence une ascension des anticorps sériques entre la phase aiguë et la phase de convalescence. Ces méthodes virologiques ne se justifient cependant que dans des circonstances exceptionnelles, lorsqu'il est essentiel de prouver le diagnostic.

Traitement

Il n'y a pas de traitement spécifique.

Un analgésique-antipyrétique comme l'acétaminophène ou paracétamol (15 mg/kg/dose toutes les 4 heures; maximum chez le grand enfant: 650 mg/dose) peut soulager le patient.

Les corticostéroïdes ont été utilisés en cas d'orchite, mais ne semblent efficaces ni pour soulager les symptômes ni pour prévenir l'atrophie testiculaire.

Complications

Une méningite aseptique peut survenir; elle est la plupart du temps bénigne ou même inapparente; elle peut se manifester par des céphalées et des vomissements. Une ponction lombaire n'est pas nécessaire dans les cas typiques. Le LCR est parfois trouble et une hypoglycorachie a parfois été rapportée. L'encéphalite est rare.

La pancréatite se révèle par des douleurs abdominales et des vomissements; l'amylasémie et l'amylasurie sont augmentées, mais elles le sont aussi dans les oreillons non compliqués.

Une orchite peut survenir; elle est rarement bilatérale. Son incidence est plus élevée chez les adolescents et les adultes (environ 20 %); elle cause rarement une stérilité.

D'autres complications plus rares ont été rapportées: myocardite, arthrite, néphrite, thyroïdite, mastite et thrombopénie. La surdité neurosensorielle permanente représente la complication la plus redoutable et constitue l'une des justifications de la vaccination de routine; elle est heureusement très rare. La tératogénicité des oreillons contractés pendant le premier trimestre de la grossesse demeure controversée.

Pronostic

Il est habituellement excellent.

Période d'incubation

Elle est de 14 à 21 jours.

Période de contagiosité

Elle commence environ 2 jours avant l'apparition de la parotidite et persiste pendant toute la durée de celle-ci (7 à 10 jours).

Mesures préventives

Depuis 1967, il existe un excellent vaccin vivant atténué; son efficacité est de l'ordre de 95 %. Il est administré de routine entre 12 et 15 mois, en même temps que les vaccins contre la rougeole et la rubéole (voir Vaccinations). Depuis le début de son utilisation, la maladie a pratiquement disparu. Les réactions sont minimes; une parotidite vaccinale a cependant été rapportée avec certaines souches. Comme le virus est cultivé sur embryon de poulet, certaines précautions doivent être prises chez les enfants allergiques aux œufs (voir Vaccinations). Les femmes enceintes ne doivent pas être vaccinées.

En cas d'hospitalisation, les mesures d'isolement respiratoire doivent être prises pendant toute la période de contagiosité (voir Prévention des infections en milieu hospitalier).

Voir aussi Problèmes épidémiologiques courants à la garderie (crèche).

Orgelet   182

Jean-Bernard Girodias, Jean-Louis Jacob

Généralités

L'orgelet est une infection aiguë ou subaiguë du follicule du cil ou de la glande sébacée qui lui est annexée (glande de Zeis). L'agent habituel est le *Staphylococcus aureus*. Il peut être tenace et récidiver.

Manifestations cliniques

Il se présente sous l'aspect d'une pustule à base inflammatoire, chaude, rouge et douloureuse, située sur le rebord palpébral et centrée par un cil.

Explorations

En général, aucune exploration particulière n'est nécessaire. L'orgelet constitue rarement l'expression d'une déficience immunitaire ou d'un diabète.

Traitement

Dans la majorité des cas, il suffit d'appliquer des compresses humides 3 à 4 fois par jour pendant 5 à 10 minutes; ce traitement est poursuivi pendant 3 à 4 jours. L'utilité des antibiotiques locaux en pommade comme la bacitracine, la framycétine et la gentamicine n'est pas clairement démontrée. La mupirocine et l'acide fusidique ne doivent pas être utilisés au niveau des yeux. Une incision et un drainage sont parfois nécessaires.

Complications

L'évolution vers une cellulite périorbitaire est rare.

Ostéochondrites   183

Anne-Claude Bernard-Bonnin, François Fassier

Généralités

On appelle ostéochondrites des dystrophies osseuses localisées. Elles sont catégorisées selon leur site. Leur physiopathologie n'est pas homogène; elles peuvent résulter des causes suivantes:

1) Causes mécaniques: traction excessive d'un muscle au niveau de son insertion, surutilisation, microtraumatismes;

2) Causes vasculaires (nécrose aseptique);

3) Dystrophies (ostéochondrites idiopathiques);

4) Causes inflammatoires (enthésopathies).

Principales ostéochondrites

I. Maladie de Blount

1) Description: aussi appelée *tibia vara*, cette affection est causée par un défaut de croissance de la partie postéro-interne de la plaque de croissance tibiale proximale; il en résulte une angulation en *varus* située immédiatement sous le genou, associée à une rotation tibiale interne. La forme infantile survient avant l'âge de 3 ans, la forme juvénile entre 4 et 10 ans et la forme tardive après 11 ans. Elle est un peu plus fréquente chez la fille et chez les obèses. Elle est bilatérale dans plus de 50 % des cas.

2) Manifestations cliniques: les enfants atteints, qui ont souvent commencé à marcher tôt, présentent des jambes arquées. La courbure s'accentue avec l'âge, au lieu de se corriger spontanément comme dans le cas du *genu varum* physiologique. Il peut y avoir de la douleur.

3) Signes radiologiques: on note une déformation progressive de l'extrémité supéro-interne du tibia; selon l'âge, elle est classée par Langenskiold en six stades.

4) Traitement: il varie selon l'âge et la gravité de la maladie. Lorsque l'angle tibio-fémoral est supérieur à 15 degrés, on débute habituellement le traitement avec une orthèse de nuit. Si l'angulation s'aggrave, il faut procéder à une correction chirurgicale, en général vers l'âge de huit ans. Dans les cas unilatéraux, il faut surveiller l'inégalité de longueur, qui peut elle-même justifier un traitement chirurgical (épiphysiodèse).

5) Pronostic: il dépend de la précocité du diagnostic et du traitement.

II. Maladie de Freiberg

1) Description: cette nécrose ischémique affecte surtout la tête du deuxième métatarsien et survient essentiellement chez les adolescentes.

2) Manifestations cliniques : on note une douleur et une boiterie, ainsi qu'une limitation des mouvements de la deuxième articulation métatarso-phalangienne.

3) Signes radiologiques : sclérose et aplatissement irrégulier de la tête du deuxième métatarsien.

4) Traitement : si le repos ne suffit pas, on recourt à une orthèse plantaire pour réduire la pression sur la zone douloureuse à la marche. Les formes rebelles peuvent être traitées par une immobilisation plâtrée de 3 à 4 semaines. La résection chirurgicale de la tête du deuxième métatarsien est rarement indiquée.

5) Pronostic : il est favorable à long terme.

III. Maladie de Köhler

1) Description : il s'agit d'une nécrose ischémique du scaphoïde du tarse. Elle survient surtout chez les garçons, vers l'âge de quatre à cinq ans, à la suite de compressions répétées au cours de la marche. Elle est bilatérale dans environ 30 % des cas.

2) Manifestations cliniques : on note une boiterie antalgique et l'enfant fait porter son poids sur le côté externe du pied. Il y a une douleur localisée et parfois un œdème au niveau de l'os naviculaire.

3) Signes radiologiques : sclérose, irrégularité, fragmentation et aplatissement du scaphoïde.

4) Traitement : un support plantaire est d'abord prescrit, afin de modifier la biomécanique du pied (répartition des pressions). On peut aussi utiliser un plâtre de marche ; des béquilles sont prescrites pour éviter de faire porter le poids sur le pied atteint.

5) Pronostic : après revascularisation, les symptômes disparaissent, mais les radiographies peuvent montrer un scaphoïde qui demeure plus petit.

IV. Maladie de Legg-Perthes-Calvé

1) Description : il s'agit d'une nécrose ischémique de la tête fémorale d'étiologie inconnue, suivie d'une revascularisation. Elle s'accompagne d'une fracture sous-chondrale avec aplatissement progressif de l'épiphyse fémorale supérieure. Plus fréquente chez les garçons, elle survient surtout entre quatre et neuf ans. Elle est bilatérale dans 10 % des cas environ.

2) Manifestations cliniques : on note une boiterie et une douleur qui peut être localisée au niveau du genou, de la face antéro-interne de la cuisse ou de la région inguinale. Il y a une limitation des mouvements de la hanche, particulièrement de l'abduction et de la rotation interne. Il peut y avoir une atrophie des muscles de la cuisse et une contracture en adduction qui fait apparaître le membre plus court.

3) Signes radiologiques :
   - Premier stade (synovite) : la radiographie peut être normale ou montrer que la tête fémorale devient plus petite du côté atteint que du côté sain ;

– Deuxième stade (nécrose): l'épiphyse fémorale est plus dense, souvent plus petite que de l'autre côté. Le signe du «croissant» qui correspond à la fracture sous-chondrale est souvent mieux visible sur la vue latérale (en «grenouille»). La tête fémorale peut être légèrement excentrée par rapport au cotyle. À ce stade, la scintigraphie osseuse montre une absence de captation;

– Troisième phase (fragmentation): l'os se fragmente et du tissu osseux nouveau remplace l'os nécrosé. L'apparence radiologique est celle d'une tête fémorale fragmentée;

– Quatrième phase (reconstruction): on observe un retour progressif à la normale, mais la tête fémorale peut conserver une forme anormale (*coxa plana*, *coxa vara*, *coxa magna*).

4) Traitement: il a pour but d'obtenir une tête fémorale sphérique s'articulant dans un *acetabulum* congruent et de prévenir l'arthrite dégénérative à un âge plus avancé. Au début, on recommande la mise au repos (décharge), avec ou sans traction cutanée, associée à une physiothérapie (kinésithérapie) intensive, afin de conserver les mouvements de la hanche. Il est essentiel de préserver l'abduction pour que la tête fémorale reste bien à l'intérieur du cotyle et que, si elle se déforme, elle prenne le «moule» du cotyle. Lorsque la hanche demeure contracturée en adduction, il faut parfois faire une ténotomie des adducteurs. La mise en abduction passive est réalisée par traction, plâtre ou attelles, ou encore chirurgicalement (ostéotomie fémorale ou pelvienne).

5) Pronostic: il dépend de la sphéricité de la tête fémorale en fin de croissance: plus elle est aplatie, plus le risque d'arthrose est élevé.

V. Maladie d'Osgood-Schlatter

1) Description: cette affection, qui atteint l'insertion du tendon rotulien et la tubérosité tibiale antérieure, fait partie des syndromes de surutilisation et est donc plus fréquente chez les sportifs. Elle survient surtout au cours de la pré-adolescence et de l'adolescence et est plus fréquente chez les garçons. Elle peut être bilatérale.

2) Manifestations cliniques: la douleur est provoquée par l'exercice et siège au niveau de la tubérosité tibiale antérieure qui est augmentée de volume. Le patient peut pointer du doigt la zone douloureuse.

3) Signes radiologiques: au début. la radiographie peut être normale. Par la suite, on note un œdème des tissus mous au niveau de la partie antéro-inférieure du genou. La tubérosité tibiale antérieure peut être fragmentée et de densité accrue.

4) Traitement: si la douleur est excessive, une période de repos peut être nécessaire. Il faut moduler l'activité physique en fonction de la douleur et éviter les sauts et les courses d'endurance. L'immobilisation du genou par un plâtre ou une attelle n'est pas recommandée car elle provoque de l'atrophie musculaire. L'excision chirurgicale d'un fragment osseux douloureux, après la fin de la croissance, est rarement nécessaire.

5) Pronostic: la plupart du temps, la maladie évolue vers la guérison spontanée en quelques mois à quelques années.

VI. Maladie de Panner

1) Description: elle est localisée au niveau de la partie latérale du coude (*capitellum* huméral).

2) Manifestations cliniques: cette ostéochondrite affecte surtout les garçons de 11 à 17 ans. Elle se manifeste par une douleur et une raideur du coude, accompagnées d'un épaississement de la synoviale.

3) Signes radiologiques: coexistence de zones irrégulières d'hypertransparence et de zones de sclérose au niveau du *capitellum*.

4) Traitement: le repos sans immobilisation est habituellement suffisant. Après la phase douloureuse, la physiothérapie (kinésithérapie) peut être nécessaire en cas de contracture. L'immobilisation du coude pendant quelques semaines est utile en cas de douleurs importantes.

5) Pronostic: il est variable, allant de la récupération totale de la mobilité à l'ankylose résiduelle, habituellement mineure. Il y a une possibilité de «souris» articulaire.

VII. Maladie de Scheuermann

1) Description: elle consiste en une cyphose qui se développe au cours de la puberté et qui est causée par une déformation cunéiforme d'au moins 5° de trois vertèbres au moins. Elle est plus fréquente chez les garçons.

2) Manifestations cliniques: on note une cyphose et, assez souvent, des douleurs au niveau de la colonne, aggravées par la station debout prolongée. L'atteinte est dorsale dans les trois quarts des cas et lombaire dans l'autre quart. Une scoliose minime peut se retrouver au niveau de la cyphose. La pression et la percussion légère de la région atteinte peuvent provoquer une douleur locale.

3) Signes radiologiques: on note une déformation cunéiforme de la partie antérieure des vertèbres atteintes, une cyphose, une irrégularité des faces supérieures et inférieures des vertèbres, ainsi qu'un pincement de l'espace intervertébral.

4) Traitement: il dépend de l'importance de la déformation et de la douleur. Dans les formes légères, une période d'observation et un programme d'exercices peuvent être suffisants. Dans les formes plus marquées, le traitement consiste à porter un corset ou, dans certains cas, un plâtre. Un traitement chirurgical est rarement indiqué, lorsque la déformation est majeure et lorsque la croissance est terminée.

5) Pronostic: il est sujet à controverse, ce qui explique les différences entre les traitements proposés. Les deux risques sont les douleurs et la cyphose (aspect «bossu»).

VIII. Maladie de Sever

Elle apparaît entre 9 et 11 ans et se manifeste par une douleur au niveau du talon, plus précisément au site d'insertion du tendon d'Achille. Cette douleur survient après l'activité physique. Le repos amène une rémission. L'utilisation temporaire d'une talonnette de 1 cm dans les souliers peut être utile. Le pronostic est toujours bon.

IX. Ostéochondrite disséquante

1) Description : le plus souvent. c'est le genou qui est atteint, mais cette ostéochondrite peut aussi se retrouver au niveau de la cheville ou, plus rarement, du coude, de la hanche ou de l'épaule.

2) Manifestations cliniques : un segment du cartilage articulaire ainsi que l'os sous-chondral adjacent se séparent progressivement du tissu ostéo-cartilagineux environnant. Ce problème se rencontre surtout chez l'adolescent. L'articulation atteinte est le siège d'une douleur intermittente lors de l'activité physique prolongée. Lorsqu'un fragment se détache complètement, il peut y avoir un « blocage » lors d'un mouvement, associé à un épanchement intra-articulaire. On note une douleur localisée lors de la palpation du site de la lésion. Il y a souvent une atrophie musculaire.

3) Signes radiologiques :

   a) Au niveau du genou, la lésion est située à la partie latérale du condyle interne ; elle est le mieux mise en évidence par l'incidence tunnellaire. La zone d'ostéochondrite apparaît comme un fragment osseux séparé du condyle par une zone claire périphérique ;

   b) Au niveau de la cheville, la lésion est habituellement située à la partie interne du dôme astragalien.

4) Traitement :

   a) Pour le genou, la mise en décharge temporaire au moyen de béquilles, ainsi qu'une surveillance radiologique régulière sont recommandées pendant la période de croissance. Une amélioration spontanée est souvent observée. Chez l'adolescent en fin de croissance, selon les dimensions de la zone d'ostéochondrite, on fait une arthroscopie avec ou sans forage. Lorsque le fragment s'est détaché, il faut soit le fixer, soit, s'il est de petite taille, en faire l'exérèse ;

   b) Pour la cheville, la mise en décharge au moyen de béquilles ou d'une orthèse avec appui prérotulien, constitue le premier geste à poser. La persistance des symptômes peut conduire à un forage et à un curetage de la lésion. L'arthroscopie permet d'évaluer l'étendue de la zone atteinte.

5) Pronostic : il dépend de l'âge du patient et de l'importance de la lésion. Il est généralement bon pour les lésions de moins de 1 cm et chez les enfants de moins de 11 ans.

Lecture suggérée

Renshaw TS : Pediatric orthopedics. WB Saunders, Philadelphia, 1986.

Ostéomyélite aiguë   184

Michel Weber, Marc Lebel, Francois Fassier

Généralités

L'ostéomyélite aiguë est une infection bactérienne de l'os, le plus souvent d'origine hématogène. Un point de départ infectieux, contigu ou situé à distance, est rarement présent.

Cette affection se rencontre surtout avant l'âge de 10 ans et est plus fréquente chez les garçons que chez les filles.

Une ostéomyélite aiguë doit être reconnue et traitée promptement.

Rarement multifocale, elle peut atteindre tous les os du squelette, mais elle a une prédilection pour la métaphyse des os longs. Elle peut être associée à une arthrite septique, surtout lorsque l'*Hæmophilus influenzæ* est en cause ou lorsque la tête fémorale ou humérale est atteinte.

Les principaux agents étiologiques sont les suivants :

1) Chez le nouveau-né (de la naissance à deux mois) : le *Staphylococcus aureus*, le *Streptococcus agalactiæ* (streptococoque du groupe B) et l'*Escherichia coli* ;

2) Chez le jeune enfant (deux mois à quatre ans) : le *Staphylococcus aureus* prédomine largement ; les autres agents sont l'*Hæmophilus influenzæ*, le *Streptococcus pyogenes* et le *Streptococcus pneumoniæ* ;

3) Chez l'enfant de plus de quatre ans : le *Staphylococcus aureus* est l'agent à peu près exclusif ; plus rarement, le *Streptococcus pyogenes* est en cause.

Des agents étiologiques inhabituels se rencontrent dans certaines circonstances :

1) L'ostéomyélite qui résulte d'une plaie perforante de la plante du pied par un clou à travers des espadrilles est habituellement causée par le *Pseudomonas aeruginosa* ;

2) Outre les agents habituels, les enfants souffrant d'anémie falciforme peuvent présenter des ostéomyélites à *Salmonella* ;

3) Les adolescents qui font usage de drogues par voie intraveineuse peuvent présenter des ostéomyélites à *Pseudomonas* ou à d'autres agents habituels ou inhabituels ;

4) Les enfants immunodéficients peuvent avoir des ostéomyélites bactériennes ou mycotiques.

Manifestations cliniques

Sauf chez le nouveau-né, la fièvre est le plus souvent présente.

On observe souvent une pseudoparalysie du membre atteint chez le nouveau-né et le nourrisson.

L'enfant plus âgé se plaint d'une vive douleur au site de l'infection.

Jusqu'à preuve du contraire, une boiterie accompagnée de fièvre résulte d'une ostéomyélite. Lorsque l'infection atteint un site inhabituel comme le bassin, la colonne ou une côte, le diagnostic peut être difficile.

Explorations

L'examen peut déceler une douleur localisée et, plus rarement, une hyperhémie de la peau en regard du site de l'infection.

Lorsqu'une arthrite septique est associée, on note ses signes habituels : augmentation de volume de l'articulation, douleur à la mobilisation et chaleur locale.

L'hémogramme peut montrer une hyperleucocytose avec prédominance des neutrophiles.

La vitesse de sédimentation est élevée, de même que la protéine C réactive.

Il est indiqué de faire deux ou trois hémocultures avant de commencer le traitement ; elles sont positives dans 50 % des cas environ.

Lorsque l'infection touche un os long, une ponction-aspiration de l'os au site de la douleur permet de cultiver l'agent responsable dans plus de 50 % des cas. S'il y a une arthrite septique associée, une ponction articulaire doit être faite.

Chez le nouveau-né, les radiographies sont souvent positives au moment du diagnostic (zone lytique) et la scintigraphie au technétium peut être faussement négative. Chez l'enfant plus âgé, les radiographies de l'os sont habituellement négatives pendant les 10 premiers jours d'évolution et la scintigraphie osseuse au technétium permet souvent de confirmer le diagnostic dès le début de la maladie : elle montre une zone d'hypercaptation localisée et une réaction périostée. Si elle est négative, il faut la refaire quelques jours plus tard ou faire une scintigraphie au gallium.

Dans une minorité de cas, lorsque le diagnostic ne peut être établi autrement, la tomodensitométrie ou la résonance magnétique nucléaire peut être utile.

Traitement

I. Choix de l'antibiothérapie

1) Nouveau-né (< 2 mois) :

    a) Traitement initial en attendant l'identification de l'agent étiologique : association de gentamicine et d'une pénicilline antistaphylococcique comme la cloxacilline (Canada, France) ou l'oxacilline (France), par voie intraveineuse (pour la posologie, voir Index pharmacologique). Ce traitement est poursuivi pendant les cinq premiers jours si l'agent causal est identifié, ou pendant toute la durée du traitement s'il ne l'est pas ;

    b) Lorsque l'agent étiologique est identifié :

       – *Staphylococcus aureus* : on poursuit le traitement avec une pénicilline antistaphylococcique seule ;

- *Streptococcus agalactiæ* : on passe à la pénicilline G ;
- *Escherichia coli* : selon sa sensibilité, on poursuit le traitement à l'ampicilline ou au moyen d'une céphalosporine comme le céfotaxime.

2) 2 mois à 4 ans : l'antibiothérapie doit couvrir l'*Hæmophilus influenzæ*, le *Staphylococcus aureus*, le *Streptococcus pyogenes* et le *Streptococcus pneumoniæ*.

   a) Traitement initial en attendant l'identification de l'agent étiologique : on a le choix entre :

      - L'association suivante :

         - Une pénicilline antistaphylococcique comme la cloxacilline (Canada, France), la nafcilline (Canada) ou l'oxacilline (France) : 150 à 200 mg/kg/24 heures IV en 4 fois ;

                              et

         - Le céfotaxime : 150 à 200 mg/kg/24 heures IV en 3 ou 4 fois, ou la ceftriaxone : 80 à 100 mg/kg/24 heures IV en 2 fois ;

      - Le céfuroxime seul : 100 à 200 mg/kg/24 heures IV en 3 fois ;

      - La clindamycine seule : 30 à 40 mg/kg/24 heures IV en 4 fois.

      Ce traitement initial est poursuivi si l'agent étiologique n'est pas identifié.

      Si l'enfant est allergique aux pénicillines et aux céphalosporines, on peut utiliser une association de clindamycine (30 à 40 mg/kg/ 24 heures IV en 4 fois) et de chloramphénicol (75 à 100 mg/kg/ 24 heures IV en 4 fois).

   b) Lorsque l'agent est identifié, on poursuit le traitement avec un seul antibiotique, selon sa sensibilité :

      - *Staphylococcus aureus* : pénicilline antistaphylococcique comme la cloxacilline (Canada, France), la nafcilline (Canada) ou l'oxacilline (France) : 150 à 200 mg/kg/24 heures IV en 4 fois ;

      - *Streptococcus pneumoniæ* : pénicilline G (200 000 à 300 000 UI/kg/24 heures IV en 4 fois). S'il est relativement résistant à la pénicilline, utiliser le céfotaxime seul ou un autre antibiotique choisi selon l'antibiogramme ;

      - *Hæmophilus influenzæ* : ampicilline (200 à 300 mg/kg/24 heures IV en 4 fois) ou céphalosporine : céfotaxime (150 à 200 mg/kg/ 24 heures IV en 3 ou 4 fois), ceftriaxone (80 à 100 mg/kg/ 24 heures IV en 2 fois), ou céfuroxime (175 à 240 mg/kg/ 24 heures IV en 3 fois).

3) > 4 ans : l'antibiothérapie initiale vise de façon à peu près exclusive le *Staphylococcus aureus* : pénicilline antistaphylococcique comme la cloxacilline (Canada, France), la nafcilline (Canada) ou l'oxacilline

(France): 150 à 200 mg/kg/24 heures IV en 4 fois; maximum chez le grand enfant: 12 g/24 heures). Le traitement est ajusté au besoin lorsque l'agent étiologique est identifié. Si l'enfant est allergique à la pénicilline, on peut utiliser la clindamycine (30 à 40 mg/kg/24 heures IV en 4 fois; maximum chez le grand enfant: 2,4 g/24 heures).

II. Relais par voie orale

Après quelques jours de traitement intraveineux, le relais peut être pris par voie orale si toutes les conditions suivantes sont réalisées:

1) Les signes généraux et locaux ont disparu;

2) L'agent étiologique a été identifié et sa sensibilité est connue;

3) On est certain de la fidélité au traitement; en pratique, cela veut souvent dire que l'enfant doit rester à l'hôpital;

4) On utilise une dose élevée: en utilisant, selon l'antibiogramme, l'un des antibiotiques suivants:

  – Amoxicilline (125 à 150 mg/kg/24 heures PO en 3 fois; maximum chez le grand enfant: 4 g/24 heures);

  – Céfaclor (100 à 150 mg/kg/24 heures PO en 3 fois; maximum chez le grand enfant: 3 g/24 heures);

  – Céphalexine ou céfalexine (100 à 150 mg/kg/24 heures PO en 3 fois; maximum chez le grand enfant: 4 g/24 heures);

  – Clindamycine (20 à 30 mg/kg/24 heures PO en 4 fois; maximum chez le grand enfant: 1,8 g/24 heures);

  – Cloxacilline (120 à 150 mg/kg/24 heures PO en 4 fois; maximum chez le grand enfant: 4 g/24 heures);

  – Pristinamycine (France) ou virginiamycine (France): voir Index pharmacologique.

5) Le pouvoir bactéricide du sérum contre la bactérie isolée, mesuré une heure après une dose, doit être d'au moins 1/8 deux jours après le début du traitement oral.

III. Immobilisation

Elle n'est pas utile.

IV. Durée du traitement

Il doit être de trois à six semaines.

V. Traitement chirurgical

Un drainage chirurgical de l'os est nécessaire si un abcès est découvert à la ponction ou s'il n'y a pas de réponse rapide à l'antibiothérapie (48 à 72 heures).

Complications

Elles sont rares lorsque le traitement est adéquat : arthrite septique, formation de séquestre, fistulisation, fracture pathologique, atteinte permanente du cartilage de conjugaison, rechute.

Suivi

La surveillance en cours de traitement inclut un hémogramme, une vitesse de sédimentation et un dosage de la protéine C réactive, effectués une fois par semaine. Le traitement est cessé après un minimum de trois semaines d'antibiothérapie si l'enfant n'a plus de symptômes, si la vitesse de sédimentation s'est abaissée à moins de 20 mm/heure, si la protéine C réactive a rejoint un niveau normal et si l'image radiologique s'est normalisée. Il n'est pas nécessaire de refaire la scintigraphie.

Pronostic

Il est excellent lorsque l'enfant est traité adéquatement et de façon précoce.

Lectures suggérées

Dagan R : Management of acute hematogenous osteomyelitis and septic arthritis in the pediatric patient. Pediatr Infect Dis J 1993 ; 12 : 88-93.

Faden H, Grossi M : Acute osteomyelitis in children. Reassessment of etiologic agents and their clinical characteristics. Am J Dis Child 1991 ; 145 : 65-69.

Gold R : Diagnosis of osteomyelitis. Pediatr Rev 1991 ; 12 : 292-297.

Gutman LT : Acute, subacute and chronic osteomyelitis and pyogenic arthritis in children. Curr Probl Pediatr 1985 ; 15 : 1-72.

Hamdan J, Asha M, Mallouh A, et al. : Technetium bone scintigraphy in the diagnosis of osteomyelitis in children. Pediatr Infect Dis J 1987 ; 6 : 529-532.

Morrissy RT, Shore SL : Bone and joint sepsis. Pediatr Clin North Am 1986 ; 33 : 1551-1564.

Prober CG : Current antibiotic therapy of community-acquired bacterial infections in hospitalized children : bone and joint infections. Pediatr Infect Dis J 1992 ; 11 : 156-159.

Otite externe   185

Michel Weber, Marc Lebel, Anthony Abela

Généralités

Il s'agit d'une infection du conduit auditif externe. La bactérie la plus souvent responsable de l'otite externe ou « otite du baigneur » est le *Pseudomonas*.

Manifestations cliniques

On peut noter une douleur parfois intense, ainsi que de l'hyperhémie et de l'œdème du conduit auditif externe, du tympan (lorsqu'il est visible) et, parfois, du pavillon de l'oreille. Il peut aussi y avoir une otorrhée purulente et une perte d'audition.

Explorations

Mise à part une culture des sécrétions, visant à exclure une infection mycotique, le diagnostic est clinique et aucune exploration complémentaire n'est nécessaire.

Traitement

Il consiste à nettoyer soigneusement le conduit auditif externe et à mettre trois à quatre fois par jour des gouttes combinant un ou plusieurs antibiotiques (exemples : framycétine, gentamicine, colistine, néomycine, polymyxine) et un corticostéroïde, et ceci jusqu'à la guérison. On peut aussi mettre en place une mèche imbibée de l'une de ces préparations.

Si la douleur est importante, on peut donner de l'acétaminophène ou paracétamol (15 mg/kg/dose PO toutes les 4 heures; maximum chez le grand enfant : 650 mg/dose).

Une antibiothérapie par voie générale est parfois indiquée dans les formes graves, ou lorsque l'infection s'est propagée à distance sous forme de cellulite faciale ou de chondrite du pavillon. Si la voie orale est choisie, on utilise de préférence l'amoxicilline – acide clavulanique (30 à 50 mg/kg/24 heures d'amoxicilline PO en 3 fois pendant 10 jours; maximum chez le grand enfant : 2 g d'amoxicilline). Si on opte pour la voie intraveineuse, voir Cellulite.

Complications

Cellulite faciale, chondrite du pavillon de l'oreille.

Pronostic

Il est excellent lorsque le traitement est adéquat.

Prévention

Des mesures préventives ne sont indiquées que dans les cas récidivants. Elles consistent à bien assécher le conduit auditif externe après la baignade, puis, sauf s'il y a des tubes de myringotomie, à instiller trois à quatre gouttes d'alcool à 70 % ou des gouttes d'antibiotiques. Le port de protège-oreilles moulés peut aussi être recommandé.

Otite moyenne aiguë, otite séreuse, otites récidivantes, otorrhée chronique   186

Michel Weber, Marc Lebel, Anthony Abela

Généralités

L'infection de l'oreille moyenne est l'un des problèmes pédiatriques que le médecin généraliste et le pédiatre rencontrent le plus fréquemment. Les enfants de six mois à trois ans sont le plus souvent touchés. L'otite moyenne aiguë survient habituellement à l'occasion d'une infection virale des voies respiratoires. Certains enfants sont plus vulnérables que d'autres (exemples : Amérindiens, enfants allergiques ou porteurs d'une fissure labiopalatine accompagnée de dysfonction tubaire, etc.).

Les bactéries les plus souvent en cause sont, par ordre décroissant de fréquence, le *Streptococcus pneumoniæ* (pneumocoque), l'*Hæmophilus influenzæ* non typable et le *Moraxella catarrhalis*. Chez le nouveau-né, on peut retrouver, en plus de ces agents, des bactéries à Gram négatif. Chez l'enfant de plus de 10 ans, le *Streptococcus pneumoniæ* (pneumocoque) est la cause à peu près exclusive des otites. Certains virus ainsi que le *Mycoplasma pneumoniæ* semblent responsables d'une minorité de cas. L'association d'une otite moyenne et d'une conjonctivite est causée par l'*Hæmophilus influenzæ*.

Manifestations cliniques

Les symptômes suivants peuvent survenir, seuls ou en association : fièvre (inconstante), irritabilité, pleurs anormaux, otalgie, otorrhée et hypoacousie.

Explorations

Le diagnostic repose sur l'association de symptômes suggestifs et des anomalies suivantes du tympan, notées lors de l'otoscopie : hyperhémie, opacité et bombement. Les repères anatomiques sont estompés. Si le tympan est perforé, on note une otorrhée ou une otorragie.

L'otoscopie pneumatique permet de mettre en évidence une perte de mobilité du tympan; la tympanométrie peut confirmer ceci en cas de doute.

Idéalement, la paracentèse permettrait de prouver l'origine bactérienne de l'otite, d'identifier la bactérie responsable et de faire un antibiogramme. Cette manœuvre a été abandonnée par la plupart des cliniciens, mais elle garde son intérêt dans certaines situations particulières (exemples : non-réponse au traitement, otite survenant chez un nouveau-né ou un patient souffrant d'une déficience immunitaire).

La culture de gorge n'a pas d'intérêt, mais il est utile de faire une culture du pus en cas d'otorrhée.

Traitement

I. Traitement symptomatique

Si la douleur est importante ou si la fièvre est élevée, donner de l'acétaminophène ou paracétamol (15 mg/kg/dose PO toutes les 4 heures; maximum chez le grand enfant : 650 mg/dose).
Les décongestionnants et les antihistaminiques sont inutiles.

II. Paracentèse

Souvent utilisée avant l'ère des antibiotiques, la paracentèse permettait de soulager immédiatement la douleur et d'évacuer le pus, ce qui accélérait la guérison. Actuellement, grâce aux analgésiques et aux antibiotiques, ce mode de traitement est moins utilisé.

III. Antibiothérapie

Avant l'ère des antibiotiques, beaucoup d'otites guérissaient spontanément. Actuellement, la majorité des experts sont d'avis qu'une antibiothérapie est nécessaire, parce qu'elle réduit l'intensité et la durée des symptômes et parce qu'elle diminue le risque de complications.

À tout âge, le choix de l'antibiotique doit tenir compte du fait que le *Streptococcus pneumoniæ* est l'agent étiologique le plus fréquent et qu'il est le plus souvent responsable des complications graves. Le choix de l'antibiotique doit aussi être influencé par son prix, sa facilité d'administration, la fréquence de ses effets secondaires et l'existence d'une allergie médicamenteuse. Il est préférable d'utiliser un seul antibiotique plutôt qu'une association.

1) Chez le nouveau-né (de la naissance à deux mois), la possibilité d'une infection causée par une bactérie à Gram négatif comme l'*Escherichia coli* doit toujours être gardée en mémoire.

   Idéalement, une paracentèse devrait être faite en vue de guider le traitement si l'état de l'enfant ne s'améliore pas après 24 à 48 heures d'antibiothérapie.

   Un bilan infectieux comprenant au moins une hémoculture doit être fait.

   Si les signes généraux sont absents ou minimes, un traitement ambulatoire à l'amoxicilline (30 à 50 mg/kg/24 heures PO en 3 fois) est acceptable; un suivi étroit est alors nécessaire.

   Si l'enfant a de la fièvre ou si son état général est altéré, il faut l'hospitaliser et commencer le traitement par voie intraveineuse au moyen d'une association d'ampicilline (100 mg/kg/24 heures IV en 4 fois) et de gentamicine (5 mg/kg/24 heures IV en 3 fois) ou de tobramycine (5 mg/kg/24 heures IV en 3 fois). Lorsque les signes généraux ont disparu depuis au moins 24 heures, on peut compléter les 10 jours de traitement à l'amoxicilline ou au céfaclor, à condition que la bactérie ait été identifiée et qu'elle soit sensible à cet antibiotique. Si ce n'est pas le cas, il est probablement préférable de continuer le traitement par voie parentérale.

2) Chez l'enfant de 2 mois à 10 ans, même si un nombre croissant d'otites est causé par des bactéries produisant de la bêta-lactamase, le premier choix demeure l'amoxicilline (30 à 50 mg/kg/24 heures PO en 3 fois; maximum chez le grand enfant: 2 g/24 heures). Le second choix est le céfaclor (40 à 60 mg/kg/24 heures PO en 3 fois; maximum chez le grand enfant: 3 g/24 heures). Le triméthoprime-sulfaméthoxazole continue un autre choix acceptable.

Dans les circonstances normales, les autres céphalosporines comme la céfixime et les associations comme l'érythromycine-sulfamide et l'amoxicilline – acide clavulanique sont moins recommandables en raison de leur coût et de la fréquence de leurs effets secondaires.

La durée habituelle du traitement est de 10 jours.

3) Chez l'enfant de plus de 10 ans: le premier choix est la phénoxyméthylpénicilline ou pénicilline V (25 à 100 mg/kg/24 heures ou 40 000 à 160 000 UI/kg/24 heures PO en 3 à 4 fois; maximum chez le grand enfant: 2 g ou 3 200 000 UI/24 heures). L'amoxicilline constitue également un bon choix (30 à 50 mg/kg/24 heures PO en 3 fois; maximum chez le grand enfant: 2 g/24 heures).

La durée habituelle du traitement est de 10 jours.

Si l'enfant est allergique aux pénicillines, l'érythromycine et la clindamycine constituent de bons choix.

Suivi

Les parents devraient rappeler après 48 à 72 heures de traitement si la réponse n'est pas favorable; dans ce cas, il est recommandé de changer d'antibiotique.

À la fin du traitement, la persistance d'un épanchement rétrotympanique chez un enfant qui n'a plus de fièvre ni d'otalgie est ordinairement due à la persistance de liquide stérile dans l'oreille moyenne. Elle ne justifie pas une prolongation ni un changement de l'antibiothérapie. Ce liquide se résorbe spontanément en moins de trois mois dans 90 % des cas. Par contre, la persistance d'un bombement tympanique, même en l'absence de tout autre symptôme, peut résulter d'une infection subaiguë qui nécessite un autre traitement aux antibiotiques.

Complications

Les complications sont devenues exceptionnelles depuis l'utilisation des antibiotiques. Les principales sont: l'abcès cérébral, la labyrinthite, la mastoïdite, la méningite, la paralysie faciale, la perforation du tympan avec otorrhée chronique, la surdité et la thrombose du sinus latéral. L'hypoacousie qui résulte de la persistance de liquide dans l'oreille moyenne pendant une période prolongée au cours de la phase d'acquisition du langage peut être responsable d'un retard de langage et justifier une myringotomie avec insertion de tubes d'aération.

Pronostic

Il est excellent dans la vaste majorité des cas.

Prévention

L'otite moyenne aiguë est en général difficile à prévenir. Les principales mesures préventives consistent à allaiter le nourrisson plutôt que de le nourrir artificiellement et à éviter de le faire boire en position couchée. Les vaccins contre l'*Hæmophilus influenzæ* de type b et le *Streptococcus pneumoniæ* ne semblent pas efficaces.

Problèmes particuliers

I. Otite séreuse

On parle d'otite séreuse lorsqu'il y a du liquide stérile dans l'oreille moyenne. C'est un problème très fréquent chez l'enfant, particulièrement à la suite d'une otite moyenne aiguë.

L'otite séreuse cause souvent une diminution de l'audition. Le tympan peut être rétracté ou en position normale. La tympanométrie confirme le diagnostic.

Dans la majorité des cas, le liquide finit par se résorber spontanément. Il faut donc éviter d'administrer des médicaments inefficaces comme les antihistaminiques, les décongestionnants et les corticostéroïdes. L'efficacité d'une antibioprophylaxie prolongée est controversée. La paracentèse avec insertion de tubes est surtout indiquée lorsqu'une otite séreuse persistante s'accompagne d'une perte significative et bilatérale d'audition d'une durée supérieure à trois mois. Elle devient impérieuse lorsqu'il y a une rétraction ou une déformation importante du tympan. On essaie au préalable des manœuvres de Valsalva répétées ou des exercices avec l'Otovent (Canada). Quant à l'adénoïdectomie, son indication est évaluée individuellement pour chaque enfant; elle est proposée s'il y a une obstruction nasale chronique qui n'est pas d'origine allergique ou vasomotrice.

II. Otites fréquemment récidivantes

Lorsqu'un enfant présente quatre otites moyennes aiguës ou plus pendant une période de six mois, une antibiothérapie prophylactique prolongée d'une durée de quatre à six mois est indiquée.

On utilise de préférence l'amoxicilline (25 mg/kg/24 heures PO en 2 fois; maximum chez le grand enfant: 2 g/24 heures) ou le triméthoprime-sulfaméthoxazole (2 à 4 mg/kg/24 heures de TMP et 10 à 20 mg/kg/24 heures de SMZ PO en 1 fois; maximum chez le grand enfant: 80 mg/24 heures de TMP et 400 mg/24 heures de SMZ). D'autres choix possibles, non disponibles en France, sont le sulfaméthoxazole (50 mg/kg/24 heures PO en 2 fois; maximum chez le grand enfant: 2 g/24 heures) ou le sulfisoxazole (100 mg/kg/24 heures PO en 2 fois; maximum chez le grand enfant: 6 g/24 heures).

La paracentèse et la mise en place de tubes est envisagée en cas d'échec de l'antibiothérapie préventive. Lorsque les otites sont toujours précédées d'une infection rhino-pharyngienne, l'adénoïdectomie est envisagée, sans égard pour le volume des végétations adénoïdes.

III. La perforation du tympan avec otorrhée chronique

L'otorrhée chronique résulte le plus souvent d'une infection de l'oreille moyenne et des cellules mastoïdiennes à *Pseudomonas* ou à *Staphylococcus aureus*. Diverses bactéries anaérobies peuvent aussi être en cause. Il faut s'assurer de l'absence de cholestéatome; un oto-rhino-laryngologiste devrait être consulté.

Le traitement consiste à aspirer de façon quotidienne le pus et les débris et à mettre des gouttes associant un ou plusieurs antibiotiques et un corticostéroïde (voir Otite externe). Si ce traitement est inefficace, il est nécessaire d'hospitaliser l'enfant, d'exclure une infection mycotique et de lui administrer une antibiothérapie parentérale pendant une dizaine de jours. En cas d'infection à *Pseudomonas*, on utilise par exemple l'association suivante :

– Tobramycine : 3 à 7,5 mg/kg/24 heures IV en 3 fois (maximum chez le grand enfant : 250 mg/24 heures);

et

– Pipéracilline : 200 à 300 mg/kg/24 heures IV en 4 à 6 fois fois (maximum chez le grand enfant : 24 g/24 heures) ou ceftazidime : 75 à 150 mg/kg/24 heures IV en 3 fois (maximum chez le grand enfant : 6 g/24 heures).

Les échecs de traitement sont rares; une mastoïdectomie peut alors être indiquée.

Lectures suggérées

Bluestone CD : Management of otitis media in infants and children : current role of old and new antimicrobial agents. Pediatr Infect Dis J 1988; 7 : S129-S136.

Bluestone CD : Current management of chronic suppurative otitis media in infants and children. Pediatr Infect Dis J 1988; 7 : S137-S140.

Bluestone CD : Modern management of otitis media. Pediatr Clin North Am 1989; 36 : 1371-1387.

Fireman P : Otitis media and its relationship to allergy. Pediatr Clin North Am 1988; 35 : 1075-1090.

Giebink GS : Progress in understanding the pathophysiology of otitis media. Pediatr Rev 1989; 11 : 133-137.

Giebink GS, Canafax DM, Kempthorne J : Antimicrobial treatment of acute otitis media. J Pediatr 1991; 119 : 495-500.

Grundfast KM : Management of otitis media : a controversial issue. Pediatr Infect Dis J 1991; 10 : 269-274.

Howie VM : Otitis media. Pediatr Rev 1993; 14 : 320-323.

Klein JO, Teele DW, Pelton SI : New concepts in otitis media : results of investigations of the Greater Boston Otitis Media Study Group. Adv Pediatr 1992; 39 : 127-156.

McCracken GH Jr : Management of acute otitis media with effusion. Pediatr Infect Dis J 1988; 7 : 442-445.

Nelson JD : Chronic suppurative otitis media. Pediatr Infect Dis J 1988; 7 : 446-448.

Ruuskanen O, Arola M, Heikkinen T, Ziegler T : Viruses in acute otitis media : increasing evidence for clinical significance. Pediatr Infect Dis J 1991; 10 : 425-427.

Pancréatite aiguë   187

Michel Weber, Khazal Paradis, Arié Bensoussan, Jacques Boisvert

Généralités

La pancréatite aiguë est rare chez l'enfant. Dans bien des cas, aucun facteur favorisant ne peut être identifié. Les principales causes connues sont :

1) Les infections virales et en particulier les oreillons, la rougeole, la rubéole, les infections à virus Coxsackie, etc. ;

2) Les traumatismes accidentels et le syndrome de l'enfant maltraité ;

3) De nombreux médicaments ou drogues comme l'acide valproïque, la L-asparaginase, la mercaptopurine, l'acétaminophène ou paracétamol, l'alcool, etc. ;

4) Les obstructions et les anomalies congénitales des voies biliaires ou pancréatiques (exemples : lithiase du cholédoque, anomalie d'implantation du canal de Wirsung) ;

5) Certaines maladies systémiques comme le syndrome de Reye, la maladie de Kawasaki, la fibrose kystique, le purpura rhumatoïde de Schönlein-Henoch, le syndrome hémolytique et urémique, certaines formes d'hyperlipidémie, le lupus érythémateux, etc. ;

6) Le choc septique.

Manifestations cliniques

Les principales manifestations possibles sont des douleurs épigastriques ou diffuses importantes, des vomissements, de la fièvre, habituellement légère, une distension abdominale, de l'ascite, une occlusion intestinale fonctionnelle (« iléus paralytique ») et un état de choc ; ce dernier résulte de la création d'un troisième espace ou, plus rarement, de phénomènes hémorragiques. La pancréatite aiguë hémorragique, telle qu'on la rencontre chez l'adulte, est rare chez l'enfant.

Explorations

Le diagnostic repose habituellement sur l'association d'un tableau clinique suggestif et d'une élévation des amylases sériques ; celle-ci peut persister pendant quelques jours. L'élévation des amylases urinaires dure plus longtemps. Il faut cependant noter qu'une hyperamylasémie peut aussi se rencontrer dans beaucoup d'autres circonstances comme la parotidite ourlienne, l'ulcère peptique, l'appendicite et la péritonite, les brûlures, l'administration de morphine, l'acidose diabétique, etc.

On peut également mettre en évidence une augmentation de la lipase et de la trypsine sériques.

Il faut aussi rechercher une élévation de la vitesse de sédimentation, une hyperleucocytose, une hyperglycémie, une hypocalcémie, une élévation des transaminases et des anomalies de la coagulation.

La radiographie pulmonaire peut notamment révéler des atélectasies, des infiltrations, un épanchement pleural ou une surélévation de la coupole diaphragmatique gauche.

La radiographie de l'abdomen sans préparation montre fréquemment des signes d'occlusion intestinale fonctionnelle (niveaux liquides, «anse sentinelle»).

L'échographie peut être normale, mais elle révèle souvent une augmentation de volume et une hypo-échogénicité focale ou diffuse du pancréas ou, parfois, des pseudokystes ou des calcifications. Elle permet aussi de visualiser des calculs lorsque la pancréatite résulte d'une obstruction des voies biliaires par une lithiase.

Dans certains cas, la tomodensitométrie donne des renseignements complémentaires et plus précis (exemple : présence d'un pancréas annulaire).

Une opacification rétrograde des voies biliaires et du canal de Wirsung est indiquée en cas de pancréatites récidivantes.

Traitement

Il consiste à arrêter l'alimentation orale et à drainer l'estomac de façon continue.

On veille à un apport adéquat d'eau et d'électrolytes par voie intraveineuse. Une alimentation parentérale peut être nécessaire. Aucun médicament n'a fait la preuve de son efficacité.

La douleur peut être traitée au moyen de mépéridine (en France : péthidine).

S'il y a une hyperglycémie, il est parfois nécessaire d'administrer de l'insuline (voir Diabète) et, en cas d'hypocalcémie, des suppléments de calcium (voir Hypocalcémie et hypercalcémie).

Un traitement chirurgical est rarement nécessaire, sauf lorsque la pancréatite résulte d'une malformation congénitale ou lorsqu'il y a un volumineux pseudokyste qui ne régresse pas de façon spontanée ; celui-ci est alors marsupialisé dans une anse intestinale.

Pronostic

La mortalité peut atteindre ou dépasser 10 %, particulièrement lorsque la pancréatite résulte d'une maladie systémique.

Lecture suggérée

Weizman Z, Durie PR : Acute pancreatitis in childhood. J Pediatr 1988 ; 113 : 24-29.

Paralysie du plexus brachial 188

Phuong Nguyen, Michel Weber, Louise Caouette-Laberge, Albert Larbrisseau

Généralités

La paralysie du plexus brachial résulte en général d'un traumatisme obstétrical (traction sur l'épaule). Il peut y avoir une hémorragie ou un œdème de la gaine nerveuse, une élongation ou une déchirure de racines nerveuses ou même un arrachement complet des racines au niveau de la moelle épinière.

Manifestations cliniques

I. Paralysie d'Erb-Duchenne

La paralysie du plexus brachial supérieur (atteintes des racines C5 et C6) ou paralysie d'Erb-Duchenne est le type le plus fréquent. Dès la naissance, on note une paralysie flasque unilatérale des muscles de la ceinture scapulaire et des muscles proximaux du membre supérieur. L'enfant garde le bras immobile en adduction et en rotation interne, le coude en extension, l'avant-bras en pronation et le poignet en flexion; le réflexe bicipital est aboli. Le réflexe de Moro est absent ou diminué, mais le réflexe de préhension est intact. On note une hypoesthésie dans le dermatome C5. Une atteinte du nerf phrénique peut être associée.

II. Paralysie de Klumpke

La paralysie du plexus brachial inférieur (atteinte des racines C7 à D1) ou paralysie de Klumpke est plus rare. On observe une hyperextension des articulations métacarpo-phalangiennes et une absence du réflexe de préhension. En cas de paralysie complète de tout le plexus brachial, le membre supérieur est entièrement paralysé. Un syndrome de Claude Bernard-Horner peut être associé; il témoigne d'une lésion très proximale des racines inférieures (C8 à D1) ou d'un arrachement médullaire.

Explorations

En cas de paralysie d'Erb-Duchenne, des radiographies du membre supérieur atteint sont utiles pour mettre en évidence une fracture de la clavicule ou de l'humérus, une luxation de l'épaule ou une lésion de la tête radiale.

La radioscopie pulmonaire permet de vérifier la mobilité des coupoles diaphragmatiques.

L'électromyographie permet d'étudier la conduction nerveuse et l'activité musculaire. En cas de lésion proximale par rapport au ganglion sensitif (arrachement des racines), la conduction sensitive est conservée tandis que la conduction motrice est absente. En cas de lésion distale par rapport au ganglion sensitif, les conductions sensitive et motrice sont toutes deux abolies. Lors de l'enregistrement musculaire, la présence de fibrillations (dénervation) ou de potentiels de réinnervation peut aider à suivre la récupération.

Suivi et traitement

Des séances de mobilisation passive sont nécessaires pour prévenir les contractures articulaires.

L'évaluation périodique de la récupération électrique et clinique doit être très précise au cours des premiers mois de vie, de façon à documenter la réinnervation proximo-distale du membre pour chacune des racines. Une récupération de la main sans récupération proximale témoigne d'une atteinte plus grave des racines supérieures et nécessite des examens plus approfondis.

Si aucune récupération ne survient au niveau d'une ou de plusieurs racines au cours des trois à six premiers mois de vie, il faut procéder à une myélographie avec tomodensitométrie ou à une résonance magnétique nucléaire pour savoir si la racine a été arrachée de la moelle épinière (elle ne peut alors être réparée) ou si la lésion est plus distale. Si la lésion est distale par rapport au trou de conjugaison, on peut alors procéder à une exploration chirurgicale et à une réparation microchirurgicale (neurolyse ou greffe nerveuse). L'opération doit être précoce (vers l'âge de six mois) pour pouvoir réinnerver rapidement (avant l'âge de deux ans) la masse musculaire.

Plusieurs patients présentent des lésions incomplètes des troncs nerveux; chez eux, les greffes nerveuses ne sont pas indiquées à cause du risque de perte de la fonction présente; on peut alors recourir à des transferts musculaires; ceux-ci sont généralement effectués à l'âge scolaire.

Pronostic

Il est habituellement bon si l'atteinte est partielle et si une récupération rapide est observée pendant les six à huit premiers mois de vie. Le pronostic à long terme est moins favorable en cas de paralysie complète ou si la récupération tarde.

Lorsqu'une lésion nerveuse peut être réparée, le pronostic est en général meilleur pour les lésions des racines supérieures: la réparation vise alors les mouvements de l'épaule et du coude (ces enfants ont déjà une bonne fonction de la main). Après la réparation des racines inférieures, la préhension est souvent décevante, mais le membre demeure utile.

Lecture suggérée

Molnar GE: Brachial plexus injury in the newborn infant. Pediatr Rev 1984; 6: 110-115.

Paralysie faciale 189

Phuong Nguyen, Michel Weber, Louise Caouette-Laberge, Anthony Abela, Albert Larbrisseau

Généralités

La paralysie du nerf facial est le plus souvent périphérique; toute l'hémiface est alors paralysée. Lorsqu'elle est d'origine centrale, la mobilité du front demeure intacte.

Les paralysies faciales présentes à la naissance peuvent être congénitales (absence du nerf VII et des muscles du visage) ou secondaires à un traumatisme obstétrical (compression prolongée ou forceps); l'histoire de l'accouchement et la présence d'ecchymoses ou d'abrasions au niveau du visage et de la région mastoïdienne peuvent éclairer le diagnostic. Ces paralysies peuvent intéresser toute l'hémiface ou une partie seulement du visage.

Le plus souvent, la paralysie périphérique est acquise et apparaît soudainement. Plusieurs causes ont été incriminées (otite, mastoïdite, oreillons, mononucléose infectieuse, infection herpétique, etc.). On attribue généralement cette paralysie à un œdème du nerf dans le canal facial de Fallope. Elle peut aussi être d'origine traumatique. La plupart du temps, l'étiologie ne peut être précisée. Parfois, il s'agit d'un indice de tumeur cérébrale, d'infiltration leucémique, d'hypertension intracrânienne idiopathique (pseudotumeur cérébrale) ou d'une pathologie systémique (exemple: sarcoïdose).

Manifestations cliniques

Les paralysies faciales congénitales et celles qui résultent d'un traumatisme obstétrical sont évidentes dès la naissance.

La paralysie acquise peut commencer par une douleur située dans la région de l'oreille. Le tableau de parésie ou de paralysie devient apparent ultérieurement: le patient n'est plus capable de fermer l'œil et l'asymétrie faciale devient évidente lorsque l'enfant pleure, sourit ou parle.

Explorations

Le diagnostic est clinique. L'examen met parfois en évidence une otite ou une mastoïdite et permet de vérifier l'absence de signes d'hypertension intracrânienne ou de déficits neurologiques. La recherche du réflexe stapédien et l'évaluation de la perte du goût ou du larmoiement peuvent aider à la localisation de la lésion.

L'investigation d'une paralysie faciale comporte les trois éléments suivants:

– Le test d'excitabilité;

– L'électroneuronographie, disponible seulement dans certains centres spécialisés;

– L'électromyographie qui recherche des signes de dénervation au niveau des muscles du visage. Dans le cas d'une paralysie congénitale avec absence du nerf VII et des muscles faciaux, aucune activité électrique ne peut être enregistrée du côté atteint.

Traitement

Dans tous les cas de paralysie faciale, il faut s'assurer que la cornée est suffisamment protégée pour éviter une kératite; au besoin, on utilise des gouttes ou une pommade ophtalmique.

Les paralysies faciales secondaires à un traumatisme obstétrical récupèrent habituellement de façon rapide (moins de six mois) et complète. Lorsque la récupération clinique et électromyographique tarde et lorsqu'il existe une activité de dénervation des muscles faciaux, une exploration chirurgicale avec neurolyse ou greffe nerveuse est indiquée vers 9 à 10 mois. S'il s'agit d'une paralysie congénitale, on peut procéder vers l'âge de cinq à six ans à une reconstruction dynamique avec un transfert nerveux à partir du nerf facial contralatéral, suivi d'un transfert musculaire vascularisé et innervé.

En cas de paralysie faciale acquise à la suite d'un processus inflammatoire ou infectieux, on traite de façon intensive et prolongée une otite ou une mastoïdite associée (voir Otite moyenne aiguë, otite séreuse, otites récidivantes, otorrhée chronique, et aussi Mastoïdite aiguë); une myringotomie d'urgence ainsi qu'une antibiothérapie parentérale sont indiquées. Il faut éliminer un cholestéatome ou une tumeur comprimant le nerf facial car, dans ce cas, un traitement chirurgical s'impose dans les plus brefs délais.

Lorsqu'il n'y a pas d'étiologie évidente, certains cliniciens administrent de façon précoce un corticostéroïde (exemple : prednisone : 1 à 2 mg/kg/24 heures PO en 2 fois; maximum chez le grand enfant : 50 mg/24 heures) pendant une dizaine de jours, puis à doses décroissantes. L'utilité de cette forme de traitement n'est pas démontrée.

En cas de paralysie faciale acquise secondairement à un traumatisme ou à une résection tumorale, on préconise généralement une réparation primaire du nerf avec suture simple ou greffe nerveuse lorsque le tronc proximal est utilisable. Lorsqu'il n'y a pas de nerf proximal, on peut transférer une partie du nerf facial contralatéral et l'anastomoser à la partie distale du nerf facial du côté atteint. Ce type d'intervention doit se faire assez rapidement (dans un délai d'un an environ) avant que l'atrophie musculaire ne soit trop importante.

Les paralysies faciales présentes de longue date et associées à une atrophie musculaire sont traitées de la même façon que les paralysies congénitales (voir plus haut). Des interventions statiques palliatives plus simples (tarsorraphie, suspension faciale, etc.) peuvent aussi être envisagées selon les besoins du patient.

Pronostic

La majorité (80 à 90 %) des paralysies faciales idiopathiques guérissent spontanément, mais la récupération complète peut prendre plusieurs mois.

Parasitoses   190

Sélim Rashed, John Dick MacLean, Luc Chicoine, Marc Lebel

N.B. : Certains médicaments recommandés pour le traitement de parasitoses tropicales ne sont pas disponibles dans les pays industrialisés.

Généralités

Dans les pays développés, les parasitoses sont relativement peu fréquentes et causent rarement des problèmes cliniques importants. Celles qu'on y rencontre principalement sont les infections à *Toxoplasma gondii*, à *Cryptosporidium*, à *Trichomonas* et à *Pneumocystis carinii*, l'ascaridiase, la gale, la giardiase, l'oxyurose et la pédiculose. Dans les pays en développement par contre, il s'agit d'un problème majeur de santé publique ; les mêmes patients peuvent présenter simultanément plusieurs parasitoses différentes.

Principales parasitoses

- Pour la gale, voir Gale.
- Pour la malaria, voir Malaria (paludisme).
- Pour la pédiculose, voir Pédiculose.
- Pour les infections à *Cryptosporidium*, voir Gastro-entérite.
- Pour les infections à *Pneumocystis carinii,* voir Pneumonies.
- Pour les infections à *Trichomonas,* voir Maladies sexuellement transmissibles et autres infections génitales.

I. Amibiase

Infection causée par l'*Entamœba histolytica.*

Elle existe partout, mais est beaucoup plus fréquente dans les pays où les conditions d'hygiène sont défavorables.

L'infection peut être silencieuse ou se manifester par divers symptômes allant des selles molles à la dysenterie amibienne avec rectorragies et émission de mucus ; chez l'enfant, il peut aussi y avoir de la fièvre, des douleurs abdominales et des symptômes systémiques non spécifiques. On peut aussi observer des formes viscérales comme l'abcès amibien du foie ou, moins fréquemment, l'amœbome (masse colique) ou la colite nécrosante fulminante avec perforation du côlon ; cette dernière survient surtout chez les patients souffrant de malnutrition ou de déficience immunitaire.

L'aspect caractéristique de la muqueuse colique à la sigmoïdoscopie constitue l'un des éléments de diagnostic ; les autres sont l'examen microscopique des selles et l'identification du parasite dans un spécimen biopsique ou dans le produit de curetage d'une lésion colique lors de l'endoscopie. La sérologie est très utile dans les formes viscérales.

Tous les patients porteurs doivent être traités :
1) Porteur sain : le premier choix est l'iodoquinol et le second la paromomycine ;
2) Entérite légère à modérée non dysentérique : le premier choix est le métronidazole suivi de l'iodoquinol et le second est la paromomycine. En France, on utilise aussi le secnidazole ;
3) Dysenterie amibienne ou amœbome : le premier choix est le métronidazole suivi de l'iodoquinol ; les autres choix sont soit la déhydro-émétine suivie de l'iodoquinol, soit l'émétine suivie de l'iodoquinol ;
4) Abcès hépatique :
   - Premier choix : métronidazole suivi de l'iodoquinol ;
   - Autres choix :
     a) Association de déhydro-émétine et de phosphate de chloroquine, suivie d'iodoquinol ;
     b) Association d'émétine et de phosphate de chloroquine, suivie d'iodoquinol. En France, on utilise aussi le secnidazole.

Posologie :
- Déhydro-émétine : 1 à 1,5 mg/kg/24 heures IM en 2 fois pendant 5 jours (maximum chez le grand enfant : 90 mg/24 heures) ;
- Iodoquinol : 30 à 40 mg/kg/24 heures PO en 3 fois pendant 20 jours (maximum chez le grand enfant : 2 g /24 heures) ;
- Métronidazole : 35 à 50 mg/kg/24 heures PO en 3 fois pendant 10 jours ; maximum chez le grand enfant : 2,2 g/24 heures ;
- Paromomycine : 25 à 30 mg/kg/24 heures PO en 3 fois pendant 7 jours ; maximum chez le grand enfant : 1,5 g/24 heures ;
- Phosphate de chloroquine : 10 mg de base/kg/24 heures PO en 1 fois pendant 2 à 3 semaines ; maximum chez le grand enfant : 300 mg de base/24 heures ;
- Secnidazole :
  - Amibiase intestinale : une dose unique de 30 mg/kg PO ; maximum chez le grand enfant : 2 g ;
  - Amibiase hépatique : 30 mg/kg/24 heures PO en 1 ou plusieurs fois pendant 5 jours ; maximum chez le grand enfant : 1,5 g/24 heures.

La transmission peut se faire de personne à personne ou par l'ingestion d'eau ou d'aliments contaminés. Les précautions entériques sont recommandées et la recherche du parasite doit être effectuée chez tous les contacts intimes.

II. Ankylostomiase

Infection causée par l'*Ancylostoma duodenale* ou *Necator americanus*.

Elle est largement répandue dans le monde.

Elle s'acquiert habituellement par voie cutanée. Si la charge parasitaire est faible, il peut n'y avoir aucun symptôme. Si elle est élevée, on peut observer des douleurs abdominales et une anémie hypochrome microcytaire causée par une perte chronique de sang par l'intestin. Plus rarement, on note une hypoprotéinémie secondaire à une entéropathie exsudative.

Le diagnostic repose sur l'examen microscopique des selles, qui recherche les œufs du parasite. Une éosinophilie est souvent présente.

Traitement :

a) Pamoate de pyrantel : 11 mg/kg/24 heures PO en 1 fois, 3 jours consécutifs ; maximum chez le grand enfant : 1 g/24 heures ;

ou

b) Mébendazole (Canada) : 100 mg PO 2 fois par jour pendant 3 jours, quel que soit l'âge ;

ou

c) Flubendazole (France) : 100 mg PO 2 fois par jour pendant 3 jours, quel que soit l'âge.

Les patients atteints ne doivent pas être isolés.

III. Ascaridiase

Infection causée par un ver rond, l'*Ascaris lumbricoides*.

Elle est prévalente dans toutes les régions du monde, surtout dans celles ou les conditions d'hygiène sont défavorables.

La longueur du ver adulte peut atteindre 35 cm.

L'infection peut être silencieuse ou être responsable de malaises abdominaux vagues. Elle cause parfois une pneumonie avec éosinophilie (syndrome de Löffler), une obstruction intestinale au niveau de l'iléon terminal, une appendicite, une péritonite biliaire ou un ictère par obstruction des voies biliaires.

Le diagnostic repose sur la découverte du parasite adulte dans les selles ou sur l'examen microscopique des selles, qui recherche les œufs.

Traitement :

a) Pamoate de pyrantel : 11 mg/kg/24 heures PO en 1 fois pendant trois jours ; maximum chez le grand enfant : 1 g/24 heures ;

ou

b) Mébendazole (Canada) : 100 mg PO 2 fois par jour pendant 3 jours, quel que soit l'âge ;

ou

c) Flubendazole (France) : 100 PO 2 fois par jour pendant 3 jours, quel que soit l'âge.

Les patients atteints ne doivent pas être isolés.

IV. Balantidiase

Infection relativement rare causée par le *Balantidium coli*, un protozoaire.

Cette affection se rencontre partout dans le monde, mais particulièrement en Amérique latine, en Extrême-Orient et en Nouvelle-Guinée.

Elle s'acquiert par ingestion d'eau contaminée, par la manipulation de porcs ou de leurs viscères, ou par l'ingestion d'aliments lorsque le fumier de porc est utilisé comme engrais. La symptomatologie ressemble à celle de l'amibiase.

Le diagnostic repose sur l'examen microscopique des selles ou sur l'observation des lésions caractéristiques à la rectosigmoïdoscopie.

Traitement :

- Premier choix : tétracycline : 40 mg/kg/24 heures PO en 4 fois pendant 10 jours (maximum chez le grand enfant : 2 g/24 heures). Contre-indiquée chez l'enfant de moins de 9 ans ;
- Autres choix :
  - Iodoquinol : 40 mg/kg/24 heures PO en 3 fois pendant 20 jours (maximum chez le grand enfant : 2 g/24 heures) ;
  - Métronidazole : 35 à 50 mg/kg/24 heures PO en 3 fois pendant 5 jours (maximum chez le grand enfant : 2,2 g/24 heures).

Les précautions entériques sont recommandées.

V. Infection à *Dientamœba fragilis*

Il existe une controverse à propos de la pathogénicité du *Dientamœba fragilis*.

Le mode de transmission est inconnu. Les larves et les œufs d'oxyures ont été incriminés comme vecteurs.

La distribution est cosmopolite.

Le plus souvent, l'infection est silencieuse. Les manifestations cliniques possibles sont une diarrhée intermittente, des douleurs abdominales, de l'anorexie, des flatulences et de la fatigue.

Le diagnostic repose sur l'identification des trophozoïtes dans les selles. Il y a fréquemment une éosinophilie.

Le traitement consiste en l'administration d'iodoquinol à raison de 40 mg/kg/24 heures PO en 3 fois pendant 20 jours (maximum chez le grand enfant : 2 g/24 heures). On peut aussi utiliser la paromomycine à raison de 25 à 30 mg/kg/24 heures PO en 3 fois pendant 7 jours (maximum chez le grand enfant : 1,5 g/24 heures), ou, chez les enfants de plus de 9 ans, la tétracycline à raison de 40 mg/kg/24 heures PO en 4 fois pendant 10 jours (maximum chez le grand enfant : 2 g/24 heures). Les précautions entériques sont recommandées.

VI. Échinococcose

Infection par les larves d'un ver plat, l'*Echinococcus granulosus*.

Sa distribution inclut la plupart des régions du monde, surtout les zones où les chiens gardent les troupeaux et vivent dans l'intimité des hommes.

À la suite de l'ingestion des œufs, des kystes hydatiques peuvent se développer, surtout dans le foie et les poumons, plus rarement dans les os, la rate, les reins ou le cerveau. La rupture chirurgicale ou traumatique d'un kyste peut causer un choc anaphylactique ou l'essaimage à distance.

Le diagnostic doit être suspecté lorsque les examens radiologiques (échographie, tomodensitométrie) montrent une lésion kystique dans un viscère. Les épreuves sérologiques sont utiles mais il y a des faux négatifs.

Dans les cas simples, le traitement est avant tout chirurgical. Au cours de l'opération, des précautions particulières doivent être prises pour éviter la rupture peropératoire du kyste. Pour prévenir l'essaimage, il est important de traiter le patient à l'albendazole pendant 4 semaines avant et 1 semaine après l'intervention. Lorsqu'il y a de multiples kystes atteignant le cerveau ou l'os, le traitement médical consiste à administrer de l'albendazole : 10 à 15 mg/kg/24 heures PO en 2 fois pendant 28 jours (maximum chez le grand enfant : 800 mg/24 heures). Ce traitement doit être administré au moins deux fois, avec un intervalle de repos de deux semaines.

VII. Isosporiase

Infection causée par l'*Isospora belli*.

Cette affection a une distribution mondiale, mais elle est plus fréquente en Afrique et en Amérique du Sud.

Elle est acquise par ingestion d'eau ou de nourriture contaminée.

Elle peut être silencieuse ou être responsable de diarrhée, de douleurs abdominales, d'une perte de poids, de malaises, de flatulences, d'anorexie et de fièvre légère. Elle est considérée comme une infection opportuniste chez les personnes atteintes de SIDA, chez lesquelles elle peut être responsable d'une diarrhée chronique.

Le diagnostic repose sur l'identification du parasite par l'examen microscopique des selles, du liquide duodénal ou d'une biopsie jéjunale.

Le traitement consiste à administrer du triméthoprime-sulfaméthoxazole (TMP-SMZ), à raison de 10 mg/kg/24 heures de TMP et 50 mg/kg/24 heures de SMZ PO en 4 fois pendant 10 jours, puis de 5 mg/kg/24 heures de TMP et 25 mg/kg/24 heures de SMZ PO en 2 fois pendant les 3 semaines suivantes ; maximum chez le grand enfant : 500 mg de TMP et 2,5 g de SMZ/24 heures.

Les précautions entériques sont recommandées.

VIII. Filariose

1) Transmise par la simulie, une mouche noire, l'infection par l'*Onchocerca volvulus* ou onchocercose cause une dermatose prurigineuse, des nodules sous-cutanés, des lymphadénites et, dans les cas graves et prolongés, des lésions cornéennes et la cécité.

Il faut suspecter cette infection chez les personnes qui viennent d'une région endémique (Afrique de l'Ouest, Amérique centrale ou du Sud) et qui présentent du prurit et une éosinophilie.

Le diagnostic repose sur la mise en évidence des microfilaires qui s'échappent de biopsies cutanées mises en incubation dans du sérum physiologique, l'examen ophtalmologique à la lampe à fente, la sérologie, l'épreuve de Mazzotti à la diéthylcarbamazine et la biopsie de nodules, dans lesquels on retrouve le filaire adulte.

Le traitement consiste à administrer par voie orale une dose unique de 150 µg/kg d'ivermectine. Ce traitement peut causer une réaction d'hypersensibilité qui est traitée au moyen d'un antihistaminique, d'un antipyrétique, d'une hydratation abondante et, au besoin, d'un corticostéroïde par voie générale. On peut y associer l'exérèse chirurgicale des nodules.

2) Chez les patients infectés, on peut observer la migration du filaire *Loa Loa* sous la conjonctive oculaire. La loase peut aussi causer un gonflement douloureux des tissus sous-cutanés, l'œdème de Calabar, le plus souvent localisé au niveau des poignets et des avant-bras. Parmi les manifestations plus rares, on rapporte un syndrome néphrotique, une méningo-encéphalite et une fibro-élastose endomyocardique.

Une éosinophilie est souvent présente. Le diagnostic repose sur les manifestations cliniques ou sur la mise en évidence du microfilaire dans le sang.

Traitement: diéthylcarbamazine (DEC):

– Jour 1:   1 mg/kg PO en 1 fois (maximum chez le grand enfant: 50 mg), après un repas;

– Jour 2:   3 mg/kg/24 heures PO en 3 fois (maximum chez le grand enfant: 150 mg/24 heures), après les repas;

– Jour 3:   3 à 6 mg/kg/24 heures PO en 3 fois (maximum chez le grand enfant: 300 mg/24 heures), après les repas;

– Jours 4 à 21:   9 mg/kg/24 heures PO en 3 fois (maximum chez le grand enfant: 450 mg/24 heures), après les repas.

Chez les patients à charge parasitaire élevée, on peut réduire le risque ou l'importance des réactions d'hypersensibilité au moyen d'un traitement préalable au mébendazole administré à raison de 6 à 30 mg/kg/24 heures PO en 3 fois pendant 21 jours (minimum: 100 mg PO 3 fois par jour; maximum chez le grand enfant: 1,5 g/24 heures). On peut aussi commencer le traitement par des doses de DEC plus faibles que celles qui sont mentionnées ci-dessus: 25 mg le premier jour, à augmenter de 25 mg par jour jusqu'au moment où on atteint la pleine dose. Les réactions d'hypersensibilité sont traitées de la même façon qu'en cas d'onchocercose.

3) Les infections par le *Wucheria bancrofti*, le *Brugia malayi* et le *Brugia timori* sont habituellement silencieuses. Lorsqu'il y a des manifestations cliniques, il peut s'agir d'adénolymphangite des membres, d'orchite, d'épididymite, d'œdème scrotal, d'abcès filarien, d'éléphantiasis ou de chylurie.

Le diagnostic repose sur la sérologie et sur la mise en évidence des microfilaires dans le sang, dans le produit d'aspiration d'une hydrocèle ou dans l'urine chyleuse.

Traitement: DEC:

– Jour 1:   1 mg/kg PO en 1 fois (maximum chez le grand enfant: 50 mg), après un repas;

– Jour 2:   3 mg/kg/24 heures PO en 3 fois (maximum chez le grand enfant: 150 mg/24 heures), après les repas;

– Jour 3:   3 à 6 mg/kg/24 heures PO en 3 fois (maximum chez le grand enfant: 300 mg/24 heures), après les repas;

– Jours 4 à 21:   6 mg/kg/24 heures PO en 3 fois (maximum chez le grand enfant: 300 mg/24 heures), après les repas.

IX. Giardiase

L'infection par le *Giardia lamblia* peut être silencieuse ou être responsable d'une diarrhée chronique et, parfois, d'un syndrome de malabsorption intestinale.

Elle se retrouve partout dans le monde.

Elle peut être transmise de personne à personne par voie fécale-orale ou par l'ingestion d'eau contaminée. Les enfants déficients en IgA, ceux qui fréquentent une garderie (crèche), ainsi que ceux qui souffrent de fibrose kystique sont plus vulnérables.

Le diagnostic se fait par l'examen microscopique des selles qui peut mettre le parasite en évidence. Il est souvent nécessaire de répéter l'examen plusieurs fois. Parfois, il peut être nécessaire de rechercher le parasite dans le duodénum en faisant un tubage duodénal, en ayant recours au test de la ficelle ou en effectuant une biopsie jéjunale perorale. Un test ELISA peut être fait sur les selles.

Traitement :

- Premier choix : quinacrine : 6 mg/kg/24 heures PO en 3 fois pendant 5 jours (maximum chez le grand enfant : 300 mg/24 heures) ;
- Autres choix :
  - Métronidazole : 15 mg/kg/24 heures PO en 3 fois pendant 5 jours (maximum chez le grand enfant : 750 mg/24 heures) ;
  - Furazolidone : 6 mg/kg/24 heures PO en 4 fois pendant 7 à 10 jours (maximum chez le grand enfant : 400 mg/24 heures).

Les précautions entériques sont recommandées.

X. Oxyurose

Infection par un petit ver rond, l'oxyure ou *Enterobius vermicularis*, qui, à l'âge adulte, peut atteindre une longueur d'un centimètre.

Autrefois très fréquente chez les enfants d'âges préscolaire et scolaire, la prévalence de cette infection semble avoir diminué de façon importante dans plusieurs pays développés, pour des raisons inconnues.

Les principaux symptômes sont le prurit anal ou vulvaire, souvent vespéral, qui peut être important. Il peut aussi y avoir une vulvo-vaginite chez la fille.

Cette infection n'est pas dangereuse.

Le diagnostic repose sur l'observation directe du parasite vivant dans les selles. S'il n'a pu être visualisé, on peut appliquer, le matin au réveil, un ruban adhésif transparent sur la région anale puis le coller sur un porte-objet ; les œufs d'oxyures peuvent alors être recherchés au microscope.

Le traitement consiste à administrer l'un des médicaments suivants :

a) Pamoate de pyrantel : 11 mg/kg PO en une seule dose, maximum chez le grand enfant : 1 g/dose ;

ou

b) Mébendazole (Canada) : une dose unique de 100 mg PO, quel que soit l'âge ;

ou

c) Flubendazole (France) : 100 PO en 1 dose unique, quel que soit l'âge.

On insiste sur les mesures d'hygiène simples (ongles courts, lavage des mains après la défécation, etc.). On recommande de traiter tous les membres de la famille et de répéter le traitement deux semaines plus tard.

La transmission se fait de personne à personne mais l'isolement des individus atteints n'est pas recommandé.

XI. Schistosomiase ou bilharziose

Il s'agit d'une infection par le *Schistosoma mansoni,* le *Schistosoma hæmatobium,* le *Schistosoma japonicum* ou d'autres parasites de ce groupe.

L'infection aiguë peut causer de la fièvre, une lymphadénopathie, une hépatosplénomégalie et une éosinophilie. L'infection chronique peut être silencieuse ou se manifester par de la diarrhée, une hypertension portale ou, dans le cas du *Schistosoma hæmatobium,* par des signes urinaires, parmi lesquels l'hématurie macroscopique est l'un des plus évidents.

Cette infection est répandue dans de nombreuses régions tropicales. Elle s'acquiert par voie cutanée dans l'eau douce contaminée.

Les œufs du parasite peuvent être mis en évidence par l'examen microscopique des selles ou de l'urine ou par biopsie rectale. La sérologie est utile.

Le traitement pour toutes les formes de l'infection est le praziquantel : en cas d'infection à *Schistosoma mansoni* ou à *Schistosoma hæmatobium,* on donne 40 mg/kg/24 heures PO en 2 fois pendant 1 jour, et en cas d'infection à *Schistosoma japonicum,* 60 mg/kg/24 heures PO en 3 fois pendant 1 jour (maximum chez le grand enfant : 3 g/24 heures).

Les patients atteints ne doivent pas être isolés.

XII. Strongyloïdose ou anguillulose

L'infection par le *Strongyloides stercoralis,* un ver rond, peut être silencieuse.

Lorsque la charge parasitaire est élevée, elle peut causer des douleurs abdominales d'allure ulcéreuse, une malabsorption, des manifestations cutanées et des infiltrats pulmonaires.

Il peut y avoir une éosinophilie.

Une forme disséminée s'observe chez les patients immunosupprimés : les larves peuvent envahir pratiquement tous les organes et s'associent à des méningites et à des septicémies causées par des bactéries à Gram négatif.

Elle est surtout prévalente dans les régions tropicales et s'acquiert par voie cutanée au contact du sol contaminé.

Le diagnostic repose sur la recherche des larves par des cultures spéciales, sur l'examen microscopique répété des selles ou du liquide duodénal obtenu par tubage ou sur le test de la ficelle.

Traitement : thiabendazole : 50 mg/kg/24 heures PO en 2 fois pendant 2 jours (maximum chez le grand enfant : 3 g/24 heures). Les patients atteints ne doivent pas être isolés.

XIII. Tæniase, cysticercose

Il s'agit d'une infection par un ver plat, le *Tænia saginata* (tænia du bœuf), le *Tænia solium* (tænia du porc) ou le *Diphylobotrium latum* (tænia du poisson). Elle est localisée au tube digestif.

Elle s'acquiert par consommation de viande contaminée crue ou mal cuite.

Elle est largement répandue dans le monde mais est surtout prévalente dans les pays où l'hygiène est déficiente.

La plupart des gens parasités n'ont que peu ou pas de symptômes digestifs. La diphylobotriase cause rarement une anémie macrocytaire par déficience en vitamine B_{12}. Des segments du ver peuvent se retrouver dans les selles en cas d'infection par le tænia du bœuf.

L'ingestion d'œufs de *Tænia solium* peut causer la cysticercose : il s'agit de lésions occupant de l'espace, situées dans le tissu sous-cutané, les muscles et les viscères, y compris le cerveau, ainsi que dans l'œil.

Le diagnostic repose sur la découverte de segments ou d'œufs du parasite dans les selles. Le diagnostic de la cysticercose repose sur la sérologie et les examens radiologiques (radiographies simples des tissus mous des membres inférieurs, tomodensitométrie cérébrale). Une biopsie peut être nécessaire.

Traitement :

1) Infection localisée au tube digestif : niclosamide. Posologie :

   – Chez l'enfant de 11 à 34 kg : 1 dose unique de 1 g PO ;

   – Chez l'enfant de plus de 34 kg : 1 dose unique de 1,5 g PO ;

   – Chez l'adolescent et l'adulte : 1 dose unique de 2 g PO, ou praziquantel : 10 à 20 mg/kg PO en 1 dose unique.

2) Cysticercose cérébrale : praziquantel : 50 mg/kg/24 heures PO en 3 fois pendant 15 jours ; maximum : 3 g/24 heures. Il est recommandé d'administrer des corticostéroïdes par voie générale avant et pendant ce traitement.

Les patients atteints ne doivent pas être isolés.

XIV. Toxocarose

L'infection par le *Toxocara canis* ou le *Toxocara cati* est souvent silencieuse.

La forme viscérale peut se manifester notamment par les signes et symptômes suivants : fièvre, malaises généraux, douleur abdominale, hépatomégalie, pneumonie, myocardite, encéphalite, convulsions. Une éosinophilie marquée et une hypergammaglobulinémie ainsi qu'une élévation des iso-agglutinines sont souvent présentes. La forme oculaire se caractérise par un granulome rétinien ou une endophtalmie qui ne doit pas être confondue avec un rétinoblastome.

La maladie s'acquiert par l'ingestion de sable ou de terre contaminée par des excréments de chien ou de chat. On comprend que les jeunes enfants, surtout ceux qui présentent du pica et qui fréquentent des parcs publics, sont les plus vulnérables.

La découverte d'une éosinophilie importante et d'une hypergamma-globulinémie chez un jeune enfant, surtout s'il présente aussi une hépato-mégalie, de l'épilepsie, une atteinte oculaire ou des infiltrats pulmonaires multiples, doit faire penser à ce diagnostic qui peut être établi par la séro-logie ou, plus rarement, par la biopsie hépatique.

La distinction entre la forme oculaire et le rétinoblastome exige des examens radiologiques et échographiques spéciaux, ainsi que la comparai-son des titres d'anticorps dans le sérum et les humeurs de l'œil.

Traitement :
– Premier choix : diéthylcarbamazine : 6 mg/kg/24 heures PO en 3 fois pendant 7 à 10 jours (maximum chez le grand enfant : 300 mg/ 24 heures) ;
– Autre choix : thiabendazole : 50 mg/kg/24 heures PO en 2 fois pendant 5 jours (maximum chez le grand enfant : 3 g/24 heures).

Une corticothérapie par voie générale est indiquée dans les formes myocardiques et neurologiques graves et par voie locale dans les formes oculaires.

Les patients atteints ne doivent pas être isolés.

XV. Toxoplasmose

Voir aussi Infections congénitales.

L'infection par le *Toxoplasma gondii* peut se présenter de différentes façons :
1) L'infection intra-utérine précoce peut causer une hydrocéphalie ou une microcéphalie, des calcifications intracérébrales, une choriorétinite, un retard mental, une perte de vision et des troubles d'apprentissage. L'enfant peut également paraître tout à fait normal à la naissance et présenter des troubles du développement beaucoup plus tard ;
2) Si l'enfant a acquis la maladie à la fin de la grossesse, il peut présenter une choriorétinite, une atteinte neurologique importante, un ictère, une hépatosplénomégalie, des adénopathies généralisées, une éruption cuta-née de type maculopapuleuse et une thrombopénie avec ou sans pur-pura ;
3) La forme acquise peut passer inaperçue ou se manifester de la même façon qu'une mononucléose infectieuse, notamment par des adénopa-thies à localisation surtout cervicale.

La maladie est universellement répandue. Elle peut être acquise notamment par la manipulation de la litière des chats, par la consomma-tion de viande insuffisamment cuite ou par transfusion. Les personnes souffrant d'immunodéficience acquise sont plus vulnérables. Le diagnos-tic est établi par la sérologie, dont l'interprétation peut être délicate, par l'examen direct, par biopsie d'un ganglion, du cerveau ou du placenta et par l'inoculation à la souris.

Traitement :
1) Toxoplasmose symptomatique chez le nouveau-né : association de pyriméthamine et de sulfadiazine ou de trisulfapyrimidine. On ajoute

un supplément d'acide folinique. Ce traitement est poursuivi pendant six mois. Pendant les six mois suivants, on donne en alternance un mois de spiramycine et un mois de pyriméthamine, de sulfadiazine et d'acide folinique (celui-ci sert à prévenir la toxicité médullaire). Il est nécessaire d'ajouter une corticothérapie par voie générale s'il y a une choriorétinite, une hyperprotéinorachie, un ictère ou des signes d'infection généralisée;

2) Infection subclinique chez le nouveau-né: association de pyriméthamine, de sulfadiazine et d'acide folinique pendant six semaines. Pendant les 46 semaines suivantes, on administre en alternance 6 semaines de spiramycine et 4 semaines de l'association de pyriméthamine, de sulfadiazine et d'acide folinique;

3) Nouveau-né séronégatif dont la mère a été atteinte de toxoplasmose acquise pendant la grossesse: pyriméthamine, sulfadiazine et acide folinique pendant trois semaines, puis spiramycine pendant 4 à 6 semaines. Si la séroconversion se produit, le traitement est poursuivi comme s'il s'agissait d'une toxoplasmose subclinique (voir ci-dessus);

4) Nouveau-né dont la mère est séropositive, mais dont on ignore si elle a eu la toxoplasmose avant ou après la grossesse: spiramycine pendant un mois. Si l'enfant devient séropositif ou s'il présente des symptômes, on poursuit le traitement pendant un an comme s'il s'agissait d'une toxoplasmose subclinique (voir ci-dessus);

5) Toxoplasmose aiguë grave ou acquise accidentellement par transfusion chez l'enfant ou l'adolescent immunocompétent: pyriméthamine, sulfadiazine et acide folinique pendant un mois;

6) Toxoplasmose oculaire: pyriméthamine, sulfonamide et acide folinique pendant trois à quatre semaines.

Posologie:

– Acide folinique (leucovorin):

  – Nouveau-né et nourrisson: 5 mg PO ou IM tous les 3 jours. Cette dose est augmentée à 10 mg IM tous les 3 jours s'il y a des signes de toxicité médullaire;

  – Enfant, adolescent et adulte: 10 mg PO ou IM 1 fois par jour. Cette dose peut être augmentée jusqu'à 50 mg par jour s'il y a une toxicité médullaire.

– Pyriméthamine:

  – Dose de charge (uniquement chez l'adolescent et l'adulte): 2 mg/kg/24 heures PO en 2 fois pendant 1 à 3 jours (maximum: 100 mg/24 heures);

  – Dose d'entretien: 1 mg/kg/24 heures PO en 2 fois (maximum chez le grand enfant: 25 mg/24 heures). On peut donner cette dose tous les jours ou tous les deux jours.

    En raison de la toxicité médullaire, on surveille l'hémogramme et les plaquettes une fois par semaine.

- Spiramycine : 100 mg/kg/24 heures PO en 2 à 4 fois (maximum chez le grand enfant : 4 g/24 heures).
- Sulfadiazine ou trisulfapyrimidine :
  - Dose d'attaque : 75 mg/kg/24 heures PO en 2 fois pendant 2 jours (maximum chez le grand enfant : 4 g/24 heures);
  - Dose d'entretien : 100 mg/kg/24 heures PO en 2 fois (maximum chez le grand enfant : 8 g/24 heures).

Les patients atteints ne doivent pas être isolés.

XVI. Trichinose

L'infection par le *Trichinella spiralis* peut demeurer inapparente mais elle peut aussi se manifester par les signes et symptômes suivants :

1) Pendant la semaine qui suit l'infection : nausées, vomissements, diarrhée, douleurs abdominales;
2) Deux à quatre semaines plus tard : fièvre, douleurs et faiblesse musculaires, œdème périorbitaire, hémorragies conjonctivales et sous-unguéales, éruption de type urticarien, atteinte pulmonaire, myocardique et cérébrale.

La maladie peut être fatale.

Cette infection est largement répandue dans le monde.

Elle s'acquiert en consommant du porc ou du gibier, par exemple de l'ours ou du sanglier, cru ou insuffisamment cuit.

L'histoire alimentaire, l'œdème palpébral, les douleurs musculaires, une élévation importante de la créatine kinase et une éosinophilie importante suggèrent ce diagnostic, qui peut être confirmé par la sérologie ainsi que par la biopsie musculaire.

Traitement : mébendazole : 12 à 24 mg/kg/24 heures PO en 3 fois pendant 3 jours (maximum chez le grand enfant : 1,2 g/24 heures), puis 24 à 30 mg/kg/24 heures PO en 3 fois pendant 10 jours (maximum chez le grand enfant : 1,5 g/24 heures). Dans les cas graves, il est recommandé d'y associer des corticostéroïdes par voie générale.

Les patients atteints ne doivent pas être isolés.

XVII. Trichocéphalose

La plupart du temps, l'infection par le trichocéphale ou *Trichuris trichiuria* ne cause aucun symptôme.

En cas d'infestation importante, elle peut se manifester par des douleurs abdominales, de la diarrhée et des rectorragies, de l'anémie et un prolapsus rectal.

Universellement répandue, elle est plus fréquente dans les régions chaudes et dans celles où les conditions d'hygiène sont défavorables.

Elle s'acquiert par l'ingestion d'eau ou d'aliments contaminés.

Le diagnostic repose sur l'examen microscopique des selles.

Traitement : au Canada, mébendazole à raison de 100 mg PO 2 fois par jour pendant 3 jours, quel que soit l'âge. En France, on utilise le flubendazole à la même dose. Les patients atteints ne doivent pas être isolés.

XVIII. Trypanosomiase

1) La maladie du sommeil (trypanosomiase ouest-africaine), qui sévit en Afrique centrale et occidentale, est causée par le *Trypanosoma brucei gambiense*. Elle est caractérisée par une méningo-encéphalite à évolution lente. La trypanosomiase est-africaine, endémique en Afrique centrale et orientale, est causée par le *Trypanosoma brucei rhodesiense* et se manifeste par une méningo-encéphalite plus aiguë. Toutes deux sont transmises par la piqûre de glossines (mouche tsé-tsé).

La première manifestation est un chancre d'inoculation; celui-ci est inconstant. Par la suite, la maladie est caractérisée par une phase lymphatico-sanguine dont les symptômes principaux sont de la fièvre, des adénopathies et des céphalées. Enfin, dans la phase suivante, le système nerveux central est envahi par le trypanosome.

En raison des effets toxiques du traitement, il ne faut traiter que les personnes chez qui on a pu isoler le parasite à partir du chancre, du sang, du liquide céphalorachidien ou du produit de ponction d'un ganglion lymphatique, ou lorsque le diagnostic est prouvé par inoculation à l'animal. Le système nerveux central est atteint s'il y a une pléocytose (globules blancs à plus de 5×10^6/L ou à plus de 5/mm³), une hyperprotéinorachie (plus de 0,45 g/L), ou si on note une élévation des IgM dans le liquide céphalorachidien.

Le traitement est particulièrement dangereux et il nécessite une expertise particulière :

- Phase lymphatico-sanguine sans atteinte du cerveau : le premier choix est la suramine. On administre une dose test de 100 à 200 mg IV, puis 20 mg/kg/24 heures IV en 1 fois (maximum chez le grand enfant : 1 g/24 heures) aux jours 1, 3, 7, 14 et 21. La pentamidine est un autre choix; elle s'administre à raison de 4 mg/kg/24 heures IM en 1 fois pendant 10 jours (maximum chez le grand enfant : 200 mg/24 heures);

- Phase d'atteinte du système nerveux central : le premier choix est la difluométhylornithine (DFMO) à raison de 400 mg/kg/24 heures IV en 4 fois pendant 14 jours. Un autre choix est le melarsoprol qui est administré en trois séries séparées les unes des autres de 7 jours et comportant une seule injection IV par jour pendant 3 jours, à doses croissantes :

  - Première série : 1,8 mg/kg, 2,1 mg/kg et 2,4 mg/kg IV en 1 dose (maximum chez le grand enfant : 180 mg/dose);

  - Deuxième série : 2,7 mg/kg, 3,0 mg/kg et 3,3 mg/kg IV en 1 dose (maximum chez le grand enfant : 180 mg/dose);

  - Troisième série : on donne chacun des 3 jours 3,6 mg/kg IV en 1 dose (maximum chez le grand enfant : 180 mg/dose).

Les patients atteints doivent être soumis aux précautions concernant le sang et les liquides biologiques.

2) Le *Trypanosoma cruzi* cause la trypanosomiase américaine (maladie de Chagas), une affection potentiellement fatale.

Durant la phase aiguë, on peut noter un œdème (signe de Romaña) puis un nodule au site d'inoculation. On peut ensuite voir apparaître d'autres manifestations : induration au voisinage du nodule, œdème palpébral, fièvre, malaises, adénopathies, hépatosplénomégalie et anomalies électro-encéphalographiques. Au cours de la phase chronique, qui survient habituellement plusieurs années plus tard, on peut observer chez environ 10 à 30 % des patients une myocardiopathie ou une atteinte digestive consistant en un méga-œsophage ou un mégacôlon.

Cette maladie est habituellement transmise par un insecte, le triatome. Elle peut aussi être d'origine congénitale ou être transmise par transfusion.

La zone d'endémie comprend le Mexique, l'Amérique centrale et l'Amérique du Sud.

Le diagnostic repose sur l'identification microscopique du parasite dans le sang, la sérologie, l'inoculation à la souris ou la culture.

Pour le traitement, le premier choix est le nifurtimox dont la posologie est la suivante :

- 1 à 10 ans : 15 à 20 mg/kg/24 heures PO en 4 fois pendant 90 jours ;
- 11 à 16 ans : 12,5 à 15 mg/kg/24 heures PO en 4 fois pendant 90 jours (maximum chez le grand enfant : 500 mg/24 heures) ;
- Plus de 16 ans : 8 à 10 mg/kg/24 heures PO en 4 fois pendant 120 jours (maximum chez le grand enfant : 500 mg/24 heures).

Un autre choix est le benzinidazole, qui s'administre à raison de 5 à 7 mg/kg/24 heures PO en 4 fois pendant 30 à 120 jours (maximum chez le grand enfant : 350 mg/24 heures).

Lectures suggérées

American Academy of Pediatrics : Report of the Committee on Infectious Diseases. American Academy of Pediatrics, Elk Grove Village, Illinois, 22nd ed., 1991.

Carroll MJ : Routine procedures for examination of stool and blood for parasites. Pediatr Clin North Am 1985 ; 32 : 1041-1046.

Garcia LS : Special laboratory examinations for parasitic infections. Pediatr Clin North Am 1985 ; 32 : 1047-1061.

Markell EK : Intestinal nematode infections. Pediatr Clin North Am 1985 ; 32 : 971-986.

Palmer PES : Diagnostic imaging in parasitic infections. Pediatr Clin North Am 1985 ; 32 : 1019-1040.

Seidel JS : Treatment of parasitic infections. Pediatr Clin North Am 1985 ; 32 : 1077-1095.

Seidel JS : Giardiasis. Pediatr Rev 1993 ; 14 : 284-285.7

Pédiculose   191

Maria-Helena Znojkiewicz, Julie Powell, Nicole Ottavy

Généralités

L'infestation par les poux peut affecter le cuir chevelu (*Pediculus humanus capitis*), les cils, les poils du corps (*Pediculus humanus corporis*) ou les poils pubiens (*Phtirius pubis*). La transmission se fait de personne à personne, souvent par l'intermédiaire d'objets contaminés comme des peignes. Chez l'enfant, une infestation des cils et du cuir chevelu peut être causée par le *Phtirius pubis*. La pédiculose du pubis est considérée comme une maladie sexuellement transmissible.

Manifestations cliniques

La plupart du temps, l'infestation ne cause aucun symptôme ; la découverte fortuite d'œufs (lentes), ovales et translucides, accrochés aux cheveux ou aux poils, conduit au diagnostic. Elle se manifeste parfois par un prurit intense.

Explorations

Le diagnostic repose sur l'identification du parasite à l'œil nu ou à la loupe ; aucune exploration complémentaire n'est nécessaire.

Traitement

I. Pédiculose du cuir chevelu

1) Canada :
   - Premier choix : crème à la perméthrine à 5 % (Nix). La durée suggérée de contact avant rinçage est d'une dizaine d'heures. Ce traitement peut être répété une semaine plus tard.
   - Autres choix :
     - Après-shampooing à la perméthrine à 1 % (Nix). La durée suggérée de contact avant rinçage est de 10 minutes. Ce traitement est répété une semaine plus tard ;
     - Shampooing au lindane à 1 % (Kwellada). La durée suggérée de contact avant rinçage est de 5 minutes ;
     - Shampooing aux pyréthrines à 0,3 % et au butoxyde de pipéronyle à 3 % (R&C). La durée suggérée de contact avant rinçage est de 10 minutes. Ce traitement est répété une semaine plus tard.
2) France : plusieurs choix sont possibles, parmi lesquels les suivants :
   - Pyréthrines naturelles ou synthétiques (exemples : Itax en aérosol, lotion ou shampooing, Marie Rose suractivée en aérosol, Pyreflor

en lotion ou shampooing, Spray-Pax en aérosol). Ces produits peuvent être laissés en place une douzaine d'heures, puis rincés. Une seconde application est recommandée une semaine plus tard pour éliminer les lentes;

– Malathion (Prioderm en lotion), qui détruit également les lentes. Une seule application d'une douzaine d'heures est nécessaire.

Pour enlever les lentes, passer les cheveux au peigne fin trempé dans une solution de vinaigre et d'eau en parties égales. Au Canada, on peut aussi utiliser une solution d'acide formique en après-shampooing (Step-2) pendant 10 minutes. Ces deux formes de traitement peuvent interférer avec l'effet résiduel de la perméthrine; elles sont donc administrés une dizaine de jours après le traitement initial.

II. Pédiculose du corps ou du pubis

1) Canada: le traitement est le même que pour la pédiculose du cuir chevelu (voir plus haut).

2) France: utiliser une pyréthrine en aérosol (exemple, pour la pédiculose pubienne: Spray-Pax), à laisser en place 30 minutes avant lavage. Une seconde application est recommandée une semaine plus tard.

III. Pédiculose des cils

1) Canada: appliquer de la vaseline ou une pommade ophtalmique quelconque pouvant immobiliser le parasite, deux fois par jour pendant une semaine.

2) France: on utilise par exemple une préparation magistrale de xylol (3 g) et d'Axonge (30 g).

Mesures préventives

S'il s'agit d'un enfant hospitalisé, il doit être isolé jusqu'au moment où le traitement est appliqué. Les membres de la famille devraient tous être traités en même temps et les draps de lit devraient être lavés à l'eau très chaude. Les autres personnes qui ont été en contact avec un enfant atteint devraient être examinées et traitées au besoin. Voir aussi Problèmes épidémiologiques courants à la garderie (crèche).

Lectures suggérées

Gurevitch AW: Scabies and lice. Pediatr Clin North Am 1985; 32: 987-1018.
Hogan DJ: Diagnosis and treatment of childhood scabies and pediculosis. Pediatr Clin North Am 1991; 38: 941-957.
Reeves JRT: Head lice and scabies in children. Pediatr Infect Dis J 1987; 6: 598-600.

Phimosis, circoncision et soins du prépuce 192

Robin Kugelmass, Pierre Masson, Michel Weber, Pierre Williot, Arié Bensoussan

Généralités

On parle de phimosis lorsque le prépuce, trop serré, ne peut être complètement rétracté sous le gland. La plupart des nouveau-nés ont un phimosis physiologique; ils ne nécessitent ni dilatations forcées ni circoncision. À la naissance, le méat est visible dans 54 % des cas. Le prépuce n'est rétractable que chez 4 % des nouveau-nés; cette proportion s'élève à 20 % à six mois, à 50 % à un an, à 80 % à deux ans et à 90 % à trois ans. La plupart du temps, la rétraction complète devient donc possible spontanément et il suffit d'attendre. Dans certains groupes ethniques, la circoncision néonatale est pratiquée de routine pour des raisons religieuses. Au Canada et aux États-Unis, elle a été largement répandue pour différentes raisons jusqu'au moment où la Société canadienne de pédiatrie et l'Académie américaine de pédiatrie se sont prononcées contre cette habitude.

Avantages et inconvénients de la circoncision

I. Avantages

La balanite est moins fréquente chez l'enfant circoncis mais il s'agit d'un problème peu commun (voir Balanite et posthite). Toutes les études actuellement disponibles indiquent que les infections urinaires sont plus fréquentes chez les garçons non circoncis pendant la première année de vie. Ces études sont rétrospectives et elles suggèrent qu'il faudrait circoncire 100 nouveau-nés pour prévenir 1 à 4 infections urinaires. Certaines études ont suggéré que l'incidence des maladies sexuellement transmissibles et de la séropositivité vis-à-vis du virus de l'immunodéficience acquise (SIDA) est plus élevée chez les hommes non circoncis; ces constatations demeurent controversées. Le cancer du pénis survient presque exclusivement chez les non-circoncis, mais il s'agit d'une néoplasie rare et il faudrait circoncire mille nouveau-nés pour prévenir un seul cancer.

II. Inconvénients

La méatite est plus fréquente chez les circoncis. La circoncision se complique parfois d'hémorragie, d'infection ou de l'exérèse accidentelle d'un excès de tissu. Faite sans anesthésie, elle est douloureuse; effectuée sous anesthésie, elle expose le nouveau-né aux complications de celle-ci.

Indications et contre-indications

I. Indications

La circoncision est indiquée dans les circonstances suivantes:

1) Phimosis serré persistant au-delà de l'âge de cinq à six ans (rare) ou présence, à cet âge, d'une sclérose cicatricielle empêchant la rétraction;

2) Histoire de paraphimosis;
3) Balanites récidivantes;
4) Prépuce qui «ballonne» lors de la miction.

II. Contre-indications

Toute maladie du nouveau-né, hypospadias, épispadias, méga-urètre, courbure du pénis, diathèse hémorragique.

Conclusion

Si l'on met à part les considérations d'ordre religieux, aucun argument ne permet de justifier la circoncision systématique des nouveau-nés et d'exposer ceux-ci aux risques de cette intervention. Il faut éviter les dilatations forcées, qui sont douloureuses, n'ont pas d'utilité et risquent de causer une fissuration, des déchirures ainsi qu'une cicatrisation avec fibrose. L'hygiène quotidienne peut être réalisée lors du bain en rétractant le prépuce sans traction excessive et sans causer de douleur. Souvent, la rétraction complète n'est possible qu'après l'âge de trois à quatre ans, mais ceci doit être considéré comme tout à fait normal.

Lectures suggérées

Boyce WT: Care of the foreskin. Pediatr Rev 1983; 5: 26-30.

Fergusson DM, Hons BA, Lawton JM, et al.: Neonatal circumcision and penile problems: an 8-year longitudinal study. Pediatrics 1988; 81: 537-540.

Herzog LW, Alvarez SR: The frequency of foreskin problems in uncircumcised children. Am J Dis Child 1986; 140: 254-256.

Kaplan GW: Complications of circumcision. Urol Clin North Am 1983; 10: 543-549.

Lafferty PM, MacGregor FB, Scobie WG: Management of foreskin problems. Arch Dis Child 1991; 66: 696-697.

Osborn LM, Metcalf TJ, Mariani EM: Hygienic care in uncircumcised infants. Pediatrics 1981; 67: 365-367.

Schoen EJ: The status of circumcision of newborns. N Engl J Med 1990; 322: 1308-1312.

Schoen EJ, Anderson G, Bohon C, et al.: Report of the task force on circumcision. Pediatrics 1989; 84: 388-391.

Stenram A, Malmfors G, Okmian L: Circumcision for phymosis – indications and results. Acta Paediatr Scand 1986; 75: 321-323.

Wallerstein E: Circumcision: the uniquely American medical enigma. Urol Clin North Am 1985; 12: 123-132.

Wiswell TA: Declining frequency of circumcision: implications for changes in the absolute incidence and male to female ratio of urinary tract infections in early infancy. Pediatrics 1987; 79: 338-342.

Wiswell TA: Circumcision – an update. Curr Probl Pediatr 1992; 22: 424-431.

Wiswell TA, Tencer HL, Welch CA, Chamberlain JL: Circumcision in children beyond the neonatal period. Pediatrics 1993; 92: 791-793.

Piqûres accidentelles par aiguilles   193

Bruce Tapiero, Robert Thivierge, Marc Lebel

Piqûre accidentelle par une aiguille trouvée dans un lieu public

L'enfant peut se piquer accidentellement avec une aiguille trouvée dans un endroit public, par exemple un parc ou un terrain de jeux. On ignore habituellement par qui cette aiguille a été utilisée. Par prudence, on doit considérer *a priori* qu'elle peut être contaminée par le virus de l'hépatite B (VHB) et par le virus du SIDA (VIH). On peut tenter de faire une épreuve sérologique pour le VHB dans le liquide que pourrait encore renfermer l'aiguille et, si elle a été retrouvée, dans la seringue. La négativité de cet examen n'exclut cependant pas le risque d'infection. Le risque varie selon la région; en théorie, il serait au maximum de 25 % pour le VHB et de 0,3 % pour le VIH (ce virus ne survit que quelques heures). Le risque réel est probablement plus faible. Le risque d'infection par le virus de l'hépatite C est inconnu.

Approche clinique

1) Faire saigner la plaie et la désinfecter soigneusement.
2) Donner le vaccin contre l'hépatite B : la première dose est administrée moins de sept jours après la piqûre, la seconde un mois plus tard et la troisième après six mois.
3) Administrer une dose de gammaglobuline hyperimmune contre l'hépatite B (pour la posologie : voir Hépatites virales).
4) Vérifier l'efficacité du traitement préventif (sérologie pour l'hépatite B un et trois mois plus tard).

   Compte tenu du faible risque d'infection à VIH, le dépistage de routine ne s'impose pas. Si, après avoir été informés, l'enfant ou ses parents demeurent exagérément anxieux, on peut faire une épreuve sérologique pour le VIH et la répéter six mois plus tard.

Piqûre accidentelle par une aiguille en milieu hospitalier

Un professionnel de la santé peut se piquer avec une aiguille contaminée par le sang d'un patient. Comme dans la situation précédente, on se préoccupe surtout du risque de contamination par le VHB ou par le VIH, mais la possibilité d'infection par le virus de l'hépatite C (VHC) existe aussi. Si le patient est porteur du VHB, le risque d'infection peut atteindre 25 %. S'il est porteur du VIH, il peut aller jusqu'à 0,3 %.

Approche clinique

1) Faire saigner la plaie et la désinfecter soigneusement.
2) Administrer la première dose du vaccin contre l'hépatite B moins de sept jours après la piqûre; la seconde un mois plus tard et la troisième après six mois. Ce vaccin est donné même si le patient est séronégatif

pour l'hépatite B, en raison du risque persistant d'autres piqûres accidentelles. Si la personne a déjà été vaccinée, on vérifie les anticorps anti-AgHbs; si le taux est protecteur, on ne la revaccine pas et, s'il ne l'est pas, on lui donne une dose de rappel du vaccin.

3) Donner une dose de gammaglobuline hyperimmune contre l'hépatite B si le patient est porteur de ce virus (Voir Hépatites virales). Si le patient n'a pas été testé et qu'on ne peut pas le tester, la gammaglobuline est administrée si le patient appartient à un groupe à risque élevé (voir Hépatites virales).

4) Si la victime de la piqûre accidentelle est d'accord, on lui fait une épreuve sérologique pour le VIH qu'on répète 1, 3, 6 et 12 mois plus tard. Toutes les séroconversions surviennent en moins de six mois.

5) Si le patient est séropositif pour le VIH et si la victime le souhaite, on lui donne un traitement préventif à l'AZT (200 mg PO toutes les 4 heures pendant 6 semaines), en surveillant l'hémogramme une fois par semaine, ainsi que l'état clinique. L'efficacité de ce traitement n'est pas prouvée.

6) Si possible, tester le patient pour l'hépatite C, ainsi que la victime quelques semaines après la piqûre.

Lectures suggérées

Center for Disease Control: Update: acquired immunodeficiency syndrome and human immunodeficiency virus infection among health-care workers. Mortality and Morbidity Weekly Review 1988; 37: 229-239.

Center for Disease Control: Public health service statement on management of occupational exposure to human immunodeficiency virus including considerations regarding zidovudine postexposure. Mortality and Morbidity Weekly Review 1990; 39: 1-14.

Center for Disease Control: Recommendations for preventing transmission of human deficiency virus and hepatitis B during exposure-prone invasive procedure. Mortality and Morbidity Weekly Review 1991; 41: 1-9.

Piqûres d'insectes (hyménoptères)   194

Michel Weber, Zave Chad

Généralités

Ce chapitre traite essentiellement des piqûres d'hyménoptères. Les piqûres des autres insectes ne causent habituellement que des réactions locales minimes, qui ne nécessitent pas de traitement particulier.

La plupart du temps, les réactions aux piqûres d'hyménoptères (abeilles, guêpes, frelons, etc.) sont minimes. Chez un petit nombre d'enfants allergiques à leur venin, des réactions graves ou même mortelles peuvent survenir. Elles sont médiées par des IgE spécifiques dirigées contre les diverses protéines du venin (exemple : phospholipase A dans le cas de l'abeille).

Ces incidents surviennent à peu près exclusivement en été. Les enfants d'apiculteurs et ceux qui vivent à la campagne sont particulièrement exposés. Lors de la piqûre, l'animal injecte 10 à 50 µg de venin au moyen de son dard, situé à l'extrémité de l'abdomen.

La collaboration d'un allergiste est très utile lorsqu'un patient a présenté une réaction grave.

Manifestations cliniques

La plupart des enfants piqués présentent pendant quelques heures une petite réaction locale (< 5 cm) caractérisée par de l'œdème, de l'hyperhémie et de la douleur. Des réactions locales importantes (> 5 cm) surviennent chez environ 10 % des victimes de piqûres ; elles peuvent persister pendant plusieurs jours.

Une réaction allergique systémique mineure ou majeure se produit chez environ 0,5 % des personnes piquées, plus fréquemment chez les victimes de sexe masculin. On peut observer une combinaison de plusieurs symptômes : érythème, urticaire, prurit, œdème angioneurotique, douleurs abdominales, nausées, vomissements, diarrhée, toux, détresse respiratoire par bronchospasme ou atteinte laryngée (stridor, aphonie), choc anaphylactique.

Explorations

L'histoire clinique et l'examen sont habituellement suffisants.

L'identification de l'insecte piqueur constitue un élément diagnostique important, mais elle n'est pas toujours possible. Si le dard est resté dans la peau, il s'agit probablement d'une abeille.

L'allergie au venin peut être confirmée *in vivo* par les tests cutanés ; ceux-ci sont devenus très sensibles et spécifiques depuis qu'on utilise le venin purifié au lieu d'extraits de l'insecte complet. On injecte par voie intradermique du venin à concentration croissante. Le test est positif si la zone d'œdème dépasse 5 mm de diamètre et si elle est entourée d'un érythème de plus de 10 mm de diamètre, pour autant que cette réaction soit plus marquée que celle qu'on obtient avec une injection intradermique de sérum physiologique. Bien que le test cutané cause rarement une réaction systémique, il faut avoir de l'adrénaline et l'équipement de réanimation habituel à portée de main.

Des épreuves *in vitro* comme le RAST sont moins fiables que le test cutané ; elles mettent en évidence les IgE spécifiques dans le sérum du patient. Ces différents tests sont positifs chez la majorité des personnes allergiques.

Traitement

L'application locale de glace et l'administration d'un analgésique suffisent au traitement des réactions locales.

Les réactions systémiques majeures doivent être traitées immédiatement à l'adrénaline. C'est pourquoi la personne à risque doit toujours avoir à sa portée une trousse lorsqu'elle risque d'être piquée.

Lorsqu'une réaction grave se produit, il faut se rendre à l'hôpital immédiatement après l'injection d'adrénaline, car la durée d'action de celle-ci est courte.

Les autres modalités du traitement sont détaillées dans le chapitre consacré au choc anaphylactique.

Prévention

La personne allergique au venin d'hyménoptères doit le plus possible éviter les situations de risque. La tonte du gazon constitue une activité particulièrement dangereuse, de même que les repas pris à l'extérieur.

Lorsque le risque ne peut être évité, la peau devrait être la plus couverte possible et les vêtements aux couleurs vives devraient être évités, de même que les parfums.

La personne doit toujours apporter sa trousse d'adrénaline avec elle et savoir comment s'en servir.

Les lotions qui éloignent les insectes ainsi que les insecticides peuvent être utiles.

Les nids situés à proximité de la maison doivent être détruits.

L'enfant ou l'adolescent allergique devrait porter un bracelet indiquant qu'il présente ce problème.

La désensibilisation au moyen de venin purifié est efficace. Elle est indiquée chez les patients qui ont une histoire de réaction allergique grave aux piqûres d'hyménoptères, après confirmation du diagnostic par les tests cutanés. Cette désensibilisation consiste à administrer par voie sous-cutanée des quantités croissantes de venin dilué, à intervalles rapprochés pendant deux à trois mois, puis des doses moins fréquentes pendant la période d'entretien. Des réactions locales ou générales peuvent se produire au cours du traitement. Lorsqu'elles sont importantes, il est souvent nécessaire de réduire temporairement la dose de venin. Un effet protecteur est obtenu dans près de 100 % des cas ; il serait en rapport avec la production d'IgG bloquantes. La désensibilisation est habituellement poursuivie pendant au moins cinq à six ans et elle ne devrait être abandonnée que si les IgE disparaissent et si les IgG persistent.

Lectures suggérées

Banner W Jr : Bites and stings in the pediatric patient. Curr Probl Pediatr 1988 ; 18 : 1-69.

Graft DF, Schuberth KC : Hymenoptera allergy in children. Pediatr Clin North Am 1983 ; 30 : 873-886.

Graft DF, Schuberth KC, Kagey-Sobotka A, *et al.* : A prospective study of the natural history of large reactions after hymenoptera stings in children. J Pediatr 1984 ; 104 : 664-668.

Maguire JF, Geha RS : Bee, wasp and hornet stings. Pediatr Rev 1986 ; 8 : 5-11.

Schuberth KC, Lichtenstein LM, Kagey-Sobotka A, *et al.*: An epidemiologic study of insect allergy in children. Part I: Characteristics of the disease. J Pediatr 1982; 100: 546-551.

Schuberth KC, Lichtenstein LM, Kagey-Sobotka A, *et al.*: An epidemiologic study of insect allergy in children. Part II: Effects of accidental stings in allergic children. J Pediatr 1983; 102: 361-365.

Pleurs excessifs («coliques»)   195

Michel Weber, Khazal Paradis, Nancy Haley, Gloria Jeliu

Généralités

Le nourrisson normal pleure de façon croissante jusqu'à l'âge de six semaines. La limite supérieure de la normale se situe alors aux environs de deux à trois heures par jour. Les pleurs s'atténuent ensuite de façon progressive. D'habitude, ils sont devenus minimes vers le quatrième mois.

Faute de critères précis de diagnostic, l'incidence exacte des pleurs excessifs n'est pas bien connue; elle pourrait être de l'ordre de 10 à 15 %.

Le terme «coliques» est imprécis car il implique que les pleurs résultent d'une douleur et parce qu'il suggère une étiologie unique.

Ce problème, surtout lorsqu'il prédomine la nuit, peut causer un état d'épuisement et d'exaspération importants qui conduit parfois les parents à maltraiter leur enfant.

Ce chapitre ne concerne que les pleurs chroniques. L'apparition aiguë de pleurs inhabituels doit faire suspecter une maladie organique comme une otite ou une invagination intestinale.

Le tableau clinique est assez caractéristique: le bébé pleure de façon intense et rien ne peut le consoler; il devient rouge et fléchit les cuisses. Les parents rapportent souvent des flatulences. Ces crises surviennent le plus souvent le soir, au moment où le degré d'activité et de fatigue est le plus élevé dans la famille.

Approche clinique

Les nombreux travaux de recherche portant sur ce problème témoignent de l'ignorance qui continue à l'entourer. L'approche clinique doit être individualisée.

La première étape consiste à faire une anamnèse méticuleuse, qui s'intéresse surtout aux éléments suivants:

1) Depuis quand le bébé pleure-t-il?

2) Combien d'heures pleure-t-il chaque jour?

3) Quel est l'horaire de ces pleurs?

4) Le problème s'améliore-t-il avec le temps?

5) Comment l'enfant est-il nourri?

6) Quels traitements ont été essayés?

7) Comment réagit la famille?

8) Y a-t-il d'autres symptômes anormaux?

9) Y-a-t-il des sources de stress excessif dans la famille?

10) Comment est constitué le réseau de soutien des parents?

Le deuxième temps de la consultation consiste à pratiquer un examen complet de l'enfant; cette phase vise surtout à rassurer les parents car, la plupart du temps, aucune anomalie ne peut être décelée. On s'assure de la normalité de la croissance staturopondérale et du développement psychomoteur.

Mise à part une culture d'urine, aucune exploration paraclinique n'est utile, sauf, dans de rares cas, pour confirmer un problème organique détecté par l'anamnèse ou l'examen.

L'intervention doit se baser sur les différents facteurs étiologiques connus:

1) L'insuffisance de mouvement a été incriminée comme un facteur étiologique possible. Il a été suggéré récemment que le nourrisson normal pleure moins lorsqu'il est porté par sa mère ou son père pendant une partie de la journée. L'efficacité du mouvement comme mode de traitement des «coliques» est cependant controversée. De toute façon, beaucoup de parents y recourent spontanément. Il faut éviter de secouer l'enfant trop vigoureusement, car il s'agit d'une cause connue d'hématome sous-dural;

2) Parfois, les pleurs excessifs témoignent d'un «tempérament difficile». Ils peuvent amener une hyperstimulation réactionnelle et anarchique de la part de la famille. Celle-ci peut à son tour aggraver les pleurs. On peut tenter d'atténuer ce cercle vicieux en conseillant de garder l'enfant au calme, en recommandant le contact humain, la douceur, la musique douce, la sucette, etc. Les parents devraient se relayer et faire appel au besoin à l'aide que peut leur offrir une gardienne, les grands-parents, etc.;

3) Les pleurs excessifs résultent occasionnellement d'une intolérance aux protéines bovines. Lorsque les pleurs sont très importants, il est donc nécessaire d'éliminer les protéines bovines de l'alimentation pendant quelques jours. On utilise de préférence comme substitut un lait à base d'hydrolysat de caséine. Les laits à base de protéines de soja ne conviennent pas, car l'enfant se sensibilise fréquemment à ces protéines. Dans une minorité appréciable de cas, les protéines bovines sont en cause et les pleurs disparaissent en quelques heures de façon spectaculaire. Le régime d'élimination est alors poursuivi pendant quelques mois. Lorsqu'il n'y a pas d'amélioration notable, on peut reprendre une alimentation normale. L'enfant allaité peut aussi présenter ce problème; il faut donc conseiller à sa mère de s'abstenir elle-même de produits lactés pendant quelques jours;

4) Le rôle du lactose demeure à préciser: certains nourrissons pourraient présenter pendant un certain temps une déficience relative en lactase; il est tentant de penser que la malabsorption du lactose puis sa fermen-

tation sont responsables de la formation de quantités excessives de gaz intestinaux, ce qui peut entraîner des douleurs abdominales. Cette hypothèse n'est pas confirmée de façon convaincante. Les laits à base d'hydrolysat de caséine utilisés comme substituts des laits habituels ne contiennent pas de lactose; ceci complique l'interprétation du résultat d'un régime d'élimination, puisque deux manœuvres sont réalisées simultanément (retrait du lactose et des protéines bovines);

5) Des pleurs excessifs liés à une infection urinaire ont parfois été rapportés.

Les multiples changements de lait, encore trop souvent conseillés, sont inutiles. De nombreux médicaments ont été essayés pour le traitement des «coliques», souvent dans le cadre d'essais cliniques à méthodologie déficiente; la plupart du temps, il est préférable d'éviter toute tentative de traitement pharmacologique. Il faut prendre le temps de rassurer les parents, car le problème disparaît habituellement de lui-même vers l'âge de trois à quatre mois. Il faut cependant se garder de fixer une échéance trop précise, car le lien de confiance peut être ébranlé si cette prédiction ne se réalise pas. Dans les cas extrêmes, lorsque la famille est épuisée, quelques jours d'hospitalisation peuvent être utiles; l'enfant cesse parfois de pleurer aussitôt qu'il est soustrait à l'atmosphère d'anxiété contagieuse qui exacerbe le problème.

Lectures suggérées

Carey WB: «Colic»-Primary excessive crying as an infant-environment interaction. Pediatr Clin North Am 1984; 31: 993-1005.
Geertsma MA, Hyams JS: Colic – a pain syndrome of infancy? Pediatr Clin North Am 1989; 36: 905-919.
Miller AR, Barr RG: Infantile colic. Is it a gut issue? Pediatr Clin North Am 1991; 38: 1407-1423.
Moore DJ, Davidson GP: Breath hydrogen response to milk containing lactose in colicky and noncolicky infants. J Pediatr 1988; 113: 979-984.
Schmitt BD: The prevention of sleep problems and colic. Pediatr Clin North Am 1986; 33: 763-774.
Taubman B: Parental counseling compared with elimination of cow's milk or soy milk protein for the treatment of infant colic syndrome: a randomized trial. Pediatrics 1988; 81: 756-761.

Pneumonies   196

Michel Weber, Marc Lebel, Guy Lapierre, Jacques Boisvert

Généralités

Les infections pulmonaires se rencontrent fréquemment en pédiatrie. Les caractéristiques cliniques et radiologiques ne permettent pas d'en établir l'origine bactérienne ou virale; le traitement demeure donc la plupart du temps empirique. Une pneumonie par inhalation doit surtout être envisagée chez l'enfant qui a un problème de santé prédisposant comme une encéphalopathie, des troubles de la déglutition ou un reflux gastro-œsophagien. Moins de 30 % des pneumonies sont d'origine bactérienne; la majorité sont causées par des virus ou le *Mycoplasma pneumoniæ*. La tuberculose doit toujours être gardée en mémoire, surtout s'il y a une histoire de contact ou si l'enfant vient d'une région endémique. Des pneumonies à agents multiples sont rapportées. La cause probable d'une pneumonie varie selon l'âge et l'état des défenses immunitaires:

I. Chez les patients immunocompétents

1) Chez le nouveau-né (< 1 mois):

   a) Bactéries diverses: *Streptococcus agalactiæ* (streptocoque bêta-hémolytique du groupe B), *Staphylococcus aureus*, bactéries à Gram négatif (*Escherichia coli* et autres);

   b) Virus et autres agents: cytomégalovirus, virus respiratoire syncytial, *Herpèsvirus*, *Chlamydia trachomatis*, *Mycoplasma hominis*, *Ureaplasma urealyticum*.

2) Chez le jeune nourrisson (1 à 4 mois):

   a) Bactéries: *Streptococcus pneumoniæ*, *Hæmophilus influenzæ*, *Staphylococcus aureus* (rare);

   b) Virus: cytomégalovirus, virus respiratoire syncytial;

   c) Autres agents: *Chlamydia trachomatis*, *Mycoplasma hominis*, *Ureaplasma urealyticum*.

3) Chez le jeune enfant (4 mois à 5 ans):

   a) Virus: virus respiratoire syncytial, virus influenza et para-influenza, adénovirus;

   b) Bactéries: *Streptococcus pneumoniæ*, *Hæmophilus influenzæ*, *Streptococcus pyogenes*, *Staphylococcus aureus*;

   c) *Mycoplasma pneumoniæ*.

4) Chez l'enfant de plus de 5 ans et l'adolescent:

   a) Virus influenza et para-influenza;

   b) *Mycoplasma pneumoniæ*;

   c) *Streptococcus pneumoniæ*.

II. Chez les patients immunodéficients

Les pneumonies peuvent être causées par les mêmes agents que chez les enfants normaux, mais il faut aussi suspecter des agents opportunistes comme le cytomégalovirus, le *Legionella pneumophila*, le *Pneumocystis carinii* ainsi que les mycoses.

III. Chez les patients souffrant de troubles de la déglutition, d'hypotonie ou de maladie neuromusculaire, de retard mental ou de reflux gastro-oesophagien

Dans ces circonstances, il faut suspecter une pneumonie par inhalation.

IV. Chez l'enfant qui a ingéré un hydrocarbure

Il s'agit d'une pneumonie chimique (voir Intoxications). Les surinfections sont exceptionnelles.

Manifestations cliniques

Elles sont très variables d'un patient à l'autre.

La fièvre est fréquente; son degré ne permet pas de différencier entre une pneumonie virale ou bactérienne.

Les signes les plus constants sont la polypnée et le tirage intercostal. On peut aussi noter de la toux, une tachycardie et un battement des ailes du nez.

Des douleurs thoraciques peuvent survenir.

La percussion permet parfois de mettre en évidence une matité, surtout lorsqu'il y a un épanchement pleural associé.

A l'auscultation, on peut noter, en regard du territoire pulmonaire hépatisé, une diminution du murmure vésiculaire, des râles crépitants ou un souffle tubaire.

Occasionnellement, une pneumonie peut exister chez un enfant fiévreux qui n'a ni symptôme respiratoire ni anomalie auscultatoire; c'est pourquoi il est prudent de faire une radiographie pulmonaire chez l'enfant qui présente une fièvre persistante inexpliquée.

Une pneumonie de la base peut se manifester de façon prédominante ou exclusive par des douleurs abdominales accompagnées de fièvre. Une radiographie pulmonaire fait donc partie de l'évaluation d'une douleur abdominale aiguë.

Une pneumonie du sommet peut causer un méningisme (raideur de nuque sans méningite).

Les pneumonies virales et à *Mycoplasma pneumoniæ* sont souvent caractérisées par une discordance entre un état général peu atteint et un tableau radiologique plus impressionnant.

La pneumonie à *Mycoplasma pneumoniæ* se reconnaît souvent à son caractère épidémique dans la famille, à la toux quinteuse et prolongée et à l'abondance de râles fins disséminés.

La pneumonie interstitielle du jeune nourrisson, causée notamment par le *Chlamydia trachomatis*, s'associe à un tableau clinique relativement caractéristique: absence de fièvre, toux quinteuse, multitude de râles fins disséminés, conservation de l'état général; une conjonctivite peut être associée.

Explorations

I. Hématologie, bactériologie, sérologie et virologie

Dans la plupart des cas de pneumonie banale, aucune exploration particulière n'est indiquée.

Sauf dans des cas extrêmes, l'hémogramme ne permet pas de différencier avec certitude une pneumonie bactérienne d'une pneumonie virale. Il en est de même pour la vitesse de sédimentation et le dosage de la protéine C-réactive (CRP).

La culture des sécrétions pharyngées est inutile. La culture des expectorations n'est possible que chez les enfants en âge d'expectorer. L'hémoculture est positive dans 10 % des cas environ.

Chez le patient intubé, il est utile de prélever des sécrétions bronchiques pour culture et pour examen direct après coloration au Gram. Pour être valable, il faut que l'échantillon contienne plus de 25 polynucléaires et moins de 25 cellules épithéliales par champ (× 100).

Chez le jeune nourrisson atteint d'une pneumonie causée par le *Chlamydia trachomatis* ou par un des autres agents propres à cet âge, on retrouve souvent une éosinophilie et une hypergammaglobulinémie. Le test de diagnostic rapide sur les sécrétions nasopharyngées (Canada : Chlamydiazyme) est utile, de même que la culture, lorsqu'on suspecte cet agent.

Le dosage des antistreptolysines (Canada : ASO ; France : ASLO) en phases aiguë et de convalescence peut permettre un diagnostic rétrospectif de pneumonie à *Streptococcus pyogenes*.

La recherche des agglutinines froides est peu utile pour le diagnostic de l'infection à *Mycoplasma pneumoniæ*.

En général, les cultures et la sérologie pour les virus ont peu d'intérêt pour le patient. Si le résultat peut être obtenu rapidement, la sérologie pour le *Mycoplasma pneumoniæ* aide à orienter le traitement.

La recherche d'antigènes microbiens dans le sang et l'urine par contre-immuno-électrophorèse ou par agglutination au latex est inutile.

Tout épanchement pleural de volume suffisant devrait être ponctionné pour culture et pour étudier les caractéristiques biochimiques du liquide pleural.

Chaque fois qu'on suspecte une pneumonie tuberculeuse, une épreuve tuberculinique cutanée est nécessaire ; si celle-ci est positive, les sécrétions de l'estomac sont prélevées à trois reprises par tubage gastrique le matin à jeun ; elles sont mises en culture sur milieu de Lowenstein. Chez le patient assez âgé pour collaborer, on peut aussi mettre en culture les expectorations.

La ponction-aspiration pulmonaire n'est pratiquée que dans des circonstances exceptionnelles.

Une pneumonie survenant chez un enfant immunodéficient nécessite souvent des manœuvres diagnostiques invasives comme un lavage broncho-alvéolaire, un brossage bronchique ou une biopsie pulmonaire. On recherche systématiquement les principaux agents possibles (bactéries et virus habituels, *Mycoplasma*, *Pneumocystis*, BK, *Legionella*, etc.).

Certains tests de diagnostic rapide sont maintenant disponibles. C'est déjà le cas pour le virus respiratoire syncytial, les virus influenza A et B, l'adénovirus, les virus para-influenza 1, 2 et 3 et le *Chlamydia trachomatis*.

II. Radiologie

La radiographie pulmonaire montre une infiltration parenchymateuse. Celle-ci peut être uni- ou multifocale, alvéolaire ou interstitielle, segmentaire, lobaire ou peu systématisée. Le volume du territoire infiltré peut être augmenté ou diminué ; dans cette dernière situation, une pneumonie peut être difficile ou impossible à différencier d'une atélectasie. L'image radiologique suggère parfois une étiologie particulière :

1) Les pneumonies lobaires bien délimitées et les pneumonies pseudotumorales sont souvent causées par le *Streptococcus pneumoniæ* ;
2) Les pneumonies à *Hæmophilus influenzæ* sont d'habitude moins nettement délimitées ;
3) La présence de pneumatocèles suggère surtout une origine staphylococcique ;
4) Les pneumonies multifocales mal délimitées sont souvent causées par des virus ou le *Mycoplasma pneumoniæ*, ce dernier peut cependant donner n'importe quelle image radiologique, y compris une pneumonie lobaire ou un épanchement pleural ;
5) La présence d'adénopathies hilaires ou paratrachéales doit faire penser à une origine tuberculeuse ;
6) Un épanchement pleural est compatible avec une infection à *Streptococcus pneumoniæ* ou à *Staphylococcus aureus*, mais d'autres agents peuvent en être responsables ;
7) Chez un nourrisson de moins de trois mois, surtout s'il n'y a pas de fièvre, une infiltration interstitielle ou une distension pulmonaire doit faire penser à une infection à *Chlamydia trachomatis*, à cytomégalovirus ou à *Ureaplasma urealyticum*. Ces pneumonies peuvent ressembler radiologiquement à une bronchiolite.

Lorsqu'il y a un doute à propos de l'existence d'un épanchement pleural, des radiographies prises en décubitus latéral sont nécessaires.

Traitement

La plupart des enfants souffrant de pneumonie n'ont pas besoin d'être hospitalisés ; cette décision est prise en fonction de l'importance de la dyspnée et du degré d'atteinte de l'état général. Si la fièvre est élevée, on donne au besoin un antipyrétique (acétaminophène ou paracétamol : 15 mg/kg/dose PO toutes les 4 heures ; maximum chez le grand enfant : 650 mg/dose). Il est préférable de s'abstenir de prescrire des antitussifs. Selon les circonstances, l'administration d'oxygène, la physiothérapie (kinésithérapie) respiratoire ainsi que l'intubation et la ventilation mécanique sont parfois indiquées. Un empyème doit toujours être drainé.

Comme il n'y a d'habitude aucun moyen de préciser l'étiologie d'une pneumonie, une antibiothérapie empirique est prescrite la plupart du temps. La voie orale peut être utilisée dans la plupart des cas. Sauf chez le nouveau-né et le jeune nourrisson, la voie intraveineuse est réservée au traitement initial lorsque l'enfant est dyspnéique et «toxique».

I. Pneumonie d'étiologie inconnue, en l'absence de facteur de risque particulier

1) Nouveau-né (0 à 1 mois) : ampicilline et gentamicine IV pendant 10 jours. Si on suspecte le *Staphylococcus aureus*, ajouter la cloxacilline (Canada, France), la nafcilline (Canada) ou l'oxacilline (France). Pour la posologie, voir Index pharmacologique.

2) Jeune nourrisson (1 à 3 mois):

   a) Si on suspecte de façon préférentielle le *Chlamydia trachomatis* ou l'*Ureaplasma urealyticum*:

     – Érythromycine (30 à 50 mg/kg/24 heures PO en 3 à 4 fois pendant 2 semaines).

   b) Si on suspecte le *Chlamydia trachomatis*, l'*Ureaplasma urealyticum* ou une bactérie:

     – Canada: érythromycine-sulfisoxazole (30 à 50 mg/kg/24 heures d'érythromycine et 90 à 150 mg/kg/24 heures de sulfisoxazole PO en 3 à 4 fois pendant 2 semaines);

     – France: érythromycine-sulfafurazole (30 à 50 mg/kg/24 heures d'érythromycine et 90 à 150 mg/kg/24 heures de sulfafurazole PO en 3 à 4 fois pendant 2 semaines).

   c) Si on soupçonne de façon préférentielle une étiologie bactérienne:

     – État général peu altéré, dyspnée absente ou minime: traitement ambulatoire:

       – Amoxicilline (30 à 50 mg/kg/24 heures PO en 3 fois). S'il n'y a pas de réponse satisfaisante après 48 à 72 heures de traitement, remplacer l'amoxicilline par le céfaclor (40 à 60 mg/kg/24 heures PO en 3 fois). Durée du traitement: 7 à 10 jours;

     – État général altéré, dyspnée modérée: traitement parentétal:

       – Ampicilline (100 à 150 mg/kg/24 heures IV en 4 fois). Le relais peut être pris par voie orale avec l'amoxicilline aussitôt que l'état du patient est amélioré (exemple: 24 heures sans fièvre). Dans les rares cas ou l'on soupçonne le *Staphylococcus aureus*, ajouter la cloxacilline (Canada, France), la nafcilline (Canada) ou l'oxacilline (France), à raison de 100 à 200 mg/kg/24 heures IV en 4 fois. S'il n'y a pas de réponse satisfaisante à l'ampicilline après 48 à 72 heures, il peut être indiqué de la remplacer par le céfuroxime (100 à 150 mg/kg/24 heures IV en 3 fois). Durée totale du traitement: 10 jours;

     – État général très altéré, dyspnée importante: on a le choix entre deux modes de traitement:

       – Céfuroxime seul (100 à 150 mg/kg/24 heures IV en 3 fois);

       – Association de céfotaxime (100 à 200 mg/kg/24 heures IV en 4 fois) et d'une pénicilline antistaphylococcique comme la cloxacilline (Canada, France), la nafcilline (Canada) ou l'oxacilline (France): 100 à 200 mg/kg/24 heures IV en 4 fois.

     On peut prendre le relais par voie orale avec le céfaclor (40 à 60 mg/kg/24 heures PO en 3 fois) dès que l'état du patient est amélioré. Durée totale du traitement: 10 jours.

3) Jeune enfant (3 mois à 5 ans):
   - État général peu altéré, dyspnée absente ou minime: traitement ambulatoire:
     - Amoxicilline (30 à 50 mg/kg/24 heures PO en 3 fois). S'il n'y a pas de réponse satisfaisante après 48 à 72 heures de traitement, remplacer l'amoxicilline par le céfaclor (40 à 60 mg/kg/24 heures PO en 3 fois). Durée du traitement: 7 à 10 jours;
   - État général altéré, dyspnée modérée: traitement parentéral:
     - Ampicilline (100 à 200 mg/kg/24 heures IV en 4 fois). Le relais peut être pris par voie orale avec l'amoxicilline aussitôt que l'état du patient est amélioré (exemple: 24 heures sans fièvre). Dans les rares cas ou l'on soupçonne le *Staphylococcus aureus*, ajouter la cloxacilline (Canada, France), la nafcilline (Canada) ou l'oxacilline (France): 100 à 200 mg/kg/24 heures IV en 4 fois. S'il n'y a pas de réponse satisfaisante à l'ampicilline après 48 à 72 heures, il peut être indiqué de la remplacer par le céfuroxime (100 à 150 mg/kg/24 heures IV en 3 fois). Durée totale du traitement: 10 jours;
   - État général très altéré, dyspnée importante: on a le choix entre deux modes de traitement:
     - Céfuroxime seul (100 à 150 mg/kg/24 heures IV en 3 fois);
     - Association de céfotaxime (100 à 200 mg/kg/24 heures IV en 4 fois) et d'une pénicilline antistaphylococcique comme la cloxacilline (Canada, France), la nafcilline (Canada) ou l'oxacilline (France): 100 à 200 mg/kg/24 heures IV en 4 fois.

   On peut prendre le relais par voie orale avec le céfaclor (40 à 60 mg/kg/24 heures PO en 3 fois) dès que l'état du patient est amélioré. Durée totale du traitement: 10 jours.

4) Enfant de plus de 5 ans et adolescent:
   a) Si on soupçonne le *Streptococcus pneumoniæ*:
      - État général peu altéré, dyspnée absente ou minime: traitement ambulatoire:
        - Érythromycine (30 à 50 mg/kg/24 heures PO en 3 à 4 fois; maximum chez le grand enfant: 2 g/24 heures). Durée du traitement: 7 à 10 jours.
      - État général altéré, dyspnée modérée: traitement parentéral:
        - Pénicilline G (100 000 à 200 000 UI/kg/24 heures IV en 4 fois; maximum chez le grand enfant: 24 000 000 UI/24 heures). S'il n'y a pas de réponse satisfaisante à la pénicilline après 48 à 72 heures, il peut être indiqué de la remplacer par le céfuroxime (100 à 150 mg/kg/24 heures IV en 3 fois; maximum chez le grand enfant: 6 g/24 heures). Dès que l'état du patient est amélioré (exemple: 24 heures sans fièvre), on peut prendre le relais par voie orale avec la pénicilline V (25 à 100 mg/kg/24 heures PO en 3 ou 4 fois, soit

40 000 à 160 000 UI/kg/24 heures; maximum chez le grand enfant: 2 g ou 3 200 000 UI/24 heures).

Durée totale du traitement: 10 jours;

- État général très altéré, dyspnée importante: on a le choix entre deux modes de traitement:
  - Céfuroxime seul (100 à 150 mg/kg/24 heures IV en 3 fois; maximum chez le grand enfant: 6 g/24 heures);
  - Association de céfotaxime (100 à 200 mg/kg/24 heures IV en 4 fois; maximum chez le grand enfant: 10 g/24 heures) et d'une pénicilline antistaphylococcique comme la cloxacilline (Canada, France), la nafcilline (Canada) ou l'oxacilline (France): 100 à 200 mg/kg/24 heures IV en 4 fois; maximum chez le grand enfant: 12 g/24 heures.

On peut prendre le relais par voie orale avec le céfaclor (40 à 60 mg/kg/24 heures PO en 3 fois; maximum chez le grand enfant: 3 g/24 heures) dès que l'état du patient est amélioré. Durée totale du traitement: 10 jours.

b) Si on soupçonne le *Mycoplasma pneumoniæ*:

- < 9 ans: érythromycine (30 à 50 mg/kg/24 heures PO en 3 ou 4 fois; maximum chez le grand enfant: 2 g/24 heures);
- > 9 ans: érythromycine (même posologie que ci-dessus) ou tétracycline (20 à 50 mg/kg/24 heures PO en 4 fois; maximum chez le grand enfant: 2 g/24 heures);

Durée du traitement: une dizaine de jours.

II. Pneumonie dont l'étiologie est connue

1) *Chlamydia trachomatis*: érythromycine (30 à 50 mg/kg/24 heures PO en 3 à 4 fois pendant 2 semaines).

2) *Hæmophilus influenzæ*:

- Sensible à l'ampicilline: selon l'état du patient, ampicilline (100 à 200 mg/kg/24 heures IV en 4 fois; maximum chez le grand enfant: 12 g/24 heures) ou amoxicilline (30 à 50 mg/kg/24 heures PO en 3 fois; maximum chez le grand enfant: 2 g/24 heures);
- Résistant à l'ampicilline: selon l'état du patient: céfuroxime (100 à 150 mg/kg/24 heures IV en 4 fois; maximum chez le grand enfant: 6 g/24 heures) ou céfaclor (40 à 60 mg/kg/24 heures PO en 3 fois; maximum chez le grand enfant: 3 g/24 heures). Si on choisit initialement la voie intraveineuse, on peut prendre le relais par voie orale dès que l'état du patient est amélioré, le plus souvent après 24 à 48 heures. Selon l'antibiogramme, le choix pourra être l'amoxicilline – acide clavulanique (30 à 50 mg/kg/24 heures d'amoxicilline PO en 3 fois; maximum chez le grand enfant: 2 g/24 heures), le céfaclor (40 à 60 mg/kg/24 heures PO en 3 fois; maximum chez le grand enfant: 3 g/24 heures) ou le céfixime

(8 mg/kg/24 heures PO en 1 à 2 fois; maximum chez le grand enfant: 400 mg/24 heures). Durée totale du traitement: 10 jours.

3) *Legionella pneumophila*: érythromycine (50 mg/kg/24 heures IV en 4 fois; maximum chez le grand enfant: 4 g/24 heures). La voie orale peut être utilisée lorsque l'état du patient est normalisé. Il faut ajouter la rifampicine (15 mg/kg/24 heures PO en 2 fois; maximum chez le grand enfant: 600 mg/24 heures) si la réponse à l'érythromycine tarde. Durée totale du traitement: 3 semaines.

4) *Mycobacterium tuberculosis*: voir Tuberculose.

5) *Mycoplasma pneumoniæ*:
   - < 9 ans: érythromycine (30 à 50 mg/kg/24 heures PO ou IV selon la gravité de la maladie, en 3 ou 4 fois; maximum chez le grand enfant: 2 g/24 heures);
   - > 9 ans: érythromycine (même posologie) ou tétracycline (20 à 50 mg/kg/24 heures PO ou IV selon la gravité de la maladie, en 4 fois; maximum chez le grand enfant: 2 g/24 heures).

Si on a choisi initialement la voie intraveineuse, le relais peut être pris par voie orale dès que l'état du patient est amélioré. Durée totale du traitement: une dizaine de jours.

6) *Pneumocystis carinii*: premier choix: triméthoprime-sulfaméthoxazole (20 mg/kg/24 heures de TMP et 100 mg/kg/24 heures de SMZ IV en 4 fois); second choix: pentamidine (4 mg/kg/24 heures IV en 1 fois). La durée du traitement est au minimum de 2 semaines; elle doit être de 3 semaines chez les patients souffrant de SIDA.

7) *Staphylococcus aureus*: cloxacilline (Canada, France), nafcilline (Canada) ou oxacilline (France): 100 à 200 mg/kg/24 heures IV en 4 fois; maximum chez le grand enfant: 12 g/24 heures. On peut prendre le relais avec la cloxacilline (Canada, France) ou l'oxacilline (France) par voie orale, à raison de 50 à 100 mg/kg/24 heures PO en 3 à 4 fois; maximum chez le grand enfant: 4 g/24 heures, lorsque l'état du patient est normalisé. La durée du traitement est de l'ordre de 2 semaines. S'il y a un empyème, il est poursuivi pendant un total de 4 semaines.

8) *Streptococcus pneumoniæ*: selon la gravité de la maladie, on utilise soit la pénicilline G (100 000 à 200 000 UI/kg/24 heures IV en 4 fois; maximum chez le grand enfant: 24 000 000 UI/24 heures), soit la pénicilline V (25 à 100 mg/kg/24 heures PO en 3 ou 4 fois, soit 40 000 à 160 000 UI/kg/24 heures; maximum chez le grand enfant: 2 g ou 3 200 000 UI/24 heures). Si on a choisi initialement la voie intraveineuse, le relais peut être pris par voie orale au moyen de la pénicilline V dès que l'état du patient est amélioré, habituellement après 24 à 48 heures. Durée totale du traitement: 7 à 10 jours. S'il s'agit d'un *Streptococcus pneumoniæ* relativement résistant à la pénicilline, le traitement initial sera le céfotaxime ou un autre antibiotique choisi en fonction de la sensibilité.

9) *Streptococcus pyogenes*: le traitement est identique à celui de la pneumonie à *Streptococcus pneumoniæ* (voir ci-dessus).

10) *Ureaplasma urealyticum*: le traitement est identique à celui de la pneumonie à *Chlamydia trachomatis* (voir plus haut).

III. Pneumonie par inhalation

1) Inhalation de liquide gastrique : ne pas donner d'antibiothérapie, sauf s'il y a ultérieurement des indices de surinfection bactérienne ; dans ce cas, le traitement est le même que s'il s'agit d'une inhalation de liquide contaminé. L'utilité des corticostéroïdes est controversée.

2) Inhalation de liquide stérile (eau, lait, sang) : l'approche thérapeutique est la même que dans le cas d'une inhalation de liquide gastrique (voir ci-dessus).

3) Inhalation de liquide contaminé : si les symptômes sont peu marqués, on peut se contenter de donner de la pénicilline G (100 000 à 200 000 UI/kg/24 heures IV en 4 fois ; maximum chez le grand enfant : 24 000 000 UI/24 heures). Si les symptômes sont importants, ou si la pneumonie se développe soit dans une institution, soit en milieu hospitalier, on administre une association de clindamycine (30 à 40 mg/kg/ 24 heures IV en 4 fois ; maximum chez le grand enfant : 2,4 g/ 24 heures) et de tobramycine (3 à 7,5 mg/kg/24 heures IV en 3 fois, maximum chez le grand enfant : 250 mg/24 heures). Lorsque l'état du malade est normalisé, on peut prendre le relais par voie orale ; on utilise alors soit la pénicilline V (25 à 100 mg/kg/24 heures PO en 3 ou 4 fois, soit 40 000 à 160 000 UI/kg/24 heures ; maximum chez le grand enfant : 2 g ou 3 200 000 UI/24 heures), soit la clindamycine (20 à 30 mg/kg/24 heures PO en 4 fois ; maximum chez le grand enfant : 1,8 g/24 heures). Durée totale du traitement : 10 jours.

IV. Pneumonie chimique

Une antibiothérapie n'est pas indiquée, sauf dans les rares cas de surinfection bactérienne secondaire.

Complications

L'abcédation, l'empyème, l'insuffisance respiratoire et l'évolution vers les bronchectasies sont rares.

Suivi

Le suivi clinique est suffisant. Lorsque la réponse au traitement est favorable, il n'est d'ordinaire pas nécessaire de faire des radiographies de contrôle, sauf lorsque l'image radiologique initiale était inhabituelle (exemples : pneumonie pseudotumorale, pneumonie interstitielle, pneumonie avec épanchement pleural).

Pronostic

Il est excellent chez la majorité des patients immunocompétents.

Pneumonie persistante

La persistance d'une pneumonie doit surtout faire penser à un traitement inefficace, à une fidélité insuffisante au traitement, à une tuberculose, à une anomalie d'implantation d'une bronche (exemple : bronche lobaire supérieure droite à implantation trachéale), à un corps étranger bronchique ou à une séquestration pulmonaire. La «pneumonie» persistante du lobe moyen («syndrome du lobe moyen») est le plus souvent une atélectasie ; ce problème ne nécessite d'habitude pas d'autre traitement que de la physiothérapie (kinésithérapie) respiratoire et finit le plus souvent par se résoudre spontanément.

Pneumonies récidivantes

Elles sont fréquentes chez les enfants atteints d'une des affections suivantes :

1) Cardiopathie congénitale avec shunt gauche-droit important ;

2) Fibrose kystique (mucoviscidose) ;

3) Troubles de la déglutition d'origine centrale ou intrinsèque ;

4) Déficience immunitaire, et particulièrement déficience en IgA ou syndrome d'immunodéficience acquise (SIDA) ;

5) Retard mental, hypotonie ou maladie neuromusculaire ;

6) Reflux gastro-œsophagien ;

7) Fistule trachéo-œsophagienne «en H» ;

8) Syndrome des cils immobiles, associé ou non à un syndrome de Kartagener.

Les «pneumonies» récidivantes des enfants asthmatiques ne sont habituellement que des atélectasies.

Lectures suggérées

Brasfield DM, Stagno S, Whitley RJ, *et al.* : Infant pneumonitis associated with cytomegalovirus, Chlamydia, Pneumocystis, and Ureaplasma : follow-up. Pediatrics 1987 ; 79 : 76-83.

Cohen GJ : Management of infections of the lower respiratory tract in children. Pediatr Infect Dis J 1987 ; 6 : 317-323.

Gooch WM : Bronchitis and pneumonia in ambulatory patients. Pediatr Infect Dis J 1987 ; 6 : 137-140.

Masur H : Prevention and treatment of pneumocystis pneumonia. N Engl J Med 1992 ; 327 : 1853-1860.

Peter G : The child with pneumonia : diagnostic and therapeutic considerations. Pediatr Infect Dis J 1988 ; 7 : 453-456.

Turner RB, Lande AE, Chase P, *et al.* : Pneumonia in pediatric outpatients : cause and clinical manifestations. J Pediatr 1987 ; 111 : 194-200.

Polycythémie   197

Michel Weber, Philippe Chessex

Généralités

Ce chapitre se limite à la polycythémie du nouveau-né. Chez l'enfant plus âgé, elle ne s'observe en pratique qu'en association avec une cardiopathie cyanogène.

Par définition, on parle de polycythémie lorsque l'hématocrite est égal ou supérieur à 65 % dans un échantillon de sang prélevé dans une veine périphérique. Le sang prélevé par voie capillaire ne convient pas, parce que l'hématocrite peut y être faussement élevé. La polycythémie est fréquemment associée à une hyperviscosité sanguine.

Parmi les facteurs de risque, on a rapporté la naissance en altitude, le clampage tardif du cordon ombilical, le diabète maternel, le retard de croissance intra-utérine, un âge gestationnel de plus de 40 semaines, l'asphyxie périnatale, la transfusion jumeau-jumeau, l'hypothyroïdie congénitale, l'hyperplasie congénitale des surrénales, les trisomies 13, 18 et 21 et le syndrome de Beckwith-Wiedemann. Au niveau de la mer, l'incidence de la polycythémie néonatale se situerait aux environs de 3 %.

Manifestations cliniques et complications

Environ 25 % des nouveau-nés atteints n'ont aucun symptôme.

L'enfant peut avoir une apparence pléthorique ou être cyanosé.

Comme ils sont peu spécifiques, il est souvent difficile de distinguer les symptômes résultant de la polycythémie de ceux qui sont attribuables à une autre pathologie associée.

Les manifestations neurologiques sont les plus préoccupantes : il peut s'agir d'irritabilité, de léthargie, d'apnées, de convulsions ; elles peuvent résulter de thromboses vasculaires cérébrales.

Sur le plan cardiovasculaire, une insuffisance cardiaque avec détresse respiratoire a été rapportée.

Le système digestif peut aussi être affecté : on peut noter des nausées, des vomissements, une augmentation du résidu gastrique si le nouveau-né est gavé, ainsi que de la diarrhée.

La polycythémie constitue un facteur de risque pour l'entérocolite nécrosante ainsi que pour la thrombose de la veine rénale, qui peut elle-même entraîner une insuffisance rénale aiguë.

La polycythémie peut causer ou aggraver une hyperbilirubinémie indirecte et se compliquer d'hypoglycémie ou de thrombopénie.

Traitement

Une exsanguino-transfusion partielle avec de l'albumine humaine à 5 % vise à réduire l'hématocrite aux environs de 45 %. Ce mode de traitement, qui augmente le risque d'entérocolite nécrosante, demeure controversé ; il devrait probablement être réservé aux patients qui présentent des symptômes importants, particulièrement neurologiques. La quantité de sang à remplacer, en mL, peut être calculée selon la formule suivante :

$$\text{Volume sanguin (80 mL/kg)} \times \frac{\text{hématocrite du patient} - \text{hématocrite désiré (45 \%)}}{\text{hématocrite du patient}}$$

Exemple : Un enfant pesant 3 kg a un hématocrite à 75 %. Le volume de sang à remplacer pour réduire son hématocrite à 45 % sera de 96 mL.

Pronostic

À long terme, les patients atteints pourraient présenter des problèmes neurologiques tels qu'une atteinte de l'intelligence, des troubles du langage et des difficultés en relation avec la motricité fine ; ces séquelles semblent surtout à craindre chez les patients qui ont présenté des thromboses vasculaires cérébrales ou des complications d'une entérocolite nécrosante ou d'une insuffisance rénale aiguë. Le traitement pourrait réduire dans une certaine mesure le risque de telles séquelles.

Lectures suggérées

Black VD : Neonatal hyperviscosity syndromes. Curr Probl Pediatr 1987 ; 17 : 73-130.
Oh W : Neonatal polycythemia and hyperviscosity. Pediatr Clin North Am 1986 ; 33 : 523-532.

Prématurité 198

Michel Weber, Philippe Chessex

Généralités

Par définition, un prématuré est un enfant né avant le 259e jour ou 37 semaines révolues de gestation. L'incidence de la prématurité est de 5 à 7 % des naissances et elle est, contrairement à celle du retard de croissance intra-utérine, comparable sur tous les continents.

Dans les pays industrialisés, la limite inférieure de maturité et de poids de naissance compatibles avec la survie ne cesse d'être repoussée ; actuellement, cette limite est de 24 semaines de gestation, ce qui correspond à peu près à 500 g.

Plus l'âge gestationnel est bas, plus il faut s'attendre à des problèmes multiples liés à l'immaturité des différents organes et systèmes ; c'est pourquoi les plus petits prématurés devraient naître dans un centre qui possède le personnel et l'équipement surspécialisés permettant de faire face à ces problèmes et de donner à l'enfant les meilleures chances de survie, tout en réduisant au minimum le risque de retard de développement et de séquelles physiques ou neurologiques. Le prématuré devrait naître de préférence dans un hôpital possédant ces ressources, car son transport ajoute un risque important. Un médecin compétent en réanimation néonatale devrait être présent à la salle d'accouchement lors de la naissance d'un prématuré de petit poids.

Les progrès de la néonatologie ont permis non seulement de déplacer la limite de la viabilité, mais aussi de réduire au maximum le risque de handicap majeur, neurologique, sensoriel ou autre. Environ 80 % des prématurés dont le poids de naissance était supérieur à 1 000 g semblent intacts; cependant, un certain nombre d'entre eux présenteront ultérieurement des troubles d'apprentissage scolaire. Le risque de handicaps résiduels est plus élevé chez les prématurés de plus petit poids.

La médecine des prématurés est devenue une surspécialité; c'est pourquoi ce chapitre se limite à quelques concepts utiles au médecin généraliste et au pédiatre.

Problèmes survenant au cours de la période néonatale

I. Thermorégulation

Les difficultés qu'éprouve le prématuré à maintenir l'homéostase thermique résultent de plusieurs facteurs comme l'insuffisance de pannicule adipeux isolant, l'immaturité des mécanismes centraux de contrôle de la température corporelle et l'insuffisance de la thermogenèse chimique, hormonale ou mécanique. Tout prématuré doit donc être placé dans un incubateur pour maintenir une température cutanée d'environ 36,5°C, et sa température corporelle doit être surveillée régulièrement.

II. Système nerveux central

L'immaturité du système nerveux central peut se manifester de différentes façons, notamment par l'hypotonie caractéristique du prématuré et par des apnées d'origine centrale (voir plus loin).

Des hémorragies intracrâniennes, intraventriculaires ou périventriculaires surviennent chez environ 30 % des prématurés; le risque est plus élevé chez le prématuré qui souffre d'une maladie des membranes hyalines. Ces hémorragies sont dépistées par des échographies cérébrales systématiques.

Outre les hémorragies intracrâniennes, un bon nombre de problèmes peuvent compromettre l'intégrité cérébrale: anoxie, leucomalacie périventriculaire, hydrocéphalie, hyperbilirubinémie indirecte, méningite, etc. La gamme des séquelles neurologiques possibles est variée: retard de développement psychomoteur, retard mental, troubles du comportement, difficultés d'apprentissage scolaire, paralysie cérébrale, choréo-athétose, hémiplégie, surdité, épilepsie, cécité, etc.

III. Système respiratoire

1) La maladie des membranes hyalines constitue la cause la plus importante de morbidité et de mortalité chez le prématuré; le risque est d'autant plus important que l'âge gestationnel est bas (voir Détresse respiratoire du nouveau-né). Parmi les mesures préventives possibles, il faut citer l'administration d'un corticostéroïde à la mère avant l'accouchement et l'instillation de surfactant dans la trachée dès la

naissance. Outre l'administration de surfactant, le traitement se résume essentiellement à la ventilation mécanique, qui peut être administrée selon diverses modalités. La valeur de l'oxygénation extracorporelle doit encore être précisée. La maladie des membranes hyalines peut être suivie d'une atteinte pulmonaire chronique (voir Dysplasie broncho-pulmonaire).

2) Une apnée se définit comme un arrêt respiratoire de plus de 15 à 20 secondes, ou plus court s'il s'accompagne de bradycardie. Chez le prématuré, des apnées peuvent avoir diverses causes : infection, hémorragie intracrânienne, obstruction nasale, reflux gastro-œsophagien, immaturité du contrôle central de la respiration, fatigabilité musculaire, etc. Les apnées idiopathiques, d'origine centrale, sont les plus fréquentes. Elles répondent souvent à la simple stimulation et, lorsque cela ne suffit pas, l'enfant est ventilé pendant quelques minutes au masque et à l'insufflateur manuel. Au besoin, des apnées fréquentes sont prévenues par l'administration de théophylline ou de caféine. La plupart du temps, ce problème est résolu lors du départ de l'hôpital ; dans ce cas, le monitorage systématique de la respiration à domicile ne se justifie pas.

3) Les autres problèmes respiratoires du prématuré sont la tachypnée transitoire, les pneumonies, les pneumothorax et l'œdème pulmonaire résultant d'une insuffisance cardiaque (exemple : persistance du canal artériel). La nécessité d'une trachéotomie constitue une autre complication importante.

IV. Système cardiovasculaire

Les prématurés peuvent présenter toute la gamme des cardiopathies congénitales. La persistance du canal artériel est un problème particulièrement fréquent, surtout lorsqu'il y a une maladie des membranes hyalines (voir Cardiopathies congénitales) ; il en résulte une insuffisance cardiaque avec œdème pulmonaire et dépendance accrue vis-à vis de l'oxygène.

V. Système hématopoïétique

L'anémie physiologique est plus profonde chez le prématuré que chez le nouveau-né à terme. Plusieurs facteurs contribuent à l'étiologie de cette anémie normocytaire normochrome : la destruction plus rapide des globules rouges fœtaux, la synthèse temporairement ralentie de l'hémoglobine, les prélèvements sanguins multiples et l'accroissement rapide de la masse corporelle et donc du volume circulant. Une ou plusieurs transfusions peuvent être nécessaires (voir Anémies) ; les indications de celles-ci ne sont pas claires et des recherches sont en cours pour déterminer si l'administration d'érythropoïétine permettrait d'y recourir moins souvent.

VI. Système digestif et nutrition

Comme l'enfant né à terme, le prématuré peut présenter diverses malformations congénitales du tube digestif. L'immaturité du mécanisme de glucurono-conjugaison hépatique et les autres maladies concomitantes augmentent le risque d'hyperbilirubinémie indirecte et d'ictère nucléaire (voir Ictère). Surtout lorsqu'il existe d'autres facteurs de risque, le prématuré est particulièrement vulnérable à l'entérocolite nécrosante (voir Entérocolite nécrosante). La succion et la déglutition sont faibles ou incoordonnées jusqu'à la 34ᵉ semaine de gestation, ce qui rend le jeune prématuré incapable de s'alimenter normalement. De plus, il présente une malabsorption relative.

Pour assurer une croissance cérébrale et corporelle adéquate, il faut veiller à un apport calorique et hydro-électrolytique précoce et adéquat. Les besoins énergétiques sont élevés, en raison de la croissance rapide. Les prématurés en bonne santé de plus de 1 700 g environ sont souvent capables de boire au sein ou au biberon. Le lait maternel constitue le meilleur choix; s'il n'est pas disponible, utiliser un des laits spéciaux pour prématurés. Les prématurés de moins de 1 700 g doivent le plus souvent être nourris par gavage, au moyen du lait maternel ou de laits spéciaux. Un gain de poids adéquat constitue le seul critère clinique et pratique permettant de déterminer si l'apport énergétique est adéquat. Lorsque l'alimentation orale ou par gavage n'est pas possible, on doit souvent recourir à l'alimentation parentérale.

VII. Système urinaire

Le pouvoir de concentration de l'urine par le rein est réduit; il en résulte des pertes excessives d'électrolytes et un risque de déséquilibres acidobasiques et de néphrocalcinose (particulièrement si l'enfant est traité de façon prolongée aux diurétiques).

VIII. Système immunitaire

L'ensemble des mécanismes immunitaires du prématuré, qu'il s'agisse de l'immunité humorale ou cellulaire, de la phagocytose, du complément, des opsonines ou d'autres facteurs, est immature. L'incidence des diverses infections (méningite, septicémie, ostéomyélite, pneumonie, etc.) est donc accrue par rapport à ce qui s'observe chez le nouveau-né à terme. Certaines manœuvres diagnostiques et thérapeutiques (exemple : cathéters intravasculaires) constituent des facteurs de risque additionnels. Les signes et symptômes de ces infections ne sont pas aussi typiques que chez l'enfant plus âgé; par exemple, une infection bactérienne grave peut exister en l'absence de fièvre, ou même se manifester par une hypothermie. Une méningite peut être présente en l'absence de raideur de nuque et de bombement de la fontanelle antérieure. Ces caractéristiques du prématuré souffrant d'infection justifient l'approche traditionnelle qui consiste à effectuer un bilan septique complet, incluant une ponction lombaire, chez tout prématuré dont l'état général s'altère de façon significative et inexpliquée. Dès que les prélèvements sont faits, une antibiothérapie empirique est entreprise jusqu'au moment où les résultats des cultures sont disponibles. Le dosage sérique des antibiotiques joue un rôle particulièrement important dans les ajustements posologiques (allongement des intervalles d'administration), en raison de l'immaturité des mécanismes de détoxification et d'excrétion, mais aussi à cause des complications particulières de certaines formes de traitement anti-infectieux (exemples : atteinte de l'audition avec la gentamicine et «syndrome gris» avec le chloramphénicol).

IX. Métabolisme

Pendant les premiers jours de vie, l'incidence de l'hypoglycémie et de l'hypocalcémie est plus élevée que chez le nouveau-né à terme (voir Hypoglycémie, Hypocalcémie et hypercalcémie).

X. Organes des sens

L'intégrité sensorielle du prématuré peut être touchée par de multiples facteurs.

L'audition peut, par exemple, être compromise par une méningite, une infection congénitale (exemples : infection à cytomégalovirus, rubéole), un surdosage d'aminoside, l'administration de diurétiques, l'hypoxie, un niveau excessif de bruit ou un ictère nucléaire («kernictère»). Un dépistage de la surdité par l'étude des potentiels évoqués auditifs est suggéré chez tous les prématurés dont le poids de naissance était inférieur à 1 000 g, ainsi que chez ceux dont le poids de naissance était inférieur à 1 500 g et qui ont présenté des complications néonatales importantes. Cet examen devrait être effectué avant l'âge de six mois (âge corrigé).

La rétinopathie du prématuré est favorisée par un âge gestationnel bas, un très petit poids de naissance et l'exposition à l'oxygène. Une évaluation et, au besoin, un suivi systématique par un ophtalmologue sont indiqués chez les prématurés dont le poids de naissance était inférieur à 1 000 g et chez ceux qui ont ont reçu de l'oxygène. Chez la majorité des enfants atteints, la rétinopathic guérit spontanément. Dans une minorité de cas, elle est plus grave et elle peut nécessiter diverses formes de traitement, parmi lesquelles la cryothérapie; elle conduit parfois à la cécité. L'effet préventif de la vitamine E est controversé.

XI. Impact sur la famille

En raison de l'hospitalisation prolongée, la naissance prématurée constitue un stress important pour la famille, surtout lorsqu'elle est suivie de complications médicales ou chirurgicales et lorsqu'il en résulte des handicaps permanents. Les répercussions psychologiques et sociales diffèrent d'une famille à l'autre. L'intervention précoce d'un psychologue ou d'une travailleuse (assistante) sociale peut faciliter l'adaptation de la famille.

Suivi après le départ de l'hôpital

Le suivi à long terme du prématuré, surtout lorsqu'il a présenté des complications, est souvent assuré pendant un certain temps par l'équipe de néonatologie qui l'a traité initialement. Parfois, cette responsabilité est confiée au pédiatre ou au médecin généraliste. Il faut souvent prévoir des visites de routine plus longues que dans le cas d'un enfant normal né à terme. Ce suivi comporte quelques particularités :

I. Développement psychomoteur et problèmes neurologiques

La surveillance du développement psychomoteur constitue un élément essentiel du suivi des anciens prématurés. Lorsqu'on évalue leur développement, il faut se baser, pendant les deux premières années, sur l'âge corrigé plutôt que sur l'âge chronologique réel; on obtient l'âge corrigé en soustrayant le nombre de semaines ou de mois de prématurité de l'âge chronologique (exemple : s'il est né à 28 semaines, l'âge corrigé d'un prématuré âgé de 4 mois est de 1 mois). Par exemple, chez un enfant né à terme, la limite de la normale pour l'acquisition qui consiste à s'asseoir sans aide est de 11 mois ; chez un ancien prématuré de 28 semaines de gestation, cette limite est reculée de 3 mois par rapport à la naissance, mais elle se situe à 11 mois d'âge corrigé. Le risque de retard de développement et de retard mental est plus élevé chez le prématuré que chez le nouveau-né à terme. Ce risque est d'autant plus grand que l'âge gestationnel était bas et il augmente considérablement lorsqu'il y a eu des complications importantes comme de l'anoxie, une hémorragie intracrânienne, une hypoglycémie, une hyperbilirubinémie indirecte ou une méningite. Le développement psychomoteur doit donc être surveillé de façon plus attentive chez l'ancien prématuré, afin que les mesures de réadaptation requises soient amorcées au besoin.

L'incidence de la paralysie cérébrale est augmentée chez les anciens prématurés ; elle peut atteindre 5 %. Elle doit être dépistée de façon précoce pour que les interventions nécessaires soient effectuées sans retard. On recherche particulièrement la persistance anormale des réflexes archaïques, l'hypotonie, l'hypertonie et l'hyperréflexie. Il faut se souvenir du fait que des anomalies du tonus musculaire présentes chez les anciens prématurés peuvent être transitoires.

II. Croissance physique

Sauf s'il présente aussi un retard harmonieux de croissance intra-utérine, le prématuré rattrape progressivement une taille et un poids normaux au cours des deux premières années. Comme chez le nouveau-né à terme, des mensurations doivent être effectuées de façon régulière et reportées sur les courbes de croissance ; pendant les deux premières années, on utilise l'âge corrigé plutôt que l'âge chronologique réel (voir plus haut). Pour que le rattrapage puisse s'effectuer, la vitesse de croissance et le gain de poids doivent être plus rapides que chez l'enfant né à terme. La concordance entre le poids et la taille témoigne d'un apport énergétique adéquat. Le périmètre crânien doit également être surveillé de façon régulière. L'installation d'une microcéphalie progressive peut faire suite à une atteinte cérébrale majeure (exemples : anoxie, méningite grave). Un accroissement trop rapide du périmètre crânien peut suggérer le développement d'une hydrocéphalie, plus fréquente chez le prématuré qui a présenté une méningite ou une hémorragie intracrânienne. Un périmètre crânien normal aux environs de six mois représente un indice de prédiction important d'une intelligence normale.

III. Problèmes psychologiques et impact sur la famille

Ils peuvent être absents lorsque l'enfant évolue bien. Un niveau élevé de stress peut résulter de différents facteurs comme une séparation prolongée de l'enfant et de ses parents, des handicaps résiduels, la nécessité de soins spéciaux à domicile, des difficultés financières, sans compter les troubles du comportement et les difficultés d'apprentissage scolaire qui peuvent se manifester tardivement. Après le retour de l'enfant à domicile, l'euphorie initiale peut céder la place au désespoir ou à l'épuisement, puis à la résignation. Il peut y avoir une tendance à la surprotection de l'enfant. Le développement d'une discorde conjugale n'est pas exceptionnel. L'impact sur les autres enfants de la famille peut, lui aussi, être important. L'évaluation et la prise en charge par un psychologue ou une travailleuse (assistante) sociale sont souvent nécessaires pour favoriser l'adaptation de la famille et de l'enfant.

IV. Vaccinations

Le prématuré doit recevoir les vaccins habituels aux doses normales (voir Vaccinations) en se basant sur son âge chronologique réel et non sur son âge corrigé. Le vaccin vivant atténué contre la poliomyélite, administré par voie orale, ne doit pas être donné au prématuré pendant son hospitalisation. En effet, le virus vaccinal peut être transmis à d'autres enfants et, en cas de déficience immunitaire, il existe un faible risque de paralysie. Ce vaccin peut être donné lors du départ de l'hôpital. Par contre, le vaccin inactivé injectable peut être administré au cours de l'hospitalisation.

V. Nutrition et problèmes digestifs

Le prématuré doit souvent être nourri plus fréquemment que l'enfant né à terme, ce qui peut entraîner un état de fatigue important chez les parents.

Les besoins énergétiques sont considérablement augmentés en cas de dysplasie bronchopulmonaire.

Des difficultés importantes d'alimentation peuvent survenir chez les anciens prématurés qui ont un handicap neurologique.

Le reflux gastro-œsophagien est plus fréquent chez le prématuré. Il peut notamment causer une pneumopathie de reflux, des apnées ou un retard pondéral. Les modalités de diagnostic et de traitement sont les mêmes que chez l'enfant plus âgé (voir Reflux gastro-œsophagien).

L'incidence de l'intolérance au lactose est également accrue chez le prématuré.

Lorsque l'enfant a présenté une entérocolite nécrosante, il y a un risque d'occlusion intestinale tardive par sténose cicatricielle.

L'incidence de la hernie inguinale est augmentée.

Lorsque le prématuré a quitté l'hôpital, les principes nutritionnels sont les mêmes que pour le nouveau-né à terme (voir Nutrition).

Un supplément de fer doit être administré dès l'âge de deux mois et pendant toute la première année de vie; ceci peut se faire au moyen d'un lait enrichi en fer ou par l'administration de sulfate ferreux à raison de 2 à 3 mg/kg/24 heures de fer élément en 1 fois.

Si l'eau ne contient pas suffisamment de fluor (< 0,7 ppm), un supplément quotidien doit être donné; on commence par exemple lorsque l'enfant atteint un âge post-conceptionnel de 40 semaines et on continue jusqu'à l'âge de 12 ans (voir Nutrition).

Le risque de rachitisme est accru chez le prématuré de petit poids; une surveillance des phosphatases alcalines et de la structure osseuse (au moyen de radiographies du poignet) est donc indiquée pendant les premières semaines de vie. Au moment où il quitte l'hôpital, l'ancien prématuré qui ne présente pas de rachitisme nécessite le même supplément de vitamine D que l'enfant né à terme (400 UI par jour), soit sous forme de lait enrichi, soit sous forme médicamenteuse.

VI. Problèmes respiratoires

Pendant les premières semaines de vie, les prématurés peuvent présenter des apnées à la suite d'une anesthésie générale; ce risque persiste jusqu'à 60 semaines après la conception. Une cure chirurgicale de hernie ou une autre intervention nécessite donc une hospitalisation et une surveillance postopératoire étroite.

Les prématurés qui ont été intubés de façon prolongée peuvent présenter une sténose sous-glottique; celle-ci peut se manifester par un stridor plusieurs semaines ou plusieurs mois après la naissance.

Les prématurés, surtout lorsqu'ils ont présenté une maladie des membranes hyalines, sont hospitalisés plus souvent que les enfants nés à terme pendant la première année de vie pour des problèmes respiratoires, principalement des bronchiolites. Ceux qui souffrent de dysplasie bronchopulmonaire présentent souvent des épisodes asthmatiformes au cours des deux premières années de vie (voir Dysplasie bronchopulmonaire).

VII. Problèmes hématologiques

L'hémoglobine doit être surveillée régulièrement pendant la première année de vie. Pendant les premiers mois, l'anémie physiologique est plus marquée que chez le nouveau-né à terme et une ou plusieurs transfusions sont parfois nécessaires. Pendant le reste de la première année de vie, l'incidence de l'anémie ferriprive est accrue; elle peut être prévenue par des suppléments de fer (voir plus haut).

VIII. Rétinopathie

Si une atteinte rétinienne a été identifiée au cours de l'hospitalisation initiale, le suivi ophtalmologique doit être poursuivi.

Lectures suggérées

Aylward GP, Pfeiffer SI, Wright A, Verhulst SJ: Outcome studies of low birth weight infants published in the last decade: a meta-analysis. J Pediatr 1989; 115: 515-520.

Bauchner H, Brown E, Peskin J: Premature graduates of the newborn intensive care unit: a guide to follow-up. Pediatr Clin North Am 1988; 35: 1207-1226.

Bernbaum JC, Friedman S, Hoffman-Williamson M, et al.: Preterm infant care after hospital discharge. Pediatr Rev 1989; 10: 195-206.

Blackman JA: Neonatal intensive care: is it worth it? Developmental sequelae of very low birthweight. Pediatr Clin North Am 1991; 38: 1497-1511.

Bregman J, Kimberlin LVS: Developmental outcome in extremely premature infants. Impact of surfactant. Pediatr Clin North Am 1993; 40: 937-953.

Prévention des infections en milieu hospitalier   **199**

Josiane Létourneau, Lucette Lafleur, Mireille LeMay, Marc Lebel

N.B. : Les recommandations qui suivent sont inspirées du *Manuel de prévention des infections* de l'hôpital Sainte-Justine.

Généralités

Les infections acquises à l'hôpital constituent une cause importante de morbidité et parfois de mortalité. Beaucoup des ces infections nosocomiales peuvent être prévenues par le respect de mesures préventives. Cette approche nécessite des efforts continus qui incluent l'élaboration d'une politique de prévention, la formation du personnel, la surveillance de l'application des mesures et l'étude systématique des résultats. La coordination de ces efforts est réalisée de façon optimale par un comité de prévention des infections.

Types de mesures préventives

I. Précautions « universelles »

Ces mesures préventives s'appliquent à tous les patients. Elles doivent être appliquées par le personnel hospitalier s'il y a un contact ou un risque de contact avec du sang ou un liquide biologique teinté de sang de façon visible, ou encore avec du matériel contaminé par de tels liquides. Ces mesures visent à réduire le risque d'acquisition d'une infection transmise par le sang comme l'hépatite B ou le syndrome d'immunodéficience acquise (SIDA). Ces précautions sont les suivantes :

1) Porter une blouse s'il y a un risque de souillure de l'uniforme ;

2) Porter des gants lors des prélèvements sanguins, lors de contacts avec des muqueuses et lors des soins aux nouveau-nés avant leur premier bain avec un savon antiseptique ;

3) Se laver les mains avant et après tout contact avec un patient, même lorsqu'on a porté des gants ;

4) Porter un masque s'il y a un risque d'éclaboussure des muqueuses ;

5) Porter des lunettes s'il y a un risque d'éclaboussure des yeux.

II. Isolement strict

Principales indications :

– Diphtérie ;

– Varicelle ;

– Zona.

Ces maladies peuvent être transmises par les mains, par aérosolisation (> 1 m) et par l'intermédiaire de matériel contaminé.

Les mesures à prendre sont les suivantes :
1) Isoler le patient dans une chambre individuelle, si possible à pression négative ;
2) Garder la porte de la chambre fermée en tout temps ;
3) Porter un masque si l'on n'est pas immunisé ;
4) Mettre une blouse à usage unique pour entrer dans la chambre ;
5) Se laver les mains après avoir enlevé la blouse.

III. Isolement respiratoire

Principales indications :
– Coqueluche ;
– Épiglottite aiguë ;
– Infection à *Neisseria meningitidis* ;
– Infection à parvovirus ;
– Méningite bactérienne ;
– Oreillons ;
– Rougeole ;
– Rubéole acquise.

Ces maladies peuvent être transmises par des gouttelettes pouvant être projetées à moins d'un mètre.

Les mesures à prendre sont les suivantes :
1) Isoler le patient de préférence dans une chambre individuelle. Si ce n'est pas possible, il doit rester dans un rayon d'un mètre de son lit ;
2) Porter un masque lors des contacts directs ;
3) Se laver les mains après chaque contact.

N. B : En cas d'épiglottite aiguë, d'infection à *Neisseria meningitidis* et de méningite bactérienne, ces précautions sont recommandées seulement pendant les 24 heures qui suivent le début d'un traitement efficace.

IV. Isolement de contact

Principales indications :
– Abcès en voie de drainage important ;
– Bronchiolite ;
– Impétigo ;
– Infection causée par une bactérie multirésistante ;
– Infection disséminée à *Herpèsvirus* ;
– Infection virale des voies respiratoires ;
– Pneumonie d'allure bactérienne ;
– Rubéole congénitale.

Ces infections peuvent être transmises par les mains, des gouttelettes projetées à moins d'un mètre et des instruments contaminés.

Les mesures à prendre sont les suivantes :

1) Isoler le patient de préférence dans une chambre individuelle. Si ce n'est pas possible, il doit rester dans un rayon d'un mètre de son lit ; les patients infectés par le même virus doivent être regroupés dans les mêmes chambres («cohortage») ;

2) Porter un masque lors des contacts si le patient présente une infection virale des voies respiratoires ou une pneumonie ;

3) Porter une blouse lors des contacts si l'uniforme risque d'être souillé ;

4) Porter des gants si l'on doit toucher le site infecté ou des instruments contaminés ;

5) Se laver les mains après chaque contact.

V. Isolement et précautions entériques

Principales indications (enfants incapables d'hygiène personnelle) :

– Gastro-entérite virale ou bactérienne ;

– Hépatite virale ;

– Méningite virale.

Ces maladies peuvent être transmises par les mains ou lors de contacts avec les selles.

Les mesures à prendre sont les suivantes :

1) Isoler le patient dans une chambre individuelle. Si ce n'est pas possible, il doit rester dans un rayon d'un mètre de son lit ;

2) Si plusieurs patients présentent une infection due au même virus ou à la même bactérie et s'il est impossible de les isoler en chambre individuelle, les regrouper dans les mêmes chambres («cohortage») ;

3) Porter une blouse si l'uniforme risque d'être souillé ;

4) Se laver les mains après chaque contact.

VI. Isolement en cas de tuberculose

Indication : tuberculose pulmonaire active, pouvant être transmise par aérosol (> 1 mètre). N.B. : Les formes contagieuses de tuberculose sont rares chez l'enfant ; après deux semaines de traitement adéquat, le risque de contagion devient négligeable.

Les mesures à prendre sont les suivantes :

1) Enseigner au patient à se couvrir le nez et la bouche lorsqu'il tousse et à jeter lui-même ses mouchoirs ;

2) Isoler le patient dans une chambre individuelle et maintenir la porte fermée en tout temps ;

3) Porter un masque lorsqu'on entre dans la chambre ;

4) Porter une blouse si l'uniforme risque d'être souillé ;

5) Se laver les mains après chaque contact.

VII. Précautions en cas de sécrétions ou d'écoulement contaminés
Principales indications :
- Abcès mineur en cours de drainage ;
- Conjonctivite ;
- Gonorrhée ;
- Infection localisée à *Herpèsvirus* chez un patient immunocompétent.

Ces maladies peuvent être transmises par les mains et le contact avec des instruments contaminés.

Les mesures à prendre sont les suivantes :

1) Porter des gants si on doit toucher le site infecté ou des instruments qui ont été en contact avec celui-ci. Une bonne technique (*no touch*) permet d'éviter le contact avec le site infecté lors d'un changement de pansement.

2) Se laver les mains après chaque contact.

VIII. Isolement préventif
Indications :
- Neutropénie, syndrome d'immunodéficience acquise (SIDA) et autres déficiences immunitaires ;
- Leucémie ou autre cancer en phase d'immunodéficience ;
- Transplantation d'organe en phase d'immunodéficience ;

Les mesures à prendre sont les suivantes :

1) Isoler le patient dans une chambre individuelle, si possible à pression positive. Si c'est impossible, éviter de mettre un patient infecté dans la même chambre ;

2) Se laver les mains avant et après chaque contact ;

3) Limiter le nombre de personnes qui prennent soin du patient ;

4) Éviter tout contact du patient avec un membre du personnel présentant une infection. Si ce n'est pas possible et s'il s'agit d'une infection virale des voies respiratoires supérieures, porter un masque.

Lectures suggérées

Garner J, Simmons BP : CDC guidelines for isolation precautions in hospitals. US Department of Health and Human Services, Public Health Service, Center for Disease Control, Hospital Infections Program, Atlanta, Georgia, 1983.

Goldmann DA : Transmission of infectious diseases in children. Pediatr Rev 1989 ; 13 : 283-293.

Jarvis WR : Epidemiology of nosocomial infections in pediatric patients. Pediatr Infect Dis J 1987 ; 6 : 344-351.

Problèmes épidémiologiques courants à la garderie (crèche)   **200**

Anne-Claude Bernard-Bonnin, Mireille LeMay, Marc Lebel

Généralités

La fréquence des infections est plus élevée chez la plupart des enfants qui fréquentent une garderie (crèche).

Mesures générales de prévention

Les responsables des garderies (crèches) doivent veiller à l'application des règles d'hygiène et de prévention suivantes :

1) Insister sur l'importance du lavage des mains et installer des lavabos à proximité de chaque surface servant aux changements de couches ;

2) Rédiger un document décrivant ce qu'il faut faire lorsqu'un enfant ou un membre du personnel est malade, ainsi que les règles d'hygiène à respecter ;

3) Veiller à la propreté des toilettes et de l'équipement utilisé pour l'apprentissage de la propreté ;

4) Rédiger un document décrivant les techniques de nettoyage et d'entretien des locaux et du mobilier ;

5) Veiller à un nettoyage adéquat des matelas, des draps, des couvertures et des jouets ;

6) Veiller à ce que la manipulation des aliments se fasse selon des règles strictes d'hygiène, en insistant particulièrement sur le lavage des mains. Toute personne infectée par un agent entéropathogène ou présentant des vomissements, de la diarrhée ou une lésion cutanée infectée ne pouvant être couverte doit s'abstenir de participer à la préparation des repas ;

7) Informer les parents du fait qu'ils doivent prévenir la garderie (crèche) lorsque leur enfant a contracté une maladie infectieuse qui risque de contaminer les autres enfants ;

8) Veiller à ce que tous les enfants et membres du personnel soient adéquatement vaccinés.

Critères d'exclusion de la garderie (crèche)

I. Critères généraux

1) Fièvre (température ≥ 38,5°C).

2) Signes évocateurs d'une maladie grave : somnolence inhabituelle, irritabilité, pleurs persistants, difficultés respiratoires.

3) Éruption cutanée associée à de la fièvre jusqu'au moment où l'enfant a été examiné par un médecin et que celui-ci est d'avis qu'il ne s'agit pas d'une maladie contagieuse.

4) Lésions buccales qui empêchent l'enfant d'avaler sa salive, sauf s'il est certain que l'enfant ne peut contaminer les autres.

5) Vomissements : plus de 2 épisodes au cours des 24 dernières heures, sauf s'il est certain que ces vomissements sont causés par une maladie non transmissible et s'il n'y a pas de risque de déshydratation.

II. Critères spécifiques

1) Conjonctivite purulente (jusqu'à la guérison).

2) Coqueluche : jusqu'à cinq jours après le début de l'antibiothérapie ou pendant trois semaines si l'enfant n'a pas été traité.

3) Diarrhée (selles anormalement fréquentes et liquides);

4) Gale : jusqu'à 24 heures après le début du traitement.

5) Hépatite A : jusqu'à sept jours après le début de la maladie ou jusqu'à ce que tous les autres enfants et membres du personnel aient reçu les gammaglobulines.

6) Impétigo : jusqu'à 24 heures après le début du traitement.

7) Mycoses cutanées superficielles : jusqu'à 24 heures après le début du traitement.

8) Oreillons : jusqu'à neuf jours après le début de la parotidite.

9) Oxyurose : jusqu'à 24 heures après le début du traitement.

10) Pédiculose : jusqu'à 24 heures après le début du traitement.

11) Pharyngite à *Streptococcus pyogenes* : jusqu'à 24 heures après le début du traitement et 24 heures sans fièvre.

12) Rougeole : jusqu'à sept jours après le début de la maladie et tant que la fièvre est présente.

13) Tuberculose : jusqu'au moment où le médecin traitant confirme que l'enfant n'est plus contagieux, en général après deux semaines de traitement. (N.B. : Les formes contagieuses sont rares chez l'enfant.)

14) Varicelle : jusqu'à six jours après le début de l'éruption ou jusqu'au moment où toutes les lésions sont à l'état de croûtes.

Mesures spécifiques

I. Conjonctivite purulente

L'enfant atteint est retiré de la garderie (crèche) jusqu'à la guérison.

II. Coqueluche

1) L'enfant atteint est retiré de la garderie (crèche) pendant les cinq premiers jours de traitement à l'érythromycine ou, s'il n'a pas été traité, pendant les trois semaines qui suivent le début de la maladie.

2) S'ils ne sont pas immunisés ou s'ils sont partiellement immunisés, les enfants qui ont été en contact avec un enfant atteint sont traités à l'érythromycine (30 à 50 mg/kg/24 heures PO en 3 fois pendant 10 jours).

3) La vaccination des enfants qui ont été en contact avec un enfant atteint est mise à jour de la façon suivante:

    a) S'ils ont reçu moins de trois doses de vaccin, ils doivent recevoir la dose ou les doses manquantes aussi tôt que possible, avec un intervalle de quatre semaines entre les doses;

    b) Les enfants qui ont reçu trois doses peuvent recevoir la quatrième dès que six mois se sont écoulés depuis la troisième;

    c) Une dose de rappel du vaccin doit être administrée à tout enfant de six ans ou moins qui a reçu quatre doses de vaccin, à moins que la dernière dose remonte à moins de trois ans;

    d) Ne pas administrer le vaccin après l'âge de sept ans.

III. Gale

1) Retirer l'enfant de la garderie (crèche) jusqu'au lendemain du premier traitement.

2) Si on découvre des cas secondaires, les traiter et observer les autres enfants pendant au moins quatre à six semaines pour s'assurer qu'ils n'ont pas été infectés.

3) En cas d'épidémie, traiter tous les enfants et les membres du personnel et laver toute la literie.

IV. Gastro-entérite à *Campylobacter*

1) L'enfant atteint est retiré de la garderie (crèche) jusqu'à ce que la diarrhée ait cessé.

2) Les mesures d'hygiène entériques sont renforcées.

3) Si plusieurs enfants sont atteints, les regrouper, de façon à réduire les contacts entre les enfants et le personnel des groupes contaminés et non contaminés.

4) Les autres enfants qui commencent à présenter de la diarrhée sont retirés de la garderie et on leur fait deux cultures de selles (coprocultures).

5) Tout enfant qui présente de la diarrhée et chez qui la culture de selle (coproculture) est positive pour le *Campylobacter* est traité à l'érythromycine (30 à 50 mg/kg/24 heures PO en 3 fois pendant 7 à 10 jours).

6) Les porteurs qui ne présentent pas de symptômes ne sont pas retirés de la garderie (crèche).

V. Gastro-entérite à *Giardia lamblia*

1) L'enfant atteint est retiré de la garderie (crèche) jusqu'à ce que la diarrhée ait cessé.

2) Les mesures d'hygiène entériques sont renforcées.

3) Si plusieurs enfants sont atteints, les regrouper, de façon à réduire les contacts entre les enfants et le personnel des groupes contaminés et non contaminés.

4) Traiter les patients atteints (voir Parasitoses).

5) Rechercher à deux reprises le parasite dans les selles des enfants et des membres du personnel qui présentent des symptômes et traiter ceux chez qui cette recherche s'avère positive (voir Parasitoses).

VI. Gastro-entérite à *Salmonella*

1) L'enfant atteint est retiré de la garderie (crèche) jusqu'au moment où la diarrhée a disparu.

2) Les mesures d'hygiène entériques sont renforcées.

3) Si plusieurs enfants sont atteints, les regrouper, de façon à réduire les contacts entre les enfants et le personnel des groupes contaminés et non contaminés.

4) Lorsque le *Salmonella typhi* est isolé chez un enfant ou un membre du personnel, une culture de selle (coproculture) doit être effectuée chez tous les enfants et membres du personnel.

5) Les enfants et les membres du personnel chez qui la culture de selle (coproculture) est positive pour le *Salmonella typhi* sont exclus de la garderie (crèche) jusqu'au moment où deux cultures de selles (coprocultures) successives sont négatives.

6) Une antibiothérapie (voir Gastro-entérite) est instituée seulement en cas de diarrhée grave avec perte de poids, de bactériémie, ainsi que chez les enfants de moins de trois mois et chez ceux qui sont atteints d'une déficience immunitaire.

7) On s'abstient de prescrire une antibiothérapie aux autres enfants.

VII. Gastro-entérite à *Shigella*

1) L'enfant atteint est retiré de la garderie (crèche) jusqu'au moment où la diarrhée a disparu.

2) Les mesures d'hygiène entériques sont renforcées.

3) Si plusieurs enfants sont atteints, les autres regrouper, de façon à réduire les contacts entre les enfants et le personnel des groupes contaminés et non contaminés.

4) Faire deux cultures de selles (coprocultures) à tous les autres enfants et membres du personnel qui présentent des symptômes, afin d'identifier les porteurs. Une culture de selle (coproculture) doit aussi être effectuée chez tout contact familial qui a de la diarrhée.

5) Prescrire une antibiothérapie (voir Gastro-entérite) à tous les enfants et membres du personnel qui ont une culture de selle (coproculture) positive et les retirer de la garderie (crèche), sauf s'ils peuvent être regroupés séparément et utiliser des toilettes séparées.

6) Tous les enfants et membres du personnel chez qui la culture de selle (coproculture) se révèle positive pour le *Shigella* doivent recevoir une antibiothérapie (voir Gastro-entérite).

7) On s'abstient de prescrire une antibiothérapie aux enfants et membres du personnel dont les cultures de selles sont négatives.

VIII. Hépatite A

1) L'enfant atteint est retiré de la garderie pendant la semaine qui suit le début de la maladie ou jusqu'au moment où tous les autres enfants et membres du personnel ont reçu la gammaglobuline.

2) S'il y a des enfants portant des couches dans la garderie et si un enfant portant des couches ou un membre du personnel est atteint d'hépatite A, tous les autres enfants et membres du personnel doivent recevoir une dose de gammaglobuline (voir Hépatites virales).

3) S'il s'agit d'une garderie (crèche) où les contacts ont plus de deux ans et sont donc continents, l'enfant atteint est retiré de la garderie (crèche) pendant la semaine qui suit le début de sa maladie ou jusqu'au moment où les membres du personnel amenés à entrer en contact avec lui, ainsi que les autres enfants de son groupe, ont reçu la gammaglobuline.

4) Si un membre de la famille de l'un des enfants est atteint, il faut doser les IgM contre le virus de l'hépatite A chez cet enfant pour savoir s'il a une hépatite anictérique. Si les anticorps sont positifs, les autres membres de sa famille et toutes les personnes qui sont en contact avec lui à la garderie (crèche) doivent recevoir la gammaglobuline. Si les anticorps sont négatifs, l'enfant doit recevoir la gammaglobuline et il peut retourner à la garderie (crèche).

5) Si, au cours d'une période de moins de six semaines, deux cas ou plus d'hépatite A sont diagnostiqués dans deux familles ou plus d'enfants fréquentant la même garderie (crèche), le dosage des anticorps n'est pas indiqué et la gammaglobuline doit être administrée à tous les membres de ces familles, ainsi qu'à tous les enfants et membres du personnel de cette garderie (crèche).

IX. Hépatite B

1) L'enfant atteint ou porteur dont le comportement est normal ne doit pas nécessairement être retiré de la garderie (crèche). Les plaies qui saignent doivent être pansées adéquatement.

2) L'enfant porteur dont le comportement est agressif (morsures) doit être retiré de la garderie (crèche), sauf si tous les autres enfants sont vaccinés.

3) Les enfants qui ont été mordus par un porteur doivent recevoir la gammaglobuline hyperimmune et le vaccin (voir Hépatites virales).

4) L'administration systématique du vaccin doit être envisagée dans les milieux qui accueillent des enfants souffrant de retard mental, particulièrement s'ils ont tendance à mordre.

X. Impétigo

1) L'enfant atteint est retiré de la garderie (crèche) pendant les 24 heures qui suivent le début de l'antibiothérapie (voir Impétigo).

2) Les autres enfants qui présentent des lésions sont traités et retirés de la garderie (crèche) pendant 24 heures.

3) Les mesures d'hygiène sont renforcées.

XI. Infection à cytomégalovirus (CMV)

1) Le retrait de la garderie (crèche) des enfants excréteurs du virus est inutile.

2) La meilleure mesure préventive réside dans le lavage systématique des mains après avoir changé des couches ou après avoir touché un objet mouillé avec de la salive.

3) Des études récentes indiquent que le fait de travailler dans une garderie (crèche) augmente le risque d'infection à CMV chez les personnes séronégatives pour ce virus. Lorsqu'une femme enceinte et séronégative pour le CMV est infectée au cours des 24 premières semaines de la grossesse, le risque d'atteinte fœtale est d'environ 15 %. Le risque qu'une employée de garderie (crèche), séronégative pour le CMV, soit infectée au cours des 24 premières semaines de sa grossesse et qu'une atteinte fœtale en résulte est de 0,8 à 2,1 %. Bien que le dépistage de routine du CMV ne soit pas recommandé actuellement, il est prudent de déterminer le taux d'anticorps chez les employées de garderie (crèche) qui sont enceintes ou envisagent de le devenir. Celles qui sont séronégatives pour le CMV devraient respecter certaines précautions :

   – Éviter de s'occuper d'enfants de moins de trois ans ;

   – Éviter le contact avec la salive, les sécrétions nasales, l'urine et les selles ;

   – Se laver les mains après tout contact avec de la salive, des sécrétions nasales, de l'urine, des selles ou un jouet qui pourrait avoir été en contact avec un de ces liquides.

XII. Infection à *Hœmophilus influenzæ* de type b (arthrite septique, bactériémie ou septicémie, cellulite, épiglottite, méningite)

1) L'enfant est retiré de la garderie (crèche) et reçoit l'antibiothérapie appropriée, puis le traitement prophylactique (voir ci-dessous) si les caractéristiques de son milieu l'exigent.

2) Un traitement prophylactique à la rifampicine (20 mg/kg/24 heures PO en 1 fois pendant 4 jours ; maximum chez le grand enfant, l'adolescent et l'adulte : 1,2 g/24 heures) est administré à toutes les personnes qui ont été en contact avec l'enfant dans les circonstances suivantes :

   a) S'il s'agit d'une garderie (crèche) de type familial, regroupant moins de 10 enfants : si le pourcentage de ceux qui sont âgés de moins de 2 ans est élevé. Le traitement prophylactique est administré dès qu'un seul enfant est infecté ;

   b) S'il s'agit d'une garderie plus grande et si la majorité des enfants ont entre 2 et 4 ans, on peut attendre qu'il y ait eu deux infections au cours d'une période de 60 jours.

XIII. Infection à *Neisseria meningitidis* (méningite, septicémie)

Tous les enfants et les adultes qui ont été en contact avec un enfant atteint, tant dans la famille que dans la garderie (crèche), doivent recevoir un traitement prophylactique à la rifampicine ou à la ceftriaxone le plus tôt possible après le contact:

- Rifampicine:
  - < 1 mois: 5 à 10 mg/kg/24 heures PO en 2 fois pendant 2 jours;
  - 1 mois à 12 ans: 10 à 20 mg/kg/24 heures PO en 2 fois pendant 2 jours (maximum: 1,2 g/24 heures);
  - > 12 ans: 1,2 g/24 heures PO en 2 fois pendant 2 jours;
- Ceftriaxone: 50 mg/kg IM en 1 fois (maximum: 250 mg).

XIV. Infection à *Streptococcus pyogenes* (pharyngite, scarlatine)

1) L'enfant est retiré de la garderie pendant 24 heures après le début du traitement et jusqu'à ce que la fièvre ait disparu depuis au moins 24 heures.

2) Une culture des sécrétions pharyngées est effectuée chez les enfants et membres du personnel qui ont été en contact avec l'enfant atteint et qui présentent des symptômes. Ils sont traités à la pénicilline si la culture est positive (voir Amygdalite).

XV. Infection par le virus de l'immunodéficience humaine (SIDA) ou VIH

1) Les enfants séropositifs ou sidéens peuvent fréquenter la garderie (crèche), sauf s'ils ont un comportement agressif (morsures); dans ce cas, ils doivent être retirés de la garderie jusqu'à ce que ce comportement soit modifié.

2) Les enfants sidéens sont plus exposés aux infections lorsqu'ils fréquentent une garderie (crèche).

3) Les plaies qui saignent doivent être pansées de façon adéquate.

XVI. Oreillons

1) L'enfant atteint est retiré de la garderie (crèche) pendant les neuf jours qui suivent l'apparition de la parotidite.

2) Les personnes non immunisées qui ont été en contact avec l'enfant atteint peuvent être vaccinées, mais cette mesure ne prévient pas nécessairement la maladie.

XVII. Oxyurose

1) L'enfant atteint est retiré de la garderie (crèche) pendant les 24 heures qui suivent le début du traitement (voir Parasitoses).

2) Parmi les personnes qui ont été en contact avec l'enfant atteint, seules celles qui ont des symptômes sont traitées.

XVIII. Pédiculose

1) L'enfant atteint est retiré de la garderie (crèche) jusqu'à la fin du traitement (voir Pédiculose).

2) Toutes les personnes qui ont été en contact avec l'enfant atteint sont examinées et seules celles qui sont infestées sont traitées.

XIX. Rougeole

1) L'enfant atteint est retiré de la garderie (crèche) pendant une semaine après le début de la maladie ou tant qu'il présente de la fièvre.

2) On identifie les personnes qui ne sont pas immunisées. Sont considérées comme immunisées celles qui ont été vaccinées après l'âge d'un an, celles qui ont eu la rougeole et celles qui ont un taux protecteur d'anticorps contre le virus de la rougeole.

3) Les enfants de moins d'un an doivent recevoir, le plus tôt possible après le contact, une dose de gammaglobuline (posologie : voir Rougeole). Ils sont ensuite vaccinés à l'âge de 15 mois.

4) Les enfants de plus d'un an qui n'ont pas été vaccinés doivent recevoir soit la gammaglobuline, soit le vaccin (celui-ci doit être administré moins de 72 heures après le contact).

5) Les enfants dont l'état d'immunité vis-à-vis de la rougeole est inconnu devraient être retirés de la garderie (crèche) jusqu'à ce que leur état d'immunité soit connu ou que 14 jours se soient écoulés depuis le contact.

6) Toute maladie fébrile survenant pendant les deux semaines après le contact doit être considérée comme un début possible de rougeole, quelle que soit l'histoire vaccinale. L'enfant doit être retiré de la garderie (crèche) aussi longtemps que dure la fièvre.

XX. Rubéole

1) L'enfant atteint n'est pas retiré de la garderie, sauf s'il présente des symptômes importants.

2) Les enfants non vaccinés qui ont été en contact avec lui peuvent être vaccinés.

3) Si une femme appartenant au personnel est enceinte, son état d'immunité doit être vérifié (voir Rubéole).

XXI. Tuberculose

1) L'enfant qui a un test tuberculinique cutané positif et dont la radiographie des poumons est normale n'est pas contagieux et peut fréquenter la garderie (crèche).

2) Les enfants qui ont des lésions pulmonaires cavitaires doivent être retirés de la garderie jusqu'au moment où, le traitement ayant été entrepris, les symptômes ont disparu et les cultures des expectorations ou du liquide gastrique sont négatives (en pratique, environ deux semaines après le début du traitement).

3) Un membre du personnel qui souffre de tuberculose active doit quitter le travail jusqu'au moment où son médecin le déclare non contagieux (en général après deux semaines de traitement).

4) Tous les enfants et membres du personnel qui ont été en contact avec une personne atteinte doivent avoir un test tuberculinique cutané (voir Tuberculose).

a) Si ce test est positif, il faut faire une radiographie des poumons :

- Si la radiographie est normale, un traitement préventif à l'isoniazide doit être administré (voir Tuberculose). En raison de sa toxicité hépatique, ce traitement n'est pas recommandé après l'âge de 35 ans ;

- Si la radiographie est positive, une polychimiothérapie est indiquée (voir Tuberculose).

b) Si ce test est négatif, il faut prendre de l'isoniazide pendant trois mois, puis refaire un test tuberculinique cutané. S'il est positif, il faut poursuivre le même traitement. S'il est négatif, le traitement peut être cessé.

XXII. Varicelle

1) L'enfant atteint est retiré de la garderie (crèche) pendant les six jours suivant le début de l'éruption ou jusqu'au moment où toutes les lésions sont à l'état de croûtes.

2) Les enfants normaux et les membres du personnel n'ont besoin d'aucun traitement préventif lorsqu'ils ont été en contact avec un enfant atteint.

3) Les enfants immunodéficients qui n'ont pas encore eu la varicelle doivent recevoir la gammaglobuline hyperimmune contre la varicelle (voir Varicelle) moins de 72 heures après un contact.

Lectures suggérées

Adler SP : Cytomegalovirus transmission among children in day care, their mothers and caretakers. Pediatr Infect Dis J 1988 ; 7 : 279-285.

Aronson SS, Gilsdorf JR : Prevention and management of infectious diseases in day care. Pediatr Rev 1986 ; 7 : 259-268.

Crawford FG, Vermund SH : Parasitic infections in day care centers. Pediatr Infect Dis J 1987 ; 6 : 744-749.

Crosson FJ, Black SB, Trumpp CE, et al. : Infections in day-care centers. Curr Probl Pediatr 1986 ; 16 : 122-184.

Fleming DW, Cochi SL, Hightower AW, Broome CV : Childhood upper respiratory infections : to what degree is incidence affected by day-care attendance ? Pediatrics 1987 ; 79 : 55-60.

Haskins R, Kotch J : Day care and illness : evidence, costs and public policy. Pediatrics 1986 ; 77 : 951-982.

Morrow AL, Townsend IT, Pickering LK : Risk of enteric infection associated with child day care. Pediatr Ann 1991 ; 20 : 427-433.

Osterholm MT, Reves RR, Murph JR, Pickering LK : Infectious diseases and child day care. Pediatr Infect Dis J 1992 ; 11 : S31-S41.

Pickering LK : Infections in day care. Pediatr Infect Dis J 1987 ; 6 : 614-617.

Protéinurie   201

Monique Robert, Jean-Guy Mongeau

Généralités

La plupart des protéines plasmatiques ont un poids moléculaire élevé et une charge électrique négative, ce qui explique qu'elles ne filtrent habituellement pas à travers la *lamina densa* des membranes basales glomérulaires. La faible quantité de protéines qui réussit à filtrer est habituellement réabsorbée au niveau tubulaire.

Ce chapitre traite de la protéinurie isolée et non de celle qui est associée à une hématurie (voir Hématurie).

Une protéinurie se retrouve fréquemment au cours de l'évaluation d'une maladie rénale, mais elle peut aussi être découverte fortuitement. À l'âge scolaire, 10 % des enfants présentent une protéinurie lors d'un premier dépistage ; cette proportion diminue à 2,5 % lorsque l'examen est répété.

Pour le dépistage, on utilise des bandelettes colorimétriques au bleu de tétrabromophénol. Ces bandelettes réactives détectent surtout l'albumine et sont peu sensibles à d'autres protéines.

La protéinurie physiologique est inférieure à 250 mg/24 heures.

On qualifie la protéinurie de la façon suivante :

- Légère : < 500 mg/24 heures ;
- Modérée : 500 mg à 1 g/24 heures ;
- Massive : > 1 g/24 heures (syndrome néphrotique).

Bien que la protéinurie de 24 heures demeure le point de référence dans la littérature néphrologique, elle est de moins en moins souvent mesurée. Par contre, le rapport protéines/créatinine, mesuré dans un seul échantillon d'urine, a les avantages suivants :

1) Il est plus simple qu'un recueil de l'urine de 24 heures (chez l'enfant, la perte d'une certaine quantité d'urine est fréquente) ;

2) Il tient compte de l'âge de l'enfant, puisque la créatininurie et la protéinurie augmentent avec l'âge ;

3) Sur un échantillon d'urine matinale, il a une excellente corrélation avec la protéinurie de 24 heures.

Le rapport protéines/créatinine urinaire est interprété de la façon suivante :

- Normale : < 0,02 ;
- Protéinurie modérée : 0,02 à 0,4 ;
- Protéinurie massive : > 0,4.

Démarche clinique

I. Anamnèse

1) L'histoire familiale s'intéresse principalement aux éléments suivants :
   - Néphrite ;

- Surdité;
- Insuffisance rénale chronique.

2) L'anamnèse personnelle recherche ce qui suit:
- Fièvre récente;
- Pharyngite ou scarlatine récente;
- Exercice intense au moment du recueil de l'urine;
- Prise de médicaments;
- Symptômes d'infection urinaire, d'hypertension ou d'insuffisance rénale;
- Œdème;
- Purpura rhumatoïde de Schönlein-Henoch récent;
- Diabète;
- SIDA.

3) S'il s'agit d'un nouveau-né, l'histoire obstétricale s'intéresse à l'hypothyroïdie et au diabète maternel, ainsi qu'à un accouchement difficile avec souffrance fœtale.

III. Examen

Les principaux éléments à rechercher sont les suivants:
- Atteinte de l'état général;
- Œdème;
- Fièvre;
- Retard de croissance;
- Hypertension;
- Augmentation de volume des reins;
- Douleur à la palpation des reins;
- Purpura ou autres lésions cutanées;
- Surdité.

IV. Explorations

Une protéinurie isolée et transitoire liée à l'effort, à la fièvre ou à une déshydratation, ne nécessite pas d'explorations complémentaires.

S'il s'agit d'une protéinurie massive, voir Syndrome néphrotique.

S'il s'agit d'une protéinurie persistante, légère à modérée, qui ne s'accompagne pas d'œdème ni d'autres signes de maladie rénale, il faut tout d'abord exclure la possibilité d'une protéinurie orthostatique. Plusieurs techniques ont été proposées. La plus simple consiste à faire uriner l'enfant le soir au coucher, puis à recueillir la première miction le matin au lever; cet échantillon sert à mesurer la protéinurie en position couchée. On demande ensuite à l'enfant de demeurer en position debout pendant au moins une heure, puis on recueille un second échantillon d'urine qui sert à mesurer la protéinurie en position debout. On compare la concentration en protéines dans les deux échantillons afin d'évaluer l'effet de l'orthostatisme.

En cas de protéinurie constante, les examens paracliniques suivants sont indiqués : examen du sédiment urinaire, culture d'urine, ionogramme, dosage sérique des protéines, de la créatinine, de l'urée, des lipides et du complément (C3). Une échographie rénale est également nécessaire. Selon les résultats de ce bilan, d'autres examens peuvent être requis, comme la scintigraphie rénale, la mesure du taux de filtration glomérulaire ou la biopsie rénale. Cette dernière est indiquée si la protéinurie dépasse 1 g/24 heures, s'il y a une hématurie ou une hypertension associée, ou s'il y a une diminution du taux de filtration glomérulaire. Une histoire familiale de néphrite constitue également un argument en faveur de la biopsie.

Principales entités pouvant être responsables d'une protéinurie

I. Protéinurie orthostatique

Elle semble résulter d'une diminution du flot rénal plasmatique en position debout. Plus fréquente chez les filles que chez les garçons, elle se retrouve chez 5 à 6 % des adolescents. Les études portant sur l'évolution à long terme ont toutes démontré la bénignité de ce problème ; la prudence exige cependant une réévaluation périodique, par exemple tous les cinq ans.

II. Protéinurie de type glomérulaire

On a souvent recours à la biopsie rénale pour préciser sa nature et son pronostic. Il s'agit habituellement d'une albuminurie, pouvant être associée à une hématurie. Les causes les plus fréquentes sont la néphrose primaire ou secondaire (voir Syndrome néphrotique), la glomérulonéphrite aiguë (voir Glomérulonéphrite aiguë) ou chronique, la néphrite à IgA (maladie de Berger), la néphrite associée au purpura rhumatoïde de Schönlein-Henoch (voir Purpura rhumatoïde de Schönlein-Henoch) et le syndrome hémolytique et urémique (voir Syndrome hémolytique et urémique). L'approche thérapeutique dépend de la cause.

III. Protéinurie de type tubulaire

Il s'agit d'une protéinurie non spécifique. Les étiologies les plus fréquentes sont la pyélonéphrite aiguë ou chronique (voir Infections urinaires), la néphrite interstitielle, la néphrose tubulaire aiguë et la néphropathie de reflux. Certaines intoxications, par exemple aux métaux lourds, doivent également être exclues. Il peut y avoir d'autres manifestations de tubulopathie (syndrome de Fanconi), comme une acidose métabolique, une glycosurie, une amino-acidurie ou un rachitisme.

Lectures suggérées

Norman ME : An office approach to hematuria and proteinuria. Pediatr Clin North Am 1987 ; 34 : 545-560.

Robson WLM, Leung AKC : Clinical evaluation of children with proteinuria. Contemporary Pediatrics ; May-June 1991 : 17-24.

Puberté précoce et retard pubertaire   202

Marc Girard, Jean-Yves Frappier, Guy Van Vliet, Michel Weber

N.B. : La séquence pubertaire normale est décrite dans le chapitre Développement pubertaire normal.

Puberté précoce

On parle de puberté précoce lorsque le développement pubertaire commence avant l'âge de huit ans chez la fille et avant neuf ans chez le garçon.

Dans la majorité des cas, la puberté précoce se déroule selon une séquence identique à celle de la puberté normale (voir Développement pubertaire normal). Par exemple, chez la fille, le premier signe sera, la plupart du temps, l'apparition de bourgeons mammaires.

Parfois, le développement des caractères sexuels secondaires est incomplet. On parle alors de thélarche prématurée lorsqu'il y a un développement mammaire isolé et de pubarche ou adrénarche prématurée lorsque seule la pilosité pubienne apparaît.

Le terme pseudopuberté précoce s'applique à une précocité sexuelle qui n'est pas liée à une activation de l'axe hypothalamo-hypophyso-gonadique. Cette précocité est causée par une stimulation œstrogénique ou androgénique indépendante des gonadotrophines. L'origine des hormones en cause peut être surrénalienne ou ovarienne.

La puberté précoce est dite isosexuelle lorsque les caractères sexuels secondaires correspondent au sexe phénotypique ; elle est dite hétérosexuelle lorsqu'ils sont en désaccord avec celui-ci.

La collaboration d'un endocrinologue est souvent nécessaire lors de l'évaluation et du traitement d'une puberté précoce.

La puberté précoce a un impact psychosocial important sur l'enfant et sa famille.

I. Démarche clinique

Elle commence par une anamnèse personnelle et familiale détaillée, ainsi qu'un examen complet. Il faut distinguer un développement pubertaire prématuré et incomplet d'une puberté précoce vraie :

1) Développement pubertaire prématuré et incomplet :

a) Thélarche prématurée : cette situation se rencontre assez souvent chez la fille. Le développement mammaire commence avant l'âge de huit ans, mais aucun autre signe de puberté n'apparaît par la suite. Au début, il est impossible de savoir s'il s'agit d'une thélarche prématurée ou du début d'une puberté précoce vraie ; un suivi attentif est essentiel. Cependant, la thélarche prématurée est bien plus fréquente que la puberté précoce vraie.

Ce problème se rencontre surtout pendant les deux premières années de vie.

La thélarche peut être unilatérale ou bilatérale, symétrique ou asymétrique.

L'anamnèse doit exclure la prise d'œstrogènes, y compris par application cutanée ou muqueuse (exemple : traitement d'une synéchie des petites lèvres au moyen d'une crème à base d'œstrogène).

Au cours du suivi, le clinicien doit s'assurer de plusieurs choses :
- La croissance staturale et la maturation osseuse ne s'accélèrent pas ;
- La muqueuse vaginale n'est pas œstrogénisée : elle n'a pas encore pris sa coloration violacée ;
- Les mamelons gardent leur aspect non stimulé et non pigmenté ;
- Le développement mammaire ne progresse pas au-delà du stade 3 de Tanner ;
- Aucun autre signe de puberté n'apparaît.

Lorsque toutes ces caractéristiques sont présentes, il n'est pas nécessaire d'effectuer des dosages hormonaux ni une échographie pelvienne et les parents peuvent être rassurés.

Aucun traitement n'est nécessaire. Lorsqu'il s'agit d'un nourrisson, le tissu mammaire ne sera en général plus palpable après l'âge de trois ans ;

b) Pubarche ou adrénarche prématurée : il s'agit d'une variante de la normale, les androgènes étant produits de façon plus précoce que la normale. La pilosité pubienne apparaît avant l'âge de huit ans chez la fille et avant neuf ans chez le garçon et on ne note aucun autre signe de développement pubertaire. Ce problème se rencontre plus souvent chez la fille que chez le garçon. Après un certain temps d'évolution, la pilosité axillaire peut aussi apparaître ; elle peut parfois être le premier signe. Il est important de s'assurer qu'il n'y a pas d'autres signes de virilisation comme une augmentation de volume du clitoris, de l'hirsutisme ou de l'acné, ni d'accélération de la croissance et de la maturation osseuse. Les taux plasmatiques d'androstènedione, de sulfate de déhydroépiandrostérone (DHEAS), de 17-hydroxy-progestérone et de testostérone permettent d'établir le diagnostic d'adrénarche précoce et d'éliminer un bloc enzymatique surrénalien.

Il s'agit d'un problème mineur qui ne nécessite aucun traitement ;

c) Ménarche prématurée et isolée : ce problème est rare. Il faut s'assurer par l'examen que le saignement est bien d'origine utérine et non vaginale. Il faut aussi exclure de façon prioritaire, au moyen d'une échographie pelvienne et d'une vaginoscopie, la possibilité d'un corps étranger du vagin, d'un traumatisme, ou d'une tumeur vaginale ou utérine.

2) Puberté précoce isosexuelle : ce problème est neuf fois plus fréquent chez les filles que chez les garçons. Les signes de puberté apparaissent à une vitesse très variable, mais souvent plus vite qu'au cours d'une puberté normale. La croissance et la maturation osseuse sont accélérées initialement et, en l'absence de traitement, la fusion prématurée des épiphyses est responsable d'une petite taille adulte.

Chez la fille, la puberté précoce vraie est idiopathique dans 80 à 90 % des cas. La puberté précoce vraie ou « centrale » résulte d'une activation prématurée de l'axe hypothalamo-hypophysaire. Elle peut aussi être causée par une lésion hypothalamique traumatique, infectieuse, inflammatoire ou tumorale (exemple : hamartome hypothalamique) ; elle peut aussi être associée à une hydrocéphalie, à une sclérose tubéreuse de Bourneville et à diverses tumeurs du système nerveux central (neurofibrome, astrocytome, gliome, etc.). La pseudopuberté précoce est indépendante de la sécrétion des gonadotrophines ; il faut alors penser à la prise d'œstrogènes d'origine exogène, à une hypothyroïdie non traitée, à une tumeur ovarienne ou surrénalienne sécrétant des œstrogènes, ou à un syndrome de McCune-Albright (dysplasie fibreuse des os, taches café-au-lait irrégulières, en « carte géographique »).

Chez le garçon, la puberté précoce vraie n'est idiopathique que dans 50 % des cas environ. Dans les autres cas, les causes sont les mêmes que chez la fille (voir ci-dessus). La pseudopuberté précoce (indépendante des gonadotrophines d'origine hypophysaire) peut résulter d'une hyperplasie congénitale virilisante des surrénales, d'une tumeur testiculaire ou surrénalienne sécrétant des androgènes, d'une tumeur hépatique sécrétant des gonadotrophines, ou d'une imprégnation par des androgènes d'origine exogène.

Dans tous les cas de puberté précoce vraie, une exploration complète doit être effectuée. Une tomodensitométrie ou une résonance magnétique cérébrale est nécessaire pour exclure une lésion tumorale de l'hypothalamus. Chez la fille, une échographie pelvienne est utile lorsqu'on suspecte une tumeur ovarienne et pour évaluer le degré d'œstrogénisation de l'utérus. Les taux plasmatiques de FSH et de LH peuvent être normaux ou similaires aux taux retrouvés lors d'une puberté normale. On retrouve chez la fille un taux plasmatique d'œstradiol élevé pour l'âge, quoique de façon inconstante, et, chez le garçon, une augmentation de la testostérone plasmatique ; les niveaux de ces hormones sont similaires à ceux qu'on trouve lors d'une puberté normale.

II. Traitement

L'enfant atteint de puberté précoce isosexuelle vraie présente des problèmes complexes et chroniques d'ordre médical et psychosocial ; il doit être pris en charge à long terme par une équipe multidisciplinaire spécialisée. Lorsqu'il s'agit d'une puberté précoce idiopathique, dépendante des gonadotrophines, le principe du traitement médical consiste à administrer un agent analogue de la LHRH ; le but de ce traitement est de ralentir la puberté et d'obtenir une taille finale plus élevée. Dans les autres cas, le traitement dépend de la cause (exemple : exérèse d'une tumeur).

Retard pubertaire : démarche clinique

On parle de retard pubertaire lorsque la puberté n'est pas amorcée chez une fille âgée de 13 ans ou chez un garçon âgé de 14 ans. Rappelons que le premier signe de puberté est le développement mammaire chez la fille et l'augmentation du volume testiculaire chez le garçon (voir Développement pubertaire normal).

La démarche clinique commence par une anamnèse personnelle et familiale détaillée, ainsi qu'un examen complet. Il faut suspecter en premier lieu l'association d'un retard statural et d'une maturation pubertaire tardive et, plus rarement, une maladie chronique ou un hypogonadisme :

I. Retard de croissance associé à une maturation pubertaire tardive (retard «constitutionnel» de croissance)

Cette cause fréquente de retard pubertaire doit être suspectée lorsque les éléments suivants sont rassemblés :

1) L'enfant a une petite taille et son âge osseux est retardé par rapport à son âge chronologique et concorde avec son âge statural ;

2) Sa vitesse de croissance est normale ou modérément ralentie ;

3) Ses parents ont une taille normale, mais l'un des deux ou plus rarement les deux ont eux-mêmes avoir une histoire de croissance tardive et de retard pubertaire.

La puberté s'amorce tardivement, mais se déroule normalement et l'adolescent continue à grandir plus tard que les autres, atteignant finalement une taille compatible avec son potentiel génétique.

Dans les cas typiques, aucune exploration complémentaire n'est indiquée.

Dans la vaste majorité des cas, il n'y a pas de traitement. La vélocité de croissance doit être surveillée de façon régulière. L'enfant est rassuré lorsqu'on l'informe du fait que sa puberté va survenir et que sa taille finale sera normale. Lorsqu'un garçon présentant ce problème ne peut être suffisamment rassuré, on peut proposer un traitement de 6 à 12 mois à l'énanthate de testostérone (50 mg IM une fois par mois).

II. Hypogonadisme

1) Hypogonadisme hypergonadotrophique : les gonades sont en cause et, faute de *feed-back* négatif, le taux de gonadotrophines est élevé :

a) Hypogonadisme hypergonadotrophique chez le garçon : il peut notamment être la conséquence d'une absence congénitale des testicules, d'une orchite bilatérale, d'une cryptorchidie ou d'une torsion testiculaire bilatérale traitée tardivement, d'une castration, d'une radiothérapie ou d'une chimiothérapie ;

Ce type d'hypogonadisme peut aussi être associé à plusieurs syndromes, parmi lesquels le plus commun est le syndrome de Klinefelter (génotype : 47, XXY). Les patients atteints peuvent présenter un retard mental, des troubles du comportement et des difficultés d'apprentissage scolaire. Ils ont en général une grande taille. À l'âge de la puberté, on note que le volume testiculaire n'augmente pas de façon normale. Les autres signes de masculinisation sont variables. Une gynécomastie apparaît souvent ; elle peut être importante et persistante. Le diagnostic repose sur le caryotype. Le traitement à long terme est du domaine spécialisé ; outre les aspects psychosociaux, il comporte l'administration de testostérone ;

b) Hypogonadisme hypergonadotrophique chez la fille : la cause prédominante est le syndrome de Turner (génotype : 45, X0). Les filles atteintes peuvent présenter un retard de croissance intra-utérine, ainsi qu'un œdème des mains et des pieds, qui disparaît quelques semaines ou quelques mois après la naissance. Les principales caractéristiques de ce syndrome sont le retard statural et l'absence de thélarche et de ménarche. Les signes dysmorphiques suivants sont variables et peuvent même être absents : *pterygium colli*, implantation basse des cheveux au niveau de la nuque, ptose palpébrale (faciès de « sphynx » ou « d'épagneul »), palais ogival, *cubitus valgus*, écartement des mamelons, coarctation de l'aorte ou autre cardiopathie congénitale, rein en fer à cheval. Le diagnostic repose sur le caryotype. Le traitement, qui inclut une œstrogénothérapie de substitution à l'âge de la puberté, nécessite la prise en charge à long terme par une équipe spécialisée et multidisciplinaire. Le traitement à l'hormone de croissance est actuellement à l'étude.

Une insuffisance ovarienne peut aussi résulter, entre autres, d'une ovariectomie bilatérale, d'une radiothérapie, d'une maladie auto-immune ou d'une galactosémie.

2) Hypogonadisme hypogonadotrophique : les gonades sont normales, mais, en raison d'un problème hypothalamique (déficience en LHRH) ou hypophysaire (déficience en FSH et en LH), elles ne sont pas stimulées par les gonadotrophines.

Il faut tout d'abord s'assurer par l'anamnèse et l'examen que le patient ne souffre pas de malnutrition, d'anorexie mentale, ni d'une maladie chronique grave, le plus souvent connue et évidente. Occasionnellement, le ralentissement de la croissance et le retard pubertaire causés par la maladie de Crohn peuvent constituer le mode de présentation de la maladie et précéder l'apparition des symptômes digestifs (voir Maladie de Crohn).

a) Hypogonadisme hypogonadotrophique chez le garçon : les testicules sont normaux mais gardent leur volume prépubertaire (< 4 mL) ;

– L'hypogonadisme peut faire partie d'un tableau d'hypopituitarisme idiopathique ou secondaire à une lésion hypothalamique ou hypophysaire (exemple : craniopharyngiome). La plupart du temps, l'attention est attirée initialement par le retard statural ;

– Il peut aussi s'agir d'une déficience isolée en LHRH ; lorsque celle-ci est héréditaire et associée à une anosmie, on parle de syndrome de Kallmann.

Les taux plasmatiques de FSH, de LH et de testostérone demeurent bas. Il est important d'exclure une lésion tumorale de l'hypothalamus ou de l'hypophyse par la tomodensitométrie ou la résonance magnétique nucléaire.

Le traitement appartient au domaine de la spécialisation; il consiste à administrer de la testostérone pour induire le développement des caractères sexuels secondaires. Le traitement aux gonadotrophines ou à la LHRH est réservé à l'induction de la fertilité;

b) Hypogonadisme hypogonadotrophique chez la fille :

Comme chez le garçon, l'hypogonadisme peut exister dans le contexte d'un hypopituitarisme idiopathique ou secondaire, ou résulter d'une déficience isolée en LHRH; dans les familles atteintes, le syndrome de Kallmann est cependant plus rare que chez le garçon.

Les taux plasmatiques de FSH, de LH et d'œstrogènes demeurent bas. Il est important d'exclure une lésion tumorale de l'hypothalamus ou de l'hypophyse par la tomodensitométrie ou la résonance magnétique nucléaire.

Le traitement appartient au domaine de la spécialisation; il consiste initialement à administrer une combinaison d'œstrogènes et de progestatifs et ensuite des gonadotrophines ou de la LHRH pour induire la fertilité.

Lectures suggérées

Pescovitz OH: Precocious puberty. Pediatr Rev 1990; 11: 229-237.
Reindollar RH, McDonough PG: Etiology and evaluation of delayed sexual development. Pediatr Clin North Am 1981; 28: 267-286.
Wheeler MD, Styne DM: Diagnosis and management of precocious puberty. Pediatr Clin North Am 1990; 37: 1255-1271.

Purpura rhumatoïde (purpura de Schönlein-Henoch)   203

Jean-Bernard Girodias, Michel Weber

Généralités

Le purpura rhumatoïde est une vasculite dont la cause exacte demeure inconnue. La découverte occasionnelle de streptocoques dans la gorge pourrait résulter d'une association fortuite (état de porteur sain) ou suggérer une relation causale mal documentée. Ce syndrome, qui touche plus souvent les garçons que les filles, atteint surtout des enfants de 2 à 10 ans.

Manifestations cliniques

La gravité de la maladie est très variable d'un enfant à l'autre. Elle se manifeste habituellement chez un enfant non fiévreux par une triade caractéristique :

1) Purpura non thrombopénique, parfois pétéchial ou ecchymotique, touchant surtout les membres inférieurs et les fesses chez les enfants en

âge de marcher. Chez le nourrisson, la maladie est très rare et se manifeste surtout par des œdèmes asymétriques et migrateurs qui peuvent affecter le visage, les oreilles, le cuir chevelu et les membres supérieurs;

2) Douleurs abdominales qui peuvent être particulièrement intenses; elles sont parfois causées par des complications chirurgicales (voir Complications);

3) Arthrite, surtout fréquente au niveau des chevilles.

Explorations

Le diagnostic est essentiellement clinique. À l'exception de la numération plaquettaire et de la recherche de sang et de protéines dans l'urine, qui devra être répétée de façon sériée pendant toute la durée de la maladie, aucune autre exploration n'est nécessaire. S'il y a une hématurie ou une protéinurie, mesurer l'urée et la créatinine sériques.

Complications

De très nombreuses complications ont été rapportées. Les principales sont les suivantes:

1) La néphrite, qui se manifeste par une hématurie microscopique ou macroscopique et qui évolue parfois vers une maladie rénale chronique;

2) Des problèmes gastro-intestinaux: des douleurs abdominales intenses ou des signes ou symptômes d'occlusion intestinale doivent faire craindre un problème chirurgical (hématome intramural de l'intestin, invagination intestinale, perforation); ces complications siègent le plus souvent au niveau de l'intestin grêle. Des rectorragies peuvent aussi survenir;

3) Une tuméfaction douloureuse des testicules pouvant ressembler à une torsion testiculaire;

4) Une atteinte du système nerveux central (rare).

Traitement

L'hospitalisation n'est indiquée que dans une minorité des cas, lorsque le patient est très souffrant, ou en cas de complications importantes.

Qu'ils soient hospitalisés ou non, les enfants atteints doivent être surveillés de façon étroite; les principaux éléments de ce suivi sont la mesure de la tension artérielle et la recherche d'une hématurie et d'une protéinurie.

Il n'y a pas de traitement spécifique.

S'il y a des douleurs articulaires, donner un analgésique mineur comme l'acétaminophène ou paracétamol (15 mg/kg/dose PO au besoin toutes les 4 heures; maximum chez le grand enfant: 650 mg/dose).

Dans les cas les plus graves, et particulièrement lorsque les douleurs abdominales sont très intenses, les corticostéroïdes ont souvent été utilisés de façon empirique; de bons résultats sont rapportés de façon anecdotique par certains et contestés par d'autres. On peut utiliser soit la prednisone (2 mg/kg/24 heures PO en 2 fois; maximum chez le grand enfant: 50 mg/24 heures), soit l'hydrocortisone (16 mg/kg/24 heures IV en 4 fois; maximum chez le grand enfant: 400 mg/24 heures).

Lorsque le tableau clinique suggère une complication intra-abdominale chirurgicale, il est nécessaire, en attendant une éventuelle intervention, de suspendre l'alimentation orale, d'installer une perfusion, de drainer l'estomac et de surveiller régulièrement l'hémoglobine et la radiographie simple de l'abdomen.

Des transfusions sont parfois nécessaires en cas d'hémorragies digestives importantes.

Lorsqu'une insuffisance rénale aiguë s'installe, ce qui est exceptionnel: voir Insuffisance rénale aiguë.

Pronostic

Sauf s'il y a une évolution vers une maladie rénale chronique, le pronostic est uniformément bon. La maladie disparaît habituellement en l'espace de quelques jours à quelques semaines. Les récidives sont rares. L'hématurie peut persister pendant des mois; dans ce cas, l'enfant doit être surveillé pendant toute cette période.

Lecture suggérée

Lanzkowsky S, Lanzkowsky L, Lanzkowsky P: Henoch-Schönlein purpura. Pediatr Rev 1992; 13: 130-137.

Purpura thrombopénique idiopathique   204

Michel Weber, Michèle David

Généralités

Le purpura thrombopénique (PTI) résulte d'un processus auto-immunitaire au cours duquel des anticorps antiplaquettaires (habituellement de type IgG) entraînent une destruction active des thrombocytes par le système réticulo-endothélial. Dans la majorité des cas, la maladie survient moins de quatre semaines après une infection virale. Le PTI est plus fréquent avant l'âge de cinq ans.

Manifestations cliniques

L'enfant présente des pétéchies et des ecchymoses disséminées sans fièvre. L'état général est bien conservé et il n'y a habituellement pas d'hépatomégalie, de splénomégalie ni d'adénopathies. Il peut y avoir des hémorragies du fond d'œil, des épistaxis, un hématotympan, des hémorragies gingivales ou digestives et de l'hématurie. Les hémorragies intra-crâniennes sont les plus à craindre, mais elles sont rares (moins de 1 % des cas). Habituellement, le diagnostic est assez facile et le PTI peut être aisément distingué de plusieurs autres maladies :

1) Le syndrome de l'enfant maltraité peut se présenter avec des ecchymoses multiples sans fièvre, mais celles-ci sont alors le plus souvent d'âges différents. L'environnement familial perturbé et la coexistence d'autres lésions traumatiques orientent vers ce diagnostic. Les plaquettes sont normales ;

2) Dans le purpura rhumatoïde de Schönlein-Henoch, le purpura est surtout localisé au niveau des membres inférieurs et la maladie s'accompagne souvent de douleurs abdominales et de phénomènes arthritiques, particulièrement au niveau des chevilles. Les plaquettes sont normales ;

3) Une leucémie aiguë se manifeste fréquemment par des ecchymoses avec thrombopénie, mais il y a le plus souvent d'autres indices : altération de l'état général, hépatomégalie, splénomégalie, adénopathies, anémie et neutropénie avec ou sans hyperleucocytose ;

4) Une aplasie médullaire peut se présenter d'une façon similaire, mais il y a d'habitude une atteinte simultanée d'au moins une autre lignée ;

5) Chez le nourrisson et chez l'adolescent, la thrombopénie peut compliquer un syndrome d'immunodéficience acquise (SIDA). Le contexte clinique est d'ordinaire suggestif (voir Syndrome d'immunodéficience acquise) ;

6) Surtout chez l'adolescente, la présence d'une thrombopénie doit faire penser à la possibilité d'un lupus érythémateux ;

7) Le purpura associé à une méningococcémie s'accompagne presque toujours de fièvre. Il peut y avoir une atteinte marquée de l'état général. Les lésions cutanées sont souvent nécrotiques et prédominent habituellement au niveau des membres inférieurs. Les plaquettes sont normales, mais elles peuvent s'abaisser en cas de coagulation intravasculaire disséminée.

Explorations

L'hémogramme montre une hémoglobine et des globules blancs normaux. Les plaquettes se situent entre 0 et 140×10^9/L. Le risque d'hémorragie est élevé si elles sont inférieures à 20×10^9/L. La numération plaquettaire est répétée périodiquement jusqu'au moment où elle redevient normale.

L'examen du frottis sanguin montre que la thrombopénie est isolée.

Dans les cas typiques, un examen de la moelle n'est pas nécessaire ; on s'attend à trouver un nombre normal ou augmenté de mégacaryocytes. Lorsque la lignée rouge ou blanche est atteinte ou s'il y a des indices cliniques de leucémie, la ponction de moelle est indiquée.

Le dosage des anticorps antiplaquettaires n'est habituellement pas nécessaire (il est sensible mais non spécifique).

S'il y a un doute quant à la possibilité de SIDA, celui-ci est éliminé par la sérologie pour le VIH.

S'il s'agit d'une adolescente et qu'on soupçonne un lupus érythémateux, les examens habituels sont demandés (anticorps antinucléaires, complément sérique, etc.).

Traitement

Une hospitalisation est souvent nécessaire au début de la maladie.

L'enfant devrait être protégé contre les traumatismes (lit capitonné, casque protecteur, etc.) tant que les plaquettes demeurent dans la zone dangereuse.

Il faut éviter d'administrer des médicaments comme l'acide acétylsalicylique qui altèrent la fonction plaquettaire.

Dans les cas non compliqués et lorsque les plaquettes se maintiennent au-dessus du seuil de $20 \times 10^9/L$, on peut se permettre de ne prescrire aucun traitement spécifique. Lorsque les plaquettes sont inférieures à ce niveau, et surtout si des hémorragies surviennent, on recommande l'administration de gammaglobulines par voie intraveineuse, à raison de 1 g/kg en 6 à 10 heures. Ce traitement produit habituellement une augmentation rapide des plaquettes; il peut être répété au besoin.

Le traitement aux corticostéroïdes à hautes doses (exemple: prednisone: 4 mg/kg/24 heures) est aussi efficace pour le traitement initial que les gammaglobulines et constitue donc un autre choix possible. Lorsqu'un nombre adéquat de plaquettes est atteint, on effectue un sevrage progressif s'étalant sur les deux à trois semaines suivantes.

Une splénectomie n'est indiquée que dans des circonstances exceptionnelles.

Pronostic

La vaste majorité des enfants guérissent rapidement, la plupart du temps en moins de deux à trois semaines. Après un an, plus de 90 % des enfants atteints ont des plaquettes normales. Les rechutes ainsi que le passage à la chronicité sont rares.

Lectures suggérées

Dubansky AS, Oski FA: Controversies in the management of acute idiopathic thrombocytopenic purpura: a survey of specialists. Pediatrics 1986; 77: 49-52.

Imbach P: Intravenous immunoglobulin therapy for idiopathic thrombocytopenic purpura and other immune-related disorders: review and update of our experiences. Pediatr Infect Dis J 1988; 7: S120-S125.

Rachitisme 205

Gilles Chabot, Anne-Claude Bernard-Bonnin, Marie-José Clermont, Jacques Boisvert

Généralités

Le rachitisme est une maladie caractérisée par un défaut de minéralisation de la matrice osseuse au niveau des plaques de croissance épiphysaires.

Les os longs, dont la croissance est la plus rapide, sont les plus affectés. Le rachitisme est habituellement accompagné d'une ostéomalacie, qui consiste en un défaut de minéralisation de la matrice de l'os spongieux, avec une augmentation de l'ostéoïde non minéralisé, ce qui cause une diminution de la rigidité de l'os. La déficience en vitamine D est la cause la mieux connue du rachitisme. Les prématurés, les enfants à la peau foncée et les végétariens sont plus susceptibles au rachitisme par déficience en vitamine D.

La vitamine D (cholécalciférol) est un stérol liposoluble. Elle est produite par la peau exposée aux rayons ultraviolets du soleil, mais elle peut aussi provenir de l'alimentation (exemple : lait enrichi en vitamine D). Elle est hydroxylée une première fois par le foie en 25-hydroxycholécalciférol, puis hydroxylée une seconde fois au niveau du rein en 1-25-dihydroxycholécalciférol, qui est la forme active de la vitamine D. La seconde hydroxylation est influencée par la calcémie et par l'hormone parathyroïdienne. Le 1-25-dihydroxycholécalciférol est une hormone qui contrôle l'absorption intestinale du calcium et qui intervient dans la régulation de la formation de l'os.

Il existe plusieurs formes de rachitisme, que l'on peut classifier selon le principal déficit responsable de la minéralisation insuffisante :

I. Rachitismes calcipéniques

Ce type de rachitisme peut être associé à une hypocalcémie et à une hyperparathyroïdie. Le défaut principal est le déficit en calcium, qui peut résulter de l'un des problèmes suivants :

1) Apport nutritionnel insuffisant de calcium ou malabsorption du calcium (exemple : ingestion de chélateurs comme les phytates) ;

2) Apport nutritionnel insuffisant de vitamine D ou malabsorption des vitamines liposolubles (exemples : cholestase, maladie cœliaque) ;

3) Anomalie du métabolisme de la vitamine D :

   – Rachitisme pseudodéficient ou déficit congénital en 25(OH)D-1-alpha-hydroxylase ;

   – Insuffisance rénale chronique ;

4) Anomalie des récepteurs de la vitamine D.

II. Rachitismes phosphopéniques

Le défaut de minéralisation résulte d'un déficit en phosphore. Il n'y a pas d'hypocalcémie ni d'hyperparathyroïdie. Les principales causes sont les suivantes :

1) Apport insuffisant :

   a) Grande prématurité ;

   b) Diarrhée chronique (spoliation par voie digestive) ;

2) Spoliation par voie rénale, due à une diminution de la réabsorption tubulaire du phosphore :

   a) Rachitisme hypophosphatémique lié au chromosome X ;

b) Rachitisme hypophosphatémique hypercalciurique;

c) Hyperphosphaturie induite par une tumeur (exemples: hamartomes ou tumeurs mésenchymateuses, habituellement bénignes);

d) Syndrome de Fanconi (la cause la plus fréquente de ce syndrome est la cystinose).

III. Formes complexes

1) Acidoses tubulaires rénales: ces affections peuvent s'accompagner d'hypophosphatémie par hyperphosphaturie, ainsi que d'une spoliation en calcium par voie rénale entraînant une résorption osseuse excessive.

2) Insuffisance rénale chronique: elle peut s'accompagner d'une diminution de la synthèse du 1-25-dihydroxycholécalciférol, ce qui cause une hypocalcémie et un rachitisme. Cette hypocalcémie, combinée à l'hyperphosphorémie due à la diminution de la filtration glomérulaire, cause une hyperparathyroïdie importante pouvant provoquer une ostéite fibreuse. L'ostéodystrophie rénale résulte de l'association de rachitisme et d'ostéite fibreuse.

Manifestations cliniques

Les principales manifestations qu'on peut observer chez le nourrisson sont les suivantes:

1) Retard statural;

2) Retard de fermeture de la fontanelle antérieure;

3) Retard de l'éruption des dents;

4) Craniotabès: ce signe est recherché en appliquant avec les doigts une pression au niveau de la région pariéto-occipitale: l'os se déprime comme une balle de ping-pong;

5) Chapelet costal: il est constitué de tuméfactions palpables et parfois même visibles des jonctions costo-chondrales;

6) Sillon de Harrison: il s'agit d'une dépression située en regard de l'insertion du diaphragme à la cage thoracique;

7) Élargissement des épiphyses des os longs par hypertrophie des cartilages de croissance, particulièrement au niveau des poignets et des chevilles;

8) Déformation en *varum* ou en *valgum* des membres inférieurs à l'âge de la marche;

9) S'il s'agit d'un rachitisme de forme hypocalcémique, il peut y avoir de l'irritabilité, de l'hypotonie, ainsi que des signes d'hypocalcémie comme les signes de Chvostek et de Trousseau, la tétanie ou même des convulsions.

Explorations

I. Anomalies biochimiques

Les altérations des paramètres biochimiques varient en fonction du type de rachitisme.

1) Phosphatases alcalines : elles sont augmentées de façon constante et demeurent habituellement élevées jusqu'à la guérison complète du rachitisme ;

2) Phosphore sanguin : il est abaissé, même dans les formes calcipéniques, en raison de la phosphaturie induite par l'hyperparathyroïdie secondaire ;

3) Calcium sanguin : il peut être abaissé ou normal :

   a) En cas de rachitisme calcipénique, la calcémie peut se maintenir initialement à un niveau normal, grâce à l'accroissement de la résorption osseuse qui résulte de l'hyperparathyroïdie secondaire. Plus tardivement, la calcémie s'abaisse ;

   b) En cas de rachitisme phosphopénique, la calcémie est normale ;

4) Hormone parathyroïdienne (PTH) : elle est élevée en cas de rachitisme calcipénique ou d'insuffisance rénale. Elle est normale en cas de rachitisme phosphopénique ;

5) Vitamine D : le dosage de ses métabolites est essentiel si l'on veut préciser de quelle forme de rachitisme il s'agit :

   a) Le 25-hydroxycholécalciférol est abaissé lorsqu'il y a une déficience en vitamine D ;

   b) Le 1-25-dihydroxycholécalciférol est abaissé chez les patients qui présentent un défaut du métabolisme de la vitamine D ou une insuffisance rénale. Par contre, il est élevé lorsqu'il y a une déficience des récepteurs de la vitamine D ou lorsqu'un rachitisme par déficience en vitamine D est partiellement traité ;

6) Phosphaturie : elle est augmentée pour l'une des raisons suivantes :

   a) Il y a une hyperparathyroïdie secondaire qui se normalise rapidement avec la correction de la calcémie ;

   b) Il y a une tubulopathie ; dans ce cas, elle ne se normalise pas avec le traitement à la vitamine D.

II. Anomalies radiologiques

Les anomalies radiologiques sont caractéristiques. Elles sont surtout évidentes au niveau des extrémités des os longs (poignets et genoux), dont la croissance est rapide. Le défaut de minéralisation se manifeste par l'augmentation de l'épaisseur des plaques de croissance épiphysaires, l'émoussement de l'extrémité des métaphyses, qui deviennent irrégulières et peuvent prendre un aspect typique « en cupule ». Par ailleurs, on peut aussi noter un retard de maturation des centres épiphysaires et, chez l'enfant qui a atteint l'âge de la marche, une incurvation plus ou moins importante des os longs des membres inférieurs.

En cas de rachitisme calcipénique, on peut également noter des manifestations d'hyperparathyroïdie comme une résorption sous-périostée, une déminéralisation généralisée et même parfois des fractures pathologiques.

Traitement

I. Rachitisme par déficience en vitamine D

De la vitamine D est administrée à raison de 2 000 à 5 000 UI PO une fois par jour pendant environ trois mois. Au début du traitement, l'enfant doit être surveillé étroitement et il doit recevoir un supplément de calcium correspondant aux besoins journaliers (500 mg à 1 g/24 heures), car des convulsions hypocalcémiques peuvent être causées par l'accentuation du processus de minéralisation. La normalisation de la calcémie, de la phosphorémie et des phosphatases alcalines, ainsi que la reminéralisation du squelette témoignent du succès du traitement.

II. Rachitismes pseudodéficients

On administre le métabolite actif de la vitamine D, le 1-25-dihydroxycholécalciférol, à raison de 0,2 à 1 µg par jour PO en 2 fois. Le traitement doit être poursuivi pendant toute la vie.

III. Rachitismes hypophosphatémiques

Ces formes de rachitisme sont traitées au moyen de suppléments de phosphore administrés par voie orale. Chez le jeune enfant, on utilise une solution buvable (45 mg/mL) et, chez l'enfant plus âgé, des comprimés enrobés. On obtient de bons résultats en donnant 500 mg 5 fois par jour. La dose administrée est limitée par la tolérance digestive (diarrhée). Un supplément de 1-25-dihydroxycholécalciférol doit être associé à ce traitement, afin de prévenir l'hypocalcémie et l'hyperparathyroïdie secondaire induite par l'ingestion de grandes quantités de phosphore. Ce traitement permet de guérir le rachitisme, de prévenir ou même parfois de corriger la déformation des membres et de normaliser la croissance. Il faut surveiller étroitement la calcémie (voir ci-dessous).

Surveillance

Lorsqu'on administre de fortes doses de vitamine D ou de son métabolite actif, le 1-25-dihydroxycholécalciférol, il y un risque d'hypercalcémie, d'hypercalciurie et de néphrocalcinose. Il est donc nécessaire de surveiller, à intervalles de trois à quatre mois, la calcémie, la calciurie (rapport calcium/créatinine urinaire), ainsi que la fonction rénale. Une échographie rénale est effectuée une fois par an, afin de s'assurer qu'une néphrocalcinose importante n'apparaît pas. La parathormone doit être surveillée régulièrement chez les patients qui prennent des suppléments de phosphore et chez les insuffisants rénaux.

Pronostic

Il est excellent pour le rachitisme par déficience d'apport en vitamine D, ainsi que pour les rachitismes pseudodéficients. En cas de rachitisme hypophosphatémique, un léger retard statural résiduel est fréquemment noté lorsque la fidélité au traitement n'est pas parfaite. Le pronostic des formes secondaires mixtes dépend de la maladie sous-jacente.

Prévention

Un apport quotidien de 200 à 400 UI de vitamine D permet de prévenir efficacement le rachitisme par déficience d'apport. Dans les conditions idéales, le lait maternel peut théoriquement contenir une quantité suffisante de vitamine D, mais, en pratique, il est préférable de donner un supplément quotidien de 400 UI à l'enfant allaité (voir Nutrition).

Tous les laits pour nourrissons sont enrichis (Canada, France: 400 UI/L), ce qui constitue une mesure préventive très efficace; aucun autre supplément n'est indiqué chez l'enfant nourri artificiellement. Au Canada, tous les autres laits sont également enrichis (360 UI/L).

Lectures suggérées

Chesney RW: Metabolic bone diseases. Pediatr Rev 1984; 5: 227-237.
Glorieux FH: Rickets. Raven Press, New York, 1991.

Réanimation du nouveau-né 206

Sylvie Bélanger, Annie Veilleux, Philippe Chessex

Voir aussi Détresse respiratoire du nouveau-né.
Pour l'inhalation de méconium: voir Détresse respiratoire du nouveau-né.

Généralités

La plupart des nouveau-nés s'adaptent naturellement à la vie extra-utérine. Cependant, environ 6 % d'entre eux doivent être réanimés à la naissance. Cette proportion peut atteindre 80 % lorsqu'il s'agit de prématurés de moins de 1 500 g ou d'enfants asphyxiés.

La réanimation consiste en une série d'interventions dictées par l'état de l'enfant et par sa réponse à ces interventions. Celles-ci sont décidées en fonction de l'évaluation immédiate de la coloration, des mouvements respiratoires et de la fréquence cardiaque. Le score d'Apgar (voir Soins du nouveau-né normal) est utilisé pour déterminer l'état du nouveau-né 1 minute, 5 minutes et 10 minutes après sa naissance.

Tout délai de la réanimation peut retarder de façon très importante le début d'une respiration spontanée et soutenue. Il faut donc commencer la réanimation immédiatement si l'enfant semble incapable d'établir une ventilation suffisante pour maintenir une fréquence cardiaque adéquate.

La plupart des nouveau-nés nécessitent seulement les manœuvres générales de réanimation. La majorité de ceux qui ont besoin d'une réanimation active répondent très bien à la seule ventilation. Une faible minorité requiert des médicaments ou un massage cardiaque.

Conditions d'une réanimation efficace

1) Anticipation : il n'est pas toujours possible de prévoir quel nouveau-né nécessitera une réanimation. Cependant, plusieurs problèmes identifiables d'avance constituent des facteurs de risque d'asphyxie néonatale (tableau 57). Certains de ces problèmes peuvent influencer le lieu, la date et le mode d'accouchement.

2) Personnel qualifié en réanimation, disponible immédiatement et en tout temps.

3) Équipement adéquat (tableau 58).

4) Début immédiat de la réanimation lorsqu'elle est indiquée.

Manœuvres de réanimation néonatale

I. Mesures générales

1) Environnement thermique : le nouveau-né, surtout s'il est prématuré ou asphyxié, supporte très mal l'hypothermie car celle-ci augmente l'acidose et l'hypertension pulmonaire. La première mesure de réanimation consiste donc à placer l'enfant sur une table chauffante, à le sécher et à le réchauffer rapidement.

2) Aspiration des voies respiratoires supérieures : on aspire le nez et la bouche afin d'enlever le sang et les sécrétions. Cette opération ne devrait pas durer plus de 10 à 15 secondes. Une aspiration vigoureuse et prolongée peut causer une stimulation vagale qui peut elle-même entraîner des apnées et une bradycardie. Lorsqu'un appareil d'aspiration mécanique est utilisé, chaque aspiration (pression : -60 à -80 cm H_2O) ne devrait pas durer plus de 5 à 10 secondes, de façon à laisser à l'enfant le temps de récupérer.

3) Stimulation tactile : en général, les manœuvres de réchauffement et d'aspiration stimulent suffisamment l'enfant pour qu'il se mette à respirer et aucune autre manœuvre n'est nécessaire. Si par contre l'enfant ne se met pas à respirer de façon soutenue, des stimulations tactiles additionnelles peuvent être effectuées, comme des frictions du dos ou des chiquenaudes sur les orteils. S'il n'y a pas de réponse immédiate, il faut ventiler l'enfant (voir III), sinon l'asphyxie risque de progresser.

II. Oxygénothérapie

L'administration d'oxygène (sans pression positive) est indiquée lorsque l'enfant demeure cyanosé malgré une respiration spontanée et soutenue et une fréquence cardiaque adéquate (> 100/minute); on utilise toujours une concentration de 100 %. Le débit d'oxygène doit être de 5 L/minute; un débit plus élevé peut causer des apnées et une bradycardie. Il est important de savoir que les insufflateurs autogonflables avec valve ne fournissent pas d'oxygène si on ne ventile pas l'enfant avec une pression positive.

III. Ventilation et intubation

1) Ventilation à pression positive au moyen d'un masque : elle doit être commencée si l'enfant ne respire pas de façon soutenue malgré les sti-

Tableau 57 Problèmes pouvant constituer une indication de réanimation néonatale

– Problèmes utérins et placentaire
  – décollement placentaire
  – compression ou prolapsus du cordon ombilical
  – *placenta prævia*
  – insuffisance placentaire
  – césarienne antérieure
  – tétanie utérine
  – dystocie fœto-pelvienne
  – 2ᵉ stade prolongé
  – forceps haut
  – oligo-amnios ou hydramnios
  – rupture prématurée et prolongée de la poche des eaux
– Problèmes maternels
  – anémie
  – chorio-amniotite
  – infection virale ou bactérienne
  – diabète
  – hypertension artérielle
  – pré-éclampsie ou éclampsie
  – maladie rénale chronique
  – maladie cardiaque chronique
  – prise de certains médicaments ou drogues, anesthésie générale
– Problèmes fœtaux
  – détresse fœtale
  – anomalie de présentation
  – prématurité
  – naissance après terme
  – grossesse multiple
  – malformation congénitale
  – anomalie chromosomique
  – liquide amniotique méconial
  – érythroblastose fœtale, anasarque fœto-placentaire

mulations ou si la fréquence cardiaque est inférieure à 100/minute; on utilise soit un insufflateur autogonflable, soit un circuit anesthésique. La pression recommandée est de 20 à 30 cm H_2O; il est parfois nécessaire d'utiliser des pressions plus élevées au cours des premières insufflations. La fréquence recommandée est de 40 à 60/minute. La durée du temps inspiratoire doit être d'environ 50 % du cycle, mais elle doit parfois être augmentée au cours des premières insufflations, de façon à vaincre la tension de surface des alvéoles et à établir une capacité résiduelle fonctionnelle adéquate. Dans ces circonstances, certains insufflateurs autogonflables avec valve peuvent être incapables de produire une pression suffisante. Le circuit anesthésique permet un meilleur

Tableau 58. Équipement nécessaire à la réanimation néonatale

- Environnement
  - table chauffante
  - draps secs et chauds, couverture
- Matériel d'aspiration
  - poires d'aspiration
  - appareil mécanique d'aspiration
  - sondes d'aspiration 5, 8 et 10 French
  - sonde nasogastrique
- Matériel de ventilation
  - insufflateurs
  - masques (prématuré et nouveau-né)
  - canules oropharyngiennes (prématuré et nouveau-né)
  - source d'oxygène avec circuit
- Matériel d'intubation
  - laryngoscope
  - lames de laryngoscope droites (Guedel N 1, Miller N 0 ou 00)
  - tubes endotrachéaux (2,5 à 4 mm)
  - mandrins pour tubes endotrachéaux
  - matériel pour la fixation du tube endotrachéal
- Médicaments et solutés
  - adrénaline à 1/10 000 (non disponible en France; diluer 10 fois la solution à 1/1 000)
  - naloxone (0,4 mg/mL)
  - bicarbonate de sodium (0,5 mmol/mL)
  - sérum physiologique et eau stérile
  - soluté glucosé à 10 %
  - Ringer lactate
  - albumine humaine (Canada: 5 %; France: 4 %)
  - plasma frais congelé
  - sang complet O Rhésus négatif
- Divers
  - cathéters ombilicaux, veineux et artériel
  - seringues
  - aiguilles
  - gants
  - ciseaux
  - sparadrap
  - stéthoscope
  - moniteur de pression
  - moniteur de l'ECG
  - oxymètre de pouls

contrôle de la ventilation, mais sa manipulation exige plus d'expérience; entre des mains inexpérimentées, le risque de pneumothorax est accru. La ventilation est efficace si une expansion thoracique visible en résulte; si ce n'est pas le cas, il faut vérifier la position de l'enfant et du masque. Après une ventilation au masque, il peut être nécessaire de mettre en place une sonde gastrique pour décomprimer l'estomac.

2) Intubation : la majorité des enfants sont ventilés adéquatement au masque et, s'ils demeurent bien colorés et ne présentent pas de bradycardie, il n'y a pas d'urgence à intuber. L'intubation est indiquée si, malgré 30 à 45 secondes de ventilation au masque, l'enfant demeure cyanosé ou bradycarde. On utilise une lame droite et un tube de calibre 2,5 à 4, selon la taille de l'enfant. Le tube de calibre 2 ne devrait être utilisé qu'en dernier recours, car son faible diamètre crée une résistance importante et parce qu'il s'obstrue fréquemment. Dans une situation d'urgence, il est préférable d'utiliser la voie orale. La tête de l'enfant doit être en position neutre, avec une légère extension. Une hyperextension déplace le larynx vers l'avant, de sorte qu'il n'est plus visible. Si, en raison d'une glotte antérieure, le larynx et les cordes vocales ne sont pas bien visualisés, une légère pression peut être exercée sur le larynx. Il suffit ensuite de pousser doucement le tube entre les cordes vocales. Lorsque l'intubation est terminée, il est important de vérifier par l'auscultation si les deux poumons sont ventilés de façon symétrique. Une distension gastrique suggère que le tube est placé dans l'œsophage. La position du tube doit être vérifiée par une radiographie. Une sonde gastrique est mise en place si l'enfant doit demeurer intubé.

IV. Massage cardiaque externe

Il est indiqué lorsque le nouveau-né est en asystolie ou en bradycardie (< 80/minute) (voir Arrêt cardiorespiratoire); l'efficacité du massage cardiaque devrait être vérifiée au niveau du cordon ombilical.

V. Médicaments

Des médicaments ne sont indiqués que lorsque le nouveau-né est en asystolie à la naissance ou si une bradycardie persiste malgré une ventilation efficace. Deux voies d'administration sont possibles :

1) La voie intratrachéale, à utiliser de préférence chez le nouveau-né intubé ;

2) La voie intraveineuse : elle est souvent impossible à utiliser chez le nouveau-né qui présente une hypotension artérielle ou une bradycardie. La veine ombilicale est facile d'accès mais, en raison des complications possibles, il est préférable d'utiliser la voie intratrachéale.

Les principaux médicaments utilisés en réanimation néonatale sont les suivants :

1) Adrénaline : c'est le médicament le plus utile. Elle augmente la fréquence cardiaque et la résistance périphérique et améliore la perfusion

cérébrale et myocardique. Au Canada, on utilise la solution à 1/10 000, à raison de 0,1 à 0,3 mL/kg (0,01 à 0,03 mg/kg) par voie intratrachéale, à répéter au besoin toutes les 3 minutes. L'accélération de la fréquence cardiaque se produit généralement après 5 à 10 secondes. Cette solution n'étant pas disponible en France, utiliser la solution à 1/1 000 diluée 10 fois.

Si aucune réponse à l'adrénaline n'est notée après plusieurs doses, une correction d'une hypovolémie ou d'une acidémie doit être envisagée ; cette dernière réduit l'effet de l'adrénaline sur le myocarde.

2) Naloxone : cet antidote est indiqué chez le nouveau-né qui présente une dépression respiratoire secondaire à l'administration d'un analgésique morphinique à la mère moins de quatre à six heures avant l'accouchement. En cas de dépression respiratoire d'origine médicamenteuse, le nouveau-né ne présente habituellement pas d'asphyxie avant ni pendant l'accouchement, et sa fréquence cardiaque est normale à la naissance. D'habitude, seules la ventilation et l'administration de naloxone sont nécessaires.

La posologie est de 0,1 mg/kg, soit 0,25 mL/kg de la solution à 0,4 mg/mL, par voie intratrachéale ou intraveineuse. Les voies souscutanée et intramusculaire peuvent aussi être utilisées, mais il faut alors s'attendre à une action retardée.

Comme la durée d'action de la naloxone est inférieure à celle des analgésiques morphiniques, le nouveau-né qui a reçu une dose de naloxone doit être surveillé de près, car il peut avoir besoin d'autres doses.

La naloxone peut induire un syndrome de sevrage chez le nouveau-né de mère morphinomane ou héroïnomane.

3) Bicarbonate de sodium : son utilisation est controversée ; en tout cas, elle est rarement nécessaire. Il ne doit pas être utilisé en cas de réanimation de courte durée. Son administration a pour résultat de donner une charge importante en sodium et l'hyperosmolarité qui en résulte peut causer des hémorragies cérébrales ; de plus, le bicarbonate est responsable d'une élévation de la $PaCO_2$, c'est-à-dire d'une aggravation de l'acidose respiratoire déjà présente.

L'utilisation prudente de bicarbonate peut être indiquée dans la situation suivante : la réanimation se prolonge, la ventilation est efficace et une acidose métabolique importante est démontrée. Dans cette situation, la correction de l'acidémie peut améliorer la réponse à l'adrénaline et donc la fonction myocardique ; elle diminue aussi la vasoconstriction pulmonaire.

La posologie est de 1 à 2 mmol/kg, soit 2 à 4 mL/kg d'une solution à 0,5 mmol/mL en injection intraveineuse lente (1 mmol/kg/minute), à répéter au besoin selon l'évolution des gaz sanguins.

4) Autres médicaments (atropine, calcium, etc.) : il n'y a aucune preuve de leur utilité en réanimation néonatale.

VI. Réanimation liquidienne

Chez le nouveau-né asphyxié, l'état de choc résulte habituellement d'une défaillance myocardique et non d'une hypovolémie; dans ce cas, une réanimation liquidienne n'est pas indiquée.

L'administration de liquide est nécessaire dans les situations suivantes:

1) Malgré une oxygénation et une ventilation efficaces, le nouveau-né demeure pâle et répond peu à la réanimation habituelle; le temps de remplissage capillaire demeure allongé (> 3 secondes);

2) L'asphyxie est causée par une hypovolémie secondaire à une hémorragie évidente (exemples: *placenta prævia*, décollement placentaire).

Il est important de noter que la tension artérielle du nouveau-né hypovolémique peut être initialement normale, en raison de la vasoconstriction périphérique.

Idéalement, l'expansion volémique devrait être réalisée au moyen de sang complet O Rhésus négatif compatible avec le sang maternel; il permet non seulement d'augmenter le volume circulant et de fournir des colloïdes, mais aussi d'améliorer le transport de l'oxygène. Le sang complet étant rarement disponible, la réanimation liquidienne est réalisée initialement au moyen d'une solution de NaCl à 0,9 %, de Ringer lactate, d'albumine humaine à 4 % (France) ou à 5 % (Canada), ou de plasma frais congelé.

Le volume à perfuser initialement est de 10 à 15 mL/kg par voie intraveineuse en 5 à 10 minutes; cette dose peut être répétée au besoin.

Durée de la réanimation et pronostic

Plusieurs facteurs déterminent les chances de succès et la durée de la réanimation: problèmes médicaux sous-jacents, degré de prématurité, intervalle de temps entre la naissance et le début de la réanimation, nombre de doses de médicaments et qualité de la réponse au traitement.

Le score d'Apgar à 1 et à 5 minutes semble plutôt un indicateur du besoin de réanimation. Seul l'Apgar à 10 minutes ou plus semble avoir une corrélation, plutôt faible cependant, avec l'état neurologique ultérieur. Si, par exemple, un nouveau-né a un score d'Apgar inférieur à 3 à 5 minutes de vie et si ce score augmente à plus de 4 à 10 minutes de vie, ses chances d'être exempt de paralysie cérébrale sont de 99 %. Par contre, le risque de paralysie cérébrale est de 10 à 15 % lorsque l'Apgar est inférieur à 3 à 10 minutes. Lorsque l'Apgar est inférieur à 3 à 10 minutes de vie, la mortalité est d'environ 50 % chez le nouveau-né de plus de 2 500 g et d'environ 90 % chez l'enfant de moins de 2 500 g.

Les chances de réussite de la réanimation sont faibles lorsque plusieurs doses d'adrénaline ont été nécessaires et lorsque la réanimation s'est poursuivie sans succès pendant plus de 15 minutes. Dans ces circonstances, il faut envisager l'arrêt des manœuvres.

Après la réanimation

Lorsque la réanimation initiale est terminée, plusieurs fonctions doivent être surveillées et certaines défaillances doivent être traitées:

I. Fonction ventilatoire

L'équilibre acidobasique et l'oxygénation sont surveillés au moyen de gaz artériels sériés. L'oxygénation peut être surveillée de façon non invasive par l'oxymétrie de pouls. Une radiographie pulmonaire est nécessaire. Au besoin, on administre de l'oxygène et on ventile mécaniquement.

II. Fonction hémodynamique

On surveille la perfusion périphérique, la tension artérielle et la diurèse. Au besoin, on poursuit l'administration de liquides, y compris, si nécessaire, de colloïdes (albumine, plasma). Une perfusion de dopamine est parfois nécessaire (voir Choc cardiogénique).

III. Fonctions métaboliques

La glycémie et la calcémie doivent être vérifiées régulièrement.

IV. Fonctions hématologiques

On surveille l'apparition d'une thrombopénie et d'autres indices de coagulation intravasculaire disséminée.

V. Fonctions neurologiques

On surveille l'apparition et on traite l'hypertension intracrânienne (voir Hypertension intracrânienne), ainsi que les convulsions (voir Convulsions et état de mal convulsif).

Problèmes particuliers (inhalation de méconium, pneumothorax, etc.)

Voir Détresse respiratoire du nouveau-né.

Lectures suggérées

Guay J, Veilleux A : La réanimation du nouveau-né. Le Clinicien 1987; novembre-décembre : 71-90.

Jain L, Vidyasagar D : Cardiopulmonary resuscitation of newborns. Its application to transport medicine. Pediatr Clin North Am 1993; 40 : 287-302.

Nelson KB : Relationship of intra partum and delivery room events to long term neurologic outcome. Clin Perinatol 1989; 16 : 995-1007.

Sinkin RA, Davis JM : Cardiopulmonary resuscitation of the newborn. Pediatr Rev 1990; 12 : 136-141.

Standards and guidelines for cardiopulmonary resuscitation (CPR), and emergency cardiac care. Part VII : Neonatal resuscitation. JAMA 1992; 286 : 2276-2281.

Reflux gastro-œsophagien 207

Michel Weber, Pierre Gaudreault, Arié Bensoussan, Khazal Paradis, Guy Lapierre, Jacques Boisvert

Généralités

La plupart des nourrissons refluent. Ce chapitre porte de façon exclusive sur le reflux gastro-œsophagien (RGO) compliqué, le seul qui mérite des explorations et un traitement. Le RGO peut résulter d'une multitude de facteurs physiopathologiques différents, parmi lesquels l'immaturité du sphincter œsophagien inférieur, des jeux de pressions intra-abdominales et intrathoraciques anormales, une dysmotilité diffuse du tube digestif supérieur, etc. Cette hétérogénéité étiologique pourraît être responsable des résultats inconstants des différents traitements pharmacologiques qui ont été proposés.

Deux hypothèses expliquent les problèmes respiratoires qui peuvent résulter du RGO : des micro-aspirations nocturnes, habituellement invisiblès radiologiquement, et un bronchospasme réflexe causé par la présence de liquide acide dans l'œsophage. Il faut être prudent avant d'attribuer des problèmes respiratoires à un RGO, puisque le RGO peut non seulement être la cause, mais aussi la conséquence d'une maladie respiratoire et de son traitement. Si on prend l'exemple des enfants asthmatiques, on note que plus de 50 % d'entre eux ont un RGO ; il est souvent impossible de dire si c'est le RGO qui cause ou aggrave l'asthme ou si c'est l'asthme ou les bronchodilatateurs qui causent le RGO.

Le RGO est plus fréquent chez les très jeunes enfants, chez les prématurés, chez les enfants qui ont été opérés d'une atrésie de l'œsophage, chez ceux qui souffrent d'une maladie pulmonaire chronique (asthme, dysplasie bronchopulmonaire, fibrose kystique) et chez les enfants qui souffrent d'hypotonie ou de retard mental (exemple : syndrome de Down).

L'importance du RGO alcalin est reconnue de façon croissante. L'action des enzymes pancréatiques explique l'œsophagite qui peut en résulter.

Manifestations cliniques

I. Manifestations digestives

Le RGO peut se manifester par des régurgitations ou des vomissements excessifs avec ou sans retard pondéral. Il peut aussi être responsable d'une œsophagite ; celle-ci peut se traduire par un refus de boire, par des pleurs lors de la déglutition, par des hématémèses, par une déficience en fer avec ou sans anémie, ainsi que par des sténoses cicatricielles de l'œsophage. Un syndrome rare associant une entéropathie exsudative et de l'hippocratisme digital a aussi été décrit. Avant d'attribuer des régurgitations excessives à un RGO, il faut éliminer d'autres causes comme une allergie aux protéines bovines, une subocclusion du tube digestif supérieur, etc.

II. Manifestations respiratoires

Le RGO doit surtout être envisagé comme une cause possible de problèmes respiratoires persistants lorsque ceux-ci surviennent la nuit et lorsqu'il n'y a pas d'hérédité allergique. Les problèmes suivants ont été rapportés en association avec le RGO : asthme chronique réfractaire au traitement médical optimal, bronchiolite ou wheezing persistant ou récidivant, pneumonies par inhalation, stridor persistant ou récidivant, syndrome imitant cliniquement ou radiologiquement une dysplasie bronchopulmonaire, toux chronique incxpliquée. Le RGO est rarement la cause d'apnées du nourrisson ou de mort subite ; il faut surtout y penser lorsque des épisodes d'apnée surviennent à l'état d'éveil, peu de temps après un repas, ou lorsqu'ils sont associés à une régurgitation ou un vomissement.

III. Autres manifestations

Le RGO peut causer de l'irritabilité et différents problèmes paroxystiques bizarres comme le syndrome de Sandifer (posture anormale de la tête et du cou).

Explorations

Des explorations ne sont indiquées que si le RGO se complique de retard pondéral significatif et persistant, d'hématémèses, de problèmes respiratoires chroniques ou d'autres complications majeures.

I. La pH-métrie œsophagienne

L'enregistrement continu du pH dans l'œsophage inférieur pendant 20 à 24 heures est le meilleur examen pour démontrer et quantifier un RGO. Il permet aussi d'évaluer l'effet de différents facteurs comme les repas, le sommeil et la position. Toute chute du pH au-dessous de 4 est considérée comme un épisode de RGO. Les paramètres suivants sont recueillis :

- Index de reflux : c'est le pourcentage du temps pendant lequel l'enfant reflue (normale : < 5 %) ;
- Nombre d'épisodes de RGO (normale : < 20/24 heures) ;
- Nombre d'épisodes de RGO de plus de 5 minutes (normale : < 4/24 heures).

Le score d'Euler peut être utilisé : il est égal au nombre total d'épisodes de RGO par 24 heures plus 4 fois le nombre d'épisodes de RGO de plus de 5 minutes par 24 heures. Ce score ne peut pas être utilisé lorsque les épisodes de RGO sont peu fréquents et très longs. Normalement, le score d'Euler est inférieur à 50.

La pH-métrie constitue l'exploration de choix lorsqu'on suspecte que des problèmes respiratoires chroniques résultent d'un RGO. Lorsqu'un nourrisson présente des régurgitations ou des vomissements excessifs avec retard pondéral significatif et persistant, la pH-métrie ne donne aucune information quant à la cause du RGO. Il est donc prudent d'exclure d'abord une subocclusion mécanique (exemple : sténose du pylore) par un examen radiologique du tube digestif supérieur. Dans cette situation, la pH-métrie ne doit pas nécessairement être faite d'emblée ; elle peut être réalisée en cas d'échec du traitement médical, lorsqu'un traitement chirurgical est envisagé.

II. Le transit œsophago-gastrique (repas baryté)

La sensibilité et la spécificité de cet examen pour le diagnostic du RGO sont faibles, mais il est irremplaçable pour exclure une hernie hiatale, une sténose peptique ou une subocclusion mécanique (diaphragme duodénal, bride, pancréas annulaire, malrotation), particulièrement chez les enfants dont le RGO se manifeste par des régurgitations ou des vomissements excessifs.

III. L'échographie
Effectuée après un repas, elle permet parfois de visualiser un RGO.

IV. La scintigraphie œsophagienne
Cet examen a été beaucoup utilisé, mais sa validité n'a pas été établie de façon satisfaisante et est même contestée. Il peut donner une idée du temps de vidange gastrique, mais cette donnée influence rarement le plan de traitement. Cet examen ajoute peu de choses aux données de la pH-métrie ; on peut habituellement s'en passer.

V. L'œsophagoscopie et la biopsie œsophagienne
C'est le seul examen qui peut mettre en évidence de façon certaine une œsophagite secondaire à un RGO. Puisqu'il s'agit d'une exploration invasive, il est préférable de la réserver à certains enfants chez qui on suspecte une œsophagite.

VI. La manométrie œsophagienne
Cet examen n'est habituellement pas utile parce qu'il n'y a pas de bonne corrélation entre les données qu'on en tire et l'importance du RGO.

Traitement

Un traitement n'est indiqué que si le RGO se complique d'un retard pondéral significatif et persistant, d'hématémèses, de problèmes respiratoires chroniques ou d'autres complications majeures.

I. Traitement médical
On suggère habituellement un traitement de six à huit semaines. Les principales modalités sont les suivantes :

1) La position antireflux : la position semi-assise, jadis recommandée, a été abandonnée ; en effet, les études utilisant la pH-métrie ont montré qu'elle aggravait habituellement le RGO. La position antireflux optimale est le décubitus ventral, la tête du lit étant légèrement surélevée ;

2) Le traitement diététique : le fractionnement des repas est une forme de thérapie conforme au bon sens, dont l'efficacité n'est cependant pas démontrée. Les études portant sur l'épaississement du lait ont donné des résultats contradictoires. On peut par exemple ajouter 5 mL de céréales par 30 mL de lait ;

3) Les antiacides (exemple : hydroxydes d'aluminium et de magnésium) et les inhibiteurs de la sécrétion gastrique acide (exemples : cimétidine, ranitidine) sont réservés aux patients présentant une œsophagite prouvée ou probable ;

4) Les agents prokinétiques :

    a) Le cisapride, par son action cholinomimétique, accélère l'évacuation de l'estomac et augmente le tonus du sphincter œsophagien inférieur. Sa posologie est de 0,8 à 1 mg/kg/24 heures PO en 3 ou

4 fois (maximum chez le grand enfant : 40 mg/24 heures). Il cause rarement des crampes abdominales et de la diarrhée ;

b) La dompéridone a un mode d'action similaire à celui du métoclopramide. Elle a moins d'effets secondaires sur le système nerveux central. Sa posologie est de 0,3 à 0,6 mg/kg/24 heures PO en 3 fois (maximum chez le grand enfant : 30 mg/24 heures) ;

c) Le métoclopramide a une activité antidopaminergique et cholinomimétique, grâce à laquelle il accélère l'évacuation gastrique et augmente le tonus du sphincter œsophagien inférieur. Sa posologie est de 0,2 à 0,5 mg/kg/24 heures PO en 4 à 6 fois (maximum chez le grand enfant : 40 mg/24 heures). Il doit être administré une demiheure avant les repas et au coucher. La marge de sécurité est faible. Il peut causer de la somnolence et de la dystonie.

L'efficacité de ces agents n'est pas parfaitement établie. La réponse varie d'un patient à l'autre. Si l'effet du cisapride n'est pas suffisant, il est raisonnable d'essayer le métoclopramide ou la dompéridone.

II. Traitement chirurgical

Le traitement chirurgical est réservé aux patients dont la vie a été mise en danger par le RGO (exemple : pneumonie massive par inhalation), à ceux qui ont une sténose peptique de l'œsophage ou une hernie hiatale, et à ceux chez qui le RGO cause des complications graves, persistantes et réfractaires au traitement médical. La technique consiste à effectuer une plicature de la poche à air gastrique autour de la portion intra-abdominale de l'œsophage. Actuellement, on préfère l'opération de Nissen modifiée par Toupet, qui consiste en une fundoplicature s'étendant sur 270° au lieu de 360°. Après cette opération, il peut y avoir des effets secondaires comme de la dysphagie, une impossibilité d'éructer ou de vomir, une dilatation gastrique ou une rétention de gaz.

Pronostic

Plus l'enfant est jeune, plus le RGO a des chances de disparaître spontanément. Le traitement médical aide certains patients en attendant la guérison spontanée. Le traitement chirurgical guérit complètement les patients présentant des régurgitations ou des vomissements excessifs compliqués d'un retard pondéral. Il faut être prudent avant de proposer une opération aux patients dont les problèmes respiratoires sont attribués à un RGO ; en effet, les résultats sont variables et imprévisibles.

Lectures suggérées

Hebra A, Hoffman MA : Gastro-esophageal reflux in children. Pediatr Clin North Am 1993 ; 40 : 1233-1251.

Orenstein SR, Orenstein DM : Gastro-esophageal reflux and respiratory disease in children. J Pediatr 1988 ; 112 : 847-858.

Orenstein SR : Gastro-esophageal reflux. Curr Probl Pediatr 1991 ; 21 : 193-241.

Orenstein SR : Gastro-esophageal reflux. Pediatr Rev 1992 ; 13 : 174-175.

Sondheimer JM : Gastro-esophageal reflux : update on pathogenesis and diagnosis. Pediatr Clin North Am 1988 ; 35 : 103-116.

Retard de croissance intra-utérine   **208**

Michel Weber, Philippe Chessex

Généralités

Chez les nouveau-nés qui ont un petit poids de naissance, il est important de faire la distinction entre ceux qui sont prématurés et ceux qui sont nés à terme mais qui présentent un retard de croissance intra-utérine. Bien qu'il existe un chevauchement, les causes et les complications de ces deux situations sont nettement différentes.

On parle habituellement de retard de croissance intra-utérine lorsque le poids de naissance est inférieur au 10e percentile ou à deux déviations standard par rapport à la moyenne pour l'âge gestationnel. Selon les pays, différentes courbes de croissance intra-utérine sont disponibles, comme les courbes d'Usher (annexe 1). Par exemple, le 10e percentile pour un âge gestationnel de 40 semaines se situe aux environs de 2 500 g. Un retard de croissance intra-utérine peut être présent chez un prématuré (moins de 38 semaines), chez un nouveau-né à terme (38 à 42 semaines) ou chez un enfant né après terme (plus de 42 semaines). L'âge gestationnel est déterminé selon l'histoire menstruelle, les échographies obstétricales et l'examen du nouveau-né à la naissance. Contrairement au prématuré, le nouveau-né avec un retard de croissance intra-utérine présente une discordance entre sa maturité neurologique avancée et son poids et sa taille, qui sont petits.

On distingue deux types de retard de croissance intra-utérine :

– Type I : retard de croissance harmonieux : il touche de façon proportionnelle le poids, la taille et le périmètre crânien. Ce type se retrouve plus fréquemment chez les nouveau-nés porteurs d'une anomalie chromosomique ou d'un autre syndrome génétique, chez ceux qui présentent une infection congénitale ou qui ont été exposés à une substance toxique pendant la grossesse ;

– Type II : retard de croissance dysharmonieux : le poids est plus touché que la taille, elle-même étant plus touchée que le périmètre crânien. Ce type se retrouve surtout chez les enfants dont l'apport nutritionnel a été compromis pendant la grossesse, par exemple par une malnutrition maternelle ou une maladie placentaire.

Principales causes

I. Fœtales

1) Anomalies chromosomiques comme le syndrome de Turner et les trisomies 13, 18 et 21 ;

2) Autres syndromes génétiques comme les syndromes de Cockayne, de Silver-Russell et de Seckel ;

3) Infections congénitales comme l'infection à cytomégalovirus, ou à *Herpèsvirus*, la rubéole, la syphilis et la toxoplasmose (voir Infections congénitales) ;

4) Malformations congénitales diverses;

5) Grossesses multiples.

II. Maternelles

1) Maladies chroniques (anémie falciforme, hypertension artérielle, lupus érythémateux disséminé, malformation cardiaque cyanogène, etc.);

2) Toxémie gravidique (éclampsie);

3) Hypoxémie (exemple: altitude);

4) Malnutrition;

5) Exposition à certaines substances toxiques comme l'alcool, la phénytoïne, le tabac, la warfarine et des médicaments utilisés pour le traitement du cancer.

III. Placentaires

1) Infection;

2) Tumeur;

3) Infarctus;

4) Décollement;

5) Anomalie morphologique (diverses formes existent);

6) Transfusion fœto-fœtale chez les jumeaux.

Principaux problèmes

Le nouveau-né présentant un retard de croissance intra-utérine est plus vulnérable aux problèmes suivants:

1) Asphyxie néonatale;

2) Hyperviscosité sanguine ou polycythémie;

3) Hypocalcémie;

4) Hypoglycémie;

5) Hypothermie;

6) Inhalation méconiale;

7) Malformations congénitales diverses;

8) Persistance de la circulation fœtale;

9) Entérocolite nécrosante.

Approche clinique

Le diagnostic de retard de croissance intra-utérine est établi avant la naissance par l'échographie obstétricale. On s'attend donc aux différents problèmes mentionnés ci-dessus; lorsqu'ils se présentent, ils sont traités de la façon habituelle.

Le poids, la taille et le périmètre crânien sont reportés sur les courbes de croissance intra-utérine utilisées localement.

On estime cliniquement l'âge gestationnel selon la maturité neurologique.

On recherche des malformations congénitales et des indices d'anomalie chromosomique, d'infection congénitale ou d'exposition prénatale à une substance toxique.

On mesure l'hématocrite pour s'assurer qu'il n'y a pas d'hyperviscosité (voir Polycythémie).

L'hypoglycémie avec ou sans symptôme constitue le principal problème. Il faut la prévenir, la détecter et la traiter en raison du risque de séquelles neurologiques. Pendant les 48 premières heures de vie, la glycémie doit être mesurée pour la première fois dans l'heure qui suit la naissance, puis toutes les quatre à huit heures selon le degré de retard de croissance. Elle doit aussi être déterminée immédiatement si des symptômes apparaissent. Le nouveau-né doit être alimenté dès la naissance puis à intervalles rapprochés. Chez l'enfant né à terme dont le poids de naissance est inférieur à 2 000 g, il faut en outre perfuser pendant 48 heures une solution glucosée à 10 % (100 mL/kg/24 heures), en y ajoutant du sodium à raison de 3 à 4 mmol/kg/24 heures. Le sevrage du soluté doit être progressif. Si une hypoglycémie (< 1,4 mmol/L ou 0,2 g/L) survient, qu'elle soit ou non accompagnée de symptômes, on administre 2 mL/kg de solution glucosée à 10 % IV en bolus, puis on commence une perfusion de soluté glucosé à 10 ou 12 %. Occasionnellement, un traitement de quelques jours à la prednisone (2 mg/kg/24 heures) doit être ajouté pour maintenir la glycémie.

Pronostic

Lorsque les complications sont détectées de façon précoce et traitées adéquatement, le pronostic à court terme est excellent. À long terme, il dépend de la cause et du type du retard de croissance.

Lorsqu'il y a une anomalie chromosomique, le risque de handicap grave est proche de 100 %.

S'il y a une infection congénitale ou si l'enfant a été exposé à des substances toxiques, ce risque est supérieur à 50 %; il est particulièrement élevé lorsqu'il y a une microcéphalie associée.

Si le retard de croissance est du type I, la croissance extra-utérine tend à demeurer lente et le risque de problèmes de développement et de comportement est élevé. S'il est du type II, on observe souvent un rattrapage post-natal et le pronostic de taille est meilleur; la plupart de ces enfants ont une intelligence normale.

Lectures suggérées

Barros FC, Huttly SRA, Victora CG, *et al.*: Comparison of the causes and consequences of prematurity and intrauterine growth retardation: a longitudinal study in southern Brazil. Pediatrics 1992; 90: 238-244.

Brar HS, Rutherford SE: Classification of intrauterine growth retardation. Sem Perinatol 1988; 12: 2-11.

Senterre J: Intrauterine growth retardation. Raven Press, New York, 1989.

Teberg AJ, Wathes FJ, Pena IC: Morbidity, mortality and outcome of the small-for-gestational age infant. Sem Perinatol 1988; 12: 84-89.

Warshaw JB: Intrauterine growth retardation revisited. Growth, Genetics and Hormones 1992; 8: 5-8.

Retard pondéral du nourrisson   209

Michel Weber, Khazal Paradis

Voir aussi Malnutrition, marasme et kwashiorkor.

Généralités

Chaque fois qu'un enfant consulte son médecin généraliste ou son pédiatre, celui-ci devrait reporter sur les courbes appropriées sa taille, son poids et son périmètre crânien.

Pendant les premiers mois de vie, le gain pondéral moyen est de 20 à 30 g par jour.

On parle de retard pondéral lorsque la courbe pondérale s'aplatit de façon significative et persistante ou lorsque l'enfant maigrit. Cette situation représente l'un des défis de la médecine infantile. Il importe de diagnostiquer cette situation de façon précoce, car un état de malnutrition survenant au cours des deux premières années de vie peut causer des séquelles neurologiques permanentes.

Dans le passé, les nourrissons présentant ce problème étaient souvent hospitalisés et soumis à de nombreuses explorations aveugles ; cette approche peu productive coûtait cher et pouvait même nuire à l'enfant. Le diagnostic peut le plus souvent être suspecté en se basant sur les données recueillies par une anamnèse et un examen méticuleux, ainsi que lors d'une période d'observation de quelques jours en milieu hospitalier. Un petit nombre d'explorations paracliniques sont ensuite réalisées pour confirmer l'impression clinique.

En abordant le nourrisson qui ne grossit pas ou qui maigrit, il est important de se souvenir du fait que le retard pondéral est, dans près de la moitié des cas, d'origine non organique, c'est-à-dire qu'il ne résulte pas d'une maladie physique, mais bien de perturbations psychosociales de la famille (exemple : dépression maternelle), dont la conséquence est un apport énergétique insuffisant.

Ces différentes constatations permettent de suggérer une approche diagnostique simple, rationnelle et individualisée.

Approche diagnostique et thérapeutique

L'approche clinique initiale est orientée vers les hypothèses suivantes :
- Apport énergétique insuffisant résultant d'une insuffisance de lait maternel, d'erreurs alimentaires ou de perturbations psychosociales ;
- Régurgitations ou vomissements excessifs ;
- Malabsorption intestinale ;
- Maladie chronique.

L'anamnèse pédiatrique habituelle sera effectuée ; une attention spéciale sera notamment apportée aux questions suivantes :
1) L'enfant est-il allaité ou nourri artificiellement ?
2) La technique d'allaitement est-elle adéquate ?

3) Si l'enfant est nourri artificiellement, la dilution du lait est-elle correcte?

4) Laisse-t-on boire l'enfant selon ses besoins ou le limite-t-on?

5) L'enfant dort-il trop et réclame-t-il trop peu souvent à boire?

6) Quelle quantité de lait prend le nourrisson par jour? À quelle quantité d'énergie cela correspond-il?

7) L'enfant régurgite-t-il ou vomit-il de façon excessive?

8) A-t-il de la diarrhée?

9) La structure et la dynamique de la famille sont-elles normales?

10) Y a-t-il des éléments de stress excessif?

L'examen pédiatrique habituel porte une attention particulière à l'épaisseur du tissu adipeux sous-cutané, aux masses musculaires et à la présence d'œdème; il recherche des indices de maladie organique. Lorsque le retard pondéral résulte d'une insuffisance d'apport énergétique ou d'une malabsorption, la courbe de taille est touchée de façon plus tardive et moins marquée que la courbe de poids, et la courbe du périmètre crânien est altérée de façon encore plus tardive et plus discrète. Un rapport taille/poids inférieur au 3e percentile constitue un indice important de malabsorption.

Deux situations simples peuvent parfois être identifiées à la suite de l'anamnèse et de l'examen:

1) L'enfant est allaité. Dans ce cas, il faut suspecter en premier lieu une insuffisance de production du lait maternel. Sauf si l'enfant est fortement déshydraté ou si son état de malnutrition a des répercussions sur ses fonctions vitales, une hospitalisation n'est pas indiquée et aucune exploration paraclinique n'est nécessaire. On recommande d'offrir à volonté à l'enfant des suppléments d'un lait pour nourrissons et on encouragera la mère à poursuivre l'allaitement pour éviter l'apparition de sentiments de culpabilité ou de dévalorisation. L'enfant est revu fréquemment, et un rattrapage pondéral rapide confirme le diagnostic de façon certaine; si ce rattrapage ne se produit pas, l'enfant doit être hospitalisé. Contrairement à ce que l'on pourrait croire, le nourrisson dont la mère n'a pas assez de lait peut paraître satisfait et s'endormir après chaque tétée, probablement à cause de la fatigue qui découle des efforts de succion. Pendant la phase de rattrapage pondéral, les besoins énergétiques peuvent être de 150 à 200 % des besoins normaux;

2) L'enfant est nourri artificiellement avec un lait humanisé trop dilué, ou ses parents limitent volontairement ses apports. Ces situations sont en général faciles à corriger, et un rattrapage pondéral rapide confirme le diagnostic. Si ce rattrapage ne se produit pas, l'enfant doit être hospitalisé.

Habituellement, l'anamnèse et l'examen permettent d'exclure la plupart des causes organiques: foyer infectieux chronique, encéphalopathie ou maladie neuromusculaire, maladie cardiaque, maladie pulmonaire chronique ou maladie hépatique; une acidose tubulaire ou une autre maladie rénale peut échapper à ces démarches de base. Dans ce groupe d'âge, l'anorexie psychogène est assez exceptionnelle. Les principales causes d'anorexie organique sont l'œsophagite peptique, la déficience en fer et la maladie cœliaque (les nourrissons atteints de fibrose kystique ont au contraire un appétit vorace).

Lorsque la cause précise du retard pondéral demeure obscure, l'enfant doit être hospitalisé. Il faut alors éviter de demander des explorations multiples, mais plutôt commencer par une période d'observation passive de quelques jours au cours de laquelle on se limite à demander quelques analyses de laboratoire de base : hémogramme, créatinine sérique, ionogramme, équilibre acidobasique, examen du sédiment urinaire, recherche de protéines dans l'urine et culture d'urine. Cette période d'observation passive est mise à profit pour mesurer de façon précise les apports énergétiques, peser l'enfant une fois par jour, identifier la présence de symptômes anormaux et observer la relation parents-enfant.

Si un rattrapage pondéral est observé, cela indique de façon à peu près certaine que le retard pondéral est d'origine non organique et résulte de perturbations psychosociales ; la participation d'un ou de plusieurs intervenants psychosociaux est alors requise : travailleur social (assistant social), psychologue ou pédopsychiatre. Le pronostic du retard pondéral d'origine non organique n'est pas très bon et, lorsque la thérapie psychosociale est impossible ou échoue, un retrait de la famille naturelle est parfois nécessaire. Les enfants qui souffrent de ce syndrome doivent être suivis de façon prolongée par une équipe multidisciplinaire, parce qu'ils risquent fort de présenter un retard de développement, des troubles du comportement ou de l'apprentissage ou d'autres problèmes.

Si la courte période d'observation passive ne se solde pas par un rattrapage pondéral, si aucun problème psychosocial n'est identifié, et si des symptômes anormaux sont observés, voici les principales situations qui peuvent se présenter :

I. L'enfant vomit ou régurgite de façon excessive

Il faut tout d'abord s'assurer qu'il n'y a pas de maladie métabolique sous-jacente ; à cet égard, la glycémie et l'équilibre acidobasique constituent des épreuves de dépistage utiles.

En second lieu, il est prudent de s'assurer par un transit gastroduodénal et jéjunal de l'absence de subocclusion mécanique des voies digestives supérieures (sténose du pylore, malrotation intestinale, etc.).

S'il n'y a pas de maladie métabolique ni de subocclusion, il est utile d'exclure une intolérance aux protéines bovines en éliminant celles-ci pendant quelques jours de l'alimentation. Pendant cette période, l'enfant est nourri au moyen d'un lait à base d'hydrolysat de caséine (exemple : Nutramigen).

Enfin, l'hypothèse d'un reflux gastro-œsophagien doit être envisagée (voir Reflux gastro-œsophagien).

La rumination (mérycisme) est une maladie de la seconde moitié de la première année de vie ; elle est de nature psychogène, et le diagnostic repose sur l'observation de l'enfant et du couple mère-enfant, particulièrement au cours du repas.

II. L'enfant a une diarrhée chronique

Il s'agit alors vraisemblablement d'une malabsorption, et le bilan biologique peut être complété par certains paramètres biologiques qualitatifs: électrophorèse des protéines sériques, immuno-électrophorèse, phosphatases alcalines, calcémie, étude de la coagulation, rapport vitamine E/lipides, cholestérol et carotène sériques, mesure de l'excrétion fécale des graisses, etc.

Les causes de malabsorption sont multiples (voir Diarrhée chronique et malabsorption). Dans un premier temps, on s'attache à éliminer les plus fréquentes: la fibrose kystique est éliminée par un test de la sueur (voir Fibrose kystique). Si celui-ci est négatif et si l'enfant consomme des céréales contenant du gluten depuis plusieurs semaines ou plusieurs mois, il faut penser à une maladie cœliaque (voir Maladie cœliaque): le dosage des anticorps antigliadine constitue alors un assez bon test de dépistage, mais la biopsie jéjunale est obligatoire.

Une allergie aux protéines bovines constitue une autre cause possible de malabsorption; elle est suggérée par une histoire familiale ou personnelle d'allergies, par une éosinophilie ou par la coexistence d'autres problèmes allergiques (exemple: dermite atopique). Elle répond bien à l'élimination du lait de vache de l'alimentation et son remplacement par un lait à base d'hydrolysat de caséine comme le Nutramigen (voir Allergies alimentaires).

Une infection à *Giardia lamblia* doit aussi être recherchée, en se souvenant du fait que le parasite est souvent absent des selles et qu'il faut parfois recourir à des techniques spéciales (exemple: aspiration du liquide duodénal ou biopsie jéjunale), ou même se résoudre à un traitement empirique (voir Parasitoses).

Quant ces différentes étapes ont été franchies sans succès, on se tourne, avec l'aide d'un gastro-entérologue pédiatrique, vers les causes plus rares de malabsorption.

Lectures suggérées

Bithoney WG, Dubowitz H, Egan H: Failure to thrive/growth deficiency. Pediatr Rev 1992; 13: 453-460.

Frank DA, Zeisel SH: Failure to thrive. Pediatr Clin North Am 1988; 35: 1187-1206.

Goldbloom RB: Failure to thrive. Pediatr Clin North Am 1982; 29: 151-166.

Goldbloom RB: Growth failure in infancy. Pediatr Rev 1987; 9: 57-61.

Homer C, Ludwig S: Categorization of etiology of failure to thrive. Am J Dis Child 1981; 135: 848-851.

Oates RK, Peacock A, Forrest D: Long-term effects of nonorganic failure to thrive. Pediatrics 1985; 75: 36-40.

Stickler GB: «Failure to thrive» or the failure to define. Pediatrics 1984; 74: 559.

Retard psychomoteur, retard mental, autisme, dysphasies   **210**

Michel Weber, Dominique Cousineau, Catherine Déry, Gloria Jeliu, Jean-Pierre Pépin, Mirelle Simoneau-Larose, Michèle Vartian

Voir aussi Hyperactivité et déficit d'attention, Troubles d'apprentissage scolaire.

Généralités

Les troubles graves du développement constituent un aspect exigeant et ingrat de la pratique médicale; ils exigent beaucoup d'expérience, de finesse, de souplesse, de dévouement et de disponibilité. Le dépistage précoce peut être ardu. Le diagnostic est souvent difficile et peut nécessiter une observation prolongée. L'étiologie demeure fréquemment imprécise et le suivi peut être particulièrement lourd. La plupart du temps, il n'y a pas de traitement curatif et le pronostic est souvent réservé.

Un des rôles importants du médecin traitant, qu'il soit pédiatre ou médecin généraliste, est de s'assurer, à l'occasion des visites périodiques, que le développement psychomoteur de l'enfant progresse normalement. Ce dépistage se base notamment sur l'expérience clinique et sur la connaissance d'une série d'étapes clés et de leur chronologie normale d'acquisition (voir Développement psychomoteur normal). Il s'attarde aux quatre sphères du développement: motricité grossière, motricité fine, langage et socialisation. Le diagnostic requiert souvent une approche multidisciplinaire et la collaboration d'autres professionnels (exemples: psychologue, pédopsychiatre, ergothérapeute ou psychomotricien, ortophoniste, physiothérapeute ou kinésithérapeute, etc.). Les inquiétudes des parents méritent une attention particulière: par comparaison avec d'autres enfants, ils remarquent fréquemment le retard les premiers. Certains indices précoces sont importants; en effet, lorsqu'on s'intéresse rétrospectivement à la période néonatale et aux premiers mois de vie des enfants déficients, on peut retrouver des troubles alimentaires comme une succion déficiente, une réponse inadéquate aux stimuli auditifs ou visuels, ainsi qu'une hypotonie.

Le dépistage initial tient compte de deux éléments importants:

1) Les enfants normaux franchissent chaque étape du développement à des âges fort variables. Par exemple, la marche sans aide est acquise en moyenne à 12 mois, mais certains enfants franchissent cette étape à 10 mois, d'autres à 15 mois;

2) Lorsqu'il s'agit d'un ancien prématuré, le développement psychomoteur doit être évalué en fonction de l'âge corrigé et non en fonction de l'âge chronologique réel. Par exemple, la limite de la normale pour la marche sans aide se situe à 15 mois pour l'enfant né à terme, mais cette limite est repoussée à 18 mois pour le prématuré né à 28 semaines de gestation (voir Prématurité). En général, cet ajustement se fait jusqu'à l'âge de deux ans.

La prudence s'impose avant de parler de retard psychomoteur. Ce diagnostic se base soit sur un retard évident (exemple : un enfant qui ne marche pas à l'âge de deux ans), soit sur plusieurs retards à l'intérieur de l'une des sphères du développement, soit encore sur une dysharmonie évidente, par exemple entre le développement du langage et celui de la motricité grossière. La progression du développement au cours du temps constitue un autre paramètre essentiel.

Le rôle du pédiatre ou du médecin généraliste est de dépister précocement les anomalies du développement, d'amorcer l'approche diagnostique et thérapeutique et, au besoin, d'orienter l'enfant vers une équipe multidisciplinaire spécialisée. En France, on peut s'adresser par exemple à un centre d'action médico-sociale précoce (CAMSP), et au Canada, à une clinique de développement. Lorsque le diagnostic est établi et que les mesures de rééducation sont entreprises, le médecin traitant continue à offrir son soutien à long terme à la famille, à coordonner les efforts thérapeutiques, à surveiller les progrès et à diagnostiquer et traiter les maladies intercurrentes.

Démarche diagnostique

Lorsqu'on approche un enfant présentant un retard psychomoteur, il est opportun de se poser systématiquement les questions suivantes :

1) Le potentiel cognitif de cet enfant est-il normal ?

2) Y a-t-il un déficit sensoriel (exemples : surdité, cécité) ?

3) Les mécanismes effecteurs sont-ils intacts (exemples : organes de la phonation, systèmes nerveux et musculo-squelettique) ?

4) L'enfant bénéficie-t-il d'une stimulation suffisante ?

La démarche clinique initiale tient compte des éléments simples qui suivent :

1) Il est important de différencier une lenteur de développement d'un arrêt ou d'une régression des acquisitions ; la seconde situation est plus rare et elle suggère l'existence d'une maladie dégénérative du système nerveux central (exemples : maladie de surcharge, syndrome de Rett) ;

2) Il est utile de faire la distinction entre un retard global des acquisitions et un retard limité à une sphère du développement. Par exemple, en cas de retard de langage simple (diagnostic d'exclusion), de surdité, d'autisme ou de dysphasie, le retard de langage prédomine et le développement moteur grossier est habituellement normal. À l'inverse, un enfant atteint d'une maladie neuromusculaire, de paralysie cérébrale ou de cécité peut avoir un retard des acquisitions motrices, alors que son intelligence est préservée. Un retard mental est suspecté lorsqu'il s'agit d'un retard global et homogène ;

3) En amorçant sa démarche diagnostique, le clinicien devrait prendre en considération les grandes catégories étiologiques du retard de développement (tableau 59).

Tableau 59 Principales étiologies du retard psychomoteur

- Retard global
  - étiologies prénatales
    - retard mental sans cause précise
    - retard mental associé à une microcéphalie ou à une macrocéphalie
    - infection congénitale (exemples : rubéole, toxoplasmose, infection à cytomégalovirus ou à *Herpèsvirus*)
    - malnutrition fœtale (malnutrition maternelle, anomalie placentaire)
    - prématurité extrême
    - exposition prénatale à des médicaments ou à des agents toxiques (exemple : alcool)
    - hydrocéphalie congénitale
    - syndrome génétique associé à une anomalie chromosomique (exemples : syndrome de Down ou trisomie 21, syndrome du X fragile)
    - syndrome génétique sans anomalie chromosomique identifiable (exemples : syndromes de Rubinstein-Taybi, de Cornelia de Lange, de Smith-Lemli-Opitz, etc.)
    - maladie métabolique (exemples : phénylcétonurie, mucopolysaccharidose, etc.)
    - syndrome neuro-cutané (exemples : sclérose tubéreuse de Bourneville, *incontinentia pigmenti*)
    - malformation cérébrale (exemples : agénésie du corps calleux, lissencéphalie, pachygyrie)
  - étiologies postnatales
    - stimulation insuffisante
    - hospitalisation prolongée ou hospitalisations multiples
    - anoxie néonatale
    - hyperbilirubinémie néonatale (ictère nucléaire)
    - hypoglycémie, hypernatrémie
    - grande prématurité, particulièrement lorsqu'elle a été compliquée
    - hypothyroïdie congénitale non traitée ou traitée tardivement
    - infection postnatale grave (méningite, encéphalite)
    - anoxie postnatale grave (exemples : noyade, strangulation, état de choc prolongé, arrêt cardiorespiratoire)
    - traumatisme crânien grave
    - hémorragie intracrânienne
    - malnutrition grave au cours de la première année de vie
    - intoxication chronique au plomb
    - hydrocéphalie acquise
- Retard moteur isolé
  - maladie neuromusculaire (voir Hypotonie)
  - paralysie cérébrale
  - cécité
- Retard de langage isolé
  - retard simple de langage
  - stimulation insuffisante
  - malformations oro-faciales
  - surdité
  - dysphasie
    - dyspraxie verbale
    - déficit de programmation phonologique
    - surdité verbale (agnosie verbale)
    - syndrome phonologique-syntaxique
    - syndrome lexical-syntaxique
    - syndrome sémantique-pragmatique
- Autisme
- Régression globale des acquisitions (maladie dégénérative du système nerveux central)

La démarche clinique s'appuie sur une série d'éléments, dont la plupart sont issus d'une anamnèse et d'un examen complets. Selon le cas, quelques consultations et examens paracliniques sélectionnés peuvent être utiles pour confirmer ou infirmer une hypothèse clinique et pour détailler la nature et l'importance du retard. Le conseil génétique requiert un diagnostic aussi précis que possible.

I. Anamnèse

1) L'histoire familiale s'intéresse principalement aux éléments suivants :
   - Consanguinité ;
   - Retard de développement ou retard mental ;
   - Surdité ;
   - Microcéphalie ;
   - Anomalies chromosomiques et autres syndromes dysmorphiques ;
   - Dynamique familiale et histoire sociale (qualité de l'investissement affectif et de l'attachement parents-enfant).

2) L'histoire personnelle se préoccupe des événements qui suivent :
   - Grossesse :
     - Vécu psycho-affectif ;
     - Âge de la mère ;
     - Durée ;
     - Complications médicales (diabète, éclampsie, épilepsie, etc.) ou chirurgicales ;
     - Exposition à des médicaments ou à des drogues ;
     - Irradiation ;
     - Fièvre, syndrome grippal, éruption cutanée et autres indices d'infection ;
     - Traumatisme ;
   - Accouchement :
     - Voie (accouchement vaginal ou césarienne) ;
     - Durée ;
     - Complications (présentation anormale, utilisation de forceps ou de ventouse, etc.) ;
     - Score d'Apgar ;
     - Taille, poids et périmètre crânien à la naissance ;
     - Manœuvres de réanimation ;
   - Période néonatale :
     - Infection ;
     - Ictère ;
     - Détresse respiratoire, intubation, ventilation mécanique ;
     - Difficultés alimentaires ;
     - Irritabilité ;
     - Convulsions ;
     - Hémorragies intracrâniennes.

3) L'histoire du retard lui-même : on note la chronologie du développement dans les différentes sphères, ainsi que les symptômes associés, particulièrement les convulsions.

II. Examen

Lors de l'examen complet, on attache une attention particulière aux éléments suivants :

1) L'éveil de l'enfant, son regard, ses manifestations d'attachement, son activité, ses jeux (répétitifs et stéréotypés, constructifs, interactifs, symboliques, etc.), son langage verbal et non verbal, ses intonations, sa prosodie, son attention, ses interactions avec son environnement et sa capacité d'imitation. On prête une attention particulière à son anxiété ou à son indifférence vis-à-vis d'un inconnu, aux maniérismes, aux stéréotypies, à la résistance au changement ou à l'imprévu, aux marottes, aux idées fixes, à l'écholalie, etc. ;

2) Le périmètre crânien : un retard mental peut être associé à une microcéphalie ou, plus rarement, à une macrocéphalie ;

3) La taille et le poids : certains syndromes associent un retard mental et une petite taille (exemple : syndrome de Down ou trisomie 21) ou une obésité (exemples : syndrome de Laurence-Moon-Biedl ou de Bardet-Biedl, syndrome de Prader-Willi) ;

4) La présence de dysmorphies mineures ou majeures suggestives d'une anomalie chromosomique ou d'un autre syndrome génétique. On examine avec une attention particulière :
   - Le visage ;
   - Les yeux (exemples : épicanthus, strabisme, microphtalmie, hypertélorisme, rétinopathie, etc.) ;
   - Les oreilles : certaines malformations externes peuvent être associées à une surdité (exemple : syndrome de Treacher Collins). D'autres anomalies comme l'implantation basse se retrouvent dans plusieurs syndromes génétiques ;
   - La bouche (exemple : palais ogival) ;
   - Les dents ;
   - Les mains et les pieds (exemples : pli palmaire transverse, clinodactylie, syndactylie, polydactylie, etc.) ;

5) La peau et les cheveux : certains syndromes neuro-cutanés comme la sclérose tubéreuse de Bourneville ou l'*incontinentia pigmenti* s'associent à un retard mental. Des anomalies particulières des cheveux se retrouvent par exemple dans la maladie de Menkes ;

6) Le foie et la rate : une hépatomégalie ou une splénomégalie peut mettre sur la piste d'une maladie de surcharge ;

7) Les organes génitaux : une des anomalies à rechercher est l'augmentation de volume des testicules, qui peut se retrouver en cas de syndrome du X fragile ;

8) Le rachis;

9) L'examen neurologique habituel; on recherche en particulier une anomalie du tonus ou de la symétrie, une persistance anormale de réflexes archaïques, ou des anomalies des réflexes ostéotendineux.

III. Explorations

Un petit nombre d'explorations complémentaires sont souvent nécessaires; elles sont sélectionnées selon les données de l'anamnèse et de l'examen. En voici quelques exemples:

1) Un audiogramme est indiqué en cas de retard de langage;

2) Un caryotype est nécessaire lorsque l'examen révèle des anomalies suggestives d'une anomalie chromosomique (voir Malformations congénitales). Une technique spéciale est utilisée lorsqu'on recherche un syndrome du X fragile;

3) Une tomodensitométrie cérébrale fournit parfois des informations utiles. Elle n'est pas nécessaire dans tous les cas de retard de développement, mais doit plutôt être réservée à certaines situations particulières comme, par exemple, des convulsions, une asymétrie, une régression des acquisitions ou un changement anormal du périmètre crânien. Elle peut par exemple mettre en évidence une atrophie corticale, des calcifications suggestives de sclérose tubéreuse de Bourneville ou d'infection congénitale, ou encore certaines malformations cérébrales comme une agénésie du corps calleux, une lissencéphalie, une pachygyrie, etc. Les anomalies découvertes ne sont habituellement pas traitables, mais sont parfois utiles sur le plan du conseil génétique;

4) Des recherches virales sont indiquées chez le nouveau-né ou le nourrisson retardé lorsque les éléments cliniques suggèrent la possibilité d'une infection congénitale (voir Infections congénitales);

5) Dans les rares cas où le tableau clinique est évocateur d'une maladie métabolique ou de surcharge (voir Maladies métaboliques du nouveau-né), certains autres examens peuvent être nécessaires (exemples: étude de l'équilibre acidobasique, dosage des acides lactique et pyruvique plasmatiques, ammoniémie, amino-acidémie ou amino-acidurie, examen de la moelle, dosages enzymatiques dans les leucocytes ou les fibroblastes, recherche des mucopolysaccharides dans l'urine, etc.);

6) L'EEG est rarement utile, sauf chez l'enfant qui présente des convulsions. La présence d'anomalies de type épileptique peut mettre sur la piste ou confirmer une atteinte cérébrale.

IV. Consultations

L'évaluation d'un enfant présentant un retard de développement nécessite une approche multidisciplinaire à laquelle participent, selon le tableau clinique, certains des professionnels suivants: pédiatre, neurologue, spécialiste des maladies métaboliques, généticien, psychologue, pédopsychiatre, orthophoniste, ergothérapeute (psychomotricien), physiothérapeute (kinésithérapeute), travailleur (assistant) social, orthopédiste, oto-rhino-laryngologiste, audiologiste, etc.

Quelques entités spécifiques

I. Retard mental

C'est la cause la plus fréquente de retard global de développement; le langage est d'habitude plus retardé que la motricité grossière. Le tableau 59 indique les principales étiologies à envisager. Environ 3 % de la population a un quotient intellectuel (QI) inférieur à 83. Dans la majorité des cas (plus de 85 %), le retard est léger à modéré; ce type de retard est plus fréquent dans les couches défavorisées de la population, tandis que le retard profond a une prévalence identique dans toutes les couches socio-économiques. Au moins 80 % des enfants présentant un retard mental grave ont d'autres problèmes associés comme une épilepsie, une paralysie cérébrale ou une déficience sensorielle; cette proportion n'est que de 40 % environ en cas de retard léger à modéré.

Classiquement, le retard mental est défini et stratifié de la façon suivante, selon le QI :

- Intelligence limite :   QI 68 à 83 ;

- Retard léger :   QI 52 à 67 ;

- Retard modéré :   QI 36 à 51 ;

- Retard grave :   QI 20 à 35 ;

- Retard profond :   QI < 20.

Par contre, pour l'Association américaine pour le retard mental, il est caractérisé par un QI inférieur à 70 à 75, et il n'y a que deux stratifications : le retard léger et le retard grave.

Même après une évaluation complète, aucune étiologie ne peut être précisée dans environ 50 % des cas de retard mental léger; cette proportion n'est que de 18 % environ en cas de retard grave. L'étiologie la plus fréquente du retard mental grave est une anomalie chromosomique (environ 30 % des cas), alors que celle du retard léger est l'atteinte cérébrale d'origine périnatale (environ 20 % des cas).

II. Autisme

Difficile à classifier, l'autisme est caractérisé par le DSM-IIIR comme un «trouble envahissant du développement». Il se manifeste précocement (avant l'âge de 30 mois). Dans la majorité des cas, aucune étiologie ne peut être identifiée, mais certains problèmes organiques comme le syndrome du X fragile, la sclérose tubéreuse de Bourneville et la phénylcétonurie peuvent être associés à des traits autistiques. Les garçons sont plus souvent atteints que les filles. Il faut penser à ce diagnostic lorsqu'un enfant présente des troubles graves du langage, de la communication, du contact et de la socialisation. Une épilepsie est présente dans 20 à 30 % des cas. La pauvreté de la communication rend difficile la mesure de l'intelligence; les scores non verbaux sont meilleurs que les scores verbaux. Le quotient intellectuel moyen est bas; il serait supérieur à 70 dans

30 % des cas. Les critères de diagnostic sont détaillés dans le DSM-IIIR. Les principales caractéristiques cliniques sont les suivantes :

1) Le trouble de communication est frappant : le langage est absent ou très pauvre. Lorsqu'il parle, l'enfant autiste manifeste un trouble grave de compréhension et d'utilisation du langage. La conversation est impossible. Il peut y avoir de l'écholalie, de l'échopraxie, ainsi qu'une prosodie singulière. Les gestes ainsi que les mimiques telles que le sourire, sont pauvres et peu conventionnels. Lorsqu'il ne parle pas, il souffrirait soit de surdité verbale, soit d'apraxie verbale surajoutée à la difficulté symbolique fondamentale ;

2) Les interactions avec les personnes sont gravement perturbées : l'enfant autiste est incapable d'établir des relations socialement signi-ficatives avec les autres. Il peut se comporter avec eux comme s'il s'agissait d'objets inanimés ou d'instruments. Son regard est fuyant. Il peut se raidir lorsqu'on veut le prendre dans les bras. Il est difficile à réconforter dans les moments de tension. Il s'isole, ne participe pas aux jeux et ne se fait pas d'amis ;

3) Le jeu symbolique est absent. On note souvent des mouvements répé-titifs et stéréotypés, ainsi qu'une préoccupation restreinte ou même une fascination pour certains objets sans intérêt. Il a tendance à aligner les objets ou les jouets selon leur taille, leur couleur ou leur forme, à les trier ou à les faire tourner inlassablement. Il peut les flairer ou observer les reflets lumineux à leur surface. Il observe longuement le mouvement des roues et peut être fasciné par certaines surfaces (exemples : grilles, parois lignées), ainsi que par les lumières ;

4) Les écarts vis-à-vis de la routine quotidienne sont mal tolérés. L'humeur peut être labile. Il y a parfois de l'hyperactivité ;

5) Certains enfants atteints d'autisme peuvent être surdoués dans un domaine étroit comme le calcul mental.

III. Retard de langage isolé

Les causes suivantes sont prises en considération dans le diagnostic diffé-rentiel :

1) Retard simple de langage : il s'agit d'un diagnostic d'élimination, qui repose sur une évolution spontanée favorable ;

2) Stimulation insuffisante. Le diagnostic repose sur l'anamnèse orientée sur la communication dans la famille ;

3) Malformations oro-faciales (exemple : fissure labio-palatine) ;

4) Surdité ;

5) Autisme ;

6) Autres psychopathologies (exemples : mutisme électif, trouble de cohérence communicationnelle du schizophrène) ;

7) Dysphasie (« aphasie congénitale », « audi-mutité ») : ce type de pro-blème est, lui aussi, suspecté chez l'enfant qui présente un retard de langage isolé. Il s'agit d'un enfant intelligent, qui entend normalement, qui bénéficie d'une stimulation suffisante et dont le mécanisme oral

périphérique est intact. Il éprouve des difficultés importantes à communiquer verbalement. Selon le type de dysphasie, il manifeste une capacité de compréhension variable. Il s'agit d'une entité relativement rare, dont l'étiologie demeure inconnue. Plusieurs formes ont été décrites et classées selon la prédominance de l'atteinte :

a) Les troubles expressifs avec compréhension peu atteinte :

- La dyspraxie verbale (incluant l'apraxie) : le déficit de l'expression est nettement plus marqué que celui de la compréhension. Il y a une incapacité de produire les sons isolément et en séquence. L'enfant atteint parle très peu et de façon inintelligible ;

- Le déficit de programmation phonologique : il y a une compréhension verbale apparemment normale et une expression abondante mais presque inintelligible, greffée sur une capacité grammaticale assez bonne ;

b) Les troubles mixtes de la compréhension et de l'expression :

- La surdité verbale (agnosie verbale) : l'enfant est totalement incapable de compréhension et d'expression verbale. Il doit communiquer par un médium visuel ;

- Le syndrome phonologique-syntaxique : le déficit touche la compréhension de langage, mais davantage encore son expression, et particulièrement l'organisation de la phrase, ainsi que la programmation des sons dans le mot. Le langage apparaît tardivement ; il demeure pauvre et difficilement intelligible ;

c) Les troubles réceptifs (déficit du traitement supérieur du message) :

- Le syndrome lexical-syntaxique : l'enfant atteint comprend mal le langage abstrait et, en particulier, les questions. Il articule clairement, mais cherche constamment ses mots ; il ne peut réussir à organiser correctement sa phrase ;

- Le syndrome sémantique-pragmatique : il y a un problème de compréhension, d'interprétation et d'utilisation du langage. L'enfant commence à parler tardivement ; son langage peut alors être abondant, mais il se situe souvent hors contexte et est farci d'écholalie et de stéréotypes. La compréhension du message est fréquemment superficielle et tangentielle. Les symboles, les situations et même parfois les relations affectives sont incompris. Tous les enfants atteints d'autisme sont affectés par ce type de dysphasie. L'enfant atteint qui ne souffre pas d'autisme peut cependant présenter des traits autistiques.

Information aux parents, démarche thérapeutique et pronostic

La révélation du retard aux parents nécessite une approche et un tact particuliers (voir Malformations congénitales). Lorsqu'il s'agit d'un nourrisson ou d'un jeune enfant, il est souvent impossible d'établir un pronostic précis ; il faut se garder d'être trop optimiste et insiter sur le fait que seule l'évolution permettra de répondre aux interrogations les plus cruciales des parents. Il est important de tenter de dissiper le sentiment de culpabilité des parents.

Dans les troubles graves du développement, ce n'est souvent qu'après des mois d'observation, de réévaluations et de soins multi-modaux dispensés en collaboration étroite avec la famille et les principaux milieux de vie de l'enfant qu'un diagnostic précis peut être formulé. À ce moment, l'annonce d'un diagnostic et d'un pronostic, même graves, peut se faire de façon moins catastrophique pour les parents, ceux-ci ayant eu le temps d'observer leur enfant en situation de soins, d'en discuter en détail avec les professionnels impliqués et d'établir avec eux une relation de confiance.

Les diverses méthodes de stimulation du développement peuvent aider l'enfant à atteindre pleinement son potentiel maximal, mais n'ont aucun effet sur son quotient intellectuel. La démarche thérapeutique est extrêmement variable, selon les circonstances, l'étiologie et le type de retard. Elle doit toujours être individualisée et requiert souvent une approche multi-disciplinaire spécialisée. Le médecin traitant de l'enfant, qu'il soit généraliste ou pédiatre, peut jouer un rôle important dans la coordination des diverses interventions. Un soutien psychosocial à la famille est souhaitable. Les modalités d'intervention sont innombrables ; en voici quelques exemples :

– Retard résultant d'un manque de stimulation : le placement dans une famille n'est indiqué que dans des circonstances extrêmes. La thérapie doit porter sur l'ensemble de la famille. L'enfant peut bénéficier par exemple de la fréquentation d'une garderie (crèche), de préférence spécialisée ;

– Retard mental : jadis, l'enfant souffrant de retard mental était souvent placé dans une institution où son potentiel ne pouvait pas s'exprimer entièrement et où il était privé de la stimulation et du bonheur familiaux. L'approche actuelle vise plutôt à maintenir l'enfant dans sa famille, en apportant à celle-ci le soutien nécessaire, et à l'amener au plus haut niveau possible de fonctionnement et d'autonomie. Certaines associations de parents peuvent à cet égard apporter une contribution précieuse. De plus en plus, l'enfant retardé est intégré dans une école normale ; au besoin, il peut y recevoir un enseignement spécialisé. Plus tard, il devrait être amené à travailler et parfois à vivre dans un milieu protégé. Les problèmes touchant à la sexualité de l'adolescent retardé n'ont commencé que récemment à faire l'objet de préoccupations. Les enfants déficients doivent par ailleurs bénéficier des mêmes soins préventifs et curatifs que les autres ;

– Retard de langage secondaire à une surdité : une surdité de conduction, secondaire par exemple à une otite séreuse persistante, est traitée par myringotomie et par la mise en place de tubes d'aération. Une surdité neurosensorielle est partiellement corrigée par des prothèses auditives. Dans les cas graves, un enseignement adapté est nécessaire et l'enfant apprend à utiliser d'autres modes de communication que le langage ;

– Autisme : plusieurs modes de traitement ont été essayés. L'approche thérapeutique habituelle consiste en une éducation spécialisée très individualisée, dans le cadre d'un centre de jour. L'épilepsie est traitée de la façon habituelle (voir Épilepsie), de même que l'hyperactivité (voir Hyperactivité et déficit d'attention). La famille doit bénéficier d'un soutien psychosocial à long terme. Malheureusement, malgré tous les efforts, le pronostic est assez sombre ; il dépend notamment de l'intelligence. Un certain nombre d'enfants atteints finissent par être placés en institution. La capacité d'occuper un emploi simple dans un environnement protégé constitue habituellement l'issue la plus favorable possible à l'âge adulte ;

– Dysphasie : l'enfant atteint de dysphasie doit être évalué et pris en charge par une équipe multidisciplinaire spécialisée comportant notamment un orthophoniste. Le pronostic varie selon la gravité de la dysphasie. Dans les cas graves, le pronostic quant à la communication verbale est sombre.

Prévention

Elle est impossible dans la majorité des cas. Parmi les exemples d'interventions préventives efficaces, il faut citer la vaccination contre la rubéole, la prévention de la prématurité, le dépistage néonatal systématique de la phénylcétonurie et de l'hypothyroïdie congénitale, ainsi que les conseils visant à éviter l'exposition du fœtus à des agents toxiques comme l'alcool. Un nombre croissant de pathologies associées à un retard mental peut être diagnostiqué *in utero*.

Lectures suggérées

Allen MC : The high-risk infant. Pediatr Clin North Am 1993 ; 40 : 479-490.
Bathshaw ML : Mental retardation. Pediatr Clin North Am 1993 ; 40 : 507-521.
Coplan J : Child development. Curr Probl Pediatr 1993 ; 3 : 44-49.
First LW, Palfrey JS : The infant or young child with developmental delay. N Engl J Med 1994 ; 330 : 478-483.
Hayes A, Batshaw ML : Down syndrome. Pediatr Clin North Am 1993 ; 40 : 523-535.
Kurtz LA, Scull SA : Rehabilitation for developmental disabilities. Pediatr Clin North Am 1993 ; 40 : 629-643.
Levy SE, Hyman SL : Pediatric assessment of the child with developmental delay. Pediatr Clin North Am 1993 ; 40 : 465-477.
Mauk E : Autism and pervasive developmental disorders. Pediatr Clin North Am 1993 ; 40 : 567-578.
Mercugliano M : Psychopharmacology in children with developmental disabilities. Pediatr Clin North Am 1993 ; 40 : 593-616.
Parrish JM : Behavior management in the child with developmental disabilities. Pediatr Clin North Am 1993 ; 40 : 617-628.
Thomas GH, Thomas B, Trachtenberg SW : Growing up with Patricia. Pediatr Clin North Am 1993 ; 40 : 675-683.

Retard statural   211

Michel Weber, Guy Van Vliet, Grant Mitchell

Généralités

La taille du nouveau-né varie selon les régions; dans les pays industrialisés, elle est en moyenne de 50 cm. À l'âge adulte, la taille varie également selon l'origine ethnique. Dans les pays occidentaux, elle est en moyenne d'environ 176 cm chez l'homme et d'environ 163 cm chez la femme.

À la naissance, la vitesse de croissance est encore très rapide. Pendant les deux premières années de vie, elle diminue de façon exponentielle, puis de façon linéaire jusqu'à la puberté. Au cours de la période pubertaire, on note une accélération de la croissance, qui atteint en moyenne une dizaine de centimètres par an. Ce phénomène est plus précoce chez la fille que chez le garçon. Enfin, l'adolescent cesse progressivement de grandir. La vitesse de croissance devient nulle en moyenne vers 15 ans chez la fille et vers 17 ans chez le garçon.

La taille adulte, qui correspond au potentiel génétique de croissance, est déterminée dans une large mesure par la taille des parents. Elle correspond à la moyenne des tailles de la mère et du père, moins 6,5 cm pour la fille, ou plus 6,5 cm pour le garçon (précision: ± 8 cm). Pour pouvoir atteindre son potentiel génétique de croissance, diverses conditions exogènes et endogènes doivent être réalisées: nutrition suffisante, environnement familial affectueux, sécrétion adéquate d'hormone de croissance, d'hormones sexuelles et d'hormones thyroïdiennes, absence de maladie chronique, etc.

Au cours de l'histoire, on a noté dans les pays riches un accroissement séculaire de la taille adulte, qui résulte probablement de l'amélioration de la nutrition. Un plateau a été atteint dans les pays les plus favorisés.

Avant l'âge de deux ans, l'enfant est mesuré en position couchée et après cet âge en position debout. Dans les deux cas, une toise appropriée doit être utilisée si l'on veut obtenir un degré suffisant de précision. La mesure est répétée lors de chaque visite de routine et ces paramètres sont reportés sur une courbe de croissance dont des exemples constituent l'annexe 3. Ces mesures répétées permettent de vérifier si la vitesse de croissance est normale. Lorsqu'on interprète une courbe de croissance, il est important de tenir compte aussi de la courbe de poids.

On parle de retard statural lorsque la taille est inférieure au troisième percentile pour l'âge ou à deux déviations standard par rapport à la moyenne pour l'âge. Il faut cependant se souvenir du fait que 3 % des enfants normaux ont une taille inférieure au troisième percentile.

Approche clinique

Après s'être assuré du fait que la taille est réellement inférieure au troisième percentile, il est essentiel de vérifier si la vitesse de croissance est normale ou anormale. Ceci est aisé si des mensurations antérieures sont disponibles car on peut alors reconstruire la courbe de croissance. Si ce n'est pas le cas, la vitesse de croissance est déterminée de façon prospective en mesurant l'enfant de façon répétée, par exemple tous les six mois. Les éléments suivants représentent également des données de base essentielles à l'interprétation d'une anomalie de la croissance :

1) L'anamnèse familiale précise la taille des membres de la famille. On s'intéresse particulièrement aux parents, à la fratrie et aux grands-parents. Lorsqu'on suspecte un retard de croissance associé à un retard de maturation pubertaire («retard de croissance constitutionnel»), il faut aussi préciser l'âge de la ménarche de la mère et demander si l'un des parents, ou les deux, ont eu une croissance tardive et prolongée ;

2) L'histoire personnelle s'intéresse au poids et, si possible, à la taille de l'enfant à la naissance. En effet, les enfants qui ont eu un retard de croissance intra-utérine, particulièrement du type I (taille et poids retardés de façon égale), peuvent demeurer petits. On recherche aussi des indices d'une maladie chronique pouvant interférer avec la croissance (exemple : diarrhée persistante ou douleurs abdominales suggérant une maladie de Crohn). Dans la grande majorité des cas, cet interrogatoire est négatif ;

3) Un examen complet porte sur les indices de maladie chronique, mais aussi sur les dysmorphies diverses, même discrètes. En effet, de nombreux syndromes génétiques, associés ou non à une anomalie chromosomique, peuvent être responsables d'une petite taille. La plupart du temps, l'examen est normal.

Lorsque ces éléments de base ont été recueillis, la démarche est fortement influencée par la présence ou l'absence de dysmorphies ou d'indices de maladie chronique. Le fait que la vitesse de croissance soit normale ou non joue également un rôle prédominant dans le raisonnement clinique. Dans certains cas, un nombre restreint d'explorations complémentaires aide à confirmer ou à infirmer une hypothèse clinique. Il peut s'agir par exemple de la détermination de l'âge osseux, d'un caryotype ou de dosages hormonaux.

I. Petite taille associée à des signes dysmorphiques ou à une disproportion

De nombreux syndromes génétiques, avec ou sans anomalie chromosomique, sont associés à une petite taille. Il peut aussi s'agir de dysplasies osseuses. Dans ces situations, le retard statural est presque toujours déjà présent à la naissance. En voici quelques exemples, avec quelques-unes des caractéristiques qui peuvent être présentes :

1) Syndromes génétiques avec anomalie chromosomique :

   a) Syndrome de Down (trisomie 21) : retard mental, faciès caractéristique, hypotonie, taches de Brushfield au niveau de l'iris, doigts courts, pli simien, malformation cardiaque congénitale (exemple : canal atrioventriculaire), anomalie congénitale du tube digestif (exemples : atrésie duodénale, atrésie de l'œsophage, imperforation anale) ;

b) Syndrome de Turner (XO) : œdème des mains et des pieds à la naissance, mamelons écartés, implantation basse des cheveux, *pterygium colli*, *cubitus valgus*, dysgénésie gonadique avec absence de thélarche et de ménarche, rein en fer à cheval, malformation cardiaque congénitale (exemple : coarctation de l'aorte), etc.

Certains de ces syndromes peuvent être évidents ; d'autres sont plus difficiles à diagnostiquer. Un caryotype est indiqué chez la plupart des enfants de petite taille qui présentent des signes dysmorphiques. Les indices de syndrome de Turner peuvent être particulièrement discrets ; un caryotype est donc indiqué chez toute fille présentant un retard statural inexpliqué.

2) Syndromes génétiques sans anomalie chromosomique : ils sont nombreux. Les quatre exemples qui suivent sont associés avec un retard statural important, à début prénatal :

a) Syndrome de Cornelia de Lange : retard mental, microcéphalie, faciès particulier avec une bouche de forme caractéristique et un synophrys (sourcils se rejoignant sur la ligne médiane), hirsutisme, hypoplasie des mamelons, mains et pieds petits ;

b) Syndrome de Rubinstein-Taybi : retard mental, faciès caractéristique (hypoplasie maxillaire, fentes palpébrales antimongoloïdes), pouces et premiers orteils larges, etc. ;

c) Syndrome de Silver-Russell : retard de fermeture de la fontanelle antérieure, clinodactylie du cinquième doigt, faciès triangulaire, sclérotiques bleutées, taches café-au-lait, possibilité d'asymétrie des membres ;

d) Syndrome de Seckel : microcéphalie, nez proéminent.

Ces différents syndromes ne sont pas toujours faciles à diagnostiquer, surtout pendant les premiers mois et les premières années de vie. C'est pourquoi la collaboration d'un généticien est souvent nécessaire. Le diagnostic peut devenir plus évident avec le passage du temps ; un suivi régulier et prolongé est donc essentiel.

3) Dysplasies osseuses : le signe d'appel clinique est une disproportion entre le tronc et les membres ou leurs segments, ainsi qu'entre le crâne et le visage. En plus des mensurations habituelles, on mesure l'envergure, ainsi que le segment inférieur (du bord supérieur de la symphyse pubienne au plancher). Le segment inférieur mesuré est retranché de la taille pour donner le segment supérieur, puis le rapport segment supérieur/segment inférieur est calculé. Les valeurs normales de ces mesures anthropométriques sont détaillées dans l'ouvrage de Hall et de ses collaborateurs (voir Lectures suggérées).

Lorsqu'on suspecte une dysplasie osseuse, la collaboration d'un radiologue spécialisé dans ce domaine et d'un généticien est le plus souvent nécessaire.

Il existe de nombreuses dysplasies osseuses. La plus fréquente est l'achondroplasie, qui est transmise selon le mode autosomique dominant et qui se reconnaît cliniquement aux anomalies suivantes : macrocéphalie (elle est d'autant plus évidente qu'il y a aussi une hypoplasie de la partie moyenne du visage), lordose lombaire, extrémités courtes et mains «en trident». Les radiographies sont caractéristiques : entre autres signes, elles montrent un rétrécissement progressif de l'espace interpédonculaire au fur et à mesure qu'on suit la colonne lombaire vers le bas, un raccourcissement des os longs et un élargissement métaphysaire. Les courbes de croissance spécifiques aux enfants achondroplasiques sont d'une aide précieuse pour leur suivi.

II. Petite taille associée à des indices de maladie chronique

Toute maladie chronique grave peut causer un ralentissement de la croissance, souvent associé à un retard pondéral. Contrairement à ce qu'on observe en cas de syndrome génétique, le retard de croissance commence à se manifester après la naissance. Le retard pondéral est souvent plus précoce et plus marqué que le retard statural. Il peut s'agir d'une maladie neurologique (exemple : encéphalopathie d'origine anoxique), d'une cardiopathie avec shunt gauche-droit important, d'une malabsorption (exemple : maladie cœliaque), d'une maladie hépatique (exemple : atrésie des voies biliaires), d'une insuffisance respiratoire chronique (exemple : fibrose kystique), d'une affection hématologique (exemples : thalassémie, anémie falciforme) ou d'une maladie rénale (exemples : acidose tubulaire, syndrome de Bartter). Plusieurs maladies métaboliques comme le rachitisme ou les mucopolysaccharidoses peuvent causer un retard de croissance.

Dans la majorité des cas, l'anamnèse et l'examen permettent de mettre en évidence la maladie chronique responsable du retard de croissance. Il y a cependant plusieurs exceptions. Par exemple, une maladie rénale responsable d'un retard de croissance peut passer inaperçue lors de l'anamnèse et de l'examen. Chez le jeune enfant dont la croissance est ralentie de façon inexpliquée, il est donc souvent indiqué de rechercher une protéinurie, d'examiner le sédiment urinaire, de mesurer le pH de l'urine, de doser l'urée et la créatinine sériques, de faire un ionogramme et de vérifier l'équilibre acidobasique du sang. Chez le préadolescent et l'adolescent atteint de maladie de Crohn, la croissance ralentit parfois des mois ou des années avant l'apparition des symptômes digestifs.

III. Petite taille sans signes dysmorphiques ni indices de maladie chronique

1) Avec vitesse de croissance normale : la plupart du temps, il s'agit de l'une des variantes suivantes de la normale, qui constituent plus de 90 % des retards de croissance :

   a) Petite taille familiale «retard familial de croissance», dont les principales caractéristiques sont les suivantes :

   - Le père, la mère, les deux parents ou parfois l'un des grands-parents sont de petite taille ;

   - L'âge osseux concorde avec l'âge chronologique ;

   - La puberté survient à un âge normal ;

   - La taille adulte sera petite.

Il n'y a pas de traitement.

b) Petite taille associée à une maturation pubertaire tardive («retard de croissance constitutionnel»), dont les principales caractéristiques sont les suivantes :

- Le père ou la mère a souvent présenté le même type de croissance tardive avec puberté retardée. Le parent se souvient d'avoir été l'un des plus petits de sa classe et d'avoir eu sa puberté plus tard que les autres. Dans le cas de la mère, une ménarche tardive est caractéristique ;
- L'âge osseux est retardé par rapport à l'âge chronologique ;
- La puberté survient tardivement ;
- La taille adulte sera normale mais sera atteinte tardivement ;
- Au cours des deux à trois premières années de vie et juste avant la puberté, la vitesse de croissance peut être lente.

Dans la plupart des cas, aucun traitement n'est nécessaire. Le fait d'être informé du fait que sa taille adulte finira par être normale peut apporter un certain réconfort à l'enfant ou l'adolescent. Un traitement de six mois à l'énanthate de testostérone (50 mg IM une fois par mois) peut être proposé à l'adolescent de 14 ans ou plus qui souffre beaucoup de son état.

2) Avec croissance lente :

a) Nanisme par carence affective : cette entité est suspectée chez l'enfant dont le milieu familial est gravement perturbé et dont la croissance ralentit ou s'arrête. La croissance s'accélère considérablement dès que l'enfant est placé dans un milieu plus chaleureux ou même s'il est hospitalisé. La sécrétion de l'hormone de croissance est insuffisante mais elle se normalise lorsque l'enfant est séparé de son milieu. Les perturbations familiales sont particulièrement importantes et les chances d'amélioration de la situation sont faibles ; c'est pourquoi l'enfant doit souvent être confié à une famille de substitution lorsqu'une tentative d'aide à la famille naturelle se solde par un échec. Dans ce cas, il est essentiel de rechercher une famille d'accueil chaleureuse. Le retard de croissance ne constitue que l'aspect visible de ce syndrome qui peut par ailleurs compromettre de façon importante et permanente l'avenir affectif et social de l'enfant ;

b) Endocrinopathies : l'hypothyroïdie et l'insuffisance de sécrétion de l'hormone de croissance sont au centre des préoccupations. Le syndrome de Cushing et l'administration prolongée de corticostéroïdes peuvent aussi causer un retard de croissance, de même que l'hypogonadisme chez l'adolescent :

- Dans la plupart des pays industrialisés, l'hypothyroïdie congénitale est diagnostiquée et traitée de façon précoce grâce au dépistage néonatal. L'hypothyroïdie acquise résulte le plus souvent d'une thyroïdite lymphocytaire (thyroïdite de Hashimoto). Le ralentissement progressif de la croissance est la plupart du temps associé à des indices cliniques reconnaissables : fatigue, frilosité, perte des cheveux, constipation, augmentation de volume de la thyroïde, myxœdème, bradycardie, carotinodermie, réflexes ostéotendineux lents, etc. L'âge osseux est considérablement retardé par rapport à l'âge chronologique. Le diagnostic repose sur le dosage des hormones thyroïdiennes dans le sang. Sauf dans les rares cas d'hypothyroïdie d'origine centrale, la TSH est élevée. En cas de thyroïdite lymphocytaire, les anticorps antithyroïdiens sont élevés. La croissance se normalise lorsque le remplacement hormonal est entrepris ;

- La majorité des cas de déficience en hormone de croissance appartiennent à la catégorie idiopathique. Les autres sont secondaires, par exemple à un craniopharyngiome. Au cours des dernières années, on a noté une augmentation du nombre de cas secondaires à une irradiation pour tumeur cérébrale ou pour leucémie. Outre le ralentissement de la croissance, on note un aspect immature de l'enfant. L'âge osseux est retardé par rapport à l'âge chronologique. Les radiographies du crâne peuvent mettre en évidence des calcifications suprasellaires en cas de craniopharyngiome. Chaque fois qu'un enfant présente une croissance anormalement lente et que la raison n'en est pas évidente, la collaboration d'un endocrinologue est souhaitable. Le diagnostic de déficience en hormone de croissance repose sur la mise en évidence d'une sécrétion insuffisante (< 8 µg/L) en réponse à une stimulation, par exemple par le L-Dopa et le propranolol, la clonidine ou l'insuline. Le traitement consiste à administrer de l'hormone de croissance synthétique.

Lectures suggérées

Grunt JA, Schwartz ID : Growth, short stature, and the use of growth hormone : considerations for the practicing pediatrician. Curr Probl Pediatr 1992 ; 22 : 390-412.

Hall GH, Froster-Iskenius UG, Allanson JE : Handbook of normal physical measurements. Oxford University Press, 1989.

Jones KL : Smith's recognizable patterns of human malformation. WB Saunders, Philadelphia, 4th ed., 1988.

Lifshitz F, Tarim O : Nutritional dwarfing. Curr Probl Pediatr 1993 ; 23 : 322-336.

Mahoney CP : Evaluating the child with short stature. Pediatr Clin North Am 1987 ; 34 : 825-849.

Wilson DM, Rosenfeld RG : Treatment of short stature and delayed adolescence. Pediatr Clin North Am 1987 ; 34 : 865-879.

Rhinite allergique   212

Anne-Claude Bernard-Bonnin, Zave Chad

Généralités

La rhinite allergique est la maladie allergique la plus commune ; sa prévalence peut atteindre 20 %. Elle constitue la cause la plus fréquente de congestion nasale chronique ou récidivante. Elle résulte d'une réaction d'hypersensibilité immédiate de type I médiée par des IgE. Elle peut être saisonnière; dans ce cas, elle peut être causée notamment par le pollen des arbres, du gazon ou des graminées. Les périodes de pollinisation (calendrier pollinique) varient d'un pays et d'une région à l'autre. Si elle dure toute l'année, elle peut être causée par des moisissures, des acariens présents dans la poussière de maison, et par des animaux à plumes ou à poils. La rhinite allergique est fréquemment associée à la conjonctivite allergique et à l'asthme.

Manifestations cliniques

L'enfant ou l'adolescent atteint de rhinite allergique présente une rhinorrhée aqueuse, une congestion nasale, des éternuements et des reniflements. Le prurit nasal peut être responsable du «salut allergique» (l'enfant a tendance à passer sa main sur son nez). Un prurit du palais cause parfois l'émission de bruits bizarres dus au passage de la langue sur le palais. Une ride transversale peut être présente au niveau de la racine du nez; elle résulte du «salut allergique». On peut parfois noter un signe de Dennie-Morgan (plis cutanés surnuméraires au niveau de la paupière inférieure), ainsi que de l'œdème périorbitaire et des yeux cernés; l'ensemble de ces anomalies constitue ce qu'on appelle le «faciès allergique». La muqueuse nasale est œdémateuse, congestive, pâle et violacée.

Explorations

Habituellement, l'anamnèse et l'examen suffisent pour établir le diagnostic de rhinite allergique.

La numération des éosinophiles dans les sécrétions nasales est une épreuve simple; si plus de 10 % des leucocytes présents sont des éosinophiles, le diagnostic de rhinite allergique est fort probable. Une prédominance de neutrophiles suggère plutôt une sinusite bactérienne associée ou non à la rhinite allergique.

Les épreuves cutanées d'allergie et des tests *in vitro* comme le RAST sont utiles lorsqu'il devient important d'identifier de façon plus précise les allergènes responsables.

Traitement

I. Contrôle de l'environnement

Lorsque c'est possible, il faut d'abord tenter d'éviter les contacts avec les allergènes responsables de la maladie. Les principales mesures de contrôle de l'environnement intérieur sont détaillées dans le chapitre consacré à l'asthme. L'environnement extérieur est impossible à contrôler, mais certaines situations sont évitables (exemples: jardinage, travaux de ferme, contacts avec des animaux à plumes ou à poils).

II. Traitement pharmacologique

1) Antihistaminiques: si le contrôle de l'environnement n'apporte pas un soulagement suffisant, un antihistaminique antagoniste des récepteurs

H_1 est indiqué. Ce traitement est administré au besoin pendant toute la période de symptômes. Sauf si on recherche un effet sédatif le soir, on utilise de préférence l'un des antihistaminiques de la deuxième génération comme l'astémizole ou la terfénadine, qui causent moins de somnolence :

- Astémizole :
  - Chez l'enfant de plus de 18 mois et de moins de 40 kg : 0,2 mg/kg/24 heures PO en 1 fois (maximum : 10 mg/24 heures) ;
  - Chez l'enfant de plus de 40 kg : 10 mg PO 1 fois par jour.
- Terfénadine :
  - 2,5 mg/kg/24 heures (maximum chez le grand enfant : 120 mg/24 heures) PO en 2 fois.

Les antihistaminiques ont l'avantage de soulager simultanément la conjonctivite associée. Lorsque la congestion nasale constitue le symptôme principal, on peut utiliser une combinaison d'un antihistaminique et d'un décongestionnant du groupe des adrénergiques.

2) Cromoglycate : en cas de rhinite allergique saisonnière qui ne répond pas suffisamment aux antihistaminiques ou qui dure longtemps, un traitement préventif continu au cromoglycate sodique doit être envisagé. Ce traitement est nécessairement commencé avant le moment où les symptômes apparaissent. L'efficacité du cromoglycate varie d'un individu à l'autre. Il n'a pratiquement pas d'effets secondaires. On utilise la solution à 2 % pour vaporisation nasale (350 mg par vaporisation). La posologie d'attaque est d'une vaporisation dans chaque narine 6 fois par 24 heures. En cas de réponse favorable, cette posologie peut être réduite de façon progressive quelques semaines plus tard ; la posologie d'entretien est d'une vaporisation deux à trois fois par jour.

3) Corticostéroïdes :

   a) Par voie topique : si le cromoglycate est inefficace, on essaie un traitement aux corticostéroïdes par voie locale, qui possède à la fois un effet thérapeutique et un effet préventif. C'est le mode de traitement le plus efficace. On utilise la béclométhasone (béclométasone), dont la posologie habituelle est de 200 à 300 µg/24 heures (1 bouffée de 50 µg dans chaque narine 2 fois par jour) chez l'enfant et de 300 à 400 µg/24 heures (2 bouffées de 50 µg dans chaque narine 2 fois par jour) chez l'adolescent. Dans certains cas, la posologie peut être augmentée pendant une période de quelques jours, sans dépasser 500 µg/24 heures chez l'enfant et 1 000 µg/24 heures chez l'adolescent. Après avoir obtenu un effet thérapeutique satisfaisant, on peut tenter de réduire la posologie ;

   Au Canada, on peut aussi prescrire le budésonide. À tous les âges, la posologie habituelle est de 400 µg/24 heures (2 bouffées de 50 µg dans chaque narine 2 fois par jour). Après avoir obtenu un effet thérapeutique satisfaisant, on peut tenter de réduire la posologie.

b) Par voie générale : si toutes les formes de traitement sont insuffisantes, un corticostéroïde peut être administré par voie générale lors des exacerbations aiguës. Si le patient n'a pas eu la varicelle, il faut d'abord s'assurer qu'il n'a pas été en contact avec une personne atteinte de cette maladie pendant le mois précédent. On utilise par exemple la prednisone à raison de 1 à 2 mg/kg/24 heures (maximum : 50 mg/24 heures) PO en 2 fois. Si le traitement dure plus d'une semaine, un sevrage graduel est effectué en deux à trois semaines. Ce mode de traitement a l'avantage d'améliorer simultanément l'asthme et la rhinite allergique associés.

4) Médicaments adrénergiques :

a) Par voie topique : l'application locale d'oxymétazoline ou de xylométazoline apporte un soulagement instantané de l'obstruction nasale ; celle-ci est cependant suivie d'un effet rebond. L'utilisation prolongée de ces médicament peut causer une rhinite médicamenteuse chronique. Compte tenu des autres choix possibles, il est préférable de ne pas les prescrire, sauf pour une courte période. Ils sont à proscrire chez le jeune enfant car ils peuvent être responsables d'effets secondaires graves ;

b) Par voie générale : plusieurs sympathicomimétiques décongestionnants comme la phénylpropanolamine, l'éphédrine et la pseudo-éphédrine sont parfois prescrits lorsque la congestion nasale est importante.

5) Médicaments anticholinergiques : le rôle du bromure d'ipratropium dans le traitement de la rhinite allergique chez l'enfant et l'adolescent n'est pas encore précisé. Il serait utile lorsque l'hypersécrétion nasale est marquée.

III. Désensibilisation

Lorsque les mesures de contrôle de l'environnement et les modalités de traitement pharmacologique décrites plus haut sont insuffisantes, la désensibilisation peut être envisagée. Elle est efficace mais doit souvent se prolonger pendant plusieurs années.

Complications

La rhinite allergique peut favoriser les otites séreuses, les otites moyennes aiguës et les sinusites aiguës ou chroniques ; elle peut aussi provoquer des exacerbations de l'asthme. Une hypertrophie du tissu lymphoïde (amygdales et végétations adénoïdes) peut également être associée.

Pronostic

La rhinite allergique n'est pas une maladie dangereuse, mais elle peut compromettre le bien-être de façon importante. Un traitement adéquat peut améliorer considérablement la qualité de vie. La chronicité est habituelle.

Prévention

On n'insistera jamais assez sur la nécessité d'un bon contrôle de l'environnement. Le cromoglycate ou les corticostéroïdes utilisés par voie locale peuvent avoir un effet préventif, ainsi que, dans les cas rebelles, la désensibilisation.

Lectures suggérées

Naclerio RM : Allergic rhinitis. N Engl J Med 1991 ; 325 : 860-869.
Simons FER : Allergic rhinitis : recent advances. Pediatr Clin North Am 1988 ; 35 : 1053-1074.
Virant FS : Allergic rhinitis. Pediatr Rev 1992 ; 13 : 323-328.

Rhumatisme articulaire aigu   213

Anne-Claude Bernard-Bonnin, Michel Weber, Jean-Claude Fouron, Jean-Luc Bigras

Généralités

Pour des raisons qui ne sont pas entièrement claires, l'incidence du rhumatisme articulaire aigu (RAA) a fortement diminué dans les pays développés, où l'on a noté cependant depuis quelques années des résurgences sporadiques Par contre il demeure la cause principale de maladie cardiaque acquise dans les pays en développement. Il s'agit d'une réaction inflammatoire de nature auto-immunitaire qui peut toucher le cœur, les articulations, les vaisseaux, le cerveau et le tissu sous-cutané. Cette réaction se produit peu après une pharyngite à *Streptococcus pyogenes* (streptocoque bêta-hémolytique du groupe A). Plusieurs facteurs de risque ont été identifiés : prédisposition génétique, âge scolaire, milieu familial défavorisé. La période de latence entre la pharyngite et le RAA est en moyenne de 18 jours, mais peut durer jusqu'à 6 mois en cas de chorée de Sydenham.

Manifestations cliniques

Elles sont variables d'un individu à l'autre. Le diagnostic repose sur les critères de Jones modifiés : pour que le diagnostic soit établi, il faut prouver une infection streptococcique récente et identifier au moins deux des cinq critères majeurs ou un critère majeur et deux critères mineurs.

Les critères majeurs sont :

1) La cardite, présente dans environ 50 % des crises initiales de RAA, peut être responsable des problèmes suivants :

   – Une valvulite qui peut causer une insuffisance ou une sténose et qui affecte la valvule mitrale trois fois plus souvent que la valvule aortique. Elle se reconnaît à l'apparition d'un souffle organique ;

   – Une myocardite, habituellement accompagnée de valvulite, qui se manifeste de la façon suivante : tachycardie disproportionnée par rapport au niveau de fièvre et persistant pendant le sommeil, cardiomégalie, insuffisance cardiaque ;

– Une péricardite qui se manifeste par un frottement ou un épanchement péricardique ;

2) L'arthrite migratrice, qui touche surtout les grosses articulations, répond bien au traitement anti-inflammatoire et ne laisse pas de séquelles ;

3) La chorée de Sydenham, qui atteint plus souvent les filles et se produit souvent en l'absence de cardite ou d'arthrite ; elle se manifeste par des mouvements brusques, involontaires et incoordonnés qui disparaissent pendant le sommeil. Une atteinte cardiaque peut apparaître ultérieurement chez certains patients ;

4) Les nodules sous-cutanés, dont le diamètre varie de 0,5 à 2 cm, sont durs et mobiles ; ils se situent au niveau des protubérances osseuses ;

5) L'érythème marginé : cette éruption cutanée aux bords serpigineux et au centre plus clair n'est pas prurigineuse ; elle se localise principalement au niveau du tronc et de la face interne des bras et des cuisses.

Les critères mineurs sont : la fièvre, les arthralgies, le bloc auriculoventriculaire du premier degré, les antécédents personnels de RAA et des signes biologiques de réaction inflammatoire aiguë (hyperleucocytose, vitesse de sédimentation élevée, augmentation de la protéine C-réactive).

Explorations

L'hémogramme révèle une hyperleucocytose ; la vitesse de sédimentation et la protéine C-réactive sont élevées.

Il est important de démontrer une infection streptococcique antérieure : les antistreptolysines sont fréquemment élevées (> 200 UI). Si ce n'est pas le cas, il faut doser d'autres marqueurs comme l'antistreptokinase ou l'antihyaluronidase.

La culture de gorge peut être positive ou négative pour le *Streptococcus pyogenes*.

En cas de cardite aiguë, l'électrocardiogramme montre fréquemment un intervalle PR prolongé pour l'âge et la fréquence cardiaque (bloc AV du premier degré) ou, plus rarement, une tachycardie jonctionnelle avec dissociation auriculoventriculaire.

L'échocardiographie est devenue une méthode d'exploration précieuse : elle permet d'évaluer de façon précise la nature de l'atteinte cardiaque (valvulopathie, péricardite, myocardite) et sa gravité.

Traitement

Le repos est recommandé pendant la phase aiguë de la maladie.

Un traitement de 10 jours à la pénicilline doit être prescrit, même si la culture de gorge est négative (voir Amygdalite).

Lorsque le diagnostic est prouvé et s'il n'y a pas de cardite, on prescrit comme anti-inflammatoire de l'acide acétylsalicylique à raison de 90 à 120 mg/kg/24 heures en 4 fois ; il faut viser un taux sérique de 0,7 à

1,8 mmol/L. Ce traitement est poursuivi jusqu'à ce que tous les indices biologiques d'inflammation soient normalisés, ce qui peut prendre 6 à 9 semaines. Le sevrage doit être lentement progressif.

S'il y a une cardite, l'indication des corticostéroïdes est encore controversée : certains les prescrivent systématiquement, quelle que soit la gravité de l'atteinte cardiaque ; d'autres les réservent aux cas de pancardite avec défaillance ventriculaire ; on utilise la prednisone (2 mg/kg/24 heures PO en 1 à 2 fois ; maximum chez le grand enfant : 50 mg/24 heures) pendant 3 à 4 semaines. Le sevrage doit être lentement progressif.

La chorée peut être contrôlée par l'acide valproïque (voir Épilepsie).

L'insuffisance cardiaque est traitée de la façon habituelle à la digitale et aux diurétiques (voir Insuffisance cardiaque).

Les atteintes valvulaires graves et chroniques sont traitées chirurgicalement.

Complications

Insuffisance cardiaque, atteinte valvulaire, surtout mitrale et aortique (l'insuffisance apparaît précocement et la sténose plus tardivement).

Suivi et prévention

La prévention du RAA consiste à traiter à la pénicilline les amygdalites à *Streptococcus pyogenes* (voir Amygdalite).

La prévention secondaire a pour but de prévenir les rechutes du RAA. On peut utiliser la pénicilline V ou phénoxyméthylpénicilline par voie orale à raison de 500 mg à 1 g, soit 800 000 à 1 600 000 UI 2 fois par jour. Si l'enfant est allergique à la pénicilline, l'érythromycine est un bon choix ; sa posologie est de 250 mg PO 2 fois par jour. Il est parfois préférable de recourir à la pénicilline par voie intramusculaire ; on donne alors la pénicilline-benzathine à raison de 1 200 000 UI une fois par mois. La durée de cette prophylaxie demeure controversée ; certains recommandent de la poursuivre jusqu'à l'âge de 25 ans ou pendant une période de 10 ans après la dernière rechute de RAA ; d'autres sont en faveur d'une prophylaxie à vie.

Pronostic

Il est déterminé par l'importance de l'atteinte cardiaque.

Lectures suggérées

Dajani AS, Bisno AL, Chung KJ, *et al.* : Prevention of rheumatic fever : a statement for health professionals by the Committee on rheumatic fever, endocarditis and Kawasaki disease of the Council on cardiovascular disease in the young, the American Heart Association. Pediatr Infect Dis J 1989 ; 8 : 263-266.
Markowitz M : Rheumatic fever in the eighties. Pediatr Clin North Am 1986 ; 33 : 1141-1150.
Markowitz M, Kaplan EL : Reappearance of rheumatic fever. Adv Pediatr 1989 ; 36 : 39-65.
Wald ER : Acute rheumatic fever. Curr Probl Pediatr 1993 ; 23 : 264-269.

Roséole (exanthème subit)   214

Jean-Bernard Girodias, Michel Weber, Marc Lebel, Luc Chicoine

Généralités

La roséole ou exanthème subit est une maladie éruptive qui s'observe presque exclusivement chez l'enfant de 3 à 24 mois. L'agent causal est l'*Herpèsvirus* de type 6.

Manifestations cliniques

La maladie commence brusquement par une fièvre élevée, supérieure à 39°C, d'une durée de trois jours environ. Il n'y a habituellement pas d'atteinte marquée de l'état général et les symptômes associés sont le plus souvent discrets (anorexie, irritabilité, diarrhée). L'éruption apparaît dans les 24 heures qui suivent la chute rapide de la température. Elle est maculaire ou maculopapuleuse et érythémateuse ; elle a une distribution centripète (tronc, visage) ; elle disparaît en moins de 48 heures. Des convulsions fébriles surviennent parfois au début de la maladie.

Explorations

Comme le diagnostic n'est pas évident avant l'apparition de l'éruption, les enfants atteints sont souvent soumis à diverses explorations visant à mettre en évidence un foyer infectieux. Dans les cas typiques, aucune exploration n'est nécessaire.

Traitement

Il n'y a pas de traitement spécifique. Si l'enfant est incommodé par la fièvre, l'administration d'un antipyrétique (acétaminophène ou paracétamol : 15 mg/kg/dose PO toutes les 4 heures) peut être utile. Il est important de veiller à une bonne hydratation.

Durée d'incubation

Elle est de 5 à 15 jours.

Mesures préventives

Aucune mesure d'isolement n'est nécessaire.

Lecture suggérée

Okada K, Kusuhara K, Miyazaki C, *et al.* : Exanthema subitum and human herpesvirus 6 infection : clinical observations in fifty-seven cases. Pediatr Infect Dis J 1993 ; 12 : 204-208.

Rougeole   215

Luc Chicoine, Marc Lebel

Généralités

La rougeole est causée par un *Paramyxovirus*. Cette maladie, souvent éprouvante, comporte des risques graves ; elle frappe encore un trop grand nombre d'enfants non vaccinés.

Manifestations cliniques

La maladie commence par un catarrhe oculo-nasal associé à de la toux et à une fièvre élevée. Après trois à cinq jours, on note l'apparition d'un exanthème maculopapuleux évoluant vers la confluence ; il est d'abord visible au niveau des régions rétro-auriculaires et du visage, puis il gagne le tronc et les membres. Le signe de Köplick permet souvent un diagnostic clinique précoce : il s'agit de petites taches ressemblant à des grains de sel parsemant une muqueuse hyperhémiée ; on les observe à la face interne des joues pendant les heures qui précèdent ou qui suivent l'apparition de l'exanthème. Ce signe est éphémère et passe facilement inaperçu. Rarement, la rougeole peut se manifester de façon bénigne chez l'enfant vacciné.

Explorations

Le tableau clinique est d'habitude suffisant pour poser le diagnostic ; le signe de Köplick en particulier est pathognomonique ; en général, aucune exploration paraclinique n'est donc nécessaire.

Dans certaines circonstances spéciales, lorsque le diagnostic doit être prouvé, il repose sur l'ascension des anticorps spécifiques, mise en évidence par deux prélèvements de sang successifs réalisés à deux ou trois semaines d'intervalle, ou par la présence dans un échantillon unique d'IgM spécifiques. La culture du virus est difficile.

Traitement

Actuellement, il n'y a pas de traitement spécifique.

Une antibiothérapie n'est indiquée que s'il y a une surinfection bactérienne.

Un antipyrétique comme l'acétaminophène ou paracétamol (15 mg/kg/dose PO toutes les 4 heures ; maximum chez le grand enfant : 650 mg/dose) est utilisé au besoin.

L'administration de vitamine A aux enfants atteints de rougeole dans les pays en développement semble réduire la morbidité et la mortalité de cette maladie ; dans ces pays, la déficience en vitamine A est endémique. Dans les pays développés, l'Académie américaine de pédiatrie recom-

mande de donner de la vitamine A aux enfants atteints de rougeole dans les circonstances suivantes :
- 6 mois à 2 ans : un supplément de vitamine A est administré aux enfants qui sont hospitalisés pour la rougeole ou une de ses complications (exemple : pneumonie) ;
- > 2 ans : lorsque la rougeole est associée à l'un des problèmes suivants :
  - Déficience immunitaire congénitale ou acquise ;
  - Lésions oculaires suggestives de déficience en vitamine A ;
  - Malabsorption intestinale (exemples : fibrose kystique, maladie cœliaque) ;
  - Malnutrition, même modérée ;
  - Immigration récente d'un pays où la mortalité de la rougeole est élevée.

La posologie est la suivante :
- 6 mois à 1 an : une dose unique de 100 000 UI PO ;
- > 1 an : une dose unique de 200 000 UI PO.

Cette dose est répétée le jour suivant. Une troisième dose identique est donnée un mois plus tard s'il y a des lésions oculaires compatibles avec une déficience en vitamine A.

Complications

Les complications sont nombreuses et parfois graves ; les principales sont les convulsions fébriles, l'encéphalite, l'otite moyenne aiguë et la pneumonie bactérienne.

Une pneumonie à cellules géantes, parfois mortelle, peut survenir, particulièrement si l'hôte est immunocompromis.

Une pancréatite a été rapportée.

L'incidence de l'encéphalite est d'environ 1/1 000 ; elle peut être mortelle et laisse souvent des séquelles neurologiques graves et permanentes.

La panencéphalite subaiguë sclérosante est une complication tardive rare mais particulièrement grave qui survient en moyenne 10 ans après la rougeole.

Durée d'incubation

Il s'écoule habituellement 8 à 12 jours entre le contact et le début des symptômes.

Période de contagiosité

La rougeole est contagieuse un à deux jours avant le début des symptômes ou trois à cinq jours avant l'apparition de l'exanthème ; la contagiosité persiste pendant les quatre premiers jours après l'éruption.

Mesures préventives

Voir aussi Problèmes épidémiologiques courants à la garderie (crèche).

I. Isolement des malades hospitalisés

La maladie étant très contagieuse, l'isolement et les précautions respiratoires sont indiquées pendant les quatre jours qui suivent l'apparition de l'exanthème (voir Prévention des infections en milieu hospitalier).

II. Immunisation active

À de rares exceptions près, tous les enfants devraient recevoir le vaccin contre la rougeole (voir Vaccinations).

III. Immunisation passive

Les enfants et les adultes qui n'ont pas été vaccinés, ou dont la vaccination est douteuse et qui n'ont pas eu la rougeole devraient recevoir des gammaglobulines le plus rapidement possible après le contact et au plus tard six jours après celui-ci :

– Au Canada, on donne des gammaglobulines hyperimmunes. La posologie habituelle est de 0,25 mL/kg IM (maximum : 15 mL) ; chez les patients hypersusceptibles, elle est de 0,5 mL/kg IM (maximum : 15 mL) ;

– En France, on utilise des gammaglobulines polyvalentes (exemple : Polygamma), dont la posologie est de 0,3 mL/kg IM ; chez les patients hypersusceptibles, la posologie peut être augmentée jusqu'à 1 à 2 mL/ kg IM en doses fractionnées.

Chez les contacts immunocompétents qui n'ont pas présenté la rougeole, le vaccin est administré au moins 12 semaines après l'administration des gammaglobulines.

Lecture suggérée

Committee on Infectious Diseases, American Academy of Pediatrics : Vitamin A treatment of measles. Pediatrics 1993 ; 91 : 1014-1015.

Rubéole   216

Michel Weber, Marc Lebel

Généralités

La rubéole est causée par un *Rubivirus* appartenant au groupe des Togavirus. Cette maladie, habituellement bénigne, devrait être exceptionnelle puisque la vaccination est systématique. Acquise au cours de la grossesse, elle peut endommager gravement le fœtus, surtout au cours du premier trimestre (voir Infections congénitales).

Manifestations cliniques

La rubéole peut passer inaperçue. La maladie commence par un prodrome catarrhal minime et de courte durée, caractérisé par une hyperhémie conjonctivale légère et des signes d'infection virale des voies respiratoires supérieures. Des adénopathies occipitales et cervicales postérieures sensibles constituent l'un des signes les plus caractéristiques de la maladie ; elles précèdent l'éruption d'un jour ou deux. La fièvre est d'habitude absente ou peu élevée. Les malaises généraux sont également minimes. Il peut y avoir un énanthème discret. L'exanthème maculopapuleux commence au niveau du visage et s'étend ensuite, particulièrement au niveau du tronc. Cette éruption ne persiste pas plus de trois jours. Une légère splénomégalie est souvent notée. La rubéole peut ressembler à une infection banale à entérovirus, à une rougeole légère, à une roséole, à une éruption médicamenteuse, à une mononucléose infectieuse ou à une scarlatine.

Explorations

Le tableau clinique permet en général de suspecter le diagnostic mais non d'arriver à une certitude comme dans le cas d'une varicelle. Les adénopathies occipitales et cervicales postérieures sont relativement typiques. Le plus souvent, aucune exploration paraclinique n'est nécessaire. Dans certaines circonstances spéciales, lorsque le diagnostic doit être prouvé, il repose sur la présence dans un échantillon unique d'IgM spécifiques ou sur l'ascension d'au moins quatre fois du titre des IgG spécifiques, mise en évidence à deux semaines d'intervalle. Le virus peut être cultivé dans les sécrétions pharyngées, le sang, les selles et l'urine ; cet examen est surtout utile en cas de rubéole congénitale (voir Infections congénitales).

Traitement

Il n'y a pas de traitement spécifique. Un antipyrétique comme l'acétaminophène ou paracétamol (15 mg/kg/dose PO toutes les 4 heures ; maximum chez le grand enfant : 650 mg/dose) est rarement nécessaire pour soulager le fièvre et les malaises généraux.

Complications

Elles sont rares ; les principales sont la thrombopénie, les arthralgies ou les arthrites survenant surtout chez les adolescents, les douleurs testiculaires, les névrites, l'encéphalite et la pancréatite.

Durée d'incubation

Elle est de 14 à 21 jours.

Période de contagiosité

La rubéole est contagieuse pendant la période qui va de 7 jours avant à 14 jours après l'apparition de l'éruption. L'enfant atteint de rubéole congénitale peut continuer à excréter le virus dans l'urine et les sécrétions respiratoires pendant un à deux ans.

Mesures préventives

Voir aussi Problèmes épidémiologiques courants à la garderie (crèche).

I. Isolement des malades hospitalisés

Si le patient est hospitalisé, l'isolement et les précautions respiratoires sont indiqués pendant les sept jours qui suivent l'apparition de l'exanthème (voir Prévention des infections en milieu hospitalier). Pendant au moins un an, il faut éviter tout contact entre un enfant atteint de rubéole congénitale et une femme non immunisée enceinte ou pouvant devenir enceinte.

II. Immunisation active

À de rares exceptions près, tous les enfants devraient recevoir le vaccin contre la rubéole (voir Vaccinations). Il est extrêmement important que toutes les filles soient vaccinées avant d'atteindre la période de reproduction.

III. Prévention chez la femme enceinte

1) Qu'elles soient immunisées ou non, les femmes enceintes ou pouvant devenir enceintes doivent éviter tout contact avec une personne atteinte de rubéole.

2) Le dosage des IgG contre la rubéole devrait être effectué chez toute femme qui envisage d'avoir un enfant. Si son titre n'atteint pas le niveau protecteur, elle doit être vaccinée et attendre au moins trois mois avant de devenir enceinte.

3) Si une femme enceinte dont le niveau d'anticorps est inconnu ou non protecteur entre en contact avec une personne pouvant être atteinte de rubéole au cours des trois premiers mois de grossesse, il faut doser immédiatement ses IgG et, si possible, prouver sérologiquement le diagnostic chez la personne avec laquelle elle est entrée en contact.

   – Si le titre des IgG atteint un niveau protecteur, on peut être rassuré.

   – Si le titre des IgG n'atteint pas le niveau protecteur, les conséquences possibles pour le fœtus doivent être expliquées. Les choix suivants s'offrent alors :

      – Si l'interruption de grossesse n'est pas envisagée, immuniser la femme enceinte de façon passive au moyen de gammaglobulines hyperimmunes (Canada : 25 mL IM ; France : 0,3 à 0,6 mL/ kg IM, à répartir en 2 à 3 injections à 24 heures d'intervalle). Il faut noter que l'administration de gammaglobuline ne protège pas le fœtus de façon certaine ;

      – Si l'interruption de grossesse est envisagée, on observe la femme enceinte :

         – Si la rubéole apparaît, on interrompt la grossesse ;

         – Si la rubéole n'apparaît pas, on répète le dosage des anticorps deux à trois semaines plus tard. S'il y a une séroconversion, on interrompt la grossesse. S'il n'y a pas de séroconversion, la grossesse peut se poursuivre.

Scarlatine   217

Luc Chicoine, Marc Lebel

Généralités

La scarlatine est causée par une toxine érythrogénique, le plus souvent produite par le *Streptococcus pyogenes* (streptocoque bêta-hémolytique du groupe A), moins souvent par le *Staphylococcccus aureus* (staphylocoque doré). Comme il y a plusieurs toxines, la maladie peut récidiver. Dans la vaste majorité des cas, le foyer infectieux responsable de la scarlatine est une pharyngite à *Streptococcus pyogenes*; parfois, il s'agit d'une infection cutanée, particulièrement d'un impétigo à *Streptococcus pyogenes* ou à *Staphylococcus aureus*, d'une brûlure ou d'une plaie chirurgicale infectée. La scarlatine causée par le staphylocoque semble apparentée à la dermatite exfoliative du jeune enfant ainsi qu'au choc toxique.

Manifestations cliniques

Le patient présente les signes et symptômes d'une amygdalite (voir Amygdalite) ou d'un impétigo (voir Impétigo), auxquels se surajoutent 24 à 48 heures plus tard les signes de scarlatine : le signe de Pastia (hyperhémie des plis de flexion, particulièrement au niveau du pli du coude, du creux axillaire et des plis de l'abdomen) est presque pathognomonique. L'éruption cutanée est assez typique : une expression imagée la compare à « un coup de soleil sur de la chair de poule ». Il s'agit d'un érythème punctiforme puis diffus qui épargne habituellement la paume des mains et la plante des pieds, ainsi que la région péribuccale. La texture de cet exanthème a été comparée à celle du papier de verre (« papier sablé »). Lorsque la scarlatine est associée à une infection streptococcique, la langue est « framboisée » : sa surface ressemble d'abord à celle d'une framboise blanche, puis, quelques jours plus tard, à celle d'une framboise rouge. La langue est épargnée lorsque le staphylocoque est responsable. Une fine desquamation est notée, surtout au niveau des extrémités, environ une semaine après le début de la maladie.

Explorations

Lorsque la scarlatine est associée à une pharyngite, aucune exploration n'est nécessaire, car le tableau clinique est pathognomonique. L'hémogramme peut montrer une hyperleucocytose à prédominance neutrophile. En cas de doute, on peut faire un test d'identification rapide du streptocoque ou une culture des sécrétions pharyngées.

Traitement

Une scarlatine d'origine streptococcique doit être traitée à la pénicilline par voie orale; on choisit la pénicilline V ou phénoxyméthylpénicilline (25 à 100 mg/kg/24 heures, soit 40 000 à 160 000 UI/kg/24 heures PO en 3 fois; maximum chez le grand enfant : 2 g ou 3 200 000 UI/24 heures). La durée du traitement est de 10 jours.

Si l'enfant vomit ou si la fidélité au traitement semble improbable, la pénicilline peut être administrée initialement par voie intramusculaire (voir Index pharmacologique).

Si l'enfant est allergique à la pénicilline, l'érythromycine est un bon choix (30 à 50 mg/kg/24 heures PO en 3 fois; maximum chez le grand enfant: 2 g/24 heures). Il est habituellement inutile de faire un contrôle de la culture de gorge après traitement.

Une scarlatine d'origine staphylococcique devrait probablement être traitée initialement par voie parentérale. On utilise alors une pénicilline antistaphylococcique comme la cloxacilline (Canada, France), la nafcilline (Canada) ou l'oxacilline (France): 100 à 200 mg/kg/24 heures IV en 4 fois (maximum chez le grand enfant: 12 g/24 heures). Si l'enfant est allergique à la pénicilline, la clindamycine est un bon choix (30 à 40 mg/kg/24 heures IV en 4 fois; maximum chez le grand enfant: 2,4 g/24 heures). Lorsque les signes généraux ont disparu, on prend le relais par voie orale avec la cloxacilline (Canada, France) ou l'oxacilline (France): 50 à 100 mg/kg/24 heures PO en 4 fois (maximum chez le grand enfant: 4 g/24 heures). La céphalexine ou céfalexine (25 à 50 mg/kg/24 heures PO en 3 fois; maximum chez le grand enfant: 4 g/24 heures) ou la clindamycine (20 à 30 mg/kg/24 heures PO en 3 à 4 fois; maximum chez le grand enfant: 1,8 g/24 heures) sont d'autres bons choix. En France, on utilise aussi la pristinamycine ou la virginiamycine (voir Index pharmacologique).

Pour la fièvre et la douleur, on administre de l'acétaminophène ou paracétamol (15 mg/kg/dose PO toutes les 4 heures; maximum chez le grand enfant: 650 mg/dose).

Complications

Voir Amygdalite, Impétigo. Un «choc toxique» peut survenir en association avec la scarlatine d'origine staphylococcique (voir Choc toxique), beaucoup plus rarement lors d'une scarlatine d'origine streptococcique.

Mesures de prévention

Voir Amygdalite, Impétigo, Problèmes épidémiologiques courants à la garderie (crèche).

Scoliose   218

Robert Thivierge, François Fassier

Généralités

La scoliose, définie comme une déviation latérale de la colonne vertébrale, est toujours anormale.

Les formes posturales peuvent être antalgiques ou résulter d'une inégalité de longueur des membres inférieurs. Les formes structurales, associées à une rotation des vertèbres, peuvent être causées par diverses anomalies

Tableau 60 Principales causes de scoliose chez l'enfant et l'adolescent

- Scoliose idiopathique (80 %)
- Anomalies neuromusculaires
  - paralysie cérébrale
  - ataxie de Friedreich
  - tumeur médullaire
  - syringomyélie
  - traumatisme médullaire
  - myopathie
- Scolioses congénitales
  - hémivertèbre
  - barre (fusion partielle de deux vertèbres)
  - mosaïque
- Neurofibromatose
- Anomalie mésenchymateuse (exemples : syndromes de Marfan et d'Ehlers-Danlos)
- Autres étiologies
  - dysplasie osseuse
  - maladie métabolique (exemples : rachitisme, ostéogenèse imparfaite, homocystinurie)
  - scoliose thoracogénique
  - scoliose post-irradiation

neuromusculaires, osseuses ou mésenchymateuses (tableau 60); elles peuvent aussi n'avoir aucune cause apparente (scoliose idiopathique).

D'une façon générale, plus une scoliose apparaît tôt, plus il est probable qu'elle résulte d'une anomalie musculo-squelettique et plus elle risque de progresser.

Contrairement à ce qu'on observe chez l'adulte, les scolioses de l'adolescence sont indolores ou peu douloureuses.

Les scolioses découvertes à l'âge scolaire et au cours de l'adolescence sont pour la plupart idiopathiques. La scoliose idiopathique est plus fréquente chez les filles.

Le médecin généraliste et le pédiatre ont pour rôle de détecter les scolioses lors des examens systématiques et d'adresser l'enfant ou l'adolescent atteint à un orthopédiste.

Outre le problème esthétique, les scolioses graves peuvent avoir des répercussions importantes sur le système cardiorespiratoire.

Démarche clinique

Le dépistage de la scoliose repose sur l'examen systématique de l'enfant ou de l'adolescent découvert et en position debout. On se place derrière le patient et, après avoir vérifié l'égalité de longueur des jambes, on s'assure de la symétrie des épaules, de la saillie des omoplates et des plis de la taille. Enfin, le patient se penche le plus loin possible en avant, puis se redresse lentement. Le but de cette manœuvre est de mettre en évidence une gibbosité localisée, caractéristique de la scoliose, et résultant de la rotation vertébrale. L'évaluation d'une scoliose est complétée par l'examen neurologique.

Lorsque le diagnostic clinique est posé, l'étape suivante consiste à faire des radiographies de toute la colonne et de mesurer l'angle maximal de déviation ou angle de Cobb.

Il est important de déterminer si la croissance est terminée ou non, car cette donnée influence le plan de traitement.

Traitement

L'approche thérapeutique est basée sur l'angle de Cobb, sur le fait que la croissance soit terminée ou non et surtout sur le caractère progressif ou non de la scoliose. Les chiffres qui suivent ne constituent donc que des points de repère :

1) Croissance encore active :
    - Angle de 10 à 25° :   surveillance clinique et radiologique tous les six mois ;
    - Angle de 25 à 45° :   orthèse (corset) ;
    - Angle supérieur à 45° : correction chirurgicale ;
2) Croissance terminée :
    - Angle inférieur à 45° : pas de traitement ;
    - Angle supérieur à 45° : indication opératoire possible.

Lectures suggérées

Asher MA : Screening for congenital dislocation of the hip, scoliosis, and other abnormalities affecting the musculoskeletal system. Pediatr Clin North Am 1986 ; 33 : 1335-1353.

Berwick DM : Scoliosis screening. Pediatr Rev 1984 ; 5 : 238-247.

Bunnell WP : Spinal deformity. Pediatr Clin North Am 1986 ; 33 : 1475-1487.

Herbaux B : La scoliose chez l'enfant et l'adolescent : dépistage et surveillance. Revue du Praticien 1991 ; 41 : 1995-1999.

Jones MC : Clinical approach to the child with scoliosis. Pediatr Rev 1985 ; 6 : 219-222.

Koop SE : Infantile and juvenile idiopathic scoliosis. Orthop Clin North Am 1988 ; 19 : 805-814.

Marsh JS : Screening for scoliosis. Pediatr Rev 1993 ; 14 : 297-298.

Winter RB : Adolescent idiopathic scoliosis. N Engl J Med 1986 ; 314 : 1379-1380.

Séparation et divorce   219

Michel Weber, Jean-François Saucier

Généralités

L'incidence de la séparation et du divorce s'est accrue dans les sociétés occidentales ; elle dépasse 50 % dans certains pays. Par ailleurs, la séparation tend à survenir de plus en plus tôt, parfois même avant la naissance de l'enfant. Il n'est plus rare qu'un enfant doive traverser deux fois cette épreuve. Le médecin généraliste et le pédiatre sont de plus en plus souvent appelés à répondre à des questions ou à donner des conseils avant ou après la séparation.

Étapes de la séparation

I. Période précédant la séparation

La durée de cette période stressante varie beaucoup. Le climat familial, rarement serein, peut être marqué par des conflits, de la toxicomanie ou même de la violence verbale ou physique. La séparation finale est parfois précédée d'oscillations (séparations temporaires suivies de réconciliations). Même si les parents tentent de dissimuler partiellement ou complètement les difficultés qu'ils traversent, l'enfant, à moins d'être très jeune, est habituellement conscient de ce qui se passe, mais n'est pas toujours capable de comprendre la véritable nature du problème.

II. Moment de la séparation physique

Ce moment est particulièrement traumatisant pour l'enfant, surtout lorsqu'il n'était pas au courant des difficultés du couple. Cet événement est l'un des plus stressants qui puissent survenir au cours d'une vie : l'univers familier s'écroule brusquement et l'enfant aborde une zone inconnue de son existence, où dominent l'insécurité et le désespoir. L'enfant d'âge préscolaire souffre souvent d'angoisse de séparation : ayant été abandonné par l'un des parents, il craint d'être bientôt abandonné aussi par l'autre.

III. Période d'adaptation et de récupération

Le deuil de la séparation ne constitue pas le seul élément auquel l'enfant doit s'adapter. Il peut se produire une cascade d'autres séparations comme un déménagement, un changement d'école, la perte des amis et, fréquemment, une réduction du niveau de vie. L'habitation est souvent plus petite ; parfois, l'enfant n'a pas sa chambre à lui et peut être amené à camper plus ou moins chez l'un des parents ou chez les deux. Il doit souvent faire face à la détresse de l'un ou des deux parents, surtout de celui qui a été rejeté. Celui des parents qui a la garde peut être débordé par la multitude des tâches et éprouver des difficultés à maintenir la discipline ; l'autre se sent émotivement dépossédé de ses enfants. Plus tard, il doit souvent s'adapter au remariage de l'un ou des deux parents, aux enfants du nouveau conjoint, ou même à la naissance d'un demi-frère ou d'une demi-sœur, avec qui il entre en rivalité. La stabilisation de l'enfant dépend beaucoup de celle de ses parents et de l'atténuation progressive des tensions entre eux. Le retour à un certain équilibre prend habituellement deux à trois ans.

Réaction de l'enfant

La plupart du temps, quel que soit son âge, l'enfant vit la séparation comme un désastre. Dans quelques rares cas (environ 7 %), surtout lorsqu'il y a un contexte de violence, la séparation constitue un soulagement. La majorité des enfants finissent par s'adapter de façon harmonieuse ; cependant, les problèmes psychiatriques sont nettement plus fréquents chez les enfants du divorce, particulièrement lorsque la séparation survient au cours de l'âge de latence. Il peut s'agir soit d'une souffrance intériorisée (exemples: phobie simple, angoisse de séparation, anxiété généralisée, dépression majeure ou mineure), soit d'une souffrance extériorisée (exemples: hyperactivité, trouble d'opposition, troubles des conduites). Certains enfants présentent des symptômes physiques (exemple: exacerbation de l'asthme). La nature et l'intensité de la réaction varie beaucoup d'un enfant à l'autre, selon une multitude de facteurs:

1) Exemples de facteurs endogènes:

    a) Le sexe: au début de la séparation, le garçon est plus affecté que la fille; il présente plus souvent des troubles extériorisés. Quant à la fille, elle est plus souvent affectée lorsque sa mère se remarie, particulièrement lorsqu'elle est devenue la confidente de celle-ci au début de la séparation; elle présente alors plus volontiers des troubles intériorisés;

    b) L'âge: à tous les âges, on peut observer de la tristesse, de l'anxiété, des troubles du sommeil ou de la dépression, mais certains types de réactions sont plus spécifiques:

       – L'enfant d'âge préscolaire peut présenter de la régression. Il se sent fréquemment responsable de là séparation («C'est parce que je n'ai pas été sage»); un sentiment de culpabilité se développe chez lui. Il croit que la séparation est temporaire et peut tenter de rapprocher ses parents;

       – L'enfant à l'âge de latence: la relation avec les autres enfants ainsi que la performance scolaire peuvent se détériorer;

       – L'adolescent: il semble habituellement moins affecté que le jeune enfant, mais sa réaction peut être seulement moins visible. La colère prédomine souvent. Il peut se soucier de sa propre capacité de réussir plus tard dans une relation amoureuse. Comme chez l'enfant d'âge scolaire, la relation avec les autres enfants ainsi que la performance scolaire peuvent se détériorer. Chez quelques adolescents, la séparation peut jouer un rôle étiologique ou déclenchant vis-à-vis de certains comportements comme la délinquance, l'usage de drogues, la promiscuité sexuelle ou les tentatives de suicide;

2) Exemples de facteurs exogènes:

    a) Hostilité persistante entre les parents, lorsque celle-ci n'est pas contenue entre eux et qu'elle est partagée avec les enfants. La situation la plus nocive est celle d'un parent qui essaie d'obtenir une loyauté exclusive de la part des enfants, contre l'autre parent;

    b) Autres pertes associées et simultanées, comme le déménagement, le changement d'école, la réduction du niveau de vie, etc.;

    c) Nature des arrangements quant à la garde;

    d) Évolution de chacun des parents: adaptation à la séparation, remariage, etc.

Arrangements quant à la garde

Depuis le début de ce siècle, la garde des enfants était à peu près toujours confiée à leur mère; cet arrangement demeure le plus fréquent mais, depuis quelques années, d'autres types de réorganisation de la famille sont adoptés dans une minorité de cas. Il arrive maintenant que la garde soit confiée au père ou qu'elle soit conjointe (répartition du temps inégale) ou partagée (répartition du temps égale). En cas de garde partagée, l'alternance se fait habituellement de semaine en semaine, beaucoup plus rarement de mois en mois, ou même d'année en année. Lorsque l'enfant est en âge de s'exprimer, il faut tenir compte de sa préférence.

Lorsque l'un des parents a la garde de l'enfant, l'autre parent n'est en contact avec lui que pendant des périodes limitées, le plus souvent un week-end sur deux. Cet arrangement cause certaines difficultés, le parent gardien habituel étant assimilé à la routine, au travail et à la discipline, l'autre parent étant présent dans les moments de loisirs et de plaisir. Le retour de l'enfant, le dimanche soir, constitue souvent un moment de tension importante ; le parent gardien se sert parfois de cet argument pour tenter de faire cesser les visites.

La garde partagée semble idéale pour les parents : chacun est l'égal de l'autre et aucun d'entre eux ne se sent dépossédé de son lien parental. Il ne s'agit pas d'une solution magique ; l'effet de cet arrangement sur l'enfant n'a pas encore été déterminé de façon claire. Il est probablement fort variable selon les circonstances et il peut évoluer avec le temps : l'enfant peut fort bien s'en accommoder à l'âge de latence et ne plus le tolérer au cours de l'adolescence.

Quel que soit l'arrangement choisi, une bonne collaboration entre les parents est nécessaire afin de procurer à l'enfant un bien-être maximal.

Les deux parents se retrouvent souvent dans une situation de compétition pour l'amour de l'enfant, compétition dont les éléments peuvent être des voyages, de l'argent de poche, des sorties au restaurant ou au cinéma, etc. Certains enfants cherchent parfois à profiter de cette compétition.

Après un divorce, les accusations de sévices sexuels vis-à-vis de l'autre parent ou de son nouveau conjoint sont assez fréquentes. La plupart du temps, elles sont sans fondement et sont utilisées pour essayer de récupérer la garde.

Stratégies d'atténuation

Plusieurs précautions peuvent atténuer le traumatisme de la séparation et faciliter l'adaptation :

1) L'enfant devrait être préparé d'avance à la séparation ;

2) La séparation devrait être annoncée par les deux parents réunis ; les causes doivent en être expliquées et il faut répondre simplement aux questions des enfants, sans entrer dans les détails de la vie intime. Si la tension est très élevée entre les parents, il est conseillé de demander l'aide d'un ami commun pour participer à cette annonce. De plus, cet ami, ou un autre adulte neutre, devrait surveiller l'évolution des enfants au cours des deux ou trois premières années après la séparation, dans le cas où les parents sont à ce point engagés dans les contestations juridiques que leur capacité parentale s'en trouve temporairement amoindrie ;

3) La séparation doit être expliquée à l'enfant dans des termes simples et adaptés à son âge (exemple : «Papa et maman ne s'aiment plus» ou «Nous ne sommes plus heureux ensemble»);

4) L'enfant doit être assuré de façon répétée que chacun des parents continue à l'aimer;

5) Éviter si possible les pertes simultanées comme le déménagement et le changement d'école;

6) Des mesures doivent être prises pour que l'enfant puisse maintenir un contact régulier avec chacun des parents. La proximité des domiciles des parents facilite les choses. La disparition de l'un des parents dans une autre ville ou un autre pays constitue la forme la plus traumatisante de divorce;

7) En tout temps, l'enfant doit être capable de rejoindre facilement, en cas de difficulté, chacun des deux parents;

8) Chacun des parents doit s'efforcer de ne pas faire participer l'enfant à son hostilité vis-à-vis de l'autre parent et de ne pas s'en servir comme messager. Le conflit doit être contenu au niveau des adultes et l'enfant ne doit pas être poussé à prendre parti. Il ne faut pas tenter de gagner l'enfant à sa cause et diviser sa loyauté, qu'il accorde spontanément de façon égale;

9) L'enfant doit être assuré de façon répétée qu'il n'a aucune responsabilité dans la séparation;

10) Il faut aider l'enfant à ne pas entretenir l'espoir d'une reconstitution du couple parental;

11) L'enfant ne doit pas se sentir exagérément investi de la mission de réconforter, de soutenir et d'aider l'un des parents en difficulté ou les deux;

12) Des groupes d'enfants du divorce ont été constitués dans certaines écoles; ces enfants se rencontrent et échangent au sujet de leurs difficultés, sous la supervision d'un professionnel de la santé mentale. Cette approche semble très utile. On peut aussi conseiller aux parents de participer à des réunions regroupant des personnes récemment séparées;

13) Occasionnellement, lorsque le deuil se prolonge de façon anormale ou que la récupération est trop laborieuse, le recours à un psychologue, un psychiatre ou un travailleur (assistant) social peut être indiqué;

14) Au moment du remariage du parent gardien, celui-ci devrait éviter de demander à ses enfants d'appeler son nouveau conjoint «papa» ou «maman», ce qui provoquerait un nouveau conflit de loyauté.

Lectures suggérées

Fay RE : The disenfranchised father. Adv Pediatr 1989; 36 : 407-430.
Stolberg AL, Ellwood M, Draper DA : The pediatrician's role in children's adjustment to divorce. J Pediatr 1989; 114 : 187-193.
Wallerstein JS : Children and divorce. Pediatr Rev 1980; 1 : 211-217.

Wallenstein JS: Children of divorce: recent findings regarding long-term effects and recent studies of joint and sole custody. Pediatr Rev 1990; 11: 197-203.
Weitzman M, Adair R: Divorce and children. Pediatr Clin North Am 1988; 35: 1313-1323.

Sévices sexuels (inceste, viol) 220

Jean-Yves Frappier, Claire Allard-Dansereau, Nancy Haley, Reine Gagné

Généralités

Il s'agit d'une réalité de plus en plus reconnue dans les sociétés occidentales. Les sévices sexuels se définissent comme toute activité sexuelle à laquelle un enfant ou un adolescent est incité ou contraint à participer par une personne qui use de son autorité ou de la force, ou qui se livre à des manipulations psychologiques ou matérielles plus ou moins évidentes. Les sévices sexuels peuvent être infligés par un membre de la famille, une connaissance ou un inconnu. Il peut s'agir d'un événement unique ou d'une situation chronique. C'est un événement traumatisant pour la victime, mais, initialement, les parents ont souvent une réaction plus visible. Les conséquences possibles sont multiples; elles varient selon la nature des sévices, l'âge et la personnalité de la victime, les caractéristiques de son milieu familial, le lien avec l'agresseur et les interventions thérapeutiques. Des problèmes peuvent se poser aux niveaux personnel, familial, social ou judiciaire.

Dépistage

Le diagnostic n'est pas toujours évident et les intervenants doivent avoir en mémoire une série de signes d'appel:
1) Anomalies du comportement général et sexuel: fugue, dépression, isolement, retrait, pseudo-maturité, méfiance vis-à-vis de certains adultes, comportement agressif, idées suicidaires ou tentative de suicide, délinquance, jeux sexuels déplacés, masturbation excessive, compréhension inhabituelle pour l'âge de certains détails sexuels, comportement exagérément séducteur, etc.;
2) Particularités de la dynamique familiale et caractéristiques des parents: inversion des rôles, père autoritaire et jaloux de sa fille, antécédents de sévices sexuels ou physiques, etc.;
3) Indices reliés au comportement scolaire: détérioration du rendement, manque de concentration, agressivité excessive envers les professeurs, isolement, réaction particulière à un cours portant sur la prévention des sévices sexuels, etc.;
4) Signes et symptômes de problèmes médicaux: maladie sexuellement transmissible, réaction anormale lors de l'examen gynécologique, lésions génitales, anales ou orales, somatisation, etc.;
5) Préoccupations excessives dans le domaine de l'intégrité corporelle: crainte inexpliquée ou injustifiée de grossesse ou de maladie sexuellement transmissible, peur exagérée de subir un examen des organes

génitaux, absence de gêne, pudeur anormale dans la vie quotidienne, demande de contraception qui ne semble pas justifiée, crainte des contacts physiques, etc.

Les indices ne sont ni très sensibles ni très spécifiques. Certains d'entre eux peuvent se retrouver chez des enfants qui n'ont pas été victimes de sévices et leur absence ne prouve pas que l'enfant n'en a pas subi. Certains indices sont plus importants que d'autres (exemple : maladie sexuellement transmissible) et il faut attacher beaucoup d'importance à la coexistence de plusieurs d'entre eux. Un contexte d'hésitation, de mystère ou d'imprécision ne doit pas atténuer la suspicion de sévices, surtout au début. Chez le jeune enfant, la clarification de l'histoire nécessite souvent la collaboration d'un professionnel expérimenté comme une travailleuse (assistante) sociale. L'établissement du diagnostic peut prendre plusieurs semaines ou plusieurs mois; il est donc important d'offrir une disponibilité à long terme.

Évaluation médicale

Compte tenu de l'état de stress de la victime et de ses parents, l'évaluation médicale doit être menée avec compassion, patience et tact. Ses objectifs sont les suivants :

1) Identifier et traiter les lésions physiques;
2) Prévenir la grossesse;
3) Dépister et traiter les infections qui peuvent résulter des sévices;
4) Assurer la sécurité de la victime et lui apporter, ainsi qu'à son entourage, le soutien nécessaire;
5) Recueillir les preuves médico-légales;
6) Identifier le besoin du recours à d'autres professionnels.

Cette évaluation doit être immédiate lorsque les sévices ou les derniers sévices datent de moins de 72 heures ou lorsqu'il y a des signes ou des symptômes inquiétants; c'est dans ce délai que peuvent se faire les prélèvements pour des fins médico-légales. Lorsque les sévices remontent à 4 à 15 jours et que la victime ne présente pas de symptômes, cette visite médicale devrait être offerte de façon semi-urgente. De deux à sept jours après l'incident, on peut relever des traces de lésions physiques et on peut prévenir la grossesse jusqu'à cinq jours après une relation sexuelle complète. Lorsque l'événement remonte à plus de 15 jours, l'évaluation peut être faite de façon élective, mais dans un délai raisonnable (trois à quatre semaines).

I. Anamnèse

Elle s'intéresse particulièrement à ce qui suit :

1) Éléments habituellement recueillis par la police ou un travailleur (assistant) social :
   a) Circonstances de l'agression : lieu, heure et date du dernier épisode, fréquence, utilisation de la force, de menaces, d'alcool ou de drogues;

b) Identité de l'agresseur et lien avec lui;
c) Type d'agression (attouchements, pénétration, etc.) et ses conséquences (douleur, saignement, etc.).

2) Éléments habituellement recueillis par le médecin:

a) Ce qui a été fait après l'agression (douche vaginale, changement de
   vêtements, etc.);

b) Réactions à l'agression (peur de mourir, crainte de grossesse ou de
   maladie sexuellement transmissible, nervosité, tristesse, agressivité, négation, etc.);

c) Démarches effectuées après l'agression (confidences, recherche de
   protection, déclaration à la police, etc.);

d) Symptômes qui se sont manifestés depuis l'agression: incontinence, constipation, leucorrhée, aménorrhée, dysurie, modification
   de l'appétit ou des habitudes de sommeil, régression, etc.;

e) Histoire gynécologique et sexuelle: ménarche, activité sexuelle
   antérieure, contraception, etc.;

f) Histoire antérieure d'autres sévices;

g) Dynamique familiale; le recueil des éléments de cette nature est
   souvent confié au travailleur (assistant) social.

Chez le jeune enfant, on peut faire appel au dessin pour préciser certains éléments de l'histoire.

II. Examen

L'examen général est effectué de la façon habituelle. Il recherche particulièrement des lésions cutanées, buccales et ano-génitales. L'examen des
organes génitaux et de l'anus est effectué lentement et avec douceur, en
expliquant chacune de ses étapes. Il ne faut jamais forcer un enfant ou un
adolescent à subir un examen génital et anal. Dans de très rares cas, par
exemple lorsqu'il y a des lésions ou des symptômes importants, l'examen
peut être fait sous anesthésie générale.

Chez l'enfant prépubère, l'examen des organes génitaux externes suffit
habituellement; il s'effectue en décubitus dorsal, les cuisses et les jambes
fléchies et écartées (position de la grenouille). Chez la fille, on écarte les
grandes lèvres pour visualiser l'hymen et l'orifice vaginal. Au niveau de la
vulve, on note la présence d'érythème, d'œdème, d'érosions, de déchirures, d'ecchymoses, de condylomes, de sang ou de sperme. On note
l'aspect de l'hymen (forme, déchirures, synéchies).

Chez l'adolescente, on procède à l'examen gynécologique habituel:
inspection de la vulve, puis examen au spéculum. On note la présence de
sperme ou de sécrétions vaginales, ainsi que l'aspect du col.

Quel que soit l'âge de la victime, l'anus doit être examiné, soit en
décubitus latéral, soit en position genu-pectorale. On note la présence
d'une dilatation, de fissures, de déchirures ou de condylomes. Une béance
de plus de 15 mm de diamètre, observée en position genu-pectorale après
moins de 30 secondes d'observation, est anormale, pour autant qu'il n'y
ait pas de selles visibles et en l'absence d'un problème neurologique pouvant causer une atonie anale.

III. Explorations

Les épreuves de laboratoire nécessaires à la santé de la victime servent essentiellement au diagnostic de la grossesse et des maladies sexuellement transmissibles (hépatite B, infection à VIH, syphilis, infections à *Chlamydia trachomatis*, à *Trichomonas vaginalis* et à *Neisseria gonorrhœæ*). Ces épreuves diagnostiques ne sont pas nécessairement indiquées dans tous les cas. Les cultures sont effectuées seulement s'il y a une histoire ou des indices physiques de contact génito-génital, ano-génital ou oro-génital. Les épreuves sérologiques sont indiquées si l'agresseur est inconnu, s'il fait usage de drogues par voie intraveineuse, s'il est homosexuel ou bisexuel, s'il a fait un séjour en prison, s'il provient d'un pays à forte endémie de SIDA ou s'il est atteint d'une maladie sexuellement transmissible.

Chez la fille prépubère, il est préférable de faire les cultures vaginales, lorsqu'elles sont indiquées, deux à trois semaines après l'agression. Le prélèvement se fait sans spéculum. On utilise des écouvillons minces et on évite de toucher l'hymen qui est sensible. On facilite les prélèvements vaginaux en faisant tousser l'enfant. Chez le garçon, on se contente d'une culture du méat urinaire.

Des cultures des sécrétions pharyngées et de la région anale peuvent être indiquées selon l'histoire.

Chez l'adolescente, on fait un test de grossesse dès la première visite et on le répète au besoin plus tard. On prélève de la façon habituelle pour culture les sécrétions vaginales, cervicales et, si c'est indiqué, pharyngées et anales; on recherche le *Candida albicans*, le *Chlamydia trachomatis*, le *Neisseria gonorrhœæ* et le *Trichomonas vaginalis*. Si l'adolescente est sexuellement active, il faut faire ces cultures immédiatement et les répéter deux à trois semaines plus tard car une infection a pu précéder l'agression. Si elle n'est pas active, on les fait deux à trois semaines après l'incident. Une cytologie du col devrait aussi être faite quelques mois après l'agression.

Lorsqu'elles sont indiquées, les épreuves sérologiques pour l'hépatite B, l'infection à VIH et la syphilis seront effectuées au moins trois à six mois après l'agression, après discussion des avantages possibles d'un tel dépistage.

Les épreuves de laboratoire nécessaires à des fins médico-légales sont faites seulement si l'agression remonte à moins de 72 heures, s'il y a une histoire de contact génital et si, selon l'âge de la victime, ses parents ou elle-même y consentent. Il faut recueillir les vêtements déchirés ou tachés, les poils, les éléments étrangers présents à la surface du corps, ainsi que les sécrétions vaginales, et, s'il y a lieu, buccales et anales, pour la recherche des spermatozoïdes, de la fraction prostatique de la phosphatase acide, pour la détermination du groupe sanguin et pour l'examen de l'ADN; en effet, on peut déterminer à partir du sperme le groupe ABO, ainsi que l'ADN spécifique à chaque individu.

Traitement et prise en charge

Il faut en priorité s'assurer que l'enfant ou l'adolescent est en sécurité puis, s'il s'agit d'un inceste ou d'une situation dans laquelle la sécurité de la victime n'est pas assurée, signaler l'agression aux autorités compétentes de protection de la jeunesse. Le traumatisme psychologique peut être grave, et l'intervention d'un assistant (travailleur) social, d'un psychologue ou d'un psychiatre doit être demandée si on le juge nécessaire.

Une hospitalisation est parfois indiquée lorsque les lésions physiques sont graves ou si la protection de l'enfant ou de l'adolescent ne peut être assurée autrement.

Comme le risque d'infection à *Chlamydia trachomatis* et à *Neisseria gonorrhœæ* est faible, un traitement préventif n'est pas recommandé. La gammaglobuline hyperimmune et le vaccin contre l'hépatite B sont indiqués dans certains cas, lorsqu'il y a des facteurs de risque (voir plus haut).

Si nécessaire, donner la «pilule du lendemain» pour prévenir une grossesse (voir Contraception).

La victime et ses parents doivent être informés de la possibilité d'insomnies, de cauchemars, de frayeurs, de sautes d'humeur, d'agressivité, de tristesse, etc.; ces réactions sont le plus souvent passagères. Il faut encourager la reprise des activités habituelles, suggérer de parler de l'agression avec les parents et les autres personnes de confiance et assurer la victime de sa disponibilité.

Suivi

La victime doit pouvoir bénéficier d'un certain suivi dont les objectifs sont les suivants:

1) Vérifier son état psychologique et physique (sommeil, appétit, somatisation, menstruations, leucorrhée, etc.);

2) Répéter s'il y a lieu les cultures et les épreuves sérologiques et traiter les infections qui sont identifiées (voir Maladies sexuellement transmissibles et autres infections génitales);

3) Vérifier si les mesures de protection sont appliquées;

4) Évaluer le fonctionnement quotidien à l'école, dans la famille et dans le groupe d'amis;

5) Identifier les réactions et séquelles: tristesse, dépression, colère contre soi-même, culpabilité, retrait social, difficultés relationnelles, etc. Selon les besoins, on peut proposer un soutien ou une thérapie.

La victime et ses parents doivent être rencontrés séparément pour qu'ils puissent exprimer librement leurs réactions et leurs besoins. En cas de sévices intrafamiliaux, des interventions sociale et judiciaire sont souvent déclenchées. La fréquence et la longueur des visites doivent être individualisées. Une visite deux à trois semaines après l'agression, alors que la phase aiguë s'achève, permet souvent de juger de la capacité de récupération de la victime et de son entourage. Après trois mois, une bonne partie de la récupération devrait déjà avoir eu lieu et on peut juger à ce moment de la nécessité d'une intervention spécialisée en santé mentale.

Lectures suggérées

Adams J, Harper K, Knudson S : A proposed system for the classification of anogenital findings in children with suspected sexual abuse. Adol Pediatr Gynecol 1992; 5 : 73-75.

American Academy of Pediatrics : Rape and the adolescent. Pediatrics 1988; 81 : 595-597.

American Academy of Pediatrics : Guidelines for the evaluation of sexual abuse of children. Pediatrics 1991; 87 : 254-260.

Bays J, Chadwick D : Medical diagnosis of the sexually abused child. Child Abuse Negl 1993; 17 : 91-110.

Berkowitz CD : Child sexual abuse. Pediatr Rev 1992; 13 : 443-452.

Chadwick DL, Berkowitz CD, Kerns D. et al. : Color atlas of child sexual abuse. Year Book Medical Publishers, St-Louis, 1989.

Dubowitz H, Black M, Harrington D : The diagnosis of child sexual abuse. Am J Dis Child 1992; 146 : 688-693.

Emans SJ : Sexual abuse in girls : what have we learned about genital anatomy ? J Pediatr 1992; 120 : 258-260.

Feldman W, Feldman E, Goodman JT, et al. : Is childhood sexual abuse really increasing in prevalence ? An analysis of the evidence. Pediatrics 1991; 88 : 29-33.

Frappier JY, Haley N, Allard-Dansereau C : Abus sexuels. Presses de l'Université de Montréal, Montréal, 1990.

Gardner JJ : Descriptive study of genital variation in healthy, non abused premenarchal girls. J Pediatr 1992; 120 : 152-257.

Jenny C : Sexually transmitted diseases and child abuse. Pediatr Ann 1992; 21 : 495-503.

Kerns DL, Ritter ML, Thomas RG : Concave hymenal variations in suspected child sexual abuse victims. Pediatrics 1992; 90 : 265-272.

McCann J, Voris J, Simon M : Genital injuries resulting from sexual abuse : a longitudinal study. Pediatrics 1992; 89 : 307-317.

Leventhal JM : Have there been changes in the epidemiology of sexual abuse of children during the 20th century ? Pediatrics 1988; 82 : 766-773.

McCann J, Voris J, Simon M, Wells R : Comparison of genital examination techniques in prepubertal girls. Pediatrics 1990; 85 : 182-187.

McCann J, Voris J, Simon M, Wells R : Perianal findings in prepubertal children selected for non abuse. Child Abuse Negl 1989; 13 : 179-193.

McCann J, Voris J, Simon M, Wells R : Genital findings in prepubertal girls selected for non abuse. Pediatrics 1990; 86 : 428-439.

Muram D : Child sexual abuse : relationship between sexual acts and genital findings. Child Abuse Negl 1989; 13 : 211-216.

Paradise JE : The medical evaluation of the sexually abused child. Pediatr Clin North Am 1990; 37 : 839-862.

Pokorny SF : Child abuse and infections. Obstet Gynecol Clin North Am 1989; 16 : 401-415.

The Royal College of Physicians of London : Physical signs of sexual abuse in children. The Royal College of Physicians of London, London, 1991.

Sinusites   221

Jean-Bernard Girodias, Marc Lebel, Anthony Abela, Michel Weber

Généralités

Les cellules ethmoïdiennes et les sinus maxillaires sont présents dès la naissance; les sinus sphénoïdiens se développent au cours des deux premières années de vie, tandis que les sinus frontaux apparaissent aux environs de six à sept ans. On estime qu'une sinusite aiguë complique jusqu'à 5 % des infections des voies respiratoires supérieures. Chez le jeune enfant, les cellules ethmoïdiennes et les sinus maxillaires sont le plus souvent touchés. Les agents responsables de la sinusite aiguë sont les mêmes que ceux qui causent l'otite moyenne aiguë: les principales bactéries en cause sont le *Streptococcus pneumoniæ* (pneumocoque), l'*Hæmophilus influenzæ* non typable et le *Moraxella catarrhalis*; on retrouve plus rarement le *Streptococcus pyogenes* (streptocoque bêta-hémolytique du groupe A) ou le *Peptostreptococcus*; le *Staphylococcus aureus* est rarement en cause, sauf s'il s'agit d'une ethmoïdite. La sinusite chronique (plus de trois mois d'évolution) est plus rare chez l'enfant; en plus de bactéries qu'on retrouve dans les sinusites aiguës, diverses bactéries anaérobies ainsi que le *Staphylococcus aureus* peuvent être en cause.

Manifestations cliniques

Chez l'enfant d'âge scolaire et chez l'adolescent, on retrouve les mêmes signes et symptômes que chez l'adulte: douleur locale, céphalées et fièvre. Chez le jeune enfant, les signes et symptômes sont moins spécifiques: une sinusite peut se manifester par une rhinorrhée purulente, une toux chronique, une halitose ou une fièvre isolée; on observe occasionnellement une sensibilité ou un œdème local. Il faut suspecter une sinusite lorsqu'une infection des voies respiratoires supérieures persiste plus longtemps que d'habitude (plus de 10 à 15 jours) ou s'accompagne de signes généraux anormalement prononcés. Chez l'enfant asthmatique, on croit habituellement qu'une exacerbation de l'hyperréactivité bronchique résulte parfois d'une sinusite.

Explorations

L'hémogramme peut démontrer une hyperleucocytose.
    L'hémoculture est rarement positive.
    La transillumination n'est pas très utile.
    Il est inutile de cultiver les sécrétions nasales, car il n'y a pas de corrélation entre la flore nasale et l'agent étiologique d'une sinusite.
    Les radiographies des sinus n'ont pas beaucoup de valeur chez les enfants de moins de deux ans, car, à cet âge, les sinus sont souvent opacifiés, même en l'absence de sinusite. Chez l'enfant plus âgé, cet examen est plus utile: une radiographie des sinus normale exclut presque complètement une sinusite bactérienne. Les signes radiologiques suggestifs de

sinusite sont les suivants : un niveau hydro-aérique, un épaississement de plus de 4 mm de la muqueuse ou une opacification complète du sinus, unilatérale ou bilatérale. L'association de manifestations cliniques et de signes radiologiques suggestifs de sinusite indique une probabilité de sinusite bactérienne d'environ 75 %.

Le rôle de l'échographie reste à déterminer.

La tomodensitométrie est réservée aux cas graves ou ne répondant pas de façon satisfaisante au traitement habituel, particulièrement lorsqu'on soupçonne une extension régionale ou une complication intracrânienne.

La ponction-aspiration du sinus ne doit pas être effectuée de façon routinière, mais plutôt dans certaines circonstances spéciales comme une déficience immunitaire, une absence de réponse au traitement ou des complications régionales ; cette ponction doit être faite par le consultant en oto-rhino-laryngologie.

En cas de sinusite persistante ou récidivante, il faut rechercher une cause favorisante comme un polype, un kyste, un corps étranger, une déviation de la cloison nasale, une allergie, une hypogammaglobulinémie, un syndrome des cils immobiles, etc.

Traitement

Un analgésique-antipyrétique est prescrit au besoin ; en général, l'acétaminophène ou paracétamol est suffisant (15 mg/kg/dose PO toutes les 4 à 6 heures ; maximum chez le grand enfant : 650 mg/dose).

Les décongestionnants administrés par voie générale ne semblent pas influencer l'évolution de la maladie. Leur application locale pendant les premiers jours de traitement est parfois utile.

La plupart des sinusites aiguës non compliquées répondent bien à une antibiothérapie orale ; on utilise de préférence l'amoxicilline (30 à 50 mg/kg/24 heures PO en 3 fois ; maximum : chez le grand enfant 2 g/24 heures).

S'il n'y a pas de réponse thérapeutique satisfaisante après 48 à 72 heures, les autres choix possibles, efficaces contre les bactéries productrices de bêta-lactamase, sont les suivants :

- Amoxicilline – acide clavulanique : 30 à 50 mg/kg/24 heures d'amoxicilline ; (maximum chez le grand enfant : 2 g/24 heures) ;

- Céfaclor : 40 à 60 mg/kg/24 heures PO en 3 fois (maximum chez le grand enfant : 3 g/24 heures) ;

- Triméthoprime-sulfaméthoxazole (TMP-SMZ) : 5 à 8 mg/kg/24 heures de TMP et 25 à 40 mg/kg/24 heures de SMZ PO en 2 fois (maximum chez le grand enfant : 320 mg de TMP et 1 600 mg de SMZ/24 heures) ;

- Association d'érythromycine et d'un sulfamide (en France : érythromycine-sulfafurazole ; au Canada : érythromycine-sulfisoxazole) : 30 à 50 mg/kg/24 heures d'érythromycine et 90 à 150 mg/kg/24 heures de sulfamide PO en 3 fois (maximum chez le grand enfant : 2 g/24 heures d'érythromycine et 6 g/24 heures de sulfamide).

La durée du traitement est d'au moins 14 jours.

Lorsque les signes généraux sont importants ou qu'il y a des complications régionales, une hospitalisation et une antibiothérapie parentérale sont parfois nécessaires. Les choix possibles sont alors les suivants:
- Si l'infection ne s'est pas propagée au système nerveux central: céfuroxime (100 à 200 mg/kg/24 heures IV en 3 fois, maximum chez le grand enfant: 6 g/24 heures);
- Dans les rares cas où l'infection s'est propagée au système nerveux central, on utilise une association de céfotaxime (100 à 200 mg/kg/24 heures IV en 4 fois; maximum chez le grand enfant: 10 g/24 heures) et d'une pénicilline antistaphylococcique comme la cloxacilline, la nafcilline ou l'oxacilline (100 à 200 mg/kg/24 heures IV en 4 fois; maximum chez le grand enfant 12 g/24 heures).

Lorsque les signes généraux ont disparu depuis plus de 24 heures, l'antibiothérapie peut être administrée par voie orale à condition qu'il n'y ait pas d'extension régionale ni de propagation au système nerveux central; si c'est le cas, l'antibiothérapie parentérale doit être poursuivie pendant au moins 10 à 14 jours.

Les sinusites chroniques devraient être traitées au moyen d'un antibiotique couvrant les bactéries responsables des sinusites aiguës ainsi que les bactéries anaérobies; l'amoxicilline ou l'amoxicilline – acide clavulanique (posologie: voir plus haut) sont de bons choix; la durée du traitement doit être d'au moins trois à quatre semaines. Une consultation en oto-rhino-laryngologie est indiquée.

La valeur d'une antibiothérapie prophylactique pour les sinusites aiguës récidivantes et les sinusites chroniques n'a pas été établie.

Évolution

La plupart du temps, une réponse clinique est observée après deux à trois jours de traitement; si ce n'est pas le cas, il peut y avoir des problèmes de fidélité au traitement, de drainage insuffisant du sinus ou d'infection par une bactérie résistante au traitement choisi. Une évaluation de ces facteurs est alors nécessaire et un changement d'antibiothérapie est souvent indiqué. En cas d'échec du traitement médical, l'enfant doit être vu par un consultant en oto-rhino-laryngologie; en effet, une ponction ou un drainage du sinus pourrait alors être envisagé.

Complications

En raison de la proximité des structures orbitaires et intracrâniennes, les complications suivantes sont parfois observées: cellulite péri-orbitaire ou orbitaire, empyème épidural, abcès cérébral, méningite, thrombose du sinus caverneux et ostéomyélite de l'os adjacent.

Lectures suggérées

Glasier CM, Mallory GB, Steele RW: Significance of opacification of the maxillary and ethmoid sinuses in infants. J Pediatr 1989; 114: 45-50.
Lusk RP: The diagnosis and treatment of recurrent and chronic sinusitis in children. Pediatr Clin North Am 1989; 36: 1411-1421.

Rachelefsky GS, Katz RM, Siegel SC: Chronic sinusitis in the allergic child. Pediatr Clin North Am 1988; 35: 1091-1101.
Wald ER: Management of sinusitis in infants and children. Pediatr Infect Dis J 1988; 7: 449-452.
Wald ER: Sinusitis in children. N Engl J Med 1992; 326: 319-324.
Wald ER: Sinusitis. Pediatr Rev 1993; 14: 345-351.

Spasmes du sanglot   222

Michel Weber, Albert Larbrisseau

Généralités

Ce problème apparenté à la syncope vagale survient chez environ 5 % des jeunes enfants; il est rare avant six mois et après six ans. Le pic d'incidence se situe vers deux à trois ans. Les filles et les garçons sont également touchés; il y a une tendance familiale. Les épisodes de spasme du sanglot sont impressionnants mais non dangereux. Leur fréquence varie beaucoup d'un enfant à l'autre. Certains cliniciens sont d'avis qu'ils sont parfois utilisés pour manipuler l'entourage.

Manifestations cliniques

Les épisodes de spasmes du sanglot durent moins d'une minute et suivent le plus souvent un événement déclenchant. Des cris intenses s'interrompent brusquement au moment où l'enfant cesse de respirer et devient pâle ou cyanosé. Il peut y avoir une perte de connaissance par hypoxie cérébrale, une bradycardie ou même une brève période d'asystolie. On peut noter de l'hypertonie suivie d'hypotonie et même parfois des convulsions généralisées de brève durée. Lorsqu'il y a une phase post-critique, elle est de courte durée. Traditionnellement, on distingue une forme fréquente avec cyanose, surtout provoquée par les frustrations, et une forme plus rare avec pâleur, surtout déclenchée par la douleur.

Explorations

Lorsque les épisodes sont typiques, aucune exploration n'est nécessaire. Si ce n'est pas le cas, un électro-encéphalogramme est parfois nécessaire pour exclure une épilepsie.

Traitement

Aucun traitement n'est nécessaire; les parents doivent être rassurés quant à la bénignité de cette affection; on peut leur conseiller d'éviter à leur enfant les frustrations inutiles et d'ignorer les épisodes, même si ceux-ci sont importants. Les parents devraient manifester de l'affection à l'enfant lorsque le comportement de celui-ci est redevenu normal. La prescription d'anticonvulsivants n'est pas recommandée.

Pronostic

Il est excellent : la mortalité est nulle et aucune séquelle neurologique n'a été rapportée. Quelques enfants qui ont présenté ce problème pourraient avoir des syncopes à l'âge adulte.

Lecture suggérée

DiMario FJ : Breath-holding spells in childhood. Am J Dis Child 1992; 146 : 125-131.

Splénomégalie   223

Michel Weber, Khazal Paradis, Michèle David, Grant Mitchell

Généralités

Une «pointe de rate» est palpable chez environ 30 % des nouveau-nés normaux; à l'âge d'un an, cette proportion diminue à 10 %. Chez l'enfant normal de plus de deux à trois ans, la rate n'est palpable qu'exceptionnellement, même en inspiration profonde. Pour que la rate devienne palpable chez le grand enfant, son volume doit être deux à trois fois plus grand que la normale. Une pseudo-splénomégalie peut être notée en cas de maladie pulmonaire obstructive comme une bronchiolite : la coupole diaphragmatique gauche est abaissée et repousse la rate vers le bas. Une splénomégalie est quantifiée en mesurant la rate dans son grand axe, du rebord costal gauche jusqu'à son pôle inférieur. La démarche clinique doit tenir compte des différentes causes possibles de splénomégalie (tableau 61) et de leurs fréquences relatives.

Démarche clinique

Chez un enfant en bonne santé, une splénomégalie minime et isolée ne nécessite habituellement aucun autre examen complémentaire qu'un hémogramme, surtout si elle accompagne ou suit un syndrome infectieux. Il est cependant prudent de s'assurer, quelques semaines ou quelques mois plus tard, que la splénomégalie a disparu, ou du moins qu'elle n'augmente pas.

1) Anémies : un hémogramme est indiqué chez chaque enfant qui présente une splénomégalie. Lorsqu'une anémie est découverte, il faut en préciser la nature (voir Anémies).

2) Infections : un grand nombre d'infections bactériennes, parasitaires ou virales peuvent causer une splénomégalie, souvent associée à une hépatomégalie. La plupart du temps, le contexte clinique permet facilement d'incriminer une origine infectieuse. La fièvre constitue un indice presque constant. L'infection à virus Epstein-Barr est une cause particulièrement fréquente de splénomégalie et l'ensemble des signes et symptômes est souvent caractéristique (voir Mononucléose infectieuse).

Tableau 61 Principales causes de splénomégalie

- Anémie hémolytique : anémie falciforme ou drépanocytose (en bas âge seulement ou lors des crises de séquestration splénique), anémie hémolytique auto-immune, érythroblastose fœtale, sphérocytose, thalassémie, etc.
- Infection (cause la plus fréquente)
  - bactérienne
    - brucellose
    - endocardite bactérienne
    - fièvre typhoïde
    - septicémie
  - mycotique
  - parasitaire
    - infection congénitale (tardive) ou acquise à *Toxoplasma gondii*
    - malaria
  - tuberculeuse
  - virale
    - hépatite
    - infection congénitale (tardive) à *Herpèsvirus*
    - infection congénitale (tardive) ou acquise à cytomégalovirus
    - mononucléose infectieuse
    - rubéole congénitale (tardive)
    - syndrome d'immunodéficience acquise (SIDA)
- Maladie de surcharge : maladies de Gaucher, de Niemann-Pick, de Wolman, mucopolysaccharidoses, cystinose, etc.
- Maladie du collagène (exemples : arthrite rhumatoïde (forme systémique ou maladie de Still, lupus érythémateux)
- Maladie granulomateuse (exemple : sarcoïdose)
- Néoplasie bénigne ou maligne
  - splénique : hémangiome, kyste, etc. (voir Masses abdominales)
  - systémique : histiocytose, leucémie, maladie de Hodgkin, métastases spléniques, lymphome, etc.
- Stase veineuse
  - hypertension portale
    - d'origine préhépatique (exemple : thrombose ou malformation cavernomateuse de la veine porte)
    - d'origine hépatique (exemples : cirrhose, fibrose hépatique congénitale)
    - d'origine posthépatique (exemples : insuffisance cardiaque, syndrome de Budd-Chiari)
- Traumatisme : hématome sous-capsulaire de la rate
- Divers
  - ostéopétrose

3) Maladies de surcharge : plusieurs de ces affections rares peuvent causer une splénomégalie, souvent importante et pouvant être associée à une hépatomégalie. Elles doivent être suspectées lorsqu'il n'y a pas d'anémie hémolytique ni de signes et symptômes d'infection. Certaines

de ces maladies sont associées à une atteinte neurologique précoce (exemple : maladie de Niemann-Pick de type A) et d'autres ne le sont pas (exemple : certaines formes de la maladie de Gaucher). Plusieurs de ces maladies se manifestent par une atteinte multisystémique et les examens neurologique et ophtalmologique, ainsi que les radiographies du squelette, sont d'une aide précieuse pour le diagnostic ; l'examen ophtalmologique peut par exemple révéler la présence d'opacités cornéennes ou d'une tache rouge cerise. L'examen de la moelle peut mettre en évidence des cellules spumeuses caractéristiques dans le cas de plusieurs maladies de surcharge lipidique (exemples : maladies de Gaucher et de Niemann-Pick) ; cet examen n'est pas nécessaire si le dosage enzymatique est diagnostique. En raison des implications génétiques, il est important de poser un diagnostic précis.

4) Maladies néoplasiques : les tumeurs bénignes ou malignes de la rate sont rares (voir Masses abdominales). Par contre, une splénomégalie fait souvent partie du tableau clinique des néoplasies généralisées comme les leucémies. Dans ce cas, on note la plupart du temps d'autres signes cliniques comme une altération de l'état général, une pâleur, des adénopathies, une hépatomégalie et des ecchymoses. L'hémogramme révèle souvent une anémie, une thrombopénie et une hyperleucocytose (voir Leucémie aiguë).

5) Stase veineuse : une splénomégalie peut s'associer à l'hépatomégalie de la défaillance cardiaque, dont le diagnostic ne pose habituellement pas de problème. Ce mécanisme est aussi incriminé dans les splénomégalies qui résultent d'une hypertension portale. Le plus souvent, une maladie hépatique en est responsable. Il peut s'agir par exemple d'une cirrhose ou d'une fibrose hépatique congénitale. Habituellement, d'autres signes d'atteinte hépatique sont évidents : ictère, hépatomégalie de consistance dure, etc. Par contre, en cas de fibrose hépatique congénitale, la fonction hépatique demeure longtemps normale, et le seul signe évident est un foie augmenté de volume et particulièrement dur. Une atteinte hépatique est confirmée par les examens paracliniques habituels : transaminases, bilirubine, électrophorèse des protéines sériques, phosphatases alcalines, étude de la coagulation, etc. Une hypertension portale sans atteinte hépatique peut se retrouver non seulement en cas de fibrose hépatique congénitale, mais aussi en cas de thrombose ou de malformation cavernomateuse de la veine porte. L'échographie Doppler joue un rôle important dans la confirmation de l'hypertension portale.

Complications

Surtout en cas de splénomégalie d'origine infectieuse, une rupture de rate doit être redoutée et les activités sportives ou autres qui impliquent un risque de traumatisme doivent être déconseillées.

L'hypersplénisme peut être responsable d'une thrombopénie, d'une anémie et d'une leucopénie.

Sténose du pylore   224

Michel Weber, Arié Bensoussan, Luc Chicoine, Andrée Grignon

Généralités

La sténose du pylore résulte d'une hypertrophie du muscle pylorique, dont l'étiologie demeure controversée. L'obstruction entraîne une dilatation de l'estomac et une hypertrophie de la couche circulaire de la musculeuse gastrique. Les symptômes surviennent en moyenne à l'âge de trois semaines, exceptionnellement après l'âge de trois mois. L'incidence de la maladie est de 0,3 %. Elle est trois à quatre fois plus fréquente chez les garçons que chez les filles et a une nette tendance familiale. Par exemple, l'incidence dans la fratrie d'un enfant qui a eu une sténose du pylore est de 4,5 %.

Manifestations cliniques

L'apparition rapide de vomissements projectiles, non bilieux et incoercibles chez un nourrisson âgé de deux à quatre semaines est caractéristique de la maladie. La présence d'une masse ou «olive», palpable sous le rebord du foie, est pathognomonique. Quand on donne à boire à l'enfant, il avale avec avidité, puis semble éprouver un malaise important avant de vomir en jet. Immédiatement avant un vomissement, on observe souvent à travers la paroi abdominale des vagues péristaltiques qui se dirigent de la gauche vers la droite. Une constipation est souvent rapportée par les parents. Si la maladie évolue depuis plusieurs jours, une déshydratation peut être présente, ainsi qu'une fonte du tissu adipeux. Un ictère à bilirubine indirecte a parfois été rapporté.

Explorations

Lorsqu'une olive est palpable, aucune exploration n'est nécessaire. La palpation de l'olive exige une certaine expérience; elle est plus facile si on vide l'estomac au moyen d'une sonde gastrique et si on détend l'enfant en le faisant boire.

Lorsque l'olive n'est pas palpable, le diagnostic repose sur l'échographie. Les principaux critères de diagnostic sont les suivants:

1) La longueur du canal pylorique est égale ou supérieure à 14 mm;

2) L'épaisseur de la paroi musculaire est égale ou supérieure à 3 mm.

Lorsque ces critères ne sont pas réalisés et si les symptômes persistent, un transit gastro-duodénal est effectué. En cas de sténose du pylore, cet examen montre un allongement et un rétrécissement du canal pylorique.

Il est important de vérifier si des troubles électrolytiques et acidobasiques sont présents; ceux-ci sont d'autant plus marqués que le diagnostic est tardif. On retrouve surtout une alcalose métabolique hypokaliémique et hypochlorémique. Une compensation respiratoire (hypercapnie) n'est présente que dans les cas extrêmes, diagnostiqués tardivement; ce processus peut aller jusqu'à l'arrêt respiratoire.

Traitement

I. Aspects médicaux

Aussitôt que le diagnostic est confirmé, soit par la palpation d'une olive, soit par l'échographie, l'alimentation est interrompue et une sonde gastrique est mise en place pour drainer l'estomac de façon continue.

Un soluté contenant 5 % de glucose et 60 à 80 mmol/L de sodium est installé. La vitesse de perfusion varie selon le degré de déshydratation (voir Déséquilibres hydriques, électrolytiques et acidobasiques).

Pour autant que la fonction rénale soit normale, on ajoute au soluté, dès la première miction, 20 à 40 mmol/L de potassium sous forme de chlorure. On vise un apport potassique de 4 à 6 mmol/kg/24 heures, c'est-à-dire une dose de remplacement et non d'entretien. Une dose plus élevée peut être nécessaire en cas d'hypokaliémie profonde.

Les pertes gastriques sont remplacées toutes les deux heures par le même soluté, non additionné de potassium : les pertes des deux heures précédentes sont ajoutées à la perfusion des deux heures suivantes.

Il faut surveiller périodiquement, par exemple toutes les six heures, la régression des signes de déshydratation, le gain de poids, ainsi que l'évolution des anomalies électrolytiques et acidobasiques.

II. Aspects chirurgicaux

Le traitement conservateur a été complètement abandonné. Un chirurgien est averti aussitôt que le diagnostic est confirmé. L'enfant peut être opéré immédiatement s'il n'y a pas d'alcalose métabolique ni d'hypokaliémie. S'il y a des anomalies métaboliques, l'opération est effectuée après leur correction complète. La pylorotomie extra-muqueuse de Fredet-Ramstedt consiste à inciser longitudinalement et dans toute son épaisseur le muscle pylorique hypertrophié, à écarter les berges musculaires et à laisser saillir la muqueuse pylorique. L'intervention dure environ 30 minutes. L'enfant recommence à boire progressivement quelques heures plus tard et peut souvent quitter l'hôpital après 24 à 48 heures.

Pronostic

Dans les mains d'un chirurgien pédiatrique expérimenté, la pylorotomie est une opération mineure qui donne uniformément des résultats excellents et permanents.

Lecture suggérée

Garcia VF, Randolph JG : Pyloric stenosis: diagnosis and management. Pediatr Rev 1990; 11 : 292-296.

Strabisme et amblyopie 225

Anne-Claude Bernard-Bonnin, Jean-Louis Jacob

Généralités

Au cours des premiers mois de vie, le nourrisson peut présenter une déviation oculaire intermittente; en effet, le développement de la macula se poursuit jusqu'à l'âge de trois mois et la maturation du système oculomoteur peut prendre jusqu'à six mois. Une déviation oculaire intermittente interne (strabisme convergent) peut être observée jusqu'à l'âge de trois mois tandis qu'une déviation externe (strabisme divergent) peut se manifester jusqu'à l'âge de six mois. Après ces limites d'âge, tout défaut d'alignement des yeux doit être considéré comme anormal.

Les principales formes de strabisme sont les suivantes, par ordre décroissant de fréquence :

– Strabisme convergent (ésotropie);

– Strabisme divergent (exotropie);

– Strabisme vertical (hypertropie).

Lorsque l'enfant atteint de strabisme pose le regard sur un objet, la vision n'est exercée que par un seul œil; la vision stéréoscopique est donc absente et l'acuité visuelle de l'œil inactif peut se détériorer rapidement et de façon permanente (amblyopie).

L'histoire familiale est souvent positive : le strabisme peut être transmis selon le mode autosomique dominant.

Le rôle du pédiatre et du médecin généraliste consiste à détecter le strabisme de façon précoce et à orienter le plus tôt possible l'enfant vers un ophtalmologue pédiatrique afin de préserver la vision binoculaire et l'acuité visuelle.

Le strabisme est parfois la manifestation d'un problème plus sérieux, ce qui constitue une autre raison d'envoyer l'enfant le plus tôt possible à un spécialiste. Les pathologies oculaires qui causent le plus souvent un strabisme primaire ou secondaire (lorsque les yeux étaient jusque-là bien alignés) sont le rétinoblastome et la cataracte congénitale. Dans ces cas, le reflet rouge rétinien est absent et la pupille est blanche (leucocorie). Des pathologies extra-oculaires peuvent aussi causer un strabisme secondaire; il s'agit par exemple d'une névrite d'un nerf crânien, d'une tumeur cérébrale ou d'une hypertension intracrânienne (dans ce cas, l'élongation du nerf VI cause une ésotropie acquise).

Manifestations cliniques

Les parents remarquent habituellement le défaut d'alignement des yeux.

Explorations

On recherche les signes associés comme une position anormale de la tête ou un déficit neurologique.

Une des démarches essentielles est de vérifier la symétrie du reflet pupillaire d'une source lumineuse ; cette manœuvre permet de différencier un strabisme vrai d'un pseudo-strabisme résultant de la présence d'un épicanthus et d'une base du nez large.

La déviation est objectivée en cachant alternativement un œil puis l'autre pendant que l'enfant fixe un objet.

La mesure de la déviation se fait au moyen de prismes.

L'examen doit être complété par l'étude de la fixation, la mesure de l'acuité visuelle de chaque œil, l'étude de la réfraction et l'examen du fond d'œil.

Traitement

Le traitement vise à prévenir ou à traiter l'amblyopie, à permettre le développement de la vision binoculaire et à corriger l'esthétique du regard.

La partie médicale du traitement consiste à corriger les erreurs de réfraction au moyen de verres correcteurs et à prescrire l'occlusion de l'œil utilisé de façon préférentielle pour la fixation, afin de faire travailler l'autre œil.

Si, malgré le traitement médical, une déviation importante persiste, il faut recourir au traitement chirurgical, de préférence avant l'âge d'un an pour le strabisme convergent congénital et à partir de l'âge de trois ans pour le strabisme divergent intermittent. L'intervention consiste à augmenter la tension de certains muscles par résection et à réduire celle d'autres muscles par récession.

Complications

La complication la plus redoutable est la réduction importante et permanente de l'acuité visuelle de l'œil inactif (amblyopie), qui peut à nouveau se produire dès l'arrêt du traitement médical. Après l'âge de huit ans, l'amblyopie ne peut habituellement plus être améliorée. L'autre complication est le non-développement de la vision binoculaire, qui constitue un handicap ou peut même interdire certaines professions.

Suivi

Il doit se poursuivre jusque vers l'âge de neuf ans, afin de surveiller le développement d'une amblyopie et de déceler l'apparition d'autres anomalies.

Pronostic

Il est conditionné par la précocité du diagnostic et du traitement.

Lectures suggérées

Friendly DS : Amblyopia : definition, classification, diagnosis, and management considerations for pediatricians, family physicians, and general practitioners. Pediatr Clin North Am 1987 ; 34 : 1389-1401.

Lavrich JB, Nelson LB : Diagnosis and treatment of strabismus disorders. Pediatr Clin North Am 1993 ; 40 : 737-752.

Magramm I : Amblyopia : etiology, detection, and treatment. Pediatr Rev 1992 ; 13 : 7-14.

Rubin SE, Nelson LB : Amblyopia. Diagnosis and management. Pediatr Clin North Am 1993 ; 40 : 727-735.

Stridor 226

Michel Weber, Jacques Lacroix, Guy Lapierre, Anthony Abela

Généralités

Le stridor est un bruit habituellement inspiratoire qui indique la présence d'une obstruction partielle des voies respiratoires supérieures. Les principales causes sont indiquées dans le tableau 62.

Démarche clinique

I. Stridor d'apparition aiguë

Les principales causes sont les suivantes :

1) Corps étranger du larynx ou de la trachée ; dans ce cas, les parents ont souvent observé que l'enfant s'étouffait avec un aliment ou un petit objet. Il n'y a pas de contexte infectieux (voir Corps étrangers des voies respiratoires) ;

2) Laryngite virale ou, plus rarement, laryngotrachéite bactérienne : celles-ci surviennent dans un contexte infectieux, le plus souvent chez l'enfant de moins de cinq à six ans (voir Laryngite aiguë) ;

Tableau 62 Principales causes de stridor

- Stridor aigu
  - laryngite aiguë*
  - épiglottite aiguë
  - corps étranger des voies respiratoires supérieures
- Stridor chronique
  - laryngomalacie*, trachéomalacie, bronchomalacie
  - compression extrinsèque de la trachée par une tumeur (exemples : angiome, lymphangiome) ou par un vaisseau anormal (exemple : arc aortique droit)
  - sténose sous-glottique congénitale ou acquise (post-intubation)
  - paralysie de l'une ou des deux cordes vocales
  - hémangiome sous-glottique
  - papillomatose laryngée
  - reflux gastro-œsophagien

* Causes fréquentes.

3) Épiglottite : elle survient surtout chez l'enfant âgé de 1 à 6 ans, dans un contexte infectieux (voir Épiglottite aiguë).

II. Stridor chronique

Ce problème se rencontre surtout chez le nourrisson et le jeune enfant.

L'anamnèse est importante. Elle recherche une histoire d'intubation au cours de la période néonatale, de maladie cardiovasculaire ou neurologique, et elle précise le moment d'apparition du problème, son caractère intermittent ou continu, son amélioration ou son aggravation, les circonstances dans lesquelles le bruit est plus important (exemples : pleurs, effort), etc.

L'examen complet de l'enfant est nécessaire ; la présence d'un ou plusieurs hémangiomes cutanés suggère la présence d'un hémangiome sousglottique. Les principales entités à prendre en considération dans le diagnostic différentiel sont les suivantes :

1) Compression extrinsèque de la trachée : il peut s'agir d'une compression par une tumeur (exemples : angiome, lymphangiome) ou par un vaisseau anormal (exemple : arc aortique droit). Dans ce cas, un traitement chirurgical est parfois nécessaire ;

2) Anomalie intrinsèque du larynx, de la trachée ou des bronches – souches :

   a) Laryngomalacie, trachéomalacie et bronchomalacie :

     – La laryngomalacie est la cause la plus fréquente de stridor chronique chez le nourrisson (60 à 70 %). Les anomalies affectent le cartilage, la muqueuse, qui est redondante, et les replis aryépiglottiques. Le bruit inspiratoire peut être présent dès la naissance ou se manifester après quelques semaines de vie. Le bruit et les difficultés respiratoires peuvent s'aggraver considérablement à l'occasion des infections virales des voies respiratoires. Le stridor disparaît spontanément, le plus souvent vers l'âge de 18 à 24 mois.

     Lorsque les difficultés respiratoires sont minimes et non progressives, il n'est pas nécessaire de faire une laryngoscopie. Lorsqu'elles sont importantes ou qu'elles s'aggravent avec le temps, l'examen endoscopique permet de confirmer le diagnostic et d'exclure une autre cause de stridor comme un hémangiome sous-glottique.

     Le degré d'obstruction respiratoire requiert rarement une trachéotomie. Une correction chirurgicale est occasionnellement nécessaire ;

     – La trachéomalacie et la bronchomalacie primaires, associées ou non à une laryngomalacie, sont rares et peuvent causer des troubles respiratoires importants, nécessitant parfois une trachéotomie. Elles peuvent être associées à une atrésie de l'œsophage ou à un vaisseau aberrant. Une trachéomalacie secondaire peut s'observer chez les enfants dont la trachée a été comprimée pendant un certain temps par une tumeur ou un kyste ;

b) Hémangiome sous-glottique : il peut être associé ou non à des hémangiomes cutanés. Le stridor et les difficultés respiratoires peuvent commencer quelques semaines après la naissance. Ils s'aggravent progressivement pendant une période de quelques mois, puis finissent par régresser. Si les symptômes sont importants, une laryngoscopie est nécessaire pour faire le diagnostic. Plusieurs modes de traitement ont été proposés. L'administration de corticostéroïdes ou d'acide aminocaproïque par voie générale semble utile, de même que les aérosols d'adrénaline racémique (voir Laryngite aiguë). La destruction du tissu angiomateux par le laser peut constituer une solution efficace. Dans les cas graves, un traitement de plusieurs mois à l'interféron est très efficace. En désespoir de cause, une trachéotomie est parfois nécessaire ;

c) Sténose sous-glottique : elle peut être congénitale (anomalie structurale du cartilage cricoïde) ou résulter d'une intubation trachéale prolongée ; dans ce cas, les symptômes peuvent se manifester quelques semaines ou quelques mois après la naissance. Le diagnostic nécessite une laryngoscopie. Lorsque les difficultés respiratoires sont importantes, un traitement chirurgical peut être nécessaire (exemple : plastie cricoïdienne ou trachéale) ; s'il n'est pas possible, une trachéotomie temporaire peut être indiquée, la décanulation étant effectuée vers l'âge de deux à cinq ans ;

d) Paralysie des cordes vocales : uni- ou bilatérale, elle peut être congénitale et associée à une malformation du système nerveux comme la malformation d'Arnold-Chiari ou à une anomalie cardiovasculaire avec atteinte du nerf récurrent. Elle peut aussi compliquer une intervention chirurgicale thoracique. Le diagnostic est fait par laryngoscopie. Diverses approches chirurgicales ont été mises au point, mais l'expectative demeure de règle en cas de paralysie unilatérale, parce qu'une récupération spontanée est possible ;

e) Reflux gastro-œsophagien : il peut causer un stridor chronique ou récidivant (voir Reflux gastro-œsophagien) ;

f) Papillomatose laryngée : c'est la forme la plus fréquente de tumeur laryngée chez l'enfant de moins de quatre ans. Le diagnostic repose sur la laryngoscopie. Le traitement habituel est la chirurgie au laser. Les récidives sont fréquentes. L'interféron semble constituer un traitement d'appoint intéressant.

Lecture suggérée

Zalzal GH : Stridor and airway compromise. Pediatr Clin North Am 1989 ; 36 : 1389-1402.

Suicide et comportements suicidaires 227

Jean-Yves Frappier, Marc Girard, Jean Wilkins, Louis Legault, Claude Bergeron

Généralités

Le désir de mettre fin à sa vie, une allusion au suicide, une menace de passer à l'acte, l'élaboration d'un plan précis, une tentative, un suicide complété appartiennent à un continuum et peuvent exister à des degrés divers et fluctuer dans le temps chez une même personne. Ces manifestations sont fréquemment associées à divers troubles de l'affectivité, du comportement et de l'apprentissage ainsi qu'à des perturbations de la famille. Chez l'enfant, l'incidence du suicide est impossible à préciser car il est souvent déguisé en accident. Chez l'adolescent, elle varie selon les pays, mais, dans les régions industrialisées, le suicide vient souvent en deuxième ou en troisième position parmi les causes de décès entre 15 et 24 ans. Plus de la moitié des adolescents ont des idées suicidaires, un certain nombre font des tentatives de suicide et quelques-uns le complètent. Les filles font plus de tentatives que les garçons, mais ceux-ci les complètent plus souvent.

Évaluation

Face à un comportement suicidaire, les éléments suivants doivent être explorés :

1) L'intention : l'adolescent veut-il communiquer un message ? Recherche-t-il activement la mort ? Veut-il attirer l'attention sur une situation de désespoir ? Veut-il manipuler quelqu'un ?

2) La motivation : l'adolescent est souvent animé par une réaction impulsive non préméditée. Parfois, il peut s'agir d'une pulsion suicidaire appartenant à un processus psychotique délirant à thème paranoïde ou auto-accusateur. Occasionnellement, il s'agit d'une motivation rationnelle et le suicide est alors envisagé lucidement.

3) Le degré de létalité du geste suicidaire : par exemple, la prise de quelques pilules n'a pas la même signification qu'une tentative manquée de suicide par arme à feu. Le degré de létalité du geste ne correspond pas nécessairement au degré de létalité de l'intention ; surtout chez les plus jeunes, l'intention peut être faible mais le moyen utilisé dangereux.

4) La présence de problèmes psychiatriques comme une dépression ou une autre maladie affective majeure, un trouble de la conduite ou un abus de drogues ou d'alcool. Bien que ces pathologies ne soient pas toujours en phase aiguë au moment du contact initial, il est essentiel de les dépister car, surtout lorsqu'elles ne sont pas traitées, elles peuvent conduire à des récidives et à des suicides complétés. Souvent, la tentative fait suite à une accumulation de problèmes psychosociaux divers qui ont entraîné un état de détresse.

5) La présence de facteurs de risque familiaux et personnels décrits plus loin.

L'évaluation psychologique et organique requise à la suite d'une tentative de suicide peut prendre un certain temps; elle exige souvent une hospitalisation, qui donne à l'adolescent le temps de réfléchir à son geste. Elle est obligatoire lorsqu'il s'agit d'une tentative sérieuse témoignant d'un désir réel de mourir et d'une préméditation. Elle permet souvent une séparation bénéfique de l'adolescent de sa famille; ceci aide à réduire l'intensité de la crise et à identifier les facteurs de risque et les pathologies psychiatriques éventuelles. Une consultation en psychiatrie est souvent nécessaire, particulièrement dans les situations complexes. Un des éléments prioritaires est l'évaluation du risque ultérieur d'autres tentatives.

Intervention

Un plan d'action individuel est élaboré à partir des divers éléments de l'évaluation. La première priorité est de traiter les problèmes organiques résultant de la tentative de suicide; il s'agit habituellement d'une intoxication ou de lésions traumatiques. Parfois, une intervention de crise peut suffire; dans d'autres cas, une intervention individuelle ou familiale plus prolongée est amorcée. La tentative constitue souvent un geste impulsif résultant d'une accumulation de problèmes à laquelle est venu s'ajouter un événement déclenchant. Il faut alors mobiliser les ressources familiales, scolaires et sociales disponibles afin de répondre à l'appel de l'adolescent.

L'équipe médicale doit offrir un suivi longitudinal et personnalisé pour fournir à l'adolescent et à sa famille le soutien dont ils ont besoin, ainsi que sa disponibilité si un nouvel état de crise survient.

Dépistage et prévention

Compte tenu de l'incidence élevée des tentatives de suicide et des suicides complétés au cours de l'adolescence, chaque adolescent qui consulte doit être interrogé au sujet de ses idées suicidaires. On remarque en effet que plusieurs adolescents ont consulté des médecins ou d'autres intervenants une ou plusieurs fois pour des raisons diverses avant de compléter leur suicide. Si un risque existe, l'intervention préventive est rarement de nature pharmacologique; elle consiste à offrir un soutien multidisciplinaire et à tenter d'atténuer les facteurs de risque dans le contexte d'une relation d'aide et de confiance.

1) Parmi les facteurs de risque familiaux, il faut s'intéresser à certaines perturbations de la famille comme la séparation et le divorce, le placement en dehors de la famille, les déménagements, la solitude, l'alcoolisme, la violence, la maladie mentale et le suicide d'un proche.

2) Les principaux facteurs de risque personnels sont les difficultés affectives et relationnelles, les pertes et les ruptures, les échecs scolaires, les relations difficiles avec les autres jeunes, l'usage de drogues, l'impulsivité, la rigidité cognitive, le perfectionnisme exagéré ainsi que la dépression qui peut se manifester par de l'isolement, de la dévalorisation, de l'anhédonie, de l'irritabilité, des symptômes physiques, de l'insomnie, de l'agitation, de la dysphorie et des troubles de concentration.

3) Les principaux facteurs précipitants sont les disputes intrafamiliales, la rupture avec l'ami ou l'amie, l'échec scolaire et les difficultés socio-économiques. La conjonction des facteurs de risque et des facteurs précipitants n'explique pas entièrement toutes les tentatives de suicide et les suicides complétés, mais ces facteurs peuvent guider l'évaluation et les démarches préventives. Par exemple, l'adolescent qui rassemble deux ou trois facteurs de risque et dont la relation avec son ami ou son amie est en péril mérite une intervention préventive.

Lectures suggérées

Blumenthal SJ : Youth suicide : risk factors, assessment, and treatment of adolescent and young adult suicidal patients. Psychiatr Clin North Am 1990 ; 13 : 511-556.

Brent DA : Suicide and suicidal behavior in children and adolescents. Pediatr Rev 1989 ; 10 : 269-275.

Brent DA : Depression and suicide in children and adolescents. Pediatr Rev 1993 ; 14 : 381-388.

Holinger PC : The causes, impact, and preventability of childhood injuries in the United States. Childhood suicide in the United States. Am J Dis Child 1990 ; 144 : 670-676.

Sanders JM, Beach RK, Brookman RR, et al. : Suicide and suicide attempts in adolescents and young adults. Pediatrics 1988 ; 81 : 322-324.

Shaw KR, Sheehan KH, Fernandez RC : Suicide in children and adolescents. Adv Pediatr 1987 ; 34 : 313-334.

Syncopes   228

Robert Thivierge, Michel Weber, Jean-Claude Fouron, Albert Larbrisseau, Marc Girard

Généralités

La syncope, ou perte de connaissance transitoire, résulte d'une hypoxie cérébrale, elle-même secondaire à une hypotension artérielle associée à une bradycardie ou à une asystolie. On observe une récupération spontanée des fonctions vitales. Ce problème est plus fréquent chez l'adolescent que chez l'enfant. Bien qu'il suscite beaucoup d'anxiété, il s'agit, la plupart du temps, d'une syncope vagale sans gravité. Chez le jeune enfant, il peut s'agir de spasmes du sanglot (voir Spasmes du sanglot).

Principaux types de syncopes

I. Syncope vagale (syncope vago-vagale, syncope neurocardiogénique)

C'est la forme la plus fréquente. Elle se retrouve surtout chez l'adolescent. La plupart du temps, on peut identifier une situation ou un événement déclenchant désagréable comme une station debout prolongée, souvent parmi une foule et dans une atmosphère surchauffée, une douleur intense, une frayeur, une injection, de la toux, un vomissement ou une émotion forte. L'adolescent peut aussi présenter une syncope mictionnelle. Juste avant la syncope, l'enfant ou l'adolescent éprouve des sensations prémonitoires comme une vision embrouillée, un étourdissement, des palpitations, une faiblesse des extrémités et une hypersudation. Il s'effondre ensuite lentement vers le sol et, classiquement, il a le temps de se protéger pour ne pas se blesser. La plupart du temps, le patient perd brièvement connaissance et reprend ensuite ses activités normales. On ne note pas de mouvements convulsifs, d'incontinence urinaire ou fécale, ni de morsure de langue. Lorsque le tableau clinique est typique et si l'anamnèse et l'examen ne suggèrent pas l'existence d'une pathologie sous-jacente, on peut se contenter de rassurer l'adolescent. Aucun examen paraclinique n'est nécessaire lorsque les syncopes sont peu fréquentes.

En cas de syncopes neurocardiogéniques récidivantes, le diagnostic peut être confirmé par le test de la table basculante (*tilt-table test*), qui n'est effectué que dans quelques centres. Ce test permet de reproduire les épisodes de malaises et de syncopes et d'observer simultanément une hypotension artérielle, une bradycardie ou les deux; il nécessite une surveillance continue de la fréquence et du rythme cardiaques, ainsi que de la tension artérielle. Après une période de repos sur la table de radiologie placée en position horizontale, celle-ci est basculée à 65°, la tête vers le haut. Si des malaises surviennent, le patient est remis en position horizontale pour une période de récupération. Si aucun symptôme ne se manifeste, une perfusion d'isoprénaline est entreprise dans le but de rendre le test plus sensible; au besoin, elle est accélérée par paliers (0,014 µg/kg/ minute, 0,043 µg/kg/minute, puis 0,07 µg/kg/minute). Lorsque le test est positif, le patient est encouragé à augmenter sa consommation de liquides. Si ce n'est pas suffisant, divers traitements pharmacologiques préventifs semblent donner des résultats satisfaisants dans la majorité des cas (métoprolol, propranolol, aténolol, théophylline, disopyramide, fludrocortisone, etc.). Le métoprolol, un bêta-bloqueur, est administré à raison de 1 à 2 mg/ kg/24 heures PO en 2 à 3 fois. Il faut cependant noter que la résolution spontanée du problème est fréquente.

II. Syncopes d'origine cardiaque

Elles sont rares chez l'enfant. Contrairement aux syncopes vagales, elles ne sont pas précédées de sensations reliées à une dysfonction neurovégétative. Les épisodes hypoxiques des enfants porteurs d'une tétralogie de Fallot sont décrits dans le chapitre consacré aux cardiopathies congénitales. Une syncope survenant à l'effort, ou lorsqu'il y a une histoire familiale de mort subite, mérite toujours une évaluation cardiaque complète car elle peut constituer un événement précurseur d'une mort subite du sportif. La sténose sous-aortique, la sténose aortique valvulaire, ainsi que le prolapsus mitral se classent parmi les cardiopathies pouvant causer des syncopes. La perte de connaissance peut aussi résulter d'une arythmie survenant en l'absence de toute anomalie morphologique du cœur (exemple : allongement familial de l'espace QT); un ECG ou même un enregistrement prolongé de celui-ci peut être nécessaire au diagnostic. Les enfants qui ont subi une correction d'une malformation cardiaque congénitale peuvent également présenter des syncopes secondaires à une arythmie.

Par exemple, à la suite de la correction d'une transposition des gros vaisseaux, l'enfant peut présenter un «syndrome du sinus malade» et, après une fermeture de communication interventriculaire, un bloc complet de la conduction peut se manifester de façon intermittente.

III. Syncopes d'origine neurologique

Lorsque l'épisode de perte de connaissance s'accompagne de mouvements convulsifs, d'hypertonie, de morsure de langue ou d'incontinence sphinctérienne, il faut éliminer une origine comitiale ; un EEG est alors indiqué (voir Épilepsie). Certaines formes de migraine peuvent faire partie du diagnostic différentiel (voir Migraine).

IV. Syncopes d'origine psychologique

Des épisodes de perte de connaissance peuvent survenir chez l'adolescent dans le contexte d'une réaction de conversion ou d'une hyperventilation.

V. Syncopes d'origine métabolique ou toxique

Les pertes de connaissance liées à une intoxication ou à une hypoglycémie sont d'habitude facilement reconnaissables en raison du contexte clinique et de leur durée plus longue que celle d'une syncope vagale banale. Parmi les agents toxiques pouvant être responsables d'arythmies, il faut surtout citer la cocaïne et les antidépresseurs tricycliques.

Lectures suggérées

Hannon DW, Knilans TK : Syncope in children and adolescents. Curr Probl Pediatr 1993 ; 23 : 345-392.
O'Marcaigh AS, MacLellan-Tobert SG, Porter CJ : Tilt-table testing and oral metoprolol therapy in young patients with unexplained syncope. Pediatrics 1994 ; 93 : 278-283.
Ruckman RN : Cardiac causes of syncope. Pediatr Rev 1987 ; 9 :101-108.
Samoil D, Grubb BP, Kip K, Kosinski DJ : Head-upright tilt table testing in children with unexplained syncope. Pediatrics 1993 ; 92 : 426-430.
Sharkey AM, Clark BJ : Common complaints with cardiac implications in children. Pediatr Clin North Am 1991 ; 38 : 657-666.
Sra SS, Jazayeri MR, Avitall B, et al. : Comparison of cardiac pacing with drug therapy in the treatment of neurocardiogenic (vasovagal) syncope with bradycardia or asystole. N Engl J Med 1993 ; 328 : 1085-1090.

Syndrome de Guillain-Barré   229

Phuong Nguyen, Albert Larbrisseau

Généralités

Cette polyneuropathie de nature immunologique fait souvent suite à une infection virale. Chez l'enfant, elle survient le plus souvent entre deux et huit ans. La démyélinisation affecte de façon prédominante les nerfs moteurs.

Manifestations cliniques

Au début de la maladie, les patients peuvent se plaindre de douleurs musculaires ou de paresthésies au niveau des membres inférieurs. Dans les cas typiques, on note une paralysie flasque, symétrique et ascendante qui atteint d'abord les membres inférieurs et qui peut se propager en quelques jours ou quelques semaines au reste du corps. Dans les formes graves, les muscles respiratoires sont paralysés. Les muscles dépendant des nerfs crâniens peuvent également être paralysés. Lorsque les mécanismes de déglutition sont perturbés, il y a un risque de pneumonie par inhalation. De façon caractéristique, les réflexes tendineux sont complètement abolis dans le territoire atteint. Dans quelques cas atypiques, la paralysie est asymétrique. Le syndrome de Fisher constitue une variante de la maladie ; il se caractérise par une ophtalmoplégie, de l'ataxie et une faiblesse des membres inférieurs associée à une aréflexie.

Explorations

Le diagnostic clinique est confirmé par l'examen du liquide céphalorachidien qui montre une dissociation albuminocytologique caractéristique : la protéinorachie est élevée (> 0,5 g/L) et il n'y a pas de pléiocytose : les globules blancs sont à moins de 10×10^6/L ($10/mm^3$).

Les recherches virales sont habituellement négatives.

Les études électrophysiologiques révèlent des vitesses de conduction réduites au niveau des nerfs moteurs et des signes de dénervation des muscles.

Traitement

L'hospitalisation est nécessaire initialement, en raison du risque d'évolution vers l'insuffisance respiratoire.

Le traitement de soutien est essentiel. Lorsqu'il y a une paralysie respiratoire, une intubation et une ventilation mécanique prolongée sont nécessaires.

Dans les cas mineurs, aucun traitement spécifique n'est indiqué. Si l'évolution est rapidement progressive, l'administration intraveineuse précoce de gammaglobulines (400 mg/kg/24 heures en une perfusion quotidienne IV lente, 5 jours consécutifs) est moins compliquée et semble plus efficace que la plasmaphérèse.

La physiothérapie (kinésithérapie) est essentielle pour éviter les contractures et faciliter la réhabilitation.

Complications

Insuffisance respiratoire, pneumonie par inhalation, rétention vésicale transitoire, atteinte autonomique avec poussées hypertensives ou arythmies cardiaques.

Pronostic

La plupart du temps, on note une régression progressive de la paralysie qui commence après deux à trois semaines d'évolution et s'étend sur une période de plusieurs mois. Environ 10 à 15 % des patients gardent un handicap moteur permanent. Les rechutes sont rares.

Lectures suggérées

Evans OB : Guillain-Barré syndrome in children. Pediatr Rev 1986; 8 : 69-74.
Ropper AH : The Guillain-Barré syndrome. N Engl J Med 1992; 326 : 1130-1136.
Van der Merché FGA, Schmitz PIM, and the Dutch Guillain-Barré syndrome : A randomized trial comparing intravenous immune globulin and plasma exchange in Guillain-Barré syndrome. N Engl J Med 1992; 326 : 1123-1128.

Syndrome de la mort subite du nourrisson   230

Michel Weber, Guy Lapierre

Voir aussi Apnées (malaises graves) du nourrisson.

Généralités

Le syndrome de la mort subite du nourrisson est la cause la plus fréquente de mort entre un mois et un an. L'incidence varie selon les régions; en moyenne, elle est d'environ 2/1 000 naissances vivantes dans les pays industrialisés. Le pic d'incidence se situe vers deux à trois mois. Il est exceptionnel avant un mois et après six mois et touche plus souvent les garçons que les filles. Il est plus fréquent en hiver et son incidence est augmentée chez les membres de la fratrie d'un enfant décédé de ce syndrome.

L'enfant, en bonne santé apparente, meurt brusquement au cours de son sommeil, habituellement aux petites heures du matin. L'autopsie ordinaire ne permet pas d'identifier la cause du décès, mais un examen plus détaillé met souvent en évidence des indices d'hypoxémie chronique comme une hyperplasie de la musculature lisse au niveau des artères pulmonaires.

Un grand nombre de théories ont été mises de l'avant pour expliquer la mort subite du nourrisson. Il ne s'agit pas d'une entité homogène et plusieurs causes sont possibles : arythmie cardiaque (exemple : allongement familial de l'intervalle QT), reflux gastro-œsophagien, anaphylaxie causée par le lait de vache, suffocation, anomalie congénitale du métabolisme intermédiaire, infection fulminante, homicide, etc. Il semble bien que la majorité des victimes présentaient de façon chronique des difficultés à maintenir l'automatisme de la respiration pendant le sommeil.

Plusieurs facteurs de risque ont été identifiés. Chez l'enfant, les principaux sont la dysplasie bronchopulmonaire, une infection virale récente, un petit poids de naissance, la prématurité, un score d'Apgar bas, etc. Chez la mère, les facteurs de risque suivants ont été reconnus : célibat, jeune âge (moins de 21 ans), niveau de scolarité faible, niveau socio-économique bas, soins prénatals insuffisants, usage de tabac ou d'autres drogues (cocaïne, héroïne, etc.) pendant la grossesse. Récemment, plusieurs études épidémiologiques ont suggéré que la position en décubitus ventral pendant le sommeil augmente le risque. Malgré la connaissance de ces facteurs de risque et les nombreux travaux de recherche portant sur ce sujet, il n'y a actuellement aucun moyen pratique et efficace de prédire quels nourrissons risquent de mourir subitement. En particulier, les apnées ou malaises graves du nourrisson ne semblent pas constituer un facteur de risque et, dans ces cas, les programmes de monitorage à domicile n'ont pas eu d'impact sur l'incidence de la mort subite. Les rares enfants qui ont pu être réanimés lors d'un épisode de mort subite ont un risque élevé de présenter un autre épisode, cette fois fatal.

La mort subite d'un nourrisson constitue une traumatisme majeur pour la famille, qui a souvent besoin d'un soutien de nature psychosociale. Le sentiment de culpabilité peut être particulièrement intense et des explications détaillées au sujet de la nature du syndrome peuvent aider à l'atténuer. Lors d'une naissance ultérieure, le monitorage à domicile du nouveau-né pendant quelques mois et l'apprentissage par les parents de la technique de réanimation permettent souvent de réduire leur anxiété. Les mêmes mesures doivent être proposées aux parents des rares survivants de ce syndrome.

Le seul moyen préventif possible est de faire dormir les nouveau-nés et les jeunes nourrissons en décubitus dorsal ou latéral. D'autres études sont nécessaires pour confirmer l'efficacité de cette mesure.

Lectures suggérées

American Adademy of Pediatrics: Positioning and SIDS. Pediatrics 1992; 89: 1120-1126.

Carroll JL, Loughlin GM: Sudden infant death syndrome. Pediatr Rev 1993; 14: 83-93.

Goyco PG, Beckerman RC: Sudden infant death syndrome. Curr Probl Pediatr 1990; 20: 297-346.

Keens TG, Davidson Ward SL: Apnea spells, sudden death, and the role of the apnea monitor. Pediatr Clin North Am 1993; 40: 897-911.

Southall DP: Role of apnea in the sudden infant death syndrome: a personal view. Pediatrics 1988; 81: 73-84.

Syndrome de l'enfant maltraité ou négligé   231

Pierre Masson, Jean-Yves Frappier, Claire Allard-Dansereau, Nancy Haley, Gloria Jeliu, Michel Weber

Voir aussi Sévices sexuels.

Généralités

Les sévices physiques et la négligence peuvent coexister ou se présenter séparément. L'incidence de ce type de problème n'est pas connue de façon précise; elle varie d'une communauté à l'autre. Les médecins doivent être à l'affût de ce syndrome, car ils ont une mission de protection vis-à-vis des enfants. Les jeunes enfants sont sans défense et, lorsqu'il sont battus, leur mortalité est élevée. Les survivants présentent fréquemment des séquelles physiques, neurologiques et psychosociales permanentes. Le syndrome du nourrisson secoué est l'une des formes les plus létales du syndrome de l'enfant maltraité. La genèse des sévices physiques, plus fréquents dans les milieux défavorisés, est complexe et s'explique souvent par la conjonction de trois types de facteurs étiologiques :

1) Enfant particulier : par exemple, un nourrisson au tempérament difficile et qui pleure beaucoup, est plus exposé. Les handicaps physiques ou mentaux constituent aussi des facteurs de risque ;

2) Parents particuliers, ayant des attentes irréalistes vis-à-vis de leur enfant et pouvant se montrer rigides et impulsifs. Ils ont souvent été maltraités ou négligés eux-mêmes. La plupart du temps, ils ne présentent pas de maladie mentale caractérisée ;

3) Situation de crise de nature variable : isolement, problèmes de santé physique ou mentale, de drogues, d'emploi, etc.

Plus que tous les autres citoyens, les membres du corps médical et infirmier ont le devoir de signaler aux autorités compétentes toute situation à propos de laquelle ils suspectent une négligence grave ou des sévices physiques. Il faut cependant se rappeler du fait que les méthodes éducatives varient d'une culture à l'autre : selon les groupes, les mêmes châtiments corporels mineurs peuvent être tolérés ou considérés comme inacceptables. Lorsque ces châtiments causent des lésions physiques comme des ecchymoses, des plaies, des contusions, des fractures, des brûlures ou d'autres lésions graves, ils sont toujours inacceptables.

Plusieurs indices peuvent mettre sur la voie d'un syndrome de l'enfant négligé : manque d'hygiène, ralentissement de la croissance pondérale (suggestive d'une insuffisance d'apport énergétique), retard de développement psychomoteur (suggestif d'une stimulation insuffisante), ralentissement de la croissance staturale (suggestif de carence affective et de carence nutritionnelle), accidents ou intoxications répétés, retard de vaccination, etc. La conjonction de plusieurs indices doit toujours être prise au sérieux.

Les indices menant au diagnostic du syndrome de l'enfant maltraité sont multiples et variés. Ce diagnostic est parfois évident, par exemple lorsque les parents consultent eux-mêmes avec l'enfant parce qu'ils vont le battre ou viennent de le battre, lorsque la police amène l'enfant à l'hôpital à la suite d'une plainte d'un voisin ou d'un membre de la famille, ou lorsqu'un enfant arrive à l'hôpital avec des lésions traumatiques typiques, etc. Dans bien des cas, le problème apparaît de façon plus subtile ; la possibilité de ce syndrome doit donc être présente à l'esprit chaque fois qu'un enfant a subi un traumatisme.

Il faut surtout être attentif aux signaux suivants : traumatisme inexpliqué ou expliqué de façon contradictoire, peu plausible ou changeante, ecchymoses multiples et d'âge différent situées à des endroits inhabituels (des ecchymoses situées à la face antérieure des jambes sont fréquentes chez les enfants actifs non maltraités), fracture du crâne en bas âge, ecchymoses en forme de main, lésions de la région périnéale ou des organes génitaux, brûlures et en particulier brûlures de cigarettes, brûlures des fesses ou «en chaussette», traumatismes cutanés de forme inhabituelle, linéaires ou géométriques, fractures multiples ou d'âge différent, traumatismes récidivants, hématome sous-dural, traumatismes oculaires, hémorragies rétiniennes, etc. Le comportement de l'enfant peut également mettre sur la piste : apathie, méfiance, frayeur, peur de ses parents ou des personnes de même sexe que la personne abusive, etc. Le comportement des parents peut aussi être suggestif : agressivité, réticence face à l'évaluation médicale ou à l'hospitalisation, absence, indifférence face à des lésions graves, consultation tardive, rejet de la responsabilité sur une tierce personne, etc.

Explorations

L'anamnèse et l'examen demeurent des outils de diagnostic essentiels ; on attache une attention particulière à l'évolution dynamique de la taille, du poids et du périmètre crânien ainsi qu'au développement psychomoteur. Il est essentiel de décrire en détail, de dessiner et de photographier immédiatement toutes les lésions. L'examen du fond d'œil est particulièrement important parce que des lésions oculaires diverses sont fréquentes et parce que les hémorragies rétiniennes sont presque pathognomoniques du syndrome de l'enfant secoué.

La numération plaquettaire et l'étude de la coagulation sont indiquées chaque fois que des ecchymoses sont présentes.

L'hémogramme peut identifier des hémorragies récidivantes ou une carence en fer.

L'étude radiologique complète du squelette a également une grande importance : des fractures multiples d'âge différent et en particulier de petits arrachements métaphysaires ne laissent aucun doute quant à la nature non accidentelle des lésions. Les chances de découvrir des lésions osseuses traumatiques sont inversement proportionnelles à l'âge. La tomodensitométrie cérébrale ou la résonance magnétique nucléaire permettent de mettre en évidence un hématome sous-dural ou d'autres types d'hémorragies intracrâniennes, mais elles peuvent méconnaître des fractures du crâne, c'est pourquoi les radiographies simples du crâne demeurent essentielles. Les radiographies conventionnelles sont irremplaçables pour la détection de fractures des os plats comme les os du crâne, mais elles n'identifient pas toujours les petites fractures des os longs pour lesquelles la scintigraphie osseuse au technétium est un meilleur outil de diagnostic. L'échographie abdominale permet de découvrir un hémopéritoine, des hématomes sous-capsulaires ou des déchirures du foie ou de la rate.

L'étape la plus importante est l'évaluation sociale de la famille : structure, dynamique entre les parents et entre les parents et leurs enfants, passé familial des parents, organisation sociale et financière, réseau de soutien, etc.

Traitement

Dans le cas de l'enfant négligé, une assistance multidisciplinaire et thérapeutique à la famille peut se solder à long terme par des résultats favorables ; le placement doit être réservé à certaines situations de gravité exceptionnelle qui ne répondent pas aux mesures thérapeutiques. Dans ce cas, l'enfant placé et la famille de substitution doivent faire l'objet d'un suivi médical et psychosocial étroit.

Si l'enfant a été physiquement maltraité, il faut en priorité traiter les lésions et mettre l'enfant en sécurité; dans bien des cas, l'hospitalisation est indiquée. L'enfant ne peut regagner son domicile que si les lésions sont mineures et si on est certain que l'agresseur n'a plus accès à l'enfant. Il faut ensuite déclarer la situation aux autorités de protection compétentes et mettre en marche l'évaluation physique, psychologique et sociale.

Le placement de l'enfant est presque inévitable lorsque sa vie, sa santé ou son développement sont gravement compromis. Il constitue une mesure de dernier recours: la rupture du lien familial naturel constitue en effet pour l'enfant et sa famille un drame considérable. Lorsqu'un placement est nécessaire, il faut au préalable s'assurer de la qualité et de la compétence de la famille d'accueil. Des changements multiples de famille d'accueil conduisent nécessairement à un état de carence affective dont les conséquences à long terme sont redoutables. L'institutionnalisation temporaire ou permanente constitue une solution boiteuse, quelle que soit la qualité de l'institution. Lorsqu'un retrait est inévitable, le placement à l'intérieur même de la famille, par exemple chez des grands-parents, chez un oncle ou chez une tante, représente parfois une solution envisageable après une évaluation rigoureuse.

Suivi

Les enfants maltraités ou négligés demeurent vulnérables et un suivi individualisé doit leur être offert; ses principaux buts sont les suivants:

1) S'assurer que l'enfant est en sécurité;
2) Vérifier, s'il y a lieu, que les lésions évoluent bien;
3) Surveiller la croissance et le développement psychomoteur;
4) Veiller à ce que les différentes mesures préventives soient mises en place et poursuivies.

Lectures suggérées

Alexander RC: Education of the physician in child abuse. Pediatr Clin North Am 1990; 37: 971-988.

Bays J: Substance abuse and child abuse. Impact of addiction on the child. Pediatr Clin North Am 1990; 37: 881-904.

Bloch H: Abandonment, infanticide, and filicide. An overview of inhumanity to children. Am J Dis Child 1988; 142: 1058-1060.

Chadwick DL: Preparation for court testimony in child abuse cases. Pediatr Clin North Am 1990; 37: 955-970.

Committee on Child Abuse and Neglect, American Academy of Pediatrics: Shaken baby syndrome: inflicted cerebral trauma. Pediatrics 1993; 92: 872-875.

Dubowitz H: Prevention of child maltreatment: what is known. Pediatrics 1989; 83: 570-577.

Dubowitz H: Pediatrician's role in preventing child maltreatment. Pediatr Clin North Am 1990; 37: 989-1002.

Flaherty EG, Weiss H: Medical evaluation of abused and neglected children. Am J Dis Child 1990; 144: 330-334.

Goldson E: The affective and cognitive sequelae of child maltreatment. Pediatr Clin North Am 1991; 38: 1481-1496.

Helfer RE: The neglect of our children. Pediatr Clin North Am 1990; 37: 923-942.

Hyden PW, Gallagher TA: Child abuse intervention in the emergency room. Pediatr Clin North Am 1992; 39: 1053-1081.

Johnson CF: Inflicted injury versus accidental injury. Pediatr Clin North Am 1990; 37: 791-814.

Krugman RD: Future role of the pediatrician in child abuse and neglect. Pediatr Clin North Am 1990; 37: 1003-1011.

Merten DF, Carpenter BL: Radiologic imaging of inflicted injury in the child abuse syndrome. Pediatr Clin North Am 1990; 37: 815-837.

Newberger EH: Pediatric interview assessment of child abuse. Challenges and opportunities. Pediatr Clin North Am 1990; 37: 943-954.

Reece RM: Unusual manifestations of child abuse. Pediatr Clin North Am 1990; 37: 905-921.

Ricci LR: Photographing the physically abused child. Principles and practice. Am J Dis Child 1991; 145: 275-281.

Syndrome de Reye   232

Catherine Farrell, Marie Gauthier, Jacques Lacroix, Michel Weber

Généralités

Décrit en 1963, le syndrome de Reye est devenu rare. Il s'agit d'un diagnostic d'élimination, parce que plusieurs maladies métaboliques (exemple: trouble de l'oxydation des acides gras) peuvent causer un tableau clinique similaire.

Ce syndrome est caractérisé par une encéphalopathie aiguë non infectieuse avec œdème cérébral, associée à une dysfonction hépatique avec stéatose et hyperammoniémie.

Le syndrome de Reye survient à peu près exclusivement chez l'enfant; l'âge moyen des patients atteints est de cinq ans. Il peut se présenter de façon atypique chez le nourrisson.

La maladie survient peu de temps après une infection virale, principalement la varicelle et l'infection à virus influenza. Une association entre le syndrome de Reye et la prise d'acide acétylsalicylique au cours d'une infection virale a été suggérée par plusieurs études. La diminution de son incidence dans certains pays comme le Canada a été attribuée à l'abandon presque complet de ce médicament chez l'enfant; cependant, ce phénomène a aussi été observé dans certains pays avant cet abandon.

Le rôle du médecin généraliste ou du pédiatre est de reconnaître la maladie, de stabiliser le patient et de le diriger vers un centre spécialisé s'il évolue au-delà du stade I.

Manifestations cliniques

L'enfant semble guérir normalement d'une infection virale. Il présente ensuite une phase prodromique d'une durée de 24 à 48 heures, caractérisée

par des vomissements; c'est alors que l'état de conscience commence à se détériorer. L'atteinte neurologique est classée en cinq stades:
- Stade I: l'enfant est léthargique, mais il est capable de coopérer. Ses mouvements sont normaux;
- Stade II: l'enfant présente alternativement un état stuporeux et un comportement agressif. Son langage est inapproprié;
- Stade III: l'enfant est comateux. Il réagit à la douleur par une rigidité de décortication. La réaction pupillaire à la lumière est ralentie;
- Stade IV: l'enfant est comateux. Il réagit à la douleur par une rigidité de décérébration. La réaction pupillaire à la lumière est ralentie;
- Stade V: l'enfant est en coma flasque. Il ne répond pas aux stimuli douloureux. La réaction pupillaire à la lumière ainsi que le réflexe oculocéphalique sont abolis.

La progression du stade I au stade V peut être lente ou rapide (24 à 48 heures) ou la maladie peut se stabiliser à l'un des stades.

La cause la plus fréquente de décès est l'œdème cérébral massif avec engagement.

L'atteinte hépatique peut se manifester par une hépatomégalie et des perturbations de la fonction hépatique.

Le principal problème est l'œdème cérébral. On peut aussi observer une hypoglycémie. Dans les cas les plus graves, une atteinte multiviscérale peut survenir, avec insuffisance rénale ou cardiaque et pancréatite.

Explorations

Il s'agit essentiellement d'un diagnostic d'exclusion. Le bilan hépatique comprend les dosages suivants: transaminases (ALT et AST), gamma-GT, bilirubine totale et directe, LDH, phosphatases alcalines, amylase, protéines sériques totales et albumine, ammoniac et étude de la coagulation.

L'ammoniémie atteint ou dépasse 150 % de la limite supérieure de la normale. Les transaminases sont modérément élevées. La bilirubinémie est normale ou légèrement élevée.

La confirmation du diagnostic repose sur la biopsie hépatique, qui révèle une stéatose microvésiculaire et, au microscope électronique, des anomalies mitochondriales.

Une étude des acides organiques urinaires est indiquée, surtout dans les cas atypiques, parce que plusieurs maladies métaboliques peuvent se présenter avec un tableau clinique et biologique similaire.

La tomodensitométrie cérébrale permet de mettre en évidence l'œdème cérébral, mais surtout d'exclure une autre pathologie cérébrale.

Traitement

Il s'agit d'un traitement de soutien au cours duquel l'état neurologique doit être surveillé étroitement. Il faut particulièrement essayer de prévenir ou de corriger l'œdème cérébral et l'hypoglycémie. L'intensité du traitement varie selon le stade clinique:
- Stade I sans progression: l'enfant est hospitalisé et on suit fréquemment les signes généraux et l'état neurologique; on hydrate l'enfant

avec une perfusion contenant 5 à 10 % de glucose et on surveille de près sa glycémie. L'ammoniac, les transaminases et l'ionogramme sont vérifiés une fois par jour;

– Stades II, III, IV et V: ces patients nécessitent une surveillance étroite et un monitorage invasif dans une unité de réanimation.

Les patients gravement atteints doivent être intubés et ventilés artificiellement pour protéger leurs voies respiratoires et pour réduire l'hypertension intracrânienne par hyperventilation.

Le traitement de soutien habituel est décrit ailleurs (voir Coma, Insuffisance hépatique aiguë).

Un monitorage de la pression intracrânienne permet de moduler les différentes mesures thérapeutiques visant à atténuer l'œdème cérébral (voir Hypertension intracrânienne).

L'efficacité de plusieurs modes de traitement comme la dialyse péritonéale, l'hémoperfusion sur charbon de bois et la craniotomie décompressive n'a pu être démontrée.

Pronostic

Les rechutes sont rares et elles suggèrent qu'il pourrait y avoir une maladie métabolique sous-jacente.

La mortalité globale se situe entre 25 et 40 %; elle dépend de la gravité de l'atteinte neurologique au moment où l'enfant se présente, ainsi que du stade le plus élevé qui a été atteint.

Les patients qui n'ont pas dépassé les stades I et II survivent tous sans séquelles neurologiques apparentes.

Lorsque les stades III et IV ont été atteints, des séquelles neurologiques plus ou moins subtiles peuvent persister, et une évaluation psychométrique est nécessaire.

Lorsque le stade V est atteint, la mortalité est de 100 %.

La fonction hépatique se normalise complètement en quelques semaines chez les survivants.

Prévention

Bien que le rôle étiologique de l'acide acétylsalicylique ne soit pas démontré, ce médicament ne devrait plus être utilisé pour le traitement de la fièvre ou de la douleur, particulièrement si une infection virale est présente ou suspectée.

Lectures suggérées

Gauthier M, Guay J, Lacroix J, Lortie A: Reye syndrome: a reappraisal of diagnosis in 49 presumptive cases. Am J Dis Child 1989; 143: 1181-1185.

Greene CL, Blitzer MG, Shapira E: Inborn errors of metabolism and Reye syndrome: differential diagnosis. J Pediatrics 1988; 113: 156-159.

Trauner DA: Reye's syndrome. Curr Probl Pediatr 1982; 12: 1-31.

Syndrome d'immunodéficience acquise (SIDA) 233

Anne-Claude Bernard-Bonnin, Marc Lebel, Mireille LeMay, Marc Girard

Généralités

Le syndrome d'immunodéficience acquise (SIDA) est causé par le virus de l'immunodéficience humaine (VIH), un rétrovirus. À l'échelle mondiale, il devient l'une des principales causes de morbidité et de mortalité chez l'enfant. Chez la personne infectée, le virus peut demeurer à l'état latent pendant une longue période; son entrée en phase de multiplication active entraîne diverses anomalies de l'immunité humorale et cellulaire.

La transmission verticale du VIH de la mère à l'enfant est maintenant responsable de plus de 80 % des cas de SIDA chez l'enfant. En raison des précautions prises par les services de transfusion sanguine, le nombre de cas de SIDA acquis par transfusion diminue de façon très importante, ce qui fait de la voie verticale le mode de transmission à peu près exclusif. La transmission du VIH de la mère à l'enfant peut se faire par voie transplacentaire au cours de la grossesse, lors de l'accouchement ou par le lait maternel. Le taux d'infection de l'enfant varie de 14 à 30 %. Parmi les facteurs qui déterminent la transmission verticale, il faut notamment citer le stade de la maladie chez la mère, la virulence de la souche virale et l'instrumentation lors de l'accouchement (épisiotomie, forceps, électrodes du cuir chevelu, etc.). Chez les jumeaux, le taux d'infection est plus élevé chez le premier né.

Manifestations cliniques

Les jeunes enfants nés de mère séropositive appartiennent à trois catégories:
– P-0: il s'agit d'un enfant de moins de 15 mois qui est séropositif mais qui ne présente aucun symptôme. On ne peut savoir si ses anticorps sont d'origine maternelle ou endogène et donc si l'enfant aura ou non la maladie;
– P-1: il s'agit d'un enfant dont l'infection à VIH est prouvée mais qui ne présente encore aucun symptôme;
– P-2: il s'agit d'un enfant infecté qui présente déjà des symptômes.

Les enfants infectés par voie verticale (mère-enfant) peuvent évoluer de deux façons:
1) Ils peuvent présenter de façon précoce des infections opportunistes multiples ainsi qu'une encéphalopathie grave et décéder avant l'âge de trois ans;
2) Leur maladie peut demeurer latente pendant plusieurs années et se manifester de façon plus insidieuse.

Les principales manifestations cliniques du SIDA chez le jeune enfant sont un retard staturopondéral, une hépatomégalie, une splénomégalie, des adénopathies généralisées, une diarrhée chronique, une candidose muco-cutanée réfractaire au traitement habituel ainsi qu'une augmentation du volume des parotides. Les enfants atteints présentent fréquemment des infections banales et, moins souvent, des infections opportunistes.

Chez l'adolescent infecté par contact sexuel ou lors du partage d'aiguilles contaminées, le SIDA est identique à celui de l'adulte.

Explorations

Chez l'adolescent et l'adulte, le diagnostic repose sur les tests ELISA et Western blot, qui mesurent la présence d'anticorps IgG contre le VIH.

Comme les IgG maternelles traversent la barrière placentaire, tous les enfants de mère infectée par le VIH ont un test ELISA positif, alors que seulement 14 à 30 % d'entre eux seront infectés. Les IgG d'origine maternelle peuvent être détectables dans le sang des enfants non infectés jusqu'à l'âge de 18 mois. Le diagnostic de l'infection au cours de cette période repose sur des techniques telles que la culture du VIH, le PCR (*Polymerase Chain Reaction*) et l'antigénémie p24.

Le taux de lymphocytes T_4 et le rapport T_4/T_8 doivent être déterminés chez l'enfant séropositif et chez l'enfant atteint de SIDA. Les valeurs normales des T_4 peuvent varier d'un laboratoire à l'autre. Le rapport T_4/T_8 se situe normalement aux environs de 1,4 à 2,2. Les valeurs normales des T_4 varient selon l'âge : 3 000/mm^3 de 0 à 12 mois, 2 000 à 2 500/mm^3 de 13 à 24 mois, et 1 500 à 2 000/mm^3 de 2 à 6 ans. Une chute des T_4 sous le seuil de 500/mm^3 indique une atteinte grave de l'immunité.

Chez les patients atteints, on peut noter une anémie normochrome normocytaire, une thrombopénie et une hypergammaglobulinémie.

Complications

I. Cardiaques

Une cardiomyopathie peut se manifester par des arythmies ou une insuffisance cardiaque.

II. Dermatologiques

Les infections mucocutanées chroniques ou récidivantes à *Candida albicans* ou à *Herpèsvirus* sont fréquentes. Il en est de même du *molluscum contagiosum*, des condylomes et des dermatophyties.

III. Digestives

Des diarrhées aiguës, chroniques ou récidivantes sont fréquentes. Elles sont surtout causées par le *Salmonella*, le *Shigella*, le *Cryptosporidium*, le *Giardia lamblia*, l'*Isospora belli*, le *Campylobacter*, le rotavirus et le cytomégalovirus. Les stomatites et les œsophagites persistantes ou récidivantes à *Candida albicans* sont fréquentes. Elles peuvent causer des difficultés alimentaires majeures. Le diagnostic d'œsophagite peut nécessiter une œsophagoscopie et une biopsie. L'hépatite se manifeste par une hépatomégalie et par une élévation des transaminases ; elle peut être causée, par exemple, par le cytomégalovirus.

IV. Hématologiques

Une anémie normochrome normocytaire est fréquente. La thrombopénie est plus rare, mais elle peut être la première manifestation de la maladie.

V. Infections diverses

Chez l'enfant, les infections bactériennes graves sont plus fréquentes que les infections opportunistes : il s'agit de septicémies, de méningites, d'ostéomyélites, d'arthrites septiques, de pneumonies et d'abcès. Les principaux agents étiologiques sont l'*Hæmophilus influenzæ* du type b, le *Staphylococcus aureus*, le *Streptococcus pneumoniæ* et les *Salmonella* autres que *typhi*. Des infections à *Pseudomonas aeruginosa* peuvent survenir, surtout chez l'enfant hospitalisé. L'infection disséminée à cytomégalovirus peut se manifester par une pneumonie, une rétinite, une hépatite ou une diarrhée chronique. La tuberculose peut également survenir ; des souches de BK multirésistantes sont particulièrement à craindre.

VI. Néoplasiques

Ce type de complications est moins fréquent que chez l'adulte. Il peut s'agir de cancers du système nerveux central, de lymphomes non hodgkiniens et d'un sarcome de Kaposi (rare chez l'enfant).

VII. Neurologiques

Le retard psychomoteur est fréquent. Les méningites bactériennes sont à craindre, de même que les infections opportunistes du système nerveux central (exemples : toxoplasmose, cryptococcose). Une encéphalopathie chronique caractéristique se développe chez environ 10 % des enfants atteints ; elle se manifeste par une régression des acquisitions, des signes progressifs d'atteinte pyramidale et, parfois, des convulsions. Il peut y avoir des calcifications des noyaux gris de la base.

VIII. Respiratoires

L'infection opportuniste la plus fréquente est la pneumonie à *Pneumocystis carinii* (voir Pneumonies) ; les enfants de moins d'un an y sont particulièrement vulnérables. Elle peut apparaître insidieusement ou de façon soudaine. L'image radiologique est caractérisée par des infiltrats interstitiels diffus. Le diagnostic requiert l'identification microscopique du *Pneumocystis carinii* dans les sécrétions récoltées lors d'un lavage bronchoalvéolaire effectué au cours d'une bronchoscopie.

Chez environ 40 % des enfants atteints du SIDA, une pneumonie interstitielle lymphoïde (LIP) se développe insidieusement au cours de la deuxième année de vie. L'image radiologique nodulaire ou réticulonodulaire peut précéder de plusieurs mois les symptômes cliniques. Au début, aucun traitement spécifique n'est indiqué, mais il est nécessaire de surveiller régulièrement la radiographie pulmonaire, l'oxymétrie de pouls et, si l'enfant est en âge de collaborer, les tests de fonction respiratoire. En cas de détérioration, on administre de la prednisone à raison de 2 mg/kg/24 heures PO en 2 fois pendant 2 à 4 semaines, puis on effectue un sevrage progressif.

IX. Urinaires

L'atteinte rénale se manifeste d'abord par une protéinurie parfois accompagnée d'hématurie. Un syndrome néphrotique peut se développer; il peut évoluer vers l'insuffisance rénale chronique.

Prise en charge et traitement

L'enfant sidéen gagne à être pris en charge par une équipe multidisciplinaire spécialisée. Lors des visites régulières, on s'intéresse particulièrement à la croissance, au développement psychomoteur, à l'état nutritionnel, aux complications intercurrentes et au contexte psychosocial. La maladie étant potentiellement fatale, les décisions concernant la poursuite et l'intensité des mesures thérapeutiques posent parfois des problèmes éthiques difficiles à résoudre.

I. Prévention des infections

La prévention des infections opportunistes et autres constitue un objectif important car celles-ci représentent la principale cause de mortalité chez les enfants atteints de SIDA.

1) Vaccins ordinaires: l'enfant est immunisé selon le calendrier habituel contre la coqueluche, la diphtérie, l'*Hæmophilus influenzæ*, les oreillons, la rougeole, la rubéole et le tétanos (voir Vaccinations). Le vaccin contre la poliomyélite doit être administré sous sa forme tuée plutôt que sous sa forme atténuée. Un rappel du vaccin contre la rougeole, la rubéole et les oreillons est administré entre quatre et six ans. Les enfants sidéens perdent les anticorps induits par les vaccins au fur et à mesure que la maladie progresse; ils doivent donc bénéficier des autres mesures préventives (voir chapitres correspondants) lorsqu'ils entrent en contact avec une personne atteinte par exemple de coqueluche, de rougeole ou d'infection à *Hæmophilus influenzæ*.

2) Vaccins spéciaux: l'enfant ou l'adolescent est immunisé contre le pneumocoque à deux ans et contre la grippe chaque automne.

3) Hépatite B: si la mère était séropositive pour l'hépatite B pendant la grossesse, le nouveau-né doit recevoir la gammaglobuline et le vaccin selon le programme habituel (voir Hépatites virales). La sérologie pour l'hépatite B doit être répétée entre 9 et 12 mois et une quatrième dose de vaccin doit être donnée si l'enfant demeure séronégatif pour l'hépatite B. Chez l'adolescent, la sérologie pour l'hépatite B est effectuée lors de la prise en charge initiale; si elle est négative, la vaccination est entreprise.

4) Varicelle: la gammaglobuline hyperimmune est administrée immédiatement à la suite d'un contact avec une personne atteinte de varicelle.

5) Pneumonie à *Pneumocystis carinii*: un traitement préventif continu est recommandé chez l'enfant qui a déjà présenté une telle pneumonie, chez l'enfant de moins de 15 mois chez qui l'infection à VIH est prouvée et selon le taux de T_4: moins de 1 500/mm^3 de 1 à 11 mois, moins de 750/mm^3 de 12 à 24 mois, moins de 500/mm^3 de 2 à 6 ans

et moins de 200/mm³ au-delà de 6 ans. On utilise le triméthoprime-sulfaméthoxazole ou TMP-SMZ (150 mg/m²/24 heures de TMP et 750 mg/m²/24 heures de SMZ PO en 1 ou 2 fois, 3 jours consécutifs par semaine; maximum chez le grand enfant: 160 mg/24 heures de TMP et 800 mg/24 heures de SMZ). En cas d'intolérance au triméthoprime-sulfaméthoxazole, on peut administrer de la pentamidine par inhalation une fois par mois, de la dapsone (1 mg/kg/24 heures PO en 1 fois; maximum: 100 mg/24 heures) ou de la pentamidine (4 mg/kg IV en 1 fois toutes les 2 à 4 semaines).

6) Infections bactériennes graves: l'administration de gammaglobulines (400 mg/kg IV une fois par mois) aurait un rôle protecteur chez les enfants qui présentent des infections bactériennes récidivantes et dont le taux de T_4 est inférieur à 200/mm³.

II. Traitement des infections

1) Infections bactériennes: elles sont traitées immédiatement avec les antibiotiques habituels.

2) Pneumonie à *Pneumocystis carinii*: le traitement de choix est le triméthoprime-sulfaméthoxazole ou TMP-SMZ (20 mg/kg/24 heures de TMP et 100 mg/kg/24 heures de SMZ IV en 4 fois pendant 21 jours). Le deuxième choix est la pentamidine (4 mg/kg/24 heures IV en 1 fois pendant 15 jours).

3) Les infections herpétiques sont traitées par l'acyclovir (aciclovir), à raison de 750 mg/m²/24 heures IV en 3 fois pendant 7 jours.

4) La varicelle est également traitée à l'acyclovir (aciclovir), à raison de 1 500 mg/m²/24 heures IV en 3 fois pendant 7 à 14 jours.

5) L'œsophagite à *Candida albicans* est traitée au kétoconazole (6 mg/kg/24 heures PO en 1 fois; maximum chez le grand enfant: 400 mg/24 heures), au fluconazole (3 mg/kg/24 heures PO en 1 fois; maximum chez le grand enfant: 100 mg/24 heures) ou au clotrimazole (10 mg PO 5 fois par jour).

III. Traitement spécifique

Il n'y a pas de traitement curatif actuellement.

Le traitement antirétroviral a pour principe d'inhiber la multiplication du virus. Le principal agent utilisé actuellement est la zidovudine ou AZT. Plusieurs inconnues persistent au sujet des modalités de son emploi. Ce médicament est indiqué actuellement chez tous les enfants présentant des symptômes, quel que soit leur taux de leucocytes T_4, et chez les enfants qui n'ont pas de symptômes, mais dont le taux de T_4 est inférieur à 500/mm³. La posologie est de 180 mg/m²/dose PO toutes les 6 heures (maximum chez le grand enfant: 1 g/24 heures). Cette dose peut être réduite à 120 mg/m²/dose en cas d'anémie importante ou de thrombopénie. Avant de commencer le traitement, on fait un hémogramme et on dose les enzymes hépatiques et pancréatiques. Ces examens sont répétés toutes les deux semaines pendant les premiers mois, puis tous les mois s'ils ne révèlent pas d'effets toxiques. Le dosage des immunoglobulines sériques et le taux de lymphocytes T_4 doivent être surveillés régulièrement, au moins tous les trois mois. S'il n'y a pas de réponse au traitement ou s'il y a des effets toxiques trop importants, la zidovudine peut être remplacée par la didanosine ou la zalcitabine, en surveillant l'apparition d'effets secondaires (neuropathie périphérique, pancréatite). Les modalités d'utilisation de ces médicaments restent à préciser.

IV. Traitement des complications cardiaques, hématologiques et rénales

1) Les insuffisances cardiaque et rénale sont traitées de la façon habituelle (voir Insuffisance cardiaque, Insuffisance rénale aiguë).

2) Des transfusions sont parfois nécessaires lorsque l'anémie est grave.

3) Une thrombopénie grave (moins de 30×10^9 plaquettes/L) est traitée au moyen de gammaglobulines intraveineuses (0,5 à 1 g/kg/dose IV en une fois, trois jours consécutifs). Cette dose est ensuite répétée à une fréquence suffisante pour maintenir les plaquettes au-dessus de 20×10^9/L. Au besoin, et si le compte de lymphocytes T_4 est supérieur à 400/mm^3, on peut aussi donner de la prednisone (2 mg/kg/24 heures PO en 1 à 2 fois pendant 4 semaines puis à doses dégressives; maximum: 50 mg/24 heures).

V. Approche nutritionnelle

Le SIDA en lui-même cause un état de malnutrition (*slim disease* des Africains de l'Est); celui-ci peut être aggravé par les infections intercurrentes ou par une œsophagite à *Candida*. Il faut accorder une attention particulière à l'évolution du poids. Parfois, des gavages nocturnes, une alimentation par gastrostomie ou même une alimentation parentérale peuvent devenir nécessaires.

VI. Aspects psychosociaux

Il s'agit d'une maladie chronique et potentiellement fatale. Les parents sont séropositifs, malades ou décédés. Les psychologues et les travailleurs (assistants) sociaux ont donc un rôle important à jouer au sein des équipes multidisciplinaires qui prennent ces enfants en charge.

Pronostic

La maladie est le plus souvent fatale. La durée moyenne de survie est d'environ trois ans après l'apparition de manifestations cliniques telles qu'une infection opportuniste. La période de latence entre l'infection et le début des symptômes peut varier de quatre mois à six ans. Les nouveaux traitements antirétroviraux devraient retarder l'apparition des symptômes et prolonger la survie.

Dépistage

Au Canada, en raison de la gravité de la maladie et de l'absence de traitement curatif, le médecin traitant est obligé d'informer la famille du jeune enfant, ou l'adolescent lui-même, de son intention d'effectuer une épreuve de dépistage. Lorsqu'un adolescent demande un test de dépistage, il est nécessaire d'évaluer sa motivation et de l'informer à propos des modes de transmission et des mesures préventives. Il doit être assuré de la confidentialité du test. La signification d'un résultat positif ou négatif lui est expliquée, de même que les avantages et inconvénients de connaître son état sérologique. L'adolescent est revu lorsque le résultat du test est disponible. S'il est négatif, on lui rappelle une nouvelle foi les mesures préventives et surtout la nécessité d'utiliser le préservatif lors de chaque relation sexuelle, ainsi que le risque inhérent à l'emploi de drogues par voie intraveineuse. Si le résultat est positif, une prise en charge multidisciplinaire est offerte.

Prévention

I. Transfusions

Depuis 1985, les méthodes de dépistage du VIH dans le sang et ses dérivés ont permis de réduire de façon importante le risque de transmission du virus par transfusion, du moins dans les pays développés.

II. Allaitement

L'allaitement peut transmettre le virus de la mère à l'enfant. Dans les pays développés, où l'alimentation artificielle n'est pas dangereuse pour le nourrisson, il est donc contre-indiqué. Dans les pays en développement, les risques liés à l'alimentation artificielle sont tels que l'allaitement est préférable.

III. Transmission verticale

La prévention de la transmission de la mère à l'enfant commence par les conseils préventifs aux femmes enceintes ou en âge de procréer. Les modalités de cette information doivent être adaptées à l'environnement culturel. Des travaux récents indiquent qu'il est possible de réduire le risque de transmission verticale par les moyens suivants:

– Réduction de la charge virale chez la mère par l'administration de zidovudine pendant la grossesse, l'accouchement et la période néonatale;

– Élimination de la virémie chez la femme enceinte par immunothérapie;

– Non-recours à l'instrumentation au cours du travail et de l'accouchement.

IV. Transmission horizontale

En attendant un vaccin efficace, l'unique moyen de prévenir la transmission du VIH chez l'adolescent est de sensibiliser les populations aux dangers des relations sexuelles sans préservatif et de l'usage de drogues par voie intraveineuse.

Lectures suggérées

Barbour SD: Acquired immunodeficiency syndrome of childhood. Pediatr Clin North Am 1987; 34: 247-268.

Belman AL: Acquired immunodeficiency syndrome and the child's central nervous system. Pediatr Clin North Am 1992; 39: 691-714.

Burroughs MH, Edelson PJ: Medical care of the HIV-infected child. Pediatr Clin North Am 1991; 38: 45-67.

Caldwell MB, Rogers MF: Epidemiology of pediatric HIV infection. Pediatr Clin North Am 1991; 38: 1-16.

Cooper ER, Pelton SI, LeMa M: Acquired immunodeficiency syndrome: a new population of children at risk. Pediatr Clin North Am 1988; 35: 1365-1387.

Falloon J, Eddy J, Wiener L, Pizzo PA: Human immunodeficiency virus infection in children. J Pediatrics 1989; 114: 1-30.

Friedland GH, Klein RS: Transmission of the human immunodeficiency virus. N Engl J Med 1987; 317: 1125-1135.

Glatt AE, Chirgwin K, Landesman SH: Treatment of infections associated with human immunodeficiency virus. N Engl J Med 1988; 318: 1439-1448.

Grunfeld C, Feingold KR: Metabolic disturbances and wasting in the acquired immunodeficiency syndrome. N Engl J Med 1992; 327: 329-337.

Hauger SB: Approach to the pediatric patient with HIV infection and pulmonary symptoms. J Pediatr 1991; 119: S25-S33.

Hein K, Futterman D: Medical management in HIV-infected adolescents. J Pediatr 1991;119: S18-S20.

Hirsch MS, D'Aquila RT: Therapy for human immunodeficiency virus infection. N Engl J Med 1993; 328: 1686-1695.

Husson RN, Comeau AM, Hoff R: Diagnosis of human immunodeficiency virus infection in infants and children. Pediatrics 1990; 86: 1-10.

Hutto SC: Human immunodeficiency virus type I infections in children. Adv Pediatr 1990; 37: 149-183.

Indacochea FJ, Scott GM: HIV-1 infection and the acquired immunodeficiency syndrome in children. Curr Probl Pediatr 1992; 22: 166-204.

Krasinski K, Borkowsky W: Laboratory diagnosis of HIV infection. Pediatr Clin North Am 1991; 38: 17-35.

McKinney RE: Antiviral therapy for human immunodeficiency virus infection in children. Pediatr Clin North Am 1991; 38: 133-151.

Manoff SB, Gayle HD, Mays MA, Rogers MF: Acquired immunodeficiency syndrome in adolescents: epidemiology, prevention and public health issues. Pediatr Infect Dis J 1989; 8: 309-314.

Mendez H: Ambulatory care of HIV-seropositive infants and children. J Pediatr 1991; 119: S14-S17.

Meyers A, Weitzman M: Pediatric HIV disease. The newest chronic illness of childhood. Pediatr Clin North Am 1991; 38: 169-194.

Noel GJ: Host defense abnormalities associated with HIV infection. Pediatr Clin North Am 1991; 38: 37-43.

Oxtoby MJ: Perinatally acquired human immunodeficiency virus infection. Pediatr Infect Dis J 1990; 9: 609-619.

Pantaleo G, Graziosi C, Fauci AS: The immunopathogenesis of human immunodeficiency. N Engl J Med 1993; 328: 327-335.

Pizzo PA, Wilfert CM: Treatment considerations for children with human immunodeficiency virus infection. Pediatr Infect Dis J 1990; 9: 690-699.

Prober CG, Gershon AA: Medical management of newborns and infants born to human immunodeficiency virus-seropositive mothers. Pediatr Infect Dis J 1991; 10: 684-695.

Rand TH, Meyers A: Role of the general pediatrician in the management of human immunodeficiency virus infection in children. Pediatr Rev 1993; 14: 371-379.

Rogers MF: Advances and problems in the diagnosis of human immunodeficiency virus infection in infants. Pediatr Infect Dis J 1991; 10: 523-531.

Rubinstein A: Acquired immunodeficiency in children. Pediatr Rev 1988; 10: 165-169.

Simonds RJ, Chanock S: Medical issues related to caring for human immunodeficiency virus-infected children in and out of the home. Pediatr Infect Dis J 1993; 12: 845-852.

Turner BJ, Denison M, Eppes SC: Survival experience of 189 children with the acquired immunodeficiency syndrome. Pediatr Infect Dis J 1993; 12: 310-320.

Working Group on Antiretroviral Therapy: National Pediatric HIV Resource Center: Antiretroviral therapy and medical management of the human immunodeficiency virus-infected child. Pediatr Infect Dis J 1993; 12: 513-522.

Syndrome hémolytique et urémique   234

Michel Weber, Marie-José Clermont

Généralités

Le syndrome hémolytique et urémique (SHU) constitue maintenant la cause la plus fréquente d'insuffisance rénale aiguë chez l'enfant. Il survient surtout avant l'âge de cinq ans.

Il s'agit d'une maladie systémique dans laquelle le tableau clinique est dominé par l'atteinte rénale.

Le SHU est presque toujours précédé d'un épisode infectieux viral ou bactérien, de gravité variable. Récemment, il a été associé de façon croissante à la gastro-entérite à *Escherichia coli* 0157 H7.

Les mécanismes physiopathologiques de cette maladie ne sont pas encore complètement élucidés. Au point de départ, une atteinte des cellules endothéliales des capillaires glomérulaires conduit à leur occlusion plus ou moins complète par des dépôts fibrineux et des microthrombi. Une hémolyse aiguë, reliée à cette atteinte vasculaire, s'associe au tableau d'insuffisance rénale.

Le rôle du médecin généraliste et du pédiatre est d'identifier la maladie de façon précoce et d'orienter l'enfant vers un centre de néphrologie pédiatrique.

Manifestations cliniques

Au décours d'une infection respiratoire ou d'une gastro-entérite en apparence banale, un certain nombre de signes et symptômes caractéristiques peuvent apparaître de façon variable: pâleur, atteinte de l'état général et de l'état de conscience, irritabilité, coma, convulsions, hypertension artérielle, insuffisance rénale aiguë, colite avec rectorragies, oligurie ou anurie, hématurie et tendances hémorragiques. Une pancréatite peut survenir.

Explorations

L'hémogramme montre la plupart du temps une anémie normochrome normocytaire qui résulte d'une hémolyse, ainsi qu'une thrombopénie.

Au frottis sanguin, on note la présence de schizocytes (globules rouges fragmentés).

L'urée sanguine et la créatinine sérique s'élèvent de façon variable et une hyperkaliémie peut apparaître.

Le taux d'hémoglobine, la numération plaquettaire, l'urée, la créatinine et l'ionogramme doivent être surveillés de façon étroite.

Traitement

Un grand nombre de modalités thérapeutiques, parmi lesquelles l'héparinisation et l'administration de plasma frais ou de streptokinase, ont été essayées sans résultats concluants.

Actuellement, les efforts thérapeutiques sont surtout dirigés vers le maintien de la diurèse par l'administration de furosémide et le traitement minutieux de l'insuffisance rénale (voir Insuffisance rénale aiguë) et de l'hypertension artérielle (voit Hypertension artérielle). Des transfusions sont parfois nécessaires.

Pronostic

La vaste majorité des patients survivent. Ils doivent être suivis de façon régulière car l'évolution vers une insuffisance rénale chronique avec hypertension artérielle est possible. Le suivi à long terme d'une cohorte de survivants permettra d'évaluer les séquelles à long terme.

Lectures suggérées

Cleary TG : Cytotoxin-producing Escherichia coli and the hemolytic-uremic syndrome. Pediatr Clin North Am 1988 ; 35 : 485-501.
Robson WLM, Leung AKC, Kaplan BS : Hemolytic-uremic syndrome. Curr Probl Pediatr 1993 ; 23(1) : 16-33.
Siegler RL : Management of hemolytic-uremic syndrome. J Pediatr 1988 ; 112 : 1014-1020.
Stewart CL, Tina LU : Hemolytic-uremic syndrome. Pediatr Rev 1993 ; 14 : 218-224.

Syndrome néphrotique   235

Anne-Claude Bernard-Bonnin, Marie-José Clermont

Généralités

Chez l'enfant, le syndrome néphrotique résulte d'une atteinte glomérulaire primaire d'étiologie inconnue dans environ 90 % des cas (syndrome néphrotique à lésions glomérulaires minimes). Les autres cas sont secondaires à une autre maladie glomérulaire comme la hyalinose focale (glomérulosclérose focale) ou à une maladie systémique comme le lupus érythémateux ou le purpura rhumatoïde. Les trois quarts des syndromes néphrotiques surviennent entre deux et sept ans. Les garçons sont deux fois plus souvent atteints que les filles

Manifestations cliniques

Initialement, la maladie se manifeste souvent par un œdème palpébral matinal qui peut ensuite se généraliser, notamment aux membres inférieurs.

Chez le garçon, l'œdème scrotal peut être impressionnant. De l'ascite et des épanchements pleuraux avec difficultés respiratoires peuvent survenir. Dans la plupart des cas, la tension artérielle est normale et il n'y a pas d'hématurie.

Explorations

Chez l'enfant œdémateux, le diagnostic peut être confirmé immédiatement en mettant en évidence une protéinurie importante au moyen d'une bandelette réactive. La détermination de la protéinurie de 24 heures n'est pas utile.

L'hémogramme peut révéler une thrombocytose et une hémoconcentration.

L'examen du sédiment urinaire ne montre habituellement ni globules rouges ni cylindres.

L'urée sanguine et la créatinine sérique sont en général normales.

La protéinurie est massive (> 1 g/24 heures) et sélective.

Les albumines sériques sont inférieures à 25 g/L.

L'ionogramme peut révéler une hyponatrémie de dilution.

Le complément sérique est normal.

Le cholestérol est élevé : il dépasse 6,4 mmol/L.

L'enfant doit être envoyé à un néphrologue pour une biopsie rénale s'il est âgé de moins d'un an, s'il a de l'hypertension ou de l'hématurie, si le complément sérique est abaissé, s'il ne répond pas après un mois de corticothérapie ou s'il présente des rechutes fréquentes.

Traitement

La décision d'hospitaliser ou non repose sur l'importance de l'œdème et sur la présence d'ascite et d'épanchements pleuraux ou d'autres complications.

La principale modalité de traitement est l'administration de prednisone à raison de 2 mg/kg/24 heures PO en 2 fois (maximum chez le grand enfant : 60 mg/24 heures). Lorsque la protéinurie est absente depuis quatre à cinq jours consécutifs, la posologie est réduite de la façon suivante :

- 2 mg/kg PO en 1 fois (maximum : 60 mg), 1 jour sur 2 pendant un mois, puis :
- 1 mg/kg PO en 1 fois (maximum : 60 mg), 1 jour sur 2 pendant le mois suivant.

Il faut éviter un apport excessif de sel ; une restriction hydrique n'est habituellement pas nécessaire.

Un diurétique n'est administré que si les œdèmes sont importants ou si l'anasarque entraîne des troubles digestifs ou respiratoires. Il faut faire preuve de prudence car une réduction du volume circulant peut provoquer une oligurie et une aggravation de l'hyperlipidémie et de l'hypercoagulabilité. La méthode la plus physiologique de réduction de l'œdème consiste à administrer en deux à quatre heures 0,5 à 1 g/kg d'albumine humaine à

25 % par voie intraveineuse, puis de donner 1 à 2 mg/kg/dose de furosémide par voie intraveineuse. Pendant ce traitement, le patient doit être surveillé de près car il y a un risque d'œdème pulmonaire.

Environ 5 à 10 % des enfants ne répondent pas à la corticothérapie ; ils doivent être envoyés à un néphrologue et nécessitent, en plus de la prednisone, un traitement à la cyclophosphamide ou au chlorambucil.

L'utilisation de médicaments immunomodulateurs comme le lévamisole et la cyclosporine est encore à l'étude.

Lorsqu'une rechute survient, certains administrent une corticothérapie prolongée, avec un sevrage s'étalant sur une période de 6 à 12 mois ; d'autres préfèrent un traitement plus court, comme lors du traitement initial. Ces deux approches s'équivalent probablement. Le recours aux agents cytotoxiques doit être envisagé en cas de rechutes fréquentes. L'enfant de plus de deux ans qui présente des rechutes fréquentes doit recevoir le vaccin contre le pneumocoque et, s'il n'a pas encore eu la varicelle, tout contact avec une personne atteinte de cette maladie doit être évité.

Complications

Le risque principal est l'infection, particulièrement à *Streptococcus pneumoniæ*, à *Hæmophilus influenzæ*, à *Escherichia coli* et à *Pseudomonas aeruginosa* ; les septicémies fulminantes et la péritonite primaire à *Streptococcus pneumoniæ* sont particulièrement redoutables. Une antibiothérapie préventive n'est pas nécessaire, mais tout épisode fébrile représente un signal d'alarme important.

Un état d'hypercoagulabilité existe ; il peut par exemple se compliquer de thrombose de la veine rénale.

Lorsque le syndrome néphrotique se prolonge, on peut voir apparaître un état de malnutrition qui résulte de l'anorexie, des troubles digestifs et d'une malabsorption ; cet état augmente le risque d'infection et compromet la croissance et le développement.

Pronostic

L'œdème régresse dans environ 75 % des cas après 14 jours et dans 95 % des cas après 28 jours de corticothérapie.

Environ 85 % des enfants atteints d'un syndrome néphrotique à lésions glomérulaires minimes ont au moins une rechute. Celle-ci se définit comme une protéinurie qui persiste pendant plus de trois jours consécutifs.

Environ 25 % de ces patients ont des rechutes fréquentes, c'est-à-dire deux rechutes ou plus au cours des six mois qui suivent la réponse initiale aux corticostéroïdes, ou trois rechutes ou plus au cours d'une période d'un an. Certains enfants rechutent dès le sevrage des corticostéroïdes ; ils sont dits «cortico-dépendants».

Le pronostic du syndrome néphrotique à lésions glomérulaires minimes est excellent. Il est un peu moins favorable en cas de prolifération mésangiale (l'évolution vers l'insuffisance rénale terminale a été rapportée chez quelques patients). Le pronostic est plus réservé en cas de glomérulosclérose focale.

Lectures suggérées

Broyer M : La néphrose idiopathique de l'enfant. Arch Fr Pédiatr 1988; 45 : 1-4.
Chesney RW, Novello AC : Forms of nephrotic syndrome more likely to progress to renal impairment. Pediatr Clin North Am 1987; 34 : 609-627.
Kelsh RC, Sedman AB : Nephrotic syndrome. Pediatr Rev 1993; 14 : 30-38.
Kher KK, Sweet M, Makker SP : Nephrotic syndrome in children. Curr Probl Pediatr 1988; 18 : 199-251.
McVicar M : Pathogenic mechanisms in the nephrotic syndrome of childhood. Adv Pediatr 1985; 32 : 269-286.
Robson NL, Leung AKC : Nephrotic syndrome in childhood. Adv Pediatr 1993; 40 : 287-323.
Stauss J, Zilleruelo G, Freundlich M, Abitol C : Less commonly recognized features of childhood nephrotic syndrome. Pediatr Clin North Am 1987; 34 : 591-607.

Téléphone   236

Michel Weber, Robert Thivierge

Généralités

Beaucoup de médecins généralistes et de pédiatres passent un temps considérable au téléphone et les salles d'urgence reçoivent une quantité impressionnante d'appels concernant des enfants.

En pédiatrie, la communication téléphonique a plusieurs avantages : elle permet notamment d'effectuer un certain triage et donc de réduire le nombre de visites médicales. Sans elle, les cabinets médicaux et les salles d'urgence deviendraient exagérément encombrées. Parmi ses inconvénients, le plus important est l'impossibilité de juger objectivement de la gravité d'une maladie et du degré d'atteinte de l'état général; en cas d'erreur, les conséquences médico-légales peuvent être redoutables. La pédiatrie téléphonique comporte des risques et devrait probablement être réservée au médecin habituel qui connaît bien l'enfant et sa famille. Par exemple, un jeune enfant qui a de la fièvre et une éruption cutanée peut tout aussi bien présenter une infection virale bénigne qu'une méningococcémie rapidement mortelle. Dans le doute, la plus grande prudence s'impose donc toujours. Un certain nombre de cliniciens refusent ce mode de pratique, particulièrement lorsqu'ils ne connaissent pas l'enfant ni ses parents. Par contre, le téléphone peut être très utile pour le suivi.

Les centres antipoison ont donné un exemple remarquable d'efficacité téléphonique. Idéalement, c'est le médecin traitant habituel de l'enfant qui devrait être disponible au téléphone : c'est lui qui connaît le mieux l'histoire médicale de l'enfant, les qualités d'observation des parents et la façon dont ils réagissent lorsque leur enfant tombe malade. C'est à l'occasion de ces crises que la valeur du suivi longitudinal personnalisé est la plus évidente. Lorsqu'il s'agit d'une secrétaire ou d'une autre personne, la compétence pour évaluer la gravité de la maladie et donner des conseils peut être insuffisante. Les cabinets médicaux et les centres hospitaliers qui offrent des conseils téléphoniques devraient aussi veiller à la formation des personnes qui répondent, à élaborer des protocoles adaptés aux situations les plus fréquentes et à surveiller la qualité des informations données.

Les étapes de la consultation téléphonique

En raison des contraintes de la pratique médicale et de la multitude des appels, la consultation téléphonique est habituellement courte, qu'elle soit dirigée vers le cabinet médical ou vers le centre hospitalier.

I. L'évaluation de la situation

Parfois l'appel concerne une situation non urgente; il s'agit par exemple d'une demande de conseils concernant l'apprentissage de la propreté, les vaccins ou l'alimentation; ces conseils peuvent être donnés immédiatement si la question est simple et si la personne qui répond au téléphone dispose du temps nécessaire. Si ce n'est pas le cas, on peut demander aux parents de rappeler à une période de moindre affluence. Idéalement, certaines périodes de la journée ou de la semaine devraient être réservées à cette activité, et la clientèle devrait en être informée.

La plupart des appels concernent des situations d'urgence. Dans une minorité de cas, le diagnostic peut être fait par téléphone. C'est le cas par exemple d'une laryngite, lorsque la toux aboyante et le stridor sont audibles au cours de la conversation. Dans certaines circonstances, il est inutile de procéder à un interrogatoire, parce que l'enfant doit de toute façon être examiné immédiatement. Voici quelques exemples de telles situations: convulsions, inconscience, difficultés respiratoires, fièvre chez un enfant de moins de six mois, association de fièvre et de boiterie, hématémèse, hématurie, tentative de suicide, etc. Lorsque les symptômes rapportés par les parents ne requièrent pas obligatoirement une consultation immédiate, il faut alors tenter d'évaluer la gravité de la maladie au moyen d'une dizaine de questions. Voici deux exemples fréquents:

1) Gastro-entérite:
   - Quel âge a l'enfant? Plus l'enfant est jeune, plus le risque de déshydratation rapide est élevé et plus le risque de déshydratation hypertonique est présent;
   - Depuis combien de temps est-il malade? Plus l'évolution est prolongée, plus le risque de déshydratation et de troubles électrolytiques est grand;
   - Combien de fois l'enfant a-t-il vomi au cours des 24 dernières heures? S'il n'y a pas de vomissements, le risque de déshydratation est faible. Des vomissements fréquents représentent un signal d'alarme qui ne doit pas être négligé;
   - Combien de fois l'enfant a-t-il présenté des selles diarrhéiques au cours des 24 dernières heures? Quelle est la consistance des selles

et leur abondance? Une diarrhée profuse constitue un autre signal d'alarme important;

- L'enfant a-t-il de la fièvre? La présence d'une fièvre élevée peut suggérer la possibilité d'une étiologie bactérienne. Elle indique surtout qu'une déshydratation peut se développer plus rapidement et que le risque d'hypernatrémie est plus grand;
- Y a-t-il du sang dans les selles? Dans l'affirmative, une diarrhée d'origine bactérienne est possible et l'hypothèse d'un syndrome hémolytique et urémique doit être présente à l'esprit;
- Combien de fois l'enfant a-t-il uriné au cours des 24 dernières heures? Quel est l'aspect de l'urine? Une anurie, une oligurie et des urines foncées indiquent que l'enfant peut être déshydraté;
- Comment l'enfant a-t-il été traité depuis le début de sa maladie? Le traitement au moyen de solutions inadéquates augmente le risque de troubles électrolytiques;
- Quel est le degré d'activité de l'enfant? Un enfant qui sourit, qui joue et qui circule n'est pas gravement malade.

2) Fièvre:
- Quel âge a l'enfant? Plus il est jeune, plus la possibilité d'une infection bactérienne grave doit être présente à l'esprit;
- Depuis quand a-t-il de la fièvre? Bien des fièvres d'apparition récente survenant chez des enfants de plus de cinq à six mois résultent d'une infection virale et ne nécessitent pas nécessairement une consultation immédiate. Une fièvre sans cause évidente qui persiste depuis plusieurs jours mérite plus d'attention;
- Quel est le degré de la fièvre? Celui-ci ne donne aucune indication quant à la gravité de la maladie ni quant à la nature bactérienne ou virale de l'infection. Par contre, une fièvre très élevée accroît le risque de déshydratation;
- Y a-t-il des symptômes associés? Si l'enfant présente de la toux et de la rhinorrhée, sa fièvre est probablement due à une infection virale des voies respiratoires supérieures et une consultation immédiate n'est pas nécessairement indiquée. La présence de certains autres symptômes comme des difficultés respiratoires, une douleur pharyngée, une boiterie ou une otalgie rendent la consultation indispensable;
- L'enfant est-il capable de boire? Cette question est importante car la fièvre augmente le risque de déshydratation;
- Quel est le degré d'activité de l'enfant? Un enfant qui sourit, qui joue et qui circule n'est pas gravement malade;
- Quel traitement a été administré depuis le début de la maladie? La posologie de l'antipyrétique peut nécessiter un ajustement.

II. Les conseils

Les conseils qu'on peut donner au téléphone sont limités. Dans certains cas, par exemple en cas de convulsions, de détresse respiratoire, d'ingestion d'une quantité toxique d'un médicament ou de fièvre élevée chez un jeune nourrisson, il faut se contenter de recommander une consultation immédiate. Lorsqu'un problème mineur est identifié avec un degré suffisant de certitude, des conseils simples peuvent être offerts; ils consistent par exemple à expliquer aux parents les indices d'aggravation dont ils doivent surveiller l'apparition, à indiquer quand un antipyrétique est nécessaire et quelle est sa posologie, ou à conseiller une solution d'hydratation orale de composition adéquate.

III. La disponibilité

À l'issue de chaque consultation téléphonique, les parents doivent être encouragés à consulter à nouveau si l'évolution de la maladie n'est pas favorable.

Lectures suggérées

Isaacman DJ, Verdile VP, Kohen FP, Verdile LA : Pediatric telephone advice in the emergency department : results of a mock scenario. Pediatrics 1992 ; 89 : 35-39.

Verdile VP, Paris PM, Stewart RD, Verdile LA : Emergency department telephone advice. Ann Emerg Med 1989 ; 18 : 278-282.

Wolcott BW : For whom the (phone) bell tolls. Ann Emerg Med 1989 ; 18 : 323.

Wood PR, Littlefield JH, Foulds MD : Telephone management curriculum for pediatric interns : a controlled trial. Pediatrics 1989 ; 83 : 925-930.

Yanovski SZ, Yanovski JA, Malley JD, *et al.* : Telephone triage by primary care physicians. Pediatrics 1992 ; 89 : 701-705.

Télévision   237

Michel Weber, Anne-Claude Bernard-Bonnin, Élisabeth Rousseau

Généralités

Dans les pays industrialisés, la télévision s'est introduite dans la famille de façon irréversible. Bien programmée et bien utilisée, elle constitue non seulement un instrument précieux de divertissement, mais aussi un moyen remarquable d'éducation et de diffusion de l'information et de la culture. Le médecin généraliste et le pédiatre sont amenés à donner des conseils aux familles quant à son utilisation. Dans sa première partie, ce chapitre souligne quelques problèmes pouvant résulter d'un emploi inadéquat de la télévision, en prenant pour modèle l'enfant américain, le plus exposé aux excès. La seconde partie présente quelques suggestions qui peuvent être faites aux parents en vue d'une utilisation optimale.

Le temps passé devant le petit écran varie d'un pays à l'autre, d'une famille à l'autre et d'un enfant à l'autre. Aux États-Unis, les enfants et les adolescents passent en moyenne 24 heures par semaine devant la télévision, et ils ne regardent pas seulement les émissions qui leur sont destinées. Chaque année, ils passent plus de temps devant la télévision qu'à l'école. Plus le niveau de scolarité des parents est bas, plus ils regardent la télévision. Celle-ci, particulièrement lorsqu'elle diffuse de bonnes émissions qui lui sont adaptées, favorise certainement le développement cognitif du jeune enfant et particulièrement son langage. Elle peut lui enseigner de façon efficace l'alphabet et les mathématiques simples. Elle peut le faire voyager et le familiariser avec des valeurs importantes. Elle peut jouer un rôle important dans la diffusion des éléments de santé préventive. Plusieurs questions cruciales se posent néanmoins quant aux effets néfastes qui peuvent résulter soit du contenu des émissions, soit de la substitution de la télévision à d'autres activités importantes. On peut se demander si l'enfant qui fait une consommation excessive d'émissions télévisées ne risque pas de garder cette habitude pendant toute sa vie. L'enfant fait son apprentissage en imitant les adultes, et les personnages des émissions télévisées semblent constituer des modèles particulièrement efficaces. Les principales préoccupations sont les suivantes :

I. Télévision et dialogue à l'intérieur de la famille

Dans beaucoup de familles américaines, un ou plusieurs postes de télévision sont allumés en permanence, et les repas se prennent devant le petit écran. Ces habitudes peuvent appauvrir ou supprimer la communication à l'intérieur de la famille.

II. Télévision, drogues, alcool, tabac et accidents

Dans les pays où la publicité pour l'alcool est permise, la consommation a augmenté, et inversement. Dans ces messages, le « vrai homme » est celui qui boit, et l'alcool garantit l'amitié, le plaisir, le succès auprès des personnes de l'autre sexe et même la performance sportive. L'alcool est aussi omniprésent dans les émissions non publicitaires : il semble indispensable à la communication. Pour combler les vides du scénario, les héros allument une cigarette ou se servent un verre. Les accidents constituent la cause principale de mortalité chez les jeunes. L'alcool étant souvent en cause, on ne peut que s'interroger à propos du sens moral des programmateurs. Des questions similaires se posent à propos du tabac et des autres drogues. Malheureusement, la publicité antialcool et antitabac est discrète et ne fait pas le poids face aux efforts de la télévision pour en vanter les mérites. Cependant, certains pays comme le Canada ont eu le courage d'interdire la publicité pour le tabac.

III. Télévision et forme physique

Chez ceux qui en abusent, la télévision se substitue aux activités physiques normales, ce qui entraîne une détérioration de la forme physique.

IV. Télévision et lecture

La télévision a pris une large part de la place qu'occupait la lecture. On peut se poser de sérieuses questions quant aux effets possibles de cette substitution sur la richesse du vocabulaire et de l'information, sur l'imaginaire et la capacité d'intégration et de synthèse.

V. Télévision et obésité

Le lien de causalité entre la télévision et l'obésité est maintenant établi. Plus l'enfant regarde le petit écran, plus le risque de devenir obèse est élevé et plus son obésité sera importante. Plusieurs facteurs peuvent être évoqués :

1) Regarder la télévision constitue une activité plus passive que les jeux normaux ;

2) Beaucoup d'enfants mangent devant la télévision ;

3) Les enfants qui sont installés devant le petit écran sont bombardés de messages publicitaires vantant les mérites d'aliments à valeur énergétique élevée, et non ceux des fruits et des légumes.

VI. Télévision et publicité

L'enfant américain voit chaque année plus de 20 000 messages publicitaires ; ceci tend à créér des besoins artificiels et contribue à le propulser vers la société de consommation. L'enfant est particulièrement vulnérable, et la télévision s'en sert comme d'une cible privilégiée lorsqu'elle vante par exemple les mérites de l'alcool, du tabac et d'aliments à faible valeur nutritionnelle mais à haute teneur énergétique. Certaines formes de publicité sont orientées vers l'enfant de façon spécifique ; elles créent par exemple le besoin de certains jouets, notamment de jouets liés à la violence. Les parents ont tendance à satisfaire trop facilement ces besoins. Il s'agit d'une véritable exploitation commerciale de l'enfance.

VII. Télévision et rendement scolaire

On suspecte un effet négatif de l'excès de télévision sur le rendement scolaire, mais celui-ci est difficile à prouver en raison de l'importance des variables confondantes.

VIII. Télévision et attention

Certaines émissions adoptent un rythme très rapide. D'autre part, les enfants ont tendance à passer rapidement d'un canal à l'autre («zapper»). On peut se demander si ces facteurs ne peuvent pas nuire à la capacité d'attention.

IX. Télévision et sexualité

La famille et l'école ont perdu le monopole de l'éducation sexuelle. La télévision donne libre accès à l'enfant et à l'adolescent au monde des adultes et devient une source importante d'informations qui ne sont pas toujours adaptées à son niveau de développement. La télévision américaine a un contenu sexuel parmi les plus explicites au monde, et parmi les pays industrialisés, c'est dans ce pays que le taux de grossesse chez les adolescentes est le plus élevé. Sans être la cause exclusive de ce phénomène, la télévision semble pouvoir être incriminée. Elle insiste davantage sur certains aspects de la sexualité comme le plaisir sans lendemain, le viol, la prostitution et l'adultère, et s'attarde plus rarement sur d'autres facettes comme l'amour durable, la contraception et les maladies sexuellement transmissibles. Elle banalise la sexualité de façon malsaine.

X. Télévision et stéréotypes sociaux

La majorité des personnages télévisuels sont puissants, blancs, riches, minces et beaux. Les hommes tendent à être violents et, chez les femmes, l'importance de l'apparence est exagérée. Les méchants sont souvent des gens de couleur qui ont un accent étranger. Les obèses sont utilisés comme personnages comiques ou ridicules. Dans les émissions de télévision américaines, un nombre disproportionné de personnages sont des médecins, la plupart du temps infaillibles et tout-puissants. Quant à la maladie, elle est le plus souvent aiguë et guérit facilement sans séquelles, la plupart du temps à la suite de l'application de modes de traitement de pointe ou de l'ingestion de pilules. Tout semble simple. Bien d'autres exemples pourraient être cités. L'ensemble de ces stéréotypes élabore une société irréelle qui stimule peu l'imagination et la créativité. Cette société artificielle se substitue à la réalité dans l'imaginaire appauvri de l'enfant qui abuse de la télévision.

XI. Télévision et suicide

De petites épidémies de suicides d'adolescents, parfois collectifs, ont été rapportées à plusieurs reprises au cours des jours qui suivent une émission sur le suicide ou l'annonce par la télévision du suicide d'une vedette populaire parmi les jeunes. Le moyen utilisé est souvent le même que celui de la vedette.

XII. Télévision et violence

Les jeunes Américains sont témoins chaque année de plusieurs milliers d'agressions, d'homicides, de vols à main armée et de viols. Même dans certains dessins animés destinés aux enfants, la violence est présentée comme un mode normal de résolution des conflits et des tensions. Par ailleurs, la société américaine est, de toutes les sociétés civiles, la plus violente. Il est tentant de penser qu'un lien de causalité unit ces deux constatations, et, en effet, de nombreuses études convergentes ont établi un rapport entre la violence à la télévision et le développement de comportements agressifs permanents. En Amérique du Nord, le taux d'homicides a doublé depuis l'arrivée de la télévision, et il est probable que celle-ci a joué un certain rôle dans cette augmentation.

XIII. Télévision et pauvreté

Dans beaucoup de familles défavorisées, souvent monoparentales, l'enfant est confié pendant de longues heures, sans aucune supervision de la part d'un adulte, à la télégardienne.

Conseils à la famille et action politique

Les habitudes de la famille vis-à-vis de la télévision devraient être évaluées lors de chaque visite de routine et, si elles sont déviantes ou mauvaises, des conseils devraient être donnés. Les parents devraient être informés de ses avantages et de ses inconvénients.

I. Suggestions aux parents

Interdire la télévision n'est pas une bonne solution. En proposant un mode d'emploi simple, on peut aider l'enfant à profiter au maximum des avantages de la télévison et à échapper à plusieurs des risques auxquels elle expose :

1) Enseigner aux enfants comment utiliser intelligemment cet instrument puissant d'apprentissage et de loisirs ;

2) Favoriser le recours à d'autres moyens pour éviter l'ennui et stimuler l'imagination, l'autonomie et la créativité ;

3) Limiter le temps d'accès des enfants à la télévision ; dans certaines circonstances, un mécanisme de sécurité devrait en rendre l'accès impossible. Par exemple, à l'âge de cinq ans, une heure à une heure et demie par jour semble constituer une ration suffisante ;

4) Sélectionner avec les enfants un petit nombre d'émissions à forte valeur éducative ;

5) Prendre l'habitude de regarder la télévision ensemble, particulièrement lorsqu'il s'agit d'émissions qui s'adressent aux adultes. Les commentaires des parents et les échanges qui surviennent alors avec les enfants ont une grande richesse pédagogique ;

6) Constituer une collection de bonnes émissions enregistrées sur ruban magnétoscopique ;

7) Éteindre la télévision pendant les repas ;

8) Résister aux demandes excessives des enfants d'acheter ce qui leur est proposé par les messages publicitaires.

II. Rôle des médecins et de leurs associations

Les médecins généralistes et les pédiatres, ainsi que leurs associations, devraient militer sur la scène politique pour encourager la production et la diffusion d'émissions éducatives et réduire le contenu à caractère publicitaire, violent et sexuel.

Lectures suggérées

Bernard-Bonnin AC, Gilbert S, Rousseau E, *et al.* : Television and the 3- to 10-year-old child. Pediatrics 1991 ; 88 : 48-54.

Dietz WH, Gortmaker SL : Do we fatten our children at the television set ? Obesity and television viewing in children and adolescents. Pediatrics 1985 ; 75 : 807-812.

Dietz WH, Strasburger VC : Children, adolescents and television. Cur Probl Pediatr 1991 ; 21 : 2-31.

Eisenberg L : Does bad news about suicide beget bad news ? N Engl J Med 1986 ; 315 : 705-707.

Gadow KD, Sprafkin J : Field experiments of television violence with children : evidence for an environmental hazard ? Pediatrics 1989 ; 83 : 399-405.

Holroyd HJ : Children, adolescents and television. Am J Dis Child 1985 ; 139 : 549-550.

Phillips DP, Carstensen LL : Clustering of teenage suicide after television news stories about suicide. N Engl J Med 1986 ; 315 : 685-694.

Royer P : La télévision, l'enfant et le pédiatre. Arch Franç Pédiatr 1990 ; 47 : 241-246.

Singer DG : Alcohol, Television, and teenagers. Pediatrics 1985 ; 76 : 668-674.

Smith RD, Fosarelli PD, Palumbo F, *et al.*: The impact of television on children. Current pediatric practices? Am J Dis Child 1986; 140: 78-79.

Strasburger VC: Children, adolescents, and television. Pediatr Rev 1992; 13: 144-151.

Wharton R, Mandell: Violence on television and imitative behaviour: impact on parenting practices. Pediatrics 1985; 75: 1120-1123.

Zuckerman DM, Zuckerman BS: Television's impact on children. Pediatrics 1985; 75: 233-240.

Tétanos   238

Michel Weber, Marc Lebel

Généralités

Ce chapitre ne traite que de la prévention du tétanos, une maladie neurologique grave causée par l'exotoxine du *Clostridium tetani*. La vaccination devrait être universelle (voir Vaccinations). Il faut se préoccuper des mesures qui suivent chaque fois qu'un patient se présente avec une plaie souillée, une morsure animale ou humaine, une brûlure grave ou un polytraumatisme.

Mesures préventives

L'immunisation peut être active (vaccin ou anatoxine) ou passive (gammaglobuline antitétanique ou antitoxine). La décision repose sur l'état vaccinal du patient (une preuve écrite est nécessaire) et la nature des lésions:

1) Plaie mineure et propre:
   a) Vaccin:
      – Il n'est pas indiqué si le patient a reçu antérieurement trois doses ou plus du vaccin et si la dernière dose remonte à moins de 10 ans;
      – Il est indiqué (une dose IM immédiatement, puis deux autres doses à deux mois d'intervalle) dans les circonstances suivantes:
         – Le patient n'a jamais été vacciné;
         – Son état vaccinal est inconnu;
         – Sa vaccination a été incomplète (une ou deux doses);
         – Sa vaccination a été complète, mais la dernière dose remonte à plus de 10 ans.
   b) Gammaglobuline antitétanique: elle n'est pas indiquée.

2) Toute autre plaie, majeure ou contaminée, incluant les morsures animales ou humaines:
   a) Vaccin:
      – Il n'est pas indiqué si le patient a reçu antérieurement trois doses ou plus du vaccin et si la dernière dose remonte à moins de cinq ans;

- Il est indiqué (une dose immédiatement, puis deux autres doses à deux mois d'intervalle) dans les circonstances suivantes :
  - Le patient n'a jamais été vacciné ;
  - Son état vaccinal est inconnu ;
  - Sa vaccination a été incomplète (une ou deux doses) ;
  - Sa vaccination a été complète, mais la dernière dose remonte à plus de cinq ans.

b) Gammaglobuline antitétanique :
  - Posologie : la dose standard est de 250 unités IM ; on donne 500 unités si le poids du patient est supérieur à 80 kg ou lorsqu'une plaie très souillée est vue tardivement (> 24 heures).
  - Elle est indiquée (250 à 500 unités IM immédiatement) dans les circonstances suivantes :
    - Le patient n'a jamais été vacciné ;
    - Son état vaccinal est inconnu ;
    - Sa vaccination a été incomplète (une ou deux doses) ;
    - Sa vaccination a été complète, mais la dernière dose remonte à plus de cinq ans ;
    - Sa vaccination est complète et récente mais il est atteint d'immunodéficience acquise (SIDA).

3) Brûlure majeure ou polytraumatisme :
  - Même si la vaccination a été adéquate et même si la dernière dose remonte à moins de cinq ans, on administre le vaccin et la gamma-globuline antitétanique selon la posologie indiquée ci-dessus.

Lecture suggérée

American Academy of Pediatrics : Report of the Committee on Infectious Diseases. American Academy of Pediatrics, Elk Grove Village, Illinois, 22nd ed., 1991.

Thrombocytose   239

Michel Weber, Michèle David

Généralités

On parle de thrombocytose (hyperplaquettose) lorsque les plaquettes dépassent $450 \times 10^9/L$ ($450\,000/mm^3$). C'est un problème assez fréquent en pédiatrie, surtout chez le jeune enfant. Les principales étiologies sont :

1) Les infections virales, bactériennes, mycotiques et parasitaires (causes les plus fréquentes) ;
2) Les hémorragies ;
3) L'anémie ferriprive et les anémies hémolytiques ;
4) Certaines maladies inflammatoires (exemples : maladie de Kawasaki, maladies inflammatoires chroniques de l'intestin, collagénoses) ;

5) L'asplénie congénitale, chirurgicale ou fonctionnelle;

6) Certaines maladies respiratoires comme la maladie des membranes hyalines et le syndrome de détresse respiratoire de l'adulte;

7) Certaines maladies myéloprolifératives (elles sont rarement en cause chez l'enfant);

8) L'hépatoblastome, ainsi que les autres tumeurs de l'enfant;

9) La chimiothérapic du cancer (elle aussi rarement en cause chez l'enfant);

10) Les œdèmes;

11) Les interventions chirurgicales.

Manifestations cliniques

Il n'y a pas d'autres symptômes que ceux de la maladie causale.

Explorations

Les seules explorations utiles sont celles que nécessite la maladie responsable de la thrombocytose.

Traitement

La plupart du temps, aucun traitement spécifique n'est nécessaire, sauf si une maladie sous-jacente comme la maladie de Kawasaki augmente le risque de thrombose; dans ce cas, un médicament antiplaquettaire comme l'acide acétylsalicylique ou le dipyridamole est nécessaire (voir Maladie de Kawasaki).

Complications

Des thromboses ne surviennent pratiquement jamais, sauf dans le contexte d'une maladie myéloproliférative ou en cas d'anémie hémolytique congénitale, particulièrement en période postopératoire.

Pronostic

Il dépend de la maladie causale. La plupart des thrombocytoses d'origine infectieuse ont un excellent pronostic; elles régressent spontanément en quelques jours.

Lecture suggérée

Chan KW, Kaikov Y, Wadsworth LD: Thrombocytosis in childhood: a survey of 94 patients. Pediatrics 1989; 84: 1064-1067.

Tics et syndrome de Gilles de la Tourette   240

Phuong Nguyen, Albert Larbrisseau

Les tics sont des mouvements involontaires et répétitifs. Il peuvent être simples (exemple : clignement des paupières) ou complexes (gestes complets, émission de sons ou de mots, etc.). Ils sont contrôlables temporairement par la volonté et sont exacerbés par le stress et les émotions. On distingue deux entités cliniques :

I. Les tics transitoires bénins de l'enfance

Cette forme, la plus fréquente, se retrouve plus souvent chez les garçons ; elle a une tendance familiale. Les tics peuvent persister quelques semaines à quelques mois et ils disparaissent le plus souvent en moins de deux ans. Le passage à la chronicité est exceptionnel. Une maladie de l'œil ou un trouble de la réfraction doivent faire partie du diagnostic différentiel du clignement des paupières. En cas de reniflements, il faut penser à la possibilité de rhinite allergique. La meilleure approche consiste à ignorer complètement les tics, car ils ont tendance à augmenter si on y prête attention. Aucun médicament n'est indiqué.

II. Le syndrome de Gilles de la Tourette

Cette maladie chronique rare est plus fréquente chez les garçons. Elle commence entre 2 et 15 ans. Sa complexité s'accroît avec le temps jusqu'à l'adolescence. Les symptômes peuvent ensuite s'atténuer ; une rémission survient dans environ 30 % des cas. Chez la majorité des patients, les tics persistent pendant toute la vie. Ce syndrome se manifeste par des tics moteurs multiples, variés et fluctuants, auxquels s'ajoutent des tics vocaux allant parfois jusqu'à l'émission de mots obscènes. Divers problèmes de comportement, parmi lesquels le déficit d'attention, l'hyperactivité et des troubles d'apprentissage scolaire peuvent faire partie du tableau clinique. La maladie peut avoir des répercussions importantes sur l'intégration sociale. Plusieurs médicaments sont utilisés pour contrôler les symptômes : halopéridol, clonidine, pimozide, clonazépam etc. Comme dans toute maladie chronique, une approche multidisciplinaire est indiquée ; elle doit inclure un soutien psychologique de l'enfant et de sa famille.

Lecture suggérée

Golden GS : Tic disorders in childhood. Pediatr Rev 1987 ; 8 : 229-234.

Torsion du testicule   241

Michel Weber, Pierre Williot, Arié Bensoussan

Généralités

La torsion du testicule constitue une urgence chirurgicale parce qu'elle interrompt la perfusion artérielle de la glande. Elle résulte d'un défaut de fixation. La torsion testiculaire néonatale est rare; le testicule ne peut habituellement pas être sauvé. Après la période néonatale, elle est plus fréquente à gauche et survient surtout avant l'âge de cinq ans. Elle est responsable d'environ 50 % des douleurs testiculaires aiguës à tous les âges.

Manifestations cliniques et diagnostic différentiel

Le tableau clinique s'installe brusquement. Il n'y a pas de fièvre. La bourse est enflée et très douloureuse; elle peut être hyperhémiée. Le réflexe crémastérien est aboli. Le testicule atteint est plus haut que l'autre et son orientation est horizontale. Il n'y a pas de brûlures mictionnelles ni de dysurie, et le sédiment urinaire est normal.

La torsion testiculaire est distinguée des autres causes de douleur scrotale aiguë :

1) Torsion de l'hydatide de Morgagni : elle se manifeste également par une douleur scrotale aiguë sans fièvre. Il n'y a pas de brûlures mictionnelles ni de dysurie. Le signe pathognomonique est la présence d'une tache bleutée visible à travers la peau et située au niveau du pôle supérieur du testicule, en avant de la tête de l'épididyme. L'œdème et l'hyperhémie sont minimes ou absents. Le testicule n'est ni douloureux ni œdémateux; à son pôle supérieur, on palpe une tuméfaction douloureuse de la taille d'un pois. Le réflexe crémastérien est préservé. Le sédiment urinaire est normal. L'échographie Doppler et la scintigraphie testiculaire montrent une perfusion normale. En cas de doute, une exploration chirurgicale se justifie; dans ce cas, l'hydatide est réséquée. La symptomatologie régresse en quelques jours;

2) Épididymite : elle est exceptionnelle avant l'adolescence et le début de l'activité sexuelle. Elle est d'origine bactérienne (exemple : *Neisseria gonorrhœæ*) ou indéterminée (voir Maladies sexuellement transmissibles et autres infections génitales). Lorsqu'elle survient avant la puberté, elle peut être associée à certaines anomalies de l'arbre urinaire comme une valve urétrale postérieure ou une ectopie urétérale. L'épididymite peut s'accompagner de fièvre. Il y a souvent des brûlures mictionnelles et de la dysurie. La douleur est localisée à l'épididyme. Le sédiment urinaire démontre habituellement une leucocyturie et une bactériurie. L'échographie Doppler et la scintigraphie testiculaire montrent une perfusion normale. En cas de doute, une exploration chirurgicale se justifie. Une antibiothérapie est nécessaire;

3) Orchite : elle est exceptionnelle en dehors du contexte des oreillons ou d'une infection à virus Coxsackie (voir Maladies sexuellement transmissibles et autres infections génitales). Le testicule est douloureux et œdémateux. Aucune exploration n'est nécessaire en cas d'orchite ourlienne. Dans les autres cas, l'échographie Doppler et la scintigraphie testiculaire montrent une perfusion augmentée;

4) Atteinte testiculaire associée au purpura rhumatoïde de Schönlein-Henoch : le testicule est douloureux et augmenté de volume. Le diagnostic est facile car le purpura est habituellement présent au moment

où cette complication apparaît (voir Purpura rhumatoïde de Schönlein-Henoch). Aucune exploration n'est nécessaire;

5) Hernie étranglée: le diagnostic est évident (voir Hernies).

Explorations

Habituellement, l'histoire et l'examen suffisent. L'échographie Doppler et la scintigraphie testiculaire au technétium confirment l'absence de perfusion artérielle. Ces examens ne sont pas toujours disponibles rapidement et il ne faut pas perdre de temps à les attendre. En cas de doute, une exploration chirurgicale immédiate se justifie.

Traitement

Le traitement chirurgical doit être immédiat car la nécrose survient en quelques heures. Au-delà de six heures après le début de la douleur, les chances de sauver le testicule sont faibles. Le traitement consiste à détordre et à fixer le testicule (l'autre doit aussi être fixé).

Lectures suggérées

Cilento BG, Najjar SS, Atala A: Cryptorchidism and testicular torsion. Pediatr Clin North Am 1993; 40: 1133-1149.
Fonkalsrud EW: Testicular undescent and torsion. Pediatr Clin North Am 1987; 34: 1305-1317.

Torticolis   242

Robert Thivierge, François Fassier, Albert Larbrisseau, Jean-Louis Jacob

Généralités

Le torticolis consiste en une inclinaison de la tête d'un côté avec une rotation vers le côté opposé. Il peut être congénital ou acquis, transitoire, chronique ou récidivant.

Torticolis congénital

Le torticolis congénital est plus fréquent chez la fille. Il peut être associé à une présentation du siège, à l'emploi de forceps, au bassin oblique congénital et à la luxation congénitale de la hanche. Il peut causer une déformation du visage et du crâne.

La forme la plus fréquente est d'origine musculaire. Elle résulte soit de la position intra-utérine, soit d'un traumatisme du muscle sterno-cléido-mastoïdien au moment de l'accouchement; dans ce cas, une petite masse fibreuse peut être palpable dans le muscle du côté où la tête est inclinée. Cette masse disparaît spontanément en moins de six mois.

Plus rarement, le torticolis congénital résulte d'une malformation musculaire (exemple : absence congénitale et unilatérale du sterno-cléido-mastoïdien), ou surtout d'une anomalie osseuse de la colonne cervicale (exemples : hémivertèbre, syndrome de Klippel-Feil). Dans ce cas, il n'y a pas de masse dans le muscle sterno-cléido-mastoïdien et le torticolis ne régresse pas.

Des radiographies de la colonne cervicale sont indiquées lorsque la masse fibreuse est absente ou lorsque le torticolis ne s'atténue pas.

Lorsqu'il n'est pas associé à une malformation, le torticolis congénital guérit d'habitude spontanément en quelques mois. Si ce n'est pas le cas, on peut prescrire des mouvements de flexion passive de la tête du côté opposé au torticolis ; l'efficacité de ce mode de traitement demeure incertaine. Dans les rares cas qui persistent après l'âge d'un à deux ans, une ténotomie du sterno-cléido-mastoïdien peut être nécessaire.

Torticolis acquis du nourrisson

I. Torticolis paroxystique bénin

Les nourrissons atteints, entièrement normaux par ailleurs, présentent de façon intermittente une déviation de la tête qui peut s'accompagner de pleurs, de vomissements et d'ataxie. Ces épisodes durent quelques heures ou quelques jours. La maladie peut avoir un caractère familial et elle commence pendant la première année de vie pour disparaître spontanément avant l'âge de cinq ans. L'état de conscience n'est pas altéré. Les patients atteints peuvent présenter plus tard de la migraine ou des vertiges paroxystiques bénins.

II. Syndrome de Sandifer

Ce syndrome rare associe une posture bizarre du cou avec une hernie hiatale ou un reflux gastro-œsophagien. Il s'agirait d'une position antalgique reliée au reflux acide dans l'œsophage.

Torticolis acquis de l'enfant plus âgé

I. Torticolis aigu

La plupart du temps, il s'agit d'un spasme douloureux du sterno-cléido-mastoïdien du côté où la tête est penchée. Son étiologie demeure imprécise. Les symptômes peuvent être soulagés partiellement par l'application locale de chaleur et l'administration d'un analgésique et anti-inflammatoire comme l'acide acétylsalicylique. La guérison spontanée survient en quelques heures ou quelques jours.

Un torticolis antalgique aigu peut aussi résulter d'une pharyngite, d'une adénite cervicale, d'une myosite virale, d'un abcès rétropharyngien, d'un traumatisme ligamentaire, osseux ou musculaire du cou ou, plus rarement, d'une ostéomyélite de la colonne cervicale, d'une méningite ou d'une pneumonie du lobe supérieur.

II. Torticolis persistant

Dans ce cas, la démarche clinique (anamnèse, examen, radiographies de la colonne cervicale, scintigraphie osseuse, etc.) consiste à explorer systématiquement les diverses possibilités diagnostiques:

- Arthrite rhumatoïde juvénile;
- Luxation rotatoire C_1-C_2 (le spasme musculaire est du côté opposé à l'inclinaison de la tête);
- Discite de la colonne cervicale;
- Tumeur de la fosse postérieure ou de la moelle;
- Tumeur d'une vertèbre cervicale (exemple: granulome éosinophile);
- Calcification d'un ou plusieurs disques intervertébraux cervicaux;
- États dystoniques (exemple: intoxication par les phénothiazines ou par le métoclopramide);
- Problèmes oculaires commes certaines formes de nystagmus (exemples: nystagmus congénital avec position de blocage, *spasmus nutans*) ou des paralysies des muscles oculomoteurs.

Le traitement du torticolis persistant dépend de son étiologie. En cas de luxation rotatoire C_1-C_2, les modalités thérapeutiques vont de la traction progressive à la fusion postérieure chirurgicale de C_1-C_2 dans les cas récidivants ou fixés depuis plus de six mois.

Lecture suggérée

Hensinger RN: Orthopedic problems of the shoulder and neck. Pediatr Clin North Am 1986; 33: 1495-1509.

Toux chronique　　243

Robert Thivierge, Michel Weber, Guy Lapierre

Généralités

On parle de toux chronique lorsque sa durée dépasse nettement celle d'une infection banale des voies respiratoires, soit quatre à six semaines. Elle peut être irritative ou productive.

Démarche clinique

En amorçant la démarche diagnostique, il est important de se souvenir des principales causes de toux chronique (tableau 63) et de penser en premier lieu aux entités les plus fréquentes, compte tenu des circonstances et de l'âge de l'enfant. L'anamnèse et l'examen demeurent les outils de diagnostic les plus utiles et quelques examens paracliniques sélectionnés peuvent ensuite contribuer à confirmer ou infirmer une hypothèse clinique. Une radiographie des poumons est nécessaire dans la presque totalité des cas.

Tableau 63 Principales causes de toux chronique

- Asthme*
- Corps étranger intrabronchique
- Exposition chronique à des facteurs irritants (exemple : tabac)*
- Fibrose kystique*
- Infection bronchique (exemples : coqueluche, bronchite à *Chlamydia trachomatis*, à *Mycoplasma pneumoniæ*, à *Mycobacterium tuberculosis*, mycoses, etc.)*
- Infection persistante des amygdales ou des végétations adénoïdes*
- Infections virales récidivantes des voies respiratoires chez l'enfant fréquentant une garderie ou crèche*
- Malformations ou compressions des voies respiratoires (exemples : fistule trachéo-œsophagienne, kyste bronchogénique, etc.)
- Cardiopathies
- Reflux gastro-œsophagien
- Sinusite*
- Toux psychogénique
- Troubles de la déglutition
- Tumeurs extra- ou intrabronchiques
- Déficits immunitaires (exemples : déficit en IgA, syndrome d'immunodéficience acquise)
- Syndrome des cils immobiles
- Hémosidérose pulmonaire

* Causes fréquentes.

I. Les infections

Elles doivent toujours être suspectées en cas de toux chronique :

1) Quel que soit l'agent étiologique en cause, toute infection des voies respiratoires peut être suivie d'une période de toux prolongée, surtout chez le jeune enfant ;

2) Une situation particulièrement fréquente et décourageante pour les parents est celle du jeune enfant qui fréquente une garderie ou crèche et qui présente au cours de l'hiver une suite ininterrompue d'infections virales des voies respiratoires, séquence qui peut donner le change pour une maladie persistante unique. Parfois, l'anamnèse détaillée permet d'identifier de courtes accalmies ; celles-ci constituent un argument en faveur de cette hypothèse ;

3) Chez le nourrisson de moins de trois mois, l'infection à *Chlamydia trachomatis* peut causer une toux persistante. Plusieurs éléments peuvent aider à confirmer ce diagnostic : conjonctivite associée, absence de fièvre, éosinophilie, hypergammaglobulinémie, anomalies radiologiques (infiltration interstitielle ou distension). Le diagnostic est confirmé par la culture des sécrétions nasopharyngées ; même si celle-ci est négative, une culture cervicale positive chez la mère peut constituer un argument de poids (voir Pneumonies) ;

4) Chez l'enfant d'âge scolaire, une infection à *Mycoplasma pneumoniæ*, avec ou sans pneumonie, peut occasionner une toux persistante sans

fièvre. Celle-ci peut avoir un caractère épidémique dans la famille ou à l'école. Le diagnostic est confirmé par la sérologie (voir Pneumonies);

5) La coqueluche doit être suspectée à tous les âges. Il faut se préoccuper de l'histoire vaccinale, tout en se souvenant du fait qu'au moins 15 % des enfants vaccinés demeurent susceptibles. Une histoire de contact constitue un argument important en faveur de ce diagnostic, de même que la présence du «chant du coq» ou d'une toux émétisante. Malheureusement, au moment où l'enfant consulte pour toux chronique, la lymphocytose a le plus souvent disparu et les cultures des sécrétions nasopharyngées pour le *Bordetella pertussis* sont négatives (voir Coqueluche);

6) L'infection persistante des végétations adénoïdes et des amydgdales est une cause fréquente de toux chronique, particulièrement nocturne. L'anamnèse révèle souvent des ronflements, une respiration buccale et parfois des apnées au cours du sommeil. Lorsque les végétations adénoïdes sont en cause, il y a souvent une rhinorrhée chronique et l'examen peut mettre en évidence un faciès adénoïdien ou un écoulement purulent au niveau du pharynx; les radiographies des tissus mous du cou de profil confirment le diagnostic. Lorsque les amygdales sont en cause, l'examen de la gorge révèle que celles-ci sont augmentées de volume et souvent chroniquement infectées (voir Hypertrophie des amygdales et des végétations adénoïdes, amygdalectomie et adénoïdectomie);

7) La sinusite est une autre cause fréquente de toux persistante, surtout chez l'enfant de plus de deux à trois ans. Le diagnostic peut être suspecté cliniquement s'il y a une histoire de rhinorrhée chronique. Les radiographies des sinus peuvent confirmer le diagnostic (voir Sinusites);

8) La tuberculose ne doit pas être oubliée dans le diagnostic différentiel, surtout s'il y a une histoire connue de contact ou si l'enfant vient d'un pays endémique. La radiographie des poumons et l'épreuve tuberculinique cutanée permettent d'établir le diagnostic (voir Tuberculose).

II. L'asthme

À tout âge, l'asthme est une cause fréquente de toux chronique ou récidivante. L'histoire personnelle recherche d'autres manifestations allergiques comme la dermite atopique. Il est nécessaire d'explorer de façon méticuleuse la chronologie de la toux et les circonstances qui la font apparaître. Par exemple, une toux provoquée par l'exercice est assez caractéristique de l'asthme. L'anamnèse familiale explore les manifestations d'atopie chez les autres membres de la famille. On s'intéresse aussi aux caractéristiques de l'environnement. Le diagnostic est facilité si l'examen révèle la présence de râles sibilants; malheureusement, ils sont souvent absents. La radiographie des poumons peut parfois montrer une certaine distension; cet examen a surtout pour intérêt d'exclure d'autres diagnostics. Parfois, on retrouve une éosinophilie, une augmentation du nombre d'éosinophiles dans les sécrétions nasales et une augmentation des IgE sériques. Chez l'enfant de plus de quatre à cinq ans, les épreuves de fonction pulmonaire avec ou sans provocation permettent de confirmer le diagnostic clinique. Chez l'enfant plus jeune, elles sont impossibles à réaliser avec les moyens habituels; c'est pourquoi une épreuve thérapeutique de quelques jours peut s'avérer essentielle. On utilise par exemple une association de salbutamol en inhalation et de prednisone par voie orale (voir Asthme). Chez le jeune nourrisson qui tousse de façon chronique, l'élimination empirique des protéines bovines de l'alimentation pendant quelques jours à quelques semaines peut occasionnellement se justifier, lorsqu'aucune autre cause n'a pu être identifiée.

III. L'exposition chronique à des substances irritantes

Il est maintenant bien démontré que les enfants qui inhalent passivement la fumée du tabac de leurs parents présentent beaucoup plus de problèmes respiratoires que les autres, y compris la toux persistante. L'assainissement de l'environnement constitue dans tous les cas la première démarche à effectuer.

IV. La fibrose kystique

Elle doit être suspectée dans tous les cas de toux chronique inexpliquée, surtout s'il s'agit d'un jeune enfant et s'il y a un retard pondéral associé. Un test de la sueur fait donc partie intégrante des explorations nécessaires (voir Fibrose kystique).

V. Le reflux gastro-œsophagien

Ce diagnostic doit surtout être envisagé si l'enfant est jeune, s'il n'y a pas d'antécédents personnels ou familiaux d'allergie, s'il présente des régurgitations ou des vomissements persistants et si la symptomatologie a une prépondérance nocturne. L'absence de problèmes digestifs ne permet cependant pas d'exclure ce diagnostic. Une pH-métrie de l'œsophage est donc indiquée dans certains cas (voir Reflux gastro-œsophagien).

VI. Les corps étrangers intrabronchiques

Ce problème doit surtout être pris en considération chez l'enfant de un à cinq ans. Une anamnèse minutieuse permet souvent mais pas toujours de mettre en évidence un épisode d'étouffement avec un aliment ou un petit objet. Des anomalies auscultatoires asymétriques peuvent être présentes. La radiographie des poumons est presque toujours anormale lorsque le corps étranger est présent depuis un certain temps. La bronchoscopie permet à la fois de confirmer le problème et de le résoudre (voir Corps étrangers des voies respiratoires).

VII. La toux psychogénique

Ce problème rare se retrouve surtout chez les enfants d'âge scolaire et les adolescents. La toux peut être particulièrement sonore. Elle est souvent de type aboyant. Alors que la plupart des toux d'origine organique persistent ou s'aggravent pendant le sommeil, la toux psychogénique s'arrête pendant la nuit, ce qui est presque pathognomonique. Une psychothérapie est indiquée. La toux peut aussi faire partie du syndrome de Gilles de la Tourette (voir Tics et syndrome de Gilles de la Tourette).

VIII. Les malformations congénitales

La fistule trachéo-œsophagienne est rare. Elle doit être suspectée chez le jeune enfant qui tousse ou s'étouffe en buvant et qui présente une distension abdominale persistante et des infiltrats pulmonaires récidivants. Le diagnostic peut être confirmé radiologiquement en injectant une substance de contraste sous pression à différents niveaux dans l'œsophage. Plusieurs autres malformations congénitales comme la compression de la trachée par un vaisseau aberrant peuvent être responsables d'une toux chronique.

IX. Les tumeurs

Les tumeurs extra- ou intrabronchiques sont rares chez l'enfant et peuvent être mises en évidence par la radiographie pulmonaire.

X. Les anomalies de la déglutition

Une toux chronique peut être causée par une anomalie de la déglutition. Celle-ci peut-être isolée ou faire partie d'un tableau d'encéphalopathie ou de maladie neuromusculaire. Le transit œsophagien montre le passage de substance de contraste dans les voies respiratoires.

Traitement de la toux

Il vaut mieux rechercher et traiter la cause du problème plutôt que prescrire un antitussif. Celui-ci doit être réservé aux toux irritatives qui empêchent le sommeil. Il est alors préférable d'utiliser la codéine (1 à 1,5 mg/kg/24 heures PO en 4 à 6 fois) pendant une courte période. En France, on utilise souvent le clobutinol (voir Index pharmacologique).

Lectures suggérées

Kamei RK : Chronic cough in children. Pediatr Clin North Am 1991 ; 38 : 593-605.

Morgan WG, Taussig LM : The child with persistent cough. Pediatr Rev 1987 ; 8 : 249-253.

Parks DP, Humphries T, Weinberger MM : Chronic cough in childhood : approach to diagnosis and treatment. J Pediatr 1989 ; 115 : 856-862.

Transfusions et réactions transfusionnelles   244

Robert Thivierge, Heather Hume, Patrick Le Touzé

Transfusions

Le sang et ses dérivés doivent être utilisés avec parcimonie parce que leur administration n'est pas dénuée de risques. On sélectionne le type de produit en fonction des besoins du patient (exemple : pour la correction d'une anémie profonde, on utilise du culot globulaire et non du sang complet). Sauf en cas d'hémorragie aiguë, une transfusion doit s'étaler sur quelques heures.

Dans les situations d'extrême urgence, il faut se souvenir du fait que le sang des donneurs du groupe O Rhésus négatif (donneurs universels) peut convenir à tous les receveurs et que les receveurs appartenant au groupe AB Rhésus positif (receveurs universels) peuvent recevoir le sang de n'importe quel donneur.

Les produits sanguins les plus souvent utilisés sont les suivants :
1) Culot globulaire :
   - Au Canada, il existe deux préparations :
     - Une unité en CPDA-1 a un volume d'environ 320 à 350 mL et un hématocrite d'environ 0,7 ;
     - Une unité en AS-3 a un volume d'environ 350 à 360 mL et un hématocrite d'environ 0,55 à 0,65 ;
   - En France, il existe également deux préparations :
     - Une unité en CPD-SAGM a un volume d'environ 250 à 300 mL et un hématocrite d'environ 0,7 ; c'est la préparation la plus utilisée ;
     - Une unité de CPD a un volume d'environ 200 à 250 mL et un hématocrite d'environ 0,75 ; cette préparation est peu utilisée.

Le culot globulaire est indiqué lorsqu'il est nécessaire de corriger une anémie aiguë ou, exceptionnellement, une anémie chronique profonde. Une dose de 10 mL/kg de culot augmente le taux d'hémoglobine d'environ 20 à 30 g/L. (N.B. : Au Canada, une dose plus élevée est nécessaire pour obtenir cet effet si on utilise du culot AS-3.)
2) Plasma frais congelé (1 unité = environ 200 à 250 mL) :
   - Au Canada, il est surtout utilisé pour la correction de troubles de la coagulation chez les patients qui saignent activement ou qui doivent subir une intervention chirurgicale ou une exploration diagnostique invasive (exemple : biopsie hépatique à l'aiguille). L'effet est de courte durée. La posologie habituelle est de 10 mL/kg IV, à répéter au besoin. Il ne doit pas être utilisé pour la seule correction d'une hypovolémie ;
   - En France, un arrêté ministériel de 1991 prévoit une utilisation plus restrictive ; le plasma frais congelé est réservé aux indications suivantes :
     - Coagulopathies graves de consommation, avec effondrement de tous les facteurs de coagulation ;

- Hémorragies aiguës avec déficit global des facteurs de coagulation;
- Déficits complexes rares en facteurs de coagulation, lorsque les fractions coagulantes spécifiques ne sont pas disponibles.

3) Albumine humaine (Canada: 5 % et 25 %; France: 4 % et 20 %): elle sert surtout à l'expansion de la volémie (voir Choc hypovolémique). La posologie habituelle est de 10 à 20 mL/kg IV, à répéter au besoin. Elle est parfois utilisée en cas d'hypoprotéinémie majeure (exemples: syndrome néphrotique, kwashiorkor); son effet est de courte durée.

4) Concentré de plaquettes (1 unité = 30 à 60 mL): utilisé pour le traitement de la thrombopénie avec hémorragies. Sa posologie habituelle est de 1 unité/10 kg IV; cette dose fait augmenter les plaquettes d'environ 50×10^9/L ou plus, sauf s'il y a une coagulation intravasculaire active. L'effet est de courte durée.

5) Cryoprécipité: en pratique, il n'est plus utilisé que pour le traitement d'une hypofibrinogénémie grave.

6) Concentré de facteur VIII: il est utilisé pour le traitement de l'hémophilie A. Le contenu d'un flacon, préparé à partir du plasma de milliers de donneurs, varie de 200 à 1 000 UI au Canada et de 400 à 1 000 UI en France. Une dose de 1 U/kg IV augmente le facteur VIII de 2 %. En pratique, on donne habituellement 10 à 40 U/kg/dose IV, selon la nature de l'hémorragie à prévenir ou à traiter. Cette dose doit être répétée toutes les 8 à 12 heures tant que le risque d'hémorragie persiste.

7) Concentré de facteur IX: un flacon, préparé à partir du plasma de milliers de donneurs, contient 500 à 1 000 UI au Canada et 400 à 1 000 UI en France. Le facteur IX est utilisé pour la prévention et le traitement des hémorragies chez les patients atteints d'hémophilie B. Une dose de 1 U/kg IV augmente le facteur IX de 0,8 à 1,2 %. S'il s'agit d'un problème hémorragique mineur, on augmente le facteur IX à environ 30 à 50 % de la normale et, lors d'un problème hémorragique majeur, aux alentours de 50 à 100 % selon les circonstances. La demi-vie du facteur IX est d'environ 18 heures; la dose mentionnée ci-dessus doit donc être répétée selon les circonstances toutes les 18 à 24 heures, tant que le risque d'hémorragie persiste.

Réactions transfusionnelles

I. Réactions immédiates

Elles surviennent pendant la transfusion ou au cours des heures qui suivent. Il s'agit le plus souvent d'une réaction fébrile, parfois accompagnée d'un processus hémolytique. Plus rarement, on peut noter des réactions urticariennes (voir Urticaire) ou anaphylactiques (voir Choc anaphylactique), une détresse respiratoire ou encore une surcharge liquidienne.

1) Réaction fébrile non associée à une hémolyse: il s'agit du type le plus fréquent de réaction, particulièrement chez les polytransfusés. Elle

survient d'habitude vers la fin ou après la fin de la transfusion. Elle peut être causée par des anticorps contre des protéines plasmatiques ou des anticorps antileucocytaires et par la libération de substances pyrogènes.

Elle peut être traitée à l'acétaminophène ou paracétamol (15 mg/kg/dose PO au besoin toutes les 4 heures; maximum chez le grand enfant: 650 mg/dose); s'il s'agit d'une réaction importante, on peut aussi administrer un antihistaminique et de l'hydrocortisone (voir Choc anaphylactique). La transfusion peut être poursuivie s'il s'agit d'une réaction mineure, après vérification de l'identité du receveur et du sac. Ce type de réaction peut être prévenu en utilisant, pour corriger une anémie, du culot globulaire déleucocyté par filtrage.

2) Hémolyse: elle est rare et résulte le plus souvent de la transfusion de sang ABO incompatible. Il s'agit d'une urgence médicale. Elle peut se manifester par de la fièvre, de la dyspnée, des céphalées, des nausées et des vomissements, des douleurs thoraciques et lombaires, ainsi qu'une hémoglobinurie et une augmentation de l'hémoglobine nulle ou inférieure aux prévisions. Elle peut évoluer vers un état de choc, une coagulation intravasculaire disséminée et une insuffisance rénale aiguë.

3) Contamination bactérienne du sang: elle peut causer des nausées, des vomissements et parfois un choc septique. La transfusion doit être cessée immédiatement lorsqu'on suspecte ce type de réaction et le sang doit être cultivé.

4) Choc anaphylactique par anti-IgA: il survient chez un receveur déficient en IgA et est surtout caractérisé par des nausées et des vomissements.

5) TRALI (*transfusion related acute lung injury*; en France: œdème aigu lésionnel): il s'agit d'une réaction immunologique impliquant les leucocytes; elle cause un œdème pulmonaire non cardiogénique.

Les mesures à prendre lors d'une réaction transfusionnelle sont les suivantes:

a) Cesser immédiatement la transfusion;

b) Perfuser une solution de NaCl à 0,9 % pour maintenir une diurèse adéquate;

c) Surveiller étroitement les signes généraux et la diurèse.

II. Réactions tardives

Elles surviennent de quelques jours à quelques mois après la transfusion. Il peut s'agir d'une hémolyse, d'une sensibilisation aux antigènes des érythrocytes ou d'une infection (cytomégalovirus, virus des hépatites B, C et autres, virus Epstein-Barr, VIH), ou rarement d'une réaction greffon contre hôte. Une surcharge en fer peut survenir chez les polytransfusés. Dans les pays développés, des mesures strictes de dépistage chez les donneurs et de traitement des dérivés du sang ont permis depuis plusieurs années d'éliminer de façon presque complète le risque d'hépatite B ou C et de syndrome d'immunodéficience acquise. Le risque approximatif par unité est de 1/3 000 pour les hépatites B et C et de 1/100 000 à 1/200 000 pour le syndrome d'immunodéficience acquise.

Lectures suggérées

Baldwin S, Stagno S, Whitley R : Transfusion-associated viral infections. Curr Probl Pediatr 1987; 17 : 391-443.

Blanchette VS, Hume HA, Levy GT, *et al.* : Guidelines for auditing pediatric blood transfusion practices. Am J Dis Child 1991; 145 : 787-796.

Traumatismes 245

Jean-Bernard Girodias, Arié Bensoussan, Louise Caouette-Laberge, Catherine Farrell, François Fassier, Denis Filiatrault, Claude Mercier, Alain Ouimet, Daniel Vischoff, Pierre Williot

Généralités

I. Incidence

Les traumatismes viennent au premier rang des causes de décès et d'invalidité chez l'enfant de plus d'un an et chez l'adolescent. Près du tiers sont causés par des véhicules motorisés, l'enfant étant piéton, cycliste ou passager; près du quart résultent de chutes.

Les enfants hospitalisés à la suite d'un traumatisme sont en majorité des garçons de moins de cinq ans; ils sont surtout victimes d'accidents de la circulation et ils présentent soit un traumatisme crânien, soit des fractures des membres, ou une combinaison de ces deux types de lésions. Les traumatismes par mauvais traitement s'observent surtout chez l'enfant de moins d'un an.

II. Gravité

Elle dépend de la nature et de l'importance des lésions ainsi que de la rapidité et de la qualité des secours.

Les décès immédiats résultent de lésions cérébrales, médullaires, cardiaques ou vasculaires. Ceux qui surviennent dans les heures qui suivent sont la conséquence d'hémorragies externes ou internes (intracrâniennes, intrathoraciques ou intra-abdominales). Les décès tardifs, survenant des jours ou des semaines après le traumatisme, sont causés par des complications infectieuses ou une défaillance fonctionnelle multisystémique.

Les secours d'urgence ne réussissent pas toujours à prévenir les décès immédiats, mais une prise en charge rapide par une équipe médicochirurgicale spécialisée et le transport direct du blessé vers une unité de réanimation, située de préférence dans un centre spécialisé, contribuent de façon importante à la réduction de la mortalité.

Dans certains centres, un score de gravité est utilisé lors de l'évaluation initiale, puis à intervalles réguliers, pour mesurer les résultats de la réanimation (tableau 64). Un score de 12 points correspond à un traumatisme léger et un score de 3 points à un traumatisme grave.

Tableau 64 Score de gravité des traumatismes (*Pediatric trauma score*).
Adapté selon Yurt, 1992

Indices cliniques	+2	+1	−1
– Poids	> 20 kg	10 à 20 kg	< 10 kg
– Voies respiratoires	normales	perméables	obstruées
– Tension artérielle systolique (1)	> 90 mm Hg	50 à 90 mm Hg	< 50 mm Hg
– État de conscience	éveillé	obnubilé	comateux
– Squelette	intact	fracture fermée	fracture ouverte ou fractures multiples
– Peau	intacte	plaie mineure	plaie grave ou pénétrante
(1) Ou pouls perceptible :	pouls radial	pouls fémoral	aucun pouls n'est palpable

Considérations éthiques

Dans certains cas, il n'y a pas d'espoir de pouvoir réanimer l'enfant, ou la réanimation va conduire à une survie dans un état végétatif. Un tel pronostic défavorable est envisagé en cas de polytraumatisme avec des dégâts importants et multiples, une mydriase fixe ou une apnée prolongée. Néanmoins, la seule crainte d'un handicap neurologique ne justifie jamais l'abstention thérapeutique.

Lorsque le nombre des accidentés dépasse la capacité d'accueil d'un service d'urgence, la qualité du triage devient primordiale. Il faut rapidement identifier les patients dont la survie immédiate ou le risque de handicap neurologique dépend de la promptitude des premiers soins.

Les étapes du traitement

I. Phase préhospitalière

Peu d'enfants polytraumatisés survivent à un arrêt cardiorespiratoire préhospitalier. Sur les lieux de l'accident, lorsqu'on possède la compétence requise et qu'on dispose du matériel nécessaire, on peut effectuer les démarches suivantes (voir Arrêt cardiorespiratoire) :

- Dégager les voies respiratoires supérieures ;
- Intuber, ventiler et administrer de l'oxygène ;
- Effectuer un massage cardiaque externe ;
- Administrer de l'adrénaline ;
- Installer une voie veineuse et commencer une perfusion ;
- Mettre en place au besoin des drains thoraciques.

Lorsque ces manœuvres n'entraînent pas d'amélioration, l'acharnement thérapeutique est habituellement voué à l'échec.

Lorsque l'enfant survit, il est très important de stabiliser sa colonne cervicale en vue du transport : il faut considérer, jusqu'à preuve du contraire, que l'enfant polytraumatisé a une fracture de la colonne cervicale, et veiller à ne pas modifier l'axe de son cou, car des gestes maladroits au cours du transport, du déshabillage, de l'intubation et des autres manœuvres peuvent provoquer des lésions médullaires irréversibles ou les aggraver. Pour immobiliser la colonne cervicale, on utilise au besoin des sacs de sable ou des rouleaux de tissu placés de part et d'autre de la tête de l'enfant. Celui-ci est immobilisé en décubitus dorsal sur un plan dur.

II. Phase hospitalière

À l'hôpital, la prise en charge de l'enfant traumatisé doit être assurée le plus tôt possible par un chirurgien expérimenté en traumatologie, avec la collaboration immédiate de différents consultants (anesthésiste, pédiatre, radiologue, neurochirurgien, orthopédiste, etc.).

À l'arrivée, il faut évaluer immédiatement les fonctions respiratoire et circulatoire et remédier à leur insuffisance imminente ou évidente (voir Arrêt cardiorespiratoire). Une attention particulière est accordée à la stabilisation de la colonne cervicale (voir ci-dessus). La démarche suit ensuite l'ordre habituel (A-B-C), qui est détaillé dans le chapitre Arrêt cardiorespiratoire.

Deux premières étapes (A pour _Airway_ et B pour _Breathing_): dégager les voies respiratoires et maintenir une fonction respiratoire adéquate

Une défaillance respiratoire se manifeste par l'absence de mouvements thoraciques, par une respiration spontanée intermittente, irrégulière, inefficace ou laborieuse, par une pâleur ou une cyanose de la peau, ou par une altération de l'état de conscience.

Cette insuffisance respiratoire peut résulter de plusieurs facteurs:

a) Obstruction des voies respiratoires supérieures (nez, larynx, trachée) par déplacement postérieur de la langue, présence de sang, de vomissures ou de corps étranger, fractures du massif facial ou lésions traumatiques du cou;

b) Lésion thoracique ou pulmonaire: pneumothorax ou hémothorax, hématome pulmonaire, rupture bronchique, volet costal ou plaie pénétrante du thorax;

c) Atteinte du centre respiratoire résultant d'un traumatisme crânien.

Une intubation est indiquée si l'enfant a un score de Glasgow égal ou inférieur à 8, si ses efforts respiratoires sont inefficaces ou si l'œdème résultant de fractures du massif facial compromet la ventilation. Lors de l'intubation, il faut garder en mémoire les deux risques possibles:

– Déplacement d'une fracture cervicale: pour éviter ce problème, la tête est immobilisée et maintenue en traction par un assistant;

– Inhalation du contenu gastrique dans les poumons: on présume que l'estomac de tout patient traumatisé est plein. L'intubation est faite en séquence rapide: après une préoxygénation, le patient est endormi (thiopental: 4 à 8 mg/kg IV) et curarisé (succinylcholine: 1,5 mg/kg IV, ou vécuronium: 0,3 mg/kg IV), puis intubé. Une compression de l'œsophage par la manœuvre de Sellick (pression cricoïdienne) fait partie de la technique. Une analgésie est administrée (fentanyl: 1 à 2 µg/kg IV). Bien que cette technique puisse provoquer une augmentation de la pression intracrânienne, elle protège efficacement les voies respiratoires et assure leur perméabilité. L'utilisation d'agents à courte durée d'action permet de choisir une autre technique en cas d'échec de l'intubation.

Une fois intubé, le patient est ventilé avec une FiO_2 de 1,0 jusqu'à l'obtention des gaz sanguins. L'hyperventilation contrôlée contribue à réduire l'hypertension intracrânienne.

Même s'il ne doit pas être intubé, l'enfant polytraumatisé est hyperventilé au masque et à l'insufflateur manuel avec de l'oxygène à 100 %, afin de corriger l'hypoxémie et l'acidose respiratoire éventuelles.

Chez de très rares patients présentant un traumatisme important du massif facial ou du larynx, il est parfois nécessaire de recourir à la trachéotomie.

On met ensuite en place une sonde gastrique pour prévenir une inhalation du contenu de l'estomac, prévenir ou traiter une dilatation gastrique et déceler une hémorragie. Il faut éviter de mettre en place une sonde gastrique de façon aveugle par voie nasale, en raison du risque de méningite en cas de fracture de la lame criblée.

Troisième étape (C pour *Circulation*): rétablir et maintenir un débit circulatoire normal

Une insuffisance circulatoire se traduit par un pouls carotidien, huméral ou fémoral rapide, faiblement palpable ou absent, par des extrémités pâles, froides ou cyanosées, par un temps de remplissage capillaire allongé (> 3 secondes) et d'autres signes de choc (polypnée, agitation, léthargie, hypotonie). L'auscultation cardiaque peut être trompeuse: les bruits peuvent être assourdis ou sembler inaudibles en raison de conditions d'examen difficiles ou d'un traumatisme de la paroi antérieure du thorax. Une tension systolique normale pour l'âge n'exclut pas nécessairement un collapsus.

Chez l'enfant accidenté, le choc résulte le plus souvent d'une perte liquidienne (exemple: hémorragie intra-abdominale); il s'agit très rarement d'un choc neurogénique causé par un traumatisme crânien ou par une lésion médullaire.

Le traitement du choc et le maintien d'un état hémodynamique satisfaisant reposent sur l'hémostase et l'administration de liquide:

1) Pour le contrôle provisoire d'une hémorragie, un pansement compressif ou une pression directe sur une plaie artérielle sont préférables à la mise en place d'un garrot ou d'une pince hémostatique. Un garrot peut cependant être nécessaire en cas d'amputation traumatique d'un membre avec hémorragie massive incontrôlable par section d'un gros tronc artériel. Il est préférable de ne pas utiliser le pantalon antichoc;

2) L'établissement d'une ou plusieurs voies d'accès veineux doit être immédiat. Lorsque les dégâts tissulaires et l'état de l'enfant rendent impossible la ponction transcutanée d'une veine périphérique ou sa

dénudation chirurgicale, on doit parfois recourir à des voies exceptionnelles comme la voie intra-osseuse; celle-ci est utilisée de préférence aux voies sous-clavière ou jugulaire. Pour l'installation d'une voie intra-osseuse, on utilise un trocart pour ponction de moelle ou une aiguille spéciale pour cet usage, que l'on insère au niveau du tibia, 1 cm sous l'épine tibiale antérieure et du côté interne. Le trocart est incliné d'environ 30° vers l'extrémité du membre pour éviter le cartilage de conjugaison.

Pour traiter l'hypovolémie (voir aussi Choc hypovolémique), on injecte rapidement un bolus de 20 mL/kg de sérum physiologique ou de Ringer lactate; un second bolus de 20 mL/kg est administré si la réponse hémodynamique au premier est insuffisante. Si la stabilité de la circulation n'est pas assurée par 40 mL/kg de liquide ou si une hypotension artérielle persiste, la perte de sang a dépassé 20 % du volume sanguin et on transfuse 10 à 20 mL/kg de culot globulaire. Il est préférable de transfuser du sang isogroupe mais, en cas d'urgence extrême, on peut utiliser du sang O négatif. Si une transfusion d'urgence est nécessaire, il faut suspecter une hémorragie interne et une hémostase chirurgicale s'impose.

Quatrième étape : effectuer le bilan des lésions
L'urgence de la réanimation initiale ne permet qu'un bilan sommaire des dégâts. Une fois rétablies les fonctions vitales, on procède à l'exploration minutieuse et systématique des différents systèmes et organes : la tête, le massif facial, le thorax, l'abdomen, le rectum (toucher rectal), les membres et les fonctions neurologiques. Pendant ce bilan, l'enfant doit être entièrement dévêtu. Il doit être recouvert de couvertures pour éviter l'hypothermie. Cet examen est répété à intervalles réguliers pour surveiller l'évolution de la situation et dépister l'apparition de nouvelles anomalies. Lors de l'examen neurologique, on évalue l'état de conscience (voir Coma), et on recherche les signes de lésions centrales et périphériques (anisocorie, absence ou asymétrie des mouvements, absence ou diminution de la force musculaire, etc.).

Cinquième étape : surveiller les fonctions vitales et maintenir les gains thérapeutiques déjà obtenus
1) Bilan paraclinique : s'il s'agit d'un traumatisme modéré ou grave, ce bilan inclut au minimum un hémogramme, la détermination du groupe sanguin et l'examen du sédiment urinaire. Selon les circonstances de l'accident, les antécédents médicaux et la nature des lésions, d'autres examens peuvent être indiqués : glycémie, ionogramme, amylasémie, gaz sanguins, radiographie, échographie, tomodensitométrie. Certains de ces examens doivent être répétés au besoin pour évaluer l'évolution de la situation et diriger les ajustements thérapeutiques nécessaires.

2) Surveillance des signes généraux : le degré et le type de surveillance à exercer varient selon la nature et la gravité des blessures et les résultats du traitement initial. Il s'agit d'un monitorage continu de l'état de conscience et de l'ECG, ainsi que d'une surveillance, à intervalles plus ou moins rapprochés, des fréquences cardiaque et respiratoire, de la

tension artérielle, du diamètre et de la réactivité des pupilles, de la température corporelle et des volumes de liquide provenant du drainage gastrique ou thoracique.

3) Surveillance du débit urinaire : une sonde vésicale est mise en place à la suite de tout traumatisme majeur. Le débit urinaire horaire permet de juger du rétablissement et du maintien d'un volume circulant adéquat. Normalement, ce débit doit être de 0,5 à 1 mL/kg/heure. La présence de sang au niveau du méat urétral, une prostate déplacée au toucher rectal, un hématome périnéal et une fracture du bassin sont des contre-indications à la mise en place immédiate d'une sonde vésicale : il faut au préalable vérifier l'absence de traumatisme urétral par une urétrographie rétrograde.

4) Le blessé doit être réchauffé pour prévenir l'hypothermie. On utilise des couvertures, un matelas chauffant ou des lampes.

Lors de cette étape de stabilisation, on s'occupe de la prévention du tétanos (voir Tétanos).

Lésions traumatiques particulières

I. Traumatisme crânien

Plus de la moitié des enfants accidentés présentent un traumatisme crânien. Entre l'âge d'un mois et l'âge d'un an, le syndrome de l'enfant maltraité constitue une cause importante de mortalité par traumatisme crânien.

Lorsqu'un enfant présente un traumatisme crânien associé avec une altération de l'état de conscience, il faut considérer jusqu'à preuve du contraire qu'il présente aussi une lésion (fracture et/ou luxation) de la colonne cervicale (rare).

Le score de Glasgow est utilisé pour quantifier le degré d'atteinte de l'état de conscience (voir Coma) et pour suivre l'évolution d'un traumatisme crânien. Un score de 9 à 12 correspond à une atteinte modérée. Un score égal ou inférieur à 8 correspond à une atteinte grave, avec une forte probabilité d'hypertension intracrânienne, d'œdème ou de contusion cérébrale, de lésions axonales diffuses ou d'hémorragie intracrânienne. La tomodensitométrie constitue un examen essentiel pour établir le bilan des lésions cérébrales. Une atteinte grave peut exister en l'absence de fracture du crâne, alors qu'une fracture peut être présente en l'absence de lésion du cerveau.

1) **Traumatisme crânien bénin sans perte de connaissance**, sans modification du comportement et sans anomalie de l'examen neurologique : le retour à domicile peut être suggéré. Dans ce cas, les parents doivent ramener immédiatement l'enfant à l'hôpital s'il présente une altération de l'état de conscience, un comportement inhabituel ou des vomissements répétés.

2) **Traumatisme crânien avec perte de connaissance** immédiate ou secondaire, transitoire ou persistante, suivie ou non d'amnésie : une surveillance étroite en milieu hospitalier s'impose. Les radiographies du crâne ont un intérêt limité : elles peuvent identifier une fracture linéaire (il n'y a qu'une faible corrélation entre ce type de fracture et

les lésions cérébrales) ou mettre en évidence une fracture avec diastasis, pouvant se compliquer secondairement d'un kyste leptoméningé. D'autre part, il faut éviter de retarder le traitement des lésions cérébrales en pratiquant ce type d'examen. Des radiographies de la colonne cervicale (jusqu'à D1) doivent être faites chez le patient inconscient, ou chez le patient conscient qui présente des douleurs cervicales ou un torticolis. Un examen neurologique anormal impose une tomodensitométrie, ainsi qu'une consultation en neurochirurgie.

3) **Traumatisme crânien suivi de convulsions:** la surveillance en milieu hospitalier est indiquée. Un traitement anticonvulsivant est entrepris si les convulsions se répètent ou se prolongent. Le traitement immédiat consiste en l'administration de phénytoïne à raison de 20 mg/kg en injection IV lente (voir Convulsions et état de mal épileptique).

4) **Fractures de la base du crâne:** les principaux signes sont les suivants:
   - Fracture de l'étage antérieur: ecchymose «en lunettes», rhinorrhée de LCR;
   - Fracture de l'étage moyen: otorragie, hémotympan, hématome rétro-auriculaire (signe de Battle), otorrhée de LCR. Une paralysie faciale de type périphérique suggère l'existence d'une fracture homolatérale du rocher.

5) **Hypertension intracrânienne:** elle impose une tomodensitométrie cérébrale et une consultation en neurochirurgie immédiates. Les manifestations cliniques, le traitement et les complications sont décrites dans le chapitre Hypertension intracrânienne.

6) **Syndrome de l'enfant secoué:** cette forme du syndrome de l'enfant maltraité est fréquente chez l'enfant de moins d'un an. Elle est caractérisée par des lésions axonales diffuses et par des hémorragies sousdurales, sous-arachnoïdiennes ou intracérébrales, souvent associées à des hémorragies rétiniennes. On note parfois·des lésions ischémiques associées, résultant d'une occlusion carotidienne et/ou jugulaire par étranglement. Il peut n'y avoir aucune autre lésion traumatique apparente. Voir Syndrome de l'enfant maltraité ou négligé.

II. Traumatisme rachidien

Les lésions médullaires traumatiques sont peu fréquentes. Elles constituent un facteur de gravité important. Chez le jeune enfant, il s'agit surtout de traumatismes de la colonne cervicale sans lésion médullaire. Les traumatismes dorsaux sont rares, mais s'accompagnent plus souvent de lésions médullaires. L'absence de signes radiologiques n'exclut pas la possibilité d'atteinte médullaire («SCIWORA» ou *spinal cord injury without radiological abnormalities*). Les circonstances de l'accident et les anomalies cliniques peuvent justifier à elles seules le recours à la tomodensitométrie ou, surtout, à la résonance magnétique nucléaire. Toute lésion médullaire exige une prise en charge immédiate par un neurochirurgien.

III. Traumatisme thoracique

L'absence de lésions apparentes n'exclut pas la possibilité de lésions intrathoraciques. Les traumatismes thoraciques résultent habituellement d'accidents d'automobile; ils sont rares mais graves et généralement associés à d'autres lésions comme un traumatisme crânien, des fractures et des luxations des membres ainsi que des lésions abdominales. Le pneumothorax sous tension et l'hémothorax massif sont les deux lésions thoraciques les plus redoutables; ils requièrent un geste thérapeutique immédiat.

1) **Asphyxie traumatique**: elle résulte d'une compression de la veine cave supérieure avec augmentation de la pression veineuse en amont. Elle est souvent associée à un pneumothorax ou à une contusion pulmonaire. Elle se manifeste par des pétéchies au niveau du cou et de la partie supérieure du thorax, un œdème périorbitaire et des hémorragies conjonctivales.

2) **Contusion pulmonaire**: c'est la plus fréquente des lésions traumatiques du thorax. Elle se caractérise par des hémorragies et un œdème interstitiel et, dans les cas graves, par une déchirure du parenchyme pulmonaire avec ou sans rupture bronchique, pneumothorax ou hémothorax. Elle se manifeste par un degré variable de détresse respiratoire. L'image radiologique se caractérise par des opacités alvéolaires mal définies qui peuvent être masquées par un hémothorax ou un pneumothorax sur les radiographies simples; la tomodensitométrie est plus sensible mais elle ne doit être faite qu'après la phase de stabilisation.

Le traitement consiste à administrer de l'oxygène, à ventiler mécaniquement et à mettre en place un drain thoracique s'il y a un pneumothorax ou un hémothorax. Une hémostase chirurgicale est parfois nécessaire.

3) **Fractures de côtes**: leur faible incidence chez le jeune enfant s'explique par la grande souplesse de la cage thoracique. Les fractures isolées sont habituellement bénignes, mais elles doivent faire suspecter un syndrome de l'enfant maltraité. Des fractures multiples de côtes peuvent causer un volet costal (voir plus loin). Les fractures des première et deuxième côtes ne s'observent pratiquement que dans le contexte de traumatismes thoraciques violents avec lésions pulmonaires et vasculaires. Selon le côté, des fractures des dernières côtes doivent faire suspecter des lésions hépatiques ou spléniques. Les fractures de côtes se manifestent par une douleur qui est accentuée par la respiration et parfois par des ecchymoses.

Le traitement consiste à administrer un analgésique (voir Douleur).

4) **Hémothorax massif**: le risque de décès est très élevé. Il se manifeste par une déviation controlatérale de la trachée, ainsi que par une disparition du murmure vésiculaire et une matité à la percussion du côté atteint. Un choc hypovolémique survient fréquemment.

Le traitement consiste à mettre en place un drain thoracique. L'évacuation rapide du sang peut causer un arrêt cardiaque. Lorsque la perte de sang dépasse 1 à 2 mL/kg/heure ou lorsque le drainage initial ramène plus de 20 % du volume sanguin, une thoracotomie à but hémostatique est indiquée. Le choc est traité de la façon habituelle (voir Choc hypovolémique).

5) **Plaie pénétrante du thorax**: le traitement consiste à mettre en place un drain thoracique. L'indication d'une thoracotomie varie selon la nature et l'importance des lésions internes.

6) **Plaie trachéale ou bronchique**: elle doit être suspectée lorsque le drainage d'un pneumothorax ne corrige pas la détresse respiratoire. Elle doit être confirmée rapidement par une bronchoscopie. Le traitement consiste en une thoracotomie et une suture de la plaie.

7) **Pneumothorax**: il n'est pas nécessairement associé à des fractures de côtes. Un petit pneumothorax peut passer inaperçu s'il n'y a pas d'emphysème sous-cutané et s'il ne cause pas de détresse respiratoire. Radiologiquement, il est plus facile à mettre en évidence sur un cliché en expiration effectué si possible en position debout, sinon en décubitus dorsal avec rayon horizontal. Un pneumothorax important sous tension peut causer une insuffisance respiratoire et circulatoire, des douleurs thoraciques, une déviation controlatérale de la trachée et du cœur et, du côté atteint, une distension thoracique, une disparition du murmure vésiculaire et une hypersonorité à la percussion.

Dans le cas d'un petit pneumothorax, on peut se contenter de surveiller le patient et de lui administrer un analgésique. L'administration d'oxygène à 100 % pendant quelques heures peut être utile. S'il s'agit d'un pneumothorax ouvert, on met un pansement occlusif sur la plaie et on insère un drain thoracique à distance de celle-ci. Le pneumothorax sous tension est traité par l'introduction immédiate d'une aiguille de calibre 18 ou 20 dans la cavité pleurale en passant par le 5e espace intercostal sur la ligne axillaire moyenne; un drain thoracique est ensuite mis en place.

8) **Tamponnade cardiaque par hémopéricarde**: elle se manifeste par un collapsus circulatoire et par une distension des veines du cou. Le traitement consiste à ponctionner le péricarde et, au besoin, à mettre en place un drain péricardique. Une intervention est souvent nécessaire pour suturer la plaie vasculaire ou cardiaque.

9) **Volet costal**: plusieurs fractures de côtes peuvent isoler du reste de la paroi thoracique un fragment pariétal dont les déplacements se font à contresens des mouvements respiratoires. Cette situation crée une détresse respiratoire. On peut noter des crépitations ainsi qu'un mouvement paradoxal du volet, qui fait saillie en expiration et s'enfonce en inspiration. Le traitement consiste à intuber le patient et à le ventiler mécaniquement; une curarisation est souvent nécessaire. Une fixation externe peut être indiquée.

10) **Rupture de l'aorte ascendante**: elle se manifeste par des douleurs thoraciques transfixiantes. Les radiographies montrent un élargissement du médiastin. Le diagnostic est confirmé par l'aortographie. Un traitement chirurgical immédiat est nécessaire.

IV. Traumatisme abdominal

Même en l'absence de lésions pariétales évidentes (éraflures, plaies, ecchymoses), il peut y avoir une rupture de la rate ou du foie, une atteinte pancréatique ou une perforation d'un viscère creux.

L'urgence abdominale se manifeste par un ballonnement abdominal douloureux, une disparition du péristaltisme, ainsi que par une contracture de la paroi. Il faut suspecter une hémorragie intra-abdominale chez tout polytraumatisé qui nécessite la perfusion de grandes quantités de liquides pour le maintien de sa tension artérielle, dont l'hémoglobine descend sous le seuil de 100 g/L de façon inexpliquée, ou qui présente une hématurie.

Les radiographies simples de l'abdomen contribuent d'ordinaire peu au diagnostic, sauf en cas de pneumopéritoine résultant de la perforation d'un viscère creux. Le bilan radiologique de base est complété par des radiographies du bassin et des poumons. L'échographie et la tomodensitométrie abdominales sont plus utiles. L'échographie met facilement en évidence la présence de sang ou d'un autre liquide dans la cavité péritonéale. Elle permet également de diagnostiquer les lésions traumatiques du foie, de la rate et des reins. La tomodensitométrie est préférable pour les lésions du pancréas et, probablement, de l'intestin.

1) **Rupture de la rate :** elle peut causer une hémorragie abondante. Il faut se souvenir du fait que le saignement peut se produire plusieurs heures après le traumatisme. Jadis, le traitement consistait en une splénectomie ; elle causait une déficience immunitaire redoutable. Depuis quelques années, le traitement conservateur a gagné de la popularité ; il consiste à garder le patient au repos au lit, à surveiller étroitement ses signes généraux et à le transfuser au besoin. La splénectomie n'est nécessaire que dans une minorité de cas, lorsque l'hémorragie est profuse (> 50 % du volume sanguin).

2) **Déchirure du foie :** elle peut aussi être responsable d'une hémorragie importante. Les déchirures minimes peuvent être traitées de façon conservatrice comme dans le cas d'une rupture de rate. Lorsque l'hémorragie est importante, une suture du foie, ou parfois une hépatectomie partielle, peut être nécessaire.

3) **Plaie pénétrante de l'abdomen :** elle se manifeste par un orifice cutané, un ballonnement abdominal et une contracture pariétale. Le traitement consiste en une laparotomie exploratrice et une réparation des lésions qui sont découvertes.

4) **Traumatisme pancréatique :** ses manifestations possibles sont la distension abdominale, un hématome pariétal, la présence de liquide dans le cul-de-sac péritonéal et l'élévation de l'amylasémie et de la lipasémie. Selon la gravité du tableau clinique, le traitement est conservateur ou chirurgical (pancréatectomie partielle). Les traumatismes pancréatiques peuvent se compliquer de pseudokystes.

5) **Traumatisme par la ceinture de sécurité :** la ceinture abdominale peut, en cas d'accident, causer un traumatisme abdominal grave, pouvant se caractériser par des éraflures et des ecchymoses au niveau des flancs, à hauteur des ailes iliaques, par une perforation intestinale ou vésicale, par un hématome intramural de l'intestin, ou encore par une fracture de la colonne lombaire.

V. Traumatisme pelvien

Il peut être responsable de fractures délabrantes du bassin, de lésions intra-abdominales et génito-urinaires et, parfois, de plaies artérielles ou veineuses qui peuvent causer une exsanguination. Les fractures ouvertes du bassin (ouvertes à l'extérieur ou accompagnant une rupture de viscère creux comme le rectum) ont un taux de mortalité élevé.

VI. Traumatisme du système urinaire

Une hématurie macroscopique ou microscopique constitue un indice important de lésion des voies urinaires et impose un bilan radiologique (échographie ou tomodensitométrie rénale). Une hématurie post-traumatique peut être présente en l'absence de lésion identifiable et, à l'inverse, il peut y avoir des lésions du système urinaire sans hématurie.

Les principales lésions possibles sont les suivantes :

- Contusion ou déchirure du rein ;

- Thrombose par étirement du pédicule vasculaire. Le diagnostic repose sur l'échographie Doppler, l'urographie intraveineuse, la tomodensitométrie ou la scintigraphie rénale ; il est confirmé par l'angiographie ;

- Rupture de la jonction pyélo-urétérale pouvant se manifester par une extravasation d'urine ;

- Rupture de la vessie ;

- Déchirure de l'urètre (chez le garçon). Elle doit surtout être soupçonnée lorsqu'il y a une ecchymose ou un hématome périnéal ; le diagnostic repose sur l'urétrographie.

Selon la gravité du tableau clinique, le traitement d'un traumatisme du rein peut être conservateur ou consister en une réparation chirurgicale ou une néphrectomie. La rupture de l'urètre ou de la vessie est réparée chirurgicalement. En cas de lésion du pédicule vasculaire, une réanastomose peut être tentée.

VII. Fractures des os longs

On retrouve, par ordre décroissant de fréquence, des fractures du poignet, du fémur, des os de la jambe, de l'humérus et de la cheville.

Chez l'enfant polytraumatisé, le traitement des fractures et leur immobilisation ne constituent habituellement pas une urgence immédiate, sauf dans les circonstances suivantes :

- Écrasement du bassin : la réduction de la fracture diminue les pertes sanguines ;

- Fracture ouverte : la plaie est couverte d'un pansement humide et une antibiothérapie est entreprise.

Il faut cependant vérifier la circulation distalement par rapport à la fracture. Les fractures supracondyliennes de l'humérus et du fémur ainsi que la luxation du genou peuvent s'accompagner d'une lésion artérielle. Si, après la réduction et l'immobilisation d'une fracture, le pouls est absent, une artériographie et une exploration chirurgicale peuvent être indiquées, avant que des lésions ischémiques irréversibles ne surviennent.

Le syndrome compartimental (syndrome des loges) est à redouter chez le polytraumatisé; les premiers signes cliniques sont la douleur, la dysesthésie et la tension du compartiment musculaire. Chez l'enfant polytraumatisé comateux, les signes cliniques font défaut et il faut recourir à la mesure de la pression intracompartimentale qui constitue le seul moyen d'établir le diagnostic. Le traitement consiste en une dermo-fasciotomie immédiate; elle permet de préserver la fonction du membre atteint.

VIII. Plaies et autres lésions traumatiques de la peau

Les plaies superficielles sont protégées par un pansement stérile en attendant leur exploration et leur réparation. L'exploration a pour but la recherche et l'exérèse de corps étrangers, l'identification des lésions nerveuses, vasculaires, tendineuses et osseuses, la vérification de l'intégrité des capsules articulaires et l'examen des régions avoisinantes.

Les plaies du visage doivent être explorées et réparées avec une attention particulière. La collaboration d'un ophtalmologiste, d'un oto-rhino-laryngologiste, d'un chirurgien dentiste, d'un chirurgien plasticien et d'un anesthésiste est souvent nécessaire. Les hématomes du septum nasal et de l'oreille externe se compliquent rapidement d'une nécrose cartilagineuse s'ils ne sont pas évacués.

Prévention

Voir Prévention des accidents.

Lectures suggérées

Bruce DA: Head injuries in the pediatric population. Curr Probl Pediatr 1990; 20: 61-107.

Bushore M: Children with multiple injuries. Pediatr Rev 1988; 10: 49-57.

Duncan CC: Skull fractures in infancy and childhood. Pediatr Rev 1993; 14: 389-390.

Eichelberg MR: Pediatric trauma: prevention, acute care, rehabilitation. Mosby-Year Book, St-Louis, 1993.

Ghajar J, Hariri RJ: Management of pediatric head injury. Pediatr Clin North Am 1992; 39: 1093-1125.

Graneto JW, Soglin DF: Transport and stabilization of the pediatric trauma patient. Pediatr Clin North Am 1993; 40: 365-380.

Guidelines for cardiopulmonary resuscitation and emergency cardiac care. JAMA 1992; 268: 2171-2302.

Hunter JG: Pediatric maxillofacial trauma. Pediatr Clin North Am 1992; 39: 1127-1143.

Jaffe D, Wesson D: Emergency management of blunt trauma in children. N Engl J Med 1991; 324: 1477-1482.

Kanter RK, Boeing NM, Hannan WP, Kanter DL: Excess morbidity associated with interhospital transport. Pediatrics 1992; 90: 893-898.

King DR: Trauma in infancy and childhood: initial evaluation and management. Pediatr Clin North Am 1985; 32: 1299-1310.

Kraus JF, Hemyari P: Brain injuries among infants, children, adolescents, and young adults. Am J Dis Child 1990; 144: 684-691.

Kraus JF, Fife D, Conroy C: Pediatric brain injuries: the nature, clinical course, and early outcomes in a defined United States population. Pediatrics 1987; 79: 501-507.

Mahoney WJ, D'Souza BJ, Haller JA, Freeman JM: Long-term outcome of children with severe head trauma and prolonged coma. Pediatrics 1983; 71: 756-762.

Rouse TM, Eichelberger MR: Trends in pediatric trauma management. Surg Clin North Am 1992; 72: 1347-1364.

Stene JK: Anesthesia for trauma. In Miller RD: Anesthesia. Churchill-Livingstone, New York, 1990, p. 1985-2000.

Trunkey DD: Initial treatment of patients with extensive trauma. N Engl J Med 1991; 324: 1259-1263.

White RJ, Likavec MJ: The diagnosis and initial management of head injuries. N Engl J Med 1992; 327: 1507-1511.

Yurt RW: Triage, initial assessment and early treatment of pediatric trauma patient. Pediatr Clin North Am 1992; 39: 1083-1091.

Troubles d'apprentissage scolaire   246

Robert Dubé

Généralités

Les enfants qui présentent un trouble d'apprentissage éprouvent des difficultés qui ne peuvent pas toutes être expliquées par une déficience intellectuelle, physique ou sensorielle, ni par une problématique affective, ni par des facteurs d'environnement reliés au milieu familial, scolaire ou socioculturel. Le faible rendement scolaire et les situations d'échec qui en résultent ont des répercussions négatives sur les capacités d'adaptation de l'enfant sur les plans personnel et social.

L'absence de marqueur biologique et de critères de définition universellement reconnus font obstacle à une estimation précise de la prévalence des troubles d'apprentissage; elle se situerait entre 2 et 5 % des enfants d'âge scolaire.

Pour des raisons inconnues, les garçons sont plus souvent touchés que les filles.

Un retard de maturation neurologique, des séquelles d'une lésion cérébrale, une dysfonction neurophysiologique, une lacune au niveau des préalables à l'apprentissage (exemple: pauvre discrimination visuelle), ainsi qu'une déficience psycholinguistique ou cognitive font partie des hypothèses étiologiques habituellement avancées. Cependant, aucune cause n'a encore été confirmée et il est fort probable que le problème trouve son origine dans une multiplicité de facteurs à la fois endogènes et exogènes.

Manifestations cliniques

Il n'existe pas de profil scolaire typique d'un enfant souffrant de difficultés d'apprentissage et celles-ci peuvent se manifester dans différentes matières et habiletés.

Les problèmes en lecture constituent la majorité des troubles d'apprentissage identifiés et ils sont presque toujours accompagnés de difficultés en orthographe. Les problèmes isolés en mathématiques se rencontrent plus rarement. Il existe plusieurs classifications des problèmes en lecture, selon le degré de compétence du lecteur, l'ampleur du retard, le degré de maîtrise des différentes entrées en lecture (exemple : entrée graphophonétique), ou encore selon le type d'erreurs commises (exemple : inversion des lettres). Les difficultés en orthographe sont aussi variées et peuvent toucher le vocabulaire, la syntaxe, la grammaire ou tout autre aspect du langage écrit. En mathématiques, l'enfant peut éprouver des difficultés à intégrer les notions de numération, à comprendre les opérations de base (exemple : addition), à manipuler les concepts de géométrie ou à saisir la démarche d'un problème.

Outre les problèmes dans les matières de base, on identifie souvent chez ces enfants des difficultés d'ordre instrumental prenant la forme d'une déficience perceptuelle (visuelle ou auditive), d'une mauvaise intégration visuo-motrice, d'une faiblesse de l'organisation séquentielle ou de la mémoire, de troubles fins du langage (à la fois aux niveaux réceptif et expressif), ainsi que des problèmes moteurs légers. Des signes neurologiques mineurs (exemples : syncinésies, agnosie digitale, etc.) sont également observés avec une plus grande fréquence, sans être pour autant pathognomoniques. Des difficultés d'attention et de concentration, un manque d'organisation et de planification, ainsi qu'une carence au niveau des stratégies complètent souvent le tableau clinique.

Les difficultés scolaires sont susceptibles d'engendrer chez l'enfant des comportements qui traduisent une piètre estime de soi, un manque de confiance en soi ou un sentiment d'échec. Ces comportements gênent la motivation, entraînent des conflits dans les relations sociales tant à l'école que dans le milieu familial et contribuent à leur tour à diminuer le rendement scolaire.

Explorations

Les objectifs de l'évaluation sont de préciser la nature des difficultés de l'enfant, de faire état de ses forces et de ses faiblesses, de situer ses habiletés cognitives, d'apprécier ses capacités instrumentales, de vérifier ses compétences psycholinguistiques et d'analyser les aspects affectifs et psychosociaux du problème.

Au moyen d'une observation systématique de l'enfant et de ses difficultés et à l'aide d'instruments de mesure appropriés, les intervenants scolaires, premiers responsables de la situation, tracent un portrait de l'enfant.

Le médecin généraliste ou le pédiatre est appelé à jouer un rôle complémentaire dans la démarche diagnostique. Il recueille les informations anamnestiques pertinentes : complications périnatales, problèmes de santé aigus ou chroniques, retard de développement et troubles du comportement. L'histoire familiale s'intéresse aux antécédents de difficultés d'apprentissage chez d'autres membres de la famille ainsi qu'aux problèmes sociaux et familiaux ; cette démarche a pour but d'évaluer l'influence possible de ces facteurs sur l'expression des difficultés d'apprentissage.

Au cours de l'examen, le médecin vérifie l'état de santé générale de l'enfant, sa croissance, ainsi que son intégrité visuelle et auditive. L'examen neurologique permet d'exclure un problème d'encéphalopathie, fruste ou non. L'examen neurodéveloppemental exige une compétence particulière; son objectif est de faire le bilan fonctionnel de l'enfant (habiletés instrumentales et neuromotrices).

Des examens complémentaires tels qu'un EEG, une tomodensitométrie cérébrale ou un enregistrement des potentiels évoqués cognitifs ne sont pas essentiels, à moins d'être requis par des données cliniques suggestives d'une atteinte neurologique.

Traitement

Le traitement des difficultés d'apprentissage requiert en général la mise en place par les intervenants scolaires d'un plan d'intervention personnalisé incluant des objectifs d'apprentissage, des stratégies d'intervention, ainsi que des mécanismes d'évaluation et de révision appropriés, compte tenu de la nature du problème.

Il existe de nombreuses techniques éducatives et rééducatives permettant de remédier aux difficultés scolaires. Parfois, celles-ci sont tellement importantes que l'enfant doit redoubler une année ou être orienté vers une classe spéciale. Il est toutefois préférable d'essayer de maintenir l'enfant dans le circuit scolaire normal. Indépendamment de la méthode utilisée, il importe d'aborder l'enfant dans sa globalité et de lui permettre de mettre en valeur ses compétences, d'utiliser des stratégies mieux adaptées, de vivre des succès et de développer une bonne estime de soi et une confiance suffisante pour faire face aux difficultés.

Le médecin contribue à l'intervention en s'assurant que l'enfant et ses parents comprennent bien la nature du problème, en les informant de la relation possible entre les problèmes de santé passés ou présents et les difficultés scolaires. Il joue aussi un rôle de conseiller ou de porte-parole auprès de l'enfant et de ses parents. Occasionnellement, il prescrit un médicament stimulant pour le traitement d'un déficit d'attention (voir Hyperactivité et déficit d'attention). Il coordonne les divers modes d'évaluation qui permettent d'arriver à un diagnostic précis et il collabore avec tous les intervenants afin de mieux répondre aux besoins de l'enfant.

Pronostic

Le pronostic des difficultés d'apprentissage varie selon leur nature et leur intensité. Environ 25 % des enfants atteints, ceux dont les difficultés sont légères, combleront leur retard et évolueront normalement. Ceux qui sont plus gravement atteints pourront, par exemple, arriver à une lecture fonctionnelle tout en maintenant un retard par rapport aux autres enfants.

L'échec scolaire et ses conséquences sur le fonctionnement de l'enfant augmentent le risque de mésadaptation lors de l'adolescence et à l'âge adulte. Le décrochage scolaire, la délinquance, les problèmes de socialisation et les troubles de la conduite ont été rapportés comme des complications possibles des difficultés d'apprentissage, ce qui justifie une intervention bien articulée.

Prévention

On n'a jusqu'à présent trouvé aucun moyen de prévenir les troubles d'apprentissage. Cependant, l'identification précoce de difficultés de développement, par exemple dans la sphère du langage, permet une intervention appropriée dès le début de la scolarité.

Lectures suggérées

Keys MP: The pediatrician's role in reading disorders. Pediatr Clin North Am 1993; 40: 869-879.

Levine MD: Developmental variation and learning disorders. Education Publishing Service. Cambridge, 1986.

Levine MD, Lindsay RL, Reed MS: The wrath of math. Deficiencies of mathematical mastery in the school child. Pediatr Clin North Am 1992; 39: 525-536.

Levy HB, Harper CR, Weinberg WA: A practical approach to children failing in school. Pediatr Clin North Am 1992; 39: 895-928.

Purvis P, Whelan RJ: Collaborative planning between pediatricians and special educators. Pediatr Clin North Am 1992; 39: 451-469.

Yule W, Rutter M: Reading and other learning difficulties. In Rutter M, Hersov R: Child and adolescent psychiatry: modern approaches. Blackwell Scientific Publications, Oxford, 1985.

Troubles de la coagulation (hémorragies et thromboses)   247

Robert Thivierge, Georges-Étienne Rivard, Michèle David, Heather Hume, Michel Weber, Patrick Le Touzé

Généralités

Le sang est en équilibre constant entre l'hypocoagulabilité, qui peut être responsable d'hémorragies et l'hypercoagulabilité, qui peut causer des thromboses. Contrairement aux hémorragies, les thromboses sont plutôt rares chez l'enfant.

L'enfant qui saigne de façon anormale

L'hémostase comporte des composantes vasculaires, plaquettaires et plasmatiques dont le résultat final est la transformation du fibrinogène en fibrine, le principal constituant du caillot, sous l'effet de la thrombine. Les facteurs plasmatiques de coagulation sont les suivants: facteurs I (fibrinogène), II (prothrombine), V, VII, VIII, IX, X, XI, XII et XIII.

Les déficits vasculaires ou plaquettaires (exemples: télangiectasies, thrombasténies) sont habituellement responsables d'hémorragies au niveau de la peau et des muqueuses, comme des ecchymoses, des épistaxis, de l'hématurie, des ménométrorragies ou des hémorragies digestives. Par contre, les diverses déficiences en facteurs de coagulation causent surtout des hémorragies plus profondes, par exemple des hématomes musculaires ou des hémarthroses.

Démarche clinique chez l'enfant qui saigne de façon anormale

I. Anamnèse

L'histoire familiale recherche une diathèse hémorragique, ainsi qu'une consanguinité. L'anamnèse personnelle précise la fréquence, les sites, l'importance et la durée des hémorragies. Elle s'intéresse particulièrement à l'histoire de saignements au cours de la période néonatale et lors de traumatismes ou d'interventions chirurgicales ; elle recherche aussi la prise de médicaments qui peuvent altérer la fonction plaquettaire, comme l'acide acétylsalicylique, les anti-inflammatoires non stéroïdiens et certains antihistaminiques. On se préoccupe aussi de la possibilité d'ingestion accidentelle d'un anticoagulant. Enfin, l'histoire recherche des indices de maladie hépatique, néoplasique, infectieuse ou autre.

II. Examen

Il s'intéresse notamment aux signes d'atteinte hépatique aiguë ou chronique (ictère, hépatomégalie, splénomégalie, etc.) ou de maladie infectieuse (fièvre, etc.). On explore ensuite les divers sites possibles de saignement :

- Le système nerveux central : les hémorragies intracrâniennes sont plutôt rares ; elles se manifestent de façon aiguë et évidente : altération de l'état de conscience, hypertension intracrânienne, déficits neurologiques focalisés, convulsions, etc. ;

- La peau : il peut s'agir d'une hémorragie prolongée au niveau d'une plaie ou d'un site de ponction ou encore d'un saignement affectant la peau saine (pétéchies ou ecchymoses). Beaucoup d'enfants normalement actifs présentent des ecchymoses d'âges divers au niveau de la face antérieure des jambes. Par ailleurs, la présence d'ecchymoses inexpliquées doit toujours faire penser à un syndrome de l'enfant maltraité (voir Syndrome de l'enfant maltraité ou négligé) ;

- La sphère oto-rhino-laryngologique : les épistaxis sont particulièrement fréquentes chez l'enfant normal. Un trouble de la coagulation ne doit être suspecté que s'il y a une histoire familiale de diathèse hémorragique, s'il y a des hémorragies au niveau d'autres sites ou si les épistaxis sont fréquentes et prolongées (voir Épistaxis). On recherche aussi la présence de saignements gingivaux ou d'un hémotympan ;

- Les poumons : les hémorragies pulmonaires sont rares ; elles se manifestent par des hémoptysies, de la toux, de la dyspnée et des infiltrats ;

- Le système digestif (voir Hémorragies digestives) ;

- Le système urinaire : on recherche une hématurie microscopique ou macroscopique (voir Hématurie) ;

- Le système locomoteur : les hémarthroses et les hémorragies musculaires sont évidentes : elles causent de la douleur, un gonflement localisé, ainsi qu'une limitation de la mobilité.

III. Explorations

Elles ne sont pas nécessaires lorsque la cause de l'hémorragie est évidente ou qu'il s'agit d'un saignement de courte durée affectant un site unique (exemple : épistaxis). Par contre, un petit nombre d'examens paracliniques sont indiqués dans les circonstances suivantes :

- Hémorragies affectant simultanément ou successivement plusieurs sites ;
- Saignements récidivants ;
- Hémorragies disproportionnées par rapport à leur cause ;
- Indices associés de maladie hépatique, infectieuse ou autre ;
- Histoire familiale de diathèse hémorragique.

Les principales explorations de dépistage sont les suivantes :

- Temps de saignement par la méthode d'Ivy (normale : < 10 minutes*) ;
- Numération plaquettaire (normale : 150 à 400×10^9/L) ;
- Temps de thrombine ou TT (normale : 11 à 15 secondes*) ;
- Temps de prothrombine (Canada) ou TP (normale : 11 et 18 secondes*). Le TP correspond au «PT» de la littérature anglo-saxonne. Il est aussi exprimé par l'INR (*international normalized ratio*), ou rapport temps du patient/temps du témoin. L'INR est anormal s'il dépasse 1,3. En France, on utilise le taux de prothrombine (normale : 70 à 100 %) ;
- Temps de céphaline activé ou TCA (normale : 35 $\pm$ secondes*). Le TCA correspond à l'«aPTT» de la littérature anglo-saxonne.

Principales entités responsables de saignements anormaux

I. Anomalies congénitales et héréditaires

1) Thrombopénies néonatales (pour autant que la fonction plaquettaire soit normale, des hémorragies ne surviennent que lorsque les plaquettes descendent sous le seuil de 20 à 30×10^9/L) :

   a) Par destruction excessive : une thrombopénie peut être causée par le passage transplacentaire d'anticorps antiplaquettaires, par exemple lorsque la mère est atteinte de purpura thrombopénique ou de lupus érythémateux ; il peut aussi s'agir d'anticorps formés par la mère contre les plaquettes de l'enfant, par un processus similaire à celui de l'érythroblastose fœtale ;

   b) Par production insuffisante : il peut s'agir d'une infection virale ou bactérienne acquise (septicémie, avec ou sans coagulation intravasculaire disséminée), ou d'une infection congénitale (virus de la rubéole, cytomégalovirus, *Herpèsvirus*, *Toxoplasma gondii*, etc.). Les autres causes sont beaucoup plus rares ; il peut s'agir par exemple :

   - D'un syndrome de Wiskott-Aldrich, qui est transmis selon le mode récessif lié au sexe, et qui associe une déficience immunitaire, une dermite atopique et une thrombopénie ;

---

* Ces valeurs peuvent varier d'un laboratoire à l'autre.

- D'une amégacaryocytose congénitale;
- D'une anémie de Fanconi, qui peut se manifester initialement par une thrombopénie (celle-ci est rarement présente à la naissance).

2) Maladie de von Willebrand (ou de Willebrand): la forme légère, la plus courante, de cette anomalie de la fonction plaquettaire, est transmise selon le mode autosomique dominant. La forme grave, plus rare, est transmise selon le mode autosomique récessif. Il s'agit d'un déficit en facteur de von Willebrand, dont le rôle consiste à faciliter l'adhésion plaquettaire. Dans la forme la plus fréquente, les patients ont rarement des hémorragies graves, mais saignent plus longtemps que la normale à l'occasion de coupures, de plaies, d'épistaxis, ainsi que de traumatismes, d'extractions dentaires et d'interventions chirurgicales. Les adolescentes peuvent présenter des ménorragies. Le diagnostic peut être suspecté lorsque le temps de saignement ou le TCA est allongé. La confirmation du diagnostic et l'identification du type de la maladie dépend de tests plus spécialisés comme le dosage du facteur de von Willebrand et du facteur VIII, l'étude de l'adhésion plaquettaire, ainsi que l'étude des multimères du facteur de von Willebrand. Dans les formes légères, le traitement des épisodes hémorragiques consiste à administrer de la desmopressine (DDAVP) et de l'acide aminocaproïque. En cas d'hémorragie majeure liée à une forme grave, ou lorsqu'une hémorragie ne répond pas à la desmopressine, l'administration d'un concentré de facteur VIII contenant du facteur de von Willebrand fonctionnel peut être indiquée. Les autres formes d'anomalies de la fonction plaquettaire sont rares et dépassent le cadre de cet ouvrage.

3) Déficit en facteur VIII (hémophilie A): c'est la forme la plus fréquente d'hémophilie (80 %). Elle est transmise selon le mode récessif lié au sexe; les garçons sont donc à peu près exclusivement atteints. La plupart du temps, les formes graves (facteur VIII < 1 %), deviennent évidente avant l'âge d'un an. La maladie se manifeste parfois au cours de la période néonatale par des hémorragies prolongées aux sites d'injections ou de prélèvements sanguins. Chez l'enfant plus âgé, la première manifestation peut être un saignement anormalement prolongé au niveau d'une plaie mineure. Les hémorragies peuvent affecter tous les sites, mais les hémarthroses et les hématomes intramusculaires sont particulièrement fréquents; les patients atteints risquent de saigner abondamment lors des traumatismes et des interventions chirurgicales. Le TCA est allongé, tandis que le TP, le temps de saignement et le taux du facteur de von Willebrand sont normaux. Le facteur VIII est abaissé, ce qui permet de différencier la maladie de l'hémophilie B et de prédire le risque d'hémorragie (il est le plus élevé lorsque son niveau est inférieur à 1 %). Le traitement des épisodes hémorragiques consiste à administrer du facteur VIII (voir Transfusions et réactions transfusionnelles). Parmi les autres moyens thérapeutiques, il faut citer l'administration d'acide aminocaproïque et de desmopressine (DDAVP),

surtout utile dans les formes légères ou modérées. L'apparition d'inhibiteurs du facteur VIII chez certains patients rend le traitement plus difficile. Comme dans le cas de toute maladie chronique, les patients atteints doivent être pris en charge par une équipe spécialisée afin de prévenir et de traiter le plus efficacement possible les épisodes hémorragiques et d'offrir le soutien psychosocial nécessaire. De nombreux patients traités avant 1985 ont été infectés par le VIH.

4) Déficit en facteur IX (hémophilie B) : cette entité représente 10 à 15 % des hémophilies. Elle est transmise selon le mode récessif lié au sexe et ne touche donc que les garçons. Les manifestations cliniques sont identiques à celles de l'hémophilie A (voir ci-dessus). Le TCA est allongé, tandis que le TP et le temps de saignement sont normaux ; le niveau du facteur IX est abaissé, ce qui permet de différencier la maladie de l'hémophilie A et de prédire le risque d'hémorragie (il est le plus élevé lorsque ce niveau est inférieur à 1 %). Les épisodes hémorragiques sont traités au moyen de concentré de facteur IX (voir Transfusions et réactions transfusionnelles).

5) Déficit en facteur XI (pseudohémophilie C ou maladie de Rosenthal) : elle ne constitue que 2 à 3 % des hémophilies. Elle est transmise selon le mode autosomique récessif et peut donc affecter les filles aussi bien que les garçons. Seuls les homozygotes peuvent saigner de façon anormale, particulièrement lors d'une intervention chirurgicale ou d'un traumatisme. Le TCA est allongé, tandis que le TP et le temps de saignement sont normaux ; chez les homozygotes, le facteur XI est inférieur à 20 % de la normale. Le traitement des épisodes hémorragiques consiste à administrer un concentré de facteur XI.

6) Déficit en facteur XIII : cette anomalie rare se manifeste le plus souvent en bas âge par des saignements anormaux, par exemple lors de la chute du cordon ombilical. Le TCA, le TP, le TT et le temps de saignement sont tous normaux. Le diagnostic repose sur le dosage du facteur XIII. Le traitement des épisodes hémorragiques consiste à administrer un concentré de facteur XIII.

7) Anomalies congénitales du fibrinogène (facteur I) :

   a) Afibrinogénémie : cette anomalie est transmise selon le mode autosomique récessif. Des hémorragies importantes sont surtout à craindre lors des traumatismes et des interventions chirurgicales ; elles sont traitées par l'administration de concentré de fibrinogène ;

   b) Dysfibrinogénémies, qui sont transmises selon le mode autosomique dominant.

II. Anomalies acquises

1) Déficience en vitamine K : la maladie hémorragique du nouveau-né doit être prévenue par l'administration systématique de vitamine K à tous les nouveau-nés (voir Soins du nouveau-né normal). Chez l'enfant plus âgé, ce problème est rare ; il s'observe par exemple en cas de malabsorption intestinale ou de maladie hépatique. Le TCA est

allongé, ainsi que le temps de prothrombine (ce qui correspond à un taux de prothrombine abaissé), tandis que le TT est normal. Le traitement consiste à administrer de la vitamine K (0,2 mg/kg/24 heures PO, IM ou SC en 1 fois, à répéter au besoin 3 jours consécutifs; maximum chez le grand enfant: 10 mg/24 heures).

2) Thrombopénies (pour autant que la fonction plaquettaire soit normale, des hémorragies spontanées ne surviennent que lorsque les plaquettes descendent sous le seuil de 20 à 30 × 10^9/L):

a) Par destruction excessive: chez l'enfant, il s'agit surtout du purpura thrombopénique idiopathique (voir Purpura thrombopénique idiopathique). Plus rarement, la thrombopénie résulte d'une maladie auto-immune, dont elle peut constituer le mode de présentation;

b) Par production insuffisante: ce type de thrombopénie s'observe principalement en cas d'anémie aplastique ou d'infiltration néoplasique de la moelle (exemple: leucémie). Il peut aussi s'agir de la conséquence d'une infection virale ou bactérienne; l'infection à VIH est un exemple typique;

c) Par séquestration: les plaquettes peuvent être séquestrées dans une rate augmentée de volume (hypersplénisme) ou dans un hémangiome volumineux (syndrome de Kasabach-Merritt). En cas d'hypersplénisme, la thrombopénie est habituellement légère ou modérée et n'est pas responsable d'hémorragies.

3) Anomalies de la fonction plaquettaire (le nombre de plaquettes est normal, mais le temps de saignement est allongé): il s'agit surtout de l'effet de certains médicaments comme l'acide acétylsalicylique, les anti-inflammatoires non stéroïdiens et certains antihistaminiques.

4) Maladies hépatiques: une atteinte aiguë (exemple: hépatite fulminante) ou chronique (exemple: cirrhose) peut être responsable d'hémorragies, qui s'expliquent par divers mécanismes et particulièrement par une insuffisance de production et une augmentation de la consommation des facteurs II, VII, IX et X et du fibrinogène. Le TCA, le TT sont allongés, de même que le temps de prothrombine (ce qui correspond à un taux de prothrombine diminué). Le traitement est décrit dans le chapitre Insuffisance hépatique aiguë.

5) Coagulation intravasculaire disséminée: chez l'enfant, ce problème se rencontre par exemple en cas d'infection grave (exemple: septicémie à *Neisseria meningitidis*), de cancer, de *purpura fulminans*, de choc, de réaction transfusionnelle ou d'anoxie. Les patients atteints peuvent présenter à la fois des thromboses et des hémorragies au niveau de divers sites et en particulier des ecchymoses. Le TCA et le TT sont habituellement allongés, de même que le temps de prothrombine (ce qui correspond à un taux de prothrombine diminué). Le fibrinogène est souvent bas, les plaquettes sont la plupart du temps abaissées et on peut mettre en évidence dans le sang des produits de dégradation du fibrinogène ou de la fibrine. Les globules rouges sont souvent déformés (schizocytes). Le traitement est surtout dirigé vers la maladie causale. Lorsque les hémorragies sont importantes, il peut être nécessaire

de transfuser des plaquettes, du cryoprécipité (interdit en France) ou du plasma frais congelé. L'utilité de l'héparine est controversée.

Les thromboses veineuses

I. Généralités

Les thromboses veineuses et les embolies pulmonaires sont plus rares chez l'enfant que chez l'adulte. La plupart du temps, les thromboses surviennent au niveau des extrémités, le plus souvent au niveau des membres inférieurs. Dans la presque totalité des cas, il existe un facteur prédisposant qui doit être recherché de façon systématique (tableau 65).

II. Manifestations cliniques

Les thromboses veineuses qui ne résultent pas de la présence d'un cathéter, surviennent le plus souvent au niveau des membres inférieurs. Elles sont plus fréquentes chez l'adolescent que chez le jeune enfant. Elles sont caractérisées par une douleur et un œdème au niveau du membre atteint. Il peut aussi y avoir de la fièvre ; un syndrome de la veine cave supérieure est aussi possible. La thrombose de la veine rénale s'observe surtout chez le nouveau-né ; elle se manifeste par une hématurie et une masse rénale.

Le diagnostic clinique n'est pas toujours facile. Il est confirmé par la phlébographie. La valeur de l'échographie Doppler est à l'étude. Les principaux symptômes d'embolie pulmonaire sont la douleur thoracique, la dyspnée, la tachypnée, la tachycardie et la cyanose ; le diagnostic clinique est confirmé par la scintigraphie pulmonaire.

Tableau 65 Principales causes favorisantes des thromboses

- Présence d'un cathéter veineux central
- Intervention chirurgicale
- Traumatisme
- Syndrome néphrotique (thrombose de la veine rénale)
- Polycythémie néonatale
- Infection telle qu'une méningite ou une infection de la face (thromboses des sinus intracrâniens)
- Cancer (leucémie et autres)
- Anémie falciforme (drépanocytose)
- Utilisation de contraceptifs oraux (chez l'adolescente)
- Activité sportive intense
- Déficits héréditaires en inhibiteurs de la coagulation tels que l'antithrombine III, la protéine C et la protéine S (ces anomalies sont transmises selon le mode autosomique dominant)
- Obésité
- Lupus érythémateux disséminé
- Colite ulcéreuse ou autre maladie intestinale
- Immobilisation ou paralysie
- Grossesse ou interruption de grossesse (chez l'adolescente)
- Homocystinurie
- Transplantation d'organe (thromboses vasculaires au niveau de l'organe greffé)

Le traitement d'une thrombose veineuse profonde consiste à administrer des anticoagulants. Il vise surtout à prévenir les embolies pulmonaires. On ne doit pas attendre la confirmation du diagnostic avant de débuter l'héparinisation : à moins de contre-indication hémorragique, le traitement doit être amorcé dès que le diagnostic est soupçonné et cessé si les épreuves diagnostiques sont négatives. On utilise initialement l'héparine, selon la posologie suivante :

- Dose de charge : 50 à 75 U/kg IV, suivie d'une perfusion continue de 15 à 25 U/kg/heure pendant au moins 5 à 7 jours. La surveillance et les ajustements du traitement reposent sur la détermination répétée du TCA (cible : 1,5 à 2 fois la valeur avant le début du traitement) ou sur le dosage de l'héparine (valeur cible : 0,2 à 0,4 U/mL si on utilise le dosage au moyen du sulfate de protamine et 0,35 à 0,7 U/mL si on utilise l'antifacteur Xa).

Le traitement au moyen d'un autre anticoagulant est entrepris simultanément, environ 48 heures après le début de l'héparinothérapie. Au Canada, on utilise la warfarine (Coumadin), dont la posologie initiale est de 0,2 mg/kg/24 heures PO en 1 fois (maximum chez le grand enfant : 10 mg/24 heures). Le traitement est ajusté 48 heures plus tard, selon le TP (cible : 1,5 à 2 fois le temps de prothrombine du témoin), ou, de préférence, selon l'INR (cible : 2 à 3). En France, on utilise l'un des anticoagulants suivants, en visant également un INR de 2 à 3 :

- Acénocoumarol (Sintrom) : la posologie initiale chez l'adolescent est de 4 mg (1 comprimé) par jour pendant 2 jours. Le taux de prothrombine est mesuré le 3e jour et la posologie quotidienne est ensuite ajustée selon ce taux par quart de comprimés en plus ou en moins ;
- Fluindione (Préviscan) : la posologie initiale chez l'adolescent est de 20 mg (1 comprimé) par jour pendant 3 à 4 jours. Le taux de prothrombine est mesuré le 4e jour et la posologie quotidienne est ensuite ajustée selon ce taux par quart de comprimés en plus ou en moins ;
- Phénindione (Pindione) : la posologie efficace chez l'adolescent est, en moyenne, de 75 mg (1,5 comprimé) par jour. Elle est ajustée selon le taux de prothrombine.

Le traitement thrombolytique à la streptokinase ou à l'urokinase est controversé, sauf en cas de thrombose résultant de la présence d'un cathéter ou en cas d'embolie pulmonaire massive. Ce mode de traitement appartient au domaine surspécialisé et dépasse le cadre de cet ouvrage.

Des rechutes et un syndrome post-phlébitique (œdème chronique, douleur, pigmentation et induration de la peau, ulcères) peuvent survenir à la suite des thromboses veineuses des membres.

Lectures suggérées

David M, Andrew M : Venous thromboembolic complications in children. J Pediatr 1993 ; 123 : 337-346.

Hoyer LW : Hemophilia A. N Engl J Med 1994 ; 330 : 38-47.

Scott-Mano C : Difficult pediatric diagnosis : bruising and bleeding. Pediatr Clin North Am 1991 ; 38 : 637-655.

Troubles du sommeil   248

Odile Lapierre, Michel Weber

Généralités

Qu'il s'agisse de réveils nocturnes, de refus d'aller dormir, de cauchemars ou de terreurs nocturnes, les troubles du sommeil sont fréquents chez l'enfant. Le médecin généraliste et le pédiatre sont souvent consultés pour ce type de problèmes auxquels ils ne sont pas toujours adéquatement préparés à faire face. Plusieurs de ces troubles représentent des variantes du développement normal, ou tout simplement le reflet d'une méconnaissance des principes d'hygiène du sommeil.

Grâce aux travaux menés dans les laboratoires de sommeil, les connaissances au sujet du sommeil et de ses troubles se sont considérablement étendues au cours des dernières années. Le sommeil n'est pas un état unitaire comme on le croyait antérieurement ; il est en fait constitué de deux états bien définis, tant au point de vue électrophysiologique qu'au point de vue comportemental :

I. Le sommeil lent ou sommeil calme

Il se subdivise lui-même en sommeil lent léger (stades 1 et 2) et en sommeil lent profond (stades 3 et 4). Le sommeil de stade 1 se caractérise par un EEG désynchronisé, de fréquence rapide et de bas voltage ; des mouvements oculaires lents peuvent être notés au début de ce stade. L'apparition de complexes électriques particuliers (complexes K et fuseaux de sommeil) signale l'apparition du stade 2. Le sommeil profond de stades 3 et 4 se caractérise par un EEG synchronisé, de faible fréquence et de haut voltage. Pendant le sommeil lent, la fréquence des rythmes cardiaque et respiratoire diminue ; le tonus musculaire est amoindri mais présent.

II. Le sommeil rapide ou sommeil paradoxal

Il se caractérise quant à lui par un EEG désynchronisé, rapide et de bas voltage. Le tonus des muscles antigravitaires est aboli. On note des mouvements oculaires rapides, des secousses musculaires isolées, des irrégularités des rythmes cardiaque et respiratoire, ainsi qu'une vasodilatation des organes pelviens chez la fille et une érection chez le garçon. Le sommeil paradoxal constituerait le support neurophysiologique du rêve. On qualifie ce sommeil d'actif en raison de la dépense d'énergie accrue qui lui est associée. Ce stade de sommeil fournirait une stimulation neuronale à l'organisme en développement, alors qu'il est relativement privé de stimuli en provenance de l'environnement.

La succession des différents stades de sommeil constitue un cycle de sommeil dont la durée passe de 60 minutes chez le nouveau-né à 90 minutes chez l'adulte. La proportion relative des différents stades de sommeil se modifie aussi avec l'âge. Le nourrisson de quelques semaines passe environ la moitié de son temps de sommeil en sommeil agité (le précurseur du sommeil paradoxal), et la proportion de sommeil agité est encore plus élevée chez le prématuré. En fait, un rapport sommeil calme/ sommeil agité supérieur à 1 est un indice de maturation fœtale. Quant à l'adulte, il passe environ le quart de son sommeil en sommeil paradoxal.

Par ailleurs, on note, chez l'enfant comme chez l'adulte, d'importantes variations individuelles quant à la durée du sommeil.

Démarche clinique

I. Chez le nouveau-né et le nourrisson

La plupart des nouveau-nés réveillent leurs parents une ou plusieurs fois par nuit pendant quelques semaines ou quelques mois. Bien qu'il n'y ait pas de différence majeure entre le sommeil de l'enfant allaité et celui de l'enfant nourri artificiellement, la mode de l'alimentation au biberon peut être responsable de la croyance erronée et répandue selon laquelle le sommeil des nourrissons devrait être ininterrompu. En fait, le rythme veille-sommeil du nourrisson est d'environ quatre heures : il n'a pas encore la capacité physiologique de dormir toute la nuit de façon ininterrompue et il est réveillé par la faim et la soif.

L'organisation circadienne du rythme veille-sommeil s'installe progressivement entre trois et six mois. L'enfant apprend à dormir de façon ininterrompue pendant une période de 5 heures qui se situe entre 23 heures et 8 heures. On observe non seulement l'installation d'une régulation circadienne du cycle veille-sommeil, mais aussi des fréquences cardiaque et respiratoire, de la température et de certaines hormones parmi lesquelles le cortisol. Les études épidémiologiques évaluent qu'à l'âge de trois mois, 71 % des enfants dorment de façon ininterrompue pendant toute la nuit. Cette proportion s'élève à 84 % à l'âge de 6 mois et à 90 % à 10 mois.

Le rythme veille-sommeil se superpose à celui des repas. Cependant, chez le nouveau-né alimenté par voie intraveineuse ou par gavage continu, le cycle s'établit dans les mêmes délais et il s'installe même lorsque l'éclairage est continu, comme cela arrive dans les unités de soins intensifs. L'environnement, l'alternance lumière-obscurité et la régularité des repas assurent cependant une stabilité au rythme veille-sommeil et il n'est donc pas surprenant d'observer une incidence accrue de troubles du sommeil chez le prématuré, comparativement au nouveau-né à terme ; cette incidence augmente encore si l'enfant a dû demeurer dans une unité néonatale dont l'environnement est stable et non ponctué de variations périodiques de lumière et d'obscurité, de bruit et de silence. Les difficultés de sommeil peuvent être plus marquées chez les anciens prématurés dont la période néonatale a été compliquée.

Entre 6 et 12 mois, l'enfant maîtrise davantage son environnement ; il va apprendre à reproduire seul les conditions propices à son endormissement. Au terme de cet apprentissage, il pourra faire seul la transition entre la veille et le sommeil non seulement au coucher, mais aussi après les éveils nocturnes. La mise en place d'un rituel au coucher et la présence d'un objet transitionnel près de lui lors de ses réveils nocturnes facilite cet apprentissage.

Le sommeil est normalement entrecoupé d'éveils brefs qui surviennent principalement à la fin d'une période de sommeil paradoxal ou lors du sommeil lent de stade 2. Il est préférable de laisser à l'enfant la possibilité de se rendormir seul et de ne pas intervenir trop rapidement, du moins si on est certain que l'enfant n'est pas en danger. L'enfant doit développer ses propres ressources pour s'endormir seul et ne pas dépendre de la présence de ses parents à chaque moment. Par contre, il ne semble pas opportun de laisser pleurer le nouveau-né ou le nourrisson comme le suggèrent certains. Il faut plutôt lui donner le sein, le biberon ou la sucette et tenter de le calmer en le berçant et en lui offrant un contact physique, ainsi que des paroles ou des chansons apaisantes : une relation de confiance doit s'établir entre le nourrisson et ses parents. Même à cet âge, la possibilité de cauchemars existe.

Beaucoup d'inconnues entourent encore les troubles du sommeil du nourrisson. Certaines de ces difficultés peuvent résulter d'habitudes culturelles. Par exemple, dans les sociétés industrialisées, les parents s'attendent à ce que leur bébé dorme seul et de façon ininterrompue pendant toute la nuit.

Des différences de tempérament peuvent expliquer pourquoi les problèmes de sommeil sont plus importants chez certains enfants. Ces difficultés peuvent entraîner un état de fatigue chronique et parfois même d'exaspération chez les parents. Ceux-ci se demandent souvent si leur enfant est malade ; ils mettent en doute leur compétence parentale et éprouvent des sentiments de culpabilité. Diverses formes de stress familial peuvent aussi jouer un rôle précipitant ou aggravant et contribuer à la persistance des troubles du sommeil.

Des perturbations du sommeil peuvent simplement résulter d'une hygiène de sommeil déficiente. Dans cet ordre d'idée, parmi les principaux éléments pouvant retarder l'endormissement ou causer des réveils nocturnes répétés, il faut citer un environnement inadéquat (exemple : lieu inconfortable ou exagérément bruyant), un horaire de sommeil irrégulier ou trop rigide, des activités stimulantes au cours de la soirée, des interventions parentales trop promptes ou prolongées en réponse aux pleurs de l'enfant, la suppression prématurée du biberon de nuit ou une suralimentation nocturne, l'absence de siestes ou l'imposition de siestes trop longues.

Face à cette situation, le médecin généraliste ou le pédiatre se sent souvent démuni. Il n'a à offrir que de bonnes paroles et laisse entrevoir à juste titre que le passage du temps amènera une résolution du problème. Le simple fait d'examiner l'enfant et de rassurer ses parents quant à sa santé physique peut les soulager. Il est important de leur expliquer que les réveils nocturnes sont normaux et qu'ils ne résultent pas de lacunes dans leur compétence parentale. Contrairement à une croyance répandue, l'introduction précoce des aliments solides ne réduit pas les réveils nocturnes. Récemment, on a rapporté que l'intolérance aux protéines bovines pouvait être responsable des insomnies chez une minorité substantielle de nourrissons. En présence d'une situation particulièrement difficile, l'exclusion des protéines bovines de l'alimentation pendant quelques jours est donc parfois indiquée.

En résumé, une insomnie précoce, apparaissant entre l'âge d'un mois et l'âge de trois mois, reflète généralement une méconnaissance des besoins de sommeil et d'alimentation du nourrisson. Elle est habituellement transitoire et se résout parallèlement à l'adaptation du bébé. Si l'insomnie persiste au-delà du sixième mois, alors que l'enfant est physiologiquement prêt à dormir de façon ininterrompue, les parents doivent établir des limites raisonnables; un traitement de type comportemental s'avère souvent fort utile et peut résoudre le problème rapidement dans la plupart des cas.

II. Chez l'enfant âgé de un à trois ans

1) Variantes de la normale :

Pratiquement tous les enfants de cet âge manifestent de façon plus ou moins vigoureuse leur insatisfaction à la perspective d'aller au lit. Plusieurs facteurs peuvent être responsables de cette source fréquente de conflit. L'enfant peut simplement ne pas être fatigué. Il peut avoir peur de l'obscurité, d'ombres, de monstres, de certains bruits ou simplement refuser la séparation et la solitude. Il peut aussi être traumatisé par des tensions ou des conflits familiaux. Il ne peut comprendre pourquoi ses parents dorment ensemble et le laissent seul. Ces mêmes facteurs peuvent être responsables de réveils nocturnes. L'enfant a tendance à rejoindre ses parents dans leur lit, à se blottir contre eux ou à s'installer entre eux pour les séparer. Il peut se réveiller au milieu de la nuit ou tôt le matin et avoir envie de jouer comme en plein jour. Ces comportements sont normaux mais, à cet âge, une certaine fermeté calme commence à s'imposer.

Dans plusieurs sociétés, l'enfant dort normalement avec ses parents. Dans les sociétés occidentales, cette habitude est généralement considérée comme déviante. Le fait d'accepter que l'enfant dorme régulièrement avec ses parents n'améliore pas de façon durable les troubles du sommeil et peut mener à une habitude persistante.

Toutes ces difficultés revêtent une importance plus grande dans une famille perturbée.

Les parents peuvent surestimer le besoin de sommeil de leur enfant. Il est parfois opportun de réduire le nombre d'heures de sommeil pendant le jour pour tenter d'allonger la période de sommeil nocturne. Dans le même but, on peut suggérer aux parents de ne pas obliger empiriquement l'enfant à se coucher trop tôt et de le laisser plutôt se fatiguer naturellement. Le moment d'aller au lit devrait être empreint de calme, de tendresse et de sérénité. L'institution d'un rituel au coucher facilite généralement l'endormissement de l'enfant. La porte de la chambre peut être laissée entrouverte et une veilleuse peut être allumée. La présence d'un objet transitionnel rassurant semble souvent utile.

La tenue par les parents d'un journal quotidien détaillant tous les aspects du sommeil de leur enfant et de leurs réactions peut aider à circonscrire les problèmes de façon plus précise et permettre aux parents de découvrir eux-mêmes des éléments de solution.

Un médicament hypnotique n'est presque jamais indiqué.

La plupart du temps, l'intervention consiste à explorer de façon détaillée les habitudes de sommeil et la dynamique familiale, à rassurer les parents, à les informer quant aux limites de la normalité, à leur suggérer quelques ajustements mineurs et à leur expliquer que ces difficultés ont tendance à se résoudre spontanément avec le temps.

Lorsque les conseils simples mentionnés plus haut ne sont pas efficaces et que des troubles importants du sommeil persistent, le recours à un psychologue ou un psychiatre spécialisé dans ce type de problèmes peut être nécessaire car certaines techniques de modification du comportement peuvent être efficaces.

2) Cauchemars :

Les cauchemars sont relativement rares au cours de cette période de la vie. Ils surviennent pendant la phase de sommeil paradoxal. L'enfant se réveille et se laisse facilement rassurer ou consoler. Les signes physiologiques de stress ne sont pas marqués. Aucun traitement n'est nécessaire.

3) Terreurs nocturnes :

Les terreurs nocturnes se caractérisent par des hurlements ou des pleurs intenses lors d'un éveil brusque incomplet. L'enfant semble être en détresse ; il est confus, désorienté et il réagit peu aux stimuli externes. Il ne reconnaît pas son entourage. Cette agitation s'accompagne d'une activation autonomique importante qui se manifeste par une accélération des fréquences cardiaque et respiratoire, une sudation profuse, une mydriase, une vasodilatation cutanée et une augmentation du tonus musculaire. Cette activation autonomique témoigne d'une réaction d'éveil intense.

Les terreurs nocturnes surviennent au début de la nuit, en général 30 à 60 minutes après l'endormissement, lors du sommeil lent profond. L'enfant est très difficile à réveiller et à consoler. Si on le réveille, il rapporte parfois le souvenir d'une vision terrifiante. Le matin, on note habituellement une amnésie de l'épisode.

Les terreurs nocturnes se distinguent aisément des cauchemars : ces derniers surviennent au cours du sommeil paradoxal et non pendant la première heure de sommeil ; ils ne s'accompagnent pas d'une activation autonomique intense et l'enfant n'est pas confus lorsqu'il s'éveille.

Après s'être assuré que l'enfant n'est pas en danger, il vaut mieux que les parents limitent leur intervention et évitent de réveiller l'enfant, ce qui a pour effet de prolonger l'épisode. Il n'est pas nécessaire d'en faire part à l'enfant le lendemain matin, puisqu'il n'est pas conscient de ces éveils nocturnes incomplets.

Les terreurs nocturnes sont très fréquentes entre l'âge d'un an et de trois ans et elles ne doivent pas être considérées d'emblée comme un indice de perturbation psychologique. Lorsqu'elles sont sporadiques, il est préférable de les ignorer tout simplement. Si elles surviennent de façon quotidienne et persistante et qu'elles perturbent exagérément la quiétude familiale, une évaluation psychiatrique ou psychologique est indiquée. On peut exceptionnellement avoir recours à une pharmacothérapie de soutien transitoire (exemple : diazépam), en attendant le relais de l'intervention psychothérapeutique.

III. Chez l'enfant plus âgé et chez l'adolescent

On qualifie parfois la phase de latence d'«âge d'or du sommeil». En effet, les troubles du sommeil sont inhabituels chez les enfants d'âge scolaire. Avec l'adolescence apparaissent des insomnies, des hypersomnies et, de façon plus spécifique, des troubles du rythme veille-sommeil.

1) Insomnie :

L'insomnie est relativement rare avant l'adolescence et elle mérite donc une évaluation attentive. Elle peut en effet constituer un indice d'anxiété ou de dépression.

Chez l'adolescent, il faut rechercher en outre la présence d'un retard de phase amorcé à la fin de la semaine par un coucher plus tardif. L'adolescent se lève alors plus tard le samedi et le dimanche, et il éprouve donc plus de difficulté à s'endormir à l'heure désirée le dimanche soir. Le réveil du lundi est pénible et l'adolescent peut éprouver des troubles de la vigilance pendant la journée. Les retards de phase sont fréquents au cours de l'adolescence. Dans certains cas, l'adolescent en retire des bénéfices, par exemple en manquant l'école.

Chez l'adolescent, il faut aussi songer à la consommation de café ou de drogues stimulantes, ou au sevrage de drogues ayant un effet déprimant sur le système nerveux central.

2) Somnambulisme :

Le somnambulisme infantile commence généralement vers l'âge de cinq à six ans et disparaît au cours de l'adolescence. Il ne constitue pas un indice de psychopathologie, bien qu'il puisse apparaître ou s'intensifier lors des périodes de stress. Le somnambulisme se caractérise par des comportements complexes survenant au cours du sommeil lent profond, c'est-à-dire pendant les premières heures de sommeil. Le somnambule s'assied sur son lit, se lève, puis déambule les yeux ouverts, plus ou moins conscient de son environnement. Son activité motrice est normale, quoique limitée et souvent automatique. Le matin, l'amnésie rétrograde des épisodes de déambulation est habituelle.

Des comportements inadéquats sont parfois observés, par exemple uriner dans le coin d'une pièce. Des chutes et des blessures peuvent survenir. Un épisode peut durer 15 à 30 minutes, mais la plupart du temps sa durée ne dépasse pas quelques minutes. La somniloquie est souvent associée au somnambulisme, mais les paroles sont habituellement inintelligibles. Le somnambule peut manifester de l'irritabilité, voire de l'agressivité, si on tente de l'éveiller brusquement ou si on lui fait obstacle mais, la plupart du temps, il retourne spontanément vers son lit ou obéit à une suggestion dans ce sens. Il ne faut pas hésiter à réveiller l'enfant s'il se met dans une situation dangereuse. Le somnambule présente une certaine hypoesthésie et peut se réveiller le matin, surpris de s'être infligé des plaies ou même une fracture.

3) Apnées obstructives du sommeil:

Chez l'enfant, les apnées du sommeil secondaires à une obstruction des voies respiratoires supérieures sont relativement fréquentes; il faut les suspecter chaque fois qu'un enfant présente des difficultés respiratoires nocturnes et de la somnolence diurne. Des difficultés respiratoires au cours du sommeil, des arrêts respiratoires nocturnes notés par les parents, des ronflements, un sommeil agité et une respiration buccale s'observent fréquemment chez les enfants qui souffrent d'apnées du sommeil. La gravité de ces apnées est évaluée non seulement selon leur fréquence et leur importance, mais surtout en surveillant la saturation de l'hémoglobine au cours du sommeil par oxymétrie de pouls et en recherchant la présence associée d'efforts respiratoires paradoxaux.

La principale cause des apnées obstructives nocturnes chez l'enfant est l'hypertrophie des amygdales et des végétations adénoïdes (voir Hypertrophie des amygdales et des adénoïdes, amygdalectomie et adénoïdectomie). Parmi les causes plus rares, il faut citer notamment le syndrome de Pierre Robin, la trisomie 21 et la maladie de Hurler. Chez l'adolescent, l'obésité est fréquemment incriminée.

Les apnées obstructives se manifestent par des ronflements ou une respiration bruyante entrecoupée d'arrêts respiratoires. Parfois, on peut aussi noter une hypersudation nocturne, de l'énurésie ou des troubles de l'éveil. Les manifestations diurnes varient selon l'âge:

– Chez le jeune enfant, les problèmes suivants peuvent survenir: retard staturopondéral, retard des acquisitions psychomotrices, troubles de la déglutition, agressivité, hyperactivité;

– L'adolescent, comme l'adulte, est souvent obèse. Il présente fréquemment une somnolence diurne. Une forme extrême et rare d'apnées obstructives nocturnes avec obésité est le syndrome de Pickwick.

Tant chez le jeune enfant que chez l'adolescent, les apnées du sommeil peuvent, si elles se prolongent, causer une insuffisance cardiaque droite (cœur pulmonaire chronique).

Le traitement dépend de la cause. L'hypertrophie des amygdales et des végétations adénoïdes est traitée par amygdalectomie et adénoïdectomie. Certaines approches chirurgicales sont possibles lorsque les apnées obstructives sont causées par une dysmorphie faciale (exemple: syndrome de Pierre Robin). L'adolescent obèse doit être encouragé à maigrir (voir Obésité); il nécessite parfois l'administration nocturne d'une pression positive continue par voie nasale.

4) Narcolepsie:

La narcolepsie est une forme particulière d'hypersomnie qui se développe généralement au cours de l'adolescence ou, plus rarement, chez le jeune enfant. À la somnolence de fond, qui peut être combattue par des activités stimulantes, se superposent des accès de sommeil irrésistibles qui peuvent survenir à des moments inopportuns, ainsi que des micro-endormissements d'une durée de quelques secondes, dont la succession peut être responsable de comportements automatiques et de pertes de mémoire ou de concentration. La présence de cataplexie est nécessaire au diagnostic de cette affection; il s'agit d'une dissolution brève du tonus musculaire, qui survient lors des émotions fortes comme le rire, la surprise ou la colère. La cataplexie peut affecter exclusivement les muscles de la mâchoire, causant ainsi de la dysarthrie, ou toucher l'ensemble de la musculature axiale, provoquant l'affaissement du patient. L'état de conscience n'est jamais altéré. Environ 30 % des patients rapportent une histoire de paralysie au cours du sommeil ou d'hallucinations lors de l'éveil ou de l'endormissement.

Le diagnostic de cette maladie nécessite un enregistrement polygraphique du sommeil. Le test itératif de temps d'endormissement effectué après une nuit passée au laboratoire de sommeil confirme une hypersomnie grave (temps moyen d'endormissement inférieur à cinq minutes) et met en évidence la présence caractéristique de sommeil paradoxal pendant les 10 minutes qui suivent l'endormissement. Le typage des antigènes HLA démontre la présence de l'antigène HLA Dr2DQw1.

Des psychostimulants comme la pémoline ou le méthylphénidate sont utilisés pour le traitement de l'hypersomnie, mais ils sont sans effet sur la cataplexie; celle-ci peut être maîtrisée par des antidépresseurs tels que la fluoxétine ou la clomipramine.

5) Hypersomnie récurrente:

L'hypersomnie récurrente ou syndrome de Kleine-Levin se caractérise par des épisodes récurrents d'hypersomnolence accompagnée de mégaphagie et de comportements aberrants. Ce syndrome affecte de façon typique des adolescents de sexe masculin. Il ne s'agit pas d'une fatigue ou d'une anergie, mais bien d'une hypersomnie objectivable. L'adolescent dort 18 à 24 heures par jour et ne se réveille que pour manger, uriner ou aller à la selle.

La mégaphagie qui accompagne l'hypersomnolence appartient au domaine de la compulsion. La quantité d'aliments ingurgités est surprenante et mène fréquemment à un gain de poids au cours de l'épisode. L'adolescent peut manger des aliments qu'il n'apprécie habituellement pas, ou dont la qualité est douteuse.

Parmi les comportements aberrants, on peut noter des sentiments d'irréalité, presque toujours présents, de la confusion, un tableau psychotique avec idées délirantes et hallucinations, ou un tableau franchement maniaque. La désinhibition sexuelle est plus rare (environ 25 %) et elle n'est pas essentielle au diagnostic.

Les épisodes durent de quelques jours à quelques semaines et ils surviennent en moyenne deux fois par an. Il finissent par s'espacer et par diminuer d'intensité, puis se terminent au début de la vingtaine dans les trois quarts des cas. Entre les crises, le fonctionnement du patient est normal. Une histoire familiale d'hypersomnie récurrente est inhabituelle, mais on observe une incidence accrue de troubles affectifs dans la famille.

Les psychostimulants sont à proscrire car ils risquent d'aggraver les troubles du comportement sans contrôler efficacement la somnolence diurne. Les antidépresseurs ne sont d'aucun secours. Dans les rares cas où les épisodes sont longs ou fréquents, le traitement préventif au lithium peut être intéressant.

6) Énurésie :

Voir Énurésie.

7) Bruxisme :

Le bruxisme nocturne est un mouvement stéréotypé qui se caractérise par un grincement ou un serrement des dents survenant lors de l'endormissement ou pendant le sommeil. Le bruxisme peut causer de l'usure des dents ainsi que des douleurs, une dysfonction temporomandibulaire, des céphalées et des acouphènes. Il s'agit d'un problème très fréquent. La moitié des enfants présentent du bruxisme peu après l'éruption des incisives de lait, vers l'âge de 10 mois et on estime que plus de 20 % des adultes en souffrent.

Les épisodes de bruxisme arrivent surtout au cours du sommeil lent léger de stade 2, mais peuvent aussi survenir lors d'éveils, au cours du sommeil lent profond ou pendant le sommeil paradoxal. Un examen dentaire s'impose pour évaluer l'usure dentaire. Des anomalies anatomiques telles qu'une malocclusion ont parfois été associées au bruxisme ; cependant, le traitement de ces anomalies ne guérit pas toujours le bruxisme. Contrairement à d'anciennes croyances, il n'y a aucune relation entre le bruxisme et les parasitoses. Comme le bruxisme s'intensifie parfois au cours d'une période de stress, il peut être considéré comme une affection psychophysiologique. Des thérapies de comportement comme l'hypnose, la relaxation et la rétroaction biologique sont efficaces. L'utilisation de plaques dentaires peut inhiber le bruxisme tout en réduisant l'usure des dents. Lorsqu'un traitement pharmacologique est nécessaire, les benzodiazépines peuvent être efficaces.

8) Rythmies (bercements) nocturnes :

Les rythmies nocturnes englobent l'ensemble des manifestations rythmiques et stéréotypées survenant en rapport étroit avec le sommeil. Plusieurs formes ont été décrites, parmi lesquelles le bercement du corps, le roulement de la tête et le cognement de celle-ci. Certains enfants projettent leur tête contre l'oreiller ou le berceau et peuvent ainsi s'infliger des blessures, sans toutefois que l'organisation du sommeil en soit perturbée.

Les enregistrements de sommeil ont démontré que les rythmies nocturnes sont habituellement confinées à la phase de transition entre le sommeil et l'éveil et aux premières minutes du sommeil lent léger. Elles durent tout au plus une quinzaine de minutes. Dans certains cas, les rythmies persistent au cours du sommeil lent profond et quelques cas de rythmies survenant essentiellement pendant le sommeil paradoxal ont été décrits.

Les premières études sur les rythmies nocturnes ont été effectuées chez des enfants placés en institution; c'est peut-être pour cette raison qu'elles ont été attribuées à tort à la carence affective et au retard mental. Il n'est pas certain que les rythmies observées chez les enfants souffrant de retard mental constituent un phénomène comparable à celui qu'on retrouve chez les enfants normaux.

Des études épidémiologiques ont démontré la prévalence élevée des rythmies chez les enfants normaux d'âge préscolaire. Ceci suggère une tendance innée au développement d'une telle activité. Les rythmies débutent généralement avant la première année de vie. À l'âge de neuf mois, deux enfants sur trois présentent une forme quelconque d'activité rythmique. Les rythmies persistent après l'âge de quatre ans chez le tiers de ceux-ci, sans qu'aucun facteur prédictif ne puisse être identifié.

Chez le jeune enfant, les rythmies nocturnes contribuent probablement, grâce à la stimulation vestibulaire qu'elles entraînent, à la maturation du réflexe vestibulo-oculaire, essentiel à la maîtrise de la marche. Chez l'enfant plus âgé, les rythmies peuvent être perçues comme une habitude persistante facilitant l'endormissement. Le plaisir causé par l'activité rythmique n'est pas négligeable et il est possible que la stimulation vestibulaire joue un rôle dans l'induction du sommeil.

Les rythmies nocturnes disparaissent spontanément avant la quatrième année de vie et la majorité des enfants atteints ne nécessitent aucun traitement. Il convient de rassurer la famille à propos de la bénignité de l'activité rythmique et de l'absence de pathologie cérébrale sous-jacente. Une évaluation plus approfondie s'impose en présence de comportements violents, plus fréquents chez les enfants atteints de retard mental ou d'une maladie psychiatrique. Au besoin, on peut capitonner le berceau ou faire porter un casque protecteur à l'enfant. Chez les enfants plus âgés, certains traitements comportementaux comme l'hypnose peuvent s'avérer utiles.

Lectures suggérées

Adair RH, Bauchner H : Sleep problems in childhood. Curr Probl Pediatr 1993; 23 : 147-170.

Ferber R : Sleeplessness, night awakening, and night crying in the infant and toddler. Pediatr Rev 1987; 9 : 69-82.

Gaultier C : Pathologie respiratoire du sommeil du nourrisson et de l'enfant. Vigot, Paris, 1989.

Guilleminault C : Sleep and its disorders in children. Raven Press, New York, 1987.

Kryger MH, Roth T, Dement WC: Principles and practice of sleep medicine. WB Saunders, Philadelphia, 1993.

Lapierre O, Montplaisir J: Les parasomnies. L'Encéphale 1992; 18: 353-360.

Lozoff B, Zuckerman B: Sleep problems in children. Pediatr Rev 1988; 10: 17-24.

Thorpy MJ, and the Diagnostic Classification Steering Committee: International classification of sleep disorders: diagnostic and coding manual. American Sleep Disorders Association, Rochester, 1990.

Thorpy MJ: Handbook of sleep disorders. Dekker, New York, 1990.

Zuckerman B, Stevenson J, Bailey V: Sleep problems in early childhood: continuities, predictive factors, and behavioral correlates. Pediatrics 1987; 80: 664-671.

Troubles menstruels   249

Marc Girard, Jean-Yves Frappier, Mariette Morin-Gonthier, Guy Van Vliet

Généralités

Lorsqu'ils s'occupent d'adolescentes, les médecins généralistes et les pédiatres sont souvent appelés à répondre aux différentes questions qu'elles peuvent leur poser au sujet des menstruations normales ou anormales. Il leur arrive fréquemment de devoir identifier et traiter, parfois en collaboration avec un gynécologue ou un endocrinologue, les différents troubles menstruels qui peuvent survenir pendant cette période de la vie. Dans les pays industrialisés, l'âge moyen de la ménarche est de 12 ans et demi; 10 % des filles ont leurs premières menstruations au stade 2 de Tanner, 20 % au stade 3, 60 % au stade 4 et 10 % au stade 5. Au cours des 18 à 24 mois qui suivent, les cycles menstruels sont fréquemment anovulatoires. Pendant cette période, les menstruations surviennent irrégulièrement et leur durée est variable. Le cycle normal dure 21 à 35 jours (moyenne: 28 jours). La durée des menstruations varie de quatre à huit jours (moyenne: six jours). L'adolescente utilise en moyenne cinq serviettes ou cinq à six tampons par jour. Des cycles normaux nécessitent l'intégrité de l'hypothalamus, de l'hypophyse, des ovaires et de l'utérus.

Aménorrhée

I. Primaire

Il ne sera pas question ici de la puberté tardive associée à une croissance lente (retard de croissance constitutionnel); il s'agit d'une variante de la normale (voir Retard statural). On parle d'aménorrhée primaire lorsque la patiente n'a jamais été menstruée alors qu'elle atteint l'âge de 16 ans s'il y a un développement mammaire, ou l'âge de 14 ans si le développement mammaire n'est pas amorcé.

1) Si la puberté est amorcée, il faut rechercher systématiquement les causes suivantes:
  - Imperforation de l'hymen; après la ménarche, celle-ci conduit nécessairement à un hématocolpos;
  - Agénésie utérine (le diagnostic est fait par échographie), syndrome de Rokitansky-Kuster, syndrome du testicule féminisant;

- Hyperthyroïdie ;
- Stress scolaire, familial ou autre ;
- Excès d'exercice (exemples : ballet, marathon) ;
- Anorexie mentale (l'aménorrhée précède parfois la perte de poids) ;
- Maladie chronique (fibrose kystique, maladie de Crohn, cardiopathie cyanogène, etc.). La plupart du temps, le diagnostic est évident mais, dans quelques cas de maladie de Crohn, l'aménorrhée peut précéder de quelques mois ou quelques années l'apparition des symptômes digestifs.

Si aucune cause n'est identifiée, il faut se préoccuper de la possibilité d'une anomalie anatomique ou fonctionnelle de l'axe hypothalamo-hypophyso-gonadique (exemples : craniopharyngiome, prolactinome). La collaboration d'un gynécologue ou d'un endocrinologue est alors nécessaire. Les explorations comportent notamment des dosages hormonaux, une échographie pelvienne, ainsi qu'une étude neuroradiologique. Une élévation des gonadotrophines indique qu'il s'agit d'un problème ovarien ; lorsqu'elles sont basses, l'axe hypothalamo-hypophysaire est en cause.

2) Si la puberté n'est pas amorcée, on recherche des indices de syndrome de Turner : petite taille, *pterygium colli*, *cubitus valgus*, etc. Un caryotype est alors indiqué.

3) Une aménorrhée associée à une virilisation (acné, hirsutisme, hypertrophie clitoridienne) doit faire penser à la consommation de stéroïdes anabolisants, à une tumeur surrénalienne sécrétrice d'androgènes, à une hyperplasie congénitale des surrénales à manifestation tardive, à certaines formes de tumeurs ovariennes et au syndrome de l'ovaire polykystique qui est associé à une obésité (syndrome de Stein-Leventhal).

Le traitement de l'aménorrhée primaire dépend de sa cause. Par exemple, on traite l'anorexie mentale ou on prescrit des contraceptifs oraux en cas de syndrome de l'ovaire polykystique.

II. Secondaire

La ménarche a eu lieu et les menstruations ont disparu pendant trois mois ou plus. Il faut savoir que des périodes d'aménorrhée sont fréquentes pendant la première année qui suit la ménarche ; elles ne sont pas inquiétantes. La première chose à faire est de s'assurer par l'anamnèse, l'examen et un test de grossesse que l'adolescente n'est pas enceinte. Si elle ne l'est pas, il faut s'intéresser à la prise de drogues comme la cocaïne ou de médicaments comme les phénothiazines, et, comme dans l'aménorrhée primaire, au stress, à l'excès d'exercice et à une perte de poids, même légère, ou à d'autres symptômes suggestifs d'anorexie mentale. Le traitement de l'aménorrhée secondaire dépend de sa cause (exemple : traitement de l'anorexie mentale).

Dysménorrhée

La dysménorrhée consiste en une douleur abdominale basse ou lombaire qui survient pendant les trois premiers jours des menstruations. Près de

60 % des adolescentes souffrent de dysménorrhée. C'est la cause médicale la plus fréquente d'absentéisme scolaire à cet âge.

I. Primaire

La dysménorrhée primaire est la plus commune. Il n'y a pas d'anomalie anatomique et la réponse aux analgésiques du groupe des antiprostaglandines est favorable. Si la patiente a besoin de contraception, on commence par lui prescrire des contraceptifs oraux car ceux-ci peuvent avoir un effet thérapeutique important. Si l'adolescente n'a pas besoin de contraception ou si l'effet des contraceptifs est insuffisant, on prescrit l'une des antiprostaglandines suivantes :

– Acide acétylsalicylique : 500 à 650 mg PO toutes les 6 heures ;
– Naproxène : 550 mg PO comme dose initiale, puis 275 mg PO toutes les 6 heures ;
– Acide méfénamique : 500 mg PO comme dose initiale, puis 250 mg toutes les 6 heures ;
– Ibuprofène : 400 mg PO toutes les 6 heures.

Pour être efficace, le traitement doit être commencé de façon précoce, si possible même au cours des 24 heures qui précèdent les menstruations. Si l'un de ces analgésiques ne donne pas de résultat satisfaisant, on essaie l'un des autres. En cas de dysménorrhée grave répondant de façon insuffisante à ce traitement, on y ajoute des contraceptifs oraux. Les contre-indications aux antiprostaglandines sont la grossesse, l'intolérance digestive et l'asthme aggravé par l'acide acétylsalicylique. En l'absence de réponse, il faut rechercher une cause organique ; une consultation en gynécologie est nécessaire et une laparoscopie peut être indiquée.

II. Secondaire

La dysménorrhée secondaire peut résulter par exemple d'une anomalie anatomique de l'utérus, d'une endométriose, de la présence d'un corps étranger (stérilet) ou d'une endométrite. Elle répond moins bien aux antiprostaglandines. Le diagnostic d'endométriose nécessite une laparoscopie. Le traitement dépend de la cause ; par exemple, l'endométriose peut nécessiter un traitement aux contraceptifs oraux, au danazol ou aux analogues de la LH-RH.

Saignements utérins dysfonctionnels (métrorragies fonctionnelles)

Il s'agit habituellement de saignements anovulatoires. En l'absence d'ovulation, l'effet des œstrogènes sur l'endomètre n'est pas tempéré par la progestérone ; celui-ci continue alors à proliférer puis à saigner, parfois massivement. Il faut s'assurer qu'il ne s'agit pas d'une anomalie de l'hémostase, d'une cervicite, d'une endométrite ou d'une complication de la grossesse. Les saignements utérins dysfonctionnels peuvent causer une déficience en fer, une anémie microcytaire et même une hypovolémie. Si le médecin généraliste ou le pédiatre n'est pas familier avec ce type de problème, il peut demander la collaboration d'un gynécologue. L'évaluation comporte un examen gynécologique incluant des cultures de sécrétions cervicales, un hémogramme, des épreuves de dépistage des maladies sexuellement transmissibles, un test de grossesse ainsi qu'une étude de la coagulation. Le traitement dépend de l'étiologie. Si aucune cause précise ne peut être identifiée, la thérapie dépend des répercussions hématologiques et hémodynamiques :

1) Si l'hémoglobine est supérieure à 100 g/L et que la patiente ne saigne pas de façon active :

a) S'il n'y a pas de nécessité de contraception, donner 10 mg de médroxyprogestérone PO 1 fois par jour, du 20e au 25e jour du cycle, pendant 4 à 6 mois ;

b) S'il y a une nécessité de contraception, prescrire des contraceptifs oraux triphasiques combinés.

2) Si l'hémoglobine est inférieure à 100 g/L et si la patiente saigne de façon profuse, donner des œstrogènes conjugués (Canada : Prémarine ; France : Prémarin), à raison de 25 mg IV toutes les 4 heures jusqu'à l'arrêt de l'hémorragie. Par la suite, on administre une combinaison de 35 µg d'éthynil-estradiol et de 1 mg de noréthindrone PO 1 fois par jour pendant 21 jours. Si le saignement n'est pas trop abondant et qu'on peut temporiser 24 à 48 heures, on peut commencer le traitement directement avec la combinaison d'éthynil-estradiol et de noréthindrone à raison de 3 à 4 fois par jour pendant 3 à 4 jours, de 2 fois par jour pendant 2 à 3 jours et de 1 fois par jour jusqu'à ce qu'un total de 21 jours de traitement soit atteint. Après un arrêt de 7 jours, on continue à administrer 1 fois par jour la même combinaison de façon cyclique pendant 3 mois.

L'anémie ferriprive est traitée de la façon habituelle (voir Anémies).

Lectures suggérées

Coupey SM, Ahlstrom P : Common menstrual disorders. Pediatr Clin North Am 1989 ; 36 : 551-571.
Polaneczky MM, Slap GB : Menstrual disorders in the adolescent : amenorrhea. Pediatr Rev 1992 ; 13 : 43-48.
Polaneczky MM, Slap GB : Menstrual disorders in the adolescent : dysmenorrhea and dysfunctional uterine bleeding. Pediatr Rev 1992 ; 13 : 83-87.

Tuberculose   250

Michel Weber, Luc Chicoine, Marc Lebel, Guy Lapierre, Pierre Blanchard

Généralités

Dans les pays développés, la tuberculose est devenue rare. On doit surtout la suspecter chez les immigrants récents qui proviennent de régions où elle est endémique et chez les personnes qui ont été en contact avec un patient tuberculeux non traité. Dans les pays en développement, cette maladie demeure un problème majeur de santé publique.

L'agent étiologique est le bacille alcoolo-acido-résistant de Koch ou *Mycobacterium tuberculosis* (BK).

La maladie affecte de façon préférentielle mais non exclusive les enfants de moins de cinq ans, les adolescents, les femmes enceintes, les personnes âgées, celles qui vivent dans la pauvreté, les patients souffrant d'une infection comme la rougeole ou la coqueluche, de malnutrition, de cancer ou d'un déficit immunitaire comme le SIDA, ainsi que les personnes traitées aux immunosuppresseurs. L'acquisition de la tuberculose se fait par inhalation dans le poumon de gouttelettes contenant le BK. Ces gouttelettes contaminées demeurent en suspension dans l'air après avoir été émises par une personne infectée qui tousse. La maladie résulte donc le plus souvent d'un contact prolongé avec un membre de l'entourage immédiat atteint de tuberculose cavitaire non traitée.

Manifestations cliniques

I. Primo-infection

Elle survient un à trois mois après le contact et est caractérisée par un infiltrat et une adénopathie hilaire satellite. Elle passe souvent inaperçue et peut guérir spontanément. C'est à cette occasion qu'apparaît l'hypersensibilité retardée permettant le diagnostic par les épreuves cutanées. Chez certains patients, une réactivation peut se produire des mois ou des années plus tard. C'est pour prévenir cette réactivation que la primo-infection doit être traitée.

II. Tuberculose intrathoracique

C'est la forme la plus fréquente. Il peut s'agir d'une tuberculose bronchique, d'une tuberculose miliaire, d'une pneumonie segmentaire ou lobaire surtout apicale, de cavernes, d'adénopathies médiastinales, d'une atélectasie par compression bronchique ou d'un épanchement pleural. Une tuberculose pulmonaire peut être silencieuse ou se manifester par de la toux chronique, de la fièvre, une anorexie et un amaigrissement, des hémoptysies ou un érythème noueux. La péricardite est rare.

III. Tuberculose extrathoracique

Ces formes sont plus tardives et moins fréquentes. Les principales sont :
1) L'otite qui se manifeste par une perforation du tympan, une surdité et une otorrhée chronique ;
2) La laryngite, caractérisée par une toux aboyante et une raucité de la voix ;
3) L'adénite qui est le plus souvent cervicale, chronique, indolore et bilatérale. Le diagnostic différentiel inclut surtout la maladie des griffes de chat, l'adénite causée par une mycobactérie non tuberculeuse («mycobactérie atypique»), la toxoplasmose, les cancers du système lymphoïde (exemple : maladie de Hodgkin), ainsi que l'adénite vaccinale due au BCG (voir Adénopathies) ;

4) La méningite se manifeste de façon insidieuse : le tableau clinique peut prendre plusieurs semaines à se développer. Lorsqu'il est installé, on peut noter une raideur de nuque et d'autres signes d'irritation méningée, des céphalées, des vomissements, des convulsions, divers déficits neurologiques et, en fin d'évolution, un coma. Le liquide céphalorachidien est limpide ou opalescent et son analyse révèle classiquement ce qui suit :

    a) Pléocytose modérée (entre 10 et 500×10^6 leucocytes/L, soit entre 10 et 500 leucocytes par mm^3 ; les lymphocytes prédominent) ;

    b) Hyperprotéinorachie marquée ;

    c) Hypoglycorachie ;

5) L'arthrite tuberculeuse qui doit être suspectée en cas de monoarthrite persistante ;

6) La tuberculose osseuse, surtout localisée au niveau de la colonne (mal de Pott) ou de la hanche, qui peut causer des destructions importantes et des séquelles majeures ;

7) L'atteinte rénale qui peut se manifester par des signes d'infection urinaire avec pyurie aseptique et parfois hématurie. Elle peut conduire à la destruction du rein ;

8) L'atteinte cutanée (rare) ;

9) L'atteinte intra-abdominale, intestinale et péritonéale (rare) ;

10) La salpingite.

Explorations

1) Test tuberculinique cutané : il devient positif 6 à 10 semaines après l'infection.

   – Au Canada, on utilise :

    a) Pour le dépistage chez les personnes provenant de régions non endémiques (de moins en moins effectué) : le « Tine-test ». Ce dispositif est appliqué avec une légère pression au niveau de la face antérieure de l'avant-bras, de telle façon que l'empreinte des quatre pointes soit visible sur la peau. La lecture se fait 48 à 72 heures plus tard. Le test est considéré comme positif lorsqu'on note une induration de plus de 2 mm de diamètre à l'endroit où les pointes ont été appliquées et lorsque les zones d'induration confluent. Lorsqu'il est positif, une confirmation par un PPD est nécessaire ;

    b) Pour le diagnostic et le dépistage chez les personnes provenant de régions endémiques : le PPD (*purified protein derivative*). On injecte 0,1 mL (5 unités de tuberculine) de la solution par voie intradermique au niveau de la face antérieure de l'avant-bras. Pour que l'épreuve soit valide, il faut produire une papule et obtenir le phénomène de la peau d'orange. On mesure le diamètre de l'induration 48 à 72 heures après l'injection :

      – < 5 mm :   négatif ;

- 5 à 9 mm :   à considérer comme douteux si l'histoire épidémiologique est négative et positif si elle est positive;
- 10 mm ou plus : positif.

- En France, on utilise :

  a) Pour le dépistage, soit les timbres (notamment chez le nourrisson avant la vaccination avec le BCG), soit les bagues Monotest :

  - Timbres : Unitimbre Pasteur ou Néotest Normal : il est appliqué au niveau de la région sternale ou sous-claviculaire et enlevé 24 à 48 heures plus tard. La lecture est effectuée au moins 48 heures après l'enlèvement du timbre. On considère que la réaction est positive s'il existe, à l'endroit du contact avec la peau, au moins trois papules avec ou sans érythème. La positivité doit être confirmée avec l'intradermoréaction de Mantoux (IDR);

  - Bague à pointes (Monotest Mérieux) : elle est appliquée fermement au niveau de la face antérieure de l'avant-bras, soit directement lorsque les pointes sont imprégnées de tuberculine, soit à travers une goutte de tuberculine prise dans le réservoir. La lecture est effectuée au 3e jour. On considère que la réaction est positive si le diamètre de l'induration est supérieur à 2 ou 3 mm.

  b) Pour le diagnostic : l'intradermoréaction de Mantoux (IDR). On injecte par voie intradermique 0,1 mL de la solution contenant 10 unités de tuberculine. On doit obtenir une papule et un phénomène de la peau d'orange. La lecture est effectuée au 4e jour. La réaction est considérée comme positive si le diamètre de l'induration atteint ou dépasse 9 mm. Des réactions de l'ordre de 5 à 9 mm peuvent être significatives chez le jeune enfant, selon le contexte clinique.

Remarques : a) Une réaction, habituellement dans la zone douteuse, peut être notée en cas d'infection par une mycobactérie non tuberculeuse;

           b) L'administration antérieure du BCG peut être responsable d'une réaction positive (exemple : moins de 15 mm de diamètre pour le PPD), dont l'importance diminue avec le temps; après 10 ans, il faut être prudent avant d'attribuer une réaction positive au BCG;

           c) En raison d'une anergie, le test tuberculinique cutané peut être faussement négatif en cas de tuberculose grave (exemples : tuberculose miliaire, méningite tuberculeuse), de malnutrition, d'infection comme la rougeole ou de déficit immunitaire.

2) Radiographie pulmonaire : elle peut révéler une tuberculose miliaire, des adénopathies médiastinales, un infiltrat segmentaire ou lobaire (surtout apical), une caverne (rare chez l'enfant), une atélectasie lorsqu'une adénopathie médiastinale comprime une bronche, des calcifications ou un épanchement pleural. Des lésions pulmonaires sont le plus souvent présentes en cas d'atteinte tardive comme une méningite ou une tuberculose rénale ou osseuse.

3) Méthodes bactériologiques : selon la localisation de la tuberculose, on recourt à l'examen direct après coloration de Ziehl des expectorations ou des sécrétions obtenues lors d'une bronchoscopie ou d'un lavage broncho-alvéolaire, du produit de tubage gastrique, du pus, du liquide céphalorachidien, du liquide pleural ou articulaire ou de l'urine. Les mêmes liquides biologiques sont mis en culture sur le milieu de Lowenstein ; la pousse peut prendre jusqu'à six semaines. De nouvelles techniques permettent maintenant l'isolement du BK en moins de 10 jours. Le BK peut aussi être mis en évidence histologiquement, par exemple lors de l'exérèse d'une adénite.

Traitement

Dans différentes régions du monde, le BK devient de plus en plus résistant aux médicaments antituberculeux, particulièrement à l'isoniazide. Il est donc important d'essayer d'isoler la souche et de déterminer sa sensibilité, tant chez l'enfant lui-même que chez la personne avec laquelle il a été en contact. Compte tenu de la longue durée du traitement, le risque de nonfidélité ést élevé ; différentes stratégies comme des contacts téléphoniques réguliers doivent souvent être utilisées. Depuis quelques années, la durée du traitement a été réduite, d'abord chez l'adulte, puis chez l'enfant ; elle doit être au minimum de six mois. Sauf dans le cas d'une primo-infection, il faut toujours recourir à une polythérapie faisant appel à au moins trois agents bactéricides comme l'isoniazide, la rifampicine et la pyrazinamide. Après un à deux mois de traitement, les médicaments peuvent être administrés soit quotidiennement, soit deux fois par semaine, ce qui permet de les donner sous supervision médicale. Les recommandations thérapeutiques qui suivent sont celles proposées par l'Académie américaine de pédiatrie (1992).

I. Primo-infection tuberculeuse

Il s'agit d'un patient qui a un test tuberculinique positif mais qui ne présente aucun indice d'infection active : sa radiographie pulmonaire est normale. Il doit être traité pendant au moins six mois et de préférence pendant neuf mois. Il s'agit d'un traitement préventif qui a pour but de réduire le risque d'une tuberculose active ultérieure.

1) Traitement initial :
  – Isoniazide : 10 à 15 mg/kg/24 heures PO en 1 fois pendant 9 mois (maximum chez le grand enfant : 300 mg/24 heures) ;

2) Si le BK est résistant à l'isoniazide :
- Rifampicine : 10 à 20 mg/kg/24 heures PO en 1 fois pendant 9 mois (maximum chez le grand enfant : 600 mg/24 heures).

II. Tuberculose pulmonaire, adénopathie hilaire, adénite cervicale, tuberculose rénale

1) Premier choix : traitement de six mois :
- Deux premiers mois : triple association :
  - Isoniazide : 10 à 15 mg/kg/24 heures PO en 1 fois (maximum chez le grand enfant : 300 mg/24 heures) ;
  - Rifampicine : 10 à 20 mg/kg/24 heures PO en 1 fois (maximum chez le grand enfant : 600 mg/24 heures) ;
  - Pyrazinamide : 20 à 40 mg/kg/24 heures PO en 1 fois (maximum chez le grand enfant : 2 g/24 heures).
- Quatre mois suivants : on arrête le traitement à la pyrazinamide et on continue l'administration quotidienne d'isoniazide et de rifampicine à la même dose. Si, pendant cette période, l'administration quotidienne des médicaments pose des problèmes, on peut aussi les donner en deux doses par semaine, administrées sous supervision directe ; la posologie est alors la suivante :
  - Isoniazide : 20 à 40 mg/kg/dose PO (maximum chez le grand enfant : 900 mg/dose) ;
  - Rifampicine : 10 à 20 mg/kg/dose PO (maximum chez le grand enfant : 600 mg/dose).

2) Autre choix (réservé aux régions où le BK est toujours sensible à l'isoniazide et à la rifampicine) : traitement de neuf mois avec une double association :
- Isoniazide : 10 à 15 mg/kg/24 heures PO en 1 fois (maximum chez le grand enfant : 300 mg/24 heures) ;
- Rifampicine : 10 à 20 mg/kg/24 heures PO en 1 fois (maximum : chez le grand enfant : 600 mg/24 heures).

Les deux médicaments sont administrés tous les jours pendant un mois, puis tous les jours ou deux fois par semaine pendant les huit mois suivants. Si on opte pour deux doses par semaine, elles sont administrées sous supervision directe, selon la posologie suivante :
- Isoniazide : 20 à 40 mg/kg/dose PO (maximum chez le grand enfant : 900 mg/dose) ;
- Rifampicine : 10 à 20 mg/kg/dose PO (maximum chez le grand enfant 600 mg/dose).

III. Méningite tuberculeuse, tuberculose miliaire ou tuberculose osseuse

1) Deux premiers mois : quadruple association :
- Isoniazide : 10 à 15 mg/kg/24 heures PO en 1 fois (maximum chez le grand enfant : 300 mg/24 heures) ;

- Rifampicine : 10 à 20 mg/kg/24 heures PO en 1 fois (maximum chez le grand enfant : 600 mg/24 heures) ;
- Pyrazinamide : 20 à 40 mg/kg/24 heures PO en 1 fois (maximum chez le grand enfant : 2 g/24 heures) ;
- Streptomycine : 20 à 40 mg/kg/24 heures IM en 1 à 2 fois (maximum chez le grand enfant : 1 g/24 heures).

2) 10 mois suivants : double association :

- Isoniazide : 10 à 15 mg/kg/24 heures PO en 1 fois (maximum chez le grand enfant : 300 mg/24 heures) ;
- Rifampicine : 10 à 20 mg/kg/24 heures PO en 1 fois (maximum chez le grand enfant : 600 mg/24 heures).

Si, pendant cette période, l'administration quotidienne des médicaments pose des problèmes, on peut aussi les donner en deux doses par semaine, sous supervision directe, selon la posologie suivante :

- Isoniazide : 20 à 40 mg/kg/dose PO (maximum chez le grand enfant : 900 mg/dose) ;
- Rifampicine : 10 à 20 mg/kg/dose (maximum chez le grand enfant : 600 mg/dose).

Remarques particulières au sujet du traitement de la tuberculose chez l'enfant :

1) Si on suspecte la possibilité d'une résistance, il faut ajouter au traitement initial, jusqu'au moment où la sensibilité du BK est connue, soit la streptomycine, soit, si l'enfant est assez âgé pour qu'on puisse surveiller la vision des couleurs, l'éthambutol (15 à 25 mg/kg/24 heures PO en 1 fois ; maximum chez le grand enfant : 2,5 g/24 heures). En cas de résistance, il faut que la souche soit sensible à au moins deux médicaments sur trois ;

2) Les patients atteints de SIDA nécessitent un traitement plus long ;

3) Chez l'enfant, il n'est pas nécessaire de surveiller l'hémogramme, les transaminases et l'acide urique pendant le traitement ;

4) Il n'est pas nécessaire d'administrer un supplément de pyridoxine à l'enfant traité à l'isoniazide si son état nutritionnel est satisfaisant car la neuropathie causée par celle-ci est très rare. Chez l'adolescent, il est prudent de donner chaque jour une dose unique de 25 à 50 mg de pyridoxine ;

5) L'adjonction de corticostéroïdes au traitement antituberculeux est indiquée en cas de méningite tuberculeuse et lorsqu'une compression bronchique par une adénite est responsable d'une atélectasie. Elle peut aussi être nécessaire en cas de tuberculose miliaire grave, de pleurésie ou de péricardite. On utilise alors la prednisone (1 à 2 mg/kg/24 heures PO en 2 fois ; maximum chez le grand enfant : 50 mg/24 heures). Ce traitement est poursuivi pendant un mois, puis on effectue un sevrage graduel s'étendant sur une période de deux à trois semaines.

Prévention et mesures épidémiologiques

La prévention peut prendre diverses formes comme l'isolement respiratoire des patients qui excrètent le BK (voir Prévention des infections en milieu hospitalier) et le traitement préventif de la primo-infection.

L'efficacité du vaccin (BCG) demeure sujette à controverse. En France, le BCG est obligatoire avant l'âge de six ans ou plus tôt, avant l'âge de l'entrée en collectivité. Au Canada, il est surtout recommandé chez certains enfants à risque, particulièrement dans les régions à forte endémie.

Chaque fois qu'un cas de tuberculose est identifié, il faut rechercher la source de contamination en commençant par l'entourage immédiat. Une radiographie pulmonaire et une épreuve tuberculique cutanée doivent être faites chez toutes les personnes qui vivent sous le même toit. Si l'enquête familiale se révèle négative, la recherche doit s'étendre au milieu scolaire ou à la garderie (crèche). Voir aussi Problèmes épidémiologiques courants à la garderie (crèche).

Lectures suggérées

Grossman M, Hopewell PC, Jacobs RF, *et al.*: Consensus: management of tuberculin-positive children without evidence of disease. Pediatr Infect Dis J 1988; 7: 243-246.

Kendig EL, Inselman LS: Tuberculosis in children. Adv Pediatr 1991; 38: 233-255.

Nemir RL, O'Hare D: Tuberculosis in children 10 years of age and younger: three decades of experience during the chemotherapeutic era. Pediatrics 1991; 88: 236-241.

Peter G, Plotkin S, Easton JG, *et al.*: Chemotherapy for tuberculosis in infants and children. Pediatrics 1992; 89: 161-165.

Rosenfeld EA, Hageman JR, Yogev R: Tuberculosis in infancy in the 1990s. Pediatr Clin North Am 1993; 40: 1087-1103.

Snider DE Jr, Rieder HL, Combs D, *et al.*: Tuberculosis in children. Pediatr Infect Dis J 1988; 7: 271-278.

Starke JR: Modern approach to the diagnosis and treatment of tuberculosis in children. Pediatr Clin North Am 1988; 35: 441-464.

Starke JR: Multidrug therapy for tuberculosis in children. Pediatr Infect Dis J 1990; 9: 785-793.

Starke JR: Childhood tuberculosis during the 1990s. Pediatr Rev 1992; 13: 343-353.

Starke JR, Jacobs RF, Jereb J: Resurgence of tuberculosis in children. J Pediatr 1992; 120: 839-855.

Ulcère peptique   251

Michel Weber, Khazal Paradis, Arié Bensoussan

Généralités

Jadis considéré comme une rareté, l'ulcère peptique est maintenant reconnu de façon croissante comme une maladie de l'enfant et de l'adolescent, probablement en raison de l'amélioration des techniques de diagnostic et, peut-être, d'autres facteurs. Il demeure cependant moins fréquent que chez l'adulte.

Chez l'enfant de moins de deux ans, les localisations gastrique et duodénale ont une incidence à peu près semblable et les ulcères se retrouvent aussi souvent chez les garçons que chez les filles. Plus l'enfant avance en âge, plus l'ulcère duodénal prédomine et plus il affecte les garçons.

Les ulcères secondaires, appelés ulcères de stress, peuvent survenir lors de toute maladie médicale ou chirurgicale grave (exemples : brûlure étendue, polytraumatisme).

Plusieurs facteurs étiologiques sont mis en cause pour expliquer l'apparition d'un ulcère primaire : une prédisposition familiale, l'excès d'acidité gastrique, le stress émotionnel, certains médicaments comme les anti-inflammatoires non stéroïdiens, le groupe sanguin O et, de façon croissante, l'infection du tube digestif supérieur par l'*Helicobacter pylori*. Chez l'enfant, le syndrome de Zollinger-Ellison est extrêmement rare ; il associe des ulcères récidivants, une hyperplasie des replis gastriques et une hypersécrétion acide importante ; il peut être accompagné d'une diarrhée chronique. Des ulcères malins ne se rencontrent pratiquement jamais.

Manifestations cliniques

Chez le jeune enfant, les symptômes sont moins typiques que chez l'adulte. Un ulcère peut se manifester par de l'irritabilité, des douleurs abdominales, des vomissements, une hémorragie digestive haute ou basse ou une perforation. Plus l'enfant avance en âge, plus la symptomatologie ressemble à celle de l'adulte : il s'agit essentiellement de douleurs épigastriques post-prandiales pouvant réveiller la nuit et être soulagées par un repas.

Explorations

Le transit gastroduodénal permet de mettre en évidence une niche ulcéreuse, mais cet examen peut être faussement négatif. L'endoscopie haute constitue idéalement la méthode de diagnostic la plus précise ; elle doit être préférée dans les situations aiguës, par exemple lorsqu'un ulcère se complique d'une hémorragie digestive haute. S'il s'agit d'une douleur épigastrique chronique, on peut commencer par un examen radiologique et, s'il est négatif, passer à l'endoscopie. On complète les explorations par un hémogramme. Lors de l'endoscopie, on fait une biopsie de préférence antrale, avec coloration de Wharton-Starry, pour la mise en évidence de l'*Helicobacter pylori*.

Traitement

I. Agents bloqueurs des récepteurs H_2 de l'histamine et oméprazole

En permettant un contrôle de la sécrétion acide de l'estomac, ils sont devenus le fer de lance du traitement antiulcéreux. On utilise l'un des deux médicaments suivants :

- Cimétidine : 20 à 40 mg/kg/24 heures PO en 2 à 4 fois, ou IV en 4 à 6 fois (maximum chez le grand enfant : 2,4 g/24 heures);

- Ranitidine : 2 à 6 mg/kg/24 heures PO en 2 fois, ou IV en 4 fois (maximum chez le grand enfant : 300 mg/24 heures).

La durée du traitement est de six à huit semaines.

L'oméprazole, un bloqueur de la pompe à protons, est l'agent le plus puissant pour inhiber la production d'acide par l'estomac. Chez l'adolescent, la posologie est de 20 à 40 mg/24 heures PO en 1 fois. Ses indications pédiatriques et sa posologie chez l'enfant restent à préciser. Chez l'adolescent, on le réserve aux ulcères réfractaires aux bloqueurs H_2 et aux œsophagites de reflux graves.

II. Antiacides et sucralfate

Ils contribuent à soulager la douleur. Il s'agit habituellement d'hydroxyde de magnésium ou d'aluminium ou d'une association des deux (voir Index pharmacologique sous la rubrique hydroxydes de magnésium et d'aluminium). Le premier peut causer de la diarrhée et le second de la constipation. La posologie des présentations liquides est de 0,5 mL/kg/dose PO après les repas et au coucher ; maximum chez le grand enfant : 30 mL/dose. Le sucralfate est utilisé par certains ; il agit notamment en recouvrant l'ulcère d'un enduit protecteur. Chez l'adolescent, on donne 4 g/24 heures PO en 4 fois, une heure avant les repas et au coucher ; la posologie convenant à l'enfant n'est pas établie.

III. Antibiotiques

Le rôle d'une antibiothérapie dirigée vers l'*Helicobacter pylori* demeure controversé. Il semble de plus en plus qu'une quadruple association d'un anti-H_2, d'amoxicilline, de métronidazole et de bismuth, administrée pendant trois semaines, permet d'éradiquer l'*Helicobacter pylori* et de réduire les risques de récidive.

IV. Alimentation

Aucun régime alimentaire particulier n'est indiqué, si ce n'est d'éviter les aliments qui exacerbent la douleur.

V. Chirurgie

Le traitement chirurgical est rarement nécessaire. Il est indiqué pour suturer une perforation gastrique ou duodénale. En cas d'obstruction pylorique persistante ou d'hémorragie incontrôlable par d'autres moyens, il faut pratiquer une vagotomie suprasélective avec pyloroplastie ou antrectomie.

Complications

Obstruction pylorique, hémorragie digestive (voir Hémorragies digestives), perforation.

Pronostic

Il est excellent. Les récidives sont nettement moins fréquentes chez le jeune enfant que chez l'adulte et leur incidence augmente progressivement avec l'âge. Les enfants qui présentent une récidive dans l'année qui suit (environ 30 %) méritent des biopsies endoscopiques pour s'assurer qu'il ne s'agit pas d'une atteinte digestive haute de la maladie de Crohn.

Lectures suggérées

Feldman M, Burton ME: Histamine 2-receptor antagonists. Standard therapy for acid-peptic diseases (Part I). N Engl J Med 1990; 323: 1672-1680.

Feldman M, Burton ME: Histamine 2-receptor antagonists. Standard therapy for acid-peptic diseases (Part II). N Engl J Med 1990; 323: 1749-1755.

Gryboski D: Peptic ulcer disease in children. Pediatr Rev 1990; 12: 15-21.

Judd RH: *Helicobacter pylori,* gastritis, and ulcers in pediatrics. Adv Pediatr 1992; 39: 283-306.

Nord KS: Peptic ulcer disease in the pediatric population. Pediatr Clin North Am 1988; 35: 117-140.

Peterson WL: Helicobacter pylori and peptic ulcer disease. N Engl J Med 1991; 324: 1043-1048.

Soll AM: Pathogenesis of peptic ulcer and implications for therapy. N Engl J Med 1990; 322: 909-916.

Urticaire   252

Jean-Bernard Girodias, Julie Powell, Zave Chad

Voir aussi Œdème angioneurotique ou œdème de Quincke.

Généralités

Fréquente chez l'enfant, l'urticaire peut résulter de nombreux facteurs comme une infection virale ou bactérienne, une allergie alimentaire ou médicamenteuse, une piqûre d'insecte, un effort physique ou une exposition au soleil ou au froid. Dans près de 80 % des cas, la cause ne peut être identifiée. Les principaux allergènes alimentaires pouvant causer l'urticaire sont les produits laitiers, les œufs, les crustacés, le poisson, les arachides (cacahuètes) et les noix. Certains aliments comme les fraises et les tomates, qui contiennent des amines vaso-actives, peuvent aggraver l'urticaire, mais en sont rarement la cause. Parmi les médicaments les plus souvent incriminés, il faut citer les pénicillines, les céphalosporines, les sulfamides et l'acide acétylsalicylique. Les produits dérivés du sang peuvent aussi être en cause (voir Transfusions et réactions transfusionnelles). Dans le cas d'une origine médicamenteuse, on distingue deux formes :

1) Une réaction urticarienne précoce et grave qui survient dans les minutes qui suivent l'administration parentérale ;

2) Une urticaire tardive et moins grave, survenant quelques heures ou quelques jours après le début d'un traitement oral, ou même après son arrêt.

Manifestations cliniques

L'urticaire peut être isolée ou s'accompagner d'autres problèmes comme un œdème diffus ou localisé, souvent situé au niveau des paupières, des oreilles, des lèvres, des petites articulations ou des organes génitaux externes, des arthralgies ou des arthrites, des troubles digestifs comme des douleurs abdominales, de la diarrhée et des vomissements, des symptômes respiratoires comme de la toux, une dyspnée obstructive, laryngée ou bronchique. On distingue plusieurs formes d'urticaire :

I. L'urticaire aiguë classique

Cette forme est la plus fréquente chez l'enfant. Sa durée va de quelques heures à quelques semaines. Il s'agit d'une réaction de type I, dépendante des IgE. Les principales étiologies sont les infections bactériennes ou virales, ainsi que les allergies alimentaires ou médicamenteuses. Il s'agit d'une éruption très prurigineuse caractérisée par des placards érythémateux et des papules blanches ou rosées. Ces lésions sont souvent surélevées et leurs contours sont nettement délimités. Le nombre des placards urticariens est très variable. Ils peuvent aller et venir ou changer d'aspect rapidement. Ils peuvent disparaître après quelques jours ou réapparaître à intervalles réguliers pendant une à deux semaines. Entre les poussées, un dermographisme exagéré témoigne de l'activité persistante de l'urticaire.

II. La maladie sérique

Il s'agit d'un syndrome allergique de type III (dépendant des IgE), constitué d'une urticaire généralisée, d'un prurit intense, de fièvre, d'arthralgies ou d'arthrites, de myalgies et parfois d'adénopathies généralisées. Cette maladie à complexes immuns est associée à une diminution du complément sérique (C3 et C4). Les principales causes sont les infections et la prise d'antibiotiques, particulièrement de pénicillines. L'éruption apparaît une à deux semaines après le début du traitement.

III. L'urticaire physique

Elle est caractérisée par de petites papules fugaces d'un à deux millimètres de diamètre, ressemblant à des piqûres d'orties. Elles sont très prurigineuses. Cette forme d'urticaire est ordinairement provoquée par les émotions ou l'exposition à la chaleur ou au froid.

IV. L'urticaire chronique

Rare chez l'enfant, elle se définit comme une urticaire dont la durée dépasse six semaines. Les principales étiologies sont les infections bactériennes, virales (exemple : hépatite B) ou parasitaires, les maladies inflammatoires, les cancers et les problèmes hormonaux (exemple : dysfonctions thyroïdiennes).

Explorations

I. Urticaire aiguë

L'anamnèse et l'examen suffisent le plus souvent. On attache une importance particulière à la recherche d'un foyer infectieux. Les tests d'allergie ne sont pas nécessaires lors d'une poussée unique. Par contre, ils sont parfois utiles dans les cas récidivants.

II. Urticaire chronique

Comme en cas d'urticaire aiguë, une anamnèse et un examen détaillés sont essentiels ; ils s'intéressent particulièrement à la recherche d'un foyer infectieux, d'une maladie inflammatoire ou d'une néoplasie. Les examens paracliniques de base incluent au minimum un hémogramme, une vitesse de sédimentation, le dosage des IgE et du complément sérique (C3, C4, CH50) et l'examen du sédiment urinaire.

Traitement

I. Urticaire aiguë classique

1) S'il y a un collapsus cardiovasculaire ou une détresse respiratoire, voir Choc anaphylactique.

2) S'il y a un œdème important ou un prurit insupportable, l'adrénaline peut apporter un soulagement rapide mais de courte durée; on utilise la solution à 1/1 000 à raison de 0,01 mL/kg/dose SC ou IM (maximum chez le grand enfant: 0,5 mL); cette dose peut être répétée au besoin 20 à 30 minutes plus tard.

3) Les antihistaminiques ont un effet palliatif et non curatif. Les voies intramusculaire et intraveineuse n'ont pas d'avantage sur la voie orale. Leur efficacité varie selon le produit et la sensibilité individuelle. Les antihistaminiques de la deuxième génération comme l'astémizole, la loratidine ou la terfénadine causent moins de somnolence mais ne semblent pas plus efficaces que ceux de la première génération; les propriétés sédatives de ces derniers peuvent avoir un certain intérêt, particulièrement le soir. Lorsqu'un antihistaminique reste sans effet après quelques jours de traitement, il peut être utile d'en essayer un autre. On suggère comme premier choix l'hydroxyzine en cas d'urticaire aiguë et la cétirizine en cas d'urticaire chronique.

   a) Quelques antihistaminiques de la première génération et leur posologie:
   - Dexchlorphéniramine:
     - < 30 mois: 0,5 mg 1 à 2 fois par jour;
     - 30 mois à 15 ans: 1 mg PO 3 à 4 fois par jour;
     - > 15 ans: 2 mg PO 3 à 4 fois par jour;
   - Diphenhydramine: 5 mg/kg/24 heures PO en 4 à 6 fois (maximum chez le grand enfant: 200 mg/24 heures);
   - Hydroxyzine: 1 à 2 mg/kg/24 heures PO en 2 à 3 fois (maximum chez le grand enfant: 200 mg/24 heures).

   b) Quelques antihistaminiques de la deuxième génération et leur posologie:
   - Astémizole:
     - Chez l'enfant de plus de 18 mois et de moins de 40 kg: 0,2 mg/kg/24 heures PO en 1 fois (maximum: 10 mg/24 heures);
     - Chez l'enfant de plus de 40 kg: 10 mg PO 1 fois par jour;

- Cétirizine : chez l'enfant de 12 ans ou plus : 10 mg PO 1 fois par jour ;
- Loratadine : chez l'enfant de 12 ans ou plus : 10 mg PO 1 fois par jour ;
- Méquitazine (France) :
  - 0,25 mg/kg/24 heures PO en 2 fois (maximum chez le grand enfant : 10 mg/24 heures) ;
- Terfénadine :
  - 3 à 6 ans : 15 mg PO matin et soir ;
  - 7 à 12 ans : 30 mg PO matin et soir ;
  - Plus de 12 ans : 60 mg PO matin et soir.

N.B. : La terfénadine ne doit pas être utilisée en même temps que l'érythromycine ou le kétoconazole, ni en cas d'insuffisance hépatique (risque d'arythmies cardiaques). Des précautions similaires devraient être prises lorsqu'on envisage d'administrer des doses élevées d'astémizole.

II. Urticaire chronique

L'hydroxyzine a été préconisée comme premier choix de traitement, mais les antihistaminiques de la deuxième génération peuvent constituer un meilleur choix, en raison de leurs effets secondaires moins importants (voir ci-dessus). Si les poussées urticariennes sont importantes ou fréquentes, un soulagement appréciable peut être obtenu par l'adjonction de l'un des médicaments suivants :

- Cimétidine (20 à 40 mg/kg/24 heures PO en 2 à 4 fois ; maximum chez le grand enfant : 2,4 g/24 heures) ou ranitidine (2 à 6 mg/kg/24 heures PO en 2 fois ; maximum chez le grand enfant : 300 mg/24 heures) ;
- Kétotifène (1 mg PO 2 fois par jour).

La doxépine, un antidépresseur tricyclique, est réservée aux urticaires rebelles très éprouvantes ; sa posologie chez le grand enfant est de 10 à 20 mg 3 fois par jour.

Les avantages possibles des corticostéroïdes ne semblent pas suffisants pour justifier leur emploi, compte tenu de leurs effets secondaires.

À moins d'indices étiologiques précis, un régime alimentaire d'exclusion n'est pas indiqué.

Exception faite de l'allergie au venin d'hyménoptères, l'immunothérapie n'est pas utile.

La collaboration d'un allergiste est souhaitable pour guider la démarche diagnostique et thérapeutique.

Les patients présentant des poussées d'urticaire grave devraient porter un bracelet indiquant la nature de leur maladie.

III. Urticaire physique

Si l'élément déclenchant ne peut être évité, on utilise de préférence la cyproheptadine ou l'hydroxyzine.

Prévention

Dans les rares cas où il est connu, le facteur précipitant doit être évité. L'application sur la peau d'une substance faisant écran est indiquée lorsque l'urticaire est provoquée par l'exposition au soleil.

Lectures suggérées

Meynadier J, Meynadier JM, Meunier L: Urticaire: étiologie, physiopathologie, diagnostic, traitement. Revue du Praticien 1989; 20: 1798-1804.
Rosen FS: Urticaria, angioedema, and anaphylaxis. Pediatr Rev 1992; 13: 387-390.

Usage de drogues   253

Jean-Yves Frappier, Marc Girard, Jean Wilkins, Pierre Gaudreault, Philippe Chessex

Généralités

L'augmentation du commerce et de la consommation des drogues dans les sociétés occidentales rend celles-ci plus facilement accessibles à l'adolescent; celui-ci est particulièrement vulnérable parce qu'il traverse une période d'expérimentation. Le caractère légal ou illégal de la vente ou de la possession de certaines drogues varie d'un pays à l'autre. La consommation devient de plus en plus précoce, et les parents, souvent mal informés, peuvent être désemparés.

Le choix de la drogue dépend de plusieurs facteurs tels que son coût, sa disponibilité et le hasard des occasions. L'escalade vers une consommation de plus en plus fréquente et vers l'utilisation de drogues de plus en plus dangereuses n'est pas inévitable: seule une faible minorité des adolescents qui expérimentent la drogue en deviendront des utilisateurs habituels. Les facteurs qui déterminent l'évolution vers la dépendance sont davantage liés à la personnalité du consommateur (faible estime de soi, intolérance à la frustration, pauvreté des relations interpersonnelles, etc.) et aux caractéristiques de la famille (parent présentant un problème de dépendance, carences affectives, laxisme ou rigidité parentale, etc.). Les amis sont rarement responsables de l'abus de drogue, mais le choix de ses amis par l'adolescent qui abuse des drogues est influencé par son système de valeurs. Différents autres problèmes se retrouvent souvent chez l'adolescent toxicomane: abandon de la scolarité, multiplicité des partenaires sexuels, relations sentimentales insatisfaisantes, conflits avec les parents, comportement antisocial, etc.

On parle de dépendance physique lorsque l'adolescent présente des symptômes organiques lors de l'arrêt de la consommation. Il y a une dépendance psychologique lorsque l'adolescent ressent un besoin irrésistible de consommer et lorsqu'une anxiété et un inconfort apparaissent lorsque ce besoin n'est pas satisfait. On parle de tolérance lorsque l'adolescent doit augmenter les doses pour obtenir le même effet.

Le problème ne se limite pas à l'adolescence : le fœtus peut, lui aussi, être victime de la drogue consommée par sa mère, et le jeune enfant peut ingérer accidentellement les drogues de ses parents.

Évaluation

Plusieurs facteurs doivent être pris en considération lors de l'évaluation d'un adolescent qui consomme de la drogue :

I. Le type de consommation

1) Consommation occasionnelle de petites quantités : il n'y a pas de dépendance physique ni psychologique ; une escalade est possible.
2) Consommation occasionnelle de grandes quantités : la dépendance physique est rare mais il peut y avoir une dépendance psychologique modérée ; il y a une possibilité de détérioration du fonctionnement social. Il y a un risque de surdosage.
3) Consommation régulière de petites quantités : la dépendance physique est rare mais il peut y avoir une dépendance psychologique modérée. Il peut y avoir une détérioration progressive du fonctionnement social.
4) Consommation régulière de grandes quantités : l'installation de la dépendance physique dépend de la nature de la drogue consommée ; la dépendance psychologique est importante. Il y a une détérioration du fonctionnement social. Il peut y avoir des problèmes d'endettement et de marginalisation.

II. Le type de drogue et les risques qui y sont rattachés

1) Alcool :
   - Effets physiques d'un épisode aigu de consommation : confusion, dépression du système nerveux central, hypoglycémie, coma, risque d'accident ;
   - Effets physiques de la consommation chronique : hépatotoxicité, neurotoxicité ;
   - Effets psychologiques : perte des inhibitions, violence ;
   - Dépendance physique : modérée après plusieurs années de consommation ;
   - Dépendance psychologique : modérée à grave ;
   - Manifestations de sevrage : irritabilité, anxiété, tremblements, sudation profuse, convulsions ;
   - Tolérance : modérée, d'apparition rapide ;
   - Effets sur le fœtus et le nouveau-né : syndrome alcoolo-fœtal : microcéphalie, retard de croissance intra-utérine, retard mental, cardiopathies congénitales, ptose palpébrale, dysmorphie faciale, troubles du comportement.
2) Barbituriques et autres hypnotiques et sédatifs :
   - Effets physiques d'un épisode aigu de consommation : mydriase, hyporéflexie, hypotension artérielle, dépression du système nerveux central, ataxie, convulsions, coma ;

- Effets physiques de la consommation chronique : somnolence, apathie, gain de poids ;
- Effets psychologiques : troubles émotionnels, délire ;
- Dépendance physique : grave.
- Dépendance psychologique : modérée à grave ;
- Manifestations de sevrage : tremblements, insomnies, agitation, convulsions, coma ;
- Tolérance : forte, d'apparition rapide ;
- Effets sur le fœtus et le nouveau-né : syndrome de sevrage.

3) Cocaïne, (*crack*, *free base*), amphétamines (*speed*) :
- Effets physiques d'un épisode aigu de consommation : mydriase, hypertension artérielle, sudation profuse, hémorragies intracrâniennes, arythmies cardiaques, infarctus, convulsions ;
- Effets physiques de la consommation chronique : anorexie, atrophie de la muqueuse nasale et perforation de la cloison (cocaïne), amaigrissement, problèmes cardiaques ;
- Effets psychologiques : agitation, idées paranoïdes, dépression ;
- Dépendance physique : légère ;
- Dépendance psychologique : modérée à grave ;
- Manifestations de sevrage : dépression, insomnies, myalgies ;
- Tolérance : forte, d'apparition rapide ;
- Effets sur le fœtus et le nouveau-né : retard de croissance intra-utérine, prématurité et ses complications, décollement prématuré du placenta, hypoxie, hémiplégie néonatale et autres anomalies secondaires à une vasoconstriction, symptômes neurologiques divers, troubles du comportement. La tératogénicité demeure sujette à controverse. Syndrome de sevrage : insomnies, irritabilité.

4) Colle et autres solvants :
- Effets physiques d'un épisode aigu de consommation : confusion, asphyxie ;
- Effets physiques de la consommation chronique : hépatotoxicité, néphrotoxicité ;
- Effets psychologiques : distorsion des perceptions, troubles de la concentration ;
- Dépendance physique : aucune ;
- Dépendance psychologique : légère à modérée ;
- Manifestations de sevrage : aucune ;
- Tolérance : modérée, d'installation lente ;
- Effets sur le fœtus et le nouveau-né : peu connus. On a décrit récemment un syndrome malformatif causé par le toluène ; à certains égards, il ressemble au syndrome alcoolo-fœtal.

5) Marijuana (cannabis, haschich):
   - Effets physiques d'un épisode aigu de consommation: irritation conjonctivale et pharyngée, hypotension orthostatique, céphalées, nausées, risque d'accident;
   - Effets physiques de la consommation chronique: perte de poids, effet carcinogène sur le poumon;
   - Effets psychologiques: distorsion des perceptions, perte des inhibitions, euphorie, irritabilité, anxiété;
   - Dépendance physique: légère;
   - Dépendance psychologique: légère à modérée;
   - Manifestations de sevrage: insomnies, nausées, fatigue;
   - Tolérance: faible, d'apparition lente et tardive. Une tolérance inversée est possible;
   - Effets sur le fœtus et le nouveau-né: retard de croissance intra-utérine.

6) Morphine, héroïne, codéine et autres analgésiques morphiniques:
   - Effets physiques d'un épisode aigu de consommation: myosis, hypertension artérielle, œdème pulmonaire, dépression respiratoire, choc;
   - Effets physiques de la consommation chronique: anorexie, perte de poids, constipation.
   - Effets psychologiques: agitation, paranoïa, dépression, délire;
   - Dépendance physique: grave;
   - Dépendance psychologique: grave;
   - Manifestations de sevrage: mydriase, myalgies, douleurs abdominales, diarrhée, tremblements, dépression;
   - Tolérance: forte, d'apparition plus ou moins rapide;
   - Effets sur le fœtus et le nouveau-né: syndrome de sevrage, prématurité et ses complications, retard de croissance intra-utérine, hypoxie, inhalation de méconium, troubles du comportement.

7) Phencyclidine (PCP), acide lysergique (LSD, «acide», *angel dust*), champignons et autres hallucinogènes:
   - Effets physiques d'un épisode aigu de consommation: mydriase, hypertension artérielle, tremblements, ataxie, convulsions, coma;
   - Effets physiques de la consommation chronique: perte de poids;
   - Effets psychologiques: hallucinations, perte du contrôle émotif, agitation, psychose, confusion, panique;
   - Dépendance physique: légère;
   - Dépendance psychologique: modérée;
   - Manifestations de sevrage: *flashbacks*, dépression, insomnies;

- Tolérance : légère ;
- Effets sur le fœtus et le nouveau-né : divers symptômes neurologiques ; pas de syndrome de sevrage véritable.

8) Tabac :
- Effets physiques d'un épisode aigu de consommation : minimes : irritation des voies respiratoires supérieures, nausées, étourdissements ;
- Effets physiques de la consommation chronique (à long terme) : cancers de la bouche, du larynx, du poumon et de la vessie, bronchite chronique, emphysème, maladie coronarienne et autres atteintes athérosclérotiques ;
- Effets psychologiques : aucun ;
- Dépendance physique : légère ;
- Dépendance psychologique : légère à modérée ;
- Manifestations de sevrage : irritabilité, anxiété, tremblements, insomnies, augmentation de l'appétit et gain de poids ;
- Tolérance : légère ;
- Effets sur le fœtus et le nouveau-né : augmentation du risque d'avortement spontané et de mortalité périnatale ; léger retard de croissance intra-utérine touchant le poids, la taille et le périmètre crânien.

III. La voie d'utilisation

1) Voie orale : risque de gastrite (alcool).
2) En inhalation : risque de pharyngite (cannabis, cocaïne), de bronchite (cannabis, tabac), de cancers (cannabis, tabac), de rhinite et de perforation de la cloison nasale (cocaïne) et d'asphyxie (colle).
3) Voie intraveineuse : risque de phlébite, d'endocardite, de septicémie, d'hépatite B ou C et d'infection par le virus de l'immunodéficience acquise (SIDA).

IV. Les caractéristiques du consommateur

1) Sa motivation :
- L'adolescent qui expérimente : il agit par curiosité. Son encadrement familial peut être adéquat. L'incitation par ses amis peut jouer un rôle. Il est capable d'établir des liens affectifs. Son fonctionnement scolaire demeure habituellement normal ;
- L'adolescent qui fait usage de drogues par réaction : la famille peut être fragile ou instable. L'adolescent peut être isolé à la suite de la perte de ses amis ou de deuils récents. Son fonctionnement scolaire peut être en voie de détérioration ;
- L'adolescent pour qui l'usage de drogues est un mode de vie : son seuil de frustration est abaissé et son estime de lui-même faible. Sa famille est souvent en difficulté, trop permissive ou trop rigide. Il

peut s'être marginalisé et ses liens affectifs ont tendance à être insatisfaisants. Son absentéisme scolaire est important ou il a abandonné l'école. Il a commencé à avoir des démêlés avec la justice.

2) Son âge :

a) Au début de l'adolescence (12 à 14 ans), l'expérimentation occasionnelle d'alcool ou d'autres drogues se fait souvent dans un contexte de curiosité et de rébellion vis-à-vis de l'autorité des parents ; ceux-ci doivent s'attendre à une disparition progressive du problème. À cet âge, une utilisation régulière est très inquiétante car elle témoigne d'une fragilité personnelle ou de difficultés psychosociales graves ; une intervention immédiate est nécessaire ;

b) Au milieu de l'adolescence (14 à 16 ans), l'alcool et les drogues sont fréquemment expérimentés pour obtenir du plaisir et s'identifier au groupe. La consommation pendant les jours d'école, l'incapacité d'obtenir des satisfactions par d'autres moyens et l'absence d'autocritique doivent susciter des inquiétudes ;

c) À la fin de l'adolescence (16 à 18 ans), l'alcool et les drogues sont souvent utilisés dans certaines occasions particulières et les priorités devraient être la scolarité ou la recherche d'un travail, ainsi que l'établissement de liens affectifs. Si l'utilisation de drogues interfère avec la poursuite de ces objectifs, on se trouve en face de sérieux problèmes d'adaptation et l'évaluation doit être plus poussée.

3) Ses habitudes de vie :

a) L'utilisation de drogues entraîne parfois l'adoption d'autres comportements à risque tels que la promiscuité sexuelle et la non-utilisation du préservatif ; il y a donc un risque accru de grossesse et de maladie sexuellement transmissible ;

b) Une hygiène de vie déficiente peut conduire à un état de malnutrition ;

c) Les coûts de la drogue peuvent conduire à des vols, à la violence, à la prostitution.

Intervention

I. Principes généraux

Selon les circonstances, plusieurs types de professionnels peuvent être appelés à participer au processus d'intervention : assistant (travailleur) social, infirmière, médecin, psychiatre ou psychologue. C'est dans le cadre d'une équipe multidisciplinaire expérimentée et disponible que les chances de succès sont les plus grandes. Certains principes de l'intervention sont énoncés ici :

a) Éviter de banaliser les situations graves ou de dramatiser les situations bénignes ;

b) Respecter la confidentialité, sauf si la vie de l'adolescent est menacée (suicide) ou s'il met en danger la vie d'autres personnes (violence) ;

c) Informer d'emblée l'adolescent qui abuse des drogues des limites de l'intervention : il doit savoir que c'est sa motivation personnelle qui doit entrer en jeu et qu'il doit accepter les règles d'intervention établies ;

d) Prendre l'adolescent en charge de façon globale plutôt que de centrer toute l'intervention sur l'abstention de drogues.

L'intervention commence par une évaluation de l'usage de drogues et de l'utilisateur, selon les critères énumérés plus haut. Elle se poursuit par une anamnèse et un examen complets, visant à s'assurer qu'il n'y a pas d'atteinte organique, d'indices de sevrage ou de problèmes associés. Dans une situation aiguë, le dépistage toxicologique peut être utile pour confirmer le diagnostic. Selon les circonstances, certaines explorations peuvent être nécessaires : test de grossesse, examens de dépistage des maladies sexuellement transmissibles, épreuves de fonction hépatique, sérologie pour l'hépatite B ainsi que pour le syndrome d'immunodéficience acquise.

Selon le type de situation, l'intervention individualisée visant à l'arrêt de la consommation de drogue peut comporter plusieurs composantes :

a) Traitement des problèmes physiques identifiés ;

b) Information claire de l'adolescent au sujet des risques de sa consommation ;

c) Information et conseils à la famille ;

d) Intervention psychosociale qui peut prendre plusieurs formes : approche individuelle, familiale, de groupe, séjour en milieu de traitement, etc.

II. Situations particulières

1) Approche immédiate dans le cas d'une intoxication aiguë (voir aussi Coma, Convulsions et état de mal convulsif, Insuffisance respiratoire aiguë, Intoxications) :

   a) Alcool : surveillance, hydratation, maintien de la glycémie ;

   b) Analgésiques morphiniques (héroïne, morphine et autres) : voir Intoxications ;

   c) Barbituriques et autres hypnotiques et tranquillisants : voir Intoxications.

   d) Cocaïne et amphétamines : surveillance, contrôle de l'hypertension artérielle (voir Hypertension artérielle) et de l'hyperthermie (voir Fièvre, hyperthermie, fièvre d'origine inexpliquée, hyperthermie maligne) ;

   e) Colle ou autres solvants : observation ;

   f) Hallucinogènes (LSD, PCP et autres) : observation dans un environnement paisible. En cas d'agitation excessive, donner du diazépam (10 à 20 mg IV) ou de l'halopéridol (5 à 10 mg IM) ;

   g) Marijuana : observation.

2) États de sevrage :

   a) Syndrome de sevrage néonatal : celui-ci peut résulter de la consommation de barbituriques ou de morphiniques à la fin de la grossesse.

Tableau 66 Score de sevrage des analgésiques morphiniques chez l'adolescent

	0 point	1 point	2 points
– Bâillements :	absents	présents	–
– Mydriase (> 8 mm) :	absente	présente	–
– Agitation :	absente	modérée	importante
– Larmoiement :	absent	présent	–
– Chair de poule :	absente	présente	–
– Crampes musculaires :	absentes	présentes	–
– Insomnies :	dort > 7 heures/24	dort 4 à 7 heures/24	dort < 4 heures/24
– Augmentation du péristaltisme :	présent lors de l'arrêt	présent < 48 heures après l'arrêt	présent > 48 heures après l'arrêt
– Diarrhée :	0 à 1 selle/24 heures	2 à 4 selles/24 heures	> 4 selles/24 heures
– Fréquence cardiaque :	< 72/minute	72 à 100/minute	> 100/minute
– Tension artérielle systolique :	< 108 mm Hg	110 à 140 mm Hg	> 140 mm Hg

Les manifestations cliniques principales sont l'irritabilité et les pleurs excessifs, les tremblements, l'hypertonie et l'hyperréflexie, les bâillements, l'impossibilité de s'alimenter et la prise de poids insuffisante ainsi que les convulsions. Ces symptômes peuvent apparaître quelques heures ou quelques jours après la naissance ; ils peuvent persister pendant plusieurs jours ou même plusieurs semaines. Seul un syndrome de sevrage important doit être traité ; on utilise alors de préférence le diazépam. La dose moyenne est de 0,3 à 0,6 mg/kg/24 heures PO en 4 à 6 fois. Cette posologie doit être individualisée. Ce traitement est poursuivi pendant plusieurs jours, puis il est réduit de façon lente et progressive ;

b) Sevrage des barbituriques chez l'adolescent : la gravité de la dépendance est proportionnelle à la durée d'utilisation et à la dose quotidienne. On évalue la tolérance du patient en lui administrant 100 mg de pentobarbital toutes les heures jusqu'à ce qu'il devienne légèrement somnolent. S'il requiert moins de 300 mg, un sevrage progressif n'est pas nécessaire. S'il requiert plus de 300 mg, on lui administre la dose atteinte 3 ou 4 fois par jour. On diminue ensuite la dose quotidienne tous les 2 à 3 jours, par paliers de 10 à 20 % ;

c) Sevrage des analgésiques morphiniques chez l'adolescent : la gravité de la dépendance est proportionnelle à la durée d'utilisation et à la dose quotidienne. Les symptômes servent à l'établissement d'un score de sevrage (tableau 66).

Le traitement est déterminé selon le score :

– 0 à 5 : le syndrome de sevrage est léger ; l'hospitalisation et le traitement ne sont pas nécessaires ;

- 6 à 10 : le syndrome de sevrage est modéré et l'hospitalisation est parfois nécessaire. Donner du diazépam (40 mg/24 heures PO ou IM en 4 fois) pendant quelques jours ;
- 11 à 15 : le syndrome de sevrage est important et une hospitalisation est nécessaire. Donner du diazépam (40 mg/24 heures IM en 4 fois) pendant quelques jours.

Traitement adjuvant : en cas de diarrhée importante, administrer du diphénoxylate.

Lectures suggérées

Alderman EM, Schonberg SK, Cohen MI : The pediatrician's role in the diagnosis and treatment of substance abuse. Pediatr Rev 1992 ; 13 : 314-318.

Anglin TM : Interviewing guidelines for the clinical evaluation of adolescent substance abuse. Pediatr Clin North Am 1987 ; 34 : 381-398.

Bays J : Substance abuse and child abuse. Impact of addiction on the child. Pediatr Clin North Am 1990 ; 37 : 881-904.

Berlin CM : Effects of drugs on the fetus. Pediatr Rev 1991 ; 12 : 282-287.

Blum RW : Adolescent substance abuse : diagnostic and treatment issues. Pediatr Clin North Am 1987 ; 34 : 523-537.

Chasnoff IJ : Drug use in pregnancy : parameters of risk. Pediatr Clin North Am 1988 ; 35 : 1403-1412.

Chasnoff IJ : Cocaine, pregnancy, and the growing child. Curr Probl Pediatr 1992 ; 22 : 302-321.

Committee on Substance Abuse and Committee on Children with Disabilities, American Academy of Pediatrics : Fetal alcohol syndrome and fetal alcohol effects. Pediatrics 1993 ; 91 : 1004-1006.

DuPont RL : Prevention of adolescent chemical dependency. Pediatr Clin North Am 1987 ; 34 : 495-505.

DuPont RL, Saylor KE : Depressant substances in adolescent medicine. Pediatr Rev 1992 ; 13 : 381-386.

Farrar HC, Kearns GL : Cocaine : clinical pharmacology and toxicology. J Pediatr 1989 ; 115 : 665-675.

Felter R, Izsak E, Lawrence HS : Emergency department management of the intoxicated adolescent. Pediatr Clin North Am 1987 ; 34 : 399-421.

Frank DA, Bresnahan K, Zuckerman BS : Maternal cocaine use : impact on child health and development. Adv Pediatr 1993 ; 40 : 65-99.

Gawin FH, Ellinwood EH Jr : Cocaine and other stimulants. Actions, abuse, and treatment. N Engl J Med 1988 ; 318 : 1173-1182.

Hoffmann NG, Sonis WA, Halikas JA : Issues in the evaluation of chemical dependency treatment programs for adolescents. Pediatr Clin North Am 1987 ; 34 : 449-459.

Huberty DJ, Huberty CE, Flanagan-Hobday K, Blackmore G : Family issues in working with chemically dependent adolescents. Pediatr Clin North Am 1987 ; 34 : 507-521.

Joshi NP, Scott M : Drug use, depression, and adolescents. Pediatr Clin North Am 1988 ; 35 : 1349-1364.

Krug SE : Cocaine abuse ; historical, epidemiologic, and clinical perspectives for pediatricians. Adv Pediatr 1989 ; 36 : 369-406.

MacDonald DI : Patterns of alcohol and drug use among adolescents. Pediatr Clin North Am 1987 ; 34 : 275-288.

MacDonald DI : Substance abuse. Pediatr Rev 1988 ; 10 : 89-95.

MacDonald DI : Diagnosis and treatment of adolescent substance abuse. Curr Probl Pediatr 1989 ; 19 : 389-444.

MacKenzie RG, Cheng M, Haftel AJ: The clinical utility and evaluation of drug screening techniques. Pediatr Clin North Am 1987; 34: 423-436.

Mayes LC, Granger RH, Frank MA, *et al.*: Neurobehavioral profiles of neonates exposed to cocaine prenatally. Pediatrics 1993; 91: 778-783.

Miller NS, Cocores JA: Nicotine dependence: diagnosis, chemistry, and pharmacologic treatments. Pediatr Rev 1993; 14: 275-279.

Morgan JP: Amphetamines and methamphetamine during the 1990s. Pediatr Rev 1992; 13: 330-333.

Schwartz RH: Marijuana: an overview. Pediatr Clin North Am 1987; 34: 305-317.

Singer LT, Garber R, Kliegman R, *et al.*: Neurobehavioral sequelae of fetal cocaine exposure. J Pediatr 1991; 119: 667-672.

Tarr JE, Macklin M: Cocaine. Pediatr Clin North Am 1987; 34: 319-331.

Werner MJ: Hallucinogens. Pediatr Rev 1993; 14: 466-472.

Wheeler K, Malmquist J: Treatment approaches in adolescent chemical dependency. Pediatr Clin North Am 1987; 34: 437-447.

Zarek D, Hawkins JD, Rogers PD: Risk factors for adolescent substance abuse. Implications for pediatric practice. Pediatr Clin North Am 1987; 34: 481-493.

Zuckerman B, Bresnahan K: Developmental and behavioral consequences of prenatal drug and alcohol exposure. Pediatr Clin North Am 1991; 38: 1387-1406.

Varicelle 254

Luc Chicoine, Marc Lebel

Généralités

La varicelle est causée par un virus du groupe herpès (*Herpesvirus varicellæ*). Elle est très contagieuse. Plus de 95 % des adultes sont immunisés naturellement. Les patients atteints de zona peuvent transmettre la varicelle. La varicelle survient la plupart du temps entre 5 et 10 ans.

Presque toujours bénigne chez l'enfant normal, la varicelle peut être prolongée ou grave, voire mortelle, chez les enfants qui souffrent d'immunodéficience congénitale ou acquise, qui prennent des corticostéroïdes par voie générale ou qui sont traités pour une maladie néoplasique.

La plupart des nouveau-nés sont protégés par les anticorps maternels transmis par voie transplacentaire. Lorsqu'une varicelle survient chez une mère au cours de la période s'étendant de cinq jours avant l'accouchement à deux jours après la naissance, la maladie peut être particulièrement redoutable ou fatale chez son nouveau-né.

Les adolescents sont plus gravement touchés que les jeunes enfants.

La femme enceinte semble plus susceptible aux complications pulmonaires.

La varicelle confère un état d'immunité qui persiste pendant toute la vie chez la majorité des personnes normales. Un deuxième épisode peut cependant survenir, surtout chez les déficients immunitaires.

Manifestations cliniques

La période prodromique, qui dure un à deux jours, se caractérise par une fièvre peu élevée et des malaises généraux. L'éruption apparaît ensuite. Elle consiste initialement en de petites macules érythémateuses qui se transforment rapidement en vésicules caractéristiques. Les premières lésions sont souvent situées au niveau du cuir chevelu, du visage et du tronc. Elles se généralisent ensuite pendant trois à quatre jours puis s'assèchent et passent à l'état de croûtes. Le nombre de vésicules varie beaucoup d'un enfant à l'autre; en moyenne, elles sont plus nombreuses chez l'adolescent. Le prurit est important. Les muqueuses conjonctivale et buccale sont également atteintes.

Explorations

La plupart du temps, le diagnostic est cliniquement évident et aucun examen paraclinique n'est nécessaire. Dans certaines circonstances particulières, le diagnostic peut être confirmé par la culture du virus ou sa recherche au microscope électronique dans le contenu d'une vésicule. Le virus peut aussi être cultivé dans les sécrétions respiratoires. La mise en évidence d'une élévation des anticorps constitue un autre moyen de diagnostic.

Traitement

1) L'administration précoce d'acyclovir (aciclovir) permet de réduire la gravité et la durée de la maladie. Ce médicament est donné par voie intraveineuse à l'enfant atteint de déficience immunitaire, selon la posologie suivante:

   – < 1 an: 30 mg/kg/24 heures IV en 3 fois pendant 7 à 10 jours;

   – ≥ 1 an: 1,5 g/m²/24 heures IV en 3 fois pendant 7 à 10 jours;

   Chez le patient immunocompétent, ce traitement n'est actuellement pas recommandé. Les études disponibles utilisent la posologie suivante: 40 à 80 mg/kg/24 heures PO en 4 fois (maximum chez le grand enfant: 3,2 g/24 heures) pendant 5 à 7 jours.

2) En cas de surinfection bactérienne, voir Impétigo.

3) Lorsque le prurit est important, on peut le soulager par l'administration d'un antihistaminique comme l'hydroxyzine, la dexchlorphéniramine ou la diphenhydramine (voir Urticaire).

4) Il faut éviter d'administrer de l'acide acétylsalicylique car ce médicament semble favoriser l'apparition du syndrome de Reye.

Complications

1) La surinfection bactérienne des lésions cutanées constitue la complication la plus fréquente; les bactéries les plus souvent en cause sont le *Staphylococcus aureus* et le *Streptococcus pyogenes*.

2) La pneumonie varicelleuse est rare chez l'enfant normal, mais plus fréquente chez l'adolescent et l'adulte, la femme enceinte et le patient immunodéficient.

3) Un purpura thrombopénique survient parfois, et les lésions peuvent alors devenir hémorragiques.

4) Le syndrome de Reye est rare mais souvent grave.

5) L'encéphalite est habituellement bénigne et se manifeste fréquemment par une ataxie. Les formes graves sont exceptionnelles.

6) Une arthrite réactive est possible.

7) Un zona peut survenir, des mois ou des années après la varicelle (voir Zona).

8) Diverses autres complications rares ont été rapportées : endocardite, glomérulonéphrite, hépatite, laryngite, myélite transverse, myocardite, myosite, névrite optique, paralysie faciale, péricardite, *purpura fulminans*, syndrome de Guillain-Barré, etc.

Durée d'incubation

Elle est de 11 à 21 jours.

Période de contagiosité

Elle commence un à deux jours avant l'apparition de l'éruption et se termine lorsque toutes les lésions sont à l'état de croûtes, soit habituellement six à huit jours après le début de l'éruption.

Mesures préventives

Le vaccin contre la varicelle est efficace. Là où il est disponible, il n'est actuellement recommandé que pour les enfants qui souffrent d'une maladie affectant leur immunité (leucémie ou autre cancer, syndrome néphrotique, transplantation).

Le traitement préventif au moyen de gammaglobulines hyperimmunes contre la varicelle doit être administré, moins de trois jours après le contact avec une personne atteinte, aux enfants qui risquent des complications graves ; il s'agit surtout des enfants souffrant de déficience immunitaire, de leucémie ou d'un autre cancer et de ceux qui prennent des médicaments comme les corticostéroïdes qui affectent les défenses immunitaires. Ce traitement est également indiqué lors d'un contact dans les circonstances suivantes :

1) Chez toutes les personnes susceptibles qui ont 15 ans ou plus et particulièrement chez la femme enceinte ;

2) Chez le nouveau-né d'une mère qui présente une varicelle entre 5 jours avant et 2 jours après l'accouchement ;

3) Chez le prématuré hospitalisé dont l'âge gestationnel est de 28 semaines ou plus, si sa mère n'a pas eu la varicelle ;

4) Chez le prématuré hospitalisé dont l'âge gestationnel est inférieur à 28 semaines, que sa mère ait eu ou non la varicelle.

Posologie des gammaglobulines hyperimmunes anti-varicelle-zona :
- Canada :
  - Chez le nouveau-né : 125 U IM en 1 fois ;
  - Après la période néonatale : 125 U/10 kg IM en 1 fois (maximum chez le grand enfant : 625 U) ;
- France : 0,3 à 0,5 mL/kg IM à répartir en 2 ou 3 injections à 24 heures d'intervalle.

Les patients hospitalisés doivent être isolés. Voir aussi Problèmes épidémiologiques courants à la garderie (crèche).

Lectures suggérées

Committee on Infectious Diseases, American Academy of Pediatrics : The use of oral acyclovir in otherwise healthy children with varicella. Pediatrics 1993 ; 91 : 674-676.

Straus SE, Ostrove JM, Inchauspé O, *et al.* : Varicella-zoster virus infections. Biology, natural history, treatment, and prevention. Ann Int Med 1988 ; 108 : 221-237.

Verrues et condylomes   255

Michel Weber, Julie Powell, Nancy Haley

Généralités

Les verrues et les condylomes sont causés par des papillomavirus.

Particulièrement fréquentes chez l'enfant, les verrues sont de type ordinaire, plan ou filiforme. Les verrues ordinaires ont une prédilection pour les mains. Les verrues plantaires sont caractérisées par une hyperkératose importante.

La transmission se fait de personne à personne lors de contacts étroits ; elle est favorisée par des traumatismes mineurs de la peau. La multiplication peut se faire par auto-inoculation, surtout dans le cas de verrues situées au niveau des mains ; ce mécanisme d'extension est moins probable lorsqu'il s'agit de lésions de la région génitale ou anale. Les piscines pourraient constituer une source d'infection.

La transmission de la mère au nouveau-né au cours de l'accouchement est possible mais rare. Dans ce cas, les lésions retrouvées chez l'enfant sont principalement les papillomes laryngés et les verrues de la région ano-génitale ; celles-ci peuvent se manifester des mois ou même des années après la naissance. Plus l'enfant est jeune, plus la transmission verticale de verrues génitales lors de l'accouchement est plausible. La possibilité de sévices sexuels doit surtout être envisagée lorsqu'un enfant de plus de deux à trois ans présente des verrues génitales, particulièrement lorsqu'il n'y a pas d'autres lésions similaires ailleurs sur la surface du corps.

Les condylomes des régions génitale et anale constituent la maladie sexuellement transmissible la plus fréquente. Certains types de papillomavirus sont incriminés dans l'étiologie du cancer du col, de la vulve, du vagin, du pénis et de la région anale.

La majorité des verrues régressent spontanément en moins de deux ans.

Manifestations cliniques

Les excroissances arrondies au niveau de la peau ou des muqueuses sont caractéristiques. Les verrues plantaires peuvent être douloureuses.

Les lésions génitales ou anales, souvent exophytiques, mesurent de quelques millimètres à quelques centimètres de diamètre. La plupart du temps, elles n'occasionnent aucun symptôme; parfois, elles causent du prurit ou une irritation locale.

Explorations

Le diagnostic étant cliniquement évident, les verrues ordinaires ne nécessitent aucune exploration. Les verrues et condylomes de la région ano-génitale, particulièrement chez l'enfant de plus de deux à trois ans, doivent toujours faire penser à la possibilté de sévices sexuels et justifient donc une évaluation pédiatrique et sociale; avant d'amorcer celle-ci, il est prudent de s'assurer par la biopsie d'une lésion qu'il s'agit bien d'un condylome et non d'un *molluscum contagiosum*. Lorsque le diagnostic de condylome est confirmé, il faut dépister les autres maladies sexuellement transmissibles (voir Maladies sexuellement transmissibles et autres infections génitales, Sévices sexuels).

Chez l'adolescent qui présente des condylomes ano-génitaux, l'extension est déterminée par colposcopie, rectoscopie ou urétroscopie selon qu'elles siègent au niveau du vagin ou du col, de l'anus ou du méat urinaire.

Traitement

Sauf dans le cas de lésions de la région ano-génitale, une attitude conservatrice se justifie, puisque les chances de régression spontanée sont élevées. Le traitement est donc réservé aux verrues multiples et à celles qui incommodent l'enfant. Pour les verrues ordinaires, plusieurs modes de traitement sont possibles:

1) Cryothérapie (application d'azote liquide);
2) Application locale quotidienne de vaseline salicylée (5 à 25 %) ou d'une combinaison d'acide lactique (10 à 17 %) et d'acide salicylique (10 à 17 %) dans le collodion (Canada);
3) Application locale de cantharidine sous occlusion.

Exceptionnellement, des verrues rebelles peuvent nécessiter un électrocautérisation suivie de curetage, une destruction au laser ou une excision chirurgicale.

Le traitement des lésions ano-génitales est difficile et mérite d'être confié à un spécialiste. Les condylomes de la région ano-génitale doivent toujours être traités, par exemple par l'application hebdomadaire locale de podophylline à 25 % dans la teinture de benjoin; celle-ci doit être laissée en place pendant quatre à six heures. On peut aussi les détruire par l'application d'azote liquide, par le laser ou par l'application locale de 5-fluorouracile (Canada: Efudex; France: Efudix). Chez l'adolescente qui a présenté une infection génitale à papillomavirus, une cytologie du col doit être effectuée chaque année pour détecter l'apparition d'atypies cellulaires. L'utilisation du préservatif réduit le risque d'infection.

Période d'incubation

Elle peut atteindre plusieurs mois ou plusieurs années.

Lecture suggérée

Gutman LT, Herman-Giddens ME, Phelps WC: Transmission of human genital papillomavirus disease: comparison of data from adults and children. Pediatrics 1993; 91: 31-38.

Vomissements et régurgitations   256

Michel Weber, Khazal Paradis, Arié Bensoussan, Grant Mitchell, Jacques Boisvert

Généralités

Les vomissements et les régurgitations se rencontrent souvent en pédiatrie, surtout chez le nourrisson et le jeune enfant. La plupart sont physiologiques. Lorsqu'ils sont pathologiques, ils peuvent résulter d'un grand nombre de problèmes qui ne sont pas tous reliés au système digestif.

Selon la conception classique, les régurgitations se font sans effort et les vomissements sont plus actifs, en jet. La signification diagnostique de cette distinction n'est pas toujours absolue.

La démarche clinique est basée sur l'anamnèse, l'examen et une bonne connaissance des principales causes de vomissements aux différents âges. Quelques examens complémentaires aident parfois à confirmer ou infirmer une hypothèse clinique. D'un point de vue pratique, il est important de faire la distinction entre des vomissements aigus et chroniques.

Les principales causes de vomissements et de régurgitations sont indiquées dans le tableau 67.

Démarche clinique

L'anamnèse familiale recherche des symptômes semblables chez les autres membres de la famille ainsi qu'à la garderie (crèche). L'histoire de la maladie s'intéresse notamment à la chronologie du symptôme, à la fréquence et à l'abondance des vomissements et aux symptômes associés. Une tendance à l'amélioration ou à l'aggravation spontanée est notée. On précise l'histoire nutritionnelle. Des vomissements bilieux suggèrent la présence d'une obstruction située en aval de l'ampoule de Vater. Des

Tableau 67 Principales causes de régurgitations et de vomissements

- Digestives
  - achalasie du cardia
  - appendicite*
  - gastrite, gastro-entérite*
  - gastro-entéropathie éosinophilique
  - hépatite*
  - maladie cœliaque
  - occlusions intestinales (voir Occlusions intestinales)*
  - pancréatite
  - pseudo-obstruction intestinale
  - reflux gastro-œsophagien*
  - sténose de l'œsophage
  - sténose du pylore*
  - suralimentation*
  - ulcère peptique
- Diverses
  - grossesse chez l'adolescente*
  - hyperplasie congénitale des surrénales
  - vomissements post-anesthésie
- Immunologiques
  - allergie aux protéines bovines ou à d'autres aliments*
- Infectieuses
  - abcès cérébral
  - encéphalite
  - infection urinaire
  - méningite
  - otite*
  - pharyngite, amygdalite*
  - septicémie
- Médicamenteuses
  - allergie médicamenteuse
  - chimiothérapie
  - intolérance digestive*
  - intoxication médicamenteuse
- Métaboliques
  - acidose métabolique (exemple : acidose diabétique)
  - erreurs innées du métabolisme (exemples : hyperammoniémies, intolérance héréditaire au fructose)
  - syndrome de Reye
- Neurologiques
  - hématome ou empyème sous-dural
  - hémorragie intracrânienne
  - hydrocéphalie
  - hypertension intracrânienne
  - labyrinthite
  - migraine*
  - tumeur cérébrale
  - vertiges
- Psychiatriques
  - anorexie mentale et boulimie
  - mérycisme ou rumination
- Respiratoire
  - toux émétisante (exemple : coqueluche)*

* Causes fréquentes.

vomissements fécaloïdes sont caractéristiques d'une obstruction intestinale basse avancée. La présence de sang dans les vomissements doit notamment faire penser à une gastrite, une hernie hiatale ou un ulcère peptique. Une diarrhée associée suggère fortement une gastro-entérite.

L'examen recherche notamment une perturbation hémodynamique, une déshydratation, une distension abdominale, une masse et, chez l'enfant de moins de six semaines, une olive pylorique. L'évaluation du gain pondéral et de l'état nutritionnel est essentielle.

Dans la plupart des cas de vomissements graves ou chroniques, un ionogramme et une étude de l'équilibre acidobasique sont indiqués.

I. Vomissements d'apparition aiguë

1) Vomissements non spécifiques reliés à diverses maladies infectieuses aiguës : ce symptôme s'observe fréquemment en cas d'infection mineure (exemples : infection urinaire, otite) ou majeure (exemple : méningite). Le contexte clinique permet d'établir le diagnostic. Le traitement est orienté vers la cause des vomissements.

2) Gastrite et gastro-entérite : ces entités constituent une cause très fréquente de vomissements. Lorsqu'il y a de la diarrhée, le diagnostic est facile. Lorsque celle-ci est absente, c'est la disparition spontanée des vomissements qui confirme l'impression diagnostique. La réhydratation orale est le plus souvent efficace, pour autant qu'une technique adéquate soit utilisée ; une perfusion est rarement nécessaire (voir Gastro-entérite).

3) Médicaments et autres produits toxiques : virtuellement tous les médicaments peuvent causer des vomissements par intolérance digestive. Ce problème est très fréquent et s'observe notamment lors de la prise d'antibiotiques (exemple : érythromycine). Certains médicaments comme le sirop d'ipéca et l'apomorphine sont utilisés pour induire des vomissements. De nombreuses intoxications médicamenteuses ainsi que la chimiothérapie peuvent également causer ce symptôme. S'il est possible, l'arrêt du traitement résout le problème. Une allergie médicamenteuse peut aussi se manifester de cette façon.

4) Toux émétisante : la coqueluche et la plupart des autres infections respiratoires accompagnées de toux peuvent causer des vomissements ; ceux-ci constituent parfois la composante principale de la maladie.

5) Sténose du pylore : ce problème doit être suspecté de façon prioritaire chez le nourrisson âgé de deux à six semaines, surtout si c'est un garçon. Les vomissements apparaissent vers la deuxième ou la troisième semaine de vie, ils s'aggravent rapidement et sont projectiles (voir Sténose du pylore).

6) Occlusion intestinale : outre la sténose du pylore, un obstacle peut être situé n'importe où le long du tube digestif, de l'estomac à l'anus (voir Occlusions intestinales).

7) Hypertension intracrânienne : elle doit être une préoccupation dominante chaque fois que des vomissements aigus sont inexpliqués. Parmi les autres indices cliniques, il faut rechercher une altération de l'état de

conscience, une bradycardie, un bombement de la fontanelle antérieure et un œdème papillaire. Dans le doute, une échographie cérébrale transfontanelle ou une tomodensitométrie cérébrale peut être indiquée. Voir Hypertension intracrânienne.

8) Maladies métaboliques : plusieurs de ces affections causent une acidose métabolique et peuvent être responsables de vomissements. Surtout chez le nouveau-né et le jeune nourrisson, des vomissements inexpliqués doivent faire penser à une maladie métabolique. Une atteinte hépatique ou surtout neurologique est présente au cours des périodes de décompensation des maladies du cycle de l'urée ou du métabolisme des acides gras ou aminés. Plusieurs de ces maladies peuvent imiter le syndrome de Reye (vomissements, stéatose hépatique, œdème cérébral). La galactosémie et l'intolérance héréditaire au fructose s'accompagnent d'une atteinte hépatique.

9) Hyperplasie congénitale des surrénales, à suspecter chez le nouveau-né et le nourrisson (voir Hyperplasie congénitale des surrénales).

Jadis, on parlait souvent de « crises d'acétone » pour caractériser des vomissements récidivants accompagnés d'acétonurie. Cette entité n'est plus reconnue, l'acétonurie étant plutôt considérée comme une conséquence de l'insuffisance d'apport énergétique lors de vomissements répétés.

II. Vomissements chroniques ou récidivants

1) Suralimentation : elle peut causer des régurgitations ou des vomissements. C'est le syndrome du « biberon vide » ou de l'« assiette propre ». L'état nutritionnel de l'enfant est d'habitude excellent. Le traitement consiste à ne plus obliger l'enfant à boire et à manger.

2) Reflux gastro-œsophagien : c'est une cause fréquente de régurgitations ou de vomissements, surtout pendant la première année de vie. Si le gain pondéral est satisfaisant et s'il n'y a pas de complications, on peut s'abstenir d'explorations et de traitement (voir Reflux gastro-œsophagien).

3) Allergie aux protéines bovines ou aux protéines de soja : chaque fois qu'un nourrisson non allaité de moins d'un an présente des régurgitations ou des vomissements excessifs et inexpliqués, particulièrement lorsqu'un retard pondéral en résulte, il faut envisager la possibilité d'une allergie aux protéines bovines ou aux protéines de soja. La présence d'autres manifestations d'allergie comme une dermite atopique ou des antécédents familiaux d'allergie ajoutent du poids à cette hypothèse. En pratique, il n'existe pas d'examen paraclinique permettant de confirmer ou d'infirmer facilement ce diagnostic. C'est pourquoi une épreuve d'élimination des protéines bovines ou des protéines de soja de l'alimentation doit souvent être prescrite pendant une à deux semaines (voir Allergies alimentaires).

4) Subocclusion digestive haute : plusieurs anomalies congénitales ou acquises du tube digestif peuvent se manifester par des vomissements chroniques ou récidivants. C'est le cas par exemple du diaphragme duodénal et de la malrotation intestinale. L'échographie abdominale permet de vérifier la position de l'artère et de la veine mésentériques

supérieures; normalement, la veine est à droite; une inversion constitue un indice de malrotation. Un transit gastro-intestinal s'impose dans tous les cas de vomissements importants, qu'ils soient chroniques ou récidivants, surtout s'il y a un retard pondéral associé. Voir Occlusions intestinales.

5) Maladie infectieuse chronique: l'infection urinaire est l'une des causes connues de vomissements persistants.

6) Hypertension intracrânienne: des vomissements inexpliqués doivent faire penser à ce problème. Il peut s'agir par exemple d'une hydrocéphalie, d'un hématome sous-dural chronique, de traumatismes crâniens secondaires à des sévices, d'une tumeur cérébrale ou d'une méningite tuberculeuse. La plupart du temps, d'autres signes ou symptômes attirent l'attention vers le système nerveux central. Le jeune enfant est incapable de dire qu'il souffre de céphalées; il peut alors les exprimer par une irritabilité ou des pleurs anormaux. L'enfant plus âgé se plaint spécifiquement de céphalées.

7) Migraine: elle est souvent associée à des vomissements; ceux-ci peuvent même parfois constituer le symptôme principal. Selon son âge, l'enfant exprime qu'il souffre de céphalées de façon verbale ou non verbale (voir Céphalées et migraine).

8) Vomissements cycliques: cette entité s'observe occasionnellement chez le jeune enfant. Plusieurs la considèrent comme un équivalent migraineux. Les formes partielles de certaines maladies métaboliques peuvent causer des vomissements cycliques ou chroniques (exemple: déficit en ornithine-transcarbamylase, une forme d'hyperammoniémie héréditaire, chez les filles hétérozygotes).

9) Vomissements psychogéniques: le mérycisme ou rumination s'observe au cours du second semestre de la vie. Jadis, cette maladie avait des conséquences graves, parfois même mortelles. L'enfant vomit surtout quand il est seul et, selon les psychiatres et psychanalystes, il tire de cette activité un plaisir auto-érotique. L'observation des interactions de l'enfant et de sa mère pendant les repas permet d'identifier une absence caractéristique de plaisir et un rythme d'alimentation exagérément rapide. La psychothérapie mère-enfant, menée par un spécialiste, donne d'excellents résultats. Des vomissements psychogéniques induits s'observent souvent chez les adolescentes souffrant d'anorexie mentale ou de boulimie (voir Anorexie mentale).

10) Certaines maladies métaboliques peuvent causer des vomissements persistants. Il peut s'agir, par exemple, d'une hyperammoniémie à présentation tardive affectant certaines filles hétérozygotes pour la déficience en ornithine-transcarbamylase. Parmi les indices cliniques de maladie métabolique à manifestations tardives, on recherche une histoire d'intolérance aux protéines et d'épisodes de détérioration neurologique; l'absence de tels indices n'exclut cependant pas la possibilité d'une maladie métabolique.

11) Plusieurs autres causes plus rares de vomissements persistants sont mentionnées dans le tableau 67.

Lecture suggérée

Ramos AG, Tuchman DN : Persistent vomiting. Pediatr Rev 1994; 15 : 24-31.

Voyages 257

Michel Weber, Luc Chicoine, Sélim Rashed, Marc Lebel, Jean-Louis Jacob

Généralités

Le pédiatre et le médecin généraliste doivent être capables de conseiller leurs patients qui voyagent à propos des mesures préventives à prendre. Les exigences quant aux vaccins varient d'un pays à l'autre et des informations à ce sujet peuvent être obtenues auprès des ambassades, des consultations de voyageurs, des consulats et des agences de voyages, ainsi que dans les publications de l'Organisation mondiale de la santé.

Précautions générales

Il faut d'abord s'assurer du fait que l'enfant qui va voyager est adéquatement vacciné contre la coqueluche, la diphtérie, l'*Hæmophilus influenzæ*, les oreillons, la poliomyélite, la rougeole, la rubéole et le tétanos. En prévision d'un voyage dans un pays où la rougeole est endémique, il est recommandé de donner le vaccin contre la rougeole seule dès l'âge de 6 mois, puis d'administrer le vaccin contre la rougeole, les oreillons et la rubéole entre 12 et 15 mois. Comme la coqueluche, la diphtérie, le tétanos et la poliomyélite sont beaucoup plus fréquents dans les pays en développement, la vaccination contre ces maladies peut être accélérée en prévision d'un voyage dans un tel pays : la première dose peut être administrée à un mois, et les deux doses suivantes à intervalles d'un mois.

Les vêtements que l'enfant emporte avec lui doivent être adaptés au climat du pays de destination.

Si la destination est ensoleillée, ne pas oublier d'apporter un chapeau ou une casquette à visière, ainsi qu'une crème solaire. Quant aux lunettes de soleil, elles doivent être de bonne qualité ; elles protègent d'abord contre l'éblouissement. Le verre fumé le plus répandu filtre 65 % de la lumière visible. La protection des yeux contre les rayons ultraviolets n'a pas de rapport avec la teinte plus ou moins foncée du verre. Un verre de plastique, teinté ou non, filtre les rayons ultraviolets jusqu'à des longueurs d'onde variant entre 350 et 380 nanomètres. Un traitement spécial du verre doit être appliqué pour bloquer la presque totalité du spectre des ultraviolets, jusqu'à 400 nanomètres (verres UV-400). Ce type de lunettes est surtout recommandé pour les activités nautiques et les sports d'hiver. Les teintes grises ou vertes permettent de préserver une bonne vision des couleurs.

Selon la destination, apporter une lotion qui écarte les insectes.

Dans les pays où l'hygiène est déficiente, ne boire que des boissons embouteillées. L'eau peut être bouillie ; on peut aussi y ajouter, pour la rendre potable, de la teinture d'iode à 2 % : 5 gouttes par litre si l'eau est claire ou 10 gouttes par litre si elle est trouble. Éviter de manger des aliments crus, particulièrement les légumes, les moules, le poisson, la viande, etc. Éviter les cubes de glace. Ne manger que des fruits qu'on a pelés soi-même.

Lors des voyages de longue durée en avion, faire boire de l'eau à l'enfant toutes les heures car l'air de la cabine est très sec et, sans cette précaution, une déshydratation légère va automatiquement s'installer. Encourager l'enfant à faire régulièrement de l'exercice. Lors de la descente, au moment de la dépressurisation, donner le biberon au jeune enfant et du «chewing-gum» aux enfants plus âgés pour prévenir ou atténuer les otalgies.

Lors des voyages en auto, quelle qu'en soit la durée, les jeunes enfants doivent être attachés en tout temps à un siège de sécurité et les enfants plus âgés doivent porter leur ceinture de sécurité en permanence. Prévoir des arrêts réguliers, au minimum toutes les deux heures. Apporter des jouets.

Lors de voyages à l'étranger, il est prudent de souscrire à une assurance spéciale pour les voyageurs, pour le cas où un accident ou une maladie grave devait survenir. S'il s'agit d'un pays où la qualité des soins médicaux est déficiente, certaines compagnies offrent des plans d'assistance médicale et de rapatriement. Dans certains autres pays, les soins médicaux sont d'excellente qualité, mais leur coût les rend inabordables; certains types d'assurance offrent une protection contre ce genre de dépense.

Mesures spécifiques

Les recommandations qui suivent doivent fréquemment être modifiées. Dans le doute, il est donc prudent de vérifier les précautions à prendre auprès des consultations de voyageurs, dans les publications régulières de l'Organisation mondiale de la santé, auprès des consulats et des ambassades, des agences de voyages et des compagnies aériennes.

En Amérique du Nord, des informations mises à jour peuvent aussi être obtenues auprès du Center for Disease Control (CDC) d'Atlanta aux États-Unis (téléphone : 404-332-4559).

En France, des renseignements téléphoniques peuvent être obtenus auprès des organismes suivants :

– AP Voyages à Paris, hôpital de la Salpêtrière : (1) 45.85.90.21 ;

– SVP Parasitologie à Paris, hôpital Claude-Bernard : (1) 42.05.11.33 ;

– Santé Voyages à Bordeaux, centre de vaccinations de la DASS : 56.52.53.12 ;

– SOS Voyages-Tropiques Santé à Marseille, hôpital Houphouët-Boigny : 91.61.11.07.

I. Accidents

De nombreux visiteurs ou touristes sont victimes d'accidents ou d'actes de violence dans les pays en développement. Les voyageurs doivent être avertis de ce risque pour qu'ils puissent s'informer adéquatement et prendre les précautions qui s'imposent.

II. Choléra

Le risque est faible et l'efficacité du vaccin est limitée; habituellement, celui-ci n'est donc pas recommandé. Dans les pays où le risque est élevé, comme la Colombie, l'Équateur ou le Pérou, il est particulièrement recommandé de suivre à la lettre les précautions mentionnées plus haut (Précautions générales).

III. Diarrhée des voyageurs

Ce problème est très fréquent chez les visiteurs et les touristes qui se rendent dans les pays en développement, particulièrement à climat chaud. L'agent étiologique de cette diarrhée («turista», «revanche de Montezuma») est l'*Escherichia coli,* mais les autres micro-organismes pouvant être responsables de gastro-entérites peuvent aussi être en cause (parasites, virus, *Campylobacter*, *Salmonella*, *Shigella*, etc.). Les mesures préventives de base sont mentionnées plus haut (Précautions générales).

Le traitement préventif n'est indiqué que chez les personnes plus vulnérables (déficit immunitaire, diabète, etc.). On donne, chez l'adolescent ou l'adulte, soit une dose quotidienne unique de 160 mg de triméthoprime et de 800 mg de sulfaméthoxazole (risque de réaction allergique ou de problèmes hématologiques), soit une dose quotidienne unique de 100 mg de doxycycline (risque de photosensibilisation), soit une dose quotidienne unique de 500 mg de ciprofloxacine. La prise quotidienne d'un médicament à base de bismuth (Pepto-Bismol), disponible au Canada et aux États-Unis mais non en France, à raison de 2 comprimés 4 fois par jour, semble aussi efficace chez l'adulte et l'adolescent; il ne doit pas être prescrit aux enfants.

Chez la personne immunocompétente, la diarrhée est traitée, si elle est importante, dès qu'elle apparaît:

- Triméthoprime-sulfaméthoxazole (TMP-SMZ):
  - Chez l'enfant: 5 à 8 mg/kg/24 heures de TMP et 25 à 40 mg/kg/24 heures de SMZ PO en 2 fois pendant 3 à 5 jours (maximum chez le grand enfant: 320 mg de TMP et 1,6 g de SMZ/24 heures);
  - Chez l'adolescent et l'adulte: 320 mg de TMP et 1,6 g de SMZ/24 heures PO en 2 fois pendant 3 à 5 jours;
- Ciprofloxacine:
  - Chez l'adolescent et l'adulte: 1 g/24 heures PO en 2 fois pendant 3 à 5 jours.

Simultanément, on administre le traitement habituel au moyen d'une solution de réhydratation orale (voir Gastro-entérite).

Pour le traitement symptomatique des crampes abdominales, l'adolescent ou l'adulte peut prendre du lopéramide, à raison de 4 mg PO comme dose de charge, puis 2 mg PO au besoin (maximum 8 fois par jour).

IV. Encéphalite japonaise B

Le vaccin contre cette maladie, transmise par des moustiques, doit être administré à tout voyageur qui projette un séjour de plus d'un mois dans des régions rurales où l'on cultive le riz: Bangladesh, Cambodge, Chine,

Inde, Corée, Indonésie, Laos, Malaisie, Népal, Pakistan, Philippines, Sri Lanka, Taïwan, Thaïlande et Viêt Nam. On peut commencer la vaccination dès l'âge d'un an. Ce vaccin est administré par voie sous-cutanée aux jours 0, 7 et 30, ou 0,7 et 14.

V. Fièvre jaune

Le vaccin contre la fièvre jaune doit être administré aux voyageurs qui projettent un séjour en milieu rural dans une zone d'endémie (la plupart des régions tropicales d'Afrique et d'Amérique du Sud, entre 15° nord et 15° sud). Plusieurs des pays situés dans cette zone exigent un certificat de vaccination. On peut vacciner l'enfant dès l'âge de neuf mois. La posologie est la même que chez l'adulte.

VI. Fièvre typhoïde

Au Canada, le vaccin tué, jadis administré par voie parentérale, est abandonné en raison de sa faible efficacité et de ses effets secondaires locaux et généraux parfois importants. Le vaccin vivant est administré par voie orale, à raison d'une capsule tous les deux jours pendant huit jours (quatre capsules), au moins deux semaines avant un voyage dans une région endémique.

Chez l'enfant de moins de quatre ans, ou si le vaccin vivant est contreindiqué, on utilise le vaccin tué (Typhim Vi), qui s'administre en une seule injection.

VII. Hépatite A

Le risque d'hépatite A est élevé dans tous les pays où l'hygiène est déficiente. Avant un voyage dans l'un de ces pays, il faut vérifier par une épreuve sérologique l'état d'immunité du voyageur. S'il est susceptible, il doit recevoir le vaccin (Canada, France: Havrix).

VIII. Hépatite B

Le vaccin contre l'hépatite B n'est habituellement pas recommandé, sauf dans les circonstances suivantes:

- Professionnel de la santé qui peut être amené à entrer en contact avec du sang ou des liquides biologiques teintés de sang;

- Personnes qui sont susceptibles d'avoir des relations sexuelles pendant leur séjour;

- Personnes qui vont effectuer un séjour de plus de six mois dans une région à forte endémie (Asie du Sud-Est et Afrique tropicale).

IX. Malaria (paludisme)

Le risque varie selon le pays, l'altitude et le milieu (urbain ou rural).

Outre les médicaments antimalariques, il est important de porter des vêtements de couleur claire (longues manches, pantalons longs), d'utiliser une moustiquaire imprégnée de perméthrine (l'effet dure six mois), un insecticide et une lotion insectifuge (exemple : Deet à 25 %).

1) Principaux pays endémiques :

Afghanistan	Haïti
Afrique du Sud*	Honduras*
Angola	Île Maurice
Arabie saoudite	Îles Comores
Argentine*	Îles Salomon
Bangladesh	Inde
Bélize*	Indonésie
Bénin	Iran*
Bhutan*	Iraq
Bolivie*	Kenya (sauf Nairobi)
Botswana	Laos
Brésil (sauf Rio de Janeiro)	Liberia
Burkina	Madagascar
Burundi	Malaisie
Cambodge	Malawi
Cameroun	Mali
Chine (République populaire de–)*	Mauritanie
Colombie*	Mexique*
Congo	Mozambique
Costa Rica*	Namibie
Côte d'Ivoire	Népal*
Djibouti	Nicaragua
Égypte*	Niger
Émirats arabes unis	Nigeria
Équateur	Nouvelle-Guinée
Éthiopie	Oman
Gabon	Ouganda
Gambie	Pakistan
Ghana	Panama*
Guatemala*	Paraguay*
Guinée	Pérou*
Guinée-Bissau	Philippines*
Guinée équatoriale	République centrafricaine
Guyane*	République dominicaine*
Guyane française	Ruanda

Salvador*	Tchad
São Tomé et Principe	Thaïlande*
Sénégal	Togo
Sierra Leone	Turquie
Somalie	Venezuela*
Soudan	Viêt Nam*
Sri Lanka	Yémen
Surinam*	Zaïre
Syrie*	Zambie
Swaziland	Zimbabwe
Tanzanie	

* Le risque existe seulement en milieu rural.

2) Chimioprophylaxie (elle varie selon les régions, en fonction de la résistance du *Plasmodium* à la chloroquine ; comme celle-ci varie continuellement, il est prudent de s'informer avant le départ) :

a) Lors d'un voyage dans une zone où le risque de résistance est nul (exemples : Afrique du Nord, Amérique Centrale, Mexique), la chloroquine est utilisée pour la prévention (posologie : voir ci-dessous).

b) Lors d'un voyage dans une région où le risque de résistance est faible (exemples : Inde, Indonésie, Pakistan), on utilise le phosphate de chloroquine selon la posologie suivante :
   - Enfants : 8,3 mg/kg/dose (5 mg/kg/dose de base) PO une fois par semaine (maximum chez le grand enfant : 500 mg/dose) ;
   - Adolescents et adultes : 500 mg (300 mg de base) PO une fois par semaine.

   Le traitement préventif est commencé une semaine avant le départ et poursuivi pendant les quatre semaines qui suivent le retour.

c) Lors d'un voyage dans une région où le risque de résistance du *Plasmodium* à la chloroquine est élevé :
   - Afrique sous-saharienne et bassin amazonien :
     - Premier choix : méfloquine, selon la posologie suivante :
       - Enfants :
         - < 15 kg : contre-indiquée ;
         - 15 à 19 kg : 62,5 mg (1/4 de comprimé à 250 mg) PO 1 fois par semaine ;
         - 20 à 30 kg : 125 mg (1/2 comprimé à 250 mg) PO 1 fois par semaine ;
         - 31 à 45 kg : 187,5 mg (3/4 de comprimé à 250 mg) PO 1 fois par semaine ;
         - > 45 kg : 1 comprimé à 250 mg PO 1 fois par semaine.
     - Adolescents et adultes : 250 mg PO une fois par semaine. La méfloquine est contre-indiquée pendant le premier trimestre de la grossesse.

La prophylaxie à la méfloquine est commencée une semaine avant le départ et poursuivie pendant les quatre semaines qui suivent le retour.

– Autre choix: association de chloroquine (posologie: voir plus haut) et proguanil, à commencer avant le départ et à poursuivre pendant quatre semaines après le retour. La posologie du proguanil est la suivante:

  – < 2 ans: 50 mg/24 heures PO en 1 fois;

  – 2 à 6 ans: 100 mg/24 heures PO en 1 fois;

  – 7 à 10 ans: 150 mg/24 heures PO en 1 fois;

  – > 10 ans: 200 mg/24 heures PO en 1 fois.

– En cas de court séjour, on peut aussi utiliser la doxycycline, selon la posologie suivante:

  – < 9 ans: contre-indiquée;

  – > 9 ans: 2 mg/kg/24 heures PO en 1 fois (maximum: 100 mg/24 heures);

  – Adolescents et adultes: 100 mg/24 heures PO en 1 fois.

Le traitement est commencé un à deux jours avant le départ et est poursuivi pendant les quatre semaines qui suivent le retour. Le voyageur doit être averti du risque de photosensibilisation (doxycycline).

– Asie du Sud-Est:

  – En cas de court séjour:

    – Premier choix: méfloquine (voir plus haut pour la posologie);

    – Deuxième choix: doxycycline (voir plus haut pour la posologie).

  – En cas de séjour prolongé:

    – Premier choix: méfloquine (voir plus haut pour la posologie);

    – Deuxième choix: doxycycline (voir plus haut pour la posologie)

En cas d'échec de la prophylaxie et, si les moyens de diagnostic ne sont pas immédiatement disponibles, le voyageur doit s'autotraiter en cas de poussée fébrile:

– S'il prenait de la méfloquine pour la prophylaxie, l'autotraitement peut se faire au moyen de comprimés associant la pyriméthamine (25 mg) et la sulfadoxine (500 mg), selon la posologie suivante:

  – Enfants:

    – < 1 an: 1/4 de comprimé (dose unique);

    – 1 à 3 ans: 1/2 comprimé (dose unique);

- 4 à 8 ans : 1 comprimé (dose unique);
- 9 à 14 ans : 2 comprimés (dose unique);
- Adolescents de plus de 14 ans et adultes : 3 comprimés (dose unique);
- S'il prenait la doxycycline pour la prophylaxie, l'autotraitement peut se faire au moyen de quinine, d'halofantrine ou de pyriméthamine-sulfadoxine (voir Malaria);
- S'il prenait une association de chloroquine et de proguanil pour la prophylaxie, l'autotraitement peut se faire au moyen de quinine, de pyriméthamine-sulfadoxine ou d'halofantrine.

X. Méningocoque

Le vaccin doit être administré seulement aux voyageurs qui projettent un séjour dans un pays où des épidémies sont en cours; il s'agit particulièrement de l'Inde, du Népal et de certains pays d'Afrique subsaharienne et du Moyen-Orient. Pour les sérotypes A et C, on peut administrer le vaccin à partir de l'âge de six mois.

XI. Rage

Dans certaines circonstances, il peut être justifié de recommander une prophylaxie de préexposition pour les enfants qui effectuent un séjour prolongé (plus d'un mois) dans un pays où la rage représente un risque et lorsque l'enfant a beaucoup d'activités de plein air. Le vaccin diploïque vivant s'administre aux jours 0, 7 et 28. La posologie est la même chez l'enfant et chez l'adulte.

XII. SIDA

Dans beaucoup de pays défavorisés, le risque d'être infecté par le VIH lors d'injections, de transfusions ou de relations sexuelles est élevé.

XIII. Tuberculose

Compte tenu de la faible efficacité du BCG, il est préférable de faire des intradermoréactions régulières aux enfants exposés à la maladie lors de leurs voyages.

Trousse de premiers soins

Elle devrait contenir au minimum les éléments suivants :

1) Acétaminophène ou paracétamol;
2) Sachets de poudre pour la préparation d'une solution de réhydratation orale (voir Index pharmacologique sous la rubrique solutions de réhydratation orale);
3) Si l'enfant doit prendre régulièrement des médicaments (exemple : anticonvulsivants, médicaments antiasthmatiques), en apporter une provision suffisante, ainsi qu'une prescription écrite;
4) Pansements, bandages, sparadrap, thermomètre;

5) Triméthoprime-sulfaméthoxazole pour le traitement de la diarrhée du voyageur;

6) Antiseptique (exemple: alcool) et pommade antibiotique.

Lectures suggérées

Advice for travelers. The Medical Letter on Drugs and Therapeutics 1992; 34: 41-44.

American Academy of Pediatrics: Report of the Committee on Infectious Diseases. American Academy of Pediatrics, Elk Grove Village, Illinois, 22nd ed., 1991.

Brousse G: Le nourrisson européen sous les tropiques. Infectiologie 1992; 41: 13-20.

DuPont HL, Ericsson CD: Prevention and treatment of traveler's diarrhea. N Engl J Med 1993; 328: 1821-1827.

Gentile DA, Kennedy BC: Wilderness medicine for children. Pediatrics 1991; 88: 967-981.

Lagardère B: Les enfants en voyage. Arch Fr Pediatr 1992; 49: 411-414.

Nahlen BL, Parsonnet J, Preblud SR, et al.: International travel and the child younger than two years: II. Recommendations for prevention of travelers' diarrhea and malaria chemoprophylaxis. Pediatr Infect Dis J 1989; 8: 735-739.

Pitzinger B, Steffen R, Tschopp A: Incidence and clinical features of traveler's diarrhea in infants and children. Pediatr Infect Dis J 1991; 10: 719-723.

Preblud SR, Tsai, TF, Brink EW, et al.: International travel and the child younger than two years: I. Recommendations for immunizations. Pediatr Infect Dis J 1989; 8: 416-425.

Wolfe MS: Vaccines for foreign travel. Pediatr Clin North Am 1990; 37: 757-769.

Wyler DJ: Malaria chemoprophylaxis for the traveler. N Engl J Med 1993; 329: 31-37.

Wheezing persistant ou récidivant   258

Robert Thivierge, Michel Weber, Guy Lapierre

Généralités

On parle de wheezing lorsque des sibilances sont audibles à distance. Il s'agit d'un sifflement le plus souvent expiratoire, témoignant d'une obstruction bronchique. Un wheezing localisé se rencontre rarement chez l'enfant; il suggère l'obstruction d'une bronche proximale par un corps étranger ou une tumeur. Le plus souvent, il est diffus et résulte d'une obstruction des bronchioles. Le wheezing peut survenir de façon aiguë à l'occasion d'une maladie respiratoire comme une crise d'asthme ou une bronchiolite; il n'en sera pas question dans ce chapitre (voir Asthme, Bronchiolite). Il est plutôt question ici du wheezing persistant, c'est-à-dire celui qui persiste au-delà de la durée normale d'une bronchiolite (une à deux semaines), ainsi que des épisodes récidivants. En général, c'est un problème propre au nourrisson. Les principales causes de wheezing chronique sont indiquées dans le tableau 68.

Démarche clinique

Elle commence par l'anamnèse et l'examen et se poursuit par quelques examens paracliniques sélectionnés.

Tableau 68 Principales causes de wheezing persistant ou récidivant

- Allergie aux protéines bovines
- Asthme persistant*
- Atrésie de l'œsophage opérée
- Bronchiolite récidivante*
- Bronchiolite oblitérante chronique
- Bronchomalacie
- Compression bronchique (vaisseau aberrant, tumeur médiastinale, etc.)
- Corps étranger intrabronchique
- Déficience immunitaire (exemple : déficience en IgA)
- Dysplasie bronchopulmonaire*
- Fibrose kystique (mucoviscidose)*
- Fistule trachéo-œsophagienne
- Hémosidérose pulmonaire
- Infection à *Chlamydia trachomatis*
- Insuffisance cardiaque
- Reflux gastro-œsophagien
- Syndrome des cils immobiles
- Troubles de la déglutition
- Tumeur intrabronchique

* Causes fréquentes.

I. Anamnèse

Elle s'intéresse notamment à une histoire de prématurité, à des problèmes respiratoires antérieurs, à la chronologie de la maladie, à la toux, à la dyspnée, aux antécédents familiaux et personnels d'atopie, à la possibilité de l'inhalation d'un corps étranger, aux vomissements et aux régurgitations, à une diarrhée chronique, au tabagisme passif, à la présence d'animaux dans la maison, à la fréquentation d'une garderie (crèche), aux traitements déjà prescrits et à leurs effets.

II. Examen

On évalue l'évolution dynamique du poids et de la taille. On détermine les fréquences cardiaque et respiratoire et on recherche la cyanose, l'utilisation des muscles accessoires de la respiration, le tirage, une asymétrie ou une autre anomalie auscultatoire pulmonaire ou cardiaque, et un hippocratisme digital.

III. Examens paracliniques

La radiographie des poumons et le test de la sueur doivent être effectués dans tous les cas. Dans certaines situations, d'autres examens peuvent être nécessaires (voir ci-dessous).

Principales entités cliniques

I. Asthme

C'est la principale entité à considérer, même chez le nourrisson. L'existence de maladies allergiques chez d'autres membres de la famille ou chez le patient lui-même (exemple : dermite atopique) constitue un argument en faveur de cette hypothèse. La présence d'allergènes ou d'irritants dans l'environnement doit être recherchée de façon systématique. Les épreuves de fonction respiratoire ne sont pas réalisables chez le nourrisson, ce qui limite la précision du diagnostic. Les examens comme la recherche d'une éosinophilie ou le dosage des IgE sériques n'ont qu'un intérêt modeste. Un assainissement de l'environnement doit être prescrit dans tous les cas (voir Asthme). Le diagnostic ne peut être confirmé que par des épreuves thérapeutiques empiriques à court terme (salbutamol en inhalation) et à moyen ou à long terme (cromoglycate ou corticostéroïdes en inhalation).

II. Bronchiolite

Occasionnellement, une bronchiolite banale peut durer plus longtemps que d'habitude. Le nourrisson qui fréquente une garderie (crèche) peut présenter une suite apparemment ininterrompue de bronchiolites ; l'évolution ultérieure vers l'asthme est alors probable. Le passage d'une bronchiolite à la chronicité est exceptionnel (bronchiolite oblitérante). Le test d'identification rapide du virus respiratoire syncytial ou la culture virale des sécrétions nasopharyngées ont peu d'intérêt.

III. Reflux gastro-œsophagien

Cette entité doit être suspectée chez tout nourrisson qui présente un wheezing persistant et inexpliqué, même s'il n'y a pas de régurgitations ou de vomissements associés. L'obstruction bronchique peut résulter de microinhalations nocturnes invisibles à la radiographie pulmonaire. Elle peut aussi être causée, par voie réflexe, par la présence de liquide acide dans l'œsophage. Dans le doute, une pH-métrie de l'œsophage peut être indiquée (voir Reflux gastro-œsophagien).

IV. Allergie aux protéines bovines

Chez le nourrisson, un wheezing persistant ou récidivant qui demeure inexpliqué pourrait refléter une allergie aux protéines bovines. La présence d'une éosinophilie peut donner du poids à cette hypothèse, mais son absence ne l'élimine pas. Il en est de même d'une augmentation des IgE sériques. Surtout s'il y a un contexte familial ou personnel d'atopie, un régime d'élimination, consistant d'habitude en un lait à base d'hydrolysat de caséine, peut être indiqué empiriquement dans certains cas ; la durée de cet essai devrait être de quelques semaines (voir Allergies alimentaires).

V. Fibrose kystique (mucoviscidose)

Même s'il n'y a pas de diarrhée chronique ni de retard pondéral associé, un test de la sueur doit être fait dans tous les cas (voir Fibrose kystique).

VI. Corps étranger intrabronchique

Ce problème se retrouve surtout entre un et quatre ans (voir Corps étrangers des voies respiratoires). Occasionnellement, un corps étranger méconnu peut causer un wheezing persistant ou récidivant. Une asymétrie auscultatoire est souvent présente. Lorsque l'obstruction bronchique est partielle, la radiographie montre une distension du territoire aéré par la bronche obstruée, ainsi qu'un refoulement du médiastin du côté opposé. Lorsque l'obstruction est complète, ce qui est souvent le cas quand le corps étranger est présent depuis longtemps, le territoire aéré par la bronche obstruée est atélectasié et on note une distension compensatoire du reste du poumon, ainsi qu'une attraction des structures médiastinales en direction de l'atélectasie.

VII. Fistule trachéo-œsophagienne en « H »

L'enfant s'étouffe en buvant et présente une distension gazeuse de l'abdomen. La radiographie pulmonaire montre des infiltrats persistants ou récidivants. Le transit œsophagien ne permet pas toujours de confirmer le diagnostic; dans ce cas, il est nécessaire d'effectuer une endoscopie ou une étude radiologique avec injection de substance opaque sous pression à différents niveaux de l'œsophage. Le traitement est chirurgical.

VIII. Infection à *Chlamydia trachomatis*

La possibilité de ce type d'infection doit être suspectée chez l'enfant de moins de trois mois. Une conjonctivite associée plaide en faveur de cette hypothèse, mais son absence ne l'exclut pas. On note une toux paroxystique et l'auscultation pulmonaire révèle une multitude de râles fins. Une éosinophilie et une hypergammaglobulinémie sont parfois présentes. La radiographie pulmonaire démontre une infiltration interstitielle ou une distension du parenchyme. Un tableau clinique et radiologique identique peut être causé par d'autres agents comme l'*Ureaplasma urealyticum* et le cytomégalovirus. Le diagnostic requiert des cultures des sécrétions nasopharyngées de l'enfant et des sécrétions génitales des parents, ainsi qu'une sérologie. Pour le traitement, voir Pneumonies.

IX. Atrésie de l'œsophage opérée

La majorité des nourrissons qui ont été opérés pour une atrésie de l'œsophage présentent des problèmes respiratoires chroniques au cours des premières années de vie. Il s'agit de toux et de wheezing, souvent exacerbés par les infections respiratoires. Plusieurs facteurs sont incriminés, parmi lesquels l'hyperréactivité bronchique, des anomalies de la clairance mucociliaire, une déficience de la motilité œsophagienne avec micro-inhalations, un reflux gastro-œsophagien, une trachéomalacie segmentaire, etc. Le traitement inclut la physiothérapie (kinésithérapie) respiratoire, les médicaments antiasthmatiques (voir Asthme), ainsi qu'une antibiothérapie lors des infections bactériennes.

X. Troubles de la déglutition

Des anomalies de la déglutition peuvent être isolées ou faire partie d'un tableau évident d'encéphalopathie ou d'hypotonie. L'impression clinique est confirmée par une étude radiologique de l'œsophage. Dans les cas graves, une alimentation par gavage ou par gastrostomie peut être nécessaire.

XI. Divers

1) Le syndrome des cils immobiles, associé ou non à une dextrocardie (syndrome de Kartagener), est un diagnostic à envisager dans certains

cas. Il peut être confirmé par une biopsie de la muqueuse nasale ou trachéale : l'examen au microscope électronique révèle les anomalies morphologiques caractéristiques des cils.

2) Une défaillance cardiaque chronique est une cause possible de wheezing. Le diagnostic d'une cardiopathie sous-jacente est d'ordinaire évident.

3) La dysplasie bronchopulmonaire de l'ancien prématuré ventilé ne pose pas de problème de diagnostic (voir Dysplasie bronchopulmonaire).

4) Une trachéobronchomalacie peut être mise en évidence par une trachéobronchoscopie.

5) Une compression bronchique par un vaisseau aberrant (exemple : artère sous-clavière) peut être mise en évidence par l'examen radiologique de l'œsophage avec du liquide de contraste ; dans certains cas, la tomodensitométrie du thorax est utile.

6) Une compression par une adénopathie ou une tumeur médiastinale peut être confirmée par une radiographie pulmonaire simple et, au besoin, par une tomodensitométrie.

7) Une déficience immunitaire, et particulièrement une déficience en IgA, requiert, pour être confirmée, un dosage des immunoglobulines sériques.

8) L'hémosidérose pulmonaire est très rare. Elle est associée à des infiltrats pulmonaires hémorragiques et à une anémie. On peut retrouver des sidérophages par tubage gastrique. Les modalités thérapeutiques comprennent le retrait des protéines bovines de l'alimentation, des corticostéroïdes et des immunosuppresseurs.

Lectures suggérées

Fireman P : The wheezing infant. Pediatr Rev 1986 ; 7 : 247-254.
Rachelefsky GS : The wheezing child. Pediatrics 1984 ; 74 : 941-947.
Skoner D, Caliguiri L : The wheezing infant. Pediatr Clin North Am 1988 ; 35 : 1011-1030.

Zona   259

Luc Chicoine, Marc Lebel

Généralités

Le zona est causé par une réactivation du virus de la varicelle (*Herpèsvirus varicellæ* ou *Herpèsvirus* zostérien). Il est relativement rare chez l'enfant et son incidence augmente progressivement avec l'âge. Après une varicelle, le virus persiste à l'état latent dans les ganglions des racines postérieures de la moelle ; il peut se manifester sous forme de zona des mois ou des années plus tard, soit sans cause apparente, soit à l'occasion d'une déficience immunitaire (exemple : leucémie). Il est moins grave chez l'enfant que chez l'adulte. Les gens atteints peuvent transmettre la varicelle aux personnes susceptibles. Dans le cas d'un hôte normal, la transmission se fait par contact direct avec les vésicules. Un hôte immunodéficient peut acquérir la varicelle non seulement par ce type de contact direct, mais aussi par voie respiratoire; dans ce cas, le zona est donc aussi contagieux que la varicelle.

Manifestations cliniques

Le zona commence habituellement par une douleur comparée à celle d'une brûlure, localisée au dermatome atteint, par exemple au niveau d'un nerf intercostal ou de la branche ophtalmique du nerf trijumeau; dans ce cas, une atteinte de la cornée est possible. Cette douleur est moins marquée chez l'enfant que chez l'adulte. Il peut y avoir de la fièvre et des malaises généraux. On observe ensuite l'apparition de bouquets de papules, qui se transforment rapidement en vésicules caractéristiques, le long du trajet du nerf atteint. Les lésions sont pratiquement toujours unilatérales. On peut souvent noter des adénopathies correspondant au territoire atteint.

Explorations

Le diagnostic est clinique. Dans la plupart des cas, aucune exploration n'est nécessaire. Dans certaines situations (exemple: déficience immunitaire), on recourt parfois aux examens suivants lorsqu'il y a un doute quant au diagnostic:

1) Méthodes rapides:

   a) Microscopie électronique: recherche de particules virales de type herpès dans le liquide obtenu par ponction d'une vésicule;

   b) Immunofluorescence sur les cellules de la base de la vésicule; cet examen peut différencier entre l'*Herpèsvirus* ordinaire et l'*Herpèsvirus* zostérien;

   c) Recherche dans le sang des IgM spécifiques contre l'*Herpèsvirus* zostérien;

2) Méthodes lentes:

   a) Culture du virus à partir des cellules de la base d'une vésicule;

   b) Dosage des anticorps contre le virus à deux semaines d'intervalle (phase aiguë et phase de convalescence).

Traitement

Chez l'enfant normal, on se contente d'administrer de l'acétaminophène (paracétamol), à raison de 15 mg/kg/dose PO en cas de douleur toutes les 4 heures (maximum chez le grand enfant: 650 mg/dose). L'acide acétylsalicylique doit être évité en raison du risque de syndrome de Reye. Chez l'enfant déficient immunitaire, particulièrement lorsqu'il est atteint de leucémie, un traitement parentéral à l'acyclovir (aciclovir) s'impose (1,5 g/m²/24 heures IV en 3 fois). En cas d'atteinte de la cornée ou lorsque le zona affecte le dermatome de la branche ophtalmique du trijumeau, la collaboration d'un ophtalmologue est nécessaire. Lorsque la cornée est atteinte, on instille dans l'œil une goutte de trifluridine 5 fois par jour.

Pronostic

Le pronostic est excellent chez l'enfant normal : la guérison complète survient la plupart du temps en moins de deux semaines. Les douleurs persistantes sont rares. Chez l'enfant immunodéficient, par exemple chez celui qui est traité pour une leucémie ou un autre cancer, la maladie peut être plus grave et l'évolution plus longue.

Mesures préventives

Voir Varicelle.

INDEX PHARMACOLOGIQUE

Index pharmacologique

Michel Weber, Danielle Beauchamp, Luc Chicoine, Lise Primeau

Avertissements :

1) Malgré le soin apporté à la préparation de cet index, il est recommandé de vérifier aussi la posologie dans une autre source lors de la prescription d'un médicament dangereux ou rarement utilisé. Les auteurs déclinent toute responsabilité en cas d'accident thérapeutique.
2) À quelques exceptions près, cet index ne contient que les médicaments dont l'usage est suggéré dans cet ouvrage.
3) Les noms scientifiques des médicaments sont écrits avec une minuscule et les noms commerciaux avec une majuscule.
4) Les diverses présentations sont sujettes à des changements.
5) Pour la posologie de certains médicaments rarement utilisés, cet index renvoie parfois le lecteur au chapitre correspondant.

acénocoumarol

PRÉSENTATION POUR USAGE ORAL
- France :
  - Sintrom : comprimés à 4 mg.

POSOLOGIE
Chez l'adolescent :
- Dose d'attaque : **4 mg** (1 comprimé) PO 1 fois par jour pendant 2 jours.
- Dose d'entretien, voir chapitre Troubles de la coagulation.

acétaminophène (Canada) ou paracétamol (France)
(voir aussi propacétamol)

PRÉSENTATIONS POUR USAGE ORAL
- Canada :
  - Actimol :
    - suspension pour bébés à 80 mg/mL ;
    - suspension pour enfants à 80 mg/5 mL ;
    - comprimés à croquer à 80 mg ;
    - comprimés à 160 mg.
  - Apo-Acetaminophen : comprimés à 325 mg et 500 mg.
  - Atasol :
    - gouttes à 80 mg/mL ;
    - solution orale à 80 mg/5 mL ;
    - comprimés et «Caplets» à 325 mg et 500 mg.
  - Panadol :
    - gouttes à 80 mg/mL ;
    - liquide à 80 mg/5 mL ;
    - comprimés à croquer à 80 mg ;
    - comprimés à 325 mg et 500 mg.
  - Tempra :
    - gouttes à 80 mg/mL ;
    - sirop à 80 mg/5 mL ;
    - comprimés à croquer à 80 mg et 160 mg.
  - Tylénol :
    - gouttes à 80 mg/mL ;
    - élixir à 160 mg/5 mL ;
    - comprimés à croquer à 80 mg et 160 mg ;
    - comprimés et «Caplets» à 325 mg et 500 mg ;
    - «Gelcaps» à 500 mg.

– France :
  – Aféradol Oberlin : comprimés à 500 mg.
  – Claradol :
    – comprimés à 500 mg ;
    – comprimés effervescents à 120 mg.
  – Dafalgan :
    – gélules à 500 mg ;
    – poudre en sachets de 80 mg et 150 mg.
  – Doliprane :
    – poudre en sachets de 50 mg, 125 mg, 250 mg et 500 mg ;
    – comprimés à 500 mg.
  – Dolko :
    – poudre en sachets de 500 mg ;
    – comprimés à 500 mg ;
    – soluté buvable à 30 mg/mL.
  – Efferalgan :
    – soluté buvable à 30 mg/mL ;
    – comprimés à 500 mg.
  – Gynospasmine Serein : comprimés à 300 mg.
  – Malgis : comprimés et gélules à 500 mg.
  – Paralyoc : lyophilisat à sucer ou à avaler après dispersion dans de l'eau : 50 mg, 125 mg, 250 mg et 500 mg.

PRÉSENTATIONS POUR USAGE RECTAL
– Canada :
  – Abenol : suppositoires à 120 mg, 325 mg et 650 mg.
– France :
  – Dafalgan : suppositoires à 80 mg, 150 mg, 300 mg et 600 mg ;
  – Doliprane : suppositoires à 80 mg, 170 mg, 350 mg et 1 g ;
  – Dolko : suppositoires à 80 mg et 170 mg.

POSOLOGIE
15 mg/kg/dose PO (ou par voie rectale), au besoin toutes les 4 heures (maximum chez le grand enfant : 650 mg/dose).

acétylcystéine : voir N-acétylcystéine

aciclovir : voir acyclovir

acide acétylsalicylique (aspirine)

PRÉSENTATIONS POUR USAGE ORAL
– Canada :
  – absorption rapide :
    – Apo-ASA : comprimés à 325 mg.
    – Arthrinol : capsules à 325 mg et 500 mg.
    – Aspirin : comprimés à 80 mg, 325 mg et 500 mg.
    – PMS-AAS : comprimés à 325 mg.
  – absorption lente :
    – Coryphen : comprimés à 325 mg et 650 mg.
    – Ecotrin : comprimés à 325 mg et 650 mg.
    – Entrophen : comprimés à 325 mg, 500 mg, 650 mg et 975 mg.
    – Novasen : comprimés à 325 mg et 650 mg.
– France :
  – absorption rapide :
    – Aspégic : poudre en sachets de 100 mg, 250 mg, 500 mg et 1 g.

- Aspirine à croquer Monot : comprimés à 500 mg.
- Aspirine Bayer : comprimés à 500 mg.
- Aspirine du Rhône 500 : comprimés à 500 mg.
- Aspirine soluble Corbière : poudre en sachets de 100 mg, 250 mg, 500 mg et 1 g.
- Catalgine : poudre en sachets de 100 mg, 250 mg, 500 mg et 1 g.
- Claragine 500 : comprimés solubles à 500 mg.
- Juvéprine :
  - comprimés à sucer ou à croquer à 100 mg ;
  - poudre en sachets de 100 mg.
- Sargépirine : comprimés à 500 mg.
- absorption lente :
  - Actispirine : gélules à 400 mg.
  - Aspirine entérique Sarein : comprimés à 500 mg.
  - Aspirine pH8 : comprimés à 500 mg.
  - Rhonal : comprimés à 500 mg.

PRÉSENTATIONS POUR USAGE RECTAL
- Canada :
  - Sal-Adult : suppositoires à 650 mg.
  - Sal-Infant : suppositoires à 150 mg.
  - Supasa : suppositoires à 160 mg, 320 mg et 640 mg.
  - PMS-AAS : suppositoires à 150 mg et 650 mg.

POSOLOGIE
- Analgésique, antipyrétique : **10 à 15 mg/kg/dose** (maximum : 650 mg/dose) de préférence PO, parfois par voie rectale (Canada), toutes les 4 à 6 heures.
- Anti-inflammatoire : utiliser de préférence des comprimés à absorption lente. Commencer par **50 mg/kg/24 heures** PO en 3 à 4 fois. Selon l'effet clinique, la salicylémie et la tolérance du patient, la posologie peut être augmentée graduellement jusqu'à 100 mg/kg/24 heures.
- Antiplaquettaire (maladie de Kawasaki) : **1 à 5 mg/kg/24 heures** PO en 1 fois.

TAUX SÉRIQUE THÉRAPEUTIQUE
0,7 à 1,8 mmol/L (20 à 30 mg/dL).

acide cromoglicique : voir cromoglycate

acide folinique

PRÉSENTATIONS POUR USAGE PARENTÉRAL
- Canada : Lederle Leucovorin, Leucovorine calcique.
- France : Folinate de calcium Roger Bellon, Lederfoline.

PRÉSENTATIONS POUR USAGE ORAL
- Canada :
  - Lederle Leucovorin : comprimés à 5 mg et 15 mg.
- France :
  - Folinoral : gélules à 5 mg.
  - Lederfoline :
    - comprimés à 5 mg, 15 mg et 20 mg ;
    - poudre pour solution buvable à 50 mg/flacon ;
    - solution buvable à 5 mg/2 mL.

POSOLOGIE
Voir chapitre Parasitoses (toxoplasmose).

acide folique

PRÉSENTATIONS POUR USAGE ORAL
- Canada :
  - Apo-Folic : comprimés à 5 mg ;
  - Folvite : comprimés à 5 mg.
- France :
  - Spéciafoldine : comprimés à 5 mg.

POSOLOGIE
- Traitement préventif : **1 mg/24 heures** PO en 1 fois.
- Traitement curatif : **2 à 5 mg/24 heures** PO en 1 fois.

acide fusidique

PRÉSENTATIONS POUR USAGE PARENTÉRAL
- Canada : Fucidin.
- France : Fucidine.

PRÉSENTATIONS POUR USAGE ORAL
- Canada :
  - Fucidin :
    - comprimés à 250 mg ;
    - suspension orale à 250 mg/5 mL.
- France :
  - Fucidine :
    - comprimés à 250 mg ;
    - suspension buvable à 100 mg/2 mL et 250 mg/5 mL.

PRÉSENTATIONS POUR USAGE LOCAL (PEAU)
- Canada : Fucidin.
- France : Fucidine.

POSOLOGIE
- Par voie orale : **30 à 50 mg/kg/24 heures** PO en 3 fois (maximum chez le grand enfant : 1,5 g/24 heures).
- Par voie intraveineuse : **20 à 40 mg/kg/24 heures** IV en 3 fois (maximum chez le grand enfant : 1,5 g/24 heures).
- Par voie locale : application 3 ou 4 fois par jour.

acide méfénamique

PRÉSENTATIONS POUR USAGE ORAL
- Canada :
  - Ponstan : capsules à 250 mg.
- France :
  - Ponstyl : gélules à 250 mg.

POSOLOGIE
Dysménorrhée : **500 mg** PO comme dose d'attaque, puis 250 mg au besoin toutes les 6 heures.

acide niflumique

PRÉSENTATION POUR USAGE ORAL
- France :
  - Nifluril : gélules à 250 mg.

PRÉSENTATION POUR USAGE RECTAL
- France :
  - Nifluril : suppositoires à 400 mg et 700 mg.

POSOLOGIE
- Par voie orale :
  - > 13 ans : **500 à 750 mg/24 heures** PO en 2 à 3 fois ;
- Par voie rectale :
  - 8 mois à 30 mois : **200 mg** 2 fois par jour ;
  - 30 mois à 13 ans : **400 mg/10 kg/24 heures** en 2 à 3 fois (maximum : 1,2 g/24 heures) ;
  - > 13 ans : **700 mg** 2 fois par jour.

acide valproïque

PRÉSENTATIONS POUR USAGE ORAL
- Canada :
  - Depakene :
    - capsules à 250 mg et 500 mg ;
    - sirop à 250 mg/5 mL.
- France :
  - Dépakine :
    - solution buvable à 200 mg/mL ;
    - sirop à 200 mg/cuillère-mesure de 3,47 mL ;
    - comprimés à 200 mg et 500 mg.
  - Valproate de sodium Roland-Marie :
    - solution buvable à 200 mg/mL ;
    - comprimés à 200 mg et 500 mg.

POSOLOGIE
Posologie initiale : **15 mg/kg/24 heures** PO en 2 à 3 fois. Si nécessaire, augmenter graduellement la dose de 5 à 10 mg/kg/24 heures par paliers d'une semaine, jusqu'à un maximum de 60 mg/kg/24 heures.

TAUX SÉRIQUE THÉRAPEUTIQUE
350 à 700 µmol/L (50 à 100 mg/L).

ACTH (France : voir aussi tétracosactide)

PRÉSENTATION POUR USAGE PARENTÉRAL
- Canada : Acthar.

POSOLOGIE
Spasmes infantiles : **40 U IM** 1 fois par jour (voir chapitre Épilepsie).

acyclovir (aciclovir)

PRÉSENTATIONS POUR USAGE PARENTÉRAL
- Canada : Zovirax.
- France : Zovirax.

PRÉSENTATIONS POUR USAGE ORAL
- Canada :
  - Zovirax :
    - capsules à 200 mg ;
    - comprimés à 200 mg, 400 mg et 800 mg ;
    - suspension orale à 200 mg/5 mL.
- France :
  - Zovirax :
    - comprimés à 200 mg ;
    - suspension orale à 200 mg/5 mL.

PRÉSENTATIONS POUR USAGE LOCAL
- Canada : Zovirax.
- France : Zovirax.

POSOLOGIE
- Encéphalite herpétique :
  - < 1 an : **30 mg/kg/24 heures** IV en 3 fois pendant 14 à 21 jours ;
  - > 1 an : **1,5 g/m²/24 heures** IV en 3 fois pendant 14 à 21 jours.
- Infection herpétique génitale chez l'adolescent :
  - Épisode initial : **1,2 g/24 heures** PO en 3 fois pendant 7 à 10 jours ;
  - Rechutes : **1,2 g/24 heures** PO en 3 fois ou **1,6 g/24 heures** PO en 2 fois pendant 5 jours ;
  - Prévention des rechutes : **800 mg à 1 g/24 heures** PO en 2 à 5 fois pendant au moins 1 an.
- Infection herpétique disséminée chez le patient immunocompétent, infection herpétique localisée ou disséminée chez le patient immunodéficient, après la période néonatale :
  - < 1 an : **15 à 30 mg/kg/24 heures** IV en 3 fois pendant 7 à 14 jours ;
  - > 1 an : **750 mg/m²/24 heures** IV en 3 fois pendant 7 à 14 jours.
- Infection herpétique néonatale :
  - Chez le prématuré : **20 mg/kg/24 heures** IV en 2 fois pendant 14 à 21 jours ;
  - Chez le nouveau-né à terme : **30 mg/kg/24 heures** IV en 3 fois pendant 14 à 21 jours.
- Varicelle :
  - Chez le patient immunocompétent :
    - < 12 ans : le traitement n'est pas recommandé ;
    - > 12 ans : **3,2 g/24 heures** PO en 4 fois pendant 5 à 7 jours.
  - Chez le patient immunodéficient :
    - < 1 an : **30 mg/kg/24 heures** IV en 3 fois pendant 7 à 10 jours ;
    - > 1 an : **1,5 g/m²/24 heures** IV en 3 fois pendant 7 à 10 jours.

adénosine

POSOLOGIE
Tachycardie supraventriculaire : on commence par une dose de **0,05 mg/kg/dose** en injection IV rapide. Au besoin, on donne des dose croissantes, en augmentant chaque fois de 0,05 mg/kg, jusqu'à un maximum de 0,25 mg/kg (dose cumulative maximale totale : 6 mg).

adrénaline (voir aussi adrénaline racémique)

POSOLOGIE
- Arrêt cardiorespiratoire :
  - Par voie intraveineuse ou intra-osseuse, la posologie initiale est de **0,1 mL/kg/dose**, soit 0,01 mg/kg/dose (maximum : 5 à 10 mL) **d'adrénaline à 1/10 000***. Au besoin, on administre ensuite toutes les 5 minutes des doses 10 fois plus élevée, soit 0,1 mL/kg/ dose (maximum : 5 à 10 mL) d'adrénaline à 1/1 000 (et non plus à 1/10 000), soit 0,1 mg/kg/dose. (*N.B. : Cette solution n'existe pas en France ; la préparer en diluant 10 fois la solution à 1/1 000).
  - Par voie intratrachéale, l'absorption est moins bonne que par voie intraveineuse ou intra-osseuse ; c'est pourquoi une dose initiale 10 fois plus élevée est recommandée par cette voie. La posologie est donc de **0,1 mL/kg/dose d'adrénaline à 1/1 000** (plutôt que d'adrénaline à 1/10 000), soit 0,1 mg/kg/dose.
- Traitement immédiat du choc anaphylactique : on utilise l'une des deux formes suivantes :
  - Solution à 1/10 000 : **0,1 mL/kg/dose** (0,01 mg/kg/dose) IV de préférence, ou SC (maximum : 10 mL/dose). Non disponible en France ; peut être obtenue en diluant 1 partie de la solution à 1/1 000 (0,1 %) dans 9 parties de sérum physiologique ;
  - Solution à 1/1 000 (0,1 %) : **0,01 mL/kg/dose** (0,01 mg/kg/dose) IV ou SC (maximum : 1 mL/dose).

  Au besoin, on peut répéter cette dose deux fois, à des intervalles de 10 à 30 minutes.
- Perfusion continue : **0,2 à 0,6 µg/kg/minute** (voir chapitres Choc anaphylactique, Choc cardiogénique, Choc septique).
- Arythmies cardiaques : voir chapitre Arythmies cardiaques.
- Laryngite aiguë : voir adrénaline racémique ; voir aussi chapitre Laryngite aiguë.

adrénaline racémique

PRÉSENTATION POUR AÉROSOLS
– Canada : Vaponefrin (solution à 2,25 %)

POSOLOGIE
Laryngite : **0,5 mL** de la solution à 2,25 % dans 3,5 mL de sérum physiologique en aérosol.
Ce traitement peut être répété au besoin toutes les 30 minutes.

albendazole

PRÉSENTATION POUR USAGE ORAL
– France : Zentel : comprimés à 400 mg.

POSOLOGIE
Voir chapitre Parasitoses (échinococcose).

albumine

POSOLOGIE
Voir chapitres Brûlures, Choc septique, Syndrome néphrotique, etc.

albutérol : voir salbutamol

alcool éthylique

POSOLOGIE
Voir chapitre Intoxications (éthylène-glycol, méthanol).

amikacine

PRÉSENTATIONS POUR USAGE PARENTÉRAL
– Canada : Amikin.
– France : Amiklin.

POSOLOGIE
– Chez le nouveau-né (< 1 mois) :
  – Poids de naissance < 2 000 g :
    – 0 à 7 jours : 15 mg/kg/24 heures IV ou IM en 2 fois ;
    – 8 à 30 jours : 22,5 à 30 mg/kg/24 heures IV ou IM en 3 fois.
  – Poids de naissance > 2 000 g :
    – 0 à 7 jours : 15 à 20 mg/kg/24 heures IV ou IM en 2 fois ;
    – 8 à 30 jours : 30 mg/kg/24 heures IV ou IM en 3 fois.
– Après la période néonatale (> 1 mois) : **15 à 30 mg/kg/24 heures** IV (en 30 à 60 minutes)
  ou IM en 2 à 3 fois (maximum chez le grand enfant : 1,5 g/24 heures).

aminophylline : voir théophylline et dérivés

amitryptiline

PRÉSENTATIONS POUR USAGE ORAL
– Canada ;
  – Apo-Amitryptiline : comprimés à 10 mg, 25 mg, 50 mg et 75 mg.
  – Elavil : comprimés à 10 mg, 25 mg, 50 mg et 75 mg.
– France :
  – Elavil : comprimés à 10 mg et 25 mg.
  – Laroxyl :
    – solution buvable à 1 mg/goutte.
    – comprimés à 25 mg et 50 mg.

POSOLOGIE

Migraine (chez l'adolescent) : **10 mg** PO 3 fois par jour ; on peut augmenter au besoin cette dose jusqu'à 25 mg 3 fois par jour.

amoxicilline

PRÉSENTATIONS POUR USAGE ORAL

– Canada :
  – Amoxil :
    – gouttes pédiatriques à 50 mg/mL ;
    – suspension orale à 125 mg/5 mL et 250 mg/5 mL ;
    – comprimés à croquer à 125 mg et 250 mg ;
    – gélules à 250 mg et 500 mg.
  – Apo-Amoxi :
    – suspension orale à 125 mg/5 ml et 250 mg/5 mL ;
    – capsules à 250 mg et 500 mg.
  – Novamoxin :
    – suspension orale à 125 mg/5 mL et 250 mg/5 mL ;
    – capsules à 250 mg et 500 mg.
  – Nu-Amoxi :
    – suspension orale à 125 mg/5 ml et 250 mg/5 mL ;
    – capsules à 250 mg et 500 mg.
– France :
  – Amodex : sirop à 250 mg/5 mL et 500 mg/5 mL.
  – Amophar :
    – sirop à 250 mg/5 mL et 500 mg/5 mL ;
    – gélules à 500 mg.
  – Bactox :
    – suspension buvable à 125 mg/5 mL et 250 mg/5 mL ;
    – gélules à 500 mg.
  – Bristamox :
    – sirop à 125 mg/5 mL, 250 mg/5 mL et 500 mg/5 mL ;
    – gélules à 500 mg.
  – Clamoxyl :
    – poudre pour suspension buvable à 125 mg, 250 mg et 1 g par sachet ;
    – sirop à 125 mg/5 mL, 250 mg/5 mL et 500 mg/5 mL ;
    – gélules à 250 mg et 500 mg ;
    – comprimés à 1 g.
  – Flemoxine : comprimés à 500 mg.
  – Gramidil :
    – suspension buvable à 125 mg/5 mL, 250 mg/5 mL et 500 mg/5 mL ;
    – gélules à 500 mg.
  – Hiconcil :
    – sirop à 125 mg/5 mL, 250 mg/5 mL et 500 mg/5 mL ;
    – gélules à 500 mg.
  – Zamocilline :
    – sirop à 250 mg/5 mL ;
    – gélules à 500 mg.

POSOLOGIE

30 à 50 mg/kg/24 heures PO en 3 fois (maximum chez le grand enfant : 2 g/24 heures).

amoxicilline-acide clavulanique

PRÉSENTATIONS POUR USAGE ORAL
- Canada :
  - Clavulin :
    - suspensions pour usage oral à 125 mg d'amoxicilline et 31,25 mg d'acide clavulanique/5 mL et à 250 mg d'amoxicilline et 62,5 mg d'acide clavulanique/5 mL ;
    - comprimés à 250 mg d'amoxicilline et 125 mg d'acide clavulanique, et à 500 mg d'amoxicilline et 125 mg d'acide clavulanique.
- France :
  - Augmentin :
    - suspension buvable à 100 mg d'amoxicilline et 12,5 mg d'acide clavulanique/mL ;
    - suspension buvable à 125 mg d'amoxicilline et 31,25 mg d'acide clavulanique/5 mL et à 250 mg d'amoxicilline et 62,5 mg d'acide clavulanique/5 ml ;
    - poudre orale en sachets à 125 mg d'amoxicilline et 31,25 mg d'acide clavulanique, à 250 mg d'amoxicilline et 62,5 mg d'acide clavulanique et à 500 mg d'amoxicilline et 125 mg d'acide clavulanique ;
    - comprimés à 500 mg d'amoxicilline et 125 mg d'acide clavulanique.
  - Ciblor :
    - suspension buvable à 100 mg d'amoxicilline et 12,5 mg d'acide clavulanique/mL ;
    - poudre en sachets à 250 mg d'amoxicilline et 62,5 mg d'acide clavulanique et en sachets à 500 mg d'amoxicilline et 125 mg d'acide clavulanique.

POSOLOGIE
30 à 50 mg/kg/24 heures d'amoxicilline PO en 3 fois (maximum chez le grand enfant : 2 g/24 heures).

amphothéricine B

PRÉSENTATIONS POUR USAGE PARENTÉRAL
- Canada : Fungizone.
- France : Fungizone.

POSOLOGIE
Commencer par une dose-test de 0,1 mg/kg (maximum : 1 mg) diluée dans un soluté glucosé à 5 % pour obtenir une concentration de 0,1 mg/mL. Cette dose test doit être perfusée par voie intraveineuse en 1 à 2 heures sous surveillance étroite. Augmenter ensuite progressivement la dose quotidienne par paliers de 0,25 mg/kg, pour atteindre, après 3 à 4 jours, la dose quotidienne normale de **1 mg/kg** ; cette dose est diluée dans 7 mL/kg de soluté glucosé à 5 % et perfusée en 4 à 6 heures sous surveillance étroite. La durée du traitement varie selon la réponse clinique ; elle est habituellement de 4 à 6 semaines. La dose cumulative totale habituelle est de l'ordre de 30 mg/kg. Les réactions fébriles qui peuvent survenir pendant la perfusion peuvent être prévenues par l'administration, immédiatement avant la perfusion, d'acétaminophène ou paracétamol (15 mg/kg/dose PO ; maximum chez le grand enfant : 650 mg/dose) et/ou d'hydrocortisone (0,5 à 1 mg/kg/dose IV). Surveiller régulièrement les signes généraux pendant la perfusion. Surveiller quotidiennement l'hémogramme, la kaliémie et la créatinine sérique.

ampicilline

PRÉSENTATIONS POUR USAGE PARENTÉRAL
- Canada : Penbritine.
- France : Ampicilline Panpharma, Pénicline, Totapen.

POSOLOGIE
- Chez le nouveau-né (< 1 mois) :
  - Poids de naissance < 2 000 g :
    - 0 à 7 jours : 50 mg/kg/24 heures IV ou IM en 2 fois ;
    - 8 à 30 jours : 75 mg/kg/24 heures IV ou IM en 3 fois.

- – Poids de naissance > 2 000 g :
  - – 0 à 7 jours : 75 mg/kg/24 heures IV ou IM en 3 fois ;
  - – 8 à 30 jours : 100 mg/kg/24 heures IV ou IM en 4 fois.
  - N. B. : Il est recommandé de doubler les doses ci-dessus en cas de méningite.
- – Après la période néonatale (> 1 mois) : **50 à 300 mg/kg/24 heures**, selon la gravité de l'infection IV ou IM en 4 fois (maximum chez le grand enfant : 12 g/24 heures). En cas de méningite, la dose est d'au moins 200 mg/kg/24 heures.

amrinone

PRÉSENTATIONS POUR USAGE PARENTÉRAL
- – Canada : Inocor.
- – France : Inocor.

POSOLOGIE
Dose d'attaque : **0,75 mg/kg** en bolus IV, puis perfusion continue de **5 à 10 µg/kg/minute** (voir chapitre Choc cardiogénique).

anovulants : voir contraceptifs oraux

anti-acides : voir hydroxydes d'aluminium et de magnésium

anticoagulants : voir acénocoumarol, héparine, warfarine ; voir aussi chapitre Troubles de la coagulation (hémorragies et thromboses)

antithyroïdiens : voir benzylthiouracile, carbimazole, méthimazole, propylthiouracile

argent : voir sulfadiazine d'argent

aspirine : voir acide acétylsalicylique

astémizole
(antihistaminique de la 2e génération)

PRÉSENTATIONS POUR USAGE ORAL
- – Canada :
  - – Hismanal :
    - – suspension à 10 mg/5 mL ;
    - – comprimés à 10 mg.
- – France :
  - – Hismanal :
    - – suspension buvable à 10 mg/5 mL ;
    - – comprimés à 10 mg.

POSOLOGIE
- – < 40 kg : **0,2 mg/kg/24 heures**, PO en 1 fois ;
- – > 40 kg : **10 mg** PO 1 fois par jour.

aténolol

PRÉSENTATIONS POUR USAGE ORAL
- – Canada :
  - – Apo-Atenol : comprimés à 50 mg et 100 mg.
  - – Novo-Atenol : comprimés à 50 mg et 100 mg.
  - – Tenormin : comprimés à 50 mg et 100 mg.

- France :
  - Aténolol ICI-Pharma : comprimés à 50 mg.
  - Betatop : comprimés à 50 mg et 100 mg.
  - Ténormine : comprimés à 100 mg.

POSOLOGIE
- Chez l'enfant : **2 mg/kg/24 heures** PO en 1 fois (maximum chez le grand enfant : 100 mg/24 heures).
- Chez l'adolescent : **50 à 100 mg/24 heures** PO en 1 fois.

atropine

POSOLOGIE
- Arrêt cardiorespiratoire : 0,02 mg/kg/dose IV ou par voie intratrachéale (maximum : 0,4 mg/dose). Ceci correspond à :
  - Canada : **0,05 mL/kg/dose d'une solution à 0,4 mg/mL** (maximum : 0,5 mL/dose chez l'enfant et 1 mL/dose chez l'adolescent) ;
  - France : **0,04 mL/kg/dose d'une solution à 0,5 mg/mL** (maximum : 0,4 mL/dose chez l'enfant et 0,8 mL/dose chez l'adolescent) ;
  Cette dose est répétée au besoin toutes les cinq minutes.
- Intoxication par les insecticides : voir chapitre Intoxications.

AZT : voir zidovudine

bacitracine

PRÉSENTATIONS POUR USAGE LOCAL (PEAU)
- Canada :
  - Baciguent, Bacitin.

PRÉSENTATIONS POUR USAGE LOCAL (ŒIL)
- Canada : Baciguent (onguent ophtalmique).
- France : Bacitracine Martinet (collyre).

POSOLOGIE
Application locale 3 ou 4 fois par jour.

béclométasone : voir corticostéroïdes

béclométhasone : voir corticostéroïdes

benzoate de benzyle : voir benzyle

benzoyle (peroxyde de -)

PRÉSENTATIONS POUR USAGE LOCAL (PEAU)
- Canada :
  - Acetoxyl : gel à 2,5 %, 5 %, 10 % et 20 %.
  - Acnomel B.P.5 : lotion à 5 %.
  - Benoxyl : lotion à 5 %, 10 % et 20 %.
  - Benzac : gel à 5 % et 10 %.
  - Benzagel :
    - gel à 5 % et à 10 % ;
    - lotion à 5 %.
  - Dermoxyl : gel à 2,5 %, 5 %, 10 % et 20 %.

- Desquam-X :
  - gel à 5 % et 10 % ;
  - solution à 5 % et 10 %.
- H$_2$Oxyl : gel à 2,5 %, 5 %, 10 % et 20 %.
- Loroxide : 5 % dans un excipient de couleur chair.
- Oxy 5 : lotion à 5 %.
- Oxyderm : solution à 5 %, 10 % et 20 %.
- Panoxyl : gel à 5 %, 10 %, 15 % et 20 %.
- Solugel 4 : gel à 4 %.
- France :
  - Cutacnyl :
    - lotion à 5 % et 10 % ;
    - gel à 2,5 %, 5 % et 10 %.
  - Eclaran : gel à 5 % et 10 %.
  - Effacné : gel à 5 %.
  - Pannogel : gel à 5 % et 10 %.
  - Panoxyl : gel à 5 % et 10 %.
  - Uvacnyl : gel à 5 % et 10 %.

POSOLOGIE
Voir Acné.

benzyle (benzoate de -)

PRÉSENTATION POUR USAGE LOCAL
- France : Ascabiol : lotion.

POSOLOGIE
Voir chapitre Gale.

benzylthiouracile

PRÉSENTATION POUR USAGE ORAL
- France :
  - Basdène : omprimés à 25 mg.

POSOLOGIE
Dose initiale chez l'adolescent : **150 à 200 mg/24 heures** PO en 3 à 4 fois. Voir chapitre Goitre, hypothyroïdie, hyperthyroïdie.

bicarbonate de sodium

POSOLOGIE
- Arrêt cardiorespiratoire : le bicarbonate de sodium est utilisé sous forme de solution à 4,2 % (0,5 mmol/mL). Si on utilise une solution à 8,4 % (Canada), elle doit donc être diluée en parties égales avec de l'eau pour obtenir une solution à 4,2 % (0,5 mmol/L). On ne donne du bicarbonate que pour corriger une acidémie grave. La posologie est de **1 mmol/kg** IV pour la dose initiale, ou, par dose totale :

$$\frac{0,3 \times \text{poids en kg} \times \text{déficit de bases}}{2}$$

- Acidose métabolique résultant d'une autre cause : le bicarbonate n'est administré que si l'acidose est profonde. On ne vise qu'une correction partielle. La dose totale de correction, en mmol, peut être calculée soit au moyen de la formule mentionnée plus haut, soit selon la formule suivante :

(bicarbonates désirés – bicarbonates du patient) × 0,6 × poids en kg.

La moitié de cette dose est donnée IV en 1 heure et l'autre moitié en 3 heures si l'évolution de l'équilibre acidobasique l'exige.

bisacodyl

PRÉSENTATIONS POUR USAGE ORAL OU RECTAL
- Canada :
  - Apo-Bisacodyl :
    - comprimés à 5 mg ;
    - suppositoires à 10 mg.
  - Dulcolax :
    - dragées à 5 mg ;
    - suppositoires à 5 mg et à 10 mg.
  - PMS-Bisacodyl : dragées à 5 mg.
- France :
  - Contalax : comprimés à 5 mg.
  - Dulcolax :
    - comprimés à 5 mg ;
    - suppositoires à 10 mg.

POSOLOGIE
- < 6 ans : **1 suppositoire à 5 mg** 1 fois par jour.
- > 6 ans (jusqu'à l'adolescence) : **1 suppositoire à 10 mg** 1 fois par jour ou **5 à 10 mg/ 24 heures** PO en 1 à 2 fois.
- Adolescents : **10 à 15 mg** PO 1 fois par jour.

brétylium

PRÉSENTATIONS POUR USAGE PARENTÉRAL
- Canada : Brétylate, Brétylium.
- France : Brétylate.

POSOLOGIE
- Arrêt cardiorespiratoire : le brétylium (solution à 50 mg/mL) s'utilise par voie intraveineuse, intra-osseuse ou intratrachéale pour le traitement des arythmies ventriculaires qui ne répondent pas à la lidocaïne. L'absorption par voie intratrachéale est faible. La posologie est de **5 mg/kg/dose** ; cette dose peut être répétée toutes les 15 à 30 minutes et la dose maximale cumulative est de 30 mg/kg/24 heures. Lorsqu'il est utilisé à la suite d'une défibrillation inefficace, donner 10 mg/kg/dose.
- Arythmies cardiaques : voir chapitre Arythmies cardiaques.

calcium

PRÉSENTATIONS POUR USAGE PARENTÉRAL
Canada, France :
  - Chlorure de calcium à 10 % ;
  - Gluconate de calcium à 10 %.

QUELQUES PRÉSENTATIONS POUR USAGE ORAL
- Canada :
  - Calcium-Sandoz :
    - sirop à 110 mg de calcium élément/5 mL ;
    - Calcium-Sandoz Forte : comprimés effervescents fournissant 500 mg de calcium élément ;
    - Calcium-Sandoz Gramcal : comprimés effervescents fournissant 1 g de calcium élément.
  - Calcium Stanley : solution orale à 100 mg de calcium élément/5 mL.
- France :
  - Calcium-Sandoz :
    - sirop à 270 mg de calcium élément/15 mL ;
    - Calcium-Sandoz Forte : comprimés effervescents fournissant 500 mg de calcium élément.

POSOLOGIE
- Par voie parentérale :
  - Arrêt cardiorespiratoire : l'utilisation du calcium est limitée aux situations suivantes : hypocalcémie, hyperkaliémie, hypermagnésémie, intoxication par les bloqueurs des canaux calciques. Dans les autres situations, le calcium peut avoir des effets néfastes sur l'intégrité et la fonction des neurones et des cellules myocardiques, une fois la circulation rétablie. On utilise l'une des préparations suivantes :
    - Chlorure de calcium à 10 % (100 mg/mL) : **0,2 mL/kg/dose**, soit 20 mg/kg/dose (maximum : 5 mL) IV ou par voie intra-osseuse ;
    - Gluconate de calcium à 10 % (100 mg/mL) : **0,5 mL/kg/dose,** soit 50 mg/kg/dose (maximum : 10 mL) IV ou par voie intra-osseuse.
    L'injection se fait lentement ; elle peut être répétée au besoin toutes les 10 minutes.
  - Convulsions hypocalcémiques : gluconate de calcium à 10 % : **1 à 2 mL/kg/dose** en injection IV lente (10 à 15 minutes) en surveillant le rythme cardiaque. Installer ensuite une perfusion contenant 10 mL de gluconate de calcium à 10 % par 500 mL et ajuster la concentration et le débit selon l'évolution de la calcémie et l'effet thérapeutique
  - Hyperkaliémie : voir chapitre Insuffisance rénale aiguë.
- Par voie orale : voir chapitres Nutrition, Rachitisme.

captopril

PRÉSENTATIONS POUR USAGE ORAL
- Canada :
  - Apo-Capto : comprimés à 6,25 mg, 12,5 mg, 25 mg, 50 mg et 100 mg.
  - Capoten : comprimés à 12,5 mg, 25 mg, 50 mg et 100 mg.
  - Novo-Captopril : comprimés à 12,5 mg, 25 mg, 50 mg et 100 mg.
  - Nu-Capto : comprimés à 12,5 mg, 25 mg, 50 mg et 100 mg.
  - Syn-Captopril : comprimés à 12,5 mg, 25 mg, 50 mg et 100 mg.
- France :
  - Captolane : comprimés à 25 mg et 50 mg.
  - Lopril : comprimés à 25 mg et 50 mg.

POSOLOGIE
- Hypertension artérielle : **0,3 à 0,4 mg/kg/24 heures** PO en 2 à 3 fois (maximum chez le grand enfant : 150 mg/24 heures).
- Insuffisance cardiaque : voir chapitre Insuffisance cardiaque.

carbamazépine

PRÉSENTATIONS POUR USAGE ORAL
- Canada :
  - Apo-Carbamazépine : comprimés à 200 mg.
  - Novo-Carbamaz : comprimés à 200 mg.
  - Tégrétol :
    - comprimés à croquer à 100 mg et 200 mg ;
    - comprimés à 200 mg ;
    - comprimés à absorption retardée à 200 mg et 400 mg.
- France :
  - Tégrétol :
    - comprimés à 200 mg ;
    - comprimés à absorption retardée à 200 mg et 400 mg ;
    - suspension buvable à 100 mg/5 mL.

POSOLOGIE
10 à 20 mg/kg/24 heures PO en 3 fois.

TAUX SÉRIQUE THÉRAPEUTIQUE
34 à 51 μmol/L (8 à 12 mg/L).

carbimazole

PRÉSENTATION POUR USAGE ORAL
– France :
  – Néo-Mercazole : comprimés à 5 mg et 20 mg.

POSOLOGIE
La dose initiale chez le grand enfant est de 20 à 60 mg/24 heures PO en 3 fois.

céfaclor
(céphalosporine de la 2e génération)

PRÉSENTATIONS POUR USAGE ORAL
– Canada :
  – Ceclor :
    – suspension orale à 125 mg/5 mL, 250 mg/5 mL et 375 mg/5 mL ;
    – capsules à 250 mg et 500 mg.
– France :
  – Alfatil :
    – poudre pour suspension buvable à 125 mg par sachet et à 250 mg par sachet ;
    – gélules à 250 mg.

POSOLOGIE
40 à 60 mg/kg/24 heures PO en 2 à 3 fois (maximum chez le grand enfant : 3 g/24 heures).

céfadroxil
(céphalosporine de la 1e génération)

PRÉSENTATIONS POUR USAGE ORAL
– Canada :
  – Duricef : capsules à 500 mg.
– France :
  – Oracefal :
    – gélules à 500 mg ;
    – sirop à 125 mg/5 mL, 250 mg/5 mL et 500 mg/5 mL.

POSOLOGIE
30 mg/kg/24 heures PO en 1 à 2 fois (maximum chez le grand enfant : 2 g/24 heures).

céfalexine : voir céphalexine

céfalotine : voir céphalothine

céfamandole
(céphalosporine de la 2e génération)

PRÉSENTATIONS POUR USAGE PARENTÉRAL
– Canada : Mandol.
– France : Kéfandol.

POSOLOGIE
– Chez le nouveau-né (< 1 mois) : non recommandé.
– Après la période néonatale (> 1 mois) : **50 à 150 mg/kg/24 heures**, selon la gravité de l'infection IV ou IM en 4 fois (maximum chez le grand enfant : 12 g/24 heures).

céfatrizine
(céphalosporine de la 1e génération)

PRÉSENTATIONS POUR USAGE ORAL
- France :
  - Céfaperos :
    - sirop à 125 mg/5 mL et 250 mg/5 mL ;
    - gélules à 500 mg.

POSOLOGIE
15 à 25 mg/kg/24 heures PO en 2 fois (maximum chez le grand enfant : 1 g/24 heures).

céfazoline
(céphalosporine de la 1e génération)

PRÉSENTATIONS POUR USAGE PARENTÉRAL
- Canada : Ancef, Gen-Cefazolin, Kefzol.
- France : Céfacidal, Céfazoline Panpharma, Kefzol.

POSOLOGIE
- Chez le nouveau-né (< 1 mois) : non recommandé.
- Après la période néonatale (> 1 mois) : 25 à 150 mg/kg/24 heures, selon la gravité de l'infection IV ou IM en 2 à 4 fois (maximum : 6 g/24 heures).

cefixime
(céphalosporine de la 3e génération)

PRÉSENTATIONS POUR USAGE ORAL
- Canada :
  - Suprax :
    - comprimés à 200 mg et 400 mg ;
    - suspension buvable à 100 mg/5 mL.
- France :
  - Oroken :
    - granulés en sachet de 40 mg et 100 mg ;
    - comprimés à 200 mg.

POSOLOGIE
8 mg/kg/24 heures PO en 1 à 2 fois (maximum : 400 mg/24 heures).

céfotaxime
(céphalosporine de la 3e génération)

PRÉSENTATIONS POUR USAGE PARENTÉRAL
- Canada : Claforan.
- France : Claforan.

POSOLOGIE
- Chez le nouveau-né (< 1 mois) :
  - Poids de naissance < 2 000 g :
    - 0 à 7 jours : 100 mg/kg/24 heures IV ou IM en 2 fois ;
    - 8 à 30 jours : 150 mg/kg/24 heures IV ou IM en 3 fois.
  - Poids de naissance > 2 000 g :
    - 0 à 7 jours : 100 à 150 mg/kg/24 heures IV ou IM en 2 à 3 fois ;
    - 8 à 30 jours : 150 à 200 mg/kg/24 heures IV ou IM en 3 à 4 fois.
- Après la période néonatale (> 1 mois) : 100 à 200 mg/kg/24 heures, selon la gravité de l'infection IV ou IM en 3 à 4 fois (maximum chez le grand enfant : 10 g/24 heures).

céfoxitine
(céphalosporine de la 2ᵉ génération)

PRÉSENTATIONS POUR USAGE PARENTÉRAL
- Canada : Méfoxin.
- France : Méfoxin.

POSOLOGIE
- Chez le nouveau-né (< 1 mois) : non recommandé.
- Après la période néonatale (> 1 mois) : **80 à 160 mg/kg/24 heures**, selon la gravité de l'infection IV ou IM en 4 fois (maximum chez le grand enfant : 12 g/24 heures).

ceftazidime
(céphalosporine de la 3ᵉ génération)

PRÉSENTATIONS POUR USAGE PARENTÉRAL
- Canada : Ceptaz, Fortaz, Tazidime.
- France : Fortum.

POSOLOGIE
- Chez le nouveau-né (< 1 mois) :
  - Poids de naissance < 2 000 g :
    - 0 à 7 jours : 100 mg/kg/24 heures IV ou IM en 2 fois ;
    - 8 à 30 jours : 90 mg/kg/24 heures IV ou IM en 3 fois.
  - Poids de naissance > 2 000 g :
    - 0 à 7 jours : 100 à 150 mg/kg/24 heures IV ou IM en 2 à 3 fois ;
    - 8 à 30 jours : 90 mg/kg/24 heures IV ou IM en 3 fois.
- Après la période néonatale (> 1 mois) : **75 à 150 mg/kg/24 heures**, selon la gravité de l'infection IV ou IM en 3 fois (maximum chez le grand enfant : 6 g/24 heures).

ceftizoxime
(céphalosporine de la 3ᵉ génération)

PRÉSENTATIONS POUR USAGE PARENTÉRAL
- Canada : Cefizox.
- France : Cefizox.

POSOLOGIE
- Chez le nouveau-né (< 1 mois) : non recommandé.
- Après la période néonatale : **100 à 200 mg/kg/24 heures** IV ou IM en 3 fois (maximum chez le grand enfant : 6 g/24 heures).

ceftriaxone
(céphalosporine de la 3ᵉ génération)

PRÉSENTATIONS POUR USAGE PARENTÉRAL
- Canada : Rocephin.
- France : Rocéphine.

POSOLOGIE
- Chez le nouveau-né (< 1 mois) :
  - Poids de naissance < 2 000 g :
    - 0 à 7 jours : 50 mg/kg/24 heures IV ou IM en 1 fois ;
    - 8 à 30 jours : 50 mg/kg/24 heures IV ou IM en 1 fois.
  - Poids de naissance > 2 000 g :
    - 0 à 7 jours : 50 mg/kg/24 heures IV ou IM en 1 fois ;
    - 8 à 30 jours : 50 à 75 mg/kg/24 heures IV ou IM en 1 fois.
- Après la période néonatale (> 1 mois) : **50 à 100 mg/kg/24 heures** IV ou IM en 1 à 2 fois (maximum chez le grand enfant : 4 g/24 heures).

céfuroxime
(céphalosporine de la 2ᵉ génération)

PRÉSENTATIONS POUR USAGE PARENTÉRAL
- Canada : Kefurox, Zinacef.
- France : Curoxime.

POSOLOGIE
- Chez le nouveau-né (< 1 mois) : non recommandé.
- Après la période néonatale (> 1 mois) : **100 à 200 mg/kg/24 heures** IV ou IM en 3 fois (maximum chez le grand enfant : 6 g/24 heures).

céphalexine (Canada) ou céfalexine (France)
(céphalosporine de la 1ᵉ génération)

PRÉSENTATIONS POUR USAGE ORAL
- Canada :
  - Apo-Cephalex : comprimés à 250 mg et 500 mg.
  - Keflex :
    - comprimés à 250 mg et 500 mg ;
    - suspension orale à 125 mg/5 mL et 250 mg/5 mL.
  - Novo-Lexin :
    - capsules et comprimés à 250 mg et 500 mg ;
    - suspension orale à 125 mg/5 mL et 250 mg/5 mL.
  - Nu-Cephalex : comprimés à 250 mg et 500 mg.
- France :
  - Céporexine :
    - gélules à 500 mg ;
    - comprimés à 1 g ;
    - suspension buvable à 250 mg/5 mL ;
    - granulés : sachets de 125 mg et de 250 mg.
  - Keforal :
    - comprimés à 500 mg et 1 g ;
    - suspension orale à 125 mg/5 mL, 250 mg/5 mL et 500 mg/5 mL.

POSOLOGIE
25 à 50 mg/kg/24 heures PO en 3 à 4 fois (maximum chez le grand enfant : 4 g/24 heures).

céphalothine (Canada) ou céfalotine (France)
(céphalosporine de la 1ᵉ génération)

PRÉSENTATIONS POUR USAGE PARENTÉRAL
- Canada : Keflin.
- France : Céfalotine Panpharma, Kéflin.

POSOLOGIE
- Chez le nouveau-né (< 1 mois) : non recommandé.
- Après la période néonatale (> 1 mois) : **80 à 150 mg/kg/24 heures**, selon la gravité de l'infection IV ou IM en 4 fois (maximum chez le grand enfant : 12 g/24 heures).

cétirizine
(antihistaminique de la 2ᵉ génération)

PRÉSENTATIONS POUR USAGE ORAL
- Canada :
  - Reactine : comprimés à 10 mg.
- France :
  - Virlix : comprimés à 10 mg.

POSOLOGIE
> 12 ans : **5 à 10 mg** PO 1 fois par jour.

charbon de bois activé

POSOLOGIE
Intoxications : **1 g/kg/dose** toutes les 4 à 6 heures, jusqu'au moment où le patient émet une selle noire. On peut le donner en suspension, soit dans l'eau soit dans du sorbitol à 70 % qui accélère le transit intestinal.

chloramphénicol

PRÉSENTATION POUR USAGE PARENTÉRAL
– Canada : Chloromycetin.

PRÉSENTATIONS POUR USAGE ORAL
– Canada : Novochlorocap : capsules à 250 mg.
– France : Tifomycine : comprimés à 250 mg.

POSOLOGIE
1) Chez le nouveau-né (< 1 mois) :
   – Poids de naissance < 2 000 g :
      – 0 à 7 jours : 25 mg/kg/24 heures IV ou PO en 1 fois ;
      – 8 à 30 jours : 25 mg/kg/24 heures IV ou PO en 1 fois.
   – Poids de naissance > 2 000 g :
      – 0 à 7 jours : 25 mg/kg/24 heures IV ou PO en 1 fois ;
      – 8 à 30 jours : 50 mg/kg/24 heures IV ou PO en 2 fois.
2) Après la période néonatale (> 1 mois) : **50 à 100 mg/kg/24 heures,** selon la gravité de l'infection IV, IM ou PO en 4 fois (maximum chez le grand enfant : 4 g/24 heures).

chloroquine (phosphate et sulfate de -)

PRÉSENTATIONS POUR USAGE ORAL
– Canada :
   – Aralen (phosphate de chloroquine) : comprimés à 250 mg (150 mg de base).
– France :
   – Nivaquine (sulfate de chloroquine) :
      – comprimés à 100 mg de base et 300 mg de base ;
      – sirop à 5 mg de base/mL.

POSOLOGIE
Voir chapitres Malaria et Voyages.

chlorphéniramine : voir dexchlorphéniramine

cimétidine

PRÉSENTATIONS POUR USAGE PARENTÉRAL
– Canada : Tagamet.
– France : Edalène, Tagamet.

PRÉSENTATIONS POUR USAGE ORAL
– Canada :
   – Apo-Cimétidine : comprimés à 200 mg, 300 mg, 400 mg, 600 mg et 800 mg.
   – Novo-Cimétine : comprimés à 200 mg, 300 mg, 400 mg, 600 mg et 800 mg.
   – Nu-Cimet : comprimés à 200 mg, 300 mg, 400 mg et 600 mg.
   – Peptol : comprimés à 200 mg, 300 mg, 400 mg, 600 mg et 800 mg.

- Tagamet :
  - solution orale à 300 mg/5 mL ;
  - comprimés à 200 mg, 300 mg, 400 mg, 600 mg et 800 mg.
- France :
  - Edalène : comprimés à 400 mg et 800 mg.
  - Tagamet : comprimés à 200 mg, 400 mg et 800 mg.

POSOLOGIE
- Chez le nouveau-né (< 1 mois) : 10 à 20 mg/kg/24 heures PO ou IV en 4 fois.
- Après la période néonatale (> 1 mois) : **20 à 40 mg/kg/24 heures** PO en 2 à 4 fois ou IV en 4 à 6 fois (maximum chez le grand enfant : 2,4 g/24 heures).

ciprofloxacine

PRÉSENTATIONS POUR USAGE ORAL
- Canada :
  - Cipro : comprimés à 250 mg, 500 mg et 750 mg.
- France :
  - Ciflox : comprimés à 250 mg, 500 mg et 750 mg.

POSOLOGIE
- Chez l'enfant : non recommandé.
- Chez l'adolescent : **500 mg à 1,5 g/24 heures**, selon la gravité de l'infection, PO en 2 fois.

cisapride

PRÉSENTATIONS POUR USAGE ORAL
- Canada :
  - Prepulsid :
    - suspension à 1 mg/mL ;
    - comprimés à 5 mg et 10 mg.
- France :
  - Prepulsid :
    - suspension buvable à 1 mg/mL ;
    - comprimés à 10 mg.

POSOLOGIE
0,8 à 1 mg/kg/24 heures PO en 3 à 4 fois (maximum chez le grand enfant : 40 mg/24 heures).

clindamycine

PRÉSENTATIONS POUR USAGE PARENTÉRAL
- Canada : Dalacin.
- France : Dalacine.

PRÉSENTATIONS POUR USAGE ORAL
- Canada :
  - Dalacin :
    - capsules à 150 mg ;
    - suspension orale à 75 mg/5 mL.
- France :
  - Dalacine : gélules à 75 mg et 150 mg.

POSOLOGIE
- Chez le nouveau-né (< 1 mois) :
  - Poids de naissance < 2 000 g :
    - 0 à 7 jours : 10 mg/kg/24 heures IV, IM ou PO en 2 fois ;
    - 8 à 30 jours : 15 mg/kg/24 heures IV, IM ou PO en 3 fois.

- Poids de naissance > 2 000 g :
  - 0 à 7 jours : 15 mg/kg/24 heures IV, IM ou PO en 3 fois ;
  - 8 à 30 jours : 20 mg/kg/24 heures IV, IM ou PO en 4 fois.
- Après la période néonatale :
  - Par voie orale : **20 à 30 mg/kg/24 heures** PO en 3 à 4 fois (maximum chez le grand enfant : 1,8 g/24 heures);
  - Par voie parentérale : **30 à 40 mg/kg/24 heures** IV (injection lente) ou IM en 4 fois (maximum chez le grand enfant : 2,4 g/24 heures).

clobazam

PRÉSENTATIONS POUR USAGE ORAL
- Canada :
  - Frisium : comprimés à 10 mg.
- France :
  - Urbanyl :
    - gélules à 5 mg ;
    - comprimés à 10 mg et 20 mg.

POSOLOGIE
0,5 à 3 mg/kg/24 heures PO en 2 à 3 fois.

TAUX SÉRIQUE THÉRAPEUTIQUE
Inconnu.

clobutinol

PRÉSENTATIONS POUR USAGE ORAL
- France :
  - Silomat :
    - solution buvable à 2 mg/goutte ;
    - sirop à 20 mg/cuillère à café ;
    - comprimés à 40 mg.

POSOLOGIE
- < 3 ans : **1 goutte** de la solution buvable par kg de poids PO 3 fois par jour.
- 3 à 15 ans :
  - **10 à 20 gouttes** de la solution buvable 3 fois par jour ;
  - **1 à 2 cuillères à café** du sirop 3 fois par jour.
- > 15 ans :
  - **30 à 40 gouttes** de la solution buvable 3 fois par jour ;
  - **1 cuillère à soupe** 3 fois par jour ;
  - **1 à 2 comprimés** 3 fois par jour.

clonazépam

PRÉSENTATIONS POUR USAGE ORAL
- Canada :
  - Rivotril : comprimés à 0,5 mg et 2 mg.
- France :
  - Rivotril :
    - solution buvable à 0,1 mg/goutte ;
    - comprimés à 2 mg.

POSOLOGIE
- **0,01 à 0,05 mg/kg/24 heures** PO en 2 ou 3 fois. Au besoin, cette dose peut être augmentée graduellement jusqu'à 0,2 mg/kg/24 heures PO en 2 à 3 fois.

TAUX SÉRIQUE THÉRAPEUTIQUE
0,1 à 0,3 μmol/L (10 à 30 ng/mL).

clotrimazole

PRÉSENTATIONS POUR USAGE LOCAL (PEAU)
- Canada :
  - Canesten : crème et solution.
  - Clotrimaderm : crème.
  - Myclo : crème.
- France :
  - Trimysten : crème.

PRÉSENTATIONS POUR USAGE LOCAL (MUQUEUSE VAGINALE)
- Canada :
  - Canesten :
    - crème vaginale ;
    - comprimés vaginaux à 100 mg, 200 mg et 500 mg.
  - Clotrimaderm : crème vaginale.
  - Neo-Zol : crème vaginale.

POSOLOGIE
- Dermite : application locale sur la peau 2 à 3 fois par jour.
- Vaginite à *Candida albicans* : un ovule vaginal de 200 mg au coucher pendant 3 jours, ou une application de crème vaginale au coucher pendant 7 jours.

cloxacilline

PRÉSENTATIONS POUR USAGE PARENTÉRAL
- Canada : Orbénine, Tegopen.
- France : Orbénine.

PRÉSENTATIONS POUR USAGE ORAL
- Canada :
  - Apo-Cloxi :
    - capsules à 250 mg et à 500 mg ;
    - suspension orale à 125 mg/5 mL et 250 mg/5 mL.
  - Novo-Cloxin :
    - capsules à 250 mg et 500 mg ;
    - suspension orale à 125 mg/5 mL.
  - Nu-Cloxi :
    - capsules à 250 mg et à 500 mg ;
    - suspension orale à 125 mg/5 mL.
  - Orbénine :
    - gélules à 250 mg et 500 mg ;
    - suspension orale à 125 mg/5 mL.
- France :
  - Orbénine : gélules à 500 mg.

POSOLOGIE :
- Chez le nouveau-né (< 1 mois) : non recommandé.
- Après la période néonatale (> 1 mois) :
  - Par voie orale : **50 à 100 mg/kg/24 heures** PO en 3 à 4 fois (maximum chez le grand enfant : 4 g/24 heures).
  - Par voie parentérale : **100 à 200 mg/kg/24 heures** IV ou IM en 4 fois (maximum chez le grand enfant : 12 g/24 heures).

codéine

PRÉSENTATION POUR USAGE PARENTÉRAL
- Canada : codéine.

PRÉSENTATIONS POUR USAGE ORAL
- Canada :
  - comprimés à 15 mg, 30 mg et à 60 mg ;
  - sirop à 25 mg/5 mL.
- France : préparations magistrales seulement. Il n'y a pas de préparations injectables.

POSOLOGIE
- Comme analgésique :
  - Par voie orale (à utiliser de préférence aux injections) : **0,5 à 1 mg/kg/dose** toutes les 4 à 6 heures (maximum chez le grand enfant : 60 à 120 mg/dose).
  - Par voie sous-cutanée ou intramusculaire : **0,5 à 1 mg/kg/dose** toutes les 4 à 6 heures (maximum chez le grand enfant : 60 mg/dose).
- Comme antitussif : **0,15 à 0,25 mg/kg/dose** PO toutes les 4 à 6 heures.

colistine

PRÉSENTATIONS POUR USAGE ORAL
- France :
  - Colimycine :
    - comprimés à 1 500 000 UI ;
    - sirop à 250 000 UI/5 mL.

POSOLOGIE
Gastro-entérite à *Escherichia coli* : **5 à 15 mg/kg/24 heures** PO en 4 fois pendant 5 jours (maximum chez le grand enfant : 750 mg/24 heures), ou **250 000 UI/kg/24 heures** PO en 4 fois pendant 5 jours (maximum chez le grand enfant : 7 500 000 UI/24 heures).

contraceptifs oraux

Les préparations contenant moins de 35 μg d'œstrogène sont indiquées par *. Les modalités d'utilisation sont détaillés dans le chapitre Contraception chez l'adolescente.

PRÉSENTATIONS

	Œstrogène	Progestatif
Canada :		
– Brévicon 0,5/35 :	éthinylœstradiol : 35 μg	noréthindrone : 500 μg
– Brévicon 1/35 :	éthinylœstradiol : 35 μg	noréthindrone : 1 mg
– Demulen 30* :	éthinylœstradiol : 30 μg	diacétate d'éthynodiol : 2 mg
– Demulen 50 :	éthinylœstradiol : 50 μg	diacétate d'éthynodiol : 1 mg
– Loestrin 1,5/30* :	éthinylœstradiol : 30 μg	noréthindrone : 1,5 mg
– Minestrin 1/20* :	éthinylœstradiol : 20 μg	noréthindrone : 1 mg
– Min-Ovral* :	éthinylœstradiol : 30 μg	lévonorgestrel : 150 μg
– Norinyl 1/50 :	mestranol : 50 μg	noréthindrone : 1 mg
– Norinyl 1/80 :	mestranol : 80 μg	noréthindrone : 1 mg
– Norlestrin 1/50 :	éthinylœstradiol : 50 μg	noréthindrone : 1,5 mg
– Ortho 0,5/35 :	éthinylœstradiol : 35 μg	noréthindrone : 0,5 mg
– Ortho 1/35 :	éthinylœstradiol : 35 μg	noréthindrone : 1 mg
– Ortho 7/7/7 :	éthinylœstradiol : 35 μg	noréthindrone : 0,5 mg, 0,75 mg ou 1 mg
– Ortho 10/11 :	éthinylœstradiol : 35 μg	noréthindrone : 0,5 mg ou 1 mg
– Ortho-Novum 0,5 :	mestranol : 100 μg	noréthindrone : 0,5 mg
– Ortho-Novum 2 :	mestranol : 100 μg	noréthindrone : 2 mg
– Ortho-Novum 1/50 :	mestranol : 50 μg	noréthindrone : 1 mg
– Ortho-Novum 1/80 :	mestranol : 80 μg	noréthindrone : 1 mg

INDEX PHARMACOLOGIQUE

– Ovral:	éthinylœstradiol: 50 µg	norgestrel: 250 µg
– Triphasil*:	éthinylœstradiol: 30 µg ou 40 µg	norgestrel: 50 µg, 75 µg ou 125 µg
– Triquilar*:	éthinylœstradiol: 30 µg ou 40 µg	norgestrel: 50 µg, 75 µg ou 125 µg

France:		
– Adépal*:	éthinylœstradiol: 30 µg ou 40 µg	norgestrel: 150 µg ou 200 µg
– Cilest:	éthinylœstradiol: 30 µg	norgestimate: 250 µg
– Cycléane*:	éthinylœstradiol: 20 µg	désogestrel: 150 µg
– Gynophase:	éthinylœstradiol: 50 µg	noréthistérone: 1 mg
– Gynovlane:	éthinylœstradiol: 50 µg	noréthistérone: 2 mg
– Mercilon*:	éthinylœstradiol: 20 µg	désogestrel: 150 µg
– Milli Anovlar:	éthinylœstradiol: 50 µg	noréthistérone: 1 mg
– Minidril*:	éthinylœstradiol: 30 µg	norgestrel: 150 µg
– Miniphase*:	éthinylœstradiol: 30 µg	noréthistérone: 1 mg
– Minulet*:	éthinylœstradiol: 30 µg	gestodène: 75 µg
– Moneva*:	éthinylœstradiol: 30 µg	gestodène: 75 µg
– Ortho-Novum 1/35:	éthinylœstradiol: 35 µg	noréthistérone: 1 mg
– Phaeva*:	éthinylœstradiol: 30 µg	gestodène: 50 µg
– Planor:	éthinylœstradiol: 50 µg	norgestriénone: 2 mg
– Stédiril:	éthinylœstradiol: 50 µg	norgestrel: 500 µg
– Trentovlane*:	éthinylœstradiol: 30 µg	noréthistérone: 1 mg
– Triella:	éthinylœstradiol: 35 µg	noréthistérone: 500 µg
– Tri-Minulet*:	éthinylœstradiol: 30 µg ou 40 µg	gestodène: 50 µg, 70 µg ou 100 µg
– Trinordiol*:	éthinylœstradiol: 30 µg	norgestrel: 50 µg

corticostéroïdes

PRÉSENTATIONS POUR USAGE LOCAL (PEAU)

Les tableaux qui suivent donnent quelques exemples de corticostéroïdes utilisables par voie cutanée, classés par ordre décroissant de puissance. Les associations sont exclues de ces exemples. Les modalités d'utilisation sont décrites dans le chapitre Dermite atopique.

Canada:

Puissance très forte	– dipropionate de betaméthasone à 0,05 % (Diprolene: crème ou pommade)
	– propionate de clobétasol à 0,05 % (Dermovate: crème ou pommade)
Puissance forte	– acétonide de triamcinolone à 0,5 % (Aristocort C: crème)
	– amcinonide à 0,1 % (Cyclocort: crème ou onguent)
	– désoximétasone à 0,25 % (Topicort: onguent)
	– diacétate de diflorasone à 0,05 %: (Florone, crème ou onguent)
	– dipropionate de bétaméthasone à 0,05 % (Diprosone: crème ou pommade)
	– fluocinonide à 0,05 % (Lidex: crème ou onguent; Topsyn: gel))
	– halcinonide à 0,1 % (Halog: crème ou onguent)
Puissance moyenne	– acétonide de fluocinolone à 0,025 % (Synalar: crème ou onguent; Synamol: crème émolliente)
	– acétonide de triamcinolone à 0,1 % (Aristocort R: crème ou onguent; Kenalog: crème ou onguent)
	– désoximétasone à 0,05 % (Topicort doux: crème émolliente)
	– halcinonide à 0,025 % (Halog: crème)

- valérate de bétaméthasone à 0,1 % (Betnovate : crème ou onguent ; Célestoderm V : crème ou pommade)
- valérate de diflucortolone à 0,1 % (Nerisone : crème, crème huileuse ou onguent)
- valérate d'hydrocortisone à 0,2 % (Westcort : crème ou onguent)

Puissance faible	

Puissance faible
- acétonide de fluocinolone à 0,01 % (Synalar ; crème douce, Synamol)
- acétonide de triamcinolone à 0,025 % (Aristocort D : crème)
- butyrate de clobétasone à 0,05 % (Eumovate : crème ou pommade)
- désonide à 0,05 % (Tridesolon, crème ou pommade)
- dipropionate de béclométhasone à 0,025 % (Propaderm : crème ou pommade)
- pivalate de fluméthasone à 0,03 % (Locacorten : crème)
- valérate de bétamétasone à 0,05 % (Célestoderm V/2 : crème ou pommade)

Puissance très faible
- acétate de méthylprednisolone à 0,25 % (Medrol : crème)
- acétate d'hydrocortisone à 1 % (Corticrème : crème)
- hydrocortisone (Cortate : crème ou pommade à 0,5 % et à 1 % ; Émo-Cort : crème à 1 % et à 2,5 %)

France :

Classe I
Activité très forte
- clobétasol à 0,05 % (Dermoval : crème et gel)
- dipropionate de bétaméthasone à 0,05 % (Diprolène : pommade)

Classe II
Activité forte
- amcinonide à 0,1 % (Penticort : crème et pommade)
- valérate de betaméthasone à 0,1 %(Celestoderm : crème et pommade ; Betneval : crème, pommade et lotion)
- dipropionate de betaméthasone à 0,05 % (Diprosone : crème, pommade et lotion)
- désoximétasone à 0,25 % (Topicorte : crème)
- difluprednate à 0,05 % (Épitopic : gel et crème)
- valérate de diflucortolone à 0,1 % (Nérisone : crème et pommade)
- acétonide de fluocinolone à 0,025 % (Synalar : crème et pommade)
- fluocinonide à 0,05 % (Topsyne : pommade)–acétonide de fluclorolone à 0,025 % (Topilar : crème et pommade)
- halcinonide à 0,1 % (Halog : crème)
- 17-butyrate d'hydrocortisone à 0,1 % (Locoïd : crème, pommade et lotion)

Classe III
Activité assez forte
- acétonide de fluocinolone à 0,01 % (Synalar propylèneglycol : solution)
- alclométasone à 0,05 % (Aclosone : crème et pommade)
- bénétonide de triamcinolone À 0,075 % (Tibicorten : crème)
- désonide À 0,05 % (Tridesonit : crème)
- fluocortolone à 0,25 % (Ultralan : pommade)
- valérate de betaméthasone à 0,05 % (Célestoderm relais : crème)
- désonide ou prednacinolone à 0,1 % (Locapred : crème)
- difluprednate à 0,02 % (Epitopic 0,02 : crème)
- fluocinonide à 0,01 % (Topsyne : pommade et lotion)

Classe IV
Activité modérée
- hydrocortisone (Hydracort : crème à 0,5 %, hydrocortisone Astier : crème à 1 %)

PRÉSENTATIONS ET POSOLOGIE POUR USAGE NASAL (RHINITE ALLERGIQUE)
- Canada:
  - béclométhasone:
    - Béconase, Vancénase: chaque bouffée de l'applicateur nasal libère 50 µg.
  - budésonide:
    - Rhinocort: aérosol-doseur libérant 50 µg par bouffée.
- France:
  - béclométasone:
    - Aldécine, Béconase: chaque bouffée libère 50 µg.

La posologie habituelle de la béclométhasone (béclométasone) est la suivante:
- Enfant: **200 à 300 µg/24 heures** (1 bouffée dans chaque narine 2 à 3 fois par jour);
- Adolescent: **300 à 400 µg/24 heures** (1 bouffée dans chaque narine 3 fois par jour à 2 bouffées dans chaque narine 2 fois par jour).

Dans certains cas, la posologie peut être augmentée pendant une période de quelques jours, sans dépasser 500 µg/24 heures chez l'enfant et 1 000 µg/24 heures chez l'adolescent. Après avoir obtenu un effet thérapeutique satisfaisant, on peut tenter de réduire la posologie. Voir aussi chapitre Rhinite allergique.

PRÉSENTATIONS ET POSOLOGIE POUR INHALATION DANS L'ARBRE BRONCHIQUE (ASTHME)
- Canada:
  - Béclométhasone:
    - Beclodisk à 100 µg et 200 µg, à inhaler au moyen d'un Beclodisk Diskhaler;
    - Becloforte: aérosol-doseur libérant 250 µg par bouffée;
    - Beclovent: aérosol-doseur libérant 50 µg par bouffée;
    - Beclovent: Rotacaps à 100 µg et à 200 µg, pour inhalation au moyen d'un Rotahaler.
  - Budésonide:
    - Pulmicort: aérosol-doseur libérant 50 µg ou 200 µg par bouffée;
    - Pulmicort: Turbuhaler (dispositif activé par la respiration) libérant 100 µg, 200 µg ou 400 µg de poudre par dose;
    - Pulmicort: solution pour inhalation au moyen d'un nébuliseur, à 250 µg/mL ou à 500 µg/mL.
- France:
  - Béclométasone:
    - Aldécine: aérosol buccal libérant 50 µg par bouffée;
    - Bécotide: aérosol buccal libérant 50 µg ou 250 µg par bouffée.
  - Budésonide:
    - Pulmicort:
      - Turbuhaler (dispositif activé par la respiration) libérant 200 µg de poudre par dose;
      - Aérosol-doseur libérant 100 µg ou 200 µg par bouffée.

Posologie d'attaque habituelle: **20 à 40 µg/kg/24 heures** (maximum: 1 000 µg/24 heures) en 3 à 4 fois. Pour le traitement d'entretien et pour plus de détails, voir chapitre Asthme.

PRÉSENTATIONS POUR USAGE PAR VOIE GÉNÉRALE ET POSOLOGIE
N.B.: – la prednisone et la prednisolone sont environ 4 fois plus puissantes que l'hydrocortisone;
      – la méthylprednisolone est environ 5 fois plus puissante que l'hydrocortisone;
      – la dexaméthasone est environ 25 fois plus puissante que l'hydrocortisone.
- Voie orale:
  - Canada:
    - prednisone:
      - Apo-Prednisone: comprimés à 1 mg, 5 mg et 50 mg;
      - Deltasone: comprimés à 5 mg et 50 mg;
      - Winpred: comprimés à 1 mg.
    - prednisolone:
      - Pédiapred: suspension à 1 mg/mL.
    - dexaméthasone:
      - Décadron: comprimés à 0,5 mg et 4 mg.

- France :
  - prednisone :
    - Cortancyl : comprimés à 1 mg, 5 mg et 20 mg.
  - dexaméthasone :
    - Décadron : comprimés à 0,5 mg.

Posologie habituelle :
- prednisone et prednisolone : **1 à 2 mg/kg/24 heures** PO en 2 fois (maximum chez le grand enfant : 50 mg/24 heures). Comme la demi-vie de la prednisone est courte (environ 4 heures), il est préférable de l'administrer en 2 fois lorsqu'on traite une maladie aiguë telle qu'une crise d'asthme.
- dexaméthasone : **0,25 à 0,5 mg/kg/24 heures** PO en 2 fois (maximum chez le grand enfant : 10 mg/24 heures).

- Voie parentérale (IV ou IM) :
  - Dexaméthasone :
    - Canada : Décadron, Hexadrol, Oradexon.
    - France : Dectancyl, Soludécadron.

    Posologie habituelle : **0,3 mg/kg** IV ou IM comme dose initiale (maximum chez le grand enfant : 20 mg), puis **0,8 mg/kg/24 heures** IV ou IM en 2 fois (maximum chez le grand enfant : 40 mg/24 heures). Elle peut varier selon les indications : voir chapitres Hypertension intracrânienne, Laryngite, etc.
  - Hydrocortisone :
    - Canada : A-Hydrocort, Solu-Cortef.
    - France : Hydrocortisone Roussel, Hydrocortisone Upjohn.

    Posologie habituelle : **5 mg/kg** IV ou IM comme dose initiale (maximum chez le grand enfant : 500 mg), puis **20 mg/kg/24 heures** IM ou IV en 4 fois (maximum chez le grand enfant : 1 g/24 heures).
  - Méthylprednisolone :
    - Canada : Solu-Medrol.
    - France : Solprédone, Solu-Médrol.

    Posologie habituelle : **1 mg/kg** IV ou IM comme dose initiale (maximum chez le grand enfant : 100 mg), puis **4 mg/kg/24 heures** IV ou IM en 4 fois (maximum chez le grand enfant : 200 mg/24 heures).

cromoglycate sodique (acide cromoglicique)

PRÉSENTATIONS ET POSOLOGIE
- Usage bronchique (asthme) :
  - Canada :
    - Intal :
      - aérosol-doseur libérant 1 mg par bouffée ;
      - cartouches (Spincaps) à 20 mg de poudre, à utiliser avec un Spinhaler ou un Halermatic, dispositifs activés par la respiration ;
      - solution pour nébulisation à 20 mg/2 mL.
  - France :
    - Lomudal :
      - capsules à 20 mg pour inhalation au moyen d'un Spinhaler ;
      - flacon pressurisé libérant 5 mg de poudre par bouffée ;
      - solution pour nébulisation à 2 mg/2 mL.

Posologie (traitement d'attaque) : **4 à 20 mg en inhalation 4 fois par jour**. Pour le traitement d'entretien, voir chapitre Asthme.
- Usage conjonctival (conjonctivite allergique) :
  - Canada :
    - Opticrom : gouttes ophtalmiques à 2 %. Posologie (traitement préventif continu de la conjonctivite allergique) : **1 à 2 gouttes dans chaque œil 4 fois par jour**.
  - France :
    - Cromoptic, Opticron : collyre à 2 %. Posologie : **1 à 2 gouttes dans chaque œil 4 fois par jour**.

– Usage nasal (rhinite allergique):
  – Canada:
    – Rynacrom:
      – atomiseur à doses mesurées contenant une solution à 2 %. Posologie d'attaque (traitement préventif continu de la rhinite allergique: **1 atomisation dans chaque narine 6 fois par jour.** Posologie d'entretien: 1 atomisation dans chaque narine 2 à 3 fois par jour;
      – cartouches à 10 mg à utiliser avec un insufflateur nasal. Posologie d'attaque (traitement préventif continu de la rhinite allergique): 1 **cartouche dans chaque narine 4 fois par jour.** Posologie d'entretien: une cartouche dans chaque narine 2 à 3 fois par jour.
  – France:
    – Alérion, Lomusol: flacon pulvérisateur contenant une solution à 2 %. Posologie (traitement préventif continu de la rhinite allergique): **1 pulvérisation dans chaque narine 5 à 6 fois par jour.**

crotamiton
PRÉSENTATION POUR USAGE LOCAL
– Canada:
  – Eurax: crème.
– France:
  – Eurax: crème.
POSOLOGIE
Voir chapitre Gale.

culot globulaire
POSOLOGIE
Voir chapitre Transfusions et réactions transfusionnelles.

cyanocobalamine: voir vitamine B$_{12}$

cyproheptadine
PRÉSENTATIONS POUR USAGE ORAL
– Canada:
  – Périactin:
    – sirop à 2 mg/5 mL;
    – comprimés à 4 mg.
  – PMS Cyproheptadine: comprimés à 4 mg.
– France:
  – Périactine:
    – sirop à 2 mg/5 mL;
    – comprimés à 4 mg.
POSOLOGIE
Prévention des épisodes migraineux: **0,2 à 0,4 mg/kg/24 heures** PO en 2 à 3 fois (maximum chez le grand enfant: 12 mg/24 heures).

déféroxamine ou desferrioxiamine
PRÉSENTATIONS POUR USAGE PARENTÉRAL
– Canada: Desféral.
– France: Desféral.
POSOLOGIE
Voir chapitre Intoxications (fer).

desmopressine
PRÉSENTATIONS
– Canada:
  – DDAVP: solution nasale: pompe de vaporisation libérant 10 µg lors de chaque dépression.

– France :
  – Minirin : solution pour administration nasale en flacon pulvérisateur avec pompe doseuse et embout nasal : 10 μg/pulvérisation

POSOLOGIE
Énurésie : **10 à 40 μg/dose** en une dose unique par voie nasale, le soir au coucher.

dexaméthasone : voir corticostéroïdes

dexchlorphéniramine
(antihistaminique de la première génération)
PRÉSENTATION POUR USAGE PARENTÉRAL
– France : Polaramine.
PRÉSENTATIONS POUR USAGE ORAL
– Canada :
  – Polaramine :
    – comprimés à 2 mg ;
    – Repetabs à 6 mg (absorption rapide : 3 mg ; absorption lente : 3 mg) ;
    – sirop à 2 mg/5 mL.
– France :
  – Polaramine :
    – comprimés à 2 mg ;
    – Repetabs à 6 mg (absorption rapide : 3 mg ; absorption lente : 3 mg) ;
    – sirop à 0,5 mg/5 mL
POSOLOGIE
– Par voie orale :
  – < 30 mois : **0,5 mg** PO 1 à 2 fois par jour.
  – 30 mois à 15 ans : **1 mg** PO 3 à 4 fois par jour.
  – > 15 ans : **2 mg** PO 3 à 4 fois par jour.
– Par voie intraveineuse : **0,2 mg/kg/24 heures** IV en 2 à 4 fois (maximum chez le grand enfant : 8 mg/24 heures).

diazépam
PRÉSENTATIONS POUR USAGE PARENTÉRAL
– Canada : Valium.
– France : Valium
PRÉSENTATIONS POUR USAGE ORAL
– Canada :
  – Apo-Diazépam : comprimés à 2 mg, 5 mg et 10 mg.
  – PMS-Diazépam : solution orale à 1 mg/mL.
  – Valium : comprimés à 2 mg, 5 mg et 10 mg.
  – Vivol : comprimés à 2 mg, 5 mg et 10 mg.
– France :
  – Novazam : comprimés à 10 mg.
  – Valium :
    – comprimés à 2 mg, 5 mg et 10 mg ;
    – solution buvable à 10 mg/mL.
POSOLOGIE
– Traitement d'urgence des convulsions : **0,2 à 0,6 mg/kg/dose** en injection IV lente (maximum chez le grand enfant : 10 mg/dose). Arrêter l'injection dès que la convulsion cesse. Si l'accès veineux est difficile ou impossible, on peut donner la même dose par voie rectale. La dose initiale peut être répétée au besoin 10 à 15 minutes plus tard (dose maximale totale : 1 mg/kg). Voir aussi chapitres Convulsions et état de mal épileptique, Convulsions fébriles.
– Sédation : (usage exceptionnel) : **0,1 à 0,8 mg/kg/24 heures** PO en 3 à 4 fois (maximum chez le grand enfant : 40 mg/24 heures).
– Prévention des convulsions fébriles : **1 mg/kg/24 heures** PO en 3 fois pendant les épisodes fébriles.

diazoxide

PRÉSENTATIONS POUR USAGE ORAL
- Canada :
  - Proglycem :
    - capsules à 50 mg et 100 mg ;
    - suspension à 50 mg/mL.
- France :
  - Proglicem : gélules à 25 mg et à 100 mg.

POSOLOGIE
Hypoglycémie :
- Dose d'attaque : **5 à 10 mg/kg/24 heures** PO en 2 à 3 fois ;
- Dose d'entretien maximale : **25 mg/kg/24 heures** PO en 2 à 3 fois.

diclofénac

PRÉSENTATIONS POUR USAGE ORAL
- Canada :
  - Apo-Diclo : comprimés à 25 mg et 50 mg.
  - Novo-Difénac : comprimés à 25 mg et 50 mg.
  - Nu-Diclo : comprimés à 25 mg et 50 mg.
  - Voltaren :
    - comprimés à 25 mg et 50 mg ;
    - comprimés à absorption lente à 75 mg et 100 mg.
- France :
  - Voldal :
    - comprimés à 25 mg et 50 mg ;
    - comprimés à absorption lente à 100 mg.
  - Voltarène :
    - comprimés à 25 mg et 50 mg ;
    - comprimés à absorption lente à 100 mg.
  - Xenid :
    - comprimés à 25 mg et 50 mg ;
    - comprimés à absorption lente à 100 mg.

PRÉSENTATIONS POUR USAGE RECTAL
- Canada :
  - Voltaren : suppositoires à 50 mg et 100 mg.
- France :
  - Voldal : suppositoires à 25 mg et 100 mg.
  - Voltarène : suppositoires à 25 mg et 100 mg.
  - Xenid : suppositoires à 25 mg et 100 mg.

POSOLOGIE
- Par voie orale :
  - Enfants de plus de 17 kg : **2 à 3 mg/kg/24 heures** PO en 2 à 3 fois ;
  - Adolescents : **75 à 150 mg/24 heures** PO en 2 à 3 fois.
- Par voie rectale :
  - Enfants de plus de 17 kg : **2 à 3 mg/kg/24 heures** en 2 à 3 fois ;
  - Adolescents : **100 mg/24 heures** en 1 fois.

diéthylcarbamazine (DEC)

PRÉSENTATION POUR USAGE ORAL
- Canada
  - Hetrazan : comprimés à 50 mg.

POSOLOGIE
Voir chapitre Parasitoses (filariose, toxocarose).

difluométhylornithine (DFMO)

POSOLOGIE
Voir chapitre Parasitoses (trypanosomiase).

digitale : voir digoxine

digoxine

PRÉSENTATIONS POUR USAGE PARENTÉRAL
- Canada : Lanoxin : solution injectable pour enfants (50 µg/mL) et pour adultes (250 µg/mL).
- France : Digoxine Nativelle : solutions injectable pour enfants (50 µg/mL) et pour adultes (500 µg/2 mL).

PRÉSENTATIONS POUR USAGE ORAL
- Canada :
  - Lanoxin :
    - comprimés à 62,5 µg, 125 µg et 250 µg ;
    - élixir pédiatrique à 50 µg/mL.
- France :
  - Digoxine Nativelle :
    - comprimés à 250 µg ;
    - solution buvable à 50 µg/mL.

POSOLOGIE
Voir chapitre Insuffisance cardiaque.

dihydroergotamine : voir ergotamine

dimenhydrinate

PRÉSENTATIONS POUR USAGE ORAL
- Canada :
  - Apo-Dimenhydrinate : comprimés à 50 mg.
  - Comprimés contre le mal des transports : comprimés à 50 mg.
  - Gravol :
    - capsules A/P à 75 mg (absorption rapide : 25 mg ; absorption lente : 50 mg) ;
    - comprimés à croquer pour enfants à 15 mg ;
    - comprimés à croquer pour adultes à 50 mg ;
    - comprimés filmkote à 15 mg et 50 mg ;
    - liquide à 15 mg/5 mL.
- France :
  - Dramamine : comprimés à 50 mg.
  - Nausicalm :
    - gélules à 50 mg ;
    - sirop à 15,7 mg/5 mL.

PRÉSENTATIONS POUR USAGE RECTAL
- Canada :
  - Gravol : suppositoires à 25 mg, 50 mg et 100 mg.

POSOLOGIE
5 mg/kg/24 heures PO ou par voie rectale (Canada) en 4 fois (maximum chez le grand enfant : 300 mg/24 heures).

diphenhydramine
(antihistaminique de la première génération)

PRÉSENTATION POUR USAGE PARENTÉRAL
- Canada : Benadryl.

PRÉSENTATIONS POUR USAGE ORAL
- Canada :
  - Benadryl :
    - capsules à 25 mg et 50 mg ;
    - élixir à 12,5 mg/5 mL ;
    - liquide pour enfant à 6,25 mg/5 mL ;
- France :
  - Bénylin : sirop à 14 mg/5 mL.

POSOLOGIE
- Problèmes allergiques, sédation :
  - Par voie orale : **5 mg/kg/24 heures** PO en 4 à 6 fois (maximum chez le grand enfant : 200 mg/24 heures).
  - Par voie intraveineuse (Canada) :
    - Dose d'attaque : **1 à 2 mg/kg/dose** (maximum chez le grand enfant : 80 mg/dose).
    - Dose d'entretien : **5 mg/kg/24 heures** IV en 4 à 6 fois (maximum chez le grand enfant : 200 mg/24 heures).
- Intoxication par les phénothiazines :
  - Dose d'attaque : **1 mg/kg/dose** PO, IV ou IM (maximum chez le grand enfant : 50 mg/dose).
  - Dose d'entretien : **5 mg/kg/24 heures** PO en 4 fois pendant 48 heures (maximum chez le grand enfant : 200 mg/24 heures).

diphénoxylate

PRÉSENTATIONS POUR USAGE ORAL
- Canada :
  - Lomotil :
    - comprimés à 2,5 mg ;
    - liquide à 2,5 mg/5 mL.
- France :
  - Diarsed : comprimés à 2,5 mg.

POSOLOGIE
0,3 à 0,4 mg/kg/24 heures PO en 4 fois (maximum chez le grand enfant : 20 mg/24 heures). Indications exceptionnelles. Ne devrait jamais être utilisé avant l'âge de 2 ans.

diphénylhydantoïne : voir phénytoïne

diphénylhydramine : voir diphenhydramine

dobutamine

PRÉSENTATIONS POUR USAGE PARENTÉRAL
- Canada : Dobutrex.
- France : Dobutrex.

POSOLOGIE
Perfusion continue : **2,5 à 20 µg/kg/minute** (voir chapitres Choc cardiogénique, Choc septique).

docusate sodique

PRÉSENTATIONS POUR USAGE ORAL
- Canada :
  - Colace :
    - capsules à 100 mg ;
    - gouttes à 10 mg/mL ;
    - sirop à 20 mg/5 mL.
  - Colax-S : capsules à 100 mg.
  - Doxate-S : capsules à 100 mg.
  - PMS-Docusate Sodium :
    - capsules à 100 mg et 200 mg ;
    - gouttes à 10 mg/mL ;
    - sirop à 4 mg/mL et à 50 mg/mL.
  - Regulex : capsules à 100 mg.
  - Selax :
    - capsules à 100 mg ;
    - sirop à 20 mg/5 mL.
  - Silace : sirop à 20 mg/5 mL.
- France :
  - Jamylène : comprimés à 50 mg.

POSOLOGIE
5 à 10 mg/kg/24 heures PO en 2 à 3 fois (maximum chez le grand enfant : 200 mg/24 heures).

dompéridone

PRÉSENTATIONS POUR USAGE ORAL
- Canada :
  - Motilium : comprimés à 10 mg.
- France :
  - Motilium :
    - comprimés à 10 mg ;
    - solution buvable à 1 mg/mL.
  - Péridys :
    - comprimés à 10 mg ;
    - suspension buvable à 5 mg/5 mL.

POSOLOGIE
Par voie orale : **0,3 à 0,6 mg/kg/24 heures** PO en 3 à 4 fois (maximum : 30 mg/24 heures), 1/2 heure avant les repas et au coucher.

dopamine

PRÉSENTATIONS POUR USAGE PARENTÉRAL
- Canada : Intropin, Revimine.
- France : Dopamine Lucien, Dopamine Pierre Favre.

POSOLOGIE
Perfusion continue : **5 à 20 µg/kg/minute** (voir chapitres Choc anaphylactique, Choc cardiogénique, Choc septique).

doxycycline

PRÉSENTATIONS POUR USAGE ORAL
- Canada :
  - Apo-Doxy :
    - capsules à 100 mg ;
    - comprimés à 100 mg.

- Doryx : capsules à 100 mg.
- Doxycin : capsules à 100 mg.
- Novo-Doxylin : capsules à 100 mg.
- Vibra-Tabs :
  - capsules à 100 mg ;
  - comprimés à 100 mg.
- France :
  - Doxy-100 : gélules à 100 mg.
  - Doxycline Plantier : gélules à 100 mg.
  - Doxygram : gélules à 100 mg.
  - Granudoxy : gélules à 100 mg.
  - Monocline : comprimés à 100 mg.
  - Spanor : gélules à 100 mg.
  - Tolexine : gélules à 100 mg.
  - Vibramycine N : comprimés à 100 mg.

POSOLOGIE
Ne peut être utilisée qu'après l'âge de 9 ans : **2 à 4 mg/kg/24 heures** PO en 2 fois (maximum : 200 mg/24 heures). Voir aussi chapitres Malaria, Voyages.

éconazole

PRÉSENTATIONS POUR USAGE LOCAL (PEAU)
- Canada :
  - Ecostatin : crème.
- France :
  - Pevaryl : lotion.

PRÉSENTATIONS POUR USAGE LOCAL (MUQUEUSE VAGINALE)
- Canada :
  - Ecostatin : ovules vaginaux à 150 mg.
- France :
  - Gyno-pevaryl :
    - crème vaginale ;
    - ovules vaginaux à 50 mg et 150 mg.

POSOLOGIE
- Dermite : application locale sur la peau 2 à 3 fois par jour.
- Vaginite à *Candida albicans* :
  - Crème vaginale (France) : 1 application par jour, le soir, pendant 15 jours consécutifs ;
  - Ovules à 50 mg (France) : 1 ovule par jour, le soir, pendant 15 jours consécutifs ;
  - Ovules à 150 mg : 1 ovule par jour, le soir, pendant 3 jours consécutifs.

énalapril

PRÉSENTATIONS POUR USAGE ORAL
- Canada :
  - Vasotec : comprimés à 2,5 mg, 5 mg, 10 mg et 20 mg.
- France :
  - Renitec : comprimés à 5 mg et à 20 mg.

POSOLOGIE
- Dose d'attaque habituelle : **2,5 à 5 mg/24 heures** PO en 1 fois.
- Dose d'entretien maximale chez le grand enfant : 40 mg/24 heures.

enzymes pancréatiques

Présentations pour usage oral
- Canada :
  - Cotazym :
    - capsules de Cotazym à 8 000 unités de lipase, 30 000 unités d'amylase et 30 000 unités de protéase ;
    - capsules de Cotazym 65 B à 8 000 unités de lipase, 30 000 unités d'amylase, 30 000 unités de protéase, 65 mg de sels biliaires mixtes conjugués et 2 mg de cellulase ;
    - capsules de Cotazym ECS 8 (microsphères kératinisées) à 8 000 unités de lipase, 30 000 unités d'amylase et 30 000 unités de protéase ;
    - capsules de Cotazym ECS 20 (microsphères kératinisées) à 20 000 unités de lipase, 55 000 unités d'amylase et 55 000 unités de protéase.
  - Creon :
    - capsules de Creon 8 à 8 000 unités de lipase, 30 000 unités d'amylase et 13 000 unités de protéase ;
    - capsules de Creon 25 à 25 000 unités de lipase, 74 000 unités d'amylase et 62 500 unités de protéase.
  - Pancrease :
    - capsules de Pancrease à 4 000 unités de lipase, 20 000 unités d'amylase et 25 000 unités de protéase ;
    - capsules de Pancrease MT 4 (contenant des microtablettes à enrobage entérosoluble) à 4 000 unités de lipase, 12 000 unités d'amylase et 12 000 unités de protéase ;
    - capsules de Pancrease MT 10 (contenant des microtablettes à enrobage entérosoluble) à 10 000 unités de lipase, 30 000 unités d'amylase et 30 000 unités de protéase ;
    - capsules de Pancrease MT 16 (contenant des microtablettes à enrobage entérosoluble) à 16 000 unités de lipase, 48 000 unités d'amylase et 48 000 unités de protéase.
  - Viokase :
    - comprimés à 8 000 unités de lipase, 30 000 unités d'amylase et 30 000 unités de protéase ;
    - poudre contenant, par 0,7 g, 16 800 unités de lipase, 70 000 unités d'amylase et 70 000 unités de protéase.
- France :
  - Alipase : gélules à 7 500 unités de lipase, 5 800 unités d'amylase et 600 unités de protéase.
  - Créon : gélules à 12 000 unités de lipase, 12 000 unités d'amylase et 700 unités de protéase.
  - Eurobiol 25 000 : gélules à 25 000 unités de lipase, 22 500 unités d'amylase et 1 250 unités de protéase.

POSOLOGIE
- Canada : 1 capsule de Pancrease équivaut à 6 capsules de Cotazym. La posologie varie d'un enfant à l'autre, selon l'importance de la stéatorrhée. Par exemple, chez l'enfant de moins de 3 ans, on donne 1 casule de Cotazym par repas ; au besoin, cette dose est augmentée graduellement jusqu'à un maximum de 10 capsules par repas. Chez l'enfant de plus de 3 ans, on donne par exemple 1 capsule de Pancrease par repas ; au besoin, cette dose est augmentée graduellement jusqu'à un maximum de 3 capsules par repas.
- France :
  - Alipase :
    - Nourrisson et enfant : 1 à 2 gélules au début des repas principaux et 1 gélule au début des repas intermédiaires ;
    - Adolescent : 2 à 3 gélules au début des repas principaux et 1 gélule au début des repas intermédiaires.

– Créon :
  – Nourrisson : 1 à 2 gélules par jour. Cette dose peut être augmentée au besoin à 4 gélules par jour si la stéatorrhée persiste ;
  – Enfant :
    – < 5 ans : 2 à 4 gélules par jour* ;
    – 5 à 10 ans : 4 à 6 gélules par jour* ;
    – > 10 ans : 6 à 8 gélules par jour*.
    * Cette posologie peut être augmentée jusqu'à un maximum de 8 gélules par jour si la stéatorrhée persiste.
  – Adolescent : la dose initiale est de 6 à 9 gélules par jour. Cette posologie peut être augmentée au besoin si la stéatorrhée persiste.
– Eurobiol :
  – Nourrisson (< 18 mois) : 2 gélules par jour* ;
  – Enfant : 4 gélules par jour* ;
  – Adolescent : 6 gélules par jour*.
  * Cette posologie peut être augmentée si la stéatorrhée persiste.

épinéphrine : voir adrénaline

ergotamine et dihydroergotamine

PRÉSENTATIONS POUR USAGE ORAL ET POSOLOGIE
– Canada :
  – Bellergal (belladone-ergotamine-phénobarbital) :
    – dragées à 0,1 mg de belladone, 0,3 mg de tartrate d'ergotamine et 20 mg de phéno-barbital. Posologie chez l'adolescent : 3 à 4 dragées par jour. Dans certains cas rebel-les, cette posologie peut être augmentée à 6 dragées par jour. Ne pas dépasser 33 dragées par semaine ;
    – « Spacetabs » à 0,2 mg de belladone, 0,6 mg de tartrate d'ergotamine et 40 mg de phénobarbital. Posologie chez l'adolescent : 1 « Spacetab » matin et soir. Ne pas dépasser 16 « Spacetabs » par semaine.
  – Cafergot (ergotamine-caféine) :
    – comprimés à 1 mg de tartrate d'ergotamine et 100 mg de caféine. Posologie :
      – 6 à 12 ans : 1 comprimé au début de la crise. Au besoin, on peut donner un autre comprimé au cours de la même crise. Ne pas dépasser 3 comprimés par jour et 5 comprimés par semaine ;
      – >12 ans : 2 comprimé au début de la crise. Au besoin, on peut donner un autre comprimé toutes les demi-heures au cours de la même crise, sans dépasser 6 com-primés par jour. Posologie maximale par semaine : 10 comprimés.
  – Ergomar :
    – comprimés à 2 mg de tartrate d'ergotamine. Posologie chez l'adolescent : placer 1 comprimé sous la langue dès le début de la crise. Au besoin, on peut prendre 1 autre comprimé toutes les demi heures, sans dépasser 3 comprimés par jour. Posologie maximale par semaine : 5 comprimés.
  – Gynergène :
    – comprimés à 1 mg de tartrate d'ergotamine. Posologie : elle est identique à celle du Cafergot (voir ci-dessus).
– France :
  – Dergotamine (mésilate de dihydroergotamine) : solution buvable à 2 mg/20 gouttes. Posologie chez l'adolescent : 30 gouttes 3 fois par jour, avec un demi verre d'eau, au milieu des repas.
  – Dihydroergotamine Lafarge (dihydroergotamine) : solution buvable à 3 mg/30 gouttes. Posologie chez l'adolescent : 30 gouttes 3 fois par jour, avec un demi verre d'eau, au milieu des repas.
  – Dihydroergotamine Sandoz (dihydroergotamine) :
    – solution buvable à 2 mg/20 gouttes ;

– comprimés à 3 mg.

Posologie chez l'adolescent : 30 gouttes ou 1 comprimé 3 fois par jour.

– Gynergène caféiné (tartrate d'ergotamine-caféine) :
  – comprimés à 1 mg d'ergotamine et 100 mg de caféine. Posologie :
    – de 10 ans à l'adolescence : la moitié de la dose de l'adolescent (voir ci-dessous) ;
    – chez l'adolescent : 2 comprimés dès le début de la crise. Cette dose peut être répétée au besoin une demi heure plus tard. Ne pas dépasser 6 comprimés par jour ou 10 comprimés par semaine.

– Ikaran (dihydroergotamine) :
  – solution buvable à 3 mg/30 gouttes ;
  – gélules à 5 mg.

  Posologie chez l'adolescent : 1 gélule ou 30 gouttes 2 fois par jour avec un peu d'eau, au milieu du repas.

– Séglor (dihydroergotamine) :
  – solution buvable à 2 mg/20 gouttes ;
  – gélules à 5 mg.

  Posologie chez l'adolescent : 1 gélule matin et soir, ou 30 gouttes 3 fois par jour avec un demi verre d'eau, au milieu d'un repas.

PRÉSENTATIONS POUR USAGE RECTAL ET POSOLOGIE

– Canada :
  – Cafergot :
    – suppositoire à 2 mg de tartrate d'ergotamine et 100 mg de caféine. Posologie :
      – 6 à 12 ans : 1/2 suppositoire au début de la crise. Au besoin, on peut donner un demi suppositoire au cours de la même crise. Ne pas dépasser 2 demi suppositoires par jour ou 2 1/2 suppositoires par semaine ;
      – >12 ans : 1 suppositoire au début de la crise. Au besoin, on peut donner ensuite un autre demi suppositoire toutes les demi-heures au cours de la même crise, sans dépasser 3 suppositoires par jour. Posologie maximale par semaine : 5 suppositoires.

– France :
  – Gynergène caféiné (tartrate d'ergotamine-caféine) :
    – suppositoires à 2 mg d'ergotamine et 100 mg de caféine. Posologie :
      – de 10 ans à l'adolescence : la moitié de la dose de l'adolescent (voir ci-dessous) ;
      – chez l'adolescent : 1 suppositoire dès le début de la crise. Cette dose peut être répétée au besoin une demi heure plus tard. Ne pas dépasser 3 suppositoires par jour ou 5 suppositoires par semaine.

PRÉSENTATION POUR INHALATION ET POSOLOGIE

– Canada :
  – Medihaler-Ergotamine : une libération de la soupape libère 360 µg de tartrate d'ergotamine. Posologie chez l'adolescent : 1 inhalation dès le début de la crise. Au besoin, on peut prendre une autre inhalation toutes les 5 minutes, sans dépasser 6 inhalations par jour. Posologie maximale par semaine : 15 inhalations.

PRÉSENTATION POUR USAGE NASAL ET POSOLOGIE

– France :
  – Diergo-spray (mésilate de dihydroergotamine) : ampoules de 4 mg avec dispositif pulvérisateur. Posologie chez l'adolescent : 1 pulvérisation dans chaque narine dès le début de la crise. Au besoin, une dose identique peut être prise 15 à 30 minutes après la première. Posologie maximale par jour : 4 pulvérisations.

PRÉSENTATION POUR USAGE PARENTÉRAL ET POSOLOGIE

– Canada :
  – dihydroergotamine (DHE) Sandoz : posologie chez l'adolescent, pour le traitement de la crise migraineuse aiguë : 1 mL (1 mg) SC ou IM dès le début de la crise. Au besoin, une seconde dose identique peut être donnée 30 à 60 minutes après la première. Ne pas dépasser 3 mg par crise ou par jour. Pour obtenir des résultats plus rapides, peut aussi être donnée en injection IV lente (ne pas dépasser 2 mg par crise).

érythromycine (voir aussi érythromycine-sulfafurazole et érythromycine-sulfisoxazole)

PRÉSENTATIONS POUR USAGE ORAL
- Canada :
  - Apo-Erythro Base (base) : comprimés à 250 mg.
  - Apo-Erythro EC (base) : capsules à 250 mg et 333 mg.
  - Apo-Erythro ES (éthylsuccinate) : comprimés à 600 mg.
  - Apo-Erythro S (stéarate) : comprimés à 250 mg et 500 mg.
  - EES (éthylsuccinate) :
    - comprimés à 600 mg ;
    - suspension à 200 mg/5 mL et 400 mg/5 mL.
  - E-Mycin (base) : comprimés à 250 mg.
  - Erybid (base) : comprimés à 500 mg.
  - Eryc (base) : capsules à 125 mg, 250 mg et 333 mg.
  - Ilosone (estolate) :
    - liquide à 125 mg/5 mL et 250 mg/5 mL ;
    - pulvules à 250 mg ;
    - comprimés à 500 mg.
  - Novo-Rythro Encap (base) : capsules à 250 mg.
  - PCE (base) : comprimés à 333 mg.
- France :
  - Abboticine (éthylsuccinate) : sirop à 200 mg/5 mL.
  - Biolid (éthylsuccinate) :
    - poudre orale à 62,5 mg/sachet et 500 mg/sachet ;
    - suspension buvable à 125 mg/5 mL.
  - Ery :
    - comprimés à 500 mg (propionate) ;
    - granulés à 125 mg/sachet (éthylsuccinate) et 250 mg/sachet (éthylsuccinate).
  - Erycocci (éthylsuccinate) : granulés à 250 mg/sachet, 500 mg/sachet et 1 g/sachet.
  - Erythrocine (éthylsuccinate) :
    - comprimés à 500 mg ;
    - granulés à 250 mg/sachet, 500 mg/sachet et 1 g/sachet ;
    - sirop à 250 mg/5 mL et 500 mg/5 mL.
  - Erythrogram (éthylsuccinate) : poudre orale à 500 mg/sachet et 1 g/sachet.
  - Propiocine (ester propionique) :
    - comprimés à 500 mg ;
    - comprimés à 250 mg pour suspension buvable.

POSOLOGIE
- Voie orale : **30 à 50 mg/kg/24 heures** PO en 3 à 4 fois (maximum : 2 g/24 heures).
- Voie intraveineuse : (peu recommandée à cause des douleurs qui peuvent survenir le long du trajet des veines ; celles-ci peuvent être atténuées en allongeant le temps de perfusion) **30 à 50 mg/kg/24 heures** IV en 4 fois (maximum : 4 g/24 heures) ; la durée de chaque perfusion doit être d'au moins 1 heure.

érythromycine-sulfafurazole (France) et érythromycine-sulfisoxazole (Canada)

PRÉSENTATIONS POUR USAGE ORAL
- Canada :
  - Pédiazole : suspension à 200 mg d'érythromycine et 600 mg de sulfisoxazole/5 mL.
- France :
  - Pédiazole : sirop à 200 mg d'érythromycine et 600 mg de sulfafurazole/5 mL.

POSOLOGIE
30 à 50 mg/kg/24 heures d'érythromycine et 90 à 150 mg/kg/24 heures de sulfafurazole ou de sulfisoxazole PO en 3 à 4 fois (maximum chez le grand enfant: 2 g d'érythromycine/ 24 heures et 6 g de sulfafurazole ou de sulfisoxazole/24 heures).

érythromycine-sulfisoxazole: voir érythromycine-sulfafurazole (France) et érythromycine-sulfisoxazole (Canada)

éthambutol
PRÉSENTATIONS POUR USAGE ORAL
– Canada:
  – Myambutol: comprimés à 100 mg et 400 mg.
– France:
  – Dexambutol: comprimés à 250 mg et 500 mg.
  – Myambutol: comprimés à 400 mg.

POSOLOGIE
15 à 25 mg/kg/24 heures PO en 1 fois (maximum chez le grand enfant: 2,5 g/24 heures).

éthanol
POSOLOGIE
Voir chapitre Intoxications (éthylène-glycol, méthanol).

éthosuximide
PRÉSENTATIONS POUR USAGE ORAL
– Canada:
  – Zarontin:
    – capsules à 250 mg;
    – sirop à 250 mg/5 mL.
– France:
  – Zarontin:
    – capsules à 250 mg;
    – sirop à 250 mg/5 mL.

POSOLOGIE
– Dose d'attaque habituelle:
  – < 6 ans: **250 mg/24 heures** PO en 2 fois;
  – > 6 ans: **500 mg/24 heures** PO en 2 fois.
– Dose d'entretien: la dose initiale est augmentée au besoin de 250 mg/24 heures par paliers de 4 à 7 jours.
– Dose d'entretien moyenne habituelle: 10 à 30 mg/kg/24 heures PO en 2 fois.

TAUX SÉRIQUE THÉRAPEUTIQUE
285 à 710 µmol/L (40 à 100 µg/mL).

facteur VIII
POSOLOGIE
Voir chapitre Transfusions et réactions transfusionnelles.

facteur IX
POSOLOGIE
Voir chapitre Transfusions et réactions transfusionnelles.

fer

QUELQUES PRÉSENTATIONS POUR USAGE ORAL
- Canada:
  - Apo-Ferrous Sulfate (sulfate ferreux): comprimés à 300 mg (60 mg de fer élément).
  - Fer-in-Sol (sulfate ferreux):
    - gouttes à 75 mg/0,6 mL (15 mg de fer élément);
    - sirop à 150 mg/5 mL (30 mg de fer élément).
  - PMS-Ferrous Sulfate (sulfate ferreux):
    - comprimés à 300 mg (60 mg de fer élément);
    - gouttes à 75 mg/0,6 mL (15 mg de fer élément);
    - solution à 150 mg/5 mL (30 mg de fer élément).
  - Slow-Fe (sulfate ferreux): comprimés à 160 mg (32 mg de fer élément).
- France:
  - Ascofer (ascorbate ferreux): 1 gélule correspond à 33 mg de fer élément.
  - Ferrostrane (férédétate de sodium): sirop à 34 mg de fer élément/5 mL.
  - Fumafer (fumarate ferreux): 1 cuiller dose correspond à 33 mg de fer élément.

POSOLOGIE (VOIR AUSSI NUTRITION)
- Prévention de la déficience en fer chez le nourrisson normal: **1 à 2 mg/kg/24 heures** de fer élément PO en 1 fois.
- Traitement de l'anémie ferriprive: **3 à 6 mg/kg/24 heures** de fer élément PO en 1 fois pendant 3 mois, à donner avec du jus de fruit et non avec du lait.

fibres végétales

PRÉSENTATIONS POUR USAGE ORAL
- Canada:
  - Métamucil (poudre de muciloïde de psyllium).
- France:
  - Infibran (son de blé):
    - granulés à 50 g/100 g;
    - comprimés à croquer à 1,25 g.

POSOLOGIE
- Métamucil (Canada):
  - Enfants de plus de 6 ans: **2,5 mL** (1/2 cuiller à thé) de poudre dans 120 mL d'eau PO 1 à 3 fois par jour;
  - Adolescents: **5 mL** (1 cuiller à thé) de poudre dans 240 mL d'eau PO 1 à 3 fois par jour;
- Infibran (France): la posologie doit être individualisée selon l'âge et la réponse clinique. Elle va de **4 cuillers à café** à **4 cuillers à soupe** par jour ou de **4 à 12 comprimés** par jour.

flubendazole

PRÉSENTATIONS POUR USAGE ORAL
- France:
  - Fluvermal:
    - comprimés à 100 mg;
    - suspension buvable à 100 mg par cuiller à café.

POSOLOGIE
- Oxyurose: **100 mg PO** en 1 dose unique, quel que soit l'âge.
- Ankylostomiase, ascaridiase, trichocéphalose: **100 mg PO** 2 fois par jour, quel que soit l'âge, pendant 3 jours.

fluconazole

PRÉSENTATION POUR USAGE PARENTÉRAL
- Canada : Diflucan.

PRÉSENTATIONS POUR USAGE ORAL
- Canada :
  - Diflucan : comprimés à 50 mg, 100 mg et 200 mg.
- France :
  - Triflucan : gélules à 50 mg, 100 mg et 200 mg.

POSOLOGIE
3 à 6 mg/kg/24 heures PO ou IV en 1 fois (maximum chez le grand enfant : 400 mg/24 heures).

flumazénil

PRÉSENTATIONS POUR USAGE PARENTÉRAL
- Canada : Anexate.
- France : Anexate.

POSOLOGIE
Cet antidote doit être réservé aux intoxications graves aux benzodiazépines. La posologie pédiatrique n'est pas encore établie de façon précise. Chez l'enfant, on peut donner 0,01 mg/kg IV en 30 secondes, sans dépasser 0,3 mg. Chez l'adolescent, on donne 0,3 mg IV en 30 secondes. Au besoin, on répète cette dose toutes les minutes, sans dépasser une dose cumulative totale de 1 mg chez l'enfant et 2 mg chez l'adolescent. Lorsque la somnolence persiste, on peut administrer le flumazénil en perfusion IV, dilué dans une solution glucosée à 5 % ou une solution de NaCl à 0,9 %. La vitesse de perfusion est de 0,003 à 0,013 mg/kg/heure chez l'enfant et de 0,1 à 0,4 mg/heure chez l'adolescent. La vitesse de perfusion doit être modulée selon l'évolution de l'état de conscience.

flunarizine

PRÉSENTATIONS POUR USAGE ORAL
- Canada :
  - Sibelium : capsules à 5 mg.
- France :
  - Sibélium : comprimés à 10 mg.

POSOLOGIE
Migraine : chez l'enfant de plus de cinq ans : **5 mg** PO le soir au coucher. Chez l'adolescent, cette dose peut être augmentée au besoin à 10 mg.

fluor

PRÉSENTATIONS POUR USAGE ORAL
- Canada :
  - Fluor-A-Day :
    - solution à 1 mg/8 gouttes ;
    - comprimés à 1 mg.
  - Karidium :
    - solution à 1 mg/8 gouttes ;
    - comprimés à 1 mg.
  - PDF : solution à 1 mg/mL.
  - Pedi-Dent :
    - solution à 1 mg/mL ;
    - comprimés à 1 mg.
- France :
  - NaF Crinex : comprimés à 0,25 mg.
  - Zymafluor :
    - comprimés à 0,25 mg et 1 mg ;
    - solution buvable à 0,25 mg/4 gouttes.

POSOLOGIE
- 0 à 2 ans : **0,25 mg/24 heures PO** en 1 fois.
- 2 à 4 ans : **0,5 mg/24 heures PO** en 1 fois.
- 4 à 12 ans : **1 mg/24 heures PO** en 1 fois.

formules : voir laits

Fortrans

PRÉSENTATION POUR USAGE ORAL
- France :
  - Fortrans : poudre pour solution buvable (chaque sachet doit être dissous dans 1 L d'eau).

POSOLOGIE
Constipation : chez le grand enfant : **50 à 100 mL** 2 à 4 fois par jour.

framycétine

PRÉSENTATION POUR USAGE OPHTALMIQUE
- Canada :
  - Soframycin : gouttes et pommade ophtalmiques.

POSOLOGIE
Application locale 2 à 4 fois par jour.

furazolidone

POSOLOGIE
5 à 8 mg/kg/24 heures PO en 3 à 4 fois (maximum chez le grand enfant : 400 mg/24 heures).

furosémide

PRÉSENTATIONS POUR USAGE PARENTÉRAL
- Canada : Lasix.
- France : Lasilix.

PRÉSENTATIONS POUR USAGE ORAL
- Canada :
  - Albert Furosémide : comprimés à 40 mg.
  - Apo-Furosémide : comprimés à 20 mg, 40 mg et 80 mg.
  - Lasix :
    - comprimés à 20 mg, 40 mg et 80 mg ;
    - solution orale à 10 mg/mL.
  - Uritol : comprimés à 40 mg.
- France :
  - Furosémix : comprimés à 20 mg et 40 mg.
  - Lasilix : comprimés à 40 mg.

POSOLOGIE
- Dose habituelle comme diurétique : **1 à 2 mg/kg/dose PO**, IV ou IM 1 à 4 fois par jour. Au besoin, la dose peut être augmentée graduellement jusqu'à un maximum de 6 mg/kg/dose. Voir aussi Dysplasie bronchopulmonaire.
- En cas d'hypertension secondaire à une maladie rénale avec surcharge vasculaire (exemple : glomérulonéphrite aiguë) :
  - Dose d'attaque : 1 à 2 mg/kg/dose IV ou IM (maximum chez le grand enfant : 80 mg/dose). Cette dose peut être répétée au besoin toutes les 4 à 6 heures, sans dépasser 200 mg/24 heures ;
  - Dose d'entretien : 1 à 3 mg/kg/24 heures PO en 1 à 2 fois (maximum chez le grand enfant : 200 mg/24 heures).

gabapentine

PRÉSENTATIONS POUR USAGE ORAL
– Canada:
  – Neurontin: capsules à 100 mg, 300 mg et 400 mg.
– France:
  – Neurontin: gélules à 100 mg, 300 mg et 400 mg.

POSOLOGIE
Chez l'enfant de plus de 12 ans: **1,2 à 2,4 g/24 heures** en 3 fois.

TAUX SÉRIQUE THÉRAPEUTHIQUE
Non disponible.

gammaglobulines

POSOLOGIE
Voir chapitres Hépatites virales, Maladie de Kawasaki, Rougeole, Rubéole, Syndrome
d'immunodéficience acquise (SIDA), Tétanos, Varicelle, etc.

ganciclovir

PRÉSENTATIONS POUR USAGE PARENTÉRAL
– Canada: Cytovene.
– France: Cymévan.

POSOLOGIE
– Traitement d'attaque: **10 mg/kg/24 heures** IV (à perfuser en 1 heures) en 2 fois pendant
  14 à 21 jours.
– Traitement d'entretien: **5 mg/kg/24 heures** IV (à perfuser en 1 heure) en 1 fois, 5 à 7 jours
  sur 7.

gentamicine

PRÉSENTATIONS POUR USAGE LOCAL (PEAU)
– Canada: Garamycin, PMS-Gentamicin Sulfate.
– France: Gentalline.

PRÉSENTATIONS POUR USAGE LOCAL (ŒIL)
– Canada: Alcomicin (solution ophtalmique), Cidomycin (gouttes et pommade ophtalmi-
  ques), Diogent (solution ophtalmique), Garamycin (gouttes et pommade ophtalmiques),
  Gentacidin (solution ophtalmique), PMS-Gentamicine Sulfate (gouttes ophtalmiques).
– France: Gentalline (collyre et pommade ophtalmique), Gentoptine (collyre), Martigenta
  (collyre), Ophtagram (collyre et pommade ophtalmique).

PRÉSENTATIONS POUR USAGE PARENTÉRAL
– Canada: Cidomycin, Garamycin.
– France: Gentalline, Gentamicine Panpharma, Gentogram.

POSOLOGIE
– Par voie parentérale:
  – Chez le nouveau-né (< 1 mois):
    – Poids de naissance < 2 000 g:
      – 0 à 7 jours: 5 mg/kg/24 heures IV ou IM en 2 fois;
      – 8 à 30 jours: 7,5 mg/kg/24 heures IV ou IM en 3 fois.
    – Poids de naissance > 2 000 g:
      – 0 à 7 jours: 5 mg/kg/24 heures IV ou IM en 2 fois;
      – 8 à 30 jours: 7,5 mg/kg/24 heures IV ou IM en 3 fois.
  – Après la période néonatale (> 1 mois): **3 à 7,5 mg/kg/24 heures** IV ou IM en 3 fois
    (maximum chez le grand enfant: 250 mg/24 heures).
– Par voie locale: application 3 ou 4 fois par jour.

glucagon

POSOLOGIE
Hypoglycémie: **1 mg SC.**

glucose

POSOLOGIE
Voir chapitres Convulsions et état de mal convulsif (convulsions hypoglycémiques), Diabète (hypoglycémie), Hypoglycémie.

griséofulvine

PRÉSENTATIONS POUR USAGE ORAL
- Canada :
  - Fulvicin P/G (forme ultramicrocristalline) : comprimés à 330 mg.
  - Fulvicin U/F : comprimés à 125, 250 et 500 mg.
  - Grisovin-FP : comprimés à 125, 250 et 500 mg.
- France :
  - Fulcine forte : comprimés à 500 mg.
  - Griséfuline : comprimés à 250 mg et 500 mg.

POSOLOGIE
10 à 20 mg/kg/24 heures PO en 1 à 2 fois (maximum chez le grand enfant : 1 g/24 heures). Canada : cette posologie doit être réduite de 50 % si l'on utilise une forme ultramicrocristalline telle que le Fulvicin P/G).

halofantrine

PRÉSENTATIONS POUR USAGE ORAL
- France :
  - Halfan :
    - comprimés à 250 mg ;
    - suspension buvable à 100 mg/5 mL.

POSOLOGIE
Voir chapitres Malaria, Voyages.

héparine

POSOLOGIE
Dose de charge : **50 à 75 U/kg** IV, suivie d'une perfusion de **15 à 25 U/kg/heure**. Voir Chapitre Troubles de la coagulation.

huile de paraffine : voir huile minérale

huile minérale (huile de paraffine)

POSOLOGIE
- Sous forme liquide : **3 mL/kg/24 heures** PO en 2 fois. Au besoin, cette dose peut être augmentée progressivement et par paliers jusqu'à un maximum de 12 mL/kg/24 heures. Il y a intérêt à conserver l'huile au réfrigérateur et à la mélanger avec du jus d'orange.
- Sous forme de gelée (Lansoÿl) : la posologie initiale est de **5 mL** PO matin et soir. Au besoin, cette dose peut être augmentée progressivement et par paliers.

hydralazine

PRÉSENTATION POUR USAGE PARENTÉRAL
- Canada : Aprésoline.

PRÉSENTATIONS POUR USAGE ORAL
- Canada :
  - Apo-Hydralazine : comprimés à 10 mg, 25 mg et 50 mg.
  - Aprésoline : comprimés à 10 mg, 25 mg et 50 mg.
  - Novo-Hylazin : comprimés à 10 mg, 25 mg et 50 mg.
  - Nu-Hydral : comprimés à 10 mg.

POSOLOGIE
Crise hypertensive :
- Dose d'attaque : **0,15 mg/kg/dose** IV ou IM (maximum chez le grand enfant : 20 mg/dose). Cette dose peut être répétée au besoin toutes les 30 à 90 minutes jusqu'à un maximum de 200 mg/24 heures);
- Dose d'entretien initiale : **0,75 mg/kg/24 heures** PO en 3 ou 4 fois. Cette dose peut être augmentée au besoin de façon progressive jusqu'à 3 mg/kg/24 heures (maximum chez le grand enfant : 240 mg/24 heures).

hydrochlorothiazide

PRÉSENTATIONS POUR USAGE ORAL
- Canada :
  - Apo-Hydro : comprimés à 25 mg, 50 mg et 100 mg.
  - Hydro-Diuril : comprimés à 25 mg, 50 mg et 100 mg.
- France :
  - Esidrex : comprimés à 25 mg.

POSOLOGIE
- Comme diurétique : dose habituelle : **1 à 2 mg/kg/24 heures** PO en 1 à 2 fois (maximum chez le grand enfant : 200 mg/24 heures).
- Comme antihypertenseur :
  - Chez l'enfant : **12,5 mg** PO 1 fois par jour;
  - Chez l'adolescent : **25 mg** PO 1 fois par jour.

hydromorphone

PRÉSENTATION POUR USAGE PARENTÉRAL
- Canada : Dilaudid.

PRÉSENTATIONS POUR USAGE ORAL
- Canada :
  - Dilaudid :
    - solution orale à 5 mg/5 mL;
    - comprimés à 1 mg, 2 mg, 4 mg et 8 mg.
  - PMS-Hydromorphone :
    - sirop à 5 mg/5 mL;
    - comprimés à 1 mg, 2 mg, 4 mg et 8 mg.

PRÉSENTATIONS POUR USAGE RECTAL
- Canada :
  - Dilaudid : suppositoires à 3 mg.
  - PMS-Hydromorphone : suppositoires à 3 mg.

POSOLOGIE
- Par voie orale (à utiliser de préférence aux injections) : **0,04 à 0,1 mg/kg/dose** PO toutes les 4 heures (maximum : varie selon les besoins du patient).
- Par voie rectale : **0,04 à 0,1 mg/kg/dose** toutes les 4 heures (maximum : varie selon les besoins du patient).
- Par voie sous-cutanée : **0,02 à 0,03 mg/kg/dose** SC toutes les 3 à 4 heures (maximum : varie selon les besoins du patient).
- Par voie intramusculaire : **0,02 à 0,03 mg/kg/dose** IM toutes les 3 à 4 heures (maximum : varie selon les besoins du patient).
- Par voie intraveineuse :
  - En injections intermittentes : **0,005 à 0,015 mg/kg/dose** IV toutes les 2 heures (maximum : varie selon les besoins du patient);
  - En perfusion continue : **0,0025 à 0,008 mg/kg/heure** IV (maximum : varie selon les besoins du patient).

hydroxydes d'aluminium et de magnésium

PRÉSENTATIONS POUR USAGE ORAL
- Canada :
  - Maalox :
    - comprimés à 400 mg d'hydroxyde d'aluminium et 400 mg d'hydroxyde de magnésium;
    - suspension à 225 mg d'hydroxyde d'aluminium et 200 mg d'hydroxyde de magnésium/5 mL.
- France :
  - Maalox :
    - comprimés à 400 mg d'hydroxyde d'aluminium et 400 mg d'hydroxyde de magnésium;
    - suspension buvable à 175 mg d'hydroxyde d'aluminium et 200 mg d'hydroxyde de magnésium/5 mL.

POSOLOGIE
- Chez l'enfant : **0,5 mL/kg/dose** de la suspension PO 4 à 5 fois par jour, après les repas et au coucher (maximum chez le grand enfant : 30 mL/dose).
- Chez l'adolescent : **10 à 20 mL/dose** de la suspension ou **1 à 2 comprimés** PO 4 à 5 fois par jour, après les repas et au coucher.

hydroxyzine

PRÉSENTATIONS POUR USAGE PARENTÉRAL
- Canada : Atarax.
- France : Atarax.

PRÉSENTATIONS POUR USAGE ORAL
- Canada :
  - Apo-Hydroxyzine : capsules à 10 mg, 25 mg et 50 mg.
  - Atarax :
    - capsules à 10 mg, 25 mg et 50 mg;
    - sirop à 10 mg/5 mL.
  - Multipax : capsules à 10 mg, 25 mg et 50 mg.
  - Novo-Hydroxyzin : capsules à 10 mg, 25 mg et 50 mg.
  - PMS-Hydroxizine :
    - capsules à 10 mg, 25 mg et 50 mg;
    - sirop à 10 mg/5 mL.
- France :
  - Atarax :
    - comprimés à 25 mg et 100 mg;
    - sirop à 10 mg/5 mL.

POSOLOGIE
1 à 2 mg/kg/24 heures (maximum chez le grand enfant : 200 mg/24 heures) PO ou IM en 3 à 4 fois.

ibuprofène

PRÉSENTATIONS POUR USAGE ORAL
- Canada :
  - Actiprofen : caplets à 200 mg.
  - Advil : comprimés à 200 mg.
  - Apo-Ibuprofen : comprimés à 200 mg, 300 mg, 400 mg et 600 mg.
  - Medipren : caplets à 200 mg.
  - Motrin : comprimés à 200 mg, 300 mg, 400 mg et 600 mg.
  - Novo-Profen : comprimés à 200 mg, 300 mg, 400 mg et 600 mg.
- France :
  - Advil : comprimés à 200 mg.

- Algifène : comprimés à 200 mg.
- Analgyl : comprimés à 200 mg.
- Brufen : comprimés à 400 mg.
- Fénalgic 400 : comprimés à 400 mg.

POSOLOGIE
3 à 10 mg/kg/dose PO 3 à 4 fois par jour (maximum chez le grand enfant : 600 mg/dose).

idoxuridine

PRÉSENTATIONS POUR USAGE LOCAL (ŒIL)
- Canada : Herplex (solution ophtalmique).
- France : Iduviran (collyre).

POSOLOGIE
Instiller 1 à 2 gouttes dans l'œil toutes les 2 heures d'éveil (maximum : 9 doses par jour). En raison de sa toxicité, la durée de ce traitement ne doit pas dépasser 14 jours.

imipénem : voir imipénème

imipénème (imipénem)

PRÉSENTATIONS POUR USAGE PARENTÉRAL
- Canada : Primaxin.
- France : Tienam.

POSOLOGIE
Après la période néonatale : 50 à 100 mg/kg/24 heures IV en 3 à 4 fois (maximum chez le grand enfant : 4 g/24 heures).

imipramine

PRÉSENTATIONS POU USAGE ORAL
- Canada :
    - Apo-Imipramine : comprimés à 10 mg, 25 mg, 50 mg et 75 mg.
    - Tofranil : comprimés à 10 mg, 25 mg, 50 mg et 75 mg.
- France :
    - Tofranil : comprimés à 10 mg.

POSOLOGIE (ÉNURÉSIE)
- 6 à 8 ans : une dose unique de 25 mg PO le soir au coucher ;
- > 8 ans : une dose unique de 50 à 75 mg PO le soir au coucher.

immunoglobulines

POSOLOGIE
Voir chapitres Hépatites virales, Maladie de Kawasaki, Rougeole, Rubéole, Syndrome d'immunodéficience acquise (SIDA), Tétanos, Varicelle, etc.

indapamide

PRÉSENTATIONS POUR USAGE ORAL
- Canada :
    - Lozide : comprimés à 2,5 mg.
- France :
    - Fludex : comprimés à 2,5 mg.

POSOLOGIE
> 9 ans : 2,5 mg/24 heures PO en 1 fois.

INH : voir isoniazide

insuline

PRÉSENTATIONS POUR USAGE PARENTÉRAL
- Canada :
  - Insulines humaines à action rapide :
    - Novolin Toronto : 100 U/mL.
    - Humulin-R : 100 U/mL.
    - Vélasulin régulière : 100 U/mL.
  - Insulines humaines à action intermédiaire :
    - Insulatard Humaine-NPH : 100 U/mL.
    - Novolin NPH : 100 U/mL.
    - Humulin NPH : 100 U/mL.
      Ces préparations existent en cartouche pour emploi avec stylo-injecteur (même concentration).
- France :
  - Insuline humaines à action rapide :
    - Umuline rapide (en flacon) : 40 U/mL.
    - Umuline rapide (en cartouche pour emploi avec stylo injecteur) : 100 U/mL.
    - Actrapid HM ge (en flacon) : 40 U/mL.
    - Actrapid HM ge Penfill (en cartouche pour emploi avec stylo injecteur) : 100 U/mL.
    - Orgasuline (en flacon) : 40 U/mL.
    - Velosuline humaine (en cartouche pour emploi avec stylo injecteur) : 100 U/mL.
  - Insulines humaines à action intermédiaire :
    - Umuline protamine isophane (NPH) (en flacon) : 40 U/mL.
    - Umuline protamine isophane (NPH) (en cartouche pour emploi avec stylo injecteur) : 100 U/mL.
    - Monotard HM ge (en flacon) : 40 U/mL.
    - Insulatard HM ge (en flacon) : 40 U/mL.
    - Insulatard HM ge Penfill (en cartouche pour emploi avec stylo injecteur) : 100 U/mL.
    - Orgasuline NPH (en flacon) : 40 U/mL.

POSOLOGIE
- Diabète : voir chapitre Diabète.
- Hyperkaliémie : voir chapitre Insuffisance rénale aiguë.

ipéca (sirop d'-)

POSOLOGIE
- 6 à 12 mois : **10 mL** en 1 fois ;
- 1 et 10 ans : **15 mL** en 1 fois ;
- > 10 ans : **30 mL** en 1 fois.

ipratropium (bromure d'-)

PRÉSENTATIONS POUR USAGE PAR INHALATION
- Canada :
  - Atrovent :
    - aérosol-doseur délivrant 20 µg/bouffée ;
    - solution pour aérosols à 125 µg/mL et 250 µg/mL.
- France :
  - Atrovent :
    - flacon pressurisé avec valve doseuse libérant 20 µg par bouffée ;
    - solution pour aérosols à 125 µg/mL et 250 µg/mL.

POSOLOGIE
- Traitement de la crise d'asthme : **250 μg** en aérosol à tous les âges, en association avec le salbutamol (les deux médicaments peuvent être mélangés) au début du traitement, puis 1 heure plus tard, puis toutes les 4 heures.
- En dehors de la crise d'asthme, le rôle de l'ipratropium en pédiatrie reste à préciser.

isoniazide (INH)

PRÉSENTATIONS POUR USAGE ORAL
- Canada :
  - Isotamine :
    - comprimés à 100 mg et 300 mg ;
    - sirop à 50 mg/5 mL.
  - PMS-Isoniazid :
    - comprimés à 50 mg, 100 mg et 300 mg ;
    - sirop à 50 mg/5 mL.
- France :
  - Rimifon : comprimés à 50 mg et 100 mg.

POSOLOGIE
10 à 15 mg/kg/24 heures PO en 1 fois (maximum chez le grand enfant : 300 mg/24 heures).

isoprénaline

POSOLOGIE
Arythmies cardiaques : voir chapitre Arythmies cardiaques.

isoprotérénol : voir isoprénaline

isotrétinoïne

PRÉSENTATIONS POUR USAGE ORAL
- Canada :
  - Accutane : capsules à 10 mg et 40 mg.
- France :
  - Roaccutane : capsules à 5 mg, 10 mg et 20 mg.

POSOLOGIE
Chez l'adolescent : **1 mg/kg/24 heures** PO en 2 fois pendant 12 à 16 semaines (voir chapitre Acné).

ivermectine

PRÉSENTATION POUR USAGE ORAL
- France :
  - Mectizan : comprimés à 6 mg.

POSOLOGIE
Voir chapitre Parasitoses (filariose).

Kayexalate : voir résine échangeuse d'ions

kétoconazole

PRÉSENTATIONS POUR USAGE ORAL
- Canada :
  - Nizoral :
    - comprimés à 200 mg ;
    - suspension orale à 20 mg/mL.

– France :
  – Nizoral :
    – comprimés à 200 mg ;
    – suspension buvable à 1 mg/goutte.

POSOLOGIE
– **4 à 7 mg/kg/24 heures** PO en 1 à 2 fois (maximum chez le grand enfant : 400 mg/ 24 heures).

kétotifène
PRÉSENTATIONS POUR USAGE ORAL
– Canada :
  – Zaditen :
    – comprimés à 1 mg ;
    – sirop à 1 mg/5 mL.
– France :
  – Zaditen :
    – gélules à 1 mg ;
    – solution buvable à 1 mg/5 mL.

POSOLOGIE
– 6 mois à 3 ans : **0,5 mg** matin et soir.
– > 3 ans : **1 mg** matin et soir.

lactulose
PRÉSENTATIONS POUR USAGE ORAL
– Canada :
  – Alpha-Lac : sirop à 10 g/15 mL.
  – Cephulac : sirop à 10 g/15 mL.
  – Chronulac : sirop à 10 g/15 mL.
  – Comalose-R : sirop à 667 mg/mL.
  – Gel-Ose : doses unitaires de 10 g.
  – Lactulax : sirop à 667 mg/mL.
  – PMS-Lactulose : sirop à 667 mg/mL.
  – Rhodialax : sirop à 667 mg/mL.
  – Rhodialose : sirop à 667 mg/mL.
– France :
  – Duphalac : solution buvable à 50 % (10 g/15 mL, soit 667 mg/mL).
  – Fitaxal : sirop à 50 % (10 g/15 mL, soit 667 mg/mL).
  – Lactulose Biphar : solution buvable à 50 % (10 g/15 mL, soit 667 mg/mL).

POSOLOGIE
– Constipation :
  Solution ou sirop à 50 % (10 g/15 mL ou 667 mg/mL) :
  – < 1 an : **5 à 10 mL** PO 1 fois par jour ;
  – 1 à 6 ans : **10 à 20 mL** PO 1 fois par jour ;
  – 7 à 14 ans : **20 à 50 mL** PO 1 fois par jour comme traitement d'attaque, puis 20 mL par jour ;
  – Adolescents : **50 mL** PO 1 fois par jour comme traitement d'attaque, puis 20 mL par jour.
– Insuffisance hépatique aiguë : **1 mL/kg/dose** d'une solution à 66,7 mg/mL par la sonde gastrique toutes les 4 à 8 heures.

laits pour nourrissons

- Canada:

  Tous les laits pour nourrissons mentionnés ci-dessous ont des caractéristiques communes:
  - contenu énergétique suffisant: environ 2800 kJ/L (670 kcal/L), ce qui est similaire au lait humain mature (2950 kJ/L, soit 700 kcal/L);
  - contenu suffisant en calcium: 400 à 700 mg/L (250 mg/L dans le lait humain mature);
  - contenu suffisant en vitamine A: 1 700 à 2 500 UI/L (1 900 UI/L dans le lait humain);
  - contenu suffisant en vitamine C: 40 à 60 mg/L (43 mg/L dans le lait humain mature);
  - contenu suffisant en vitamine D: 300 à 410 UI/L (220 UI/L dans le lait humain mature);

  Par contre, certains laits sont suffisamment enrichis en fer et d'autres pas.
  - Laits pour nourrissons normaux, avec protéines bovines et lactose:
    - **Aptamil** (contenu en fer insuffisant: 2 mg/L).
    - **Bonamil** (contenu en fer suffisant: 12 mg/L).
    - **Enfalac** non enrichi en fer (contenu en fer insuffisant: 1,1 mg/L).
    - **Enfalac avec fer** (contenu en fer suffisant: 7 mg/L).
    - **Good Start** (contenu en fer suffisant: 10 mg/L).
    - **Similac** et **Similac avec lactosérum** non enrichi en fer (contenu en fer insuffisant: 1,5 mg/L).
    - **Similac avec fer** et **Similac avec lactosérum et fer** (contenu en fer suffisant: 12 mg/L).
    - **SMA** non enrichi en fer (contenu en fer insuffisant: 1,5 mg/L).
    - **SMA avec fer** (contenu en fer suffisant: 12 mg/L).
  - Laits spéciaux sans lactose:
    - **Alactamil**: contient des protéines bovines (contenu en fer suffisant: 12 mg/L).
    - **Isomil**: contient des protéines de soja (contenu en fer suffisant: 12 mg/L).
    - **Nursoy**: contient des protéines de soja (contenu en fer suffisant: 12 mg/L).
    - **Prosobee**: contient des protéines de soja (contenu en fer suffisant: 13 mg/L).
    - **Similac LF**: contient des protéines bovines (contenu en fer suffisant: 12 mg/L).
  - Laits spéciaux sans protéines bovines ni de soja (hydrolysats de caséine) et sans lactose:
    - **Nutramigen** (contenu en fer suffisant: 13 mg/L).
    - **Prégestimil** (contenu en fer suffisant: 13 mg/L).
    - **Alimentum** (contenu en fer suffisant: 12 mg/L).
- France:

  La plupart des laits pour nourrissons mentionnés ci-dessous ont des caractéristiques communes:
  - contenu énergétique suffisant: environ 2 800 à 3 000 kJ/L (670 à 714 kcal/L), ce qui est similaire au lait humain mature (295 kJ/L, soit 700 kcal/L);
  - contenu suffisant en calcium: 450 mg à 1 g/L (250 mg/L dans le lait humain mature);
  - contenu suffisant en fer, de l'ordre de 8 mg/L pour les laits 1er âge et de 14 mg/L pour les laits 2e âge;
  - contenu suffisant en vitamine A: 1 800 à 2 200 UI/L (1 900 UI/L dans le lait humain mature);
  - contenu suffisant en vitamine C: environ 50 mg/L pour la plupart des laits 1er âge et environ 20 mg/L pour la plupart des laits 2e âge (43 mg/L dans le lait humain mature);
  - contenu suffisant en vitamine D: 400 UI/L (220 UI/L dans le lait humain mature);
  - Laits pour nourrissons normaux, avec protéines bovines et lactose:

– **Aletina** 1er âge et 2e âge.	– **Gallieva** 1er âge et 2e âge.
– **Alma** 1er âge et 2e âge.	– **Guigoz** 1er âge et 2e âge.
– **Aptamil** 1er âge et 2e âge.	– **Lacmil** 1er âge et 2e âge.
– **Enfalac**.	– **Lémiel** 1er âge et 2e âge.
– **Enfamil**.	– **Materna** 1er âge et 2e âge.
– **Galliasec** 1er âge et 2e âge.	– **Milumel** 1er âge et 2e âge.
– **Galliazyme** 1er âge et 2e âge.	– **Modilac** 1er âge et 2e âge.

- **Nativa** 1er âge et 2e âge.
- **Nidal** 1er âge et 2e âge.
- **Nursie** 1er âge et 2e âge.
- **Nutricia** 1er âge et 2e âge.
- **SMA** 1er âge et 2e âge.
- Laits spéciaux sans lactose (exemples):
  - **Prosobee**: contient des protéines de soja (contenu en fer suffisant: 12 mg/L).
  - **al 110**: contient des protéines bovines (contenu en fer suffisant: 8 mg/L).
  - **Diargal**: contient des protéines bovines (contenu en fer et en vitamine D insuffisant pour une alimentation prolongée).
- Laits spéciaux sans protéines bovines ni de soja (hydrolysats de caséine) et sans lactose (exemples):
  - **Nutramigen** (contenu en fer suffisant: 13 mg/L).
  - **Pregestimil** (contenu en fer suffisant: 13 mg/L).
  - **Alfaré** (contenu en fer suffisant: 8,2 mg/L).
  - **Pepti Junior** (contenu en fer limite à 5 mg/L).
  - **Galliagène TCM** (contenu en fer insuffisant: 2 mg/L).

lamotrigine

PRÉSENTATIONS POUR USAGE ORAL
- Canada:
  - Lamictal: comprimés à 15 mg, 50 mg, 100 mg et 200 mg.
- France:
  - Nom commercial non déterminé au moment de cette réimpression: comprimés à 25 mg et 100 mg.

POSOLOGIE
- Non associée à l'acide valproïque:
  - deux premières semaines: 2 mg/kg/24 heures PO en 2 fois;
  - deux semaines suivantes: 5 mg/kg/24 heures PO en 2 fois;
  - dose d'entretien: 5 à 15 mg/kg/24 heures PO en 2 fois.
- En association avec l'acide valproïque:
  - deux premières semaines: 0,2 mg/kg/24 heures PO en 2 fois;
  - deux semaines suivantes: 0,5 mg/kg/24 heures PO en 2 fois;
  - dose d'entretien: 1 à 5 mg/kg/24 heures PO en 2 fois.

TAUX SÉRIQUE THÉRAPEUTIQUE
Non disponible.

Lansoÿl: voir huile minérale

lévothyroxine: voir thyroxine

lidocaïne

UTILISATION PARENTÉRALE
- Arrêt cardiorespiratoire: la lidocaïne (solution à 20 mg/mL) est indiquée en cas de tachycardie ventriculaire ou de fibrillation ventriculaire réfractaire à la défibrillation. La posologie est de **1 mg/kg/dose** toutes les 8 à 10 minutes (dose maximale cumulative: 5 mg/kg) par voie intraveineuse, intra-osseuse ou intratrachéale. On commence ensuite une perfusion intraveineuse continue en utilisant une solution de 120 mg dans 100 mL de solution glucosée à 5 %; la vitesse de perfusion est de 0,02 à 0,05 mg/kg/minute (1 mL/ kg/heure = 0,02 mg/kg/minute).
- Arythmies cardiaques: voir chapitre Arythmies cardiaques.

ANESTHÉSIE LOCALE (INJECTION)
Chez l'enfant, on utilise de préférence la solution à 1 % (10 mg/mL):
- Avec adrénaline: **5 à 7 mg/kg/dose** (maximum chez le grand enfant: 500 mg/dose). Cette dose ne doit pas être répétée avant deux heures;
- Sans adrénaline: **3 à 4 mg/kg/dose** (maximum chez le grand enfant: 300 mg/dose). Cette dose ne doit pas être répétée avant deux heures.

ANESTHÉSIE LOCALE (APPLICATION LOCALE SUR UNE MUQUEUSE)
On utilise par exemple une gelée à 2 % (20 mg/mL). La dose maximale est de 3 mg/kg/dose au besoin toutes les 2 heures (maximum chez le grand enfant : 200 mg/dose).

lindane
PRÉSENTATION POUR USAGE LOCAL
- Canada :
  - Kwellada : crème, lotion et shampoing.
- France :
  - Aphtiria, Élentol, Scabecid : poudre et crème.
POSOLOGIE
Voir chapitre Gale.

loratidine
(antihistaminique de la deuxième génération)
PRÉSENTATIONS POUR USAGE ORAL
- Canada :
  - Claritin : comprimés à 10 mg.
- France :
  - Clarityne :
    - comprimés à 10 mg ;
    - sirop à 5 mg/5 mL.
POSOLOGIE
> 12 ans : **10 mg PO** 1 fois par jour.

lorazépam
PRÉSENTATION POUR USAGE PARENTÉRAL
- Canada : Ativan.
POSOLOGIE
Traitement d'urgence d'une convulsion : **0,05 à 0,1 mg/kg/dose** en injection IV lente (maximum : 4 mg) ; arrêter l'injection si la convulsion cesse.

magnésium
POSOLOGIE
Convulsions hypomagnésémiques : diluer avec une solution glucosée à 5 % une solution de sulfate de magnésium à 10 % ou à 50 % de façon à obtenir une solution de sulfate de magnésium à 2 %. La dose d'attaque de cette solution de sulfate de magnésium à 2 % est de 1,2 à 2,5 mL/kg IV en 10 à 20 minutes (maximum chez le grand enfant : 100 mL). La dose d'entretien est de 1,2 à 2,5 mL/kg/24 heures IV (maximum chez le grand enfant : 100 mL/24 heures).

malathion
PRÉSENTATION POUR USAGE LOCAL (PEAU)
- France :
  - Prioderm (lotion).
POSOLOGIE
Voir chapitre Pédiculose.

mannitol
POSOLOGIE
Hypertension intracrânienne : mannitol à 20 % : **0,25 à 1 g/kg** IV en 10 à 15 minutes. Cette dose peut être répétée au besoin 15 à 30 minutes plus tard, puis toutes les 4 heures ;

mébendazole
PRÉSENTATION POUR USAGE ORAL
- Canada :
  - Vermox : comprimés à 100 mg.

POSOLOGIE
- Oxyurose : une dose unique de 100 mg PO, chez l'enfant de plus de 2 ans.
- Ankylostomiase, ascaridiase, trichocéphalose : 100 mg PO 2 fois par jour pendant 3 jours, chez l'enfant de plus de 2 ans.
- Trichinose : voir chapitre Parasitoses.

médroxyprogestérone
Voir chapitre Contraception.

méfloquine
PRÉSENTATION POUR USAGE ORAL
- Canada :
  - Lariam : comprimés à 250 mg.
- France :
  - Lariam : comprimés à 50 mg et 250 mg.

POSOLOGIE
Voir chapitres Malaria, Voyages.

mépéridine (péthidine)
PRÉSENTATIONS POUR USAGE PARENTÉRAL
- Canada : Demerol.
- France : Dolosal.

PRÉSENTATIONS POUR USAGE ORAL
- Canada :
  - Demerol : comprimés à 50 mg.

POSOLOGIE
1 mg/kg/dose PO, SC, IM ou IV toutes les 4 à 6 heures (maximum chez le grand enfant : 100 mg/dose).

mésalazine
PRÉSENTATION POUR USAGE ORAL
- France :
  - Pentasa : comprimés à 250 mg et 500 mg.

POSOLOGIE
Chez l'adolescent :
- 1,5 à 2 g/jour en 3 fois.

Métamucyl : voir fibres végétales

métaraminol
PRÉSENTATION POUR USAGE PARENTÉRAL
- Canada : Aramine.

POSOLOGIE
Perfusion continue : 1 à 5 µg/kg/minute (voir chapitre Choc anaphylactique).

méthylphénidate
PRÉSENTATIONS POUR USAGE ORAL
- Canada :
  - PMS-Méthylphénidate : comprimés à 10 mg et 20 mg.
  - Ritalin :
    - absorption rapide : comprimés à 10 mg et 20 mg ;
    - absorption retardée (Ritalin SR) : comprimés à 20 mg.
- France :
  - Ritaline : comprimés à 10 mg.

POSOLOGIE

Dose initiale : **10 mg/24 heures** PO en 2 fois, le matin et à midi. Cette posologie est augmentée au besoin de 5 à 10 mg/24 heures par semaine, jusqu'à l'obtention d'un résultat clinique satisfaisant. La posologie moyenne d'entretien se situe habituellement entre 0,3 et 1 mg/kg/24 heures, sans dépasser 60 mg/24 heures. La forme à absorption retardée est administrée selon la même posologie, mais en une seule dose.

méthylprednisolone : voir corticostéroïdes

métoclopramide

PRÉSENTATIONS POUR USAGE PARENTÉRAL

– Canada : Reglan, Maxeran.
– France : Primpéran.

PRÉSENTATIONS POUR USAGE ORAL

– Canada :
  – Apo-Metoclop : comprimés à 5 mg et 10 mg.
  – Maxeran :
    – comprimés à 5 mg et 10 mg ;
    – liquide pour usage oral à 1 mg/mL.
  – Reglan :
    – comprimés à 5 mg et 10 mg ;
    – sirop à 1 mg/mL.
– France :
  – Anausin : comprimés à 15 mg.
  – Primpéran :
    – comprimés à 10 mg ;
    – gouttes buvables à 0,1 mg/goutte ;
    – solution buvable à 5 mg/5 mL.
  – Prokinyl LP : comprimés à 15 mg.

POSOLOGIE

– Par voie orale : **0,2 à 0,5 mg/kg/24 heures** PO en 4 fois (maximum : 40 mg/24 heures), 1/2 heure avant les repas et au coucher.
– Par voie intraveineuse : **0,1 mg/kg/dose** IV (maximum : 10 mg) en injection lente. Des doses beaucoup plus élevées (jusqu'à 2 mg/kg/dose) sont utilisées pour la prophylaxie des vomissements induits par certains médicaments anticancéreux.

métoprolol

PRÉSENTATIONS POUR USAGE ORAL

– Canada :
  – Apo-Métoprolol : comprimés à 50 mg et 100 mg.
  – Betaloc :
    – comprimés à 50 mg et 100 mg ;
    – durules à 200 mg.
  – Lopresor : comprimés à 50 mg et 100 mg.
  – Novo-Metoprol : comprimés à 50 mg et 100 mg.
  – Nu-Metop : comprimés à 50 mg et 100 mg.
– France :
  – Lopressor : comprimés à 100 mg et 200 mg.
  – Seloken : comprimés à 100 mg et 200 mg.

POSOLOGIE

– Tachycardie supraventriculaire : **2 à 4 mg/kg/24 heures** PO en 2 fois (maximum chez le grand enfant : 200 mg/24 heures).
– Hypertension artérielle :
  – Chez l'enfant : **2 à 4 mg/kg/24 heures** PO en 2 fois (maximum chez le grand enfant : 400 mg/24 heures).
  – Chez l'adolescent : **100 à 400 mg/24 heures** PO en 2 fois ;

métronidazole

PRÉSENTATIONS POUR USAGE PARENTÉRAL
- Canada : Flagyl.
- France : Flagyl, Métronidazole Fandre.

PRÉSENTATIONS POUR USAGE ORAL
- Canada :
  - Apo-Metronidazole : comprimés à 250 mg.
  - Flagyl :
    - comprimés à 250 mg ;
    - capsules à 500 mg.
  - Novo-Nidazol : comprimés à 250 mg.
  - Trikacide :
    - comprimés à 250 mg ;
    - capsules à 500 mg.
- France :
  - Flagyl :
    - suspension buvable à 125 mg/cuillère-mesure ;
    - comprimés à 250 mg et 500 mg.

PRÉSENTATIONS POUR USAGE LOCAL (MUQUEUSE VAGINALE)
- Canada :
  - Flagyl :
    - comprimés vaginaux à 500 mg ;
    - crème vaginale.

POSOLOGIE
- Par voie orale :
  - Gastro-entérite à *Clostridium difficile* : **20 à 35 mg/kg/24 heures** PO en 4 fois pendant 7 jours (maximum chez le grand enfant : 1,75 g/24 heures) ;
  - Giardiase : **15 mg/kg/24 heures** PO en 3 fois pendant 5 jours (maximum chez le grand enfant : 750 mg/24 heures).
  - Vaginite à *Trichomonas* chez l'adolescente : **2 g** PO en 1 fois, ou 1 g/24 heures PO en 2 fois pendant 7 jours.
- Par voie parentérale : **30 à 50 mg/kg/24 heures** IV en 3 fois (maximum chez le grand enfant : 1,5 g/24 heures).

méthimazole

PRÉSENTATION POUR USAGE ORAL
- Canada :
  - Tapazole : comprimés à 5 mg.

POSOLOGIE
Dose initiale chez le grand enfant : **30 mg/24 heures** PO en 2 fois.

miconazole

PRÉSENTATIONS POUR USAGE LOCAL (PEAU, MUQUEUSE VAGINALE)
- Canada :
  - Micatin (crème).
  - Monistat (crème, suppositoires vaginaux à 100 mg, ovules vaginaux à 400 mg).
- France :
  - Daktarin : gel, lotion, poudre, gel buccal.
  - Gyno-Daktarin (ovules vaginaux à 400 mg).

POSOLOGIE
- Candidose cutanée : application locale trois fois par jour.
- Vaginite à *Candida albicans* : un ovule vaginal à 400 mg au coucher pendant 3 jours, ou une application de 5 g de gel ou de crème au coucher pendant 7 jours.

morphine

PRÉSENTATIONS POUR USAGE ORAL
- Canada :
    - comprimés (absorption rapide) à 5 mg, 10 mg, 20 mg, 40 mg et 60 mg ;
    - comprimés (absorption lente) à 15 mg, 30 mg, 60 mg, 100 mg et 200 mg ;
    - préparations magistrales.
- France :
    - Moscontin : comprimés à 10 mg, 30 mg, 60 mg et 100 mg.
    - Skenan : gélules à 10 mg, 30 mg, 60 mg et 100 mg.
    - sirop à 1 mg/mL, 5 mg/mL, 10 mg/mL, 20 mg/mL et 50 mg/mL.

PRÉSENTATION POUR USAGE RECTAL
- Canada :
    - suppositoires à 10 mg, 20 mg et 30 mg.

POSOLOGIE
- Par voie orale (à utiliser de préférence aux injections) : **0,2 à 0,4 mg/kg/dose** PO toutes les 4 heures (maximum : varie selon les besoins du patient).
- Par voie rectale : **0,2 à 0,4 mg/kg/dose** toutes les 4 heures (maximum : varie selon les besoins du patient).
- Par voie sous-cutanée : **0,1 à 0,15 mg/kg/dose** SC toutes les 3 à 4 heures (maximum : varie selon les besoins du patient).
- Par voie intramusculaire : **0,1 à 0,15 mg/kg/dose** IM toutes les 3 à 4 heures (maximum : varie selon les besoins du patient).
- Par voie intraveineuse :
    - En injections intermittentes : **0,02 à 0,1 mg/kg/dose** IV toutes les 2 heures (maximum : varie selon les besoins du patient) ;
    - En perfusion continue : **0,01 à 0,06 mg/kg/heure** IV (maximum : varie selon les besoins du patient).

mupirocine

PRÉSENTATION POUR USAGE LOCAL
- Canada : Bactroban.

POSOLOGIE
Application locale 3 ou 4 fois par jour.

N-acétylcystéine

PRÉSENTATIONS POUR USAGE LOCAL (ARBRE BRONCHIQUE), ORAL OU PARENTÉRAL*
- Canada : Mucomyst*.
- France : Fluimucil*, Mucomyst.

POSOLOGIE
Voir chapitres Fibrose kystique, Intoxications (acétaminophène ou paracétamol).

nadolol

PRÉSENTATIONS POUR USAGE ORAL
- Canada :
    - Apo-Nadol : comprimés à 40 mg, 80 mg et 160 mg.
    - Corgard : comprimés à 40 mg, 80 mg et 160 mg.
    - Syn-Nadolol : comprimés à 40 mg, 80 mg et 160 mg.

– France :
  – Corgard : comprimés à 80 mg.

POSOLOGIE
– Chez l'enfant : **1,6 à 6,4 mg/kg/24 heures** PO en 1 fois (maximum chez le grand enfant : 240 mg/24 heures).
– Chez l'adolescent : **80 à 240 mg/24 heures** PO en 1 fois.

nafcilline

PRÉSENTATION POUR USAGE PARENTÉRAL
– Canada : Unipen.

POSOLOGIE
– Chez le nouveau-né (< 1 mois) :
  – Poids de naissance < 2 000 g :
    – 0 à 7 jours : 50 mg/kg/24 heures IV ou IM en 2 fois ;
    – 8 à 30 jours : 75 mg/kg/24 heures IV ou IM en 3 fois.
  – Poids de naissance > 2 000 g :
    – 0 à 7 jours : 75 mg/kg/24 heures IV ou IM en 3 fois ;
    – 8 à 30 jours : 100 mg/kg/24 heures IV ou IM en 4 fois.
– Après la période néonatale (> 1 mois) : **100 à 200 mg/kg/24 heures** IV ou IM en 4 fois (maximum chez le grand enfant : 12 g/24 heures).

nalbuphine

PRÉSENTATION POUR USAGE PARENTÉRAL
– France : Nubain

POSOLOGIE
0,2 mg/kg/dose SC, IM ou IV toutes les 4 à 6 heures (maximum chez le grand enfant : 20 mg/dose).

naloxone

PRÉSENTATIONS POUR USAGE PARENTÉRAL
– Canada : Narcan.
– France : Narcan.

POSOLOGIE
Dose initiale : **0,01 mg/kg** IV. S'il n'y a pas de réponse après 2 à 3 minutes, donner **0,03 à 0,1 mg/kg** IV.

naproxène

PRÉSENTATIONS POUR USAGE ORAL
– Canada :
  – Anaprox : comprimés à 275 mg et 550 mg.
  – Apo-Naproxen :
    – comprimés à 125 mg, 250 mg et 275 mg ;
    – capsules à 500 mg.
  – Naprosyn :
    – comprimés à 125 mg, 250 mg, 375 mg et 500 mg ;
    – comprimés à libération progressive à 750 mg ;
    – suspension à 125 mg/5 mL.
  – Novo-Naprox : comprimés à 125 mg, 250 mg, 375 mg et 500 mg.
  – Synflex : comprimés à 275 mg.
– France :
  – Apranax :
    – comprimés à 275 mg et 550 mg ;
    – sachets à 250 mg et 500 mg.
  – Naprosyne : comprimés à 250 mg et 500 mg.

PRÉSENTATIONS POUR USAGE RECTAL
- Canada :
  - Naprosyn : suppositoires à 500 mg.
- France :
  - Anaprax : suppositoires à 500 mg.
  - Naprosyne : suppositoires à 250 mg et 500 mg.

POSOLOGIE
- Comme anti-inflammatoire ou analgésique : **5 à 7 mg/kg/dose** PO 2 à 3 fois par jour (maximum chez le grand enfant : 500 mg/dose).
- Pour le traitement de la dysménorrhée : **500 à 550 mg PO** dès le début de la douleur, puis 250 à 275 mg au besoin toutes les 4 heures.

nédocromil

PRÉSENTATIONS POUR USAGE EN INHALATION
- Canada :
  - Tilade : poudre pour inhalation en flacon pressurisé avec valve doseuse, libérant 1,788 mg par bouffée.
- France :
  - Tilade : poudre pour inhalation en flacon pressurisé avec valve doseuse, libérant 1,788 mg par bouffée.

POSOLOGIE
Traitement d'attaque (à partir de l'âge de 12 ans) : **4 mg** en inhalation 4 fois par jour. Pour le traitement d'entretien, voir chapitre Asthme.

néomycine

PRÉSENTATION POUR USAGE LOCAL (ŒIL)
- France :
  - Néomycine Diamant (collyre).

PRÉSENTATIONS POUR USAGE ORAL
- Canada :
  - Mycifradin (sulfate) :
    - comprimés à 500 mg ;
    - solution à 125 mg/5 mL.
- France : Néomycine Diamant (sulfate) : comprimés à 350 mg.

POSOLOGIE
- Usage ophtalmique : application locale 3 à 8 fois par jour.
- Usage oral (gastro-entérite à *Escherichia coli*) : **100 mg/kg/24 heures** PO en 3 fois pendant 5 jours (maximum chez le grand enfant : 5 g/24 heures).
- Usage oral (insuffisance hépatique aiguë) : **125 à 500 mg** par sonde gastrique toutes les 6 heures.

niclosamide

PRÉSENTATION POUR USAGE ORAL
- France :
  - Trédémine : comprimés à 500 mg.

POSOLOGIE
Voir chapitre Parasitoses (tæniase).

nifédipine

PRÉSENTATIONS POUR USAGE ORAL
- Canada :
  - Adalat :
    - capsules à 5 mg et 10 mg ;

- comprimés à action prolongée (Adalat PA) à 10 mg et 20 mg;
- comprimés à libération retardée (Adalat XL) à 30 mg et 60 mg.
- Apo-Nifed: capsules à 5 mg et 10 mg.
- Gen-Nifédipine: capsules à 10 mg.
- Novo-Nifedin: capsules à 10 mg.
- Nu-Nifed: capsules à 10 mg.
- France:
  - Adalate:
    - capsules à 10 mg;
    - comprimés à absorption retardée (Adalate LP) à 20 mg.
  - Nifélate:
    - capsules à 10 mg;
    - comprimés à absorption retardée (Nifélate LP) à 20 mg.

POSOLOGIE
- Crise hypertensive:
  - Dose d'attaque: **0,2 à 0,5 mg/kg/dose** par voie sublinguale (maximum chez le grand enfant: 20 mg/dose). Cette dose peut être répétée au besoin une heure plus tard.
  - Dose d'entretien: **0,2 à 0,5 mg/kg/dose** par voie sublinguale ou orale toutes les 6 à 8 heures (maximum chez le grand enfant: 40 mg/24 heures).
- Hypertension soutenue:
  - Chez l'enfant: **0,25 à 1 mg/kg/24 heures** PO en 2 à 3 fois (maximum chez le grand enfant: 60 mg/24 heures).
  - Chez l'adolescent: **10 à 20 mg** PO 2 à 3 fois par jour.

nifurtimox

POSOLOGIE
Voir chapitre Parasitoses (trypanosomiase).

nitrazépam

PRÉSENTATIONS POUR USAGE ORAL
- Canada:
  - Mogadon: comprimés à 5 mg et 10 mg.
- France:
  - Mogadon: comprimés à 5 mg.

POSOLOGIE
- Prévention des convulsions fébriles: **0,25 à 0,5 mg/kg/24 heures** PO en 3 fois.
- Épilepsie: **0,5 à 1 mg/kg/24 heures** PO en 2 à 3 fois.

TAUX SÉRIQUE THÉRAPEUTIQUE
0,2 à 0,9 µmol/L.

nitrofurantoïne

PRÉSENTATIONS POUR USAGE ORAL
- Canada:
  - Apo-Furantoin: comprimés à 50 mg et 100 mg.
  - Macrodantin: capsules à 25 mg, 50 mg et 100 mg.
  - Novofuran: suspension orale à 25 mg/5 mL.
- France:
  - Furadantine: gélules à 50 mg.
  - Microdoïne: gélules à 50 mg.

POSOLOGIE
- Traitement des infections urinaires: **5 à 7 mg/kg/24 heures** PO en 4 fois (maximum chez le grand enfant: 400 mg/24 heures).
- Prévention des infections urinaires: **2,5 à 3,5 mg/kg/24 heures** PO en 1 à 2 fois.

nitroprussiate de sodium

PRÉSENTATIONS POUR USAGE PARENTÉRAL
– Canada : Nipride.
– France : Nipride.

POSOLOGIE
Perfusion continue : **0,5 à 5 µg/kg/minute** (voir chapitres Choc cardiogénique, Hypertension artérielle).

noradrénaline

PRÉSENTATIONS POUR USAGE PARENTÉRAL
– Canada : Levophed.

POSOLOGIE
Perfusion continue : **0,1 à 0,5 µg/kg/minute** (voir chapitres Choc anaphylactique, Choc septique).

nystatine

PRÉSENTATIONS POUR USAGE ORAL
– Canada :
  – Mycostatin :
    – comprimés à 500 000 U ;
    – suspension à 100 000 U/mL.
  – Nadostine :
    – comprimés à 500 000 U ;
    – suspension à 100 000 U/mL.
  – Nilstat :
    – comprimés à 500 000 U ;
    – suspension à 100 000 U/mL.
  – Nyaderm : suspension à 100 000 U/mL.
  – PMS-Nystatin : suspension à 100 000 U/mL.
– France :
  – Mycostatine :
    – comprimés à 500 000 U ;
    – suspension buvable à 100 000 U/mL.

PRÉSENTATIONS POUR USAGE LOCAL (PEAU)
– Canada :
  – Mycostatin (crème et onguent).
  – Nadostine (crème et onguent).
  – Nilstat (crème et onguent).
  – Nyaderm (crème et onguent).

PRÉSENTATIONS POUR USAGE LOCAL (MUQUEUSE VAGINALE)
– Canada :
  – Mycostatin (crème vaginale).
  – Nadostine :
    – comprimés vaginaux à 100 000 U ;
    – crème vaginale.
  – Nilstat :
    – comprimés vaginaux à 100 000 U ;
    – crème vaginale.
  – Nyaderm : crème vaginale.
– France :
  – Mycostatine : comprimés vaginaux à 100 000 U.

POSOLOGIE
Voir chapitres Candidoses, Maladies sexuellement transmissibles et autres infections génitales.

ofloxacine

PRÉSENTATION POUR USAGE OPHTALMIQUE
- France :
  - Exocine (collyre).

POSOLOGIE
Application locale 3 à 4 fois par jour.

olsalazine

PRÉSENTATIONS POUR USAGE ORAL
- Canada :
  - Dipentum :
    - comprimés à 500 mg ;
    - gélules à 250 mg.
- France :
  - Dipentum : gélules à 250 mg.

POSOLOGIE
Chez l'adolescent :
- Traitement d'attaque : **500 mg** 4 fois par jour.
- Traitement d'entretien : **500 mg** 2 fois par jour.

orciprénaline

PRÉSENTATIONS POUR USAGE ORAL
- Canada :
  - Alupent :
    - comprimés à 20 mg ;
    - sirop à 10 mg/5 mL.
- France :
  - Alupent : comprimés à 20 mg.

POSOLOGIE
2 mg/kg/24 heures PO en 4 fois (maximum chez le grand enfant : 80 mg/24 heures).

oxacilline

PRÉSENTATION POUR USAGE PARENTÉRAL
- France : Bristopen.

PRÉSENTATIONS POUR USAGE ORAL
- France :
  - Bristopen :
    - gélules à 500 mg ;
    - comprimés à 250 mg ;
    - sirop à 250 mg/5 mL.

POSOLOGIE
- Par voie orale : **50 à 100 mg/kg/24 heures** PO en 3 à 4 fois (maximum chez le grand enfant : 4 g/24 heures).
- Par voie parentérale :
  - Chez le nouveau-né (< 1 mois) :
    - Poids de naissance < 2 000 g :
      - 0 à 7 jours : 50 mg/kg/24 heures IV ou IM en 2 fois ;
      - 8 à 30 jours : 75 mg/kg/24 heures IV ou IM en 3 fois.
    - Poids de naissance > 2 000 g :
      - 0 à 7 jours : 75 mg/kg/24 heures IV ou IM en 3 fois ;
      - 8 à 30 jours : 100 mg/kg/24 heures IV ou IM en 4 fois.

- Après la période néonatale (> 1 mois): **100 à 200 mg/kg/24 heures** IV ou IM en 4 fois (maximum chez le grand enfant: 12 g/24 heures).

oxtriphylline: voir théophylline et dérivés

oxybutynine

PRÉSENTATIONS POUR USAGE ORAL
- Canada:
  - Ditropan:
    - comprimés à 5 mg;
    - sirop à 5 mg/5 mL.
- France:
  - Ditropan: comprimés à 5 mg.

POSOLOGIE
Énurésie diurne ou énurésie associée à des mictions impérieuses (voir chapitre Énurésie):
> 6 ans: **5 mg** PO 2 à 3 fois par jour.

pancrélipase: voir enzymes pancréatiques

paracétamol: voir acétaminophène

PEG: voir Fortrans

pémoline

PRÉSENTATION POUR USAGE ORAL
- Canada:
  - Cylert: comprimés à 37,5 mg.

POSOLOGIE
Dose initiale: **37,5 mg/24 heures** PO en une seule dose matinale. Cette posologie est augmentée au besoin de 18,75 mg/24 heures chaque semaine jusqu'à ce qu'un résultat clinique satisfaisant soit atteint. La posologie moyenne se situe habituellement entre 0,5 et 3 mg/kg/24 heures, sans dépasser 150 mg/24 heures.

pénicilline

PRÉSENTATIONS POUR USAGE PARENTÉRAL
- Canada:
  - action courte: pénicilline G cristalline.
  - action intermédiaire: pénicilline G procaïnique:
    - Ayercilline: 1 mL contient 300 000 UI de pénicilline procaïnique.
    - Wycillin: 1 mL contient 500 000 UI de pénicilline procaïnique.
  - action longue: pénicilline G benzathinique: Bicillin LA: 2 mL contiennent 1 200 000 UI de pénicilline benzathinique.
  - association de pénicillines à action courte, intermédiaire et longue:
    - Bicillin tout-usage: une dose de 2 mL contient 600 000 UI de pénicilline G benzathinique, 300 000 UI de pénicilline G procaïnique et 300 000 UI de pénicilline G cristalline.
- France:
  - action courte: pénicilline G cristalline.
  - action longue: pénicilline G benzathinique: Extencilline: 2 mL contiennent 600 000 UI de pénicilline benzathinique.

PRÉSENTATIONS POUR USAGE ORAL
Pénicilline V ou phénoxyméthylpénicilline :
- Canada :
    - Apo-Pen VK :
        - comprimés à 300 mg ;
        - suspension orale à 125 mg/5 mL et 300 mg/5 mL.
    - Ledercillin VK :
        - comprimés à 250 mg et 500 mg.
    - Nadopen-V :
        - comprimés à 300 mg ;
        - solution orale à 125 mg/5 mL et 250 mg/5 mL.
    - Novo-Pen-VK :
        - comprimés à 300 mg ;
        - suspension orale à 300 mg/5 mL.
    - Nu-Pen-VK : comprimés à 300 mg.
    - Pen-Vee :
        - comprimés à 300 mg ;
        - suspension orale à 180 mg/5 mL et 300 mg/5 mL.
    - PVF :
        - suspension orale à 150 mg/5 mL et 300 mg/5 mL ;
        - comprimés à 300 mg.
    - V-Cillin K :
        - suspension orale à 125 mg/5 mL et 250 mg/5 mL ;
        - comprimés à 250 mg.
- France :
    - Oracilline :
        - comprimés à 625 mg (1 000 000 UI) ;
        - poudre orale à 312,5 mg (500 000 UI) par sachet ;
        - suspension buvable à 156,25 mg/5 mL (250 000 UI/5 mL), 312,5 mg/5 mL (500 000 UI/5 mL) et 625 mg/5 mL (1 000 000 UI/5 mL).
    - Ospen : comprimés à 625 mg (1 000 000 UI).

POSOLOGIE
- Par voie orale (pénicilline V ou phénoxyméthylpénicilline) : **25 à 100 mg/kg/24 heures,** soit **40 000 à 160 000 UI/kg/24 heures** PO en 3 ou 4 fois (maximum chez le grand enfant : 2 g ou 3 200 000 UI/24 heures).
- Par voie parentérale :
    - Pénicilline G cristalline (action courte) :
        - Chez le nouveau-né (< 1 mois) :
            - Poids de naissance < 2 000 g :
                - 0 à 7 jours : 50 000 UI/kg/24 heures IV ou IM en 2 fois ;
                - 8 à 30 jours : 75 000 UI/kg/24 heures IV ou IM en 3 fois.
            - Poids de naissance > 2 000 g :
                - 0 à 7 jours : 75 000 UI/kg/24 heures IV ou IM en 3 fois ;
                - 8 à 30 jours : 100 000 UI/kg/24 heures IV ou IM en 4 fois.
        - Après la période néonatale (> 1 mois) : **100 000 à 200 000 UI/kg/24 heures** IV ou IM en 4 fois. En cas d'infection grave, cette dose peut être augmentée jusqu'à un maximum de 500 000 UI/kg/24 heures (maximum chez le grand enfant : 24 000 000 UI/24 heures) ;
    - Pénicilline G procaïnique (action intermédiaire) : **25 000 à 50 000 UI/kg/24 heures** IM en 1 à 2 fois (maximum chez le grand enfant : 4 800 000 UI/24 heures).
    - Pénicilline G benzatinique (action longue, prévention du RAA) :
        - < 27,3 kg : **600 000 UI** IM tous les 15 à 30 jours ;
        - > 27,3 kg : **1 200 000 UI** IM tous les 15 à 30 jours.
    - Association de pénicillines à action courte, intermédiaire et longue (Canada : Bicillin tout-usage) :

- < 5 ans : **0,5 mL** IM en 1 dose unique (300 000 UI);
- 5 à 10 ans : **1 mL** IM en 1 dose unique (600 000 UI);
- > 10 ans : **2 mL** IM en 1 dose unique (1 200 000 UI).

perméthrine

PRÉSENTATIONS POUR USAGE LOCAL
- Canada :
  - Nix : crème, après-shampoing.
- France :
  - Nix : crème.

POSOLOGIE
Voir chapitre Gale.

peroxyde de benzoyle : voir benzoyle

péthidine : voir mépéridine

phénobarbital

PRÉSENTATIONS POUR USAGE PARENTÉRAL
- Canada : Phénobarbital.
- France : Gardénal.

PRÉSENTATIONS POUR USAGE ORAL
- Canada :
  - Phénobarbital :
    - comprimés à 15 mg, 30 mg, 60 mg et 100 mg;
    - élixir à 20 mg/5 mL et 25 mg/5 mL.
- France :
  - Aparoxal : comprimés à 100 mg.
  - Épanal : comprimés à 50 mg.
  - Gardénal : comprimés à 10 mg, 50 mg et 100 mg.

POSOLOGIE
- Traitement d'urgence des convulsions (voir aussi chapitre Convulsions et état de mal convulsif) : **10 à 15 mg/kg/dose** en injection IV lente (maximum : 300 mg), en surveillant la respiration car il y a un risque de dépression respiratoire. Si la convulsion persiste plus de 20 minutes, une autre dose de 5 à 10 mg/kg peut être donnée. Chez le nouveau-né, une dose de charge plus élevée, de l'ordre de 15 à 30 mg/kg/dose peut être administrée.
- Prévention des convulsions et des crises épileptiques (voir aussi chapitre Épilepsie) :
  - < 20 kg : **5 mg/kg/24 heures** PO en 2 fois;
  - > 20 kg : **2 à 3 mg/kg/24 heures** PO en 2 fois.

TAUX SÉRIQUE THÉRAPEUTIQUE
65 à 175 µmol/L (15 à 40 mg/L).

phényléphrine

PRÉSENTATION POUR USAGE PARENTÉRAL
- Canada : Neo-Synephrine.

POSOLOGIE
- Crises hypoxiques de la tétralogie de Fallot : voir chapitre Cardiopathies congénitales (tétralogie de Fallot).
- Choc septique : perfusion IV continue : **0,3 à 5 µg/kg/minu**te.

phénytoïne

PRÉSENTATION POUR USAGE PARENTÉRAL
- Canada : Dilantin.
- France : Dilantin.

PRÉSENTATIONS POUR USAGE ORAL
- Canada :
  - Dilantin :
    - capsules à 30 mg et 100 mg ;
    - Infantabs à 50 mg ;
    - suspension à 30 mg/5 mL et à 125 mg/5 mL.
- France :
  - Di-hydan : comprimés à 100 mg.

POSOLOGIE
- Traitement d'urgence des convulsions (voir aussi chapitre Convulsions et état de mal convulsif) : **20 mg/kg/dose** (maximum chez le grand enfant : 1,25 g/dose) en injection IV lente (1 à 2 mg/kg/minute, maximum : 50 mg/minute ; il y a un risque d'arythmie ou d'arrêt cardiaque). Si la convulsion persiste plus de 20 minutes, une autre dose de 5 à 10 mg/kg/dose peut être donnée. Chez le nouveau-né, une dose de charge plus élevée, de l'ordre de 30 mg/kg/dose, peut être utilisée.
- Prévention des convulsions et des crises épileptiques (voir aussi chapitre Épilepsie) : **5 à 8 mg/kg/24 heures** PO ou IV en 2 fois.
- Pour le traitement des arythmies cardiaques : voir chapitre Arythmies cardiaques.
- Pour la prévention des épisodes migraineux (voir aussi chapitre Céphalées et migraine) : **3 à 5 mg/kg/24 heures** PO en 2 fois.

TAUX SÉRIQUE THÉRAPEUTIQUE
40 à 80 µmol/L (10 à 20 mg/L).

physostigmine

POSOLOGIE
0,03 mg/kg/dose IV en 5 minutes (maximum chez le grand enfant : 2 mg/dose). Il peut être nécessaire de répéter cette dose car la durée d'action de la physostigmine est courte (environ une heure). Voir chapitre Intoxications (antidépresseurs tricycliques).

«pilule du lendemain» : voir chapitre Contraception

pipéracilline

PRÉSENTATIONS POUR USAGE PARENTÉRAL
- Canada : Pipracil.
- France : Pipérilline.

POSOLOGIE
Après la période néonatale : **200 à 300 mg/kg/24 heures** IV en 4 à 6 fois (maximum chez le grand enfant : 24 g/24 heures).

pizotifène

PRÉSENTATION POUR USAGE ORAL
- France :
  - Sanmigran : comprimés à 0,73 mg.

POSOLOGIE
Migraine (voir aussi chapitre Céphalées et migraine) : la posologie initiale chez l'adolescent est de **0,73 mg PO au coucher.** Au besoin, on augmente la dose par paliers d'une semaine à 0,73 mg 2 fois, puis 3 fois par jour.

pizotyline

PRÉSENTATION POUR USAGE ORAL
- Canada :
  - Sandomigran : comprimés à 0,5 mg et 1 mg.

POSOLOGIE
Migraine (voir aussi chapitre Céphalées et migraine) : la posologie initiale chez l'adolescent est de **0,5 mg PO au coucher.** Au besoin, on augmente la dose par paliers d'une semaine à 0,5 mg 2 fois, puis 3 fois par jour.

plaquettes

POSOLOGIE
Voir chapitre Transfusions et réactions transfusionnelles.

plasma

POSOLOGIE
Voir chapitre Transfusions et réactions transfusionnelles.

potassium

PRÉSENTATIONS POUR USAGE ORAL
- Canada :
  - Apo-K (chlorure) : comprimés à libération lente à 8 mmol de K.
  - Kalium Durules (chlorure) : comprimés à 10 mmol de K.
  - Kaochlor (chlorure) : solution orale à 20 mmol de K/15 mL et 40 mmol de K/15 mL.
  - Kaon (gluconate) : solution orale à 20 mmol de K/15 mL.
  - K-10 (chlorure) : solution orale à 20 mmol de K/15 mL.
  - K-Dur (chlorure) : comprimés à 20 mmol de K.
  - K-Long (chlorure) : comprimés à 6,7 mmol de K.
  - K-Lor (chlorure) : poudre à 20 mmol de K/sachet.
  - K-Lyte (citrate) : comprimés effervescents à 25 mmol de K.
  - K-Lyte/Cl (chlorure) : poudre à 25 mmol de K/sachet.
  - K-Med 900 (chlorure) : comprimés à 12 mmol de K.
  - Micro-K Extencaps (chlorure) : gélules à 8 mmol et 10 mmol de K.
  - Roychlor (chlorure) : solution orale à 20 mmol de K/15 mL.
  - Potassium-Sandoz (chlorure et bicarbonate) : comprimés effervescents à 12 mmol de K.
  - Slow-K (chlorure) : comprimés à 8 mmol de K.
- France :
  - Diffu-K (chlorure) : gélules à 8 mmol de K.
  - Gluconate de potassium Egic (gluconate) : sirop à 10 mmol de K/15 mL.
  - Kaleorid Leo LP (chlorure) : comprimés à 8 mmol de K et 13,4 mmol de K.
  - Nati-K (tartrate) : comprimés à 4,26 mmol de K.
  - Potassion (glucoheptonate) : solution buvable à 15 mmol de K/15 mL.
  - Potassium Richard (chlorure et glycérophosphate) : sirop à 10 mmol de K/15 mL.

POSOLOGIE
- Besoins d'entretien normaux (voie intraveineuse) : **2 à 3 mmol/kg/24 heures.**
- Correction de l'hypokaliémie (voie intraveineuse) : **4 à 6 mmol/kg/24 heures.**

pralidoxime
POSOLOGIE
Voir chapitre Intoxications (insecticides).

praziquantel
PRÉSENTATION POUR USAGE ORAL
- France :
  - Biltricide : comprimés à 600 mg.

POSOLOGIE
Voir chapitre Parasitoses (bilharziose, cysticercose, schistosomiase).

prednisone : voir corticostéroïdes

primaquine
PRÉSENTATION POUR USAGE ORAL
- Canada :
  - Primaquine : dragées à 26,3 mg de phosphate de primaquine (15 mg de base).

POSOLOGIE
Voir chapitres Malaria, Voyages.

primidone
PRÉSENTATIONS POUR USAGE ORAL
- Canada :
  - Apo-Primidone : comprimés à 125 mg et 250 mg.
  - Mysoline : comprimés à 125 mg et 250 mg.
- France :
  - Mysoline : comprimés à 250 mg.

POSOLOGIE
- < 8 ans : commencer par **125 mg** PO 1 fois par jour, puis augmenter au besoin cette dose de 125 mg par jour par paliers d'une semaine, jusqu'à un maximum de 125 mg 4 fois par jour.
- > 8 ans : commencer par **250 mg** PO 1 fois par jour, puis augmenter au besoin cette dose de 250 mg par jour par paliers d'une semaine, jusqu'à un maximum de 250 mg 4 fois par jour.

TAUX SÉRIQUE THÉRAPEUTIQUE
23 à 55 µmol/L (4 à 12 µg/mL).

pristinamycine
PRÉSENTATION POUR USAGE ORAL
- France :
  - Pyostacine : comprimés à 500 mg.

POSOLOGIE
50 à 100 mg/kg/24 heures PO en 2 à 3 fois (maximum chez le grand enfant : 3 g/24 heures).

probénécide
PRÉSENTATIONS POUR USAGE ORAL
- Canada :
  - Benemid : comprimés à 500 mg.

– France:
  – Bénémide: comprimés à 500 mg.

POSOLOGIE
25 mg/kg PO en une dose unique (maximum chez le grand enfant: 1 g/dose).

procaïnamide

PRÉSENTATION POUR USAGE PARENTÉRAL
– Canada: Pronestyl.

POSOLOGIE
Voir chapitre Arythmies cardiaques.

proguanil

PRÉSENTATIONS POUR USAGE ORAL
– Canada:
  – Paludrine: comprimés à 100 mg.
– France:
  – Paludrine: comprimés à 100 mg.

POSOLOGIE
Voir chapitre Voyages.

propacétamol

PRÉSENTATION POUR USAGE PARENTÉRAL
– France: Pro-Dafalgan (1 g libère 500 mg de paracétamol).

POSOLOGIE
Chez l'adolescent: **1 à 2 g** IM ou IV 2 à 4 fois par 24 heures à 4 heures d'intervalle au minimum.

propafénone

PRÉSENTATIONS POUR USAGE ORAL
– Canada:
  – Rythmol: comprimés à 150 mg et 300 mg.
– France:
  – Rythmol: comprimés à 300 mg.

POSOLOGIE
Flutter auriculaire: **200 à 600 mg/m^2/24 heures** PO en 3 fois (maximum chez le grand enfant: 900 mg/24 heures).

propranolol

PRÉSENTATIONS POUR USAGE ORAL
– Canada:
  – Apo-Propranolol: comprimés à 10 mg, 20 mg, 40 mg, 80 mg et 120 mg.
  – Indéral: comprimés à 10 mg, 20 mg, 40 mg, 80 mg et 120 mg.
  – PMS-Propranolol: comprimés à 10 mg, 40 mg, 80 mg et 120 mg.
– France:
  – Avlocardyl: comprimés à 40 mg.
  – Béprane: comprimés à 40 mg.

POSOLOGIE
Migraine :
- Chez l'adolescent, la dose initiale est de **20 mg** matin et soir. Si nécessaire, on peut augmenter progressivement cette dose jusqu'à un maximum de 40 mg trois fois par jour.
- Chez l'enfant : **2 à 4 mg/kg/24 heures** PO en 2 fois (maximum : 120 mg/24 heures).

propylthiouracyle

PRÉSENTATION POUR USAGE ORAL
- Canada :
  - Propyl-thyracile : comprimés à 50 mg et 100 mg.

POSOLOGIE
Dose initiale chez le grand enfant : **300 à 450 mg/24 heures** PO en 3 fois.

psyllium : voir fibres végétales

pyrantel (pamoate de -)

PRÉSENTATIONS POUR USAGE ORAL
- Canada :
  - Combantrin :
    - comprimés à 125 mg ;
    - suspension à 50/mL.
- France :
  - Combantrin :
    - comprimés à 125 mg ;
    - suspension buvable à 125 mg/2,5 mL.
  - Helmintox :
    - comprimés à 125 mg et 250 mg.
    - suspension buvable à 125 mg/2,5 mL.

POSOLOGIE
- Oxyurose : **11 mg/kg** PO en 1 dose unique (maximum chez le grand enfant : 1 g).
- Ankylostomiase, Ascaridiase : **11 mg/kg/24 heures** PO en 1 fois pendant 3 jours (maximum chez le grand enfant : 1 g/24 heures).

pyrazinamide

PRÉSENTATIONS POUR USAGE ORAL
- Canada :
  - PMS-Pyrazinamide : comprimés à 500 mg.
  - Tebrazid : comprimés à 500 mg.
- France :
  - Pirilène : comprimés à 500 mg.

POSOLOGIE
20 à 40 mg/kg/24 heures PO en 2 fois (maximum chez le grand enfant : 2 g/24 heures).

pyréthrines

PRÉSENTATIONS POUR USAGE LOCAL
- Canada :
  - R&C : shampoing aux pyréthrines et au butoxyde de pipéronile.
- France :
  - Itax : aérosol, lotion, shampoing.
  - Marie Rose Suractivée : aérosol.
  - Pyréflor : shampoing aux pyréthrines et au butoxyde de pipéronile.

- Spray-Pax : aérosol de pyréthrine et de butoxyde de pipéronile.
- Sprégal : aérosol.

POSOLOGIE
Voir chapitres Gale, Pédiculose.

pyridoxine

POSOLOGIE
- Convulsions par dépendance en pyridoxine : **100 mg IV**, à répéter au besoin.
- Intoxication à l'isoniazide : **1 g IV par g d'isoniazide ingéré**. Si la dose ingérée est inconnue, donner 5 g IV toutes les 5 minutes jusqu'à l'arrêt des convulsions.

pyriméthamine

PRÉSENTATIONS POUR USAGE ORAL
- Canada :
  - Daraprim : comprimés à 25 mg.
- France :
  - Malocide : comprimés à 50 mg.

POSOLOGIE
Voir chapitre Parasitoses (toxoplasmose).

pyriméthamine-sulfadoxine

PRÉSENTATIONS POUR USAGE ORAL
- Canada :
  - Fansidar : comprimés à 25 mg de pyriméthamine et 500 mg de sulfadoxine.
- France :
  - Fansidar : comprimés à 25 mg de pyriméthamine et 500 mg de sulfadoxine.

POSOLOGIE
Voir chapitres Malaria, Voyages.

quinacrine

POSOLOGIE
Giardiase : **6 mg/kg/24 heures** PO en 3 fois pendant 5 jours (maximum chez le grand enfant : 300 mg/24 heures).

quinidine (gluconate de -)

POSOLOGIE
Voir chapitre Malaria.

quinine

PRÉSENTATION POUR USAGE ORAL
- France :
  - Quinine Lafran (chlorhydrate) : comprimés à 250 mg et 500 mg.

POSOLOGIE
Voir chapitres Malaria, Voyages.

ranitidine

PRÉSENTATIONS POUR USAGE PARENTÉRAL
- Canada : Zantac.
- France : Azantac, Raniplex.

PRÉSENTATIONS POUR USAGE ORAL
- Canada :
  - Apo-Ranitidine : comprimés à 150 mg et 300 mg.
  - Novo-Ranidine : comprimés à 150 mg et 300 mg.
  - Nu-Ranit : comprimés à 150 mg et 300 mg.
  - Zantac :
    - solution buvable à 75 mg/5 mL ;
    - comprimés à 150 mg et 300 mg.
- France :
  - Azantac : comprimés à 150 mg et 300 mg.
  - Raniplex : comprimés à 150 mg et 300 mg.

POSOLOGIE
2 à 6 mg/kg/24 heures PO en 2 fois ou IV en 4 fois (maximum chez le grand enfant : 300 mg/ 24 heures).

résine échangeuse d'ions

PRÉSENTATIONS POUR USAGE ORAL OU RECTAL
- Canada : Kayexalate.
- France : Kayexalate.

POSOLOGIE
Hyperkaliémie : 1 g/kg/dose en suspension à 20 % dans une solution de sorbitol ou de glucose à 10 % par la bouche, par sonde gastrique ou par lavement (dans ce cas, il faut donner 1 heure plus tard un lavement de sérum physiologique). Au besoin, on peut poursuivre ce traitement (0,25 à 1 g/kg/24 heures PO en 3 à 4 fois, ou par lavement en 1 à 2 fois).

rétinol : voir vitamine A

ribavirine

PRÉSENTATION POUR USAGE PAR INHALATION
- Canada : Virazole.

POSOLOGIE
Voir chapitre Bronchiolite.

rifampicine (rifampine)

PRÉSENTATIONS POUR USAGE ORAL
- Canada :
  - Rifadin : capsules à 150 mg et 300 mg.
  - Rimactane : capsules à 150 mg et 300 mg.
  - Rofact : gélules à 150 mg et 300 mg.
- France :
  - Rifadine :
    - gélules à 300 mg ;
    - suspension buvable à 100 mg/5 mL.
  - Rimactan :
    - gélules à 300 mg ;
    - sirop à 100 mg/5 mL.

POSOLOGIE
- Tuberculose : 10 à 20 mg/kg/24 heures PO en 1 fois (maximum chez le grand enfant : 600 mg/24 heures).

- Prophylaxie de l'infection à *Hæmophilus influenzæ*: **20 mg/kg/24 heures** PO en 1 fois pendant 4 jours (maximum chez le grand enfant, l'adolescent et l'adulte: 1,2 g/24 heures).
- Prophylaxie de l'infection à *Neisseria meningitidis*: **10 à 20 mg/kg/24 heures** PO en 2 fois pendant 2 jours (maximum chez le grand enfant, l'adolescent et l'adulte: 1,2 g/24 heures).

rifampine: voir rifampicine

rifamycine

PRÉSENTATION POUR USAGE OPHTALMIQUE
- France:
  - Rifamycine Chibret (collyre et pommade).

POSOLOGIE
Application locale toutes les 2 à 4 heures (collyre), ou toutes les 6 heures (pommade).

salbutamol (albutérol)

PRÉSENTATIONS POUR USAGE PARENTÉRAL
- Canada: Ventolin.
- France: Salbutamol et Salbutamol Fort.

PRÉSENTATIONS POUR USAGE PAR INHALATION
- Canada:
  - Apo-Salvent: aérosol-doseur libérant 100 µg par bouffée.
  - Gen-Salbutamol Sterinebs: solution pour aérosol à 1 mg/mL; 1 Sterineb contient 2,5 mL.
  - Novo-Salmol: aérosol-doseur libérant 100 µg par bouffée.
  - Ventodisk: chaque disque contient 8 doses de 200 µg ou de 400 µg. À utiliser avec le dispositif Diskhaler.
  - Ventolin:
    - aérosol-doseur libérant 100 µg par bouffée;
    - solution pour inhalation à 5 mg/mL; (est aussi présentée sous forme de Nébules à 2,5 mg/2,5 mL et à 5 mg/2,5 mL);
    - Rotacaps à 200 µg et à 400 µg, à utiliser avec le dispositif Rotahaler.
- France:
  - Éolène: flacon pressurisé avec valve doseuse libérant 100 µg/bouffée.
  - Spréor: flacon pressurisé avec valve doseuse libérant 100 µg/bouffée.
  - Ventodisks: disques de 8 doses de 200 µg, à utiliser avec le dispositif Diskhaler.
  - Ventoline:
    - flacon pressurisé avec valve doseuse libérant 100 µg/bouffée;
    - solution pour aérosol à 5 mg/mL.

PRÉSENTATIONS POUR USAGE ORAL
- Canada:
  - Novo-Salmol: comprimés à 2 mg et 4 mg.
  - Ventolin:
    - comprimés à 2 mg et 4 mg;
    - solution à 2 mg/5 mL.
  - Volmax: comprimés à 4 mg et 8 mg (libération lente).
- France:
  - Salbutamol: comprimés à 2 mg.
  - Ventoline:
    - comprimés à 2 mg;
    - solution buvable à 2 mg/5 mL.

POSOLOGIE
- En inhalation :
  - solution à 5 mg/mL pour nébulisation : **0,02 à 0,03 mL/kg/dose**, soit 100 à 150 µg/kg/dose (minimum : 0,2 mL ou 1 000 µg/dose ; maximum : 1 mL ou 5 000 µg/dose) à répéter toutes les 30 à 360 minutes selon la gravité de la crise. On ajoute du sérum physiologique pour obtenir un volume total de 3 mL par inhalation. S'il s'agit d'un traitement à domicile, ne pas dépasser 6 doses par 24 heures.
  - autres formes : voir chapitre Asthme.
- Par voie orale : **0,2 mg/kg 24 heures** PO en 4 fois (maximum chez le grand enfant : 16 mg/24 heures)

salicylazosulfapyridine : voir sulfasalazine

sang

POSOLOGIE
Voir chapitre Transfusions et réactions transfusionnelles.

secnidazole

PRÉSENTATION POUR USAGE ORAL
- France :
  - Secnidazole : comprimés à 500 mg.

POSOLOGIE
Voir chapitre Parasitoses (amibiase).

sélénium (sulfure de -)

PRÉSENTATIONS POUR USAGE LOCAL (PEAU)
- Canada :
  - Selsun : suspension.
  - Versel : lotion.
- France :
  - Selsun : suspension.

POSOLOGIE
Voir chapitre Mycoses cutanées superficielles.

sirop d'ipéca : voir ipéca

sodium

POSOLOGIE
- Besoins d'entretien normaux : **2 à 3 mmol/kg/24 heures**.
- Convulsions hyponatrémiques : si l'hyponatrémie est associée à une déshydratation, le but est de donner rapidement (en 15 à 20 minutes) du sodium par voie intraveineuse pour augmenter la natrémie de 10 mmol/L, ce qui suffit habituellement. La quantité de sodium permettant d'atteindre cet objectif, exprimée en mmol, est d'environ **10 x 0,6 x le poids en kg**. Cette quantité correspond habituellement à 12 mL/kg/dose d'une solution de NaCl à 3 % (513 mmol/L). L'injection est cessée lorsque la convulsion s'arrête. On poursuit ensuite le traitement avec la perfusion d'une solution de NaCl à 0,9 % jusqu'à ce que la natrémie atteigne 130 mmol/L.

solutions hydro-électrolytiques de réhydratation orale
- Canada :
  - Solutions de maintien de l'hydratation (pour les patients non déshydratés) :
    - Lytren (solution prête à l'emploi) : Na : 50 mmol/L, K : 25 mmol/L, glucose : 2,5 % (140 mmol/L).

- Pédialyte (solution prête à l'emploi): Na: 45 mmol/L, K: 20 mmol/L, glucose: 2,5 % (140 mmol/L).
- Gastrolyte (poudre: 1 sachet/200 mL d'eau): Na: 60 mmol/L; K: 20 mmol/L, glucose: 1,6 % (90 mmol/L).
- Solutions de réhydratation (pour les patients déshydratés):
  - Lytren RHS (solution prête à l'emploi): Na: 75 mmol/L, K: 20 mmol/L, glucose: 2,5 % (140 mmol/L).
  - Réhydralyte (solution prête à l'emploi): Na: 75 mmol/L, K: 20 mmol/L, glucose: 2,5 % (140 mmol/L).
  - Rapolyte: (poudre: 1 sachet/200 mL d'eau): Na: 90 mmol/L, K: 20 mmol/L, glucose: 2,5 %(110 mmol/L).
- France:
  - Solutions de maintien de l'hydratation (pour les patients non déshydratés):
    - Adiaril (poudre: 1 sachet/200 mL d'eau): Na: 49 mmol/L, K: 25 mmol/L, glucose: 2 % (110 mmol/L).
    - Alhydrate (poudre: 1 sachet/200 mL d'eau): Na: 60 mmol/L, K: 20 mmol/L, dextrine-maltose: 5 %.
    - Gallialite (poudre: 1 sachet/200 mL d'eau): Na: 50 mmol/L, K: 25 mmol/L, glucose: 2,5 % (140 mmol/L).
    - Lytren (poudre: 1 sachet/200 mL d'eau): Na: 50 mmol/L, K: 25 mmol/L, glucose: 4,5 % (250 mmol/L).
    - Milupa GES 45 (poudre: 1 sachet/200 mL d'eau): Na: 49 mmol/L, K: 25 mmol/L, glucose: 2 % (110 mmol/L).

POSOLOGIE
Voir chapitre Gastro-entérite.

sotalol

PRÉSENTATIONS POUR USAGE ORAL
- Canada:
  - Sotacor: comprimés à 160 mg.
- France:
  - Sotalex: comprimés à 80 mg et 160 mg.

POSOLOGIE
Flutter auriculaire, tachycardie supraventriculaire: **200 mg/m²/24 heures** PO en 2 fois (maximum chez le grand enfant: 480 mg/24 heures)

spectinomycine

PRÉSENTATIONS POUR USAGE PARENTÉRAL
- Canada: Trobicin.
- France: Trobicine.

POSOLOGIE
40 mg/kg IM en une dose unique (maximum chez le grand enfant: 4 g/dose).

spiramycine

PRÉSENTATIONS POUR USAGE ORAL
- Canada:
  - Rovamycine: capsules à 750 000 UI et 1 500 000 UI.
- France:
  - Rovamycine:
    - comprimés à 1 500 000 UI et 3 000 000 UI;
    - sirop à 375 000 UI/5 mL.

POSOLOGIE
Voir chapitre Parasitoses (toxoplasmose).

spironolactone

PRÉSENTATIONS POUR USAGE ORAL
- Canada:
  - Aldactone: comprimés à 25 mg et 100 mg.
  - Novo-Spiroton: comprimés à 25 mg et 100 mg.
- France:
  - Aldactone: comprimés à 50 mg et 75 mg.
  - Practon: comprimés à 50 mg.
  - Spiroctan: gélules à 50 mg et 75 mg.
  - Spironone microfine: comprimés à 75 mg.

POSOLOGIE
1 à 3 mg/kg/24 heures PO en 2 à 4 fois (maximum chez le grand enfant: 200 mg/24 heures).

stéroïdes: voir corticostéroïdes

streptomycine

PRÉSENTATIONS POUR USAGE PARENTÉRAL
- Canada: Streptomycine.
- France: Streptomycine Diamant.

POSOLOGIE
20 à 30 mg/kg/24 heures IM en 2 fois (maximum chez le grand enfant: 2 g/24 heures).

sucralfate

PRÉSENTATIONS POUR USAGE ORAL
- Canada:
  - Novo-Sucralate: comprimés à 1 g.
  - Sulcrate:
    - comprimés à 1 g;
    - suspension à 1 g/5 mL.
- France:
  - Kéal:
    - comprimés à 1 g;
    - poudre à 1 g/sachet.
  - Ulcar:
    - comprimés à 1 g;
    - granulés pour suspension buvable à 1 g/sachet.

POSOLOGIE
- Chez l'enfant: inconnue.
- Chez l'adolescent: 4 g/24 heures PO en 4 fois, 1 heure avant les repas et au coucher.

sulfacétamide sodique

PRÉSENTATIONS POUR USAGE OPHTALMIQUE
- Canada:
  - Diosulf (solution).
  - Minims (solution).
  - Ophtho-Sulf (solution).
  - Sulamyd sodique (collyre et pommade).
  - Sulfacétamide (pommade).
  - Sulfex (solution).

POSOLOGIE
Application locale toutes les 2 à 4 heures (solution), ou toutes les 6 heures (pommade).

sulfadiazine

PRÉSENTATION POUR USAGE ORAL
– France :
  – Adiazine : comprimés à 500 mg.

POSOLOGIE
Voir chapitre Parasitoses (toxoplasmose).

sulfadiazine d'argent

PRÉSENTATIONS POUR USAGE LOCAL (PEAU)
– Canada : Flamazine.
– France : Flammazine.

POSOLOGIE
Voir chapitre Brûlures.

sulfaméthoxazole

PRÉSENTATION POUR USAGE ORAL
– Canada :
  – Apo-Sulfaméthoxazole : comprimés à 500 mg.

POSOLOGIE
50 à 60 mg/kg/24 heures PO en 2 fois (maximum chez le grand enfant : 2 g/24 heures).

sulfasalazine (salicylazosulfapyridine)

PRÉSENTATIONS POUR USAGE ORAL
– Canada :
  – PMS-Sulfasalazine : comprimés et dragées à 500 mg.
  – Salazopyrin :
    – comprimés à 500 mg ;
    – En-Tabs à 500 mg ;
    – suspension orale à 250 mg/5 mL.
  – SAS : comprimés à 500 mg.
– France :
  – Salazopyrine : comprimés à 500 mg.

POSOLOGIE
Chez l'adolescent :
  – Traitement d'attaque : **1 à 2 g** 3 à 4 fois par jour.
  – Traitement préventif : **1 g** 2 à 3 fois par jour.

sulfisoxazole

PRÉSENTATION POUR USAGE ORAL
– Canada :
  – Novosoxazole : comprimés à 500 mg.

POSOLOGIE
100 à 150 mg/kg/24 heures PO en 4 fois (maximum chez le grand enfant : 6 g/24 heures).

sulfure de sélénium : voir sélénium

sumatriptan

PRÉSENTATIONS
- Canada :
  - Imitrex :
    - comprimés à 100 mg ;
    - auto-injecteur permettant l'administration de 6 mg par voie sous-cutanée.

POSOLOGIE
Chez l'adolescent : une dose unique de **100 mg** PO ou de **6 mg** SC au début de la crise.

suramine

POSOLOGIE
Voir chapitre Parasitoses (trypanosomiase).

terbinafine

PRÉSENTATION POUR USAGE ORAL
- Canada :
  - Lamisil : comprimés à 250 mg.

POSOLOGIE
Chez l'adolescent : **250 mg/24 heures** PO en 1 fois pendant 2 mois.

terfénadine
(antihistaminique de la deuxième génération)

PRÉSENTATIONS POUR USAGE ORAL
- Canada :
  - Seldane :
    - comprimés à 60 mg ;
    - Caplets à 120 mg ;
    - suspension orale à 30 mg/5 mL.
- France :
  - Teldane :
    - comprimés à 60 mg et 120 mg ;
    - suspension buvable à 30 mg/5 mL.

POSOLOGIE
2,5 mg/kg/24 heures PO en 2 fois (maximum chez le grand enfant : 120 mg/24 heures).
N.B : La terfénadine ne doit pas être utilisée en même temps que l'érythromycine ou le kétoconazole, ni en cas d'insuffisance hépatique (risque d'arythmies cardiaques).

tétracosactide

PRÉSENTATION POUR USAGE PARENTÉRAL
- France : Synacthène Retard.

POSOLOGIE
Spasmes infantiles : 0,5 mg IM 1 fois par jour.

tétracycline

PRÉSENTATIONS POUR USAGE ORAL
- Canada :
  - Achromycin V : capsules à 250 mg.
  - Apo-Tetra : capsules à 250 mg.
  - Novo-Tetra :
    - capsules à 250 mg ;
    - comprimés à 250 mg ;
    - suspension orale à 125 mg/5 mL.

- Nu-Tetra: capsules à 250 mg.
- Tetracyn: capsules à 250 mg.
- France:
  - Abiosan: comprimés à 250 mg.
  - Hexacycline: gélules à 250 mg.
  - Tétracycline Diamant: comprimés à 250 mg.
  - Tétramig: comprimés à 250 mg.

POSOLOGIE
Ne doit jamais être prescrite avant l'âge de 9 ans.
- Par voie intraveineuse: **10 à 25 mg/kg/24 heures** en 4 fois (maximum: 2 g/24 heures).
- Par voie orale: **20 à 50 mg/kg/24 heures** en 4 fois (maximum: 2 g/24 heures).

théophylline et dérivés

PRÉSENTATIONS POUR USAGE ORAL
- Canada:
  - préparations à absorption rapide:
    - Cholédyl (oxtriphylline):
      - élixir à 100 mg/5 mL;
      - sirop à 50 mg/5 mL;
      - comprimés à 100 mg, 200 mg et 300 mg.
    - Pulmophylline (théophylline): élixir à 80 mg/15 mL.
    - Théolair (théophylline):
      - comprimés sécables à 125 mg et 250 mg;
      - solution orale à 80 mg/15 mL.
  - préparations à absorption lente:
    - Cholédyl (oxtriphylline): comprimés à 400 mg et 600 mg.
    - Quibron T/SR (théophylline): comprimés à 300 mg, sécables en 2 ou en 3.
    - Slo-Bid (théophylline): capsules à 50 mg, 100 mg, 200 mg et 300 mg.
    - Somophylline 12 (oxtriphylline): gélules à 50 mg, 75 mg, 100 mg, 200 mg, 250 mg, 300 mg et 350 mg. (NB: Les gélules peuvent être ouvertes, et leur contenu peut être mélangé avec des aliments froids et mous).
    - Théchron (théophylline): comprimés à 100 mg, 200 mg et 300 mg.
    - Théo-Dur (théophylline): comprimés à 100 mg, 200 mg, 300 mg et 450 mg.
    - Théolair SR (théophylline): comprimés à 200 mg, 250 mg, 300 mg et 500 mg.
    - Theo-SR (théophylline): comprimés à 200 mg et 300 mg.
    - Uniphyl (théophylline): comprimés à 400 mg et 600 mg.
- France:
  - préparations à absorption rapide:
    - Dilatrane (théophylline): sirop à 50 mg/5 mL.
    - Techniphylline (théophylline): gélules à 100 mg et 250 mg.
    - Théolaire: comprimés à 125 mg.
    - Théophylline Bruneau:
      - comprimés à 100 mg;
      - sirop à 12 mg/mL.
  - préparations à absorption lente:
    - Armophylline (théophylline): gélules à 50 mg, 100 mg, 200 mg et 300 mg (N.B.: Les gélules peuvent être ouvertes et leur contenu peut être mélangé à un aliment liquide ou semi-liquide, en veillant à ce que les microgranules ne soient pas croquées).
    - Cétraphylline à action prolongée (théophylline): gélules à 125 mg et 250 mg.
    - Dilatrane à libération prolongée (théophylline): gélules à 50 mg, 100 mg, 200 mg et 300 mg.
    - Euphylline LA: gélules à 50 mg, 100 mg, 200 mg, 300 mg et 400 mg.
    - Théolaire LP: comprimés sécables à 100 mg et 175 mg.
    - Théophylline Bruneau LP: comprimés à 50 mg, 100 mg et 200 mg.

- Théostat : comprimés sécables à 100 mg et 300 mg.
- Xanthium : gélules à 200 mg et 400 mg.

POSOLOGIE

- Par voie intraveineuse : voir chapitre Asthme.
- Par voie orale : les posologies décrites ci-dessous sont des posologies moyennes ; en effet, les variations individuelles du métabolisme de ce médicament sont importantes. Il est toujours préférable, pour minimiser les risques de toxicité et d'effets secondaires, de commencer le traitement par des doses plus faibles, et d'ajuster celles-ci en fonction de l'évolution clinique, des effets secondaires et des taux sériques. Les préparation à absorption rapide doivent être administrées en 4 fois et les préparations à absorption lente en 2 ou 3 fois.
  - 1 à 9 ans : **20 à 24 mg/kg/24 heures** (maximum : 900 mg/24 heures) ;
  - 10 à 12 ans : **18 à 20 mg/kg/24 heures** (maximum : 900 mg/24 heures) ;
  - > 12 ans : **16 à 18 mg/kg/24 heures** (maximum : 900 mg/24 heures).

NB : Si l'oxtryphilline (Cholédyl) est utilisée, la posologie doit être plus élevée, car son activité biologique n'est que de 64 % de celle de la théophylline. Par exemple, une posologie de 32 mg/kg/24 heures correspondra à 20 mg/kg/24 heures de théophylline.

TAUX SÉRIQUE THÉRAPEUTIQUE
55 à 11 µmol/L.

thiabendazole

PRÉSENTATION POUR USAGE ORAL
- Canada :
  - Mintezol : comprimés à 500 mg.

POSOLOGIE
Voir chapitre Parasitoses (anguillulose, strongyloïdose, toxocarose).

thyroxine (lévothyroxine)

PRÉSENTATIONS POUR USAGE ORAL
- Canada :
  - Eltroxin : comprimés à 50 µg, 100 µg, 150 µg, 200 µg et 300 µg.
  - Synthroïd : comprimés à 25 µg, 50 µg, 75 µg, 100 µg, 112 µg, 125 µg, 150 µg, 175 µg, 200 µg et 300 µg.
- France :
  - Lévothyrox : comprimés à 25 µg, 50 µg, 75 µg, 100 µg et 150 µg.
  - L-Thyroxine Roche :
    - comprimés à 100 µg ;
    - solution buvable à 5 µg/goutte.

POSOLOGIE
Voir chapitre Goitre, hypothyroïdie, hyperthyroïdie.

ticarcilline

PRÉSENTATIONS POUR USAGE PARENTÉRAL
- Canada : Ticar.
- France : Ticarpen.

POSOLOGIE
- Chez le nouveau-né (< 1 mois) :
  - Poids de naissance < 2 000 g :
    - 0 à 7 jours : 150 mg/kg/24 heures IV ou IM en 2 fois ;
    - 8 à 30 jours : 225 mg/kg/24 heures IV ou IM en 3 fois.
  - Poids de naissance > 2 000 g :
    - 0 à 7 jours : 225 mg/kg/24 heures IV ou IM en 3 fois ;
    - 8 à 30 jours : 300 mg/kg/24 heures IV ou IM en 4 fois.

– Après la période néonatale (> 1 mois): **200 à 300 mg/kg/24 heures** IV ou IM en 4 à 6 fois (maximum chez le grand enfant: 24 g/24 heures).

ticarcilline-acide clavulanique

PRÉSENTATIONS POUR USAGE PARENTÉRAL
– Canada: Timentin.
– France: Claventin.

POSOLOGIE
Après la période néonatale: **200 à 300 mg/kg/24 heures** de ticarcilline IV ou IM en 4 fois (maximum chez le grand enfant: 24 g de ticarcilline/24 heures).

tobramycine

PRÉSENTATIONS POUR USAGE PARENTÉRAL
– Canada: Nebcin.
– France: Nebcine, Tobrex.

POSOLOGIE
– Chez le nouveau-né (< 1 mois):
  – Poids de naissance < 2 000 g:
    – 0 à 7 jours: 5 mg/kg/24 heures IV ou IM en 2 fois;
    – 8 à 30 jours: 7,5 mg/kg/24 heures IV ou IM en 3 fois.
  – Poids de naissance > 2 000 g:
    – 0 à 7 jours: 5 mg/kg/24 heures IV ou IM en 2 fois;
    – 8 à 30 jours: 7,5 mg/kg/24 heures IV ou IM en 3 fois.
– Après la période néonatale (> 1 mois): **3 à 7,5 mg/kg/24 heures**, selon la gravité de l'infection IV ou IM en 3 à 4 fois (maximum chez le grand enfant: 250 mg/24 heures).

tocophérol: voir vitamine E

tolnaftate

PRÉSENTATIONS POUR USAGE LOCAL (PEAU)
– Canada:
  – Pitrex: onguent.
  – Tinactin: crème, poudre, poudre en aérosol, solution, liquide en aérosol.

POSOLOGIE
Application 2 à 3 fois par jour.

trétinoïne

PRÉSENTATIONS POUR USAGE LOCAL
– Canada:
  – Retin-A:
    – crème à 0,01 %, 0,025 %, 0,05 % et 0,1 %;
    – gel à 0,01 % et 0,025 %.
  – StieVA-A:
    – crème à 0,01 %, 0,025 %, 0,05 % et 0,1 %;
    – gel à 0,01 %, 0,025 % et 0,05 %;
    – solution à 0,025 % et 0,05 %.
  – Vitamin A Acid:
    – gel à 0,01 %, 0,025 % et 0,05 %;
    – crème à 0,01 %, 0,025 %, 0,05 % et 0,1 %.
– France:
  – Aberel:
    – gel à 0,025 %;

- tampons imbibés à 0,05 % ;
- solution à 0,1 %, 0,2 % et 0,3 %.
- Effederm :
  - crème à 0,05 % ;
  - lotion à 0,05 %.
- Locacid : crème à 0,05 % ;
- Retacnyl : crème à 0,025 % et 0,05 % ;
- Retin A : crème à 0,05 % ;
- Rétitop : crème à 0,05 % ;
- Trétinoïne Kéfrane : gel à 0,05 %.

POSOLOGIE
Une application le soir, en commencant par une concentration faible et en augmentant celle-ci au besoin.

trifluridine

PRÉSENTATIONS POUR USAGE LOCAL (ŒIL)
- Canada : Viroptic (gouttes ophtalmiques).
- France : Virophta (collyre).

POSOLOGIE
1 à 2 gouttes dans l'œil toutes les 2 heures d'éveil (maximum : 9 doses par jour). En raison de sa toxicité, la durée de ce traitement ne doit pas dépasser 14 jours.

trihexyphénidyle

PRÉSENTATION POUR USAGE PARENTÉRAL
- France : Artane.

PRÉSENTATION POUR USAGE ORAL
- France :
  - Artane : comprimés à 2 mg et à 5 mg.

POSOLOGIE
Intoxication aux phénothiazines : **0,08 à 0,3 mg/kg/24 heures** PO ou IM en 4 fois ; maximum chez le grand enfant : 15 mg/24 heures).

triméthoprime-sulfaméthoxazole (TMP-SMZ)

PRÉSENTATIONS POUR USAGE PARENTÉRAL
- Canada : Bactrim, Septra.
- France : Eusaprim.

PRÉSENTATIONS POUR USAGE ORAL
- Canada :
  - Apo-Sulfatrim :
    - comprimés à 20 mg de TMP et 100 mg de SMZ, à 80 mg de TMP et 400 mg de SMZ et à 160 mg de TMP et 800 mg de SMZ ;
    - suspension à 40 mg de TMP/5 mL et 200 mg de SMZ/5 mL.
  - Bactrim :
    - suspension à 40 mg de TMP/5 mL et 200 mg de SMZ/5 mL ;
    - comprimés à 80 mg de TMP et 400 mg de SMZ et à 160 mg de TMP et 800 mg de SMZ.
  - Novo-Trimel :
    - suspension à 40 mg de TMP/5 mL et 200 mg de SMZ/5 mL ;
    - comprimés à 80 mg de TMP et 400 mg de SMZ et à 160 mg de TMP et 800 mg de SMZ.
  - Nu-Cotrimox :
    - suspension à 40 mg de TMP/5 mL et 200 mg de SMZ/5 mL ;
    - comprimés à 80 mg de TMP et 400 mg de SMZ et à 160 mg de TMP et 800 mg de SMZ.
  - Roubac : comprimés à 160 mg de TMP et 800 mg de SMZ.

- Septra :
  - suspension à 40 mg de TMP/5 mL et 200 mg de SMZ/5 mL ;
  - comprimés à 80 mg de TMP et 400 mg de SMZ et à 160 mg de TMP et 800 mg de SMZ.
- France :
  - Baktecod :
    - suspension buvable à 40 mg de TMP/5 mL et 200 mg de SMZ/5 mL ;
    - comprimés à 80 mg de TMP et 400 mg de SMZ et à 160 mg de TMP et 800 mg de SMZ.
  - Bactrim :
    - suspension buvable à 40 mg de TMP/5 mL et 200 mg de SMZ/5 mL ;
    - comprimés à 20 mg de TMP et 100 mg de SMZ, à 80 mg de TMP et 400 mg de SMZ et à 160 mg de TMP et 800 mg de SMZ.
  - Eusaprim :
    - suspension buvable à 40 mg de TMP/5 mL et 200 mg de SMZ/5 mL ;
    - comprimés à 20 mg de TMP et 100 mg de SMZ, à 80 mg de TMP et 400 mg de SMZ et à 160 mg de TMP et 800 mg de SMZ.

POSOLOGIE
- Par voie orale : **5 à 8 mg/kg/24 heures de TMP et 25 à 40 mg/kg/24 heures de SMZ** PO en 2 fois (maximum chez le grand enfant : 320 mg de TMP et 1,6 g de SMZ/24 heures). Pour la prévention des infections urinaires : 2,5 à 4 mg/kg/24 heures de TMP et 12,5 à 20 mg/kg/24 heures de SMZ PO en 1 fois.
- Par voie intraveineuse : **5 à 8 mg/kg/24 heures de TMP** et **25 à 40 mg/kg/24 heures de SMZ** IV en 2 fois (maximum chez le grand enfant : 480 mg/24 heures de TMP et 2,4 g/ 24 heures de SMZ).

N.B. Une posologie plus élevée est utilisée lors du traitement de la pneumonie à *Pneumocystis carinii* (voir chapitre Pneumonies).

trisulfapyrimidine
POSOLOGIE
Voir chapitre Parasitoses (toxoplasmose).

vancomycine
PRÉSENTATIONS POUR USAGE PARENTÉRAL
- Canada : Vancocin.
- France : Vancocine, Vancomycine Dakota, Vancomycine Lederle.

PRÉSENTATIONS POUR USAGE ORAL
- Canada :
  - Vancocin : capsules à 125 mg et 250 mg.
- France :
  - Vancocine : suspension buvable à 500 mg/6 mL.

POSOLOGIE
- Par voie orale (non absorbée) : **10 à 50 mg/kg/24 heures** PO en 4 fois (maximum chez le grand enfant : 1 g/24 heures).
- Par voie intraveineuse :
  - Chez le nouveau-né (< 1 mois) :
    - Poids de naissance < 2 000 g :
      - 0 à 7 jours : 20 mg/kg/24 heures IV ou IM en 2 fois ;
      - 8 à 30 jours : 30 mg/kg/24 heures IV ou IM en 3 fois.
    - Poids de naissance > 2 000 g :
      - 0 à 7 jours : 30 mg/kg/24 heures IV ou IM en 3 fois ;
      - 8 à 30 jours : 30 mg/kg/24 heures IV ou IM en 3 fois.
  - Après la période néonatale (> 1 mois) : **40 à 60 mg/kg/24 heures** IV en 4 fois (maximum chez le grand enfant : 2 g/24 heures).

Vaponefrin : voir adrénaline racémique

vasopressine
PRÉSENTATION POUR USAGE PARENTÉRAL
- Canada : Pitressin, Pressyn.

POSOLOGIE
Hémorragie digestive (varices œsophagiennes) : **0,3 U/kg** IV (maximum chez le grand enfant : 20 U), diluée dans une solution glucosée à 5 %, en 20 minutes. Au besoin, cette dose peut être suivie d'une perfusion continue **(0,2 à 0,4 U/1,73 m²/minute)**; si l'hémorragie s'arrête, poursuivre la perfusion pendant une douzaine d'heures, puis la cesser progressivement.

vérapamil
PRÉSENTATIONS POUR USAGE PARENTÉRAL
- Canada : Isoptin.
- France : Isoptine.

POSOLOGIE
Tachycardie supraventriculaire (> 1 an) : **0,1 à 0,3 mg/kg/dose** IV en 1 minute (maximum : 10 mg). Cette dose est répétée 5 minutes plus tard. Au besoin, cette séquence peut être répétée 10 minutes plus tard. Si une hypotension artérielle survient ou si une bradycardie apparaît, donner 0,01 à 0,02 mg/kg d'atropine IV.

vidarabine
PRÉSENTATIONS POUR USAGE OPHTALMIQUE
- Canada : Vira-A (onguent ophtalmique).
- France : Vira-A (pommade ophtalmique).

POSOLOGIE
Appliquer la pommade 4 à 6 fois par jour jusqu'à cicatrisation de l'épithélium, puis 2 fois par jour pendant les 7 jours suivants.

vigabatrin
PRÉSENTATIONS POUR USAGE ORAL
- Canada :
  - Sabril : comprimés à 500 mg.
- France :
  - Sabril : comprimés à 500 mg, poudre en sachets de 500 mg.

POSOLOGIE
50 à 100 mg/kg/24 heures PO en 2 fois (maximum chez le grand enfant : 4 g/24 heures). Chez le nourrisson, la posologie peut être augmentée au besoin jusqu'à 150 mg/kg/24 heures.
TAUX SÉRIQUE THÉRAPEUTIQUE
Non disponible.

virginiamycine
PRÉSENTATIONS POUR USAGE ORAL
- France :
  - Staphylomycine :
    - comprimés à 500 mg;
    - poudre orale à 100 mg/sachet.

POSOLOGIE
50 à 100 mg/kg/24 heures PO en 2 à 3 fois (maximum chez le grand enfant : 3 g/24 heures).

vitamine A (rétinol)
PRÉSENTATIONS POUR USAGE ORAL
- Canada :
  - Aquasol A : capsules à 25 000 UI et 50 000 UI.
- France :
  - A 131 : capsules à 50 000 UI.
  - Arovit Roche :
    - comprimés à 50 000 UI;
    - suspension buvable à 150 000 UI/mL.

- Avibon :
  - solution buvable à 100 000 UI/mL ;
  - capsules à 50 000 UI.

POSOLOGIE
Voir chapitres Malnutrition, marasme et kwashiorkor, Rougeole.

vitamine B$_{12}$ (cyanocobalamine)
PRÉSENTATIONS POUR USAGE PARENTÉRAL
- Canada :
  - Rubramin.
- France :
  - Vitamine B$_{12}$ Aguettant, Vitamine B$_{12}$ Delagrange, Vitamine B$_{12}$ Gerda-Labaz, Vitamine B$_{12}$ Lavoisier.

POSOLOGIE
- Traitement préventif : **50 à 1 000** μg IM 1 fois par mois.
- Traitement curatif : **25 à 100** μg IM 1 fois par jour.

vitamine D
PRÉSENTATIONS POUR USAGE ORAL
- Canada :
  - On utilise habituellement, pour la prévention du rachitisme chez le nourrisson, une préparation multivitaminique telle que le Tri-Vi-Sol (régions où l'eau est fluorée) ou le Tri-Vi-Sol avec Fluorure (régions où l'eau n'est pas fluorée). Une dose quotidienne de 0,6 mL contient 400 UI de vitamine D, 1 500 UI de vitamine A, 30 mg de vitamine C et, dans le cas du Tri-Vi-Sol avec Fluorure, 0,25 mg de fluor.
  - Autres présentations :
    - Calcijex : solution pour usage oral à 1 ou 2 μg de calcitriol (métabolite actif ou 1-25-dihydroxycholécalciférol)/mL.
    - Calciferol : comprimés à 50 000 UI d'ergocalciférol (vitamine D$_2$).
    - Drisdol : solution pour usage oral à 8 288 UI/mL d'ergocalciférol (vitamine D$_2$).
    - D-Vi-Sol : solution pour usage oral à 400 UI/0,6 mL.
    - Radiostol Forte : 1 mL de la solution pour usage oral contient 300 000 UI d'ergocalciférol (vitamine D$_2$).
    - Rocaltrol (métabolite actif ou 1-25-dihydroxycholécalciférol) :
      - capsules à 0,25 μg et 0,5 μg ;
      - solution pour usage oral à 1 μg/mL.
- France :
  - Présentations utilisées habituellement pour la prévention du rachitisme chez nourrisson :
    - Stérogyl : solution buvable à 400 UI d'ergocalciférol/goutte.
    - Uvesterol : solution buvable à 1 000 UI d'ergocalciférol/dose 1 (0,67 mL).
    - Zyma-D 2 : solution buvable à 300 UI d'ergocalciférol/goutte.
  - Autres présentations :
    - Rocaltrol : capsules à 0,25 μg de calcitriol (métabolite actif ou 1-25-dihydroxycholécalciférol).
    - Zyma-D2 : solution buvable à 80 000 UI d'ergocalciférol/ampoule de 2 mL et à 300 000 UI d'ergocalciférol/ampoule de 3 mL.

POSOLOGIE
- Prévention du rachitisme chez le nourrisson : au minimum **400 UI/24 heures** PO en 1 fois (voir chapitre Nutrition).
- Traitement du rachitisme : voir chapitre Rachitisme.

vitamine E (tocophérol)
PRÉSENTATIONS POUR USAGE ORAL
- Canada :
  - Aquasol E :
    - capsules à 100 UI ;
    - gouttes à 50 UI/mL.

– France :
  – Ephynal : comprimés à 100 mg (100 UI).
  – Toco 500 : capsules à 500 mg (500 UI).
  – Tocomine : comprimés à 100 mg (100 UI).

POSOLOGIE
Voir chapitre Fibrose kystique.

vitamine K

POSOLOGIE
– Chez le nouveau-né normal : voir chapitre Soins du nouveau-né normal.
– Troubles de la coagulation secondaires à une insuffisance hépatique : **0,2 mg/kg/24 heures** de préférence SC ou PO en 1 fois pendant 3 jours, puis 3 fois par semaine (maximum chez le grand enfant : 10 mg/dose). En cas d'urgence seulement (des réactions graves ont été rapportées), elle peut être donnée en injection IV lente (30 minutes).

warfarine

PRÉSENTATIONS POUR USAGE ORAL
– Canada :
  – Coumadin : comprimés à 1 mg, 2 mg, 2,5 mg, 4 mg, 5 mg et 10 mg.
– France :
  – Coumadine : comprimés à 2 mg et 10 mg.

POSOLOGIE
Dose d'attaque : **0,2 mg/kg/24 heures** PO en 1 fois (maximum chez le grand enfant : 10 mg/24 heures. Dose d'entretien : voir chapitre Troubles de la coagulation.

zidovudine (AZT)

PRÉSENTATIONS POUR USAGE ORAL
– Canada :
  – Apo-Zidovudine : comprimés à 100 mg.
  – Novo-AZT : capsules à 100 mg.
  – Retrovir :
    – capsules à 100 mg ;
    – sirop à 50 mg/5 mL.
– France :
  – Retrovir :
    – gélules à 100 mg et 200 mg ;
    – sirop à 50 mg/5 mL.

POSOLOGIE
180 mg/m²/dose PO toutes les 6 heures (maximum chez le grand enfant : 1 g/24 heures).

Références

American Academy of Pediatrics : Report of the Committee on Infectious Diseases. American Academy of Pediatrics, Elk Grove Village, Illinois, twenty-third edition, 1994.

Association pharmaceutique canadienne : CPS (Compendium des produits et spécialités pharmaceutiques). Vingt-neuvième édition, Ottawa, Canada, 1994.

Behrman RE, Kliegman RM, Nelson WE, Vaughan VC : Nelson Textbook of Pediatrics. WB Saunders Company, Philadelphia, Pennsylvania, fourteenth edition, 1992.

Benitz WE, Tatro DS : The pediatric drug handbook. Year Book Medical Publishers, Chicago, Illinois, second edition, 1988.

Édition du Vidal : Vidal 1992, Paris, France, 1992.

Nelson JD : Pocketbook of Pediatric Antimicrobial Therapy. Williams & Wilkins, Baltimore, Maryland, ninth edition, 1991.

ANALYSES DE LABORATOIRE COURANTES :
VALEURS DE RÉFÉRENCE

Analyses de laboratoire courantes : valeurs de référence

Monique Robert, Cheri Deal, Michel Weber

N.B. : 1) Ces valeurs sont données à titre indicatif, les limites de la normale ainsi que les unités de mesure peuvent en effet varier d'un laboratoire à l'autre.
2) Pour les taux sériques des médicaments, voir Index pharmacologique.
3) Pour les épreuves de coagulation, voir le chapitre Troubles de la coagulation.

Plan de cette section :
- Sang
- Épreuves fonctionnelles diverses
- Hématologie
- Liquide céphalorachidien
- Selles
- Sueur
- Urine

Sang

Acide folique	7 à 34 nmol/L
Acide lactique	0,5 à 2 mmol/L
Acide pyruvique	45 à 100 µmol/L
Acide urique	
– < 1 an	120 à 210 µmol/L
– 1 an à l'adolescence	150 à 300 µmol/L
– Adolescents (sexe masculin)	200 à 400 µmol/L
– Adolescents (sexe féminin)	150 à 350 µmol/L
Alanine aminotransférase (ALT, SGPT)	
– Nouveau-né	< 54 U/L
– 18 mois à 16 ans	0 à 25 U/L
– > 16 ans	5 à 34 U/L
Albumines	voir protéines sériques
Aldolase	< 6 U/L
Alpha-1-antitrypsine	
– 1 à 3 ans	1,47 à 2,44 g/L
– 4 à 9 ans	1,60 à 2,45 g/L
– 10 à 13 ans	1,62 à 2,67 g/L
– 14 à 19 ans	1,52 à 3,17 g/L
Alphafœtoprotéine	< 10 µg/L
ALT (alanine aminotransférase, SGPT)	voir alanine aminotransférase

Ammoniac
- < 2 semaines

< 2 à 3 fois la limite supérieure de la normale chez l'enfant de plus de 2 semaines

- > 2 semaines

< 88 µmol/L

Amylase
- 3 jours à 1 an

< 60 U/L

- 1 à 16 ans

40 à 200 U/L

- > 16 ans

< 220 U/L

Androstènedione (Δ4-androstènedione)
- Stade 1 de Tanner
  - Fille

1,08 ± 0,26 nmol/L

  - Garçon

1,18 ± 0,61 nmol/L

- Stade 2 de Tanner
  - Fille

1,86 ± 1,19 nmol/L

  - Garçon

1,3 ± 0,56 nmol/L

- Stade 3 de Tanner
  - Fille

2,40 ± 1,85 nmol/L

  - Garçon

1,75 ± 0,75 nmol/L

- Stade 4 de Tanner
  - Fille

2,86 ± 1,65 nmol/L

  - Garçon

2,49 ± 1,11 nmol/L

- Stade 5 de Tanner
  - Fille

3,22 ± 1,19 nmol/L

  - Garçon

2,92 ± 1,01 nmol/L

Anion gap

voir trou anionique

Anti-streptolysines (ASO)

< 476 kUI/L
< 166 unités Todd

ASO

voir anti-streptolysines

Aspartique aminotransférase (AST, SGOT)
- Nouveau-né

< 3 fois la limite de la normale pour l'enfant de plus de 5 ans

- Après la période néonatale jusqu'à 18 mois

< 70 U/L

- 18 mois à 5 ans

< 60 U/L

- > 5 ans

< 43 U/L

AST (SGOT)

voir aspartique aminotransférase

Azote uréique

voir urée

Bicarbonate

22 à 29 mmol/L

Bilirubine (après la période néonatale)
(pour le nouveau-né, voir chapitre Ictère)
- directe (conjuguée)

< 4 µmol/L (< 2,3 mg/L)

- totale

< 18 µmol/L (< 10,5 mg/L)

BUN	voir urée
C_3	voir complément
C_4	voir complément
Calcium ionisé	
– < 24 heures	1,08 à 1,28 mmol/L
– 24 à 48 heures	1,00 à 1,18 mmol/L
– > 48 heures	1,12 à 1,23 mmol/L
Calcium total	
– < 24 heures	2,25 à 2,65 mmol/L
– 24 à 48 heures	1,75 à 3,00 mmol/L
– > 48 heures	2,20 à 2,70 mmol/L
Capacité de liaison de la transferrine	voir fer sérique
Carotène	
– 0 à 1 an	1,30 à 6,32 µmol/L
– 1 à 3,5 ans	1,30 à 2,79 µmol/L
– > 3,5 ans	1,86 à 2,79 µmol/L
Céruloplasmine	
– 1 à 3 ans	240 à 460 mg/L
– 4 à 6 ans	240 à 420 mg/L
– 7 à 9 ans	240 à 400 mg/L
– > 9 ans	220 à 360 mg/L
CH 100	voir complément
Chlorures	103 à 110 mmol/L
Cholestérol estérifié	60 à 75 % du cholestérol total
Cholestérol total (< 20 ans)	3,10 à 5,45 mmol/L (1,2 à 2,1 g/L)
CO_2 total 21 à 26 mmol/L	
Complément	
– C_3	0,51 à 0,95 g/L
– C_4	0,08 à 0,41 g/L
– CH 100	> 70 U/mL
Cortisol	
– 8 heures	193 à 690 nmol/L (70 à 250 µg/L)
– 16 heures	55 à 248 nmol/L (20 à 90 µg/L)
– 24 heures	0 à 138 nmol/L (0 à 50 µg/L)
Créatine kinase	
– Fille	24 à 163 U/L
– Garçon	37 à 187 U/L
Créatinine	
– Nouveau-né	< 88 µmol/L
– Nourrisson	< 35 µmol/L

– Enfant	< 62 µmol/L
– Adolescent	< 88 µmol/L
Cuivre	11 à 22 µmol/L
Cyanocobalamine	voir vitamine B$_{12}$
Déhydroépiandrostérone (sulfate de –)	voir DHAS
Déshydrogénase lactique (LDH)	
– Nouveau-né	3 à 9 fois la valeur de l'adulte
– < 2 ans	2 à 3 fois la valeur de l'adulte
– 2 à 17 ans	1 à 2 fois la valeur de l'adulte
– Adulte	94 à 182 U/L
DHAS (sulfate de déhydroépiandrostérone)	
– Stade 1 de Tanner	
– Fille	1,1 ± 0,48 µmol/L
– Garçon	1,06 ± 0,84 µmol/L
– Stade 2 de Tanner	
– Fille	1,25 ± 0,56 µmol/L
– Garçon	1,61 ± 1,03 µmol/L
– Stade 3 de Tanner	
– Fille	1,83 ± 1,37 µmol/L
– Garçon	1,88 ± 1,25 µmol/L
– Stade 4 de Tanner	
– Fille	2,21 ± 1,24 µmol/L
– Garçon	2,64 ± 1,43 µmol/L
– Stade 5 de Tanner	
– Fille	3,08 ± 1,08 µmol/L
– Garçon	3,16 ± 1,23 µmol/L
Estradiol	
– Avant la puberté	
– Fille	< 55 pmol/L
– Garçon	< 55 pmol/L
– Après la puberté	
– Fille	
– Phase folliculaire	147 à 587 pmol/L
– Phase lutéale	477 à 1 100 pmol/L
– Garçon	73 à 257 pmol/L
Excès de bases	–3 à +3 mmol/L
Ferritine	
– 1 à 12 ans	14 à 127 µg/L
– > 12 ans	
– Fille	12 à 150 µg/L
– Garçon	15 à 200 µg/L

Fer sérique	11 à 39 μmol/L
	(0,6 à 2,2 mg/L)
– Capacité de liaison de la transferrine	45 à 72 μmol/L
– Taux de saturation de la transferrine	
– Chez l'enfant	≥ 10 %
– Chez l'adolescent	≥ 15 %

FSH (*Follicle Stimulating Hormone*)
  – Stade 1 de Tanner

– Fille	0,9 à 5,1 U/L
	(moyenne : 2,2)
– Garçon	1,0 à 6,0 U/L
	(moyenne : 2,4)

  – Stade 2 de Tanner

– Fille	1,4 à 7 U/L
	(moyenne : 3,2)
– Garçon	1,7 à 5,4 U/L
	(moyenne : 3,0)

  – Stade 3 de Tanner

– Fille	2,4 à 7,7 U/L
	(moyenne : 4,3)
– Garçon	2,2 à 4,5 U/L
	(moyenne : 3,1)

  – Stade 4 de Tanner

– Fille	1,5 à 11,2 U/L
	(moyenne : 4,1)
– Garçon	1,5 à 6,7 U/L
	(moyenne : 3,2)

  – Stade 5 de Tanner

– Fille	1,9 à 9,3 U/L
	(moyenne : 4,2)
– Garçon	1,5 à 6,7 U/L
	(moyenne : 3,2)

Gamma-glutamyl transférase

– < 2 mois	4 à 5 fois la limite
	supérieure de l'adulte
– 2 à 6 mois	0 à 60 U/L
– 6 mois à 1 an	0 à 30 U/L
– 1 à 7 ans	3 à 16 U/L
– De 8 ans à l'âge adulte	0 à 30 U/L
– Adulte	
– Femme	5 à 45 U/L
– Homme	8 à 67 U/L
GH	voir hormone de croissance
Globulines	voir protéines sériques

Glucose	4,2 à 6,3 mmol/L (0,76 à 1,14 g/L)

N.B. : Des valeurs plus basses peuvent être normales chez le nouveau-né et le prématuré au cours des premiers jours de vie (voir chapitre Hypoglycémie).

Glycémie	voir glucose
Haptoglobine	0,26 à 1,85 g/L
HDL	voir lipoprotéines
Hormone de croissance (GH)	lors d'un test de stimulation, au moins une valeur doit être égale ou supérieure à 8 µg/L

17-Hydroxyprogestérone
(diagnostic de l'hyperplasie congénitale des surrénales)

– 7 à 30 jours	1,0 à 7,8 nmol/L
– > 30 jours et avant la puberté	< 3,0 nmol/L
– À la puberté	
– Fille	1,0 à 2,0 nmol/L
– Garçon	2,8 à 5,1 nmol/L
– À l'âge adulte	
– Femme	
– Phase folliculaire	0,3 à 2,7 nmol/L
– Phase lutéale	0,9 à 9,7 nmol/L
– Homme	1,0 à 7,3 nmol/L
IgA	voir immunoglobulines
IgE	voir immunoglobulines

IGF-I (*Insulin Like Growth Factor I*)

– Stade 1 de Tanner	
– Fille	1,24 ± 0,41 U/mL
– Garçon	1,07 ± 0,32 U/mL
– Stade 2 de Tanner	
– Fille	1,77 ± 0,45 U/mL
– Garçon	1,92 ± 0,62 U/mL
– Stade 3 de Tanner	
– Fille	2,47 ± 0,8 U/mL
– Garçon	2,29 ± 0,75 U/mL
– Stade 4 de Tanner	
– Fille	1,8 ± 0,59 U/mL
– Garçon	2,14 ± 0,58 U/mL
– Stade 5 de Tanner	
– Fille	1,51 ± 0,58 U/mL
– Garçon	1,61 ± 0,57 U/mL
IgG	voir immunoglobulines
IgM	voir immunoglobulines

Immunoglobulines
- IgA
  - nouveau-né — non détectables
  - 1 à 3 mois — 0,06 à 0,58 g/L
  - 4 à 6 mois — 0,1 à 0,96 g/L
  - 7 à 12 mois — 0,36 à 1,65 g/L
  - 1 à 3 ans — 0,24 à 1,21 g/L
  - 4 à 6 ans — 0,33 à 2,35 g/L
  - 7 à 9 ans — 0,41 à 3,68 g/L
  - 10 à 11 ans — 0,64 à 2,46 g/L
  - 12 à 13 ans — 0,7 à 4,32 g/L
  - 14 à 15 ans — 0,57 à 3,0 g/L
  - 16 à 19 ans — 0,74 à 4,19 g/L
- IgE
  - Nouveau-né — 0,14 à 2,05 kU/L
  - 1 à 11 mois — 0,11 à 58 kU/L
  - 1 an — 0,09 à 65 kU/L
  - 2 ans — 0,29 à 144 kU/L
  - 3 ans — 1,39 à 108 kU/L
  - 4 ans — 0,38 à 156 kU/L
  - 5 ans — 2,97 à 161 kU/L
  - 6 ans — 0,44 à 636 kU/L
  - 7 ans — 0,35 à 613 kU/L
  - 8 ans — 1,3 à 297 kU/L
  - 9 ans — 0,59 à 514 kU/L
  - 10 ans — 1,93 à 456 kU/L
  - 11 à 14 ans — 1,59 à 505 kU/L
  - 15 à 19 ans — 1,53 à 425 kU/L
- IgG
  - nouveau-né — 7,5 à 15 g/L
  - 1 à 3 mois — 2,7 à 7,8 g/L
  - 4 à 6 mois — 1,9 à 8,6 g/L
  - 7 à 12 mois — 3,5 à 11,8 g/L
  - 1 à 3 ans — 5,33 à 10,78 g/L
  - 4 à 6 ans — 5,93 à 17,23 g/L
  - 7 à 9 ans — 6,73 à 17,34 g/L
  - 10 à 11 ans — 8,21 à 18,35 g/L
  - 12 à 13 ans — 8,93 à 18,23 g/L
  - 14 à 15 ans — 8,42 à 20,13 g/L
  - 16 à 19 ans — 8,46 à 18, 64 g/L
- IgM
  - nouveau-né — 0,11 à 0,35 g/L
  - 1 à 3 mois — 0,12 à 0,87 g/L
  - 4 à 6 mois — 0,25 à 1,20 g/L
  - 7 à 12 mois — 0,36 à 1,04 g/L
  - 1 à 3 ans — 0,28 à 2,18 g/L
  - 4 à 6 ans — 0,36 à 3,14 g/L
  - 7 à 9 ans — 0,47 à 3,11 g/L

– 10 à 11 ans	0,46 à 2,68 g/L
– 12 à 13 ans	0,52 à 3,57 g/L
– 14 à 15 ans	0,23 à 2,81 g/L
– 16 à 19 ans	0,35 à 3,87 g/L
Insuline (à jeun)	< 100 pmol/L
LDH	voir déshydrogénase lactique
LDL	voir lipoprotéines

LH (*Luteinizing Hormone*)
- Stade 1 de Tanner
  - Fille   1,8 à 9,2 U/L (moyenne : 4,1)
  - Garçon   1,3 à 9,1 U/L (moyenne : 3,5)
- Stade 2 de Tanner
  - Fille   2,0 à 16,6 U/L (moyenne : 5,9)
  - Garçon   2,9 à 11,7 U/L (moyenne : 5,8)
- Stade 3 de Tanner
  - Fille   5,6 à 13,6 U/L (moyenne : 8,7)
  - Garçon   3,8 à 11,6 U/L (moyenne : 6,7)
- Stade 4 de Tanner
  - Fille   7,0 à 14,4 U/L (moyenne : 10,0)
  - Garçon   4,3 à 9,3 U/L (moyenne : 6,6)
- Stade 5 de Tanner
  - Fille   4,4 à 17,5 U/L (moyenne : 8,8)
  - Garçon   4,3 à 9,3 U/L (moyenne : 6,6)

Lipase	< 190 U/L
Lipoprotéines	
– HDL	0,8 à 2,35 mmol/L
– LDL	1,3 à 5 mmol/L
Magnésium	0,7 à 1 mmol/L
Osmolalité	280 à 295 mOsm/kg
Parathormone (PTH) (si la calcémie est normale ou élevée)	< 8 pmol/L
PCO_2	35 à 45 mm Hg
pH	7,35 à 7,55

Phosphatases alcalines
- Nouveau-né   3 fois la valeur de l'adulte
- 0 à 2 ans   4 fois la valeur de l'adulte
- 2 à 10 ans   2 à 3 fois la valeur de l'adulte
- 10 à 12 ans
  - Fille   106 à 437 U/L
  - Garçon   95 à 347 U/L
- 12 à 13 ans
  - Fille   92 à 236 U/L
  - Garçon   127 à 403 U/L
- 13 à 14 ans
  - Fille   12 à 284 U/L
  - Garçon   100 à 420 U/L
- 14 à 15 ans
  - Fille   79 à 212 U/L
  - Garçon   78 à 446 U/L
- 15 à 16 ans
  - Fille   35 à 117 U/L
  - Garçon   43 à 367 U/L
- 16 à 18 ans
  - Fille   35 à 124 U/L
  - Garçon   58 à 331 U/L
- Adulte
  - Femme   41 à 114 U/L
  - Homme   51 à 156 U/L

Phosphore
- Nouveau-né   1,35 à 2,90 mmol/L
- 0 à 2 ans   1,35 à 2,25 mmol/L
- 2 à 5 ans   1,15 à 2,2 mmol/L
- 5 à 8 ans   1,0 à 2,0 mmol/L
- 8 à 12 ans   0,95 à 1,95 mmol/L
- 12 à 16 ans   0,75 à 1,75 mmol/L
- > 16 ans   0,75 à 1,2 mmol/L

PO_2 (artérielle)   83 à 108 mm Hg

Potassium   3,5 à 5,5 mmol/L

Prolactine   < 12 µg/L

Protéines sériques
- Protéines totales
  - Nouveau-né   40 à 70 g/L
  - 0 à 4 ans   60 à 78 g/L
  - 5 à 10 ans   61 à 77 g/L
  - 11 à 18 ans   63 à 79 g/L
- Albumines
  - < 1 an   30 à 49 g/L
  - 1 à 4 ans   39 à 50 g/L

– 5 à 10 ans	40 à 50 g/L
– 11 à 18 ans	41 à 54 g/L
– Alpha-1-globulines	
– Nouveau-né	1 à 3 g/L
– Nourrisson	2 à 4 g/L
– Enfant plus âgé	3 à 3 g/L
– Alpha-2-globulines	
– Nouveau-né	3 à 5 g/L
– Nourrisson	5 à 8 g/L
– Enfant plus âgé	4 à 10 g/L
– Bêtaglobulines	
– Nouveau-né	2 à 6 g/L
– Nourrisson	5 à 8 g/L
– Enfant plus âgé	5 à 11 g/L
– Gammaglobulines (voir aussi immunoglobulines)	
– Nouveau-né	2 à 10 g/L
– Nourrisson	3 à 12 g/L
– Enfant plus âgé	7 à 12 g/L

PTH	voir parathormone
Rétinol	voir vitamine A
Saturation de la transferrine	voir fer sérique
Saturation en oxygène	$\geq 94\%$
SGOT (aspartique aminotransférase, AST)	voir aspartique aminotransférase
SGPT (alanine aminotransférase, ALT)	voir alanine aminotransférase
Sodium	130 à 150 mmol/L
T_3	voir triiodothyronine
T_4	voir thyroxine
Taux de saturation de la transferrine	voir fer sérique
Testostérone	
– Stade 1 de Tanner	
– Fille	$0,36 \pm 0,2$ nmol/L
– Garçon	$0,58 \pm 0,33$ nmol/L
– Stade 2 de Tanner	
– Fille	$0,51 \pm 0,15$ nmol/L
– Garçon	$1,79 \pm 0,98$ nmol/L
– Stade 3 de Tanner	
– Fille	$0,63 \pm 0,27$ nmol/L
– Garçon	$7,78 \pm 5,47$ nmol/L
– Stade 4 de Tanner	
– Fille	$0,81 \pm 0,35$ nmol/L
– Garçon	$12,93 \pm 4,3$ nmol/L

- Stade 5 de Tanner
  - Fille · · · · · · · · · · · · · · · · · · · 0,95 ± 0,4 nmol/L
  - Garçon · · · · · · · · · · · · · · · · · · 15,22 ± 4,12 nmol/L

Thyréostimuline (TSH)
  - Sang du cordon · · · · · · · · · · · 1 à 20 mU/L
    (moyenne : 10)
  - 1 à 3 jours · · · · · · · · · · · · · · · 1 à 20 mU/L
    (moyenne : 12)
  - 4 à 7 jours · · · · · · · · · · · · · · · 1 à 10 mU/L
    (moyenne : 5,6)
  - > 7 jours · · · · · · · · · · · · · · · · < 5 mU/L

Thyroxine (T_4)
  - 1 à 3 jours · · · · · · · · · · · · · · · 143 à 280 nmol/L
  - 4 à 7 jours · · · · · · · · · · · · · · · 105 à 261 nmol/L
  - 1 à 4 semaines · · · · · · · · · · · · 105 à 210 nmol/L
  - 1 mois à 5 ans · · · · · · · · · · · · 90 à 200 nmol/L
  - 6 à 10 ans · · · · · · · · · · · · · · · 80 à 170 nmol/L
  - 11 à 15 ans · · · · · · · · · · · · · · 70 à 150 nmol/L
  - 16 à 20 ans · · · · · · · · · · · · · · 50 à 150 nmol/L

Tocophérol · · · · · · · · · · · · · · · · · · voir vitamine E

Transaminases · · · · · · · · · · · · · · · voir alanine
aminotransférase et
aspartique
aminotransférase

Triglycérides · · · · · · · · · · · · · · · · < 2,3 mmol/L

Triiodothyronine (T_3)
  - 1 à 3 jours · · · · · · · · · · · · · · · 1,5 à 11,4 nmol/L
  - 4 à 7 jours · · · · · · · · · · · · · · · 0,6 à 4,9 nmol/L
  - 1 à 4 semaines · · · · · · · · · · · · 1,5 à 4,8 nmol/L
  - 1 mois à 5 ans · · · · · · · · · · · · 1,6 à 4,1 nmol/L
  - 6 à 10 ans · · · · · · · · · · · · · · · 1,4 à 3,7 nmol/L
  - 11 à 15 ans · · · · · · · · · · · · · · 1,3 à 3,3 nmol/L
  - 16 à 20 ans · · · · · · · · · · · · · · 1,2 à 3,2 nmol/L

Trou anionique · · · · · · · · · · · · · · 7 à 16 mmol/L

TSH · voir thyréostimuline

Urée
  - Nouveau-né · · · · · · · · · · · · · · < 4,3 mmol/L
  - Nourrisson, enfant et adolescent · · · · < 6,4 mmol/L

Vitamine A
  - 1 à 6 ans · · · · · · · · · · · · · · · · 0,7 à 1,5 µmol/L
  - 7 à 12 ans · · · · · · · · · · · · · · · 0,9 à 1,7 µmol/L
  - > 12 ans · · · · · · · · · · · · · · · · 0,9 à 2,5 µmol/L

Vitamine B_{12} · · · · · · · · · · · · · · · 148 à 722 pmol/L

Vitamine D
- 25-hydroxycholécalciférol (vit. D_2)   35 à 105 nmol/L
- 1-25-dihydroxycholécalciférol   60 à 108 pmol/L

Vitamine E
- 1 à 6 ans   7 à 21 μmol/L
- > 6 ans   10 à 24 μmol/L

Zinc   11 à 18,5 μmol/L

Épreuves fonctionnelles diverses

Clairance de la créatinine   90 à 130 mL/minute
1,73m^2

Épreuve au d-xylose   60 minutes après l'ingestion de 14,5 g/m^2 de
d-xylose, la xylosémie
doit être supérieure à
1,67 mmol/L

Hyperglycémie orale (après ingestion de 1,75 g/kg de glucose ; maximum chez le grand enfant : 75 g)
- Glycémie à jeun   3,9 à 5,8 mmol/L (0,7 à 1 g/L)
- Glycémie à 60 minutes   6,7 à 9,4 mmol/L (1,2 à 1,7 g/L)
- Glycémie à 90 minutes   5,6 à 7,8 mmol/L (1 à 1,4 g/L)
- Glycémie à 120 minutes   3,9 à 6,7 mmol/L (0,7 à 1,2 g/L)

Hématologie

Concentration corpusculaire moyenne en hémoglobine (CCMH)
- Nouveau-né   300 à 360 g/L
- 2 mois   290 à 370 g/L
- 3 mois à 2 ans   300 à 360 g/L
- 2 à 18 ans   310 à 370 g/L

Éosinophiles $< 0,5 \times 10^9$/L

Globules blancs
- Nouveau-né   9 à 30×10^9/L
- 1 mois   5 à $19,5 \times 10^9$/L
- 1 à 3 ans   6 à $17,5 \times 10^9$/L
- 4 à 7 ans   5,5 à $15,5 \times 10^9$/L
- 8 à 13 ans   4,5 à $13,5 \times 10^9$/L
- Adolescent   4,5 à 11×10^9/L

Globules rouges
- Nouveau-né   4,0 à $6,6 \times 10^{12}$/L
- 1 semaine   3,9 à $6,3 \times 10^{12}$/L
- 2 semaines   3,6 à $6,2 \times 10^{12}$/L
- 1 mois   3,0 à $5,4 \times 10^{12}$/L
- 2 mois   2,7 à $4,9 \times 10^{12}$/L
- 3 à 6 mois   3,1 à $4,5 \times 10^{12}$/L

– 6 mois à 2 ans	3,7 à 5,3 × 10^{12}/L
– 2 à 6 ans	3,9 à 5,3 × 10^{12}/L
– 6 à 12 ans	4,0 à 5,2 × 10^{12}/L
– > 12 ans	
– Fille	4,1 à 5,1 × 10^{12}/L
– Garçon	4,5 à 5,3 × 10^{12}/L
Hématocrite	
– Nouveau-né	50 à 70 %
– 2 mois	30 à 40 %
– 6 mois à 12 ans	35 à 45 %
– > 12 ans	
– Fille	35 à 45 %
– Garçon	40 à 50 %
Hémoglobine	
– Nouveau-né	145 à 225 g/L
– 2 mois	90 à 140 g/L
– 6 mois à 12 ans	115 à 155 g/L
– > 12 ans	
– Fille	120 à 160 g/L
– Garçon	130 à 160 g/L
Hémoglobine A (après la période néonatale)	> 95 %
Hémoglobine A_2 (après la période néonatale)	1,5 à 3,5 %
Hémoglobine F (après la période néonatale)	< 2 %
Neutrophiles	> 1,5 × 10^9/L
Plaquettes	150 à 400 × 10^9/L
Répartition des globules blancs (après la période néonatale)	
– Neutrophiles	57 à 67 %
– Lymphocytes	25 à 33 %
– Monocytes	3 à 7 %
– Éosinophiles	1 à 3 %
– Basophiles	0 à 1 %
Vitesse de sédimentation	< 20 mm/heure
Volume globulaire moyen (VGM)	
– Nouveau-né	98 à 118 fL
– 1 à 6 ans	70 à 86 fL
– 6 à 12 ans	77 à 95 fL
– Adolescent	80 à 96 fL

Liquide céphalorachidien

Leucocytes	
– Nouveau-né	< 20 × 10^6/L
	(< 20/mm^3)
– Après la période néonatale	< 10 × 10^6/L
	(< 10/mm^3)

Globules rouges	0
Glucose (varie selon la glycémie)	3,9 à 5,0 mmol/L
Protéines	
– Prématuré	0,4 à 3,0 g/L
– Nouveau-né à terme	0,45 à 1,2 g/L
– Après la période néonatale	0,15 à 0,50 g/L

Selles

Lipides (l'alimentation doit renfermer un minimum de 30 g de lipides/ 24 heures)

| – Enfant et adolescent | < 5 g/24 heures |
| pH | > 5,5 |

Sueur

Test de la sueur

| – Chlorures | < 60 mmol/L |

Urine

| Bactéries | absentes |

(pour l'interprétation des cultures quantitatives, voir chapitre Infections urinaires)

Cortisol	55 à 248 nmol/24 heures (6,2 à 28 nmol/mmol de créatinine)
Cylindres	absents
Densité (après la période néonatale)	1 003 à 1 030
Globules blancs	< 5/champ
Globules rouges	< 3/champ
Glucose	absent
Osmolalité	50 à 1 400 mOsm/kg
pH	4,6 à 8

Pregnanetriol (diagnostic de l'hyperplasie congénitale des surrénales)

– 2 semaines à 2 ans	0,06 à 0,6 µmol/24 heures
Protéines	< 30 mg/L
Volume	
– Nouveau-né	50 à 300 mL/24 heures
– Nourrisson	350 à 550 mL/24 heures
– Enfant	500 à 1 000 mL/24 heures
– Adolescent	750 à 1 750 mL/24 heures

ANNEXES

Annexe 1A   Croissance staturale prénatale

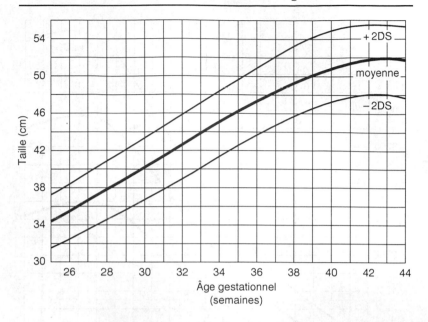

Source: Usher, R, McLean, F; Intrauterine growth of live-born caucasian infants at sea levels: standards obtained from measurements in 7 dimensions of infants born between 25 and 44 weeks of gestation. J Pediatr 1969; 74: 901-910 (reproduit avec autorisation).

Annexe 1B   Croissance pondérale prénatale

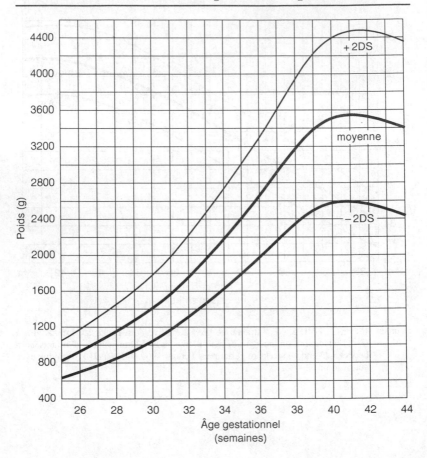

Source: Usher, R, McLean, F; Intrauterine growth of live-born caucasian infants at sea levels: standards obtained from measurements in 7 dimensions of infants born between 25 and 44 weeks of gestation. J Pediatr 1969; 74: 901-910 (reproduit avec autorisation).

Annexe 2 Croissance prénatale du périmètre crânien

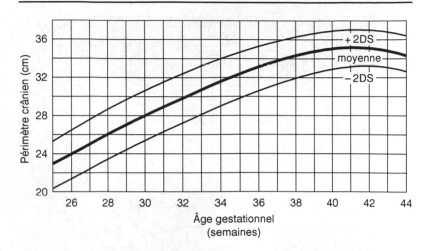

Source: Usher, R, McLean, F; Intrauterine growth of live-born caucasian infants at sea levels: standards obtained from measurements in 7 dimensions of infants born between 25 and 44 weeks of gestation. J Pediatr 1969; 74: 901-910 (reproduit avec autorisation).

Annexe 3A Croissance staturo-pondérale postnatale chez la fille de 0 à 3 ans

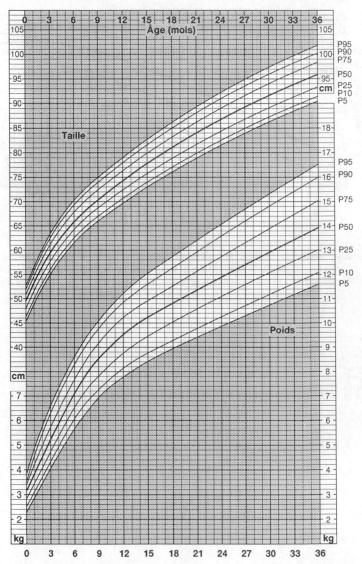

Source: Hamill PVV, Drizd TA, Johnson CL, Reed RB, Roche AF, Moore WM: Physical growth: National Center for Health Statistics percentiles. Am J Clin Nutr 1979; 32: 607-629. Les données proviennent du Fels Research Institute, Wright State University School of Medicine, Yellow Springs, Ohio. Reproduit avec l'autorisation de la Division des produits Ross, Laboratoires Abbott, Limitée, Saint-Laurent (Québec).

Annexe 3B Croissance staturo-pondérale postnatale chez le garçon de 0 à 3 ans

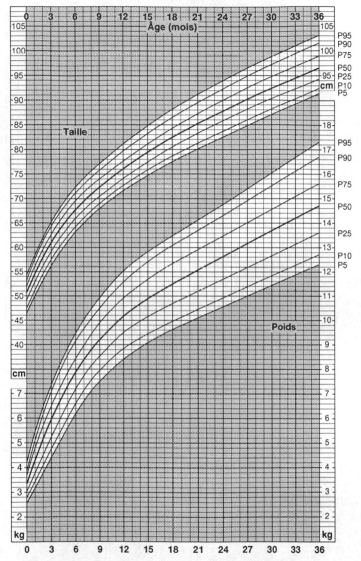

Source: Hamill PVV, Drizd TA, Johnson CL, Reed RB, Roche AF, Moore WM: Physical growth: National Center for Health Statistics percentiles. Am J Clin Nutr 1979; 32: 607-629. Les données proviennent du Fels Research Institute, Wright State University School of Medicine, Yellow Springs, Ohio. Reproduit avec l'autorisation de la Division des produits Ross, Laboratoires Abbott, Limitée, Saint-Laurent (Québec).

Annexe 3C   Croissance staturo-pondérale postnatale chez la fille de 2 à 18 ans

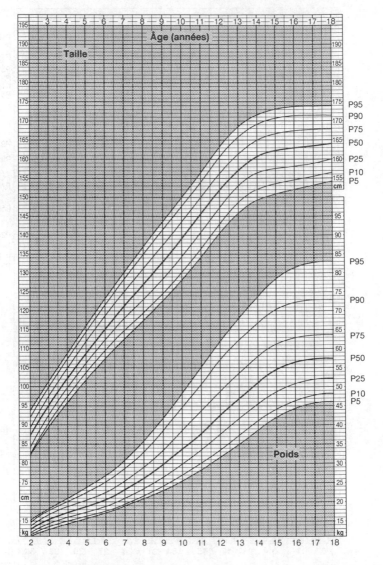

Source: Hamill PVV, Drizd TA, Johnson CL, Reed RB, Roche AF, Moore WM: Physical growth: National Center for Health Statistics percentiles. Am J Clin Nutr 1979; 32: 607-629. Les données proviennent du Fels Research Institute, Wright State University School of Medicine, Yellow Springs, Ohio. Reproduit avec l'autorisation de la Division des produits Ross, Laboratoires Abbott, Limitée, Saint-Laurent (Québec).

Annexe 3D Croissance staturo-pondérale post-natale chez le garçon de 2 à 18 ans

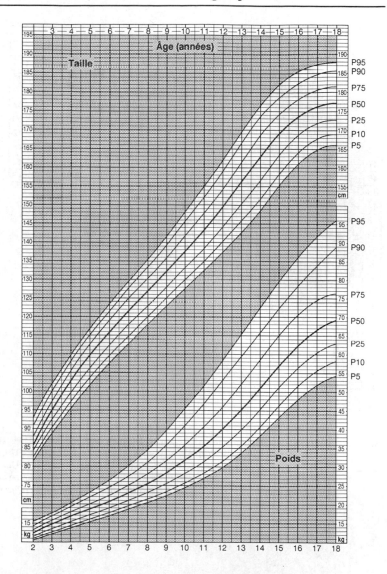

Source: Hamill PVV, Drizd TA, Johnson CL, Reed RB, Roche AF, Moore WM: Physical growth: National Center for Health Statistics percentiles. Am J Clin Nutr 1979; 32: 607-629. Les données proviennent du Fels Research Institute, Wright State University School of Medicine, Yellow Springs, Ohio. Reproduit avec l'autorisation de la Division des produits Ross, Laboratoires Abbott, Limitée, Saint-Laurent (Québec).

Annexe 4A   Croissance postnatale du périmètre crânien chez la fille de 0 à 3 ans

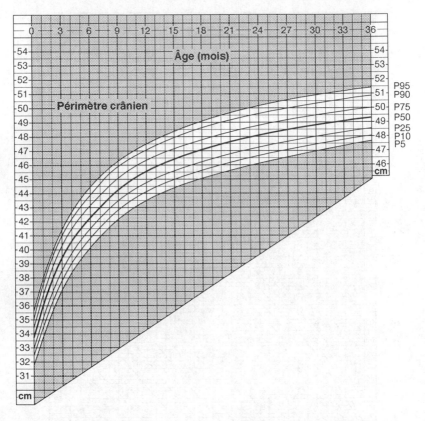

Source: Hamill PVV, Drizd TA, Johnson CL, Reed RB, Roche AF, Moore WM: Physical growth: National Center for Health Statistics percentiles. Am J Clin Nutr 1979; 32: 607-629. Les données proviennent du Fels Research Institute, Wright State University School of Medicine, Yellow Springs, Ohio. Reproduit avec l'autorisation de la Division des produits Ross, Laboratoires Abbott, Limitée, Saint-Laurent (Québec).

Annexe 4B Croissance postnatale du périmètre crânien chez le garçon de 0 à 3 ans

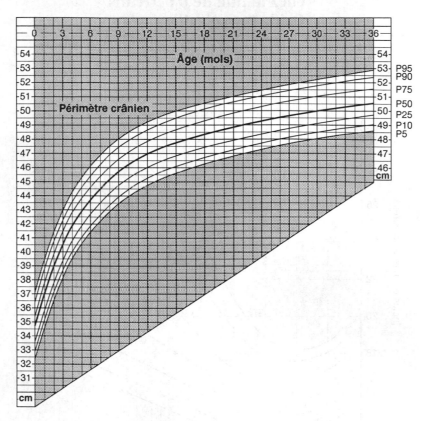

Source: Hamill PVV, Drizd TA, Johnson CL, Reed RB, Roche AF, Moore WM: Physical growth: National Center for Health Statistics percentiles. Am J Clin Nutr 1979; 32: 607-629. Les données proviennent du Fels Research Institute, Wright State University School of Medicine, Yellow Springs, Ohio. Reproduit avec l'autorisation de la Division des produits Ross, Laboratoires Abbott, Limitée, Saint-Laurent (Québec).

Annexe 5A   Indice de masse corporelle (indice de Quetelet ou indice de corpulence) chez la fille de 0 à 18 ans Poids (kg) / Taille (m²)

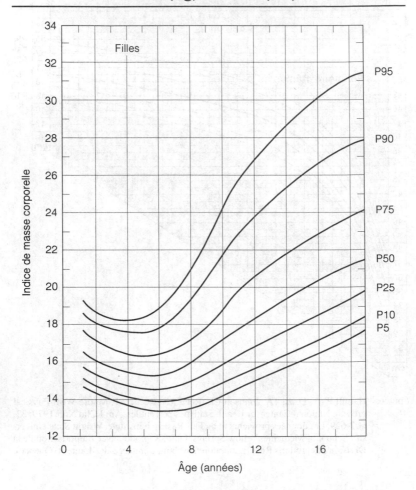

Source: Hammer LD, Kreamer HC, Wilson DM, Ritter PL, Dornbush SM: Standardized percentile curves of body mass index for children and adolescents. Am J Dis Child 1991; 145: 259-263 (reproduit avec autorisation).

Annexe 5B Indice de masse corporelle (indice de Quetelet ou indice de corpulence) chez le garçon de 0 à 18 ans Poids (kg) / Taille (m²)

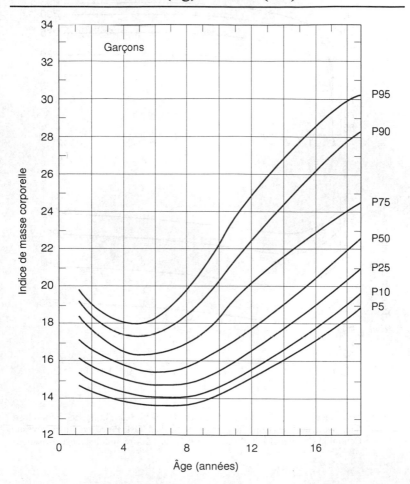

Source: Hammer LD, Kreamer HC, Wilson DM, Ritter PL, Dornbush SM: Standardized percentile curves of body mass index for children and adolescents. Am J Dis Child 1991; 145: 259-263 (reproduit avec autorisation).

Annexe 6A   Tension artérielle normale de la naissance à 12 mois chez la fille

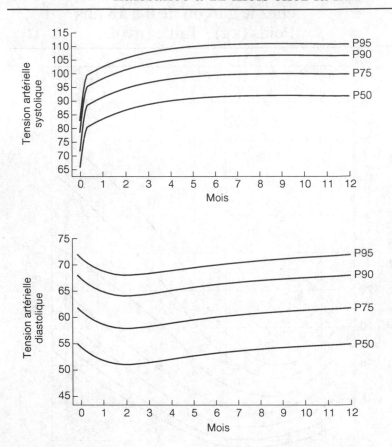

Source: Task Force on Blood Control in Children (National Heart, Lung, and Blood Institute, Bethesda Maryland): Report of the second Task Force on Blood Pressure Control in Children-1987. Pediatrics 1987; 79: 1-25 (reproduit avec autorisation).

Annexe 6B Tension artérielle normale de la naissance à 12 mois chez le garçon

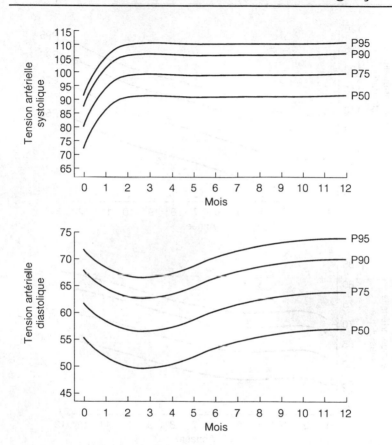

Source: Task Force on Blood Control in Children (National Heart, Lung, and Blood Institute, Bethesda Maryland): Report of the second Task Force on Blood Pressure Control in Children-1987. Pediatrics 1987; 79: 1-25 (reproduit avec autorisation).

Annexe 6C Tension artérielle normale chez la fille de 1 à 13 ans

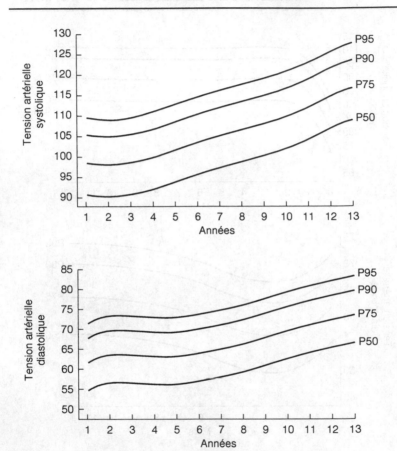

Source: Task Force on Blood Control in Children (National Heart, Lung, and Blood Institute, Bethesda Maryland): Report of the second Task Force on Blood Pressure Control in Children-1987. Pediatrics 1987; 79: 1-25 (reproduit avec autorisation).

Annexe 6D Tension artérielle normale chez le garçon de 1 à 13 ans

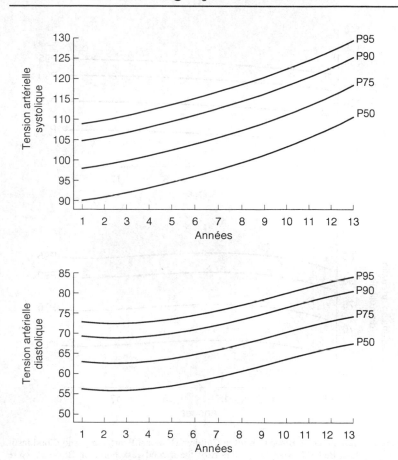

Source: Task Force on Blood Control in Children (National Heart, Lung, and Blood Institute, Bethesda Maryland): Report of the second Task Force on Blood Pressure Control in Children-1987. Pediatrics 1987; 79: 1-25 (reproduit avec autorisation).

Annexe 6E   Tension artérielle normale chez la fille de 13 à 18 ans

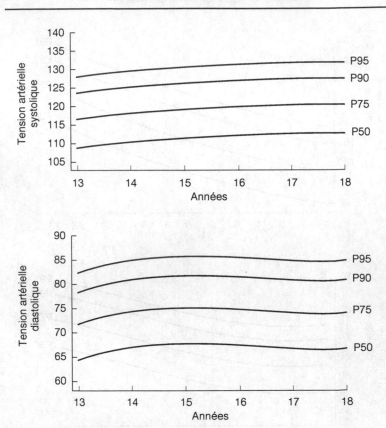

Source: Task Force on Blood Control in Children (National Heart, Lung, and Blood Institute, Bethesda Maryland): Report of the second Task Force on Blood Pressure Control in Children-1987. Pediatrics 1987; 79: 1-25 (reproduit avec autorisation).

Annexe 6F Tension artérielle normale chez le garçon de 13 à 18 ans

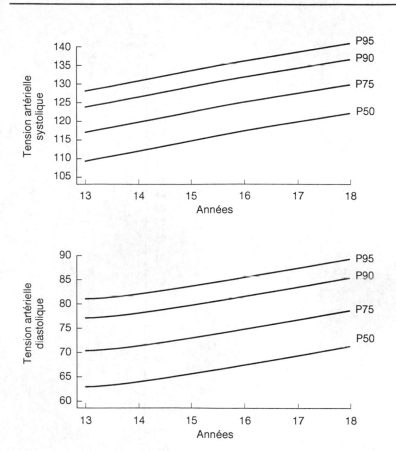

Source: Task Force on Blood Control in Children (National Heart, Lung, and Blood Institute, Bethesda Maryland): Report of the second Task Force on Blood Pressure Control in Children-1987. Pediatrics 1987; 79: 1-25 (reproduit avec autorisation).

Annexe 7   Nomogramme de surface corporelle en fonction de la taille et du poids

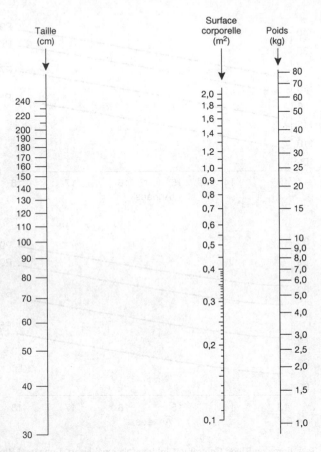

Tracer une droite reliant la taille du patient (échelle de gauche) et son poids (échelle de droite). La surface corporelle est indiquée par l'intersection de cette droite avec l'échelle de surface corporelle (exemple : taille = 100 cm, poids = 15 kg ; surface corporelle = 0,69 m²).

Source: WE Nelson, editor: Textbook of Pediatrics, 8th édition. WB Saunders corporation, Philadelphia, 1964 (reproduit avec autorisation).

INDEX ALPHABÉTIQUE

Index alphabétique

Les chiffres en gras renvoient à des chapitres entiers ou à des parties importantes de ceux-ci.

Le papier utilisé pour cette publication satisfait aux exigences minimales contenues
dans la norme American National Standard for Information Sciences –
Permanence of Paper for Printed Library Materials, ANSI Z39.48-1992.

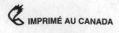

IMPRIMÉ AU CANADA